Reich der Erfindungen

BERWALD

Reich der Erfindungen

Herausgegeben von
Dr. Heinrich Samter

unter Mitwirkung von
Regierungsrat Max Geitel, Dr. Franz Kalckhoff, Dr. Otto Lubarsch
Dr. Fritz Plato, Direktor Max Speer, Dr. Hans Stadthagen
Dr. Max Weitz und Astronom Gustav Witt

Mit 570 Abbildungen

Neue bis Ende des XIX. Jahrhunderts vermehrte Auflage
Jubiläums-Ausgabe
Reprint von 1901

Gondrom

Reprint der 1901 erschienenen Jubiläums-Ausgabe

Druck und Bindung: Graphischer Großbetrieb Pößneck
ISBN 3-8112-1654-6

Zur Einleitung.

In der Geschichte eines jeden Volkes hat es goldene Zeitalter gegeben, wo sich der menschliche Geist von dem rohen kriegerischen Handwerk, welches meist die Triebfeder des ganzen Staatenlebens ausmachte, abwandte und sein ganzes Denken und Können fast nur den Künsten und Wissenschaften zulenkte. Dann feierten diese ihre höchsten Triumphe, es schien, als habe es nur eines leisen Anstoßes bedurft, um die gährenden Kräfte zu entfalten, und dem edelsten Wettstreit verdanken wir die unerreichten Kunstwerke der Griechen, die wunderbaren Bauten der Römer, die mannigfachen imposanten Reste einer früheren Zeit.

Und doch ist aus den Resultaten glanzvoller Epochen für die Industrie wenig Ersprießliches zu melden. Es fehlten zu allen Zeiten die Chronisten, die nicht nur der Thaten eines Alexander und Cäsar gedachten, sondern auch den Mann würdigten, der grübelnd und sinnend der Natur ihre Geheimnisse und Kräfte ablauschte, um sie in den Dienst der Menschheit zu stellen, oder der mit bedeutender Geisteskraft Erfindungen machte, die der moderne Mensch so selbstverständlich und nichtachtend ansieht.

Wichtige, einschneidende Erfindungen sind schon früher und zu allen Zeiten gemacht worden.

Welcher hochbedeutsame Schritt war es beispielsweise, als man zum erstenmale den Wind zum Treiben der Schiffe ausnutzte, als man dem Schlitten ein drehendes Rad untersetzte und ihn zum Wagen machte.

Niemand kennt heute den Erfinder des Segels oder des Wagens, niemand brachte das Genie, welches diese wunderbaren Entdeckungen machte, auf die Nachwelt.

Es hat eine unendliche Zeit gedauert, bis die Geschichtsforscher anfingen, der Industrie einen Platz in ihren Werken einzuräumen, vor allem erst seit jener Zeit, wo die Verwertung der Dampfkräfte die kolossalsten Umwälzungen auf allen Gebieten hervorbrachte.

Seit dieser Zeit entwickelte sich in allen Zweigen ein rastloser Eifer, neue Industrieen entstanden, Physik und Chemie, die Bahnbrecher der Industrie überhasteten sich fast in epochemachenden Entdeckungen.

Auch der unbedeutendste Erwerbszweig ist heute auf die Benutzung von Erfindungen angewiesen, das ganze Getriebe ist von Grund aus umgestaltet worden.

Der glänzende Aufschwung, namentlich der letzten zwanzig Jahre, der alle Industriezweige zu einer unvergleichlichen Höhe brachte, läßt noch auf eine überraschende, überreiche Zukunft schließen.

Wo jetzt der größte Teil der menschlichen Handarbeit infolge des erfinderischen Geistes des Menschen in maschinellen Betrieb umgesetzt ist, ist es selbst für den Fachmann schwer, sich in der Fülle der Resultate zurecht zu finden.

Tag für Tag ersinnt der grübelnde Menschengeist neues oder formt altes zu praktischerer Verwendung und höherer Brauchbarkeit um.

Jeder, auch der unbedeutendste Gegenstand hat seine Geschichte und ehe er zu der Vollendung gebracht wurde, in der er jetzt vor uns erscheint, hat das Denken unzähliger Köpfe, die Kenntnis und Existenz zahlloser früherer Erfindungen dazu gehört.

Mit wie anderen Augen sieht man ein Produkt an, dessen Werden und Entstehen man kennt, von dem man weiß, wie viel tausend fleißige Hände, wie viel komplizierte Maschinen an ihm gearbeitet haben.

Aber nicht bloß dies — das Jahrhundert stellt an die Bildung des Menschen ganz andere Ansprüche als die Vorzeit, es genügt nicht mehr oberflächliche Kenntnisse zu besitzen — das Wissen ist an die erste Stelle getreten, das Wissen vor allem wird geschätzt, das Wissen macht den Menschen.

So lag das allgewaltige, fast unabsehbare Gebiet der Industrieen und Erfindungen vor, und es galt nur, Plan und Methode in das reiche Feld zu bringen, um aus beschaulicher Höhe ein Bild gewinnen zu lassen, auf welcher Stufe sich heute der industrielle Betrieb befindet, wie die zahllosen Luxus- und Betriebsgegenstände entstehen, wie die Entwickelungsgeschichte der Erfindungen ist, welche Vorbedingungen zu allen Fortschritten erforderlich waren.

Bei der Fülle des Materials war diese Aufgabe keine leichte, zumal unser Werk sich nicht an den Fachmann, sondern an die große Masse des Volkes — des denkenden Volkes — wendet.

Wir hoffen, unser Programm zufriedenstellend gelöst zu haben; bildend und belehrend in seiner Form, fesselnd im Inhalt, den Bedürfnissen jedes Gebildeten sowie der reiferen Jugend, die nicht früh genug mit der Kunde der Erfindungen vertraut gemacht werden kann, angepaßt, wird dies Werk für jeden unentbehrlich sein, der der ihn umgebenden Welt und dem gewaltigen Ringen der Industrie sein Interesse entgegenbringt.

Inhalts-Übersicht.

I. Die Messungen.

1. Die Erfindung der Maße und der Gewichte.

Die Erfindung des Längenmaßes.

Messungen und Maße sind uralt, fast so alt wie das Menschengeschlecht selbst; in jenen Tagen des grauen Altertums, als der Menschen noch wenige waren, so wenige, daß die allgütige Mutter Natur alle Bedürfnisse des Lebens in überreichem Maße befriedigte, als der Nomade auf seinen Wanderzügen überall wo auch immer er seine Zelte aufschlagen mochte, für Mensch und Vieh den Tisch gedeckt fand, als der Begriff des Mein und Dein noch nicht vorhanden war, da machte sich auch ein Bedürfnis nach Maßvergleichungen noch nicht geltend. Bald aber begann die Bevölkerung sich zu vermehren und auszubreiten, sie sah sich gezwungen, in harter Arbeit dem Boden seine Früchte abzuringen, Handel und Wandel blühten empor, und wie mit wachsender Kultur das Eigentum an Wert gewann, erhielten auch die Hilfsmittel, letzteren zu bestimmen, eine erhöhte Bedeutung, das Verlangen nach Maßen und Gewichten machte sich geltend. Wo die Wiege derselben gestanden, welchem Volke ihre Einführung zu verdanken sei, das wird sich wohl niemals mit Sicherheit feststellen lassen, doch scheinen die alten Babylonier um die systematische Ausarbeitung der Maße sich ein besonderes Verdienst erworben zu haben. In fortwährendem Verkehr mit der Natur stehend, entnahmen die Urvölker auch ihre Maße der Natur — was war wohl auch einfacher, als die Länge eines Ackerstückes nach der Anzahl der Schritte zu bemessen, die nötig waren, um dasselbe abzugehen? Viele der Bezeichnungen, wie Arm, Elle, Fuß, Hand, Daumen, Schritt, Spanne, Klafter deuten auf diesen Ursprung hin. Hatte die Menschheit der Vorzeit gleichsam instinktiv zu Naturmaßen gegriffen, so wurden die Gelehrten späterer Jahrhunderte durch wissenschaftliche Gründe zu dem gleichen Vorgehen geführt. Ein Naturmaß hat den Vorzug, daß es sich jederzeit leicht und sicher wieder herstellen läßt, wenn auch seine sämtlichen Verkörperungen an einem Tage durch eine Katastrophe vernichtet werden sollten. Mit den alten Naturmaßen freilich sah es böse aus. Was z. B. hat man sich unter einem Fuß zu denken? Der Menschen Füße sind gar verschieden, und wie verschieden die Größe derselben aufgefaßt wurde, ersieht man daraus, daß fast jeder Staat sein besonderes Fußmaß hatte, ja mancher Staat auch deren zwei und mehr. Das ging auch, so lange die Verkehrsmittel so beschwerliche waren, daß ein Handel nur von Ort zu Ort sich ermöglichen ließ; als aber Fahrzeuge aller Art Länder und Ozeane durchquerten, da wurde dieser Zustand für den internationalen Weltenmarkt ein unerträglicher, und von Jahr zu Jahr machte sich immer lauter die Forderung nach einem einheitlichen Maßsystem für alle Völker geltend. Die Abmessungen am menschlichen Körper gaben, wie die Erfahrung gezeigt hatte, zu wenig bestimmte Einheiten, als daß man auf dieselben hätte zurückgreifen können; daher schlug der holländische Astronom und Physiker Huyghens 1664 vor, die Länge desjenigen Pendels als Maß zu wählen, welches genau eine Sekunde schlägt, während der französische Astronom Mouton 1670 die Länge einer Bogenminute auf dem Meridian gemessen hierfür angenommen wissen wollte. Nachher ist dieses letztere Projekt noch vielfach umgeändert worden, bis es mit gewissen Abänderungen und Festsetzungen in dem metrischen System verwirklicht wurde.

Es verging fast ein Jahrhundert, ehe man einen dieser Vorschläge ernstlich in Angriff nahm. Erst den Machthabern der französischen Revolution, die ja auf so vielen Gebieten die gewaltigsten Umwälzungen hervorgerufen hat, blieb es vorbehalten, auch auf dem Gebiete des Meßwesens Wandel zu schaffen. Es wurde eine Kommission, bestehend aus Borda, Lagrange, Laplace, Monge und Condorcet, gewählt, die mit dem Vorschlag hervortrat, als Einheit den zehnmillionsten Teil des Viertels eines Meridiankreises zu wählen, diese Länge später noch mit der Länge des Sekundenpendels unter 45° Breite zu vergleichen und die Einheit der Masse dadurch darzustellen, daß man ein durch Teile der neuen Längeneinheiten gemessene Menge destillierten Wassers von der Temperatur des schmelzenden Eises im luftleeren Raum wägt. Wie man sieht, ging man hier auf die Dimensionen des Erdballes selbst zurück, die nach menschlichem Ermessen wenigstens als ewig unveränderliche angesehen werden können. Die Erde ist nahezu eine Kugel, ein Meridiankreis derjenige Bogen, welcher durch die beiden Erdpole geht. Die Länge eines solches Bogens war durch Messungen von Bouguer und Lacondamine in Peru, von Clairaut und Maupertuis in Lappland und Méchain und Delambre in Frankreich sehr genau bestimmt. Auf Grund der letzteren Messungen wurde die neue Längeneinheit konstruiert, und im Jahre 1799 dem Staatsarchiv zu Paris als Repräsentant derselben ein Platinstab übergeben, dessen Länge ein Meter heißen sollte. Da alle Körper sich in der Wärme ausdehnen, also der Platinstab bei verschiedenen Wärmegraden verschiedene Länge hatte, so war festgesetzt, daß er bei der Temperatur des schmelzenden Eises die richtige Länge darstellte. Während die alten Maße meist in 12 Teile geteilt wurden — der Fuß hatte z. B. 12 Zoll — wurde bei der neuen Einheit die Zehnerteilung durchgeführt. 1 Meter hat 10 Dezimeter = 100 Zentimeter = 1000 Millimeter; 1000 Meter = ein Kilometer. Als Einheit der Flächenmaße gilt ein Quadrat, dessen Seiten ein Meter lang sind, das Quadratmeter; als Einheit der Raummaße der Würfel, dessen Seiten ein Meter lang sind, das Kubikmeter. Die Gewichtseinheit, das Kilogramm, wiegt soviel wie ein Kubikdezimeter destillierten Wassers im Zustande seiner größten Dichte (bei 4° Wärme) im luftleeren Raume. So war denn endlich ein unveränderliches Naturmaß geschaffen. Wenn auch alle Meterstäbe plötzlich und alle Kilogramme verloren gehen, aus den Messungen eines Meridianbogens ließe sich jederzeit die Längeneinheit und aus dieser die Gewichtseinheit wieder herstellen.

Die Vorzüge des metrischen Systems waren so offenkundige, daß Frankreich dasselbe noch im Jahre 1799 einführte, und jetzt benutzen es fast alle Staaten der Erde. Im strengsten Sinne des Wortes ist freilich auch das Meter kein Naturmaß. Als Méchain und Delambre ihren Meridianbogen maßen, thaten sie es natürlich mit den Hilfsmitteln, die ihnen damals zu Gebote standen; spätere Messungen mit verfeinerten Einrichtungen ergaben einen genaueren Werth, und nach hundert Jahren wird man abermals bessere Resultate erreichen können; die Länge des 10 000 000. Teiles des Meridianquadranten wird also auch mit immer größerer Sicherheit festgestellt werden. Mit einem solchen Maß aber, das jede neue Untersuchung wieder verändert, weiß die Praxis nichts anzufangen, alle Maßstäbe müßten ja immer wieder von neuem verändert werden; es ist daher festgesetzt, daß das im Pariser Staatsarchiv aufbewahrte Platinmeter (mètre des archives) als alleinige Verkörperung der Längeneinheit gelten soll.

Längenmessungen und Längenmaßvergleichungen.

Es lag nun die Aufgabe vor, nach diesem Urmeter für den allgemeinen Verkehr Maßstäbe herzustellen. Man unterscheidet zwei Arten von Maßstäben, Endmaße und Strichmaße; bei den Endmaßen hat der Abstand zwischen den beiden Endflächen die verlangte Länge, während diese bei den Strichmaßen durch den Abstand zweier auf dem Stabe gezogener Striche dargestellt wird. Die Vergleichung zweier Strichmaße — auf diese soll zunächst eingegangen werden — erscheint äußerst einfach, man legt dieselbe so auf- oder aneinander, daß die Anfangsstriche beider genau zusammenfallen, dann ist — unter der Voraussetzung, daß der eine von beiden richtig ist — der Betrag um den die beiden Endstriche von einander abstehen, der Fehler des zweiten Maßstabes. Beim Aneinanderlegen der Nullstriche wird der Einstellungsfehler 0,1 mm selten überschreiten, rechnet man dieselbe Ungenauigkeit bei der Abschätzung oder Abmessung der Lage der Endstriche, so ist der geprüfte Stab bis auf 2 Zehntel Millimeter bekannt, eine Genauigkeit, die für den gewöhnlichen Markt- und Ladenverkehr vollkommen ausreicht, man hat für metallene Stäbe 0,5 mm, für hölzerne Stäbe 1 mm als Fehlergrenze festgesetzt. Der für die Fehlerbestimmung der Verkehrsmaße benutzte Stab, das Gebrauchsnormal, darf selbstverständlich nur sehr viel geringere Abweichungen von der wahren Länge zeigen, man verlangt von ihm, daß er bis auf 0,1 mm, oder wenn er zur Bestimmung feinerer, sogenannter Präzisionsmaßstäbe benutzt wird, daß er bis auf 0,04 mm richtig ist. Da die Gebrauchsnormale in fortwährender Verwendung sind, so sind sie einer ziemlich starken Abnutzung unterworfen und bedürfen daher einer häufigeren Neubestimmung und Nachprüfung. Diesem Zwecke dienen die Kontrolnormale, von denen verlangt wird, daß ihre Länge bis auf 0,025 mm bestimmt sei. Die Kontrolnormale wieder werden mit den Hauptnormalen verglichen, deren Fehler bis auf wenige Tausendteile des Millimeter bekannt sein müssen, diese endlich mit dem in jedem Staate nur in einem Exemplare vorhandenen nationalen Prototyp, das eine genaue Kopie des zu Paris aufbewahrten internationalen Prototyps ist.

Man kommt leicht zu der Frage: wozu diese großen Genauigkeiten? Vorstehende Darlegungen werden bereits gezeigt haben, daß schon sehr weit gehende Genauigkeiten erforderlich sind, damit nur die Sicherheit geboten wird, daß die Maßstäbe, wie sie der Kaufmann oder der Handwerker benutzt, den zu stellenden Anforderungen entsprechen, die Wissenschaft aber ist so hoch entwickelt, daß das Beste, was ihr die Technik zu liefern im Stande ist, für ihre Zwecke gerade gut genug erscheint.

Maßvergleichungen der einfachsten Art, wie sie oben angegeben sind, werden mit bloßem Auge angestellt, bei feineren Untersuchungen bedarf es komplizierter Instrumente. Wenn man an eine einfache Holzplatte eine feine Metallspitze rechtwinklig zur Längsrichtung der Latte befestigt, in gleicher Weise eine zweite Spitze, doch so, daß dieselbe sich verschieben läßt, so erhält man den einfachsten Maßvergleichungsapparat, den Stangenzirkel. Setzt man die feste Spitze auf den Nullstrich eines Stabes und stellt die bewegliche auf den Endstrich ein, so kann man die jetzt durch den Abstand der beiden Spitzen gegebene Normallänge leicht und bequem auf eine beliebige Anzahl anderer Stäbe übertragen und somit deren Fehler bestimmen.

Zum Abmessen und Übertragen kleinerer Längen benutzt man schon seit sehr alten Zeiten den gewöhnlichen Gelenkzirkel; derselbe besteht aus zwei zugespitzten Schenkeln, welche ein Gelenk verbindet, sodaß die Spitzen einander beliebig genähert oder von einander entfernt werden können. Damit die gemessene Länge beim Übergang von einem Stabe zum andern sich nicht verändert, wird beim Stangenzirkel der bewegliche

Schenkel mittelst einer Schraube an der Führungsschiene festgeklemmt. Beim Gelenkzirkel dient demselben Zwecke ein Gradbogen, der an dem einen Schenkel festsitzt, während der andere Schenkel durchbrochen ist und auf diesem Bogen gleitet, an dem er ebenfalls mit einer Schraube geklemmt werden kann.

Die Zirkelmessungen sind nun allerdings schon genauer wie die Messungen mit bloßem Auge, aber sie haben alle einen großen Nachteil. Selbst wenn man dieselbe Länge nicht einmal, sondern oft wiederholt überträgt, ist doch eine größere Sicherheit als 3 bis 5 Hundertteile des Millimeters kaum zu erreichen, für feinere Messungen reicht also der Zirkel nicht aus, ganz abgesehen davon, daß bei mehrmaligem Einsetzen der Spitzen die Maßstäbe stark zerschrammt und verdorben werden. Wenngleich daher der Benutzung des Zirkels selbst, für diese Zwecke ziemlich enge Grenzen gezogen sind, so findet sich doch das Prinzip des Stangenzirkels bei allen Apparaten wieder, die zu Längenvergleichungen dienen, nur daß an Stelle der Spitzen Mikroskope angewendet werden. Man erhält so einen optischen Stangenzirkel oder Comparator. Bevor jedoch auf diese etwas komplizierteren Instrumente selbst eingegangen wird, mögen noch einige Worte über Maßstäbe und einfache Längenmessungen Platz greifen.

Will man im gewöhnlichen Leben die Entfernung zweier Punkte bestimmen, die Länge eines Werkstückes festlegen oder sonstige Längemessungen, welche die Praxis mit sich bringt, vornehmen, so legt man den Nullstrich des Maßstabes auf den einen Punkt, an das eine Ende des Werkstückes und sieht dann nach, mit welchem anderen Striche des Maßes der zweite Punkt, das andere Ende des Werkstückes zusammenfällt. Die Anzahl der Teilstriche des Maßstabes giebt sofort die gemessene Länge. Die Ausführung der Messung selbst bleibt immer die nämliche, und dennoch sind die Anforderungen an die Genauigkeit derselben sehr verschiedene. Wenn die Länge eines Ackerstückes in Betracht kommt, so spielen einige Dezimeter gar keine Rolle, dem Zimmermann ist es ganz gleichgültig, ob seine Balken einige Zentimeter länger oder kürzer gerathen sind, aber schon dem Tischler würde die Thür schlecht in den Schrank passen, wenn er sich um ganze Zentimeter versieht, noch viel genauer müssen die Achsen bei Dampfmaschinen in ihre Lager eingepaßt sein, und der Techniker, der Physiker ist oft mit Bruchteilen des Millimeters nicht zufrieden gestellt. Wenn das Messen dasselbe bleibt, so müssen also die Maßstäbe dementsprechend eingerichtet sein.

Die gewöhnlichen Maßstäbe sind meist aus Holz hergestellt und von rechteckigem Querschnitt. In der That ist Holz, da es durch die Wärme wenig verändert wird, ein vorzügliches Material für diese Zwecke. Langwarenmaßstäbe, wie sie in Tuch- und Leinengeschäften Verwendung finden, die Meßlatten der Feldmesser und die zusammenklappbaren längeren Maße der Tischler und ähnlicher Handwerker sind aus Holz. Für feinere Messungen sind diese Stäbe nicht zu gebrauchen.

Die erste Bedingung für ein genaueres Messen ist natürlich die möglichste Feinheit der Teilstriche selbst. Bei den weichen Holzarten sind die Teillinien bis zu 1 Millimeter dick und ihre Ränder stark verbogen. Man hat deshalb tannene Stäbe mit Ahorn ausgelegt und erhält auf diesem Material Striche von 0,1 bis 0,05 mm Dicke. Sehr viel feinere Striche, bis zu 0,001 mm Breite, kann man auf Metall- und Glaskörpern auftragen, alle feinsten Stäbe sind daher auch aus Metall — Glas empfiehlt sich seiner Zerbrechlichkeit wegen nicht — angefertigt.

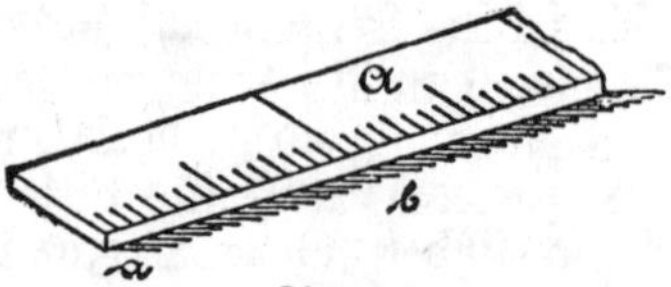

Fig. 1.
Maßstab mit gerader Kante.

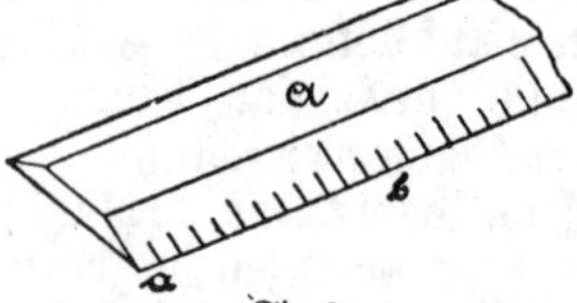

Fig. 2.
Maßstab mit abgeschrägter Kante.

Ferner hat man versucht, die Messungssicherheit dadurch zu erhöhen, daß man die Theilkanten abschrägt. Legt man nämlich einen Maßstab mit rechteckigem Querschnitt auf die Fläche, in welcher die Punkte a und b Fig. 1 der zu messenden Länge sich befinden, so ist es sehr schwer zu erkennen, welcher Teilstrich zu dem Punkte a oder b gehört, und noch viel schwerer abzuschätzen, um wie viel der Punkt von dem Strich absteht. Der Maßstab, wie ihn Fig. 2 zeigt, hebt diese Übelstände zum Teil.

Die Teilung der Stäbe ist selten weiter als bis auf 1 mm getrieben, Bruchteile dieser Größe müssen abgeschätzt werden. Da diese Schätzungen jedoch immer nur ungenaue Resultate liefern können, so sind verschiedene Einrichtungen getroffen, um dieselben zu umgehen. Die einfachste ist der Transversalmaßstab. Bei diesem werden die Teilstriche durch 10 Linien in gleichem Abstande rechtwinklig geschnitten, ferner ist in dem ersten der so gebildeten Rechtecke (Fig. 3) eine Diagonale gezogen. Alsdann sind die auf den Querlinien abgeschnittenen Strecken Zehntelmillimeter. Die erste Querlinie ist geteilt in 1 Zehntel und 9 Zehntel, die zweite in 2 Zehntel und 8 Zehntel 2c. Die Zehntelmillimeter sind auf diese Weise leicht abzulesen.

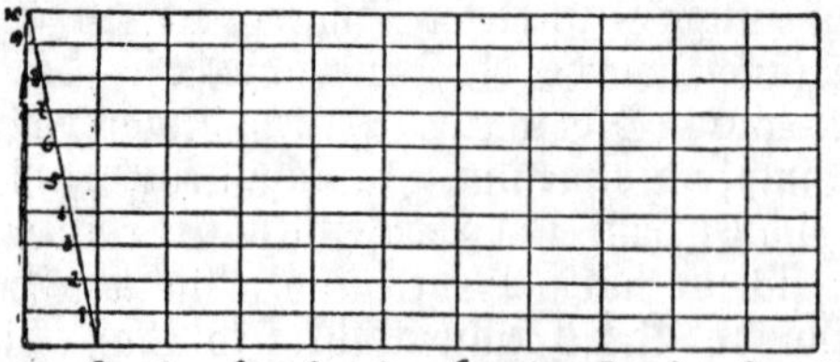

Fig. 3.
Transversalmaßstab.

Sehr viel besser erfüllt den gleichen Zweck der 1631 von Peter Vernier erfundene und nach ihm benannte Vernier oder Nonius. Bei zwei gleich langen Strecken, deren erster und letzter Strich zusammenfallen, die aber in eine ungleiche Anzahl von Teilen geteilt sind, nimmt der Unterschied zweier Striche vom ersten bis zum letzten immer um den gleichen Betrag zu. Legt man (Fig. 4) an die 9 ersten Striche eines Stabes AB einen zweiten kleinen Maßstab CD, den Nonius, bei dem dieselbe Strecke 0 bis 9 in 10 Teile geteilt ist, so ist, wenn die 0=Striche zusammenfallen, die Entfernung 1 bis I gleich $^1/_{10}$, 2 bis II gleich $^2/_{10}$ u. s. w., 9 bis IX gleich $^9/_{10}$ eines Teiles von AB, Strich 9 trifft dann wieder mit Strich X zusammen. Beim direkten Messen wird der Nonius weniger verwandt, um so mehr beim Übertragen von Längen. Habe ich beispielsweise eine Entfernung in den Zirkel genommen, dann setze ich die eine Spitze auf den Strich 0 des Stabes AB ein und verschiebe den Nonius so lange, bis sein Strich 0 mit der zweiten Zirkelspitze zusammenfällt. Dies möge zutreffen, wenn der Nonius die Stellung hat, daß Strich 6 mit Strich VI zusammenfällt, die gemessene Entfernung 0 bis 0 beträgt dann 6 Zehntel der Entfernung von 0 bis 1. Stände 0 am Nonius zwischen 8 und 9 und Strich VII fiele wieder mit einem Strich des Maßstabes zusammen, so wäre die gemessene Länge 8,7. Würde man den Nonius so teilen, daß 20 Teile desselben gleich 19 Teilen des Maßstabes sind, so könnte man direkt Zwanzigstel ablesen. Die häufigsten Verhältnisse sind Zehntel und Fünfundzwanzigstel.

Fig. 4.
Nonius oder Vernier.

Die größten Genauigkeiten liefert indessen der Vernier noch nicht, sondern viel weiter kommt man mit der Mikrometerschraube. Im weiteren Sinne des Wortes versteht man unter Mikrometerschrauben alle sehr feingeschnittenen Schrauben, damit an Instrumenten kurze, gleichmäßige Bewegungen ausgeführt werden. Eine Schraube besteht aus einem festen Cylinder, der Spindel, in welche das Gewinde eingeschnitten ist. Den Abstand zweier Windungen nennt man die Ganghöhe. Ein Ende der Schraube endigt in einen Cylinder, dessen Durchmesser mehrmals größer ist, als der der Spindel, den Schraubenkopf. Der Mantel dieses größeren Cylinders trägt meist auf der gekrümmten Fläche eine gleichmäßige Teilung, am häufigsten in 100 Teile, in diesem Falle bezeichnet man den Kopf als Schraubentrommel. Die Schraube bewegt sich in einem Hohlcylinder, in welchen innen ein genau gleiches Gewinde eingeschnitten ist, so daß die Windungen der Schraube genau in die Windungen dieser Schraubenmutter eingreifen. Entweder ist nun die Schraube festgelegt, dann bewegt sich die Mutter bei einer Drehung derselben, oder wenn die Mutter festsitzt, bewegt sich die Schraube vorwärts und rückwärts. Wenn die Schraube mit einer Ablesungsvorrichtung — Lupe, Mikroskop-Fernrohr — verbunden ist, so ist die Mutter beweglich angeordnet und führt einen viereckigen Rahmen, den Schlitten, der ein Faden, paar oder Fadenkreuz zum Einstellen trägt. Um noch Trommelteile schätzen zu können, befindet sich neben der Trommel ein Nonius, meist aber nur eine einfache Strichmarke. Zeigt jetzt der Nullstrich des Nonius oder die Strichmarke auf den Nullstrich der Trommel, und die Schraube wird einmal ganz herumgedreht, so verschiebt sich die Mutter und mit ihr der Schlitten um eine ganze Ganghöhe, und die beiden Nullmarken stehen wieder einander gegenüber. Ist die Trommel in 100 Teile geteilt, und es wird nur $^1/_{10}$ Umdrehung gemacht, so zeigt die Strichmarke auf den Strich 10 der Trommel. Da der Nonius noch Zehntel-Trommelteile abzulesen gestattet, so würde ein Tausendstel Umdrehung, oder eine Verschiebung des Schlittens um ein Tausendstel Ganghöhe noch deutlich zu messen sein. Bei feinen Mikrometerschrauben beträgt die Ganghöhe meist 0,1 mm, mit ihrer Hilfe sind also noch 0,0001 mm genau einzustellen.

Nach dieser Abschweifung kehren wir zu den Komparatoren zurück. Die Stelle der Latte des Stangenzirkels vertritt hier eine starke gußeiserne Schiene, welche mit ihren Enden auf zwei Steinpfeilern ruht. Diese gehen durch den Fußboden des Beobachtungsraumes frei hindurch und sind direkt auf den Fundamenten des Gebäudes selbst aufgemauert, damit weder die unter den Tritten des Beobachters erzitternden Dielen, noch vorüberfahrende Wagen sie zu erschüttern im Stande seien. Diese Schiene — der Führungscylinder — trägt zwei an einem Schlitten befestigte und mit diesem längs des Cylinders bewegliche Mikroskope*), die die Stelle der Zirkelspitzen vertreten. Unter der Schiene befindet sich ein ebenfalls gußeiserner Tisch, auf welchen die zu vergleichenden Stäbe aufgelagert werden. Sollen zwei Längen jetzt mit einander verglichen werden, so verschiebt man die beiden Mikroskope so lange, bis das eine auf den ersten Strich, das andere auf den letzten Strich des Normalstabes weist, die feinere Einstellung wird mit der Mikrometerschraube gemacht. Diese ist so mit dem Mikroskop verbunden, daß bei ihrer Umdrehung in der Bildebene desselben, sich ein Paar von Spinnenfäden über die Stabstriche hinschiebt. Man dreht nun so lange an der Mikrometerschraube, bis der Strich genau in der Mitte der Fäden steht und liest alsdann die Trommel ab. Hierauf verschiebt man, rechtwinklig zur Richtung der Schiene, den beweglich eingerichteten Tisch mit den Stäben, bis der zweite, neben dem ersten aufgelegte Stab unter die Mikroskope zu liegen kommt, und dreht wieder die Mikrometerschraube so lange, bis das Fadenpaar den Strich des zweiten Stabes einschließt. Der Unterschied der Trommelablesungen giebt dann den Längenunterschied der Stäbe. Sei z. B. die Ganghöhe der Schraube 0,1 mm, die Trommel in 100 Teile geteilt, seien ferner bei der Pointierung auf den Normalstab die Ablesungen am linken Mikroskop 32,4, am rechten 47,2, und beim Visieren auf den zweiten Stab bezüglich 64,7

*) Näheres hierüber unter optische Instrumente.

und 93,1, bewegt sich endlich mit wachsender Ablesung an der Trommel das Fadenpaar gleichmäßig in beiden Mikroskopen nach rechts, so wären vorliegende Ablesungen so zu deuten: Der Nullstrich des zweiten Stabes liegt um 32,3 Trommelteile weiter nach rechts, als der entsprechende Strich des Normales, der Endstrich dagegen um 45,9, würde also der zweite Stab so lange nach links gerückt, bis auf beiden Stäben sich gleiche Ablesungen ergeben, so läge der Endstrich des zweiten Stabes noch um 13,6 Trommelteile weiter rechts, wie der des Normales, der Stab ist also um 13,6 Trommelteile oder 0,0136 mm länger, als der Normalstab.

Für weniger genaue Messungen hat man auch kleinere tragbare Komparatoren mit meist nur einem Mikroskop und festem Tisch. Hier werden dann die Stäbe mit ihren Teilungen an einander gelegt, so daß beide gleichzeitig im Mikroskop erscheinen. Am besten liegen die Stäbe so, daß die beiden Anfangsstriche genau eine gerade Linie bilden; verschiebt man das Mikroskop auf der Schiene so lange, bis die Endstriche in demselben erscheinen, so ergiebt die Differenz der Trommelablesungen beim Pointieren auf Stab I und Stab II sofort den wahren Längenunterschied beider Stäbe. Bei den feinsten Maßstäben ist freilich ein Aneinanderlegen der Teilkanten nicht möglich, denn diese tragen nicht, wie der in Fig. 1 abgebildete Stab die Teilung an der Kante. Solche Stäbe mit rechteckigem Querschnitt verändern leicht ihre Form und ihre Länge je nach der Unterlage, wie Fig. 5 zeigt. Ist der Tisch hohl, so sind nur die Stabenden unterstützt, der Stab biegt sich nach unten ein und der Abstand der Endstriche verkürzt sich; ist der Tisch dagegen gewölbt, so ist nur die Mitte des Stabes unterstützt, der Stab wölbt sich ebenfalls, der Abstand der Endstriche verlängert sich.

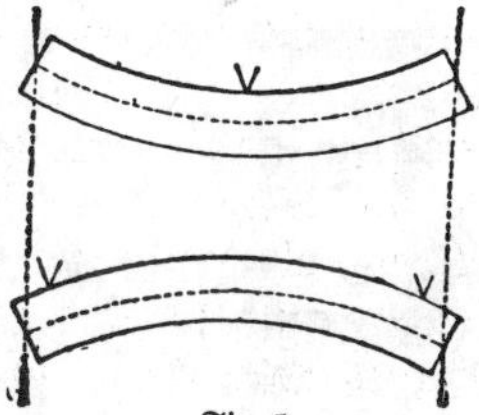

Fig. 5.
Gestaltsänderungen rechteckiger Stäbe.

Wie man aber sieht, bleibt der geradlinige Abstand der Enden der punktierten Mittellinie in beiden Fällen derselbe. Diese Mittelebene nennt man daher die unveränderliche Ebene oder die neutrale Schicht und teilt feine Stäbe auf dieser Ebene. Fig. 6 stellt den Querschnitt der Prototype des Meter dar, wie sie jeder der allgemeinen Meterkonvention beigetretene Staat in einem Exemplar, hergestellt aus einer Legierung von 90 Teilen Platin und 10 Teilen Iridium, besitzt.

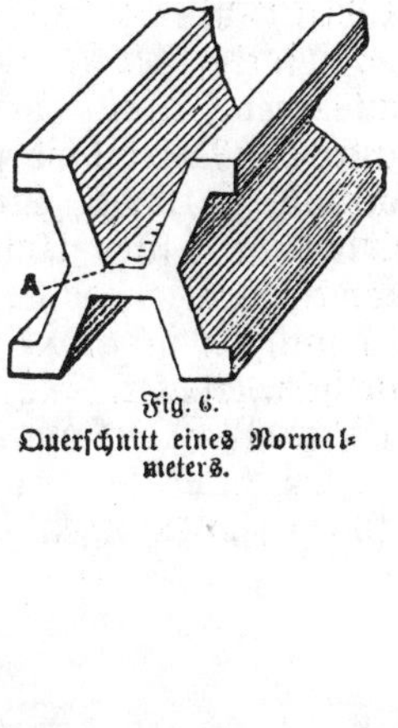

Fig. 6.
Querschnitt eines Normalmeters.

Zum Abmessen größerer Längen, insbesondere auf freiem Felde, benutzt man die Meßlatten, Meßketten, oder man bedient sich der Meßbänder, welche je nach den Zwecken, denen sie dienen sollen, aus feinen Stahlstreifen oder aus Köper hergestellt sind.

Messung der Dicken und Weiten.

Das mètre des archives ist kein Strichmaß, sondern ein Endmaß. Auf die feinsten Vergleichungen von Endmaßen braucht indessen hier nicht eingegangen zu werden, da Endmaße für die Praxis ohne größere Bedeutung sind, wohl aber spielen die in dasselbe Gebiet fallenden Dickenmessungen eine ganz hervorragende Rolle. Auch hierbei werden in erster Linie Zirkel benutzt, die nur entsprechend anders gestaltet sind, die sogenannten Tasterzirkel, Kalibermaßstäbe und Schublehren. Alle diese Instrumente messen die Dicken durch Fühlen. Den gebräuchlichsten Taster stellt Fig. 7 dar, er ist ein Gelenkzirkel, aber die Schenkel sind nicht geradlinig, sondern ausgebaucht, damit ein größeres Werkstück zwischen ihnen Platz finden kann, die Enden sind ein wenig aus ihrer Ebene herausgebogen, damit die Fühlflächen einander gegenüber liegen. Man öffnet den Zirkel soweit, daß er das Werkstück eben an den beiden Punkten berührt, deren Abstand gesucht wird und mißt dann mit einem Maßstab die Entfernung der beiden Fühlflächen. Will man mit demselben Instrument auch Weiten messen z. B. einen Durchmesser von Röhren, so verlängert man die Zirkelschenkel über den Drehpunkt hinaus geradlinig und biegt die Spitzen nach außen um, der Taster erhält dann die Gestalt wie Fig. 8. Man kann die Entfernung der Fühlflächen mit einem Maßstabe natürlich nur ganz roh messen, für bessere Messungen ist daher der Maßstab gleich mit dem Taster verbunden, wie bei Fig. 9; bei diesem Taster ermöglicht zugleich die angebrachte Mikrometerschraube ein besseres Einstellen. Würde man die geradlinigen (Ablesungsschenkel) länger machen als die gekrümmten Schenkel, so müßte auch der Bogen, den die Enden der langen Schenkel beschreiben, größer sein, als die von den kurzen Schenkeln beschriebenen, denn je größer der Radius, um so größer der Kreis. Der Winkelwert bleibt natürlich immer derselbe, aber der Linearwert vergrößert sich entsprechend der Schenkellänge. Man nennt eine solche Vorrichtung, durch welche kleine Messungen in große Ablesungen verwandelt werden, Fühlhebel. Beim Fühlhebeltaster (Fig. 10) erscheinen kleine Bewegungen der Fühlflächen als große Ablesungen auf dem geteilten Kreise.

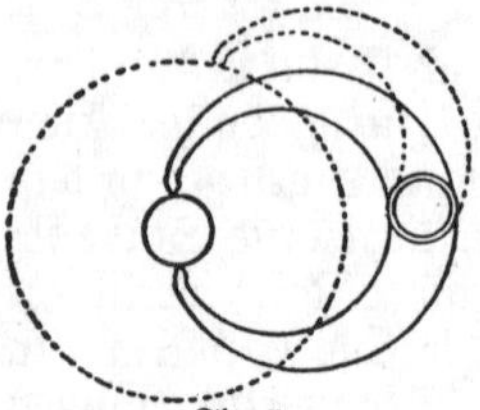

Fig. 7.
Tasterzirkel.

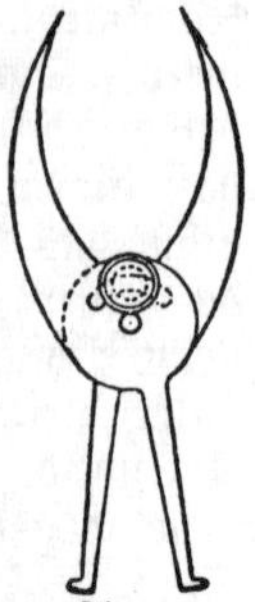

Fig. 8.
Dicken- und Weitentaster.

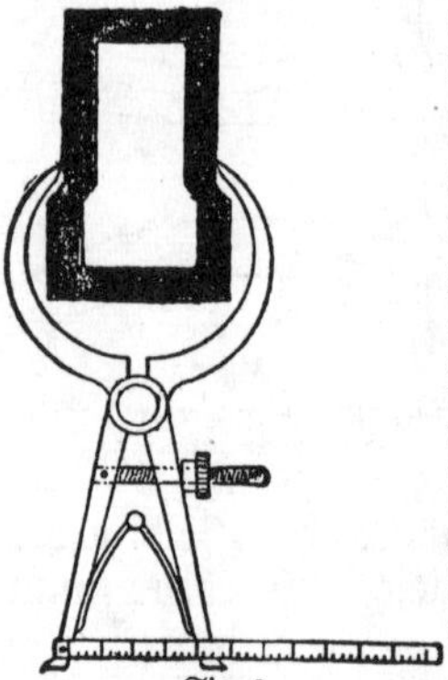

Fig. 9.
Taster mit Maßstab.

Die Stelle des Stangenzirkels bei Längenmessungen vertritt bei Dickenermittelungen die Schublehre. An einem metallenen Lineal ist

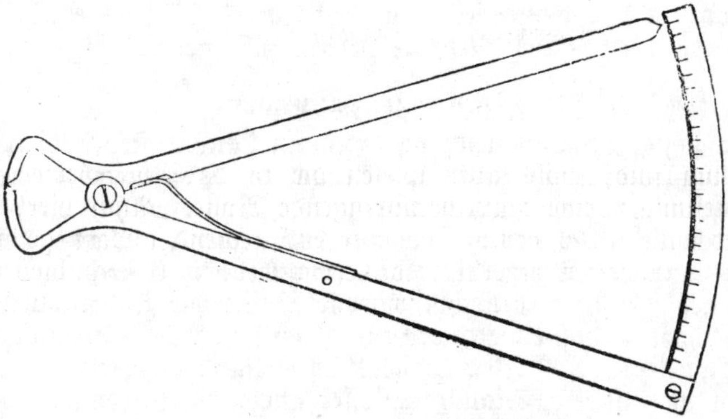

Fig. 10. Fühlhebeltaster.

eine ebene Fühlfläche a am Ende befestigt, (Fig. 11). Auf dem Lineal, das eine Teilung trägt, läßt sich eine zweite Fühlfläche mit Hilfe eines Rahmens verschieben, der einen Nonius trägt. Man legt das zu messende Stück zwischen die beiden Fühlflächen a und b, drückt die

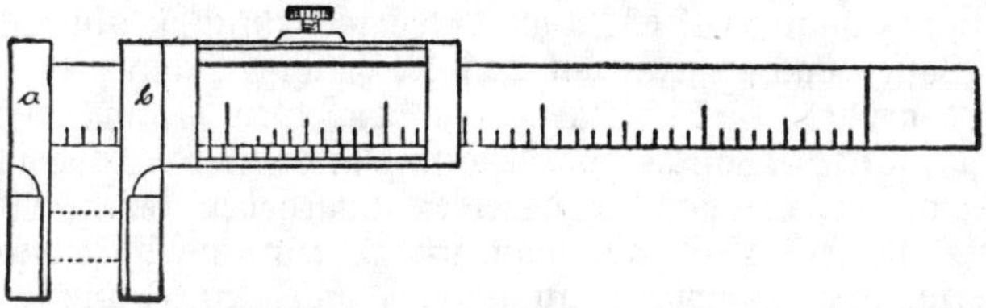

Fig. 11. Kalibermaßstab oder Schublehre.

Fläche b sanft an und liest dann mit Hilfe des Nonius direkt die Dicke am Maßstabe ab. Vorausgesetzt ist hierbei, daß die beiden Flächen a, b genau gleichlaufend und rechtwinklig zum Lineal stehen. Neben diesen Schublehren finden auch die Schraubenlehren vielfach Anwendung. Das Princip ist das gleiche. Bei der Palmerschen Lehre, Fig. 12, trägt ein Bügel S bei P die feste Fühlfläche, gegen welche eine zweite Fühlfläche P durch eine Schraube bewegt werden kann. Die Umdrehungen der Schraube lassen sich an einem über dem Bügel sichtbaren Maßstab ablesen. Die kegelförmige Zuspitzung der Hülse K, welche mit der Schraube verbunden über dem inwendig als Mutter dienenden Maßstab sitzt, ist in 20 Teile geteilt, so daß sich noch zwanzigstel Umdrehungen bestimmen lassen.

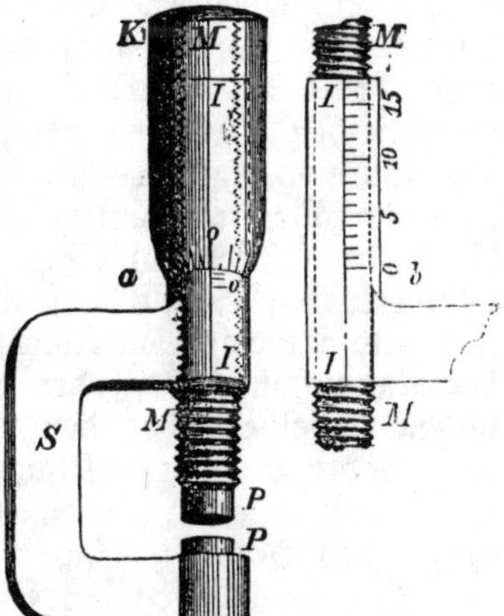

Fig. 12.
Palmersche Lehre.

Die weitgehendste Verwendung findet der Meßkeil, möge er nun als Weiten=

messer oder als Dickenmesser — in letzterem Fall ist es ein Hohlkeil — verwertet werden. Die Meßkeile liefern recht genaue Resultate.

Von den Wägungen.

In innigem Zusammenhange mit den Längen stehen die Gewichte, die Gewichtseinheit ist unmittelbar aus der Längeneinheit hergeleitet. Ursprünglich war von der Kommission, wie schon erwähnt, vorgeschlagen, eine durch Teile der neuen Längeneinheit gemessene Menge destillierten Wassers von der Temperatur des schmelzenden Eises, im luftleeren Raume gewogen, als Gewichts- oder Masseneinheit zu betrachten; später wurde festgesetzt, daß ein Kilogramm gleich sein solle dem Gewichte eines Kubikdezimeters destillierten Wassers im Zustande seiner größten Dichte, gewogen im luftleeren Raum. Wasser erleidet wie jeder Körper durch die Wärme eine Ausdehnung, wenn man also ein Kubikdezimeter (Liter) mit Wasser von 10° Celsius füllt, und dann das Wasser erwärmt, so läuft es über, weil es jetzt einen größeren Raum einnimmt. Bei 15° C. z. B. ist also in demselben Raum eine geringere Gewichtsmenge Wasser als vorher. Kühlt man andrerseits das Wasser ab, so zieht es sich zusammen, es nimmt weniger Raum ein, man muß demnach Wasser nachgießen, um das Maß wieder ganz zu füllen, es ist jetzt eine größere Gewichtsmenge in demselben Raum. Ein Kubikdezimeter destillirten Wassers würde also kein bestimmtes Gewicht haben, es muß noch die Temperatur desselben angegeben sein. Wasser hat die Eigenschaft, bei 4° C. am dichtesten zu sein, wird es noch weiter abgekühlt, so fängt es wieder an sich auszudehnen.

Alle Körper in der Natur haben, wie die Erfahrung lehrt, das Bestreben zu fallen, — sich nach dem Erdmittelpunkt zu bewegen, wenn sie an dieser Bewegung nicht verhindert werden. Man muß daher annehmen, daß dem Erdball eine Kraft innewohnt, die sich darin äußert, alle Körper nach dem Erdmittelpunkt anzuziehen und nennt diese Kraft die Schwerkraft. Die Eigenschaft der Körper, vermöge deren sie den Wirkungen der Schwerkraft ausgesetzt sind, ist ihre Schwere. Die Richtung, nach welcher hin die Schwerkraft zieht, heißt die vertikale oder lotrechte, rechtwinklig zu dieser steht die horizontale Richtung. — Ruht der Körper auf einer horizontalen Unterlage, so wirkt zwar die Schwerkraft ebenfalls auf ihn, aber sie wird durch eine gleich große und entgegengesetzt gerichtete Einwirkung seitens der festen Teile der Unterlage aufgehoben, der Körper verharrt unter dem Einflusse der beiden gleich großen aber entgegengesetzt gerichteten Kräfte in Ruhe, er befindet sich im Gleichgewicht. Dieselben Verhältnisse treten ein, wenn der Körper an einem hinreichend festen Faden hängt. Die Größe des Druckes, welchen die Unterlage von dem auf ihr ruhenden, oder des Zuges, den der Faden von dem an ihm hängenden Körper erfährt, heißt sein Gewicht. Dieses ist abhängig erstens natürlich von der Größe der Schwerkraft, dann auch, da jedes einzelne Massenteilchen der Schwerkraft unterworfen ist, von der Masse des Körpers. Man kann also die Massen zweier Körper vergleichen, indem man ihre Gewichte vergleicht, hierzu dient die Wage.

Denkt man sich alle die Wirkungen der Schwerkraft auf die einzelnen Massenteilchen zu einer einzigen Kraft vereinigt, so wird diese eine Kraft in dem Körper auch nur einen Angriffspunkt haben, dessen Lage zu dem Körper unveränderlich ist und der der Schwerpunkt des Körpers genannt wird. Man kann sich daher auch das Gewicht des Körpers im Schwerpunkt vereinigt denken. Bei symmetrisch gestalteten Körpern fällt der Schwerpunkt mit dem Mittelpunkt zusammen. Man kann nun einen Körper in dreifacher Weise unterstützen, entweder im Schwerpunkt, dann ist derselbe unter dem Einflusse der Schwerkraft in jeder Lage im Gleichgewicht, oder in einem Punkte der vertikal über oder unter dem Schwerpunkt liegt. Ersteres ist der Fall, wenn er an einem vertikalen Faden hängt, letzteres wenn er auf einer horizontalen Unterlage ruht.

Das Gleichgewicht kann ein stabiles, labiles oder indifferentes sein. Man bezeichnet es als stabil, wenn der Körper, ein wenig aus seiner Gleichgewichtslage gebracht, durch die auf ihn wirkenden Kräfte wieder in die Gleichgewichtslage zurückgeführt wird, — labil, wenn der Körper, einmal in seiner Gleichgewichtslage gestört, nicht in dieselbe zurückkehrt, als indifferent, wenn der Körper in jeder Lage die man ihm giebt im Gleichgewicht verharrt. Ein um eine feste Axe drehbarer Körper ist im stabilen Gleichgewicht, wenn der Schwerpunkt unter dem Unterstützungspunkt liegt, im labilen, wenn der Schwerpunkt über dem Drehpunkt liegt und im indifferenten Gleichgewicht, wenn der Schwerpunkt in der Umdrehungsaxe liegt. Eine Schaukel z. B. ist im stabilen Gleichgewicht, wenn man sie auch noch so hoch schwingt, kehrt sie doch von selbst in die vertikale Lage zurück, ein Stock dagegen, den man auf der Hand balanciert, ist stabil, — der leiseste Stoß bringt ihn zum Umfallen, ohne daß er sich wieder aufrichtet. Eine Kugel, durch deren Mittelpunkt ein Stock hindurchgezogen wird, bleibt in Ruhe, wie man sie auch dreht.

Unterstützt man einen Stab in irgend einem Punkte, um den er sich drehen kann, so erhält man einen Hebel. Dieser wird als einarmiger bezeichnet, wenn der Drehpunkt mit einem Endpunkte des Stabes zusammenfällt, im anderen Falle heißt er zweiarmig. Bringt man an einem Hebel eine Last an, so wird der Punkt des Hebels, an welchem die Last hängt, der Angriffspunkt genannt, und die Entfernung zwischen dem Drehpunkt und dem Angriffspunkt — Hebelarm. Wird der Hebel durch den Drehpunkt in zwei gleich lange Arme geteilt, so ist es ein gleicharmiger, ist dies nicht der Fall, so hat man einen ungleicharmigen Hebel vor sich. Bringt man an einem Arme eines zweiarmigen Hebels, der sich im Gleichgewicht befindet, eine Last an, so wird das Gleichgewicht gestört, der Hebel neigt sich nach der belasteten Seite und es bedarf einer zweiten Last am andern Arm, um das Gleichgewicht wieder herzustellen. Erfahrung und Theorie haben gezeigt, daß bei einem Hebel, der im unbelasteten Zustande im Gleichgewicht war, wenn er belastet wird, wieder Gleichgewicht herrscht, sobald das Produkt aus der Länge des Hebelarms und der Last auf beiden Seiten des Drehpunktes gleich ist. Hat man z. B. einen gleicharmigen Hebel, dessen Arme 25 cm lang sind, auf einer Seite mit 2 kg belastet, so daß also für diese Seite das Produkt aus Last und Arm — das statische Moment — gleich $25 \times 2 = 50$ ist, so muß auch die andere Seite mit 2 kg belastet werden, wenn wieder Gleichgewicht eintreten soll, denn dann ist auch hier das statische Moment $25 \times 2 = 50$. Wäre bei einem ungleicharmigen Hebel der eine Arm 25 cm lang, der andere 5 cm, und der längere Arm ist mit 2 kg belastet, so muß der kürzere Arm mit 10 kg belastet werden, um Gleichgewicht hervorzurufen, denn in einem Falle ist das statische Moment $25 \times 2 = 50$, auf der anderen Seite $5 \times 10 = 50$. Beim gleicharmigen Hebel herrscht also Gleichgewicht, wenn die Lasten auf beiden Seiten gleich sind, beim ungleicharmigen, wenn die Lasten im umgekehrten Verhältnis zu den Armlängen stehen; ist ein Arm fünf mal so lang wie der andere, so darf er nur ein Fünftel der Last tragen, mit welcher der kürzere Arm beschwert ist.

Die Wage ist eine und vielleicht die am meisten bekannte und benutzte Anwendungsform des Hebels. In der That besteht die einfachste Hebelwage nur aus einer metallenen Stange, dem Wagebalken, der an einer Stelle unterstützt ist und an beiden Enden Vorrichtungen aufweist, an denen Lasten befestigt werden können. Als Drehpunkt dient in der Regel eine Schneide, welche die Schärfe eines in den Balken eingesprengten gehärteten Stahlkeiles bildet; sie ruht auf einer Horizontalebene, gleichfalls aus gehärtetem Stahl, der Mittelpfanne. An den Enden sind ebenfalls gehärtete Stahlkeile eingefügt, die aber im Gegensatz zu der Mittelschneide die Schärfen nach oben gerichtet haben, die Endschneiden. Über diese sind Bügel gelegt, die an einem Haken die Schalen zur Aufnahme der Lasten tragen. Auch die Bügel lagern mit gehärteten ebenen Stahlplättchen, den Endpfannen, auf den Schneiden.

Von einer guten Wage verlangt man 1. daß der Balken für sich allein sich horizontal einstellt, daß er ebenfalls horizontal bleibt, wenn beide Seiten gleich belastet werden. — Der Wagebalken darf sich daher nicht im indifferenten Gleichgewicht befinden, sondern nur im stabilen, der Schwerpunkt muß demnach unter der Mittelschneide liegen, dies muß auch noch der Fall sein, wenn in die Schalen Gewichte gelegt sind. Die beiden Balkenarme, — so nennt man entsprechend den Bezeichnungen beim Hebel die Entfernungen zwischen Mittel- und Endschneiden — müssen also gleich gearbeitet und vor allem genau gleich lang sein, die eine Last würde sonst an einem längeren Hebelarm angreifen wie die andere, und die statischen Momente wären trotz der gleichen Belastung ungleich. Stellt Fig. 13 einen Wagebalken vor, so ist c die Mittelschneide, a, b sind die Endschneiden, ac und bc die gleich langen Arme, s der genau vertikal unter c liegende Schwerpunkt.

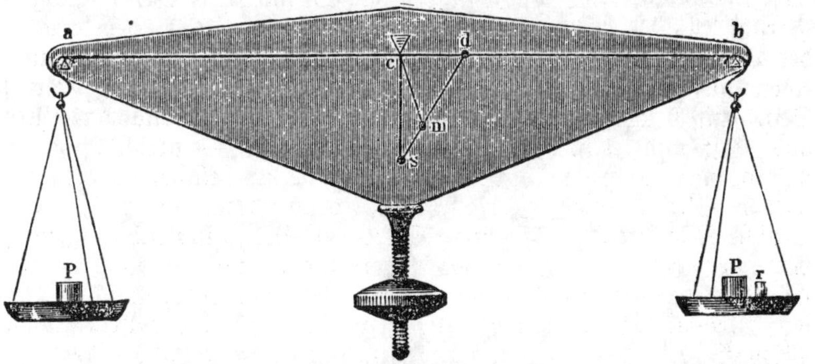

Fig. 13. Schematische Darstellung der Wage.

Legt man jetzt in die beiden Schalen zwei gleiche Gewichte P, so greifen dieselben in a und b an, der gemeinsame Schwerpunkt beider fällt demnach in c, und der gemeinsame Schwerpunkt aller in c wirkenden Massen, also auch des Balkens und der beiden Gewichte mit Schalen und Gehängen, fällt in einen Punkt zwischen c und s. Aus der Figur ersieht man sofort, daß außer der Bedingung der gleichen Länge der Arme auch noch die erfüllt sein muß, daß alle drei Schneiden genau in einer geraden Horizontallinie liegen müssen. Läge b tiefer wie a, und wäre c b keine Horizontale, so würde die Last in b nicht rechtwinklig zum Hebelarm angreifen, es würde demnach nur ein Teil der Last und nicht die ganze wirken. Dasselbe würde eintreten, wenn zwar die drei Schneiden in einer Ebene lägen, aber die Schalen nicht einander parallel hingen, so daß die Kräfte dann unter verschiedenem Winkel angreifen würden.

Man macht deshalb die Aufhängung der Schalen stets so leicht beweglich wie möglich, damit sie sich immer vertikal einstellen. Steht dann der Wagebalken schief, so greifen die Lasten zwar unter einem Winkel an, so daß ein Teil der Last nicht in Wirkung tritt; aber der Verlust ist auf beiden Seiten der gleiche und da es sich nur um Gewichtsvergleichungen handelt, so bleiben die Verhältnisse die nämlichen. Bringt man jetzt auf der rechten Seite ein kleines Übergewicht an, so fällt der Schwerpunkt der beiden Lasten, die in a und b angreifen, nicht mehr mit c zusammen, sondern in d, und der gemeinschaftliche Schwerpunkt nicht mehr in die Linie c s, sondern in die Linie d s in den Punkt m. Da wir ein stabiles System haben, so wird der ganze Wagebalken sich soweit um c drehen, bis m vertikal unter c zu liegen kommt. Der Winkel s c m, um den sich der Balken dreht, heißt der Ausschlagswinkel für die Last r. Dieser Ausschlagswinkel bietet ein

Maß für die Empfindlichkeit der Wage, die um so größer ist, je größer der Ausschlagswinkel im Verhältnis zu dem Gewicht r ist.

Als zweite Bedingung für eine gute Wage ist daher aufzustellen: 2. die Empfindlichkeit muß möglichst groß sein. Dieser Bedingung läßt sich in dreifacher Weise genügen.

Liegt der Schwerpunkt s möglichst nahe unter c, so rückt auch der Punkt m vertikal in die Höhe und der Winkel s c m vergrößert sich infolge dessen. Bei allen guten Wagen ist entweder unterhalb des

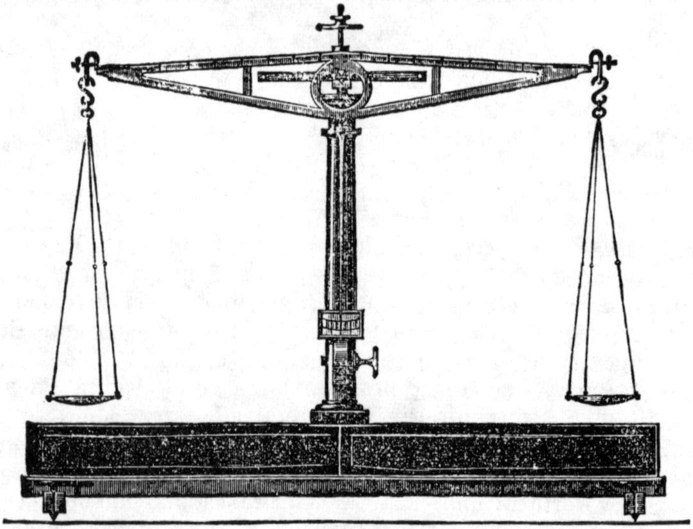

Fig. 14. Präzisionswage.

Balkens wie in Fig. 13 oder oberhalb desselben wie in Fig. 14 eine feine Schraube angebracht, an der man ein kleines Gewicht auf- und abschrauben kann, wodurch man offenbar den Schwerpunkt höher oder tiefer zu rücken im Stande ist, je nachdem man die Empfindlichkeit zu vergrößern oder zu verkleinern wünscht.

Andrerseits nimmt die Empfindlichkeit mit der Länge der Arme zu, denn es ist klar, daß, wenn man c b verlängert, auch d sich weiter von c entfernt, also auch der Punkt m in einer zu c b parallelen Richtung von c s fort rückt und der Winkel s c m sich vergrößert.

Endlich erhöht sich die Empfindlichkeit, wenn man den Wagebalken möglichst leicht wählt.

Der Ausschlag des Wagebalkens, der Winkel s c m wird an einer Skala abgelesen, über welcher sich ein mit dem Wagebalken fest verbundener Zeiger bewegt.

Die Bedingungen für eine hochempfindliche Wage sind somit gegeben; in der Praxis hatte es aber seine Schwierigkeiten, dieselben zu erfüllen. Macht man die Balken zu lang, so wird die Wage ungeschickt und nimmt zu viel Raum ein, außerdem schwingt sie zu langsam. Leicht sucht man die Balken zu machen, indem man dieselben durchbrochen arbeitet, wie Fig. 14 zeigt, aber es muß immer darauf geachtet werden, daß der Balken auch genügende Festigkeit hat, um die Lasten tragen zu können, zu deren Abwägung er verwendet werden soll. Biegt sich der Balken durch, weil er zu schwach ist, so liegen die drei Schneiden nicht mehr in einer Ebene und die Wägungen werden fehlerhaft. Bei kleineren Wagen arbeitet man die Balken ganz aus Aluminium.

Rückt man endlich den Schwerpunkt s zu nahe nach c herauf, so liegt die Gefahr nahe, daß das Gleichgewicht indifferent wird.

Die Erfindung der Wagen ist sicherlich bereits in den ältesten Zeiten gemacht worden, aber wo und von wem, läßt sich auch hier, wie fast überall, wo es sich um die Anfänge der Meßkunde handelt, nicht angeben. Die älteste Methode des Wägens bestand wohl darin, daß man auf die eine, gewöhnlich die rechte Schale die Last legte und dann auf die andere Schale so lange Gewichte that, bis das Gleichgewicht wieder hergestellt war. Auf diese Weise war die Schwere der Last sofort aus den Gewichten abzulesen, ausgedrückt in Teilen oder Vielfachen der Gewichtseinheit. Legt man auf die rechte Schale ein Stück Fleisch und muß die linke Schale mit 2,5 kg belastet werden, damit die Zunge wieder in der Mitte der Skala einspielt, so wiegt das Fleisch 2,5 kg. Für den gewöhnlichen Handel genügt dieses alte einfache Verfahren auch heute noch vollkommen, denn ob der Kaufmann 1 g Butter mehr oder weniger auf 1 kg giebt, ist sowohl ihm, wie dem Käufer ziemlich gleichgültig; sollen aber Edelmetalle abgewogen werden, oder handelt es sich überhaupt um wertvollere Gegenstände, so spielen bereits Milligramme eine Rolle, und da genügt dieses Verfahren nicht.

Die Wagearme absolut gleich lang zu machen, ist ein Problem, welches selbst die moderne Technik noch nicht gelöst hat, und wenn auch dies gelingen sollte, so werden dennoch die Balkenarme während der Wägung Veränderungen unterworfen sein. Befindet sich beispielsweise der linke Arm näher dem Fenster, der rechte näher einer Wärmequelle, so wird der linke Arm kälter sein, als der rechte, oder, da alle Körper durch die Wärme ausgedehnt werden, so wird der linke Arm auch kürzer sein, als der rechte; die rechts liegende Last wirkt also an einem längeren Hebelarm, als die links liegenden Gewichte, die statischen Momente sind bereits gleich, wenn die Last noch leichter ist, als die Summe der Gewichte; die Last erscheint schwerer, als sie in der That ist. Andrerseits, wenn die Last aus einem Stück besteht, so nähert man sich beim Aufsetzen derselben nur einmal dem rechten Wagenarm; hat man 7 Gewichte nöthig, um die Zunge zum Einspielen zu bringen, sie auszutarieren, so nähert man die Hand dem linken Balkenarm siebenmal und bei der großen Empfindlichkeit des Metalls gegen Wärme=

einflüsse, wird sich der linke Arm durch die Handwärme ungleich stärker ausdehnen, wie der rechte; man erhält ein zu geringes Gewicht für die Last. Gegen Erwärmung von außen, sowie gegen Luftströmungen, wie sie entstehen, wenn z. B. die Thür des Wagenzimmers geöffnet wird, hat man sich zu schützen gesucht, indem man die Wagen mit einem Umschlußkasten versieht, gegen die Handwärme, indem man die Gewichte mit Pinzetten anfaßt und aufsetzt, aber erst die Erfindung der Bordaschen Wägungsmethode führte zu genaueren Resultaten.

Borda's Methode sucht die niemals zu umgehenden konstruktiven Unzulänglichkeiten der Wage, sowie die von außen herantretenden Störungen des Verfahrens durch die Anordnung der Beobachtungen aufzuheben. Auf die rechte Schale wird zuerst das Normalgewicht gesetzt und durch links aufzulegende gewöhnliche Gewichtsstücke austariert. Dann wird nach Ablesung der Gleichgewichtslage an der Wagenskala rechts das Normal durch die Last, ein Gewichtsstück oder was sonst bestimmt werden soll, ersetzt und werden rechts oder links soviel Zulagegewichte hinzugefügt, bis wieder Gleichgewicht eintritt. Endlich wird rückwärts dieselbe Anordnung wiederholt. Sei das Normalgewicht N, das zu bestimmende P, die Zulage z, so hat man auf der rechten Schale nach einander N, P + z, P + z, N. Durch diese Methode werden in der That viele Ungenauigkeiten vermieden. Wäre z. B. der rechte Walkebalken länger wie der linke, so würde beim Austarieren links allerdings mehr hinaufgelegt werden müssen, als der Schwere des Stückes entspricht, aber da ja P auf dieselbe Schale kommt, so würde dieser Konstruktionsfehler bei N und P genau gleich wirken, P + z also genau so schwer sein müssen, wie N. Oder wenn z. B. der linke Balken während der Wägung sich durch Wärmeeinflüsse stetig verlängerte, so würde freilich links die Tara scheinbar immer schwerer werden, aber beim Wiederaufsetzen des Normals würde der Fehler sich bemerkbar machen, und in der Rechnung würde er verschwinden. Nämlich so: gegeben sein 2 Kilogrammstücke, das fehlerfreie Normal, das zweite um 5 mg zu leicht. Jetzt legt man erst das Normal auf, tariert aus, bis Gleichgewicht eingetreten ist, nimmt das Normal herunter, und legt das zweite Kilogramm auf die rechte Schale, dann werden zunächst rechts noch 5 mg zugelegt werden müssen, damit wieder Gleichgewicht eintritt. Nun soll aber der linke Balkenarm sich soweit verlängert haben, daß rechts noch 1 mg nöthig ist, um dieses scheinbare Schwererwerden der Tara auszugleichen, es müssen also rechts 6 mg zu gefügt werden. Bei der folgenden Wägung ist der Arm abermals länger geworden um denselben Betrag, wenn also das zweite Kilogramm der Vorschrift gemäß abermals aufgesetzt wird, so müssen 7 mg hinzugefügt werden.

Jetzt kommt das Normal an die Reihe und da der Balken sich fortgesetzt verlängert, stimmt die Tara nicht mehr, sondern zu dem Normal müssen 3 mg hinzugethan werden, bis Gleichgewicht eintritt. Die Wägung ist also fehlerhaft, aber durch die Anordnung geht der

Fehler heraus, denn, wenn beim Anfang der Beobachtung rechts nur N stand, beim Ende (N + 3) mg, so hätte, wenn in der Mitte der verflossenen Zeit das Normal aufgesetzt worden wäre, 1 kg + 1 $^1/_2$ mg aufgelegt werden müssen, ebenso wenn beim ersten Hinsetzen des zweiten Kilogramms 6 mg Zulage waren, beim zweiten Auflegen dagegen 7 mg, so wären in der Mitte der Zeit 1 kg + 6 $^1/_2$ mg zur Erzeugung des Gleichgewichts nöthig gewesen. Also für die Mitte der Wägung beträgt der Unterschied der beiden Gewichte (1 kg + 6 $^1/_2$ mg) — 1 kg + 1 $^1/_2$ mg = 5 mg. Trotz der fehlerhaften Wägung ist also das Ergebnis ein richtiges, denn es war vorausgesetzt, daß das zweite Kilo um 5 mg leichter sei als das Normal.

Gauß erfand eine noch genauere Methode. Er vermeidet die Tara ganz. Sei das Normal wieder N, das andere Gewicht P, so legt er erst links N, rechts P auf, dann werden die Gewichte vertauscht, also links P, rechts N aufgelegt, dieselbe Wägung wiederholt, endlich abermals links N, rechts P. Auf die Vorzüge dieser Methode, sowie auf ganz feine Wägungen im luftleeren Raum einzugehen, würde hier zu weit führen. Um die störenden Wärmewirkungen des Beobachters auszuschalten, beobachtet man durch ein Fernrohr aus 1 bis 2 m Entfernung, aus derselben Entfernung kann man durch Hebelvorrichtungen die Gewichte auffsetzen und abnehmen, sie umtauschen, daß das linke nach rechts und das rechte nach links kommt, ohne daß der Beobachter an die Wage herantritt, endlich können auch die Zulagegewichte auf dieselbe Weise hinzugefügt werden. Für letztere hat man noch eine besondere Vorrichtung getroffen. Namentlich bei Chemikerwagen findet man oft jeden Balkenarm in 10 gleichmäßige Teile geteilt und mit Kerben versehen (siehe Fig. 14), in welche spitzwinklig gebogene Drahtstückchen eingesetzt werden können. Bei dieser Einrichtung braucht man für die Zulagegewichte immer an Stelle mehrerer nur ein Stück und das Tarieren geht äußerst schnell, denn dasselbe Stück von beispielsweise 10 mg Schwere, wiegt am Ende des Balkens, am ganzen Hebelarm soviel, wie 10 mg auf der Schale; hängt man es aber in die fünfte Kerbe, so wirkt es nur an einem halb so langen Hebelarm, wird also auf der Schale der anderen Seite durch 5 mg im Gleichgewicht gehalten. Mit demselben Gewichtsstück oder Reiter, wie diese Drähte genannt werden, kann man also je nach der Kerbe, in welche man sie hineinsetzt 1 mg, 2 mg u. s. w. bis 10 mg wiegen. Bei derselben Wage sind also hier gleichzeitig für die auf den Schalen liegenden Gewichte, die Gesetze des gleicharmigen, für die auf dem Balken reitenden, die des ungleicharmigen Hebels benutzt. Für feinere Wägungen sind nur gleicharmige Wagen in Gebrauch, wo es aber weniger auf Genauigkeit als auf Schnelligkeit ankommt, greift man gern zu ungleicharmigen.

Die ungleicharmigen Wagen, die man auch Schnell- oder Hökerwagen nennt, sind meist so eingerichtet, daß die Mittelschneide, um welche sich der Balken dreht, sowie eine Endschneide, auf welcher die für die Last bestimmte Schale aufsitzt, fest eingelassen sind; der Hebelarm, an welchem die Last hängt, ist also unveränderlich, auf dem eingeteilten zweiten Arme läßt sich ein Gewicht verschieben. Ist der rechte Arm CE, Fig. 15, ein Zehntel des linken, und ist der zehnmal so lange linke Arm in 10 Teile geteilt, so kann man durch Anhängen eines 1 kg Stückes

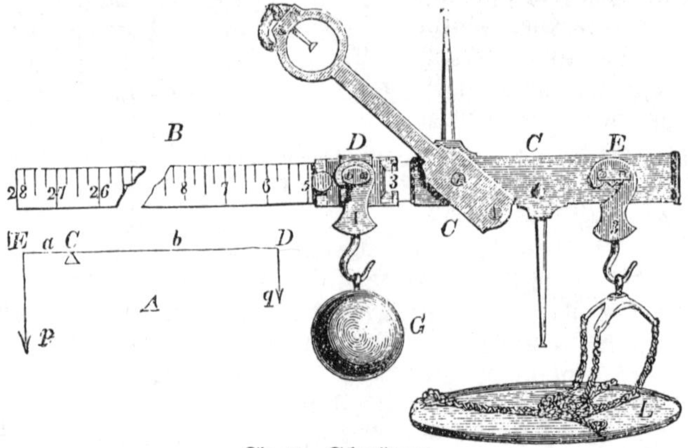

Fig. 15. Schnellwage.

an D Lasten von 1 bis 10 Kilogramm Schwere wägen. Ist die Last größer, so wählt man G 10 kg schwer, und kann dann durch Verschieben von D mit G Lasten bis 100 kg abwägen. Die einzelnen Zehntel des linken Armes sind meist noch in Unterabschnitte geteilt, so daß man auch kleinere Gewichte noch ablesen kann. Ist der Abstand zwischen zwei Hauptstrichen z. B. abermals in 10 Abschnitte geteilt, und mußte man D bis zum 7. Strich hinter dem 4. Hauptstrich schieben, bis Gleichgewicht vorhanden ist, so würde die Last unter der Voraussetzung, daß G gleich 1 kg, alsdann 4,7 kg wiegen; wäre G = 10 kg, so wöge sie 47 Kilogramm. Bei vielen Wagen, wie auch bei Fig. 15, ist noch ein zweiter Unterstützungspunkt C vorhanden. In E ist eine Doppelschneide, eine nach oben, die andere nach unten gerichtet; man kehrt den ganzen Balken um, hängt die Schale wieder an und hängt die Wage an dem zweiten, E näheren Punkt C auf. Dadurch ist das Hebelverhältnis geändert; war vorher der linke Arm 10 mal so lang wie der rechte, so wird er jetzt meist 20 mal so lang sein. Der Balken trägt auf der anderen Seite ebenfalls noch eine zweite Teilung, und man kann nunmehr mit 1 kg Gewicht 20 kg Last wägen. Mit diesen Einrichtungen ist die Schnellwage ein außerordentlich bequemes Hilfsmittel zum Abwägen von Lasten innerhalb sehr weiter Grenzen der Schwere. Schnellwagen aus Elfenbeinstäbchen hatten übrigens schon die alten Chinesen. Jüngeren Datums sind eine zweite Klasse ungleicharmiger Wagen, bei denen im Gegensatz zu den eben beschriebenen das Verhältnis der beiden Hebelarme ein konstantes, sich gleichbleibendes ist, die sogenannten Brückenwagen. Schon im vorigen Jahrhundert gab es mehrere derartige Konstruktionen, die aber so schwerfällig waren, daß sie sich keinen Eingang zu verschaffen vermochten. Erst dem Mechaniker Quintenz in Straßburg gelang es 1823 sie in einer Form herzustellen, die ihnen schnell zu großer Verbreitung verhalf. Fig. 16 giebt eine Ansicht dieser Straßburger Wage, schematisch dargestellt. Bei der Brückenwage sind hauptsächlich einarmige Hebel in Anwendung gebracht; auch bei diesen findet Gleichgewicht statt, wenn die statischen Momente gleich sind, nur müssen hier, da beide Kräfte auf derselben Seite des Drehungspunktes angreifen, die Kräfte entgegengesetzte Richtung haben.

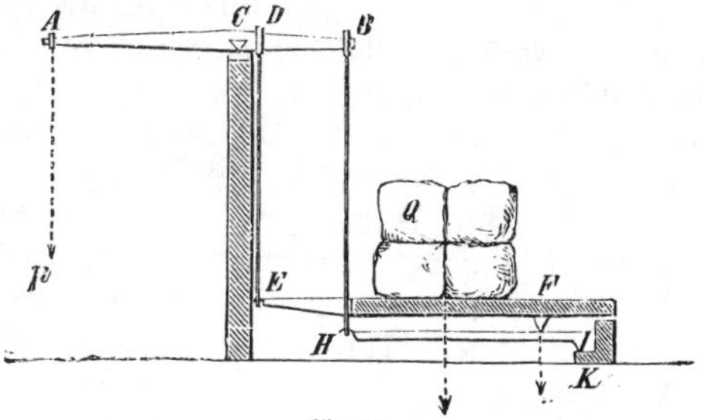

Fig. 16.
Brückenwage.

Drückt eine Last nach unten, so kann dieselbe nur aufgehoben werden durch einen Zug nach oben. Wie man aus der Abbildung ersieht, ist die horizontale Brücke (der einarmige Lasthebel) mit dem vorderen Ende E aufgehängt an der vertikalen Stange DE. Diese ist in D an dem Wagebalken AB befestigt, während das hintere Ende mittelst einer Schneide F auf einem zweiten einarmigen Hebel HK, dem Traghebel aufruht. Auch dieser hängt an einer senkrechten Stange HB, welche frei durch die Brücke hindurchgeht und bei B an einem Ende mit dem Wagebalken verbunden ist, während das andere sich um die Schneide K dreht. Legt man auf die Brücke eine Last Q, so wird ein Teil derselben sich bemerkbar machen als Zug p an der Stange ED, ein anderer als Druck q auf die Schneide F wirken, dann ist $Q = p + q$. Das Verhältnis der Hebellängen ist so gewählt, daß CD zu CB im gleichen Verhältnisse steht wie KF zu KH. Beispielsweise sei CB zehnmal so lang als CD, also auch KH zehnmal so lang als KF. Dann würde ein in B wirkender Zug nach oben in Größe von $p/_{10}$ dem Zuge nach unten p, den die Stange DE ausübt, gerade das Gleichgewicht halten, und dieser Teil der Last wäre aufgehoben. Der Teil q drückt durch die Schneide F auf den Traghebel KH und ruft wegen des Verhältnisses von KF zu HF durch Vermittelung der Stange HB in B einen Zug nach unten hervor gleich $q/_{10}$. Ließe man also in B einen Zug nach oben wirken gleich $q/_{10} + p/_{10} = Q/_{10}$, so wäre die ganze Last Q aufgehoben. Diesen Zug bringt man hervor, indem man die andere Seite des Wagebalkens belastet. Wäre CB = CA, also wäre AB ein gleicharmiger Hebel, so brauchte man in eine bei A hängende Schale nur ein Zehntel der Gewichtsmenge auflegen, welche die Last Q wiegt. Dies findet bei den Dezimalwagen statt, macht man noch AC zehnmal so lang wie CB, so braucht man in der Gewichtsschale nur ein Hundertstel der Last, 1 Zentner wird durch 1 Pfund abgewogen, man nennt diese Wage Zentesimalwage. Bei einer gut gearbeiteten Brückenwage muß im unbelasteten Zustande der Balken AB horizontal liegen, die Brücke muß bei den Schwingungen des Balkens, bei ihrer Hebung und Senkung stets horizontal bleiben, endlich muß es gleich sein, auf welche Stelle der Brücke man die Last auflegt.

Als letzte Anwendung der Hebelgesetze sei noch die Tafelwage angeführt, die bei Kaufleuten und in der Wirtschaft vielfach in Gebrauch ist, sowie die Zeigerwage, wie sie namentlich als Briefwage Verwendung findet. Beide bedürfen nach dem Vorangegangenen weiter keiner Erläuterung.

Auf ganz anderen Prinzipien beruhen die Federwagen, sowie alle Wagen von elastischen Körpern. Wirklich in die Praxis eingeführt haben sich nur die Federwagen. Sie haben sich vielfach deshalb in Familien eingebürgert, weil zu ihrer Benutzung keine Gewichte erforderlich sind. Die Feder, mag sie nun spiralig oder kreisförmig oder sonstwie gebogen sein, setzt vermöge ihrer Elastizität den Versuchen, sie weiter zusammen zu drücken, oder auseinander zu ziehen, einen gewissen Widerstand entgegen. Hängt man z. B. an eine Spiralfeder, die mit ihrem oberen Ende befestigt ist, unten 1 kg an, so wird sich dieselbe, wenn sie genügend stark ist, nur um einen kleinen Bruchteil ihrer Länge ausdehnen; soll sie sich noch mehr verlängern, so muß ein neues Gewicht hinzukommen u. s. w. Wenn man einen Zeiger fest mit der Skala verbindet, so kann man neben demselben auf einer Skala Marken anbringen, auf welche er weist, wenn die Feder mit ein, zwei u. s. w. Kilogramm belastet ist. Fig. 17 zeigt eine solche Wage, bei der die Feder zusammen gedrückt wird. Auch als Zugkraftmesser namentlich für Dampfmaschinen finden diese Federn vielfach Verwendung. Alle Federwagen aber haben den Nachteil, daß die Federn, wenn sie häufig gebraucht werden, allmählich in ihrer Spannung nachlassen und schlaffer werden.

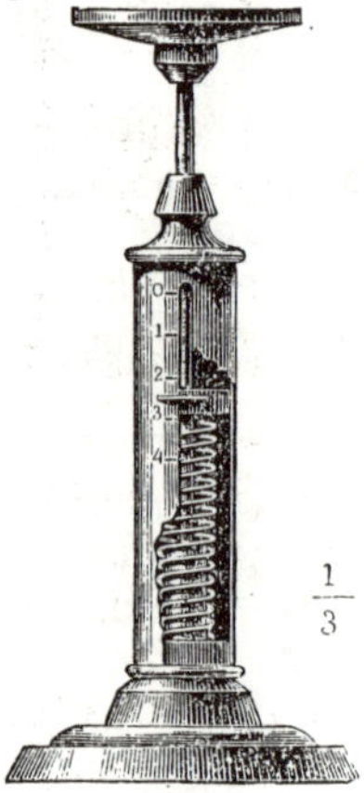
$\frac{1}{3}$

Fig. 17. Federwage.

Ebenfalls zu den Wagen rechnet man ein Instrument, welches dazu dient, Dichten zu bestimmen, das Aräometer oder die Senkwage. Dieselbe beruht auf hydrostatischen Prinzipien.

Jeder Körper verliert in einer Flüssigkeit soviel an Gewicht, als das Volumen der von ihm verdrängten Flüssigkeitsmenge wiegt, oder anders ausgedrückt: ein in eine Flüssigkeit getauchter Körper wird mit einer Kraft emporgehoben, welche dem Gewicht der Flüssigkeitsmenge gleich ist, welche durch den eingetauchten Teil des Körpers aus seiner Stelle verdrängt ist. Dieser Flüssigkeitsauftrieb ist abhängig von der Dichte der Flüssigkeit, je dichter die Flüssigkeit, um so größer der Auftrieb. Als Einheit der Dichte nimmt man die des Wassers bei 4° C. Wenn man also von der Dichte eines Körpers spricht, so meint man die Zahl, welche angiebt, wieviel mal schwerer oder leichter der Körper ist als Wasser von 4°. Aräometer lassen also zweierlei bestimmen, einerseits Volumina, andrerseits Dichten. Man benutzt zwei Arten von Aräometern, Gewichtsaräometer und Skalenaräometer. Als Vertreter der ersten Gattung möge die Nicholson'sche Senkwage dienen (Fig. 18). Dieselbe besteht aus einem messingenen Hohlkörper B, der unten ein kleines Sieb trägt, oben ein feines Stäbchen mit einer ringsherum gehenden Marke und einem Schälchen A. Das Instrument ist so eingerichtet, daß es in Wasser nur bis zum Anfang des Stäbchens eintaucht. Legt man einen Körper oben in die Schale, so wird es tiefer einsinken, man legt nun noch soviel Gewichte zu, bis die Marke O genau im Flüssigkeitsspiegel liegt. Nimmt man den Körper wieder herunter und legt so lange Gewichte auf, bis die Marke abermals den Flüssigkeitsspiegel trifft, so geben die zugelegten Gewichte die Schwere des Körpers. Thut man dann den Körper in das Sieb, so wird er leichter und abermals müssen auf das Schälchen Gewichte gelegt werden, wenn die Senkwage bis zur Marke eintauchen soll. Damit hat man den Gewichtsverlust im Wasser, oder was dasselbe ist das Gewicht, welches ein dem Körper gleiche Wassermenge hat. Wog der Körper im Schälchen 9 g, betrug der Gewichtsverlust im Wasser 3 g, so ist das Volumen des Körpers 3 ccm, seine Dichte (spezifisches Gewicht) 9/3 = 3.

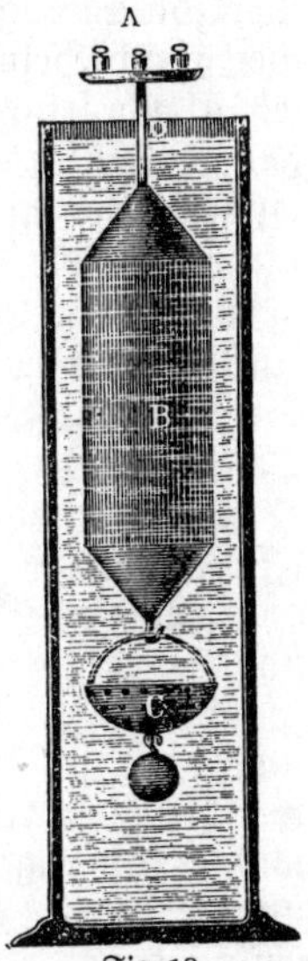

Fig. 18.
Nicholsons Aräometer.

Dieses Verfahren ist ein äußerst umständliches und beschwerliches, und da es noch andere bessere Methoden zur Volumen- und Dichtenbestimmung giebt, so sind die Nicholson'schen Wagen wenig in Gebrauch. Das erste Gewichtsaräometer erfand übrigens Moncong, Arzt in Lyon († 1665), es wurde dann von Fahrenheit in vollkommenerer Gestalt eingeführt, doch ist Nicholsons Form die beste.

Weit bequemer als die Gewichtsaräometer sind die jetzt mehr in Aufnahme kommenden Skalenaräometer, die darauf beruhen, daß ein Körper, dessen Gewicht unveränderlich bleibt, in Flüssigkeiten von verschiednem spezifischen Gewicht verschieden tief einsinkt. An einen cylindrischen hohlen Glaskörper ist unten ein Glasgefäß angeblasen, das mit Quecksilber gefüllt ist, damit der Schwerpunkt des ganzen Instrumentes möglichst tief liege, das Aräometer also möglichst senkrecht schwimme. Oben läuft der Glaskörper in eine feine cylindrische Röhre, die Spindel aus, welche im Innern eine Skala trägt. Der Anfang der Skalenaräometer ist bis in das hohe Altertum hinein zu verfolgen; sicher ist, daß schon Archimedes († 212 v. Chr.) ein gut konstruirtes Aräometer von Blech mit einer in Grade geteilten Skala entweder erfand oder mindestens gebrauchte. In Deutschland wurden sie besonders zur Bestimmung des Salzgehaltes der Sole benutzt, und als hölzerne Cylinder, unten mit Blei ausgegossen, hergestellt. Jetzt dienen sie den allerverschiedensten Zwecken. Ein Normalinstrument stellt man in der Weise her, daß man von einer Flüssigkeit sich auf irgend eine Weise das spezifische Gewicht bestimmt, dann das Aräometer in dieselbe Flüssigkeit hineinsenkt und dem Punkt, bis zu welchem das Aräometer eintaucht, die Bezeichnung des spezifischen Gewichts der Flüssigkeit beifügt. In einer leichteren Flüssigkeit hat das Aräometer geringeren Auftrieb, wird also tiefer einsinken, in einer schwereren weniger tief. Steckt man z. B. ein Aräometer zuerst in Wasser, so wird man den Punkt bis zu dem es einsinkt mit 1,00 bezeichnen, in Petroleum sinkt es tiefer ein bis zu einem Punkte der entsprechend der Dichte der Flüssigkeit die Bezeichnung 0,82 erhalten würde. Hat man sich auf diese Weise ein solches Instrument hergestellt, so kann man wieder umgekehrt, wenn man dasselbe in eine Flüssigkeit eintaucht, sofort das spezifische Gewicht an der Skala ablesen. Dies Verfahren ist so einfach und geht so leicht und schnell vor sich, daß die Skalenaräometer die weiteste Verbreitung gefunden haben. Ebenso wie für spezifische Gewichte kann man die Aräometer natürlich auch für Prozente einrichten und je nach der Flüssigkeit für welche sie bestimmt sind, tragen sie verschiedene Namen. So zeigt ein Gewichtsalkoholometer, wieviel Gewichtsteile Alkohol in hundert Gewichtsteilen einer Mischung von Alkohol mit Wasser enthalten sind, ein Saccharimeter wieviel Gewichtsteile Zucker in hundert Gewichtsteilen einer Zuckerlösung sich befinden u. s. w., kurz fast auf allen Gebieten, wo es sich um die Wertbestimmung von Flüssigkeiten durch die Dichte derselben handelt, trifft man auf Skalenaräometer.

Die Apparate zur Wärmemessung.

Alle Körper haben die Eigenschaft, bei der Erwärmung sich auszudehnen, bei der Erkaltung sich wieder zusammenzuziehen, wie schon mehrfach erwähnt wurde. Diese Thatsache war schon im Altertum bekannt, aber erst im 16. Jahrhundert kam der Holländer Cornelius Drebbel auf den Gedanken, dieselbe nun auch zu der Messung der Wärme anzuwenden. Das Drebbelsche Instrument bestand aus einer dünnen Glasröhre, an welche oben eine Kugel angeblasen war, das untere offene Ende war in ein Gefäß gesteckt, in welchem sich eine Lösung von Kupfer in verdünntem Scheidewasser befand. In Folge des Luftdrucks (siehe auch Seite 29) drang die Flüssigkeit in die Röhre bis zu einer gewissen Höhe; wurde aber die Luft in der Kugel erwärmt, so dehnte sie sich aus und zwang die Flüssigkeit zu sinken; bei abnehmender Wärme zog sich die Luft wieder zusammen und die Flüssigkeit konnte steigen. Die Höhe der Flüssigkeitssäule konnte man an einer Skala ablesen und also die Wärme in Teilen dieser Skala angeben.

Das Thermometer in seiner heutigen Form ist eine Erfindung der Florentiner Akademie oder der Academia del Cimento. Es bestand aus einer Kugel mit einer sogenannten Thermometerröhre, war mit Weingeist gefüllt und auf einer Skala befestigt, welche in Folge der Ausdehnung oder Zusammenziehung dieser Flüssigkeit die Vermehrung oder Verminderung der Wärme anzeigte. Hier wurde also bereits die Ausdehnung von Flüssigkeiten benutzt und noch heute sind im praktischen Leben alle, im Laboratorium die meisten Thermometer mit Quecksilber oder Alkohol gefüllt. Man nimmt hierbei an, daß die genannten Flüssigkeiten sich sehr gleichmäßig mit der Temperatur ausdehnen. Dies ist nur in beschränktem, aber für die Praxis im allgemeinen ausreichendem Maße richtig. Beide Flüssigkeiten haben ihre Vorzüge und ihre Nachtheile. Quecksilber gefriert bereits bei —38° C., es wird dann fest; also unterhalb dieser Temperatur kann nur ein Weingeistthermometer angewendet werden. Andrerseits siedet der reine Weingeist bereits bei 78,3° C.; er verwandelt sich in Dampf; also oberhalb dieser Grenze kann nur ein Quecksilberthermometer benutzt werden; Quecksilber siedet erst bei 360°; darüber hinaus bedient man sich der Gasthermometer.

Die Instrumente der Akademie bedeuteten allerdings einen Fortschritt, aber ihre Skala war eine ganz willkürliche; sollten die Thermometer einen praktischen und wissenschaftlichen Wert erlangen, so mußte eine Einheit für diese Skala geschaffen werden und ein Ausgangspunkt, von dem man zählte. Was lag näher, als daß man auch hierbei die Eigenschaften des Wassers benutzte, des Körpers, der im täglichen Leben eine so hervorragende Rolle spielte. Drei Forscher versuchten die Lösung der Aufgabe. Als erster Fahrenheit in Danzig um das Jahr 1714. Dieser steckte sein Thermometer in eine Mischung von Schnee und Salz und nannte den Punkt, an welchem die Flüssigkeit sich einstellte, 0, dann steckte er dasselbe Thermometer in siedendes Wasser und bezeichnete diesen Siedepunkt mit 212. Damit war die Willkür noch nicht behoben, denn durch die Einführung der Salzschneemischung war wieder eine Künstelei hineingebracht. Réaumur und Celsius nahmen beide als ersten festen Punkt die Temperatur des schmelzenden Eises, die sich überaus lange konstant erhält, so lange, wie überhaupt in dem Schmelzwasser noch Eis vorhanden ist; den zweiten Fixpunkt wählten sie in Uebereinstimmung mit Fahrenheit. Réaumur teilte das Intervall zwischen dem Gefrierpunkt und dem

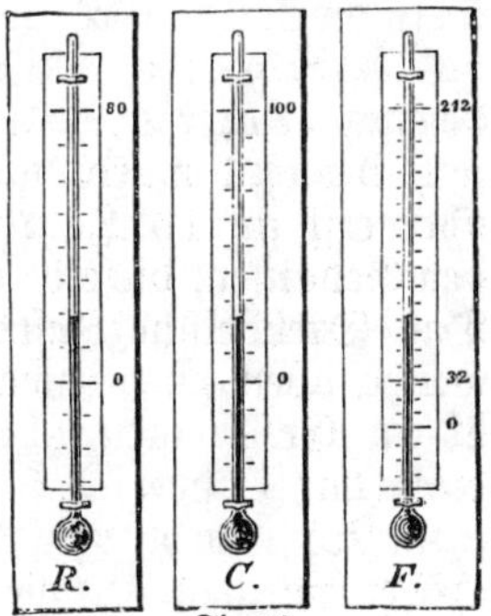

Fig. 19.
Die drei Thermometerskalen

Siedepunkt in 80, Celsius in 100 Grade. Wir haben also heute 3 Thermometerskalen: die Fahrenheitsche mit 212 Graden zeigt bei der Temperatur des schmelzenden Eises + 32°, beim Siedepunkt 212 (Fig. 19), die Réaumursche zeigt entsprechend 0 und 80°, die Celsiussche, in ihrer heutigen Form Zentesimal- oder hundertteilige Skala genannt, entsprechend 0 und 100°. Die Wärmegrade über 0 werden mit +, diejenigen unter 0 mit — bezeichnet. Die Fahrenheitschen Thermometer haben den Vorzug, daß die in unseren Breiten üblichen Kältegrade fast durchweg über 0 liegen, sind aber sonst höchst unpraktisch; sie werden in England und Amerika benutzt. Reaumursche Thermometer haben sich besonders in Deutschland eingeführt; Celsius hat mit der Hundertteilung das allein Richtige getroffen und ist deshalb auch allein von der Wissenschaft angenommen.

Von einem guten Thermometer verlangt man, daß die Fixpunkte gut eingestellt sind, und das Intervall zwischen denselben richtig geteilt ist, kurz, daß es richtige Angaben mache. Daneben soll es aber auch möglichst empfindlich sein, d. h., es soll die Temperatur der Umgebung möglichst schnell annehmen und einer geringen Temperaturänderung soll eine möglichst große Änderung der Höhe der Flüssigkeitssäule entsprechen. Ersteres erreicht man, wenn die Wandungen des Thermometergefäßes, der Thermometerkugel möglichst dünn gemacht werden, letzteres, wenn man das Gefäß möglichst groß und die Röhre, die Kapillare, möglichst eng wählt. Soll das Thermometer richtig zeigen, so muß ferner die Kapillare genau kalibrisch d. h. von Anfang bis zum Ende innen gleich weit sein, und endlich darf keine Luft eingeschlossen sein. Ist nicht alle Luft entfernt, so wird sie beim Ansteigen der Flüssigkeitssäule zusammengepreßt und übt auf dieselbe einen Druck aus, die Flüssigkeit kann also nicht so hoch steigen, wie es dem Wärmegrad der Umgebung entspricht. In Frankreich pflegt man die Teilung auf der Kapillarröhre selbst anzubringen, (Stabthermometer), während man in Deutschland die Kapillare noch mit einer weiteren Röhre umhüllt, in welcher hinter der Kapillare eine Milchglasskala befestigt ist (Umschlußthermometer). Bei den gewöhnlichen Thermometern ist die Kapillare auf einer Holz-, Milchglas- oder Metall-Elfenbein- u. s. w. Skala befestigt, nur die Badethermometer sind meist Umschlußthermometer.

Neben den Flüssigkeitsthermometern haben auch Metallthermometer Eingang gefunden. Am einfachsten wäre es, hinter einem Metallstab eine Skala anzubringen und die Länge des Stabes bei verschiedenen Temperaturen abzulesen, wie man die Höhe der Flüssigkeitssäule abliest. Die Ausdehnung des Metalles ist indessen zu gering, so daß kleinere Wärmeänderungen überhaupt nicht bemerkbar werden würden. Man lötet daher zwei Metallstreifen von ungleicher Ausdehnung in Form einer Spiralfeder zusammen, so daß das Metall mit stärkerer Ausdehnung sich außen befindet, das mit geringerer Ausdehnung auf der inneren Seite, dann wird die Krümmung der Spirale vergrößert bei

Temperaturerhöhung, verringert dagegen bei Temperaturerniedrigung. Ist dann die Spirale an einem Ende befestigt, so kann nur das andere Ende eine Bewegung ausführen und ein an demselben befestigter Zeiger, der über einer kreisförmigen Skala sich bewegt, zeigt die Temperaturänderungen. Die Teilung der Skala kann durch Vergleichung mit einem Quecksilberthermometer hergestellt werden. Breguet, der berühmte Erfinder der Kompensationsspiralen bei Uhren, wendete für thermometrische Zwecke eine Spirale an, (Fig. 20), welche aus Silber und Gold oder Platin zusammengelötet war, so zwar, daß Silber außen und Platin innen war. Neben der Breguetschen Form giebt es noch eine ganze Reihe anderer Konstruktionen von Metallthermometern.

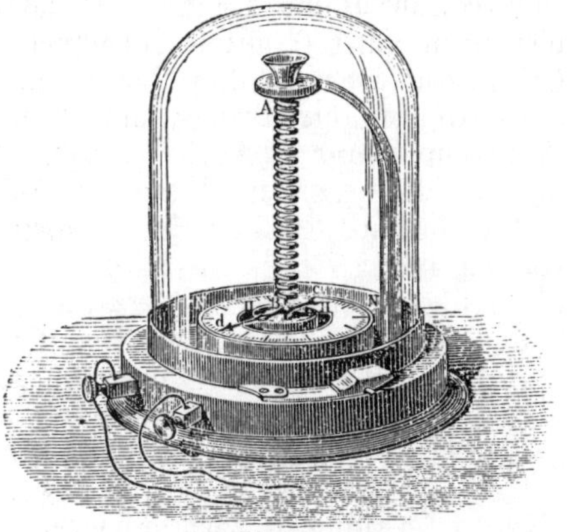

Fig. 20.
Metallthermometer.

Ebenso wie man die Ausdehnung der festen und flüssigen Körper zur Messung von Wärmeunterschieden benutzt, kann man natürlich auch die der luftförmigen verwerthen, und ebenso wie man Metallthermometer und Flüssigkeitsthermometer in Anwendung bringt, hat man auch Luftthermometer konstruirt. Diese sind sogar die einzigen, welche ziemlich für alle Temperaturen gleichmäßig sich verwerthen lassen. Die Gase dehnen sich fast genau gleichmäßig mit der Temperatur aus und zwar alle in gleicher Weise für jeden Temperaturgrad um 1/273 des von ihnen bei 0° erfüllten Raumes. Daraus folgt, daß bei — 273° das Volumen der Gase theoretisch gleich 0 sein müßte, sie wären bis auf ein Nichts zusammengezogen; man nennt daher die Temperatur — 273° C. den absoluten Nullpunkt. Die Temperaturmessungen selbst mit dem Luftthermometer sind nicht einfach, sondern erfordern physikalische Kenntnisse und mancherlei Rechnungen, diese Instrumente finden daher auch nur in Laboratorien und auch da nur für spezielle Untersuchungen Anwendung.

Die Apparate zur Messung des Luftdruckes.

Die Erde ist rings umhüllt von einem Luftmeere, der Atmosphäre, das sich weit in den Weltenraum hinaus erstreckt und allmählich immer dünner und dünner werdend, eine Höhe von etwa 75 bis 80 Kilometern erreicht. Früher hielt man die Luft für gewichtslos, aber daß dieselbe ebenso dem Gesetz der Schwere unterworfen ist, wie jeder andere Körper, davon kann man sich durch einen sehr einfachen Versuch überzeugen. Man wägt ein durch einen Hahn luftdicht abgeschlossenes Gefäß zunächst so ab, wie es ist; dann öffnet man den Hahn und saugt die Luft mit einer Luftpumpe oder dem Munde vollkommen aus, schließt schnell den Hahn, damit keine Luft wieder eindringt, und wägt abermals und man wird sich sofort überzeugen, daß für jeden Liter Luft das Gefäß um 1,2 g leichter geworden ist. Wog es mit Luft 3 kg und hatte es 10 l Inhalt, so wiegt es nachher nur noch 2988 g, die ausgepumpte Luft wiegt also 12 g.

Als einst die Brunnenmacher in Florenz in einem Brunnensaugrohre das Wasser über 32 Fuß hoch heben wollten, bemerkten sie zu ihrem nicht geringen Erstaunen, daß das Wasser nicht höher steigen wollte, sie mochten noch so viel pumpen. Man erklärte damals das Aufsteigen der Flüssigkeit in Pumpen in der Weise, daß man meinte, wenn über dem Wasser die Luft weggesaugt werde, so steige das Wasser nach, weil die Natur eine Angst vor leeren Räumen habe (horror vacui). Dieser horror vacui schien also in einer Höhe von 32 Fuß sein Ende gefunden zu haben. Galilei, den man um Rat fragte, glaubte schon damals nicht an diese Erklärung der Brunnenbauer und glaubte in der Schwere der Luft den richtigen Beweggrund gefunden zu haben; aber erst sein Schüler Torricelli, geb. 1643, brachte entscheidende Beweise dafür und erfand auch gleichzeitig ein Instrument, den Luftdruck zu bestimmen, das Barometer. Nach einem physikalischen Gesetz, demjenigen der kommunizierenden Röhren, halten sich zwei Flüssigkeitssäulen das Gleichgewicht, wenn die Höhen der beiden Säulen sich umgekehrt verhalten, wie die spezifischen Gewichte. Dies Gesetz läßt sich leicht durch einen Versuch beweisen. Füllt man in eine zweischenklige Röhre (Fig. 21) zunächst Quecksilber, so stellt die Flüssigkeit sich in beiden Schenkeln so ein, daß die Höhen der Flüssigkeitssäulen genau dieselben sind, denn die Flüssigkeit ist in beiden Schenkeln dieselbe. Füllt man aber jetzt in den längeren Schenkel Wasser, so tritt folgendes ein. Denkt man sich durch die Berührungsstelle von Quecksilber und Wasser eine horizontale Linie gezogen, AB, so ist alles Quecksilber unter AB für sich im Gleichgewicht, die Höhe der Wassersäule BF ist aber 13,6 mal so groß als die Höhe der Quecksilbersäule AE im anderen Schenkel, weil das spezifische Gewicht des Quecksilbers 13,6 mal so groß ist, als das des Wassers. Die Weite der Schenkel übt dabei auf den Erfolg des Experimentes keinen Einfluß aus. Von diesen Thatsachen ging Torricelli aus.

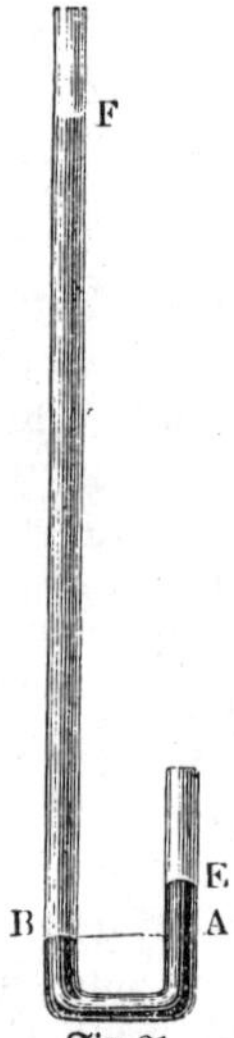

Fig. 21. Kommunizierende Röhren.

Man kann den eben beschriebenen Versuch auch in anderer Weise anordnen. In ein beliebig großes Gefäß gießt man erst Quecksilber, darüber Wasser. Dann füllt man eine offene Röhre mit Quecksilber und indem man die untere Öffnung mit dem Finger schließt, senkt man die Röhre so tief in die Flüssigkeit, daß die untere Öffnung vollkommen in das Quecksilber eintaucht. Läßt man jetzt den Finger los, so stellt sich das Quecksilber in der Röhre wieder so ein, daß seine Höhe 13,6 mal geringer als die des Wassers in dem umgebenden Gefäße ist. Genau so liegen die Verhältnisse mit der Luft. Die Atmosphäre ist gleichsam ein mit Luft gefülltes Gefäß. Die Luft hält einer Wassersäule von 32 Fuß das Gleichgewicht, würde man also in eine Brunnenröhre in der das Wasser so hoch steht, noch Wasser hineingießen, so würde dieses den Flüssigkeitsstand doch nicht erhöhen, sondern es müßte unten ebenso viel Wasser abfließen. Torricelli sagte sich, wenn die Luftsäule wirklich einer Wassersäule von 32 Fuß das Gleichgewicht hält, so muß sie einer Quecksilbersäule von 32/13,6 Fuß = 28 Zoll ebenfalls das Gleichgewicht halten, denn Quecksilber ist 13,6 mal schwerer wie Wasser. Er füllte daher ein Gefäß A (Fig. 22) mit Quecksilber, ebenso eine oben zugeschmolzene Röhre, deren offenes Ende er mit dem Finger zuhielt. Drehte er nun die Röhre um und tauchte sie mit dem offenen Ende in das Quecksilber des Gefäßes, so stellt sich, nachdem er den Finger losgelassen hatte, das Quecksilber in der Röhre so ein, daß die Kuppe 28 Zoll, gleich 760 mm, höher stand wie das Niveau des Quecksilbers im Gefäß. Über der Kuppe blieb ein luftleerer Raum, die Torricellische Leere. Damit war ein Instrument erfunden, welches gestattete, jederzeit den Luftdruck zu messen. Natürlich kann auch jede andere Flüssigkeit benutzt werden, so hatte Otto von Guericke, der berühmte Erfinder der Luftpumpe sich an seinem Hause ein 35 Fuß langes Wasserbarometer anbringen lassen, die Seewarte in Hamburg besitzt ein etwa 9 m langes Glycerinbarometer, aber wegen seiner verhältnismäßig geringen Länge und seiner Handlichkeit bleibt das Quecksilberbarometer doch das am meisten benutzte.

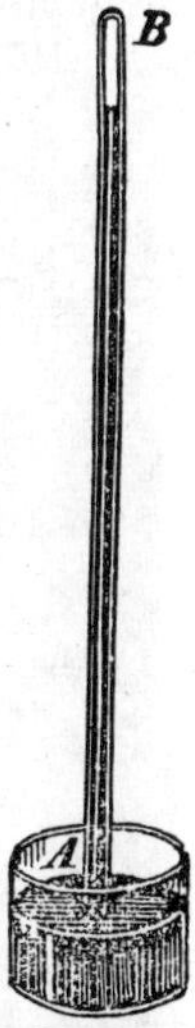

Fig. 22. Torricellis Versuch.

Ein gutes Barometer muß drei Bedingungen genügen. 1. Muß das Quecksilber sehr rein sein, denn unreines Quecksilber hat ein anderes spezifisches Gewicht, würde sich also falsch einstellen, 2. muß die Röhre genau senkrecht stehen, weil sonst die Höhe der Säule falsch gemessen wird, 3. muß der Raum über dem Quecksilber unbedingt luftleer sein. Die in der Röhre oben eingepreßte Luft würde sonst einen Druck auf die Säule ausüben und somit den Barometerstand niedriger machen, als dem Luftdruck entspricht.

Bei den heutigen Barometern unterscheidet man zwei Hauptformen, Gefäßbarometer und Heberbarometer. Die einfachste Form des Gefäßbarometers ist diejenige, wie sie eben bei dem Torricellischen Versuch beschrieben wurde, ein Gefäß mit Quecksilber und eine möglichst gleichmäßig weite Röhre von etwa 800 mm Länge. Um dieses einfache Instrument transportabel und brauchbar zu machen, ist nur noch nötig, Gefäß und

Röhre fest mit einander zu verbinden und hinter der Röhre eine feste Skala anzubringen, welche die Röhre hält und eine Ablesung der Höhe der Quecksilbersäule ermöglicht. Der Nullpunkt der Skala muß natürlich mit dem Niveau des Quecksilbers im Gefäß zusammenfallen, denn die Höhe der Säule über diesem Niveau ist es ja, die gemessen wird. Barometer dieser einfachsten Konstruktion werden noch jetzt jährlich zu vielen Tausenden angefertigt und verkauft, sie haben nur einen Fehler. Wenn — beim Herannahen schönen Wetters — der Luftdruck sich vergrößert, so steigt Quecksilber aus dem Gefäße in die Röhre, dadurch muß bei steigendem Barometer das Niveau im Gefäße fallen, der Nullpunkt der Skala liegt dann über dem Niveau und da ja an der Skala nur Abstände von dem Nullstriche gemessen werden können, so erhält man einen zu geringen Barometerstand. Das Umgekehrte findet bei fallendem Barometer statt. Nun sucht man freilich diesem Übelstande zu begegnen dadurch, daß man das Gefäß möglichst groß wählt, denn wenn der horizontale Querschnitt des Gefäßes 10mal so groß ist, wie der der Röhre, so werden auch die Höhenschwankungen im Gefäß nur $^1/_{10}$ von denjenigen in der Röhre sein. Man macht auch die Skale beweglich und verschiebt sie vor der Ablesung so lange bis der Nullpunkt derselben wieder mit dem Niveau im Gefäß zusammenfällt; die beste Konstruktion ist indessen die von Fortin benutzte, wie sie Fig. 24 zeigt. Der Boden des Barometergefäßes ist hier durch einen Ledersack gebildet, gegen welchen von unten her der abgerundete Kopf der Schraube s drückt. Je nachdem man die Schraube s rechts oder links dreht, wird der Lederbeutel und das Niveau im Gefäß gehoben oder gesenkt. Am Deckel des Gefäßes ist ein unten zugespitzter Elfenbeinstift r angebracht, dessen Spitze genau im Nullpunkt der Skala liegt. Vor jeder Einstellung wird durch Drehen der Schraube die Oberfläche des Quecksilbers so lange gehoben oder gesenkt, bis die Spitze eben den Quecksilberspiegel berührt. Das Rohr dieser Fortinschen Barometer ist rings von einer vernickelten Messinghülse umgeben, in welche oben, einander gegenüber liegend zwei Schlitze eingeschnitten sind, durch welche man die Kuppe sehen kann. Die Messinghülse trägt eine Skala, deren Nullpunkt eben mit der Spitze zusammenfällt. Zum besseren Ablesen ist auf dem geteilten Messingrohr noch eine Hülse aus gleichem Metall aufgeschoben, ebenfalls mit zwei Schlitzen, die aber so breit sind, daß neben der Kuppe auch die Teilung noch sichtbar wird. Beim Beobachten schiebt man diese Hülse so, daß die beiden oberen genau in gleicher Höhe liegen-

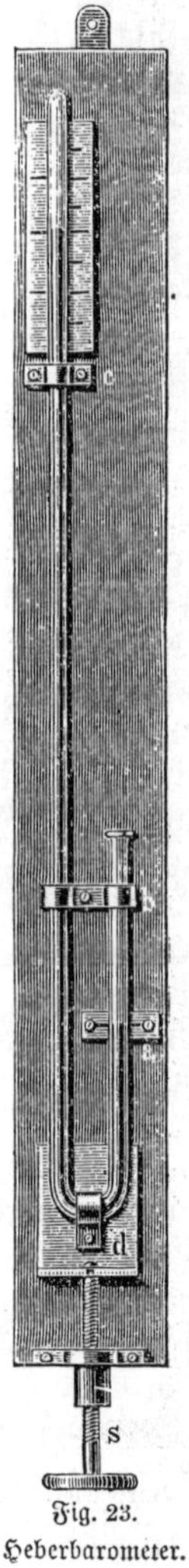

Fig. 23.
Heberbarometer.

den Ränder der Schlitze, mit dem obersten Punkt der gewölbten Quecksilberkuppe in gleiche Höhe kommen. Mit Hülfe des an der vorderen Seite des Schlitzes des Schiebers angebrachten Nonius sind dann sehr genaue Ablesungen zu machen. Angegeben wurde die Benutzung des beweglichen Bodens zur Einstellung des Quecksilberspiegels zuerst von Horner.

Die Heberbarometer bestehen nur aus einem einzigen Rohr, welches Uförmig umgebogen ist: der eine längere Schenkel ist natürlich geschlossen, während der kürzere Schenkel offen ist. Beim Heberbarometer machen sich die Höhenschwankungen der Quecksilbersäule in den beiden Schenkeln in genau gleicher Weise bemerkbar, in jedem Schenkel aber nur mit der Hälfte der Luftdruckwirkung; beim Gefäßbarometer wurde der ganze Effekt nur im Rohre sichtbar, während im Gefäß nur geringe Niveaudifferenzen eintraten. Beim Heberbarometer müssen daher zwei Kuppenhöhen gemessen werden, deren Differenz den Barometerstand ergiebt. Es giebt drei verschiedene Konstruktionen. 1. Das Rohr und die Skala sind fest; bei diesen Instrumenten ist häufig die Teilung direkt auf die Schenkel selbst aufgeätzt. 2. Die Skala ist fest und das Rohr läßt sich vor der Skala in vertikaler Richtung auf- und abbewegen. Endlich kann 3. das Rohr fest und die Skala beweglich sein. Fig. 23 stellt ein Barometer der zweiten Konstruktion vor. Diese, sowie die dritte, haben den Vorteil, daß nur die Höhe einer Kuppe abgelesen zu werden braucht, da durch Heben oder Senken der Skala bez. des Rohres, die zweite Kuppe im kürzeren Schenkel auf den Nullstrich eingestellt werden kann. Um die Konstruktion möglichst bequem transportabler Instrumente haben sich besonders Gay-Lussac und in jüngster Zeit Fueß Verdienste erworben.

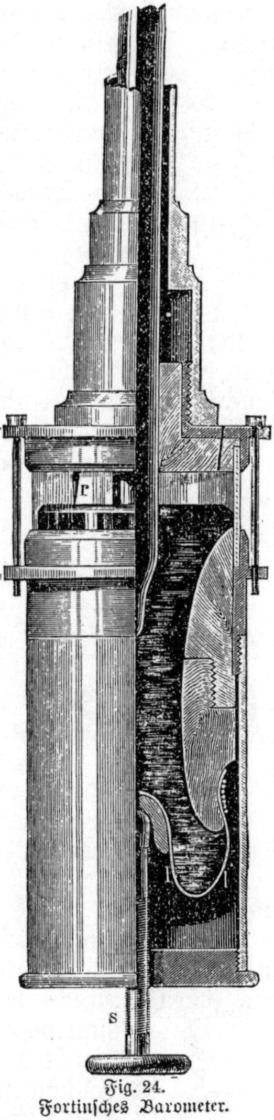

Fig. 24.
Fortinsches Barometer.

Vom Messen des Druckes eingeschlossener Gase.

Ganz so wie man den Druck der Luft mißt, kann man natürlich auch den Druck beliebiger Gase in einem Gefäße messen, aus dem Barometer wird dann ein Manometer. Von besonderer Wichtigkeit sind diese Instrumente für Dampfmaschinen, bei denen sie dazu dienen, den

Druck anzugeben, der im Innern der Dampfkessel herrscht. Man unterscheidet auch hier Gefäßmanometer und Hebermanometer. Die einfachsten Hebermanometer bestehen aus einer offenen Uförmig gebogenen Glasröhre. Das eine Ende des Manometers wird luftdicht, sei es mittelst eines Korkes oder einer Verschraubung auf eine entsprechende Öffnung des Gasbehälters aufgesetzt und dann die gebogene Röhre mit einer Flüssigkeit gefüllt. So lange der Druck, der aus dem Kessel heraus auf die Flüssigkeitssäule wirkt, nicht größer ist, als der Druck der Luft, der im anderen Schenkel wirkt, bleiben die Flüssigkeitssäulen in beiden Schenkeln gleich hoch, sobald aber der Druck im Gasgefäß sich vergrößert, muß die Flüssigkeit in dem einen Schenkel sinken, während sie in dem andern entsprechend steigt. Im ersteren Falle sagt man, der Druck des Gases betrage 1 Atmosphäre. Genauer versteht man unter 1 Atmosphärendruck den Druck, den die Luft am Meere ausübt; derselbe hält, wie schon beim Barometer gesagt wurde, einer 760 mm langen Quecksilbersäule das Gleichgewicht. Eine solche Säule, deren Grundfläche 1 qcm beträgt, hat einen Inhalt von 76 ccm, wiegt daher 1,033 kg. In einem Dampfkessel also, in dem ein Druck von 1 Atmosphäre herrscht, hat jedes Quadratzentimeter der Wandung einen Druck von 1,033 kg auszuhalten. Steht die Flüssigkeit im offenen Schenkel doppelt so hoch wie in dem an den Kessel angeschlossenen Schenkel, so ist im Kessel ein Druck von 2 Atmosphären u. s. w.

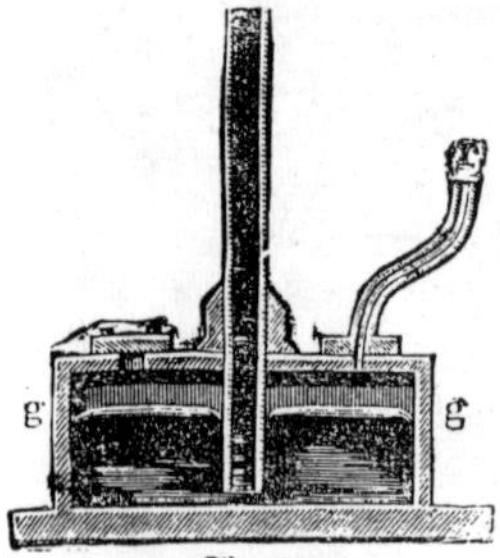

Fig. 25.
Gefäßmanometer.

Das Gefäßmanometer hat die Form wie Fig. 25. Das Rohr r führt nach dem Kessel, der Druck des durch r in das Gefäß gelangenden Kesselgases bewirkt ein Ansteigen der Flüssigkeit in dem luftdicht aufgekitteten Rohre. Wie beim Gefäßbarometer finden im Gefäße selbst nur geringe Niveauschwankungen statt, während der ganze Druckeffekt durch das Aufsteigen der Flüssigkeitssäule im Rohre zu Tage tritt. Diese eben geschilderten Manometer sind offene.

Bei sehr hohen Drucken wird das offene Manometer unbequem lang, man wendet daher ein Manometer an, bei dem die Flüssigkeit in eine oben geschlossene Röhre getrieben wird, das geschlossene oder Kompressionsmanometer. Hier setzt die über der Flüssigkeit eingeschlossene Luft, dadurch, daß auch sie zusammengedrückt wird, dem Ansteigen der Flüssigkeit einen sehr erheblichen, mit der Vergrößerung des Druckes immer mehr sich steigernden Widerstand entgegen. Wird die Luft auf ein Achtel ihres Volumens komprimiert, so übt sie auch ihrerseits einen Druck von 8 Atmosphären aus.

Man kann den Überdruck im Dampfkessel auch auf eine Feder wirken lassen, deren Zusammendrückung oder Durchbiegung an einer geeigneten Skala abgelesen werden kann.

Eine geschlossene gekrümmte Metallröhre verringert ihre Krümmung, wenn der Druck in derselben zunimmt, und umgekehrt. Hierauf beruht das Bourdonsche Metallmanometer, das auf Lokomotiven vielfach benutzt wird.

Nach demselben Prinzip ist auch ein Barometer konstruiert, das eine sehr große Verbreitung gefunden hat, das Aneroidbarometer. Ein luftleer gemachtes, dünnwandiges Rohr ABC (Fig. 26) ist in der Mitte bei B auf der Bodenplatte des Gehäuses befestigt, im übrigen aber frei. Wenn der Luftdruck abnimmt, so entfernen sich die beiden Enden A C des Rohres von einander, weil die Krümmung ebenfalls abnimmt, und bewegen dadurch einen gezahnten Hebel hik, dessen Bewegung wiederum mittels eines Triebes auf den Zeiger übertragen wird. Bei zunehmendem Luftdruck krümmt sich die Röhre stärker, und der Zeiger bewegt sich in entgegengesetzter Richtung.

Fig. 26. Aneroidbarometer.

Soll die Röhre als Manometer benutzt werden, so ist das Ende A befestigt und mit dem Kesselraum durch eine Leitung verbunden, das Ende C ist frei. Strömt dann stark gespannter Dampf aus dem Kessel in die Bourdonsche Röhre, so wird sie durch den Druck desselben mehr gestreckt und das Ende C nach rechts bewegt. Ein geeignetes Hebelwerk überträgt auch hier diese Bewegung auf einen Zeiger, der sich vor einer Kreisskala bewegt.

Die erste Idee zu einem Manometer gab Ziegler mit seinem sog. Elaterometer, nach welchem Bétancourt um 1790 seinen Dampfmesser konstruierte.

---

2. Die Erfindung der Zeitmeßapparate.

Die ersten Zeitmessungen.

Wie das Bedürfnis, sich über die Größe der Dinge ein genaues Urteil zu bilden, die Menschen frühzeitig zur Erfindung der Längenmaße führte, so läßt sich auch die Zeitmeßkunst in ihren Ursprüngen bis in die ältesten Kulturepochen verfolgen. Den Wunsch, die Länge der verfließenden Zeit zu messen, befriedigten vorerst wohl die natürlichsten Zeitmesser, nämlich die Gestirne. Die Sonne erreichte stets nach Verlauf derselben Zeit ihren höchsten Punkt am Himmel und so gab die Zeit von einem Mittag zum andern das erste Zeitmaß, den Sonnentag; der Mond wechselte sein Licht gleichfalls in regelmäßigen Perioden und wenn er wieder in erneuter Fülle am Himmel strahlte, so war die Zeit eines Monats vorbei. Die Sonne änderte von Tag zu Tage die Höhe, welche sie bei ihrem Wege über den Himmel erreichte. Niemand konnte es entgehen, daß die Jahreszeiten die einfache Folge dieser Änderungen waren. Wenn in der Entwickelung der Pflanzenwelt dieselben Erscheinungen wiederkehrten, so war die Sonne daran schuld, die jetzt dieselbe Höhe erlangt hatte, wie vor einem großen Zeitraum, den man das Jahr nannte. So gaben der Wechsel von Tag und Nacht und derjenige der Jahreszeiten mit ihren vielfachen, so unmittelbaren Wirkungen, denen niemand sich entziehen kann, die natürlichsten Maße für die Zeit, den Tag und das Jahr. Aber recht bald wird sich auch das Bedürfnis geltend gemacht haben, innerhalb des einzelnen Tages die Zeitpunkte genau festzustellen, die den Beginn und das Ende der Arbeit markierten und die für die Nahrungsaufnahme festgesetzten Pausen inne zu halten. Auch hierfür war die Sonne der beste Wegweiser. Wenn der Schatten eines bestimmten Körpers eine gewisse Länge erreichte oder in eine gewisse Richtung fiel, so war jener festgesetzte Zeitpunkt gekommen. Der erste Zeitmeßapparat, der Gnomon wurde erfunden. Es war nichts als ein senkrechter Stab, der durch die Länge seines Schattens die Zeit angab. Ein solcher Sonnenzeiger war z. B. jener Obelisk von mehr als 30 m Höhe, den der Kaiser Augustus aus Ägypten nach Rom bringen ließ. In der Kuppel des Domes zu Florenz befindet sich in einer Höhe von fast 90 m über dem Fußboden eine Öffnung, durch welche die Sonne ihr Bild auf den Fußboden wirft. Die schnelle Bewegung dieses Bildchens aber erlaubt eine ziemlich sichere Feststellung der Zeiten.

Keine neue Erfindung, sondern nur die Vervollkommnungen dieser Gnomone sind die Sonnenuhren. Der Schatten eines Stiftes fällt auf eine Ebene und die Richtung, die er dabei einnimmt, läßt die Zeit erkennen. Die Aufstellung der Sonnenuhren ist sehr verschieden. Der Stift muß freilich immer dieselbe Richtung haben, nämlich diejenige der Weltachse, er wird also bei uns in Deutschland einen Winkel von 50 Grad mit der wagerechten Linie, die nach Norden weist, bilden müssen; aber die Ebene, auf die der Schatten fällt, kann die wagerechte oder die senkrechte, ja jede schräge Richtung haben. Man wird sich nur nach dieser Stellung immer eine besondere Bezifferung herstellen müssen. Die Gnomone und die Sonnenuhren haben zwei in die Augen fallende Nachteile. Zuvörderst ist ja die Sonne kein recht verläßlicher Gesellschafter des Menschen. Abgesehen davon, daß wir ihrer in der Nacht ganz entraten müssen, versteckt sie sich selbst am Tage oft genug hinter Wolken, und mit ihr verschwinden die zeitmessenden Schatten. Sodann aber ist ihr Weg nicht so ganz regelmäßig, daß man danach die Zeit leicht und genau bestimmen kann. Wenn wir vorhin sagten, daß von einer größten Höhe der Sonne bis zur andern immer dieselbe Zeit verfließt, so müssen wir das jetzt doch etwas abändern. Die größte Höhe wird nämlich von der Sonne am 12. Februar um 15 Minuten zu spät, am 18. November um 16 Minuten zu früh erreicht, und um soviel kann man sich also irren, wenn man glaubt, daß die Sonne ganz gleichmäßig ihre Bahn am Himmel ziehe. Nun kommt noch hinzu, daß man den Ort des Schattens auch nicht so genau bestimmen kann, um nicht noch einen Irrtum von einigen Minuten zu begehen, und wir erkennen, daß man, um einen genauen Zeitmeßapparat zu erhalten, auf die Beihilfe der Sonne verzichten mußte.

Sanduhren sind die nächsten gewesen, die sich darboten. Zwei Gefäße stehen über einander und sind durch eine enge Öffnung verbunden. Man kann nun in das eine Gefäß gerade so viel Sand thun, als in einer bestimmten Spanne Zeit in das untere Gefäß ablaufen kann. Man benutzt solche, die in wenigen Sekunden bereits, und andere, die erst innerhalb einer Stunde ablaufen. Man kennt ihren Gebrauch in den Küchen, wo sie die Zeit, welche zum Eierkochen benötigt wird, anzeigen. Aber so unvollkommen sie erscheinen, haben sie noch im 17. Jahrhundert bei astronomischen Beobachtungen ihre Dienste gethan, und wenn man heute die Fahrgeschwindigkeit der Schiffe auf offener See feststellen will, so geschieht das auch gewöhnlich mit Benutzung einer Sanduhr, die gerade in 14 resp. in 28 Sekunden ihren Sand ausschüttet. Statt des Sandes kann man nun auch eine Flüssigkeit benutzen, die so gemessen ist, daß sie gerade in einer bestimmten Zeit ausfließt. Wasser bot sich als das einfachste Mittel dar, aber der bekannte Himmelsforscher Tycho de Brahe hat sich eine Quecksilberuhr gebaut, weil dieses Metall die Glaswände nicht benetzt und also genauere Resultate giebt. Er hat mit dieser Uhr seine in der damaligen Zeit unübertroffenen Beobachtungen angestellt. Schon vor zwei und einem halben Jahrtausend sind Wasseruhren bei den Assyrern in Gebrauch gewesen, sie sind von diesen auf die Griechen und Römer überkommen. Viele Verbesserungen wurden angebracht und mit Hülfe des abfließenden Wassers ließ man Räderwerke treiben, so daß man bis zu ganz verwickelten Kunstuhren aufstieg, wie der Kalif Harun al Raschid eine Karl dem Großen zum Geschenke machte.

Die Pendeluhren.

Der Wunsch, immer kleinere Zeitteile recht genau festzuhalten, der sich besonders lebhaft für die Himmelsbeobachtungen kundgab, ließ sich freilich auch mit Wasseruhren nicht erfüllen. Sie müssen außerdem wohl zu teuer gewesen sein, als daß sie in den Haushaltungen überall hätten Aufnahme finden können. Wir können uns heutzutage kaum mehr einen solchen Kulturzustand ausmalen. Wir haben Uhren allerwege, im Zimmer, auf der Straße, in der Tasche und können so überall und immer die vorbestimmte Zeit inne halten. Wie muß es zu jener Zeit der Wasseruhren wohl um die Pünktlichkeit bestellt gewesen sein! Kaum anders wurde es durch die Erfindung verwickelter Räderwerke, die durch Gewichte getrieben wurden, und wie sie sich im Laufe des Mittelalters hier und dort einführten. Der Kaiser Friedrich II erhielt vom Sultan Saladin eine solche zum Geschenke. Wir finden sie auch in Klöstern und die ersten Turmuhren sind auch fünf Jahrhunderte alt. Es fehlte allen ein Mittel, die kleinsten Zeitteile, etwa von der Länge einer Sekunde genau festzuhalten. Dieses Mittel hat uns erst Galilei in dem Pendel gegeben. Galileo Galilei, geb. 1564 zu Pisa, gest. 1642 zu Arcetri bei Florenz, ist unstreitig der bedeutendste Physiker aller Zeiten und einer der größten Erfinder, den der Erdball getragen hat. Auf die Gesetze des Pendels soll er allerdings durch eine zufällige Beobachtung geführt worden sein. Als er einmal im Dome zu Pisa weilte, soll dort eine Ampel in Schwingungen geraten sein. Während aber die Weite dieser Schwingungen fortwährend abnahm, bemerkte Galilei, daß die Zeit, welche die Ampel für eine Hin- und Herbewegung benötigte, sich nicht merklich änderte. Er schloß also

1. daß die Schwingungszeit der Ampel, also irgend eines aufgehängten und aus dem Gleichgewichte gebrachten Körpers ganz unabhängig davon ist, wie weit man denselben aus seiner Ruhelage entfernt.

Ganz richtig ist nun dieser Satz freilich nicht, aber doch sehr nahe an der Wahrheit. Wenn die Schwingungsweite nicht sehr groß ist, so darf man sehr genähert annehmen, daß die Schwingungszeit sich mit noch größerer Abnahme der Weite nicht verändert. Nur wo es auf die allerhöchste Genauigkeit ankommt, bei astronomischen Zeitbestimmungen, wird auch den Veränderungen der Schwingweite Rechnung getragen werden müssen. Wie Galilei nun im Studierzimmer die Eigentümlichkeiten eines schwingenden Pendels, d. h. einfach einer an einem Faden aufgehängten Kugel weiter verfolgte, fand er noch die folgenden bemerkenswerten Gesetze:

2. Es ist ganz gleichgültig, aus welchem Stoffe der pendelnde Körper besteht und wie schwer er ist; immer braucht er dieselbe Zeit für eine Schwingung, wenn nur seine Entfernung vom Aufhängepunkte oder die Pendellänge unverändert bleibt;

3. Wenn aber zwei Pendel verschiedene Länge haben, so braucht das längere mehr Zeit für eine Schwingung als das kürzere.

Jeder kann sich durch sehr einfache Versuche von der Richtigkeit dieser Sätze überzeugen. Sie waren ganz neu, niemand hatte vorher daran gedacht, die Schwingungszeiten der Pendel zu studieren. Aber Galilei war auch der Mann, seine Entdeckung praktisch zu verwerten. Er erkannte, daß besonders die Eigenschaft (1) das Pendel zum

Regulieren des Uhrgangs in hervorragender Weise geeignet machen mußte, aber er ließ erst kurz vor seinem Tode von Balcetri die erste Pendeluhr konstruieren. Das scheint wenig bekannt geworden zu sein, denn man hält gewöhnlich den Holländer Huyghens, gleichfalls einen sehr hervorragenden naturwissenschaftlichen Forscher, für den Erfinder der Pendeluhr, obgleich dieser erst 15 Jahre nach Galilei die seinige konstruierte. Die Verbindung des Pendels mit der Uhr ist bis zum heutigen Tage nur wenig verändert worden. Wir können uns also darauf beschränken, eine solche Einrichtung zu beschreiben.

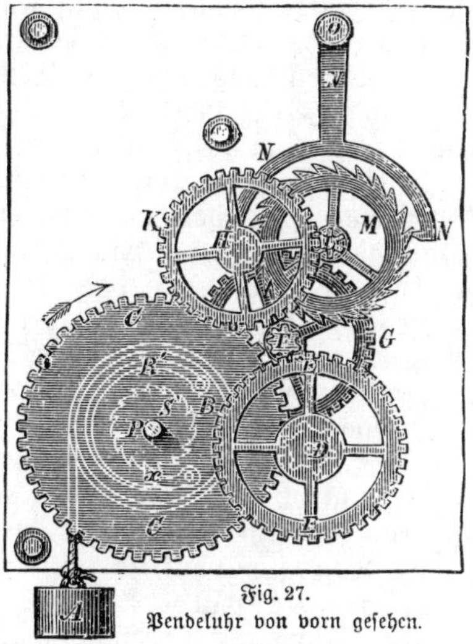

Fig. 27.
Pendeluhr von vorn gesehen.

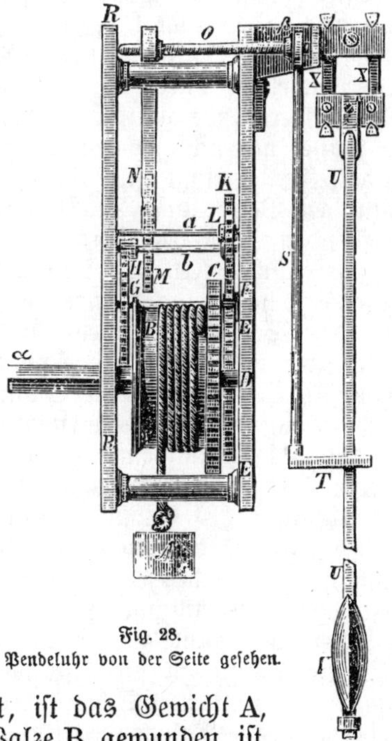

Fig. 28.
Pendeluhr von der Seite gesehen.

Fig. 27 zeigt die Einrichtung einer Pendeluhr von vorn, Fig. 28 von der Seite gesehen. Was das Werk in fortwährendem Gange erhält, ist das Gewicht A, welches mit einer Schnur um die Walze B gewunden ist. Da es durch die Schwerkraft zum Fallen gezwungen ist, so würde es in kurzer Zeit ablaufen und die Walze ungleichmäßig umdrehen, wenn seine Bewegung nicht in kurzen Pausen gehemmt würde. Das geschieht durch die Hemmung N. Dieselbe vermag mit ihren Ankerzähnen oder Paletten sich dem Hemmungsrade M in die Zähne zu werfen und so den Stillstand desselben zu bewirken. Das Hemmungsrad ist aber mit der Walze auf die folgende Weise verbunden. An dieser ist das Walzenrad C so befestigt, daß es die Drehung der Walze unmittelbar mitmacht. Nun greifen die Zähne des Rades C in den an der Achse des Rades E angebrachten Trieb D ein. Die Zähne von E wirken wiederum auf den Trieb F des Rades G, dieses greift in den Trieb H des Minutenrades K ein und die Zähne des Rades K schließlich erfassen den Trieb L des Hemmungsrades M. Wird also die Umdrehung eines einzigen dieser Teile verhindert, so muß zu gleicher Zeit das ganze Werk stille stehen. Nun müssen aber die Hemmungen in gleichmäßiger Folge geschehen, wenn anders der Gang der Uhr sich regelmäßig vollziehen soll. Die Hemmung muß reguliert werden, und das geschieht durch ihre Verbindung mit dem Pendel U. Wir erkennen, daß der Anker N sich um eine Achse O drehen läßt, an welcher außerdem noch die Gabel ST befestigt ist. Dieselbe ist bei T so in zwei Teile gespalten, daß das Pendel U sie bei seiner Bewegung mit sich führen muß und dabei einmal beim Hingang und einmal beim Hergang einen Stoß durch Vermittelung der Gabeläste bei T erhält. Wohl bemerkt, das Pendel ist durchaus sonst in keiner Verbindung mit den Teilen des Uhrwerks, es würde ungestört hin und hergehen, wenn es nicht die Gabel mit sich nehmen müßte und damit auch den Anker, der ja an derselben befestigt ist. Das Pendel hängt bei guten Uhren an einem elastischen Bande aus Stahl, dem Stück einer Uhrfeder, an einer entsprechenden Stelle des Uhrgehäuses herab oder wie in der Fig. 28 auch an zwei solchen Federn. Nun haben wir aber gehört, daß das Pendel für eine Schwingung immer derselben Zeit bedarf, und daß diese auch von der Schwingungsweite in sehr geringem Grade abhängig ist. Setzen wir nun z. B. den Fall, wir hätten in der Uhr ein Sekundenpendel, d. h. eines, dessen Länge so abgepaßt ist, daß es gerade im Verlauf einer Sekunde einen Hingang oder einen Hergang vollendet, so wird am Anfang einer solchen Schwingung etwa die Hemmung mit ihrer rechten Palette in das Hemmungsrad eingreifen; da dieses durch das Ablaufen des Gewichtes eine geringe Bewegung hat, so muß jetzt das Pendel einen schwachen Stoß erhalten. Es würde freilich auch sonst, aus seiner Ruhelage gebracht, eine Schwingung vollführen, aber dieser Stoß am Anfange jeder Schwingung trägt dazu bei, das Pendel in seiner Bewegung zu erhalten, die es sonst bei dem Hindernis, das seine Bewegung im Widerstande der Luft findet, nicht lange würde beibehalten können. Schwingt aber jetzt das Pendel nach rechts, so giebt die rechte Palette den Zahn des Hemmungsrades frei. Dasselbe hatte aber gerade nur Zeit, sich um einen Zahn vorwärts zu bewegen, dann fällt ihm die linke Palette wieder in die Zähne und hemmt seine weitere Bewegung. Zugleich empfängt sie aber wieder jenen schwachen Antrieb, den sie durch Vermittelung der Gabel an das Pendel überträgt. So geht die Sache weiter, so lange überhaupt das Hemmungsrad bewegt wird, d. h. so lange, bis das Gewicht abgelaufen ist. Hat dieses Rad gerade 60 Zähne, so wird es sich gerade im Verlaufe einer Minute einmal um seine Achse drehen und einen mit seiner Achse verbundenen Zeiger ebenfalls. Dieser wird innerhalb der Minute sechzig mal seinen Ort wechseln, er wird uns also Sekunden zeigen. Das Rad K, welches sich in einer Stunde einmal umdrehen, also durch einen mit ihm verbundenen Zeiger Minuten weisen soll, muß dann so eingerichtet sein, daß es sich sechzig mal langsamer als das Hemmungsrad bewegt. Hat der Trieb L dieses Rades fünf Zähne, so wird das Rad K deren dreihundert haben müssen. Der Stundenzeiger soll sich noch sechzig mal langsamer bewegen; er wird also an einem Rade angebracht sein, das sechzig mal soviel Zeit für eine Umdrehung braucht als das Minutenrad. Wenn es bei unseren Uhren so scheint, als ob beide Zeiger sich um dieselbe Achse bewegen, so liegt das einfach daran, daß hier zwei Radachsen in einander stecken, die eben jene beiden Zeiger tragen, während die beiden auf diesen Achsen sitzenden Räder keine unmittelbare Verbindung haben.

Ist das Gewicht stark gesunken, so muß die Uhr aufgezogen werden, d. h. das Gewicht muß wieder genügend gehoben werden. Aber bei der Verbindung aller Uhrteile sollten wir erwarten, daß wenn die Walze zu diesem Zwecke bei α gedreht wird, alle Teile die rückläufige Bewegung machen und so die Zeiger sehr schnell rückwärts auf eine ganz falsche Zeit sich stellen müßten. Das muß vermieden werden, und man bedient sich dazu des Gegengesperres, welches noch außerdem bewirkt, daß auch während des Aufziehens die Uhr regelmäßig weiter geht. Da dasselbe ganz ähnlich auch in Taschenuhren verwendet wird, so geben wir durch Fig. 29 eine Vorstellung davon. In ihr bedeuten G das Walzenrad, B_1 die Walze, A und B zwei Räder, die lose auf der Walze sitzen, die sogenannten Sperräder. Die Zähne des einen B sind durch den Haken rT am Weitergehen verhindert, welcher in T am Uhrgehäuse festsitzt. Die Zähne des andern sind entgegengesetzt gerichtet, und der Haken R läßt sie nicht weiterrücken. Dieser ist an B befestigt. Das Rad B schließlich ist mit dem Walzenrade durch eine elastische Feder s s′ verbunden. So lange das Gewicht noch ablaufen kann, wird diese Feder immer durch den Zug des Gewichtes so weit gespannt, bis Gleichgewicht eintritt. Während aber das Gewicht aufgewunden wird, spannt sich die Feder in der anderen Richtung und wirkt also in demselben Sinne wie das aufgezogene Gewicht; sie hält also die Uhr während der kurzen Zeit, die das Aufziehen erfordert, regelmäßig genug im Gange.

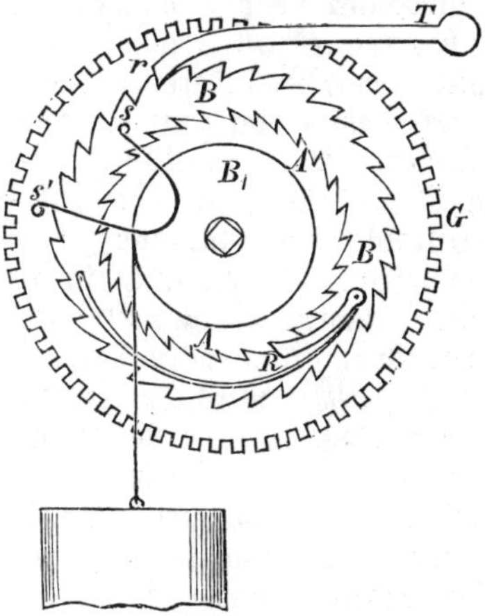

Fig. 29.
Gegengesperre.

So oder ganz ähnlich haben wohl bereits die ersten Pendeluhren ausgesehen, die vor mehr als zwei Jahrhunderten gebaut wurden. Von den Veränderungen, die seitdem angebracht worden sind, wollen wir nur zwei erwähnen. Die eine betrifft das Pendel. Wir erfuhren, daß dieses immer eine bestimmte Schwingungszeit besitze, daß diese aber für kürzere Pendel auch kürzer sei. Will man z. B. eine Uhr haben, welche halbe Sekunden schlägt, so muß man ein Pendel von $^1/_4$ m Länge haben, während das Sekundenpendel etwa 1 m lang ist. Es ist nun bei den verschiedenen Zwecken, denen die Uhr dienen soll, bei der Verschiedenheit des Raumes, den man ihnen anweisen kann, zwar die Länge des Pendels eine sehr mannigfaltige und alle sind an ihrem Platze brauchbar, aber behält denn das Pendel wirklich überall und immer die Länge bei, die man ihm gegeben hat? Wir erfuhren doch bereits im vorigen Kapitel, daß die Wärme die Ausdehnung der Körper sehr wesentlich verändert, also müssen wir schon hieraus schließen, daß die Pendellänge bei bedeutender Wärme größer sein wird, als wenn es kalt ist. Im Sommer werden sich die Pendel verlängern, im Winter verkürzen. Freilich, wo es auf keine so große Genauigkeit ankommt, wie im gewöhnlichen Berufsleben, wo man nur den Gang der Uhr bis auf eine Minute am Tage sicher festhalten möchte, da wird man diese Längenänderung nicht zu berücksichtigen nötig haben. Aber wo es auf große Genauigkeit ankommt, wo man — wie bei den astronomischen Uhren — den Gang bis auf Bruchteile der Sekunde sichern muß, da wird man auch dieser Eigentümlichkeit Rechnung tragen müssen. Das kann auf zweierlei Weisen geschehen. Entweder man stellt die Uhr an einem Orte auf, an dem die Temperatur nur höchstens ganz schwache Änderungen erfährt. So sind in der That die Hauptuhren der Sternwarten in Kellern aufgestellt, wo sich die Temperatur etwa innerhalb eines Grades konstant erhält. Oder man sorgt dafür, daß diese Längenänderung des Pendels irgendwie wieder aufgehoben wird. Man wird bei der Verfolgung dieses Gedankens in höchst glücklicher Weise von der Natur unterstützt. Die verschiedenen Körper dehnen sich nämlich bei Erhöhung ihrer Temperatur keineswegs in gleichem Maße aus, sondern einmal sind die flüssigen Körper einer weit beträchtlicheren Ausdehnung fähig als die starren, und dann sind selbst die starren Körper unter sich noch recht verschieden an Ausdehnbarkeit. Man kann also z. B. sehr leicht die Wirkungen der Wärme aufheben, wenn man etwa die Pendelstange von Eisen macht, als pendelnden schweren Körper aber ein Glasgefäß mit Quecksilber wählt, und beide gegen einander so abpaßt, daß während die Stange sich ausdehnt, der Quecksilberspiegel sich gerade so hoch hebt, daß die wirksame Länge des Pendels ungeändert bleibt. Man erhält so die Quecksilberkompensation. Aber diese hat Nachteile, und zwar vor allem den, daß der Pendelkörper für diesen Zweck eine Gestalt erhält, die ihn im Hinblick auf andere Zwecke ungeeignet erscheinen läßt. Zur leichteren Überwindung des Luftwiderstandes ist es nämlich am vorteilhaftesten, jenem die Gestalt einer Linse zu geben. Das kann bei dem Quecksilbergefäß nicht geschehen. Verfertigt man die Linse aus einem starren Metall, so wird es darauf ankommen, schon die Pendelstange so einzurichten, daß die Linse immer in derselben Entfernung vom Aufhängepunkt bleibt. Das geschieht nun leicht durch Konstruktion eines Rostpendels (vgl. Fig. 30). Es bedeuten f und aa drei Eisenstangen, dd zwei solche von Zink. Die Eisenstange f geht frei durch den Querbalken bb hindurch, trägt aber am unteren Ende die Querstange ee, die Zinkstangen sind an beiden Querbalken befestigt, während aa durch den Balken ee frei hindurchgehen und erst bei cc eine Querstange zum Festhalten der Pendellinse L tragen. Würden bei der Erwärmung nur die Eisenstangen ausgedehnt, so müßte die Linse sich senken, nähmen nur die Zinkstangen an der Ausdehnung teil, so müßte sie sich heben. Da sich das Zink nun beträchtlicher ausdehnt als das Eisen, so ist leicht zu erkennen, daß man die Länge der verschiedenen Stangen so abpassen kann, daß bei der Erwärmung die Pendellinse sich weder hebt noch senkt.

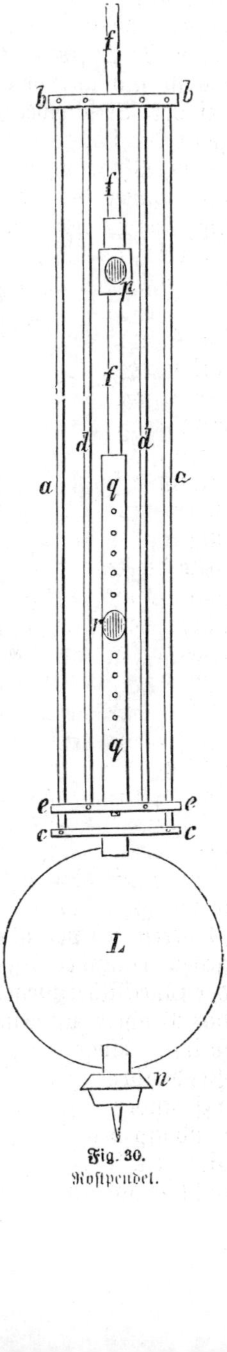

Fig. 30.
Rostpendel.

Eine andere Änderung, die man an den Pendeluhren angebracht hat, ist die vollständige Ersetzung des treibenden Gewichtes durch eine gespannte Feder, d. h. durch ein langes, höchst elastisches, spiralförmig gewundenes Stahlblatt. Wickelt man ein Stahlband zu einer Spirale (vgl. Fig. 31) auf, so wird diese, wenn ihre natürliche Elastizität kein Hindernis findet, sich allmählich wieder ausbreiten und strecken, da alle Stahlteilchen, die sie zusammensetzen, dahin streben, die ursprüngliche Lage wieder anzunehmen, genau wie ein Gummiball sein erstes Aussehen beim Aufhören des Druckes wieder annimmt, der ihn zeitweise umgestaltete. Was würde nun wohl geschehen, wenn die Stahlfeder nicht vollkommen frei wäre? Wickeln wir sie derart zu einer Spirale, daß wir ihr äußeres Ende fest machen, indem wir es an einem festen Punkt annageln und nageln wir auch das innere Ende an einen Metallcylinder an, so wird die elastische Kraft der Feder den Cylinder zur Umdrehung um sich selbst zwingen, bis die Spirale sich wieder soweit gestreckt haben wird als es mit ihrer Länge und der Entfernung, die wir ihren beiden Enden anweisen, verträglich ist. Wir erkennen sofort, daß bei dem geringen Raum, den die Feder einnimmt, im Verhältnis zu dem langen

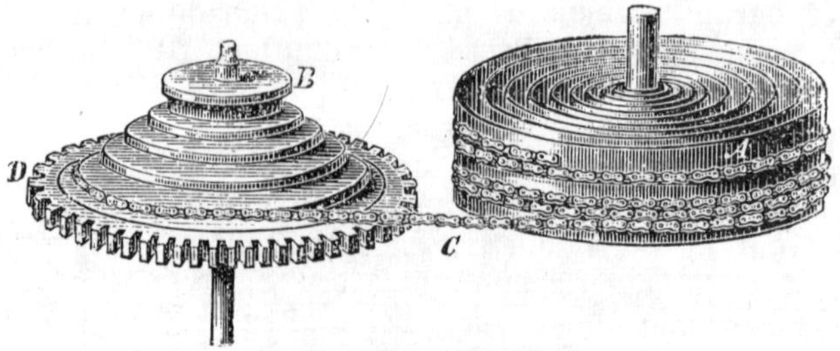

Fig. 31. Spirale mit Schnecke.

Wege, den die Gewichte zurückzulegen haben, sehr viel an Platz gespart wird. Man tauscht dagegen gewisse andere Unannehmlichkeiten ein und wir können in der Einführung der Feder eine Verbesserung nicht erblicken. Wir haben sie erwähnt, weil die Taschenuhren, welche auf diese Raumersparnis angewiesen sind, auch den Gebrauch der Triebfeder verlangen. Wir wenden uns der Erfindung dieser zu.

Die Taschenuhren.

Die tragbaren Uhren waren sicher schon in der Mitte des 14. Jahrhunderts bekannt, wenn sie auch noch selten und sehr teuer waren. Man weiß nicht, wo und von wem sie erfunden wurden. Aber es heißt, daß eine in Deutschland gebaute, welche kaum die Größe einer Walnuß hatte, im Jahre 1380 dem Könige Karl V. von Frankreich zum Geschenk gemacht wurde. Allgemein wurde der Gebrauch dieser Uhren erst im Laufe des 16. Jahrhunderts. Man nannte sie damals häufig Nürnberger Eier, wegen ihrer Form und wegen des Ortes, wo sie zuerst allgemeiner verfertigt wurden. Als ihr Erfinder galt — wahrscheinlich mit Unrecht — der Nürnberger Peter Henlein (Hele), der um 1500 lebte. Bald wußte man sie so ausgezeichnet klein zu machen, daß der Vicentiner Capobianco eine solche in den Ring des Großtückens zu fassen wußte, und eine andere ebenso kleine dem Herzog von Urbino zum Geschenke machte. Diese letztere zeigte sogar die zwölf Zeichen des Tierkreises und eine Figur, die den Lauf der Zeiten angab.

Die Taschenuhren müssen die Zeit anzeigen sowohl wenn die Uhr senkrecht gehalten wird, wie wenn sie in mehr oder weniger geneigter, ja selbst wenn sie in wagerechter Stellung sich befindet. Hieraus folgt schon, daß das Gewicht und das Pendel, die besten Mittel, um fest aufgestellte Uhren in Gang zu halten, für die Taschenuhren völlig ungeeignet sind. Sie erhalten ihre Bewegung durch die Elastizität der Triebfeder. Diese setzt, wie oben beschrieben wurde, einen Cylinder in Umdrehung, und wie sich diese auf die übrigen Teile der Uhren und schließlich auch auf die Zeiger überträgt, das ersehen wir nun aus der Figur 32.

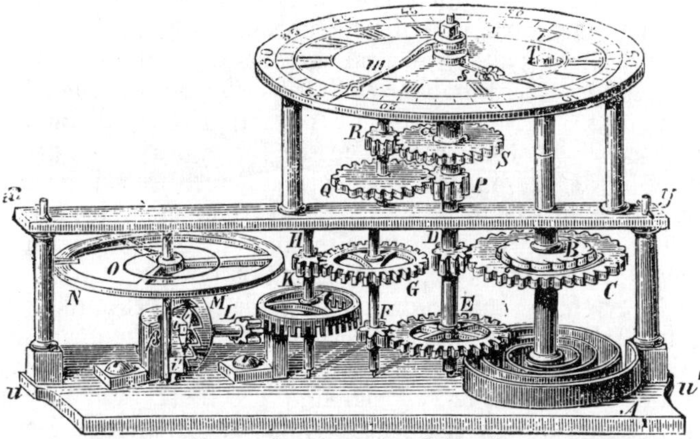

Fig. 32. Einrichtung einer Taschenuhr.

In ihr bedeutet A die Triebfeder, deren eines Ende bei u' am Gehäuse befestigt ist, während das andere Ende an dem Wellbaum B fest ist. Zu der ganzen Abbildung ist zu bemerken, daß die einzelnen Teile, um einen besseren Einblick in das Innere zu gestatten, zu weit aus einander gerückt sind. Die Bewegung pflanzt sich, wie wir erkennen, durch das Räderwerk bis zu dem Hemmungs- oder Steigrade M fort. Damit die Spirale nicht sofort, nachdem sie gespannt wurde, wieder plötzlich ablaufe, muß — ganz wie bei den Pendeluhren — an dieser Stelle ein fortwährender Stillstand der Bewegung stattfinden. Derselbe muß auch wieder in durchaus gleichmäßigen Pausen geschehen, wenn anders die Uhrzeiger in gleichförmigem Schritte bleiben sollen. Da der Gebrauch des Pendels hier ausgeschlossen ist, so mußte man zum Regulieren des Uhrganges ein anderes Mittel anwenden, und man ersann die Unruhe oder den Balancier NO, welcher genau die Vorteile des Pendels in sich vereinigt. Er ist aus zwei Teilen zusammengesetzt, nämlich einem Rade N, das sich um eine Achse sehr leicht drehen läßt und einer sehr feinen Spiralfeder aus Stahl, einer viel zarteren, als diejenige bei A, die man als Triebwerk benutzt. Diese Stahlfeder ist nun an dem einen Ende wieder mit den festen Teilen der Uhr in Verbindung, mit dem andern aber an der Achse des Unruherades befestigt. Wenn man also dieses dreht und damit die Feder spannt, so wird sie vermöge ihrer Elastizität die Unruhe in die Gleichgewichtslage zurückführen, aber -- wie das Pendel, aus seiner Ruhelage gebracht, nicht blos in diese zurückkehrt, sondern durch die erlangte Bewegung noch über dieselbe hinausgeführt wird, — so wird auch der Balancier sich nach der andern Seite von der Gleichgewichtslage entfernen und so lange hin und herschwingen, bis der Widerstand der Luft und die Reibung an den Lagern seiner Achse ihn zur Ruhe bringen. Die Unruhe gleicht ferner dem Pendel auch darin, daß die

Zeit, welche eine Schwingung erfordert, dieselbe bleibt, ob nun die Spirale wenig oder weit aus ihrer Ruhelage entfernt wurde. Freilich ist dazu erforderlich, daß die Spirale gerade eine ganz bestimmte Länge habe, eine Länge, die sich indessen durch eine Anzahl von Versuchen leicht finden läßt. Ferner würde sich allerdings diese Schwingungszeit verändern, wenn die Größe der Unruhe sich änderte; wenn das Rad der Unruhe sich z. B. durch Verlängerung seiner Speichen weiter von der Achse entfernte, so würde die Zeit der Schwingungen verlangsamt werden. Wir erkennen sofort, daß also auch in den Gang der Taschenuhren die Wärme als störendes Element eingreifen wird, und wir werden bald erfahren, wie man sich von diesem Übelstande freimachen kann. Schon jetzt aber dürfen wir die Spirale — wenigstens innerhalb gewisser Grenzen — als durchaus geeignet ansehen, den Uhrgang zu regeln, wenn sie sich mit einer Hemmung verbindet. Die fortschreitende Technik der Taschenuhren hat sehr verschiedene Arten von Hemmungen gezeugt; die am meisten verwendeten waren und sind noch heute die Spindel-, Cylinder- und Ankerhemmung, nach denen man auch die Uhren als Spindel-, Cylinder- und Ankeruhren bezeichnet. Wir erwähnen die erstere schon, weil sie als die älteste eine Betrachtung verdient. Freilich ist sie immer mehr im Verschwinden, aber noch im Jahre 1869 wurden allein im Kanton Bern in der Schweiz 300 000 Uhren mit Spindelhemmung konstruiert.

Die Spindelhemmung ist in Fig. 33 zweimal abgebildet, oben erblicken wir das Steigrad in senkrechter, unten in wagerechter Stellung.

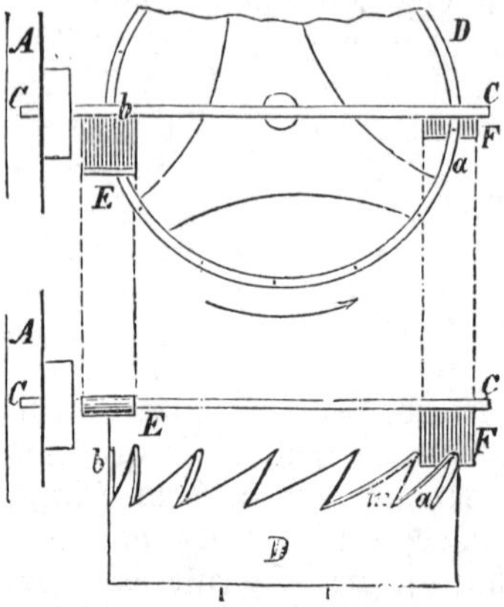

Fig. 33.
Die Spindelhemmung.

CC ist die Achse des Balanciers A. Wir erblicken an derselben zwei Flügel E und F, die nach verschiedenen Seiten gerichtet sind, so daß sie um einen stumpfen Winkel gegen einander geneigt sind. Bei den Hin- und Herschwingungen der Unruhe greifen diese Lappen abwechselnd in die Zähne des Steigrades ein und hemmen so seine Bewegung. Ist die Uhr im Gange, so läuft das Steigrad in der Richtung, die der Pfeil anzeigt, und der Flügel F wirft sich dem Zahn a entgegen. Der Stoß, den der Lappen dabei empfängt, trägt dabei zum Aufrechterhaltung der Bewegung der Unruhe bei. Aber bei dem weiteren Schwunge dieser wird bald der Zahn b vom Lappen E getroffen werden, und dadurch wird das ganze Steigrad ein wenig zurückgedreht werden, so weit, als es die schwache Kraft der Unruhespirale eben vermag. Dann wird der Flügel E durch die vorwärts schreitende Bewegung des Hemmungsrades wieder fort gestoßen, bis sich der

Lappen F vor den Zahn m legt. Auch hier wird das Steigrad erst ein wenig zurückgedrängt, um gleich nachher den Lappen F fortzustoßen, und so wiederholt sich das Spiel der Flügel und des Steigrades fortgesetzt, während dieses immer um einen Zahn vorwärts kommt. Das ist die Spindelhemmung, die bis zum Jahre 1720 allein im Gebrauche war. Was dieselbe allmählich verdrängte, das waren folgende Nachteile. Wenn die Zugkraft der Triebfeder sich nur wenig vermehrt, so werden offenbar die Schläge der Steigradzähne gegen die Flügel schneller erfolgen und damit wird der Gang der Uhr ein beschleunigter werden. Nun ist aber die Spannkraft der Feder keineswegs immer die gleiche. Nach dem Aufziehen ist sie am höchsten, dann nimmt sie allmählich ab und daher werden alle Bewegungen der Uhr bald nach dem Aufziehen zu schnell, kurz vor dem Ablaufen aber zu langsam erfolgen. Um diesem Übelstande abzuhelfen bediente man sich in den Spindeluhren — wie noch heute bei den für die Zwecke einer genauen Zeitmessung bestimmten Uhren, den Chronometern — des in der Fig. 31 dargestellten Apparates. Die Triebfeder A sitzt in einer Trommel, das innere Ende bleibt, wie schon gesagt, am Cylinder befestigt, während das äußere an der inneren Trommelfläche angelötet ist. An die äußere Fläche der letzteren aber legt sich ein langes, sehr biegsames Stahlkettchen, dessen eines Ende an die Trommel genagelt ist, während das andere am Grunde der Schnecke fest sitzt. Am Umfange dieser ist eine spiralige Verkehlung angebracht, die — wie wir nun sehen werden — zur allmählichen Aufnahme der Kette dienen soll. Um die Uhr aufzuziehen dreht man mittels eines Schlüssels die Schnecke herum, und dabei wickelt sich die Kette von der Trommel ab und auf die Schnecke. Bei dieser Bewegung der Kette dreht sich natürlich auch die Trommel, und infolge dessen windet sich die Spirale um den Cylinder in ihrer Mitte. Bald nachdem die Uhr aufgezogen ist, beginnt aber die Spirale sich zu strecken und bewirkt damit eine Drehung der Trommel und damit auch der Schnecke in der entgegengesetzten Richtung. Die Stahlkette wickelt sich dabei wieder von der Schnecke auf die Trommel herüber. Zuerst, d. h. wenn die Spannung der Spirale größer ist, wirkt dieselbe durch Vermittelung der Kette auf die obersten Schneckenwindungen. Diese aber hat den geringsten Durchmesser und setzt daher der Spirale, die sie umdrehen will, einen größeren Widerstand entgegen. Derselbe nimmt allmählich ab in dem Maße, als der Durchmesser der Auskehlung größer wird. Kurz vor dem Ablaufen der Kette ist zugleich die Spannkraft der Spirale und der Widerstand der Schnecke am geringsten geworden, weil jene ja auf den größten Durchmesser der Schnecke wirkt, und da demnach die Kraft mit dem Widerstande, den sie findet, gleichmäßig abnimmt, so wird sie durchaus gleichmäßig auf die Uhrteile wirken, indem das Zahnrad an der Schnecke die Bewegung derselben auf die übrigen Räder überträgt. Durch diese höchst geistreiche Verbindung von Schnecke und Trommel hat man also den Spindelgang gleichmäßig zu erhalten gesucht. Es wirken freilich auch Änderungen in der Temperatur auf die Zugkraft der Feder ein, und so wird die Gleichmäßigkeit der Uhrbewegung sich doch nicht genau aufrecht erhalten lassen. Zudem waren Spindeluhren auch oft reparaturbedürftig, weil z. B. durch die Schläge der Flügel gegen das Steigrad der eine Zapfen desselben das Lager, in dem er läuft, sehr schnell abnutzt.

Diese Gedanken mochten den Engländer Graham geleitet haben, als er 1720 die Cylinderhemmung ersann. Wir erblicken in der Fig. 34 das eigentümlich gestaltete Steigrad — hier Cylinderrad genannt — und links davon den Cylinder. Dieser stellt nichts als die verlängerte Achse der Unruhe vor, die indessen nicht voll, sondern in ihrem mittleren Teile ausgehöhlt und noch außerdem auf besondere Art zugeschnitten ist, so daß in der Höhe, wo die Zähne des Steigrads stehen, die eine Hälfte der Wand, darunter sogar ein noch größerer Teil weggenommen ist. Wenn die Uhr aufgezogen ist, so wird die Kraft der gespannten Feder sich durch Vermittelung der übrigen Räder auch dem Cylinderrade mitteilen, so daß es sich in der Richtung des Pfeiles drehen wird. Diese Drehung nun ist es, welche durch den Cylinder fortwährend gehemmt wird. Da dieser mit der Unruhe verbunden ist, so schwingt er bald nach rechts, bald nach links.

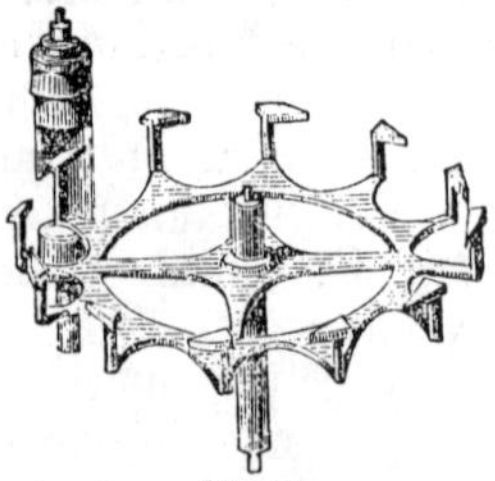

Fig. 34.
Die Cylinderhemmung.

Dabei bringt er in der Stellung I das Steigrad zur Ruhe, beim Vorwärtsschwingen giebt er den gefangenen Zahn a in der Stellung II frei, so daß er bei III an die innere Wand des Cylinders anprallen muß, um schließlich beim Rückwärtsschwingen des Balanciers in der Stellung IV aus seiner Zwangslage wieder befreit zu werden (vergl. Fig. 35). Das Aufschlagen der Zähne auf die beiden Cylinderflächen giebt zugleich dem Balancier jedesmal einen kleinen Stoß, so daß derselbe seine Schwingungen fortzusetzen befähigt wird. Der Nachteil der Cylinderhemmung ist der, daß in den Ruhelagen I und III sich die Zähne zu sehr am Cylinder reiben, wodurch auch der Gang des Balanciers stark beeinflußt wird. Man muß

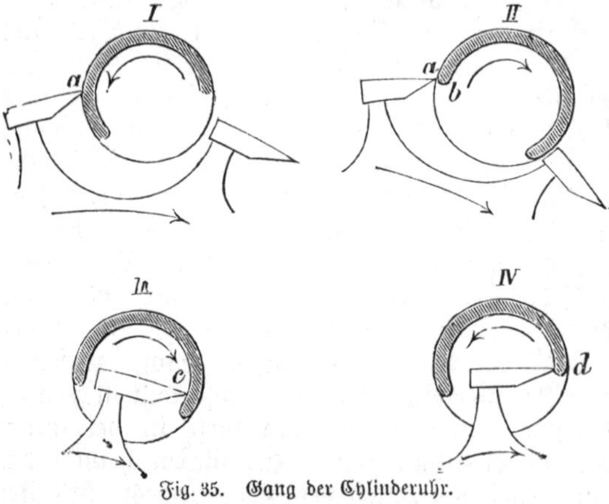

Fig. 35. Gang der Cylinderuhr.

also diese Reibung durch Einölen des Cylinders zu verringern suchen. Aber das Öl behält leider seine Leichtflüssigkeit nicht lange bei; dann wird aber der Gang der Uhr sich natürlich verlangsamen. Deshalb bedürfen die Cylinderuhren einer häufigen Reinigung.

Diese Übelstände werden durch die freien Hemmungen vermieden. So nennt man sie, weil sie mit der Unruhe nicht in so fester Verbindung stehen, wie die Spindel- und die Cylinderhemmung. Sie drehen sich nicht um die Achse der Unruhe, sondern um eine eigene, die zwischen dem Hemmungsrade und dem Balancier liegt. Die Hemmung liegt nur auf Momente am Steigrade sowohl, wie an der Unruhe an, und beide Teile sind also in ihrem Gange sehr wenig von einander beeinflußt. Wo es auf große Genauigkeit und Beständigkeit im Uhrgang ankommt, wie bei den Chronometern, ist man auf eine solche Hemmung geradezu angewiesen. So ist u. a. die Ankerhemmung beschaffen. In der Fig. 36 bedeuten E, B und A resp. die Unruhe, den Anker und das Steigrad. Der Anker setzt sich nach oben in eine Gabel $o o_1$ fort, während die Unruhe noch den Hebestein h trägt. Die Unruhe macht hier sehr große Schwingungen um die Gleichgewichtslage, die eben erreicht ist. Wir sehen, daß in diesem Augenblicke der Hebestein zwischen den beiden Fanghörnern o und o_1 liegt. Aber zugleich gleitet der Zahn e des Steigrades an der Fläche l i des Ankers entlang und erteilt ihm einen Stoß, der die Gabel in die Lage $B x_1$ versetzt. In dieser bleibt der Anker liegen, sperrt mit dem Zahn $a_1 b_1$ dem Steigrade den Weg ab und läßt zugleich den Balancier frei, nachdem er ihm noch mit dem Horn o einen Antrieb versetzt hat, der zur Erhaltung seiner Bewegung beiträgt. Erst wenn derselbe wieder umkehrt und der Hebestein gegen das Horn o stößt, wird das Steigrad befreit, der Zahn e_2 wird an der Fläche $b_1 c_1$ des Ankers entlang gleiten und dabei diesem einen Stoß versetzen, der die Gabel in die Lage B x versetzt. Dieser Stoß teilt sich auch durch den Hebestein der Unruhe mit, und so wird diese in der angedeuteten Richtung ein Stück weiter schwingen. Inzwischen hemmt der rechte Arm des Ankers die Fortbewegung des Steigrades, bis der Balancier wieder umkehrt. Diese Hemmung ist als eine sehr vollkommene anzusehen, weil die Reibung an den Flächen b c und $b_1 c_1$ des Ankers nur sehr kurze Zeit andauert und die Stöße gegen den Balancier auch fast plötzlich erfolgen. So würde sich die Einrichtung auch für die Chronometer eignen. Doch zieht man hier gewöhnlich eine andere

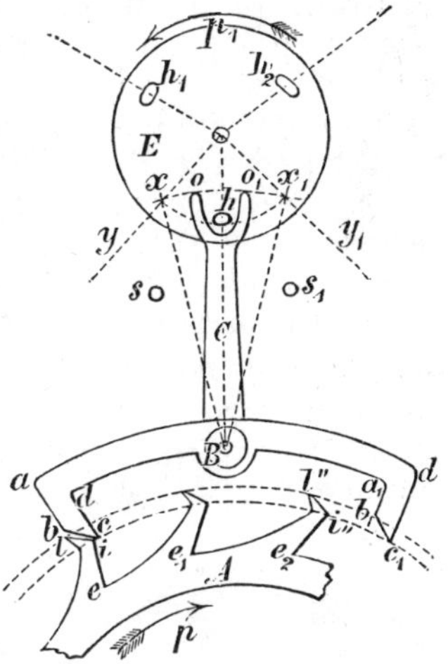

Fig. 36.
Die Ankerhemmung.

freie Hemmung vor, die gerade für die Zwecke solcher genauer Instrumente ausgedacht ist.

Diese müssen auch noch durch eine andere Vorsicht in ihrem Gange gesichert sein. Man braucht sie vor allem für Reisezwecke, bei denen man ja der Pendeluhren vollständig entraten muß, und besonders ist der Seefahrer auf ihre Benützung angewiesen. Sie sollen ihm helfen, die geographische Länge zu bestimmen, in der er sich gerade befindet. Die Methode, nach der man dies vermag, ist im Jahre 1530 kurz nach Erfindung der Taschenuhren von Gemma Frisius angegeben worden. Wenn zwei Orte auf der Erde eine verschiedene geographische Länge haben, so haben sie bekanntlich auch einen Zeitunterschied, und zwar für jeden Grad Unterschied in der Länge 4 Minuten Zeitdifferenz. Wenn man diese letztere kennt, so ist also auch der Längenunterschied leicht zu finden. Man kann nun mit Hilfe eines astronomischen Instrumentes sich leicht durch Beobachtung der Sonne oder eines Sternes die Kenntnis der Zeit verschaffen an dem Orte, an dem man sich eben befindet. Das Chronometer aber, mit dem man versehen ist, geht ja noch nach der Zeit des Ortes, von dem man fortgefahren ist; so hat man also sofort den Längenunterschied zwischen diesen beiden Orten. Der Seemann wird es also seine höchste Sorge sein lassen müssen, ein recht gleichmäßig gehendes Chronometer zu besitzen. Aber wir hörten bereits, daß schon der Wechsel der Wärme das Rad der Unruhe vergrößern und verkleinern und damit den Uhrgang langsamer oder schneller machen kann. Man muß also der Wärme wieder entgegenwirken. Das geschieht durch die sogenannte Kompensation der Unruhe. Wir sehen das hier verwendete Rad der Unruhe in der Fig. 37 abgebildet. Der Umkreis des Rades ist an zwei Stellen m und n durchbrochen und die Brücke a a' dient dazu, die beiden Teile des Umkreises zusammenzuhalten. Diese Teile sind nun ihrerseits jeder aus zwei Streifen von verschiedenen Metallen, etwa aus Stahl und Messing zusammengesetzt, wobei das Metall, das sich stärker auszudehnen vermag, also hier das Messing, außen zu liegen kommt. Da sich bei dieser Einrichtung das äußere Metall nicht gehörig auszustrecken vermag, so wird es mit steigender Wärme sich stärker krümmen müssen, und so werden sich viele Teile des Umkreises der Radachse nähern, so daß die Ausdehnung des Rades durch diese Nebenwirkung aufgehoben wird. Auf diesem Prinzipe beruht auch das Metallthermometer, welches auf S. 26 beschrieben wurde.

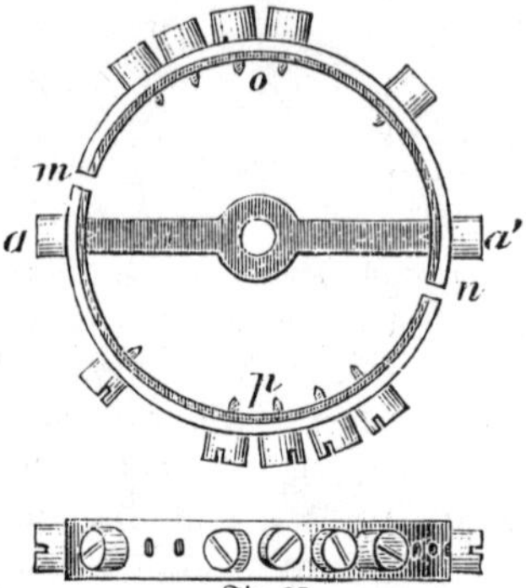

Fig. 37.
Chronometerkompensation.

Wir haben im Vorhergehenden eine Reihe von Einrichtungen besprochen, durch die man im Laufe der Jahre die Zeitmeßapparate zu einer hohen Vollkommenheit entwickelt hat. Es ist ja bekannt, daß man noch allerhand Apparate mit den Uhren in Verbindung setzen kann, z. B. die Schlagwerke; diese können entweder von selbst wirken, wie es bei unseren Wanduhren gewöhnlich der Fall ist, oder sie schlagen auf einen Druck, den man von außen auf das Werk ausübt. Dieser Fall liegt bei den bereits 1676 von Barlow erfundenen Repetieruhren vor. Die Gesichtspunkte, welche bei der Erfindung der sogenannten Remontoiruhren leiteten, d. h. bei denjenigen, die man ohne besondere Schlüssel am Bügel aufzieht, waren außer der Bequemlichkeit wohl noch der Umstand, daß eine Uhr, die man nicht zu öffnen braucht, auch dauerhafter ist. Es giebt sogar schon Uhren, die überhaupt nicht aufgezogen zu werden brauchen, wenn man sie nur unterwegs in der Tasche trägt. Eine solche hat Löhr konstruiert: ein kleiner Hammer schwingt, während der Träger seinen Weg zurücklegt, in der Uhr hin und her und besorgt von selbst das Aufziehen. Aber wir können nicht alle Neuerungen und. Nebenapparate aufzählen. Werke, die für genaue Messungen bestimmt sind, muß man von solchen Nebensachen möglichst frei halten, weil jede Verwickelung des Uhrwerkes Störungen in den gleichmäßigen Gang hineinträgt. Auf die elektrischen und die pneumatischen Uhren werden wir später zu sprechen kommen.

Für noch kleinere Zeitmessungen, als sie die Uhren anzuzeigen vermögen, dient das von Hipp in Neufchatel erfundene Chronoskop, welches Zeitintervalle bis auf ein Tausendstel einer Sekunde zu messen im stande ist. Bei demselben ist das Zeigerwerk von dem Uhrwerk völlig unabhängig, beide werden vielmehr im geeigneten Moment durch einen elektromagnetischen Apparat miteinander verbunden. Das Zeigerwerk hat einen großen und einen kleinen Zeiger, von denen der erstere sein Zifferblatt in zehn Sekunden, der kleine das seinige in einer Zehntelsekunde umkreist; die Zifferblätter sind je in hundert Teile geteilt, so daß sich Zeitintervalle von einem Tausendstel einer Sekunde ablesen lassen. Will man die Zeitdauer eines Ereignisses messen, so wird das Uhrwerk vorher in Bewegung gesetzt und der Stand der Zeiger vor der Einschaltung notiert; dann in dem Moment wo das Ereignis beginnt, das Zeigerwerk eingeschaltet und in dem Moment, wo das Ereignis endet, ausgeschaltet. Das Zeigerwerk nimmt also nur während der Dauer der elektromagnetischen Verbindung an der Bewegung teil, und die Differenz zwischen dem nun neuen Stand der Zeiger und dem ursprünglichen ergiebt die Dauer des Ereignisses.

Nicht minder sinnreich zur Messung kleiner und kleinster Zeitintervalle ist auch die neuerdings versuchte Verwendung der Schwingungen einer Stimmgabel, des bekannten kleinen stählernen, zweizinkigen Instruments, durch welches der musikalische Normalton (a oder c) fixiert wird. Das Wesen der Stimmgabel beruht auf den periodischen Schwingungen der Luft. Die straff gespannte Violinsaite wird durch den mit Geigenharz (Kolophonium) bestrichenen Violinbogen aus ihrer straffen Lage gezogen und strebt nun in dieselbe zurückzukehren, und jeder Hin- und Rückgang der schwingenden Saite erzeugt eine neu sich fortpflanzende Luftwelle, die alle zusammen eben den Ton hervorbringen. Schlägt man eine Stimmgabel an, so tönt sie, was besonders vernehmlich hörbar wird, wenn man den Griff auf einen festen Körper aufsetzt. Daß auch hier der Ton nur durch die raschen pendelartigen Schwingungen der Gabel erzeugt wird, davon kann man sich auch fühlbar überzeugen, wenn man die Zinken mit der Fingerspitze berührt oder gegen die Zähne hält. Sogar sichtbar kann man diese Pendelschwingungen machen, wenn man an die eine Zinke einen Stift befestigt und diesen, nachdem man die Gabel angeschlagen, in gerader Linie über eine mit Ruß geschwärzte Glasplatte hinzieht. Man hat diese Schwingungen schon mehrfach benützt, z. B. um die Fortpflanzungsgeschwindigkeit der Blutwelle im menschlichen Körper, die Fallgeschwindigkeit, ja sogar die Geschwindigkeit des Geschosses in einem Geschützrohr festzustellen. Zu letzteren Versuchen, welche von der preußischen Artillerie in Spandau angestellt werden, dienen Stimmgabeln, welche durch die Explosion der Pulvergase in Schwingung versetzt werden, als vorgeschriebene Zahl 2050 Schwingungen in der Sekunde machen und diese auf einer mit Kienruß geschwärzten Leiste vorzeichnen.

Es würde uns zu weit führen, wenn wir hier auf diese und ähnliche Zeitmessungsversuche näher eingehen wollten. Jedenfalls erhellt schon aus diesen kurzen Andeutungen, daß wir hinsichtlich der Fundamentalmaße für Länge, Masse und Zeit so ziemlich an der Grenze angekommen sind, die für die menschlichen Sinne in Bezug auf das überhaupt Meßbare gezogen sind, und daß sich gerade Deutschland auf dem Gebiete der Präzisionsmechanik in neuerer Zeit so bedeutend hervorgethan hat, kann uns nur mit freudiger Genugthuung erfüllen.

II. Die Beherrschung der Naturkräfte.

1. Die Motoren.

Allgemeines.

Das Streben des Menschen, die in dem Kampfe um das Dasein zu verrichtende Arbeit nach Möglichkeit sich zu erleichtern und von sich fern zu halten, ist fast so alt wie die Geschichte des menschlichen Geschlechtes selbst.

Schon bei den auf der niedrigsten Stufe der Kultur stehenden Völkern finden wir die Ausnützung der Tiere und der Sklaven für den Transport, für die Bestellung des Ackers und für anderweitige notwendige Verrichtungen.

Mit zunehmender Gesittung und Bildung wandte sich die erfinderische Thätigkeit der Ausnützung der in der Natur aufgespeicherten Kräfte zu. Es kamen zunächst für eine lange Reihe von Jahrhunderten nur die Kraft des bewegten Wassers und des Windes in Betracht. Noch heute finden die zur Ausnützung dieser Naturkräfte ersonnenen Motoren eine weite Anwendung, und wir werden uns mit der Besprechung derselben ebenso eingehend zu befassen haben, wie mit der Beschreibung der nach den neuesten Prinzipien konstruierten Dampfmaschinen.

Hatte man in den ältesten Zeiten des menschlichen Geschlechtes sich der teueren Arbeitskräfte der niedrig Gestellten oder der Tiere bedient, so war man hierbei gezwungen, die Kräfte dieser lebendigen Motoren durch geeignete Pflege zu erhalten, um dieselben thunlichst lange ausnützen zu können. Diese Rücksicht fiel bei den mit Hilfe des Wassers oder des Windes bewegten toten Motoren fort. Dafür aber hatten diese wiederum verschiedene schwer wiegende Nachteile.

Um zunächst bei der bewegten Luft, dem Winde, zu verweilen, so ist diese Betriebskraft außerordentlich abhängig von Verhältnissen, welche sich der Beeinflussung und Regelung seitens der Menschen vollständig entziehen. Die Verwendbarkeit derselben war daher von Haus aus naturgemäß eine sehr beschränkte.

Bei weitem unabhängiger waren die durch die bewegten Wassermassen der Flüsse und Ströme angetriebenen Wassermotoren. Jedoch auch bei Anwendung dieser war man an ganz bestimmte örtliche Verhältnisse gebunden, indem man dieselben nur an denjenigen Plätzen errichten und betreiben konnte, wo Betriebswasser und Gefälle in hinreichendem Maße vorhanden war.

Mit diesen Wind- und Wassermotoren hat sich trotz ihrer Unzuverlässigkeit das menschliche Geschlecht Jahrtausende lang beholfen. Die Folge hiervon war, daß der industrielle Betrieb, sofern derselbe auf eine größere, sichere Kraftquelle angewiesen war, sich an den Flußläufen konzentrierte. Das Merkmal der Industrie des Zeitalters der Wind- und Wassermotoren ist der Kleinbetrieb und die Hausindustrie. Hierin schaffte die Erfindung der Dampfmaschine bezw. die Vervollkommnung derselben, wie sie durch James Watt in der zweiten Hälfte des vorigen Jahrhunderts mit durchgreifendem Erfolge ausgeführt wurde, einen völligen Wandel herbei. Als dritte Kraftquelle trat nunmehr neben dem Winde und dem Wasser die Wärme auf.

Die Wirkung der Erfindung der Dampfmaschine erstreckte sich zunächst auf den Bergwerksbetrieb. Hier übernahm der gespannte Wasserdampf alsbald erfolgreich die bis dahin mühsam durch Tiere und Menschen bewirkte Förderung der unterirdischen Schätze aus der Nacht der Schächte zum Tageslicht. Das Wasserrad, welches Jahrhunderte lang mit schwerfälliger Behäbigkeit die Entwässerung der unterirdischen Gänge bewirkt und diese vor der Überflutung bewahrt hatte, mußte nun der mächtigen unterirdischen Dampfpumpe weichen.

Alsbald eroberte sich der Dampf auch die übrigen Zweige der menschlichen Thätigkeit, die Gewerbe wie das Verkehrswesen in raschem Siegeslaufe. Der großen Allgemeinheit erscheint der Einfluß der Einführung der Dampfmaschine am gewaltigsten und überzeugendsten auf dem Gebiete des Verkehrswesens, wo das Dampfroß in unaufhaltsamem Siegeszuge eine völlige Umwälzung von Handel und Wandel bewirkte. Weniger bekannt dürfte die Wirkung sein, welche die Ausnützung der Dampfkraft auf dem Gebiete der Gewerbe gezeitigt hat; man kann dieselbe kurz dahin zusammenfassen, daß an Stelle der zahlreichen kleinen Gewerbebetriebe und der Hausindustrie alsbald ein Überwiegen der Großindustrie eintrat. Ja, eine große Anzahl ehemals blühender Kleinindustrien mußte angesichts der die Dampfmaschine in ihre Dienste nehmenden Großindustrie alsbald fast völlig vom Schauplatz ihrer Thätigkeit zurücktreten. Dieser Kampf zwischen Groß- und Kleinindustrie, das Kennzeichen des bisher verflossenen Teiles des Zeitalters der Dampfmaschine, dauert auch noch heute in alter Heftigkeit fort. Zum Beweise dessen mögen hier einige wenige Zahlenangaben folgen.

In den Jahren 1875 und 1882 haben im Deutschen Reiche Gewerbezählungen stattgefunden, und wurde hierbei die Anzahl der Gewerbebetriebe überhaupt, sowie der Kleinbetriebe und der Großbetriebe festgestellt und zwar wurde als Großbetrieb jeder Gewerbebetrieb angesehen, welcher mit mehr als 5 Gehilfen arbeitete. Das Ergebniß dieser Zählungen war folgendes:

	im Jahre 1875	im Jahre 1882	Zunahme im Ganzen	Zunahme in %
a) Gewerbebetriebe überhaupt . . .	2927955	2995148	67193	2,3
Kleinbetriebe	2858405	2898324	39919	1,4
Großbetriebe	69550	96824	27274	39,2
b) Gewerbetreibende überhaupt . .	6579951	7321782	741831	11,3
Hiervon waren beschäftigt in:				
Kleinbetrieben	4159231	4476495	317264	7,6
Großbetrieben	2420720	2845287	424567	17,5

Betrachten wir uns vorstehende Zahlen etwas näher, so fällt uns hier sofort die außerordentliche Zunahme des Großbetriebes (39,2 %) gegenüber dem Kleinbetriebe (1,4 %) auf. Die gleichen Verhältnisse liegen natürlicher Weise auch bei den betreffenden Klassen der Gewerbetreibenden vor; hier stellt sich die Zunahme der im Großbetriebe beschäftigten auf 17,5 %, während die Zahl der im Kleinbetriebe beschäftigten nur um 7,6 % wuchs. Im Laufe der Zeit wird sich dieser Prozeß der Zurückdrängung der Kleinindustrie durch die Großindustrie immer mehr und mehr mit unwiderstehlicher Gewalt vollziehen, eine Folge der gewaltigen Umwälzung, welche die Einführung des gespannten Wasserdampfes in die Zahl der treibenden oder motorischen Kräfte mit sich brachte.

Angesichts dieser Thatsache ist es nicht ohne Interesse, kurz diejenigen Industriegebiete aufzuzählen, auf denen im Jahre 1882 ein meist bedeutendes Überwiegen der Großindustrie konstatiert wurde:

Es entfielen im Jahre 1882

	auf den Großbetrieb %	auf den Kleinbetrieb %
im Bergbau, Hütten- und Salinenwesen	99,6	0,4
in der Chemischen Industrie	76,5	23,5
in den Polygraphischen Gewerben	75,7	24,3
in der Papierindustrie	73,0	27,0
in der Verarbeitung der Metalle (ausschließlich des Eisens)	63,8	36,2
im Bau von Maschinen, Instrumenten und Apparaten . .	64,2	35,8
in der Textilindustrie	51,6	48,4

Die Ausnutzung der Kraft des Windes und des bewegten Wassers war an bestimmte meteorologische und lokale Bedingungen geknüpft;

waren diese nicht erfüllt, so stand eine mechanische Leistung nicht zur Verfügung. Wohl konnte man das Gefälle der Flüsse anstauen und aufspeichern, wohl konnte man das Windrad auf besonders dem Windstrome ausgesetzten Höhen errichten, stets aber war man gezwungen, die natürliche Triebkraft dort zu benutzen, wo man sie fand, und man war genöthigt, mit ihrer vorhandenen Stärke sich zu begnügen, da man nicht im Stande war, dieselbe nach Bedarf oder nach Belieben zu erhöhen. Ganz anders liegen die Verhältnisse bei der Ausnutzung der Wärme. Diese kann man erzeugen, wo und wann man will; sie war es also, die den Menschen zuerst unabhängig machte von der Örtlichkeit. Nicht mehr an bestimmten Plätzen mußten von jetzt ab die Gewerbebetriebe sich ansiedeln, sondern überall da, wo das Vorhandensein der Rohstoffe oder sonstige Verhältnisse es wünschenswerth machten, konnten dieselben sich einrichten und ihre Thätigkeit entfalten. Diese Eigenschaft der Wärme, ihre Unabhängigkeit von Ort und Zeit, war es, welche ihrer ältesten Tochter, der Dampfmaschine, die Wege ebnete und derselben den schnellen Siegeslauf ermöglichte. Im Laufe der Jahrzehnte gesellte sich zu der Dampfmaschine dann noch die ebenfalls auf der Ausnützung der Wärme beruhende Heißluftmaschine, bei welcher das bekannte Naturgesetz zur praktischen Anwendung gelangt, daß luftförmige Körper, sobald ihnen Wärme zugeführt wird, sich ausdehnen, dagegen bei Wärmeentziehung einen geringeren Raum ausfüllen.

Jedoch der Bedarf an motorischer Kraft wuchs von Jahr zu Jahr und regte die erfinderische Thätigkeit zur Aufschließung weiterer motorischer Kraftquellen an. So stellte sich alsbald als vierte Kraft die chemische Verwandtschaft verschiedener Naturkörper ein. Auf ihrer Ausnützung beruhen die zahlreichen Gas-, Petroleum- und Benzinmotoren.

In der neuesten Zeit trat dann noch als letzte Kraftquelle der elektrische Strom hinzu, dessen Ausnutzung durch die Elektromotoren nicht in diesem Abschnitte, sondern unter II. 2. beschrieben werden wird. Fassen wir die heute uns zur Verfügung stehenden Kraftquellen, sofern wir von der Muskelkraft des Menschen und der Tiere absehen, kurz zusammen, so sind dies folgende:

a) das bewegte Wasser,
b) die bewegte Luft,
c) die Wärme,
d) die chemische Verwandtschaft einzelner Körper,
e) der elektrische Strom.

a) Die Wassermotoren zerfallen in drei Abteilungen:

1. die Wasserräder im engeren Sinne oder vertikalen Wasserräder,
2. die Turbinen oder horizontalen Wasserräder,
3. die Wassersäulenmaschinen.

Während bei den unter 1 und 2 genannten Motoren ein Rad, dessen Drehachse entweder horizontal (Wasserräder im engeren Sinne) oder vertikal (Turbinen) liegt, durch das Wasser in Drehung versetzt wird, besteht das Kennzeichen der Wassersäulenmaschinen darin, daß das unter einem gewissen Druck stehende Wasser in einem Cylinder einen, auch mehrere Kolben in eine hin- und hergehende Bewegung versetzt. Bei diesen Wassersäulenmaschinen, welche durch gepreßtes Wasser getrieben werden, möge hier schon bemerkt werden, daß dieselben in neuester Zeit für die sogenannte Kraftübertragung von einer Centrale mehrfach in Benutzung genommen werden. Öfters verwendet man alsdann, ohne wesentliche Änderung der Motoren an Stelle des Preßwassers Preßluft, d. h. Luft, welche durch große Luftpumpen in starke Pressung versetzt ist und nun an Stelle des gepreßten Wassers als Betriebskraft in die Motoren eingeführt wird.

b) Was die durch die bewegte Luft oder den Wind angetriebenen Motoren betrifft, so umfassen dieselben nur eine einzige Klasse, nämlich: die Windräder.

Der Vollständigkeit halber sei hier aber nochmals kurz darauf hingewiesen, daß in der neuesten Zeit auch die gepreßte Luft zum Betriebe von Motoren verwendet wird. Da letztere eine sehr nahe Verwandtschaft mit den durch gepreßtes Wasser betriebenen Motoren besitzen, so werden dieselben im Anschluß an letztere zur Besprechung kommen.

c) Unter den verschiedenen Kraftquellen ist die Wärme zur Zeit die am meisten benutzte. Die mit Hilfe derselben betriebenen Motoren zerfallen in:

1. Dampfmaschinen, 2. Heißluftmaschinen.

Die hervorragendste Wärmequelle für den Betrieb der Motoren wird gebildet durch die unterirdischen Steinkohlenlager, welche allerdings gegenwärtig noch in gewaltiger Fülle zu unserer Verfügung stehen. Mit unfehlbarer Sicherheit muß aber dermaleinst der Zeitpunkt eintreten, wo diese unterirdischen Schätze verbraucht sind, und wo der Mensch auf neue Mittel und Wege sinnen muß, die für sein Dasein unbedingt erforderliche Wärme sich zu schaffen.

Kraft, Licht und Wärme sind wir gewohnt in einem Maße aus den Steinkohlenlagern zu beziehen, daß das Versiegen derselben naturgemäß eine tiefeingreifende Wandlung der Verhältnisse des menschlichen Geschlechtes mit sich bringen muß. Unser großer Landsmann William Siemens ließ sich bereits im Jahre 1878 in einem in the Glasgow Science Lecture Association gehaltenen Vortrage: „Über die Nutzbarkeit der Wärme und anderer Naturkräfte" folgendermaßen aus:

„Der 1871 veröffentlichte Bericht der Kohlenbau-Kommission giebt das damals noch abzubauende Quantum Kohlen in Großbritannien auf ungefähr 150000000000 Tonnen an. Gegenwärtig werden etwa 132000000 Tonnen jährlich verbraucht und zieht man noch die statistisch festgestellte Konsumvermehrung von $3^1/_3$ Millionen Tonnen pro Jahr in

Betracht, so würden 250 Jahre genügen, um die Kohlenfelder vollständig zu erschöpfen. Dabei darf man nicht vergessen, daß, lange bevor man die letzte Tonne Kohle zu Tage fördert, die graduelle Abnahme sich sehr fühlbar machen wird. Distrikte, wo die Industrie und demgemäß die Bevölkerung am größten ist, werden den Wechsel am ersten empfinden, und es ist unsere Pflicht, bei Zeiten zu überlegen, ob und welche Ersatzmittel dann zu unserer Verfügung stehen."

Die Erkenntnis der Wichtigkeit der thunlichst sparsamen Ausnützung der unterirdischen Kohlenschätze beginnt glücklicher Weise immer mehr und mehr Allgemeingut zu werden. Die Frucht dieser Erkenntnis zeigt sich auf dem Gebiete der Motoren in einer weit gehenden Ausnützung des kostbaren Brennstoffes, angestrebt durch möglichste Vervollkommung der Feuerungsanlagen der Dampfkessel und der Konstruktion der Wärmemotoren.

Trotzdem aber nähert sich unsere hauptsächlichste Quelle motorischer Kraft mit Riesenschritten ihrer Erschöpfung. Mit Recht ist daher die erfinderische Thätigkeit seit längerer Zeit der Auffindung eines Ersatzes der Wärme nach dieser Richtung zugewendet. Es ist mit Zuversicht anzunehmen, daß bis zu dem Tage, wo die letzte Tonne Kohle an die Oberfläche der Erde hinaufbefördert werden wird, ein Ersatz der Wärme als motorische Kraft in der Ausnützung anderer Naturkräfte vorliegt, sei es der Ebbe und Flut, der gewaltigen Wasserfälle unserer Ströme, sei es der altbekannten Kraftquelle des Windes.

Es liegt uns zunächst ob, hier einige kurze Angaben über die hauptsächlichsten Eigenschaften des Wasserdampfes folgen zu lassen.

Der Wasserdampf entsteht aus dem Wasser dadurch, daß diesem Wärme zugeführt wird. Die Wärme wird hierbei zum Teil dazu verbraucht, die Temperatur des Wassers zu erhöhen, der andere Teil dient dazu, das Wasser aus dem tropfbar flüssigen in den gasförmigen oder dampfförmigen Zustand überzuführen. Erfolgt das Erhitzen des Wassers in einem offenen Gefäße, so entweicht der Dampf in die Außenluft. Wird jedoch das Verdampfgefäß geschlossen, wird also der Dampf daran gehindert, in die Außenluft überzutreten, so nimmt derselbe allmählich eine immer größere Spannung an, mittelst welcher er die ihn zurückhaltenden Wandungen des Gefäßes zu beseitigen strebt. Diese Eigenschaft interessiert uns hier in erster Linie, da dieselbe dazu ausgenutzt wird, Körper in Bewegung zu setzen und zur Verrichtung von Arbeit zu benutzen. Zur Messung des von dem Dampfe ausgeübten Druckes dient das Manometer, welches direkt auf dem den Dampf erzeugenden Gefäße, dem Dampfkessel, angebracht wird, und an einem Zeiger den Druck ablesen läßt. Die näheren Einrichtungen des Dampfkessels und seiner Armatur werden zugleich mit denjenigen der Dampfmaschine später besprochen werden.

Bei Angabe des Dampfdruckes hat man zu unterscheiden den *absoluten* und den effektiven Druck oder *Überdruck*. Bekanntlich übt die den Erdball umgebende Atmosphäre auf jedes Quadratzentimeter der Erdoberfläche einen Druck von 1 Kilogramm aus; diesen Druck nennt man den Atmosphärendruck und mittelst desselben mißt man denjenigen Druck, welchen der Dampf, sowie andere gepreßte Medien, z. B. Luft oder Wasser, auf ihre Umgebung ausüben.*) Drückt der in einem Dampfkessel enthaltene Dampf mit einem Druck von 5 Atmosphären gegen die Innenwandung des Kessels, so will dieses besagen, daß der Dampf auf jeden Quadratzentimeter der Innenwand einen Druck von 5 Kilogramm ausübt. Es ist nun aber zu berücksichtigen, daß auf die äußere Seite der Kesselwandung die natürliche Atmosphäre, d. h. die den Erdball umgebende Luftschicht, einen Druck von einem Kilogramm pro Quadratzentimeter ausübt, welcher dem innern Drucke des Kessels entgegengerichtet wirkt, so daß die Wandung des Kessels einen von innen nach außen gerichteten Überdruck von 4 Kilogramm pro Quadratzentimeter auszuhalten hat. Absolut gemessen beträgt also der im Kessel herrschende Druck 5 Atmosphären; effektiv, d. h. unter Abzug des Druckes der äußeren Atmosphäre stellt sich derselbe jedoch auf nur 4 Atmosphären. Bei dem Bau von Dampfkesseln und Maschinen wird stets dieser effektive Druck oder Überdruck angegeben, da er es ist, welcher die treibende Kraft gegenüber dem äußeren Luftdruck repräsentirt.

Der in dem Dampfkessel herrschenden Dampfspannung entspricht stets ein bestimmter Siedepunkt; so entspricht einem absoluten Druck von 1 Atmosphäre ein Siedepunkt von 100° C. Wird aus einem Dampfkessel ein Quantum Dampf entnommen, so sinkt hierdurch natürlich der Druck, welcher im Innern des Kessels herrscht; da nun aber hierbei die Wassertemperatur eine höhere ist, als der Siedepunkt, welcher diesem verminderten Dampfdruck entspricht, so findet mit großer Schnelligkeit nunmehr im Kessel so lange eine starke Dampfentwicklung statt, bis der Druck wiederum diejenige Höhe erreicht hat, welche der herrschenden Temperatur als Siedepunkt entspricht. Der dieser Bedingung entsprechende Dampf, welcher für die in ihm herrschende Temperatur die größtmögliche Dichte besitzt, heißt **gesättigter Dampf**. In der nachstehenden Tabelle ist der Siedepunkt des Wassers für verschiedene Dampfspannungen angegeben und zwar mit etwas abgerundeten Zahlen.

Es beträgt die Siedetemperatur bei einem Druck von

0,1	Atmosphären	45,5° C.,
0,5	„	81,0° „
1,0	„	100,0° „
1,5	„	111,0° „
2,0	„	119,5° „
2,5	„	127,0° „
4,0	„	143,0° „
5,0	„	151,0° „
10,0	„	179,0° „
12,0	„	187,0° „
14,0	„	194,0° „

*) Vgl. S. 28.

Der Zustand der Sättigung dauert bei dem Dampfe so lange, als er mit dem Wasser, aus dem er sich bildet, in Berührung bleibt. Ist alles Wasser in Dampf verwandelt, und wird dieser alsdann noch in einem geschlossenen Gefäß des weiteren erhitzt, so nennt man ihn überhitzten Dampf. Dieser besitzt somit eine Temperatur, welche die seiner Spannung entsprechende Siedetemperatur übersteigt.

Außer der Beziehung zwischen dem Siedepunkte und der Spannung existiren auch noch ganz bestimmte Verhältnisse zwischen der Spannung und dem Gewichte des Dampfes. Hierüber möge nachstehende kleine Tabelle Aufschluß geben:

Bei einer Dampfspannung pro qcm kg	beträgt das Gewicht pro cbm kg
0,1	0,0653
0,5	0,2977
1,0	0,5717
1,5	0,8361
2,0	1,096
2,5	1,351
4,0	2,101
5,0	2,590
10,0	4,967
12,0	5,895
14,0	6,813

Die wesentlichste Eigenschaft des Dampfes ist, wie bereits kurz erwähnt wurde, die, daß er bestrebt ist, auf seine Umgebung einen Druck auszuüben und die ihn umgebenden Wandungen zu verschieben. Es ist dieses eine Folge des dem Dampfe inne wohnenden Expansionsbestrebens, d. h. des Strebens, ein möglichst großes Volumen einzunehmen. Dieses wird bei der Dampfmaschine in der Weise ausgenützt, daß in einem cylindrischen Gefäße, dem Dampfcylinder, ein Kolben verschiebbar angeordnet ist. Läßt man in diesen Cylinder Dampf einströmen, so treibt dieser den Kolben in der einen Richtung vorwärts und es ist nur noch eine Einrichtung erforderlich, welche diese dem Kolben mitgeteilte Bewegung zu einer regelmäßigen macht und zur Leistung einer Arbeit ausnützt. Als man die Expansionskraft des Dampfes näher erkannte, nutzte man dieselbe noch des weiteren in der Weise aus, daß man den Dampf nicht während des gesamten Kolbenweges in den Cylinder einströmen ließ, sondern nur während eines Teiles des Kolbenweges. Man schnitt die Zufuhr des Dampfes alsbald nach dem Eintritt eines gewissen Quantums ab, und ließ dieses dann durch seine Expansion allein weiter wirken. Es ist dieses, wie später noch des näheren ausgeführt werden wird, die jetzt allgemein gebräuchliche Art und Weise der Ausnutzung des Dampfes in den Dampfmaschinen.

Zum Schlusse dieser allgemeinen Vorbemerkung über das Wesen des Dampfes müssen wir noch kurz auf den Zusammenhang zwischen Wärme und mechanischer Arbeit eingehen.

Die Lehre der modernen Physik hinsichtlich des Wesens der mechanischen Arbeit und der Wärme faßt letztere als eine Art der Bewegung auf. Wärme und mechanische Arbeit treten abwechselnd bald als Ursache, bald als Wirkung auf. Man kann daher jede Wärmeerscheinung als ein Produkt mechanischer Arbeit und jede mechanische Arbeit als ein Produkt der Wärme auffassen.

Es ist nun durch Versuche festgestellt worden, daß bei einem Barometerstande von 760 mm eine Arbeit von etwa 424 Kilogrammetern erforderlich ist, um 1 Kalorie hervorzubringen, d. i. diejenige Wärmemenge, welche erforderlich ist, um 1 Kilogramm Wasser von 0° auf 1° C. zu erwärmen. Diesen Arbeitsbetrag von 424 Kilogrammetern nennt man das mechanische Wärmeäquivalent.

Vorstehende, von Joule und Mayer des weiteren ausgesponnene Beobachtung, auf welcher unsere gesamten modernen Anschauungen von dem Wesen der Wärme, die heutige mechanische Wärmetheorie, beruhen, sind wohl selten von einem Fachmanne so treffend zum Ausdruck gebracht, wie von George Stephenson, dem Vater der Lokomotive. Als man ihn frug, worin die letzte Ursache der Bewegung seiner Lokomotiven bestehe, antwortete er: „bottled sun beams,“ „auf Flaschen gezogene Sonnenstrahlen.“ In der That ist hier in wenigen Worten das Prinzip der Wechselbeziehung zwischen Wärme und Kraft in schlagendster Weise zum Ausdruck gebracht. Die uns zur Verfügung stehenden Brennstoffe sind sämtlich ein Produkt der Thätigkeit der Sonne und so konnte Stephenson mit Recht die Steinkohlen, die Kraftquellen seines Dampfrosses, als Sonnenstrahlen bezeichnen, welche im Erdinnern aufgespeichert liegen, bis sie an des Tages Licht gebracht werden, um wieder in Arbeit umgesetzt zu werden.

d) Die letzte der uns zur Verfügung stehenden, hier zu behandelnden Kraftquellen ist die chemische Verwandtschaft einzelner Körper. Diese findet ihre Anwendung bei den während der letzten Jahrzehnte in vielen tausenden von Exemplaren in Betrieb befindlichen

Gasmotoren und

Petroleum- bezw. Benzinmotoren.

Bei diesen erfolgt die Bildung der motorischen Kraft in der Weise, daß Gas, sei es gewöhnliches Leuchtgas oder Petroleumgas, im Gemisch mit Luft zur Explosion gebracht wird.

Nachdem wir so im Vorstehenden einen kurzen Überblick über die verschiedenen Arten der Kraftquellen und der Motoren gegeben haben, bleibt uns, bevor wir zu einer Besprechung der einzelnen Konstruktionen übergehen, nur noch übrig, einige für sämtliche Motoren bestehende Verhältnisse kurz zu erläutern.

Handelt es sich darum, eine Kraftquelle auszunützen, so muß man zunächst die Kraft gleichsam einfangen, festhalten und derselben eine solche Richtung geben, daß sie im Stande ist, eine bestimmte nützliche Arbeit zu verrichten.

Nehmen wir das Beispiel des bewegten Wassers an. Hier müssen wir zunächst dem Wasser eine solche Richtung der Bewegung geben, daß dasselbe im Stande ist, einen Motor, beispielsweise ein Wasserrad zu betreiben und mittelst dieses das Werk einer Mühle zu bewegen. Wollen wir die Spannkraft des Dampfes ausnützen, so müssen wir diesen zunächst in einem Gefäße erzeugen und sammeln und alsdann einer Vorrichtung zuführen, durch welche derselbe in den Stand gesetzt wird, eine Anzahl von Werkzeugmaschinen, z. B. zur Bearbeitung von Holz oder Eisen, oder eine Buchdruckerei, Spinnerei u. s. w., in Bewegung zu setzen. Bei der Ausnützung der Kraftquellen müssen wir daher unterscheiden: den Motor oder die Kraftmaschine, wodurch die Kraft aufgefangen und in einer bestimmten Richtung abgegeben wird, und die Arbeitsmaschine, welche die durch den Motor geäußerte Kraft nutzbar verwertet. Zwischen beiden besteht ein inniger Zusammenhang, indem letztere nur soviel Kraft verbrauchen kann, als der Motor derselben zuführt.

Dieser letztere Umstand ist für die praktische Ausnützung der motorischen Kräfte von ganz besonderer Wichtigkeit, indem die dem Motor zu gebende Größe oder Stärke genau nach dem Kraftverbrauche der zu betreibenden Arbeitsmaschine zu bemessen ist. Dieses führt uns auf die Frage, wie man die Stärke eines Motors mißt bez. ausdrückt und wie man dieselbe je nach den vorliegenden Verhältnissen zu bemessen im Stande ist.

Nach den Regeln der Mechanik ist die von einem Motor zu leistende Arbeit gleich dem Produkte von Kraft mal Weg. Welcher Art nun auch diese Kraft sein mag, dieselbe läßt sich stets mit dem Gewichte eines den gleichen Zug und Druck ausübenden Körpers vergleichen; als Einheitsmaß dieses Zuges oder Druckes gilt gegenwärtig allgemein das Kilogramm. Da dieses meist zu sehr großen und unbequemen Zahlen führt, so hat man für die Bestimmung der Stärke von Kraftmaschinen oder Motoren eine größere Einheit, die Pferdekraft oder Pferdestärke, eingeführt, und zwar versteht man unter dieser eine Kraft, welche erforderlich ist, um 1 Kilogramm in einer Sekunde auf eine Höhe von 75 Metern oder 75 Kilogramm in einer Sekunde auf eine Höhe von 1 Meter zu heben. Mit der Kraft des Pferdes gestattet diese Maßeinheit von 75 Kilogrammmetern keinerlei Vergleich. Um einen derartigen, für den Laien sehr nahe liegenden Irrtum zu vermeiden, hat man vorgeschlagen, den Ausdruck „Pferdekraft" durch „Dampfpferd" (cheval-vapeur) oder „Dynamisches Pferd" (cheval dynamique) zu ersetzen; jedoch ohne Erfolg, da erstere Bezeichnung sich durch die lange Reihe der Jahre bereits vollkommen eingebürgert hat. In der Abkürzung bezeichnet man die Pferdestärke meist mit H. P. (Horse Power), so daß also unter einer Dampfmaschine von 45 H. P. eine solche von 45 Pferdekräften zu verstehen ist.

Die dem Motor zugeführte Kraft kann in demselben in Folge verschiedener störender Umstände niemals voll und ganz zur Ausnützung gelangen. Es geht vielmehr stets ein Teil der Kraft durch die in dem Motor vorhandenen Reibungswiderstände, durch Abkühlung, durch Erhitzung u. s. w. verloren. Die von dem Motor abgegebene Kraftleistung entspricht daher niemals völlig der demselben zugeführten Kraftmenge. Wir wollen dieses an einem Beispiele kurz näher erläutern. Es betrage die von einem oberschlägigen Wasserrade nach Maßgabe der in jeder Sekunde zugeführten Wassermenge sowie nach Maßgabe des Gefälles zu leistende Zahl der Pferdekräfte 32. Thatsächlich vermag jedoch das Rad diese 32 ihm theoretisch zukommenden Pferdestärken nicht zu leisten, sondern nur 24 Pferdestärken. Die fehlenden 8 Pferdestärken werden verbraucht zur Überwindung der Reibung an den Zapfen, durch zu frühes Austreten des Wassers aus dem Rade u. s. w. Man nennt nun die auf rein theoretischem Wege festgestellte, berechnete Leistung eines Motors den Absoluteffekt, dagegen den von demselben thatsächlich geleisteten den Nutzeffekt; das Verhältniß zwischen beiden, also Nutzeffekt dividirt durch Absoluteffekt, nennt man den Wirkungsgrad des Motors; letzterer ist stets kleiner als 1. Bei obigem Beispiele beträgt der Absoluteffekt 32 Pferdestärken, der Nutzeffekt dagegen nur 24 Pferdestärken; mithin ergiebt sich ein Wirkungsgrad von $24/32 = 0{,}75$. Der Absoluteffekt eines Motors kann durch Rechnung aus den Abmessungen desselben und der Kraftmenge festgestellt werden; der Nutzeffekt wird durch besondere Apparate, Dynamometer, gemessen.

Nach diesen kurzen einleitenden Bemerkungen wenden wir uns nunmehr der Besprechung der verschiedenen Arten der Motoren zu.

a) Der Mensch und das Tier als Motor.

Der Mensch mit seiner Muskelkraft, seinem Gewichte und seiner die mannigfachsten Bewegungen gestattenden Gelenkigkeit kennzeichnet sich als der bequemste und, berücksichtigt man die Intelligenz desselben, als der vorzüglichste Motor. In der That giebt es eine große Anzahl motorischer Verrichtungen, welche durch die Muskelkraft des Menschen ausgeführt werden; wir erinnern nur an die zahlreichen Winden, Spinnvorrichtungen, Nähmaschinen, Baurammen u. s. w. welche sämmtlich durch die Hand oder die Füße von Menschen bewegt werden. Über die Leistungsfähigkeit des Menschen als Motor sind von verschiedenen Fachleuten höchst interessante Beobachtungen gemacht. So stellte Dupin fest, daß er die stärkste Leistung bei den Fremdenführern der Alpen gefunden habe, die bei fortwährendem Ansteigen und belastet mit mindestens 12 Kilogrammen ohne Mühe einen täglichen Marsch von 10 Stunden — nach Abzug der Erholungspausen — zurücklegen.

Nimmt man an, daß das Gewicht eines solchen Führers im Durchschnitt 70 Kilogramm beträgt, und nimmt man ferner an, daß einer Stunde des zurückgelegten Weges eine senkrechte Steigung von 400 Metern entspricht, so ergiebt dieses eine tägliche Leistung von $82 \times 400 \times 10 = 328000$ Kilogrammeter.

Eine andere Beobachtung rührt von Coulomb her. Dieser ließ Holz in Körben in seine 12 Meter über dem Erdboden liegende Wohnung bringen; hierbei wog die zu hebende Last (Korb und Holz) 68 Kilogramm und der Träger selbst 70 Kilogramm; das durch die Muskelkraft des letzteren auf 12 Meter Höhe hinaufzuschaffende Gewicht betrug also 138 Kilogramm. Während eines Tages machte der Träger 66 mal den Weg von unten nach oben mit seiner Last auf der Schulter; hieraus ergab sich eine Leistung von $138 \times 12 \times 66 = 109296$ Kilogrammetern.

Hierzu kommt noch die Arbeitsleistung für das Hinabsteigen ohne Last; diese nahm Coulomb zu $^1/_{25}$ der beim Hinaufsteigen geleisteten Arbeit an und erhielt somit 113668 Kilogrammeter als tägliche Gesamtleistung des Trägers.

Die motorische Kraft des Menschen wird zumeist an Hebeln und Kurbeln für den Antrieb von Arbeitsmaschinen in Anwendung gebracht.

Als eine besondere Art von Motoren, welche durch das Gewicht des Menschen bewegt werden, sind die Treträder zu erwähnen. Es sind dieses Räder mit horizontaler Drehachse, welche an ihrem äußeren Umfange mit Sprossen versehen sind. In diesen Sprossen klettert der Mensch aufwärts, in Folge dessen eine Drehung des Rades und dessen Achse erfolgt. Die Verwendung dieser Maschine beschränkt sich gegenwärtig nur noch auf die wenig zivilisierten Völker und besitzt zur Zeit fast nur noch ein rein historisches Interesse.

Wenden wir uns nunmehr der Ausnützung der Muskelkräfte der Tiere zu, so kommt hier in erster Linie das Pferd in Betracht, indem dasselbe zur Ausübung eines Zuges benutzt wird, welcher alsdann zur Leistung einer Arbeit verwendet wird. Die einfachste Art der Ausnützung von Tierkraft geschieht zum Heben von Lasten, indem das die Last tragende Seil über eine in der gewünschten Höhe angebrachte Rolle geleitet wird; an dem freien Ende des Seiles wird ein Pferd angespannt, welches bei seinem Vorwärtsschreiten das Seil mit sich zieht und die Last zu der Höhe der Rolle emporhebt. Diese Art der Hebung von Lasten auf mitunter recht erhebliche Höhen findet man noch gegenwärtig bei dem Hinaufwinden von Balken auf die Höhen der oberen Etagen von Bauwerken vielfach in Gebrauch.

Sehen wir von den durch das Eigengewicht von Tieren bewegten Tretwerken, welche im Wesentlichen mit den vorstehend für Menschenkraft beschriebenen übereinstimmen, ab, so ist der bei weitem hervorragendste durch Tierkraft betriebene Motor der **Göpel** oder das **Roßwerk**. Man baut die Göpel entweder als feststehende oder als transportable. In ersterem Falle verbleiben dieselben ein für alle mal an einem bestimmten Orte, während sie im anderen Falle leicht je nach Bedarf transportiert und verlegt werden können.

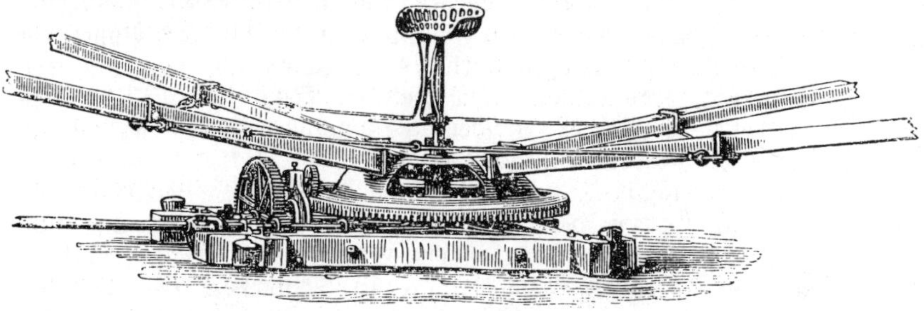

Fig. 38. Göpel.

Fig. 38 stellt einen transportablen Göpel dar, wie derselbe von der bekannten Maschinenfabrik Aktien-Gesellschaft H. F. Eckert in Berlin gebaut wird. Das große Triebrad, oberhalb dessen ein Sitz für den die ziehenden Pferde beaufsichtigenden Mann angebracht ist, trägt die 4 Zugbäume, an welchen die Pferde angespannt werden. Wird durch diese das große Rad in Drehung versetzt, so wird durch eine mehrfache Räderübersetzung die nach links abgehende Welle bewegt, welche die zu betreibenden Maschinen, Dreschmaschine, Futterschneider u. s. w., in Gang setzt. Die ganze Vorrichtung ruht auf einem kräftigen Rahmen aus Eichenholz und kann leicht von einem Ort zum andern geschafft werden.

Mit der zunehmenden Kultur und mit dem immer mehr und mehr wachsenden Verlangen nach einer großen und leistungsfähigen Triebkraft verschwand der Mensch und das Tier immer mehr und mehr aus der Zahl der Motoren. Nur das letztere hat nach dieser Richtung gegenwärtig noch eine größere Bedeutung und zwar als Antriebskraft für die oben beschriebenen Göpel, welche im landwirtschaftlichen Betriebe wegen ihrer Bequemlichkeit und wegen des Mangels der Feuergefährlichkeit einer weiten Verbreitung noch jetzt sich erfreuen.

b) Die Wassermotoren.

1. Die vertikalen Wasserräder oder Wasserräder im engeren Sinne.

Der Name des Erfinders dieser in den früheren Jahrhunderten hochbedeutsamen Motoren ist geschichtlich nicht festzustellen. Das Alter der Wasserräder ist ein sehr hohes und reicht mindestens bis zu den

Ägyptern zurück, welche dieselben zu ihren Schöpfanlagen, mit denen sie die Wässer des Niles auf die Äcker schafften, benutzten. Auch bei den Römern wurde der Bau der Wasserräder geübt. Rühlmann führt nachfolgende poetische Äußerung eines gewissen Antipater, eines Zeitgenossen des Cicero, an, welche des Wasserrades bereits als eines gebräuchlichen Motors Erwähnung thut:

> „Höret auf, euch zu bemühen, ihr Mädchen, die ihr in den Mühlen arbeitet, jetzt schlaft und laßt die Vögel der Morgenröthe entgegensingen; denn Ceres hat den Najaden befohlen, eure Arbeit zu verrichten; diese gehorchen, werfen sich auf die Räder, treiben mächtig die Wellen und durch diese die schwere Mühle."

Bis in die jüngste Zeit hat sich der Bau der Wasserräder fortgesetzt und auf Grund der neuen Theorien von Redtenbacher und Weisbach ist man heut zu Tage in den Stand gesetzt, Wasserräder zu konstruieren, welche allen Anforderungen an Nutzeffekt und Leistung zu genügen vermögen. Trotz der gewaltigen Fortschritte, welche in den letzten Jahrhunderten auf dem Gebiete des Dampfmaschinenbaues sich vollzogen haben, wird das Wasserrad mit seinem poetischen Nimbus nach menschlicher Voraussicht nimmermehr aus unseren wasser- und gefällreichen Gebirgsthälern verschwinden.

Die Wirkungsweise des Wasserrades beruht darauf, daß man das fließende Wasser veranlaßt, das Rad um seine horizontale Drehachse zu drehen. Der Angriff des Wassers kann hierbei entweder unten an der tiefsten Stelle des Rades erfolgen — unterschlägiges Wasserrad — oder zwischen dem höchsten und dem tiefsten Punkte des Rades — rückenschlägiges Wasserrad — oder endlich an dem höchsten Punkte des Rades — oberschlägiges Wasserrad.

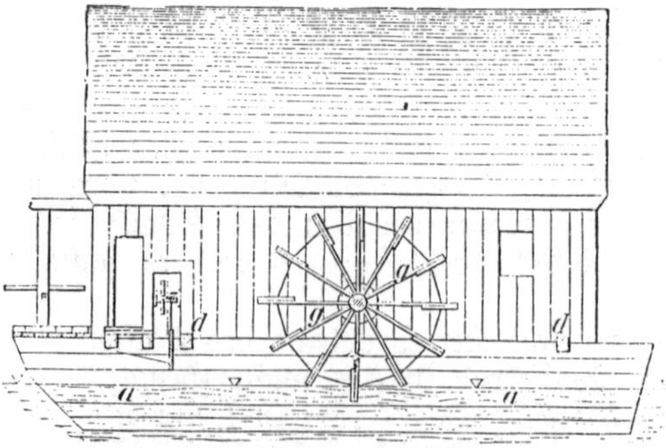

Fig. 39. Schiffmühle (Ansicht).

Fig. 39 und 40 stellen ein unterschlägiges Wasserrad dar, welches zugleich mit der von ihm betriebenen Mühle, einer sogenannten Schiffmühle, auf dem Strome schwimmt und hier verankert ist. Der Erfinder dieser Schiffmühle soll der bekannte Feldherr Justinians Belisar sein, und zwar soll ihm die Rolle des Erfinders durch folgenden Zufall zu Teil geworden sein. Während der Belagerung Roms durch Vitiges, den König der Ostgothen, drohte in der Stadt Hungersnoth auszubrechen,

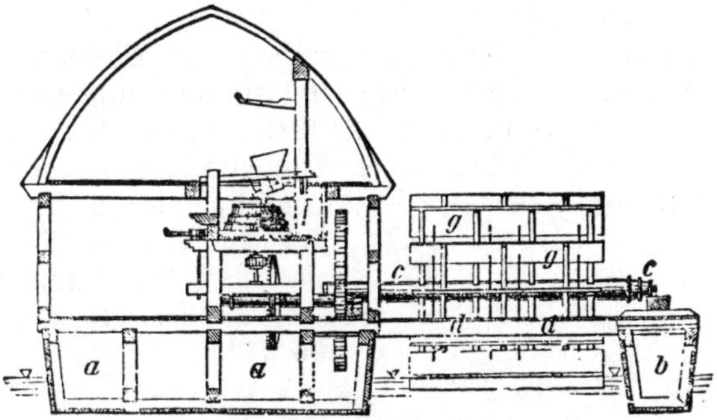

Fig. 40. Schiffmühle (Querschnitt).

da jener die zum Betriebe der Wassermühlen dienenden Wasserleitungen ableiten ließ, in Folge dessen kein Getreide mehr gemahlen werden konnte. Belisar kam jedoch auf den glücklichen Gedanken, die Mühlen auf Wagen zum Tiber zu bringen und auf dem Flusse zu verankern, wo sie alsdann, auf diesem schwimmend, von der Kraft des strömenden Wassers getrieben wurden.

Die unterschlägigen Wasserräder gelangen dort zur Anwendung, wo ein nur geringes Gefälle zu Verfügung steht, denn es ist ohne Weiteres einleuchtend, daß z. B. zum Betriebe eines oberschlägigen Wasserrades ein Gefälle vorhanden sein muß, welches mindestens gleich dem Durchmesser des Rades ist, was, wie aus Fig. 41, S. 66 hervorgeht, bei dem unterschlägigen Wasserrade nicht der Fall ist. Mit dem Fortschritte der mathematischen und mechanischen Kenntnisse brach sich die Erkenntnis Bahn, daß die Ausnützung der Wirkung des Wassers, wie sie in den alten unterschlägigen Wasserrädern geschah, eine höchst unvollkommene sei. Schon gegen die Mitte des vorigen Jahrhunderts wurde festgestellt, daß hieran der Umstand Schuld sei, daß man bei den unterschlägigen Rädern den Stoß des Wassers, nicht dessen Gewicht ausnutzte.

Es ist eines der schönsten Probleme des Maschinenbaues gewesen, das unterschlägige Wasserrad in eine solche Gestalt zu bringen, welche in demselben das Wasser nicht — oder doch nur in geringem Maße — durch Stoß, sondern durch Druck wirken läßt. Diese Aufgabe wurde in glänzendster Weise durch Poncelet (geb. 1788) gelöst. Das nach ihm benannte Rad (in Fig. 41 dargestellt) kann bei richtiger Anwendung einen Wirkungsgrad von über 0,6 erreichen, während die alten unterschlägigen Räder einen solchen von nur 0,3 besaßen.

Bei dem Poncelet=Rade wird dieses dadurch erreicht, daß zunächst die Schaufeln m nicht grade, sondern nach einer bestimmten Kurve gekrümmt sind.

In Folge dessen wirkt das Wasser nicht durch direkten Stoß auf die Schaufeln, sondern läuft, wie aus Fig. 41 deutlich zu ersehen ist, an diesen empor, um wieder zurückzufließen, hierbei durch Druck wirkend. Außerdem aber ist für das Poncelet=Rad noch die gekrümmte Form des Wassergerinnes a b c d charakteristisch, sowie der Austritt des Betriebswassers unterhalb des Schützes f, welches das Wasser bis unmittelbar an das Rad heranführt.

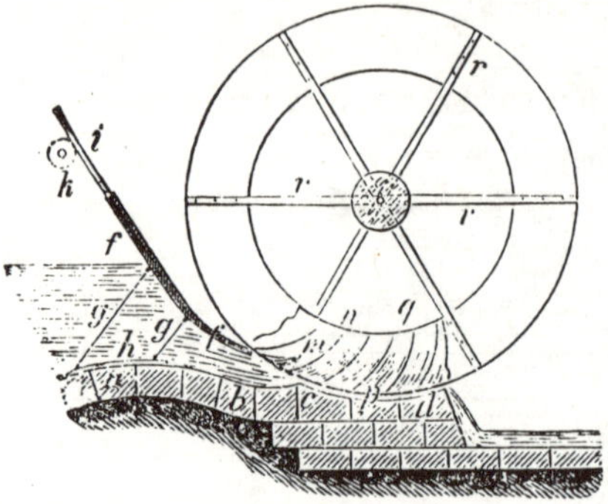

Fig. 41. Unterschlägiges Wasserrad (Poncelet=Rad).

Fig. 42 stellt ein oberschlägiges Wasserrad dar, wie man dasselbe bei dem Vorhandensein eines größeren Gefälles, so z. B. im Gebirge, in vielen Exemplaren vorfindet. Das Betriebswasser tritt hier an dem obersten Punkte des Rades in die Radzellen ein, füllt diese an

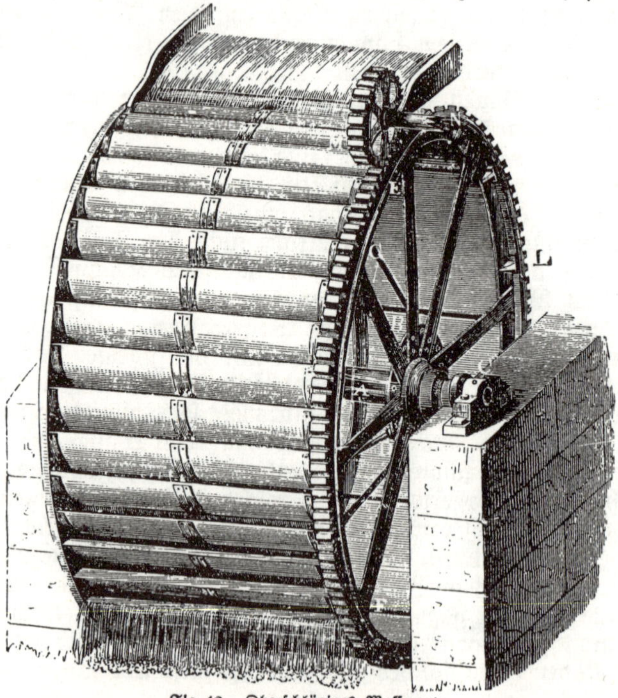
Fig. 42. Oberschlägiges Wasserrad.

und versetzt auf diese Weise durch sein Gewicht das Rad in Drehung um die Achse A. Am tiefsten Punkte, oder doch in der nächsten Nähe desselben tritt dann das Wasser wieder aus dem Rade hinaus. An dem Wasserrade ist ein Zahnkranz F angebracht, welcher mittels des kleinen Zahnrades M und der Welle N die Bewegung zum Antriebe einer Mühle oder dergleichen weiter fortpflanzt.

2. Die horizontalen Wasserräder oder Turbinen.

Diese Wassermotoren unterscheiden sich von den vorstehend beschriebenen in erster Linie dadurch, daß das Rad derselben horizontal angeordnet ist und sich um eine vertikale Achse dreht. Man benennt sie meist mit dem Namen Turbinen oder Kreiselräder. Die Ausnützung der Wasserkraft geschieht bei denselben entweder durch den Stoß, den Druck oder die Reaktion des Wassers und man unterscheidet daher: Stoß-, Druck- und Reaktions-Räder.

Die wichtigsten sind diejenigen Räder, welche durch den Druck des Wassers betrieben werden; sie führen speziell den Namen: Turbinen. Bevor wir uns einer näheren Besprechung derselben zuwenden, wollen wir kurz das Wesentliche der Stoß- und der Reaktionsräder hier folgen lassen.

Die Stoßräder kennzeichnen sich dadurch, daß bei ihnen ein horizontal liegendes Flügelrad mit ebenen oder ausgehöhlten Schaufeln durch den Stoß des Wassers in Drehung um seine senkrechte Achse versetzt wird. Diese Wassermotoren sind schon sehr alt und finden sich seit Jahrhunderten in gebirgigen Gegenden, z. B. in den Pyrenäen, in den Alpen, in Norwegen in zahlreichen Exemplaren im Betriebe und zwar überall da, wo ein hohes Gefälle zur Verfügung steht, welches den auf die Schaufeln fallenden Wasserstrahlen eine große Geschwindigkeit zu geben vermag. Bei dem Betriebe von Mühlen kann man die Mahlsteine unmittelbar auf der senkrechten Achse dieser Stoßräder anbringen, da die Umdrehungszahl derselben eine so hohe ist, daß dieselbe durch Einschaltung von Zwischengetrieben nicht erhöht zu werden braucht.

Die Reaktionsräder beruhen auf der sogenannten Reaktionswirkung des aus einem Gefäße ausströmenden Wassers. Diese äußert sich bekanntlich in der Weise, daß, wenn man das Wasser aus einem um eine senkrechte Achse drehbaren horizontalen Rohre austreten läßt, letzteres in Umdrehung versetzt wird. Eine sehr gebräuchliche Anwendung dieser Reaktionswirkung des austretenden Wassers finden wir bei den zum Sprengen von Blumenbeeten und Rasenflächen dienenden rotierenden Brausen. Danach bestehen die Reaktionsturbinen aus enem Hohlkörper, welcher sich um eine senkrechte Achse drehen kann, und in dessen Inneres Wasser eingeführt wird, um aus einem oder mehreren am Umfange angebrachten Öffnungen nach außen gelassen zu werden.

Die Drehung der senkrechten Achse wird alsdann in derselben Weise, wie dieses bei den Stoßrädern beschrieben wurde, zum Antriebe der Mühle oder dergl. benutzt.

Wenden wir uns nunmehr zu denjenigen Turbinen, in welchen das Wasser durch Druck zur Wirkung gelangt, so ist hier zunächst die in

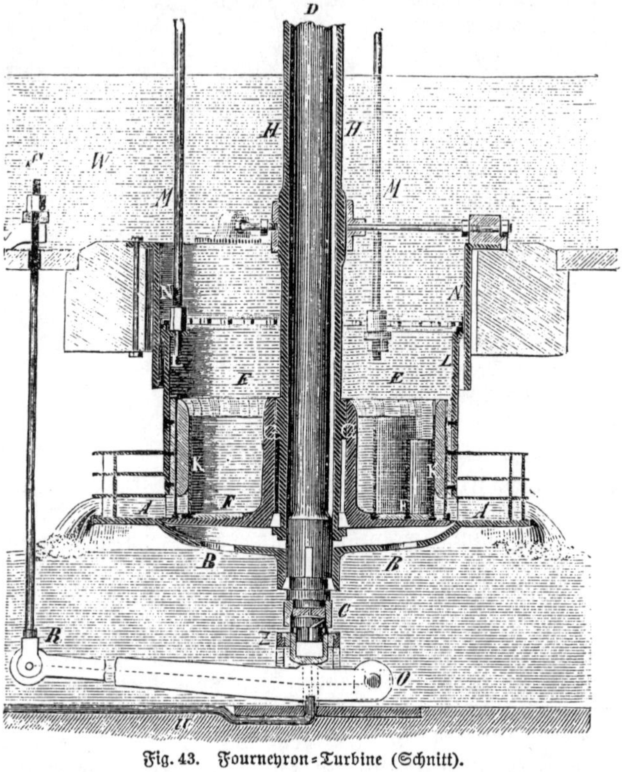

Fig. 43. Fourneyron-Turbine (Schnitt).

Fig. 43 und 44 dargestellte Fourneyron-Turbine zu nennen. Dieselbe stammt aus dem Anfange der dreißiger Jahre unseres Jahrhunderts und trägt ihren Namen nach ihrem Erfinder, dem Franzosen Fourneyron. Dieselbe unterscheidet sich von den bisher besprochenen Wassermotoren dadurch, daß sie aus zwei ineinander liegenden horizontalen Rädern besteht, von denen das innere feststeht und das Wasser in das äußere Rad eintreten läßt. Beide Räder sind in der aus Fig. 44 ersichtlichen Weise mit Schaufeln versehen, und leuchtet es an der Hand dieser Zeichnung ohne Weiteres ein, daß, wenn das Wasser aus den Schaufeln des inneren festen Rades, des sogenannten Leitrades, austritt, es gegen die Schaufeln des außenliegenden beweglichen Rades des Laufrades, drückt und dieses in der Richtung des Pfeiles in

Drehung versetzt. Die weitere Einrichtung dieses hochwichtigen Wassermotors ist aus Fig. 43 zu entnehmen. Das Wasser tritt bei W hinzu, sinkt durch den Raum E abwärts und füllt das feststehende Leitrad F an, um von hier in das Laufrad A überzutreten. Dieses wird durch den seitens des Wassers ausgeübten Druck in Drehung versetzt und teilt diese seine Bewegung der Welle D mit, welche ihrerseits wiederum mit Hilfe eines Räder- und Riemen-Triebes die zu betreibenden Maschinen in Bewegung setzt. Damit das Betriebswasser W nicht durch sein erhebliches Gewicht das Laufrad A belaste und hemme, ist die Welle D mit einer Schutzhülse H umgeben, welche unten in einem das Rad A überdeckenden Teller F endigt, welcher mit Leitschaufeln versehen ist und so das Leitrad bildet. Die Regulierung der aus dem Leitrade F in das Laufrad übertretenden Wassermenge kann auf zweierlei Weise erfolgen; erstens durch das mittels der Stangen MM auf- und abschiebbare ringförmige Schütz K, ferner aber noch dadurch, daß das Laufrad A mittelst des Hebels OR und der Zugstange S gehoben oder gesenkt wird.

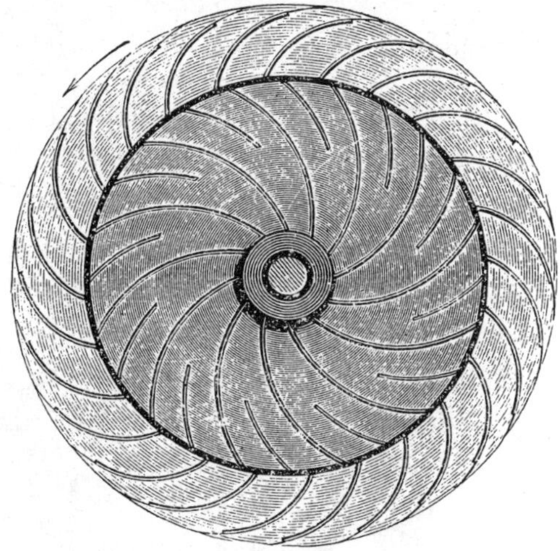

Fig. 44.
Fourneyron-Turbine (Obere Ansicht des Leit- und Laufrades).

Noch wichtiger und verbreiteter als die Fourneyron-Turbine ist die in der Fig. 45 dargestellte Turbine von Henschel. Der Erfinder derselben ist der Oberbergrat Henschel in Cassel; derselbe nahm im Jahre 1837 auf seinen neuen Motor ein hessisches Patent. Jedoch es währte einige Zeit, bis zum Jahre 1840, daß die erste praktische Ausführung, und zwar auf der herzoglichen Steinschleiferei zu Holzminden a. d. Weser, erfolgte. Alsbald wurde die Henschel'sche Konstruktion durch Jonval in Mühlhausen im Elsaß nachgeahmt und man findet daher für diese Art von Turbinen häufig den Namen Henschel-Jonval-Turbine.

Die Henschel-Turbine unterscheidet sich von der Fourneyron'schen im Wesentlichen dadurch, daß bei derselben Leit- und Laufrad nicht ineinander liegen, sondern **übereinander**. Diese Anordnung ist aus Fig. 45 Seite 70, zu ersehen. Aus dem Mühlgraben E tritt das Betriebswasser zunächst in den Leitschaufelapparat B; die spezielle Anordnung der Schaufeln ist aus Fig. 45 III des Näheren zu entnehmen. Aus dem Leitapparat B tritt das Aufschlagwasser in das Laufrad A über und versetzt dieses in Drehung, hierdurch ebenfalls die Räder D und M mittels seiner senkrechten Welle antreibend. Die Buchstaben SS der Fig. 45 I bezeichnen einen Schwimmer, der zur Beruhigung des Ober-

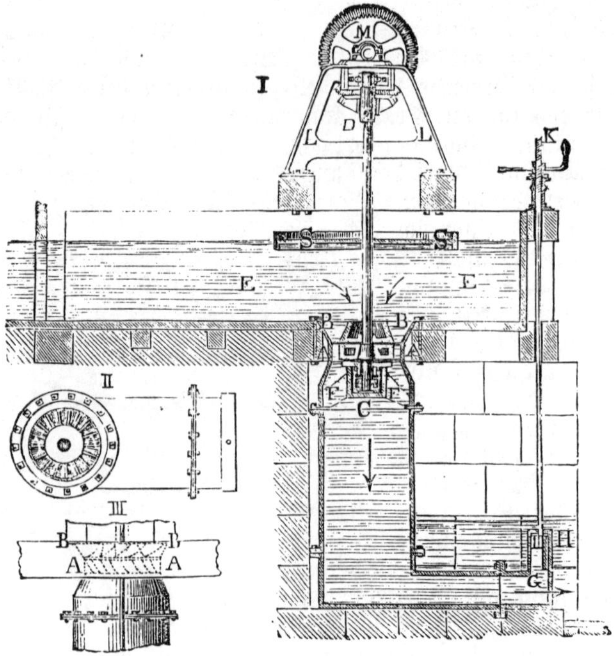

Fig. 45. Henschel-Turbine.

wassers E dient. Hat das Wasser in dem Laufrade A seine Arbeit verrichtet, so strömt es in der durch den Pfeil angedeuteten Richtung durch das Abfallrohr C nach unten ab.

Bei dieser Turbine wirkt das Wasser nicht allein durch Druck von oben, sondern es übt auch eine saugende Wirkung von unten her bei seinem Hinabfallen in dem Fallrohr aus. Man bezeichnet daher die Henschel-Turbine wohl auch als eine doppeltwirkende, und zwar nicht mit Unrecht, denn da das luftdichte Rohr, welches die Turbine in sich aufnimmt, in das Unterwasser eintaucht, und hinter dem durch das Rad hindurchgetretenen Wasser ein leerer Raum entstehen müßte, wenn dieses Wasser sich von dem Oberwasser losrisse, so bewirkt das aus dem Laufrade austretende Wasser in Folge des auf dem Oberwasser ruhenden Luftdruckes ein stetiges Nachsaugen des Wassers in das Rad. Die Leistung des Rades ist mithin nicht allein abhängig von der oberhalb desselben liegenden Druckhöhe, sondern auch von dem Abstande, in welchem das Rad oberhalb des Unterwassers liegt. Hierbei ist es innerhalb gewisser Grenzen ziemlich gleichgültig, ob die Turbine im Innern des Wassers eine höhere oder tiefere Lage einnimmt. Die Henschel-Turbine zeichnet sich durch einen sehr hohen Nutzeffekt aus und zählt zu den verbreitetsten Wassermotoren.

Henschel-Doppelkranzturbinen sind für sehr veränderliche Wassermengen eingerichtet. Sie bestehen aus zwei Radkränzen, einem inneren und einem äußeren, von denen jeder ein Leit- und ein Laufrad hat. Ist genügende Wassermenge vorhanden, so arbeiten beide Radkränze zusammen; für den inneren Kranz können aber die Leitkanäle durch eine Reguliervorrichtung teilweise oder ganz geschlossen werden, so daß bei mittlerem Wasserstande nur der äußere Kranz voll und der innere nur teilweise arbeitet, bei niederem Wasser jedoch nur das äußere Turbinenrad das Aufschlagwasser empfängt und allein arbeitet.

Wir müssen es uns versagen, hier auf die verschiedenen Turbinensysteme näher einzugehen, sondern wollen als die bedeutendsten nur nennen die der Firma Eisenwerk vorm. Nagel & Kaemp in Hamburg, die der Turbinenbauanstalt von Queva in Erfurt, die der Maschinenfabrik von Briegleb, Hansen & Co. in Gotha, die der Maschinenfabrik Germania vorm. Schwalbe & Sohn in Chemnitz, die der Firma Escher, Wyß & Co. in Zürich. Daneben hat sich die Peltonradgesellschaft (Pelton-Water-Wheel-Company) zu San Francisko in Kalifornien seit 1884 zu großer Bedeutung aufgeschwungen, und deren Anlage in den Comstockgruben in Nordamerika dürfte wohl die bedeutendste Leistung sein, welche bisher für Wasserräder überhaupt zu verzeichnen ist.

In der mannigfachsten Weise werden die natürlichen Wasserkräfte der Erde ausgenutzt, namentlich seit man Mittel und Wege gefunden hat, dieselben von dem Orte ihrer Gewinnung weiter zu führen und dorthin zu übertragen, wo sie verwendet werden sollen. Daß dies nur unter bestimmten Verhältnissen möglich ist, liegt auf der Hand, und daß die so von der Natur dargebotenen Kräfte ganz kostenlos gewonnen werden können, davon kann erst recht keine Rede sein; sicher aber ist, daß diese natürlichen Wasserkräfte ganz ungeheuer sind. So hat Professor Reuleaux berechnet, daß die Arbeitskraft des Rheins vom Bodensee bis zu seinem Ausfluß in die Nordsee rund sechsmalhunderttausend Pferdestärken, die des Niagara in Nordamerika auf der verhältnismäßig kurzen Strecke seiner Stromschnellen und des großen Falles aber über zwölf Millionen Pferdestärken repräsentiert. Nach dem Schweizer Ingenieur Lauterburg ergeben die Wasserläufe der Schweiz eine Leistung von vier und einer halben Million Pferdestärken; technisch ausnutzbar sind davon allerdings nur etwa sechsmalhunderttausend, aber selbst wenn man davon noch fünfzig Prozent abzieht, die in den Turbinen und in den Kraftübertragungen verloren gehen sollen, so bleiben immerhin noch dreimalhunderttausend Pferdestärken, die nutzbar verwendet werden können. Die bedeutendsten deutschen Wasserkraftanlagen dürften die bei Lauffen am Neckar sein, die von 1885—1888 geschaffen wurden, um die bedeutenden Kosten der Stromregulierung zu decken; ferner die bei Schaffhausen und Rheinfelden, durch welche der große Fall und die Stromschnellen des Rheins dienstbar gemacht worden sind und Schaffhausen zu einer bedeutenden Industriestadt ausgewachsen ist.

3. Die Wassersäulenmaschinen.

Bei den Wassersäulenmaschinen wird das Wasser dazu verwendet, einen in einem Hohlcylinder beweglichen Kolben hin und her zu treiben. Die hier durch das Wasser bewirkte Bewegung ist also keine drehende, sondern eine hin- und hergehende, welche im Bedarfsfalle erst durch Einschaltung einer Kurbel in eine drehende verwandelt wird. Je nachdem die drückende Wassersäule dem Kolben nur die eine Bewegungsrichtung giebt oder auch den Rückgang desselben veranlaßt, unterscheidet man einfach und doppelt wirkende Wassersäulenmaschinen. Das Verdienst, den Wassersäulenmaschinen zuerst eine lebensfähige Gestalt gegeben zu haben, gebührt dem Bayerischen Salinenrat von Reichenbach, welcher im Jahre 1809 eine großartige Leitung zum Transport von Soole von Traunstein nach Rosenheim am Inn baute und die zur Speisung derselben dienenden Pumpen mittelst Wassersäulenmaschinen eigener Konstruktion betrieb. Bei dieser Reichenbach'schen Maschine war der Pumpenkolben direkt an die Kolbenstange der Wassersäulenmaschine gekuppelt. In neuerer Zeit sind die Wassersäulenmaschinen durch verschiedene hervorragende Konstrukteure derartig vervollkommnet, daß man dieselben namentlich als Kleinmotoren in zahlreichen Exemplaren im Betriebe findet. Hier ist zunächst zu nennen der Schmid'sche Wassermotor; derselbe hat genau die Anordnung einer Dampfmaschine und unterscheidet sich von dieser im Wesentlichen nur dadurch, daß er nicht mit Dampf, sondern mit gepreßtem Wasser, also beispielsweise mit dem Wasser einer Hochdruck-Wasserleitung betrieben wird.

Eine originelle Wassersäulenmaschine ist der in Fig. 46 und 47 dargestellte Wasserdruckmotor von Hoppe in Berlin. Derselbe besitzt drei um 120° gegen einander versetzte, an ihrem einen Ende offene Druckcylinder, deren Kolben mittelst kurzer Stangen an einem gemeinsamen Zapfen der Schwungradwelle angreifen. Die in Fig. 46 links sichtbaren Röhren dienen zur Zu- bezw. Ableitung des Wassers. Die Verteilung des Betriebswassers auf die drei Cylinder erfolgt durch einen Drehschieber.

Fig. 48 stellt die Ansicht eines ebenfalls von Hoppe in Berlin gebauten Wassermotors mit zwei Cylindern dar, deren Kolben gemeinsam eine Schwungradwelle bewegen.

Schließlich bringen wir noch in Fig. 49 (Seite 75) einen Zwerg aus dem Geschlechte der Wassermotoren. Derselbe wird von Möller & Blum in Berlin geliefert und dient, indem er direkt an die Hauswasserleitung geschraubt wird, zum Betriebe von Nähmaschinen.

Im Anschluß an die durch gepreßtes Wasser betriebenen Wassersäulenmaschinen sind hier noch die durch Preßluft betriebenen Motoren

Fig. 46.
Hoppes rotierender Dreicylinder-Wasserdruck-Motor.

zu nennen. Konstruktion und Wirkungsweise derselben ist im Großen und Ganzen die gleiche, wie die der durch Wasserdruck betriebenen Cylindermaschinen, nur daß die bewegende Kraft in gepreßter Luft besteht. In neuerer Zeit hat Popp nach diesem System in Paris eine Kraftverteilung von einer Centralstation aus mittelst gepreßter Luft eingerichtet. In Bergwerken, wo man die gepreßte Luft zugleich zur Ventilation benutzt, sind mit Preßluft betriebene Motoren bereits seit längerer Zeit im Gebrauch. Es ist dieses in ganz besonderem Maße in Nord-Amerika der Fall, wo man gepreßte Luft zum Betriebe von Fördermaschinen, Gesteinsbohrmaschinen u. s. w. in ausgedehntem Maße verwendet. Die die Preßluft liefernden Kompressoren werden dort meist mittels Turbinen betrieben.

c) Die Windmotoren.

Der Name des Erfinders der Windmotoren ist nicht festzustellen; jedenfalls aber gehörte dieser dem deutschen Volke an, denn von jeher wurden die ältesten Windmühlen als deutsche Windmühlen bezeichnet.

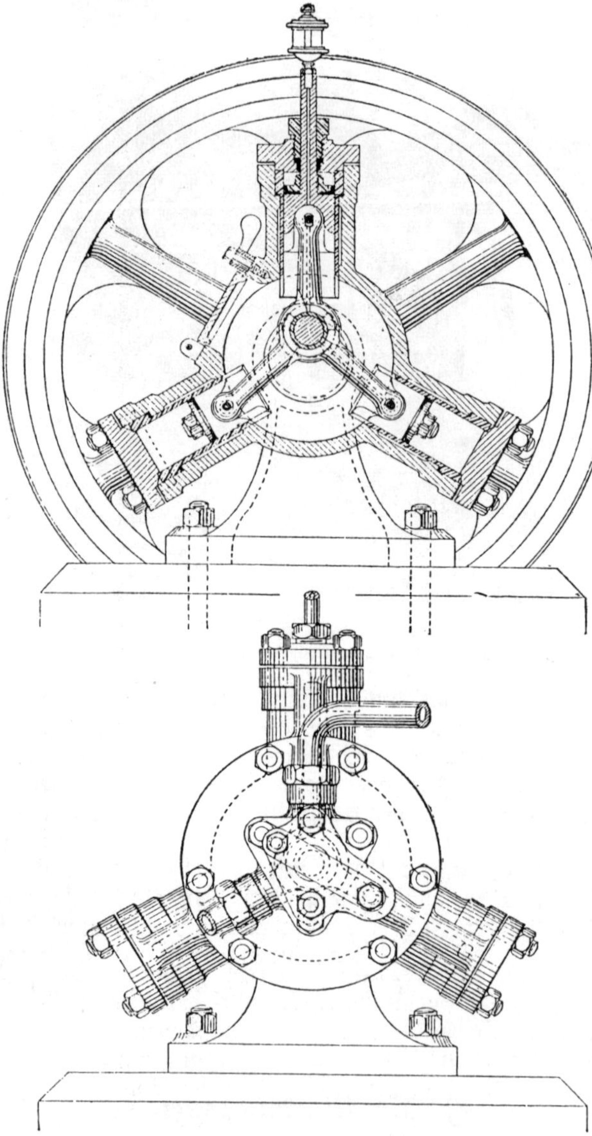

Fig. 47.
Hoppes rotierender Dreicylinder-Wasserdruck-Motor.
Die obere Figur stellt einen Schnitt durch die Cylinder, die untere eine Ansicht des Motors dar.

Fig. 48. Hoppes Zweicylinder-Wasserdruck-Motor.

Es ist auch wohl behauptet worden, daß die Windmühlen durch die Kreuzfahrer aus dem Orient nach dem Abendlande übertragen worden seien; es ist jedoch historisch nachzuweisen, daß weder die Griechen noch die Römer, noch die asiatischen Völkerschaften die Ausnutzung des Windes zur Erzielung motorischer Kraft gekannt haben. Noch heute sind Windmühlen im gesammten Oriente verhältnismäßig sehr selten anzutreffen, und dürften die wenigen vorhandenen Exemplare jedenfalls europäischen bezw. abendländischen Ursprunges sein.

Das erste urkundenmäßig festzustellende Vorkommen von Windmühlen datiert nach Rühlmann aus dem Jahre 1105; zu dieser Zeit erhielt ein französisches Kloster die Erlaubnis zur Anlage von Wasser- und Windmühlen (molendina ad ventum).

Die ältesten sogenannten **deutschen Windmühlen** waren in der Weise angeordnet, daß der eigentliche Windmotor, das Flügelrad, mit

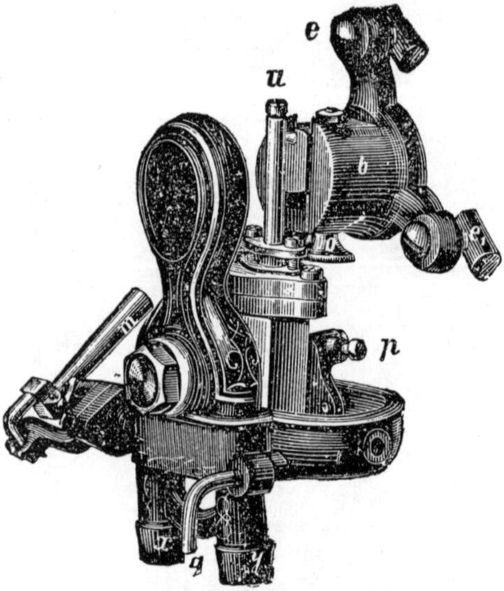

Fig. 49.
Wassermotor von Möller & Blum.

dem zur Aufnahme des Mühlwerkes dienenden Gebäude so verbunden war, daß bei Richtung der Änderung des Windes das gesamte Gebäude um einen senkrechten festen Ständer, den sogenannten Hausbaum, gedreht werden mußte. Diese Anordnung erforderte jedoch einen außerordentlich hohen Aufwand an Kraft und Zeit. Zur Vermeidung dessen ging man in Holland schon im 16. Jahrhundert dazu über, das eigentliche Mühlengebäude massiv auszuführen, das Windrad in dem Dache desselben anzuordnen und dieses mit einer Vorrichtung zu versehen, welche es ermöglichte, das Windrad und das Dach zugleich nach der jeweilig herrschenden Windrichtung einzustellen. Die letztere Art der Windmühlen bezeichnet man als holländische Windmühlen.

In der letzten Hälfte des achtzehnten Jahrhunderts erfuhren diese holländischen Windmühlen in England eine sehr wesentliche Verbesserung durch die Hinzufügung eines zweiten Windrades, welches entgegengesetzt zu dem eigentlichen Windmotor auf der andern Seite des beweglichen Daches angeordnet ist und den Zweck hat, das Dach nebst dem Windmotor selbstthätig in die erforderliche Stellung zu der Richtung des Windes zu bringen.

Gegenwärtig findet man zahlreiche Exemplare der sämtlichen vorstehend beschriebenen Arten von Windmühlen in Gebrauch, nämlich sowohl die deutsche mit festem Ständer, wie die holländische Windmühle mit durch Menschenkraft oder selbstthätig verstellbarem Dache.

Was zunächst die Konstruktion der Windflügel betrifft, so ist dieselbe in den Figuren 50 und 51 in größerem Maßstabe dargestellt.

An der Flügelwelle a, welche in der Wand bezw. in dem Dache des Mühlengebäudes drehbar gelagert ist, sind die Flügel, meist deren vier, befestigt. Jeder Flügel besteht aus der sogenannten Rute f von Tannen- oder Kiefernholz; dieselbe hat an der Welle a eine Stärke von 30 bis 32 cm und verjüngt sich an ihrem äußersten Ende bis auf etwa 15 cm; ihre Länge beträgt bis zu 25 m. Durch diese Rute f sind dann die Sprossen k hindurchgesteckt, welche mit Segeltuch überspannt werden und auf diese Weise den Winddruck aufnehmen, infolge dessen die Welle a sich dreht und das eigentliche Mühlenwerk in Bewegung setzt.

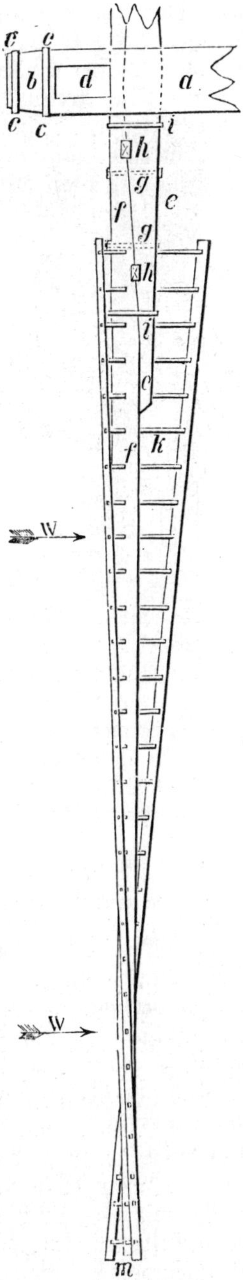

Fig. 50.
Windmühlenflügel. (Seitenansicht.)

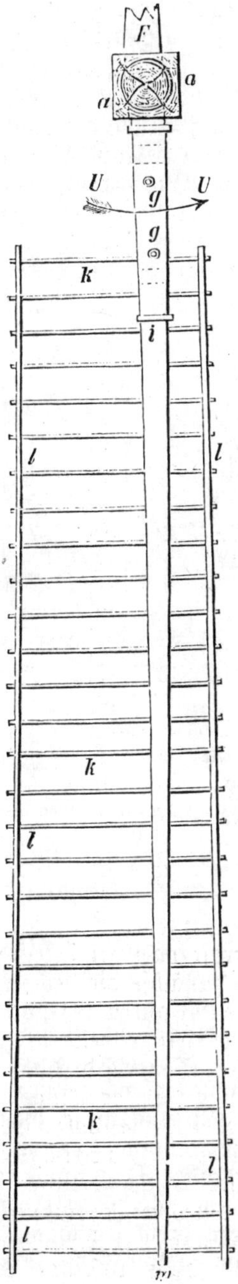

Fig. 51.
Windmühlenflügel. (Vorderansicht.)

Wie aus Fig. 50 zu ersehen ist, sind die Sprossen k sämtlich in verschiedenen Richtungen zu der Rute f angeordnet, so daß die Fläche des Segeltuches nicht direkt rechtwinklig von dem in der Richtung des Pfeiles W wirkenden Winde getroffen wird. Die Art und Weise, in welcher die Prallfläche durch Stellung der Sprossen k gebildet wird, ist Sache der Erfahrung, und es gelten hierfür zahlreiche praktisch erprobte Regeln, auf welche näher einzugehen hier nicht der Ort ist.

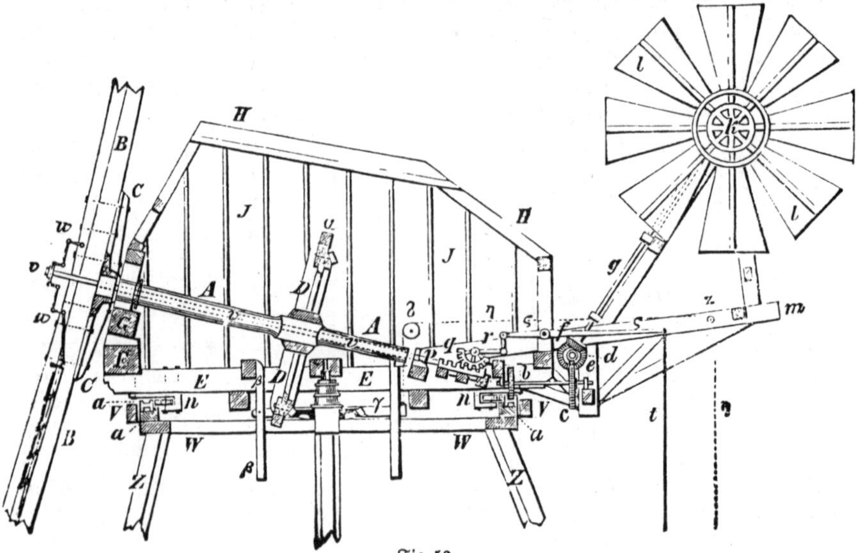

Fig. 52.
Schnitt durch das Dach einer holländischen Windmühle mit selbstthätiger Einstellung des Windrades.

In der Fig. 52 ist das Dach einer modernen holländischen Windmühle mit selbstthätiger Einstellung des Windrades im Querschnitt dargestellt.

In der Figur ist links das eigentliche Windrad B, dessen Ruten der Platzersparnis halber nur zum Teil dargestellt sind, zu sehen, während auf der entgegengesetzten Seite des drehbaren Daches H das kleine Windrad l sich befindet, welches lediglich den Zweck hat, das Dach und das eigentliche Hauptwindrad je nach der herrschenden Windrichtung in die richtige Stellung selbstthätig hineinzubringen.

Die Wirkungsweise dieser Vorrichtung ist folgende. Sobald der Wind eine Richtung annimmt, welche nicht mit der Richtung der Achse A des Windrades B zusammenfällt, dreht sich das Windrad l, welches normal zum Windrade B angeordnet ist. Durch Vermittelung von Kegelrädern dreht sich dann die Welle g und setzt mittels der Räder e und f eine endlose Schraube in Drehung, welche nunmehr das Zahnrad b antreibt. Dieses greift in einen Zahnkranz ein, welcher auf der Oberkante des Mühlengebäudes unterhalb des beweglichen Daches liegt. Die Folge dieser Anordnung ist die, daß das Dach bei eintretender Änderung des Windes durch das Rad l selbstthätig gedreht wird, bis die Windrichtung mit der Richtung der Achse A zusammenfällt. Die in der Fig. 52 dargestellte Windmühle ist noch insofern von Interesse, als bei derselben die zur Aufnahme des Winddruckes dienenden Flächen der Flügel nicht durch überspanntes Segeltuch, sondern durch verstellbare Jalousieklappen gebildet werden. Um die Lage dieser Klappen je nach der Stärke des Windes bequem reguliren zu können, ist in dem Innern der hohlen Welle A eine Stange v angebracht, welche einerseits mittels des Hebels w an den Jalousieklappen angreift, und andererseits mittels des Zahnbogens g, des Hebels r und des Zugseiles t vor- und rückwärts bewegt werden kann. Schließlich ist noch zu erwähnen, daß das auf der Welle A sitzende große Kegelrad D die in der Mitte der Mühle angeordnete senkrechte Hauptwelle antreibt, von welcher aus die sämtlichen Mahlgänge mit ihren Hilfsmaschinen in Bewegung gesetzt werden.

In der neuesten Zeit hat man das Windrad vielfach für Zwecke der Landwirtschaft und des Gartenbaues, ja sogar auch für Zwecke des Eisenbahnbetriebes, nämlich zum Pumpen von Wasser angewendet. Wir bringen nebenstehend einige Beispiele dieser von der Firma Carl Reinsch in Dresden als Spezialität gebauten modernsten Windräder. Wie aus der Abbildung ohne Weiteres zu ersehen, weichen dieselben hinsichtlich ihrer Bauart nicht unerheblich von den bisher beschriebenen Flügelrädern ab. Dieselben haben einen Durchmesser von 3 bis 12 m und leisten bei einer sekundlichen Geschwindigkeit des Windes von 7 m $^3/_4$ bis 18 Pferdestärken. Fig. 53 zeigt die Anwendung eines derartigen Motors zur Entwässerung eines Steinbruches. Auf einem Felsenvorsprunge in der Tiefe des Bruches ist ein Pumpwerk aufgestellt, welches durch ein vom Motor hin- und herbewegtes Zuggestänge seinen Antrieb erhält und das Wasser von der Sohle des Bruches nach oben befördert. Fig. 54 zeigt eine durch einen Windmotor betriebene Wasserstation, von welcher aus die Lokomotiven das erforderliche Speisewasser erhalten; Fig. 55 zeigt ein Pumpwerk mit Wasserelevator und Fig. 56 eine landwirtschaftliche Maschinenanlage mit Schrotmühle, Quetsch- und Häckselschneidemaschine.

Zum Schluß möge hier eine kleine Anzahl von Beobachtungen Platz finden, welche in den fünfziger Jahren auf der Saline Dürrenberg bei Merseburg angestellt wurden, um zu zeigen, auf wie viele Windstunden man im Jahre rechnen darf, und um einen Maßstab für die Zuverlässigkeit des Windes als Triebkraft zu haben. Hiernach stellte sich die Zahl der Windtage auf durchschnittlich 280 im Jahre.

Fig. 53.
Entwässerang eines Steinbruches durch einen Reinschschen Windmotor.

Fig. 51.
Wasserstation mit Windmotorbetrieb.

Fig. 55.
Pumpwerk mit Windmotorbetrieb.

Fig. 56.
Landwirtschaftliche Maschinenanlage mit Windmotorbetrieb.

Es betrug die Windstundenzahl

im Jahre	Sturm	Scharfer Wind	Schwacher Wind	Windstille
1858	17	895	5561	2287
1859	21	817	5930	1992
1860	15	640	5736	2373
1861	8	685	5751	2316

Wenn daher zur Verwendung eines Windmotors geschritten werden soll, so ist zunächst zu untersuchen, ob der betreffende Betrieb sich für eine in so hohem Maße vom Wetter abhängige Kraft eignet. Der Windmotor wird nur dann zu empfehlen sein, wenn dessen Arbeit nicht unbedingt zu einer bestimmten Zeit benötigt wird, wenn man vielmehr dann auf Vorrat arbeiten darf, wenn gerade Wind zur Verfügung steht, um später den Betrieb ruhen zu lassen, wenn Windstille eintritt. Für derartige maschinelle Verrichtungen wird der Windmotor aber wegen seiner Billigkeit und seiner Gefahrlosigkeit stets eine willkommene Betriebsmaschine bilden.

d) Die Wärmemotoren.

1. Die Heißluftmaschinen.

Wenn man einem Körper Wärme zuführt, so dehnt sich derselbe aus. Diese Eigenschaft aller Körper wird bei der Heißluftmaschine in der Weise ausgenutzt, daß man Luft erhitzt, zu gleicher Zeit derselben aber ein Hindernis in den Weg legt, sich auszudehnen. Die Folge hiervon ist, daß die Expansionskraft der erwärmten Luft dieses Hindernis zu beseitigen strebt; wird nun dieses in Gestalt eines in einem Cylinder beweglichen Kolbens ausgeführt, so kann man leicht die hin- und hergehende Bewegung des letzteren durch Einschalten einer Kurbel in eine rotierende Bewegung umsetzen. Kühlt man dann die vorhin erwärmte Luft wiederum ab, und wiederholt man dieses abwechselnde Erwärmen und Kühlen, so ist hiermit das Prinzip der Heißluftmaschinen oder kalorischen Maschinen gegeben. Bereits im Jahre 1824 wurden durch den Franzosen Carnot und drei Jahre später, im Jahre 1827, durch den Engländer Stirling die ersten Heißluftmaschinen konstruiert; thatsächlich lebensfähig aber wurde die kalorische Maschine erst durch John Ericson im Jahre 1833. Man hat zwei Arten von Heißluftmaschinen zu unterscheiden:

1. Offene Maschinen. Bei diesen wird dem Arbeitscylinder mittels einer Luftpumpe stets frische Luft zugeführt, welche nach ihrer Erwärmung und Ausdehnung aus der Maschine in's Freie austritt.

2. **Geschlossene Maschinen.** Bei diesen wird ein und dasselbe Luftquantum abwechselnd erwärmt und abgekühlt; dasselbe verläßt also die Maschine nicht, sondern verbleibt ein für alle mal in dem Arbeitscylinder.

Bevor wir dazu übergehen, für jede dieser beiden Arten je ein Beispiel in der Bénier'schen und in der Rider-Monski'schen Heißluftmaschine zu geben, wollen wir ganz kurz die Vorteile dieser Motorengattung hier angeben.

Der Heißluftmotor eignet sich in ganz besonderem Maße für das Kleingewerbe, d. h. für den Betrieb kleiner maschineller Anlagen. Zunächst ist hier die Sicherheit gegen Explosionsgefahr zu nennen, infolge dessen die Aufstellung einer kalorischen Maschine nicht der behördlichen Konzession bedarf. Des weiteren beruht ein schwer wiegender Vorteil darin, daß die Aufstellung von keiner Gas- oder Wasserleitung oder

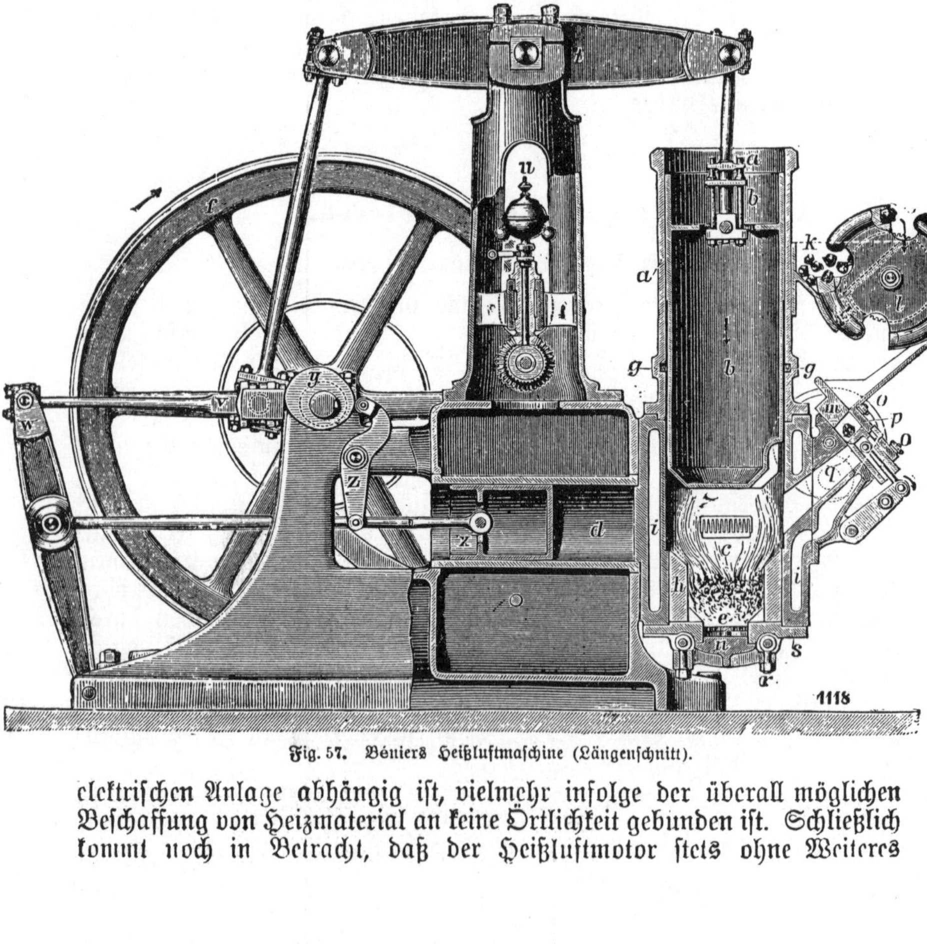

Fig. 57. Béniers Heißluftmaschine (Längenschnitt).

elektrischen Anlage abhängig ist, vielmehr infolge der überall möglichen Beschaffung von Heizmaterial an keine Örtlichkeit gebunden ist. Schließlich kommt noch in Betracht, daß der Heißluftmotor stets ohne Weiteres betriebsfähig ist, während z. B. bei der Dampfmaschine erst eine längere Zeit auf die Beheizung des Dampfkessels verwendet werden muß.

Der als Beispiel einer offenen Heißluftmaschine dienende, in Fig. 57 und 58 dargestellte Bénier-Motor besteht im wesentlichen aus einem senkrechten Cylinder a, in welchem sich ein Kolben b unmittelbar oberhalb einer geschlossenen Feuerung c auf- und abbewegen kann, und aus einer Luftpumpe d. Der Kolben b greift mittels seiner Kolbenstange an dem einen Ende des Balanciers t an, welcher bei dem Auf- und Niedergange des Kolbens das Schwungrad f in Drehung versetzt und durch verschiedene Zwischenmechanismen die Luftpumpe d in der erforderlichen Weise antreibt. Die Wirkungsweise der Maschine ist folgende. Befindet sich der Kolben b in seiner tiefsten Stellung unmittelbar oberhalb der geschlossenen Feuerung c, so wird in diese durch die Luftpumpe d Luft hineingepreßt. Infolge dessen wird das Feuer stark angefacht, die in der Feuerung enthaltene Luft dehnt sich aus und treibt den Kolben empor, um, nachdem sie diese Arbeit gethan hat, in die Außenluft auszupuffen. Der Niedergang des Kolbens wird dadurch bewirkt, daß in dem Schwungrade bei dem Aufwärtsgange des Kolbens so viel lebendige Kraft aufgespeichert wird, um das rechtsseitige Ende des Balanciers nach abwärts zu drücken. Hat der Kolben seine tiefste Lage wiederum erreicht, so beginnt das Spiel der Maschine von Neuem, indem ein neues Quantum Luft in die Feuerung c hineingepreßt wird. Da die in der Feuerung c auftretende Hitze eine sehr große ist, so wird in den hohlen Mantel i derselben Kühlwasser eingeführt.

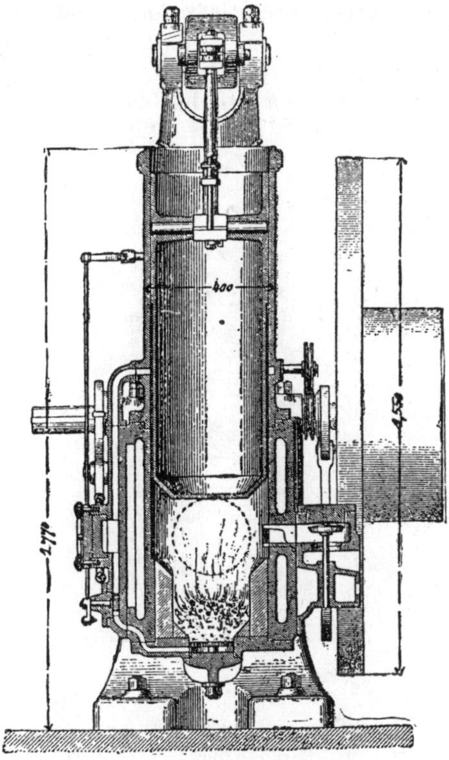

Fig. 58.
Béniers Heißluftmaschine.
(Querschnitt durch den Arbeits-Cylinder.)

Die Hauptschwierigkeit besteht bei dieser Heißluftmaschine darin, daß die Kraft der erwärmten Luft sofort vernichtet sein würde, sobald die geschlossene Feuerung c bei Nachfüllung des Brennmaterials geöffnet werden würde. Es ist daher eine sehr sinnreiche Vorkehrung getroffen, welche während der Einführung von Brennstoff in die Feuerung c die in dieser befindliche Luft zurückhält und außerdem die Zufuhr des Brennmaterials selbstthätig besorgt. Diese Vorkehrung besteht in einem Becherwerke, welches das Brennmaterial in Gestalt von zerkleinertem Koks aus dem Behälter k entnimmt und auf den an der Füllöffnung beweglichen Schieber m fallen läßt. Letzterer hat einen Schlitz, in welchem er bei seinem größten Ausschlage nach links die nußgroßen Koksstückchen aufnimmt, um dieselben bei seinem größten Ausschlage nach rechts in das Feuerloch q hinabfallen zu lassen. Stets aber ist durch diese Vorrichtung die Feuerung c nach außen hin abgeschlossen, so daß die Expansionskraft der erwärmten Luft niemals aufgehoben ist.

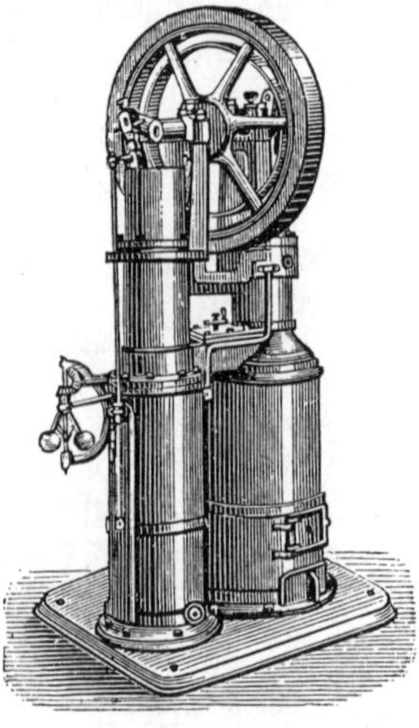

Fig. 59.
(Ansicht.)

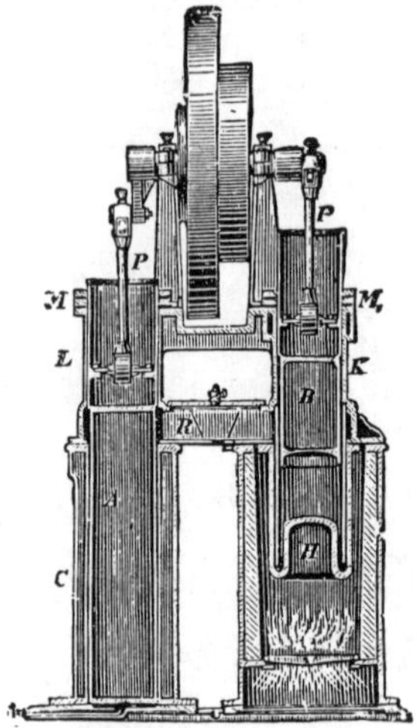

Fig. 60.
(Längsdurchschnitt.)

Heißluftmotor von Rider-Monski.

Wenn wir nunmehr den in der Fig. 59 und 60 dargestellten Heißluftmotor von Rider-Monski folgen lassen, so wird der charakteristische Unterschied zwischen den offenen und geschlossenen kalorischen Maschinen sofort in die Augen springen.

Die Heißluftmaschine von Rider-Monski besteht aus zwei senkrechten Cylindern L und K, in welchen die Kolben A und B sich auf- und abwärts bewegen können; der zur Erwärmung der die Maschine betreibenden Luft dienende Heiztopf H befindet sich oberhalb einer Feuerung. Wird nun diese Luft erhitzt, so dehnt sie sich aus und treibt den Kolben B nach aufwärts; sie tritt jedoch nun nicht, wie dies bei dem Bénier-Motor der Fall ist, ins Freie aus, sondern geht in den zwischen den Cylindern L und K liegenden sog. Regenerator R und von hier aus unter den Kolben A. Auf diesem Wege kühlt sich die erhitzte Luft durch Berührung mit kalten Flächen sehr erheblich ab.

Die in dem Schwungrade aufgespeicherte lebendige Kraft drückt im Verein mit der äußeren Luft den Kolben A (derselbe wird wegen dieser seiner Wirkungsweise auch „Verdränger" genannt) nach abwärts, infolge dessen die Luft durch den Regenerator R in den Heiztopf H zurückgedrängt wird. Hier erhitzt sie sich dann wiederum, und das Spiel der Maschine beginnt von Neuem.

Während der Béniermotor in einer Größe von in maximo 20 Pferdekräften ausgeführt wird, gelangt der Rider-Monski-Motor in Größen von $^1/_3$, $^1/_2$, $^2/_3$, 1 und 2 Pferdestärken zur Anwendung.

Ist die Dampfmaschine das erfolgreichste Rüstzeug der Großindustrie in ihrem Vernichtungskampfe gegen die Kleinindustrie, so kann man die Heißluftmaschine als diejenige Motorgattung bezeichnen, welche berufen sein dürfte, der Kleinindustrie in diesem Kampfe, im Verein mit der Gaskraftmaschine, erfolgreich zur Seite zu stehen.

2. Die Dampfmaschinen.

Wie sich im Alterthum zahlreiche Städte Griechenlands um den Vorzug stritten, der Geburtsort Homer's zu sein, so hat lange Zeit hindurch unter den civilisierten Völkern ein Wettbewerb bestanden um die Ehre, den Erfinder der Dampfmaschine zu den ihrigen zählen zu können. Dieser Wettstreit ist durch die neueste Geschichtsforschung als ein müßiger gekennzeichnet. In der Dampfmaschine findet sich die praktische Anwendung so vieler Naturgesetze auf kleinstem Raum vereinigt, welche erst allmälig im Laufe der Jahrhunderte durch die hervorragendsten Geister der verschiedensten Nationen an das Tageslicht befördert wurden, daß von einem einzigen Erfinder der Dampfmaschine nicht die Rede sein kann. Nicht formvollendet wie die Minerva aus dem Haupte des Jupiters entsprang die Dampfmaschine dem erfinderischen Geiste eines einzigen Sterblichen; nein, allmälig entwickelte sie sich als ein gemeinsames Produkt der angestrengtesten Arbeit der Besten verschiedener Völker zu dem, was sie heute ist, zu dem gewaltigsten Hülfsmittel menschlicher Bildung und Gesittung. — Wen zuerst die Beobachtung des aus dem kochenden Wasser aufsteigenden Dampfes zu der Erkenntnis gebracht hat, daß diesem eine Kraft inne wohne, welche, in die richtigen Bahnen gelenkt, Arbeit zu verrichten im Stande sei, hierüber ist, wie leicht erklärlich, eine gewisse Ueberlieferung nicht vorhanden. Jedenfalls aber steht fest, daß schon lange Zeit vor Beginn der christlichen Zeitrechnung die Thatsache bekannt war, daß der Wasserdampf im Stande sei, eine gewisse Kraftleistung hervorzubringen.

Am bekanntesten sind die Dampfkünste Herons von Alexandrien, der gegen 120 vor Chr. lebte. Fig. 61 stellt eine nach diesem alten Erfinder Heronsball genannte Vorrichtung zum Heben von Wasser mittels Dampfkraft dar. Dieselbe besteht aus einer Hohlkugel A, welche bis ungefähr zu ihrer Hälfte mit Wasser angefüllt ist. Um dieses in die Kugel A einbringen zu können, ist bei B ein durch einen Hahn E zu verschließendes Rohr mit Trichter D angebracht. Außerdem tritt noch ein Rohr CF von außen bis unterhalb des Wasserspiegels in das Innere der Hohlkugel hinein. Die Wirkungsweise des Heronsballes ist, wenn derselbe durch Feuer erhitzt wird, zunächst die, daß in demselben sich Wasserdampf bildet. Da dieser nirgends einen Ausgang findet, so nimmt dessen Spannung mit wachsender Erhitzung mehr und mehr zu. Dieses währt so lange, bis der Dampfdruck so angewachsen ist, daß derselbe den Wasserspiegel niederdrückt und das Wasser durch das Rohr FC wie einen Springbrunnen nach außen schleudert. Wenngleich hier ein direkter Beweis vorliegt, daß Heron die Spannkraft des Dampfes erkannt und ausgenutzt hat, so kann man ihn um deswillen doch noch bei Weitem nicht als den Erfinder der Dampfmaschine bezeichnen, denn seine Versuche gingen über das Experimentelle in keiner Weise hinaus und trugen den Stempel der Spielerei an der Stirne. Den gleichen Wert haben die mannigfachen angeblichen Erfindungen der Dampfmaschine, von welchen während des Mittelalters und der folgenden Jahrhunderte berichtet wird.

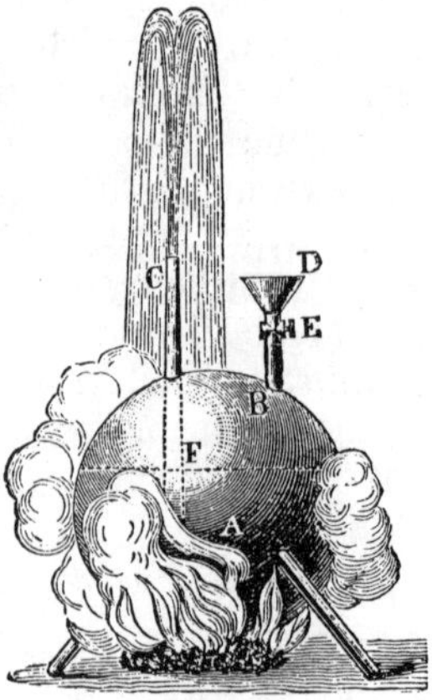

Fig. 61.
Heronsball.

Wir wollen uns darauf beschränken, nur zwei derselben hier kurz zu erwähnen. Es war im Jahre 1825, als Gonzales in Simancoh mit der Behauptung hervortrat, daß im Jahre 1543 der Spanier Blasco de Garay nicht nur eine Dampfmaschine gebaut, sondern auch bereits zur Fortbewegung von Schiffen benutzt habe. Es ist das Verdienst des spanischen Geschichtsschreibers Lafuente und des Professors Gelcich zu Lussinpiccolo, diese Behauptung des Gonzales auf das richtige Maß zurückgeführt zu haben. Letzterer fand im 81. Bande der „Colleccion de documentos inéditos para la historia de España“ einige Dokumente, aus denen hervorgeht, daß Blasco de Garay dem Kaiser Karl V. die Mitteilung machte, daß er folgende Erfindungen gemacht habe:

1. Er will die Ruderer auf den Schiffen beseitigen; nur ein Mann solle genügen, um jedem Schiffe einer beliebigen Tragfähigkeit, eine gewisse Geschwindigkeit zu geben.

2. Ein gesunkenes Schiff will er mit zwei Mann auf die Oberfläche heben, wenn nicht die Tiefe des Grundes über 100 Faden beträgt.

3. Ferner will er Mittel angeben, um beliebig lange Zeit unter Wasser verweilen zu können, um bei geringerer Tiefe auch in trübem Wasser alle Gegenstände, die auf dem Grunde sich befinden, ganz deutlich aufzunehmen, um das Salzwasser trinkbar zu machen. Endlich

will er eine Mühle erfunden haben, welche von einem Manne allein getrieben werden soll.

Man sieht, daß Blasco de Garay jedenfalls ein sehr vielseitiger Mann war. In der That hat derselbe am 17. Juni 1543 zu Barcelona ein Schiff ohne Ruder und ohne Segel in Bewegung gesetzt und von Karl V. eine Belohnung von 200000 Maravedis erhalten. Nach sorgfältiger Prüfung des vorliegenden Dokumentenmateriales kommen Lafuente und Gelcich zu dem Ergebnis, daß das Schiff Blasco de Garay's nicht durch Dampfkraft, sondern durch ein von Menschenhand in Drehung versetztes Schaufelrad angetrieben wurde. Am überzeugendsten geht dieses aus einer von Blasco de Garay aufgestellten Übersicht hervor. Hiernach waren erforderlich:

um einem Schiffe	eine Geschwindigkeit zu erteilen von 1 Legua	von $1^1/_2$ Legua
von 100 Tonnen	12 Mann	18 Mann
„ 300 „	28 „	42 „
„ 400 „	36 „	54 „

Was sollten beispielsweise 54 Mann anders zu verrichten haben, als ein Schaufelrad mittels eines großen Räderwerkes zu drehen und hierdurch das Schiff vorwärts zu treiben!"

Eine andere Legende einer angeblichen Erfindung der Dampfmaschine bezieht sich auf den Franzosen Salomon de Caus, geboren 1576 zu Dieppe, um dessen Schläfe die Nachwelt sogar die Glorie des Märtyrertums geschlungen hat, indem sie die Mär ersann, daß der unglückliche Erfinder als wahnsinnig erklärt und von Richelieu in das Irrenhaus zu Bicêtre geworfen sei. Vor den kritischen Blicken der neueren Geschichtsforschung ist alles, was de Caus als den Erfinder der Dampfmaschine hinstellen sollte, in ein leeres Nichts zerflossen.

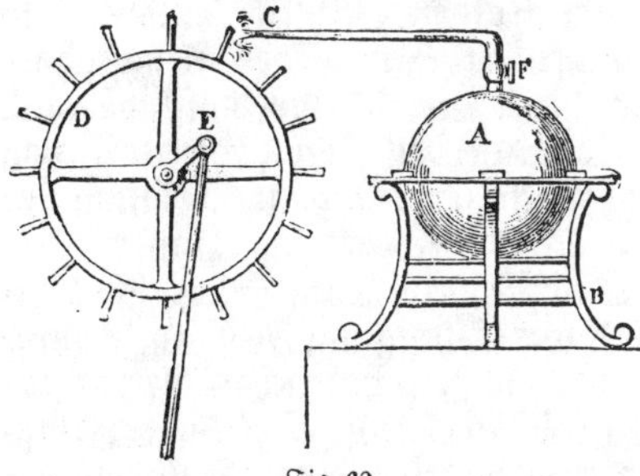

Fig. 62.
Brancas Äolipile.

Ein kleiner Schritt auf dem Wege von der ersten Erkenntnis der Dampfkraft bis zu der Konstruktion der ersten Dampfmaschine erfolgte durch den in weiteren Kreisen als Erbauer der Kirche zu Loretto bekannten italienischen Architekten Joh. Branca. Von diesem rührt die in Fig. 62 dargestellte, den Namen Äolipile tragende Vorrichtung her. Bei dieser wurde der in der Hohlkugel A gebildete Dampf dazu verwendet, bei seinem Austritt aus dem Rohre C ein Schaufelrad D anzutreiben und auf diese Weise mit Hilfe der Kurbel E ein Stampfwerk in Bewegung zu setzen.

Alle diese Vorläufer müssen zurückstehen hinter dem Namen desjenigen Mannes, welchem es, nachdem die physikalischen Kenntnisse von dem Wesen des Luftdruckes durch Galilei, Torricelli und Otto v. Gericke in völlig neue Bahnen gelenkt waren, endlich gelang, auf Grund wissenschaftlicher Kenntnisse die erste, grundlegende Erfindung auf dem Gebiete des Dampfmaschinenbaues zu machen. Es ist dieses der französische Arzt Dionysius Papin, geboren 1647 zu Blois. Angeregt durch den bekannten Huygens hatte sich Papin dem Studium der Physik mit großem Eifer zugewendet und nach dieser Richtung bereits in Paris und London sehr wertvolle Arbeiten veröffentlicht; wir erinnern nur an den noch heute bekannten Papin'schen Kochtopf, in welchem gespannter Dampf zum Kochen Verwendung findet. Eine gewisse Unstetigkeit des Wesens ließ diesen bedeutenden Mann aber nirgends zu längerer Ruhe gelangen, und diese Untugend sollte denn auch die Ursache sein, weswegen ein durchschlagender und nachhaltiger Erfolg erst von den auf Papin's Schultern stehenden Epigonen erzielt wurde. Nach mehrfachen Aufenthalten in Paris, London und Venedig finden wir Papin im Jahre 1687 als Professor der Mathematik an der Universität zu Marburg. Hier entdeckte er die wichtige Eigenschaft des Dampfes sich niederzuschlagen und eine Luftleere zu bilden, wenn er abgekühlt wird; er hatte somit das hochwichtige Prinzip der Kondensation des Dampfes und deren Folgewirkungen entdeckt. Es handelte sich nunmehr noch darum, diese wichtige Errungenschaft für den Bau der Dampfmaschinen praktisch auszunutzen. Papin that dies folgendermaßen. Unterhalb des Kolbens einer gewöhnlichen, damals bereits bekannten Pumpe, führte er Dampf in den Pumpencylinder ein; die Folge hiervon war, daß der Kolben in dem Cylinder emporstieg. Hatte der Kolben seinen höchsten Stand erreicht, so wurde er mittels eines Riegels festgestellt, worauf dann der Dampf unterhalb desselben sich alsbald abkühlte, kondensirte und ein Vakuum bildete. Wurde alsdann der Riegel, welcher den Kolben festhielt, entfernt, so wurde letzterer durch den auf ihm lastenden Druck der Atmosphäre abwärts getrieben. So unvollkommen diese erste Dampfmaschine nach unseren heutigen Begriffen auch war, so ging der Landgraf Karl von Hessen doch schon mit dem Bau einer Dampf-Wasserkunst zur Speisung des Fulda-Diemel-Kanals vor. Der zu diesem Zwecke im Jahre 1700 gegossene Dampfcylinder wird noch heute im Museum zu Kassel aufbewahrt und erweckte im Jahre 1879 auf Anregung des Geheimrat Reuleaux in der Londoner „Ausstellung wissenschaftlicher Apparate" das Interesse weitester Kreise. Wirklich in Thätigkeit ist aber diese Pumpmaschine niemals gewesen. Ja sogar zum Antrieb eines Schiffes verwendete Papin seine Dampfmaschine. Als er sich auf diesem ersten Dampfschiffe die Weser hinab nach England begeben wollte, wurde ihm dasselbe von Schiffern, welche instinktiv die ihnen drohende Concurrenz ahnten, zertrümmert. Nach zahlreichen Enttäuschungen starb

Papin in den ärmlichsten Verhältnissen. Inzwischen wurde dessen Entdeckung von der Kondensation des Dampfes von anderer Seite ausgenutzt und zwar durch den Engländer Savery, dessen zum Heben von Wasser dienender Dampfapparat in Fig. 63 dargestellt ist. Dieser

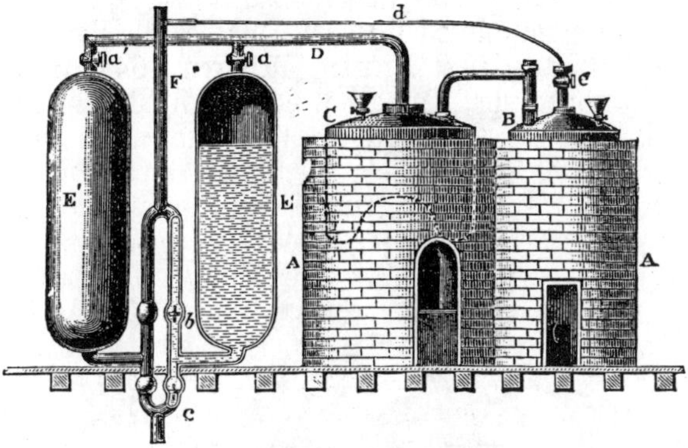

Fig. 63. Saverys Dampfapparat.

bestand aus den beiden Gefäßen E und E' und dem Dampferzeuger A A. Zunächst wird durch den Hahn a das Gefäß E mit Dampf gefüllt; indem dieser sich kondensiert, tritt in E Luftleere ein, infolge dessen der Druck der äußeren Atmosphäre durch c Wasser in das Gefäß E hineintreibt. Läßt man nun von Neuem Dampf durch a in das Gefäß E eintreten, so drückt derselbe das in diesem befindliche Wasser durch das Ventil b und das Rohr F nach oben. Hierauf benutzt man das Gefäß E' in derselben Weise, wodurch man in den Stand gesetzt ist, einen ununterbrochenen Betrieb einzurichten.

Die durch den atmosphärischen Überdruck betriebene Dampfmaschine Papins fand durch Newcomen in den ersten Jahren des achtzehnten Jahrhunderts eine erfolgreiche Durchbildung und Neubearbeitung. Diese, einen wichtigen Wendepunkt in der Geschichte der Dampfmaschine repräsentierende Maschine Newcomens ist in Fig. 64 dargestellt. Links sehen wir einen mit Unterfeuerung versehenen Dampfkessel, aus welchem der Dampf direkt in den nach oben offenen Cylinder tritt, um den in diesem verschiebbaren Kolben nach oben zu treiben. Hat der Kolben seinen höchsten Stand erreicht, so wird aus einem neben dem Cylinder angeordneten Gefäß kaltes Wasser unter den Kolben eingetrieben, infolge dessen der Dampf im Cylinder sich kondensiert und einer Luftleere Platz macht. Infolge dessen vermag der äußere Luftdruck den Kolben wieder abwärts zu treiben. Hat der Kolben seine tiefste Stellung erreicht, so wird wiederum Dampf in den Cylinder eingelassen, und das Spiel beginnt von Neuem. Man nennt diese Maschine eine einfach wirkende, weil bei ihr der Dampf nur den Kolben nach einer Richtung, nach oben, bewegt. Bei der in Fig. 64 dargestellten Anordnung dient

Fig. 64. Newcomens Dampfmaschine.

die Maschine zum Antriebe eines Schachtpumpengestänges, dessen Gewicht den Dampf beim Aufwärtstreiben des Kolbens unter Vermittlung des auf dem Mauerwerk gelagerten Doppelhebels wirksam unterstützt. Die zur Einführung des Dampfes und des Kühlwassers erforderlichen Handgriffe mußten durch einen zu diesem Zwecke angestellten Mann ausgeführt werden, und es geht die Sage, daß ein gewisser Potter zuerst diese Arbeit durch geeignete Anbringung von Hebeln und Zugseilen der Maschine auferlegt, mithin die erste Steuerung erfunden habe.

Auf diesem Standpunkte blieb die Dampfmaschine ganze 60 Jahre, also ungefähr bis zum Jahre 1770 stehen. Hier begann die durchgreifende Thätigkeit desjenigen Mannes, welcher mit glücklicher Hand die von andern bis dahin gesammelten Bausteine zusammenfügte, durch neue ergänzte und so der Vater der Dampfmaschine im heutigen Sinne wurde.

Dieser bevorzugte Sterbliche, James Watt, war geboren 1726 zu Greenock in Schottland und hatte, obwohl von Haus aus Kaufmann, im Jahre 1756 die Stellung eines Universitätsmechanikers in Glasgow inne. Hier fügte es das Schicksal, daß er einst das

Modell einer Newcomenschen einfach wirkenden Dampfmaschine zu reparieren hatte. Mit scharfem Blick erkannte er die schweren Mängel, welche derselben anhafteten und ging mit glücklichstem Erfolge sofort dazu über, dieselben zu beseitigen. Die durchgreifendsten seiner Änderungen bestanden darin, daß er den Cylinder auch an dem oberen Ende schloß und nun den Dampf abwechselnd von beiden Seiten auf den Kolben einwirken ließ. Er machte also die bisher einfach wirkende Dampfmaschine zu einer doppelt wirkenden. Einen weiteren, sehr erheblichen Fortschritt erzielte er dadurch, daß er die Kondensierung des Dampfes nicht im Innern des Cylinders vornahm, sondern in einem besonderen, neben der eigentlichen Dampfmaschine angeordneten Apparate, dem Kondensator, vor sich gehen ließ, aus welchem alsdann die Produkte der Kondensation durch besondere Pumpen entfernt wurden. Nachdem er im Jahre 1769 ein englisches Patent für seine Dampfmaschine erhalten hatte, gründete James Watt im Verein mit einem gewissen Boulton im Jahre 1774 die in der Geschichte des Maschinenwesens so überaus hervorragende Maschinenfabrik Soho, welche lange Zeit eine bahnbrechende Thätigkeit entwickelte.

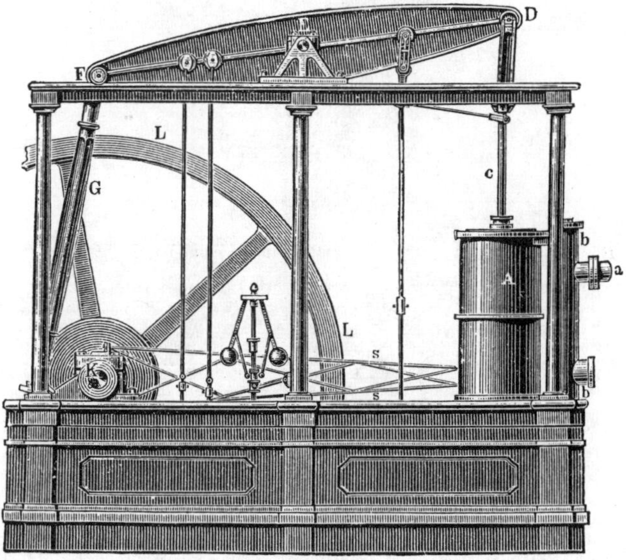

Fig. 65. Watts Dampfmaschine (Ansicht).

Fig. 65 und 66 stellen die Dampfmaschine in der Gestalt dar, wie dieselbe durch Watt festgestellt wurde. In Fig. 65 sehen wir rechts den Cylinder A, in welchem der Kolben B (vergl. Fig. 66) dadurch auf und abwärts bewegt wird, daß der Dampf abwechselnd unter, bezw

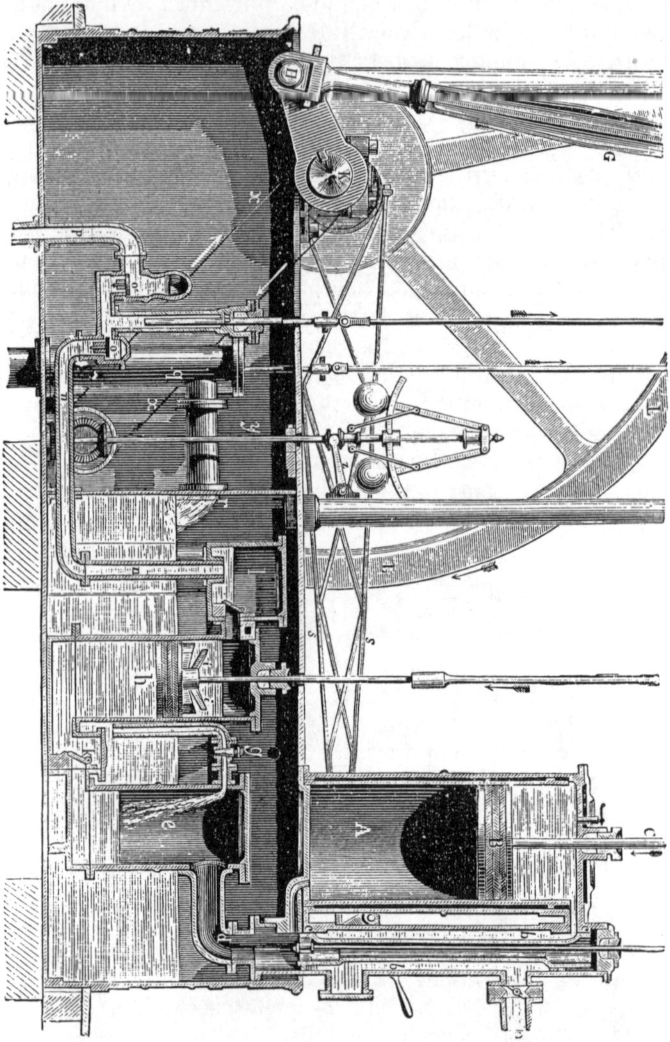

Fig. 66. Watts Dampfmaschine (Schnitt).

über den Kolben tritt. Die Kolbenstang C greift bei D an einem gleicharmigen Balancier an, an dessen anderem Ende F die Kurbelstange G gelenkig angebracht ist und so beim Hin- und Hergange der Kolbenstange C die Kurbel K und das auf dessen Achse befestigte Schwungrad L in Drehung versetzt. Fig. 66 giebt die innere Einrichtung der Wattschen Maschine in größerem Maßstabe wieder. Der Dampf strömt bei a hinzu und wird durch den von der Kurbelwelle aus betriebenen Schieber b abwechselnd durch c oder c (am oberen bezw. unteren Ende des Cylinders) in diesen eingeführt. Hat der Dampf in dem Cylinder seine Arbeit verrichtet, so wird er ebenfalls durch Vermittlung des Schiebers b in den Kondensator e geleitet. In diesen tritt stets ein Strahl kalten Wassers ein, infolge dessen der Dampf sofort kondensiert und niedergeschlagen wird. Die weitere Folge ist die, daß die im Kondensator herrschende Luftleere eine saugende Wirkung auf den Kolben ausübt und somit die Kraft des auf die andere Seite des Kolbens drückenden Dampfes unterstützt. Aus dem Kondensator e wird das aus dem Dampfe niedergeschlagene Wasser, sowie der etwa noch vorhandene Dampf mittelst der von dem Balancier aus betriebenen Pumpe h in den Behälter l gebracht. Von hier aus tritt ein Teil dieses Wassers aus der Maschine aus; ein anderer Teil aber wird mittels der Pumpe m in den Dampfkessel gedrückt, um hier das verdampfte Wasser wieder zu ersetzen. Es findet also ein richtiger Kreislauf des Wassers statt, indem dieses zunächst im Dampfkessel in Dampf verwandelt wird, alsdann in der Maschine seine Arbeit leistet und wieder zu Wasser kondensiert wird, um endlich wieder in den Dampfkessel zurückgepumpt zu werden. Schließlich hat noch die ebenfalls von dem Balancier aus betriebene Pumpe q den Zweck, den Kondensator mit kaltem Wasser zu umgeben und einen Strahl kalten Wassers in denselben hineinzudrücken. Hervorzuheben ist noch der den Zutritt des Dampfes zum Cylinder regelnde Schwungkugelregulator. Derselbe beruht auf der Wirkung, welche die Centrifugalkraft auf schnell rotierende Körper ausübt. Die senkrechte Achse y dieses Regulators wird von der Kurbelachse aus durch den Riemen x in Drehung versetzt; überschreitet diese ein gewisses Maß der Schnelligkeit, so heben sich die beiden Kugeln des Regulators infolge der Centrifugalkraft und bewegen einen Hebel z, welcher bei a durch Drehung einer Klappe den Zutritt des Dampfes zu dem Schieber b ändert. Überschreitet also die Umdrehungszahl der Kurbelwelle einen gewissen Betrag, so schließt der Regulator selbstthätig den Dampfzutritt ab und mindert hierdurch die Geschwindigkeit der Maschine. Verlangsamt sich hingegen durch irgend welche Umstände der Gang der Maschine, z. B. durch zu viel ihr aufgebürdete Arbeit, so sinken die Kugeln des Regulators infolge Nachlassens der Centrifugalkraft hinab und lassen mehr Dampf bei a in den Cylinder eintreten. Die in Fig. 66 dargestellte Form des die Dampfverteilung bewirkenden Schiebers b wurde alsbald in der aus Fig. 67 und 68 ersichtlichen Weise abgeändert. Hierbei hat der Schieber A eine muschelförmige Gestalt erhalten. Derselbe wird ebenfalls von der Kurbelwelle

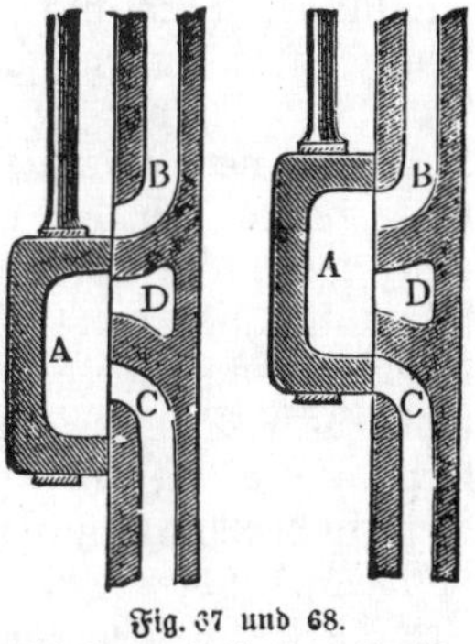

Fig. 67 und 68.
Schnitt durch die Dampfkanäle eines Dampfcylinders.

angetrieben und läßt durch die Kanäle B und C den Dampf abwechselnd oberhalb oder unterhalb des Kolbens in den Cylinder eintreten, während der verbrauchte Dampf durch den Kanal D entweicht.

Man sieht, die Wattsche Dampfmaschine repräsentiert ein fast vollständig neues Ganze, eine solche Unsumme von neuen Einzelheiten, daß man nicht mit Unrecht James Watt als den Erfinder der Dampfmaschine bezeichnet. Die letzten Repräsentanten der durch Watt geschaffenen Dampfmaschine sind erst in den sechziger Jahren von dem Schauplatze ihrer Thätigkeit verschwunden. Sie sind es gewesen, welche das Zeitalter des Dampfes schufen, und als ihr Schöpfer im Jahre 1819 sein an beispiellosen Erfolgen reiches Leben beschloß, da setzte man ihm mit Recht in der Londoner Westminster-Abtei folgende Grabschrift:

JAMES WATT

welcher die Kraft eines schöpferischen
in wissenschaftlichen Forschungen früh geübten Geistes
wandte auf die Verbesserung der Dampfmaschine,
dadurch die Hilfsquellen seines Landes erweiterte,
die Kraft des Menschen vermehrte,
und sich zu einem hervorragenden Platze erhob
unter den berühmtesten Männern der Wissenschaft und den
wahren Wohlthätern der Welt.

Watt wendete bei seiner Dampfmaschine einen Überdruck von etwa 1½ Atmosphären an. Bei diesem niedrigen Druck — man bezeichnet die betreffenden Maschinen daher mit dem Namen Niederdruckmaschinen — ist die Anbringung des Kondensators erforderlich, damit der äußere Atmosphärendruck auf den Kolben zur Wirkung kommen kann. Schon Watt trug sich mit der Idee, höher gespannten Dampf zu verwenden; jedoch kamen ihm nach dieser Richtung der Amerikaner Evans und der Engländer Trevithick zuvor, welche bereits in den ersten Jahren des neunzehnten Jahrhunderts mit Erfolg dazu übergingen, einen höheren Dampfdruck, bis zu vier Atmosphären, anzuwenden. Sie erreichten hierdurch den Vorteil, daß sie den Kondensator entbehren konnten, infolge dessen sich die Einrichtung der Maschine sowie deren Bedienung ganz wesentlich vereinfachte. Im Laufe der ferneren Jahrzehnte brach sich allmählich die Erkenntnis Bahn, daß die rationellste Ausnutzung des Brennmateriales und des Dampfes in der Weise erreicht werde, daß man dem Dampfe eine möglichst hohe Spannung giebt und seine Expansionskraft so viel als möglich ausnutzt. Nachdem man dieses Prinzip der Ausnutzung der Expansion zunächst in der Eincylindermaschine in weitgehendem Maße durchgebildet hatte, ist man in der neueren Zeit dazu übergegangen, die Expansion des Dampfes in zwei, drei, ja auch in vier Cylindern sich vollziehen zu lassen. Die ersten Grundlagen dieser modernen Dampfmaschinen, welche wegen ihrer Anordnung und Wirkung Compound= oder Verbundmaschinen genannt werden, stammen bereits aus dem Jahre 1804 und rühren von dem Engländer Woolf her, weswegen man auch wohl jetzt noch die moderne Mehrcylinder=Dampfmaschine als Woolfsche Maschine bezeichnet findet. Woolf ließ den Dampf zuerst in einem kleineren Dampfcylinder expandieren und ließ ihn alsdann, nachdem er hier seine Arbeit geleistet, in einen zweiten größeren Cylinder übertreten, in welchem nun eine weitere Ausnutzung der Expansionskraft des Dampfes geschah. Bei dieser Woolfschen Maschine waren die Kurbeln beider Cylinder so zu einander gestellt, daß beide zu gleicher Zeit ihre äußersten Stellungen, ihre toten Punkte, erreichten; bei einer solchen Anordnung bietet das Ingangsetzen der Maschine, wenn sie gerade in einem ihrer toten Punkte steht, besondere Schwierigkeiten. Man vermeidet dieses in der neuesten Zeit dadurch, daß man die Kurbeln so anordnet, daß die eine gerade im toten Punkte liegt, wenn die andere auf der Mitte des Hubes steht; es befindet sich somit stets eine der beiden Kurbeln in einer Stellung, welche ein Vorwärtsgehen der Maschine ohne weiteres ermöglicht. Es sind dieses die modernen Compound= oder Verbundmaschinen; man findet für dieselben auch des öfteren die Bezeichnung Receivermaschinen, weil in Folge ihrer eigenartigen Kurbelstellung zwischen ihren Cylindern ein Behälter (Receiver) für den von dem kleinen zum großen Cylinder übertretenden Dampf angebracht sein muß.

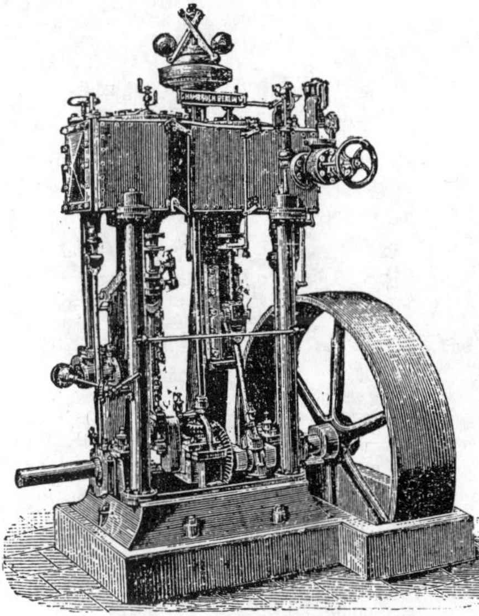

Fig. 69.
Receiver=Maschine von G. Hambruch.

Fig. 69 stellt eine solche moderne Receiver=Maschine von G. Hambruch in Berlin dar. Bei derselben sieht man als ferneres charakteristisches Merkmal ihrer Gattung die Cylinder obenliegend, während die Kurbelwelle unten liegt. Diese Anordnung findet sich durchgängig bei den zahlreichen Schiffsmaschinen der Schraubendampfer; bei diesen greifen die Kurbeln direkt an der die Schiffsschraube tragenden Welle an. In ihrem äußeren Aussehen erinnern diese Receivermaschinen lebhaft an die Dampfhämmer; man findet daher dieselben häufig auch als „Hammermaschinen“ bezeichnet.

Es möge uns gestattet sein, hier noch zwei interessante Repräsentanten der Dampfmaschine vorzuführen.

Fig. 70 und 71 stellen in zwei Schnitten eine von dem bekannten amerikanischen Konstrukteur Westinghouse herrührende Maschine mit

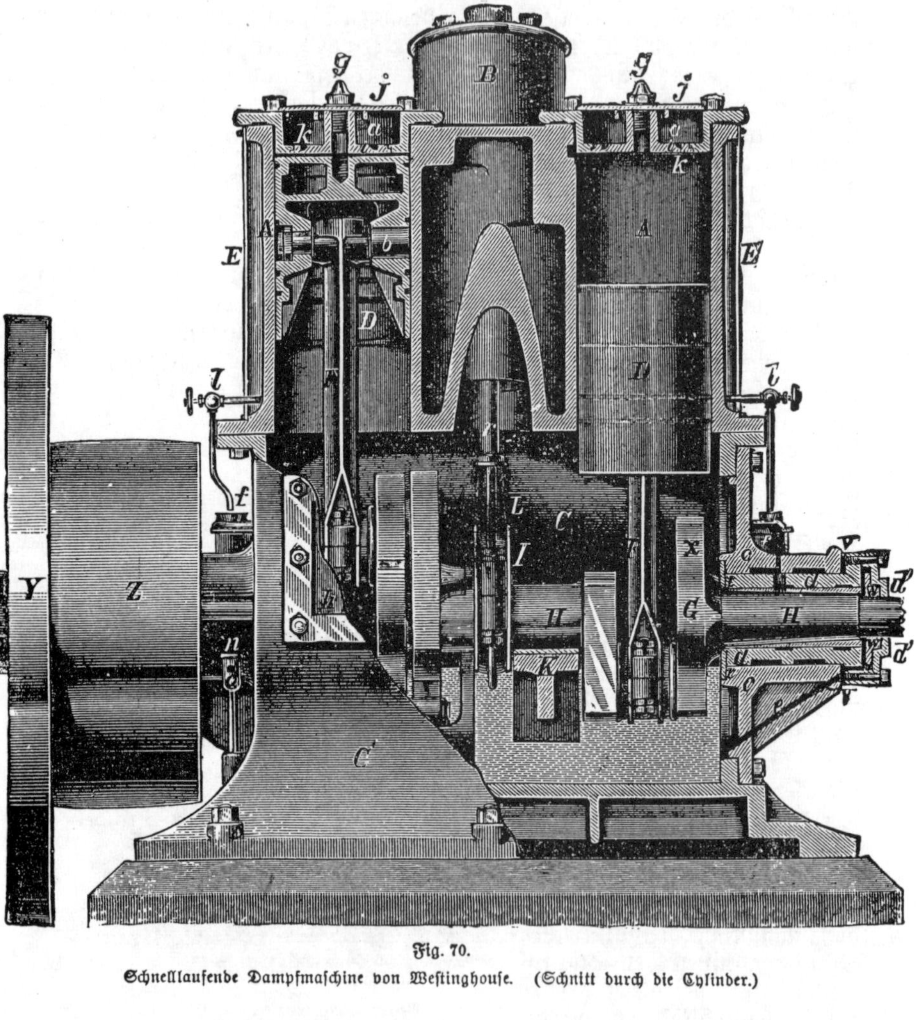

Fig. 70.
Schnelllaufende Dampfmaschine von Westinghouse. (Schnitt durch die Cylinder.)

zwei gleich großen Cylindern (Zwillingsmaschine) dar und zwar giebt Fig. 70 einen Längsschnitt durch beide Cylinder, während Fig. 71 einen Einblick in das Innere des die Dampfverteilung bewirkenden Schieberkastens gewährt. Dieselbe zeichnet sich besonders dadurch aus, daß sie imstande ist, eine außerordentlich lange Zeit hindurch ohne Unterbrechung zu laufen; als Beispiel sei angeführt, daß auf den Pittsburgher Gaswerken ein solcher Motor 13 Monate lang im ununterbrochenen Gange bei 500 Umdrehungen per Minute sich befunden hat.

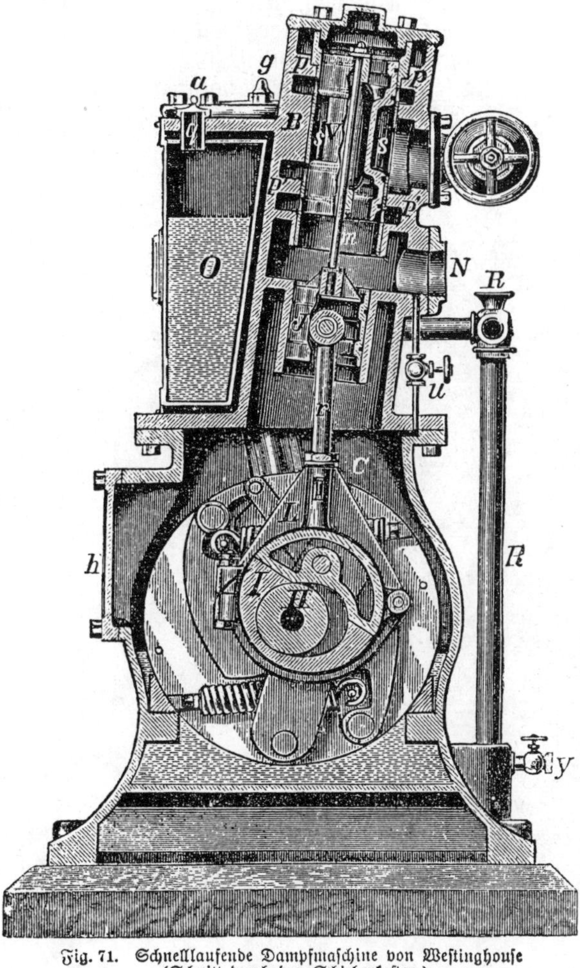

Fig. 71. Schnelllaufende Dampfmaschine von Westinghouse (Schnitt durch den Schieberkasten.)

Das Wesentlichste der Dampfmaschine von Westinghouse besteht darin, daß zwei Dampfcylinder, in welchen der Dampfdruck nur von oben nach unten wirkt, zwischen sich den die Steuerung bewirkenden

Schieberkolben aufnehmen, und daß die bewegten Teile fortdauernd in einem Gemisch von Öl und Wasser laufen. Aus dem zwischen den beiden Dampfcylindern liegenden Raume s (Fig 71) tritt der Dampf während des Auf- und Niederganges des Schieberkolbens V abwechselnd durch die Kanäle P bezw. P′ in den einen oder den anderen der beiden Arbeitscylinder AA und geht von hier zu dem Auspuffrohr N. Der Dampf wirkt also, wie bereits angegeben wurde, lediglich in einer Richtung, nämlich von oben nach unten.

Die Kurbelwelle H, welche zur Ausbalanzierung der Maschine mit Gegengewichten X versehen ist, erhält ihre Lagerung in der mit Lagern K

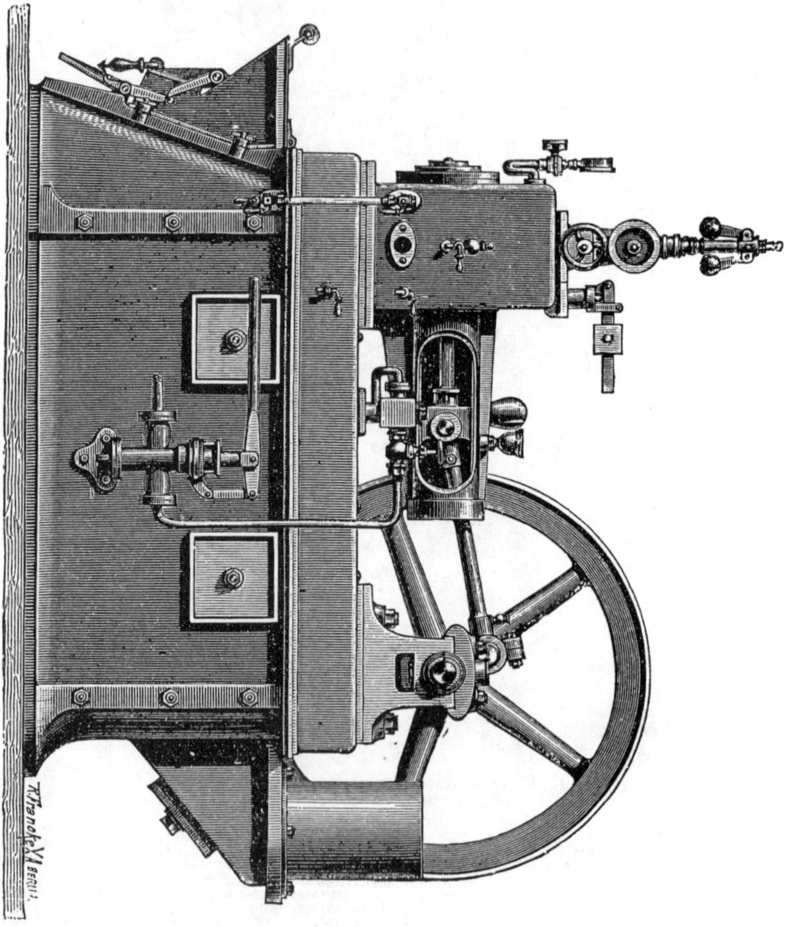

Fig. 72. Dampfmotor von Altmann & Co.

und d ausgestatteten Kammer C. Auf das Oberteil dieser Kammer C sind die beiden, mit dem Steuerungscylinder B ein einziges Gußstück bildenden Arbeitscylinder A direkt aufgeschraubt. O ist ein zur Schmierung der Lager d dienender Ölbehälter; von d aus tritt das überflüssige Schmieröl durch den Kanal e (Fig. 70) in die Kammer C über, infolge dessen letztere mit dem Gemisch von Wasser und Öl gefüllt wird, in welchem die Kurbeln der beiden Dampfkolben rotieren; die Höhe des in C befindlichen Flüssigkeitsspiegels wird durch ein Überfallrohr konstant erhalten. Gegenwärtig wird diese Maschine auch nach dem Compoundsystem gebaut.

In Fig. 72 bringen wir eine Dampfmaschine, welche von Altmann & Comp. in Berlin gebaut wird und besonders in den mannigfachen Zweigen des Kleinbetriebes in zahlreichen Exemplaren verbreitet ist. Wie aus der Fig. 72 zu ersehen ist, kennzeichnet sich dieser Motor dadurch, daß die eigentliche Maschine auf den den Betriebsdampf erzeugenden Kessel aufgesetzt ist. Es liegt also hier das denkbar geringste Raumbedürfnis vor. Die kleine Maschine besitzt einen Kondensator, in welchem der aus dem Dampfcylinder abgehende Dampf völlig niedergeschlagen wird, um alsdann nach Passierung eines Filters durch eine Speisepumpe wieder in den Dampfkessel zurückgeführt zu werden.

Diese Anordnung der Dampfmaschine auf dem Dampfkessel führt uns auf eine wichtige große Klasse der Dampfmotoren, auf die Lokomobilen.

Die ältesten Dampfmaschinen mit ihren Dampfkesseln waren feststehende oder stationäre. Es stellte sich alsbald das Bedürfnis heraus, die Dampfkraft hier und da vorübergehend anwenden und alsdann an einen anderen Ort transportieren zu können. So entstanden mehrere Arten von Dampfmotoren, welche man als halbstabile oder halblokomobile und lokomobile bezeichnet. Die vorstehend beschriebenen Motoren von Altmann & Comp. gehören z. B. zu den halblokomobilen Dampfmaschinen, da dieselben ohne erhebliche Schwierigkeiten sammt ihren Kesseln von einem Orte fortgebracht und an einer anderen Stelle wieder aufgestellt werden können.

Bei den lokomobilen Dampfmaschinen, oder, wie man sie kurz zu bezeichnen pflegt, bei den Lokomobilen ging man nun noch einen Schritt weiter, indem man Maschine und Kessel nebst allem Zubehör auf ein Wagengestell stellte und so zum Transport über Land geeignet machte.

In Fig. 73 und 74 geben wir zwei Abbildungen von Lokomobilen der bekannten Maschinenfabrik von R. Wolf in Magdeburg—Buckau, und zwar stellt Fig. 73 den Schnitt einer Hochdruck- und Fig. 74 eine Receiver-Lokomobile dar. Bei ersterer tritt der Dampf aus dem auf den Rädern liegenden Dampfkessel in den Dampfcylinder C und wirkt hier durch einfache Expansion. Bei letzterer dagegen, welche mit zwei Cylindern versehen ist, tritt der Dampf, nachdem er seine Arbeit in dem

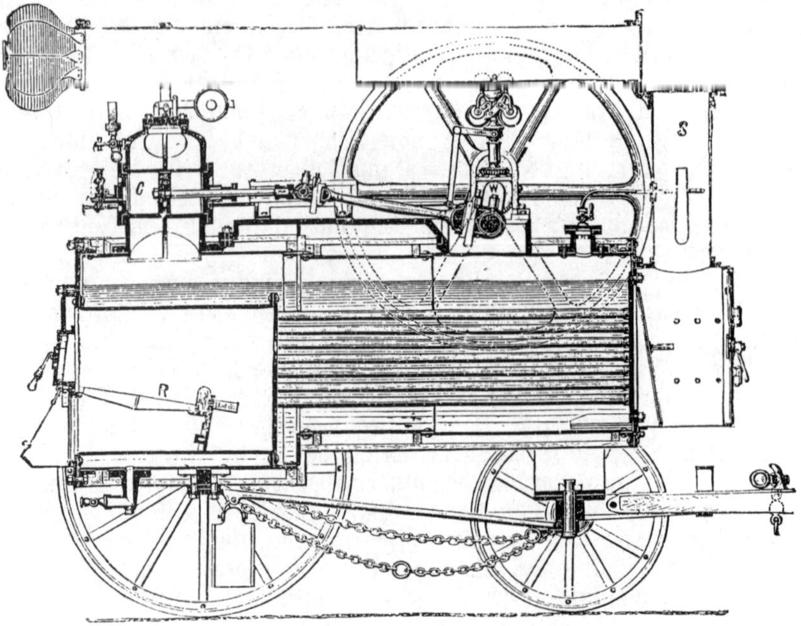

Fig. 73. Längenschnitt durch eine Hochdruck-Lokomobile von Wolf.

kleineren Cylinder verrichtet hat, zur weiteren Ausnutzung seiner Expansion in den größeren Cylinder über. Diese Lokomobile ist also nach dem schon früher dargelegten Prinzip der Compound-Dampfmaschine konstruiert.

Neben der Konstruktion der Dampfmaschine selbst ist für einen rationellen Betrieb von der größten Wichtigkeit der Dampferzeuger, der Dampfkessel. In früheren Jahrzehnten, als man noch der glücklichen Überzeugung lebte, daß die unterirdischen Schätze unserer Kohlenflöze schier unerschöpflich seien, nahm man es mit der Konstruktion der Dampfkessel und ihrer Feuerungsanlagen nicht sehr genau, und eine dichte Rauchwolke gab schon von weitem dem Auge kund, daß dort ein Dampfkessel betrieben werde. Hierin hat die Neuzeit tiefgreifende Wendung geschaffen. Rigorose polizeiliche Vorschriften hinsichtlich der Rauchvermeidung sowie hinsichtlich der Sicherheit des Betriebes haben es im Verein mit den Fortschritten der Technik zuwege gebracht, daß heutzutage eine Dampfkesselanlage bei weitem nicht mehr der unangenehme und gefährliche Nachbar ist wie früher. Nachdem Watt bei seinen Dampfkesseln zuerst die Kofferform, (hierbei war der Boden flach und die übrigen Flächen waren gekrümmt), angewendet hatte, ging man alsbald dazu über, dem Dampferzeuger eine cylindrische, walzenförmige Gestalt zu geben. Fig. 75 bis 78 geben einen Einblick in die Anordnung und die Einrichtung eines modernen Dampfkessels.

Fig. 74. Compound-Lokomobile von Wolf.

Wie aus dem Querschnitt und dem Längenschnitt zu ersehen, durchziehen den Dampfkessel zwei cylindrische Rohre, welche ringsum von dem in dem Kessel enthaltenen Wasser umgeben sind. In jedem dieser Rohre ist am vorderen Ende ein Rost angebracht, auf welchem von dem Heizer das Feuer unterhalten wird. Die Flammen streichen von der Feuerung nach vorn in der Richtung der Pfeile, ziehen dann weiter nach unten, streichen an der unteren Fläche des Kessels wiederum nach vorn und ziehen schließlich oberhalb des Kessels nach hinten zum

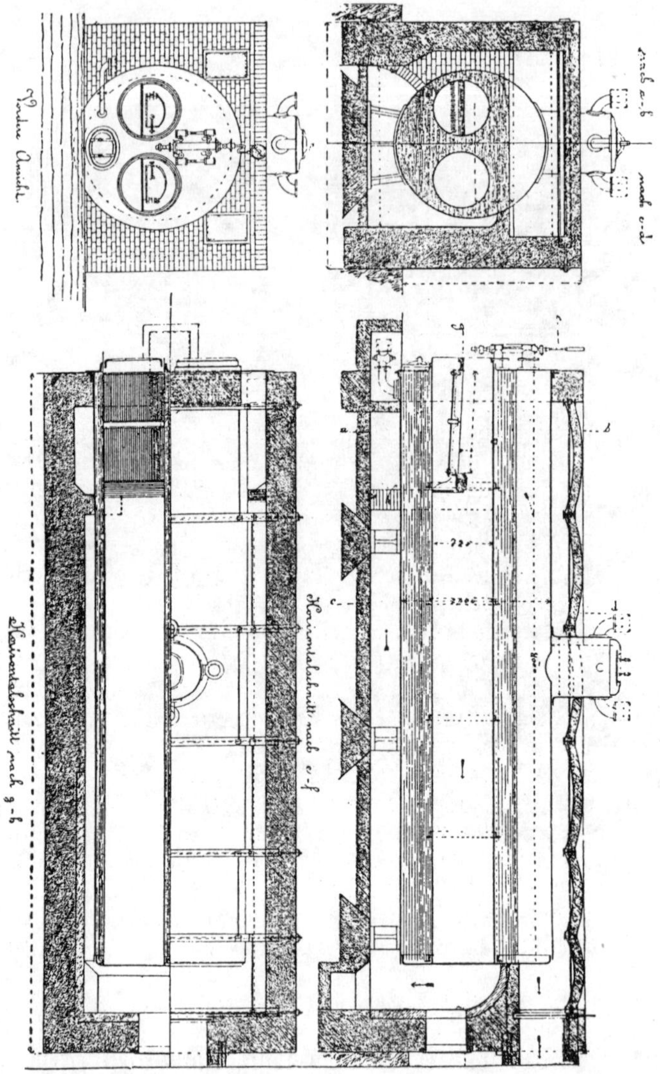

Fig. 75 bis 78. Doppelflammrohrkessel.

Schornstein ab. Der sich bildende Dampf steigt in den sogenannten Dom über; es ist dieses ein auf dem Kessel angebrachter Aufsatz, welcher dazu dient, den Dampf zu sammeln und diesem Gelegenheit zu geben, etwa beim Kochen mitgerissenes Wasser fallen zu lassen. An dem Dome ist ein Sicherheitsventil (Fig. 79) angebracht, welches durch ein an einem Hebel befindliches Gewicht geschlossen gehalten wird. Übersteigt der

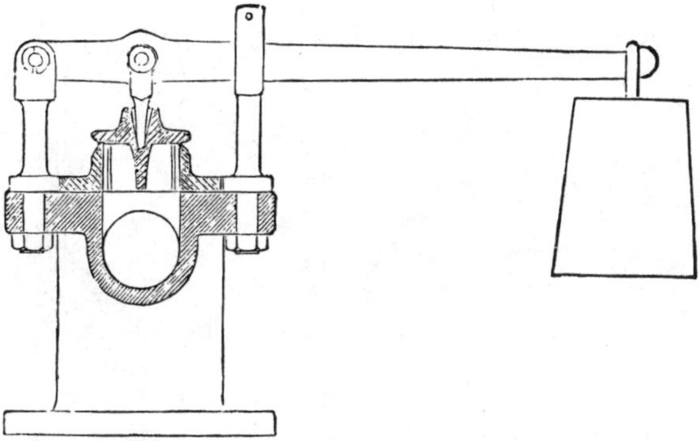

Fig. 79. Sicherheitsventil.

Dampfdruck einen gewissen Betrag, so hebt er das Ventil, und es kann nunmehr der Dampf ins Freie entweichen. Diese Sicherheitsventile spielen eine große Rolle bei der Verhütung der Dampfkesselexplosionen. Dieselben müssen stets auf das Sorgfältigste imstande gehalten werden, damit der Dampf rechtzeitig entweichen kann. Neuerdings hat man die Gewichte der Sicherheitsventile vielfach durch Spiralfedern, welche das Ventil niederdrücken, ersetzt.

An der Vorderseite des Kessels ist eine Vorrichtung, der sogenannte Wasserstandszeiger angebracht; hier kann der Kesselheizer jederzeit ersehen, wie hoch das Wasser im Innern des Kessels steht. Das Wesentliche dieses Apparates besteht darin, daß derselbe mit einer oder zwei Glasröhren versehen ist, in welchen nach dem Gesetze von den kommunizierenden Gefäßen das Wasser dieselbe Höhenlage einnimmt als im Innern des Kessels. Zur Beurteilung des im Kessel herrschenden Druckes dienen die Manometer. Im Innern eines solchen Manometers liegt eine unter der Wirkung des Dampfes sich ausdehnende Metallfeder; die Formveränderung, welche diese Feder unter dem Dampfdruck erleidet, wird auf einen Zeiger übertragen, welcher auf einer Skala den Druck in Atmosphären oder Kilogrammen pro Quadratzentimeter angiebt.

Eine große Wichtigkeit für die Sicherheit des Betriebes wohnt denjenigen Vorrichtungen bei, welche dazu dienen, die Kesselspeisung zu bewirken, d. h. das Wasser in den Kessel einzuführen. In früheren Zeiten bediente man sich hierzu der Pumpen, welche der Kesselheizer sehr häufig direkt mit der Hand betrieb. Später verwendete man besondere Dampfpumpen. In der neueren Zeit ist man fast allgemein dazu übergegangen, die Speisung der Kessel durch Injektoren, eine aus dem Jahre 1856 stammende Erfindung des Franzosen Giffard, zu bewirken. Das Wesentliche der Injektoren besteht darin, daß sie das Wasser mit Hülfe von Dampfdruck in den Kessel hineinsaugen. Aus Fig. 80 ist die nähere Einrichtung eines Giffardschen Injektors zu ersehen. Bei a tritt Kesseldampf ein und reißt durch den Rohransatz b das Wasser mit sich und führt dieses durch die Bohrung c

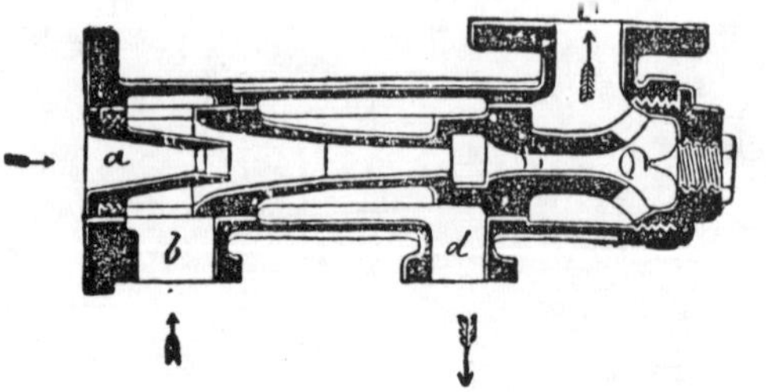

Fig. 80. Injektor von Giffard.

in den Kessel hinein. Das überschüssige Wasser fließt durch das sogenannte Schlabberrohr d ab. Fig. 81 stellt einen Injektor modernster Konstruktion, den Körtingschen Universal-Injektor, dar; derselbe ist imstande, kaltes Wasser bis auf 6,5 m zu saugen. Die Wirkungsweise ist folgende: Ist die links befindliche Düse D durch das Ventil V geschlossen, die rechts befindliche Düse D' aber geöffnet, so daß der bei H eintretende Kesseldampf in die Kammer M' überströmen und von hier durch den geöffneten Hahn L austreten kann, so wird bei I kein Wasser angesaugt, d. h. der Injektor ist außer

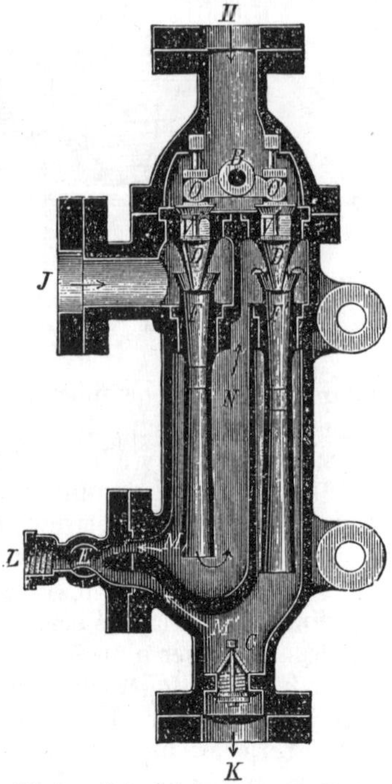

Fig. 81. Universal-Injektor von Körting.

Betrieb. Wird dagegen durch einen außen angebrachten Griff der Doppelhebel OO' von links nach rechts verdreht, so wird die Düse links durch Lüftung des Ventiles V geöffnet, dagegen die rechts gelegene Düse durch Niederdrücken des Ventiles V' geschlossen. Es strömt infolgedessen nunmehr der Dampf durch die Düse links in die Kammer N, saugt durch I Wasser an und tritt, da Hahn L zugleich mit der Bewegung des Doppelhebels OO' geschlossen wurde, durch die Düse F' in die Kammer M' über. Hier öffnen der Dampf und das mitgerissene Wasser das Ventil C und strömen vereint bei K in den Dampfkessel ein.

Die Zahl der auf dem Gebiete des Dampfkesselbaues gemachten Neuerungen ist Legion. Sie alle streben danach, eine thunlichst hohe Ökonomie und Sicherheit des Betriebes zu erreichen.

Eine der wesentlichsten dieser Neuerungen sind die sogenannten Wasserrohrkessel. Als Beispiel bringen wir den in Fig. 82 im Schnitt dargestellten Dampfkessel, System Heine. Im Gegensatze zu dem in Fig. 75—78 abgebildeten Walzenkessel mit zwei inneren Flammrohren

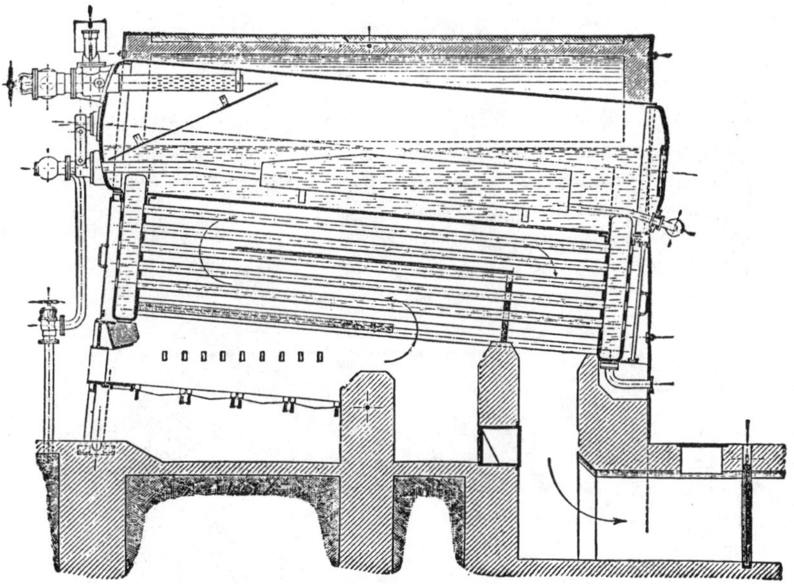

Fig. 82. Heines Wasserrohrkessel.

besteht der Heinesche Kessel aus einem oberen, zugleich als Dampfsammler dienenden Oberkessel und aus zahlreichen, von den Feuergasen umspülten, unterhalb jenes Oberkessels angeordneten Wasserrohren. Dieses untere Röhrensystem ist stets mit Wasser angefüllt. Die Dampfbildung beginnt in dem vorderen Teile der Wasserröhren, und von hier aus steigen die sich bildenden Dampfbläschen durch die über der Feuerung liegenden Wasserkammern nach oben.

Die Wasserröhrenkessel nehmen im Verhältnis zu den Walzenkesseln bei gleicher Dampfentwicklung einen kleinen Raum ein und zeichnen sich durch eine sehr rasche Verdampfung aus.

Einen hervorragenden Rang unter den Dampfkesseln nehmen die Kessel der Lokomotiven ein. Da dieselben gerade für die Entwickelung des Lokomotiv- und des Eisenbahnwesens eine hervorragende Rolle gespielt haben, so werden dieselben bei der Besprechung der Konstruktion der Lokomotive eingehende Erläuterung finden. Es möge jedoch hier noch darauf hingewiesen werden, daß dieselben in kleinerem Maßstabe auch bei den Lokomobilen Anwendung finden.

Von einer großen Wichtigkeit für den rationellen Betrieb der Dampfkessel ist die Feuerungseinrichtung derselben. In Fig. 83 ist eine sogenannte Innenfeuerung für Dampfkessel dargestellt. Bei dieser wird das Brennmaterial durch die Feuerthür f auf die Roststäbe e e geworfen, verbrennt in dem Feuerraum und läßt dann seine Verbrennungsgase über die Feuerbrücke c in das Flammrohr d über-

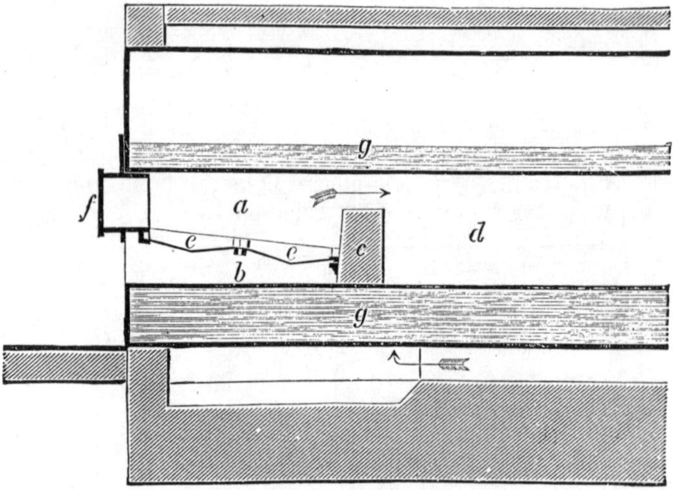

Fig. 83. Innenfeuerung für einen Flammrohrkessel.

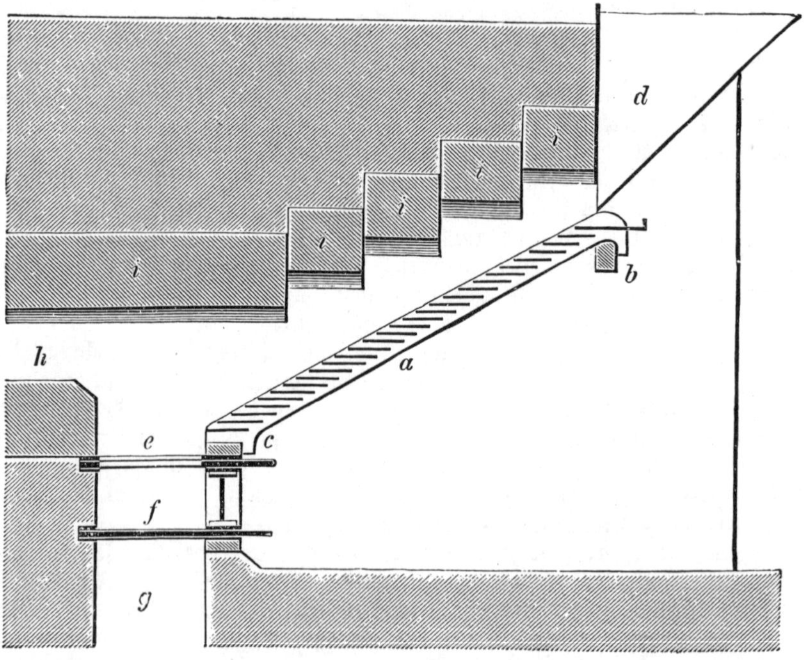

Fig. 84. Treppenrost.

treten. Die erforderliche Verbrennungsluft tritt entweder durch die Feuerthür f oder durch den Aschenfall b in den Feuerraum a hinein.

Handelt es sich um die Verbrennung von pulverförmigem oder feinkörnigem Brennmaterial, wie z. B. Braunkohle, so bedient man sich des in Fig. 84 dargestellten Treppenrostes. Bei diesem wird das Brennmaterial in den Trichter d eingefüllt und sinkt von hier aus auf dem schräg abwärts gerichteten Roste a abwärts, hierbei allmählich verbrennend. Zur Entfernung der Asche und der Schlacken dient der Schieber f; e ist ein kleiner Feuerrost, auf welchem die völlige Verbrennung des auf a hinabrutschenden Brennstoffes sich vollzieht. Die Feuergase ziehen bei h zu dem Dampfkessel ab.

Auf S. 67 u. f. haben wir die horizontalen Wasserkraftmaschinen oder Turbinen kennen gelernt und gesehen, auf wie mannigfach sinnreiche Weise der Mensch es verstanden hat, die an sich kostenlos sich darbietenden ungeheuren Wasserkräfte der Erde dienstbar zu machen, sie nicht allein an Ort und Stelle in Fesseln zu legen, sondern sie auch von dem Orte ihrer Gewinnung weiter zu führen und dorthin zu übertragen, wo sie verwandt werden sollen, oft auf ganz bedeutende Entfernungen.

Hier nur eins der ersten Beispiele unter vielen. Schaffhausen war noch bis über die Mitte des 19. Jahrhunderts hinaus ein höchst unbedeutendes Städtchen, das trotz der ungezählten Tausende von Pferdekräften, die da im Rheinstrom jahraus jahrein nutzlos vorüberliefen, nur eine kleine Anzahl von unterschlägigen Wasserrädern zu benutzen verstand, die in einigen Kanälen aufgestellt waren und bei niedrigem Wasserstande, namentlich im Winter, sogar die paar vorhandenen kleinen nötigten, ihren Betrieb einzuschränken oder auch wohl ganz einzustellen. Und ein schlichter Uhrmacher war's, der den damals tollkühn erscheinenden Plan entwarf, die ungeheuren Wasserkräfte des berühmten Rheinfalls, der ja von dem nur wenige Meilen entfernten riesigen Becken des Bodensees stetig in Fülle gespeist wird, dienstbar zu machen und nach Schaffhausen zu leiten. Bei einer Anzahl einsichtsvoller und weitblickender Mitbürger fand er das nötige Verständnis, und siehe da: das einst so unbedeutende stille Städtchen hat sich in dem kurzen Zeitraum von kaum einem Menschenalter zu einer blühenden Industriestadt entwickelt und kann den Namen Heinrich Moser, so hieß jener einfache Uhrmacher, in seine Annalen mit goldenen Lettern eintragen. Wir haben ferner gesehen, daß solche Gewinnung und Uebertragung der Wasserkräfte natürlich nur unter bestimmten Verhältnissen möglich ist, daß beispielsweise von den mehr als vier Millionen Pferdestärken betragenden Kräften der gesamten schweizerischen Wasserläufe nur etwa der siebente Teil technisch nutzbar verwendet werden kann, die anderen sechs Siebentel sich der Ausnutzung durch Menschenhand entziehen. Es ist auch keineswegs richtig, wenn behauptet wird, daß die Wasserkräfte der Erde allenthalben, selbst in den weiten Niederungen des norddeutschen Flachlandes, ohne weiteres kostenlos zur Verfügung stehen. Ganz abgesehen davon, daß schon so manches, auf diesen Gedanken hin entworfene Projekt nicht hat ausgeführt werden können, weil die Anlage, um die angeblich so nutzlos daliegende Wasserkraft zu gewinnen, denn doch gar zu kostspielig werden mußte, giebt es auch weite, weite Strecken, die, wenn auch nicht ganz wasserlos, doch so unbedeutend mit Wasser versorgt sind, daß von nutzbarer Verwendung einer Wasserkraft überhaupt nicht die Rede sein kann. Hier könnte nun jemand auf den Gedanken kommen, zu sagen, daß man ja in solchem Falle ebenfalls die Wasserkraft irgendwo anders gewinnen und an Ort und Stelle leiten könnte, wie es anderswo geschehen ist. Richtig, aber woher denn? Das Flachland hat ein so geringes Gefälle, daß niemals von rasch strömenden, viel weniger noch von kräftig stürzenden Wassern die Rede sein kann. Wasserfälle sind hier ein ebenso unbekanntes Ding, wie in Süddeutschland, in bergigen Gegenden überhaupt, die Windmühlen, da man hier eben Wasserkraft genug und stets zur Verfügung hat und des mehr oder weniger unzuverlässigen Windes zum Mühlenwerke nicht bedarf.

Was konnte näher liegen, als der Gedanke, in solchen Fällen anstatt der Wasserkraft die Dampfkraft zu verwenden. In der That sind dann auch sehr bald Versuche gemacht worden, die in den Dampfmaschinen hin- und hergehende Bewegung des Kolbens in eine rotierende Bewegung zu verwandeln und damit noch dieselben Vorteile zu erzielen, wie sie die Konstruktion der Dampfmaschinen gegen alle früheren Kraftmaschinen im Gefolge gehabt hat. Lange Zeit wollte es nicht gelingen, wenigstens nicht in dem Maße, daß ein wirtschaftlicher Vorteil hätte erzielt werden können. Erst die Pariser Weltausstellung von 1889 zeigte den erwünschten Fortschritt auch auf diesem Gebiete und zwar gleich in doppelter Gestalt. In Thätigkeit zeigte sich eine Dampfturbine des Engländers Parson, die schon seit drei Jahren in Newcastle zum Betriebe elektrischer Lichtmaschinen in Gebrauch genommen worden war, auch in der englischen Marine bereits mehrfache Anwendung gefunden und sich als brauchbar bewährt hatte. Daneben zeigte sich eine noch neuere Dampfturbine, konstruiert von dem Schweden de Laval in Stockholm, in welcher einige Schwierigkeiten, die jene englische noch darbot, einfach und glücklich überwunden sind. Auf einer dünnen horizontalen Welle sitzt das Laufrad, das aus zwei kräftigen Stahlscheiben besteht, zwischen denen die einzelnen Schaufeln mit gezahnten Stielen befestigt sind. Auf die Schaufel münden in spitzem Winkel eine Anzahl Düsen, welche durch einen Dampfkanal an das Hauptrohr des zuströmenden Dampfes angeschlossen sind. Aus diesen Düsen, deren Zahl sich natürlich nach der Stärke der Maschine richtet, tritt der Dampf in geschlossenem Strahl in die Radschaufeln und bewirkt die Umdrehung, deren Geschwindigkeit bei einer Maschine von zwanzig Pferdestärken, mit einem Raddurchmesser von 20 cm, dreitausend Meter pro Sekunde beträgt. Die das Rad tragende Welle muß möglichst dünn sein, nur etwa 12 mm dick; dann ist sie so elastisch, daß sie bei der Drehung den Einflüssen der Zentrifugalkraft nachgiebt und dadurch, trotz der ungeheuren Geschwindigkeit, jede störende Einwirkung auf die Lager, jedes Vibrieren aufgehoben und eine vollkommen ruhige Rotation hergestellt wird.

Diese Lavalsche Dampfturbine, deren Herstellung die große Maschinenfabrik Humboldt in Kalk bei Köln übernommen hat, die sie von 5 bis zu 200 Pferdestärken ausführt, hat sich seit einigen Jahren mit bestem Erfolge und in ausgedehntem Umfange eingeführt und die englische weit hinter sich zurück gelassen.

Zum Schluß würde auch noch die von der Maschinenfabrik-Aktiengesellschaft Escher, Wyß & Co. in Zürich hergestellte kleine Naphthadampfmaschine zu nennen sein, die zur Fortbewegung von Booten mancherlei Vorteile bietet.

e) Die auf der chemischen Verwandtschaft verschiedener Körper beruhenden Motoren.

1. Die Gasmotoren.

Das Verdienst, zuerst die Explosion des Leuchtgases zur Erzeugung motorischer Kraft ausgenutzt und eine auf diesem Prinzipe beruhende Kraftmaschine gebaut zu haben, gebührt, wenn man von den das Stadium der Versuche nicht überschreitenden Maschinen von Brown, Weight, Barsanti u. A. absieht, dem Franzosen Lenoir. Die Gaskraftmaschine jedoch auf die heutige Vervollkommung gebracht und dieselbe überhaupt derartig gestaltet zu haben, daß sie in einen erfolgreichen Wettkampf mit den bisher bekannten Motoren einzutreten vermochte, gebührt Nicolaus August Otto, geboren im Jahre 1832 zu Holzhausen in Nassau. Was James Watt für die Dampfmaschine, das hat Otto der Gasmaschine geleistet.

Mischt man Leuchtgas mit atmosphärischer Luft, so explodiert dieses Gemisch, sobald es entzündet wird, eine Folge des Umstandes, daß die beiden bisher nur mechanisch mit einander gemengten Körper, dank der ihnen inne wohnenden chemischen Verwandtschaft, sich zu einem einzigen Körper unter erheblicher Entwickelung von Kraft vereinigen.

Merkwürdigerweise gehörte der eigentliche Vater der Gasmaschine, Nicolaus August Otto, gleich James Watt dem Kaufmannsstande an, war also weder im Besitz einer entsprechenden Vorbildung, noch hatte er früher Anregung gefunden, sich mit Problemen der praktischen Mechanik zu befassen. Als jedoch im Jahre 1861 sich die Kunde von Lenoirs Entdeckung über die civilisierte Welt verbreitete, da fühlte sich Otto durch dieselbe so mächtig angeregt, daß er von Stund' ab, mit eiserner Energie und Zähigkeit an seinem Streben festhielt, in der Gasmaschine eine ebenbürtige Rivalin der damals noch allmächtigen Dampfmaschine zu schaffen. Die gleiche Anregung hatten durch Lenoirs Maschine noch viele andere Sterbliche empfangen, aber keinem derselben war es beschieden, die Lösung der gestellten Aufgabe zu finden, außer unserem, leider viel zu früh verstorbenen Landsmann Otto.

Allerdings ließ auch bei diesem der Erfolg lange auf sich warten; eine lange Kette von Versuchen, Mißerfolgen und Enttäuschungen war die nächste Frucht seiner angestrengten Thätigkeit.

Es war in den Jahren 1861/62, als in der Werkstatt des Mechanikers Zons zu Köln die erste Ottosche Gaskraftmaschine das Licht der Welt erblickte. Dieselbe besaß vier Cylinder, in deren jedem sich zwei Kolben befanden. Die Mängel, welche dieser Maschine noch anhafteten, waren so schwerwiegende, daß die mit derselben gemachten Erfahrungen sich sehr entmutigend gestalten mußten.

Es war ein glücklicher Zufall, welcher in dieser Zeit der Hoffnungslosigkeit den mit reichem Erfindersinn und hohem Konstruktionstalent begabten Otto mit dem wissenschaftlich durchgebildeten Ingenieur Eugen Langen zusammenführte. Dem vereinten Wirken dieser beiden seltenen Männer verdankt die Welt das Geschenk einer neuen Kraftquelle, ohne welche wir uns die heutige Industrie und Technik kaum noch vorzustellen vermögen.

Die erste Frucht der gemeinsamen am 30. September 1864 beginnenden Thätigkeit Ottos und Langens war eine atmosphärische Gaskraftmaschine. Otto hatte im Laufe seiner Versuche die Überzeugung gewonnen, daß es unmöglich sei, eine direkt wirkende Gasmaschine zu konstruieren, da die Stöße und Erschütterungen, welche hierbei auftraten, die Maschine alsbald außer Betrieb setzten. Infolge dessen gingen Otto und Langen dazu über, eine Gaskraftmaschine zu konstruieren, welche nach ihrer Konstruktion und Wirkungsweise gewissermaßen ein Gegenstück bildet zu der Newcomenschen Dampfmaschine. Ebenso wie bei dieser fiel die eigentliche Aufgabe des Antriebes der äußeren atmosphärischen Luft zu, welche ihre Wirkung auf einen in einem Cylinder auf- und abbeweglichen Kolben äußern konnte, nachdem unterhalb des letzteren durch die Explosion des Gasgemisches ein luftleerer Raum erzeugt war. Der Kolben wird bei dieser Explosion, ohne daß er irgend welche Arbeit auf das Schwungrad überträgt, in dem Cylinder emporgeschleudert und in dieser Lage wird die Schwungradwelle durch eine äußerst sinnreiche Vorrichtung, die sogenannte Langensche Kuppelung, verkuppelt um hierauf durch den Überdruck der Atmosphäre wieder abwärts gedrückt zu werden. Diese sogenannte atmosphärische Gaskraftmaschine stellten Otto und Langen auf der Pariser Weltausstellung im Jahre 1867 aus.

Zu jener Zeit waren auch die Franzosen nicht müßig gewesen in der weiteren Ausbildung des von Lenoir angegebenen neuen Prinzipes der motorischen Kraftentfaltung. So glänzte auf jener Ausstellung die Compagnie Lenoir durch eine große Zahl fast geräuschlos arbeitender Gasmotoren und auch der hervorragende französische Konstrukteur Hugon hatte durch eine geringe Wassereinspritzung eine wesentliche

Verbesserung der Lenoir-Maschine bewirkt. Dieser gegenüber trat die Otto-Langensche Maschine mit ihren starke Detonationen verursachenden Explosionen in den Augen der Mehrzahl der Jury wesentlich zurück. Dem energischen Auftreten des deutschen Mitgliedes der Preisjury, dem Geh. Rath Professor Reuleaux, gelang es jedoch hierin einen völligen Umschwung herbeizuführen, indem er es durchsetzte, daß bei der Preiserteilung lediglich eine Prüfung auf Leistung und Gasverbrauch als maßgebend hingestellt wurde. Diese Prüfung wurde dem bekannten Direktor des Conservatoire des Arts et Métiers, Tresca, übertragen. Hier stellte sich denn zu größtem Erstaunen der Mehrzahl der Jury Folgendes heraus: der Gasverbrauch zeigte bei ein und derselben Leistung bei den drei Gasmaschinen von Lenoir, Hugon und Otto-Langen ein Verhältnis von 10 : 6 : 4. Auf grund dessen erhielt sodann letztere den wohlverdienten ersten Preis.

Nunmehr war das Eis gebrochen. Im Jahre 1869 wurde die Otto-Langensche Fabrik wegen der erforderlichen Vergrößerungen von Köln nach Deutz verlegt und im Jahre 1871 bildete sich zu deren weiterem Betriebe die Gasmotoren-Fabrik Deutz in Köln-Deutz. Insgesamt wurden 5000 Stück der atmosphärischen Gaskraftmaschinen gebaut und zwar in Größen von 1/4 bis 3 Pferdekräften. Jedoch der bisher erzielte reiche Erfolg ließ Otto nicht rasten. Es waren in erster Linie zwei Umstände, welche denselben veranlaßten, an der weiteren Vervollkommnung seines Motors weiterzuarbeiten: zunächst war es das unangenehme Geräusch der Explosionen, das eine Verwendung des

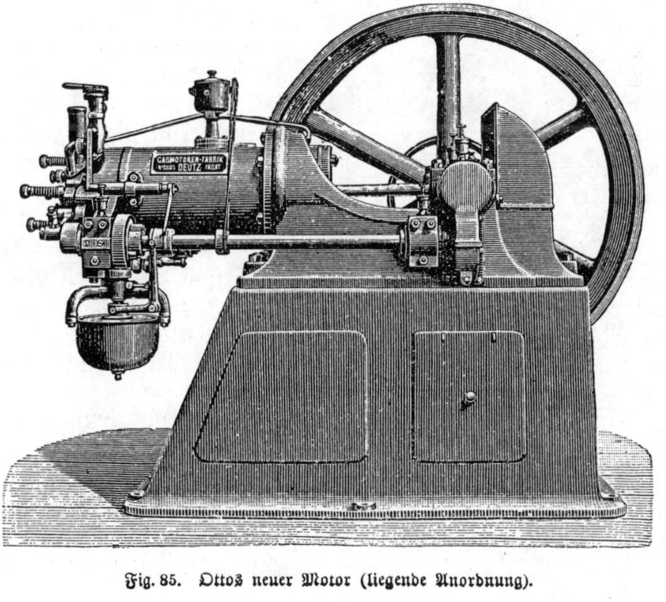

Fig. 85. Ottos neuer Motor (liegende Anordnung).

Motors in bewohnten Häusern unmöglich machte; dann aber war es die geringe Leistung von höchstens 3 Pferdestärken, welche seiner Verbreitung als unüberwindliches Hindernis im Wege stand. Das Ergebnis der weiteren Bemühungen Ottos war die in Fig. 85 dargestellte, unter dem Namen „Ottos neuer Motor“ bekannte Maschine. Hierbei führte Otto zum ersten Male den sogenannten Viertakt ein, d. h. es kommt bei

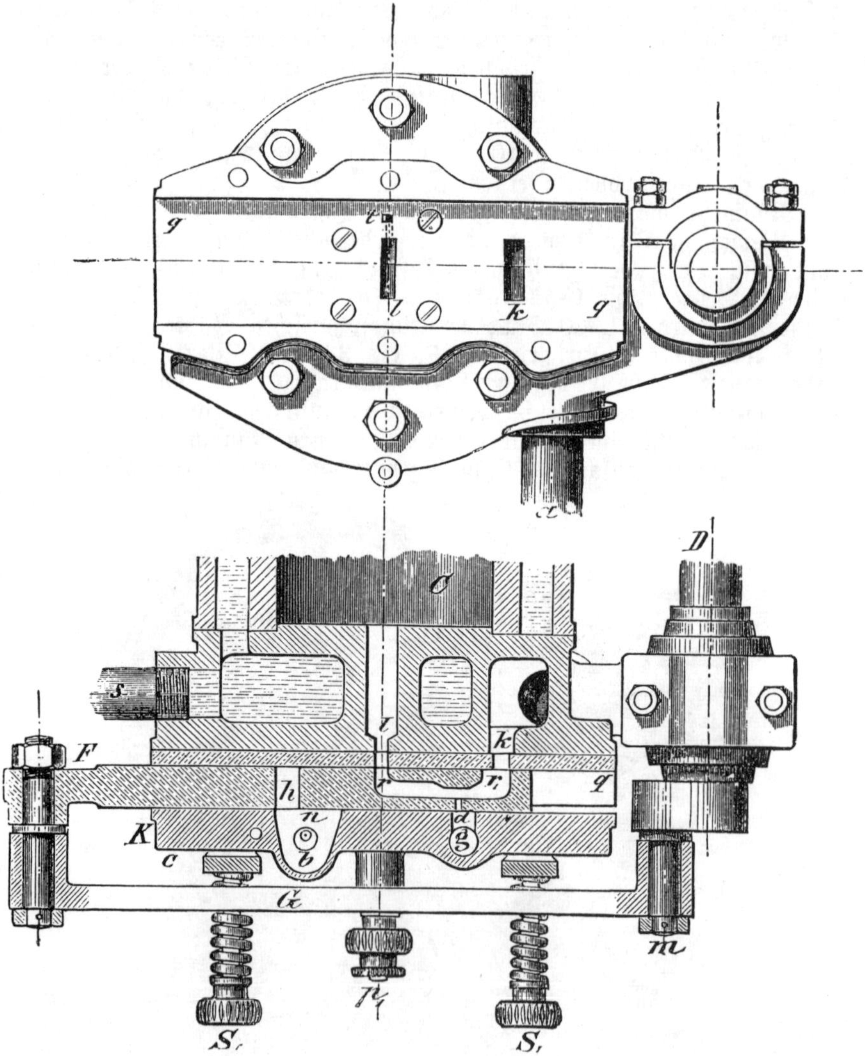

Fig. 86. Steuerung von Ottos neuem Motor.

diesem Motor auf je zwei Umdrehungen des Schwungrades eine Explosion. Die Viertaktmotoren, welche, inzwischen mit besonderen Abänderungen auch von anderen hervorragenden Maschinenfabriken gebaut werden, stehen im Gegensatze zu den sogenannten Zweitaktmotoren, bei denen auf jede einzelne Umdrehung des Schwungrades eine Explosion entfällt. Letztere sind jedoch bei weitem weniger verbreitet.

Die Wirkungsweise des neuen Ottoschen Motors beruht auf folgenden vier auf einander folgenden Phasen des Arbeitsganges:

I. Die Saugeperiode: Der Kolben saugt ein Gemisch von Gas und atmosphärischer Luft an.

II. Die Kompressionsperiode: Der Kolben komprimiert das angesaugte Gemisch von Gas und atmosphärischer Luft.

III. Die Arbeitsperiode: Bei der Lage des Kolbens im toten Punkte erfolgt die Zündung des Gemisches und der Kolben wird arbeitsleistend zurückgetrieben.

IV. Die Ausblaseperiode: Der Kolben treibt die Verbrennungs- und Explosionsgase aus dem Cylinder hinaus.

Zur Ermöglichung dieses Arbeitsganges, bei welchem das Schwungrad während der Perioden I, II und IV die Bewegung des Kolbens zu bewirken hat, dient ein an der Hinterseite des Cylinders angeordneter

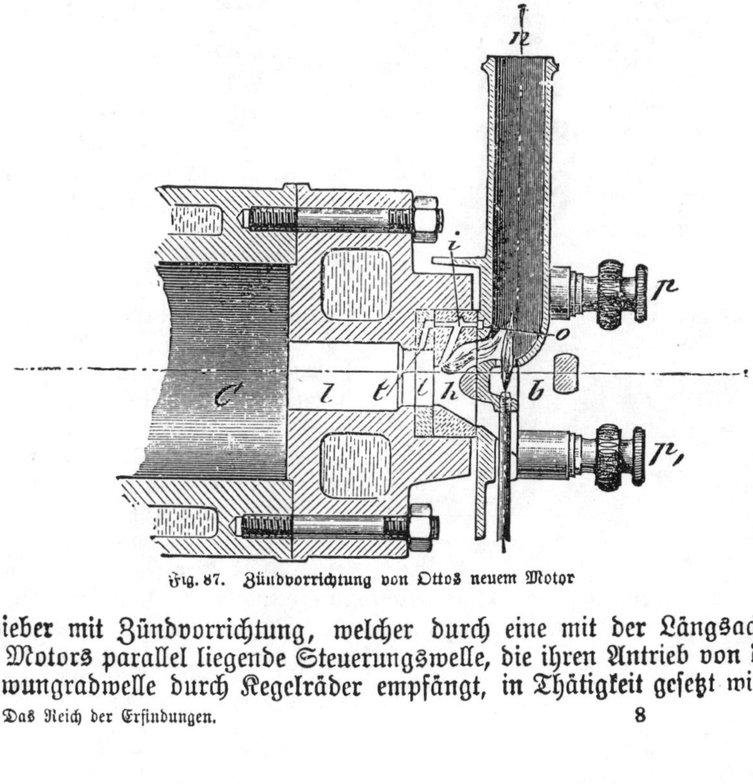

Fig. 87. Zündvorrichtung von Ottos neuem Motor

Schieber mit Zündvorrichtung, welcher durch eine mit der Längsachse des Motors parallel liegende Steuerungswelle, die ihren Antrieb von der Schwungradwelle durch Kegelräder empfängt, in Thätigkeit gesetzt wird

Dieser Schieber F ist nebst der Zündvorrichtung in den Fig. 86—87 in größerem Maßstabe im Schnitt dargestellt und hat folgende Einrichtung. Durch die Öffnung k kann in der in Fig. 86 gezeichneten Lage atmosphärische Luft und durch die Bohrung g und Schlitz d zugleich Gas in den Kanal r und von hier aus in den Motorcylinder C übertreten. Hat der Kolben dieses Gemisch in den Cylinder C eingesaugt, so schließt der Schieber F den Cylinder C ab, sodaß nunmehr das Gemisch nicht wieder aus demselben hinaustreten kann und beim Rückgange des Kolbens komprimiert wird. Hierauf wird das komprimierte Gemisch von Luft und Gas durch die aus Fig. 87 ersichtliche Gasflamme b entzündet, und es erfolgt die Explosion, welche den Kolben wieder nach vorwärts treibt. Beim Rückwärtsgange des Kolbens werden sodann die Verbrennungs- und Explosions-Gase aus dem Cylinder hinausgetrieben, worauf das Spiel mit dem Eintritte von Luft und Gas von Neuem beginnt.

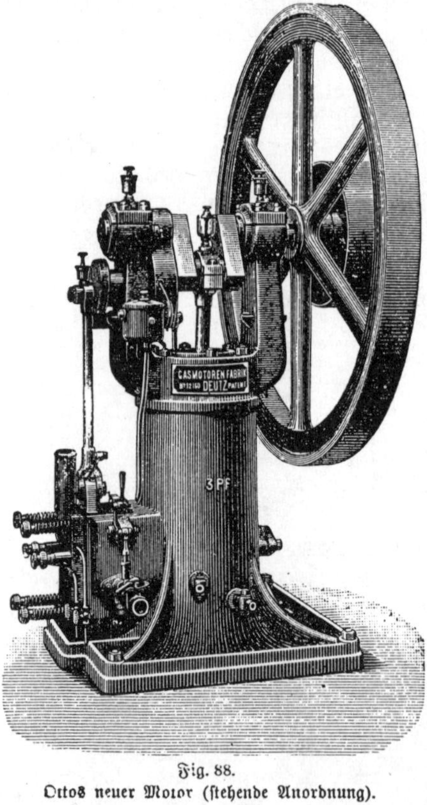

Fig. 88.
Ottos neuer Motor (stehende Anordnung).

In Fig. 88 ist der neue Ottosche Motor in stehender Anordnung dargestellt. Um denselben auch an solchen Orten aufstellen zu können, an welchen eine Gasanstalt nicht vorhanden ist, wird für denselben noch ein besonderer Gaserzeuger, wie derselbe in Fig. 89 dargestellt ist, gebaut. Das Gas wird erhalten, indem man einen Strom atmosphärischer Luft mittels eines Strahles überhitzten Wasserdampfes durch eine in dem Gasgenerator c befindliche glühende Säule von Brennmaterial hindurchbläst und die abziehenden Produkte in dem sogenannten Scrubber oder Waschapparat d reinigt und hierauf in den Gasbehälter e überführt. Der erforderliche überhitzte Dampf wird in dem kleinen Dampfkessel a erzeugt und durch den Injektor b in den Gasgenerator c eingeblasen. Besonders ist hier noch zu betonen, daß die Erzeugung des Gases selbstthätig erfolgt und zwar je nachdem mehr oder weniger Gas verbraucht wird. Dieses geschieht in der Weise, daß der Dampfzutritt zu dem Injector b durch die Gasbehälterglocke e, sobald diese ihre höchste Stellung erreicht hat, also vollständig gefüllt

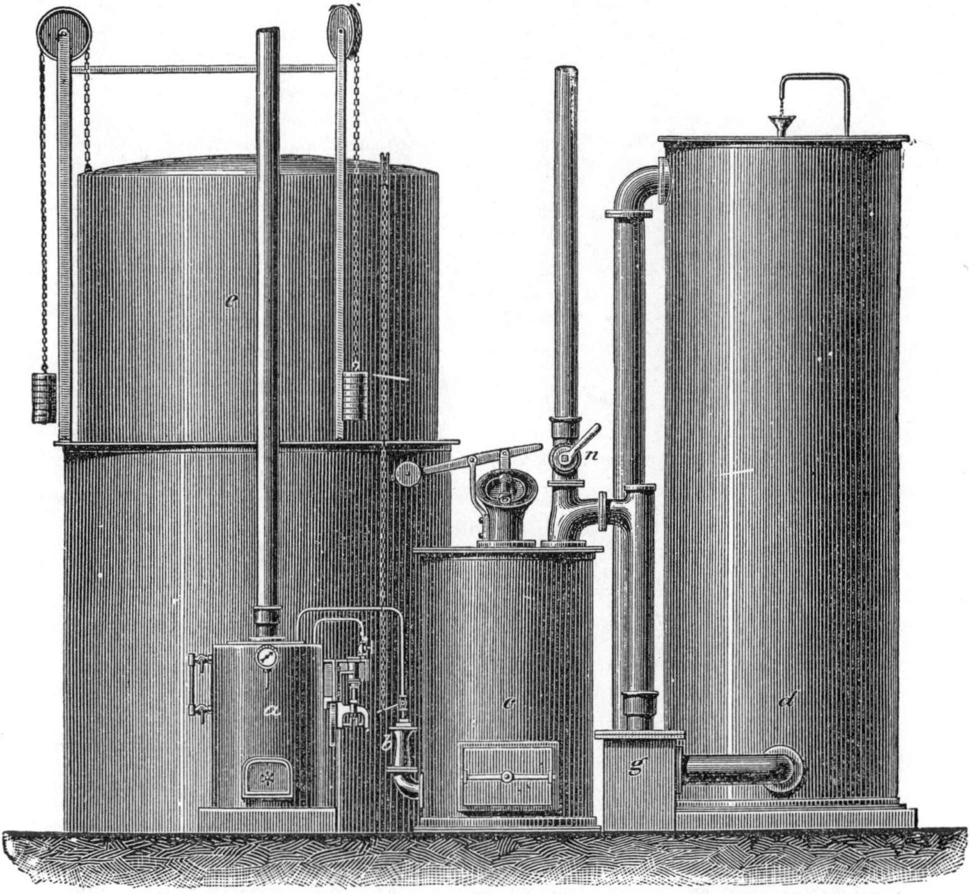

Fig. 89. Ottos Gasgenerator.

ist, geschlossen wird, infolge dessen die Gaserzeugung aufhört. Für die Verbreitung, welcher sich die Motoren der Fabrik Deutz erfreuen, möge als Beweis dienen, daß deren etwa 38000 mit mehr als 150000 Pferdekräften sich im Betriebe befinden. Gegenwärtig werden dort Gasmotoren bis zu 125 Pferdestärken gebaut.

In der neueren Zeit haben sich auch andere hervorragende Maschinenbauanstalten dem Bau von Gasmotoren gewidmet.

In Fig. 90 bringen wir einen Gasmotor nach Kaselowskys System, erbaut von der Berliner Maschinenbau-Aktien-Gesellschaft, vormals L. Schwartzkopff in Berlin. Derselbe ist wie der vorhin beschriebene, ein Viertaktmotor und unterscheidet sich von diesem im wesent-

Fig. 90.
Gasmotor nach Kaselowskys System.

lichen durch die Art der Zündung. Letztere wird nicht, wie bei dem Ottoschen Motor durch eine im erforderlichen Zeitpunkte zur Wirkung gebrachte Flamme bewirkt, sondern durch eine Präzisions-Glühzündung. Dieselbe besteht, wie aus Fig. 91 und 92 zu ersehen ist, aus den beiden ein Gemisch von Luft und Gas in den Cylinder einführenden Ventilen c und d, sowie aus dem, durch eine Flamme b zum Glühen gebrachten Röhrchen a. Die Zündung wird genau zu der Zeit bewirkt, in welchem der Kolben im toten Punkte sich befindet, und zwar indem mittels einer von der Hauptwelle aus bethätigten Hebelanordnung das Ventil c (Fig. 92) so geöffnet wird, daß das Gasgemisch an der glühenden Wandung des Röhrchens a sich entzündet. Damit diese Zündung unter allen Umständen pünktlich sich vollziehe, wird während der Saugperiode durch das Ventil d und Kanal e Luft und Gas in den Cylinder f eingeführt, während das eigentliche, weniger Gas enthaltende Explosionsgemisch durch ein besonderes Hauptgasventil herzugeführt wird.

In Fig. 93 bringen wir schließlich noch die Abbildung eines Zweitaktmotors, nämlich desjenigen von Benz & Co. in Mannheim. Wie bereits dargelegt worden ist, müssen bei den Zweitaktmotoren die vier erforderlichen Perioden sich statt bei zwei Schwungradumdrehungen bei einer einzigen vollziehen. Die Folge hiervon ist, daß der Cylinder nicht wie bei den Viertaktmotoren an einer Seite offen sein kann, sondern hinten sowohl wie vorn geschlossen sein muß. Die Gasmotoren, System Benz, haben entweder eine Flammenzündung nach Art der Ottoschen, oder eine elektrische Zündung. Bei der letzteren wird vom Schwungrade aus eine kleine Dynamomaschine angetrieben. Der durch diese erzeugte Strom wird durch einen Induktionsapparat auf eine hohe Spannung gebracht, wobei beide Pole der Induktionsspule für gewöhnlich Kurzschluß haben. Dieser wird, wenn die Zündung erfolgen soll, aufgehoben und es springen alsdann zwischen den seitlich in den Cylinder geführten Platinspitzen Funken über und bringen die Zündung hervor.

Die Ottoschen Gasmotoren haben lange Zeit hindurch den Weltmarkt auf diesem Gebiete fast vollständig beherrscht, und es ist eigentlich nicht zu verwundern, daß dieser außerordentliche Erfolg seiner Erfindung auch Versuche im Gefolge gehabt hat, ihm den Erfinderruhm streitig zu

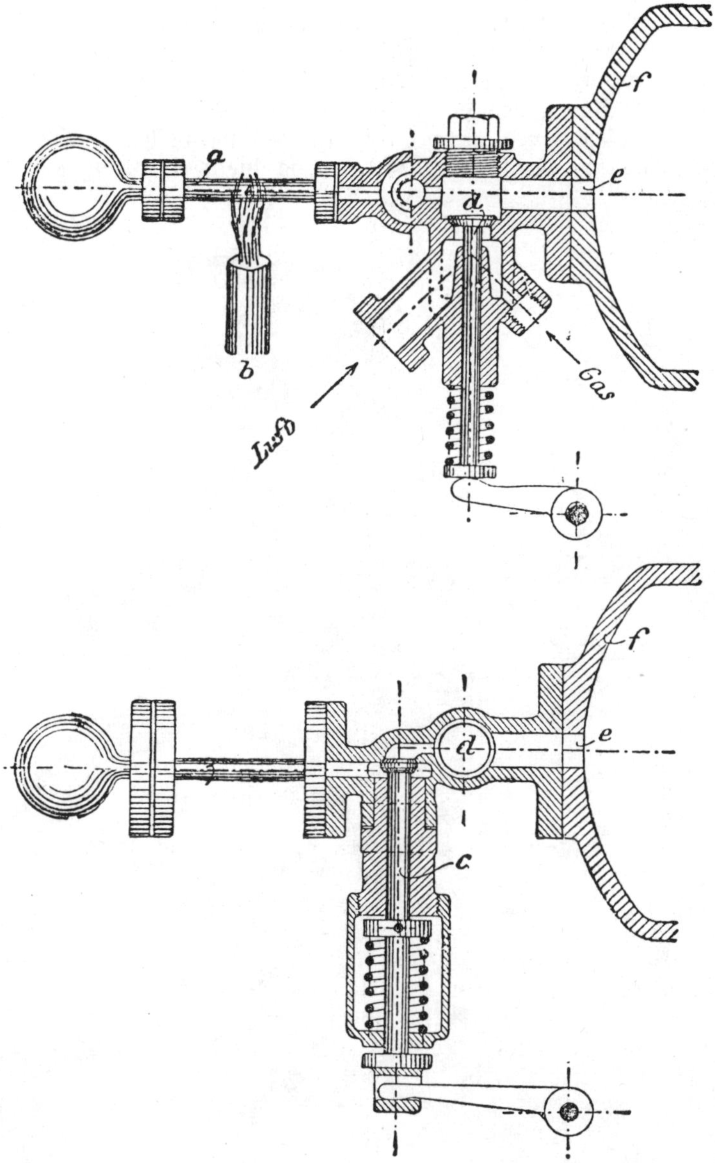

Fig. 91 und 92.
Präcisions-Glühzündung für den Gasmotor nach Kaselowskys System.

achen und ihn nur als einen geschickten Mechaniker hinstellen zu wollen; enn Eifersucht und Neid liegen nun einmal in der menschlichen Natur begründet. Wahr ist es ja freilich, daß die Prinzipien, auf denen Ottos Motoren beruhen, nicht von ihm neu erfunden oder entdeckt worden sind; aber wenn wir im Eingange dieses Abschnittes sagten, daß Otto für die Gaskraftmaschinen das geworden ist, was James Watt seinerzeit für die Dampfmaschinen gewesen, so ist das im vollen Umfange aufrecht zu erhalten, denn auch Watt hat ja die Prinzipien, auf denen

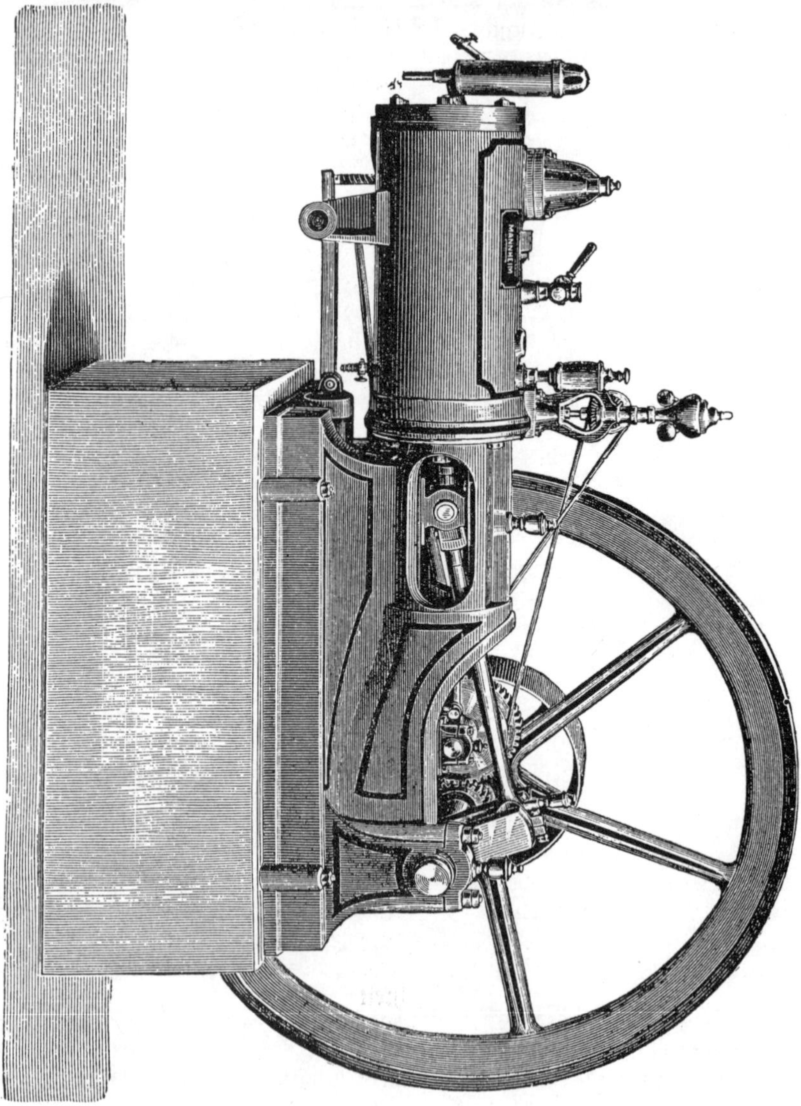

Fig. 93. Zweitaktmotor (System Benz).

seine großartige Erfindung beruht, auch nicht entdeckt, sondern die lange vor ihm bekannten Gesetze und Kräfte auf Grund zahlloser früherer Versuche nur in lebendige Thätigkeit umgesetzt. Dasselbe hat Nikolaus August Otto für die Gaskraftmaschinen gethan, und wie großartig seine Erfindung gewesen und wie umfangreich sie in das praktische Leben eingegriffen hat, geht allein schon daraus hervor, daß im Jahre 1897 nicht weniger als zweiundsiebzig Fabriken in Deutschland sich mit der Herstellung von Gaskraftmaschinen beschäftigt haben.

Die mannigfachsten Systeme solcher Maschinen sind inzwischen aufgetaucht und haben sich ebenfalls mehr oder minder bewährt, und daß die Gaskraftmaschinen trotz aller Neuerfindungen noch eine große Zukunft haben, möchte wohl keinem Zweifel unterliegen; sind sie doch jetzt schon im kleinen Maßstabe, wo nur ein mittlerer oder doch geringerer Kraftbedarf erforderlich ist, den Dampfmaschinen überlegen. Da ein Kessel dafür nicht nötig ist, so nehmen sie nur wenig Raum ein, es braucht kein Heizer angestellt zu werden, und sie stehen jederzeit ohne alle Vorbereitung zum Betriebe bereit. Das sind Vorzüge, die ihre schnelle Verbreitung über kleinere Betriebe recht wohl erklärlich machen. Heutzutage sind auch die Konstruktionen mit den höchst lästigen und die ganze Nachbarschaft störenden puffenden Stößen, die sie anfänglich noch an sich hatten, längst überwunden; sie verursachen keinen Lärm mehr und sind bei ihrem so bedeutend höheren Wirkungsgrade auch von höherem wirtschaftlichen Werte. Wie gesagt aber nur in kleinerem Maßstabe; im Großbetriebe stellt sich die Dampfmaschine noch bedeutend billiger, da der Preis des Gases zu dem der Heizkohle in keinem Verhältnis steht. Die durch den Rückgang des Kolbens ausgetriebenen Gase haben noch eine verhältnismäßig hohe Spannung, auch mit der notwendigen Wasserkühlung des Cylinders ist ein nicht unbedeutender Wärmeverlust und auch damit wieder eine Minderung der Spannung verbunden. Das sind jedoch alles Dinge, die sich werden überwinden lassen. Unausgesetzt arbeiten die Fachleute daran, denn die Entwickelung der Gasmotoren steht noch lange nicht an ihrem Ende, während bei der Konstruktion der Dampfmaschinen kaum noch etwas zu bessern übrig bleibt.

Die Gaskraftmaschinen sind besonders für den Betrieb elektrischer Städtebeleuchtungen wichtig geworden, seitdem man über die Schwierigkeit der Verbindung von Motoren mit Dynamos hinweggekommen ist. In großen Städten freilich sind kolossale Zentralen mit Dampfbetrieb dafür eingerichtet — wovon weiter unten in dem Kapitel über das elektrische Licht ausführlich zu lesen ist — mit gewaltigem Leitungsnetz. Indessen ist das eben nur da möglich, wo ein großartiges Kapital in das Unternehmen gesteckt werden kann, auf dessen möglichst vorteilhafte wirtschaftliche Verwertung nicht mit Ängstlichkeit gesehen zu werden braucht. In kleineren Verhältnissen liegt das anders, und selbst in den Weltstädten neigt man sich in jüngster Zeit mehr und mehr der Ansicht zu, daß die Einrichtung kleinerer, sogenannter Blockstationen, die je nach Bedarf der

Erweiterung der Stadt mit partiellem Leitungsnetz angelegt werden können, unbedingt vorteilhafter ist, und hier ist dann der mit dem städtischen Leuchtgase gespeiste Gasmotor in Verbindung mit Dynamos unentbehrlich.

Die Gaskraftmaschinen haben sich auch schon für den öffentlichen Verkehr mit großem Erfolge nutzbar erwiesen, da in Städten, wo elektrische Einrichtungen dafür nicht in ausreichendem Maße vorhanden sind, Straßenbahnen mit Gasmotorbetrieb eingerichtet worden sind und sich sowohl für das Verkehrsbedürfnis, als auch für die vorteilhafte wirtschaftliche Verwertung des Kapitals bewährt haben.

Diese Verwendung der Ottoschen Gasmotoren steht erst am Anfange ihrer Entwickelung, denn 1893 stellte der Ingenieur Lührig seinen ersten Versuchswagen in Dresden an die Öffentlichkeit. Alle Welt staunte, aber die praktische Brauchbarkeit eines solchen Motorwagens leuchtete sofort ein. Schon im folgenden Jahre 1894 wurde die erste Gasstraßenbahn in Dessau eröffnet. Die Wagen sind im Grunde genommen sehr einfach eingerichtet. Sie tragen die Rezipienten mit dem komprimierten Gase an beiden Enden, die Cylinder und die Bewegungsmaschine in der Mitte, das Schwungrad außen, durch eine Blechwand verkleidet, die Wasserkühlapparate auf der Decke. Der Wagenführer hat die Geschwindigkeit in dreifacher Abstufung vollständig in der Hand und kann jedes Fahrmanöver, vom plötzlichen Anhalten bis zum Schnell- und Rückwärtslaufen, mit Leichtigkeit ausführen. Die Maschine arbeitet völlig geräusch- und geruchlos. Auf der Dessauer Strecke von ungefähr 4½ km Länge laufen neun Gasmotorwagen nach dem Lührigschen System. Sie genügen dem Verkehrsbedürfnis vollständig, und das Unternehmen arbeitet mit erheblichem Nutzen.

2) Die Petroleum- und Benzin-Motoren.

Die Benutzung eines Gasmotors ist stets davon abhängig, ob an dem Orte der Aufstellung der Anschluß an eine Gasleitung möglich ist. Wo dies nicht der Fall sein kann, da muß die Verwendung des Gasmotors natürlich unterbleiben, oder aber man muß sich dazu entschließen, für den Motor eine eigene kleine Gasanstalt zu errichten. Nach diesem letzten Gesichtspunkte ist der in Fig. 89 dargestellte Apparat der Gasmotorenfabrik Deutz ausgeführt. Eine eigene kleine Gasanstalt nur allein für den Motorenbetrieb einzurichten, ist natürlich eine ziemlich kostspielige Sache, und so that man denn die nötigen Schritte, anstatt des Gases eine andere treibende Kraft in Dienst zu nehmen, die überall zu haben ist.

Dieses Streben nach einem Motor, welcher unabhängig ist von dem Vorhandensein einer Gasanstalt, hat die Petroleum- und Benzin-Motoren ins Leben gerufen. Der wesentliche Unterschied zwischen diesen und den Gasmotoren besteht darin, daß nicht explodierendes Leuchtgas sondern explodierendes Petroleum- oder Benzin-Gas als Triebkraft Verwendung findet. Diese Gattung von Motoren hat binnen kurzem insbesondere auf dem Gebiete des Kleingewerbes eine weite Verbreitung gefunden.

Das Petroleum, ein Mineralöl, findet sich an vielen Stellen der Erde, insbesondere in den allgemein bekannten Ölgegenden Pensylvaniens in Nord-Amerika und in Baku am kaspischen Meere. Dasselbe ist ein Gemenge von

80—86,5 Prozent Kohlenstoff,
12—14,5 „ Wasserstoff,
1— 6,5 „ Sauerstoff.

Das Petroleum, wie es aus dem Innern der Erde entspringt, ist nicht ohne weiteres verwendbar, sondern muß zunächst mittels Wasserdampfes destilliert werden. Im Laufe dieses Prozesses scheiden sich zunächst diejenigen Bestandteile aus, welche ein geringeres spezifisches Gewicht besitzen als 0,78 und einen ungefähr bei 150° liegenden Siedepunkt haben. Das übrige Petroleum wird alsdann noch einer weiteren Reinigung durch konzentrierte Schwefelsäure, Wasser und Ätznatronlauge unterzogen, hierauf noch gebleicht und gelangt so als das gewöhnliche, mit dem Namen Petroleum bezeichnete Leuchtmaterial in den Handel. Dasselbe läßt sich leicht verdampfen und zeigt in diesem Zustande mit atmosphärischer Luft gemischt bei Entzündung die Eigenschaft, heftig zu explodieren.

In Fig. 94 ist zunächst ein liegender Petroleum-Motor, System Altmann-Küppermann dargestellt. Derselbe ist ein Viertaktmotor, d. h. es erfolgt nur eine einzige Explosion, während der Kolben viermal von dem einen Ende des Cylinders zum andern sich bewegt. Der Vorgang ist bei dieser Maschine der gleiche wie bei der Gasmaschine. Das in Dampfform übergeführte Petroleum wird nämlich mit Luft gemischt und von dem Kolben in den Cylinder hineingesaugt, hierauf komprimiert und dann entzündet, worauf schließlich die Verbrennungsgase aus dem Cylinder hinausgetrieben werden. Da nur während der Explosion eine Bewegung des Kolbens durch die Expansionskraft des Petroleumgases erfolgt, so muß während der übrigen Perioden die Maschine durch das Schwungrad bewegt werden. Infolge dessen müssen diese Maschinen, wie die Gasmotoren mit großen, schweren Schwungrädern ausgerüstet werden und eine große Umdrehungszahl zurücklegen, d. h. mit großer Geschwindigkeit laufen. Der in Fig. 94 dargestellte Petroleummotor, System Altmann-Küppermann, wird übrigens auch in stehender Anordnung ausgeführt.

Auch auf dem Gebiete des Baues der Petroleummotore ist der Wettbewerb der Maschinenfabriken ein sehr reger. So zeigt Fig. 95 einen von der Berliner Maschinenbau-Aktien-Gesellschaft, vormals L. Schwartzkopff, in Berlin gebauten Petroleummotor, System Kaselowsky. Wie aus jener Abbildung zu ersehen ist, befindet sich auf dem Cylinder der Maschine ein Petroleumbehälter B, welcher zur Erkennung der in demselben enthaltenen Ölmenge einen Schwimmer R besitzt. Aus dem Behälter B tritt das Petroleum durch ein Röhrchen in das Gefäß C über. Von hier aus wird dann das Petroleum durch eine Luftpumpe H im Verein mit Luft in zerstäubtem Zustande in den Verdampfer oder Ver=

Fig. 94.
Liegender Petroleum=Motor (System Altmann=Küppermann).

gaser A geführt. Zur Erwärmung dieses Vergasers A dienen die aus der Maschine abziehenden verbrauchten heißen Gase. Aus dem Vergaser A wird das Petroleumgas durch das Rohr D und außerdem noch Luft durch das Rohr F in den Mischapparat E geleitet, von wo aus

Fig. 95. Petroleummotor (System Kaselowsky).

dann dieses Gemisch von Petroleumgas und Luft durch ein Einlaßventil in den Cylinder tritt, um hier durch eine Zündvorrichtung N zur Explosion gebracht zu werden. Mit L ist eine Reguliervorrichtung bezeichnet, welche bewirkt, daß bei allzu hoher Umdrehungsgeschwindigkeit der Schwungradwelle, eine Explosion ausfällt, wodurch sich dann der Gang der Maschine verlangsamt und auf die gewünschte Schnelligkeit sinkt.

Außer dem Petroleum hat man auch das weit entzündlichere und daher auch gefährlichere Benzin zum Betriebe kleiner Motoren verwendet. Ein solcher Benzinmotor, welcher im Wesentlichen nach den gleichen Konstruktionsprinzipien eingerichtet ist, wie die Petroleummotoren, ist in Fig. 96 nach einer Ausführung von Benz & Co. in Mannheim dargestellt.

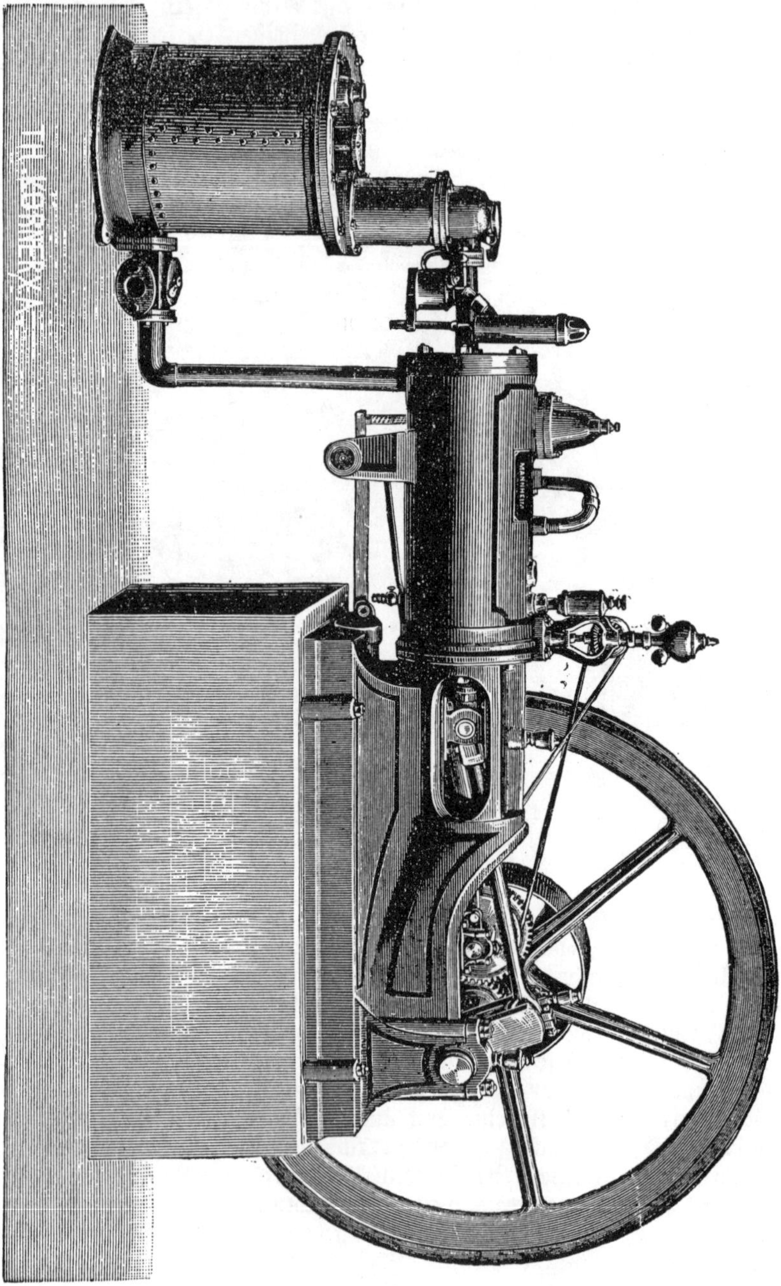

Fig. 96. Benzinmotor von Benz.

Neue Motoren.

Eine neue Art von Motoren, die eine große Zukunft verspricht und das Feld der kalorischen Maschinen wesentlich erweitert, ist von dem Ingenieur Rud. Diesel erdacht und im Jahre 1897 zum erstenmal an die Öffentlichkeit getreten. Deren Prinzipien und Konstruktion hatte er schon mehrere Jahre zuvor in einer Broschüre dargelegt, aber es ging hier, wie so oft: zwischen einer durchaus richtigen neuen Idee und der praktischen Ausführbarkeit derselben ist häufig eine breite Kluft, die schwer, bisweilen auch gar nicht auszufüllen gelingt. Diese Kluft zu überbrücken, alle Schwierigkeiten zu überwinden und so die theoretische Idee in die praktische Wirklichkeit überzuführen, gelang jedoch dem Entdecker in verhältnismäßig kurzer Zeit. Daß das seine Schwierigkeiten hat, daß eine an sich ganz richtige theoretische Idee häufig gar nicht in die praktische Wirklichkeit zu übersetzen ist, haben wir im Laufe unserer Darstellung schon wiederholt zu betonen Gelegenheit gehabt. Die Geschichte der Erfindungen liefert uns dafür viele Beispiele. Indessen sind ja auch solche Beispiele zu finden, daß eine richtige theoretische Idee nur deshalb nicht für die Praxis auszuführen und zu verwenden war, weil die Wissenschaft über den Punkt, um den sich dabei alles drehte, selbst noch nicht klar sah, daß aber in dem Moment, wo dieser Angelpunkt erst einmal gefunden und wissenschaftlich festgestellt worden, auch die Ausführung jener Idee zu verwirklichen war und natürlich nicht auf sich warten ließ. Etwas Aehnliches schien bei Diesels neuem Wärmemotor vorzuliegen, und es fand sich auch unter den Fachleuten mehr als einer, der die Richtigkeit der entwickelten Idee zwar zugab, aber dennoch bedenklich den Kopf schüttelte. Diesel aber war sich bewußt, nur mit bekannten Gesetzen und Thatsachen gerechnet zu haben; seine Maschine brachte an sich nichts Neues, sondern nur neue Anwendungen bekannter Kräfte, deren Wirkung unfehlbar so eintreten mußte, wie er berechnet hatte, wenn —. Dieses „Wenn“ eben war der Angelpunkt, von dem so mancher Fachmann meinte, daß darüber nicht hinwegzukommen wäre.

Die Hauptbedingungen, auf denen die Erfindung beruht, sind im wesentlichen folgende: Bei einem rationellen motorischen Wärmeprozeß soll die Verbrennungstemperatur nicht durch die Verbrennung selbst erzeugt werden, sondern vor und unabhängig von ihr, also noch vor erfolgter Zündung, durch mechanische Kompression reiner Luft; hierzu ist eine Zusammenpressung von dreißig bis fünfzig Atmosphären erforderlich, wobei die Temperatur bis auf die Entzündungstemperatur des Brennmaterials steigt. Das letztere soll alsdann nicht auf einmal in diese hoch erhitzte und komprimierte Luft eingeführt und zur Verbrennung gebracht werden, sondern allmählich und zwar derart, daß die durch die Verbrennung entstehende Wärme sofort durch die gleichzeitig erfolgende Expansion und damit verbundene Kühlung aufgezehrt, d. h. in mechanische Arbeit, den Druck auf den Kolben, umgesetzt wird. Hierbei würde also während der Verbrennungsperiode keine Temperatursteigerung mehr stattfinden. Die Bedingung für eine solche Verbrennung ist natürlich, daß der Brennstoff in entsprechender Form eingeführt werden kann, staubförmig, flüssig oder gasförmig sein muß. Schließlich soll nicht, wie es bisher für alle Verbrennungen galt, mit möglichst wenig Luftüberschuß gearbeitet werden, sondern es wird im Gegenteil ein beträchtlicher Luftüberschuß erforderlich.

Daß dies alles vollkommen richtig sei, lag für jeden Kenner dieser Verhältnisse auf der Hand, und die Fachleute mußten anerkennen, daß der thermische Wirkungsgrad einer solchen kalorischen Maschine dem der besten Dampfmaschine gleichkommen, ja höchst wahrscheinlich noch überlegen sein würde. Anders freilich stand es mit dem mechanischen Wirkungsgrade, der wegen der erforderlichen hohen Drucke und Kompressionen offenbar weit geringer ausfallen mußte, und die daraus sich ergebenden Schwierigkeiten ließen viele an der Möglichkeit einer Ausführung der theoretischen Idee für die Praxis zweifeln. Es erstanden dem Erfinder neben diesen Zweiflern sogar direkte Gegner, welche zwar die Richtigkeit seiner Theorien im wesentlichen auch anerkennen mußten, den möglichen Gebrauch für die Praxis aber geradezu bestritten. Diesel ließ sich indessen nicht irre machen, sondern arbeitete an der weiteren Ausbildung seines Motors unverdrossen weiter, und es gelang ihm, das Interesse für seine Erfindung so weit zu erwärmen, daß ihm die große Maschinenfabrik Augsburg eine Versuchsstation zur Verfügung stellte, die sie mit allen Mitteln der modernen Maschinentechnik ausstattete; ebenso stellte sie ihm tüchtige Hilfskräfte zu Gebote. Damit hatte er gewonnen, und er ging nun mit verdoppelter Kraft und Lust ans Werk. Dennoch vergingen Jahre, ehe ein wirkliches Resultat zu Tage trat. Keine der mancherlei Enttäuschungen, die ja mehr oder weniger alle Erfinder durchzumachen haben, konnten sein Vertrauen in die praktische Verwirklichung seiner Idee erschüttern, und sein Vertrauen wurde nicht getäuscht. Nachdem ein noch ziemlich unvollkommener Motor sich mehrere Monate hindurch praktisch thätig erwiesen und alle die Mängel, welche der Erfindung noch anhafteten, deutlich klargelegt hatte, gelang es 1897, einen Motor herzustellen, der mit zwanzig Pferdestärken arbeitete und in der That praktisch alles das erfüllte, was Diesel von seiner Erfindung theoretisch verlangt hatte.

Der neue Motor erregte das größte Aufsehen, und es wurden von Professoren, Direktoren, Ingenieuren und andern Fachleuten die mannigfachsten Versuche vorgenommen; hatte man hier doch eine Maschine vor sich, welche die Wärme für die motorische Kraft in einer Weise ausnützte, wie es bisher noch bei keinem andern Motor möglich gewesen war. Alle Versuche erwiesen, daß der Dieselsche neue Wärmemotor theoretisch einen Wirkungsgrad erreicht, der doppelt so groß ist als der einer Dampfmaschine und auch noch bedeutend größer als bei Gaskraftmaschinen und anderen Motoren. Ein wesentlicher Vorzug dieser neuen Kraftmaschine ist der, daß ihre Leistung wie bei der Dampfmaschine durch Veränderung der

Brennstofffüllung genau geregelt werden kann, denn es hat sich gezeigt, daß die Maschine dem Regulator mit der größten Präzision folgt, diese Regulierfähigkeit nicht nur, sondern auch die Ruhe und Regelmäßigkeit des Ganges, wie man sie bisher bei keinem andern Explosionsmotor gefunden, haben bei den Fachleuten geradezu Staunen erregt.

Der Thätigkeitsvorgang des Motors ist folgender: Der Kolben wird durch die im Schwungrad angesammelte Kraft abwärts getrieben; dadurch wird atmosphärische Luft in den Cylinder eingesogen, die beim Aufgang des Kolbens komprimiert wird und zwar in so hoher Weise, daß die Temperatur bis zur Entzündungstemperatur des Brennmaterials steigt; bei Beendigung des Aufwärtshubes wird durch eine kleine Pumpe, die natürlich von der Maschine selbst getrieben wird, eine Quantität Petroleum in die komprimierte Luft eingedrückt; dasselbe entzündet sich, die Verbrennungsgase drücken auf den Kolben und wirken auch noch weiter durch Expansion; der nächste Hub bläst dann diese Gase aus und das Spiel der Arbeit beginnt von vorn.

Eine andere Frage betrifft nun allerdings die wirtschaftliche Seite der neuen Erfindung, denn Diesels Motor ist auf Gas oder Petroleum als Brennstoff berechnet, und das ist denn doch erheblich teurer als die Steinkohle der Dampfmaschine. Zweifellos werden aber auch in dieser Hinsicht Vorkehrungen getroffen werden können, die den Preis herabsetzen, denn daß Diesel mit seiner Erfindung schon fix und fertig sein sollte, ist nicht anzunehmen. Jedenfalls scheint man sich in Fachkreisen auch darüber klar zu sein und sich von diesem neuen Wärmemotor für die Zukunft viel zu versprechen, denn außer der Maschinenfabrik Augsburg, deren thätiges Eingreifen dem Erfinder ja die Ausführung allein möglich machte, haben auch noch die Gasmotorenfabrik in Deutz und Friedrich Krupp in Essen die Herstellung übernommen.

Zum Schluß dieses Abschnittes müssen wir nun noch eines neuen Dampfmotors gedenken, der für die Motorwagen, welche in jüngster Zeit ungemein an Ausbreitung gewinnen, wichtig werden kann. Es ist ein von dem französischen Ingenieur L. Denayrouze in Neuilly (Seine) konstruierter Dampfmotor mit ganz kleinem Schlangenkessel. Kennzeichnend für denselben ist eine Vorrichtung, die dafür sorgt, daß das zur Erzeugung des Betriebsdampfes dienende Wasser unter einem stets konstanten Druck in den Kessel gelangt, und daß dieser Druck durch die Spannung eines Luftkissens erzeugt wird, das sich über dem Wasserspiegel eines das Verdampfungswasser enthaltenden geschlossenen Gefäßes befindet. Infolge dieser Einrichtung arbeitet der neue Motor stets mit Betriebsdampf von konstanter Spannung, was einen äußerst gleichmäßigen Gang und völlige Gefahrlosigkeit im Betriebe der Maschine sichert.

Der Dampferzeuger des Motors besteht aus einem Wasserbehälter von genügender Widerstandsfähigkeit, um einen über dem Wasserspiegel mittels einer Pumpe erzeugten Druck aushalten zu können. Dieser Behälter ist mit zwei Sicherheitsventilen, einem Wasserstandsanzeiger und einem Fülltrichter ausgestattet und bildet zugleich das Fundament der Maschine und einer Verdampfungsschlange, in welcher sich gute Wärmeleiter in Gestalt von Metalldrähten oder Scheidewänden befinden. Diese Schlange ist zwischen dem mit einem Regulierungsventil versehenen Wassersteigrohr und dem Dampfzuleitungsrohr eingeschaltet. In die Schlange reicht die Flamme eines Brenners für Alkohol, Petroleum oder dergleichen hinein.

Der Motor arbeitet in folgender Weise: Man füllt den Wasserbehälter zunächst mittels des Trichters so weit mit Wasser, daß über dem Wasserspiegel noch ein mit Luft gefüllter Raum verbleibt. Sodann läßt man die Pumpe so lange arbeiten, bis sich die Sicherheitsventile öffnen, als Zeichen, daß die Luft in dem Wasserbehälter die gewünschte Spannung erreicht hat. Diesen Spannungsgrad der Luft kann man durch Belasten der Ventile in beliebiger Weise regeln. Nunmehr entzündet man den die Schlange heizenden Brenner und öffnet das Ventil zur Schlange. Das Wasser steigt dann in einer Röhre unter einem konstanten Druck, der von der Spannung der Luft des Wasserspiegels abhängt, in die Höhe und gelangt in genau gleichen Mengen pro Zeiteinheit nach der Schlange, wo es augenblicklich verdampft wird. Der so entwickelte Dampf strömt nach dem Cylinder des Motors und treibt letzteren an.

Denayrouze nimmt für seinen Motor folgende Vorteile in Anspruch: Der Motor tritt sofort nach dem Entzünden der Heizflamme augenblicklich in Thätigkeit und zwar sogleich mit voller Kraft, ohne erst, wie andere Maschinen, in Gang gebracht werden zu müssen; Dampferzeugung sowohl wie Dampfzuströmung sind vollkommen regelmäßig, da die Pressung der Luft konstant ist; der Motor kann mittels eines Ventils auf die einfachste Art geregelt werden. Der Dampf tritt in den Arbeitscylinder in möglichst trockenem Zustande ein, und endlich ist die Explosionsgefahr so gering wie möglich, da der Druck im Motor in keinem Fall den Druck der Luft im Wasserbehälter übersteigen kann, und die vorhandene Dampfmenge nie größer ist, als der Innenraum der Schlange und des Cylinders faßt. Diese Vorteile, gegen deren Richtigkeit wohl niemand etwas einzuwenden haben wird, sind nicht zu unterschätzen, da der neue Motor hauptsächlich für Motorwagen berechnet ist, für die gerade solche Vorteile schwer ins Gewicht fallen. Hier sind ja sofortiges vollkräftiges Einsetzen der Arbeitsmaschine und fast gänzliche Abwesenheit einer Explosionsgefahr von wesentlichem Belang.

* * *

So haben wir vorstehend in großen Zügen den Standpunkt der Motoren, wie er sich aus der Vergangenheit bis zur Gegenwart entwickelt hat, in großen Umrissen dargelegt. Täglich, stündlich wächst das Bedürfnis des menschlichen Geschlechtes nach motorischer Kraft. In gleichem Maße aber nehmen die natürlichen Kraftquellen, welche aus unsern Steinkohlenlagern entspringen und die Mehrzahl der erforderlichen Pferdekräfte leisten, ab. Mit Recht muß daher das Streben aller derjenigen, welche nicht nur von heute bis morgen denken und nicht nach dem Grundsatze „après nous le déluge“ leben, darauf gerichtet sein, die vorhandenen Kraftquellen nicht nur thunlichst auszunutzen, sondern auch durch neue zu ersetzen.

Sehen wir von der in der Fluthwelle der Meere aufgespeicherten Energie ab, zu deren Ausnutzung ebenfalls bereits Schritte gethan sind, die aber über das Versuchsstadium kaum hinaus gegangen sind, so wird sich bei dem allmählichen Versiegen der Steinkohlenflötze der Mensch voraussichtlich wieder mehr der Ausnutzung der Gefälle der Ströme zuwenden müssen.

In der That vermag uns schon das eine Faktum eine große Beruhigung nach dieser Richtung zu verleihen, daß nach Reuleaux allein der Niagarafall eine Arbeitsfähigkeit von 12 500 000 Pferdekräfte in sich birgt, welche, nur zur Hälfte ausgenutzt, imstande sein würden, $^{5}/_{16}$ der Leistungen der sämtlichen Dampfmaschinen der Erde bei Tag- und Nachtarbeit zu ersetzen.

Bis dahin aber, wo das Versiegen der Kohlenlager in absehbarer Zeit uns näher tritt, wird die Technik in gleicher Weise wie bisher, ihr ganzes Streben dafür einsetzen, daß die Konstruktion und der Betrieb der Motoren sich immer rationeller und sparsamer gestaltet, und daß der Verschwendung der Wärme spendenden Stoffe erfolgreich entgegengetreten wird. Die Geschichte der Motoren ist die Geschichte fortgesetzter Siege des menschlichen Geistes über die Elemente.

2. Die elektrischen Erfindungen.

a) Die Erfindung des Blitzableiters.

Keine Natur-Erscheinung hat von jeher auf das Gemüt des Menschen dermaßen eingewirkt, wie das Gewitter. Plötzlich — im Vergleich zu anderen Erscheinungen — entwickelt es sich, mit Ungestüm vernichtet es, was die fleißige Hand des Menschen in langen Zeiträumen schuf und schaffte, und macht nicht halt vor dem Lebenden selbst.

Was Wunder, wenn die grelle Farbe zuckender Blitze, das gewaltige Poltern rollenden Donners überall und immer den Schrecken in die Gemüter der aus ihrer Ruhe jäh emporgescheuchten Erdenkinder trugen. Die Natur des Menschengeistes aber ist allüberall dieselbe, und auf wie verschiedener Kulturstufe der Europäer und der Bewohner Inner-Afrikas stehen mögen, das Suchen nach Ursachen für die Erscheinungen ist ihnen gemeinsam. Diesen befriedigt es, den ersten besten Fetisch als die Ursache des Schreckens anzusehen; ihn zu besänftigen gilt ihm als das erfolgreichste Mittel zur Abwendung der Gefahr. Als die europäische Menschheit noch in den Kinderschuhen der Naturauffassung steckte, da war ihnen das Schütteln des Hauptes des Gerndonnerers Zeus die genügende Veranlassung des Donners; die Blitze zückte er mit der ausgestreckten Rechten. Solchen naiven Auffassungen entwächst die Wissenschaft erst dann ganz und gar, wenn sie sich auf den Boden des Experimentes stellt, und nicht eher konnte daher eine befriedigende Gewittertheorie aufgestellt werden, bis es gelang, ein solches mit allen seinen Begleiterscheinungen wirklich hervorzuzaubern. Ein wirksames Schutzmittel gegen die Fährlichkeiten des Gewitters aber konnte natürlich auch erst erdacht werden, als man sich über die Natur des Phänomens im Klaren war. Der erste, der den Weg des Versuches betrat, war Benjamin Franklin. Zwar hatten andere bereits vor ihm das als Vermutung ausgesprochen, was Franklin experimentell begründete, aber das Verdienst dieses wird dadurch in nichts geschmälert. So hatte Wall 1698 beobachtet, daß man durch Reiben eines Stückes Bernstein eine starke Lichtentwickelung erhalten könne, daß nämlich von dem Bernstein auf einen genäherten Finger ein Funke hinüberfährt, und daß man auch gleichzeitig ein Knistern oder Geräusch vernimmt. Hieran hatte er die Bemerkung geknüpft: „Das Licht und das Knistern scheint einigermaßen Blitz und Donner darzustellen.“ Nun ist der griechische Name des Bernsteins Elektron, und jene Erscheinung, die im Zusammenhange mit noch andern zuerst an diesem Material beobachtet wurde, wird daher als eine elektrische bezeichnet. Somit hatte Wall zuerst die elektrische Natur des Gewitters vermutet.

Um das Phänomen zu erklären, muß man sich folgende grundlegende Thatsachen vergegenwärtigen:

1. daß alle Körper entweder elektrisch oder unelektrisch sind;

2. daß sich die Elektrizität mit großer Geschwindigkeit durch manche Körper (Leiter) verbreitet, durch andere aber nicht (schlechte oder Nichtleiter);

3. daß alle elektrischen Körper entweder positiv (glas-) elektrisch oder negativ (harz-) elektrisch sind, welche beiden Arten von Elektrizität gegen einander ein völlig entgegengesetztes Verhalten zeigen, insofern, als ein mit einer dieser Elektrizitäten geladener Körper unelektrische oder mit der entgegengesetzten Elektrizität erfüllte Körper begierig anzieht, während er mit derselben Elektrizität erfüllte Körper energisch abstößt;

4. daß die Elektrizität in gut leitenden Körpern festgehalten werden kann, wenn man diese isoliert, d. h. wenn man sie mit Nichtleitern umgiebt;

5. daß sich beide Arten von Elektrizität stetig auszugleichen streben, wo ihnen nur irgend Gelegenheit dazu geboten wird, was schon aus der begierigen Anziehung von Körpern, die mit verschiedener Elektrizität erfüllt sind, hervorgeht, wie sich das auch schon an einer geriebenen Glas- und Siegellackstange augenfällig zeigt;

6. daß diese Ausgleichung, wenn nicht anders möglich, auch durch die Luft geschehen kann und zwar in Gestalt eines überspringenden, von knisterndem Geräusch begleiteten Funkens.

Vergegenwärtigt man sich diese Thatsachen, so wird das Folgende vollkommen verständlich werden.

Dieser Funke aber sollte nach Wall auch ein Bild des Blitzes sein. Dann muß auch dieser sich durch den Ausgleich entgegengesetzter Elektrizitäten erklären. Nun zeigt sich der Blitz entweder als die Verbindungslinie zweier Wolken oder er springt zwischen der Wolke und dem Erdboden über. Es mußte also — wenn man die elektrische Natur des Blitzes zeigen wollte — zum mindesten nachgewiesen werden, daß die Gewitterwolken mit Elektrizität behaftet sind. Jede einzelne Wolke, welche mit einer gewissen Elektrizität geladen ist, wird ja schon durch die elektrische Verteilung die entgegengesetzte der Nachbarwolke an sich zu ziehen und mit ihr sich auszugleichen suchen. Ebenso wird in der Erde, die auch einen Leiter darstellt, die der Wolkenelektrizität entgegengesetzte an die Oberfläche steigen. In beiden Fällen wird ein Ausgleich eintreten und der Blitz, das Zeichen dieses Ausgleichs, wird desto kräftigere Wirkungen zeitigen, je gewaltigere Elektrizitätsmassen in der Gewitterwolke angesammelt waren. Der Donner wird die furchtbare Lufterschütterung anmelden, welche ein solcher Ausgleich hervorzubringen fähig ist. Es kommt also für den Nachweis der Richtigkeit dieser Betrachtungen einzig und allein darauf an, das Vorhandensein eines gewissen elektrischen Zustandes in der Gewitterwolke nachzuweisen, und für die Verhinderung der schädlichen Wirkungen des Blitzes nur darauf, daß man der Wolke ihre Elektrizität zu einem guten Teile entzieht, oder auch dem Ausgleiche eine Bahn weist, auf der er sich nicht schädlich machen kann. Alle diese Aufgaben hat der eine Benjamin Franklin so vollkommen gelöst, als es überhaupt verlangt werden konnte. Benjamin Franklin wurde als das 16. Kind eines armen Seifensieders am 17. Januar 1706 zu Boston geboren. Er war nach einander Buchdrucker, Schriftsteller, Buchhändler und Generalpostmeister aller englisch-amerikanischen Kolonien. Energisch verteidigte er die Freiheiten seines Landes gegenüber den Engländern und hatte er den weitaus größten Anteil daran, daß die Vereinigten Staaten sich schließlich von dem Mutterlande unabhängig machten. Wichtige Verbesserungen an der Harmonika und an der Kupferdruckpresse würden seinem Namen eine geachtete Stellung unter den Erfindern anweisen, die Erfindung des Blitzableiters stellt ihn in die erste Reihe derselben.

Um den elektrischen Zustand der Gewitterwolken herauszubekommen, bediente sich Franklin einer Entdeckung, die er seinem Freunde Collinson zuschrieb. Wenn er eine Eisenkugel von etwa 8 bis 10 cm Durchmesser elektrisierte und die Spitze einer Nadel mit der Hand gegen sie kehrte, so beobachtete er, daß die Kugel ihre Ladung sehr schnell verlor. Das erklärt sich wieder einfach genug. Die Kugel wirkt nämlich auf die Nadel durch Verteilung, sie zieht die entgegengesetzte Elektrizität in die Spitze. Je enger der Querschnitt eines Leiters ist, desto mehr drängen sich die elektrischen Teilchen dort zusammen. Sie fliehen aber einander, und die Gewalt, die sie von einander zu trennen sucht, heißt ihre Spannung. Wir ersehen demnach, daß diese Spannung in den Spitzen am größten sein muß. Sie wird, wenn sie so übermäßig wächst, so wirken wie der Druck, den wir auf die Luft ausüben. Je stärker wir sie zusammenpressen, mit desto größerer Gewalt sucht sie zu entweichen, und genau so ist es mit der Elektrizität; dort ist die Spannkraft oder Expansion der Luft die treibende Kraft, hier heißt sie die Spannung, im Wesentlichen ist ihre Wirkung dieselbe. Die Elektrizität kann sich in dem engen Raume der Spitze nicht halten, sie strömt also in die Luft aus und vereinigt sich mit der entgegengesetzten Elektrizität der Kugel, und so erscheint uns diese unelektrisch. Franklin schloß, daß, wenn man einer Gewitterwolke eine Spitze an einer Stange gegenüberstellt, dieser ganz ebenso die Elektrizität, die ihr doch vermutlich eignete, entzogen werden könnte. Zuvor müßte die Stange selbst die der Wolkenelektrizität entgegengesetzte aufweisen. Die Idee dieses Versuches auszuführen, wartete Franklin lange Zeit auf die Vollendung einer Kirchturmspitze, so daß ihm in der Verwirklichung zwei Franzosen, Dalibard und Delor vorauskamen. Der erstere errichtete in der Nähe von Paris eine 40 Fuß hohe Eisenstange, die durch seidene Schnüre an drei Holzpfosten befestigt war. Ein gewisser Coiffier, der sie bewachen sollte, konnte zuerst am 10. Mai 1752 während eines Gewitters der Stange Funken entziehen, womit gezeigt war, daß sie sich durch das Vorüberziehen der Gewitterwolken mit Elektrizität geladen hatte. Delor hatte eine 99 Fuß lange Eisenstange zur Verfügung und er vermochte selbst zu Zeiten, da die Luft völlig ruhig war, dieser Stange Funken zu entziehen — ein Beweis, daß die Luft auch sonst elektrisch ist. Franklin war schließlich auf eine Abänderung dieses ursprünglichen Versuches angewiesen. Er ließ im Juni 1752, ohne von den Pariser Versuchen zu wissen, einen papiernen Drachen beim Herannahen eines Gewitters aufsteigen. Das beliebte Kinderspielzeug ward hier in den Dienst der Wissenschaft gestellt. Franklin gab ihm eine Spitze aus Eisendraht mit und knüpfte an das Ende der Hanfschnur, die den Drachen hielt, einen eisernen Schlüssel, sowie an diesen wiederum eine Seidenschnur. Zunächst war eine elektrische Erregung nicht zu spüren. Später aber durchnäßte der Regen die Hanfschnur und machte sie so besser leitend. Da ließen sich dem Schlüssel Funken entziehen, und damit war Franklins Vermutung über die Natur der Gewitter bestätigt. Seine Versuche gaben ihm gleichzeitig einen Wink, wie er den Schaden der Blitze bekämpfen könnte. In erster Linie handelte es sich darum, das Zustandekommen des gewaltigen Ausgleichs überhaupt möglichst zu verhindern, in zweiter darum, dem Blitzschlage eine passende Bahn zu weisen. Wollte man den Ausgleich schwächer machen, so war das naheliegende Mittel die Aufstellung einer mit der Erde in leitender Verbindung stehenden Spitze gegenüber der Gewitterwolke. Jede aufrechte, oben zugespitzte Metallstange muß ja die Elektrizität vorbeiziehender Wolken schwächen und damit einen Blitzschlag, der trotzdem noch erfolgt, viel weniger heftig machen, als er sonst werden würde. Eine solche Metallstange ist auch der geeignetste Weg für den Ausgleich, wenn er doch heftig erfolgen sollte. Offenbar wird sich die Elektrizität, wenn sie die Wahl für ihren Weg hat, den besten ihr zur Verfügung stehenden Leiter, in diesem Falle die Metallstange, aussuchen, und dadurch sind dann alle umgebenden Gegenstände gegen die Gefahr des Einschlagens geschützt. Diese Idee hat Franklin zuerst in einem vom 29. Juli 1750 datierten Briefe an Collinson entwickelt, der aber — wie er angiebt — bereits 1749 verfaßt ist. Dies wäre also das Erfindungsjahr des Blitzableiters.

Wir würden fürchten, ungerecht gegen einen Anderen zu sein, wenn wir nicht auch der durchaus selbstständigen Erfindung des Blitzschutzes durch den Pfarrer Prokop Divisch zu Brenditz in Mähren gedächten. Bei Gelegenheit eines Besuches in Wien machte er die Elektrisirmaschine des gelehrten Jesuitenpaters Franz durch eine Anzahl von Spitzen unwirksam, die er in seiner Perrücke verborgen hielt. Die Elektrizität vermochte sich nicht zu sammeln, weil sie mit Hilfe der Spitzen durch den Körper des Pfarrers mit der Erde ausgeglichen wurde. Das war im Jahre 1750, und zwei Jahre später vollendete Divisch eine „meteorologische Maschine“, die durch die Wirkung vieler Spitzen mehr bestimmt war, einen ruhigen Ausgleich der Elektrizität herbeizuführen, denn als Blitzableiter zu dienen. Divisch fand nicht die Anerkennung, wie der berühmte Amerikaner, obgleich aus sicheren Nachrichten hervorgeht, daß seine Maschine zur Abwendung der Blitzgefahr in seiner Pfarre wesentlich beigetragen hat. Franklins Blitzableiter fanden zuerst zwar langsame, dann aber immer raschere Verbreitung, und wenn sie auch im einzelnen manche Veränderung erfuhren, so ist die Gestalt, die ihnen Franklin gegeben hat, noch heute erhalten. Wie wichtig die Erfindung ist, wie ihre Bedeutung sogar von Jahr zu Jahr wächst, das mag daraus entnommen werden, daß die Blitzgefahr selbst alljährlich zunimmt, und zwar in dem Maße, daß die Zahl der Brandfälle durch Blitz in Bayern sich nach v. Bezold in 50 Jahren vervierfacht hat. Überlegen wir, welches die rationellste Einrichtung eines Blitzableiters ist. Im wesentlichen ist er ja nichts anderes als eine oben zugespitzte Metallstange. Aber welche Dicke muß man der Stange geben? welches Material für sie wählen? Der heftige elektrische Ausgleich, den der Blitz darstellt, hat bekanntlich furchtbar zerstörende Wirkungen. Wie er sengend in die Wohnungen der Menschen dringt, wie er das Lebendige, das ihm in den Weg tritt, zum Tode führt, so wird er in dem Leiter selbst auch Änderungen hervorbringen, und zwar vor allem seine elektrische Gewalt in eine starke Erwärmung umsetzen. Ein Draht, den ein elektrischer Schlag passiert, erwärmt sich aber um so mehr, je dünner er ist, und hieraus folgt, daß man die Stange des Blitzableiters nicht zu dünn wählen darf. Sodann wird man berücksichtigen müssen, daß eine starke Erwärmung den Leiter auch wohl wegschmelzen kann, und man wird deshalb nur Metalle zur Auswahl haben, deren Schmelzpunkt so hoch liegt, daß man kein Fortschmelzen zu befürchten hat. Man hat dann mit Rücksichtnahme auf die Kosten nur Eisen und Kupfer als Material zur Verfügung. Die Spitze aber, die sich bei ihrem geringen

Fig. 97.
Auffangestange

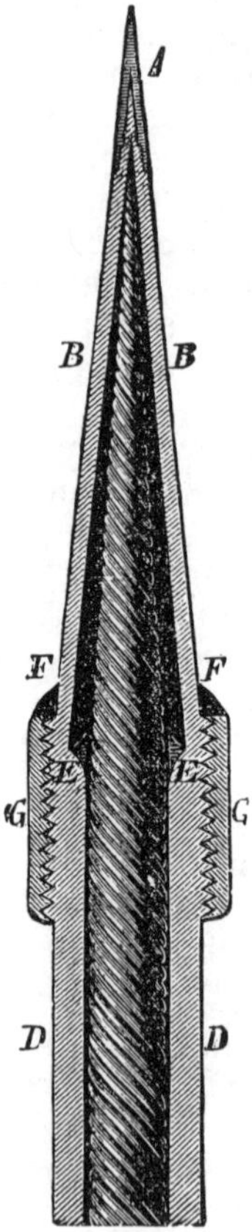

Fig. 98.
Spitze

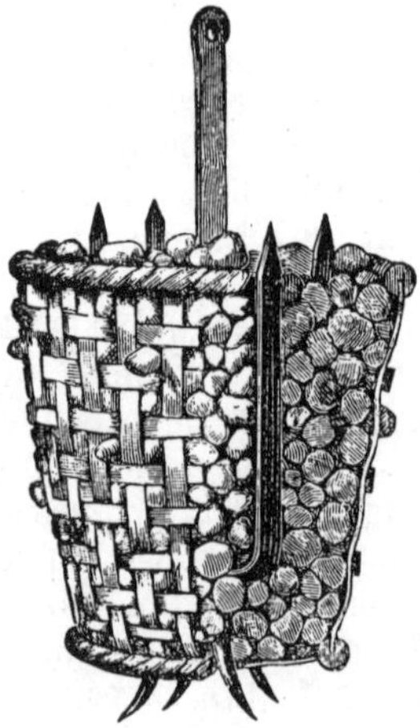

Fig. 99.
Erdleitung

eines Blitzableiters.

Durchmesser viel mehr erwärmt und auch der Witterung besseren Widerstand leisten muß, wird aus Platin bestehen oder vergoldet sein müssen. Schließlich wird man auf die Verbindung mit dem Erdboden große Sorgfalt verwenden müssen, weil sonst immer zu befürchten ist, daß der Blitz die Ableitung zur Erde verschmäht und lieber in einen benachbarten Leiter überschlägt. Man hat daher die Stange mit den vorzüglich leitenden Teilen der Erde, also am besten mit dem Grundwasser in Verbindung zu bringen und, damit die Verbindung eine möglichst innige sei, die Erdleitung aus einem mit Koks gefüllten Korbe oder einem metallenen Netzwerk, überhaupt aus einem möglichst ausgebreiteten metallenen Leiter bestehen zu lassen. Wir sehen in den Figuren 97, 98 und 99 sowohl die Auffangestange, wie die Erdleitung in einer der mehr gebrauchten Anordnungen.

Es ist hier vielleicht der Ort, einer für die Abänderung der meteorologischen Bedingungen, besonders der großen Städte, wie uns scheint, nicht unwichtigen Anwendung der Elektrizität zu gedenken. Der Staub, der sich aus den Tausenden von Schloten der Wohnungen und Fabriken entwickelt, wirkt bekanntlich einmal direkt in sehr unangenehmer Weise auf die Lungen der Großstadtbewohner ein, sodann aber erzeugt er die Nebel mit allen ihren unangenehmen Wirkungen. Da ist der vor wenigen Jahren aufgetauchte und zuerst von Nahrwoldt praktisch durchgeführte Gedanke freudig zu begrüßen, den Staub durch Elektrizität fortzuschaffen. Erzeugt man solche durch starke Maschinen in geschlossenen Räumen und läßt sie aus Spitzen ausströmen, so wird gerade dahin der Staub in Massen hingezogen und gesammelt, so daß ein Zimmer, das von dickem Qualm erfüllt war, in wenigen Minuten sich reinigen ließ. In der Ausbildung dieser Methode liegt offenbar eine sehr wichtige Aufgabe der nächsten Jahre, die, der Staubzufuhr in die Atmosphäre die nötigen Zügel anzulegen, sich hoffentlich befähigt erweisen wird.

b) Die Erfindung der Galvanoplastik.

Der galvanische Strom.

Im unteren Nilthale fand man die überwältigenden Reste einer uralten Kultur. Sie ward einst mit den Pharaonen begraben und schlummerte, bis in unserem Jahrhundert fleißige Gelehrte an die Grabespforten pochten und mit den ihrer Gruft entrissenen Schätzen die Museen Europas füllten. So kann man z. B. im Pariser Museum hölzerne Lanzenspitzen und hölzerne Klingen von Schwertern finden, die nur deshalb sich ihrer Verwesung entzogen, weil sie einen starken Überzug von Kupfer haben; da schaut man Bildsäulen in Lebensgröße, aber von einer staunenswerten Leichtigkeit, weil sie nur aus einer dünnen

Haut von Kupfer bestehen. Diese, fast möchte man meinen, für eine so frühe Kulturepoche unmögliche Kunstfertigkeit, erklärt sich durch eine genaue Kenntnis von Naturgesetzen, die neu entdeckt zu haben unserem Jahrhunderte zur Ehre gereicht: es sind die Gesetze derjenigen Erscheinungen, die man nach dem Arzte Luigi Galvani, einem Bologneser Medizinprofessor, die galvanischen nennt. Einen dünnen Kupferüberzug konnte man sich auch wohl früher schon wenigstens an Metallen verschaffen. Wenn man einen blanken eisernen Gegenstand in die Lösung eines Kupfersalzes taucht, z. B. jenes prächtig blauen Körpers, der als Kupfervitriol bekannt ist, so färbt sich das Eisen schön rot, ein Zeichen, daß sich Kupfer darauf niedergeschlagen hat. Das Kupfervitriol ist nämlich aus diesem Metall und der Schwefelsäure zusammengesetzt; dieselbe hat aber eine große Vorliebe für das Eisen und zieht dasselbe an, geht mit ihm eine Verbindung ein, wofür sie das Kupfer frei giebt. So einfach kann aber die Kunst der Ägypter nicht erklärt werden, weil die Metallschicht immerhin viel dicker ist, als die bei diesem Verfahren erhaltene, und weil sich jene Überzüge auf Holz nicht wohl durch die beschriebene Methode herstellen lassen. Sie müssen schon die Kunst der Galvanoplastik gekannt haben. Was bei dieser das Kupfer von der Schwefelsäure des Kupfervitriols trennt, um es an einer passenden Stelle abzuladen, ist nun nichts anderes als eine elektrische Kraft, freilich eine etwas anders geartete als jene, welche im geriebenen Bernstein ihren Sitz hat, die aber in ihrem innersten Wesen nicht davon verschieden ist. Sie wird nicht durch eine Bewegung, wie die Reibungs-Elektrizität, hervorgebracht, sondern wahrscheinlich durch chemische Kräfte erzeugt, wie sie schon bei der unmittelbaren Berührung zweier Körper wirksam werden. Taucht man z. B. ein Stück Zink in verdünnte Schwefelsäure, so zieht diese das Zink an, vermöge jener chemischen Gewalt, welche man die Verwandtschaft nennt, sie verbindet sich mit dem Zink zu Zinkvitriol; zugleich kann man aber beobachten, daß das Zinkende, welches aus der Flüssigkeit hervorragt, negative Elektrizität enthält, freilich nur eine ganz geringe Spur davon, die sich nur durch sehr feine Apparate nachweisen läßt. So lange die chemische Kraft wirksam ist, wird diese Elektrizität fortwährend erhöht, bis sie eine gewisse Spannkraft erlangt hat, die freilich immer noch sehr gering gegen diejenige des geriebenen Bernsteins ist. Es ist als ob in der Flüssigkeit ein Pumpwerk angebracht wäre, welches fortwährend negative Elektrizität in die obere Hälfte des Zinks hineinpumpt. Das ist nun keine andere Elektrizität, als diejenige des Zinks selbst, während die positive Elektrizität unten festgehalten wird. Jetzt wollen wir uns ferner vorstellen, daß an dem oberen Zinkende ein anderer Leiter, etwa ein Kupferdraht befestigt sei, so wird natürlich auch diesem die negative Elektrizität sich mitteilen, und wenn man schließlich den Kupferdraht umbiegt, daß er auch in die saure Flüssigkeit eintaucht, so wird die negative Elektrizität durch diese weiter fließen nach dem unteren Zinkende hin, wo sie mit der positiven Zinkelektrizität sich ausgleichen kann. Bei dieser Anordnung wird sich fortwährend neue negative Elektrizität in das obere Zinkende begeben, denn es ist ihr ja fortwährend Gelegenheit zu einem Ausgleich mit der positiven Elektrizität gegeben. Wir haben hier einen geschlossenen Strom von negativer Elektrizität. Das Pumpwerk am untern Zinkende kann noch so unermüdlich thätig sein, es füllt ein Danaidenfaß, da die Elektrizität immer wieder zur Ausgangsstelle zurückkehrt. Wir haben nun keinen Grund anzunehmen, daß nur die negative Elektrizität strömen wird, offenbar hat die positive Elektrizität dasselbe Bedürfnis nach einem Ausgleich, und sie fließt vom unteren Zinkende durch die Flüssigkeit zum Kupferdraht, durch diesen zum oberen Zinkende. Wenn wir uns schließlich den Draht, so weit er in die Flüssigkeit taucht, zu einer Platte verbreitert denken, so haben wir ein galvanisches Element vor uns. Jene Kraft, welche die Elektrizität erzeugt, und die — wie gesagt — wohl nichts anderes ist als die chemische Verwandtschaft, heißt die elektromotorische Kraft; sie dachten wir uns als am unteren Zinkende sitzend. Der Draht, so weit er jetzt noch da ist, und der sich übrigens beliebig lang machen läßt, heißt der Schließungsbogen. Den Namen des Bologneser Arztes führt dieser Apparat, wie alle sich anschließenden, nicht ganz mit Recht. Galvani hat seinen Versuch mit einem abgehäuteten Froschschenkel gemacht, den wir uns in der obigen Einrichtung an Stelle der sauren Flüssigkeit denken können. Dieser gerät in eine Zuckung, sobald er gleichzeitig von beiden mit einander verbundenen Metallen berührt wird. Diese Zuckung ist ganz sicher eine elektrische Wirkung. Aber Galvani nahm an, daß die elektromotorische Kraft in dem tierischen Teile des Apparats ihren Sitz habe, und das war grundfalsch. Als der eigentliche Erfinder der strömenden Elektrizität ist vielmehr Alessandro Volta anzusehen, der zuerst ein Element, ähnlich dem beschriebenen konstruierte. Er erkannte auch den Wert seiner Erfindung, der eben darin zu suchen ist, daß hier bei der fortwährend wirkenden elektromotorischen Kraft große Elektrizitätsmengen im Spiele sind, die freilich keine hohe Spannung besitzen. Die Reibungs-Elektrizität, welche sehr hohe Spannungen hat, aber nur geringe Mengen, läßt sich etwa mit einem hohen Wasserfall vergleichen, der aber wenig Wasser führt, und der für bestimmte Zwecke zwar sehr wirksam sein, im allgemeinen aber mit dem ruhig dahin fließenden, aber sehr wasserreichen Strom, dem die galvanische Elektrizität gleicht, nicht konkurrieren kann. Volta hat auch erkannt, daß man die Wirkungen des Stromes vermehren könne, wenn man viele Elemente zur gemeinsamen Arbeit vereinigt. Man nennt eine solche Zusammensetzung von galvanischen Elementen eine galvanische Batterie. Man kann dabei so verfahren, daß man von sämtlichen Elementen einmal die oberen Zinkenden — die Zinkpole, oder negativen Pole — mit einander verbindet und auch sämtliche Kupferenden oder die positiven Pole in leitende Verbindung bringt. (Vgl. die Fig. 100.)

Der Schließungsbogen, der jetzt das Kupfer mit dem Zink verbindet, wird dann von einer zehnmal größeren Elektrizitätsmenge durchflossen, wenn etwa zehn Elemente vorhanden sind. Es kann andererseits für gewisse, gleich zu behandelnde Wirkungen des Stromes wichtig sein, die Spannung der Elektrizität zu erhöhen, ohne daß man beträchtliche

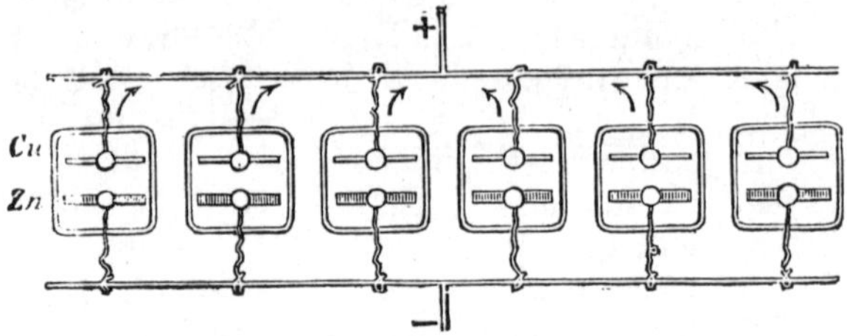

Fig. 100.
Schema für die Parallelschaltung von galvanischen Elementen.

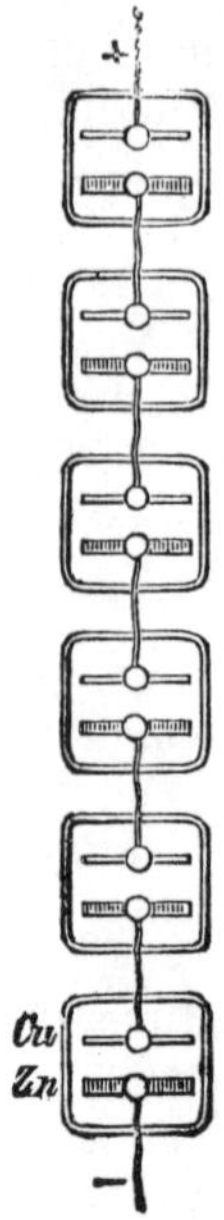

Fig. 101.
Schema für die Hintereinanderschaltung von galvanischen Elementen.

Mengen braucht, man wird dann die Elemente so verbinden, wie die Fig. 101 es zeigt, nämlich immer den Zinkpol des einen mit dem Kupferpol des folgenden Elements verknüpfen. In dem Schließungsbogen fließt jetzt die Elektrizität mit größerem Gefälle, wenn auch nicht in solcher Menge. Man nennt die erste Art von Verbindung die Parallelschaltung, die zweite die Hintereinanderschaltung. Mit einer genügenden Anzahl solcher Elemente kann man nun eigentümliche Wirkungen erzielen, zu denen die Reibungselektrizität nicht fähig ist. Man kann im Schließungsbogen einen Teil des Kupferdrahtes durch einen solchen, der schlechter leitet, etwa einen Platindraht ersetzen, so wird dieser ins Glühen geraten, weil die Elektrizität, die er nicht so leicht hindurch läßt, sich in Wärme und in Licht verwandelt. Man kann dasselbe auch mit Kupferdraht erreichen, wenn man ihn nur hinreichend dünn wählt, denn dann muß sich die Elektrizität durch den engen Draht zwängen und dabei sich auch in Wärme umsetzen.

Es ist selbstverständlich, daß die ursprüngliche Voltasche Erfindung nicht einmal, sondern vielmal verbessert worden ist. Volta hatte seine elektrische Batterie in zwei verschiedenen Formen konstruiert, die beide heutzutage mehr oder weniger nur noch als historische Denkmäler in physikalischen Kabinetten zu finden sind, allenfalls auch wohl noch in Schulen zur Demonstration des galvanischen Stromes und der wichtigen Erfindung Voltas gebraucht werden. Die eine Form war eine Säule, welche folgendermaßen gebildet wurde. Auf einer runden Holzscheibe liegt eine Zinkscheibe, darüber eine mit verdünnter Schwefelsäure getränkte Filz- oder Tuchplatte, dann folgt eine Kupferplatte, darauf unmittelbar eine Zinkscheibe, dann wieder eine getränkte Filzscheibe, und so folgen immer abwechselnd Kupfer-, Zink- und Tuchscheiben, so viel man deren säulenförmig aufbauen will. Die Kupfer- und Zinkplatten heißen die beiden Elektroden, ihre Verbindung nennt man ein galvanisches Element. Je mehr man solcher, immer durch eine getränkte Filz- oder Tuchscheibe getrennte Elemente als Säule aufbaut, desto kräftiger äußert sich die Wirkung. Als Schluß der Säule folgt obenauf wieder eine Holzscheibe, welche mit der unteren durch Glasstäbe verbunden wird. Die zweite Form der Voltaschen Batterie bestand aus einfachen, mit verdünnter Schwefelsäure gefüllten Glasbechern, aus denen, einander gegenüberliegend, dünne Kupfer- und Zinkblechstäbe oben herausragen, deren Enden hier, immer von Kupferstab zu Zinkstab, durch Drähte miteinander verbunden sind.

Für Experimente zum Beweise des galvanischen Stromes waren diese Voltaschen Elemente, sowohl die Säule wie die Becherbatterie, ganz vortrefflich und werden zu diesem Zweck, wie gesagt, in Schulen auch heute noch gebraucht; für irgend welche praktische Verwendung erwiesen sie sich indessen als unzulänglich, vornehmlich aus dem Grunde, daß die Wirkung sich anfänglich ganz kräftig zeigt, dann aber bald nachläßt und endlich ganz aufhört. Man erkannte, daß der galvanische Strom die angewandte Flüssigkeit in den Bechern in ihre Bestandteile Sauerstoff und Wasserstoff zersetzt, daß einerseits dann der Sauerstoff im Verein mit der Schwefelsäure sich begierig mit dem Zink verbindet und dies in kurzer Zeit zerstört, während anderseits der Wasserstoff an dem Kupferblechstreifen sich sammelt und zwar in Form von Bläschen, die das Blech bald so dicht bedecken, daß eine Berührung der Flüssigkeit mit dem Metall gar nicht mehr möglich ist. Damit hört dann die immer schwächer werdende Wirkung ganz auf, und die Elemente müssen erneuert werden.

Für irgend welchen praktischen Gebrauch waren diese Voltaschen Batterien also nicht zu verwenden, dazu bedarf es eines permanenten, sich immer gleich bleibenden galvanischen Stromes. Es wurden natürlich alsbald viele Versuche gemacht, um eine solche Unvollkommenheit des Apparates aufzuheben, die unleugbar höchst wichtige Erfindung dem Menschen dienstbar zu machen und diese unkonstanten Batterien in konstante zu verwandeln, d. h. den galvanischen Strom in seiner ursprünglichen Stärke dauernd zu erhalten. Es war ja nur nötig, einerseits die rasche Zerstörung des Zink, anderseits die Einhüllung des Kupfers durch die Wasserstoffbläschen, die sogenannte Polarisation, zu verhindern, aber es gelang doch erst eine Reihe von Jahren nach Voltas Tode, welcher 1827 in Pavia starb. Wichtig war die Entdeckung von Kemp: daß Zink, welches mit einem Überzug von Quecksilber amalgamiert wird, von der Schwefelsäure nur angegriffen wird, wenn man einen galvanischen Strom hindurchleitet, aber unverändert bleibt, so lange der Strom ruht. Indessen führten die vielen Versuche, mit denen sich namentlich der Physiker Sturgeon beschäftigte, solche amalgamierten Zinkbleche für die galvanischen Elemente zu verwenden, natürlich zu keinem Resultat, denn man wollte ja gerade den Strom dienstbar machen, und dieser erwies sich für das amalgamierte

Metall ebenso verhängnisvoll wie für das gewöhnliche Zink. Der Physiker Daniell schlug den umgekehrten Weg ein, nämlich auf das Kupfer einzuwirken und die Unbrauchbarmachung desselben durch die sich ansetzenden Wasserstoffblasen zu verhindern, und dies gelang ihm 1836 nach vielen Versuchen dadurch, daß er statt der einen Flüssigkeit deren zwei anwendete und dem Wasserstoff einen andern Ausweg eröffnete.

Der Vorgang ist folgender: In einem Glasgefäß steht ein Kupfercylinder in einer konzentrierten Lösung von Kupfervitriol in Wasser; innerhalb dieses Cylinders steht ein unten geschlossener zweiter, mit verdünnter Schwefelsäure gefüllter Cylinder aus schwach gebranntem Thon, und in dieser zweiten Flüssigkeit ein amalgamierter Zinkkörper. Zur Verbindung mit andern Elementen dienen Blechstreifen, welche an die Metallkörper angelötet sind und durch Schrauben mit den Blechstreifen der andern Elemente verbunden werden können. Die Thätigkeit in dieser Batterie besteht darin, daß der Wasserstoff im Moment seines Freiwerdens durch den galvanischen Strom sich nicht an das Kupfer ansetzt, sondern über das Kupfervitriol herfällt und aus diesem das reine metallische Kupfer ausscheidet, welches sich nun auf den Kupfercylinder niederschlägt. Dieser überzieht sich also nicht mit Wasserstoffblasen, sondern nur wieder mit Kupfer, bleibt demnach unverändert, so lange der Wasserstoff noch Kupfervitriol vorfindet, aus dem er das Kupfer ausscheiden kann. Um also die Kraft fortgesetzt zu erhalten, hat man nur nötig, von Zeit zu Zeit frische Kristalle von Kupfervitriol in die Lösung zu werfen, damit diese stetig in ihrer Konzentration erhalten bleibt.

Die Polarisation des Kupfers durch die Wasserstoffbläschen war nun glücklich vermieden, dafür aber fand eine Minderung der motorischen Kraft des Stromes statt, insofern, als der Strom das Kupfervitriol zu zerlegen hatte, und das ist eine Arbeitsleistung, die einen gewissen Kraftaufwand erfordert, welcher der allgemeinen Kraftentwickelung verloren geht. Jedoch kann man sich wohl vorstellen, daß nun, da der Weg einmal gezeigt war, auf welchem der galvanische Strom in den Dienst des Menschen gezwungen werden konnte, ein eifriger Wettbewerb der Forscher um weitere Vervollkommnungen dieser auch für praktische Zwecke verwendbaren Daniellschen Batterie eintrat. Es hat namentlich in den dreißiger und vierziger Jahren des 19. Jahrhunderts wohl kaum einen Fachmann auf diesem Gebiete der Physik gegeben, der nicht an der beregten Aufgabe gearbeitet hätte, und die verschiedenen Elemente und Modifikationen derselben, welche erfunden wurden, zählen nach Hunderten!

Wir wollen hier nur zwei ins Auge fassen, die das Problem, den hindernden Wasserstoff durch andere Mittel als den galvanischen Strom fortzuschaffen und diesem dadurch seine ganze Kraft zu erhalten, wirklich lösten. Es war der Engländer Sir William Robert Grove, welcher das Ersatzmittel für die Zerlegung des Wassers durch den galvanischen Strom in der Salpetersäure entdeckte. Er ersetzte in der Daniellschen Batterie das Kupfer durch Platin und nahm statt der Kupfervitriollösung konzentrierte Salpetersäure, welch letztere den Wasserstoff im Moment seines Freiwerdens in Wasser verwandelt, so daß die Platinfläche in ihrer motorischen Wirksamkeit unverändert erhalten wird. Außerdem aber ist die elektrische Differenz zwischen Platin und Zink so bedeutend viel größer, als zwischen Kupfer und Zink, daß die elektrische Wirkung einer Grovebatterie die einer Daniellschen fast um das Doppelte übertrifft. Nun ist jedoch Platin — oder weißes Gold, wie es auch wohl genannt wird — ein kostspieliges Metall, das die Anwendung einer solchen Batterie so ungemein verteuert, daß sie für viele Zwecke von vornherein ausgeschlossen ist; aber auch dieser Übelstand ist gehoben und zwar durch die Ersetzung des Platins durch Retortenkohle. Es ist dies eine poröse, koksartige Kohle, welche durch Glühen von Steinkohle gewonnen wird, das Platin für diesen Zweck vollständig ersetzt und nebenbei von unbegrenzter Dauer ist. Der Entdecker dieses wenig kostspieligen Mittels war der Heidelberger Professor Robert Wilhelm Bunsen, und die nach ihm benannte Bunsensche Batterie, von ganz gleicher Wirkung wie die Grovesche, ist die wichtigste und gebräuchlichste der konstanten Ketten geworden

Am meisten hat sich die Daniellsche Batterie in der Telegraphie bewährt, namentlich in der Modifikation, welche ihr Meidinger gegeben hat. Auch eine weitere Abänderung von Krüger hat sich recht dienstbar erwiesen, nicht minder die von Brix; in Frankreich haben sich die Batterien von Callaud, Marié-Davy und Leclanché allgemein Bahn gebrochen. Und so könnten wir noch viele nennen, begnügen uns aber, hier nur noch kurz zu erwähnen, daß die galvanischen Batterien ihre hauptsächlichste Verwendung in der Galvanoplastik, bei der elektrischen Beleuchtung, in der Telegraphie und was damit zusammenhängt, neuerdings auch in der Medizin gefunden hat, und wir werden genötigt sein, in den betreffenden Kapiteln unseres Buches auf so manche dieser Apparate zurückzukommen, ebenso auf die sogenannten sekundären Elemente oder Akkumulatoren.

Die Galvanoplastik.

Wenn man einen Teil des Drahtes durch einen Leiter ersetzt, welcher keinen einfachen chemischen Stoff darstellt, sondern aus mehreren chemischen Elementen sich zusammensetzt, so hat der elektrische Strom die Fähigkeit, diesen Körper in seine Bestandteile zu zerlegen. Wenn man ihn also z. B., wie wir gesehen haben, durch eine Lösung von Kupfervitriol hindurchschickt, so wird dieses in das Kupfer und die Schwefelsäure zerlegt, und wir erkennen sofort, daß, wenn man die Kupferteile, die sich aus der Flüssigkeit abscheiden, an einer bestimmten Stelle vereinigen kann, so daß sie fest zusammen liegen bleiben, dann die Möglichkeit gegeben ist, dem Metall jene Formen anzuweisen, in welche die alten Ägypter bereits dasselbe zu bringen verstanden. Daß diese Möglichkeit vorliegt, erkannte zuerst Moritz Hermann Jacobi, geboren 1801 zu Potsdam, gestorben 1874 als Staatsrat und Mitglied des Manufakturkonseils zu Petersburg, und diese Erkenntnis führte ihn 1838 zur Erfindung der Galvanoplastik. Die Anordnung seines Apparates war freilich eine etwas andere, aus der Fig. 102 ersichtliche. Wenn der Strom im Schließungsbogen solche chemische Wirkungen zeitigt, so darf man nämlich annehmen, daß er es auch innerhalb der Flüssigkeit des Elements thun wird; es fließt ja durch dieselbe die nämliche Elektrizitätsmenge mit derselben Spannung, wie durch den Schließungsdraht und, wenn die Flüssigkeit zersetzbar ist, so wird sie eine Trennung in ihre Bestandteile erdulden. Der Strom, selbst hervorgebracht durch eine chemische Wirkung, wird seinerseits solche Arbeiten leisten, wie die, aus denen er gezeugt ward. Bei dem Jakobischen Elemente ist ein Gefäß A, welches oben offen ist, dessen Boden aber aus einer Schweins- oder Ochsenblase gebildet wird, so in ein weiteres Gefäß B eingesetzt, daß der Boden von A ungefähr 5 cm über dem Boden des Gefäßes B sich befindet; das Gefäß A ist mit stark verdünnter Schwefelsäure, das Gefäß B aber mit einer konzentrierten Lösung von Kupfervitriol gefüllt. In die Flüssigkeit des oberen Gefäßes wird dann eine Zinkplatte, in die Flüssigkeit des unteren Gefäßes wird die Form eingesetzt, welcher der Kupferniederschlag sich anpassen soll. Der elektrische Strom wird durch die Blase nicht gehemmt, da diese sogar den beiden Flüssigkeiten den Durchtritt durch ihre Poren gestattet. Die Form muß selbst eine metallische sein, oder doch mit einem guten Leiter, z. B. mit Graphitpulver überzogen sein. Dann haben die Bestandteile des Kupfervitriols die Eigentümlichkeit gerade nach bestimmten Stellen des Apparates hingezogen zu werden. Die Schwefelsäure tritt durch die Blase in das Gefäß A hinein, wo sie weiter im Verein mit dem Zink elektromotorische Kraft erzeugt, das Kupfer setzt sich in mikroskopisch kleinen Krystallen an die Form an, und, wenn nun der Vorgang lange genug dauert, so setzt sich ein Teilchen so genau ans andere, daß sie zusammen eine harte Masse bilden, die sich ganz genau der Form angepaßt hat. Eine Vorsichtsmaßregel muß freilich noch angewendet werden: der die Form mit dem Zink verbindende Metalldraht muß, soweit er im Bereiche der Flüssigkeit sich befindet, isoliert sein, weil sich sonst an ihm nicht weniger Kupfer niederschlägt, als auf der Form. Man kann so sehr genaue Nach-

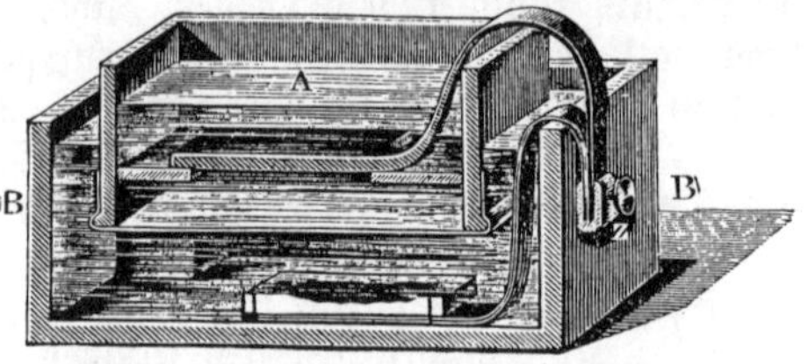

Fig. 102. Jacobis galvanoplastischer Apparat.

bildungen von Medaillen und Münzen erhalten, freilich zunächst nur einseitige, wie ja die Form nur einseitig ist. Diese so einfache Erfindung hat nun große Industriezweige hervorgebracht, da durch sie die Nachbildung aller möglichen Gegenstände und auch das Überziehen derselben mit dünnen Metallschichten ermöglicht ist. Wir wollen dieselben einzeln durchgehen, zuvor aber bemerken, daß die Ströme, welche die galvanischen Niederschläge liefern, heute nicht mehr alle durch galvanische Elemente geliefert werden, sondern auf einem von dem beschriebenen verschiedenen Wege, durch die später zu beschreibenden Dynamomaschinen, erzeugt werden. Man leitet diesen Strom, wie den der galvanischen Elemente, durch eine Flüssigkeit hindurch, welche das niederzuschlagende Metall in irgend einem Salze gelöst enthält. Man wird durch allmählichen Zusatz von Stücken dieses Salzes immer dafür sorgen können, daß die Lösung konzentriert bleibt.

Will man nicht blos die einseitigen Abdrücke einer Form haben, sondern eine vollständige Nachbildung eines Gegenstandes, so wird man das Original in Wachs oder Stearin abdrücken, und zwar beide Seiten desselben, dann die Abdrücke durch Einpinseln mit Graphitpulver leitend machen und zu einer Hohlform zusammensetzen. Man kann die nachzubildenden Körper beliebig groß wählen, immer gelingt das Verfahren. Wenn man eine Statue einer Form nachbilden will, so wird man entweder diese in mehrere Teile zerlegen und die auf ihnen gebildeten Niederschläge nachträglich an einanderpassen oder nach einem Verfahren des Pariser Galvanoplastikers Lenoir sich eine Hohlform aus mehreren Stücken Guttapercha zusammensetzen, dann einen vielverzweigten Leiter in das Innere so hineinfügen, daß er die Wände nicht berührt, während die innere Fläche mit Graphit überzogen wird. In den Hohlraum kann die Kupfervitriollösung an zwei Stellen eintreten und darin zirkulieren. Jetzt leitet man einen Strom durch die Flüssigkeit und es wird sich die Innenwand gleichmäßig mit Kupfer überziehen, während die sich bildende Säure den Leiter nicht angreift, wenn er, wie Lenoir ihn wählt, aus Platin besteht. Freilich gehört schon ein kräftiger galvanischer Strom dazu, und das Platin stellt sich nicht billig — für ein Kilogramm Kupferniederschlag auf über 100 Mark. Das sind die Gründe, aus denen man für größere Kunstwerke jener Methode sich zuwandte, die wohl einst auch im Nilthale im Dienste einer entwickelten Industrie gestanden hat. Man überzieht eine Form aus Wachs oder Thon in einer Zersetzungszelle — so nennt man das Gefäß, durch welches der Strom geleitet wird — mit einem Kupferniederschlag, hört aber mit der Zersetzung auf, wenn derselbe noch sehr dünn ist und nur genügende Haltbarkeit hat, um nicht in sich zu zerfallen. Dann brennt man den Thon oder schmilzt das Wachs heraus, und man hat jetzt eines jener dünnwandigen Standbilder der Ägypter vor sich. Aber man hat die Fähigkeit, wenn man diese auswendig, etwa durch einen Überzug von Firnis, isoliert, nun inwendig noch soviel Metall niederzuschlagen, bis das Ganze eine genügende Festigkeit erlangt hat. Das größte auf diesem Wege hergestellte Standbild ist die 3,3 Meter hohe Figur des Gutenbergdenkmals, welche aus der Werkstatt von Kreß in Frankfurt a. M. hervorging. So hat das galvanoplastische Verfahren alle Aussicht, das Gießen von Denkmälern ganz zu verdrängen. Es ist bedeutend bequemer und giebt alle feinen Details des Modells viel genauer wieder, so daß eine Nacharbeit durchaus überflüssig wird. Ganz aus dem Felde geschlagen ist das Gießen in Bronze bereits bei der Anfertigung von kleineren Figuren, Lampenträgern und anderen Gegenständen des Zimmerschmucks, die man heute alle gavanoplastisch herstellt. Es ist nur natürlich, daß auch andere Metallgegenstände, die man früher durch Pressen herstellte, jetzt meist auf diesem Wege erhalten werden, wenn nur eine einzige genau gearbeitete Vorlage vorhanden ist. Von dieser Art sind z. B. Knöpfe, Decken für Etuis und Kästchen in getriebener Arbeit, sowie Verzierungen an Möbeln; vorzüglich sind es aber Uhrgehäuse, die jetzt auf diesem Wege gearbeitet werden. Man bekommt dieselben samt der Uhr heute für einen erstaunlich billigen Preis. Das Rätsel der billigen Herstellung löst sich ganz einfach: es werden jene Kupferniederschläge nur höchst dünn hergestellt und zur Verstärkung mit Zinn ausgegossen, später noch ganz leicht galvanisch vergoldet. Auch größere Reliefs werden auf dem nassen Wege viel leichter und billiger erzeugt als bei getriebener Arbeit, so z. B. große Relief-Landschaften.

Die Kupferplatten, welche der Kupferstecher für seine Zwecke verwenden will, litten bisher an mancherlei Mängeln. Durch Gießen oder Hämmern hergestellt, konnten sie oft nicht denjenigen Grad von Gleichförmigkeit erlangen, welcher hier nötig war. Seitdem diese Platten vom Galvanoplastiker hergestellt werden, lassen sie an Gleichartigkeit der Masse nichts zu wünschen übrig und der Grabstichel des Kupferstechers stößt überall auf denselben Widerstand. Man legt die Formplatte, auf der sich das Kupferblatt niederschlagen soll, horizontal auf den Boden der Zersetzungszelle und bringt 2 cm höher eine zweite Kupferplatte an, bei welcher der positive Strom in die Flüssigkeit eintritt. Diese Platte liefert durch ihre Auflösung in der entstehenden Säure den Ersatz für das zersetzte Kupfervitriol, so daß die Lösung immer gleich konzentriert bleibt.

Wie der Kupferstecher arbeitet, das möge der verehrliche Leser in dem Kapitel über die vervielfältigenden Künste nachlesen. Er wird dort auch finden, daß die Platte nicht eben für viele Drucke gleich brauchbar bleibt, daß die ersten Abdrücke, die sogenannten avant la lettre, die weitaus am meisten geschätzten sind, weil eben die Platte beim Drucke sich abnützt. Man ist gerade deshalb zum Stahlstich übergegangen, da die Stahlplatte mehr Nachdrücke aushalten kann. Aber dieselbe ist auch viel schwieriger zu behandeln wegen ihrer Härte, die es dem Künstler unmöglich macht, so vollendete Kunstwerke herzustellen, wie auf Kupfer. Jetzt ist man aber allen diesen Schwierigkeiten überhoben, denn man braucht die Original-Kupferplatte nur noch, um davon eine Reihe von Abdrücken in Kupfer auf galvanischem Wege, sogenannte Galvanos herzustellen, die dann allein für den Druck verwendet werden. Damit sich der Abklatsch leichter vom Original abhebe, wird dieses zuvor auf galvanischem Wege schwach versilbert, so wie wir es bald lesen werden. Damit die Druckplatte sich weniger schnell abnutze, wird auch wohl zuerst ein Nickelniederschlag und darüber erst der kupferne erzeugt. Und ganz ebenso macht man es mit den Holzschnitten, das Original dient nur als Matrize, um die Kupferklichees herzustellen, welche viel dauerhafter als die Holzplatte sind. So sind die Abbildungen in diesem Buche ausschließlich mit solchen Galvanos hergestellt. Sie sind dadurch wesentlich schärfer, als wenn sie mit dem Holzstock direkt gedruckt worden wären. Auch für den Buchdruck selbst ist die Galvanoplastik nutzbar gemacht worden. Man stereotypiert die Platten jetzt auf nassem Wege. Nachdem von dem Satze ein Abdruck in Guttapercha hergestellt ist, läßt man in diesen sich Kupfer niederschlagen und hat so die Möglichkeit, zu jeder beliebigen Zeit, wenn der Satz längst auseinander genommen ist, immer neue Auflagen des Buches herzustellen.

Nicht genug, daß die Galvanoplastik so die Vervielfältigung von Originalen lehrte, die auf einem älteren, bekannten Wege hergestellt waren, sie hat auch noch den Anstoß zur Erfindung ganz neuer Zeichenmanieren und zur Verwendung alter, bisher wenig brauchbarer gegeben. Ein neues Verfahren ist z. B. die vom Kupferstecher Schöler in Kopenhagen erfundene Stilographie. Sie liefert die schönsten Radierungen auf die leichteste Weise. Der Grund, auf welchen die Zeichnung eingerissen wird, ist ungemein weich, da er aus Stearin und Schellack besteht. Man kann die Zeichnung leicht verfolgen, wenn man den Grund mit Kienruß schwarz färbt und oberflächlich mit weißem Silberpulver bedeckt. Ist die Zeichnung vollendet, so braucht man sie nur durch Graphit leitend zu machen, davon einen erhabenen und schließlich von diesem einen vertieften Abdruck zu nehmen, so ist die zum Druck bereite Platte geliefert.

Noch einfacher ist die bereits 1840 von Kobell in München empfohlene Galvanographie. Da wird auf einer versilberten Kupferplatte die gewünschte Zeichnung mit Tusche entworfen, und zwar werden diejenigen Stellen, die später im Druck besonders dunkel erscheinen sollen, stärker aufgetragen, als die helleren. Man erhält so eine erhabene Platte, und wenn man dieselbe nach dem Trocknen durch Einreiben mit Graphitpulver leitend macht und davon einen galvanischen Abdruck nimmt, so erhält man die zum Druck fertige vertiefte Platte, welche hübsche Abdrücke in Tuschmanier liefert.

Im Jahre 1854 hat Pretsch in Wien ein Verfahren angegeben, um sogar Photographien durch die Galvanoplastik zu vervielfältigen.

Jene werden auf einer Glasplatte entworfen und so gewaschen, daß sie ein Relief bilden, von dem man Abklatsche in Kupfer herstellen kann. 1873 wurde diese Methode durch Dallas in London verbessert, und sie heißt die Dallastypie oder Photogalvanographie. Man braucht den Kupferplatten kaum mit dem Grabstichel nachzuhelfen und erhält doch in den Bildern das feine Korn des Kupferstiches. Auf diesem Wege hat der Direktor Leipold von der Banknotendruckerei in Lissabon unvergleichliche photographische Vervielfältigungen erhalten.

Der Direktor der Wiener Staatsdruckerei Auer ersann vor 40 Jahren ein höchst einfaches Verfahren, um Abdrücke der verschiedenartigsten Körper zu erhalten, den Naturselbstdruck. Es handele sich z. B. darum, den Abdruck einer fossilen Pflanze zu vervielfältigen, so hat man diesen zwischen eine polierte Stahlplatte und ein dünnes Bleiblech zu legen und nun das Ganze bei einem geeigneten Druck zwischen zwei Walzen hindurchgehen zu lassen. Man sieht dann im Blei den abgeformten Gegenstand mit allen Details. Natürlich kann man von der Bleiplatte einen galvanoplastischen, für den Druck geeigneten Abklatsch nehmen; aber man verfährt auch so, daß man die Kupfertiefplatte, die man so erhält, erst durch die Presse in eine Zinkplatte drückt und diese so lange ätzt, bis der Abdruck erhaben hervortritt. Man erhält so Abdrücke, welche den besten Kupfern nicht nachstehen. Aber freilich ist das Verfahren ziemlich kostspielig, so daß es noch nicht allgemein eingeführt ist. Auf ganz ähnliche Weise gelangt man auch zu Abdrücken von Juchtenleder in Papier. Man hat nur nötig, durch den Naturselbstdruck die genarbte Lederfläche auf Blei oder Guttapercha abzudrucken und dann die Platten zum Pressen des Papiers auf galvanoplastischem Wege zu gewinnen.

Einige andere Methoden der Galvanoplastik sind in ihrem Wesen von den vorhergehenden etwas verschieden. Wenn dort, wo der Strom in die Zersetzungszelle eintritt, eine Kupferplatte hängt, so wird diese — wie wir vernahmen — durch die sich entwickelnde Schwefelsäure angegriffen. Je nachdem man den Strom stark oder schwach wählt, lange oder kurze Zeit wirken läßt, kann man diese Ätzung des Kupfers nach Belieben tief werden lassen. Man wird natürlich nur diejenigen Stellen der Platten, welche geätzt werden sollen, bloslegen, im übrigen aber das Kupfer mit einer isolierenden Schicht überziehen. Man radiert die Zeichnung in diese Schicht hinein und bringt sie an der passenden Stelle in die Lösung von Kupfervitriol. Leitet man jetzt den Strom hindurch, so wird das Metall an allen nicht bedeckten Stellen von der entstehenden Säure angefressen. Aber die ätzende Flüssigkeit bleibt dabei so dünn, daß das bei anderen Ätzverfahren vorkommende Unterfressen der Linien der Zeichnnng vermieden wird. Man kann die Wirkung des Stromes kontrollieren, indem man öfters die Platten aus dem Bade nimmt nnd nun immer diejenigen Stellen überdeckt, welche nicht tiefer geätzt werden sollen. So hat man noch immer die Fähigkeit, Licht und Schatten angemessen zu verteilen. Es giebt kein Verfahren der Ätzung, welches eine so feine Arbeit hervorbrächte, wie dieses, bei welchem selbst ganz benachbarte Linien nicht in einander fließen. Man nennt es die Galvanokaustik oder das galvanische Gravieren. Es wird namentlich zur Herstellung von Walzen für Zeug- und Tapetendruck verwendet.

Um noch ein letztes von den fast unzählbar gewordenen Vervielfältigungsverfahren der Galvanoplastik zu erwähnen, so versteht man unter Galvanoglyphie die Kunst, von geätzten Zinkplatten erhabene für den Druck mit der Presse geeignete Kupferklischees abzunehmen. Das Zink wird mit einer dünnen Fett- oder Firnisschicht bedeckt, hier die Zeichnung eingegraben und flach geätzt. Nachdem man eine neue Schicht von Firnis oder fetter Farbe aufgetragen hat, wird alles wiederholt und zwar so oft nacheinander, bis die Ätzung genügend tief erscheint, damit jetzt das Kupfer darauf niedergeschlagen werden kann. Man hat hier zu beachten, daß auf der Zinkplatte alles wie im späteren Druck erscheint, weil die erhabene Kupferplatte direkt für den Druck verwendet wird.

In neuester Zeit kommen bereits im Handel sehr hübsche Pflanzen- und Tiernachbildungen vor, die uns auf den ersten Blick wie von Metall gemacht erscheinen. Das sind sie nun zwar nicht, sondern nur auf galvanoplastischem Wege mit einem dünnen Mantel von Kupfer oder anderen Metallen umgeben. Man kann ja jeden Gegenstand durch Einpinseln mit einem leitenden Pulver selbst leitend machen und ihn im Kupferbade metallisch überziehen. Die Blüten, Gräser, Blätter, welche von München aus in den Handel gebracht werden, wurden zunächst sorgfältig getrocknet, durch Glycerin geschmeidig gemacht und mit Bronzepulver überzogen. Erst jetzt wurden sie im galvanischen Bade verkupfert oder versilbert. So erhält man schöne Ausschmückungsmittel für Wohnräume und Schmucksachen; aber es ist wohl denkbar, daß diese Methode auch für die Wissenschaft zum Conservieren von Naturkörpern nutzbar gemacht werden kann. Gipsabgüsse auf solche Art zu verkupfern ist erst ganz neuerdings gelungen. Man fand nämlich eine Schwierigkeit darin, daß der im Bade naß gewordene Gips an Haltbarkeit einbüßte. Aber man durchtränkt heute den Gegenstand erst mit Theer, welcher ihm sogar eine größere Festigkeit verleiht, und überzieht ihn mit einem dünnen Kupferniederschlage, der sich nun wie Metallguß ziselieren und auch vergolden läßt. Die Formänderungen, die der Niederschlag hervorbringt, lassen sich schon vorher berücksichtigen. Es erscheint die Zeit nicht fern, daß die bisher sehr kostbare Anwendung von Metallverzierungen, von Metallkapitälen und Vasen in echter Vergoldung in Zimmern sich Bahn brechen und die bisher verwendeten nur metallartig angestrichenen Stuckformen verdrängen wird.

Ein weiteres Verdienst der Galvanoplastik ist es, daß mit ihrer Hilfe Körper, die sonst unter dem Einflusse der Luft leicht leiden, mit dem den Angriffen der Atmosphäre besser standhaltenden Überzuge von Kupfer versehen werden können. Solche Körper sind z. B. die Telegraphendrähte. Dieselben ganz aus Kupfer herzustellen, wäre zu teuer. Man benutzt als Material das viel billigere Eisen, aber man giebt ihm einen Überzug von Kupfer. Am ausgedehntesten wird diese Verkupferung der Drähte von der Pontal-Telegraph-Company in New-York betrieben. 25 Dynamomaschinen liefern den Strom, der durch 200 Zersetzungszellen geht und in einem Tage 16 Kilometer Stahldraht mit 5 Zentnern Kupfer überzieht, indem der Draht langsam durch eine Reihe von Bädern hindurchwandert. Die Betriebskosten werden dabei zum guten Teil durch einen Nebenverdienst aufgebracht. Es fällt nämlich bei dem Prozesse in den Zellen viel metallisches Silber zu Boden, welches in dem verwendeten Kupfervitriol vorkommt, das aber selbständig zu gewinnen nicht lohnen würde.

Das Versilbern, Vergolden und Vernickeln.

Das Kupfer, an sich durch seine Widerstandsfähigkeit gegen die Einflüsse der Luft hinreichend geschützt, wird immerhin nicht dauernd sein Aussehen behalten. Andere Metalle sind darin bevorzugter und dem Auge gefälliger. Silber, Gold und Nickel sind von dieser Art. Das Messing, freilich kein einfaches Metall, sondern aus Zink und Kupfer zusammengesetzt, hat dieselbe Eigentümlichkeit. Silber und Gold, die als edle Metalle das Bleiben an der Luft ohne Schaden vertragen, sind durch ihre Kostbarkeit an vielen Stellen ausgeschlossen. Das Nickel macht sich durch seine Härte ganz besonders geeignet, als Überzug zu dienen. Man ist im Stande, alle diese Körper aus entsprechenden Lösungen, ebenso wie das Kupfer aus der Kupfervitriollösung, durch einen galvanischen Strom an der passenden Stelle zum Niederschlage zu zwingen. Das Vermessingen von Eisen- und Zinkwaren geschieht durch Zersetzung einer Cyankupfer- und -Zinklösung. Durch passende Regulierung der Stromstärke hat man es dabei in der Gewalt, die Farbe des Niederschlages zwischen dem Kupferrot und dem Zinkweiß beliebig variieren zu lassen. Man überzieht jetzt viele Haushaltungsgegenstände, Lampenfüße u. dgl., mit einer dünnen Schicht von Messing, die ihnen das Aussehen von Bronzen giebt. Werden sie dann noch poliert, so ist kein Unterschied von echten Bronzen zu erkennen, sie erhalten sogar nach längerem Gebrauch jenen schönen blauen Überzug von kohlensaurem Kupfer, der als Edelpatina bekannt ist.

Da wir von der Patina sprechen, wollen wir im Vorübergehen eines sehr wenig erwünschten Überzuges von Bronzen gedenken, der sogenannten unechten Patina, welche aus Chlorkupfer besteht, sich recht oft zum Schmerze des Forschers an antiken Bronzen findet und, indem sie die ganze Masse derselben durchsetzt, den Gegenstand der Zerstörung anheim giebt. Nun ist — und deshalb kommen wir darauf zu sprechen —

neuerdings ein elektrisches Verfahren von Finkener in Berlin angegeben worden, um durch Zersetzung des Kupfersalzes die Bronzen zu konservieren. Man legt dazu den Gegenstand so in eine schwache Cyankaliumlösung, daß der positive Strom, der nur sehr schwach zu sein braucht, bei ihm eintritt, dann wird das Wasser der Lösung in seine Bestandteile Wasserstoff und Sauerstoff zerlegt, von denen der erstere die Fähigkeit hat, die Patina zu Kupfer zu machen. So gelingt es, viele Bronzen vor dem drohenden oder schon beginnenden Zerfall zu retten und viele Details der Zeichnung auf ihnen zu Tage treten zu lassen, welche vorher nicht sichtbar waren.

Eine der ersten praktischen Anwendungen der Galvanoplastik war die zum Versilbern und Vergolden von Gegenständen. De la Rive in Genf führte sie bereits 1840 erfolgreich aus und bald nachher richteten die beiden Elkington in Birmingham die heute noch blühende Werkstatt zur Versilberung ein. Eine kleine Zersetzungszelle zum Versilbern zeigt Fig. 103 einen größeren Trog Fig. 104.

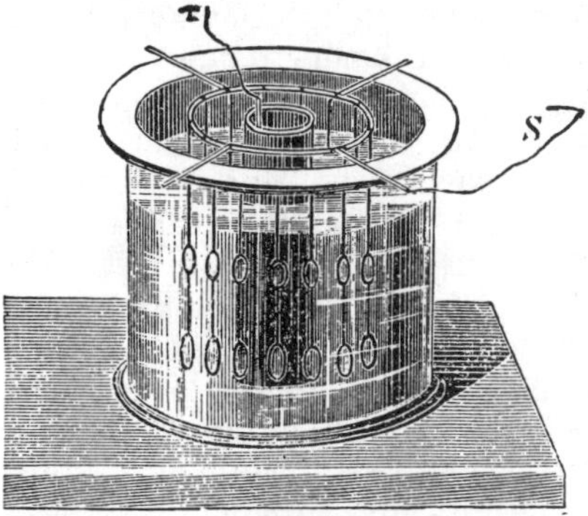

Fig. 103.
Kleiner Apparat zum galvanischen Versilbern und Vergolden.

In der ersteren erblicken wir in der Mitte eines runden Gefäßes einen silbernen Cylinder, welcher mit dem positiven Pole der Batterie in Verbindung steht, während die zu versilbernden Gegenstände, etwa Messer und Gabeln an einem kreisförmigen Drahte hängen, der mit dem Zinkpol der Batterie verbunden ist. Die Flüssigkeit des Bades ist die Auflösung eines Silbersalzes in Cyankaliumlösung; die Lösung würde durch den Niederschlag allmählich ihres Silbergehaltes beraubt werden, wenn nicht durch Einhängen des Silber=

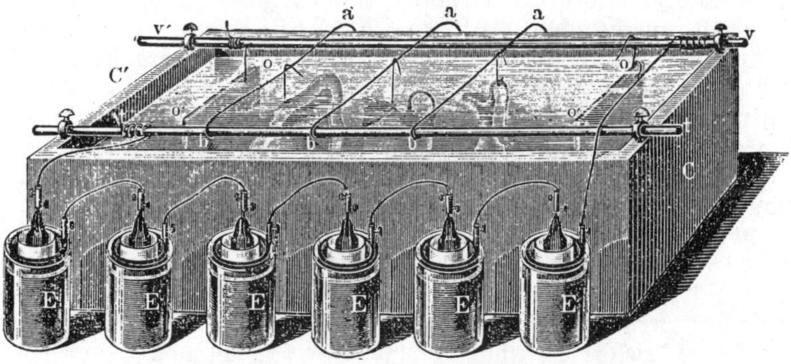

Fig. 104. Größerer Apparat zum galvanischen Versilbern und Vergolden.

cylinders, der durch den Strom aufgelöst wird, für Ersatz gesorgt wäre. Das größere Bild stellt einen Trog CC′ dar, auf dem zwei Metallstäbe vv′ und tt fest liegen, bei vv′ tritt der positive Strom in das Bad ein, während der Zinkpol der Batterie mit tt leitend verbunden ist. In dem Troge befindet sich die Versilberungsflüssigkeit, in welche die beiden mit der positiven Stange vv′ leitend verbundenen Silberplatten oo′ hineinhangen. An diesen tritt also der positive Strom in die Flüssigkeit ein. Dagegen sind die zu versilbernden Gegenstände an den Drähten ab aufgehängt, welche mit dem negativen Stabe tt in Verbindung stehen, aber den Stab vv′ nicht berühren dürfen. An ihnen tritt der Strom wieder aus, welcher nach der Figur durch eine galvanische Batterie von sechs Elementen geliefert wird, aber beim Großbetriebe auch von einer Dynamomaschine kommen kann. Das Silber haftet an den meisten Metallen ohne Weiteres, nur bei Zinn- und Zinkgegenständen ist es nötig, zuerst eine oberflächliche Verkupferung und dann erst das Versilbern vorzunehmen. Die Dicke der Silberschicht, die man auf gewöhnlichen Tafelservicen sich niederschlagen läßt, beträgt nur $^{8}/_{100}$ Millimeter und ist doch genügend, denselben jahrelang das schöne Aussehen zu bewahren. Das gesamte Silber, das auf einem Dutzend Löffel oder Gabeln sich absetzt, repräsentiert zwar einen Wert von 15 Mark, aber das Besteck kostet nur ein Sechstel von dem, was ein massives wert ist. Es ist übrigens nach erfolgter Abnutzung eine neue Versilberung immer wieder möglich. Bei vielen anderen Gegenständen, die ja meist nicht so stark abgenutzt werden als Bestecke, wird übrigens nur ein noch viel dünnerer Belag hergestellt — von nur $^{1}/_{1000}$ Millimeter Dicke. Das in Europa und Amerika alljährlich auf galvanischem Wege niedergeschlagene Silber soll nicht weniger als 125 Tonnen wiegen, also einen Wert von 20 Millionen Mark besitzen.

Besonders ist diese Industrie in Paris entwickelt, wo jährlich ein Fünftel dieses Betrages verarbeitet wird, und die Fabrik von Christofle allein seit ihrer Gründung vor 50 Jahren 169 Tonnen Silber verbraucht hat. In Deutschland ist die Metallwarenfabrik zu Geißlingen in Würtemberg die hervorragendste Vertreterin der Silbertechnik. Sie beschäftigt 600 Arbeiter. Die Waren werden in zwei Gießereien gegossen, in fünf Walzwerken werden Bleche gewalzt. In anderen Räumen werden diese plattiert, d. h. auf trockenem Wege mit Platten von anderen Metallen belegt, die Gußsachen gefeilt, ciseliert und gedreht, geschliffen oder durch Blasen mit Sand auf ihrer Außenseite an bestimmten Stellen rauh gemacht. Nach diesen und noch einigen Vorbereitungen gelangen die Gegenstände erst zur Versilberung, bei der sich das durch das Sandgebläse erlangte schöne matte Aussehen erhält, wenn man sie nicht nachträglich an geeigneten Stellen poliert. Auch die sogenannten Oxydsachen werden galvanisch erhalten. Es sind in Wahrheit versilberte Gegenstände, welche oberflächlich mit einer Schicht von Schwefelsilber überzogen sind. Man erlangt sie durch Einbringen an die Stelle, wo der positive Strom in die zu zersetzende Flüssigkeit eintreten soll, die hier Schwefelammonium gelöst enthält; der sich entwickelnde Schwefel wird von dem Silber angezogen und bildet mit ihm den als Oxyd bekannten Überzug.

Die galvanische Vergoldung kam gleichzeitig mit der Versilberung auf. Brugnatelli vergoldete bereits 1805 eine silberne Medaille mit Hülfe der Voltaschen Batterie. De la Rive soll das Verfahren bereits 1828 gekannt haben. Nach seiner Veröffentlichung im Jahre 1840 nahmen Ruolz in Frankreich und die beiden Elkingtons in England Patente darauf. Sie ist auch ganz ebenso einfach auszuführen. Das Bad, in welches die zu vergoldenden Gegenstände kommen, enthält eine Lösung von Cyankalium und eine solche von Gold in Königswasser. Je nach der Stärke des Stromes und der Wärme des Bades ändert sich die Farbe des Goldniederschlags von lichtem zu lebhaftem Hellgelb. Durch Zusatz von Silber aber hat man es in der Gewalt, die Farben von Grün bis Rot wechseln zu lassen je nach dem Verhältnisse der Mischung. Dieses Verfahren hat zwar noch nicht alle übrigen Vergoldungsarten verdrängt, aber sie doch mehr in den Hintergrund treten lassen; denn wenn der galvanische Niederschlag auch nicht so fest halten soll, wie der durch die Feuervergoldung erlangte, so hat das Feuerverfahren, bei dem giftige Quecksilberdämpfe sich entwickeln, so schädliche Einflüsse auf die Gesundheit der Arbeiter, daß man schon deshalb davon zurückkommt. Eine besonders gefällige Anwendung dieser Technik ist die jetzt schon verbreitete Kunst der galvanoplastischen Niellos. Man versteht darunter Metallarbeiten nach Art der eingelegten Holzarbeiten, bei denen in die Risse und Lücken eines Metalls durch Einpressen ein anderes gebracht wird, wie z. B. Gold in Silber. Ähnlich waren die tauschierten Holzarbeiten, bei denen ein Metall an gewissen vertieften Stellen des Holzes eingepreßt ward. Ganz dasselbe erreicht man jetzt mit viel weniger Mühe und weitaus schöner auf galvanischem Wege. Man überzieht etwa eine Kupferplatte mit einer isolierenden Schicht und macht nur diejenigen Stellen frei, welche einen Niederschlag empfangen sollen. Nimmt man dann die Platte aus dem Bade, bedeckt die niedergeschlagenen Stellen und macht andere frei, an denen in einer neuen Zelle ein anderes Metall sich ansetzen soll, so kann man nacheinander die Platte mit drei oder vierfarbigen Arabesken überziehen, wie z. B. mit Kupfer, Silber, Gold und Oxyd. Oder man ätzt einfach gewisse Stellen in der Kupferplatte ein und läßt dann diese Stellen sich mit Gold- oder Silberniederschlag anfüllen, bis derselbe gleiche Höhe mit der Oberfläche der Platte erlangt hat. Der bekannte Schriftsteller Corvin hat ein sehr hübsches und dabei höchst einfaches, nach ihm Corvinniello genanntes, Verfahren angegeben, um eingelegte Arbeiten zu erhalten. Man fertigt eine Zeichnung der Arbeit auf beliebigem, am besten metallischem Hintergrunde und belegt diesen an den passenden Stellen mit Stücken von Jet, Bernstein, Perlmutter oder Metallen, aber so, daß sie mit ihrer rechten Seite dem Hintergrunde zugekehrt sind, der noch übrige Raum wird galvanisch mit Metall gefüllt; wenn dieses die hinreichende Stärke erlangt hat, kann das Ganze vom Hintergrunde losgelöst werden. Die aufgeklebten Stücke erscheinen dann in der saubersten Weise in das Metall eingelegt. Natürlich kann man durch Eingravieren, Vergolden oder Versilbern das Stück noch wesentlich verschönern. So lassen sich Tischplatten, Buchdeckel, Möbeleinlagen und Platten für allerlei Dinge zu besonders billigen Preisen herstellen.

Im Jahre 1846 machte Böttger den Vorschlag, Gegenstände, die den schädlichen Einflüssen der Luft ausgesetzt sind, durch einen Überzug mit Nickel zu schützen, aber erst 1869 kam das von Böttger angegebene Verfahren in größerem Maßstabe zur Anwendung, und zwar zuerst in Nordamerika. Feuerwaffen, die vor dem Rosten bewahrt werden sollten, wurden damals der Vernickelung unterzogen, heut aber werden Schlösser, Schlüssel und Zimmeröfen so gut wie wissenschaftliche Instrumente, ja sogar vielerlei Zink- und Messinggeräte mit einem Nickelüberzuge versehen. Es giebt kaum einen Industriezweig, der so schnell sich überall Eingang verschafft hätte, wie die Vernickelung. Die Gegenstände werden an der Austrittsstelle des positiven Stroms in eine konzentrierte Lösung von schwefelsaurem Nickel und schwefelsaurem Ammonium eingebracht und bei hinreichend starkem Strome in kurzer Zeit mit einer dünnen, aber sehr fest haftenden Schicht von Nickel überzogen. Durch Einhängen eines Nickelblechs an der Eintrittsstelle des Stroms sorgt man dafür, daß die Lösung fortwährend ihre Stärke beibehält. Abgesehen davon, daß die meisten Gegenstände dadurch ein viel schöneres Aussehen erlangen, sind sie durch den Nickelüberzug gegen den Schaden, den die Luft und das ihr in geringem Maße beigemengte Schwefelwasserstoffgas ihnen zufügen, gegen welches selbst das Silber nicht sicher ist, gut geschützt.

Indem man die chemischen Wirkungen des elektrischen Stromes genauer studierte, ist man auch zu anderen ebenso wirksamen, dabei äußerst interessanten Methoden gelangt, um Metalle gegen die Angriffe der Luft und anderer mit ihnen in Berührung kommender Stoffe zu schützen. So wird eine Kupferplatte, die man in Seewasser eintaucht, leicht und schnell von diesem angefressen, weil ihm Spuren von verdünnten Säuren beigemischt sind. Die Platten, welche den Belag von Schiffskörpern bilden, nutzen sich also leicht ab. Verbindet man aber mit dem Kupfer ein Stückchen Zink, so wird nach dem, was wir am Anfange dieses Kapitels gesagt haben, ein Strom von positiver Elektrizität innerhalb der Flüssigkeit vom Zink zum Kupfer gehen. Die so erzeugte elektromotorische Kraft wirkt aber gerade der chemischen Verwandtschaft zwischen dem Kupfer und jenen dünnen Säuren entgegen und verhindert somit die Abnutzung des Kupfers. Dagegen wird allerdings jetzt das Zink schneller angegriffen, als es sonst im Seewasser mit ihm der Fall wäre. Aber es genügen nach den Versuchen, welche der berühmte Chemiker Davy am Anfange des Jahrhunderts anstellte, 11 Stückchen Zink, so groß wie die Köpfe kleiner Nägel, um ein Quadratmeter des Belags zu schützen. Leider ist diese geistreiche Erfindung praktisch wenig angewendet worden, weil sich herausgestellt hat, daß die Seegräser und Schaltiere sich mit Vorliebe an die nicht angefressenen Kupferplatten ansetzen.

Das Versieden von Salzsoolen geschieht gewöhnlich in eisernen Pfannen, welche auch den Angriffen gewisser chemischer Beimengungen der Soole nicht standhalten. Althaus kam auf die Idee, den Eisentrog ganz ähnlich zu schützen, wie Davy die Kupferplatte sicherte. Auch hier sollte Zink der Retter aus der Not sein, indem es in der Flüssigkeit eine elektromotorische Kraft erzeugt, die der chemischen Anziehung zwischen dem Eisen und derselben gerade entgegenwirkt. Aber freilich stieß die Sache auf eine Schwierigkeit: das Zink wurde desto mehr angegriffen und die entstehende Chlorzinklösung hätte der Soole giftige Eigenschaften gegeben. Die Ecken der Tröge wurden daher mit Holzbrettern abgeschnitten und nur die so entstehenden Kammern mit Zink ausgefüllt. Dann stellte die durch das Holz sickernde Soole die leitende Flüssigkeit dar und es entstand ein Strom zwischen Eisen und Zink, während das sich bildende Chlorzink die Soole nicht verunreinigte.

Man hat die Beobachtung gemacht, daß die Eisenbahnschienen nicht leicht rosten, wie man doch von ihnen erwarten sollte, da sie immerfort den Einflüssen des Regens, des Sauerstoffs und der Kohlensäure der Luft ausgesetzt sind. Wenn sie sich noch im Lager befinden, so müssen sie sehr trocken gehalten werden, um nicht bald vom Rost angefressen zu werden. Als man nun die im Gebrauche befindlichen Schienen genauer untersuchte, fand man, daß sie in der ersten Zeit allerdings sich mit Rost bedecken, daß aber der fortwährende Druck darüber hinfahrender Eisenbahnzüge diesen Rost in das sogenannte Eisenoxyduloxyd verwandelt, eine Verbindung, die in der Natur als Magneteisenstein vorkommt und durch dunkle Farbe charakterisiert ist. Diese schützt nun die Schienen ganz ähnlich vor dem Rosten, wie der Zinknagel die Kupferplatte; sie entwickelt mit den Wassern der Niederschläge eine elektromotorische Kraft, welche gerade wieder jenen rosterzeugenden chemischen Kräften entgegenwirkt. Um auch das erste Rosten der Schiene zu verhindern, kann man sie daher mit einem solchen Überzuge von Magneteisenstein oder einem ähnlich wirkenden Material versehen. Ein solches ist z. B. das Mangansuperoxyd, das in der Natur als Braunstein vorkommt. Haswell in Wien schlägt es auf galvanischem Wege auf den Eisenschienen und anderen Eisengeräten nieder und ganz neuerdings behandelt er die Gewehrläufe in ähnlicher Weise, indem er ihnen einen galvanoplastischen Überzug von Bleisuperoxyd verleiht, ein Mittel, welches das Rosten von Eisen und Stahl ebenso wenig zuläßt, wie die schon erwähnten Stoffe.

c) Die Erfindung der Induktion und der Dynamomaschinen.

Die Induktion.

Wir erwähnten, daß man bald herausfand, wie fähig der elektrische Strom sei, um neben den chemischen Arbeiten auch noch andere, schwierigere Dinge zu vollbringen. Weniger gute Leiter, die er zu passieren gezwungen wird, versetzt er ins Glühen und daher muß er auch zum Hervorbringen von Licht geeignet sein. Er kann, wie wir später sehen werden, auch mannigfache Arbeiten vollbringen, zu denen sonst menschliche und tierische Muskelkraft, sowie die des Dampfes herangezogen werden. Was sich der Nutzbarmachung dieser Entdeckungen in den Weg stellte, das war aber vor allem die Teuerkeit eines Stromes, den man durch eine Batterie erlangte. Hätte man mit der bisher beschriebenen galvanischen Kette große Arbeiten vollbringen wollen, so wäre die Zahl der dafür nötigen Elemente ins Unglaubliche gewachsen. Man fand aber bald, daß andere auf demselben Prinzip beruhende Elemente weit wirksamer waren, als das ursprüngliche Voltasche. Die sich erweiternden Kenntnisse über die chemischen Kräfte gaben die Mittel an die Hand, stärkere Batterien zu bauen. Ein sehr viel gebrauchtes, kräftiges Element ist dasjenige, welches der berühmte Chemiker Bunsen 1842 zusammensetzte. Ein Zinkcylinder steht in verdünnter Schwefelsäure, ihn umgiebt eine unten geschlossene Thonröhre, die mit konzentrierter Salpetersäure gefüllt ist und ein Stück Kohle enthält. Die Thonzelle ist porös, sie gestattet also beiden Flüssigkeiten den Durchtritt und somit ein Weiterströmen der Elektrizität. Verbindet man außerhalb des Elements die Kohle und das Zink, so strömt in diesem Schließungsbogen positive Elektrizität von der Kohle zum Zink und negative umgekehrt. Man sagt aber kurz: der Strom geht von der Kohle, dem positiven Pol, zum Zink, dem negativen Pol. Innerhalb des Elements fließt der Strom dagegen vom Zink zur Kohle. Dies ist nur eines von einer Anzahl in ihrer Art sehr geeigneter Elemente, die nun zu vielen zusammengesetzt eine erstaunliche Arbeitskraft entwickeln können. Aber im Großen ließ sich eben deshalb kein Gebrauch von ihnen machen, weil neben den Säuren, die sich auch in einiger Zeit aufbrauchen, vor allem immer das Zink binnen kurzem einer Erneuerung bedarf, da die Schwefelsäure es aufzehrt. Nun wird 1 kg Zink durch die Verbrennung von 15 bis 20 kg Kohle erzeugt (vgl. „Metallgewinnung"); während aber 1 kg Kohle durch seine Verbrennung $12^1/_2$ kg eiskaltes Wasser in Dampf von 100 Grad zu verwandeln fähig ist, vermag ein kg Zink dies nur mit $2^1/_2$ kg Wasser. Das Zink leistet also durch seine Zerstörung nur ein Fünftel der Wirkung, welche die Kohle giebt, und da es etwa 50 mal so teuer als die Kohle ist, so folgt, daß die durch eine galvanische Batterie geleistete Arbeit ungefähr 250 mal teurer zu stehen kommt als die der Dampfmaschine. Also für die in Industrie und Verkehr nötigen Kraftwirkungen war die Elektrizität, so lange man zur Erzeugung des Stromes auf die galvanischen Batterien angewiesen war, nicht brauchbar, hauptsächlich nur aus dem Grunde, weil das Verfahren zu teuer war und die wirtschaftliche Verwertung der so erzeugten Elektrizität keinerlei Vorteil versprach. Letzteres ist ja aber bekanntlich der Angelpunkt für die Industrie und den Verkehr.

Im Jahre 1822 jedoch fand der Physiker Seebeck in Berlin ein Mittel, galvanischen Strom in einer Verbindung von Metallen zu erzeugen, ohne diese zu schädigen. Nicht die chemische Verwandtschaft, sondern die Wärme war die Kraft, die den Strom lieferte. Man braucht nur zwei verschiedene Metalle an ihrem einen Ende zu verlöten und die inneren Enden durch einen Schließungsdraht zu verbinden, so wird dieser von einem Strom durchflossen, sobald man die Stelle erwärmt. Will man stärkere Wirkungen erzielen, so kann man das eben beschriebene Metallpaar, das Thermoelement, mit andern in geeigneter Weise verbinden, so wie man die galvanischen Elemente zu Batterien verbindet. Die passende Erwärmung der Thermobatterien liefert dann schon Ströme, die größerer Wirkungen fähig sind. Am besten wählt man die Metalle Wismut und Antimon, verbindet sie an ihren Enden zu Paaren und erwärmt immer eine Verbindungsstelle, während man die andere kühl hält, so entsteht ein Strom von der heißen zur kalten Verbindungsstelle, und diese so erzeugte elektromotorische Kraft ist um so größer, je mehr sich die Temperaturen der heißen und kalten Stellen voneinander unterscheiden.

Wenn die Thermobatterien sich bisher kein großes Feld erobern konnten, so liegt das daran, daß von der zugeführten Wärme recht viel verloren geht, einmal durch die Leitung in den Metallstreifen selbst und dann auch durch Ausströmung in die Luft. Ähnliche Gründe bewirken es, daß die Dampfmaschine nur den siebenten Teil derjenigen Arbeitsmenge liefern kann, welche sie theoretisch aus der Verbrennung der Kohle liefern müßte. Es war bisher nur etwa der dreihundertste Teil derjenigen Elektrizitätsmenge durch die Thermobatterie erhaltbar, die man durch die Verwendung der Wärme in elektrische Kraft zu erhalten hoffte. Nur wenig besser war der Erfolg, den Thomas Alva Edison zu Menlo-Park bei New York (geb. 1847) mit einem ähnlichen Apparat, der pyromagnetelektrischen Maschine, erzielte. Jetzt scheint aber die Zeit gekommen, wo sich die Erwärmung für die Zwecke der Stromerzeugung in der Technik Eingang verschaffen wird. Der Berliner Elektrotechniker Gülcher hat als Frucht mühevoller Arbeiten eine Thermobatterie konstruiert, die schon fünfzehnmal soviel Elekrizität liefert, als jene älteren Apparate. Er verbindet fünfzig Thermoelemente aus chemisch reinem Nickel und einer Mischung von Antimon mit andern Metallen. Diese werden durch Koks erhitzt, und man kann durch die einfache Erwärmung mit 2 kg Koks in der Stunde schon acht gewöhnliche Glühlampen fortwährend im Glühen erhalten. Zugleich hat Dr. Giraud in Paris einen entsprechenden Apparat gebaut, den er im Winter mit dem Zimmerofen verbindet. Während dieser dem Zimmer die nötige Wärme liefert, schickt er der Thermobatterie einen Strom zu, der freilich nur eine Glühlampe speist. Offenbar liegt in der weiteren Vervollkommnung dieser Apparate ein Stück Zukunft der Elektrotechnik. Es wird hoffentlich gelingen, denselben immer mehr Elektrizität durch die Wärme abzugewinnen und dann werden sie im Verkehr und in der Technik eine größere Rolle spielen. Vorläufig ist man darauf angewiesen, die durch Wärme gelieferte Arbeit in ganz anderer Weise zur Stromerzeugung nutzbar zu machen. Man muß erst Dampfmaschinen treiben und durch diese andere Apparate in Bewegung setzen, die als magnetelektrische und Dynamomaschinen überall verbreitet sind. Um ihren Aufbau ganz zu verstehen, wird es nötig sein, weit zurückzugreifen und vor allem den Beziehungen zwischen der Elektrizität und einer anderen rätselhaften Naturkraft, dem Magnetismus, uns zuzuwenden.

Eine seit uralten Zeiten bekannte Thatsache ist es, daß der im vorigen Kapitel bereits erwähnte Magneteisenstein Eisenstückchen an sich zu ziehen vermag. Diese Anziehung ähnelt derjenigen der elektrischen Körper, nur daß sie eben bei den magnetischen auf eiserne Dinge beschränkt bleibt. Heute macht man Körper von bleibenden magnetischen Eigenschaften aus Stahl. Ein solcher Magnet hat z. B. die Eigentümlichkeit, durch eine unserer Erde innewohnende Richtkraft immer von Norden nach Süden eingestellt zu werden. Diese auch hinreichend lange bekannte Seite seines Wesens macht ihn zu einem Kompaß, jenem für die Schifffahrt so unentbehrlichen Instrumente tauglich (vergl. „Sicherung der Schifffahrt."). Er hat einen Nordpol, der sich nach Norden zu zeigen bestrebt, während die gegenüberliegende Stelle, der Südpol, nach Süden gezogen wird. Wenn man einem frei aufgehängten Magnete einen andern nähert, so überzeugt man sich leicht, daß die Nordpole einander fliehen und ebenso die Südpole, während jeder Nordpol sich zu jedem Südpole hingezogen fühlt. Man faßt dies in die schon zum Sprichwort gewordene Regel zusammen: Gleichnamige Pole stoßen sich ab, ungleichnamige ziehen sich an. Wie der elektrische Körper den unelektrischen nur deshalb anzieht, weil er in diesem eine Verteilung der Elektrizitäten hervorruft, so kann man auch unschwer zeigen, daß jene Anziehungskraft der Magnete gegen das Eisen einfach darauf beruht, daß in diesem, so lange es in der Nähe des Magnets liegt, ein Nordpol und ein Südpol hervorgerufen werden, die ihrerseits der Anziehung durch die ungleichnamigen Pole des Magnets unterliegen. Jedes Stück Eisen wird in der Nähe des Magnets selbst zum Magnete, es ist befähigt Eisenstücke anzuziehen und auch diese wieder sind dazu im Stande, nur nimmt mit der Entfernung von dem ursprünglichen Magneten die erworbene magnetische Kraft allmählich ab.

Der erste, welcher eine Beziehung zwischen einem elektrischen Strome und einem Magneten auffand, war der dänische Physiker Örsted. Er zeigte 1820, daß eine frei aufgehängte Magnetnadel von einem in der Nähe vorbeigehenden elektrischen Strome abgelenkt wird. Wird der Strom unterbrochen, so kehrt die Nadel in ihre erste Lage zurück, wird er umgekehrt, so wird auch diese nach der andern Seite abgelenkt. Ampère hat die folgende Regel aufgestellt, durch die man allezeit die Richtung der Nadel bestimmen kann: Man denke sich in der Richtung des Stromes schwimmend und richte seine Augen nach dem Nordpole, so wird man ihn stets zur linken Hand erblicken. (Vgl. Fig. 105.) Jene Ablenkung wird um so stärker sein, je kräftiger der störende Strom ist. Man kann die Wirkung verstärken, wenn man mehrere Teile des Schließungsdrahtes, welche die Elektrizität in der gleichen Richtung durchströmt, neben einander legt und gemeinsam wirken läßt. Man kann die Ablenkung am weitesten treiben, wenn man einen guten Teil des Schließungsdrahtes zu einer Spirale aufwickelt. Jedes Stückchen wird dann die Magnetnadel richten, im ganzen wird die Spirale, so lange sie von einem Strome durchflossen ist, wirken, wie ein Magnet, der sich in ihrem Inneren befindet. Daß sie auch die anderen Thätigkeiten eines Magnets ausübt, das erkennt man leicht, wenn man ihr Eisenstücke nähert, sie zieht diese an und macht sie für kurze Zeit zu Magneten. Am stärksten wird diese magnetisierende Kraft, wenn man ein Stück weiches Eisen in die Spirale selbst hineinlegt. (Vgl. Fig. 106.) Sobald diese vom Strome durchflossen wird, wird jenes zum Magnete; hört der Strom auf, so ist es auch mit dem Magnetismus des Eisens zu Ende. Man bezeichnet einen solcherweise vom Strom erzeugten Magnet als Elektromagnet und man hat es in der Gewalt sich recht kräftige Magnete auf diese Art zu verschaffen. Man braucht dazu nur die Wirkungen der Spirale zu vervielfachen, sie zu Spulen zusammenzufügen und den Strom recht kräftig zu wählen, so erzeugt man Magnete, die viel mehr ausrichten als selbst die aus Stahl verfertigten. Man kann dem Magneten die verschiedensten Formen geben und eine sehr viel gebrauchte ist die Hufeisenform, die wir in Fig. 107 erblicken. Wir sehen die Schenkel des Hufeisens von zwei Spulen umgeben, welche das Eisen zu einem Magneten machen, wenn ein Strom sie in gleicher Richtung oder auch in entgegengesetzter Richtung umkreist. Während im ersten Falle sich an den beiden Enden ein Nordpol und ein Südpol ausbildet, ist aber im zweiten Falle nur entweder Süd-

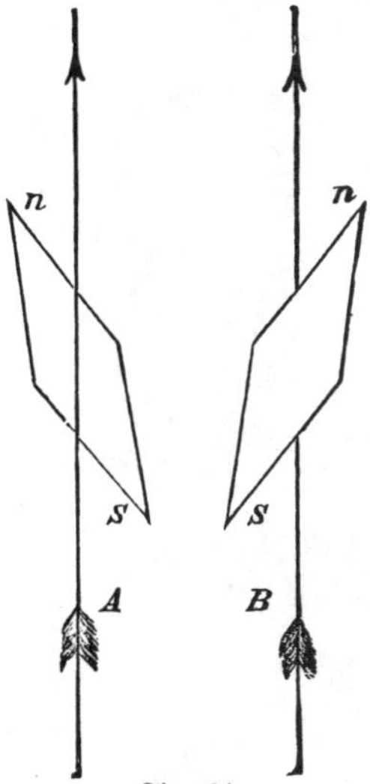

Fig. 105.
Ablenkung einer Magnetnadel durch den elektrischen Strom.

magnetismus oder Nordmagnetismus an den Enden nachweisbar, während sich ein Pol von der umgekehrten Wirkung an der Biegung des Hufeisens befindet. Jede Umkehrung des Stromes bewirkt auch eine solche der Pole. Ein Stück Eisen, welches, wie in der Fig. 107

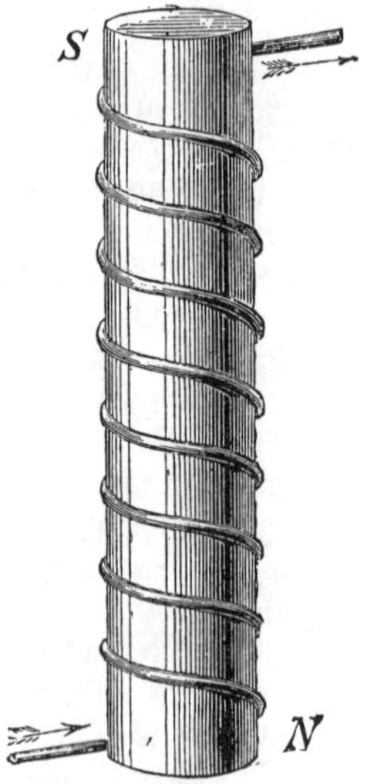

Fig. 106.
Stabförmiger Elektromagnet.

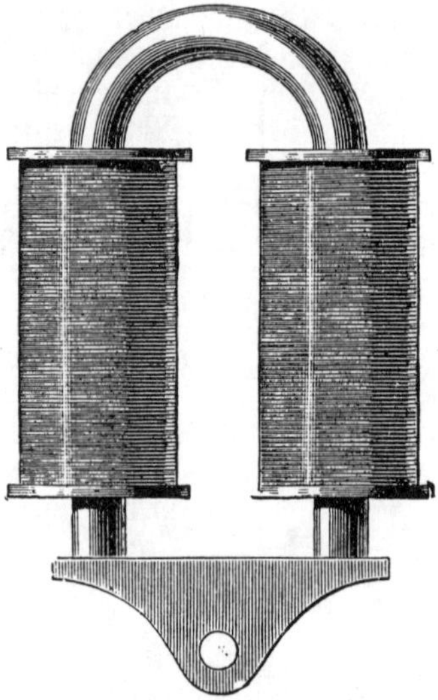

Fig. 107.
Hufeisenförmiger Elektromagnet.

vor den Polen liegt, bezeichnet man als einen Anker. Diese Erscheinungen sind zum größten Teile bald nach Örsteds Entdeckung von dem Franzosen Arago bekannt gegeben worden. Eine sehr wesentliche Nutzbarmachung erfuhren sie — wie wir später des Genaueren erfahren werden — bei den elektrischen Läutewerken, Uhren und Telegraphen. Hier interessieren sie uns zunächst, weil sie geeignet waren, dem genialen Instinkte physikalischer Forscher die Wege für neue Erzeugungsarten des elektrischen Stromes zu weisen. Der erste und bedeutendste unter jenen war Michael Faraday (geb. 1791 bei London, gest. 1867 zu Hamptoncourt). Er war nach einander Buchbinder, Gehilfe des berühmten Chemikers Davy und Professor der Chemie in London. Durch eine Reihe geradezu gewaltiger Entdeckungen hat er sich den Namen des bedeutendsten Experimentalforschers dieses an Entdeckungen so reichen Jahrhunderts verdient. Den kräftigsten Anstoß zu neuen Erfindungen gab sicher seine 1831 erfolgte Auffindung der Induktion. Dies war der Gedankengang, der ihn leitete und seit dem Jahre 1826 oder 1827 nicht mehr zur Ruhe kommen ließ:

Wenn ich einem stählernen Magneten den eisernen Anker entreiße, was wird aus der Kraft, die ich dazu verwende? Daß sie verschwinde, ist unmöglich; ist sie vielleicht im Stande, in einem Drahte, den ich um den Anker wickle, zu einem elektrischen Strome zu werden? Wenn ein Stück Eisen zum Magnet wird, sobald ich es einem vom Strome durchflossenen Leiter nähere, warum soll nicht umgekehrt ein Stahlmagnet fähig sein in einer Drahtspule, die ich ihm nahe bringe oder von ihm entferne einen Strom zu erzeugen? Im Jahre 1831 sah er endlich, daß in der Drahtspule, die bis auf eine ganz geringe Unterbrechung geschlossen war, jedesmal, wenn er einen kräftigen Magneten näherte, an der Unterbrechungsstelle ein winziges Fünkchen sich zeigte, ein Beweis, daß in diesem Augenblick ein Strom die Spule passierte; und dasselbe geschah, sobald der Magnet schnell wieder von der Spule entfernt wurde. Als er der Londoner Gesellschaft der Wissenschaften diesen Funken zeigte, war er von der Tragweite seiner Idee bereits so überzeugt, daß er die Worte sprach: „Wenn dieser Funken auch sehr klein ist, so daß man ihn kaum bemerken kann, so werden andere kommen, die diese Kraft zu wichtigen Zwecken nutzbar machen werden." Man sagt, daß der Magnet in dem Leiter einen Strom induziert, und zwar hängt die Richtung des Stromes wesentlich davon ab, ob man den Magnet nähert oder entfernt, ob man den Südpol vorschickt oder den Nordpol. (Vgl. Fig. 108.) Der Strom dauert nur eine ganz kurze Zeit, ebenso lange wie die Bewegung des Magnets und er ist auch in dieser kurzen Zeit nur so lange stark genug, um sich wahrnehmbar zu machen, als der Magnet noch in der unmittelbaren Nähe des Leiters liegt. Aber durch fortwährendes Annähern und Fortnehmen des Magnets wird es möglich, immer neue Ströme in dem Leiter zu induzieren, und zwar solche von immer wechselnder Richtung.

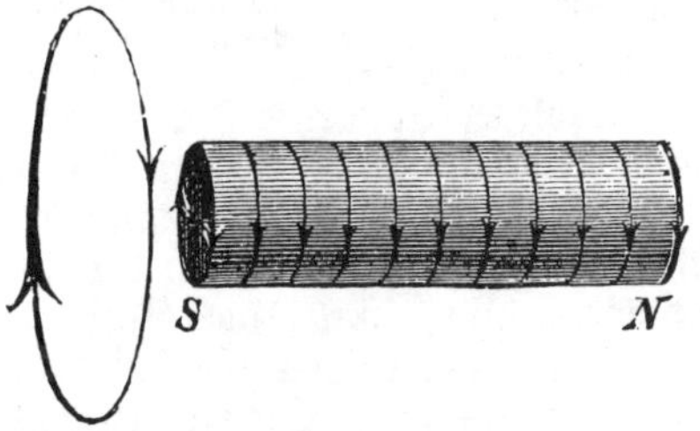

Fig. 108.
Induktion eines Stromes durch einen Magnet.

Dieser Entdeckung der Magnetinduktion folgte eine andere auf dem Fuße. Da jede von einem Strome durchflossene Spule magnetische Eigenschaften hat, so lag es nahe, auch durch Annähern einer solchen an eine andere, in der noch keine Elektrizität ist, einen Strom zu induzieren. Das gelang auch vollkommen. Jedesmal, wenn sich die stromdurchflossene Spirale näherte oder entfernte, entstand in der ruhenden Spule ein Strom, wie man daran sehen konnte, daß eine Magnetnadel in ihrer Nähe abgelenkt wurde. Statt den Stromkreis zu nähern oder zu entfernen, kann man ihn auch plötzlich in der Nähe des ruhenden Leiters entstehen lassen. In der Fig. 109 ist AA' der Schließungsbogen einer Batterie, welche durch die wagerechten Striche angedeutet ist. Durch einen Taster kann man nach Belieben Strom in den Draht schicken oder denselben unterbrechen. Jedesmal beim Schließen und beim Öffnen des Stromes wird auch in dem benachbarten Drahte BB′ ein Strom induziert, welcher beim Schließen von B′ nach B, beim Öffnen von B nach B′ fließt, wenn die Richtung des ursprünglichen Stromes die des Pfeiles ist. Man nennt den ursprünglichen Strom auch den primären, den induzierten den sekundären, und ebenso bezeichnet man die beiden Leiter AA′ und BB′, denen man gewöhnlich die Form zweier Spulen giebt, über welche der Draht in vielen Windungen zu einer Spirale gewickelt ist. Diese Drahtwindungen müssen von einander isoliert sein, und dazu ist es nötig, den Draht mit einem schlecht leitenden Stoff zu umspinnen, am besten mit Seide, und wohl auch mit Wachs zu tränken. Gewöhnlich sind solche Induktionsapparate derart eingerichtet, daß die primäre Spule, aus verhältnismäßig wenigen Windungen dickeren Drahtes, die sekundäre dagegen aus sehr vielen Windungen recht dünnen Drahtes besteht. Die Gründe, welche gerade diese Einrichtung vorteilhaft erscheinen lassen, werden wir sofort entwickeln. Man hat zweierlei solcher Apparate. Die einen, bei denen die beiden Spulen sich nicht gegen einander bewegen lassen, heißen nach dem Pariser Mechaniker Ruhmkorff, der sie in besonderer Vollkommenheit herstellte, Ruhmkorffsche, die andern, bei denen die eine Spirale sich in die andere hineinschieben läßt, sind die Dubois-Reymondschen Schlittenapparate. Man kann bei beiden die Wirkung noch dadurch verstärken, daß man in ihrem Innern einen Kern von Eisendrähten anbringt. In diesem wird durch den Strom Magnetismus erregt, der beim Entstehen oder Vergehen seinerseits in der sekundären Spule einen Strom induzieren kann. Man kann gerade mit dem sekundären Strome Wirkungen erzielen, zu denen der ursprüngliche Batteriestrom untauglich ist. Dieser Strom läßt, wenn man ihn öffnet ganz geringe Funken erkennen. Man kann ihn von einer großen Zahl von Elementen entnehmen und, ohne das geringste zu spüren, durch den Körper hindurchleiten. Wo dagegen der Schließungsbogen des sekundären Stromes unterbrochen wird, treten Funken auf, wie man sie sonst nur bei der Reibungselektrizität beobachtet mit einer Schlagweite von mehreren Dezimetern. Der induzierte Strom bringt, wenn der menschliche Körper in den Schließungsbogen eingeschaltet ist, sehr fühlbare Wirkungen hervor, erzeugt bei schwachen Strömen eine leise Kontraktion der Muskeln, bei stärkeren schmerzhafte Zusammenziehungen und der sekundäre Strom eines starken Ruhmkorffschen Apparates mag sogar tötliche Wirkungen haben. Der Funken zertrümmert dickes Glas, und es ist, als ob die gezähmte Elektrizität des galvanischen Stromes hier in jene alte Wildheit zurückfiele, die wir beim

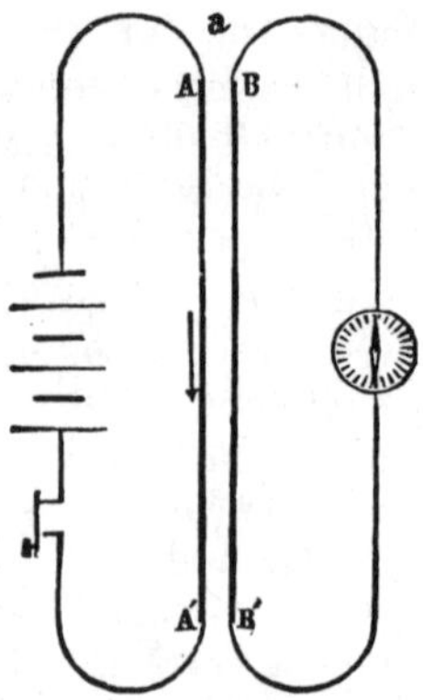

Fig. 109.
Induktion eines Stromes durch einen anderen Strom.

Blitze in ihren furchtbaren Wirkungen kennen lernten. Wie sollen wir uns diese sonderbare Verwandlung erklären?

Die vielen Windungen der sekundären Spule setzen dem Durchgange des Stromes einen mit ihrer Zahl wachsenden Widerstand entgegen. Die Zahl der Windungen vermehrt also den Druck, unter dem die elektrischen Teilchen stehen, und dieser Druck ist es ja, der auch das Bestreben dieser erzeugt, einander zu fliehen, jenes Bestreben, welches wir die Spannung nennen. Die Spannung wächst demnach, je mehr Windungen die sekundäre Spule erhält, während die Stärke des Stromes, der sich jetzt auf so viele Windungen verteilt, in demselben Maße abnehmen wird. Jene Spannung nun ist es, die sich in der sekundären Spule so auffällig macht, während die durchfließende Elektrizitätsmenge in dem Apparate sehr geschwächt erscheinen wird. Jene Verwandlung, welche der Induktionsapparat leistet, ist also diejenige eines schwachgespannten, aber reichlich fließenden Stromes in einen hochgespannten, aber geringere Elektrizitätsmengen liefernden. Es ist, wie wenn man den Wassern eines Flusses in einer Nebenleitung erst ein geringes Gefälle verschafft, um sie mit plötzlicher Gewalt im jähen Sturze des Wasserfalls den besonderen Zwecken rasch stürzenden Wassers dienstbar zu machen. Die Wassermenge entspricht derjenigen der Elektrizität, ihr Gefälle der Spannung des galvanischen Stromes. Man kann die Stromstärke sowohl wie die Spannung messen. Die Maße dafür heißen das Ampère und das Volt. Wenn die Stromstärke ein Ampère beträgt, so ist z. B. der galvanische Strom stark genug, um innerhalb einer Stunde etwas über ein Gramm Kupfer aus der Lösung niederzuschlagen. Ein Strom von 5 Ampère vollbringt die fünffache Leistung. Die Spannung von 1 Volt besitzen z. B. die galvanischen Elemente, welche im Hause elektrische Läutewerke auslösen; ein solcher Strom ist für den Körper ganz unmerklich, und er bleibt es, wenn wir auch die Zahl der Elemente verzehnfachen und auf Spannung verbinden. Aber der Strom wird wenigstens beim Öffnen und Schließen auf die Länge des Fingers fühlbar, wenn 100 Elemente zu je einem Volt auf Spannung kombiniert sind, und mehrere 1000 Volt können uns bei hinreichender Elektrizitätsmenge den Tod bringen. Wenn die Elektrizitätsmenge gering ist, so vertragen wir sie auch in hochgespanntem Zustande ohne irgend welche Nachteile. die Schläge der Elektrisiermaschinen sind fast unmerklich, obgleich die Spannung der Elektrizität einige tausend Volt betragen kann. Wäre die Menge größer und flösse fortwährend neue hinzu, nur dann würde sie bei hoher Spannung Schaden am Leben anrichten. Immer wenn es sich darum handelt, einen momentanen schwachgespannten Strom in einen solchen von hoher Spannung zu verwandeln, wird man einen Induktionsapparat dazu verwenden können, und ebenso, wenn das Umgekehrte erforderlich ist. Man hat dazu aber besondere Apparate, sogenannte Transformatoren, d. h. Verwandler des Stromes, bei denen mehrere Drahtspiralen auf eine gemeinsame Spule oder einen eisernen Ring gewunden sind, so daß man es in der Gewalt hat, durch bestimmte Verbindungen gerade die gewünschte Spannung in dem einzuschaltenden sekundären Leiter zu erhalten. Da die hohen Spannungen leicht von der einen zur anderen Windung einen Ausgleich der Elektrizität herbeiführen, und wo ein solcher einmal stattgefunden hat, er sich dauernd macht, so muß man auf die Isolierung eine besondere Sorgfalt verwenden. Man kann es z. B. dadurch, daß man den ganzen Transformator in Öl legt, weil gerade dieses Mittel sich als in hohem Grade undurchlässig für die Elektrizität gezeigt hat. Man muß auch das Ganze gegen die Umgebung absperren, damit nicht etwa hochgespannte Ströme an dem Leben der den Transformator bedienenden Personen Schaden anrichten. Einen solchen Transformator, wie ihn jetzt die Firma Siemens & Halske baut, zeigen wir mit den Schaltvorrichtungen in Fig. 110.

Fig. 110.
Wechselstromtransformator von Siemens & Halske.

Die magnetelektrischen Apparate.

Faradays Induktionsfunken, so winzig er erschien, erleuchtete gewaltig das Dunkel, welches bisher über der vorteilhaften Erzeugung elektrischer Ströme gelagert hatte. Bereits ein Jahr darauf erblickte Pixiis magnetelektrische Maschine das Licht der Welt. Wir geben sie in der Fig. 111 schematisch. Die Pole eines Stahlmagnets SN werden, wenn ich sie den mit Draht umwickelten Schenkeln des darüber befindlichen Hufeisens a b aus weichem Eisen nähere, diese zu Magneten machen, in b einen Nordpol, in a einen Südpol erzeugend, und in dem Drahte einen Strom hervorbringen, der von p nach p′ geht; beim Umkehren des Stahlmagnets SN, d. h. wenn der Nordpol nach S, der Südpol nach N gebracht wird, wird im oberen Hufeisen ein Polwechsel und eine Umkehrung der Stromrichtung eintreten. Wenn man dies schnell wiederholt, so werden in dem Drahte p p′ fortwährend Ströme von wechselnder Richtung, sogenannte Wechselströme auftreten. Man kann bei der in Fig. 112 gegebenen Anordnung den Stahlmagnet sehr schnell um eine senkrechte Achse drehen. Die Wechselströme, welche in den beiden Draht-

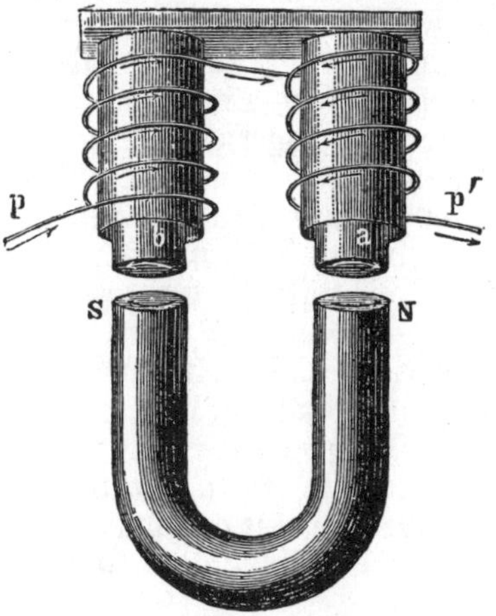

Fig. 111.
Der Vorgang in einer magnetelektrischen Maschine.

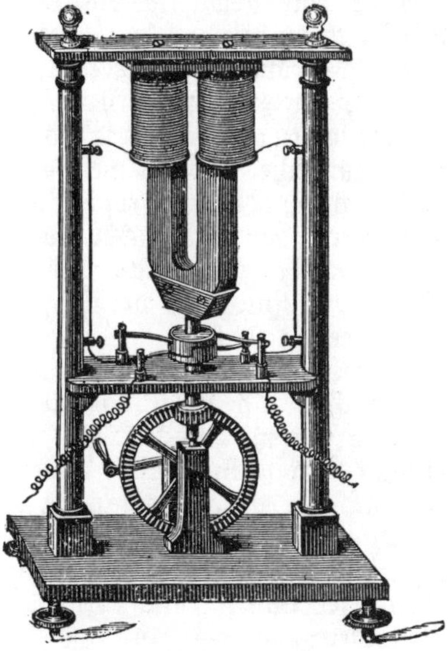

Fig. 112.
Pixiis magnetelektrische Maschine.

spulen oberhalb der Magnetpole erregt werden, lassen sich durch Drähte zu einer unterhalb des Magnets sichtbaren Vorrichtung, dem sogenannten Kommutator führen. Dieser ist ein Cylinder aus einem isolierenden Material und trägt ebenfalls von einander isolierte, aber stufenförmig übereinander greifende Metallbänder, gegen welche beiderseits zwei Federn drücken. Da diese Vorrichtung sich mit dem Magnete dreht, so ist ersichtlich, daß gerade in den Momenten, wo ein Stromwechsel eintreten sollte, zwei Federn von dem einen zum anderen Bande überspringen. Die Folge ist, daß wenn man durch zwei Federn die Wechselströme in den Kommutator eintreten läßt, man durch Verbindung der beiden andern Federn gleichgerichtete Ströme in einem Schließungsdrahte erhält, freilich nur Ströme von sehr kurzer Dauer, die aber durch ihre schnelle Aufeinanderfolge den Eindruck eines einzigen Stromes hervorbringen. Spätere Erfinder, wie Saxton und Clarke, haben diesen magnetelektrischen Apparat dahin abgeändert, daß sie den Magnet fest ließen, während die Drahtspulen, welche den sogenannten Induktor oder Anker bilden, mit der Welle gedreht wurden. Das ist offenbar praktischer, weil der letztere leichter als der Magnet ist; die Wirkung aber bleibt genau dieselbe. Jedesmal, wenn eine Spule in die Nähe eines Magnetpoles, in sein „magnetisches Feld" kommt, wird sie von dem Magneten angezogen; derjenige, welcher die Maschine dreht, könnte also Arbeit sparen, und diese Arbeit ist es, die einen Strom erzeugt; dagegen kostet es eine gewisse Mehrarbeit, um die Spule aus dem Magnetfelde herauszubringen, und diese Mehrarbeit ist es, die den entgegengesetzten Strom entstehen läßt. Der Strom, den man erregt, wird stärker, je mehr man sich beim Drehen der Maschine anstrengt, d. h. je schneller man dreht und je stärker der Feldmagnet ist. So zeigt sich die mechanische Arbeit, welche beim Drehen des Magnets oder der Spulen geleistet wird, sofort in einen elektrischen Strom verwandelt. Man kann die Wirkungen zunächst dadurch steigern, daß man die Zahl der Magnete und der Induktionsrollen vermehrte. Diesem Gedanken entsprangen die Maschinen von Holmes und der Gesellschaft L'Alliance zu Brüssel, welche bereits in diesem frühen Stadium der Elektrotechnik bei der Beleuchtung von Leuchttürmen an den Küsten Frankreichs und Englands ihre Dienste thaten. An der Alliancemaschine waren acht Reihen zu je drei riesigen Stahlmagneten, angebracht, zwischen deren Polen sich Rollen mit isoliertem Drahte wälzten. In diesen entstanden durch die Induktion Wechselströme, die ihrerseits, ohne mittels eines Kommutators in einen gleichmäßigen Strom umgesetzt zu werden, zur elektrischen Lampe gelangten. Der nächste Fortschritt nach Faradays erster Erfassung der induktiven Wirkungen war ein Anker, durch welchen sich diese beträchtlich vermehren lassen. Faradays unmittelbare Nachfolger ließen die Trennung des Induktors vom Magnete durch Wegführung desselben geschehen. Bei dem neuen, von Werner Siemens 1851 angegebenen Anker, welcher als Cylinder- oder als Doppel-T-Induktor bekannt ist, kommt die Drahtwickelung auf ein Stück Eisen von der in Figur 113 abgebildeten Form a, so daß sie mit dem Eisen die Form b eines Cylinders annimmt.

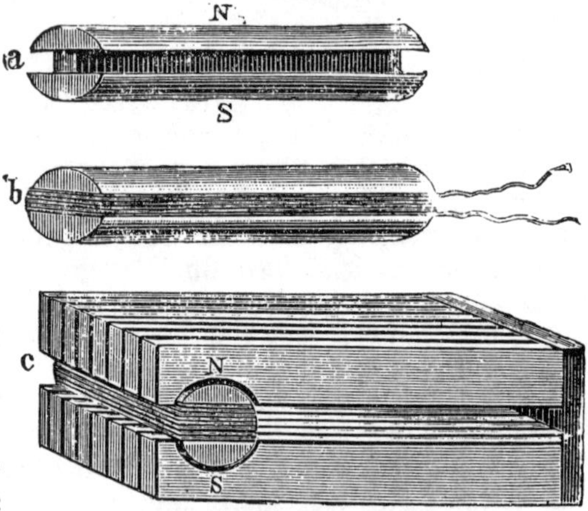

Fig. 113.
Siemens Doppel-T-Induktor.

Diesen läßt man nun in einem magnetischen Felde sich drehen. In der unter c abgebildeten Gestalt der Maschine sehen wir acht Paare von Stahlmagneten über einander gelegt und an einer gemeinsamen Grundplatte befestigt. Zwischen den ausgehöhlten Enden dieser Magnete dreht sich der Anker mit beträchtlicher Geschwindigkeit. Es ist leicht zu sehen, wie jedesmal, wenn eine Eisenfläche des Ankers, sei es bei N oder bei S vorbeigeführt wird, d. h. bei jeder halben Umdrehung jeder von diesen Magneten einen Strom induziert. Nun haben wir beiderseits die Thätigkeit von acht solchen Induktionen, so daß bei jeder halben Umdrehung sich die Wirkung auf nicht weniger als sechzehn solcher Funken erhöht, wie sie Faradays Versuch zeigte, und da dies sehr schnell wiederholt werden kann, so läßt sich diese Wirkung innerhalb einer Sekunde wohl zehnmal erhalten. Der Strom, den eine solche Maschine, wie die hier abgebildete, (Fig. 114) liefert, ist also stark genug, um einen dünnen Draht ins Glühen zu bringen, selbst dann, wenn eine lange Leitung erst den Strom dorthin führen muß. Das machte diesen Apparat, wie andere stromliefernde Maschinen, in hohem Grade geeignet, um entfernt liegende Minen zu sprengen. Irgendwo versetzt die Kraft des Armes den Anker der Maschine in Drehung und erzeugt einen elektrischen Strom, weit davon verwandelt sich dieser in Wärme, die nun ihrerseits chemische Kräfte entbindet, deren Thätigkeit in gewaltigen mit dem Arme des Menschen nur in langer Zeit zu leistenden Arbeiten besteht. Der bekannte englische Physiker Wheatstone baute in den funfziger Jahren solche gerade für den Zweck der Sprengtechnik geeignete kleine Apparate, die doch mächtig genug waren, Kanonen aus weiten Entfernungen zu entzünden, unterirdische und unterseeische Minen zu jeder gewünschten Zeit zu sprengen. Siemens & Halske folgten mit mächtigeren Apparaten, und Markus in Wien baute sehr wirksame Instrumente, bei denen die einmalige Umkehr des Ankers genügte, die Ladungen in Brand zu setzen.

Fig. 114.
Magnetelektrische Maschine mit Doppel-T-Induktor.

Einen weiteren Schritt zur Entwickelung der Maschinen that Wilde in Manchester im Jahre 1866. Er baute eine sehr große magnetelektrische Maschine, bei der die Magnete, welche man bisher immer von Stahl gemacht hatte, durch die viel wirksameren Elektromagnete ersetzt wurden. Aber um sich diese zu verschaffen, brauchte er einen Strom, und woher sollte er diesen nehmen, ohne auf die galvanischen Batterien zurückzugehen? Er verband dazu diese erste Maschine mit einer zweiten, die noch Stahlmagnete besaß und nichts zu thun hatte, als die Elektromagnete jener Maschine mit Strom zu versorgen. Die Anker wurden durch eine dreipferdige Dampfmaschine getrieben und gaben schon einen starken Strom. Wilde erzeugte aber mittels dieses Stromes einen noch kräftigeren Elektromagnet, zwischen dessen Schenkeln ein dritter, noch größerer Anker durch eine Dampfmaschine von 15 Pferdestärken umgedreht wurde. So entstand ein Strom, durch den es gelang, einen Platinstab von 6 mm Dicke und 60 cm Länge zum Schmelzen zu bringen.

Da der Cylinderinduktor nicht überall gleichmäßig mit Draht umwickelt ist, so hat er den Nachteil, daß die Stromstärke während seines Umlaufs mehrfach wechselt, wenn auch die Richtung durch einen Kommutator für alle entstehenden Ströme gleich gemacht werden kann. Diesen Nachteil besiegte — zwar nicht zuerst, aber am einfachsten — der Ingenieur der Firma Siemens & Halske in Berlin Friedrich von Hefner-Alteneck durch seinen 1872 erfundenen Trommelinduktor. Wir erblicken ihn in der Fig. 115. im Durchschnitt. Es

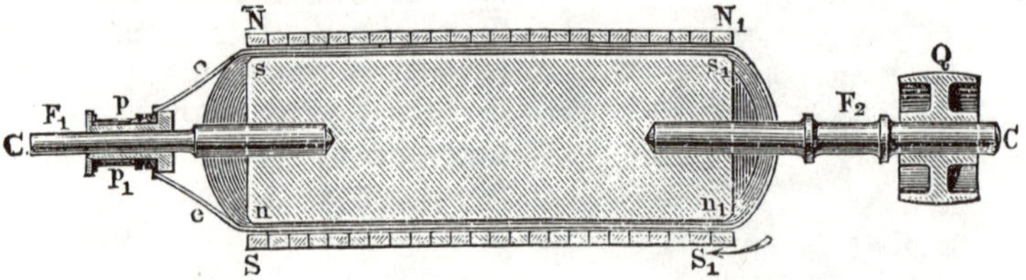

Fig. 115. v. Hefner-Altenecks Trommel-Induktor

bedeuten NN_1 die Nordpole, SS_1 die Südpole einer Anzahl von Stahlmagneten, $s\,s_1\,n_1 n$ eine eiserne Trommel, die man zwischen den Polen derselben um die Zapfen F_1 und F_2 drehen kann, wenn etwa die Riemenscheibe bei Q durch eine Transmission mit einer Kraftmaschine in Verbindung steht. Liegt der Cylinder, wie in der Figur, so hat der Eisencylinder oben einen Südpol $s\,s_1$, unten einen Nordpol $n\,n_1$ angenommen, und wenn man ihn dreht, so bleibt die Lage dieser Pole dieselbe, der Cylinder geht gewissermaßen unter ihnen weg. Derselbe ist nun allseitig mit einer großen Anzahl von Drahtwindungen umwickelt, diese laufen immer um entgegengesetzte Abteilungen der Trommel herum, und wir wollen annehmen, daß die Zahl dieser Abschnitte sechzehn sei, es werden dann acht in sich zusammenhängende Drahtleitungen die Trommel umwinden. Während der Drehungen passieren diese Drähte den Raum zwischen den ursprünglichen und den Trommelpolen, es wird also in ihnen ein Strom erregt werden, und um die Draht-

Fig. 116.
Der zum Trommel-Induktor gehörige Kollektor.

windungen möglichst gut zu diesem Zwecke auszunutzen, ist den Polflächen N und S die Gestalt gegeben, welche wir in Fig. 116. sehen, so daß immer in möglichst vielen Drathwindungen zugleich ein Strom induziert wird. Die sechzehn Drahtenden sind nun nicht unter sich, sondern mit einem Kommutator oder — wie er hier auch heißt — Kollektor verbunden, so wie es die Fig. 117. erkennen läßt. Man sieht leicht ein, daß

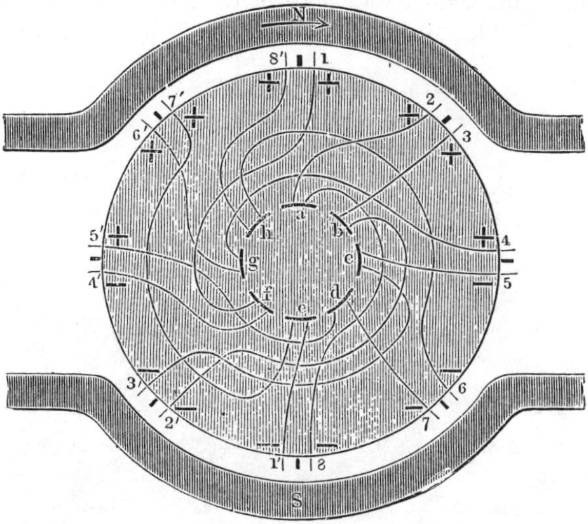

Fig. 117. Wirkungsweise des Trommel-Induktors.

die ganze Einrichtung folgenden Zweck erfüllt. Die Ströme, welche in dem Raum zwischen NN_1 und ss_1, sowie in dem zwischen SS_1 und nn_1 erzeugt werden, sind in ihren Richtungen zwar, vom Beschauer aus gesehen, entgegengesetzt, aber sie gehen durch die Drahtwindung in dem gleichen Sinne und müssen sich demnach verstärken. Dagegen wird der Strom während jeder vollen Drehung zweimal umgekehrt. Der Kollektor hat den Zweck, sämtliche induzierten Ströme zu sammeln und in die gleiche Richtung zu bringen. Sein wahres Aussehen zeigt Fig. 116. Er besteht aus acht von einander isolierten Teilen. Immer sind diejenigen Teile, welche bei der Drehung in die Lagen g und c gelangen, mit schleifenden Federn oder Metallbürsten in Verbindung, welche den Strom in den Schließungsbogen überführen. Bei der Verbindung, welche Fig. 117. zeigt, werden nun gerade alle nach einer Richtung gehenden Induktionsströme, die mit + bezeichneten, nach der Stelle g, alle entgegengesetzt fließenden, mit — bezeichneten, nach der gegenüber liegenden Stelle c des Kollektors geführt. Die Bezeichnung ist derart, daß immer z. B. 1 und 1′, 8 und 8′ Teile der Leitung an entgegengesetzten Trommelabteilungen sind. Nun ist leicht einzusehen, daß etwa von g zwei verschiedene Zweige der Leitung ausgehen. Der eine ist, wie leicht zu verfolgen, g44'f11'e7'7d5'5c, der andere g6'6h8'8a 22'b33'c. Somit werden an der Stelle c die sämtlichen von beiden Hälften der Trommel ausgehenden Ströme gesammelt, und wenn auch andere Stücke des Kollektors nach einander an diese Stellen treten, so ändert sich doch nichts an der Sache. Von den Schleifbürsten bei g und c gelangen sämtliche induzierten Ströme als ein einziger gleichgerichteter und seine Stärke nicht wechselnder Strom in den Schließungsdraht. Die Fig. 118 zeigt eine von der Fima Siemens und Halske

Fig. 118. v. Hefner-Altenecks magnetelektrische Maschine.

gebaute Trommelmaschine, bei welcher 50 Stahlmagnete durch ihre induzierende Wirkung den Strom liefern. Die Trommel läßt sich mit Hilfe von Transmissionen sehr schnell umdrehen, wenn sie auch blos mit der Hand betrieben wird. Mit größeren Maschinen, die von zwei bis vier Mann bedient werden, läßt sich sogar schon elektrisches Bogenlicht hervorbringen. Der Trommelinduktor besitzt neben den angegebenen noch eine Reihe von Vorteilen vor den älteren Ankern. Bei diesen enstanden große Verluste der beim Drehen der Maschine geleisteten Arbeit. Dieselbe wurde nicht blos für die Erzeugung von Strom verbraucht, sondern der Widerstand, den dieser fand, verwandelte einen Teil der elektrischen Kraft in Wärme. Werden ferner nicht in den Eisenstücken, die bei jeder halben Umdrehung zu Magneten und wieder entmagnetisiert werden, Ströme entstehen, da doch das Eisen selbst ein Leiter ist, wenn auch ein schlechterer, wie die umgebenden Kupferdrähte? Wird nicht jenem ein Teil der Nahrung zufließen, welche nur diesen zu gute kommen sollte? Man nennt diese im Eisen des Ankers auftretenden Ströme die Foucaultschen nach dem bekannten französischen Gelehrten, der ihnen ein besonderes Studium zuwendete. Aber gerade diese Ströme sind den Technikern höchst unwillkommen, sie verzögern die Bewegung des Ankers, und wenn man diese zu beschleunigen trachtet, so erwärmen sie das Eisen ganz beträchtlich. Der Trommelinduktor ist allen diesen Übeln ausgesetzt, aber man kann wenigstens das letzterwähnte leicht verringern, wenn man nur statt der massiven eine hohle Eisentrommel nimmt, deren Inneres etwa mit Holz ausgefüllt ist.

Überhaupt ist leicht einzusehen, daß die genannten Verluste durch eine Vermehrung der Größe und des Leitungsvermögens der Drähte, sowie durch eine Verminderung des Eisenkörpers sich auf ein Minimum einschränken lassen. Was den letzteren anbetrifft, so hat bereits 1860 Dr. Pacinotti in Florenz eine Form des Ankers erfunden und 1864 ausführlich beschrieben, welche für den bezeichneten Zweck völlig geeignet erscheint. Sie geriet aber in Vergessenheit und wurde im Jahre 1871 von Zénobe Theophile Gramme, welcher als Modelltischler bei der Gesellschaft L'Alliance in Brüssel angestellt war und bereits mehrere elektrische Patente besaß, selbständig noch einmal erfunden, und sie heißt meist nach diesem der Grammesche Ringanker. Um die Wirkung desselben ganz zu verstehen, müssen wir noch einmal auf Faradays Grundversuch zurückweisen. Durch die Bewegung eines Magnetstabes in eine Drahtrolle hinein oder aus ihr heraus konnte er verschieden gerichtete elektrische Ströme in ihr erregen. Wenn man zwei Magnetstäbe etwa an ihren Südpolen an einander legt und mit diesem Doppelmagneten die Spule durchwandert, so kann man leicht zeigen, daß der Induktionsstrom nicht immer seine Richtung behält, sondern dieselbe gerade dann wechselt, wenn bestimmte Punkte der Magnete, welche ziemlich die Mitte zwischen Nord- und Südpol halten, und an denen die Magnete gar keine Anziehung ausüben, die sogenannten Indifferenzpunkte, die Rolle passieren. Man kann sich nun zunächst statt der geraden Magnete halbkreisförmig gebogene gerade an ihren gleichnamigen Polen verbunden und zu einem Ringe zusammengesetzt denken, auch kann man statt einer zwei mit einander verbundene Induktionsrollen sich denken, die wie diejenigen eines Elektromagnets über den Ring geschoben werden. Dreht man den Ring innerhalb der beiden Spulen, so treten in diesen Wechselstöme auf, und zwar vertauscht der Induktionsstrom gerade immer in dem Augenblicke seine Richtung, wenn die beiden Indifferenzpunkte durch die Drahtrollen gehen. Denken wir uns ferner, der Ring in der Fig. 119 sei der eben beschriebene Magnetring; er sei mit einer Menge von Spulen umgeben, die hier durch einzelne Striche angedeutet sind, so werden beim Durchpassieren des Ringes durch die Spulen immer in denjenigen, die der Nordhälfte des Ringes anliegen, Ströme von einer bestimmten Richtung, in der entgegengesetzten Hälfte, aber solche von dem entgegengesetzten Strome induziert werden, wie dies durch die Pfeile in der Figur angedeutet ist und noch besser aus der Fig. 120 zu ersehen ist, wo A und B die Indifferenzpunkte der Magnete bedeuten. Wenn der Magnetring innerhalb der Spulen gedreht wird, so ändern sich freilich die Richtungen der Ströme, die an einer bestimmten Stelle vorbeifließen. Aber man kann auch umgekehrt die Einrichtung treffen, daß man den Ring feststehen und die Gesamtheit

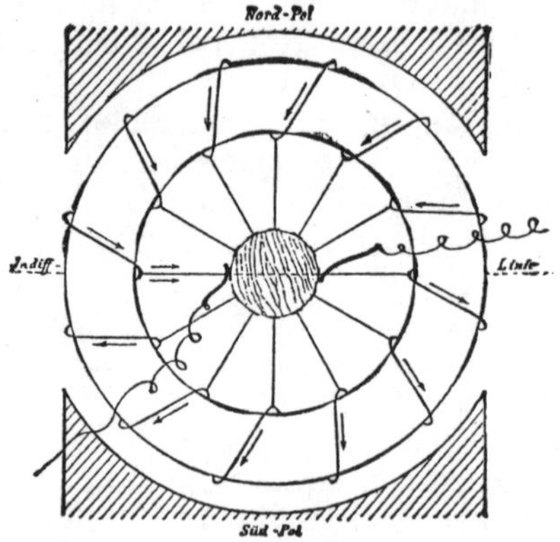

Fig. 119.

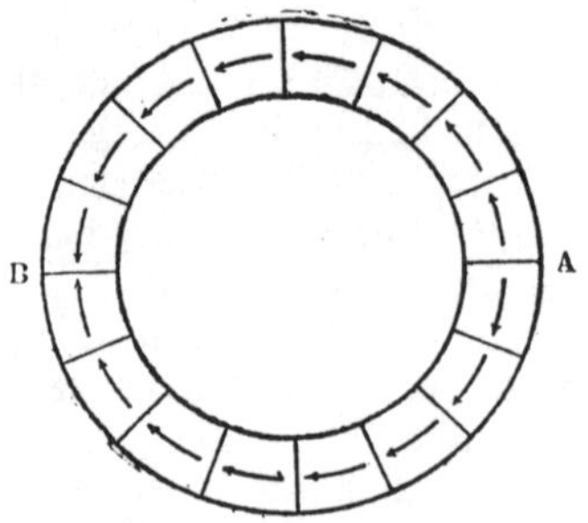

Fig. 120.

Wirkungsweise des Pacinotti-Grammeschen Ringes.

der Spulen im Kreise über ihn hinweggehen läßt. Dann werden ebensolche Ströme in den Spulen angeregt und sie wechseln auch jedesmal die Richtung, wenn eine Spule über einen Indifferenzpunkt läuft. Jetzt wird aber an jeder Stelle des Ringes der induzierte Strom seine bestimmte Richtung fortwährend beibehalten. Aber wie soll man es fertig bringen, die Spulen in ihrer Gesamtheit gleichmäßig und schnell über den Magnetring wandern zu lassen? Darauf antworten die Erfinder: Sehr einfach, wir benutzen statt des Stahlrings einen solchen von Eisen und lassen ihn gemeinsam mit den Spulen innerhalb eines magnetischen Feldes sich drehen. Wird dann nicht bei der Anordnung der Fig. 119, wo der Feldmagnet oben seinen Nordpol, unten den Südpol hat, unter dem Einflusse desselben der Eisenring fortwährend oben Süd- und unten Nordmagnetismus aufweisen, die nun ihrerseits die wandernden Spulen in der angegebenen Weise beeinflussen werden? Beim Durchgehen durch die in der Figur als Indifferenzlinie bezeichnete wagerechte Linie werden die Ströme in den Spulen ihre Richtung wechseln. Natürlich würden, wenn man die Spulen untereinander verbände, die Ströme sich gegenseitig aufheben. Aber Gramme leitete sie allesamt einem Kollektor zu, der aus soviel von einander isolierten Stücken bestand, als Spulen vorhanden waren; in einem Stücke desselben fließt bei der verzeichneten Anordnung der Strom einer Spule zu, der einer andern ab; aber an der Indifferenzlinie sehen wir links beide Spulen dem Kollektor ihren Strom zusenden, während rechts beide Ströme dem Kollektor positive Elektrizität entziehen.

Bringt man nun gerade hier rechts und links eine schleifende Feder an und verbindet beide durch einen Schließungsbogen, so wird dieser von einem gleichmäßigen Strome durchflossen, so lange der Ring in dem magnetischen Felde sich dreht. Das ist das Prinzip der Grammeschen Maschine, welche Jamin 1871 der Pariser Akademie vorzeigte.

Die Dynamomaschinen.

So wesentlich die aufgeführten Verbesserungen waren, so konnten bei der immerhin noch schwachen Wirkung, welche Stahlmagnete auf die bewegten Anker ausüben, die gelieferten Ströme noch nicht den gewünschten Stärkegrad erlangen. Das ward aber anders, als man ein bereits 1865 zugleich von Werner Siemens in Berlin und Professor Wheatstone in London ausgesprochenes Prinzip in die Praxis einführte. Zwar hatte Wilde, wie wir anführten, sich stärkeren Magnetismus durch Elektromagnete verschafft, aber er brauchte, um diese anzuregen, noch eine magnetelektrische Maschine. Nun fragte sich Siemens, ob nicht derselbe Strom, den die eine Maschine lieferte, zu gleicher Zeit den Magnetismus des Feldmagneten erregen könne, wenn diese Elektromagnete seien. Uns scheint auf den ersten Blick die Frage nur die Antwort Nein zuzulassen, denn wenn wir einen Strom in der Bewickelung des Ankers haben, so kann er doch nur durch den Magnetismus der Feldmagnete induziert sein, wir setzen ja doch das Vorhandensein von Magneten voraus. Siemens aber berücksichtigte die Eigentümlichkeit des weichen Eisens, daß es den ihm einmal durch einen Strom mitgeteilten Magnetismus nicht völlig verliert, sondern einen Rest davon zurückbehält, daß auch der Magnetismus der Erde fortwährend in jedem Eisen eine Spur von Magnetismus hervorruft. Das weiche Eisen giebt also ein, wenn auch nur schwaches magnetisches Feld, welches in dem sich wälzenden Anker einen schwachen Strom hervorruft; in diesen schaltet man die Wickelung der Feldmagnete ein, verstärkt also durch den Strom die Kraft derselben und wird also auch in der Ankerwickelung einen kräftigeren Strom erhalten. So erkennt man, daß der Magnetismus des Feldes und die Stärke der induzierten Ströme gleichzeitig fortwährend wachsen. Freilich kann man nun weder die magnetische noch die elektrische Kraft auf diesem Wege ins Unbegrenzte vermehren; es tritt vielmehr ein Augenblick ein, in dem das Eisen mit Magnetismus so vollgesogen ist, daß es weiteren nicht aufnehmen kann. Mit der Kräftigung der Feldmagnete wächst natürlich auch der Widerstand, den der Anker bei seiner Bewegung durch das Feld findet und man hat immer größere Schwierigkeit, ihn in schneller Drehung zu erhalten. So wird die Kraft des Armes direkt in elektrische verwandelt. Jede solche Maschine, bei der diese direkte Umwandlung stattfindet, ohne daß ursprünglich große magnetische Kräfte einwirken müßten, heißt eine Dynamomaschine. Alle sind sie auf dieses Siemenssche

Prinzip begründet. In ihnen haben wir jetzt jene billigen und kräftig fließenden Quellen der Elektrizität, die man seit Anfang des Jahrhunderts gesucht hatte. Faraday hatte bei seinem ersten Versuch dieses Wachstum unserer Kraft vorausgesehen, als er ahnungsvoll die Behauptung aufstellte, daß die Zukunft jene ersten Induktionswirkungen ins Unbegrenzte vermehren würde. Diese Entdeckung von Siemens zusamt den Erfindungen der wirksamen Trommel- und Ringanker haben der Benutzung der Elektrizität als Kraftquelle in den beiden letzten Jahrzehnten einen ungeheuren Aufschwung gegeben. Durch fortwährende Steigerungen der Größe der Maschinen, die nun nicht mehr mit der Hand betrieben werden, sondern im großen durch Dampfmaschinen, Turbinen oder anderen Motoren in Bewegung gesetzt werden müssen, erzielt man heute Wirkungen, die vor einigen Jahrzehnten nicht einmal geahnt wurden. Was diese Maschinen für den Gebrauch noch besonders vorteilhaft macht, das ist ein Umstand, den einer der bedeutendsten Physiker Englands, Clerk Maxwell, als unter die größten Entdeckungen dieses Jahrhunderts gehörig bezeichnete. Jede Dynamomaschine kann, wie sie uns aus mechanischer Arbeit elektrische Kraft entbindet, unmittelbar auch benutzt werden, um Arbeit zu leisten, wenn ihr von außen ein elektrischer Strom zugeführt wird. Man schickt diesen durch das Gewinde von Draht, welches um Anker und Feldmagnete gewickelt ist und man erzeugt eine Drehung des vorher unbewegten Ankers, eine langsame, wenn der Strom nur schwach ist, eine immer schnellere, je mehr man die Zufuhr der Elektrizität steigert. Jede solche Drehung um eine feste Achse läßt sich aber durch Transmissionen auf Arbeitsmaschinen und andere Apparate übertragen. Jede Dynamomaschine läßt sich demnach auch als Motor verwenden, um, wenn ihr der Strom eines weit entfernten ähnlichen Apparates zugesendet wird, diejenigen Arbeiten zu vollbringen, die man ihr aufträgt.*) Damit zeigt sie sich für den Zweck der Übertragung weit entfernter Kräfte einzig geeignet, denn die früher beschriebenen Motoren ließen eine solche eben nur auf geringe Weglängen zu. Wir wollen uns jetzt der Beschreibung einiger Typen

*) Die Arbeit, deren eine Dynamomaschine fähig ist, muß natürlich auch gemessen werden können. Man mißt diese Arbeitsfähigkeit bei den Motoren, wie früher gesagt worden ist, mit Pferdestärken. Diese Einheit muß auch zur Vergleichung der elektrischen Maschinen anwendbar sein. Dasjenige, wodurch diese Arbeit geleistet wird, der elektrische Strom ist in Bezug auf seine Leistungsfähigkeit bekannt, wenn man seine Spannung in Volts und seine Stromstärke in Ampères kennt. Wenn wir z. B. einen Strom von 736 Volt Spannung und 1 Ampère Stärke haben, so leistet er gerade dieselbe Arbeit, wie ein Motor von einer Pferdestärke. Dieselbe Arbeitsfähigkeit aber hat auch ein Strom von 73,6 Volt und 10 Ampère oder ein solcher von 1 Volt und 736 Ampère, es kommt nur auf das Produkt von Stromstärke und Spannung an. Man nennt dieses Produkt von 1 Volt und 1 Ampère auch 1 Watt und man kann also eine einpferdige Dynamomaschine eine solche nennen, die einen Strom von 736 Watt liefert, eine 500 pferdige wird einen Strom von 36800 Watt oder 36,8 Kilowatt aussenden, d. h. einen solchen, der z. B. eine Spannung von 100 Volt und eine Stärke von 368 Ampère besitzen kann.

dieser Maschinen zuwenden, wie sie in Anpassung an bestimmte Zwecke sich dem Geiste der Erfinder darboten. Immer werden wir besonders geformte Feldmagnete, einen bestimmten Induktor, einen Kollektor finden und Metallbürsten, die den Strom abnehmen. Eine Riemenscheibe zur Seite dient, den Riemen aufzunehmen, durch welche der Induktor im magnetischen Felde gedreht wird.

Wir beginnen mit der unten stehenden Grammeschen Dynamomaschine, wie sie jetzt von Schuckert & Co. in Nürnberg als Flachring

Fig. 121. Schuckerts Flachring-Dynamomaschine.

maschine gebaut wird. Statt des einen Elektromagnets in Fig. 119 sehen wir hier acht Pole als Feldmagnete, die zusammen wie vier Hufeisen-Elektromagnete wirken; sie liegen hier wagerecht und sind mit der Grundplatte und den Seitenwänden zu einem festen Ganzen vereinigt. Die einander rechts und links gegenüberstehenden Pole sind gleichnamig und verstärken sich in ihren induzierenden Wirkungen. Der Strom umkreist zuerst die Magnete auf der linken Seite, tritt dann auf die rechte über und geht dann noch weiter rechts zur Achse; dort ist der Kollektor zu sehen, welcher zwei Paar Bürsten zur Abnahme des Stromes hat. Durch die eine Bürste fortgeführt, läuft der Strom nun um den Ring, dessen Kern aus einer Menge von gegeneinander isolierten Eisenblechstücken zusammengesetzt ist, dann geht er zur anderen Bürste und von dieser durch den Schließungsbogen, wo er seine mannigfachen Arbeiten leistet, und kehrt schließlich auf die linke Seite der Maschine zurück. Die flache Form des Ringes macht es möglich, daß die Wickelung des Ankers in allen ihren Teilen dem Feldmagneten möglichst nahe ist. Dadurch werden die Drahtwindungen gut ausgenutzt, so daß die Leistungsfähigkeit der Maschine im Verhältnis zu ihrer Größe eine recht beträchtliche ist.

Fig. 122.
Älterer Typus der Dynamomaschine mit Trommelanker von Siemens & Halske.

Die Fig. 122 zeigt eine Siemenssche Maschine, bei welcher ein Trommelinduktor innerhalb der flachen, senkrecht stehenden Elektromagnete sich umdreht, die vorderen sowohl, wie die hinteren Pole sind mit einander durch flache Eisenstücke, sogenannte Polschuhe, verbunden, welche auch Magnetismus annehmen und zwar etwa vorn den Nordmagnetismus, hinten den Südmagnetismus; dadurch werden auch die vorn und hinten liegenden Windungen, nicht allein die gerade an den Polen vorbeilaufenden für die Stromlieferung gewonnen. Die auf der rechten Seite sichtbaren Metallbürsten nehmen von dem Kollektor den Strom ab.

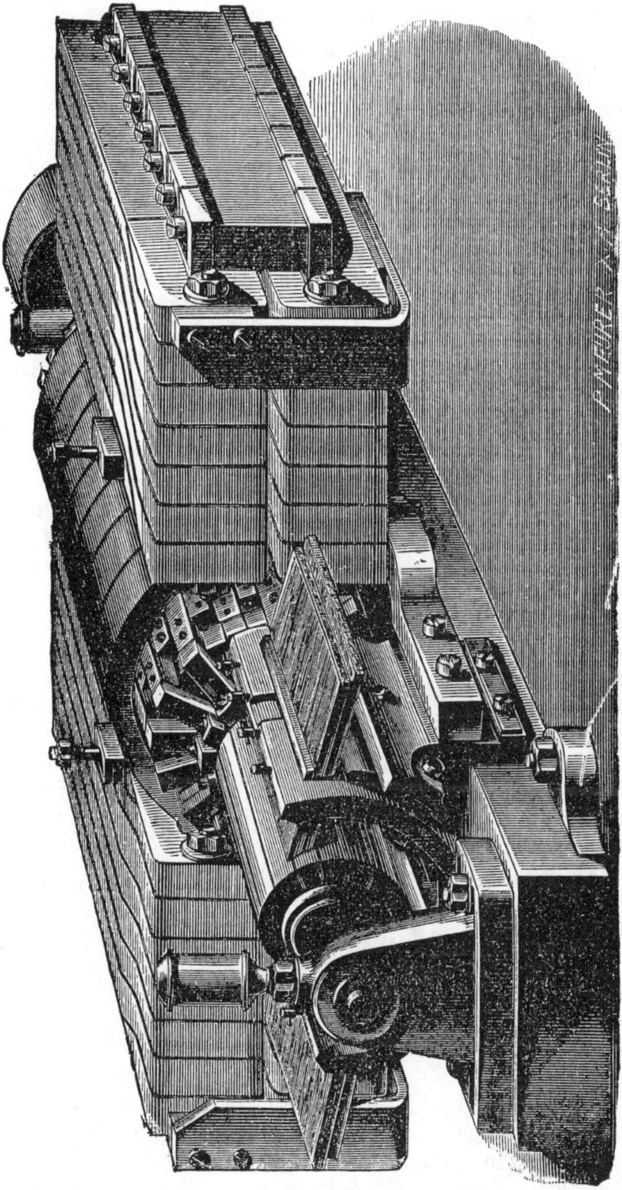

Fig. 123. Siemens & Halskes Maschine zur Gewinnung der Reinmetalle.

In der Fig. 123 erkennen wir auf den ersten Blick dasselbe Prinzip, wie in der vorigen, zwar liegen die Feldmagnete wagerecht, statt senkrecht zu stehen, aber wir sehen auch hier den Trommelinduktor und die Polschuhe. Nur die Wickelung ist eine andere, sie besteht weder bei den Feldmagneten, noch beim Anker aus dem gewöhnlichen Kupferdraht, sondern aus dicken Kupferschienen, mit einem Querschnitt von 13 qcm. Jeder von den Elektromagneten trägt nur sieben Windungen des leitenden Materials, und ebenso ist die Trommel nur mit wenigen Kupferstangen belegt, die gegeneinander durch Asbest isoliert und an den Verbindungsstellen mit dem Kollektor verschraubt sind. Der Zweck dieser verschiedenen Einrichtungen wird uns klar, wenn wir an den Induktionsapparat zurückdenken. Der Strom in den dicken Windungen der primären Spule ist da von großer Stärke, aber von geringer Spannung, der sekundäre Strom in den dünnen Drähten dagegen von hoher Spannung, aber nicht so reichlich fließend. Wir werden schließen dürfen, daß der vorliegende Apparat ein solcher ist, der besonders große Elektrizitätsmengen, aber von ganz unbeträchtlicher Spannung liefert. Er wird also nur bei solchen Betrieben Verwendung zu finden haben, bei denen eine hohe Spannung überflüssig oder unerwünscht und alles an einer großen Elektrizitätsmenge gelegen ist. Das ist bei den chemischen Wirkungen des Stromes der Fall, z. B. denjenigen, die wir als die galvanoplastischen besprochen haben. Die Maschine wird in der That angewendet, wo es sich darum handelt, aus Salzlösungen die Metalle rein niederzuschlagen. So wird in dem Hüttenwerk zu Oker am Harz das rohe Kupfer, welches noch 2% Beimengungen hat, durch solche Dynamomaschinen gereinigt, deren jede im Laufe eines Tages bis zu 6 Zentnern reines Kupfer in zwölf Zersetzungszellen, die der Strom einer Maschine passiert, liefern kann. An der Eintrittsstelle des Stromes hängen dabei immer je 30 Platten rohen Kupfers von zusammen 15 qm Oberfläche, das Bad ist mit Kupfervitriol gefüllt, aus der Lösung wird an der Austrittsstelle des Stromes reines Kupfer an ebenso großen Kupferplatten niedergeschlagen, die Lösung wird durch die fortwährende Auflösung des Kupfers immer konzentriert erhalten.

Hier liegt offenbar die Frage nahe: Wie gewinnt man denn das rohe Kupfer? Wir könnten in Bezug hierauf uns auf den Teil des Buches, welcher von der Metallgewinnung handelt, beziehen, aber wir sind in der Lage, eine Antwort hierauf auch an dieser Stelle zu erteilen, weil die Elektrizität, wie überall hilfsbereit, sich auch mit Vorteil in den Dienst der Metallbereitung hat stellen lassen. Wenn die Kupferbergwerke Erze liefern, deren Metallgehalt ein sehr reicher ist, und wenn außerdem das Feuermaterial billig ist, so wird sicherlich eines der in dem zitierten Teile angeführten Verfahren der Verhüttung kurz und billig zum Ziele führen. Wenn aber weder die eine noch die andere Bedingung zutrifft, wie bei vielen metallarmen Erzen noch im Betriebe befindlicher Bergwerke, wird sich ein solcher Prozeß kaum lohnen, und die Metallbereitung auf dem nassen Wege ist langwierig und wenig ausgiebig. Seit zwei Jahren wird nun auf dem Werke der Firma Siemens & Halske zu Martinikenfelde bei Berlin das chemisch reine Kupfer aus den verschiedensten Erzen nach einem neuen Verfahren gewonnen, welches kaum den geringsten Rückstand von Kupfer in jenen beläßt. Wir wollen die einzelnen Operationen an der Hand der schematischen Fig. 124 studieren. Die Erze werden in

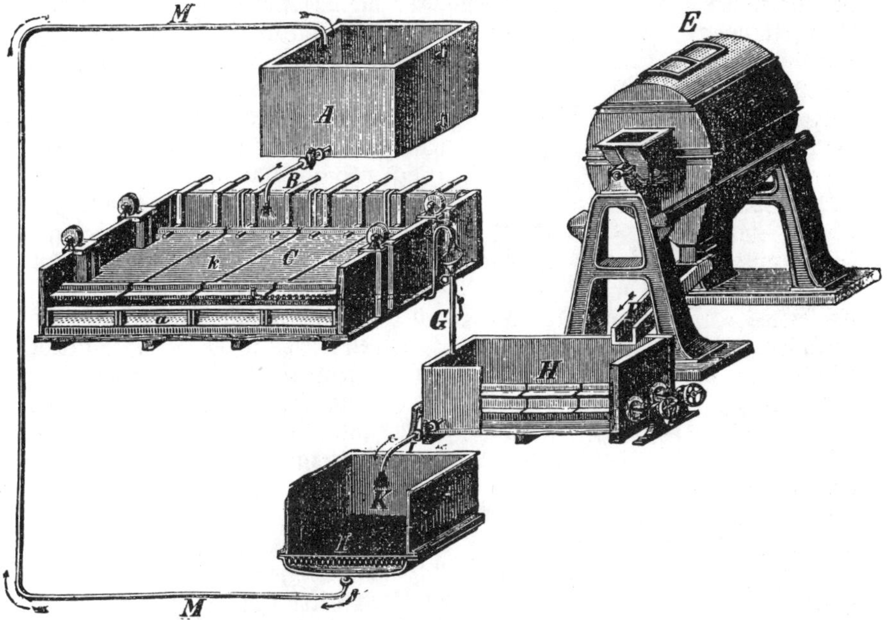

Fig. 124. Siemens & Halskesches Verfahren zur directen Gewinnung des Kupfers aus den Erzen.

die Kugelmühle E geladen, gelangen dann durch die Rinne F in den niedrigen Trog H, wo sie mit der aus der Zersetzungszelle C abfließenden Lauge unter Erwärmung durch Schaufelräder verarbeitet werden. Durch den Ablauf J wird das Gemisch auf den Saugfilter K gebracht und aus diesem tritt die vom Erzpulver befreite, kupferhaltige Lauge in den Behälter A und in das vom elektrischen Strome durchflossene Bad C ein. Der obere Teil dieses enthält Kupferplatten an der Austrittsstelle des Stroms; dieselben sind wagerecht an der Unterseite der Bretter k befestigt, der Strom wird am Boden durch Kohlenstäbe a eingeleitet. Zwischen a und k ist ein Filter im oberen Teile des Bades ein hölzernes Rührwerk angebracht. Das Bad enthält jetzt eine Lösung von Kupfervitriol und Eisenvitriol, aus welcher das Kupfer an den Kupferplatten k rein niedergeschlagen wird, während die übrigen Zersetzungsprodukte das Eisenvitriol in schwefelsaures Eisenoxyd überführen. Ist der Prozeß beendigt, so läßt man die Lauge in den Trog II ablaufen; sie besitzt jetzt gerade die Fähigkeit, das Kupfer aus den Erzen in Lösung zu bringen, wobei sie sich zum Teil in Eisenvitriollösung zurück verwandelt. Wir erkennen, daß sonach die Lauge gar nicht verbraucht wird, sondern mit derselben Lösung beliebig große Mengen von Kupfer gewonnen werden können. Der diesmal stärker gespannte Strom wird natürlich wieder von einer Dynamomaschine geliefert, und zwar von einer nach dem neuesten Typus Siemens & Halske, Fig. 125. Es ist auch eine Trommelmaschine, welche sonst noch für den gleichzeitigen Betrieb von Bogen- und Glühlampen sich besonders eignet. Hier ist nur ein einziger Feldmagnet mit sehr kurzen dicken Schenkeln vorhanden, und die Eisenkerne derselben sind mit der Grundplatte aus einem Stück gearbeitet. Die Bürsten sind wieder auf zwei entgegengesetzten Seiten der Trommelachse angebracht und nehmen den Strom vom Kollektor ab, dessen Stücke voneinander durch die Luft isoliert sind, weil sich über feste Nichtleiter leicht ein leitender Überzug von dem den Bürsten entrissenen Kupferstaube bildet, der die Isolierung aufhebt.

Fig. 125.
Neuerer Typus der Dynamomaschine mit Trommelanker von Siemens & Halske.

Da wir auf die neue Gewinnung des seit uralter Zeit so viel gebrauchten Metalls zu sprechen kamen, so wollen wir hier auch die erwünschte Gelegenheit ergreifen, des seit kurzer Zeit erst in die Praxis eingeführten, aber von den größten Erfolgen gekrönten Verfahrens zu gedenken, durch welches ein neues Metall dem allgemeinen Gebrauche zugänglicher gemacht wurde. Das Aluminium, dessen auch in dem Kapitel über die Metallgewinnung gedacht werden wird, das früher seines teuren Preises wegen nur zur Herstellung wissenschaftlicher Gegenstände oder in Vermischung mit andern Metallen für Gebrauchsgegenstände nutzbar zu machen war, hat sich mit einer erstaunlichen Geschwindigkeit jetzt überall eingeführt. Der Grund ist die enorme Preisherabsetzung infolge des von Hérould eingeschlagenen elektrischen Verfahrens, das Metall zu gewinnen. Es ist weit verbreitet, es kommt z. B. in Menge sogar in der allbekannten Thonerde vor, aber die Schwierigkeiten, welche seine Gewinnung darbot, sind erst jetzt als in befriedigender Weise überwunden anzusehen. Eine kräftige Dynamomaschine und ein eigentümlicher Ofen sind die dazu nötigen Dinge. Zu Neuhausen am Rheinfall bei Schaffhausen, dessen großartige Anlagen zur Verwendung der Wasserkraft wir in dem Kapitel von den Dampfmaschinen ausführlich behandelt haben, wird das Verfahren von der Aluminium-Industrie-Aktiengesellschaft in großartigem Maßstabe betrieben. Die Kraft, welche die Dynamomaschinen in Umlauf versetzen muß, wird durch Jonval-Turbinen dem Rhein entnommen. Die größeren Maschinen erzeugen eine Stromstärke von 14000 Ampère und eine Spannung von 30 Volt. Sie sind fähig, eine mächtige Wärme zu entwickeln und zugleich gewaltige chemische Kräfte zu entbinden. Den Schmelzofen erblicken wir in den Fig. 126a und b im Grund- und Aufriß. Er stellt ein von der Erde isoliertes, oben offenes Eisengefäß dar, welches mit Kohlenplatten ausgefüttert ist; der Strom wird durch eine Anzahl zusammengeschichteter, ebensolcher Platten zugeführt, die an einer Kette in den Ofen hineinhangen, während an der Austrittsstelle des Stromes sich ein Metall, wie Kupfer, Eisen oder Messing befindet, das mit dem entstehenden Aluminium eine Verbindung eingeht. Bevor der Prozeß beginnt, wird der Ofen mit Stücken des Metalls und der Thonerde angefüllt. Die Hitze, welche der Strom entwickelt, schmelzt zunächst diesen Inhalt des Ofens zu einer feurig flüssigen Masse zusammen, die sich am Boden ansammelt. Die chemische Wirkung aber äußert sich darin, daß die Thonerde in ihre Bestandteile zerfällt, deren einer, das Aluminium, von dem Metallbade aufgenommen wird, während der andere, der Sauerstoff, zur Eintrittsstelle des Stromes, zu den Kohlenplatten hingezogen wird und mit dem Kohlenstoff derselben verbunden, als Kohlenoxydgas in die Luft entweicht. Man kann natürlich von oben her die zersetzte Thonerde fortwährend durch neue ersetzen, ebenso wie das Metall, während die flüssige Verbindung des Aluminiums mit dem Metall durch eine Öffnung im Boden abgelassen werden kann. Man hat es durchaus in der Gewalt, eine Mischung von ganz bestimmtem Gehalte zu

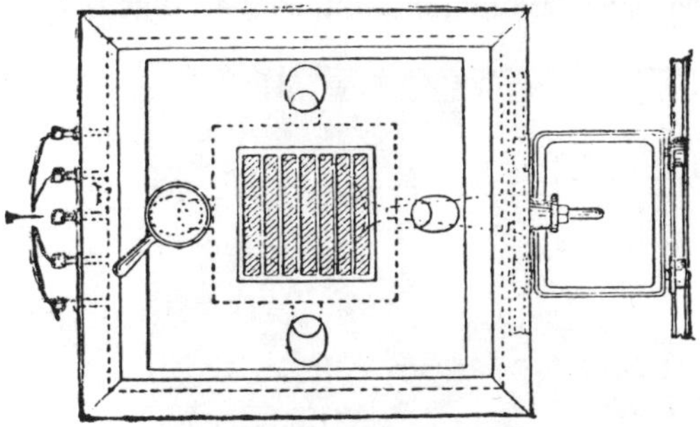

Fig. 126 a. Grundriß und

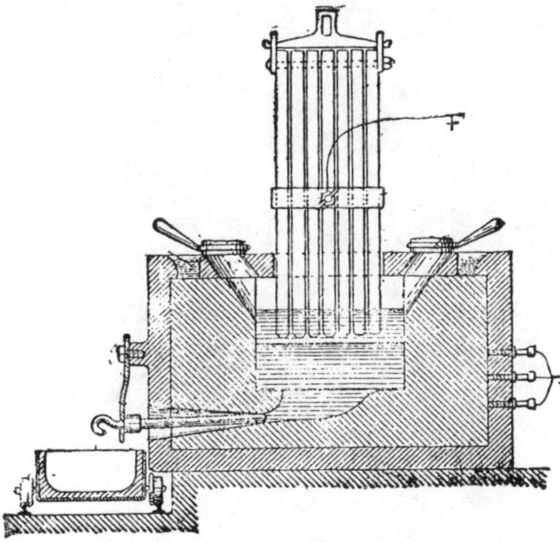

Fig. 126 b.
Aufriß des Héroult-Ofens zur Aluminium-Gewinnung.

erzeugen. Die Fabrik stellte gleich anfangs täglich vier Zentner von diesem so leichten Metall her, wollte aber die Produktion bis auf das Fünffache steigern. Bei dem billigen Betriebe stellt sich der Preis des Aluminiums jetzt kaum noch auf ein Zehntel seines früheren Preises, welcher 125 Mark für das Kilogramm betrug. Welchen Aufschwung die Aluminium-Industrie dadurch erfahren hat, das ist an einer anderen Stelle des Buches nachzulesen. Nach diesem Exkurs wollen wir noch einige Typen von Dynamomaschinen betrachten.

Fig. 127.
Innenpolmaschine für die Berliner Zentralen von Siemens & Halske.

Die Fig. 127 zeigt eine der größten Maschinen, die überhaupt gebaut worden sind. In den großen Zentralen, von denen viele Stellen in weitem Umkreise mit Kraft und Licht versorgt werden sollen, hat man bisher viele Maschinen aufgestellt, die in ihrer Gesamtheit das Bedürfnis an Strömen befriedigten. Aber schon der Ersparnis kostbaren Raumes halber ist es gut, sich auf möglichst wenige Maschinen zu beschränken, die dann natürlich kräftig gebaut sein müssen. Eine solche ist die von der Firma Siemens & Halske hergestellte Riesenmaschine, die wir hier abbilden. Sie ist eine sogenannte Innenpolmaschine, d. h. die Feldmagnete liegen im Innern des Ankers. Man kann sie durch die Speichen des großen Rades, als welches die ganze Maschine erscheint, unschwer erkennen. Es sind im ganzen zehn mit Spulen umwickelte Eisenkerne zu einem Sterne geordnet. Der Anker ist ein Grammescher Ring von 3 m Durchmesser und 28 cm Dicke. Bei dieser Anordnung wird die Kraft der Feldmagnete weit besser ausgenutzt, als bei der vorher besprochenen. Aber freilich ist ein Ring von so riesigen Dimensionen nicht eben leicht zu bewegen, und dieser hier soll 65 Umdrehungen in der Minute machen, um seine normale Leistung zu vollbringen. Da sind Dampfmaschinen von 500 Pferdestärken erforderlich, um ihn in Bewegung zu erhalten. Dem entspricht aber auch die Leistung der Maschine. Der Strom hat eine Spannung von 150 Volt und, bei der normalen Drehungsgeschwindigkeit der Maschine, eine Stärke von 2200 Ampère, die bei 100 Umdrehungen in der Minute auf über 4000 Ampères steigen kann, was im ersten Falle 450, im zweiten aber 820 Pferdestärken entspricht, welche die Arbeitsfähigkeit des Stroms messen. Wir machen noch darauf aufmerksam, daß die Bürsten, die den Strom abnehmen, hier an keinem besonderen Kollektor arbeiten, sondern einfach auf dem Ringe selbst schleifen, dessen Windungen aus Kupferstangen von 14 qcm Querschnitt bestehen, die zwar gegen einander isoliert, aber nach außen jeder Hülle beraubt, sich den Schleifbürsten darbieten müssen.

Für manche Zwecke erscheint es durchaus nötig, statt eines fortwährend in gleicher Richtung den Schließungsbogen durcheilenden Stromes, jenen mit Strömen zu beschicken, die immerzu ihre Richtung wechseln, so z. B. für gewisse Beleuchtungsapparate, die dauernd ein gleichmäßiges Licht spenden sollen. Da die bisher beschriebenen Dynamomaschinen einen stets gleichgerichteten Strom liefern, — sie heißen deshalb auch Gleichstrommaschinen — so sind für jenen Zweck besondere, die sogenannten Wechselstrommaschinen zu bauen. Sie haben vor den Gleichstrommaschinen, um dies gleich hervorzuheben, u. a. den Vorzug, daß sie eine größere Spannung zulassen, und das ist — wie wir später sehen werden — für die Übertragung des Stromes auf weite Entfernungen hin von großer Wichtigkeit. Auch diese Maschinen sind aus den magnet-elektrischen hervorgegangen. Zu ihnen gehört u. a. jene große Alliance-Maschine, die den Leuchttürmen Frankreichs und Englands Licht spendete. Der Belgier de Meritens verwendete auch noch Stahlmagnete, vor denen er einen Ringanker in Drehung versetzte. Alle folgenden Wechselstrommaschinen aber besitzen Elektromagnete. Wie sollte man nun diese anregen? Da doch die induzierten Ströme fortwährend ihre Richtung wechseln sollen, so konnte man diese für die Magnetisierung der Feldmagnete absolut nicht brauchen, sie hätten ja bei ihrer fortwährenden Umkehr die Kraft derselben nur immer geschwächt, statt sie zu erhöhen. Diese Maschinen konnten also nicht auf das Siemenssche Prinzip gegründet werden; da die induzierten Ströme für die Erregung der Feldmagnete unbrauchbar waren, so mußte diesen von außen der Strom zugeführt werden. Das geschieht nun leicht ähnlich wie bei der Wildeschen Maschine durch die von einer

Fig. 128.
Wechselstrommaschine von Siemens & Halske mit der Gleichstrommaschine verbunden.

Gleichstrommaschine zufließende Elektrizität. Wir sehen in der Fig. 128 eine Wechselstrommaschine von Siemens & Halske, welche aus der daneben abgebildeten, uns bereits bekannten Gleichstrommaschine mit Strom für die Elektromagnete versehen wird. Diese stehen in zwei Kränzen angeordnet einander gegenüber. Sowohl die gegenüberstehenden, als die benachbarten Magnete weisen verschiedenen Magnetismus auf. Die Induktionsspulen sitzen auf einer Scheibe und auch hier sind die benachbarten entgegengesetzt gewickelt. Daß der Eisenkern in den Ankerspulen unterdrückt ist, das hat offenbare Vorteile; denn abgesehen davon, daß bei der raschen Bewegung weniger Gewicht mitgeschleppt werden muß, so werden auch den Wechselströmen die sonst in den Eisenkernen auftretenden Wärmewirkungen erspart, so daß ihre Kraft ganz und gar erhalten bleibt. Deshalb sind es auch gerade diese Maschinen, welche für eine bestimmte Arbeitsleistung, die man zu ihrer Drehung verwendet, die höchste Leistungsfähigkeit erreichen. Dieselbe Firma hatte auf der Frankfurter Ausstellung 1891 eine Innenpolmaschine für Wechselstrom ausgestellt, bei der sechzig Feldmagnete zusammen drehbar sind, während der Anker, der auch die Form eines Ringes hat, feststeht. Der Durchmesser des drehbaren Ringes mit den Elektromagneten ist nicht geringer als 3,7 m, der feststehende Ankerring aber mißt 4,6 m.

Betrachten wir die Sache näher, so möchte man auch in dieser Beziehung fast das alte Salomonische Sprichwort anwenden: Es giebt nichts Neues unter der Sonne, denn es ist im Grunde genommen nur eine Umkehr zu etwas längst dagewesenem. Man kehrt nämlich mit diesen Maschinen zu Faradays erstem Versuche zurück, Ströme in einem Leiter aufzuweisen, der durch ein magnetisches Feld hindurchwandert; auch damals gelang es bereits, Wechselströme in der Drahtleitung zu erzeugen. In den Induktionsapparaten, die Faradays Entdeckung auf dem Fuße folgten, ist ein Mittel gegeben, gerade häufig an Stärke wechselnde und sich umkehrende Ströme zu transformieren, also hochgespannte Ströme von geringer Elektrizitätsmenge in reichlicher fließende, aber niedriger gespannte Ströme zu verwandeln und auch umgekehrt. In Verbindung mit solchen den Induktionsapparaten nachgebildeten Transformatoren werden also gerade die Wechselströme, bei denen die Richtung des Stromes gleichgültig, aber an einer leichten Verwandlung der Ströme etwas gelegen ist, am besten verwendbar sein. Wir erfuhren bereits, daß es bei den chemischen Wirkungen der Elektrizität sehr auf eine hohe Stromstärke ankommt, wogegen die Spannung gering sein kann, aber freilich sind Wechselströme für chemische Zwecke im allgemeinen unbrauchbar. Auch für die Erwärmung von in den Stromkreis eingeschalteten Leitern sind gerade starke Ströme wesentlich. Auf dieser Thatsache beruht ein von Elihu Thomson angegebenes Verfahren, um Stücke desselben Metalls oder auch verschiedene Metalle an den Enden zusammenzuschmelzen, also z. B. Stahl- und Eisenstücke aneinander zu schweißen. Er bedient sich dazu der in Fig. 129 rechts sichtbaren Dynamomaschine. Wir sehen an dieser die Feldmagnete, sechs an der Zahl, und innerhalb des von ihnen eingeschlossenen Raumes eine Trommel, deren Drahtwickelung die beim Drehen entstehenden Wechselströme zwei rechts sichtbaren, von einander isolierten Ringen zuführt, von denen die hoch gespannten, aber geringe Stromstärke aufweisenden Ströme in den links unten sichtbaren Transformator gelangen. Als stark gespannte Ströme kommen sie hier in dünne Drahtwindungen, die als primäre Spule dienen, während der sekundäre Leitungsdraht von einem einzigen sehr dicken und zu einem Ringe gebogenen Kupferreifen gebildet ist. Die An-

Fig. 129. Wechselstrommaschine zum Schweißen der Metalle von Elihu Thomson.

ordnung ist also gerade umgekehrt, wie bei dem bekannten Induktionsapparat von Ruhmkorff; hier ist gerade die primäre Spule aus starkem Drahte gewunden, die sekundäre dagegen besteht aus sehr vielen Windungen von recht dünnem Drahte. Diese Teile sind in dem Bilde nicht sichtbar, wohl aber sieht man die starken Backen, mit denen diese

Leitung endigt, und in welche die beiden mit einander zu verschweißenden Eisenstücke geklemmt werden. Man muß wissen, daß das Eisen ein viel schlechterer Leiter der Elektrizität ist, als das Kupfer. Wo die Elektrizität mehr Widerstand findet, wird sie beim Durchgange sich in Wärme umwandeln, also wird sie das Kupfer nicht wesentlich, desto mehr das Eisen erhitzen. Aber zum Schmelzen des Eisens gehört eine Temperaturerhöhung um mehr als 1000 Grad Celsius. Ist der Strom wirklich kräftig genug, um diese Erhitzung zu vollbringen in Eisenstäben von mehreren Zentimetern Dicke? Und wenn dies der Fall ist, wird dann nicht mehr Kraft verbraucht, als eigentlich nötig ist? Es bedarf ja doch nur einer oberflächlichen Schmelzung gerade an den beiden zu verschweißenden Enden der Eisenstangen, jede in der Mitte derselben geleistete Erwärmung verringert unnütz die Arbeitsfähigkeit der Maschine. Die Natur des elektrischen Widerstandes hebt alle diese Sorgen in der befriedigendsten Weise. Derselbe hängt ja von dem Querschnitt des Leiters ab, und er ist um so größer, je enger der Raum ist, durch den der Strom sich hindurch zu zwängen hat. Aber der leitende Querschnitt ist gerade an der Berührungsfläche der Leiter am geringsten, denn wenn dort auch, wie die Figur zeigt, die Eisenschienen oder -stangen mit Gewalt gegen einander gepreßt werden, so sind doch die Endflächen nie so gut gearbeitet, daß sie in ihrer ganzen Ausdehnung einander decken; sie berühren sich nur in vielen kleinen Flächen und Punkten, und dort ist demnach auch der größte Widerstand und damit eine besonders starke Erhitzung zu erwarten. Schon innerhalb weniger Sekunden machen diese Ströme, die in der Sekunde zweihundertmal ihre Richtung wechseln, die auf einander gepreßten Enden glühend, erweichen sie, so daß sie durch erneuten Druck, den man mit den gezeichneten Kurbeln ausüben kann, noch ein wenig gegen einander gedrückt werden können. Hierauf läßt man das Stück abkühlen und findet, daß die Schweißung vollzogen ist.

d) Die Erfindung des elektrischen Lichtes.

Auf Adlersflügeln vorwärts strebend weicht der Flug des menschlichen Erfindungsgeistes auch der Sonne nicht. Das Licht des Tagesgestirns mit seiner unübertroffenen, jede andere natürliche Leuchte zum Halbdunkel herabsetzenden Leuchtkraft, dieses Licht zu jeder Zeit in der Gewalt zu haben, das war das lange für erstrebenswert gehaltene Ziel der Technik. Sie hat es erreicht, oder sie ist ihm doch so nahe gekommen, wie sie immer hoffen durfte. In einem besonderen Abschnitte dieses Buches wird der Weg, den der Erfindungstrieb durch die verschiedenen Arten der Beleuchtung zurückzulegen hatte, beschrieben werden. Wir wollen uns sofort jenem Endziele, dem elektrischen Lichte zuwenden, das als Bogenlicht gegen die Lichtstärke der Sonne nur noch um die Hälfte zurücksteht. Die andere wohlbekannte Art, das Glühlicht, mit seiner gelben, die Augen nicht blendenden Farbe, ist uns im Innern der Wohnräume sympathischer; für die Beleuchtung großer Räume und der Straßen erscheint das weiße Bogenlicht geeigneter. Kaum hat wohl eine Erfindung sich mit dieser erstaunlichen Geschwindigkeit eingeführt und verbreitet, wie diese beiden Lichtarten. Wo ist es vor 15 Jahren dauernd eingeführt gewesen? und am 1. Januar 1890 waren in Deutschland 2590 Anlagen für elektrische Beleuchtung mit 339000 Glühlampen und 21000 Bogenlampen vorhanden, Berlin allein zählte Ende März 1890 5000 Bogenlampen neben 81000 Glühlampen, welche zusammen den Leuchtwert von mehr als 110000 Gasflammen repräsentieren, wenn man eine Glühlampe als gleichwertig mit einer Gasflamme ansieht, der Bogenlampe aber den sechsfachen Leuchtwert zuschreibt. Neben der Leuchtkraft ist es jedenfalls auch die bequeme Bedienung, welche elektrische Lichtapparate gestatten, und welche durch eine Menge geistreicher Erfindungen garantiert ist, die diese Verbreitung herbeiführte. Sehen wir uns beide Arten der Leuchtapparate etwas näher an!

Die Glühlampe besteht aus einer luftleeren Glasglocke, in welcher ein dünner Faden von einem verkohlten Stoffe sitzt. Dieser wird zu heller Glut entflammt, und damit er nicht verbrenne, muß die Glocke jedes meßbaren Luftgehaltes bar sein. In die heiße Glut versetzt wird der Kohlenfaden beim Durchgange eines elektrischen Stromes. Wir wissen ja bereits, daß dieser, wo er Widerstand findet, sich in Wärme umsetzt. Die Kohle aber ist an sich ein ziemlich schlechter Leiter der Elektrizität und wird einen immer größeren Widerstand leisten, je mehr man ihren Querschnitt verkleinert. Also wird der dünne verkohlte Körper sich schon deshalb für die elektrische Beleuchtung geeignet machen. Er ist es noch aus einem anderen Grunde. Es giebt zwar noch andere weniger gute Leiter, die beim Durchgange des Stromes in Glut geraten, wie z. B. das Platin, das in dünnen Drähten schon durch einen ziemlich schwachen Strom glühend gemacht wird, aber diese Körper werden alle viel leichter durch die entwickelte Hitze zum Schmelzen gebracht, als gerade die Kohle, die bei den höchsten Wärmegraden, die wir zu erzeugen fähig sind, nicht schmilzt. Und schließlich lassen gerade verkohlte Stoffe sich in die passende Form von dünnen und dabei gleichmäßigen Querschnitt besitzenden Fäden bringen. Wenigstens kann man das heute, nachdem man lange und mühevolle Versuche gemacht hat. Früher mußte man sich mit Platin behelfen. So hat William Grove schon 1845 eine elektrische Lampe gebaut, die sich besonders für Bergwerke eignen sollte, weil der glühende Platindraht in einem abgeschlossenen Gefäß saß und also die gefährlichen Grubengase nicht entzünden konnte. Sein Apparat war einfach ein Glas, das nach Art der Taucherglocke in ein Gefäß mit Wasser gestülpt war. Innerhalb desselben glühte der Platindraht, der durch zwei isolierte Kupferdrähte mit Strom aus einer galvanischen Batterie versorgt wurde. Das war die erste Glühlampe. Zwar hatte Jobard in Brüssel bereits 1838 den Vorschlag gemacht, die Kohle in einem luftleeren Raume als lichtgebenden Leiter zu benutzen, und die Engländer Starr und King konnten 1845 ein Stäbchen aus Kohle, das sie bis zur Fadendünne abgeschliffen hatten, in einem leer gepumpten Glasballon durch den Strom einer magnetelektrischen Maschine zum Glühen bringen. Aber eine Fortsetzung dieser Versuche erschien damals schon deshalb wenig lohnend, weil ja die Stromquellen zu teuer waren, das elektrische Licht zu kostspielig wurde. Erst als die Dynamomaschinen aufkamen, und durch die Erfindung der verbesserten Quecksilberluftpumpe von Sprengel die Herstellung außerordentlicher Luftverdünnungen möglich wurde, da wurde die Suche nach geeigneten Glühlampen von Swan 1877 und Edison 1878 wieder aufgenommen. Die Dauerhaftigkeit einer solchen Lampe hängt sehr wesentlich davon ab, daß eine möglichst vollkommene Luftleere hergestellt wird, weil der Kohlenfaden bei Anwesenheit eines Luftrestes schnell dahinschwindet. Nun hatte Crookes durch großartige Versuche gezeigt, wie weit die Luftentleerung mit Hülfe der Sprengelschen Pumpe getrieben werden konnte, und Swan konnte jetzt seine Glasgefäße, nachdem er verkohlte Papierfäden hineingebracht hatte, so vollkommen entleeren, daß der Druck der übrigbleibenden Luft nur noch ein Milliontel einer Atmosphäre betrug. Man mußte dabei die Kohlenfäden während des Auspumpens gehörig erhitzen, weil sie in der Kälte einen hohen Betrag von der umgebenden Luft in sich aufzunehmen vermögen, der beim späteren Gebrauche schädlich wirken würde. Die auf diese und ähnliche Einzelheiten gerichtete Sorgfalt Swans und Edisons hat erst die glänzenden Erfolge der elekrischen Beleuchtung ermöglicht. Die Drähte, welche der Lampe den Strom zuführen, sind mit der metallischen Hülle des Lampenfußes und der durch eine Gipsfüllung davon isolierten Fußschraube in Verbindung zu bringen, und deshalb wird besondere Sorgfalt auf die Vereinigung des Kohlefadens mit diesem Fuße zu verwenden sein. Platindrähte, die den gläsernen Lampenfuß durchsetzen, stellen diese Verbindung her und sind mit der Kohle durch einen galvanischen Niederschlag von Kupfer vereinigt. An der Vereinigungsstelle könnte die Berührung an Innigkeit zu wünschen übrig lassen. Dann würde gerade hier der Widerstand bedeutend sein, und es wäre ein Fortschmelzen des Kupferbelags zu fürchten. Darum sorgte Swan durch Verdickung des Kohlenfadens gerade an seinen Enden für eine Verminderung des Widerstandes. Der Kohlenfaden hat bei den Lampen verschiedener Firmen eine immer andere Form. Wir zeigen in den Fig. 130 bis 132 die einfache U-Gestalt der Edisonschen Kohlenfaser, die gewundene der Swanschen und die Zickzackform der Maximschen Glühlampe. Woher aber bekommt man diese feinen Fäden? Wir kennen die Kohle doch als ein sprödes Material, das sich der Formung immer entzieht. Hören wir also, wie der große Mann von Menlo Park sich dieselben durch Verkohlung von Bambusfasern verschafft.

Die von der Pflanze kommenden röhrenförmigen Stengel werden zuerst mit Hilfe einer für diesen Zweck erfundenen Maschine so präpariert, daß man schnell eine größere Zahl gleichförmiger, in passenden Längen abgeschnittener Stücke, und jedes Stück in zwei Halbröhren mitten durchgespalten, erhält. Diese beiden werden wieder in drei Streifen geteilt; die harte, Kieselsäure enthaltende äußere Rinde wird entfernt, und die Stücke werden derart abgehobelt, daß sie einen flachen und geraden Streifen von der ganzen Länge nach gleichförmiger Dicke abgeben, und dann so abgeschnitten, daß sie genau dieselbe Länge

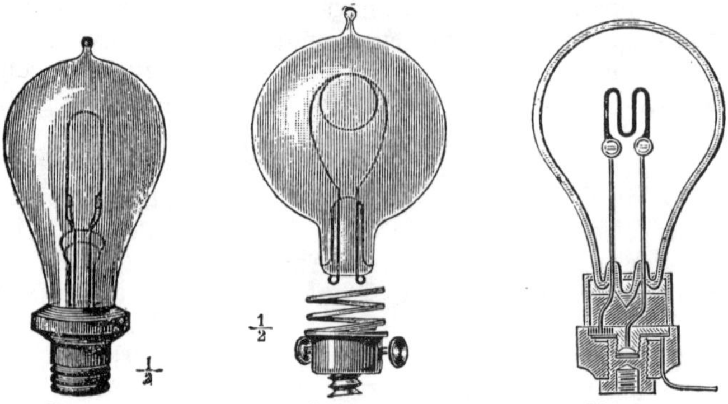

Fig. 130. Fig. 131. Fig. 132.
Elektrische Glühlampen von
Edison. Swan. Maxim.

erhalten. Nachdem man so einen Satz gleicher Fasern präpariert hat, stellt man sie in Blöcke zusammen und schneidet sie so, daß sie endlich die Gestalt einer schmalen Bambusfaser mit Verdickungen an den Enden annehmen, mit denen sie später an die Zuleitungsdrähte angeheftet werden. Die Fasern werden hierauf in die gewünschte Form gebogen, nämlich die eines Hufeisens, und durch Erhitzung bis zur Weißglut unter Luftabschluß in Öfen verkohlt. Dann werden sie mit ihren Platinhaltern galvanisch verbunden, um eine durchaus gute Verbindung herbeizuführen, und schließlich in die Glasglocken gebracht. Diese letzteren werden wiederholt luftleer gepumpt, während die in ihnen enthaltene Faser immer wieder durch einen elektrischen Strom auf eine sehr hohe Temperatur erhitzt wird, nachdem man sie dazwischen immer wieder hat abkühlen lassen. Dadurch wird die Luft und jedes andere in ihnen noch enthaltene Gas freigemacht, und außerdem werden die Fasern dabei noch einer scharfen Probe unterworfen, welche nur die ganz gesunden aushalten können, und schließlich erhält man eine dem beabsichtigten Zweck angepaßte, einer langen Ausdauer fähige Faser. Die Dicke der Kohle in den gewöhnlichen Edisonschen Glühlampen ist

0,1 bei einer Breite von 0,2 Millimetern, die Swanschen Kohlenfasern besitzen einen Querschnitt von 1/4 Millimeter Durchmesser und dabei erhält man sie überall von derselben Dicke, weil gerade durch das vorherige elektrische Glühen ein Ausgleich des Widerstandes durch die ganze Länge herbeigeführt wird. Das ist auch durchaus notwendig, denn von dem Widerstande, den der Faden an den einzelnen Stellen seiner Länge leistet, hängt offenbar auch der Grad der Erwärmung und damit auch die Farbe des Lichtes ab, das er dort aussendet. Derselbe Strom wird die Stellen von geringem Widerstand nur zur Rotglut erwärmen, während er die mehr widerstehenden in gelber Farbe leuchten läßt oder gar zu heller Weißglut erhitzt. Es ist aber offenbar nötig, daß der Faden durch die ganze Länge mit demselben Farbentone leuchte. Dieser Ton selbst wird außer von dem Widerstande, den die Glühlampe leistet, hauptsächlich von der Spannung des durchgehenden Stromes abhängen. Diese beträgt bei den gewöhnlichen Edisonlampen über 100 Volt, bei den Swanschen nur die Hälfte, wogegen die Stromstärke der ersteren nur 1/2 Ampère, diejenige, welche die letztere erfordert, mehr als 1 Ampère beträgt. Hieraus läßt sich auch auf die Wirksamkeit und die Teuerkeit des Glühlichtes ein Schluß ziehen, freilich nur ein ganz allgemeiner, da die Kosten für die verbrauchte Kraft sehr verschieden sind und sich z. B danach richten, ob Wasserkräfte zum Treiben der Dynamomaschinen sich darbieten oder nicht. Wenn wir aber eine bestimmte Gasmenge einmal verwenden, um mit ihr eine Kraftmaschine zu treiben, die auf eine Dynamomaschine wirkt und einen Strom durch eine Reihe von Glühlampen schickt, und andererseits das Gas direkt verbrennen, um es als Leuchtkörper zu benutzen, so ergiebt sich, daß die erzielten Wirkungen im ersten Fall drei Mal so groß, als im zweiten sind. Wenn trotzdem heutzutage die Kosten des elektrischen Lichtes sich noch höher als die des Gaslichtes stellen, so liegt das nur an der ersten Ausgabe und den Kosten der Instandhaltung der Gas- und der Dynamomaschine.

Die Glühlampen sind den an sie gestellten Aufgaben in hohem Grade angepaßt. Während sie bei voller Leuchtkraft in Weißglut sind, kann man durch Einschalten eines größeren Widerstandes, wie man ihn künstlich aus Metalldrähten erhält, sie auf gedämpftes gelbes oder auf rotes Licht beschränken. Die Zuleitung des Stromes zur Lampe kann durch lockere Drähte erfolgen, dann ist dieselbe leicht tragbar und man kann mit ihr überall hinleuchten. Feuersgefahr erscheint bei ihnen absolut ausgeschlossen, weil der Kohlenfaden unter Luftabschluß glüht und nur wenn die Glasglocke durch einen unglücklichen Zufall zerbrechen sollte, mit äußeren Gegenständen in Berührung käme; aber dann wird er ja sofort durch die Anwesenheit der Luft verzehrt, der Strom wird sofort unterbrochen und die Glut erlischt. So sind sie an solchen Stellen besonders brauchbar, wo sonst der Feuersgefahr wegen der Gebrauch von Lampen möglichst umgangen wurde; in Sprengstofffabriken werden sie sich nützlich machen und in den Gruben der Bergwerke als die allein gegen schlagende Wetter sicheren Leuchten sich einführen. Die Feuersgefahr in den Theatern ist ganz beträchtlich eingeschränkt worden, seitdem man sich zur Erleuchtung der Bühne und des Zuschauerraumes immer ausschließlicher der Glühlampen bedient. Gerade in der Theatertechnik aber sind sie von den wunderbarsten Wirkungen. Eine allen Anforderungen der Neuzeit genügende Bühnenbeleuchtung muß derart eingerichtet sein, daß man jeden Teil der Bühne beliebig stark und mit beliebig gefärbtem Lichte beleuchten kann, und man muß es in der Hand haben, von jedem besonderen Lichteffekte stetig, ohne für das Auge des Zuschauers wahrnehmbare Sprünge, auf eine andere Belichtungsart, beispielsweise vom Tageslichte auf Gewitterbeleuchtung, Abenddämmerung, Mondlicht überzugehen. Für diesen Zweck hat der Obermaschinen-Inspektor Brand des Berliner Opernhauses ein besonderes System erfunden, welches für die Praxis sich als völlig genügend herausgestellt hat. Während man früher vor die weißen Lampen besonders gefärbte Gläser setzte, bringt man jetzt bereits von vorn herein auf der Bühne eine Reihe von Lampengruppen an, deren Mitglieder zu je einem Drittel in weißen, roten und blauen (oder grünen) Gläsern sitzen. Nun kann die Lichtstärke der gleichfarbigen Lampen einer Gruppe von einem Punkte aus, der hinter der Bühne liegt, aber einen Überblick derselben gestattet, leicht reguliert werden. Man braucht dazu nur einen passenden Widerstand in die Leitung einzuschalten, was ein Angestellter mit Leichtigkeit durch einen Bühnenregulator besorgt. Damit kann man die Lichtfärbung und den Helligkeitsgrad jedes Satzes so regulieren, daß er eine ins Unbegrenzte gehende Veränderungsfähigkeit erhält. Die Regulierwiderstände können durch Drehen von Kurbeln ein- und ausgeschaltet oder die Lichter eines Satzes ganz ausgelöscht werden. Erstaunlich sind die Anwendungen dieser Beleuchtung. Wir finden sie im Helme des Tauchers, der nun seine Hände nicht mehr mit einer Lampe zu beschweren braucht; der Strom wird ihm vom Schiffe durch gut isolierte Drähte zugesandt. Wir begegnen ihr in den Wagen der Eisenbahnen, so zwar zunächst nur in denen der Jura-Simplonbahn und der Schnellzüge von Paris nach Havre. Statt der schweren Dynamomaschinen braucht die Lokomotive nur besondere, später zu beschreibende Batterien, die sogenannten Akkumulatoren, mitzunehmen und jeder Fahrgast kann an seinem Platze sich die passende Beleuchtung schaffen. Dabei wird jenes unbequeme Anzünden der bisher gebräuchlichen Pintschschen Fettgaslampen von der Decke des Wagens her gespart. Wo die Beleuchtung wegen vorhandener Wasserkräfte sich billig stellt, in den Thälern der Alpen z. B., hat sie festen Fuß gefaßt, und wir vernehmen, daß die nördlichste Stadt der Erde, das kleine Hammerfest, sich den Ersatz für das ihr monatelang mangelnde Sonnenlicht jetzt durch eine elektrische Anlage für die Speisung von Glühlampen in der

Straßen und Häusern schaffte, für die eine nahe Stromschnelle die Kraft liefert. So brannte in einem Winter das Licht auf den Straßen ununterbrochen vom 18. November bis zum 23. Januar, während das Werk vom 16. Mai bis 26. Juli feiern konnte, weil in dieser Zeit die Sonne nicht unterging. Doch sehen wir uns jetzt nach der andern elektrischen Leuchte, dem Bogenlicht, um!

Dasselbe wurde zuerst 1813 von dem englischen Chemiker Davy dargestellt. Er leitete dazu den Strom von zweitausend Voltaschen Elementen durch zwei Kohlenstifte, die einander an ihren Enden berührten. Der Widerstand ist natürlich gerade an solchen zugespitzten Enden besonders stark und daher wurden sie in Glut versetzt. Sie blieben aber leuchtend, wenn man sie jetzt voneinander langsam entfernte, während doch der Batteriestrom keineswegs jene hohe Spannung aufwies, die nötig ist, damit ein Ausgleich der Elektrizitäten durch die Luft erfolgen könne. Der Widerspruch löst sich leicht, wenn man bedenkt, daß der Strom kleine Kohleteilchen abreißt, die dann eine fast ununterbrochene Verbindung zwischen den beiden Kohlen herstellen. Wiewohl der Widerstand bedeutender ist, wird er doch vom Strom überwunden; es bildet sich eine weißglühende Lichtbrücke in der Luft, und dieselbe bricht erst dann, wenn die Entfernung der Spitzen zu groß geworden ist. Dieser glühende Bogen hat dem Lichte den Namen gegeben. Wir besitzen in ihm die höchste Hitze, die wir künstlich herzustellen fähig sind, und ein Licht, das eben nur dem Tagesgestirn an Helligkeit nachsteht. Die Kohlen, die als Träger des Lichtes dienen, sind hier mit viel geringerer Mühe zu beschaffen, als die feinen Fäden der Glühlampen. Bei der Gasfabrikation bleibt in den Retorten ein Rückstand von Koks, der gerade als Herstellungsmaterial für die Bogenlichtkohle geeignet ist.

Offenbar muß dieses Licht viele Unterschiede von dem Glühlicht aufweisen. Einmal muß bei dem vielmal größeren Widerstande, den die Lampe leistet, der Strom viel höher gespannt sein. Die zugeführte Wärme erhält nicht nur den Flammenbogen in Glut, sondern er bringt im Beisein der Luft auch die Kohlen zur Verbrennung, und wenn dies bei der allzu hoch gesteigerten Hitze auch in keinem großen Umfange geschehen kann, so bewirkt doch ein anderer Umstand die allmähliche Aufzehrung der Lichtträger. In den glühenden Kohleteilchen, welche den Lichtbogen bilden, wird den Kohlen viel Material entzogen, und zwar hat sich herausgestellt, daß die Kohle, an welcher der Strom eintritt, einer viel größeren Stoffmenge beraubt wird, als die, an der er aus dem Lichtbogen austritt, und auf diesem Verhalten der beiden Kohlen basiert der ganze Vorgang. Die erstere verliert ihre Spitze und höhlt sich allmählich aus, während die andere dauernd ihre Form behält, obgleich sie auch etwa die Hälfte jenes Stoffes verliert, den die erstere abgiebt. Dieser Verlust an Material führt zu einer Verkürzung der Kohlen, und da der Lichtbogen nicht über eine gewisse Grenze wachsen kann, ohne zu zerreißen, so muß man Vorkehrungen treffen, welche die Kohlen immer um soviel nähern, als sie durch das Verbrennen verkürzt wurden. Dieser Apparat wird zugleich auch die Trennung der Kohlen in den ersten Momenten des Aufleuchtens zu bewirken haben, damit der Lichtbogen sich bilden könne. Nur wenn ein solcher guter Regulierapparat beigegeben ist, wird auch der Widerstand, den der Lichtbogen dem Strome entgegensetzt, immer derselbe bleiben können, während sonst mit dem Widerstande auch die Leuchtkraft der Lampe eine fortwährende Änderung erführe, wie wir auch bei schlechter Regulierung ein fortwährendes Flackern und eine ruckweise Veränderung des Lichtes wahrnehmen.

Sehr geistreiche Erfindungen sind gemacht worden, um die Beständigkeit

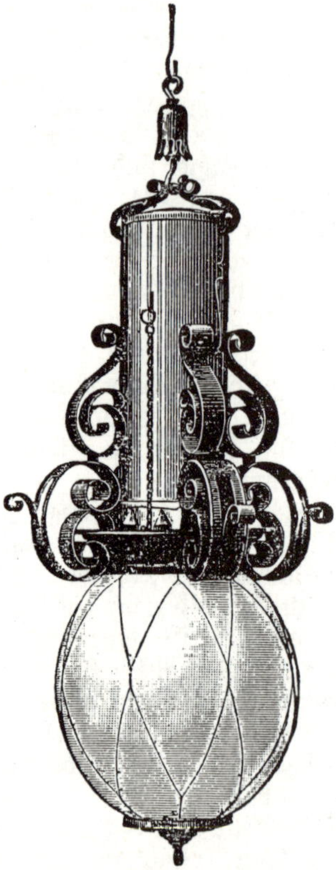

Fig. 133. Elektrische Bogenlampe.

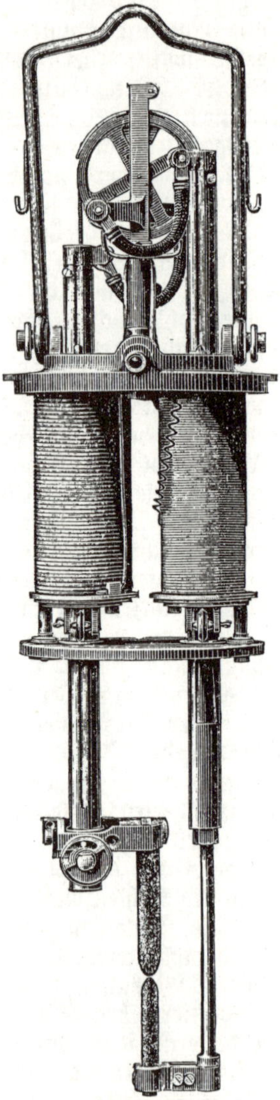

Fig. 134.
Regulator für Bogenlampen von Schuckert & Co.

des Lichtbogens zu garantieren. Die erste regulierte Bogenlampe konstruierte Dubosq. Wir bilden hier diejenige ab, welche Krizik & Piette vor einigen Jahren erfunden haben, und die von Schuckert in Nürnberg gebaut wird. Die Lampe selbst ist in Fig. 133 zu sehen. Die Kohlenspitzen stehen einander in dem unteren Teile des Apparats gegenüber, welcher mit einer Hülle von Milchglas umgeben ist, um nicht die ganze Fülle blendenden Lichtes in unser Auge gelangen zu lassen. Das Glas wiederum ist, um besser Widerstand leisten zu können, mit einem Drahtgeflechte umgeben. Die Reguliervorrichtung sitzt in einem darüber sichtbaren Metallzylinder, der des schöneren Aussehens halber auswendig ornamentiert wird. Beim Aufhängen werden die Lampen entweder zum Abhaken eingerichtet oder mit einem Gegengewichte abbalanciert, damit man sie jederzeit zu einer Erneuerung der Kohlenstifte herablassen könne. Den sehr einfachen und wirksamen Regulator zeigt die Fig. 134. Wir sehen die beiden Kohlen einander gegenüberstehen. Die obere, bei welcher der Strom eintritt, hat den doppelten Querschnitt wie die untere, bei der er austritt. Dadurch wird — weil der Lichtbogen von der unteren Kohle halb soviel verzehrt, wie von der oberen — erzielt, daß beide Kohlen um gleiche Längen abbrennen. Die Hauptleuchtkraft des Bogenlichts sitzt immer dort, wo der Strom eintritt, durch eine dickere untere Kohle würde uns also auch zuviel von dem Lichte der oberen entzogen werden, und das ist der andere Grund, warum die untere dünner ist. Beide Stifte sitzen in Metallhülsen, die an besonderen Trägern angebracht sind. Mit diesen wieder sind Stangen aus weichem Eisen verbunden; beide hängen an einer Schnur, die um ein Rad geschlungen ist. Infolge dieser Aufhängung legen beide Kohlen immer gleiche Wege zurück und zwar gehen gleichzeitig die eine nach unten und die andere nach oben. So bleibt der Lichtbogen während der gesamten Branddauer stets an derselben Stelle und der wirksamste Teil der Lichtquelle wird sich demnach in die günstigste Stelle zu der Glocke oder auch zu einem Spiegel bringen lassen, der das Licht weit fortwerfen soll und wie wir ihn später im Scheinwerfer kennen lernen werden (vergl. „Sicherung der Schifffahrt"). Wie wird nun der Lichtbogen gerade immer in derselben Länge erhalten? Dazu dienen die beiden Drahtspulen, welche der Strom passieren muß. Die eine Hauptspule enthält dicken Draht in verhältnismäßig wenigen Windungen, während die Nebenspule deren viele aber sehr dünne besitzt. Wenn der Strom sie durchfließt, so nehmen sie magnetische Eigenschaften an und ziehen dann die Eisenkerne in sich hinein. Die Stellung dieser wird also nicht allein durch ihre Schwere bedingt sein, sondern auch von der Kraft der beiden Drahtspulen abhängen. Die Anziehungskräfte beider Spulen wirken einander entgegen; die Hauptspule, wird ein Auseinandergehen, die Nebenspule, ein Zusammengehen der Kohlenspitzen herbeizuführen streben. Findet der Strom bei zu kleinem Lichtbogen einen zu geringen Widerstand, so wird er zu stark, die Hauptspule wird die Übermacht haben und den Lichtbogen vergrößern; ist der Lichtbogen aber zu groß, so wächst die Spannung des Stromes, und dann hat die dünndrahtige Spule die Oberhand und bewirkt eine Verkürzung des Bogens. So gleichen sich stets die Änderungen im Lichtbogen sofort wieder aus. Dies ist nur einer von den vielen in der Praxis gebräuchlichen Lichtbogenbildern, der sich dadurch auszeichnet, daß die Lampen in jede mögliche, selbst in horizontale Lage gebracht werden können, also für die Beleuchtung im Freien und in Bahnhofshallen, wo die Lampen dem Winde ausgesetzt sind, sowie auf Schiffen von Vorteil ist. Andere Vorrichtungen sind den besonderen Arten von Schaltungen der Lampen und von Zuleitungen des Stromes in eigentümlicher Weise angepaßt, wie die 1879 von v. Hefner-Alteneck erfundene Differentiallampe, die erste, welche eine Verteilung des elektrischen Stromes an viele Lampen ermöglichte.

Ohne eine so verwickelte Anordnung hat bereits 1876 Jablochkoff mit seiner elektrischen Kerze die Regulierung des Lichtbogens erreicht. Bei ihm stehen die Kohlenstifte nicht einander gegenüber, sondern parallel zu einander, die Enden in gleicher Höhe, von einander durch eine Mischung von Gips und Schwerspat isoliert. Zwischen ihren oberen Enden entsteht der Flammenbogen. Die beiden Kohlen werden sich nur dann gleichmäßig abnutzen, wenn man Wechselströme hineinleitet. In dem Maße, als die Stifte abbrennen, schmilzt zugleich die isolierende Schicht weg, so daß sich der Bogen immer wieder bilden kann. Schwierigkeit macht hier freilich das Einleiten der Bogenbildung, da man die Stifte einander nicht nähern kann. Man muß also durch Aufdrücken eines dritten dünneren Kohlestiftes zuerst eine leitende Verbindung herstellen und wird nach dem Abbrennen desselben den Lichtbogen aufleuchten sehen.

Das Bogenlicht, sonst nur in großen Räumen und für die Beleuchtung von Gärten und Straßen angewendet, bricht sich jetzt auch an anderen Stellen Bahn. So haben Sedlaczek und Wikulill eine Lampe für Eisenbahn- und Schiffsbeleuchtung gebaut, mit denen in Österreich Versuche gemacht wurden. Die Lampe wird am Schornstein einer Lokomotive befestigt und durch den Strom einer Dynamomaschine entzündet, die von der Lokomotive selbst mit Kraft versorgt wird. Der Lokomotivführer kann durch einen hinter dem Lichtbogen befestigten Spiegel die Bahnstrecke weithin beleuchten, so daß er die Signale deutlich bis auf ein oder zwei Kilometer erkennen kann. Offenbar würde die Gefahr des Zusammenstoßes von Seeschiffen auch bedeutend vermindert werden, wenn man das Fahrwasser mit Bogenlicht beleuchtete, das, wie kein anderes, selbst zur Durchdringung des dichtesten Nebels geeignet ist. Dort, wo Lokomobilen zur Feldarbeit benutzt werden, wird sich vielleicht eine Art von Beleuchtungswagen einführen, welche die Firma Siemens & Halske neuerdings konstruiert hat. Die während der Ernte besonders kostbare Arbeitszeit wird auch auf den Abend sich ausdehnen lassen, wenn man für genügende Helligkeit sorgt. Solche liefern eben die genannten Apparate. Sie enthalten auf einem Wagen eine Dynamomaschine, die von der Lokomobile aus durch eine Transmission in Thätigkeit gesetzt werden kann und drei Bogenlampen, sowie einige Glühlampen mit Strom versorgt. An anderen Stellen werden wir die Anwendung des elektrischen Lichtes auf Leuchttürmen und für die elektrischen Scheinwerfer besprechen (vergl. „Sicherung der Schifffahrt").

e) Die elektrische Kraftübertragung.

Frühere Ansichten und Bestrebungen.

In dem Kapitel über Dynamomaschinen sahen wir, daß jeder solcher Apparat sich zugleich als Motor verwenden läßt, der wie ein Dampf- oder Gasmotor für den Betrieb von Arbeitsmaschinen geeignet ist. Man braucht ihm nur von einer primären Maschine Strom zuzusenden, so wird er in Bewegung gesetzt. Dieses Zuschicken von Elektrizität erscheint uns ohne alle Schwierigkeit. Man hat ja in den Metallen vorzügliche Leiter, jeder Metalldraht wird also geeignet sein, die Kraft auf jede beliebige Entfernung zu übertragen. Leider verhält sich die Sache anders. Zunächst nämlich muß die Leitung durch eine vorzügliche Isolation gegen die Umgebung geschützt sein, sonst wird zu viel Elektrizität dorthin überfließen. Bei den Telegraphenleitungen, in denen auch nichts anderes als die Elektrizität fließt, sind die Drähte an besonderen Porzellannäpfen angebracht, die ihrerseits erst wieder an den Holzstangen befestigt sind. Das Porzellan hat eine sehr geringe Leitungsfähigkeit. Aber auf seiner Oberfläche schlägt sich stets aus der Atmosphäre eine dünne Schicht von Wasser nieder, die immer schon etwas Elektrizität aus dem Drahte über die nicht besonders schlecht leitenden Holzstangen zur Erde führt und damit bei der großen Zahl von Stangen in einer viele Kilometer langen Leitung einen ansehnlichen Stromverlust herbeiführt. Beim Telegraphieren hat das nicht viel zu sagen; die dazu erforderliche Kraft ist gering, aber wo es sich um die Übertragung starker Kräfte handelt, mit denen zu sparen ist, da wird man die jetzt an Verbreitung sehr zunehmenden Öl-Isolatoren anwenden, von denen unsere Fig. 135 drei an einem Holzkreuze befestigte zeigt. Der oben abgebildete Querschnitt läßt er-

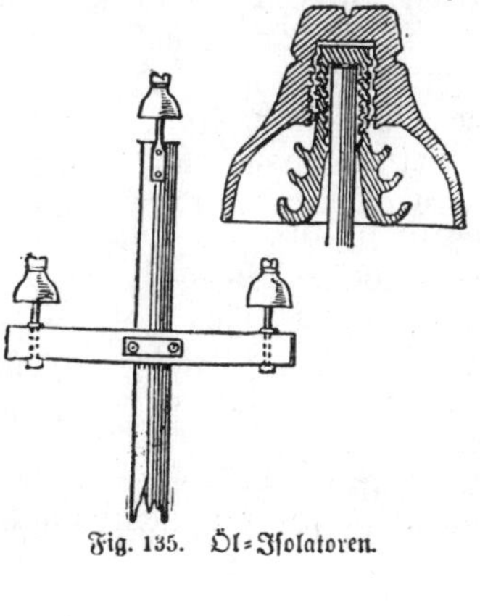

Fig. 135. Öl-Isolatoren.

kennen, daß sie inwendig Rinnen haben, die mit Öl gefüllt werden. Das Öl aber ist der vollkommenste Isolator, den man bis jetzt hat. Was das Holzkreuz bedeutet, wird uns bald klar werden.

Die Leitungen sind selbstverständlich aus einem möglichst vollkommenen Elektrizitätsleiter herzustellen. Da ist vor allem das Kupfer brauchbar, das dem besten Leiter, dem Silber, an Billigkeit so viel überlegen ist. Für die Leitung geringerer Kräfte ist selbst Eisendraht völlig ausreichend, in ihm erblicken wir den üblichen Vermittler telegraphischer Depeschen. Nachdem die elektrische Beleuchtung einen größeren Umfang angenommen hatte, besonders für die Leitung aus den Kraftzentralen der Großstädte, mußte man auch für die Beleuchtungszwecke wohl oder übel von der oberirdischen Stromleitung zur unterirdischen übergehen. Diese Leitungen oder Kabel sollen bequem verlegt werden können, dazu muß man, besonders wenn die Leiter einen großen Querschnitt haben, eine Reihe von dünnen Drähten zu einem Seil verbinden. Dadurch erreicht man erst die nötige Biegsamkeit des Leiters trotz seiner Dicke. Wir bilden hier in Fig. 136 ein solches Kabel ab, das Patentbleikabel, welches von der Firma Siemens & Halske eingeführt wurde. Rechts ist das Kupferseil sichtbar; aber was bedeuten die teilweise zurückgeschlagenen und entfernten Hüllen, die es umschließen? Da ist zu innerst ein Bleimantel, welcher unter einem sehr hohen hydraulischen Druck von zweitausend Atmosphären um die Kabelseele herumgepreßt wurde. Er soll die Zuleitung der Erdfeuchtigkeit zu dem Leiter verhindern. Wo dieses Kabel direkt in den Erdboden gelegt werden soll, kommt nach einer Umwickelung mit Papier eine teergetränkte Umspinnung und schließlich, um es bei Erdarbeiten gegen Verletzung zu sichern, eine Umhüllung, die aus zwei sich überdeckenden Eisenbandspiralen besteht. Solch ein Kabel entspricht schon den hohen Anforderungen, welche an die Isolation und an die Dauerhaftigkeit der Leitung zu stellen sind. Es ist nicht möglich, dieselben über gewisse Längen hinaus anzufertigen. Da man nicht wohl kilometerlange Leiter von einem bestimmten Querschnitt transportieren kann, so müssen die gelieferten Enden unter Berücksichtigung des Schutzes ihrer Berührungsstellen und der Isolierung verbunden werden. Dazu dienen Muffen von der Art wie Fig. 137. Die Kupferseile werden durch Verschrauben miteinander verbunden und die Muffen dann mit dem isolierenden Material ausgegossen. Die abgebildete T-Muffe zeigt, wie sich der Anschluß der Hausleitungen an das Kabelnetz darstellt. Diese Verbindung der Kabelenden und Abzweigungen hat sich vollkommen bewährt und wird auch wohl jetzt überall angewendet.

Fig. 136. Aufgewickeltes Bleikabel von Siemens & Halske.

Leider ist noch eine andere Schwierigkeit dabei, die alle Versuche der elektrischen Kraftübertragung seit den Tagen Voltas lange unmöglich und erst in den letzten Jahren in größerem Umfange praktisch ausführbar machte. Noch im Jahre 1877 wurde die Elektrizität für unfähig gehalten, sich zu einer Wirkung von vielen Pferdestärken steigern zu lassen, und eine Äußerung, die William Siemens damals that, wurde für kaum mehr als die Ausgeburt einer lebhaften, von der kritischen Vernunft verlassenen Phantasie gehalten. Dieser Ausspruch lautete: „Die Zeit wird uns wahrscheinlich Mittel weisen, um Kraft auf große Entfernungen zu übertragen. Ich kann nicht umhin, auf eines hinzudeuten, das meiner Ansicht nach beachtenswert ist, nämlich den elektrischen Leiter. Nehmen wir an, eine Wasserkraft werde angewendet, um eine Dynamomaschine in Bewegung zu setzen, so wird ein sehr kräftiger Strom entstehen, der durch einen großen metallischen Leiter auf eine große Entfernung übertragen und so eingerichtet werden kann, daß er dort Elektromotoren treibt, die Kohlenspitzen elektrischer Lampen in Glut versetzt oder die Metalle aus ihren Verbindungen abscheidet. Ein Kupferdraht von 76 mm Durchmesser könnte 1000 Pferdekräfte auf eine Entfernung von — sagen wir — 50 km übertragen, ein Betrag, der genügen würde, eine Viertelmillion Normalkerzen (entsprechend 16000 Edisonlämpchen) zu versehen, was zur Beleuchtung einer großen Stadt genügen würde." Wie sich William Siemens die Sache dachte, würden die Kosten des Kupfers für das eine Zuleitungskabel nicht weniger als 4 Millionen Mark betragen, und schon deshalb mußte die Idee für unausführbar gelten. Aber wie kam der berühmte Techniker gerade auf einen so dicken Leiter? Ist nicht die Elektrizität auch in dünneren Drähten leitbar? Wir wissen schon, daß dieselbe beim Durchgange durch einen dünnen Leiter einen größeren Widerstand erfährt, daß dabei der Draht erwärmt wird und infolge dessen Kraft verloren geht. Es ist, wie wenn Wasser unter einem bestimmten Drucke durch eine Wasserleitung fließt. Durch seine fortwährende Reibung an den Wänden der Röhre büßt es offenbar an Kraft ein und besitzt am Ende seines Laufes lange nicht die Wirkungsfähigkeit, die ihm am Anfang zukam. Es ist am Ende der Leitung noch als Wasser zu verwenden, aber es ist möglich, daß es nur so wenig Druck besitzt, um als Krafterzeuger unbrauchbar zu sein. Dem Drucke des Wassers entspricht die Spannung der Elektrizität. Von dieser geht beim Durchgang durch den Leiter immer eine bestimmte Anzahl Volt verloren, die eben zur Überwindung des Leitungswiderstandes dient, in engen Drähten natürlich mehr als in dicken Drähten. Es giebt also offenbar zwei Mittel, um diesen Verlusten vorzubeugen, entweder man verwendet recht dicke Drähte, wie das Siemens vorschlug, oder man erhöht die

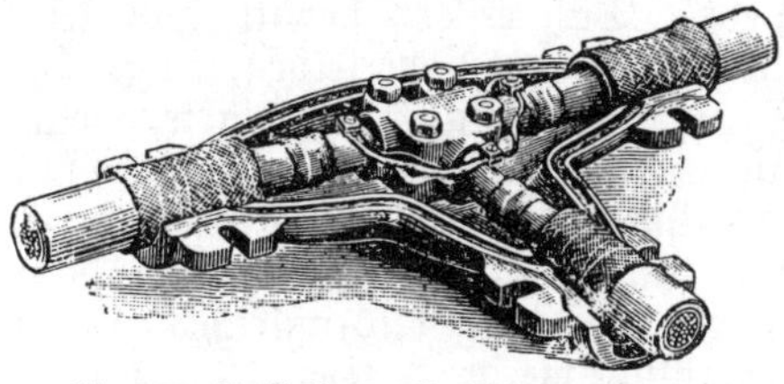

Fig. 137. T=Muffe zur Verbindung von Kabeln.

Spannung der für die Kraftübertragung bestimmten Elektrizität. Denn es ist offenbar nicht gleichgültig, ob ein Strom, der nur 100 Volt Spannung besitzt, diese 100 Volt verliert, oder ob ein auf 1000 Volt gespannter Strom 100 Volt abgiebt. Der erstere behält gar keine Kraft übrig, der letztere hat nur ein Zehntel derselben eingebüßt. Beides hat offenbare Nachteile. Drähte von genügender Stärke, welche schwache Ströme ohne bedeutenden Spannungsverlust leiten, sind natürlich teuer, hochgespannte Elektrizität aber ist lebensgefährlich für jeden, der sich dem Leiter nähert, denn die Elektrizität wird dann selbst durch eine gewisse Weite in der Luft sich auszugleichen suchen und dem menschlichen Körper verderblich werden. Der letzte schwerwiegende Umstand hatte Siemens veranlaßt, in dem obigen Beispiele einen Strom von nur 200 Volt Spannung anzunehmen und demselben einen Verlust von 60 % der mitgeteilten Leistungsfähigkeit zu gestatten. Aber bereits auf der Münchener Ausstellung 1882 gelang es Marcel Deprez zwei leergehende Dreschmaschinen durch eine Wasserkraft zu treiben, die in einer Entfernung von 5 Kilometern sich zunächst auf die primäre Dynamomaschine übertrug und, von dieser in Elektrizität umgesetzt, durch Kupferdrähte der sekundären Maschine zugeleitet ward. Nachts diente der Strom, um am Glaspalaste und dem Königsplatze elektrische Lampen zu speisen. Ebenso gelang es Deprez drei Pferdestärken durch ein paar gewöhnliche eiserne Telegraphendrähte auf Entfernungen bis zu 40 Kilometern fortzuleiten. Freilich gingen in dem schlechten Leiter nicht weniger als 68 % von der Arbeitsfähigkeit der Maschine verloren; aber es war nicht mehr verlangt. Die Spannung der Ströme hatte die Höhe von 2000 Volt. So verlor Siemens' Idee das Phantastische, das ihr zuerst anzuhaften schien, und auch die eines Mannes, wie des berühmten Physikers Sir William Thomson, welcher 1879 durch Rechnungen feststellte, daß durch einen Kupferdraht von nur 12 mm Durchmesser 2100 Pferdestärken auf eine Entfernung von 500 Kilometern mit einer Stromspannung von 80,000 Volt übertragen werden könnten, wurde jetzt nicht mehr belächelt. Vielleicht kommt einst der Tag, wo man solche Elektrizität mit einer Schlagweite von 36 Zentimetern durch die Luft in Drähten übertragen wird.

Die hohen Kosten eines starken Drahtes ließen die Elektrotechnik nicht weiter gehen in den Versuchen schwach gespannte Elektrizität zu übertragen. Thomson selbst hatte in dieser Beziehung ein praktisches Gesetz ausgesprochen, welches offenbar von Deprez in seinen Versuchen noch nicht beachtet war. Wir können uns leicht eine Vorstellung von diesem Gesetze verschaffen. Die Kosten einer Pferdestärke darf man bei nicht zu hohen Kohlenpreisen und einer großen Dampfmaschine auf 10 Pfennige für die Stunde, also 1 Mark an einem zehnstündigen Arbeitstage, d. h. im Jahre auf 300 Mark veranschlagen. Werden durch eine Leitung etwa 200 Pferdestärke übertragen, so macht das eine jährliche Ausgabe von 60,000 Mark. Mehr als diesen Betrag dürfen demnach auch die jährlichen Zinsen der Anlage samt den Betriebskosten nicht ausmachen, sonst ist eben eine Kraftquelle, an Ort und Stelle aufgestellt, zweckdienlicher. Man ist also für die Übertragung auf hoch gespannte Elektrizität angewiesen, und es handelt sich vor allem darum, eine derartige Anlage zu machen, daß möglichst viel von der zu übertragenden Kraft auch wirklich an den Bestimmungsort gelange. Also heißt es, die Drähte nicht zu dünn und die Spannung möglichst hoch zu wählen.

Die erste solche Anlage, auf größere Entfernung, bei der die zugeführte Kraft wenigstens zu drei Vierteln an den Bestimmungsort gelangte, wurde nach den Angaben des Direktors Brown von der elektrischen Fabrik in Örlikon bei Zürich ausgeführt. Es handelte sich darum, die mittels einer Turbine in Kriegsstetten gewonnene Wasserkraft von 30—50 Pferdestärken nach dem 8 km entfernten Solothurn zu leiten. Zwei Dynamomaschinen gaben einen Strom von 1150 Volt und 15 bis 18 Ampère, der mittelst blanker Kupferleitungen von 6 mm Dicke nach den Motoren geleitet wurde. Die Anlage ist seit Dezember 1886 in Betrieb.

Die berühmteste solcher Übertragungen ist

Die Lauffener Übertragung,

von der wir schon früher gesprochen haben, denn sie war es, welche der Frankfurter Ausstellung 1891 als Primärmaschine galt und die Kraft von Lauffen am Neckar auf die Entfernung von 180 km nach Frankfurt übertrug. Es wurden nicht weniger als 300 Pferdestärken übertragen und zwar in drei Drähten, die zwar nicht dicker als 4 mm waren, aber zusammen doch die Kleinigkeit von 60000 Kilogramm wogen. Sie waren an Öl-Isolatoren angebracht, mehr als dreitausend Holzstangen markierten den Weg und an jeder waren drei Porzellannäpfe in der Anordnung von Fig. 135. Warum waren es aber gerade drei Drähte, und welche Spannung mußte der in ihnen laufende Strom haben, ohne eine wesentliche Abschwächung zu erfahren? Der Strom war auf nicht weniger als 27000 Volt gespannt. Um wenigstens einen kleinen Begriff von einer solchen Spannung zu geben, sei erwähnt, daß man sich einem solchen Strome nicht auf weniger als $8\frac{1}{2}$ cm nähern darf, ohne einen gefährlichen Schlag zu erhalten, da er im Stande ist, schlechte Leiter, die man in ihn einschaltet, wie z. B. eine Glasplatte von mehreren Millimetern Dicke, ohne weiteres durchzuschlagen. Wegen der Gefahr, die solch eine Nachbarschaft in sich birgt, war die Leitung denn auch in unerreichbarer Höhe entlang geführt. Das Unternehmen war ein modernes Wunderwerk elektrotechnischer Schöpfung, würdig einer elektrotechnischen Ausstellung, und es wurde auch von aller Welt als ein solches angesehen.

Nun können jedoch in keiner Dynamomaschine der Welt die Wickelungsdrähte so voneinander isoliert werden, daß die Maschine eine so hohe Spannung vertrüge. Wie die erwähnte Glasplatte, so könnten die Isolierungen der Drähte von einem Funken durchbohrt werden, und wo ein solcher einmal sich einen Weg gebahnt hat, da wird ein fortwährender Funkenstrom sich einnisten, wie das Bogenlicht die isolierende Luftstrecke in einem fortwährenden Strome glühender Kohlenstäubchen durchbricht. Die Maschine — sagt man — hat jetzt Kurzschluß, und ihre Wirksamkeit nach außen ist sehr herabgesetzt. Am allerwenigsten werden die bewegten Teile der Maschine hochgespannten Strom vertragen. Die Gleichstrommaschinen werden höchstens für wenige hundert Volt, die Wechselstrommaschinen allerdings für 2000 Volt Spannung gebaut.

Wie erhält man nun den hochgespannten Strom? Offenbar durch das Mittel der Transformatoren, welches durch die vorzügliche Isolierung mit Öl auch für so gewaltige Spannungen seine Dienste nicht versagt. Der Strom der Dynamomaschine durchkreist die wenigen dickdrahtigen Windungen der primären Spule des Transformators und erregt in den viel zahlreicheren dünnen Windungen der sekundären Spule einen viel höher gespannten Strom, der nun weiter geleitet werden kann. Da der Strom bereits eine hohe Spannung besitzen muß, bevor er zur Transformierung gelangt und andererseits Gleichströme zu ihrer Verwandlung eines schwerer zu isolierenden, weil nicht ruhenden Transformators bedürfen, so war man folglich darauf angewiesen, die Elektrizität einer Wechselstrommaschine zu entnehmen. Man hätte dazu eine von den beschriebenen nehmen können, aber es wurde bei der Lauffener Übertragung eine besondere Art des Wechselstromes gewählt, den man gewöhnlich als Drehstrom bezeichnet. Wir werden bald auf ihn zurückkommen. Vorerst wollen wir unsere Leitung noch bis nach ihrem Endziele verfolgen. Wie sollte man sie bei der furchtbaren Spannung praktisch weiter verwerten? Natürlich nur so, daß man den Strom vorher wieder auf niedrige Spannung brachte, indem man ihn in die dünne Leitung eines ganz ähnlichen Transformators sendete und aus der dicken Umwickelung den verwandelten Strom zur ferneren Benutzung entnahm. Erst jetzt wird man ihn einer als Elektromotor zu verwendenden Dynamomaschine zuschicken dürfen, die nun ihre Arbeiten verrichten oder ihn zur Speisung von elektrischen Lampen benutzen kann. Die Anordnung ist also die in der schematischen Fig. 138 verzeichnete. Und nun zum Drehstrom. Seine Erklärung wird uns auch die Frage nach den drei Drähten beantworten.

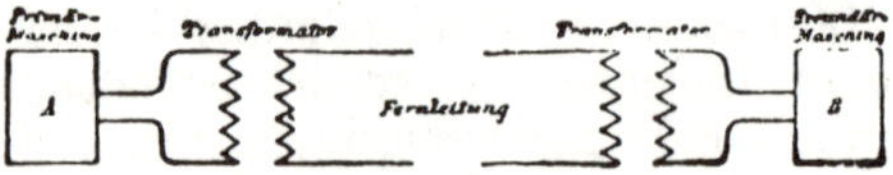

Fig. 138.
Schematische Darstellung der Lauffener Übertragung.

Sehen wir uns zunächst die in der Fig. 139 abgebildeten 6 Figuren an. In allen erblicken wir einen Ring, den wir uns von Eisen denken wollen. Über ihn geschoben sind vier Spulen, von denen die gegenüberstehenden bei A und bei B mit einander verbunden sind. Es ist also ein Ringanker, bei dem nur nicht alle Spulen mit einander in Verbindung stehen. Nehmen wir ferner an, daß durch A ein Strom in der bei I verzeichneten Richtung fließe, so wird der Eisenring zum Magnet, der seine Pole bei N und S hat. Eine Magnetnadel im

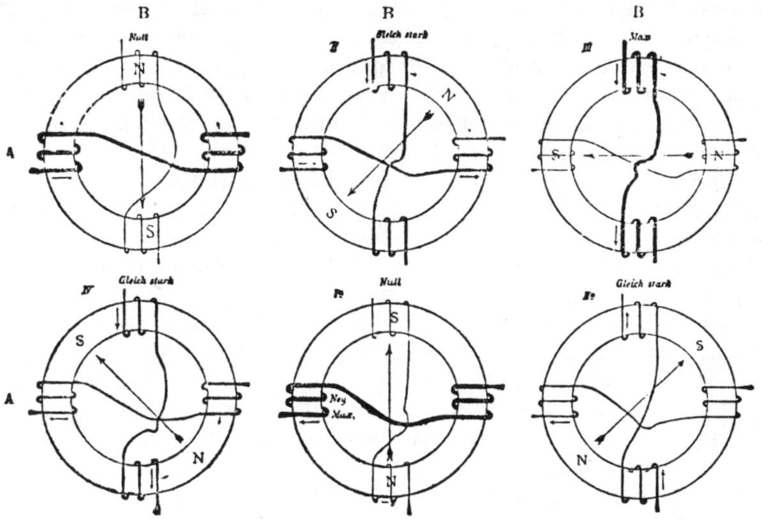

Fig. 139. Schematische Darstellung der Wirkung des Drehstroms.

Innern des Ringes wird sich also so einstellen, wie die Fig. 139 andeutet. Jetzt lassen wir den durch A fließenden Strom an Stärke abnehmen, während wir gleichzeitig durch B in der angedeuteten Richtung einen ebenso starken Strom senden. Wird dann nicht der Ring ein Magnet bleiben, wenn auch seine Pole um ein Achtel des Kreisumfanges gewandert sind? Damit wird auch die Magnetnadel im Innern ihre Richtung um ein Achtel einer vollen Umdrehung verschieben. In einem dritten Stadium wollen wir den Strom in B uns stärker angewachsen vorstellen, während der durch A gehende zu fließen aufgehört hat. Wieder hat die Nadel ihre Richtung geändert, da auch die Pole des Kreismagnets ihre Wanderung fortgesetzt haben. Bei IV sei der Strom A wieder erschienen, aber freilich von der entgegengesetzten Richtung her kommend, während der bei B seinen Wert so weit herabgesetzt habe, bis er dem andern gleich wird, wieder haben die Ringpole ihren Ort verlegt, wieder hat die Magnetnadel eine Drehung ausgeführt. So könnten wir weiter gehen und wir würden finden, daß zwei Ströme, welche je ein Paar von dem Spulenkreuz durchfließen, wenn sie in einem solchen Rythmus ihre Richtung und Stärke ändern, in dem Eisenringe zwei einander gegenüberliegende Magnetpole auf die Wanderschaft schicken und einer Magnetnadel in ihrem Innern eine fortgesetzte Drehung erteilen. Wenn wir eine solche Einrichtung treffen könnten und recht starke Ströme wählen würden, so würden wir statt der Magnetnadel auch andere schwere Körper zu Drehungen veranlassen können, und diese Drehung ließe sich auf die einfachste Weise zum Betriebe aller möglichen Apparate verwenden. Wenn wir aber umgekehrt einen stark magnetischen Körper innerhalb eines solchen Ringes in Umdrehung versetzen würden, so wäre die Folge, daß der Magnet in den Spulen Ströme induziert, die gerade die Eigentümlichkeit besitzen, so gleichmäßig ihre Richtung und Stärke zu ändern, daß sie niemals beide gleichzeitig zu Null werden, sondern daß der eine sein Maximum immer erreicht, wenn der andere Null wird. Denselben Zweck würden wir natürlich auch erreichen, wenn der Magnet festgehalten wird, und der Ring um ihn herumgeführt wird, und auch wenn wir statt des innern Feldmagneten einen verwenden, dessen Pole sich außerhalb des Ringankers befinden. Wir erhalten dann ganz die Einrichtung einer Grammeschen Maschine, nur sind die Spulen anders verbunden. Die Fig. 140 zeigt, daß der Ring der ganz gewöhnliche Ringanker sein kann; von vier Punkten seiner Umwickelung gehen Verbindungsdrähte C D E F nach vier verschiedenen von einander isolierten Metallringen hin, die auf der Ringachse sitzen. Verbindet man für sich D und C oder F und E durch je einen Schließungsdraht, so werden beide Drähte

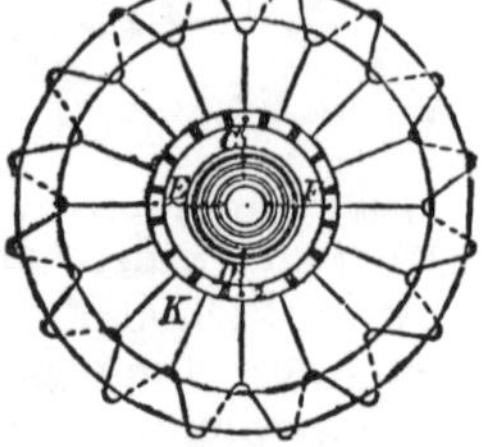

Fig. 140.
Schematische Darstellung eines Drehstrom-Erzeugers.

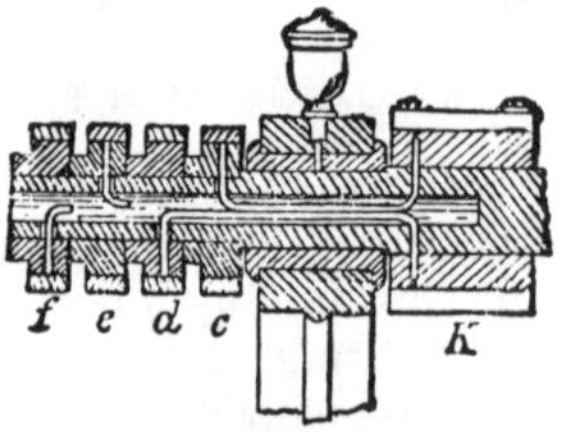

Fig. 141.
Schematische Darstellung eines Gleichstrom-Erzeugers.

bei der Drehung des Rings im magnetischen Felde gerade von solchen rythmisch auf und abgehenden Strömen durchflossen. Jeder Strom für sich ist ein Wechselstrom, also läßt er sich leicht transformieren.

Nehmen wir an, daß diese Ströme durch Bürsten, die auf den vier Ringen schleifen, abgenommen seien und daß sie jetzt in die vier Schleifringe einer ganz ähnlich gebauten Maschine eintreten, dann werden den Ring dieser Maschine zwei Wechselströme hinter einander umkreisen, und daher würden sich, genau wie die Fig. 139 es lehrte, auch in diesem Ringe zwei Magnetpole ausbilden, die ihn ebenso schnell durchlaufen würden, wie der Ringanker der primären Maschine von den seinigen durchwandert wird. Nun sei auch diese Maschine mit Feldmagneten versehen, die aber vorerst nicht von irgend welchem Strome erregt sind, sondern nur unmagnetisches Eisen enthalten. Dann werden die

Pole des Ringankers sich zu den Eisenkernen hingezogen fühlen, sich ihnen gegenüberzustellen suchen, und da sie ihre Lage im Ringe ändern, so wird dieses Bestreben den Ring veranlassen, sich entgegengesetzt zu drehen, damit die Pole immer ihren Ort gegen die Eisenkerne behalten. So setzt also die eine Maschine die andere auch ohne Erregung der Feldmagnete in Drehung, und das ist die Eigenschaft, derentwegen man diese Stromverbindung als Drehstrom bezeichnet. Die sekundäre Maschine wird dieses Bestreben erst dann völlig erfüllt haben, wenn sie sich genau in demselben Tempo wie die primäre dreht. Dann kann man auch dazu übergehen, die Feldmagnete zu erregen. Die Wirkungen, die sie als Motor leisten kann, sind dann bedeutend größere. Man kann diese Erregung der Feldmagnete entweder durch eine besondere Gleichstrommaschine besorgen lassen oder mit einem neben die vier Schleifringe aufgesetzten Gleichstromabnehmer, welchen wir in Fig. 141 abbilden, aus dem Wechselstrommotor selbst speisen. Daß die Drehstrommotoren auch ohne besondere Magnetisierung der Feldmagneten sich in Thätigkeit setzen, das macht sie für die Kraftübertragung besonders brauchbar.

Die Erfindung des Drehstroms durch Galileo Ferraris in Turin fällt in das Jahr 1888, und er wurde fast zu gleicher Zeit auch von Bradley und von Nikola Tesla in Amerika in die Praxis eingeführt. Die Form, welche in Lauffen und Frankfurt verwendet ward, hat ihnen der Ingenieur der Allgemeinen Elektrizitäts-Gesellschaft v. Dolivo-Dobrowolski gegeben. Es wurde dabei nicht ein Kreuz von vier, sondern ein Vielfaches von 6 Spulen auf einen Grammeschen Ring gesetzt, und diesem konnten drei Wechselströme entnommen werden. Die drei Drähte waren es, welche diesen Strömen als Leiter dienten. Die Ausführung dieses schwierigsten und großartigsten Versuchs, der auf dem Gebiete der Elektrotechnik je gemacht worden ist, seit jene geheimnisvolle Naturkraft, die wir Elektrizität nennen, der Technik dienstbar gemacht wurde, hatten die eben genannte Gesellschaft und die Maschinenfabrik Örlikon gemeinsam übernommen, nachdem ihnen die erforderlichen 1200 Zentner Draht von Hesse in Heddernheim leihweise überlassen und in wenigen Tagen an Ort und Stelle geschafft war. Die Anlage selbst besteht aus folgenden Teilen. Die Portlandzementfabrik in Lauffen stellte eine Turbine von 300 Pferdestärken zur Verfügung, welche in der Minute 38 Umdrehungen macht. Durch eine Zahnradübertragung wurde eine Drehstrommaschine getrieben, die einen dreifachen Strom von 50 Volt Spannung und 1400 Ampères lieferte. Wir sehen in der Fig. 142 die gewaltige Drehstrommaschine, eine Innenpol-Maschine mit rotierenden Feldmagneten, welche von der im Vordergrunde sichtbaren kleinen Gleichstrommaschine erregt werden. Die Figur zeigt den Ring derselben etwas nach rechts verschoben. Der links abgebildete ist der Anker-Ring. Von hier ging der Strom in die Öltransformatoren und zwar in Kabeln von 27 Millimeter Durchmesser, also von dem

Fig. 142. Drehstrommaschine für die Lauffener Übertragung von der Fabrik Örlikon (Zürich).

46fachen Querschnitt der späteren Leitungsdrähte. Um so viel mehr hätte die Leitung wiegen müssen, wenn eben jene Verwandlung in den hochgespannten Strom unterblieben wäre, und dann hätte man schon wegen der Kosten die Hand davon lassen müssen. Die Leitung ging nun über die Öl-Isolatoren, in welchen nicht weniger als 15 Zentner Öl verwendet ward, nach Frankfurt. Dort gelangte der Strom in seinen verschiedenen

Fig 143. Pumpwerk aus der Frankfurter Ausstellung von Schuckert & Co

Teilen wieder in Transformatoren. Ein Teilstrom setzte seine Spannung auf 100 Volt herab und speiste 1000 Glühlampen, das Übrige trieb wieder mehrere Drehstrommotoren mit 600 Umdrehungen in der Minute. Der eine übertrug seine Drehung auf eine Pumpe, welche einen Wasserfall von 6 Meter Höhe versorgte, und so ward ein Teil von jener Kraft, die in Lauffen durch den Fall des Wassers hervorgebracht war, in Frankfurt verwendet, um einen neuen Wasserfall zu erzeugen — ein Kreislauf der Kräfte, wie wir ihn eben nur mit Hilfe der Elektrizität herzustellen im Stande sind. Ein Zeichen, in Frankfurt gegeben, genügte, daß in Lauffen die Turbine in Bewegung gesetzt wurde, in der Ausstellung 1000 Glühlampen zugleich ihr Licht ausgossen, die Pumpe ihre Arbeit und das Wasser seinen Sturz begann.

Wir reproduzieren hier nach einem Photogramme eine andere Einrichtung von der Frankfurter Ausstellung, bei welcher freilich nur ein Strom von 100 Pferdestärken von der Firma Schuckert & Co. in Nürnberg (Fig. 143) auf vier Kilometer übertragen wurde. Wir erblicken links den Drehstrommotor, der von dem so weit entfernten Palmengarten her seinen Antrieb erhielt, und rechts eine Centrifugalpumpe, die mit dem Motor ihre Achse gemein hat, also sofort in Thätigkeit trat, wenn der Ringanker seine Drehung begann. Übrigens war der Verlust an Kraft bei der Lauffener Übertragung ein so geringer, wie man ihn kaum erwarten durfte. Drei Viertel von der Leistungsfähigkeit der Turbine waren als niedrig gespannter Strom noch in Frankfurt zur Verfügung.

Die elektrischen Zentralanlagen.

Solche Versuche berechtigen zu den kühnsten Hoffnungen für die Zukunft. Überall liegen unbenützte Naturkräfte brach, die auf ihre geeignete Verwertung warten. Der Sturz des fließenden Wassers, das Wehen der Winde, die Gewalt der Gezeiten, sie sind noch längst nicht, auch nur in einem geringen Bruchteil nutzbar gemacht, (vgl. auch S. 123) und doch ist die Elektrizität geeignet, wie kein Mittel sonst, die rohen Naturgewalten in dem Metalldrahte gebändigt an dem gewünschten Orte zu wohlthätiger Wirkung zu bringen. Neuerdings werden die ersten Anfänge in dieser Ausnutzung und Fortleitung gegebener Kräfte gemacht. Die Lauffener Übertragung gab das Muster einer Anlage, welche dem Ausfluß der Adda aus dem Comersee die Kraft entnehmen soll, die in den Straßen Mailands nachts ein helles Licht verbreiten, am Tage tausend fleißigen Händen bei ihrer Arbeit helfen wird. Und so haben auch jene 550000 Kubikmeter Wasser, welche innerhalb jeder Minute im Niagarafalle 70 bis 80 Meter herabstürzen, die Augen der Techniker längst auf sich gelenkt. Eine großartige, jetzt vollendete Turbinenanlage entzieht dem Falle eine kaum merkliche Wassermenge und entnimmt ihm dadurch 120000 Pferdestärken, während die Hälfte seiner Kraft genügen würde, um fünf Sechstel aller mit Kohle gespeisten Maschinen der Welt zu treiben. So wird in dem Getriebe von vielen hundert benachbarten Fabriken das furchtbare Getöse des Niagara nachtönen und die Stadt Buffalo wird nachts mit Tageshelle versehen sein durch die bis jetzt so unbenutzt gebliebene leistungsfähigste Naturkraft des Erdballs. Es ist nicht ausgeschlossen, daß den Besuchern der Chikagoer Ausstellung im nächsten Jahre ein Teil von jener Kraft, die von dem 700 km entfernten Wassersturze geliefert wird, dort die Augen blenden wird. Dazu braucht noch nicht der etwas abenteuerlich klingende Plan des Engländers Swinburne ausgeführt zu werden, dem es gelungen ist, Spannungen von 130000 Volt in elektrischen Strömen hervorzubringen, und der bei dieser hohen Spannung wenigstens fünfzig Pferdestärken aus dem Niagara nach Chikago zu übertragen denkt.

Wie einst zuerst Sir William Armstrong 1878 durch die Kraft eines freilich kaum 20 Minuten entfernten Wasserfalles sein Haus in Cragside nachts mit Licht versah und am Tage die Elektrizität zur Hausarbeit verwandte, so hält der amerikanische Elektriker Brush auf seinem Landgute bei Cleveland mittels eines großen Windrades eine Dynamomaschine in Thätigkeit und erleuchtet sein Haus dadurch mit 350 Glühlampen. Ihm vorangegangen ist freilich der Herzog von Feltre, der bei Havre die Kraft des Windes seit einiger Zeit zur Lichterzeugung auf einem Leuchtturm verwendet, und nachgefolgt ist die Carvardinesche Mühle in London, die sich auch vom Winde mit Licht versehen läßt. Die Ausnutzung der in der Ebbe und Flut vorhandenen Kräfte hat am längsten auf sich warten lassen, obgleich gerade sie berufen zu sein scheinen, bei der Zuversicht, mit der man ihrer regelmäßigen Wiederkehr entgegensehen darf, in der Zukunft eine große Rolle zu spielen. Decoeur in Havre und Diamant in Melbourne haben wohldurchdachte Pläne ausgearbeitet, um die bei der Flut gelieferte Wassermenge in Reservoirs unterzubringen und ihr bei der Ebbe so viel Kraft des fallenden Wassers zu entnehmen, als eben nötig ist. Der letztgenannte Ingenieur wird seine Motoren fortlaufend und mit großer Kraft arbeiten lassen, die Kosten für die Eindämmung der Wasserbecken werden bei seinem System sich nicht zu hoch belaufen. So werden wohl die Gezeiten bald berufen sein, bei der Lösung der mannigfachen Kulturaufgaben, welche die Gegenwart stellt, mitzuarbeiten.

Es wird dem aufmerksamen Leser nicht entgangen sein, daß alle solche Anlagen, bei denen die Naturkräfte zur Mitwirkung herangezogen sind, einen Mangel aufweisen. Die Wasserkraft, welche bei normalem Wasserstande zum Treiben der Maschinen ausreicht, wird in besonderen Fällen auf ein so niedriges Maß herabsinken, daß sie unbrauchbar wird. Der Wind kann durch sein Ausbleiben alle Pläne für die Ausnützung seiner Gewalt zu nichte machen. Ebbe und Flut haben wenigstens vor den genannten den Vorzug, daß sich der Eintritt ihres Wechsels vorhersagen läßt. Der Mensch darf sich wenigstens auf jene so unberechenbaren Kräfte nicht verlassen, sonst begiebt er sich desjeniges Anrechtes auf fortwährende Kraftversorgung, welches ihm im Übrigen die Fortschritte der modernen Technik garantieren. Er hat zwar das Mittel, vorzubauen. Das bei höherem Wasserstande ohne Nutzen abfließende Material kann er in hochgelegenen Becken aufspeichern und für späteren Bedarf seinem Sturze die nötige Kraft entnehmen. Ebenso läßt es sich etwa denken, daß die überflüssige Windstärke zum Spannen einer elastischen Feder, zum Aufwinden von Gewichten, zum Pumpen von Wasser verwendet werden kann, die zu einer späteren Gelegenheit sich nützlich machen lassen. Aber solche Mittel sind kompliziert und mit hohen Kosten verbunden im Vergleich zu jenen, die die Elektrizität uns in den Akkumulatoren oder Sekundärbatterien an die Hand giebt.

Schon im Jahre 1803 fand Ritter das Prinzip, auf dem diese beruhen. Er leitete einen kräftigen galvanischen Strom in zwei Platinplatten, die in einem Gefäße mit verdünnter Schwefelsäure hingen. Der Strom trennt dann die Elemente des zersetzbaren Leiters, das Wasserstoffgas wendet sich dem einen, der Sauerstoff dem anderen Platinblech zu, wo sie sich einige Zeit halten können, ohne von der Flüssigkeit aufgelöst zu werden oder nach oben zu steigen. Wenn man nun den Strom unterbricht und dafür die beiden Bleche durch einen Schließungsdraht verbindet, so zeigt sich, daß diesen dann ein Strom durchkreist, der dem vorigen entgegengesetzt war, es ward durch den Wasserstoff in der leitenden Flüssigkeit eine elektromotorische Kraft erzeugt. Dies benutzte Sir William Grove 1841 um eine Wasserstoffbatterie aufzubauen. Er brauchte nur viele solche Gefäße zu verbinden, in denen durch Zersetzung sich Wasserstoff gebildet hatte und konnte dadurch einen freilich immer noch schwachen Strom erhalten, der auch nicht lange anhielt, aber zur Verrichtung geringerer Arbeiten sich fähig erwies. William Siemens ersetzte später das Platin durch poröse Kohle, die vorher mit Blei imprägnirt war. An dieser Kohle wurde durch einen Strom einer Zersetzungszelle Sauerstoff abgeschieden, der sich vermöge seiner chemischen Verwandtschaft mit Blei zu Bleisuperoxyd verband, und Siemens erhielt damit einen kräftigeren Strom. Damals aber hielt man die Sache für praktisch sehr unwichtig, und selbst als der französische Chemiker Planté 1860 seine Sekundärbatterie baute, die auch aus Bleiplatten bestand, an denen durch einen galvanischen Strom vorher Bleisuperoxyd gebildet war, und mit ihnen recht kräftige Ströme erzeugte, da hielt man doch das Ganze nur für eine wissenschaftliche Kuriosität. Erst nachdem die Dynamomaschine eine vollendete Thatsache geworden war, ist diese Art von Kraftaufspeicherung von praktischer Bedeutung geworden. Hören wir, wie Planté seine Akkumulatoren, d. h. Sammler der elektrischen Kraft sich verschaffte. Er rollte zwei Bleiplatten mit einem zwischen ihnen liegenden Streifen aus Kautschuck so zusammen, daß sie sich nicht berühren konnten, also von einander völlig isoliert waren. Wir haben diese Herstellung in der

Fig. 144 aufgezeichnet. Jetzt kommt die Doppelrolle in einen Bottich mit verdünnter Schwefelsäure, und es wird ein Strom durch die eine Bleiplatte in die Flüssigkeit ein-, zur andern wieder herausgeleitet. Da der Strom durch die Schwefelsäure geht, so wird er sie zersetzen

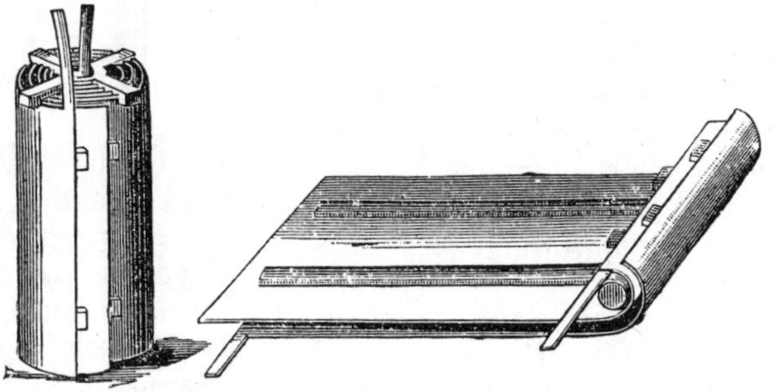

Fig. 144. Plantés Akkumulator

und an der Eintrittsstelle des Stromes wird das Blei sich allmählich mit einem braunen Stoffe überziehen, der aus Bleisuperoxyd besteht und aus dem entstandenen Sauerstoff, sowie dem Blei der Platte sich gebildet hat. An der Austrittsstelle des Stromes sammelt sich das Wasserstoffgas, es bewirkt, daß die andere Platte ganz blank wird, verläßt aber selbst sehr bald das Gefäß. Die verschiedene chemische Natur der beiden Platten erzeugt nun eine starke elektromotorische Kraft in der Flüssigkeit und schickt durch einen, dieselben verbindenden Schließungsbogen einen galvanischen Strom, wobei sich das Bleisuperoxyd allmählich in einen schwammigen Bleibelag verwandelt, und die andere Platte einen Überzug von jenem Stoffe erhält. Ist diese Umwandlung vollendet, so hat der Akkumulator seine Kraft erschöpft und kann durch Zuführung eines neuen Stromes wiederum geladen werden. Dabei werden die beiden Platten wieder ihren Überzug austauschen, und wenn das Verfahren oft genug wiederholt ist, so werden beide Platten mit einem ziemlich tiefgehenden, schwammigen Gebilde überzogen sein, das sie jetzt zum praktischen Gebrauche geeignet macht. Erteilt man jetzt dem Akkumulator eine Ladung, so ist er im Stande, durch dieselbe längere Zeit einen kräftigen Strom zu geben. Durch Vereinigung recht vieler solcher Sekundärelemente kann man schließlich eine starke Batterie erhalten, in welcher sich eine große Arbeitskraft aufgespeichert hat, die sich zu jeder Zeit bequem weiter verwenden läßt.

Faure, ein französischer Ingenieur, hat das Verfahren der Akkumulatorenbildung mit großem Erfolge zu beschleunigen gesucht. Dazu überzieht er die Bleiplatten von vornherein mit einer Schicht von Mennige, welches mit Stärkekleister zusammen auf dieselbe gebracht wird. Leitet er dann einen Strom hindurch, so bildet sich durch diesen an der einen Platte der Überzug von Bleisuperoxyd, an der anderen aber ein sehr in die Tiefe gehender Belag mit schwammigem Blei, welches sich mit seiner großen Oberfläche für die Aufnahme des Sauerstoffes sehr geeignet erweist. Das fertige Element kommt, mit einer Zwischenlage von Pergamentpapier oder Tuch bedeckt und zu einer Rolle gebunden, in ein Glasgefäß, und ist in der Fig. 145 dargestellt. Die Faureschen Elemente können schon eine dreimal so große Elektrizitätsmenge für den späteren Gebrauch aufspeichern, wie die Plantéschen. In neuester Zeit sind noch viele Abänderungen an ihnen angebracht worden; ihre Anordnung zu besonderen Zellen wird in vielen Fabriken auf die verschiedenartigste Weise betrieben, und wiewohl sie noch nicht besonders billig sind, so lohnt sich doch ihre Anschaffung sehr, wo es eben darauf ankommt, sich Kraft zum späteren Gebrauch anzuschaffen. So wird bei jenen von Naturkräften betriebenen Dynamomaschinen stets, wenn von jenen Kräften ein mehr als ausreichender Betrag zur Verfügung steht, nicht blos die gewöhnliche Arbeit, das Treiben von Arbeitsmaschinen und die Beleuchtung versehen, sondern auch noch die Ladung einer Anzahl von Akkumulatoren besorgt werden können. Wenn dann einmal niedriger Wasserstand, zu schwacher Wind oder Flut die Betreibung der Kraftmaschinen nicht zuläßt, so wird man ja die Speicher zu öffnen, aus den Sekundärbatterien jenen Betrieb zu decken im Stande sein. So sind die Akkumulatoren sozusagen die Sparbüchsen, in denen ein ökonomischer Betrieb die zeitweise überschüssigen Mittel aufsammelt, um sie bei später gegebener Gelegenheit passend anwenden zu können.

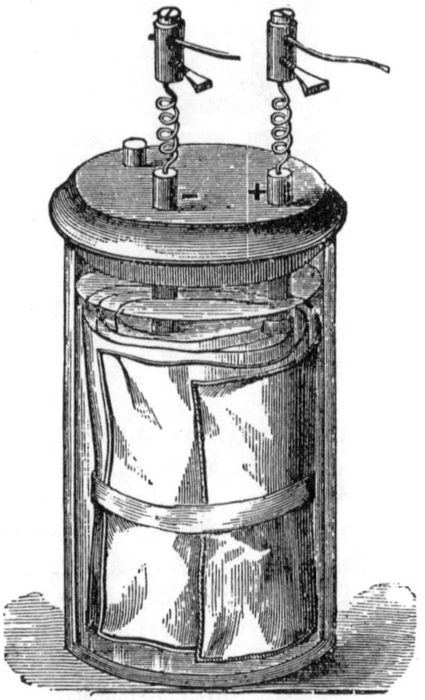

Fig. 145. Faures Akkumulator.

Man wird aber diese Sammler auch dann vorteilhaft anwenden, wenn es sich nicht gerade um die Aufspeicherung roher Naturgewalten handelt, auch dann, wenn das Drehen der Dynamomaschinen von Dampf- oder anderen Motoren besorgt wird, wie es in den elektrischen Zentralen der großen Städte der Fall ist. Um mit einem Beispiel zu beginnen, so sei die Arbeitszeit eines solchen Werkes auf 18 Stunden des Tages beschränkt. Nun werden aber zu jeder Tageszeit wenigstens an einzelnen Stellen Lampen zu brennen haben, wenn auch nicht so viele als in der Nacht, ferner wird dafür am Tage die Kraft für den Betrieb einer größeren Anzahl von Elektromotoren zu beschaffen sein. Dann sollten wir annehmen, daß die Dynamomaschinen zu jeder Zeit rastlos arbeiten müßten, um diesen Aufgaben zu genügen. Aber wenn man zur Zeit der vollen Thätigkeit des Werkes, die nicht für die Beleuchtung und Kraftverteilung verbrauchte Elektrizität zum Laden von Sammlern verwendet, so werden diese in den Zeiten der Ruhe des Kraftzentrums für sich den Bedarf an Strom zu decken im Stande sein. Wäre es nicht äußerst unökonomisch, wenn man alle Zeit alle Maschinen in Thätigkeit haben müßte? Wenn es angeht, die Zentrale Tag und Nacht ununterbrochen arbeiten zu lassen, so wird doch zu den verschiedenen Tageszeiten ihre Leistungsfähigkeit in verschiedener Weise beansprucht. Es mag Stunden geben, wo für den Kraftverbrauch die Zahl der Umdrehungen der Hauptdynamomaschinen bis über die Grenze dessen steigen müßte, was sie vertragen kann, während zu anderer Zeit die geringste Geschwindigkeit noch immer zu groß wäre im Verhältnis zu dem geringen Anspruch an Kraft. Ist es da nicht weit gescheiter, die Maschine stets gleichmäßig laufen zu lassen und die im letzten Falle in den Akkumulatoren aufgespeicherte Kraft zu Zeiten, wo höhere Ansprüche gestellt werden, mit in Wirksamkeit zu setzen, so daß sie die Kraft der Maschinen unterstützen? Man wird auf diese Weise sich mit der Aufstellung kleinerer Maschinen in den Zentralen genügen lassen können, als ohne die Anwesenheit der Sammler nötig wären, weil eben diese im Bedarfsfalle den Hauptmaschinen ihre Hülfe leihen.

Solche Zentralen giebt es jetzt in vielen Städten Deutschlands. Als die bemerkenswerteste dürften wohl die Berliner Elektrizitätswerke gelten. Fünf große Stationen sind mit Gleichstrommaschinen ausgestattet und übertragen ihre elektrische Arbeitskraft durch ein Kabelnetz von zusammen 612 Kilometer Länge auf die Lampen und Motoren, die in dieses eingeschaltet sind. Das Werk in der Mauerstraße allein besitzt eine 4800 Pferdestärken entsprechende Leistungsfähigkeit. Wie sind nun die Lampen und Motoren in dieses Netz eingeschaltet? Es ließe sich denken, daß etwa eine einzige geschlossene Leitung von Apparat zu Apparat geht, und nachdem sie den Weg durch alle gemacht hat, zu der Maschine zurückkehrt. Dann würde offenbar jede Stromunterbrechung, welche in einer Lampe vorkäme, in allen Apparaten plötzlich die Zufuhr der Elektrizität abschneiden. Deshalb müssen vielmehr von jeder Maschine zwei Leitungen ausgehen, deren eine — wenn es sich etwa um Bogenlampen handelt — immer nur mit einer Kohle derselben in Verbindung steht, während die andere die anderen Kohlen mit einander verbindet. Die beiden Leitungen müssen freilich an einem fernen Punkte, außerhalb der Lampen mit einander verbunden sein, und man kann sie sogar beide in demselben Kabel führen, wenn man nur die eine von der anderen gehörig isoliert. Jetzt wird es offenbar den anderen Apparaten nichts schaden, wenn auch irgend eine der Lampen ein unerwünschter Zufall trifft. Wir haben dann das Zweileitersystem vor uns, welches bei den Werken in der Markgrafen- und der Mauerstraße verwendet wird.

Aber dasselbe läßt sich auf weite Entfernung nicht wohl anwenden. Die eingeschalteten Apparate sind nämlich für eine niedrige Spannung des Stromes eingerichtet, Glühlampen vertragen z. B. keine höhere als 150 Volt, und solche Elektrizität höchstens könnte dann ohne Schaden durch die Leitung gehen; dann müßten bei größeren Entfernungen die Leiter sehr dick sein, wenn nicht ein guter Teil der Elektrizität unterweges Schiffbruch leiden soll. Man wird daher zu einem anderen Leitersystem seine Zuflucht nehmen, wenn es sich um Übertragungen auf mehr als 600 Meter handelt. Die Fig. 146 zeigt dieses, wie es z. B. von den Zentralen am Schiffbauerdamm und in der Spandauerstraße angewendet wird. Da gehen in der aus der Zeichnung zu ersehenden Weise drei Leitungen von zwei Dynamomaschinen aus; die Spannung zwischen der ersten und dritten ist groß und daher die Führung des Stromes nicht schwierig, die Apparate aber sind zwischen dem ersten und zweiten oder zwischen dem zweiten und dritten Leiter eingeschaltet, stehen also nur unter der Hälfte jener Spannung, welche beide Maschinen zusammen liefern. Man hat also den Vorteil der geringen Spannung in den Apparaten und der hohen Spannung in den Leitungen, welche diese um ein Drittel billiger machen, als sie bei einem Zweileitersystem auf etwa ein Kilometer zu stehen kämen. Das ist das Dreileitersystem, welches von Edison und Hopkinson erfunden und angewendet wurde. Dabei ist es natürlich gestattet, die drei Leitungen in ein gemeinsames Kabel zu verlegen, wenn man sie nur gehörig von einander isoliert. Ein solches ist im Querschnitt in der Fig. 147 zu sehen; daß die drei Leitungen nicht gleich stark sind, das ist leicht zu erklären, die eine und zwar in der vorigen Figur die mittlere, hier die äußere, dient nämlich nur dazu, den etwaigen Überschuß von Elektrizität, den die eine Gruppe von Apparaten vor der andern hat, den Maschinen wieder zuzuführen, und da es sich um nur wenig Elektrizität handeln kann, so ist eben eine dünne Leitung dafür ausreichend.

Fig. 146. Schaltschema eines Dreileiter-Systems.

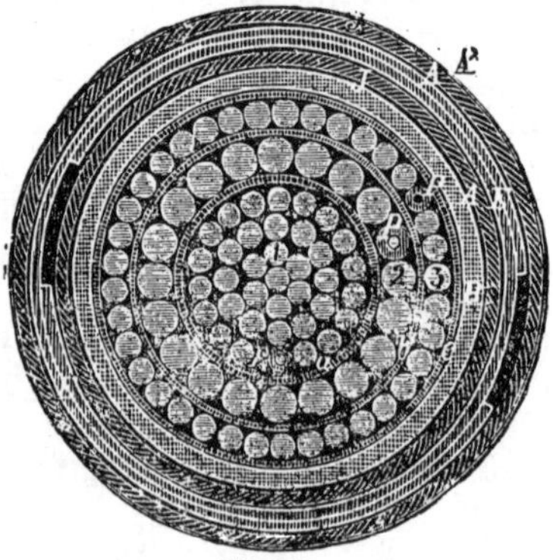
Fig. 147.
Querschnitt eines Dreileiterkabels.

So weitergehend kann man bei einem Netz von mehr als 3 Kilometern Durchmesser etwa ein Fünfleitersystem einführen. Die Verhältnisse werden auch noch weiter kompliziert, wenn man Akkumulatoren benutzt und durch besondere Einrichtungen darauf hält, daß sich die Spannung in dem ganzen Netz immer ziemlich auf derselben Höhe erhalte. Wie das bewirkt werden kann, das wollen wir an einer besonders interessanten Anlage erörtern, welche die Firma Siemens & Halske in der Stadt Trient in Südtirol zur Ausführung gebracht hat. Im Osten der Stadt fließt der wasserreiche Fersinabach durch eine enge Schlucht. Bei Hochwasser verursachte derselbe seit uralter Zeit der Stadt großen Schaden. Durch eine Sperre, die in den letzten Jahren dort ausgeführt wurde — ein großartiges Werk in dem 73 Meter tiefen Abgrund erbaut — und eine schon im vorigen Jahrhundert an einer höheren Stelle angelegte ebensolche Sperre sind die Trientiner jetzt gegen diese Gefahren geschützt. Zwischen den beiden Bauwerken hat der Bach ein Gefälle von 52 Metern, und dieses zum Vorteil der Stadtgemeinde auszunutzen, war ein Rat, welchen die überaus schnellen Fortschritte der Elektrotechnik der Verwaltung nahelegten. Dazu wurde das Wasser der Fersina an der oberen Sperre durch einen in den Felsen gehauenen Kanal abgeleitet, daß es an der Sohle desselben in einem Strahle von 1 Meter Dicke ausströmt. Es kommt zunächst in ein unterirdisches Bassin und von diesem in einen ebensolchen zum Teil ausgemauerten, zum Teil in Fels gehauenen Kanal von 752 Metern Länge und 1 Meter Breite, und diesen können in der Sekunde 1200 Liter Wasser durchströmen. Er füllt zunächst ein Reservoir von 1000 Kubikmetern Inhalt, aus dem die Druckleitungen das Wasser zum ferneren Gebrauche weiter führen. Ihren an sich sehr interessanten Bau wollen wir nicht näher erörtern, sondern ihnen nur in das 860 Meter weiter liegende Maschinenhaus folgen, wo sie sechs Turbinen treiben, deren jede über 200 Umdrehungen in der Minute ausführt und über 120 Pferdestärken zu leisten vermag. Mit ihnen sind die sechs Innenpol-Dynamomaschinen gekuppelt. Gewöhnlich sind nur vier Turbinen und vier Maschinen in Thätigkeit, die andern dienen nur zur Reserve. Da sich bald herausstellte, daß der Verbrauch an Kraft für Lampen und Motoren nachts von 11 Uhr bis 6 Uhr nicht einmal die Hälfte des täglichen Maximums erreicht, so wird man natürlich viel an Arbeit ersparen, wenn man gerade in dieser Zeit Akkumulatoren laden läßt. In unserem Schema haben wir uns links diese Hauptstation zu denken; statt der vier Maschinen ist nur eine gezeichnet, die wir uns in ihrer Wirkung mit jenen gleichwertig vor-

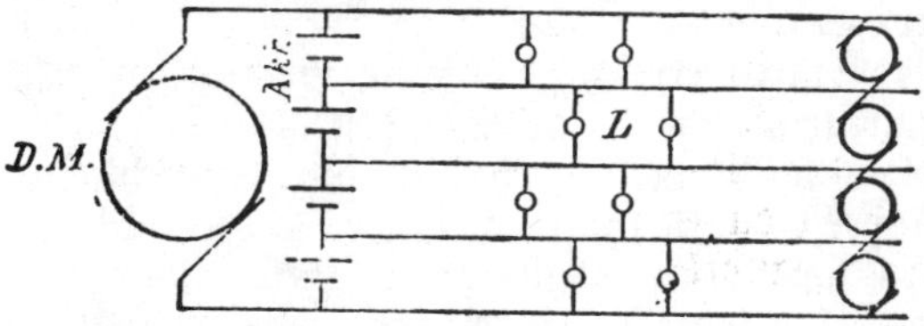

Fig. 148.
Schaltschema des Fünfleiter-Systems der Trienter Zentrale.

stellen müssen. Zwei Paar Hauptkabel führen den Strom zu einem Hauptverteilungskasten, von dem sich die Fünfleiterkabel abzweigen. L in der Fig. 148 bedeutet etwa Lampen, die, wie wir sehen, stets nur zwischen zwei benachbarte Leitungen eingeschaltet sind, zwischen denen der Strom nur ein Viertel der Gesamtspannung hat, welche die Zentrale liefert. Aber was bedeuten die am Ende der Leitung gezeichneten Kreise? Es sind noch weitere Dynamomaschinen, welche sich in einer besonderen Ausgleich- und Reservestation befinden, und durch welche eben der Ausgleich der Spannung in dem ganzen Stromnetze derartig hergestellt wird, daß jeder von den vier verschiedenen Gruppen, auch wenn in ihnen nicht gleich viele Lampen brennen oder Maschinen arbeiten, die nämliche Spannung verbleibt. Alle vier Maschinen sind gezwungen, sich um eine gemeinsame Achse zu drehen, der ihnen zugeführte Strom ist freilich ein verschiedener, und sie würden sich auch mit verschiedener Geschwindigkeit drehen, wenn sie eben nicht unter dem genannten Zwange ständen. Aus diesem Zwange aber entsteht das Bestreben, die Spannung zwischen je zwei einander benachbarten Leitern auszugleichen. Ihnen ist dann natürlich noch weiterer Strom zu entnehmen, der zur Ladung einer in dem Raume daneben angebrachten Sekundärbatterie verwendet wird. Dieselbe ist so stark, daß sie für sich allein vier Stunden lang einen Strom von 100 Ampère Stärke liefern könnte. Von den Hauptleitungen sind weiter die Nebenströme zur Versorgung von Häusern abgezweigt.

Bei der geringen Spannung ist von diesen eine Schädigung nicht zu erwarten, wohl aber kann ein unglücklicher Zufall die Stromstärke in ihnen einmal so erhöhen, daß sie sich zu stark erwärmen und damit Feuersgefahr für das Haus bringen. Es braucht kaum gesagt zu werden, daß auch dagegen hier — wie überall — Vorsorge getroffen ist durch sogenannte Bleisicherungen. Wir sehen eine solche in der Fig. 149. Es ist nichts als ein in die Leitung eingeschaltetes Stück Blei. Dieses hat eine viel geringere Leitfähigkeit für den Strom als das Kupfer, wird sich also beim Durchgange desselben stärker erhitzen, und man kann es so einrichten, daß es gerade dann schmilzt, wenn der Strom eine gewisse nicht zulässige Stärke erreicht. Damit wird aber dieser unterbrochen und kann nun keinen weiteren Schaden anrichten. Die zur Verfügung stehenden billigen Kräfte haben die Einrichtungen für die Stadt Trient äußerst vorteilhaft gemacht. Die Straßen und Plätze werden abends mit einer Fülle von Licht übergossen, und bei der Billigkeit der Konsum-Tarife haben viele Privatleute ihr Haus mit elektrischen Beleuchtungsanlagen versehen, und das

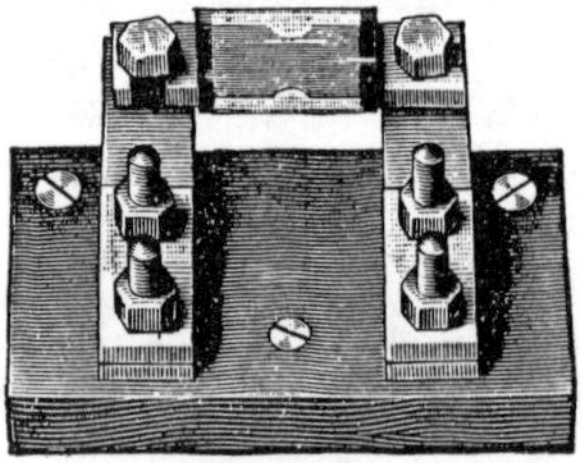
Fig. 149. Bleisicherung.

Kleingewerbe, dem es bisher an genügenden Motoren fehlte, wird durch die billigen und überall aufstellbaren Elektromotoren eminent gefördert. Dem Stadtsäckel von Trient aber fließt eine solche jährliche Einnahme zu, daß das Anlagekapital sich mit mehr als sechs Prozent verzinst.

Hat der Raum, den man mit Kraft versorgen soll, einen Durchmesser von etwa zehn Kilometern, so wird es trotz der Mehrleitersysteme schon schwierig, das Gebiet gleichmäßig zu versorgen. Es geht bei den schwach gespannten Gleichströmen zuviel davon verloren. Besser läßt es sich dann mit Wechselströmen machen. Freilich haben diese den Nachteil, daß man mit ihnen keine Akkumulatoren laden kann; aber dafür bieten hier die leicht zu versehenden Transformatoren ihre Dienste an. Man kann mit ihrer Hilfe die Ströme so hoch spannen, daß sie in viel dünneren Drähten leitbar sind, und wird nur an den Orten, wo der Strom verbraucht wird, seine Spannung auf ein niedriges Maß herabsetzen müssen. Da der Grund und Boden in den großen Städten sehr teuer ist, so kann es für diese geraten sein, die Zentrale außerhalb des Weichbildes anzulegen; dann wird aber die Enfernung zu den Konsumenten sehr anwachsen, und man wird deshalb von Wechselstrommaschinen vorteilhaften Gebrauch machen. So wird neuerdings das moderne Babel, London von einer Wechselstromzentrale aus mit Licht versorgt. Vorläufig stehen dort zwei Maschinen von je 1500 Pferdestärken. Das Projekt, noch vier von je 10,000 Pferdestärken hinzuzufügen, welche 14 Meter hoch sein und 10,000 Centner wiegen sollten, ist gescheitert.

Wie bezahlen die Abnehmer die ihnen gelieferten Kraftmengen? Läßt sich die verbrauchte Elektrizität messen, wie sich das konsumierte Material messen und wägen läßt? Es giebt viele Apparate, die dazu dienen, die verbrauchte Elektrizitätsmengen zu bestimmen und so auf Heller und Pfennig dem Abnehmer die Rechnung auszustellen. Ein solcher Zähler ist also hier ebenso notwendig, wie beim Gasverbrauch. Ein sehr sinnreicher, trotz seiner großen Einfachheit aber vollkommen ausreichender Apparat ist der von Professor Aron in Berlin erfundene Elektrizitätszähler, Figur 150. Wir sehen zwei Pendel, welche ihre Schwingungen in der gleichen Zeit vollenden. Das linker Hand ist ein gewöhnliches Uhrpendel, das rechts aber trägt unten einen Stahlmagneten. Beide übertragen ihre Bewegung auf ein Uhrwerk, welches so eingerichtet ist, daß der Zeiger nicht vorwärts geht, so lange beide Pendel gleich schnell gehen. Das wird aber mit einem Schlage anders, sobald durch die rechts unten sichtbare Spule ein elektrischer Strom hindurchgeht. Dann wird das rechte Pendel außer von der Schwerkraft der Erde auch noch von dem elektrischen Strom beeinflußt. Dieser zieht den Magneten an und daher beginnt das Pendel schneller zu schwingen, und zwar wird die Schwingungszeit immer kürzer, je stärker der hindurchgeführte Strom ist., Jetzt wird der Uhrzeiger vorwärtsrücken, und der

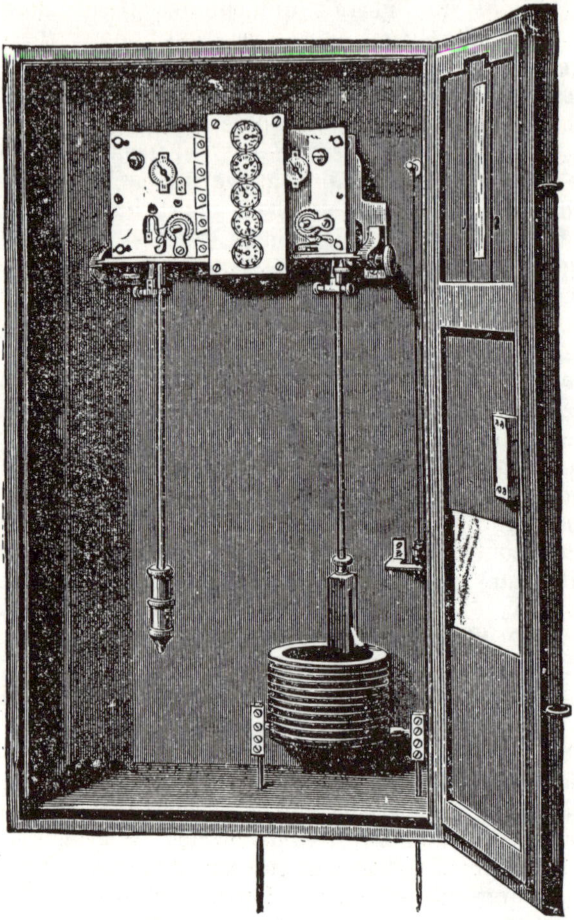

Fig. 150.
Elektrizitätszähler von Prof. Aron.

Apparat läßt sich so konstruieren, daß der Zeiger sofort diejenige Elektrizitätsmenge anzeigt, welche durch die Spule geflossen ist. Dieser Apparat wird nun jedesmal, wenn durch die Hausleitung Strom eintritt, mit eingeschaltet und mißt also den Verbrauch, analog wie die Gasmesser den Gasverbrauch anzeigen.

Auch Edison hat einen Elektrizitätszähler konstruiert, ebenso wie Prof. Thomson von der Thomson-Houston-Gesellschaft, doch sind beide Instrumente nicht so einfach wie das Aronsche, das trotz seiner Einfachheit nichts zu wünschen läßt und auch wohl überall im Gebrauch ist.

Werfen wir, ehe wir dieses Kapitel verlassen, noch einmal einen Blick auf die Elektrizitätswerke, welche die Weltstädte mit elektrischer Beleuchtung versorgen. Eines der größten, ältesten und auch am besten eingerichteten finden wir in der deutschen Reichshauptstadt. Es besteht seit 1884 und wurde zuerst eingerichtet von der damaligen Deutschen Edison-Gesellschaft, die sich später in die Allgemeine Elektrizitäts-Gesellschaft umgewandelt hat und die Ausführung für Berlin der von ihr abgezweigten Berliner Elektrizitäts-Gesellschaft überließ. Der ersten Zentralanlage in der Markgrafenstraße folgte bald eine zweite in der Mauerstraße, jene mit Edisonmaschinen, diese mit Innenpolmaschinen von Siemens & Halske ausgerüstet. Die Verbreitung der elektrischen Beleuchtung, sowohl in Bogenlicht wie in Glühlicht, ging jedoch mit so raschen Schritten vorwärts, daß schon nach verhältnismäßig kurzer Zeit noch zwei solcher Anlagen in der Spandauerstraße und am Schiffbauerdamm eingerichtet werden mußten, so daß gegenwärtig für den elektrischen Bedarf von Berlin 29 Dampfmaschinen und 53 Dynamomaschinen arbeiten.

Es liegt auf der Hand, daß solche Werke unter einem vielseitigen, stets wechselnden Einflusse stehen, daß Tageszeit, Nachtzeit, helles oder finsteres Wetter, und nicht weniger auch die gesellschaftlichen und geschäftlichen Verhältnisse der Teilnehmer dabei eine außerordentlich mannigfaltige Rolle spielen und für den dadurch herbeigeführten Wechsel im Betriebe die notwendige Zeit oft nur nach Minuten berechnet sein kann. Es liegt daher ferner auf der Hand, daß ein solcher komplizierter Organismus, wie ihn ein Elektrizitätswerk darstellt, so eingerichtet sein muß, daß jedes seiner unendlich vielen Glieder in jedem Augenblick bereit sein muß, sofort in die Arbeit einzutreten, daß es niemals versagen darf, in welchem Falle ja unabsehbare Störungen eintreten würden. Sowohl die Dampfeinrichtungen für die Kessel, als auch die Einrichtungen für den elektrischen Strom müssen in steter Bereitschaft stehen, um jedem, auch dem weitgehendsten Erfordernis in Minutenschnelle genügen zu können. Im Laufe der Jahre hat sich allerdings eine ziemlich genaue Statistik für den regelmäßigen Wechsel des Betriebes, wie ihn Tag und Nacht, Monat und Jahreszeit mit sich bringen, herausgebildet, aber es kommen doch häufig genug auch plötzliche Überraschungen, und auch solchen muß das Werk augenblicklich begegnen können.

Für die gesamte Beleuchtung der Riesenstadt ist nur ein einziges winziges Leitungsnetz vorhanden, das seine Polypenarme unter der Erde ausspannt. Es liegt unter dem Bürgersteige, dicht am Rande des Fahrdammes, und oft genug kann man die Bloßlegung des Kabels oder die Einführung eines neuen Kabels beobachten. Das Straßenpflaster wird in der benötigten Länge aufgerissen und ein tiefer Graben aufgeworfen;

dann wird das aufgewickelte Kabel auseinander gerollt, eingelegt, der Graben einfach wieder zugeschüttet und die Strecke aufs neue bepflastert. Wie das Kabel gegen alle Einflüsse von außen gesichert ist, wie die Verbindungen der Kabelenden, die Abzweigungen hergestellt werden, das haben wir oben S. 196 kennen gelernt.

Die Berliner Elektrizitätswerke sind nicht städtisches Eigentum, sondern sie stehen mit der Stadtverwaltung auf einem Vertrage, der ihnen nicht allein die Herstellung aller Hauptleitungen, sondern auch die der Anschlußleitungen bis zu den elektrischen Anlagen innerhalb der Häuser sichert. Anfänglich war ihnen auch das ausschließliche Recht zur Herstellung aller dieser inneren Hausanlagen bewilligt worden, später indessen haben sie dieses Recht aufgegeben, da diese Arbeiten der elektrischen Kleinindustrie zugewendet werden sollten. Diese Forderung seitens der Stadtverwaltung war auch nicht mehr als billig, denn es hat sich daraus in einer Stadt wie Berlin ein Gewerbszweig entwickelt, in dem eine große Anzahl von Menschen ihr täglich Brot sucht und findet.

Die Entwickelung der elektrischen Beleuchtung der deutschen Reichshauptstadt macht Riesenfortschritte. Wie wir schon angedeutet haben, hat sie sich in konzentrischen Kreisen erweitert, abgesehen davon, daß aus diesen Kreisen auch viele Leitungsstränge auch radial nach außen hin ausstrahlen, und auch die Besetzung der Kreise mit elektrischen Lampen nimmt stetig zu. Nachdem 1884 die elektrische Beleuchtung eingeführt worden war, schien das Vertrauen dazu in der Bevölkerung der Stadt nicht sonderlich bedeutend zu sein, denn nach Ablauf des ersten Jahres brannten nicht mehr als 4880 Lampen. Das prachtvolle Licht jedoch und vor allen Dingen die außerordentlich bequeme Handhabung desselben, die Sauberkeit u. s. w. sprangen denn doch dermaßen beredt in die Augen, daß schon mit dem zweiten Jahre Lampen in mehr als dreifacher Zahl gespeist werden mußten, und seitdem ist der Konsum so gewachsen, daß man man durchschnittlich jährlich eine Vermehrung von rund 30000 Lampen rechnen kann. Die vier Zentralwerke haben schon wesentlich vergrößert werden müssen, und die darin aufgestellten Dampfmaschinen zum Betriebe der Stromerzeugung arbeiten zusammen mit weit über 15000 Pferdekräften. Und die ganze Leitung ist unterirdisch. Das ist auch ein Vorteil, insofern, als die Straßen nicht durch ein über den Köpfen der Menschen sich sinnenverwirrend verzweigendes Drahtnetz verunziert werden. In jüngster Zeit hat es sich freilich für die elektrische Straßenbahn auch in Berlin nicht anders thun lassen als mit oberirdischer Leitung. Dies Drahtgeflecht ist ja nun verhältnismäßig ein sehr winziges, aber es wird trotzdem doch wohl kein Mensch behaupten können, daß das eine Verschönerung der Stadt ist.

f) Die Erfindung der Elektromotoren.

Wir sind im Vorhergehenden öfters auf die Eigentümlichkeit der Dynamomaschinen zu sprechen gekommen, daß sie die doppelte Fähigkeit haben, durch eine ihnen übertragene Bewegung elektrischen Strom hervorzubringen und andererseits, den ihnen zugeführten Strom in eine mechanische Bewegung zu verwandeln. Wenn sie der letzteren Aufgabe in besonderer Weise angepaßt sind, so nennt man sie Elektromotoren. So war die Dynamomaschine des Schuckertschen Pumpenwerkes in der Fig. 143 ein Drehstrommotor, weil sie ihre Bewegung durch einen Drehstrom empfing und sie auf andere Apparate übertragen konnte. Je nach der Art des Stroms, den man zur Verfügung hat, und nach der Arbeit, die man vollbringen will, richtet sich die Gestalt und Größe der Motoren. Die Fig. 151 zeigt einen Gleichstrommotor von Siemens & Halske, der je nach seinem Zwecke für 0,1 bis 1 Pferdestärke gebaut wird. Der Feldmagnet liegt hinten, in der Mitte sind die sichelförmigen Polschuhe zu sehen, welche den Grammeschen Ring umgeben. Dem rechts hervorschauenden Achsenende wird durch schleifende Kupferfedern der Strom mitgeteilt, der den Ring zur Umdrehung bringt. Die ganz rechts sichtbare Riemenscheibe dient zur Übertragung der Drehung auf die Arbeitsmaschinen. Diese können ganz verschieden sein. So sind in Berlin eine große Menge von Nähmaschinen durch solche Motoren an die städtischen Elektrizitätswerke angeschlossen. Dadurch wird es den Arbeiterinnen der Fabriken, die jetzt das lästige Treten sparen, möglich das Doppelte zu leisten. In einer großen Gewehrfabrik daselbst wird der ganze Betrieb durch Anschluß an dieselbe Kraftzentrale elektrisch besorgt, und das Charlottenburger Werk von Siemens & Halske hat sich eine eigene sehr kräftige Station gebaut, um den ganzen Konsum an Arbeitskraft dieser zu entnehmen.

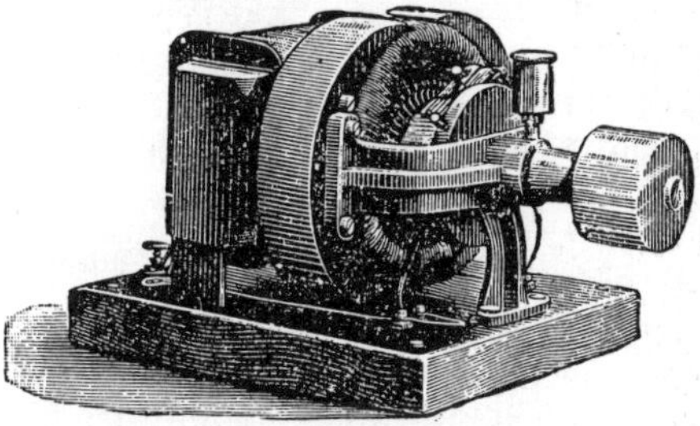

Fig. 151.
Gleichstrom-Motor von Siemens & Halske.

Der Elektromotor nimmt von allen Kraftmaschinen den geringsten Raum weg, und da Raum in großen Städten Geld ist, so wird auch dieses dabei gespart; er rüstet auch den kleinen Handwerker mit den Mitteln aus, die ihn mit der Großindustrie in Konkurrenz treten lassen, und darin liegt die große wirtschaftliche und ethische Bedeutung der elektrischen Kraftversorgung. In Trient kann z. B. jeder Schuhmacher einen Teil seines Betriebes durch die in dem Fersina niederstürzenden Wassermengen leisten. Auf der Frankfurter Ausstellung waren eine Molkerei und eine Schuhfabrik mit elektrischer Kraft versehen, und die vielseitige Verwendung der Elektromotoren wurde an dem Beispiel eines Bergwerks gezeigt. Nicht nur die Grubenpumpen, wie sie z. B. in Japan im Gebrauche sind, waren ausgestellt; eine Gesteinsbohrmaschine, die in der Minute 340 Umdrehungen vollbringt, konnte bei einer Leistungsfähigkeit von einer Pferdestärke in dieser Zeit ein Bohrloch von 12 ccm Inhalt in festem Granit ausbohren. Ein Ventilator, in Bergwerken ein äußerst wichtiges Instrument, war mit einem Motor ähnlich verbunden, wie wir dies in Fig. 152 an einem von der Allgemeinen Elektrizitäts-Gesellschaft gelieferten Ventilator zeigen. So wirkt die jetzt allgegenwärtige Freundin der Kulturmenschheit, die Elektrizität, zur Reinerhaltung der von uns zu atmenden Luft und hat damit eine hohe hygienische Bedeutung. Wir können die verschiedenen Verrichtungen der Elektromotoren nicht alle aufzählen, aber einige wollen wir hervorheben, um in der Auswahl einen Begriff von den mannigfachen Anwendungen desselben zu geben.

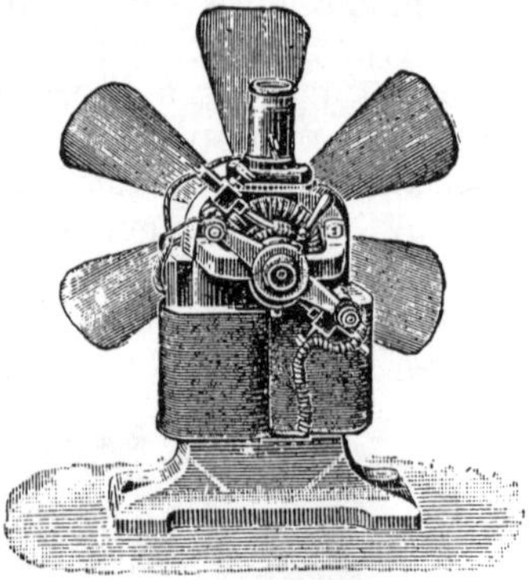

Fig. 152.
Elektromotor mit Ventilator der Allgemeinen Elektrizitäts-Gesellschaft.

Die Fig. 153 zeigt eine von der eben genannten Gesellschaft gebaute Bohrmaschine. Sie hat vor den gewöhnlichen Maschinen dieser Art den besonderen Vorzug, daß sie auf einem zweirädrigen Wagen in der Werkstatt überallhin gefahren werden kann, wo sie gerade gebraucht wird. Diese muß natürlich mit elektrischem Betriebe versehen sein. Das linker Hand aufgewickelt gezeichnete Kabel leitet den Strom auf den in der Mitte gezeichneten Elektromotor, und dieser überträgt seine Bewegung auf den rechts hinten zum Vorschein kommenden Schlüssel, in welchem der Bohrer sitzt. Dieser läßt sich mit Leichtigkeit ohne eine Verschiebung des Motors in jede gewünschte Lage bringen, wo er eben arbeiten soll. Es hat keine Schwierigkeit, bei einer Zahl von 195 Umdrehungen in der Minute, Löcher bis zu vier Zentimeter Durchmesser zu bohren. Das bisher unentbehrliche Faktotum des Orgelspielers, der Bälgetreter, ist überflüssig geworden, seitdem nicht nur in Amerika, sondern auch bei uns in Deutschland der geräuschlos arbeitende und stets mit voller Kraft einsetzende Elektromotor in den Dienst der Kirche gestellt worden ist. Die Dampfspritze wird der durch die Gebrüder Siemens in London eingeführten Feuerspritze weichen, die überall durch ein mitgeführtes Kabel an ein Elektrizitätswerk angeschlossen werden kann. Auch die Buchdruckereien sind seit einiger Zeit ebenfalls so weit, daß sie vielfach schon elektrisch

Fig. 153. Bohrmaschine der Allgemeinen Elektrizitäts-Gesellschaft.

betrieben werden. Sie sind an die Berliner Elektrizitätswerke angeschlossen, und die Kraftversorgung kann sich gerade für den Zeitungsdruck, der zu anderer Zeit als die übrigen Gewerbe betrieben wird, und nur kurze Zeit in Anspruch nimmt, äußerst billig gestalten.

Am wirksamsten aber hat sich der Elektromotor bisher bewiesen, wo es sich um das Fortschaffen von Lasten auf ebener Bahn oder um das Heben derselben handelt. Auf Kriegsschiffen, die jetzt meistens Dynamomaschinen schon zur Speisung der elektrischen Lampen besitzen, kann die vorhandene Kraft zum Abfeuern und Richten der Kanonen in wagerechter und senkrechter Richtung verwendet werden, wie sich auch die bei der Sicherung der Schiffahrt zu beschreibenden Scheinwerfer leicht durch den Elektromotor in die gewünschte Stellung bringen lassen. Der Vorschlag eines amerikanischen Offiziers, auch die Landgeschütze, vorzüglich Mitrailleusen, elektrisch zu betreiben, wird dagegen wohl schon deshalb keine Ausführung finden, weil der Transport der Dynamomaschinen Schwierigkeiten hat, und die bedienenden Soldaten in der Technik ausgebildet sein müßten. Die Lasthebewerke par excellence, die Krahnen, die man bislang im großen immer nur mit Dampf betrieben hat, lassen sich heute durch Anschluß an Elektrizitätswerke sehr leicht und sicher elektrisch betreiben. Am Petersen-Quai in Hamburg steht jetzt eine von der Allgemeinen Elektrizitäts-Gesellschaft gebaute Einrichtung, welche im Stande ist, eine Last von fünfzig Centnern fast vierzehn Meter emporzuheben. Der 40pferdige Elektromotor, der von der Beleuchtungsanlage des Hafens aus mit Kraft versorgt wird, vermag zugleich den Krahn zu drehen. Selbst das Bremsen des Krahnes geschieht ganz selbstthätig auf elektrischem Wege. Wo es sich sonst um die Fortschaffung großer Lasten in Werkstätten handelte, und der Laufkrahn in Dienst gestellt wurde, da erreicht man jetzt das Ziel weit sicherer und schneller, indem man von den Elektromotoren geeigneten Gebrauch macht.

Für die Aufzüge von Personen und Materialien hat man sich bisher meist des Wasserdrucks bedient. So war noch der berühmte Fahrstuhl im Eiffelturm eingerichtet. Solche Apparate waren natürlich allen jenen Mißständen ausgesetzt, welche der Gebrauch des Wasserdrucks als direkte Kraftquelle mit sich bringt. Die Elektrizität hat hierin weittragende Reformen geschaffen. Einen mustergiltigen Aufzug besitzt die städtische Zentrale in der Markgrafenstraße zu Berlin. Bei dieser mußten wegen Raummangels die Dampfkessel in den oberen Stockwerken angelegt werden. So würde das fortwährende Heraufschaffen der Kohlen natürlich Schwierigkeiten bieten, wenn nicht der elektrische Fahrstuhl da wäre, welcher einen Kohlenwagen von 20 Zentnern Gewicht in etwa 40 Sekunden über 9 m emporhebt. Nachdem derselbe auf den Fahrkorb geschoben ist, leitet der Maschinist den Strom in den fünfpferdigen Motor und setzt damit die Winde in Betrieb, die sich am Ziele der Bahn wieder selbstständig ausrückt. Dann bleibt der Fahrkorb durch eine Bremse so lange schwebend, bis die Kohlen in einen am Kessel befindlichen Trichter ausgeladen sind, und nimmt dann den Wagen wieder mit hinunter, was ohne die Thätigkeit des Motors langsam und gleichmäßig durch die Schwere geschieht. Sollte durch einen Zufall einmal die Winde reißen, so ist eine Einrichtung getroffen, daß der Wagen sich selbständig bremst, sobald seine Geschwindigkeit 30 cm in der

Sekunde überschreitet. Der Preis und die Betriebskosten dieses so sicher arbeitenden Aufzugs sind äußerst gering.

Auch im Dienste der Eisenbahnen ist die Elektrizität berufen, eine große Rolle zu spielen. Welche Mühe macht das Drehen der Wagen, besonders der Lokomotiven, welche Fülle von Kraft wird verschlungen beim Ausladen der Lastwagen, was für Arbeit erfordert das Verschieben der Wagen! Hier ist die Elektrizität die berufene Retterin aus allen Mühsalen. Sie ist bereits an zwei Stellen mit Erfolg für den Bahnhofsbetrieb herangezogen worden. Einmal besitzt der größte Bahnhof Deutschlands, derjenige in Frankfurt am Main, eine elektrische Anlage, welche früher mit einer Druckwasserleitung zusammen den beschriebenen Dienst versah, während jetzt die letztere außer Thätigkeit tritt und auch durch ein elektrisches Werk ersetzt wird. Andererseits hat die französische Nordbahn auf ihrem Pariser Bahnhofe Akkumulatoren in Dienst genommen, welche ihren Strom an Elektromotoren abliefern und damit die schwerbelasteten Scheiben drehen. Ebenso versorgen die Sammler einen Laufkrahn mit Kraft, welcher hauptsächlich Säcke aus den Wagen oder in die Wagen schaffen soll. Mit ihm vermag man in 20 Minuten hundert Säcke aufeinander zu stapeln oder in 35 Sekunden eine Last von 140 kg 32 m fort zu schleppen, worauf der Laufkrahn nach seinem Ausgangspunkte umkehrt. In einigen amerikanischen Städten wird das Aufziehen der Zugbrücken jetzt durch Elektromotoren besorgt. So war in Chicago auf der im Zuge von Brush=Street gelegenen Brücke bisher eine Dampfmaschine in einem besonderen Hause mit zusammen 40 Tonnen Gewicht aufgestellt; heute besorgt dies ein unterhalb der Brücke angebrachter und von einem nahen Werke mit Strom gespeister Elektromotor leicht und viel wohlfeiler, als die Dampfkraft. In derselben Stadt wird das Eis des Flusses und des seenartigen Hafens jetzt auf eine höchst sonderbare Art zu Blöcken zerschnitten. Schon früher nahm man dazu Kreissägen, die auf einem Wagen saßen. Jetzt benutzt Kinsmann einen elektrischen Eispflug, d. h. ein Dreirad, an dem die Sägen und auf dem der Motor angebracht ist. Derselbe bewegt das Dreirad vorwärts und setzt zugleich die Sägen in Thätigkeit; er wird natürlich durch eine Leitung aus einem Elektrizitätswerke mit Strom versorgt, und diese wickelt sich allmählich von einer Trommel ab. Wie viel menschliche und tierische Kraft wird hier nicht durch die Hilfe des elektrischen Stromes gespart! Bedarf es der Erwähnung, daß auch der Schnee der Straßen bereits durch elektrische Schneepflüge beiseite gefegt wird? Freilich sind diejenigen, welche die Firma Thomson=Houston bis jetzt gebaut hat, nur für den Gebrauch der elektrischen Bahnen bestimmt und erhalten für ihre Elektromotoren den Strom aus der Station der Eisenbahn, aber es werden sich vielleicht auch Einrichtungen treffen lassen, die ihnen eine allgemeine Einführung sichern. Sie erinnern in ihrem Baue an die Kehrmaschinen der Berliner Straßenreinigung. Nur besitzen sie neben den Bürsten, welche den losen Schnee fortfegen, auch noch Walzen mit Schaufeln, welche eine härtere Schneedecke erst auflockern. Im ganzen braucht jeder Pflug vier Motoren, zwei zu seiner Fortbewegung und je einen für die beiden Walzen.

Aus den vorstehenden Ausführungen ist ersichtlich, daß die elektrischen Motoren eigentlich den Dynamomaschinen ziemlich gleich sind und sich von diesen nur in Nebensachen unterscheiden. In der That wurden ja zu Anfang der Entwickelung dieses Zweiges der Elektrotechnik einfach Dynamomaschinen auch für motorische Zwecke angewendet, doch fand man bald heraus, daß für diese Zwecke die Anordnung doch eine etwas andere sein müßte. Vornehmlich hat Amerika, das uns in diesen Dingen weit voraus war, den Anstoß zur Konstruktion eigener elektrischer Motoren gegeben, indessen hat sich nun auch in Deutschland die Elektrotechnik mit Bezug auf die Anwendung elektrischer Motoren für industrielle Zwecke aller Art in einer wahrhaft staunenswerten Weise entwickelt, und man möchte fast sagen, es vergehe kein Tag, der nicht irgend welche bemerkenswerte Neuerung auf diesem Felde brächte. Die verschiedenen Typen der elektrischen Motoren gehen bereits in die Hunderte, und es würde keinen Zweck haben, hier auch nur die hervorragendsten unter ihnen neben den bereits genannten anzuführen. Vom mächtigen Riesenmotor zu 250 und mehr Pferdestärken herab bis zum Zwergmotor zum Betriebe der elektrischen Pferdestriegelbürste zeigt sich uns das mannigfaltigste Bild der Gestaltung, und es unterliegt keinem Zweifel, daß der elektrische Motor in ganz kurzer Zeit alle seine motorischen Konkurrenten verdrängen wird, selbstverständlich nur da, wo man Strom für ihn beziehen kann und die Kosten nicht in erheblicher Weise den Ausschlag geben.

Letzterer Punkt dürfte vornehmlich ins Gewicht fallen. Wir haben schon in früheren Kapiteln gesehen, daß in Bezug auf die Betriebskosten die Dampfmaschine den Petroleum- und Benzinmotoren überlegen ist. Etwas anders gestaltet sich die Lage zwischen Dampfmaschine und elektrischem Motor, besonders in großen Städten. Hier hat man mehr und mehr eingesehen, daß die Elektrizitätswerke für die elektrische Beleuchtung ihren Strom recht wohl auch für industrielle Zwecke hergeben können, da diese zu allermeist zu einer Tageszeit thätig sind, wo die Beleuchtung feiert. In Berlin z. B. macht man von dieser Erkenntnis mehr und mehr den ausgiebigsten Gebrauch und hat, um die Betriebskosten der Motoren möglichst niedrig zu halten, für den Verbrauch des Stromes in der Industrie billiger gesetzt, als für Beleuchtungszwecke, eine Einrichtung, die schließlich auch Gasanstalten mit bestem Erfolge für ihre wirtschaftliche Ausnützung nachgeahmt haben. Die industriellen Etablissements, welche mit elektrischen Motoren arbeiten, die ihren Strombedarf von den Beleuchtungswerken beziehen, zählen schon nach vielen Hunderten.

g) Die Erfindung der elektrischen Fortbewegung.

Die elektrischen Straßen- und Eisenbahnen.

So hätten wir bereits verraten, daß die elektrischen Eisenbahnen auch durch nichts anderes bewegt werden, wie durch Elektromotoren, die aus einer für sie besonders eingerichteten Maschinenstation mit Kraft versorgt werden. Freilich liegt ein Mittel nahe, um die Notwendigkeit einer solchen zu umgehen. Man könnte ja die primäre Dynamo-Maschine mit auf den Wagen nehmen, aber man müßte auch einen Dampf- oder anderen Motor mithaben, und dann ist es eben schon klüger, die Dampfkraft direkt zum Betriebe des Wagens zu verwerten. Oder man kann den Strom einer hinreichend geladenen Akkumulatoren-Batterie entnehmen, die man mit in den Wagen aufnimmt. Dies würde aber zunächst das Gefährt sehr belasten und seine Bewegung wesentlich erschweren, so daß man zu keiner großen Geschwindigkeit gelangen konnte und andererseits müßten die Akkumulatoren doch an gewissen Stationen, nachdem sie ihre Kraft erschöpft haben, wieder geladen werden. Das erfordert Zeit, und da Maschinen zum Laden der Batterie jedenfalls da sein müßten, so ist es offenbar zweckdienlicher, wenn man den Wagen von der Station aus direkt mit Kraft versieht und die Akkumulatoren auf der Station läßt, wo sie bei der Aufspeicherung überschießender Kraftvorräte immerhin gute Dienste leisten können. Trotzdem sind zahlreiche Gefährte für den Akkumulatorenbetrieb eingerichtet worden. Wir haben so elektrische Droschken und Dreiräder erhalten und auch Wagen für den Straßenbetrieb. Besonders hat Huber in Hamburg in der letzten Richtung Versuche angestellt, die er indessen Ende 1886 wieder aufgab, weil die Wagen zu schwer beweglich waren. So ein Gefährt mit Sammlerbetrieb wog mit 29 Fahrgästen, dem Führer und dem Schaffner 7000 kg, wovon ein Sechstel auf die Sekundärbatterie kam. Diese bestand aus 96 Zellen, deren jede für sich eine Stunde lang einen Strom von 170 Ampère leisten konnte. Jetzt ist dieses System durch eine Erleichterung des Sammlergewichts soweit verbessert worden, daß man bei normaler Witterung mit 14 Fahrgästen wenigstens 70 km weit bei einmaliger Ladung der Sammler gelangt. Dann müssen dieselben wieder von einer bereit gehaltenen Dynamomaschine aus versorgt werden. Siemens & Halske haben im Anschluß an die Lichterfelder elektrische Eisenbahn Versuche mit solchen Akkumulatorenwagen gemacht, und sind selbst zu der Ansicht gelangt, daß für größere Bahnen, auf denen erst in längeren Pausen einzelne Wagen den Verkehr vermitteln, in jenen die beste Ausnutzung der Elektrizität liege.

Für kurze Bahnen aber empfiehlt es sich, eine Kraftzentrale einzurichten und durch Leiter den Elektromotoren des Wagens Strom zuzuführen. Der erste Versuch einer solchen Anlage wurde von der eben genannten Firma auf der Berliner Gewerbeausstellung 1879 gemacht. Zwischen den beiden Hauptschienen der Bahn lag eine dritte flache und auf die Kante gestellte Schiene, welche den Elektromotor des Wagens mit Kraft versorgte. Die Rückleitung nach dem Maschinenhause geschah durch die beiden erstgenannten. Die erste dauernd für den Betrieb bestimmte elektrische Eisenbahn fährt vom Anhalter Bahnhof in Lichterfelde zur Kadettenanstalt. Obgleich für die Isolierung der Schienen keine große Vorsorge getroffen war, hat doch die Bahn von 1881 bis heute vollständig zur Zufriedenheit funktioniert. Sie fährt jedesmal, wenn ein Zug am Anhalter Bahnhof ankommt, und legt die 2,6 Kilometer lange Strecke in acht Minuten zurück, obgleich es keine Schwierigkeiten hätte, ihre Geschwindigkeit noch zu steigern. Seitdem ist in Deutschland die Entwickelung der elektrischen Bahnen sehr zurück geblieben, während die großen Städte Amerikas sich mit einem Netze von solchen Betrieben übersponnen haben. Wie rasch dort die Pferdebahnen den elektrischen weichen müssen, das können folgende Zahlen zeigen. Noch 1885 waren dort nur drei solche Bahnen mit 12 Kilometern Weglänge und 13 Maschinenwagen in Betrieb, Ende 1889 gab es schon 103 Bahnen mit 870 Kilometern und 851 Wagen und am Anfange des Jahres 1892 war die Weglänge der elektrischen Straßenbahnen auf 4061 Kilometer gestiegen, während die der Pferdebahnen im letzten Jahre um 100 Kilometer zurückging. Es ist ja offenbar, daß die elektrischen gegen diese die Vorteile der Sauberkeit und Billigkeit voraushaben müssen, welche der Dienst der Thiere ausschließt. Wir müssen, wollen wir den Bau dieser Bahnen recht verstehen, die einzelnen Teile derselben, also die Maschinenstation, die Zuleitung des Stromes und die Motorenwagen genauer ins Auge fassen.

Die Fig. 154 zeigt die Kraftstation der Straßenbahn, welche die Allgemeine Elektrizitäts-Gesellschaft 1890 zu Halle an der Saale als die erste elektrisch betriebene in Deutschland dem Verkehr übergeben hat. Links sehen wir eine der beiden gewaltigen Dampfmaschinen, welche bis zu 200 Umdrehungen in der Minute machen, rechts die mittels Riemenübersetzung mit ihr verbundenen Dynamomaschinen. Jede von diesen leistet mehr als 80 Pferdestärken. Die Leistungsfähigkeit derselben muß etwas höher bemessen sein, als der gleichmäßige Betrieb nötig machen würde, weil bei dem Anfahren der Wagen immer eine große Menge Kraft verbraucht wird. Die Zuführung des Stromes zum Wagen kann sehr verschieden sein, entweder durch die Fahrschienen oder eine andere Schiene erfolgen oder durch eine daran getrennte oberirdische oder endlich durch eine unterirdische Leitung geschehen. In dem ersten Falle wird eine hinreichende Isolierung der Schienen einzutreten haben, vor allen Dingen wird dafür gesorgt werden müssen, daß Zugtiere

Fig. 154. Maschinenhaus der Halleschen Straßenbahn der Allgemeinen Elektrizitäts-Gesellschaft

und Menschen, die den Schienenweg auf einer Wegkreuzung überschreiten, nicht gefährdet werden und auch den Betrieb nicht stören. In der Lichterfelder Bahn, bei welcher eine der beiden Schienen die Zuführung, die andere die Fortleitung des Stromes versieht, wird diese Leitung an den Kreuzungsstellen nicht durch die Schienen, sondern anders weitergeführt, so daß eine Berührung derselben ganz unschädlich ist. Der Strom wird von dem Radreifen aufgenommen, der von der Achse hinreichend isoliert sein muß und ihn dem Elektromotor zuführt, aus welchem er an der anderen Seite heraustritt. Die Achsen der Räder sind zugleich diejenigen der Motoren oder es findet eine Zahnradübertragung statt, welche die Geschwindigkeit der Räder mildert. Wenn man die Schienen genügend vom Erdboden isolieren soll, so wird dies wenigstens für lange Strecken sehr teuer zu stehen kommen, und immer wird bei schlechtem Wetter ein so großer Kraftverlust unumgänglich sein, daß die Schienenleitung nicht recht vorteilhaft erscheint. Nimmt man eine dritte gut isolierte Schiene zu Hilfe, wie das 1879 bei dem ersten Versuche geschah, so findet eine weitere Steigerung der Anlagekosten statt, welche dieses System gar nicht hat in Aufnahme kommen lassen.

Die oberirdische Zuführung des Stromes ist auf die verschiedensten Weisen versucht worden. Bei dem älteren System von Siemens & Halske wird er in zwei geschlitzten Röhren längs des Geleises zu- und weggeführt. Auf diesen Leitern, die an Säulen hingen und genügend isoliert sein mußten, schleifte ein Wägelchen, welches von dem Wagen mitgenommen wurde und dem Motor desselben den Strom durch einen Leiter zuschickte. Auch diese Art der Ausführung ist längst schon überwunden. In der neueren Ausführung bedarf es nur eines Drahtes, der über der Mitte des Geleises an seitlich stehenden Säulen oder auch an den Häusern der Straßenseiten aufgehängt ist; eine an den Wagen angebrachte Vorrichtung, Stangenkontakt, schleift an diesem Draht und führt ihm den Strom zu. Die Wagen führen Akkumulatoren mit sich, welche während der Fahrt mittels der Drahtleitung den Stromüberfluß aufnehmen; kommt nun der Wagen an eine Strecke seines Weges, wo es nicht möglich war, die Drahtleitung auszuführen, so wird die Stange ausgehängt, der Wagenführer schaltet mit einem einzigem Handgriff die Akkumulatoren ein, und der Wagen setzt nun seinen Weg mit deren Triebkraft allein fort. Die Drahtleitung ist nur dünn und wäre für die eigentliche Zuleitung nicht genügend; diese Hauptzuleitung geschieht vielmehr durch stärkere Leiter, welche an den Aufhängestellen der Querdrähte angebracht sind. Als Rückleitung dienen bei dieser Anordnung die Schienen. Die erwähnte Stange, welche an dem Leitungsdraht hingleitet, steckt unten in einer federnden Büchse; an dem oberen Ende ist eine metallene Rolle angebracht, die durch eine Leitung mit dem Motor des Wagens in Verbindung steht. Durch den Druck der Federn legt sich die Rolle an die oberirdische Leitung und kann von dem Schaffner mittels eines dünnen Strickes mit Leichtigkeit an- und ausgehängt werden, wenn die Drahtleitung, wie erwähnt, auf einer Strecke des Weges unterbrochen sein sollte. Das System stammt von amerikanischen Ingenieuren. Anstatt der Rolle wird hier und da ein Gleitschuh gebraucht, welcher ja mit der Leitung noch auf größere Flächen in Berührung kommt, als die Rolle und außerdem den Vorteil gewährt, daß er den Draht blank putzt. Bisweilen laufen statt des einen Leitungsdrahtes in der Mitte der Schienen deren zwei, in welchem Falle dann der Stangenkontakt natürlich auch mit zwei Rollen versehen ist. Es liegt auf der Hand, daß bei der immerhin nur leichten Berührung der Rolle mit dem Drahte auch leicht ein Abspringen derselben herbeigeführt werden kann, namentlich wenn der Wagenführer starke Biegungen des Schienenweges mit unveränderter Schnelligkeit passiert, anstatt an solchen Stellen einzubremsen und langsamer zu fahren. Bei der Doppelrolle ist das schon schwerer möglich; um diese Gefahr aber ganz zu beseitigen, hat die Firma Siemens & Halske neuerdings einen Schleifkontakt konstruiert, der durch einen auf das Dach gesetzten federnden Drahtbügel gebildet wird. Die Berührungsfläche zwischen dem Metallteil und der Leitung ist bei dieser neuen Konstruktion zwar noch kleiner, als bei der Rolle, dafür aber brauchen in der Leitung keine besonderen Weichenvorrichtungen angebracht, sondern die abzweigenden Drähte nur einfach miteinander verbunden zu werden, da der breite Bügel unter der Verbindungsstelle von einem Draht zum andern durchgleitet.

Sehr gut entwickelt ist die Art der Stromführung mittels eines Leitungsdrahtes in den von Sprague und Thomson-Houston ausgebildeten Systemen. Nach dem ersteren ist die erwähnte Straßenbahn in Halle gebaut. Unser Bild, Fig. 155, zeigte die Haltestelle derselben auf dem Marktplatze. Die Arbeitsleitung, von der Feinheit der Telegraphendrähte, ist durch Querdrähte mit der eigentlichen Stromführung verknüpft. Die Pfähle, an welchen diese angebracht sind, bestehen aus Schmiedeeisen, beleidigen durch ihr Aussehen das Auge nicht und können auch als Masten für elektrische Lampen dienen. Der Strom wird zum Wagen durch ein auf dem Dache angebrachtes Stahlrohr übergeführt, das die metallene Nutrolle von unten gegen den Leitungsdraht drückt und dadurch die Berührung recht innig macht. Mit mancherlei kleinen Abweichungen haben sich diese Systeme als praktisch bewährt und sind wohl so ziemlich allen elektrischen Straßenbahnen mit oberirdischer Zuleitung zu Grunde gelegt. Ein Übelstand ist, wie oben schon gesagt, der, daß bei den notwendigen, oft sogar unmittelbar aufeinander folgenden Kurven, oder auch da, wo von dem Führungsdraht Abzweigungen nach andern Straßen abgehen, die Rolle von dem Führungsdraht abspringt und damit der Strom plötzlich unterbrochen wird. Diesen Übelstand hat die Firma Siemens & Halske eben durch den erwähnten Schleifkontakt beseitigt, und da, wo diese Firma elektrische Straßenbahnen angelegt und in Betrieb genommen hat, werden derartige Entgleitungen wohl schwerlich vorkommen. Störungen des Betriebes sind natürlich ebenfalls nicht ausgeschlossen, denn der treibende Strom kann ja auch aus andern Ursachen versagen als durch die Aufhebung des Leitungsschlusses. Solche Störungen sind indessen immer schnell vorübergehend. Aus den angeführten Gründen hat die oberirdische Zuleitung des elektrischen Stromes immerhin ihre Schattenseiten, das ist nicht zu leugnen. Auf Chausseen, in Vororten und

Fig. 155. Haltestelle der Halleschen Straßenbahn.

bei Sekundärbahnen wird aber diese Methode schon ihrer Billigkeit wegen die richtige sein. Im Innern der Großstädte wird die unterirdische Zuführung, die allerdings schon für recht viele Leitungen, wie die des Gases und Wassers, in Anspruch genommen ist, die angebrachte sein. Wir zeigen in unserem Bilde (Fig. 156.) das Schienensystem der 1889 von Siemens & Halske in Budapest ausgeführten Eisenbahn. Links sieht man unter dem Schienenstrange des Geleises einen Kanal, in welchem links und rechts je eine Stromleitung, die Hin- und die

Fig. 156. Schienensystem der Budapester Straßenbahn von Siemens & Halske.

Rückleitung, geschützt gegen äußere Einflüsse und von einander isoliert, angebracht sind. Der Kanal schließt an der Straße mit den Fahrschienen ab, welche auf gußeisernen Böcken gelagert und festgeschraubt sind. In diesen sind die beiden Stromleitungen mittels geeigneter Isolatoren befestigt. Im Übrigen ist der Kanal aus Beton hergestellt. An dem Wagen ist unten eine Vorrichtung befestigt, welche durch den zweiteiligen Schienenbau in den Kanal hinabreicht und ein Schiffchen mitnimmt. Dieses schleift im Kanal zwischen den Stromleitungen und vermittelt auf diese Weise eine beständige Stromzuführung nach dem Wagen. Äußerlich gleicht die Bahn völlig einer gewöhnlichen Straßenbahn, da von den Kanälen und den Leitungen auf der Straße nichts zu sehen ist. Das System, welches sich ausgezeichnet bewährt, ist freilich auch das teuerste. Trotzdem rentiert sich eine solche Anlage immer noch besser als die Pferdebahn.

Das Aussehen der elektrischen Wagen gleicht äußerlich völlig demjenigen der Pferdebahnwagen, nur daß diese im allgemeinen einen größeren Raum einnehmen. Die Arbeitsmaschine sitzt, den Blicken des Beschauers völlig verborgen, im Untergestell des Wagens. In der Mitte ist der Motor angebracht, durch welchen der aufgenommene Strom in eine drehende Bewegung verwandelt wird; diese überträgt er durch ein Vorgelege auf die eine Wagenachse und bewegt so den Wagen vorwärts. Statt eines Elektromotors sind z. B. auf der Halleschen Straßenbahn zwei vorhanden, für jede der beiden Wagenachsen eine. Wie kann der Kutscher die Bewegung des Wagens regulieren, wie wird die rückwärts gerichtete Bewegung des Wagens erhalten? Er kann dies alles durch Zuhilfenahme zweier Kurbeln leisten, wie sie ähnlich bei den Pferdebahnen als Bremsen dienen. Durch die eine kann er ein gewöhnliches mechanisches Bremsen bewirken. Die andere aber dient zum Ein- und Ausschalten von metallenen Widerständen in die Stromleitung, wie wir sie bei der Theaterbeleuchtung kennen lernten, sowie zum Umsteuern für Her- und Hinfahrt der Lokomotive. Solche Widerstände müssen für die Regulierung vorhanden sein, weil sonst beim An- und Abstellen des Motors das zu starke Ansteigen des Stromes die Bewickelungsdrähte schmelzen könnte; bei ihrer Einschaltung wird der Strom durch Umsetzung in Wärme entsprechend abgeschwächt. Diese Widerstände nehmen auch von dem verfügbaren Raume nichts fort, weil sie unter den Plattformen der Wagen in vier Gruppen verteilt liegen. Das Umkehren der Lokomotive wird dadurch bewirkt, daß man den Strom in umgekehrter Richtung durch den Motor leitet, was alles durch eine verschiedene Stellung derselben Kurbel zu erreichen ist. Man braucht hier, am Endziele angekommen, nicht umzuspannen, wie bei den Pferdebahnen, noch den Wagen zu wenden, wie bei den Dampfwagen. Der Kutscher braucht nur seinen Platz am andern Ende des Wagens einzunehmen, um die Strecke übersehen zu können. Auch dort findet er zwei ebensolche Kurbeln zur Bedienung. Die Betriebskosten sind für alle diese Bahnen weit geringer, als für die bisherigen Straßenbahnen; auf der hallischen Bahn wird sogar der Schaffner gespart durch die Einführung des Zahlkastensystems bei einem Einheitssatze für alle Touren. Die Bahnen sind auch in hygienischer Beziehung vollkommner als die Dampfbahnen, da sie nicht den für die Lungen der Stadtbewohner schier unerträglich gewordenen Kohlendunst noch vermehren.

Dies macht sie ganz vorzüglich für unterirdische Betriebe verwendbar. Auf solche angewiesen sind natürlich die Bergwerke. Die erste elektrische Grubenbahn wurde von Siemens & Halske 1883 im Zaukeroder Werk eröffnet, ihr folgte diejenige des Neustaßfurter Salzbergwerkes, welche wir im Bilde (Fig. 157) veranschaulichen. Diese hatte 1885 eine Länge von insgesamt 1550 Metern. Die Stromzuführung von der über Tage aufgestellten Dampfmaschine geschieht durch die an dem Stollenfirst sichtbaren Schienen, an denen die Zuleiter schleifen. Diese Bahn dient dazu, das am Stollenende abgehauene Salz zu fördern. So wurden im Februar 1884 in 87 achtstündigen Schichten 23868 Wagen in Zügen von meist 16 Wagen gefördert, zu denen der Wasserwagen tritt, welcher die Geleise von dem schlüpfrigen Salzüberzug durch Wasserberieselung zu befreien hat. Es wurden so allein im Jahre 1884 an 140000 Tonnen Salz gefördert, die sich bei

Fig. 157. Elektrische Grubenbahn von Siemens & Halske.

Anwendung von Pferden oder Menschen wesentlich teurer gestellt haben würden. Ein ebenfalls elektrisch getriebener Göpel bildet seit 1885 die Fortsetzung dieser Bahn. Aus einem um 40 Grad geneigten Stollen holt der Förderwagen die Salze herauf, während gleichzeitig an dem Seile ein leerer Wagen heruntergleitet. Die Geschwindigkeit dieses Werkes und der Eisenbahn brauchte nicht über wenige Kilometer in der Stunde hinausgetrieben zu werden. Das großartigste Werk unter allen ähnlichen ist dasjenige, welches jetzt von der Carolina Mining Company auf einer Silbergrube in Colorado in Betrieb ist. Diese Grube liegt 3900 Meter über dem Meeresspiegel, 100 Meter über der Schneegrenze. Eine Wasserkraft ist es, welche die Dynamomaschinen treibt. Den eigentümlichen Verhältnissen angepaßt sind die Leitungen, welche gegen den Schnee geschützt sein müssen und den Fall der die im Sturme brechenden Masten zu ertragen haben. Hier werden die Pumpen, Förderstühle, Erzwagen, Gesteinbohrer und Ventilatoren — wie auch an andern Stellen — elektrisch betrieben, — ein großartiges Beispiel dafür, daß die heutige Technik Hindernisse nicht mehr kennt.

So drängt sich uns die Frage auf, ob nicht für den Betrieb der Straßenbahnen überhaupt der unterirdische derjenige der Zukunft sei. Sind nicht die Straßen und Plätze der Großstädte bereits genügend durch den Verkehr belastet und schließt nicht eine weitere Vermehrung desselben die schwersten Gefahren für die Sicherheit der Bürger ein. Gerade unter der Erde aber hat der Verkehr die schönsten Gelegenheiten zur Ausbreitung. Hier ist Raum für Stadtbahnen, wie in andere Entfernungen von der Erdoberfläche für die Leitungen des Wassers, des Gases und der elektrischen Kraft. Die einzige bisher wirklich unter der Erde ausgeführte Stadtbahn mit elektrischem Betriebe hat diejenige Metropole, welche längst sich durch Zuhilfenahme unterirdischer Räume von ihrem Verkehrsüberfluße entlastet, nämlich London. So sind die Stadtteile City und Southwark elektrisch unter der Erde verbunden, und diese Bahn hat vor den sonstigen unterirdischen, die London aufweist, eben den großen Vorteil, daß der lästige Qualm der Dampflokomotiven, für welchen dort nie genügender Abzug zu schaffen war, in Fortfall kommt.

Daß den Untergrundbahnen in großen Städten noch eine weite Verbreitung erwachsen wird, dürfte wohl kaum bezweifelt werden können. Auch Berlin hat bereits damit begonnen. Es führt eine unterirdische Bahn aus der Stadt vom schlesischen Bahnhofe nicht nur unter der Erde, sondern sogar unter dem Flußbett der Spree hindurch nach dem 2,5 Kilometer südöstlich von Berlin gelegenen Vorort Treptow, und die Bahn funktioniert ausgezeichnet und wird von dem Publikum, das den reizend am Wasser gelegenen Ort mit seinem herrlichen Park gern besucht, fleißig benutzt.

Im allgemeinen kann man wohl sagen, daß im ganzen dem Verkehr für die verhältnißmäßig kurzen Strecken im Innern der Städte durch die erwähnten Straßenbahnsysteme ausreichend Genüge geschieht. Für weitere Entfernungen dagegen bedarf der großstädtische Verkehr auch höherer Geschwindigkeiten, und diese ihm zu geben, sind die Straßenbahnen nicht befähigt, weil das schon wegen der Gefahr für die Passanten ausgeschlossen ist. Man ist also, insbesondere für die Verbindung der inneren Stadt mit den Vororten und den Endstationen der Fernbahnen, darauf angewiesen, Stadtbahnen resp. Hochbahnen und unterirdische Eisenbahnen zu bauen. Daß die letzteren vorzuziehen sind, liegt auf der Hand, teils der vergrößerten Gefahr wegen, welche alle oberirdischen Anlagen bringen, teils auch wegen der mannigfachen Störungen, welche sie für die Bewohner der anliegenden Häuserfluchten im Gefolge haben.

Von unterirdischen Eisenbahnen, welche weder den Straßenverkehr behindern, noch die Straßen durch Masten oder Drahtnetze verunzieren, ist neuerdings als die bemerkenswerteste die Unterpflasterbahn in Budapest zur Ausführung gekommen. Diese 3,7 Kilometer lange Bahn ist keine Tunnelbahn, wie einzelne Stadtbahnen in London ausgeführt sind, sondern sie hat eine flache, unmittelbar unter dem Straßenpflaster liegende Decke, welche aus Walzeisen mit dazwischen ausgespannten Kappen hergestellt ist. Auf dieser Decke ruht noch eine Schicht von Asphaltfilzplatten zum Schutze der Eisenteile gegen etwa von oben her eindringende Feuchtigkeit. Der Hohlraum ist zweiteilig, eine Säulenreihe trennt die beiden Geleise. An dem einen Ende, dem Stadtwald, welcher die Millenniums-Ausstellung enthielt, steigt die Bahn zur Höhe des Straßenpflasters empor, so daß der Eingang des Tunnels oberhalb des Erdbodens liegt. Während der Zeit der Ausstellung hat diese Bahn, eine Meisterarbeit unter den vielen großartigen Werken der Firma Siemens & Halske, rund drei Millionen Personen befördert.

Diese Firma ist es auch, welche gegenwärtig eine der vollkommensten Hochbahnen für Berlin in Angriff genommen hat. Berlin hat zwar schon eine Hochbahn, die Stadtbahn, welche ohne Frage mustergültig funktioniert, deren klobige Backsteinmassen jedoch für derartige Bauten schwerlich nachahmungswert gewirkt haben, da sie nichts weniger als eine Verschönerung der Straßen der deutschen Reichshauptstadt darstellen,

Fig. 158. Elektrische Hochbahn in New-York.

außerdem aber auch den unteren Stockwerken der daranliegenden Häuser Luft und Licht entziehen. Wer dagegen die eleganten Eisenkonstruktionen der Hochbahn von New-York gesehen hat, der wird inne geworden sein, wie die moderne Technik durch unzweifelhaft sichere Berechnung die Stärke der Pfeiler festzustellen vermag, welche der maximalen Belastung entspricht, und wie dieser Stärke noch dies und jenes hinzugefügt ist, um jeden Gedanken an eine etwaige Gefahr auszuschließen. Die Berliner Stadtbahn zeigt nur an den Straßenübergängen Eisenkonstruktion, entspricht aber trotz ihrer massigen Aufführung den Verkehrszwecken durchaus und hat den Wagemut, der sie angesichts des bald nach dem großen Franzosenkriege so erstaunlich wachsenden Verkehrs ins Leben rief, nicht Lügen gestraft. Als Privatunternehmen 1874 begonnen, ging der Bau infolge finanzieller Schwierigkeiten 1878 an den Staat über, der sie nach Aufwendung von über 63 Millionen Mark am 1. Februar 1882 dem Betriebe übergeben konnte. Obgleich Verkehrstechniker und Eisenbahnfachleute seinerzeit mit den triftigsten Gründen zu beweisen sich bemühten, daß diese Bahn niemals zu einem Verkehr kommen würde, der ihren teuren Betrieb und die ungeheuren Baukosten, also ihren Bau überhaupt rechtfertigen könnte, so wurden doch schon in dem Betriebsjahre 1885 bis 1886 nicht weniger als 12 Millionen, zehn Jahre aber später 45 Millionen Fahrkarten ausgegeben.

Neben dieser Stadtbahn wird Berlin nun auch eine elektrische Hochbahn erhalten, für welche die amerikanische Eisenkonstruktion durchweg als Muster dienen soll und welche die erste elektrische Hochbahn Europas sein wird. Sie soll ebenfalls den Osten mit dem Westen verbinden, aber die südlichen Stadtteile der Reichshauptstadt durchschneiden und außerdem mit zwei Unterpflasterbahnen als Nebenlinien verbunden werden. Die Endpunkte sind der Zoologische Garten im Westen und die Warschauer Brücke im Osten, diese nur vorläufig, denn hier ist eine weitere Fortsetzung als Straßenbahn vorbehalten. Sie wird in ihrer ganzen Länge von 10,15 Kilometern zweigleisig und vollspurig, mit einer Breite des Bahnkörpers von 7 m angelegt und auf säulenartigen Stützen aus Walzeisen in Träger- oder Winkelform ruhen. Die Straßen werden in solchen Weiten überschritten, daß der Fahrdamm in seiner ganzen Breite frei bleibt und die Säulen an den Bordschwellen zu stehen kommen. Die Anfangsstelle am Zoologischen Garten wird jedoch, soweit die Bahn von hier aussichtbar bleibt, nicht aus Eisen, sondern aus Stein erbaut und alles in einer der Kaiser Wilhelm-Gedächtniskirche entsprechenden Architektur hergestellt werden, so daß auch der architektonische Schmuck nicht fehlt, der auch sonst überall wo angängig angebracht werden soll. So hat die Firma Siemens & Halske z. B. für die Ausschmückung der Strecke vom Nollendorfplatz bis zur Lutherkirche sogar Preise ausgeschrieben Auch die Überschreitung der mancherlei Wasserarme wird unseren Brückenbaumeistern dankenswerte Aufgabe stellen. Von der Luckenwalderstraße geht eine Zweiglinie ab, welche zunächst der Ringbahn folgt, bis sie hinter der Durchfahrt zur Köthenerstraße mit einer Rampe in die Unterpflasterbahn übergeht, welche vorläufig in der Haltestelle Potsdamerplatz vor dem Haupteingang zum Potsdamer Bahnhof endet. Hier soll sich dann die etwa 3 km lange Unterpflasterbahn zum Brandenburger Thor anschließen, die am Reichstagsgebäude vorbei zur Spree sich wendend und dieser am linken Ufer folgend, zur Schloßbrücke führt und hier endet. Hieraus ergeben sich die Verkehrslinien: Zoologischer Garten — Warschauer Brücke, Zoologischer Garten — Potsdamer Platz — Schloßbrücke, Warschauer Brücke — Potsdamer Platz — Schloßbrücke. Die Motorwagen sollen 35, die Beiwagen 60 Sitzplätze erhalten, so daß jeder Zug, aus zwei Motor- und einem Beiwagen bestehend, 130 Sitzplätze hat. Bei einer Zugfolge von fünf Minuten während der Tagesstunden und von zehn Minuten während der Morgen- und Abendstunden werden von Morgens 5 Uhr bis Mitternacht in jeder Richtung 204 Züge verkehren, welche einschließlich der Haltezeiten 60 Minuten zu fahren haben und täglich 34160 oder jährlich 12470000 Personen befördern. Diese an sich schon bedeutende Leistung läßt sich aber durch Vermehrung der Züge bis auf achtzehn in der Stunde und sodann durch Vergrößerung der Züge auf drei Motor- und zwei Beiwagen, die dann 225 Sitzplätze enthalten, mühelos steigern. Die Baukosten sind auf zwanzig und eine halbe Million Mark veranschlagt.

Eine größere Geschwindigkeit, als die angegebene, wäre gewiß zu ermöglichen, ist aber nicht wohl auszuführen, da die Hochbahn auf ihren Wegen den gekrümmten Bahnen der Straßen sich anpassen und alle Kurven derselben mitmachen muß, und diese starken Kurven mit beträchtlicher Geschwindigkeit zu durchfahren, ist mit Gefahr verbunden, weil die Schwungkraft leicht einen Wagen aus dem Gleise schleudern könnte. Diesem Übelstande abzuhelfen, ist die Schwebebahn von Eugen Langen in Köln bestimmt, von der eine Probestrecke zwischen Köln und Deutz ausgeführt worden ist. Hier läuft der Wagen nicht auf einem Bahnkörper, sondern er hängt an einer hoch über dem Straßenplan schwebenden Schiene. An der Decke des Wagens angebrachte Räder rollen auf dieser Schiene entlang und werden durch einen Elektromotor gedreht, dem seine Kraft aus der Zentrale durch die Schiene selbst zugeführt wird. Hier ist eine größere Geschwindigkeit statthaft, weil an den stärker gekrümmten Stellen der Bahn sich der Wagen einfach nach außen neigen muß, ohne daß bei den getroffenen Einrichtungen die Gefahr einer Entgleisung vorhanden wäre. Seitlicher Wind wird den Wagen zwar nach der Seite drücken, aber dann legen sich besondere Rollenkränze, ruhend gegen den unteren Teil der Schiene, an und verhindern ein zu weites Schaukeln. Die Schienen selber ruhen, damit Durchbiegungen nicht vorkommen, auf Gleisträgern, die luftig genug gebaut sind, um der Straße nicht allzuviel Licht zu rauben. Der Mangel eines Bahnkörpers kann sich jedoch bei etwaigen Betriebsstörungen sehr unangenehm erweisen, denn die Entleerung der hoch über dem Straßendamm fahrenden Wagen dürfte äußerst schwierig zu bewerkstelligen sein. Dies ist auch wohl der Grund, weshalb die an sich äußerst sinnreiche Erfindung bisher nicht für weitere Strecken konzessioniert worden ist.

Für besondere Zwecke, und zwar wenn es sich um die Beförderung größerer Menschenmassen in einem nicht zu großen Umkreise handelt, kann sich die von dem Münchener Oberbaurat Rettig erfundene Stufenbahn als nützlich erweisen. Dieselbe gelangte 1893 auf der Weltausstellung in Chicago zuerst zur Anwendung. Die Stufenbahn hat keine Wagen, sondern es bewegt sich eine Plattform oder ein Zug von Plattformen, die zu einer endlosen, in sich selbst zurückkehrenden Reihe zusammengesetzt sind. Auf den Rädern der ersten Plattform ruht ein Schiengeleise, welches seinerseits eine zweite Plattform in Bewegung setzt, auf welcher die Plätze für die Reisenden sich befinden. Es ist nun klar, daß, wenn die erste Plattform etwa Fußgängergeschwindigkeit hat, die zweite mit doppelter Schnelligkeit bewegt werden wird. Dem Fußgänger wird es also keine Schwierigkeiten machen, mit zwei Schritten auf die zweite Plattform zu gelangen und sich zum Bestimmungsorte bringen zu lassen. Die gewaltige Personenzahl, welche die Plattform unter Umständen fassen kann, macht sie als Massentransport innerhalb beschränkter Räume wertvoll.

Indessen sind ja auch betreffs der elektrischen Eisenbahnen für größere Entfernungen bereits die nötigen Vorarbeiten gemacht worden, und die Versuche fangen an, sich mehr und mehr zu bewähren. Für größere Strecken ging bisher wegen der mangelhaften Isolierung der Zuleiter noch immer zu viel Kraft verloren. Die bisher längste elektrisch betriebene Strecke, in Amerika natürlich, war die von San Franzisko nach San José, eine Entfernung von 128 Kilometer Länge. Sechs Dynamomaschinen liefern hier den Strom, und 30 Wagen mit Motoren von 15 bis 25 Pferdekräften besorgen den Verkehr. Die Strecke von St. Louis nach Chicago, die danach eröffnet werden sollte, mißt 460 Kilometer. Wir brauchen aber nicht nach Amerika zu blicken, um uns über die Ausführbarkeit zu vergewissern, denn wir haben es in nächster Nähe, da die Firma Siemens & Halske in Berlin gerade auf diesem Gebiete ungemein thätig ist.

Schon längst besteht der Plan, die Stadt- und Ringbahn der deutschen Reichshauptstadt elektrisch zu betreiben. Ein hervorragender Fachmann hat berechnet, daß dann statt der 12 Züge in einer Stunde deren 180 befördert werden könnten, statt einer Zugfolge von drei Minuten würde eine solche von zwanzig Sekunden durchführbar sein. An Stelle des in den Verkehrspausen sehr schwach besetzten Zuges von acht bis zehn Wagen mit 1450 Plätzen könnte im Bedarfsfalle ein einziger Wagen mit 75 Plätzen befördert werden. Im letzteren Falle könnten ununterbrochen ein bis zwei Wagen an den Bahnsteigen bereit stehen, um den Reisenden das Einsteigen nach Betreten des Bahnsteigs zu ermöglichen, so daß jede Ansammlung vermieden würde. Die Tagesleistung des elektrischen Betriebes würde durchschnittlich auf 253000 Personen gebracht werden können, während sie beim Lokomotivbetrieb nur 143000 Personen beträgt. Jetzt können innerhalb fünf Minuten höchstens 450 Personen, bei einer Zugfolge von zwanzig Sekunden in derselben Zeit mit Wagen im Einzelbetrieb 1125 Personen befördert werden, und damit würde auch dem stärksten Andrang genügt sein. Die baulichen Anlagen würden, mit Ausnahme der Anbringung der elektrischen Stromleitung, leicht durchzuführen sein. Die Gesamtkosten, mit Einschluß von etwa dreihundert Wagen, die zu beschaffen sein würden, wird auf annähernd neun Millionen Mark veranschlagt.

Wir sprachen oben von der elektrischen Hochbahn, welche in Berlin im Bau begriffen ist und die Stadt in anderer Richtung durchschneidet, als die Stadtbahn. Die prachtvollen Darstellungen, welche die Firma Siemens & Halske von einzelnen Punkten und Teilen dieses gewaltigen Baues hat anfertigen lassen, werden eine Zierde der Pariser Weltausstellung von 1900 sein. Der elektrische Betrieb wird aber in nächster Zeit auch schon zwischen Berlin und Potsdam eingerichtet sein. Die schon im März 1900 in den Betriebspausen der Wannseebahn während der Nächte fortgeführten Versuchsfahrten haben noch verschiedene Ergänzungen und Abänderungen notwendig gemacht. Der elektrische Wagenzug kam daher zunächst noch nicht in den Rahmen des bestehenden Fahrplans, sondern bis auf weiteres nur erst für Sonderfahrten in den Betriebspausen während der Nächte zur Beförderung.

Auch für den eigentlichen Fernverkehr sind die Vorarbeiten so gut wie abgeschlossen anzusehen. In Lichterfelde bei Berlin hat die genannte Firma eine Versuchsbahn hergestellt, welche das Problem lösen soll, zwischen großen Plätzen elektrische Schnellverbindungen herzustellen, die den Dampfbetrieb bei weitem überflügeln. Die Vorführung dieser Ausführung als Versuch hat stattgefunden, und alle Anwesenden, bestehend aus Fachleuten allen Grades, gaben der allgemeinen Überzeugung dahin Ausdruck, daß der elektrische Vollbahnbetrieb seiner Verwirklichung mit Riesenschritten entgegengehe. Während unsere jetzigen Schnellzüge in der Stunde rund 75 km zurücklegen — die Amerikaner haben es darin schon auf 95 bis 100 km gebracht — sollen die elektrischen Schnellzüge bei gleicher Leistungsfähigkeit eine Fahrgeschwindigkeit von 150 bis 170 und mehr km pro Stunde erhalten. Zu diesem fabelhaft schnellen Betriebe sind natürlich außerordentliche Spannungen erforderlich und diese wiederum bedingen ganz besondere Sicherheitsmaßregeln. So werden die Motoren (durch Drehstrom) mit einer Energiespannung von ca. 1000 Volt gespeist, während unsere Straßenbahnmotoren nur mit Spannungen von 500 Volt arbeiten, und es sind über jedem Schienenpaar, oberhalb des Zuges, drei Arbeitsdrähte übereinander angeordnet, von denen schräg gestellte Gleitschuhe den Strom entnehmen, denn die Trolleys, d. h. die Rollen mit Kontaktstangen, wie sie die elektrischen Straßenbahnen haben, würden bei diesem blitzschnellen Betriebe sehr oft entgleiten. Um jede Gefahr des elektrischen Betriebes auszuschließen, sind für den Fall, daß ein Arbeitsdraht reißen oder ein Gleitschuh schadhaft werden sollte, besondere Sicherheitsdrähte angeordnet, welche den Strom in gefahrloser Weise ableiten.

Fachleute aus allen einschlagenden Berufskreisen, sowie Vertreter der sämtlichen hier in Betracht kommenden Behörden sind bei diesen Versuchen und Versuchsfahrten zugegen gewesen und alle übereinstimmend mit der höchsten Befriedigung erfüllt worden.

Die Perspektive für die Zukunft, vielleicht schon für die allernächste, ist also eine ganz außerordentliche. Natürlich kann es sich bei diesem elektrischen Betriebe eben nur um außergewöhnlich schnelle Verbindungen handeln, wie sie mit der Dampfkraft schon durch die sogenannten Blitzzüge versucht worden sind. Denn daß die elektrischen Motoren die Dampflokomotiven ganz verdrängen werden, davon kann gar nicht die Rede sein. Für Eisenbahnzüge, welche keine blitzartige Schnelligkeit erfordern, wird der Dampf sein Regiment nach wie vor behaupten, und für die Gütertransporte erst recht, schon um des erheblich geringeren Kostenpunktes willen, und die überwiegende Mehrzahl der Reisenden dürfte es ja auch wohl gar nicht so gewaltig eilig haben.

Die elektrische Schiffahrt.

Gegen den elektrischen Verkehr auf dem Erdboden ist derjenige zu Wasser wesentlich zurückgeblieben. Das ist auch nur zu erklärlich: die Zuführung des Stromes von einer Kraftstation ist ja im Wasser nur in Ausnahmefällen möglich, da man im allgemeinen dem Schiffe nicht den Weg so genau wird weisen können. Möglich ist das z. B. bei der Kanalschiffahrt, bei der man bisher schwere und durch ihre lästige Rauchentwickelung die Nachbarschaft störende Schleppdampfer benutzte. Jetzt sollen auf einen Vorschlag des Ingenieurs Büsser die Schleppschiffe durch eine feste Leitung, ähnlich wie die Eisenbahnen, mit Strom versehen werden. Nimmt man aber eine Kraftquelle mit an Bord, so wiegt sie, sei sie nun eine durch Dampf getriebene Dynamomaschine oder eine Batterie, im allgemeinen so schwer, daß sie das Gefährt zu keiner rechten Beweglichkeit gelangen läßt. Will man Dampfkraft mitnehmen, so ist es natürlich an sich besser, diese auf die Schiffsschraube direkt wirken zu lassen, da bei der elektrischen Übertragung immer Kraft verloren geht. Trotzdem ist gerade die elektrische Schiffahrt eine der ersten praktischen Anwendungen des Elektromotors. Jacobi, der Erfinder der Galvanoplastik war es, der schon vor 53 Jahren mit einem aus vier festen und vier drehbaren Elektromagneten bestehenden Motor das Schaufelrad eines Bootes drehte und mit ihm die Newa befuhr. Die festen waren die Feldmagnete, die beweglichen bildeten den Anker, und der Strom, welcher die Bewegung hervorbrachte, ward natürlich aus einer Batterie entnommen. Batterien mitzunehmen ist auch heute noch das einzige Auskunftsmittel, wenn man sein Schiff elektrisch betreiben will. So war das Boot, welches Trouvé auf der Pariser Ausstellung 1871 betrieb, mit einer Bunsenschen Batterie von 12 großen Elementen versehen, die zusammen 94 Kilogramm wogen. Zwei Kabel dienten dazu, den Strom an den Schraubenmotor zu senden und zugleich das Steuerruder zu regieren.

Einen etwas höheren Schwung konnte die elektrische Schiffahrt erst nehmen, seitdem die Sekundärbatterien eine allgemeinere Verbreitung fanden. Dieselben haben zwar zwei schwerwiegende Nachteile, nämlich einmal, daß sie ihre Kraft nicht dauernd behalten und also das Fahrzeug nach einiger Zeit wieder einem primären Stromerzeuger zugeführt werden muß, so daß es eben nur kleinere Strecken zurückzulegen fähig ist, und zweitens, daß dieselben das Gewicht des Schiffes zu sehr erhöhen. Das letztere ist nun freilich ein wenig einzuschränken. Jedes Schiff braucht Ballast, damit das Kentern erschwert werde. Wenn man die Sammlerbatterie am Boden des Gefährtes anbringen kann, so erfüllt sie damit auch den Zweck des Ballastes, und es ersetzt das Gewicht derselben ja dasjenige der Kohlen, das hier in Fortfall kommt. Solche mit Akkumulatoren versehenen Schiffe giebt es jetzt schon in großer Anzahl. Das der Firma Siemens & Halske gehörige Boot „Elektra" befährt die Spree. In London sind Sammlerboote etwas Gewöhnliches geworden, seitdem die Firma Immish eine ganze Flotille davon, die jetzt bis zur Zahl von 30 angewachsen ist, für Bootfahrten auf der Themse zur Vermietung stellte. Sie können 90 bis 100 Kilometer zurücklegen; dann müssen die Sammler neu geladen werden. Der Elektromotor macht 700 bis 900 Umdrehungen in der Minute, und die Schiffsschraube sitzt auf seiner Achse, ohne daß — wie bei den Eisenbahnen — noch eine Übertragung nötig wäre. Der Führer des Boots ist Steuermann und Maschinist zugleich, da er mittels einer Kurbel die Geschwindigkeit regeln kann, indem er von den Sammlern mehr oder weniger einschaltet und mit einer anderen Kurbel das Steuerruder regiert. Abfahren, Stoppen und Umkehren besorgt er ebenfalls mit Hilfe der ersten Kurbel mit großer Leichtigkeit. Für Vergnügungsfahrten sind diese Boote ganz ausgezeichnet, weil kein Qualm der Maschine die Passagiere belästigt, die Gefahr von Explosionen ausgeschlossen ist, der Führer keiner langen Schulung bedarf und die Maschine beim Verlassen des Fahrzeuges sich selbst überlassen werden kann. Sie müssen* freilich von Zeit zu Zeit mit Kraft versorgt werden. Doch das geschieht jetzt von den Unternehmern auf die einfachste Art, nämlich durch ein größeres, zugleich die Reparaturwerkstatt enthaltendes Schiff, welches die stromgebende Dynamomaschine trägt. Die Boote finden sich an einer bestimmten Stelle auf dem Wasser ein und empfangen dort ihre Ladung. Dieses Schiff versieht also für die elektrischen Boote denselben Dienst wie die Tenderfahrzeuge, welche den Dampfschiffen Kohle zuführen.

Eine ernstere Bedeutung erhalten die elektrischen Boote im Kriegsdienste. Die Beiboote der großen Kriegsschiffe sind leicht als Sammlerboote zu bauen, und da die Schiffe schon zum Zwecke der Beleuchtung Dynamomaschinen haben, leicht mit Kraft zu versehen. Ferner sind sie für die Beförderung von Truppen konstruiert worden, und zwischen den Häfen Chatham und Sheerneß läuft jetzt das Boot „Electric", das, bei einer Länge von 15 und einer Breite von 3 Metern, 48 Soldaten in voller Ausrüstung bei einer Geschwindigkeit von 15 Kilometern in der Stunde hin- und herbefördert. Für die Seeschiffahrt auf kürzeren Strecken sind elektrische Boote also brauchbar, und so hat auch eines bereits die Überfahrt von Calais nach Dover gemacht; für weitere Seereisen wird man sich einstweilen wohl mit Dampfern bescheiden müssen.

Eine eigentümliche, mit den oben beschriebenen Gefährten nicht vergleichbare Erfindung ist das Sims-Edisonsche lenkbare Torpedoboot. Sims hat die äußeren Einrichtungen dieses furchtbaren Geschosses, Edison den elektrischen Apparat konstruiert. Dieser letztere ist ein doppelter: der eine Teil soll das Fahrzeug vorwärts bewegen, es ist also ein Motor, der seine Bewegung der Schraube mitteilt, der andere wirkt auf das Steuerruder. Man hat es in der Gewalt, von der Stelle aus, von der das Torpedo abgeschickt ist, fortwährend seine Richtung und Geschwindigkeit zu ändern, und zwar durch eine Dynamomaschine und eine einfache Batterie. Die Zuführung der beiden verschiedenen Ströme geschieht durch ein Doppelkabel, welches mit Hanf umwickelt und mit Teer getränkt wird, daß es gerade so viel wie das Wasser wiegt. Dieses Seil ist im Torpedo um eine Trommel geschlungen, und wenn es während der Bewegung des Gefährtes sich von dieser abwickelt, so dringt Seewasser ein, macht aber das Fahrzeug aus dem angeführten Grunde weder schwerer, noch leichter. Die Wirkungen dieses Geschosses sollen ungeheure sein, und es ist zunächst in den Dienst der amerikanischen Küstenverteidigung gestellt worden, wird sich aber für denselben Zweck wohl auch in andern Ländern einführen.

Die Schiffahrt bietet der Elektrizität also noch ein weites Feld der Bethätigung, wird aber auch hier, das unterliegt wohl keinem Zweifel, mit der Zeit wirksam eingreifen und eine Umgestaltung herbeiführen, wie sie eine solche Thätigkeit ja schon für die Bewegung von Ort zu Ort auf dem Lande so siegreich entfaltet hat, gegenwärtig sogar schon, wie wir gesehen haben, im Begriffe steht, für die Lokomotiven der Fernbahnen und deren Dampfkraft als gefährlicher Konkurrent aufzutreten, und auch hier wird sie den Sieg erringen.

h) Die Erfindung des elektrischen Telegraphen.

Die Vorgeschichte des Telegraphen.

Frühzeitig machte sich bei den Menschen das Bedürfnis geltend, Nachrichten einander schneller zukommen zu lassen, als durch tierischen und menschlichen Transport allein möglich war. Töne, die man einander durch eingeschaltete Mittelspersonen zurief, hatten keine genügende Tragweite. Infolge dessen war die Geschwindigkeit dieser Nachrichtenvermittelung gering. Das schnellfüßige Licht erwies sich als besserer Bote. Feuer auf den Bergen waren die verabredeten Zeichen, welche die Eroberung Trojas noch in derselben Nacht zu Klytämnestras

Kenntnis gelangen ließen, obgleich eine Entfernung von 520 Kilometern zurückzulegen war. Das Verdienst, dieses Signalwesen so umgestaltet zu haben, daß eine schnelle Gedankenvermittelung auf weite Entfernungen möglich ward, gebührt aber dem französischen Edelmanne Claude Chappe. Auf Veranlassung des Wohlfahrtsausschusses wurde 1794 die erste optische Telegraphenlinie vom Pariser Louvre nach Lille eingerichtet. Drei Balken waren an einem weithin sichtbaren Orte an einem Gestelle so angebracht, daß durch Verbindung ihrer Stellungen es möglich war, eine große Zahl von Zeichen zu geben. Zwanzig solcher Gestelle auf der genannten Strecke vermittelten der Hauptstadt die Nachricht von der Übergabe von Condé an die Franzosen innerhalb 20 Minuten. Durch solche bisher kaum geahnte Geschwindigkeiten war die Republik ihren Gegnern immer einen Schritt voraus. 1795 wurde das optische Netz ausgedehnt; aber erst 1832 ward es in Preußen eingeführt, wo Berlin und Koblenz durch 70 Stationen mit einander verbunden wurden. Ohne die vielfachen Mittel, durch welche die optische Zeichengebung verbessert ward, hier zu erwähnen, wollen wir nur darauf hinweisen, daß er eine weitgehende Anwendung im Signaldienste der Eisenbahnen erfahren hat.

Die unvergleichliche Schnelligkeit, mit welcher elektrische Ladungen sich in einem Drahte verbreiteten, ließ von dieser Seite einen günstigeren Erfolg erhoffen. Der Schotte Stephan Gray hatte 1742 einen 220 Meter langen Kupferdraht an Seidenfäden aufgehängt, durch den die Reibungselektrizität in rasender Eile sich verbreitete. Winkler in Leipzig und Franklin in Philadelphia wiederholten diese Versuche und der erstere zeigte, daß selbst Flüsse, wie die Pleiße, eine elektrische Ladung eine Strecke hindurch fortleiten könnten. Bei den geringen Mengen von Elektrizität, welche wir durch die Reibung erhalten können, war es nur natürlich, daß ihre Fortleitung auf große Entfernungen, für welche eine Reform des Nachrichtenwesens nötig schien, unmöglich war; sie ging aus dem Drahte in die umgebende Luft. Die Erfolge der galvanischen Elektrizität nährten von neuem die Hoffnungen, welche die Erfinder auf die Zuverlässigkeit dieses Boten aufbauten. Die ersten chemischen Wirkungen schon zeitigten 1809 Sömmerings chemischen Telegraphen. 35 Drähte waren von einer an der Aufgabestation befindlichen Batterie zu ebensovielen Zersetzungszellen mit verdünnter Schwefelsäure an der Empfangsstation geleitet. So konnte man, je nachdem man diesen oder jenen Draht benutzte und beobachtete, wo beim Schließen des Stromes die Gasblasen sich zeigten, alle Buchstaben und alle Ziffern von hier nach dort telegraphieren. Aber die Herstellung einer genügend starken 35 fachen Leitung auf größere Entfernungen hin war bitter teuer. Daher unterblieb die praktische Einführung derselben. Erst die Entdeckung Örsteds, daß eine Magneten-Nadel in der Nähe des Schließungsdrahtes einer Batterie, je nach der Stromrichtung nach der einen oder andern Seite abgelenkt werde, schien für die neue Verwendung der

Elektrizität günstigere Zeiten einzuleiten. Schon in demselben Jahre ließ Ampère von Ritchie einen Telegraphen bauen, der aus nicht weniger als 60 Drähten und 30 Nadeln bestand, so daß ein Zeichen, wie es immer durch eine Nadel gegeben ward, zwei Drähte erforderte, einen für die Hin-, den andern für die Rückleitung. Natürlich war der folgende Fortschritt der, daß man die Rückleitung für alle 30 Ströme einem einzigen Drahte anvertraute, während die Nadelzahl sich schon durch den bloßen Gedanken auf die Hälfte bringen ließ, da ja jede Nadel zwei Zeichen zu geben fähig war, je nach der Richtung, in der man den Strom hindurchschickte. So gingen die Kosten für die Leitung allmählich immer mehr herunter.

Aber erst 1837 gelang es den berühmten Physikern Gauß und Weber einen Nadeltelegraphen herzustellen, der nur zwei Drähte erforderte, und bei dem alle Zeichen von einer einzigen Nadel gegeben wurden, indem man deren Rechts- und Linksabweichungen in passender Weise verband. Diese Leitung führte von der Sternwarte nach dem physikalischen Kabinet in Göttingen, die 900 Meter von einander entfernt lagen. Eine $5^1/_2$ Kilometer lange Verbindung zwischen der bairischen Hauptstadt und der Sternwarte in Bogenhausen war 1837 Karl August Steinheils Werk. Dabei benutzte er die Induktionsströme eines magnetelektrischen Apparates. Einige Jahre später machte er die für das ganze Telegraphenwesen so überaus wichtige Entdeckung, daß man nur den einen Draht noch brauche und die Rückleitung durch die Erde erfolgen lassen könne, die sich dazu sehr geeignet erweist. Wenn dabei auch Elektrizität verloren geht, so wird doch soviel Leitungsmaterial gespart, daß die Kosten der elektrischen Benachrichtigung sehr herabgesetzt werden. Zugleich hatte Steinheil noch eine Einrichtung getroffen, daß selbst dann, wenn man auf die Bewegungen der Nadel nicht genau Obacht gab, die Nachricht nicht verloren ging. Bei ihren Bewegungen verzeichnete die Nadel nämlich immer Punkte auf einem durch ein Uhrwerk vorbeigeführten Papierstreifen. So war hier bereits ein Schreibapparat konstruiert, freilich nicht der vollkommene, den wir bald kennen lernen werden.

Die Nadeltelegraphen sind heute keineswegs ganz beiseite gelegt worden, man bedient sich ihrer vielmehr immer noch mit großem Vorteil dort, wo man über geringe elektrische Kräfte verfügt. So entstehen bei der Leitung durch unterseeische Kabel kolossale Verluste und daher wird man nur mit feinfühligen Apparaten noch Erfolge erzielen, selbst bei Anwendung ursprünglich großer elektrischer Kräfte. Man muß dazu die Wirkung des Stroms auf die Nadel möglichst vervielfältigen. Das geschieht durch den Multiplikator, welchen Schweigger in Halle noch 1820 gleich nach Örsteds Entdeckung erfand. Der Leitungsdraht ist hier in sehr vielen Windungen um eine sehr feine Magnetnadel herumgeführt. Das giebt schon starke Wirkungen, aber man kann das Instrument immer feinfühliger machen.

Man kann die Nadel verdoppeln, daß ein Magnet sich innerhalb, der andere außerhalb der Drahtwindungen bewegt, so wird schon die Wirkung verdoppelt. Man kann selbst die feinsten Bewegungen einer solchen Nadel — und sie wird bei der unterseeischen Telegraphie nur sehr schwache Bewegungen ausführen — verfolgen, wenn man ihr ein Spiegelchen zu tragen giebt und dieses mit einer Lampe beleuchtet. Dann wird man mit einem Fernrohr beobachten können, ob das Licht nach rechts oder links geht. Das ist im wesentlichen das Prinzip, welches Thomson in seinem Spiegelgalvanometer verwirklicht hat. Derselbe hat aber auch einen Apparat gebaut, der bei so schwachen Strömen selbst noch zum Schreiben befähigt ist. Der Hauptteil seines Heberschreibers ist eine Spule auf feinem Drahte, welcher man die Ströme in der einen oder anderen Richtung zuschickt. Sie ist beweglich aufgehängt zwischen den Polen eines kräftigen Elektromagneten, der aber von der Empfangsstation aus durch einen besonderen Strom fortwährend erregt ist. Dieser wirkt anziehend auf die stromdurchflossene Spule und dreht dieselbe bald nach rechts, bald nach links; sie nimmt dabei einen Glasheber mit, der in ein Tintenfaß taucht, und aus dessen feiner Spitze fortwährend Tröpfchen auf einen Papierstreifen fallen. Wenn die Spule in Ruhe ist, so steht die Heberöffnung immer über der Mitte des Papierstreifens, und so wird eine punktierte, gerade Linie entstehen, wenn dieser durch ein Uhrwerk abgerollt wird. Wenn aber von der Aufgabestation aus Ströme in die Spule treten, so wird diese und der Heber abgelenkt und man sieht nun auf dem Papier eine Schlangenlinie entstehen, aus welcher der Kundige die telegraphierte Nachricht abzulesen versteht.

Eine rasche Entwickelung konnte das Telegraphenwesen erst nehmen, als man die Elektromagneten anwenden lernte. Der erste, der dies verstand, war der englische Physiker Wheatstone. Noch vor Ende des vierten Jahrzehntes unseres Jahrhunderts erfand er das elektrische Läutewerk, durch welches er die Aufmerksamkeit der Empfangsstation zu erwecken wußte, und dann seinen Zeigertelegraphen. Bei beiden spielte ein weiches Eisenstück die Hauptrolle, welches magnetisch wurde, so oft man den Strom in Windungen herumführt. Im ersten Falle zog es den Glockenklöppel an sich, der an die Alarmglocke anschlug, im zweiten war der Anker des Elektromagneten mit der Hemmung eines Uhrwerks verbunden. Dieses drehte die Zeiger eines Zifferblattes, das statt der Zahlen die Buchstaben des Alphabetes trug. Durch fortwährendes Öffnen und Schließen des Stromes war man so an der Aufgabestation in den Stand gesetzt, die Zeiger des Zifferblattes vor einem bestimmten Buchstaben Halt machen zu lassen. Dieser Apparat ist noch mehrfach, u. A. von Werner Siemens verbessert worden, ohne daß er sich allgemeinen Eingang verschafft hätte, und das lag sehr einfach daran, daß inzwischen ein höchst einfacher Schreibapparat das Licht der Welt erblickt hatte, der Morsesche.

Die heutige Telegraphie.

Samuel F. B. Morse, geboren 1791 in Amerika und von Beruf Maler, erfuhr bei einer Reise von Europa nach seinem Heimatlande zufällig von den damals in Paris angestellten elektromagnetischen Versuchen und wurde durch die Schilderung zu dem sofortigen Beschlusse gebracht, dieses ihm vorher ganz unbekannte Feld zu beackern. Schon 1835 hatte er das Modell eines zum Telegraphieren geeigneten elektromagnetischen Apparates fertig gestellt, aber erst 1844 wurde die erste Depesche mit diesem nach unseren heutigen Begriffen äußerst primitiven Schreibtelegraphen zwischen Washington und Baltimore befördert. Im Jahre 1846 hatte **Morse** seine erste Konstruktion weiter verbessert und einen Reliefschreiber gebaut (Fig. 159).

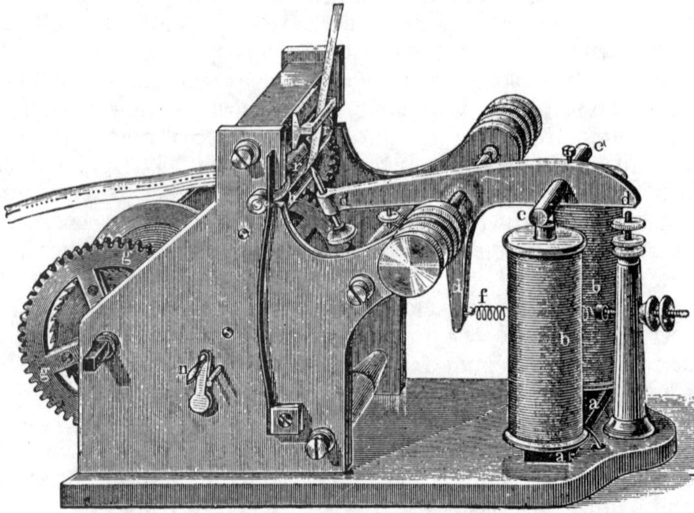

Fig. 159. **Morses Schreibtelegraph.**

Dieser besteht aus einem Elektromagneten bb, der mit der eisernen Platte **a** zusammen ein Hufeisen bildet. Sein Anker cc ist beweglich, so daß er jedesmal herabgeht, wenn durch die Magnetisierungsspiralen bb ein Strom geschickt wird. Nun sitzt der Anker an einem Messinghebel dd, dessen rechtes Ende immer mit heruntergezogen wird. Sobald aber der Strom geöffnet und damit der Eisenkern unmagnetisch wird, so wird der Hebel durch die an seinem Seitenarme d ziehende Feder f wieder in die alte Lage zurückgeführt. Linker Hand erblicken wir einen Papierstreifen, der durch ein Uhrwerk mit der gleichmäßigen Geschwindigkeit von ungefähr 3 cm in der Sekunde fortgezogen wird. Das erste Rad g desselben wird durch ein an seiner Welle hängendes Gewicht langsam umgedreht, und es überträgt seine Bewegung allmählich durch mehrere Zwischenräder auf die Walze h, welche sich schneller herumdreht. Zwischen dieser und einer anderen gleich großen Walze r gleitet der Papierstreifen, welcher von einer höher aufgestellten Rolle herkommt. Die Walze r ist in keiner sonstigen Verbindung mit dem Uhrwerke, sie wird nur durch die Reibung in der entgegengesetzten Richtung von h bewegt. Der Hebel d trägt an seinem linken Ende einen Stahlstift, der, immer wenn der Anker niedergeht, gegen den Streifen gedrückt wird; da die Rolle c in ihrer Mitte eine Rinne hat, so preßt der Stift eine Vertiefung in den Papierstreifen. Diese Vertiefung ist ein Punkt, wenn der Strom nur für einen Augenblick geschlossen ist, ein Strich, wenn er einige Zeit geschlossen bleibt, weil das Papier inzwischen weitergeht. An der Aufgabestation hat man also den Strom einer zur Verfügung stehenden galvanischen Batterie auf Augenblicke und auf Sekunden zu schließen, um auf dem Papierstreifen der Empfangsstation eine bunte Folge von Punkten und Strichen in Relief hervorzubringen. Aus Punkten und Strichen aber setzen sich die ein für allemal festgestellten Buchstaben des telegraphischen Alphabetes und die Ziffern zusammen, so daß jede Nachricht auf dem Streifen abzulesen ist. In neuerer Zeit läßt man die Morseapparate, statt dieser einfachen Eindrücke lieber mit Farbe schreiben, indem man durch den Stift die Streifen gegen ein Farbenrädchen andrückt. So können die Papierstreifen noch nach langer Zeit als die Belege für jede Depesche dienen.

Nun muß der aufgebende Telegraphist in den Stand gesetzt sein, den Strom sicher und ohne Mühe zu schließen und zu öffnen. Dazu

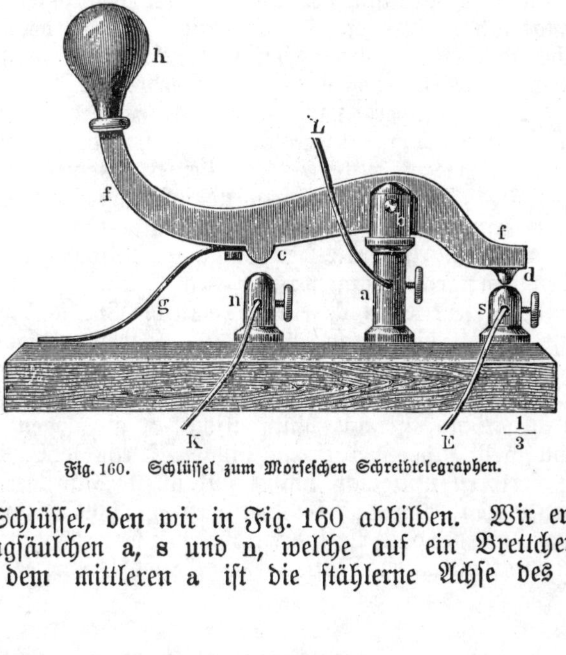

Fig. 160. Schlüssel zum Morseschen Schreibtelegraphen.

dient der Schlüssel, den wir in Fig. 160 abbilden. Wir erblicken hier drei Messingsäulchen a, s und n, welche auf ein Brettchen aufgesetzt sind. In dem mittleren a ist die stählerne Achse des messingnen

Hebels f befestigt. Eine Stahlfeder g drückt diesen Hebel von links unten so, daß die rechts unten befindliche Messingwarze d sich an das Säulchen s anpreßt. Durch Niederdrücken des Hebels mittels des Handgriffes, kommt andererseits die Hervorragung mit dem Säulchen n in Berührung, während die Spitze d sich hebt, also die Verbindung mit s dort unterbrochen ist. Wir sehen ferner in jedes der Säulchen einen Draht eingelassen. Von diesen führt L zur nächsten Station, K zu dem einen Pol der Batterie, E spaltet sich alsbald, und der eine Teil geht zu der Umwickelung des Elektromagnets und von dort weiter zu einer in der feuchten Erde liegenden Kupferplatte, an welcher die Erdleitung einsetzt, die andere Hälfte von E aber führt zum andren Pole der Batterie. Wenn auf beiden Stationen die Schlüssel so stehen, wie in der Abbildung, so geht kein Strom durch die Leitung, weil ja bei n der Zusammenhang derselben unterbrochen ist. Anders wird es, wenn der Schlüssel an der Aufgabestation niedergedrückt wird, wobei c mit n in Berührung kommt. Dann tritt hier ein Strom durch den Leitungsdraht K in n ein, geht durch den Schlüssel und, da bei d eine Unterbrechung hergestellt ist, so muß er zur Leitung L hinausgehen. Er kommt nun auf die Empfangsstation, wo der Schüssel vollständig in Ruhe bleibt, dort tritt er bei a ein und, da auf der andern Seite der Batterie die Leitung unterbrochen ist, so sucht er sich den Weg zum Elektromagneten und über diesen zur Erdplatte der Empfangsstation, kehrt durch die Erde zur Aufgabestation zurück und gelangt durch den Draht E in den andern Pol der Batterie derselben. Es wird also nur der Strom dieser geschlossen, die Batterie der Empfangsstation ist dagegen unthätig. Wenn der Telegraphist eine Depesche nach einer andern Station schicken will, so macht er sich zunächst durch schnelles mehrmaliges Niederdrücken seines Schlüssels bemerkbar. Dann klappert nämlich der Anker des Elektromagneten der Empfangsstation. Der dortige Beamte antwortet auf dieselbe Weise und setzt das Uhrwerk mittels des kleinen Hebels n in Gang. (Fig. 168.) Jetzt drückt der absendende Beamte auf längere oder kürzere Zeiten seinen Schlüssel nieder, um als Wirkung jene Punkte und Striche auf dem Apparate der Empfangsstation hervorzubringen. Wenn er den dortigen Beamten über den Schluß der Depesche informieren will, so setzt er noch einige zwanzig Punkte hinter dieselbe.

Nun ist freilich die Sache etwas komplizierter. Soviel ist einzusehen, daß die Stärke des zum Telegraphieren nötigen Stromes mindestens so groß sein muß, daß der Anker c kräftig angezogen wird, damit auch der Stahlstift mit hinlänglicher Kraft gegen das Papier drücke. Nun geht aber bei einem langen Wege sehr viel von der Stromstärke verloren und man müßte auf allen Stationen sehr große Batterien aufbauen, um auf jede Entfernung hin telegraphieren zu können. Das würde das Verfahren wesentlich verteuern, denn eine Batterie ist schon durch das Zink, das sie verzehrt, eine sehr kostspielige

Sache. Da hat man sich auf die folgende Weise aus der Verlegenheit geholfen. Jede Station wird mit zwei Batterien versehen, der Linienbatterie und der Lokalbatterie. Die erstere besteht aus sechs Bunsenschen Elementen oder einer größeren Anzahl von schwächeren, sogenannten Meidingerschen Elementen. Bei diesen sitzt die Zinkplatte in einer Lösung von Bittersalz, das Kupfer in einer solchen von Kupfervitriol. Sie haben den Vorteil, daß die Füllung nicht so bald erneuert zu werden braucht, sodaß sie bis zu einem Jahre ununterbrochen im Dienste sein können. Aber neben dieser Linienbatterie ist noch überall eine aus wenigen Elementen bestehende Lokalbatterie aufgestellt, LB ir der Fig. 161. Beide sind unthätig, so lange nicht telegraphiert wird, die zweite soll aber ihre Hülfe nur dazu leihen, daß der Schreibapparat kräftig wirke. Wir erblicken denselben bei S und sehen rechts noch einen zweiten Elektromagneten M, der im wesentlichen ebenso eingerichtet ist, wie jener. Auch er hat einen Anker a, der aber viel leichter beweglich ist, als der des Schreibapparates. Er würde fortwährend auf M aufliegen, wenn nicht eine schwache, hier nicht sichtbare Feder, ihn in der Höhe hielte. Er ist an einem Winkelhebel abc von Eisen befestigt, der mit seinem unteren Ende, so lange a in der Höhe liegt, gegen einen Schraubenkopf im Ständer drückt. Anders, wenn ein Strom die Spirale M durchläuft, und wenn er auch nur ganz, ganz schwach sein sollte, dann wird das leichte Ankerchen niedergezogen und das untere Ende des Hebels stößt gegen die Schraube t, noch ehe jenes ganz auf dem Eisenkerne liegt. Es ist ja sehr leicht beweglich und hat auch nur einen ganz kleinen Weg zurückzulegen, also braucht es nur den ganz schwachen Strom, der von der Linienbatterie der Aufgabestation geliefert wird.

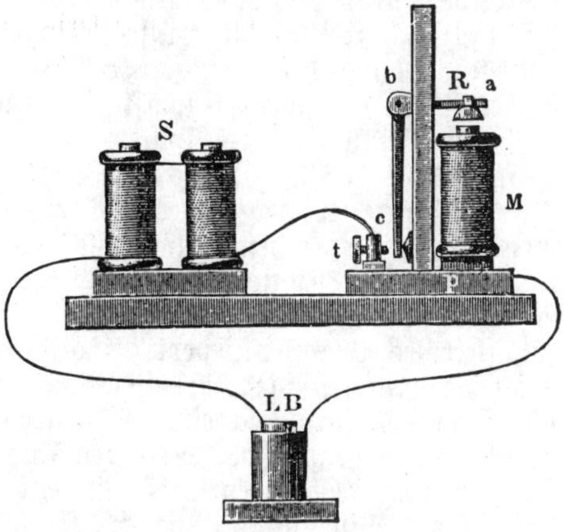

Fig. 161.
Relais des Morseschen Schreibtelegraphen.

Dieser Apparat, das Relais genannt, hat nun nur den Zweck, den Schreibapparat S in den kurzen Stromkreis der Lokalbatterie LB einzuschalten. Wir können leicht verfolgen, daß er dies erreicht. Der eine Pol derselben ist ja durch einen Draht mit der Messingplatte p verbunden, und diese steht durch den Ständer mit dem Winkelhebelarme bc in leitender Verbindung. Vom anderen Pole der Batterie geht aber der Schließungsbogen in vielen Windungen um den Elektromagneten des Schreibapparates S und von dort zur Schraube t, die von der Unterlage p durch ein Stückchen Hartgummi isoliert ist. So lange der Hebel so liegt, wie in der Figur, ist also der Strom der Lokalbatterie zwischen c und t geöffnet, geht aber durch den Linienstrom der Anker a nach unten und der Arm bc nach links, so ist der Lokalstrom im Schreibapparate wirksam. Wegen der Kürze seines Schließungsbogens ist dieser Strom kräftig genug, um den Schreibhebel zur Arbeit zu bringen. Der Telegraphist, welcher in der Aufgabestation den Schlüssel niederdrückt, sendet damit den Strom seiner Linienbatterie durch die Umwickelungen der beiden Relais, wodurch er den Strom jeder der beiden Lokalbatterien schließt und bewirkt, daß die Anker beider Schreibapparate angezogen werden. Auf nicht zu große Entfernungen hin läßt sich freilich die Hülfe der Relais ganz entbehren, wenigstens bei Anwendung des weniger Kraft erfordernden Farbeschreibers.

Morses Apparat, zuerst in Amerika angewendet, kam bald auch in England und später auf dem europäischen Kontinente in Aufnahme. 1883 gab es in England 1330, auf dem Kontinente 40000 Morse-Apparate. Der Fortschritt, den das gesamte Verkehrswesen dieser einfachen Anwendung der Elektrizität verdankt, ist ein ungeheurer, sie zeugte andererseits eine Fülle neuer Fortschritte auch im Charakter der Apparate, in ihrer Art zu arbeiten und in der Leistungsfähigkeit des Beamtenkörpers. Sorgfältige Beachtung aller Einzelheiten, tüchtiges und fleißiges Arbeiten und eine strenge Kontrole haben dem elektrischen Telegraphen einen Charakter aufgeprägt, der ihn mit jedem anderen Werkzeug in der Welt den Kampf aufnehmen läßt. Die fernere Entwickelung der Telegraphie ist ein ausgezeichnetes Beispiel davon, daß in der Wissenschaft, wie in der Natur, alles wächst mit der Pflege, die ihm zukommt, alles Bestehende zu Grunde geht und nur dasjenige, was am meisten allen Bedürfnissen angepaßt ist, erhalten bleibt. Man hat verschiedene Arten zu telegraphieren eingeführt, aber von allen Maschinen ist es eine, die in Europa sich am meisten eingeführt hat und der in Plan und Ausarbeitung keine gleichkommt, nämlich der prächtige Typendrucktelegraph, den Professor Hughes in Amerika 1855 erfand, und der sich in den sechziger Jahren auch in Deutschland einführte. Er wird ausschließlich verwendet von der submarinen Gesellschaft zwischen England und dem europäischen Festlande und ist neben dem Morse-Apparate das in der internationalen Telegraphie über ganz Europa verwendete Instrument. Es arbeitet direkt zwischen Paris und Konstantinopel. Aber wegen seiner Teuerkeit und der schwierigen Bedienung ist es nur an größeren Plätzen in Gebrauch. Es besteht aus einer Klaviatur als Aufgabe-Apparat und einem Rade mit Buchstabentypen an seinem Umfange als Empfangsapparat. Wird dort eine Taste angeschlagen, so dreht sie hier das Rad soweit, bis der gewünschte Buchstabe unten zu stehen kommt und der abrollende Papierstreifen sich an die geschwärzte Letter anlegt. Man erhält dann die Depesche in lateinischen Typen gedruckt.

Man kann mit dem elektrischen Telegraphen nicht blos eine Botschaft in der einen Richtung senden, sondern auch zwei gleichzeitige Nachrichten in entgegengesetzten Richtungen — man nennt dies das Gegensprechen — oder auch zwei Depeschen zur selben Zeit in derselben Richtung bei dem sogenannten Doppelsprechen. Nun wird man weitergehend auch gleichzeitig zwei Botschaften nach der einen und zwei nach der anderen Richtung schicken können und erreicht so ein vierfaches Telegraphieren. Aber die Einrichtungen hierfür sind verwickelt, und es ist mit ihnen noch nicht viel Zeit erspart worden. Um dies zu erreichen, hat man vielmehr sich anderen Apparaten zugewendet. Da ist zunächst in Anlage, Leistungsfähigkeit und Anpassung an die gestellte Aufgabe unerreicht Wheatstones Selbstschreiber. Bei ihm benutzte man Morses Alphabet und ersetzte durch einen Mechanismus die Arbeit der Hand. Selbst beim vierfachen Sprechen lassen sich nur 20 bis 30 Worte innerhalb einer Minute durch denselben Draht senden, aber durch den Selbstschreiber kann man dieses Maximum fast ins Grenzenlose erhöhen und in der Minute unter günstigen Verhältnissen bis 600 Wörter befördern, sodaß in England, als dieses System sich einbürgerte, die Zahl der Depeschen in drei bis vier Jahren um 230 Prozent zunahm, während die Zahl der Drähte sich blos verdoppelte. Man präpariert dabei die aufzugebenden Nachrichten erst durch einen Mechanismus. Anstatt sie gleich mit der Hand abzusenden, stanzt man sie in Papier und sie sehen dann aus wie die Karten für die Jaquardmaschinen (vgl. Weberei). Dieses Papier wird nun durch einen Aufgabe-Apparat hindurchgeführt, so schnell, daß die Geschwindigkeit die zwanzigfache des schnellsten Telegraphisten ist. Der Apparat wird namentlich in der vom Engländer Stroh vorgenommenen Verbesserung zur Übermittelung von langen Preßtelegrammen gebraucht. Einige Beamte stanzen in der Zentralstation mehrere Papiere zugleich, welche in die Aufgabe-Apparate gelangen und in demselben Augenblicke kann man die Nachricht in die verschiedensten Himmelsgegenden hinaussenden, jeder Streifen geht durch seinen besonderen Apparat, alle sind sie gleich, alle geben sie an die Endstationen die gleiche Botschaft ab, so daß durch dieses Verfahren wer weiß wie viele Schreiber zugleich an vielen Stationen Beschäftigung erhalten. Denselben Zweck sucht man jetzt in Frankreich für den Verkehr zwischen Paris und den Hauptbörsenplätzen durch ein anderes System, nämlich den Multiplexapparat von Meyer und Baudot zu erreichen. Eine Zeiteinheit, etwa eine Fünftelsekunde, wird in vier oder mehr Abschnitte zerlegt und jeder Abschnitt einem paar Telegraphisten an den beiden Enden einer Leitung zugeteilt, einem Absender und einem Empfänger. In jedem Zeitabschnitte läßt sich ein Buchstabe absenden, so daß zur selben Zeit vier Nachrichten in der Übertragung begriffen sein können. Man erhält so mit Typendruckapparaten einen Gewinn an Zeit, aber der verwendete Apparat ist sehr verwickelt und delikat.

In neuester Zeit sind die lästigen und nur geringe Stromstärke entfaltenden Batterien an vielen Stellen in ihrer Arbeit durch Dynamomaschinen ersetzt worden. Bahnbrechend ging in dieser Hinsicht die von Hughes in New-York ins Leben gerufene Western Union Telegraph Company vor, welche im Vereine mit anderen in Amerika das dort nicht in Staatshänden befindliche Telegraphenwesen verwaltet. So sind dort in Boston auf dem Betriebsamte seit 1881 einige Sekundärdynamos aufgestellt, die von den dortigen Elektrizitätswerken mit Strom versehen werden und hier nicht als Bewegungsapparate dienen, sondern ihren Strom in die Leitungen weitersenden. Hier ist kein einziges galvanisches Element mehr zu finden. In Berlin hat man es seit 1889 mit einem etwas anderen Systeme versucht. Auf dem Haupttelegraphenamte steht hier auch eine Dynamomaschine, die ihren Strom selbstständig, durch einen achtpferdigen Gasmotor getrieben, erzeugt; sie dient aber nur zur Reserve, im allgemeinen liefern die städtischen Elektrizitätswerke den Strom. Aber dieser wird nicht direkt in die Leitungen gelassen, weil er dann wohl zu heftige Wirkungen mit sich brächte, sondern er dient nur um eine große Sekundärbatterie zu laden, die ihrerseits jeden Strombedarf deckt, so daß man auch hier die unbequemen Kupfer-Zink-Elemente ganz umgehen kann. Es sind 25 Sammlerbatterien in Betrieb gesetzt worden, deren Strom 68 Leitungen versorgt, in welchen 41 Morse- und 27 Hughes-Apparate arbeiten. Wenn die Batterien zehn Tage gearbeitet haben, so werden sie mit Hülfe des Stromes der Elekrizitätswerke oder der Dynamomaschine von neuem geladen. Auf der New-Yorker Centrale der genannten amerikanischen Gesellschaft, die bisher 10000 galvanische Elemente in Thätigkeit hatte, sind jetzt 21 Dynamomaschinen in Thätigkeit, die den gesamten Strombedarf liefern. Dadurch wird Raum und Mühe gespart.

Wir müssen auch über die Telegraphenleitungen ein paar Worte sagen. Man benutzt oberirdische, unterirdische und unterseeische Verbindungen. Die ersten kennt jedes Kind, denn es sieht die langen Holzstangen, an welche die Porzellan-Isolatoren mit eisernen Stützen angeschraubt sind. An diesen ist der Leitungsdraht befestigt; gewöhnlich genügt Eisendraht, der zum Schutze galvanisch oder auf anderem Wege verzinkt wird. Erst neuerdings kommt auch Bronze in Aufnahme. Die unterirdischen Linien bestehen aus Kupferdrähten, die mit Guttapercha isoliert sind. Um einen Kabel von vier bis sieben Adern kommt noch eine Schutzhülle von verzinkten Eisendrähten. Die deutsche Telegraphenverwaltung hat über ganz Deutschland ein Netz solcher Kabel verteilt, besonders um die militärisch-wichtigen Orte in direkter Verbindung mit einander zu haben. So sind unter den 98 391 Kilometern, welche das Liniennetz Deutschlands ausmachen, 5648 Kilometer unterirdische Leitungen.

Der Wunsch, auch über die Grenzen des Landes hinaus, Nachrichten zu verbreiten, stieß lange auf den zähen Widerstand der Ozeane. Zwar war bereits 1851 die kurze Verbindung zwischen Frankreich und England hergestellt, aber der atlantische Ozean wehrte sich beharrlich die ihm anvertrauten Kabel in Schutz zu nehmen. 1858 war bereits die Verlegung einer Leitung gelungen, aber sie hielt kaum einen Monat stand, so hatte das Seewasser seine ländertrennende Kraft behauptet. Die Ursachen des Mißerfolges zu studieren, setzte die englische Regierung einen Ausschuß nieder, dem Wheatstone und die Gebrüder Siemens angehörten. Die Störungen wurden hauptsächlich durch einen mangelhaften Kabelbau entschuldigt, und für die Ausführung eines guten Kabels ward eine Gesellschaft gewonnen, die 1865 das größte Schiff der Welt, den Great Eastern, über den Ozean sandte. Es zeigte sich, daß die Einrichtungen noch mangelhaft waren, da das Kabel riß und das Schiff unverrichteter Sache umkehren mußte. Im nächsten Jahre gelang es schließlich, die erste Verbindung zwischen dem Inselchen Valentia und der Bank von Neufundland, zwischen der alten und neuen Welt herzustellen. Die Arbeit ist nicht zu unterschätzen. Das Kabel war 17 Millimeter, an seinen Enden gar 56 Millimeter dick und das Gewicht betrug über 1500 Tonnen. Dabei waren die Einrichtungen des Schiffes keineswegs der schwierigen Aufgabe angepaßt, die es übernommen hatte. Heute giebt es nicht weniger als 27 Kabelschiffe, welche mit nichts anderem, als dem Legen und Ausbessern unterseeischer Leitungen befaßt sind. Sie sind mit einer riesigen Trommel zum Aufwickeln des Kabels und mit einem besonderen Versenkungsapparat versehen und führen jetzt ihre Arbeiten mit einer ganz anderen Gewandtheit aus, als der Great Eastern. Die Zahl der großen Ozeankabel ist jetzt für die Verbindung der alten und neuen Welt allein auf zwölf gestiegen, von denen acht England mit Nordamerika verketten. Selbst der stille bisher von keiner telegraphischen Nachricht durchquerte Ozean erhält jetzt eine Kabellinie von Kalifornien nach den Sandwichinseln. Nur die neuesten sind in den Händen der Regierungen, die allermeisten Linien sind das Eigentum besonderer Kabelgesellschaften. Ihre gesamte Länge ist fünfmal so groß als der Erdumfang. Die Gesamtlänge aller zur Zeit auf der Erde verlegten Telegraphenleitungen aber ist mit 3 200 000 Kilometern mehr als achtmal so groß, wie die Entfernung der Erde vom Monde. Ihr Gesamtwert beträgt fünf Viertelmilliarden Mark, wovon die unterseeischen Kabel zwei Drittel repräsentieren. So sind in den letzten 25 Jahren etwa zwei Milliarden in Telegraphenanlagen festgelegt worden, um dem gesteigerten Verkehr zu dienen und damit den Wohlstand der Nationen zu heben.

Auch die Aufgabe hat man sich vielfach gestellt, Bilder und Handschriften in genauer Nachahmung in kurzer Zeit auf weite Entfernungen zu übertragen. Offenbar würde die Lösung dieser Aufgabe von mannigfacher Bedeutung sein. Man braucht garnicht an die Verfolgung von Verbrechern zu denken, deren Bilder schnell in die weite Welt telegraphiert werden könnten, die heutige, schnelle Nachrichten verlangende Gesellschaft will auch rasch durch das Bild über die neuesten Geschehnisse unterrichtet sein. Diesem Bedürfnisse sucht jetzt z. B. eine in London täglich erscheinende illustrierte Zeitung Rechnung zu tragen. Aber freilich ist es mit der Lösung unserer Aufgabe noch nicht weit her, obgleich viel Scharfsinn auf die Erfindung eines geeigneten Bildertelegraphen verwendet ward. Der erste, der einen Kopiertelegraphen baute, war der Engländer Bakewell (1848), einen anderen, den sogenannten Pantelegraphen, konstruierte Caselli in Florenz 1865, welcher vorübergehend zwischen Paris und Lyon in Gebrauch war. An jeder der beiden Stationen befindet sich eine Metallplatte, die mit einem Pole der Batterie in leitender Verbindung steht. Auf der einen liegt ein Blatt Papier, welches mit gelbem Blutlaugensalz durchtränkt ist, auf der anderen ein Stanniolblatt. Wird durch die Salzlösung ein galvanischer Strom geführt, so zersetzt sie sich und es entsteht Berliner Blau. Man kann diese Zuleitung einfach durch einen Metallstift geschehen lassen, den man über die Platte hinführt. Wo der Strom unterbrochen wird, da bleibt die Blaufärbung des Papiers aus. Auf das Stanniolblatt der Aufgabestation wird das Bild oder die Depesche mit Harzlösung aufgezeichnet. Nun ist eine sehr sinnreiche Einrichtung getroffen, daß auf beiden Stationen ein Griffel mit derselben Geschwindigkeit in vielen parallelen Linien nacheinander über die Platten gleitet und, wo er metallische oder feuchte Verbindung mit diesen hat, einen Strom schließt. Dieser ist natürlich an der isolierenden Harzschicht unterbrochen und so wird an den entsprechenden Stellen der andern Station die Blaufärbung ausbleiben. Es wird sich also als Kopie des Bildes ein weißes Bild auf blauem Grunde ergeben, das aus lauter parallelen Strichen besteht. Die Ausführung setzt natürlich voraus, daß beide Griffel sich höchst gleichmäßig über die Platten bewegen, und das geschieht durch zwei Pendel, die auf elektrischem Wege in Übereinstimmung gehalten werden. Es ist klar, daß man nur höchst unvollkommene Nachbildungen auf diesem Wege erlangt hat, und das allerneueste Verfahren von Amstutz in Cleveland (1891) zeigt auch noch große Mängel. Derselbe benutzte die Eigentümlichkeit einer chromierten Gelatineschicht, daß sie bei Belichtung in heißem Wasser unlöslich wird. Man kann also auf photographischem Wege ein Bild, etwa ein Portrait, auf die Platte bringen. Dieses wird auf einen der Phonographenwalze nachgebildeten Cylinder gebracht und ähnlich wie beim Pantelegraphen von einem Stifte mit einer hier spiraligen Linie überzogen, wodurch ein galvanischer Strom bald stärker bald schwächer wird, und auf einer Wachswalze der Empfangsstation durch einen Griffel ein entsprechendes Bild gezeichnet wird, wenn beide Walzen gleiche Umdrehungsgeschwindigkeiten haben. Wenn die Resultate noch viele Mängel aufweisen, so ist doch zu hoffen, daß die Vervollkommnung dieses Verfahrens die telegraphische Übermittelung von Bildern erlauben wird.

Die Telegraphie ohne Draht.

Die Vermittelung schneller Nachrichten ist bisher an das Vorhandensein eines fortlaufenden Drahtes gebunden gewesen. Nur wo solche Verbindungsdrähte zwischen zwei Stationen sich ausspannen, gelingt es, Zeichen von der einen nach der andern zu senden. Für zwei Punkte, denen eine solche Verbindung fehlt, etwa zwei Schiffe auf offenem Meere oder einen Punkt der Küste und ein Schiff, ist man bisher auf den ältesten Weg des Telegraphierens, auf optische Zeichen, angewiesen gewesen. Und da auch diese nicht helfen, wenn der Nebel dicht wird, wie es in der Nähe gefürchteter Küsten zu allen Jahreszeiten zu geschehen pflegt, da waren es akustische Signale, durch welche eine Verständigung erzielt ward. Aber auch dieser Weg versagt, wenn Sturm und Wogendrang den Schiffer umtoben und sein Gehör abstumpfen gegen die sonst so enorme Lautfülle der Nebelhörner und Dampfsirenen. Da wird es erwünscht sein, Zeichen geben zu können, die, vom Nebel und dem Getöse der Wogen unabhängig, immer möglich und sicher genug sind, um dem Schiffer die gefährliche Nähe der Küsten oder anderer Fahrzeuge zu verraten. Anfänge für einen solchen Weg sind in den letzten Jahren gemacht worden. Als erster ist hier wieder Edison vorgegangen, der zeigte, wie man durch die Luft ohne Draht elektrische Ströme übertragen könne. Ein Ruhmkorffscher Apparat, dessen sekundärer Strom fortwährend durch einen selbstthätigen Unterbrecher gewechselt wird, teilt seine wechselnde Ladung einer hoch oben in der Luft befindlichen Metallplatte mit, die etwa auf Schiffen durch einen mit Staniol überzogenen breiten Baumwollstreifen, der zwischen den Masten ausgespannt ist, ersetzt werden kann. In diesen Strom ist auch ein Telephon eingeschaltet, und ganz ebenso ist eine andere, dieser gegenüberstehende Station eingerichtet. Da das Telephon ein sehr feinfühliger Apparat ist, so wird es bei der fortwährend wechselnden Influenzwirkung der elektrischen Ladungen in der einen Station auch auf der andern zu tönen anfangen. Es genügt ja nach Werner v. Siemens ein Strom zur Erregung des Telephons, dessen Arbeitsfähigkeit etwa den zweibillionsten Teil einer Pferdestärke ausmacht. Man hat es in der Gewalt, fortwährend Wechselströme von längerer und kürzerer Dauer im Ruhmkorff zu erzeugen und damit eine Reihe kürzer oder länger andauernder Töne in beiden Telephonen hervorzurufen, die eine verabredete Zeichensprache zwischen den beiden Stationen werden reden lassen. Der Chefelektriker des englischen Telegraphenwesens, W. H. Preece, wurde zu einem anderen Verfahren, bei welchem Ströme sich in der Erde, wie bei Edison in der Luft, verbreiten konnten, durch die Beobachtung angeregt, daß in oberirdischen Telephonleitungen Gespräche zu hören waren, die durch ein um mehrere hundert Meter entferntes unterirdisches Kabel geführt wurden. Der Ingenieur E. Rathenau der Allgemeinen Elektrizitäts-Gesellschaft, welcher dieses Verfahren in England kennen lernte, wandte schließlich mit gutem Erfolge die Leitung von starken Induktionsströmen durch das Wasser an. Wenn ein solcher fortwährend unterbrochener Strom zu zwei großen Platten hingeführt wurde, die im Wasser etwa 400 m voneinander entfernt lagen, so verbreiteten sich von hier aus Ströme, von denen einige durch zwei andere, etwa 5 km davon entfernte und voneinander um 50 m abstehende Platten wieder gesammelt wurden, so daß ein zwischen diesen eingeschaltetes Telephon zum Tönen gebracht ward. Auch die Vermittelung von Zeichen vom Ufer nach den elektrischen Booten, die an verschiedene Stellen des Wassers gebracht wurden, gelang so gut, daß zu erwarten stand, man werde in kurzem diese Mittel für die Zeichengebung auf hoher See und für die Sicherung der Schiffahrt ausnutzen können.

Jetzt ist, wie man ohne Übertreibung sagen darf, auch dieses schwierige Problem, das uns anmutet wie das Produkt einer überreichen Phantasie, wie eine Zauberei aus Tausendundeinernacht, als endgültig gelöst anzusehen. Der italienische Ingenieur Marconi erzeugt in einem besonders konstruierten Raume elektrische Stromwellen von 120 cm Länge, die sich weithin durch den Raum fortpflanzen, ohne von Mauern und Hügeln beeinflußt zu sein. Preece fand, daß sie diese Widerstände auf sonderbare Art sozusagen überklettern. In einem zweiten, in gewisser Entfernung aufgestellten Empfangsapparat erzeugen diese Wellen, wenn sie sich sammeln, elektrische Funken, die durch den Morseschen Schreibapparat gewissermaßen übersetzt werden; daher heißt diese drahtlose Telegraphie auch Funkentelegraphie. Je nach der Wirkung der Funken, die man durch kürzeren oder längeren Druck regulieren kann, erhält man einen Punkt oder Strich, so daß sich die Depesche direkt in Morseschrift ergiebt. Versuche dieser Art sind von Preece über den 13 km breiten Bristolkanal hinweg ausgeführt worden, und er will die normanischen Inseln durch dieses neue Verkehrsmittel verbinden. Sanguiniker meinen schon, es halte uns nach solchen Erfolgen nichts mehr ab, zu glauben, daß ein telegraphischer Verkehr ohne Draht über trennende Ozeane hinweg in Zukunft sich vollziehen wird. Der Erfinder selbst ist indessen anderer Meinung.

Glugielmo Marconi ist am 25. April 1864 in Griffone bei Bologna geboren. Seine Mutter ist eine Engländerin, und wohl deshalb begab er sich 1896 nach England, wo man ihm jedoch seine neuen Apparate, die man für Höllenmaschinen oder so etwas halten mochte, so gründlich verzollte, daß sie gänzlich verdorben wurden. Jetzt denkt man freilich auch in England ganz anders über den jungen Mann. Heute ist das Vorgebirge South Foreland an der südöstlichen Küste Englands schon eine Art klassischer Platz, von dem die Versuche mit der Telegraphie ohne Draht ihren Ausgang genommen haben. Der Ort ist aber auch schon von früher her mit der Geschichte der Elektrizität eng verknüpft, denn dort unternahm bereits der Physiker John Tyndall seine berühmten Versuche zum Vergleich der Leuchtkraft von elektrischem Licht, Gas- und Petroleumlicht, dort versuchten auch Hopkinson und Adams ihre ersten Wechselstrommaschinen und vollführten ihre Experimente zur Messung der

Lichtstärke elektrischer Lampen. Auf der hohen Klippe über dem Meere erhebt sich seit Jahrzehnten das allen Seeleuten wohlbekannte Leuchthaus, von dem seit langer Zeit schon ein elektrischer Scheinwerfer seine Strahlen über den Kanal hinübersendet.

Vor diesem Leuchthause erhebt sich jetzt ein Mast von 350 m Höhe, aus drei Teilen zusammengesetzt, der Sende- und Empfangspol für die elektrischen Wellen, welche die Träger der drahtlosen Telegraphie sind. Im Erdgeschoß des Hauses, das früher als Küche diente, befinden sich sämtliche Apparate, welche die eigentliche Station bilden: Zunächst die große Induktionsspule, die beiden Sätze Frittröhren (Coherer) und der Apparat zum Empfang von Telegrammen. Eine Verbesserung der Konstruktion hat dafür gesorgt, daß der Empfangsapparat automatisch eingeschaltet wird, sobald keine Depeschen ausgesandt werden, damit die Station immer zur Aufnahme telegraphischer Meldungen bereit ist. Die empfangenen Telegramme zeichnen sich, wie bei der gewöhnlichen Telegraphie, in deutlichen Punkten und Strichen mittels eines Schreibstifts auf einen laufenden Papierstreifen auf; außerdem kann eine elektrische Glocke eingeschaltet werden, nach deren Zeichen der Telegraphist die Depesche direkt abhören kann. Selbst Ungeübte telegraphieren mit diesem Apparat vierzehn bis fünfzehn Worte in der Minute, geschickte Telegraphisten haben es auf über zwanzig Worte gebracht.

Nachdem die Verbindung zwischen South Foreland und Wimeroux auf der französischen Küste, etwas nördlich von Boulogne, auf eine Entfernung von 50 Kilometer zur völligen Zufriedenheit ausgefallen, war der nächste wichtige Schritt der, daß dank einer neuen Verbesserung der Apparate ein Telegramm nur von einer gewissen Station, für die es bestimmt ist, empfangen wird, von andern aber nicht. Auch das ist gelungen. Der nächste Plan geht dahin, den englischen Hafen Newhaven mit der französischen Außenfestung Dieppe in drahtlose Verbindung zu setzen. Die Entfernung mag immerhin über 100 Kilometer betragen, aber Marconi zweifelt nicht an dem Erfolge. Überhaupt will er die Ausnutzung seiner Erfindung auf Entfernungen von 100 bis 120 Kilometer, zwischen Küsten, Inseln und Schiffen vorläufig beschränken. Er selbst ist keineswegs mit den phantastischen Nachrichten einverstanden, welche in seiner Erfindung schon die einzige Telegraphie der Zukunft erblicken und eine drahtlose telegraphische Verbindung zwischen Europa und Amerika nur für eine Frage der Zeit halten, Nachrichten, welche die Kabelgesellschaften schon in eine leicht erklärliche Unruhe haben geraten lassen. Nach seiner Meinung wird die drahtlose Telegraphie auf Tausende von Kilometern hin den Draht und das Kabel nicht verdrängen.

* * *

Die Wohlthaten der Telegraphie.

Es giebt kaum noch eine so wohlthätige Einrichtung, wie die Telegraphie. Sie ist nicht nur die schnelle Übermittlerin weltbewegender Nachrichten in weite Ferne, sie waltet auch im Hause als die uns vor Überfall schützende Wächterin, sie bezähmt und bewacht des Feuers Macht, sie beugt den Unfällen der Eisenbahnen vor und schützt das Menschenleben im Fabrikbetriebe. Im Hause hat sie zunächst zu einer Entwickelung des Signalwesens geführt, für welche sich die Elektrizität und die Kraft des Luftdruckes als gleich tüchtige Dienerinnen erwiesen haben. Zu Diebessicherungen zeigte sich die erstere einzig geeignet. Wenn eine unbefugte Öffnung der Thür oder des Fensters geschieht, so wird dies sofort durch ein Läutewerk gemeldet. Am Tage kann man den Strom irgendwo unterbrechen, so daß die Ausgänge des Hauses sich ohne Störung öffnen lassen. Erst abends werden die Verbindungen hier geschlossen, an den Fenstern und Thüren dagegen geöffnet; jeder Einbruch in dieselben schließt aber den Strom und das Glockensignal ertönt, während an einem Tableauanzeiger die Stelle des Einbruchs sich anzeigt. Für das Feuerlöschwesen haben sich die Telegraphen ein großes Verdienst erworben. 1851 wurden zuerst von Siemens & Halske Feuermelder in Berlin eingeführt. Auf den Berliner Straßen stehen selbstthätige Zeichengeber, die im Falle einer Feuersnot leicht in Thätigkeit zu setzen sind. Man braucht nur ihre Glasthür zu zerbrechen und eine Taste niederzudrücken, so meldet der Telegraph sofort der Zentralstelle den Ort des Melders, in dessen Gebiete die Feuersnot ausgebrochen ist. Die Organisation ist eine derartige, daß von der Zeit der Meldung bis zum Erscheinen der Feuerwehr nur wenige Minuten vergehen.

Die Anwendung der Telegraphie zur Sicherung des Eisenbahnbetriebes ist außerordentlich ausgedehnt, ohne sie wäre derselbe auf Strecken mit regem Verkehr gar nicht möglich. Die zur Sicherung des Zugverkehrs auf Bahnhöfen und Bahnstrecken in Anwendung kommenden Apparate sind so eingerichtet, daß sie auf mechanischem oder elektrischem Wege von der Stellung der Signale, Weichen, Barrièren, Drehbrücken, Drehscheiben u. s. w. sowie auch vom Zuge selbst abhängig gemacht werden, und daß ihre Bedienung zur Regelung des Zugverkehrs zwangsweise erfolgen muß. So sind z. B. zwischen weit entfernten Stationen, zwischen denen die Züge in rascherer Reihenfolge hinter einander herfahren sollen, sogenannte Blockstationen eingerichtet und mit Signalen ausgerüstet, die dem Blockwärter von der benachbarten Station aus die Kenntnis von dem dort Geschehenden geben. Ein elektrischer Blockapparat, wie ihn so eine Blockstation besitzt, besteht aus einem eisernen Kasten, der an seiner Vorderseite zwei Fensterchen hat, von denen jedes für eine Fahrtrichtung bestimmt ist. Durch eine seitlich davon angebrachte Kurbel wird ein elektrischer Strom geschlossen, welcher die Farbe des Blockfensterchens verändert, wenn gleichzeitig ein über dem Fensterchen sitzender Knopf gedrückt wird. Zeigt es die weiße Farbe, so kann das Signal zur Weiterfahrt des Zuges gezogen werden, solange es aber rot ist, darf der gerade in der Fahrt begriffene Zug dieselbe nicht fortsetzen. Ebenso sind Signale am Zuge selbst angebracht, und den Bahnwärtern wird in ihren Buden angezeigt, ob der Zug auf dem richtigen Geleise fährt, ob sich unterwegs nicht vielleicht ein Wagen losgelöst hat, ob ein Sonderzug zu erwarten ist u. s. w. Alles dies erfährt der Wärter durch die verschiedene Zahl der Töne eines elektrischen Läutewerks. Ähnliche Einrichtungen, wie auf den Blockstationen, sind auch auf größeren Bahnhöfen. Der Blockapparat erlaubt hier die sofortige Einstellung der für die einzelnen Geleise passenden Signale. Das sind nur wenige Beispiele der ausgedehnten Verwendung der Telegraphie im Eisenbahndienst.

Ihre Tauglichkeit als Warnerin beweist die Elektrizität auch im Bergwerksbetriebe. Die schädlichen Wirkungen, welche hier das Entstehen von Grubengasen mit sich führt, sind allgemein bekannt. Als schlagende Wetter vernichten sie, was der Fleiß von tausend Händen schafft, vernichten sie das Leben des ihnen auf Gnade oder Ungnade verfallenen Bergmannes. Der telegraphische Apparat aber läßt seinen Warnungsruf zur rechten Zeit ertönen, auf daß er sich retten könne. Das Grubengas hat nämlich die Eigentümlichkeit, daß es leichter als die atmosphärische Luft ist. Nun hat man die Erscheinung wahrgenommen, daß, wenn zwei Gase durch eine poröse Wand, etwa eine Thonzelle oder einen Gipspfropfen getrennt sind, das leichtere schneller durch dieselbe hindurchgeht, als das schwerere. Es wird also auf der Seite des schwereren Gases zuerst eine größere Gasmenge sich einfinden, als auf der andern und diese Gasmenge wird einen gewissen Druck ausüben, den man nun benutzen kann, um einen elektrischen Strom zu schließen. Eine Glocke, die in den Stromkreis eingeschaltet ist, wird also durch ihr Läuten sofort die Entstehung des Grubengases anzeigen. Ähnlich sind die Leistungen der Elektrizität im Fabrikbetriebe. Sie meldet an einer weit entfernten Stelle, wenn das Wasser im Dampfkessel zu niedrig steht und verhütet so die schrecklichen Explosionen, die das zur Folge haben kann. Sie tritt als erste Helferin zu dem Unglücklichen, der in das Getriebe der Maschinen hineingerät. Die elektromagnetische Sicherheitskuppelung von Siemens & Halske schaltet selbstthätig den Riemen oder den Maschinenteil aus, von dem ein Arbeiter erfaßt ist, und zwar in so kurzer Zeit, daß die Vergrößerung des Unfalles verhütet wird. Dabei wird im Übrigen der Betrieb der Fabrik nicht gestört, sondern nur der Teil, in welchem sich das Unglück zutrug, gelangt sofort zur Abstellung. Die Telegraphie meldet dem wachsamen Gärtner, wenn in einem seiner Gewächshäuser die Temperatur zu hoch wird und den Pflanzen schaden könnte: Das Quecksilber des dort befindlichen Thermometers schließt nämlich, wenn es einen bestimmten Punkt erreicht, einen galvanischen Strom, der ein Läutewerk in Thätigkeit setzt.

Ganz abgesehen aber von allen diesen angeführten Beispielen der Wohlthaten, welche die Erfindung des Telegraphen dem Menschen gebracht hat, ist und bleibt die größte, die schwerwiegendste, doch die telegraphische Mitteilung von Nachrichten, die in brieflicher Form viele Stunden, vielleicht Tage und wenn wir an ferne überseeische Punkte denken, sogar Wochen gebrauchen würden, um in die Hand des Adressaten zu gelangen. Die Welt wäre heutzutage unhaltbar ohne den Telegraphen, und die Männer der Wissenschaft sowohl wie der Praxis, die daran gearbeitet haben, daß der Telegraph wurde, was und wie er ist, sind die Wohlthäter der ganzen Menschheit geworden. In demselben Maße, ja, für einen engeren Kreis noch wichtiger, weil noch unendlich viel schneller, ist eine zweite sich daranschließende Erfindung, das Telephon oder der Fernsprecher, durch den man mit einem Andern unmittelbar sprechend in Verbindung tritt, und zu dessen Betrachtung wir nun übergehen müssen.

i) Die Erfindung des Phonographen und des Telephons.

Der Phonograph.

Die wichtigste Erfindung, welche der Mensch gemacht hat, zugleich wahrscheinlich die älteste, ist die der Sprache, jener — mit Wilhelm von Humboldt zu reden — „ewig sich wiederholenden Arbeit des Geistes, den artikulierten Laut zum Ausdruck des Gedankens fähig zu machen.“ Sie ist es, die ihn über die Stufe des Tieres hinaushob. Wie sie entstand und sich entwickelte, darüber liegen die Ansichten noch in heißem Kampfe. Das Kind, welches zuerst durch Geberden sich verständlich zu machen sucht und erst später den Gebrauch seiner Sprachorgane lernt, es kann uns einen Anhalt geben, wie sich jene Entwickelung vollzog. Den Gedanken in Gebärden auszudrücken war die erste Kunst der Menschen, die Fähigkeit, mit verschiedenen Lauten, welche die Sprachorgane hervorbringen, Begriffe zu verbinden, erst die zweite. Woher die Mannigfaltigkeit der Laute und ihrer Verbindungen sich her schreibt, dies genauer zu studieren, war unserem Jahrhunderte vorbehalten, welches die Lautphysiologie erzeugte oder doch der kaum vorhandenen glänzende Förderung brachte. Was ist ein Laut? Soviel weiß jeder, daß es etwas ist, was die Sprachwerkzeuge hervorbringen und das Ohr wahrnimmt. Aber welches sind überhaupt die Werkzeuge der Sprache? Man hat früher den Kehlkopf für das einzige erachtet, und erst die genaueren Studien dieses Jahrhunderts ergaben die Mitwirkung der verschiedenen Mundteile, der Zunge und der Lippen selbst für die Vokalbildung. Was diese zusammen bewirken, der Stimmlaut, gelangt an unser Ohr, und er kann dies offenbar nur durch Vermittelung der dazwischen befindlichen Luft, wie man einfach dadurch zeigen kann, daß man eine Schallquelle unter der Luftpumpe ihrer luftigen Umgebung beraubt; sie wird jetzt viel weniger deutlich vernehmbar sein. Die Bewegung der Luft ist es, welche den Laut zu uns herüberträgt und in unserem Ohre wieder andere Bewegungen hervorbringt. Das sind Hin- und Hergänge des Trommelfelles und der dahinter liegenden Ohrteile, welche sich schließlich bis zu den feinen Enden des Hörnervs verbreiten und dort die Empfindung des Gehörten hervorbringen.

Schwingungen, denen des Trommelfells ähnlich, zu erzeugen hält nicht schwer. Man braucht dazu nichts als eine Platte von Metall oder Holz, die man in ihrer Mitte befestigt. Ihr kann man durch Streichen mit einem Violinbogen die verschiedenartigsten Töne entlocken, und wenn man dabei Sand auf die Platte streut, so wird sich dieser, je nach dem Tone in immer anderer Weise anordnen und uns so die Schwingungen vergegenwärtigen, welche die Platte ausführt. Der Physiker Chladni, dessen Namen diese Sandfiguren tragen, hat dieselben genauer studiert und dadurch nicht wenig zu der Erkenntnis der Natur des Hörens und Sprechens beigetragen. Es liegt nahe anzunehmen, daß am Ausgangspunkte der Stimmlaute ebensolche Hin- und Hergänge von Körperteilchen stattfinden, und das ist wirklich der Fall. Die Stimmbänder bewegen sich rythmisch auf und nieder, und die in der Mundhöhle eingeschlossene Luft macht ähnliche Schwingungen durch. Das sind alles Beobachtungen, die durch die Erfindung des Kehlkopfspiegels und des akustischen Flammenzeigers erst vor wenigen Jahrzehnten ermöglicht wurden. Sie legten den Gedanken nahe, diese Schwingungen auch irgendwo aufzeichnen zu lassen und Mittel und Wege zu suchen, aus diesen Aufzeichnungen wieder, nachdem das gesprochene Wort längst verhallt sei, es zum Ertönen zu bringen. Dieser Plan war eigentlich nicht neu, aber seine Verwirklichung konnte erst nach diesem genauen Studium der Sprache gelingen. Bereits 1653 schreibt ein phantasiereicher französischer Schriftsteller, er habe von einem Bewohner des Mondes einen buchförmigen Kasten zum Geschenke erhalten. „Als ich ihn öffnete, fand ich darin einen Metallgegenstand, den Uhren ähnlich und voll von kleinen Federn und kaum sichtbaren Maschinen. Es ist zwar ein Buch, aber ein Wunderbuch ohne Blätter und Schrift, kurz ein Buch, bei welchem man zum Lesen und Lernen der Augen nicht bedarf; man braucht nur Ohren. Wünscht also jemand zu lesen, so spannt er diese Maschine mit Hülfe einer Menge kleiner Sehnen, dann versetzt er die Nadel nach dem Kapitel, welches er zu hören wünscht, und es klingen sofort, wie aus dem Munde eines Menschen oder aus einem Musikinstrumente, alle die verschiedenen Laute heraus, welche bei den Mondbewohnern als Sprache dienen."

Der beschriebene Apparat ist der Phonograph, aber seine Erfindung wurde nicht früher als im Jahre 1877 gemacht, und der sie machte, war wieder kein anderer als Edison, der sich also auf akustischem Gebiete als ebenso bewandert bewies, wie wir ihn in seinem eigentlichen Fache, der Elektrotechnik kennen gelernt haben. Der Apparat läßt an Einfachheit nichts zu wünschen übrig. Die Worte, welche aufgeschrieben werden sollen, brauchen nur in einen Trichter gerufen zu werden, der unten mit einer elastischen Haut abschließt. So weit ist das Instrument offenbar unserem Ohre nachgebildet: der Trichter ist der Ohrmuschel, die Membran dem Trommelfelle vergleichbar. Bei den verschiedenen Lauten, die hineinschallen, wird diese Haut verschiedene schwingende Bewegungen durchmachen. Ist die Stimme laut, so werden die Schwingungen stärker sein, ist sie hoch, wie etwa die der Frauen, so werden sie schneller erfolgen, als wenn sie tief ist, wie die der Männer, und alle Modulationen der Sprache werden sich schließlich in den Besonderheiten der einzelnen Schwingungen wiederspiegeln.

Aber Worte sind wie Hauch, den der Wind verweht. Ist es nicht möglich diese Bewegungen der Membran irgend wie zu fixieren? Darf man nicht hoffen, den Apparat zur nachträglichen Wiederholung des gesprochenen Wortes zu veranlassen? Beides ist möglich. Das Aufschreiben geschieht durch einen spitzen Stift, der an der außerhalb des Trichters befindlichen Seite der Membran sitzt, und statt des Papieres zum Schreiben bedient man sich hier eines Blattes aus dünnem Zinn, wie es als Stanniol zum Einpacken vieler Dinge verwendet wird. Dieses wird um eine Walze gewickelt, welche sich drehen läßt. Beim Drehen bewegt sie sich zugleich im ganzen vorwärts, da in die Drehungsachse ein Schraubengewinde eingeschnitten ist, welches sich in eine feststehende Schraubenmutter hineindreht. Ein Gewinde von derselben Ganghöhe ist auch in die Walzen eingeschnitten. Der Stift an der Membran drückt das Stanniol gerade in dieses Gewinde hinein. Wenn alles ruhig ist, so drückt der Stift stets gleichmäßig gegen das Zinnblatt, und erst wenn man hineinspricht, ändert sich durch die Auf- und Abbewegung des Stiftes die Tiefe der Schraubenlinie, deren Durchschnitt jetzt wellig erscheinen wird. Wir haben jetzt sozusagen das Gesprochene auf dem Zinnblatte abgebildet. Es ist eine Schrift, die wir vor uns haben, aber eine viel vollkommenere als diejenige, die wir mit der Feder schreiben. Oder ist es möglich, daß die geschriebene oder gedruckte Rede uns völlig den Eindruck der gesprochenen macht, merken wir die feinen Hebungen und Senkungen des Organs während des Lesens, durch welche der Redner seinen Worten Nachdruck leiht? Nein, aber der Phonograph hat alles dies mit aufgezeichnet, er ist ein so bedeutender Schnellschreiber, wie keiner je in

Parlamenten gearbeitet hat. Er ist auch fähig, uns das, was er sich notiert hat, alles wieder vorzulesen, ganz in dem Tonfall, der beim Sprechen angewendet ward. Dazu ist nur nötig, durch Rückwärtsdrehen die Walze an ihren Ausgangspunkt zurückzubringen, den Stift, der während dieses letzten Vorgangs zurückgelegt war, an den Anfangspunkt jener eigentümlichen Schrift zu setzen, und aus dem Sprachrohr, zu welchem das Schallrohr von vorhin geworden ist, tönt uns die hineingesprochene Rede wieder. Der Stift folgt nämlich allen Unebenheiten des Stanniolblattes, die er selbst erzeugt hat, und gerät dadurch in ähnliche Schwingungen, wie während des Schreibens, er überträgt sein Zittern auf die elastische Haut, welche nun dieselben Schwingungen wiederholt, die sie vorher vollführte, und vor sich die Luft im Trichter in Bewegung setzt, daß diese in unser Ohr dringend uns zur Empfindung der Rede verhilft.

Aber freilich hatte dieser Apparat, so einfach und so lehrreich er war, wenn er sich auch zur Wiedergabe des Gesungenen und der mit Musikinstrumenten ihm anvertrauten Melodien ganz ebenso eignete, auch seine schwachen Seiten, und der geniale Erfinder war nicht nur umsichtig genug, dieselben herauszufinden, er war auch der Mann, die Schwierigkeiten, die sich den Verbesserungen des Apparates in den Weg stellten, mit der zähen Energie, welche mit der Genialität gepaart den Erfinder Großes erreichen läßt, zu überwinden. Zwölf Jahre arbeitete er unausgesetzt an den Verbesserungen seines Stimmschreibers, dann übergab er der Welt einen Apparat, wie sie ihn vollkommener nicht wünschen kann. Einmal war die Membran, die Edison damals verwandt hatte, nicht gleichmäßig elastisch; heute verwendet er für dieselbe ein dünnes Blatt aus Glas. Dieser Körper, dessen Zerbrechlichkeit sprichwörtlich geworden ist, den wir für so wenig biegsam halten, besitzt in Blattform die gleichmäßige Elastizität in allen Richtungen, welche ihn für den Phonographen geeignet macht. Andererseits war das Material der Walze zu ändern, da die Zinnfolie leicht nachgab und ihre Eindrücke nicht bleibend behielt, so daß sie sich nicht zum öfteren Gebrauche aufheben ließ. Jetzt ist dieselbe durch eine Walze ersetzt, die aus einem weichen Stoffe, man sagt aus einer Mischung von Wachs und Seife besteht, die aber noch einige nicht allgemein bekannte Beimengungen enthält. Auf ihr werden die Spuren des Stifts auch nicht blos oberflächlich eingedrückt, vielmehr schneidet ein scharfes Messer, das denselben ersetzt, in das weiche Material ein, ähnlich wie der Grabstichel des Kupferstechers in die Platte einschneidet. Die Spähne können sorgfältig weggenommen werden, so daß die Schrift höchst sorgfältig eingemeißelt erscheint. Diese Walzen lassen sich nun aufheben, und jederzeit kann man die ihnen überlieferten Laute sich wieder in die Ohren klingen lassen. Das wird jetzt auch in viel saubererer Weise erreicht, als früher, da man die Maschine mit der Hand bewegen mußte. Damals war der Gang niemals so gleichmäßig, daß nicht auch in der Wiedergabe der Töne Unreinheiten vorkamen. Heute geschieht die Drehung der Walze durch einen unter ihr in einem Kasten sitzenden kleinen Elektromotor. Derselbe dreht sich so gleichförmig, daß auch in dieser Richtung der Apparat vollkommen ist.

Fig. 162. Edisons neuer Phonograph mit Zubehör.

Wir erblicken in dem Bilde (Fig. 162) den Phonographen mit allem Zubehör, fertig, um zu uns zu sprechen. Wollen wir ihn deutlich vernehmen, so kann dies durch das Einbringen zweier Hörschläuche in unsere Ohren geschehen. Aber er kann mit Hilfe des dahinter sichtbaren Hörtrichters auch zu einer größeren Anzahl von Personen vernehmlich reden. Wir sehen hier nur noch die Walze, den Motorkasten, einen Teil der Übertragung und den die Schnelligkeit

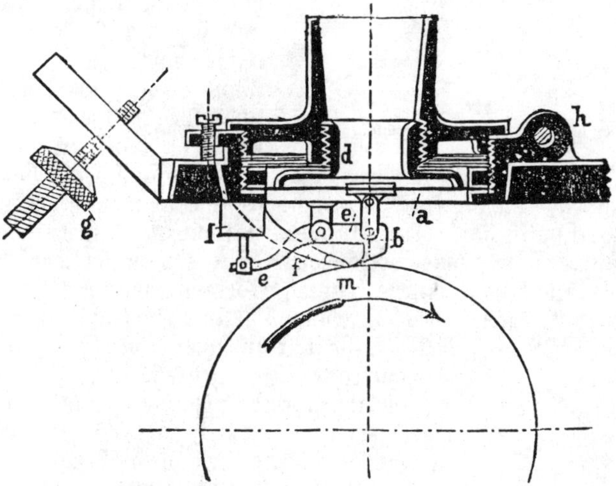

Fig. 163. Aufnahme von Tönen durch den Phonographen.

regulierenden Apparat auf der linken Seite. Unten stehen einige von den Walzen, welche zur Aufnahme des Gesprochenen dienen. Wie diese Aufnahme erfolgt, das zeigt dann die Fig. 163. Der Schalltrichter endigt bei d mit der Glasplatte a, die ihre Bewegungen auf den Grabstichel b überträgt; m schließlich bedeutet die sich drehende Walze. In der Fig. 163a sehen wir den Stift b bei der Arbeit; er hat eine wellenförmige Vertiefung in die Walze eingerissen. Die Gestalt dieses Einschnittes kann eine sehr verschiedene sein, wie sie die Fig. 164 zeigt, welche die Buchstaben A, B, C, D darstellt. Selbst wenn die Stärke und die Höhe eines Lautes dieselbe bleibt, so kommen noch jene Feinheiten hier zum Ausdruck,

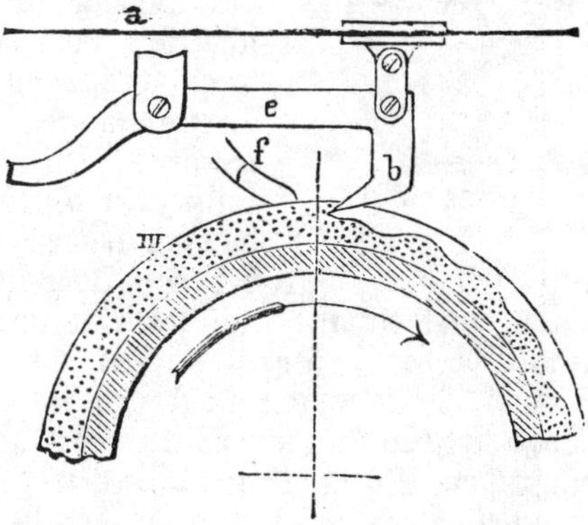

Fig. 163 a.
Aufnahme von Tönen durch den Phonographen

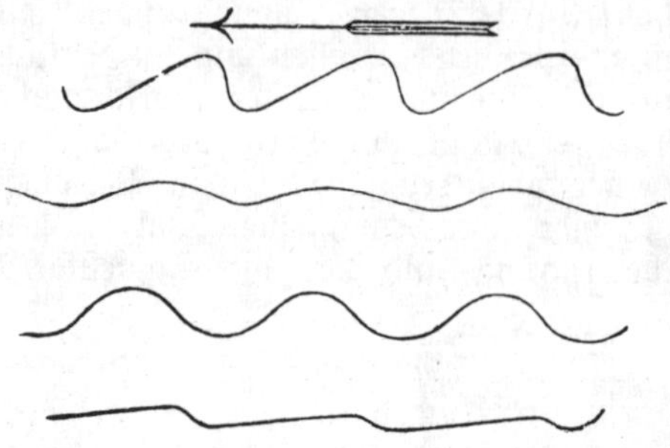

Fig. 164.
Die Buchstaben A, B, C, D in phonographischer Schrift.

welche die Stimmen der Menschen von einander unterscheiden lassen.

Zu gleicher Zeit mit Edison hatten noch andere an der Vervollkommnung seines Apparates gearbeitet. In einer etwas anderen Richtung als jener ist dabei E. Berliner vorgegangen, und der von ihm erfundene sinnreiche Apparat, das Grammophon (Fig. 165), verdient hier schon deshalb eine Besprechung, weil er, ohne in der getreuen Wiedergabe der Sprache an den verbesserten Edisonschen Phonographen heranzureichen, durch seine Einfachheit sich eine wohlverdiente Verbreitung verschafft hat. Der Aufnahme-Apparat ist hier vom Wiedergabe-Grammophon etwas verschieden. Bei dem ersteren wird eine sehr ebene Zinkplatte B mit einem dünnen Überzuge von Wachsfett bedeckt, welcher durch Ausziehen des Bienenwachses in Petroleumbenzin hergestellt wird. Diese Platte soll die Schrift aufnehmen und sie wird dazu um eine senkrechte Achse gedreht. Das Hörrohr und der Schreibstift sind hier etwas anders gegen einander gestellt, so daß der Stift seitliche Bewegungen während des Schreibens ausführt, er kratzt dabei die dünne Wachsschicht von der Zinkplatte fort. Nun sollte man glauben, daß bei dem fortwährenden Drehen der Stift immer auf derselben Kreislinie bleiben müßte, aber es ist dafür gesorgt, daß er etwas nach dem Innern der Scheibe fortschreitet und so eine Spirale beschreibt, von der er freilich kleine Spaziergänge nach rechts und links macht, die durch die Schwingungen der Membran F hervorgebracht werden. Diese ist hier ein Gummiblättchen, der Stift aber besteht aus der härtesten Metallmischung, die wir kennen, nämlich einer solchen von Osmium und Iridium. Ist bei der Aufnahme durch den Stift die Wachsschicht fortgeschafft, so kann nunmehr die Platte durch Chromsäure geätzt werden. Dabei bilden sich an den vom Überzuge befreiten Stellen Vertiefungen in der Platte, die man bis zu einem gewissen Maße treiben kann. Wenn man dann von der Platte einen galvanoplastischen Abzug herstellt und diesen in Hartgummi oder in Wachs, das besonders präpariert wird, abdruckt, so erhält man so viele Vervielfältigungen der Aufnahmeplatte, als man irgend will, und das ist ein Vorzug des Grammophons vor dem Phonographen, da dessen

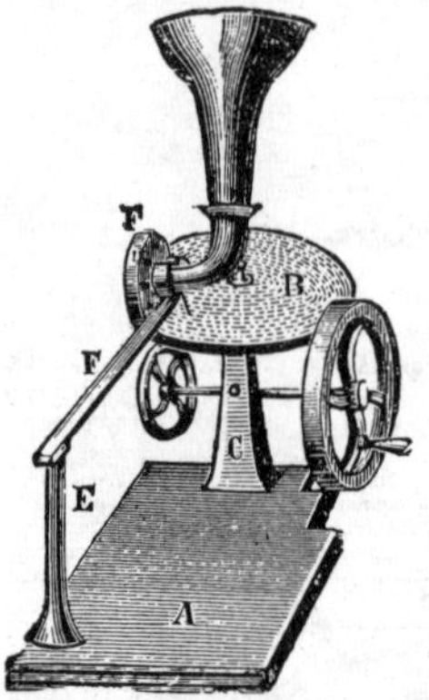

Fig. 165.
Grammophon von Berliner.

Aufnahmen eine Nachbildung nicht zulassen. Die Wiederholung der dem Grammophon diktierten Reden hat gar keine Schwierigkeit. Jede Stopfnadel, in einen Kork gesteckt, kann dazu dienen. Faßt man den Kork lose an, so gleitet die Nadel über die Schrift und hält sich durch die Reibung gerade über der Spirale. Sie macht also genau die Schwingungen durch, welche vorhin der Stift vollführte und teilt durch die Luft unserem Ohre die längst verhallte Rede wieder mit. Durch ein Schallrohr läßt sich der Ton beliebig verstärken. Die Einfachheit des Grammophons verschafft ihm allmählich Eingang in Familien, wo er ein allezeit launenloser Unterhalter ist. Musikstücke, die ihm durch Spiel und Gesang jemals anvertraut wurden, weiß er ebenfalls mit der peinlichsten Genauigkeit wieder von sich zu geben.

Praktische Anwendung dieser Instrumente von besonderem Interesse sind freilich bisher nicht gemacht worden — wenn wir von Spielereien absehen, die von Amerika aus auch auf den europäischen Spielwaarenmarkt gelangten, wie jenen sprechenden Puppen, die vermöge eines in ihrem Innern sitzenden Phonographen einen früher hineingesprochenen Satz wiederholen können. Aber er besitzt für die Wissenschaft einen unschätzbaren Wert. Wie genau wird man jetzt die Sprachen der verschiedenen Völker, die jemals und irgendwo erklungen sind, nach langer Zeit noch untersuchen können! Wie wird es möglich sein, den Aufbau der je von Musikinstrumenten oder vom Menschenmund oder durch die Stimmen der Tiere hervorgebrachten Laute in ihre feinsten Details aufzulösen und mit welcher Muße wird man sich diesem Studium hingeben können, welches sonst mit dem schwierigen Versuche begann und endigte! Die Untersuchung der menschlichen Sprachen, das Festhalten solcher, die dem Untergange anheimfallen, das sind die Hauptdienste, zu denen der Phonograph sich darbietet.

Das Telephon.

Aber wie kommen wir gerade hier auf diesen Apparat zu sprechen, der doch seiner ganzen Natur nach keine elektrische Erfindung darstellt, denn der Elektromotor, dem Edison die Führung der Phonographenwalze übertrug, kann ja ohne großen Schaden auch durch einen anderen Motor ersetzt werden. Wir sind gerade hier näher auf ihn eingegangen, weil wir durch ihn über die Natur der Laute belehrt worden sind, deren Übertragung auf weite Fernen eine Aufgabe ist, für welche die Elektrizität sich als einzig tauglich erwies. Sie ist es, die mit ungeheurer Geschwindigkeit sich verbreitend, sich als der pünktlichste Bote für allerhand Übermittelungen erwiesen hat; auf sie also mußte sich vor allem das Augenmerk derjenigen Erfinder richten, denen ein Sprechen in weite Fernen als erstrebenswertes Ziel galt. Der Schall, der in die Luft eindringt, pflanzt sich wohl auch mit einiger Schnelligkeit fort, da er in drei Sekunden ein Kilometer zurückzulegen vermag.

Aber jeder weiß, daß er schon in geringer Entfernung nur noch undeutlich vernehmbar ist, und auf immer weitere Strecken eine direkte Verständigung ausgeschlossen ist. Jedermann kennt aber schon das Spielzeug der Kinder, durch welches sie ein besseres Verstehen weit entfernter Schallquellen möglich machen, den gespannten Hanffaden. Man braucht nur zwei Cigarrenkisten durch eine hundert Meter lange Schnur zu verbinden und vermag am anderen Ende deutlich das Ticken einer Uhr zu vernehmen, deren Schall in der Luft kaum auf ein Meter Entfernung hörbar ist. Die Hanfschnur ist, das schließen wir hieraus, ein besserer Leiter für den Schall als die Luft. Es ließe sich vielleicht noch der eine oder andere bessere Leiter finden, aber auf weitere Entfernungen ließ diese Methode, Nachrichten zu übermitteln, stets im Stiche.

Die Elektrizität, das ahnte man, mußte hierfür vorzüglich geeignet sein, und sie war auch längst zur Übermittelung von Tönen verwendet worden. Man kann, um dies zu zeigen, sich einfach zweier Stimmgabeln bedienen. Auch diese schwingen hin und her, wenn man sie mit dem Violinbogen streicht, und das ist die Ursache, weshalb sie tönen. Man braucht nur den Finger an eine tönende Gabel zu legen und man wird diese Schwingungen sofort fühlen. Man wird eine solche Gabel deshalb auch so stellen können, daß sie bei ihrem Erzittern einen elektrischen Strom fortwährend öffnet und schließt und ein weitentfernter Eisenstab, den der Strom umfließt, wird also abwechselnd zum Magneten werden und schnell wieder seinen Magnetismus verlieren, und eine Stimmgabel in seiner Nähe wird in demselben Rythmus hin- und herschwingen, da sie von dem Magneten in denselben Pausen angezogen wird, und wird also denselben Ton wie jenes erste Instrument hervorbringen — allerdings nur dann, wenn sie genau auf denselben Ton, wie die vorige Gabel abgestimmt ist. Eine Gabel hat nämlich die Eigentümlichkeit, daß sie nur immer einen bestimmten Ton giebt oder höchstens zweier ganz bestimmter Töne fähig ist. Das ist ein großer Mangel, den sie den Platten gegenüber besitzt, welche wir im Phonographen bei ihren schwingenden Bewegungen sahen. Ein Ton ist außerdem kein Laut und es ist etwas anderes, die Töne eines Musikinstrumentes oder den Klang der menschlichen Stimme auf Meilenweite zu übertragen. Der Ton jedes Musikinstrumentes erscheint unserem Ohre härter wie der Stimmlaut, der durch viele Nebentöne und Geräusche erst zu dem wird, was er ist. Noch hat kein Instrument, vom Phonographen abgesehen, diese Fülle von Einzelheiten, welche die Stimme ausmachen, wirksam zusammenzufassen, den Stimmlaut nachzuahmen vermocht, und der Phonograph vermochte dies durch die schwingende Platte, deren Bewegung sich dem schreibenden Stifte mitteilte. Vor Edison hatte kaum jemand geglaubt, daß selbst solche Glas- oder Glimmerblättchen einer solchen Mannigfaltigkeit der Schwingungen fähig wären, am allerwenigsten kam man auf den Gedanken, daß Metallblättchen es vermöchten.

Ein Versuch, den Philipp Reis in Friedrichsdorf am Taunus 1862 anstellte, hätte in dieser Beziehung anregen können. Er übertrug die Schwingungen auf eine tierische Haut und auf ein daran sitzendes Metallblättchen. Fortwährend wurde durch dieses der Strom einer Batterie unterbrochen und wieder geschlossen. An weit entfernter Stelle war ein weicher Eisenkern, der innerhalb einer vom Strom durchflossenen Spirale lag. Dieser geriet bei seinem schnell erfolgenden Ummagnetisieren selbst ins Tönen und man konnte wohl Melodien, aber nicht oder doch nur sehr unvollkommen menschliche Stimmlaute übertragen. Hierauf ruhte die Sache, und es war um die Zeit, als Edison an seinem Phonographen arbeitete, daß zugleich Graham Bell, Professor der Physiologie in Boston den Gedanken, eine schwingende Metallplatte zum Nachahmen der menschlicheu Stimme zu benutzen, verwirklichte. Ihre Übertragung in weite Ferne, so sagte sich Bell weiter, war nur deshalb auf elektrischem Wege bisher nicht gelungen, weil das fortwährende Öffnen und Schließen eines Batteriestroms zu starke und plötzliche Stöße in dem Stromkreise hervorbringt, wie sie die menschliche Stimme nicht aufweist. Um jenen melodischen Klang unserer Sprachorgane zu erhalten, bedurfte es eines Stromkreises, der sich während des Sprechens nicht öffnet und schließt, sondern geschlossen bleibt und nur durch den gesprochenen Laut sich ein wenig verstärkt oder schwächt. Diese — sozusagen von Wellen durchzogenen — Ströme, so sagte er wörtlich, würden an Schnelligkeit des Wechsels den Schwingungen der Metallplatte entsprechen müssen, welche sie hervorbrachte, das Anwachsen der Stromstärke müßte der Bewegung der Platte in der einen, ihre Abnahme derjenigen in der anderen Richtung entsprechen, die Größe der Ab- und Zunahme müßte der Stärke der Schwingungen oder vielmehr der Geschwindigkeit entsprechen, mit welcher die Platte sich bewegt. Solche Ströme würden am anderen Ende einem Empfangsapparate und durch diesen der Luft eine bis ins Kleinste getreue Nachbildung derjenigen Luftbewegung übermitteln, welche an der Aufgabestation auf die Platte gewirkt hatte, und damit jene zum Gehör bringen. Diesen Gedankengang übersetzte Bell in die That, indem er 1875 der Welt sein Telephon übergab. Für die Erfindung desselben benutzte er die folgende Erscheinung. Nähert man einem Stahlmagneten ein Stück Eisen, so wächst dessen Kraft ein wenig an, bei der Entfernung des Eisens nimmt sie wieder um eben soviel ab. Wenn nun den Magneten eine in sich geschlossene Drahtspule umgiebt, so wird jede Vermehrung des Magnetismus in dieser einen Strom induzieren und jede Verminderung desselben einen solchen von der entgegengesetzten Richtung hervorbringen, ganz wie wenn man einen Magneten der Spule nähert oder ihn entfernt. Ersetzt man das große Eisenstück durch eine dünne Platte, welche bei dem gesprochenen Wort erzittert, so werden ihre Schwingungen auch noch solche Ströme hervorbringen, freilich sehr schwache nur, die aber vielleicht noch immer genügen, dieselben Schwingungen in einer ähnlichen Platte hervorzurufen.

Die Fig. 166 zeigt uns Bells Instrument. Den Magnetstab sehen wir bei SN. Seinem Nordpole gegenüber ist die Platte PP, eine kreisrunde papierdünne Eisenplatte, durch das Aufschrauben des Holzstückes BB so befestigt, daß sie sich nicht verschieben kann. Wenn sie nicht eingeklemmt wäre, würde sie sich nach dem Magnetpole N hinbegeben. Sie ist aber von diesem noch so weit entfernt, daß der stärkste Lufthauch, den wir mit dem Munde hervorbringen, sie nicht bis an N heranbringt. Aber wenn in den Schalltrichter M hineingesprochen wird, so werden die entstehenden Schwingungen der Luft auch in der Scheibe Schwingungen von ganz bestimmter Form erzeugen, dann werden in der Induktionsspule D Ströme hin und herzucken, die in ihrem Wechsel ein getreues Abbild der Schallschwingungen sind. Die Drahtenden a und b dieser Spule sind zu den Schrauben c und d hingeführt, und von hier aus können viele Kilometer lange Leitungen ausgehen, die man meist zusammenspinnt. Dann werden in einem anderen gleichgestalteten Apparate, an dessen Schrauben c d diese Leitungen endigen, die Ströme auch durch die entsprechende Induktionsspule gehen. Diese werden in ihrer Reihenfolge bald stärkend, bald schwächend auf die Kraft des dortigen Magneten einwirken und damit die Eisenplatte bald stärker, bald schwächer anziehen, so daß diese ganz dieselben Schwingungen vollführen wird, wie die erste, welche die Induktionsströme hervorrief. Wir werden in dem empfangenden Telephon durch Vermittelung der Luft diese Schwingungen als dieselben Laute empfinden, welche in das gebende Telephon gerufen wurden. Und das ist wunderbar. Denn jene schwachen Induktionsströme, die bei stundenlanger Wirkung noch nicht

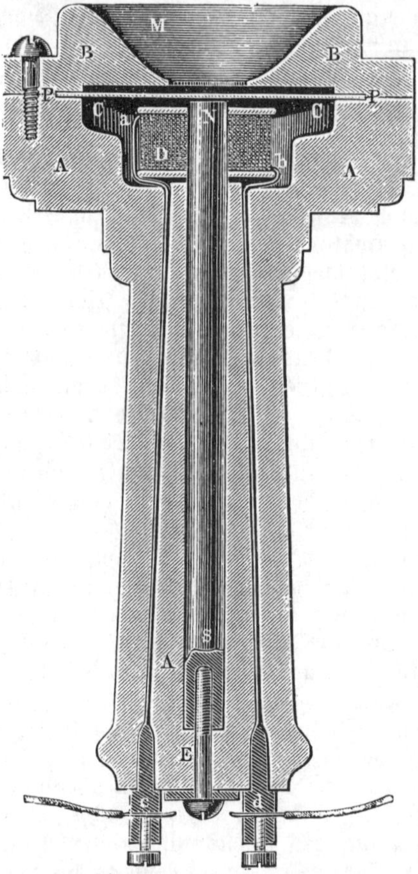

Fig. 166. Bells Telephon.

ein Tröpfchen Schwefelsäure in seine Bestandteile aufzulösen vermöchten, und darin den konträren Gegensatz zu jenen gewaltigen Induktionswirkungen liefern, die wir bei den Dynamomaschinen beobachteten, sie sind dennoch fähig, uns in weiter Ferne Gesprochenes zum deutlichen Gehör zu bringen. Es giebt auch kaum einen feinfühligeren Apparat, als das Telephon. Innerhalb eines Hauses oder selbst auf mehrere hundert Schritt gestattet es die Verständigung durch den dünnsten Eisendraht, trotz der großen Widerstände, die sich der Fortleitung des Stromes entgegenstellen, trotz der großen Verluste, welche die Kraft der Schwingungen bei ihrer doppelten Umsetzung in Magnetismus und Elektrizität erfahren muß. Es ist so gefügig, daß selbst die Einschaltung einiger menschlicher Körper in den Stromkreis die Wirksamkeit nicht aufhebt, obgleich sich denken läßt, was für einen kolossalen Widerstand im Vergleiche zu Metalldrähten gerade der menschliche Körper leistet. Es ist ein äußerst bescheidener Apparat, es verlangt nicht den Strom irgend einer galvanischen Batterie, nicht die Mitwirkung einer anderen stromliefernden Maschine, es erzeugt sich diejenigen schwachen Ströme aus eigener Kraft, die es zu seinen schönen Wirkungen befähigen.

Aber man darf nicht zuviel verlangen. Wenn man viele Meilen weit sich vernehmbar machen will, so kommt man doch mit dem gewöhnlichen Fernsprecher nicht aus, und wenn man die beste von allen dabei zur Verfügung stehenden Leitungen aussuchte. Es geht dann von den an sich so geringen Elektrizitätsmengen das meiste in die Luft hinüber oder setzen sich in den Drähten in Wärme um. Man mußte also auf Verbesserungen und Hülfsapparate denken, um immer stärkere Wirkungen möglich zu machen. Dieser Gedanke führte auf den alten Vorschlag von Reis zurück, daß man mit dem gebenden Fernsprecher auf die Kraft eines Stroms einwirken müsse, der von einer besonderen Quelle geliefert wird. So sannen Edison wie Bell darüber nach, ob man vielleicht die Leitungsfähigkeit eines flüssigen Leiters in passender Weise durch den Gebe-Apparat beeinflussen könne, beide gaben aber diese Versuche auf und entschlossen sich, eine andere Klasse von Leitern darauf hin zu untersuchen. Endlich verfiel Edison auf die Kohle als das Material, welches seinem Vorhaben günstig schien. Wir müssen erwähnen, daß wenige Jahre vorher Clerac an der Kohle eine wunderbare Eigenschaft entdeckt hatte, welche man am einfachsten durch den folgenden Versuch deutlich macht. Man leite den Strom einer galvanischen Batterie durch zwei Kohlenstücke, die nur lose aufeinander liegen und durch die Spule eines Elektromagneten. Der Strom ist nur schwach. weil die Kohle dem Durchgange des Stromes einen viel größeren Widerstand entgegensetzt als die Metalle daher ist auch die magnetische Kraft, die er erzeugt nur gering, aber dieselbe wächst, wenn man die eine Kohle fest gegen die andere drückt, der Magnet stärkt sich, er vermag jetzt ein beweglich aufgehängtes

Eisenblättchen anzuziehen, wozu er früher nicht fähig war. Wir schließen, daß der Druck auf die Kohlen den Widerstand derselben vermindert. Clerac hatte Kohlenstücke innerhalb einer Röhre in den Stromkreis eingeschaltet. Durch festeres Anziehen einer Schraube konnte er die Kohle immer stärker zusammenpressen und damit den Widerstand des Stromkreises beliebig vermindern. Aber die Schraube blieb auf dem Punkte stehen, bis zu dem sie angezogen war, wenn sie nicht für einen späteren Versuch eine andere Stellung erhielt: daß die Kohle von Zeit zu Zeit Änderungen erfahren könne, daß sie eine ausgezeichnete Fähigkeit besitze, ihr Leitungsvermögen bei den leisesten Stößen zu ändern, das wußte man vor Edison noch nicht, und es bleibt ihm das Verdienst, diese für die Verbesserung des Telephons wichtige Entdeckung gemacht zu haben. Sie führte ihn zur Abänderung des Fernsprechers. Fast zu gleicher Zeit war dieselbe Entdeckung selbstständig 1878 von Dr. Robert Lüdtge in Berlin, von dem Amerikaner Hughes und von dem Erfinder des Grammophons E. Berliner 1877 gemacht worden und hatte alle vier zur Erfindung eines Mikrophons geführt.

Die Fig. 167 zeigt eines, welches man mit den einfachsten Mitteln herstellen kann. Wir sehen hier ein hölzernes Kästchen, das

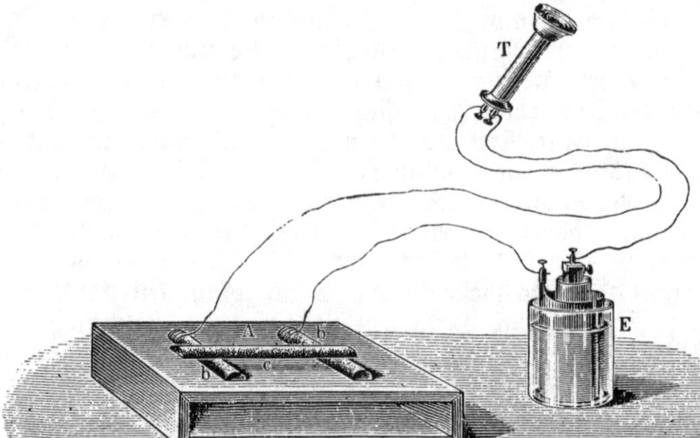

Fig. 167. Mikrophon.

in seiner Wirkung den Resonanzböden der musikalischen Instrumente gleicht, zwei darüber gelegte Kohlenstäbchen sind in der gezeichneten Art mit den Polen eines galvanischen Elements E und den Schrauben eines Telephons T verbunden. So lange nun vollständige Ruhe herrscht und nichts das Kästchen A erschüttert, bleibt auch überall der Widerstand derselbe, der Strom ändert sich nicht, und am Telephon ist nichts zu hören. Wenn aber auch nur eine Fliege darüberschreitet, in der Nähe leise gesprochen wird, so giebt das Schwingungen der Stäbe, zwar ganz kleine nur, die aber doch die Berührungsstellen derart beeinflussen, daß sich dort der Widerstand auch in denselben regelmäßigen kurzen Zeiträumen ändert, in denen die Schwingungen des Schalles stattfinden. Die Folgen sind leicht zu übersehen. Damit ändert sich nämlich die Stärke des Stromes im Draht und die des Telephonmagneten. Schwingungen des Eisenplättchens werden erfolgen, welche durch die umgebende Luft an unser Ohr gelangen. So werden wir am Telephon Geräusche wahrnehmen, viel lauter, als sie ein Aufgabetelephon zu erzeugen fähig ist, weil bei dem Mikrophon der Wechsel in der Stromstärke weit bedeutender ist. Hauptsächlich war es die Einführung dieses Apparates an Stelle oder in Gesellschaft des Aufgabetelephons, welche dem Fernsprechwesen die Vollkommenheit und Bequemlichkeit verschaffte, welche heute diesem unentbehrlich gewordenen Verkehrsmittel eignet. Hunderte von Änderungen sind freilich noch angebracht worden neben dieser wichtigsten, aber der Raum fehlt uns auf alle einzugehen. So hat Siemens durch die Einstellung eines Hufeisenmagnets, statt des stabförmigen, die Lautwirkung wesentlich vergrößert, so ist durch fortwährende Verbesserungen des mikrophonischen Aufgebers jene weittragende Wirkung desselben erzielt worden, welche uns mit Freunden zu sprechen erlaubt, die durch weite Länderstrecken, selbst durch Meere von uns getrennt sind.

Je nach der Tragweite, die wir von unseren Apparaten verlangen, werden sie besonders eingerichtet sein müssen. Der Privatgebrauch, bei dem es sich gewöhnlich nur um eine einzige Leitung handeln wird, und der öffentliche Dienst, bei welchem viele Linien einem gemeinsamen Mittelpunkte zustreben müssen, werden verschiedene Telephonanlagen bedingen. Bei den Privatlinien wird der Aufgabe-, der

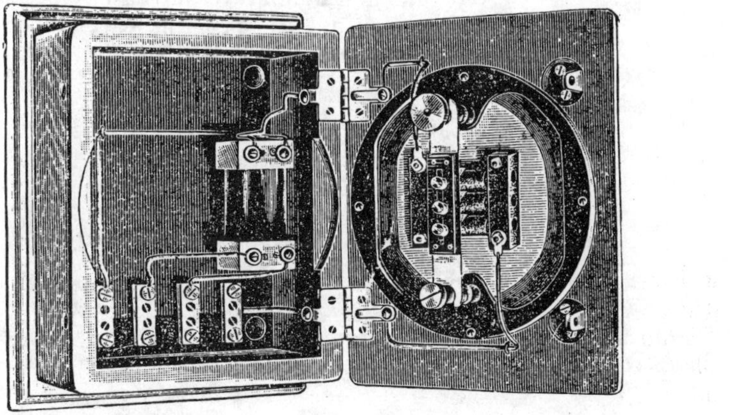

Fig. 168. Mikrophon von Mix & Genest.

Empfangsapparat und die Rufglocke in Frage kommen. In Deutschland haben die Mix & Genestschen Mikrophone als Aufgabeapparate die weiteste Verbreitung gefunden. Wir zeigen hier in Fig. 165 die Rückenansicht eines solchen. In einem gußeisernen Rahmen ist das Mikrophon durch vier Schrauben mit dem Apparatkasten verbunden. Die Sprechplatte (hell gezeichnet) aus Tannenholz liegt in einem Gummibande. Sie besteht gerade aus diesem Holze, weil dasselbe, wie kein anderes, die Fähigkeit hat, die Schallschwingungen mitzumachen und zu leiten. Vor ihr liegen zwei Balken von Kohle, welche die Lager für die drei Querbalken enthalten; ganz lose lagern diese mit Zapfen in den ersteren. Zur Dämpfung dient die durch zwei Schrauben stellbare Blattfeder, welche darüber sichtbar ist und ein Stück Klavierfilz trägt. Der Trichter zum Sprechen liegt dahinter. Natürlich muß nun jede Aufgabestation auch eine Batterie haben, deren Strom eben durch das Mikrophon fortwährend verstärkt und geschwächt wird. Will man sprechen, so wird man erst die Rufglocke zum Läuten bringen, um der andern Station den Wunsch einer Aussprache auszudrücken. Man drückt auf einen Knopf und die Glocke ertönt an jenem Leitungsende. Der Klöppel wird nämlich, so lange der Strom geschlossen ist von einem dann magnetisch werdenden Stück Eisen angezogen und schlägt dabei an die Glocke. Fortwährend unterbricht und schließt sich der Strom, so lange der Knopf gedrückt wird. Erst wenn der Angerufene ein Gewicht abnimmt, unterbricht er den Glockenstrom, nur ein Element der Batterie bleibt eingeschaltet und nun kann der Apparat zum Sprechen dienen.

Fig. 169.
Wandtelephon von Mix & Genest.

Fig. 170 zeigt eine telephonische Einrichtung, die zum Aufstellen auf einen Tisch geeignet ist, in der Fig. 169 aber erblicken wir

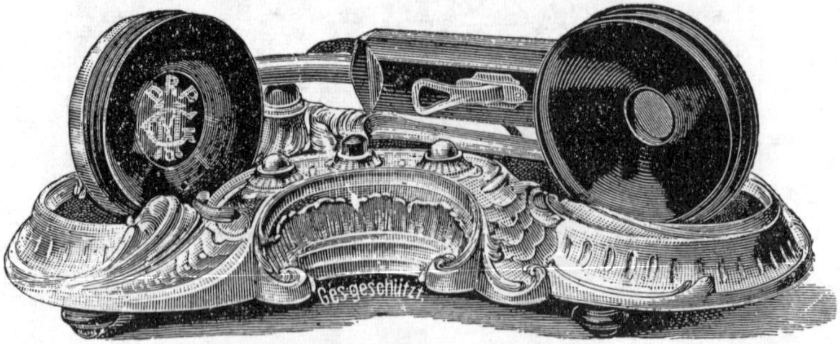

Fig. 170. Tischtelephon von Mix & Genest.

eine Wandstation, welche oben den Schalltrichter (den Gebeapparat), zur Seite zwei Hörtelephone erkennen läßt. So ist die Einrichtung derjenigen Stationen, welche die deutsche Reichspostverwaltung ausrüstet.

Anders ist es, wenn Fernsprech-Anstalten den Verkehr zwischen den Bewohnern desselben Ortes vermitteln sollen. Dann sind von einer Zentralstelle aus Leitungsdrähte nach den Teilnehmern hingelegt. Wünscht A mit B zu sprechen, so hat er dies, ähnlich wie bei der eben besprochenen Privatlinie, den Beamten in der Zentrale wissen zu lassen. Dieser stellt dann die Verbindung her, und wenn sein Gespräch zu Ende ist, so vermag der Beamte dem A auch eine neue Verbindung zu C oder D zu schaffen. In großen Städten aber genügt eine Zentralstelle nicht. Es müssen Bezirksämter da sein, wie dort auch viele Postämter sind, und damit werden die Einrichtungen weit komplizierter. Dann muß der Beamte die Verbindung nach dem anderen Betriebsamte herstellen, das seinerseits mit dem dort angeschlossenen Teilnehmer, den man zu sprechen wünscht, die Verbindung herstellt. In Berlin allein waren schon 1890 13800 Sprechstellen mit einem Leitungsnetz von 29,962 Kilometern Länge, mehr als z. B. in ganz Frankreich zusammen. Da würden die Beamten der Betriebsämter ihren Dienst unmöglich leisten können, wenn nicht der ihnen dort zur Verfügung stehende Apparat an Einfachheit der Bedienung unübertrefflich wäre. Der dort aufgestellte Vielfachumschalter erlaubt jedem Beamten, von seinem Platze aus die Verbindung zwischen allen Teilnehmern und auch die Aufhebung derselben mit Leichtigkeit auszuführen. Jeder Leitungsdraht endigt hier in eine Schnur mit einem Stöpsel. In jedem Amte sind also soviel Stöpselschnüre als Leitungen, und durch Emporheben eines von ihnen schaltet sich von selbst der Sprach- resp. Hörapparat des Beamten in die betreffende Leitung ein. Er stellt dann nur fest, ob die verlangte Anschlußleitung frei ist und setzt denselben Stöpsel in den Umschalter jener Leitung ein, womit er die gewünschte Verbindung herstellt. So hat der Beamte stets nur mit einem einzigen Stöpsel zu operieren.

Für das Sprechen in weite Fernen endlich müssen die Leitungen zunächst höchst sorgfältig eingerichtet sein. Mit dem schlecht leitenden Eisendraht kommt man da nicht aus und es mußte erst die Erfindung der Siliciumbronze erfolgen, aus denen man jetzt die Leitungsdrähte herstellt. Das ist eine Mischung aus Kupfer, Zinn und Blei mit geringen Beimengungen von Eisen und Silicium. Ein Draht daraus ist fester und leitet die Elektrizität bedeutend besser. Ein solcher Draht von drei Millimetern Stärke hat sich für die längsten bisher hergestellten Verbindungen als ausreichend erwiesen, in den Städten aber brauchen die Anschlußdrähte nur die halbe Dicke zu besitzen. Bei der in der kurzen Zeit rapide wachsenden Ausdehnung des Fernsprechnetzes aber müssen in den Großstädten jetzt die Leitungen unterirdisch verlegt werden, weil man so allein den fortwährend gesteigerten Anforderungen gerecht werden kann. Die Kabel enthalten immer 28 voneinander durch teergetränktes Gespinst getrennte Kupferleitungen, die mit Stanniol umwickelt sind, damit eine Leitung nicht die andere störe. So liegen in Berlin 148 km Kabel, und an 40 Stellen finden die Verbindungen derselben mit den oberirdischen Einführungen der Drähte in die Sprechstellen der Teilnehmer statt. Allgemein klagt man in der deutschen Reichshauptstadt nur noch über den verhältnißmäßig teuren Preis des Fernsprechanschlusses. Er ist jedoch für die gesamte Geschäftswelt von einer so immensen Bedeutung, daß man zwar klagt, aber doch — zahlt.

Das Mikrophon und der Bronzedraht ermöglichen es, daß man sich auch über weite Fernen unterhalten kann; so ist in Deutschland die Aussprache zwischen Hamburg und Breslau über eine Strecke von rund 650 km möglich, und daß die trennenden Meere eine solche nicht hindern, das mag die Fernsprechlinie zwischen Paris oder Brüssel und London lehren, die schon seit Jahren in Betrieb ist, oder die von Cuxhafen nach Helgoland. Die längste Telephonleitung ist übrigens in Amerika, sie verbindet die Städte Portland und Buffalo, und die ununterbrochene Benutzung der Anlage hat gezeigt, daß eine Aussprache auf 1380 km Entfernung recht wohl möglich ist. Wahrlich eine Erfindung, gegen welche die sogenannten Weltwunder des Altertums Kinderspiele sind.

Einige hoch interessante Verbindungen für das Fernsprechen sind die von Chicago nach New York, bei der fünfzig oberirdische Leitungen mit einem Gewicht von 8526 Tonnen und einer Länge, die zusammen das Vierfache des Erdumfanges ausmacht, den Fernsprechverkehr vermitteln; dann die höchste, welche den ca. 4000 m hohen Gipfel des Pikes Peak in Colorado mit dem Badeort Manitou verbindet, und bei der die Rückleitung durch die Schienen der hinauf führenden Zahnradbahn geschieht.

Das ausgedehnteste Telephonnetz besitzt, wie gesagt, von allen Städten die deutsche Reichshauptstadt, obwohl die Zahl der Teilnehmer im Verhältnis zu ihrer Einwohnerzahl gegen viele andere Städte erheblich zurücksteht. Den Grund dafür haben wir soeben angedeutet, und daß dieser Grund recht wohl gehoben werden könnte, dafür liefert die nordische Stadt Stockholm den redenden Beweis, denn hier erfreut sich die Fernsprechanlage im Verhältnis zu ihrer Einwohnerzahl unter allen Städten der meisten Teilnehmer, weil die Verwaltung hier den Anschluß eben am billigsten hergestellt hat. In dieser Beziehung rivalisiert mit Stockholm nur noch eine einzige Stadt, und die liegt noch dazu beinahe bei den Antipoden, nämlich Honolulu, die Hauptstadt der Sandwichinseln im großen Ozean, wo der größte Teil der Einwohnerschaft Teilnehmer des Telephonbetriebes ist. Im Hinblick auf so manche Hauptstadt in Europa könnten da diese olivenfarbigen Insulaner wahrlich sprechen wie jener Canadier: Seht, wir Wilden sind doch beßre Menschen.

* * *

k) Erfindungen für besondere elektrische Vorgänge.

Die telegraphische Zeitversorgung.

Und so giebt es schließlich nichts, was uns nicht durch die Elektrizität bekannt gegeben würde. Selbst die Zeit zeigt sie uns an. Aber haben wir nicht vernommen, daß diese uns durch gute Uhren bis auf die Sekunde genau geliefert wird, und glaubt nicht jeder von uns, daß seine Uhr richtig genug gehe, um ihn wenigstens auf die Minute pünktlich sein Werk verrichten zu lassen? Es ist von keiner der gewöhnlichen Taschen- oder Wanduhren zu verlangen, daß sie ihren richtigen Gang immer innehalte. Gute Uhren, von denen man das verlangen kann, sind von schwer erschwinglichem Preise. Es kommt aber an vielen Stellen auch darauf an, Uhren in genau gleichem Gange zu erhalten, so z. B. im Eisenbahnbetriebe. Welche Störungen kann hier nicht eine Abweichung der einen von der anderen Uhr zur Folge haben! Nun braucht man sich durch die Elektrizität ja blos die richtige Zeit von einer bestimmten Centralstation aus telegraphieren zu lassen, und das geschieht z. B. einmal täglich an alle deutschen Telegraphenämter. Aber wäre es nicht besser, wenn die elektrische Kraft selbstthätig das Regulieren der Uhren besorgen könnte, ohne daß man sie jedesmal stellen oder die mitgeteilte Zeitkorrektur in Betracht ziehen müßte? Die Elektrizität hilft auch hierzu. Es giebt vielerlei elektrische Uhren, die von einer Zentrale aus mit Zeit versorgt werden. In Berlin sind zwei von diesen Systemen jedem bekannt. Das eine von Hipp erfundene ist auf der Stadtbahn in Verwendung. Die Zentrale befindet sich da auf dem schlesischen Bahnhofe und die Uhren, die man in den Bahnhofshallen sieht, sind kaum etwas mehr als bloße Zifferblätter. Jedesmal nach einer Minute schließt das Pendel der Zentraluhr einen elektrischen Strom und die Zeiger aller Zifferblätter gehen damit um einen Teil weiter. Die Zentraluhr kann nun entweder eine gewöhnliche gut gehende Uhr sein, oder sie kann mit Hülfe einer solchen, wie sie z. B. die Sternwarten besitzen, auf elektromagnetischem Wege reguliert werden. Dieses System sehen wir in den Berliner Normaluhren verwirklicht. Hier sind nicht bloße Zifferblätter vorhanden, sondern jede Uhr hat ihr besonderes Gangwerk, das aber mit demjenigen einer Uhr auf der Sternwarte so in elektrischer Verbindung steht, daß die Pendel beider stets gleiche Zeiten zum Durchlaufen ihrer Wege gebrauchen. Ist eine von diesen Uhren trotzdem um mehr als eine halbe Sekunde zurück oder vor, was sie selbstthätig täglich auf der Sternwarte meldet, so kann sie dort mit einer schneller oder langsamer gehenden Uhr verbunden werden, bis sie die Differenz eingeholt hat. Aber natürlich sind nur wenige solcher teuren und komplizierten Werke über die Stadt verteilt. Sollte es nicht möglich sein, auch im Zimmer allezeit zu wissen, welches die richtige Zeit ist?

Man hat zur Erreichung dieses Zweckes bereits vielfach die Elektrizität zu benutzen versucht. Es stellten sich indes dabei technische Schwierigkeiten heraus, deren Bewältigung nur bei verhältnismäßig geringem Umfange einer solchen Anlage möglich ist. Die erforderlichen elektrischen Ströme brauchen zwar nur ziemlich schwach zu sein, müssen aber einen besonders hohen Grad von Gleichförmigkeit besitzen, wenn sie den atmosphärischen Einflüssen mit der gehörigen Widerstandskraft entgegenwirken und dabei eine große Anzahl von Uhren in Gang halten sollen. Störungen sind schließlich unvermeidlich, und Schäden, die in der Leitung oder im Apparate entstehen, sind oft nicht leicht zu reparieren. Deshalb ist ein solches Unternehmen für elektrische Uhren auch immer nur in kleinem Umfange zur Ausführung gekommen. Dagegen bestand bereits vor mehreren Jahren in Paris die Compagnie générale des horloges pneumatiques, welche es unternommen hatte, diese Uebertragung der Zeit von gewissen Centralpunkten aus durch den Luftdruck besorgen zu lassen. Die Kraft, welche die Rohrpostbriefe von einem Stadtteil zum anderen treibt, sie war hier zu einer eigentümlichen Regelung vieler weithin zerstreuter Uhren oder besser von Zeigerwerken verwendet. Diese Apparate waren, wie auf der Berliner Stadtbahn, keine selbständigen Uhren, die durch Gewichte oder Federn im Gange erhalten werden, sondern eigentlich nur Zifferblätter, deren Zeiger durch den Luftdruck selbst fortbewegt wurden. Natürlich waren für diese Arbeit immerhin beträchtliche Kräfte erforderlich. Die Spannung der Luft mußte jede Minute in dem vielfach verästelten Rohre von 10 km Gesamtlänge auf $1\frac{1}{2}$ Atmosphären vermehrt werden. So waren kräftige Maschinen erforderlich, und dementsprechend wurden auch die Kosten der Einrichtung nicht unbeträchtliche. Deshalb machte der Erfinder der pneumatischen Uhren, der Ingenieur Mayrhofer, in den neueren Einrichtungen von diesem „Springsystem“ keinen Gebrauch mehr. Die einzelnen Uhren, die er später verwendete, sind nicht mehr bloße Zifferblätter mit Zeigern, sondern wirkliche Pendeluhren, die auch ohne die Einwirkung des Luftdruckes ihren Lauf fortsetzen und nach einmaligem Aufziehen acht Tage lang im Gange bleiben, ehe sie abgelaufen sind. Der Luftdruck soll hier in erster Linie nicht das treibende, sondern das regelnde Prinzip sein. Durch eine sinnreiche Kombination wird er aber zugleich dem weiteren Zwecke dienstbar gemacht, die Uhren gar nicht ablaufen zu lassen. Die Einzelheiten sind folgende:

Eine Hauptuhr — wir wollen sie aus später zu erörternden Gründen die Gruppenuhr nennen, — welche sich durch einen besonders gleichmäßigen Gang auszeichnet, hat die Aufgabe, die ihr untergeordneten Uhren stets nach Ablauf einer Stunde genau zu stellen und zu gleicher Zeit soweit wieder aufzuziehen, als dieselben inzwischen abgelaufen sind. Dazu sind die einzelnen Uhren in ein Kreisrohr eingeschaltet, das bei der Gruppenuhr anfängt und endigt. In diesem Kreisrohr wird nun die Luft nicht mehr verdichtet, sondern vielmehr soweit verdünnt, daß sie etwa nur $^2/_3$ Atmosphären Spannung hat. Das geschieht auch durch keine kostspielige Pumpenvorrichtung mehr, sondern die Luft wird durch das Ausströmen einiger Liter Wasser aus der Wasserleitung aus dem Röhrensystem herausgesaugt, ähnlich wie dies bei dem vielfach verwendeten Wasserstrahlgebläse geschieht. Das Wasser kommt jedoch mit den Uhren selbst in keine Berührung, sondern läuft einfach weg. Die dabei entwickelte Kraft ist ungemein groß: sie genügt, um Gewichte von mehreren Zentnern zu heben, und der Erfinder berechnet die Zahl der Uhren, die sich durch eine einzige Gruppenuhr versorgen lassen, nach Tausenden. Dabei hat das täglich verbrauchte Wasser einen Wert von nur wenigen Pfennigen; also die Versorgung läßt in Beziehung auf Billigkeit nichts zu wünschen übrig. Da die Gruppenuhr in ihrem Gange möglichst wenig gestört werden soll, und vielleicht auch weil ihren Gewichten nicht noch diese Arbeit zugemutet werden darf, wird die Auslösung der Wassermenge nicht von ihr selbst, sondern erst indirekt hervorgebracht. Die Uhr löst nur einen kleinen, elektrischen Hilfsapparat aus, der seinerseits den Ausweg für das Wasser freizumachen bestimmt ist. Durch dieses Auspumpen der Luft wird nun an jeder der einzelnen Uhren ein Hebelwerk in Bewegung gesetzt, das einmal die Zeiger der Uhr richtet, wenn sie nicht die volle Stunde genau angeben sollten, und zugleich die Arbeit des Aufziehens besorgt. Die Einzeluhren werden sicher schon nahezu richtig gehen, sie werden in der Stunde kaum jemals um einen für das Auge wahrnehmbaren Betrag zurückbleiben oder voraneilen, aber selbst wenn dieser Fehler bedeutend größer würde, so würde trotzdem die Richtigstellung stets nach Ablauf einer Stunde erfolgen. Nachdem die Gruppenuhr in dieser Weise die Einzeluhren gerichtet und zugleich mit neuer Kraft gespeist hat, bringt sie nun auch selbstthätig wieder die Luft in dem Röhrensystem auf die Spannung der Atmosphäre. Das Ganze vollzieht sich im Laufe weniger Sekunden.

Sollte die Wirkung der Wasserleitung einmal ausbleiben, weil sie etwa wegen Frostwetters oder einer Feuersbrunst abgesperrt werden mußte, so wird dadurch kein Schaden herbeigeführt, weil gerade deshalb die Einzeluhren so eingerichtet sind, daß sie, einmal aufgezogen, acht Tage lang im Gange bleiben.

Für die Einführung dieses Uhrensystemes in Berlin arbeitet jetzt die Urania-Säulen-Gesellschaft. Die Ausführung ist die folgende: Einzelne öffentliche Gebäude, Hotels oder andere größere Privatbauten werden mit je einer Gruppenuhr versehen, welche eine beliebige Anzahl von einzelnen Uhren treiben und regeln kann. Dadurch werden vor allem die Erdleitungen erspart, die übrigens auch nach einer neueren Verbesserung durch die gewöhnlichen Telephondrähte ersetzt werden können. Wo mehrere kleinere Privathäuser, die einander benachbart sind, den Anschluß wünschen, wird ihnen zusammen eine Gruppenuhr gegeben. So denkt man sich in ganz Berlin eine große Anzahl von Gruppen, deren jede eine Hauptuhr bekommen soll. Für das Ganze wird eine Zentralstelle errichtet, die sich die astronomische Zeit von einer wissenschaftlichen Anstalt verschafft.

Trotz dieser umfangreich gedachten allgemeinen genauen Zeitversorgung sind diese Normaluhren in Berlin doch nicht recht zur Aufnahme gekommen, und es ist bei den verhältnismäßig wenigen Uraniasäulen geblieben.

* * *

Die Kathoden- und Röntgenstrahlen.

Der kleine Induktionsfunken, den Faraday zuerst 1831 in der Londoner Akademie hervorrief, war es, der in genialen Köpfen die Idee der elektromagnetischen Apparate und ihrer Nachfolgerinnen, der Dynamomaschinen, erweckte. Noch in einer andern Richtung aber war Faradays Gedanke weiter zu verfolgen. Im Jahre 1851 hatte der deutsche Mechaniker Ruhmkorff in Paris sich mit einem Apparat zu beschäftigen angefangen, der die Gewalt des Induktionsfunkens kräftiger in die Erscheinung bringen sollte. Napoleon III. hatte damals einen bereits von seinem großen Oheim, den Volta durch seine Versuche dazu begeistert hatte, gestifteten Preis von 50000 Fr. für die beste elektrische Entdeckung erneuert, und bereits 1857 trat Ruhmkorff unter den Bewerbern auf, und fünf Jahre später erhielt er diese große Belohnung, nachdem er seinen Apparat wesentlich vervollkommnet hatte. Der Apparat verbindet „die Vorteile der Elektrisiermaschine mit denjenigen der galvanischen Batterien; von den ersteren,“ sagt Reitlinger, „entlehnt er die Kraft des Funkens, von den letzteren die Elektrizitätsmenge. Daher seine mächtigen Wirkungen.“ Wenn man den Funken des Ruhmkorff-Apparates frei durch Pulver schlagen läßt, kann man ganze Reihen von Minen entzünden. Während des Feldzuges von 1860 hat man im fernen China mit dem Ruhmkorff-Apparat das Peihofort in die Luft gesprengt. Das Merkwürdigste aber ist, daß, wenn man der von Ruhmkorff geschlagenen Brücke zwischen der Reibungs-Elektrizität und dem Galvanismus sich anvertraut, man zu eigentümlichen Lichterscheinungen in luftverdünnten Räumen gelangen kann.

Die ersten erfolgreichen Anstrengungen für diesen Zweck gehen auf den Magdeburger Bürgermeister Otto von Guericke zurück (geboren am

20. November 1602, gestorben am 11. Mai 1686), dem wir auch die erste Elektrisiermaschine verdanken. Zwar hatte Toricelli (S. 28) ein Mittel gefunden, um einen luftleeren Raum herzustellen, aber Guericke lernte dasselbe erst 1654 auf dem Reichstage zu Regensburg von dem Kapuzinermönche Valerianus, als er selbst dem deutschen Kaiser und den Fürsten seine vier Jahre vorher genial erfundene Luftpumpe vorführte und den berühmt gewordenen Versuch mit den Magdeburger Halbkugeln demonstrierte. Nachdem die Luft durch Guerickes Maschine aus ihnen entfernt war, vermochten 16 Pferde nicht die nun durch den äußeren Luftdruck so gewaltig zusammengepreßten Halbkugeln voneinander zu reißen. Auf dem Guerickeschen Prinzip, daß ein Kolben in einem Stiefel hin- und herbewegt und damit die Luft in einem „Recipient" genannten Gefäße immer weiter verdünnt wird, beruhten alle Luftpumpen bis vor 40 Jahren. Mit ihrer Hülfe kann man auch das Licht des elektrischen Eies hervorbringen. Durch die Wand eines eiförmigen Recipienten gehen zwei metallische Leiter. Verdünnt man die Luft in dem Ei, so wird ein elektrischer Funke, den man zwischen diesen Leitern, etwa mit Hülfe einer Elektrisiermaschine, überschlagen läßt, immer breiter und immer lebhafter leuchtend. Bei immer weiter gehender Verdünnung ist schließlich das ganze Innere des Gefäßes mit dem schönen Lichte erfüllt. Aber um die Eigentümlichkeiten desselben weiter zu studieren, bedurfte man genauerer Apparate, mit denen die Verdünnung bis zum höchsten Grade gesteigert werden konnte. Diese Arbeit führte mit dem Rate des Prof. Plücker in Bonn 1857 der Mechaniker Geißler daselbst aus, indem er eine Quecksilberluftpumpe baute. Mit dieser stellte er dann die nach ihm benannten Glasröhren von hoher Verdünnung her. Wenn man in dieselben Platindrähte schmelzt, welche einem elektrischen Strome als Zu- und Ableitungsstelle dienen können, so erhält man je nach der Luftart, mit der man die Röhre am Anfange des Versuches gefüllt hat, ein immer anderes farbiges Bild. Das dünne Gas, in welchem der Druck nur noch vielleicht den 500. Teil vom gewöhnlichen atmosphärischen Luftdrucke beträgt, erweist sich als ein vorzüglicher Leiter der Elektrizität. Mit den so hervorzubringenden Erscheinungen hält das Licht des elektrischen Eies einen Vergleich nicht aus. Die Röhren strahlen, je nach dem Gase, mit dem sie gefüllt sind, in den verschiedensten Farben. Die leuchtenden Gasteilchen werden von Magneten aus ihrer Bahn gelenkt, und sie lassen den Glanz, die Farbe und alle Eigenschaften des Polarlichtes nachahmen, das hiernach wohl nichts anderes, als ein elektrisches Licht in einem verdünnten Gase ist. Man kann diese Röhrchen verwenden, um für eine gefahrlose Beleuchtung in den Tiefen der Bergwerke zu sorgen, wo die offene Lampe so leicht Explosionen erzeugt. Der Arzt kann sich ihrer bedienen, um den Kehlkopf und andere innere Organe zu erhellen, und der Taucher auf dem Boden des Meeres mag sie als Wegzeiger verwenden.

Der Funke des Ruhmkorffschen Apparates, der bei hohen Spannungen in gewöhnlicher Luft eine Strecke von einem halben Meter blitzähnlich mit erschreckendem Geräusche durchschlägt und ein zehn Centimeter dickes Glas zu durchbohren vermag, geht wohl gezähmt durch die ausgepumpten Glasröhren und erzeugt das schöne breite Licht, welches die Physiker befähigte, die von jeder Gasart ausgeschickten besonderen Strahlen des Spektrums zu untersuchen.

Die Fortsetzung dieser Versuche geschah natürlich derart, daß man die Verdünnung der Luft immer weiter, ja aufs äußerste trieb. Prof. Hittorf in Münster und der englische Physiker Crookes erreichten einen Zustand der Luft, in dem sie nur noch den millionten Teil der ihr gewöhnlich in der Atmosphäre zukommenden Dichte hatte. Dabei gingen auch mit dem Lichte, welches der Ruhmkorffsche Apparat in ihnen hervorbringen ließ, die sonderbarsten Veränderungen vor. Es gingen nur noch von der Kathode, d. h. derjenigen Stelle, an welcher der starke Induktionsstrom die Röhren verläßt, Strahlen aus, die sich zunächst überallhin verbreiteten und die Glaswand, wo sie sie trafen, in einem schönen hellen grünen Lichte erscheinen ließen. Gab man der Kathode eine bestimmte Form, etwa diejenige eines kleinen Hohlspiegels, so sah man, daß von ihr aus Lichtstrahlen in gerader Linie sich fortpflanzten und eben jenes grüne Licht nur dort erschien, wo jene Kathodenstrahlen hinzielten; so erschien jetzt bei passender Form der Kathode nur ein Fleck der Wand beleuchtet, der derselben gerade gegenüber lag. Dieses Licht nennt man nach der gleichen Eigenschaft des Flußspates (Fluorcalcium) Fluorescenzlicht. Es währt nur so lange, als die Ursache, der elektrische Strom, anhält, aber es tritt an allen festen Körpern auf, die im Innern der Röhre Aufstellung finden. Es waren nur die an sich nicht auffallenden Kathodenstrahlen, welche, auf feste Körper geworfen, dieses helle farbige Licht erzeugten, das noch eine Eigenschaft besitzt, die es anderen Lichtarten vorziehen läßt. Es ist nämlich sehr intensiv im Verhältnis zu der Kraft, die man zu seiner Erzeugung verwendet hat. Ein Licht, wie das der Leuchtkäfer, der fliegenden Laternen unserer Sommerabende, welches, ohne viel Wärme nebenbei zu liefern, recht intensiv ist, müßte sich ganz besonders auch zur Beleuchtung unserer Wohnräume eignen. Und vornehmlich in der jüngsten Zeit ist die Hoffnung darauf von neuem belebt worden, seitdem es dem jetzt in Amerika lebenden ungarischen Elektriker Tesla gelungen ist, dasselbe auch ohne Draht, ohne sichtbare Verbindung mit stromliefernden Maschinen zu erzeugen. Er erblickt hierin das „Licht der Zukunft“, und wenn uns auch noch lange Zeit von der definitiven Verwirklichung seiner Ideen trennen mag, so ist es doch wohl kein bloßer schöner Traum, daß wir einst mit kaltem Teslafeuer unsere Arbeiten erhellen werden.

Was die Kathodenstrahlen eigentlich sind, darüber sind die vielen tüchtigen Physiker sich nicht einig geworden. Crookes hatte noch geglaubt, zur Erklärung einen vierten Zustand des Stoffes neben dem festen, flüssigen und gasförmigen zu Hülfe nehmen zu müssen, welchen er „die strahlende Materie" nannte. Die Meinung der Gelehrten scheint sich aber neuerdings doch dahin zu konzentrieren, daß wir hier nichts anderes als eben jene Schwingungen des Aethers vor uns haben, welche auch ebenso das Licht hervorbringen — freilich Schwingungen von viel geringerer Länge und viel größerer Schwingungszahl, als es die Wellen des letzten sichtbaren violetten Lichtes sind. Unser Auge ist befähigt, sie wahrzunehmen, und dort, wo sie feste Körper treffen, lassen sie von diesen ein Fluorescenzlicht ausgehen, das sich durch eine viel geringere Schwingungszahl auszeichnet. Die Kathodenstrahlen haben mit den Lichtstrahlen das gemeinsam, daß sie dem Einflusse eines ihnen genäherten Magneten unterworfen sind. Wird ihnen ein Magnet nahe gebracht, so krümmen sie sich nach immer anderen Wandstellen hin. Feste Körper, welche, Lichtstrahlen ausgesetzt, einen Schatten hervorbringen, werfen einen solchen auch unter dem Einflusse der Kathodenstrahlen; auch Glas setzt ihrem Durchgange ein Hindernis entgegen. Aber es giebt feste Körper, die sich nachgiebiger für den Durchgang dieser Strahlungen verhalten, und Prof. Lenard hat durch Anbringung eines Aluminiumfensters in der Glaswand der Crookesröhre die in dem luftverdünnten Raume zustande gekommenen Strahlen sogar zum Austritt in den gewöhnlichen Luftraum zu bewegen vermocht.

Die Röntgenstrahlen.

Daß aber immer und zu jeder Zeit aus der Röhre Strahlen herausdringen, nur freilich solche, die auf unser Auge nicht wirken und nur durch besondere Hülfsmittel wahrnehmbar gemacht werden können, das ist die große Entdeckung, durch welche Prof. Röntgen in Würzburg sich einen Platz in der ersten Reihe der großen Forscher aller Zeiten gesichert hat. Als er 1896 eine Crookesröhre dicht mit Stoffen umhüllt hatte, die für Licht völlig undurchlässig sind, bemerkte er bei den Körnern eines charakteristischen Salzes, des Bariumplatincyanürs, die sich zufällig in der Nähe der Röhre befanden, jedesmal ein Aufleuchten, wenn der Induktionsstrom die Röhre passierte. Wiewohl hier ein Zufall vorlag, so wäre doch ein weniger geschulter Beobachter kaum auf die Idee gekommen, daß hier etwas Besonderes vorliegen müsse, und die weitere Verfolgung dieser merkwürdigen Entdeckung ist es auch, die eben nur einem Experimentalforscher ersten Ranges gelingen konnte. Der Zufall hatte nur den Wert eines Anstoßes zu den nun folgenden epochemachenden Untersuchungen, das Zusammentreffen verschiedener günstiger Umstände war nur der Ausgangspunkt, von dem die vortrefflichen Versuche Röntgens datieren. Folgendes war der Gedankengang, der ihn leitete. Es war klar, daß die Ursache des Aufleuchtens der Salze in der Crookesröhre zu suchen war, es mußten notwendig Strahlen aus dieser herausgedrungen sein. Diese Strahlen aber waren selbst dunkel, da sie eben nur durch das Aufleuchten jener Salze sich verrieten. Dunkle

Strahlen sind an sich nichts den Physikern besonders Fremdes. Wenn man das farbige Band betrachtet, welches beim Durchgang eines Sonnenstrahles durch ein Glasprisma entsteht, das Sonnenspektrum, so scheint es im Rot und im Violett abzubrechen. Dennoch gelingt es, gewisse Körper, die man jenseits dieser scheinbaren Enden des Spektrums hält, noch zum Aufleuchten zu bringen. Jene dunklen Strahlen des Sonnenspektrums, die wir zum Vergleich heranziehen, sind nun außer durch ihre Wirkungen auf Leuchtsalze und ähnliche Stoffe noch durch chemische Wirkungen wahrzunehmen. Die jenseits des Violetts gelegenen dunklen Strahlen, die ultravioletten, wirken auf die bei der Photographie gebräuchlichen Silbersalze gerade besonders stark, viel mehr, als die sichtbaren Teile des Spektrums. War nicht wenigstens ein Versuch geboten, ob die Röntgenstrahlen zu solchen chemischen Wirkungen, wie sie in der Photographie auftreten, befähigt seien? Es zeigte sich sehr bald, daß dem so war, daß eine ihnen exponierte Platte wirklich angegriffen ward. Aber die Versuche, sie durch die Linse der gewöhnlichen photographischen Kammer hindurchtreten zu lassen, fanden ein sehr starkes Hindernis in dem Glase, das sich recht undurchlässig gegen sie verhielt. Röntgen bemerkte aber auch sehr bald, daß die für die Sammlung der gewöhnlichen Lichtstrahlen so wohlthätige Linse auf die Richtung der Strahlen gar keinen Einfluß hatte, sie ließen sich eben nicht ablenken, und also war die Linse nicht bloß schädlich, sondern auch überflüssig. Die Röntgenstrahlen pflanzen sich durch alle Mittel in durchaus gerader Richtung fort, und sie finden dabei an Körpern, die gegen das Licht so undurchlässig sind, wie das Holz, keinen irgend in Betracht kommenden Widerstand. Damit ergiebt sich eine sehr einfache Art, die Strahlen für Photogramme zu benutzen. Man braucht nur den Gegenstand, dessen Bild man erzeugen will, auf die in einer Kassette liegende Platte zu legen und nun das Licht der von den Kathodenstrahlen getroffenen Stelle der Crookesröhre auf ihn einwirken zu lassen. Man wird dann auf der Platte, die überall, außer dort, wo der Gegenstand über ihr liegt, von Strahlen angegriffen wird, ein Schattenbild dieses Körpers gewahren. Vorausgesetzt ist natürlich, daß es ein Gegenstand ist, der dem Durchgange der Röntgenstrahlen ein Hindernis bietet, daß er also z. B. nicht von Holz sei. Es zeigt sich nun, daß von den festen Körpern die wenigsten ein absolutes Hindernis für den Durchgang der Strahlen bieten. Aber in je dickeren Schichten sie verwendet werden, desto kräftiger setzen sie sich ihnen entgegen, desto dunkler wird also auch das Schattenbild sein, das wir in dem Positiv der Röntgen-Aufnahmen von ihnen erhalten.

Man durfte erwarten, daß auch die verschieden harten und nicht gleich dicken Teile des tierischen und menschlichen Körpers dem Durchgange der sonderbaren Strahlungen in verschiedener Weise hemmend entgegentreten. Schon das bloße Auflegen der Hand auf die bestrahlte Rückseite des Leuchtschirms läßt das deutlich erkennen. Man bemerkt dann auf der leuchtenden Vorderseite ein Schattenbild der Hand, das zart und licht ist, wo die Strahlen die weichen Fleischteile passiert haben, tief und stark, wo sie durch die Knochen hindurchgegangen sind. Es lag also die Möglichkeit vor, auch in das Innere der lebenden Körper hineinzusehen und ihren anatomischen Aufbau zu studieren, ohne sie zu zerschneiden. Man konnte das Skelett und die besser durchlässigen Teile mit Röntgenstrahlen photographieren, und indem man das Verfahren immer weiter vervollkommnete, ist man zu jenen glänzenden Ergebnissen gelangt, welche den Namen Röntgens in allen Winkeln des Erdballs widerhallen ließen und ihn mit ehernen Lettern in den Tafeln der Geschichte der Wissenschaft eingegraben haben.

Mit einem solchen Apparate, wie er heute schon in den Händen vieler Ärzte und anderer Forscher zum Guten wirkt, wird es möglich, das Innere der Körper zu durchleuchten. War früher die Untersuchung, in welcher Lage die Bruchstücke eines zerbrochenen Knochens sich befinden, schwierig und für den Kranken schmerzhaft, so gelingt es jetzt im Verlaufe weniger Sekunden, ein Bild von deren Situation aufzunehmen und die Grundlage für die chirurgische Arbeit zu liefern. Wie getreu der Apparat arbeitet, zeigten die Abbildungen eines normalen Ellenbogengelenkes und eines ausgerenkten Armes. Ebenso wird es leicht, die Lage fremder Körper, die in den menschlichen eingedrungen sind, wie Nadeln und Geschosse, im Leibe mit Leichtigkeit zu konstatieren.

Auch auf anderen Gebieten erweist sich der Nutzen der unvergleichlichen Entdeckung. Der auf der Suche nach Versteinerungen im Innern der Felsstücke beschäftigte Paläontologe war oft in Gefahr, seine kostbare Beute zu verletzen, wenn er sie mit dem Meißel bearbeitete, heute gelingt es, die versteinerten Leiber in jahrtausendelangem Schlummer ruhender Tiere und Pflanzen auf dem Leuchtschirme deutlich zu machen, da sie den Röntgenstrahlen den Durchgang leichter machen, als das lose umliegende Gestein — was der französische Forscher Lenoir nachwies. Auch den inneren Bau der Fossilien, die man, wenn sie Unika sind, nicht der Zerstückelung unterwerfen konnte, enthüllt der Röntgenstrahl. Es gelingt, die oft so täuschenden Fälschungen von Perlen und Edelsteinen nachzuweisen, weil die einen dem Farbenstrahl freien Durchtritt lassen, die anderen ihn hemmen.

Wenn wir uns endlich fragen, was die Röntgenstrahlen sind, so müssen wir leider noch immer bekennen: wir wissen es nicht. Sie teilen mit den Kathodenstrahlen nicht die Eigenschaft, von Magneten abgelenkt zu werden, und man hat nichts an ihnen wahrgenommen, was an eine ihnen aufzuzwingende Richtungsänderung, wie wir sie für die Lichtstrahlen in der Gewalt haben, erinnerte. Aber dennoch wird es erlaubt sein, bis auf weiteres auch hier an Schwingungen des allerfüllenden Lichtäthers zu denken, nur freilich an solche von ganz geringer Ausdehnung, die gegen die Entfernung der kleinsten Teilchen der Körper sehr zurücktritt, und ihnen den Durchgang durch so viele von diesen gestattet

Geheimnisvoll! Das ist bis jetzt der einzig richtige Ausdruck für diese Röntgenstrahlen, denn obwohl natürlich sofort viele an dieser genialen Entdeckung gearbeitet haben, obwohl für die Bedürfnisse der Chemiker, Physiker, Elektrotechniker, Photographen, besonders Mediziner so mancher auf den Röntgenstrahlen beruhende wesentlich vervollkommnete Apparat hergestellt worden ist, so wissen wir über das Wesen und die Eigenschaften der geheimnisvollen Erscheinung doch kaum mehr, als was der Entdecker selbst schon in seiner ersten Veröffentlichung im Sitzungsbericht der Würzburger physikalisch-medizinischen Gesellschaft im Dezember 1895 darüber mitgeteilt hat. Aber das Staunen, das sich damals der Menschheit bemächtigte, daß man in das Innere undurchsichtiger Körper hineinblicken, ja durch undurchsichtige Körper ganz und gar hindurchsehen konnte, hat sich in Bewunderung über die Schärfe wissenschaftlicher Forschung und Beobachtung verwandelt, und mit Recht hat man diese ebenso wunderbare wie geheimnisvolle Erscheinung mit dem Namen des genialen Entdeckers verknüpft.

III. Die Wohnung.

1. Die Baumaterialien.

Die Bauten aus Holz und natürlichen Steinen.

Wenn der Satz, daß die Not der Erfindungen Mutter ist, zu irgend einer Zeit Geltung gehabt hat, so war dies offenbar in der Kindheit des Menschengeschlechtes. Wenn der Urmensch vor dem Wüten entfesselter Elemente Schutz suchend, in der Haut der erlegten Jagdbeute die seinige barg, so ward er zum Erfinder der Kleidung, wenn er die Zweige und Stämme der Bäume aus der gleichen Not zum wohnlichen Obdach verband, so hatte er die Wohnung erfunden. Beides erhob ihn keineswegs über die Stufe des Tieres. Wir begegnen im Tierreiche manchem Wesen, das durch seinen geschickten Wohnungsbau und durch die Fähigkeit, sich mit einer künstlich zusammengefügten Hülle zu umgeben, die ersten Menschen offenbar übertraf. Jene hervorragende Stellung unter den lebenden Wesen erringt derselbe erst durch das Hinzutreten einer Vielfachheit von anderen Fähigkeiten.

„Im Fleiß kann dich die Biene meistern,
In der Geschicklichkeit ein Wurm Dein Lehrer sein,
Dein Wissen teilest Du mit höheren Geistern,
Die Kunst, o Mensch, hast Du allein."

Es ist jene Mannigfaltigkeit des Könnens, welche jede einzelne Kunstfertigkeit des Menschen einschließt, die ihm die oberste Stufe im Range der lebenden Wesen sicherte. Jede Tierspezies besitzt eben höchstens zwei oder drei in ganz bestimmter Richtung wirksame Fertigkeiten, der Mensch besitzt deren so viele und in so verschiedener Weise variierbare, daß er als alleinige Spezies eine Vielheit von Baustilen und von Moden zu erzeugen wußte. In diesen Namen fassen wir die höchsten Staffeln zusammen, denen der Erfindungstrieb seit den Tagen der Urzeit zustrebte. Lang war der Weg zu diesen, und es ist derselbe Weg, den jede Erfindung nehmen muß, die sich im Laufe der Zeiten den gesteigerten Bedürfnissen, den allweilig vorhandenen Materialien und einem Schönheitsgefühle anpaßten, welches auch dem Tiere keineswegs ganz abgeht. In Gegenden, die einen Überfluß an Holz aufwiesen, war man notwendig auf dieses als das geeigneteste Material angewiesen. War es auch der Gefahr der Zerstörung durch die Feuchtigkeit etwas mehr ausgesetzt, als die dem Erdboden entnommenen Stoffe, so hatte es vor diesem den Vorteil, daß es dem Frost weit weniger unterliegt. Die aus der Urzeit erhaltenen Pfahlbauten zeigen seine bedeutende Widerstandskraft. Für Bauten auf Höhen ist es einzig tauglich. Das Blockhaus der amerikanischen Ansiedler und das Schweizerhaus zeigen uns die Holzbaukunst auf verschiedenen Entwickelungsstufen. Am meisten vorgeschritten erscheint dieselbe wohl im Norden, und die norwegischen Kirchen weisen hier ihre vollendetsten Formen auf, ausgestattet mit einer unübertroffenen Ornamentik.

Es ist klar, daß, wo die Erde keine Steine liefert und die Wälder mangeln, niedrige Fachwerkbauten diejenigen sein werden, die das Wohnungsbedürfnis hervorbringt. So ist es z. B. in den eigentlichen Ungarstädten, wo das Alföld keinerlei Steine darbietet. Überall sonst wird der Bau aus Steinen, wie sie vom Boden aufgenommen werden können, ebenso nahe gelegen haben, wie der Holzbau. Mit den Pfahlbauten Westeuropas sind die Steinbauten des Orients gewiß gleichaltrig, während die Grabdenkmale, welche uns aus der Urzeit West- und Mitteleuropas überkommen sind, die Dolmen und Steinkreise ihnen vielleicht in der Zeit vorangingen. Der Stein, so viel härter als das Holz, ließ sich nur schwer in die Form bringen, die ihn zur Verwendung in Bauten tauglich erscheinen ließ, und so standen die ersten Steinbauten an geschmackvoller Ausführung hinter denen aus Holz weit zurück. Es fehlten eben die Werkzeuge, mit denen heute die Bearbeitung selbst der stärksten Steine ausführbar ist. Man schichtete sie zusammen, nachdem man sie einigermaßen aneinander gepaßt hatte, fügte in die Lücken zwischen ihnen kleinere Steine und dichtete dann den ganzen Bau mit Moos. Erst verhältnismäßig spät gelang es, auch die Steine in ähnliche Schichten zu ordnen, wie die gleichmäßig dicken Holzbalken des Blockhauses, sie zu wagerechten Reihen von gleichförmiger Höhe an einander zu fügen. Heute ist die Verwendung der natürlichen Steine beim Hochbau nur eine beschränkte; aber immerhin werden sie für die Zwecke des Fundamentierens, der Bekleidung, der Fußböden und der Dachlegung allerwege gebraucht. Weiter geht freilich ihre Verwendung im Straßenbau.

Wie gewinnt man die für diese Zwecke geeigneten Steine und wie gelingt es, den harten Materialien die passenden Formen zu geben? In vielen Fällen kann man das geeignete Material in der Gestalt lockerer Geschiebe oder erratischer Blöcke einfach vom Boden aufnehmen, in anderen muß man es seiner Unterlage mit Gewalt entreißen. So in den Steinbrüchen. Hier sind die Brechstange und der Keil für die

Gewinnung der Steine längst nicht mehr die einzigen Mittel. Pulver und das furchtbare Dynamit sind jetzt bei der Arbeit. Man muß mit besonderen Steinbohrmaschinen das Gestein aushöhlen, um die Sprengmasse in seine Eingeweide zu bringen. Oder man muß mit Steinstemmaschinen die abzutrennende Masse mit Teilungsfugen umgeben. Solche werden mit Dampf betrieben: stangenförmige Meißel keilen sich mit der Geschwindigkeit von mehr als einem Meter in der Minute mehrere Meter tief in das Gestein ein und erlauben mit nachheriger Zuhilfenahme von Sprengmitteln, die Blöcke von mehreren Kubikmetern Inhalt von ihrem Lager zu trennen. Für die weitere Verwendung wird man ihnen die passende Gestalt anweisen. Pflastersteine werden nahe die Würfelform, Trottoirplatten die flache Gestalt erhalten müssen. Dazu werden sie der Steinschneidemaschine anvertraut. Die weicheren Gesteine, wie Sandstein, lassen sich allenfalls mit mit einer harten Zahnsäge durchschneiden, für die meisten Steinarten aber nimmt man Schwertsägen, das sind lange Eisenblätter, die durch die Thätigkeit der Maschine in das Gestein eindringen, indem sie mit einem Schleifmittel, wie Quarzsand in Wasser, neuerdings Gußeisenschrot, sich den Weg bahnen. In Amerika kommen jetzt diese Metallblätter mit Diamantzähnen in Aufnahme. Weiter müssen die Flächen der gewonnenen Steinquadern geebnet werden, was mit Hülfe von Steinabricht- und Flachhobelmaschinen geschieht, die denjenigen für Holz und Metall nachgebildet sind. Der Stein wird entweder auf einem Schlitten unter den feststehenden oder sich drehenden Meißeln hinbewegt, oder es findet das Umgekehrte statt. Die Meißel selbst kann ein gewöhnlicher zugespitzter oder flach endigender Stahl sein, oder er bildet eine runde Scheibe, von der Gestalt eines stumpfen Kegels; endlich verwendet man auch hier Diamanten. Bei Bausteinen wird man Verkehlungen oder ähnliche Verzierungen anbringen wollen. Man hat die erwähnten Maschinen bisher zu diesem Ende mit besonders geformten Meißeln versehen; aber heute giebt es schon Maschinen, um an gebogenen Flächen Gesimse anzubringen. Am vollkommensten für diesen Zweck geeignet ist die Huntersche Duplexmaschine. An ihr wirken die eben erwähnten runden Stahlscheiben, die durch ihre rasche Drehung die Vorarbeit übernehmen, während das Werk durch Schaber vollendet wird. Um kreisrunde Stücke zu erlangen, verfährt man — wie in vielen Fällen auch beim Holz und bei Metallen — man giebt dem Stücke eine achteckige Form und thut es dann in die Steindrehbank, wo es mit dem Stahl zum Rundkörper gedreht wird. Mit diesen Manipulationen sind die Bausteine meist als vollendet anzusehen. Nur in wenigen Fällen — z. B. bei Granit, der zur Verkleidung von Prachtbauten dienen soll — wird noch das Schleifen und Polieren folgen müssen. In den Schleifmaschinen bewegen sich gußeiserne Scheiben drehend oder fortschreitend und mit ihnen die Schleifmittel (Quarzsand mit Wasser), mit denen sie sich unter Druck an den Steinen reiben.

Das Polieren folgt auf dieselbe Weise hinterher, Schmirgel und Zinnasche sind die dabei verwendeten Mittel. Der Stein selbst bewegt sich dabei auf einem Schlitten unter den Eisenscheiben hin. Mit der Verwendung zu Bauten ist — wie jeder weiß — der Gebrauch der Steine nicht abgeschlossen. Wir begegnen ihnen bei Denkmälern in ihrer Gestaltung zu mannigfachen Figuren und in Schmucksachen. Für alle diese Verwendungen sind ebenfalls besondere Maschinen gebaut worden; Graviermaschinen, in denen ein Stahlstift schnell gedreht wird, halfen bei den feineren Arbeiten. In den letzten Jahren haben sich für diese Zwecke die sogenannten Preßluftwerkzeuge eingeführt, bei denen die Expansion verdichteter Luft die treibende Kraft ist; sie helfen dem Steinmetzen und dem Bildhauer, die Steine zu verarbeiten, und erhöhen die Leistungsfähigkeit eines Arbeiters auf das Sechsfache. Den Steinen, die sich bereits in Bauwerken befinden, geben sie die gewünschte Form, und bringen die schönsten Reliefs an Giebelfeldern und Kapitälen an. Alle diese Instrumente enthalten einen Schlagkolben, den die gepreßte Luft in der Minute sechs- bis zehntausend Schläge ausführen läßt.

Die Verbindungsstoffe.

Sehr bald wird das bloße Aufeinanderlegen der Steine den Wunsch nach einem genügend festen Bau nicht mehr erfüllt haben. Die ältesten aus künstlichen Steinen aufgemauerten Bauten Ägyptens und Babyloniens zeigen uns die Anwendung besonderer Bindemittel, ja der Mörtel mag älter als diese Kunststeine selbst sein. Man verstand darunter einen Kalkbrei, der mit Sand oder anderen Zusätzen gemengt ist. Die Eigenschaften des Kalkes lassen ihn zu dem bezeichneten Dienste hervorragend tauglich erscheinen. Der Kalk ist ein in der Natur ungemein verbreiteter Körper. Aber er findet sich nicht in der Form, in der er sofort zu Mörtel verarbeitet werden könnte. Mit der Kohlensäure verbunden bildet er als körniger Kalk, Marmor, Kreide und Kalkstein ungeheure Lager. Erst wenn diese Gesteine ihres Gehaltes an Kohlensäure beraubt sind, bieten sie sich zu ferneren Diensten dar. Das geschieht, indem man die kalkhaltigen Mineralien brennt. So erhält man den gebrannten Kalk. Dieser wieder muß in eine innige Verbindung mit Wasser gebracht, er muß gelöscht werden. An der Luft trocknet der gelöschte Kalk bald ein, indem er die in der Atmosphäre enthaltene Kohlensäure wieder an sich zieht, und wenn er dabei unter einem hinreichenden Drucke steht, so erlangt er nach dem Trocknen die Härte des Marmors. Das ist die Eigenschaft, die ihn zu Mörtel verwenden läßt. Das erste Verfahren also, dem der natürliche Kalkstein zu unterwerfen ist, ist das Brennen. Dasselbe geschah früher vielfach in besonders gebauten Meilern, heute wird es meist in Öfen vorgenommen, die, je nachdem sie in fortwährendem Betriebe sind, oder nur periodisch dem Zwecke des Kalkbrennens dienen, verschieden konstruiert werden. Die Fig. 171 zeigt uns einen periodischen Kalkofen im Aufriß, Fig. 172 im Grundriß. Der zu brennende Kalkstein gelangt in den nach oben etwas verjüngten und oben überwölbten Raum A.

Fig. 171. Aufriß eines periodischen Kalkofens

Die e bedeuten vier Schürlöcher, zu denen das Brennmaterial (Stein- oder Braunkohle) hereingebracht wird; dasselbe ruht auf Rosten. b ist eine in der Ummauerung des Ofens gelassene Lücke, die zum Einfördern des Kalksteines dient. Während des Brennens ist dieselbe mit Ziegeln vermauert. Die gebrannten Steine werden am Ende des Verfahrens zur Thür d herausgeschafft, die eben-

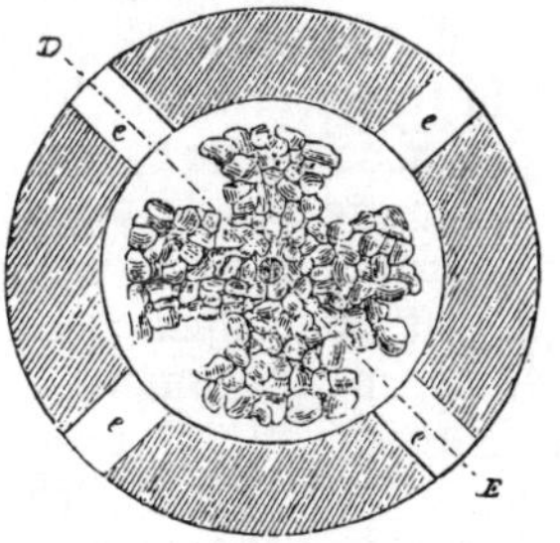

Fig. 172.
Grundriß eines periodischen Kalkofens.

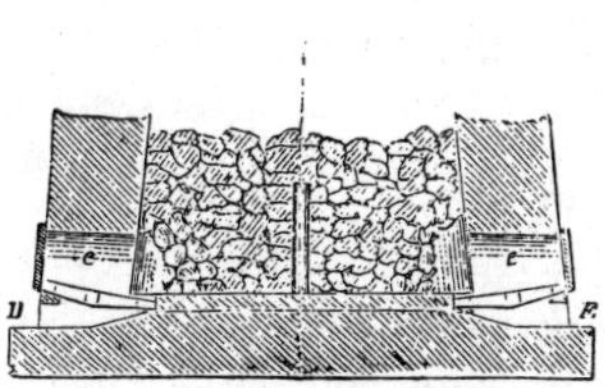

Fig. 173.
Beschickung eines periodischen Kalkofens.

falls während desselben vermauert war. Die Flamme kann durch Öffnungen aus dem Gewölbe über A austreten. Von dem Eingang a des oberen kegelförmigen Teils des Ofens läßt sich das beobachten, und man hat es in der Gewalt, durch teilweises Verschließen dieser Öffnungen, dem Brande eine andere Richtung zu geben. Wie der Ofen beschickt wird, das zeigt schließlich Fig. 173. Bei jeder Feuerung wird ein besonderes Gewölbe für die Verteilung der Flamme angebracht. Der Holzpflock in der Mitte des Kalksteins wird bald verzehrt, und es entsteht an seiner Stelle ein Kanal zum Durchzug der Flammengase. Man feuert zuerst nur schwach an und geht allmählich erst zur vollen Glut über. Diese darf bei unreinen, mit Thonerde oder Magnesia und Kieselsäure vermengten Kalksteinen nicht über eine gewisse Temperatur gesteigert werden, weil sonst die Masse zusammenschmilzt, der Kalk totgebrannt wird, wie man sich ausdrückt, und nun nicht mehr zu verwerten ist.

Die Fig. 174 zeigt einen Durchschnitt durch einen Kalkofen mit ununterbrochenem Brande, wie er in den Rüdersdorfer Kalkbergen bei Berlin verwendet wird. In ihm ist der Raum der Feuerung von demjenigen für die Kalksteine völlig getrennt. Das Wesentliche an ihm sind die beiden cylinderförmigen Mauern dd, die aus feuerfesten Steinen aufgeführten Futtermauern, und ee, die Rauhmauer. Beide sind durch einen mit Bauschutt und Asche gefüllten Raum von einander getrennt. Eine solche Füllung ist ein schlechter Wärmeleiter und läßt also die Wärme des Ofens nicht so leicht fortgehen. Sie hat außerdem den Zweck, durch ihre eigene Ausdehnung den Druck des im Schachte BC liegenden Materials, welches mit wachsender Wärme sich auch ausdehnt, aufzuheben.

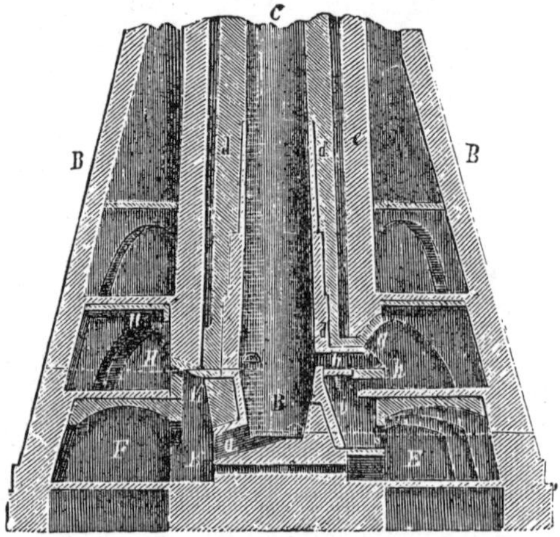

Fig. 174.
Rüdersdorfer Kalkofen.

Der nach unten verjüngte Teil B des Schachtes füllt sich während des Brennens mit durchgebranntem Kalk, welcher durch die Öffnungen a am Grunde von Zeit zu Zeit abgelassen werden kann. Der 14 Meter hohe Schacht ist noch von einer Außenmauer BB umgeben, die keinen wesentlichen Teil des Ganzen bildet, aber mit der Rauhmauer Kammern einschließt, die zum Aufenthalt der Arbeiter und anderen Zwecken dienen. In der Fig. 174 bedeutet ferner h eine der drei bis fünf Feuerungen für Holz oder Torf, die einen Rost haben und die Asche durch denselben und den Aschenfall i in den Behälter E fallen lassen. Das Feuer gelangt durch den Kanal b in den Schacht, und ein zweiter Kanal k dient dazu, die dem abgelassenen Kalk entströmende Wärme in die Gewölbe H abzuführen, damit die Arbeiter in F davor bewahrt werden. Das Feuer wird zunächst nicht in den seitlichen Kammern h angefacht, sondern man beginnt damit, daß man einen Holzstoß in B einbringt, bis zur Höhe von b Kalksteine darüber schüttet und nun das Holz anzündet. Wenn es ausgebrannt ist, so entwickelt die dem gargebrannten Kalk entströmende Wärme hinreichenden

Zug, um nun die eigentlichen Feuerungen in Gang zu bringen, die jetzt den bis oben hin mit Kalksteinen angefüllten Schacht erhitzen. In dem Maße als unten gar gebrannter Kalk fortgeschafft wird, kann man oben unaufhörlich neuen nachschütten, so lange der Ofen es aushält.

In Amerika wird neuerdings ein eigentümliches Verfahren angewendet, um den in Küchenabfällen, wie Austern, Muscheln und Eierschalen enthaltenen kohlensauren Kalk, der früher nicht verwendet wurde, nutzbar zu machen. Dazu werden in einfachen Schächten Lagen von diesem Material und solche von Koks abwechselnd über einander geschichtet. Wenn die unterste Kalkschicht dabei in Rotglut gerät, setzt sie die folgende Kohleschicht in Brand und so fort bis zur Mündung des 8 Meter hohen Ofens. Die Öfen werden von unten entleert, während oben Material nach Bedürfnis nachgeschüttet wird. Auch diese Öfen können immer in Betrieb bleiben. So haben wir hier ein Beispiel, wie die heutige Industrie auch ganz wertloses Material zu verarbeiten und nützlichen Zwecken zuzuführen versteht. Freilich wird der so in New-York und Brooklyn gewonnene Kalk nicht für Bauzwecke, sondern zur Gasreinigung, Seifen- und Düngerfabrikation weiter verwendet, für welche der gebrannte Kalk auch bei uns zum Teil hergestellt wird.

Der gebrannte Kalk wird, wenn er zu Mörtel verwendet werden soll, gelöscht, d. h. mit Wasser chemisch verbunden. Im Mörtel wird er dann mit Sand gemischt, was bei größeren Bauten in besonderen Maschinen geschieht. Der nasse Mörtel trocknet allmählich aus, indem der Kalk gierig Kohlensäure der Luft aufnimmt, und er erstarrt dabei unter dem Drucke des darüber lastenden Mauerwerks zu einer festen Masse, indem seine Oberfläche und die der Sandkörner sich heftig anziehen. Das Austrocknen nimmt beim Altern des Mörtels immer zu, so daß er in den ältesten Bauwerken am festesten ist. Trotz dieser vorzüglichen Eigenschaften sind doch dem Kalkmörtel Konkurrenten erwachsen, die in besonderen Fällen bessere Dienste leisten. So wird man Öfen, die einen bedeutenden Hitzegrad aushalten müssen, natürlich nicht mit Kalk bauen, weil dieser ja von neuem gebrannt werden und zerfallen würde. Man ist dann auf Lehmmörtel angewiesen, der zwar nicht so stark erhärtet, als der Kalkmörtel, aber andererseits auch den Vorzug hat, daß er schneller trocknet, so daß z. B. Wohnungen, die man damit auskleidet, eher bewohnbar sind. Bei den anderen Mörteln benutzt man ein ebenfalls in der Natur weit verbreitetes Material, den Gips. Man findet ihn krystallisiert als Marienglas, aber er hat größere Verbreitung nur als körniger Gipsstein, dessen schönste Abart der Alabaster ist. Der natürlich vorkommende Gips besteht aus schwefelsaurem Kalk und Wasser. Das Letztere kann man ihm, wie dem Kalk die Kohlensäure, durch die Hitze entziehen, man muß ihn also brennen, und die besondere Vorliebe, die der gebrannte Gips für Wasser besitzt, mit dem er sich zu einer harten Masse verbindet, macht ihn als Bindemittel so tauglich, wie den Kalk. Man muß sich auch beim Gips hüten, ihn während des Brandes einer zu hohen Temperatur auszusetzen. Er muß nämlich ein Viertel des ihm zukommenden Wassers behalten. Ist ihm dieses durch eine Wärme von 200 Grad entzogen, so geht er mit Wasser nicht mehr jene feste Verbindung ein, er ist totgebrannt. Die Gipsöfen werden also, rationell gebaut, dieses Totbrennen zu verhindern haben, sie werden auch die Kohle in keine unmittelbare Berührung mit dem Gips gelangen lassen, weil dieser sonst noch weitere unerwünschte Zersetzungen erfährt. Am besten sind Öfen von der Art derjenigen, welche zum Brotbacken dienen. Der gebrannte Gips wird zwischen Mühlsteinen und Walzen zu einem feinen Mehl vermahlen, das nun unmittelbar zu Mörtel verwendet werden kann. Das ist seit altersher bekannt und vielfach angewendet: so besteht der Mörtel, mit dem die Cheops-Pyramide erbaut ward, zum größten Teile aus Gips. An Festigkeit übertrifft der Gips, den man natürlich besonders in gipsreichen Gegenden verarbeitet, sogar den Kalkmörtel. So halten die Bruchsteine, aus denen eine 1530 bei Osterode zerstörte Burg erbaut war, heute noch fest zusammen, der sie verbindende Gips ist sogar noch fester als die Steine. Neuerdings führt er sich als Bindemittel zu Bauten immer mehr ein, da er in der Kälte nicht leidet, wie der Kalk, also selbst bei einer Temperatur von — 10 Grad noch das Mauern gestattet. Aber seine hervorragenden Eigenschaften verschaffen ihm auch als Material für Fußböden, als Kitt und zu den Stuckaturarbeiten ausgiebige Verwendung bei Bauten. Die letztgenannten Dienste leistet er infolge seiner Fähigkeit, sich leicht in Formen bringen zu lassen, wegen welcher er ebenfalls im grauen Altertum bereits berühmt war. So erzählt Plinius, daß der Sikyonier Lysistratus zuerst ein menschliches Gesicht in Gips abgegossen und von dieser Form einen Wachsabdruck verfertigt habe. Diese Kunst scheint im Mittelalter in Vergessenheit geraten zu sein, und erst zur Zeit Rafaels hatte sie sich in Italien wieder zu der Höhe emporgerungen, die wir in den Stuckaturen des Vatikans bewundern. Im 18. Jahrhundert wird er aber den Gipfel seiner Verwendung erreicht haben, damals als er der Rokokozeit ihr Gepräge gab. Abgüsse von Bildhauerarbeiten, von Münzen, Formen für Metallgießereien und für die Zwecke der Galvanoplastik, erlaubt der Gips in unvergleichlicher Vollendung herzustellen. Namentlich ist die Herstellung der Gipsfiguren neuerdings in hohem Grade vervollkommnet. Man versteht es, die Masse mit Alaun zu härten und ihr durch Imprägnieren mit Wachs oder Fett ein marmor- oder elfenbeinartiges Aussehen zu geben. Man vermag dieselbe zu färben und — vergleiche Galvanoplastik — auch galvanisch zu versilbern oder zu vergolden. Nicht zu unterschätzen ist die volkswirtschaftliche Bedeutung dieser Industrie, indem sie den minder Bemittelten die berühmten Werke der Bildhauerkunst in Nachbildungen zugänglich macht.

Für Bauten im Wasser oder in feuchter Erde sind die bisher beschriebenen Bindemittel unzulänglich. Man ist dann auf solche Mörtel angewiesen, die gerade im Wasser zu erhärten fähig sind, auf die sogenannten Zemente. Dieselben waren bereits den Römern bekannt. Ihnen dienten Trümmer vulkanischer Auswurfsstoffe von Puteoli und aus der Gegend von Bonn am Rhein, welche diese Eigenschaft erlangen, wenn man sie mit gelöschtem Kalk vermengt. Die Neuzeit verwendete die Beobachtung Smeatons vom Jahre 1759, daß Mörtel aus thonhaltigem Kalk im Wasser erhärte, welche derselbe für den Bau des Eddystoner Leuchtturmes 1774 verwertete. Hierauf fußend erfand Parker 1796 den Romanzement. Man erhält denselben einfach durch das Brennen gewisser Thonmassen als ein rotbraunes Pulver. Das Material besteht nämlich aus kohlensaurem Kalk und kieselsaurer Thonerde, und beim Brennen entweicht die Kohlensäure, während der Kalk sich teilweise mit der Kieselsäure verbindet. Wird später der Zement mit Wasser angerührt, so vollzieht auch der übrige Kalk diese Verbindung und damit erhärtet der Zement. Wo immer jene kalkhaltigen Thone sich fanden, da wurde nunmehr auch Zement gebrannt. Zugleich versuchte man künstliche Gemische mit derselben Eigenschaft zu erlangen, und der erste, dem dies glückte, war Aspdin in Leeds, welcher 1824 den Portlandzement erfand. Man erhält denselben aus einem auf feuchtem Wege hergestellten Gemische von kohlensaurem Kalk mit Thon durch Brennen bis zur Weißglut. Da das Gemisch ein sehr inniges sein muß, so muß man den Kalk aus der Kreide oder ähnlichem weichen Material entnehmen. Der Thon muß vor dem Mischen durch Schlämmen von seinem Sandgehalte befreit werden. Dies ist jetzt noch die geschätzteste unter allen Zementarten. In Deutschland, wo 1850 die erste Zementfabrik in Stettin gebaut wurde, lieferte die Zementindustrie bereits 1878 $2^1/_2$ Million Tonnen. Der Zement wird bei Bauten im Wasser oder im feuchten Boden rein verwendet, er wird dann innerhalb dreier Monate zu einer steinharten Masse; für Bauten in der Luft mischt man ihn mit Sand zu einem mehr oder weniger feinen Mörtel.

Die künstlichen Bausteine.

Nur die ältesten Mauerwerke zeigen uns natürliche Steine. Die Schwierigkeit, solche in die passende Form zu bringen, und der Umstand, daß viele Gegenden derselben überhaupt entbehrten, führte zur Erfindung künstlicher Bausteine. Die Bauten der Ägypter weisen Ziegel auf, und ebenso benutzten die Babylonier teils ungebrannte Steine, teils Backsteine, sogar solche mit farbiger Glasur. Auch die uns von Griechen und Römern überkommenen Bauten sind mit Mauersteinen ausgeführt; sie bekleideten dieselben mit Marmor oder Putz. Die Römer verbreiteten mit ihrer Herrschaft auch die Kunst des Ziegelbaus über die europäischen Länder, und mit einer längeren Unterbrechung im ersten Teile des Mittelalters hat diese Kunst sich immer mehr entfaltet, und bereits in den frühesten Werken der Gothik eine hohe Vollendung erreicht. In neuester Zeit ist durch Erfindung passender Maschinen, durch Herstellung vollkommener Öfen und durch Benutzung der Fortschritte der Chemie die Backsteintechnik auf einer Stufe angelangt, die uns heute nicht mehr überschreitbar erscheint.

Das Material für die Herstellung der Ziegel lieferte von Anfang an die als Thon weit verbreitete kieselsaure Thonerde. Wenn sie nur nicht zu sandhaltig war, und eine nicht zu große Beimengung von kohlensaurem Kalk enthielt, so war sie für den bezeichneten Zweck brauchbar. Aber der Weg von dem rohen Thon bis zum fertigen Mauerstein ist immerhin ein langwieriger, den durch seine einzelnen Staffeln zu verfolgen, wir uns jetzt anschicken. Es ist der Weg durch einen der am weitesten verbreiteten Fabrikbetriebe, der in Deutschland 1889 an 11 000 Stätten von 218 000 Arbeitern gepflegt und in der Zahl der

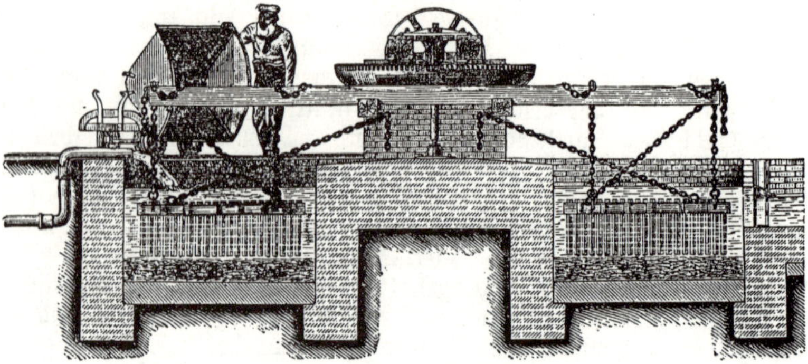

Fig. 175. Einsumpfen des Thones.

Beschäftigten nur von dem Bergwerksbetriebe übertroffen wurde. Das rohe Material läßt sich im Allgemeinen nicht sofort weiter verarbeiten. Es wird im Sommer oder im Herbste aus den Thongruben gegraben, weil diese Zeiten die trockensten des Jahres sind, und der dann wenig schwere Thon mit geringeren Kosten gefördert werden kann. Derselbe wird sodann in niedrigen Schichten auf dem Erdboden ausgebreitet und einen oder mehrere Winter lang im Freien liegen gelassen. Der Frost wirkt mit nachfolgendem Thauwetter lockernd auf ihn ein. Hierauf kommt das Einsumpfen des Thones. Dazu bringt man ihn in tiefe gemauerte Bassins und übergießt ihn mit Wasser. In denselben werden schwere eiserne Körper, wegen ihrer Ähnlichkeit mit dem bekannten Ackerwerkzeug Eggen genannt, fortwährend herumbewegt, daß sie mit ihren Zinken den Thon zerkleinern und ihn möglichst eng mit dem Wasser vermischen, so wie dies Fig. 175 erkennen läßt. Dabei trennen sich feinere Sandteile und die lösbaren Stoffe und werden vom Wasser fortgeschlämmt, in dem Maße als man frisches zusetzt. Man füllt mit ihnen in größeren Ziegeleien nach einander eine Reihe von Schlammgruben, in denen man das Ganze sich niederschlagen läßt und das klare Wasser abzieht. Das Austrocknen des Schlammes in diesen Bassins erfordert Monate. Der Thon läßt sich aber jetzt direkt weiter verwenden, wenn nicht etwa nasses Wetter zuviel Feuchtigkeit in ihm zurückgehalten hat. Im letzteren Falle muß er erst mit trockenem Material, welches in den Ziegeleien aufgespeichert ist, verknetet werden. Er gelangt zunächst in den Thonschneideapparat, wo er noch einmal gehörig durchgeknetet und zu einer völlig gleichförmigen Masse ausgearbeitet wird. Diese Arbeit — heute meist durch Maschinen geleistet — wurde früher immer und wird auch heute noch stellenweise durch menschliche Arbeitskraft, durch Treten vollbracht. Nachdem durch diese Vorarbeiten die

Fig. 176. Ziegelpresse von L. Schmelzer.

Gleichmäßigkeit und Festigkeit der Ziegel hinreichend garantiert ist, gelangt der Thon in ein Walzwerk, wo er zerquetscht und zu einem dünnen Bande ausgezogen wird. Jetzt kann er geformt oder — wie man sagt — können die Ziegel gestrichen werden. Das geschah früher überall durch Handarbeit mit einer Form aus Holz oder Gußeisen. Man drückte den Thon hinein, entfernte den Überschuß durch Streichen mit einem Brett und nahm dann die Form fort. Auch heute ist dieses Verfahren noch vielfach üblich, aber meist durch Maschinen verdrängt. Die erste solche erfand der Nordamerikaner Kinsley 1799, wesentlich verbessert wurden sie durch Hattenberg in Petersburg 1807 und Deyerlein in London 1810. Wir bilden in Fig. 176 die Schmelzersche Ziegelpresse ab. Der Thon wird bei ihr durch ein Walzwerk zu einer dichten Masse gepreßt und erscheint durch viele schraubenförmig gestellte Messer verarbeitet links in Form eines Stranges von der Breite und Länge der zu gewinnenden Ziegel. Durch einen davor angebrachten Abschneideapparat werden die Stücke in der gewünschten Dicke abgeschnitten. So erhält man die ungebrannten Ziegel, die nunmehr in Trockenräume gelangen, heizbare Räume in der Nähe der Ziegelöfen. Diese an der Luft getrockneten Ziegel — daher Luftsteine genannt — eignen sich für manche Zwecke, wo sie größerem Drucke, aber nicht der Feuchtigkeit ausgesetzt sind. Sonst müssen sie gebrannt werden. Dabei schmelzen zum Teil die Teilchen, die durch die Anwesenheit von Kalkstein und Eisenoxyd einen niedrigen Schmelzpunkt besitzen, zusammen. Der Brand geschieht in Feldziegeleien, indem man einfach einen Haufen von passend verteilten Steinen mit einem Lehmbewurf bedeckt und das Feuer in den Räumen entzündet, welche beim Aufstellen freigeblieben sind. Bessere Waare wird stets in Öfen gebrannt und es wird genügen, hier den wohl am meisten eingeführten Ringofen von Hoffmann und Licht zu beschreiben, dessen Erfindung für die Ziegelfabrikation geradezu bahnbrechend gewirkt hat. Was ist ein Ringofen? Bei den Öfen, die sonst in diesem Buche beschrieben sind (vgl. Heizung, Metallgewinnung, Kalk) wird das Feuer an einer bestimmten oder auch an mehreren Stellen entzündet und bleibt nun an diesen brennen, so lange es eben nötig erscheint. Was dazu gehört, das Feuer in Gang zu erhalten, wie man der atmosphärischen Luft den Zutritt gestattet, das ist alles in dem Abschnitte über die Heizung nachzulesen. Beim Ringofen aber brennt das Feuer nicht immer an demselben Platze; es wandert vielmehr im Kreise herum, heute ist es hier und morgen einige Meter weiter an einer anderen Stelle des langen für die Feuerung bestimmten Kanals. Wie lange das Brennen dauert, das hängt dann natürlich von der Länge eben dieser Feuerungsringe und von der Schnelligkeit ab, mit der das Feuer in denselben voranschreitet. Die überschüssige Hitze wird infolge dessen nicht unmittelbar in den Schornstein übergeführt, sondern erst, nachdem sie noch einen guten Teil des Kanals mit erwärmt hat. Der Kanal ist nun von Kreis- oder Ovalform, jetzt meist von viereckiger Gestalt, immer in sich zurücklaufend. In der Fig. 177 sehen wir ihn in der ersten Gestalt. Wir erblicken die zwölf Einsatzöffnungen in der Außenwand und diejenigen für den Rauchabzug in der inneren. Die Mitte nimmt der Schornstein ein, dem der Rauch durch Kanäle zugeführt wird. Die Figuren 178 bis 180 stellen dagegen einen Ringofen von neuerer Form dar. Wir sehen, mit den Zahlen von 1 bis 16 bezeichnet, ebenso viele Abschnitte des viereckigen Kanals, der eigentlich aus zwei parallelen, zwischen den Teilen 8 und 9, sowie 16 und 1 mit einander zusammenhängenden Gängen besteht. Nehmen wir an, daß augenblicklich gar zu brennendes Material sich in der Abteilung 6 des Ofens befinde, so wird das in den fünf ersten Abschnitten vorhandene auf dem Wege der Abkühlung sein.

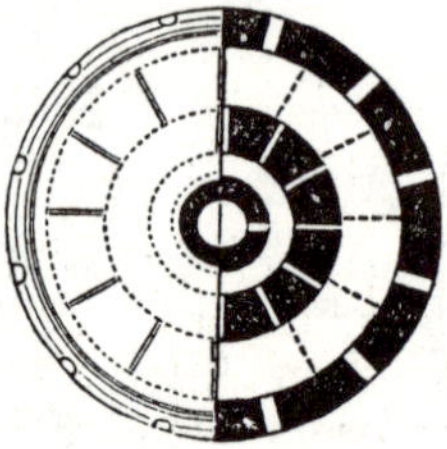

Fig. 177.
Ringofen von rundem Querschnitt.

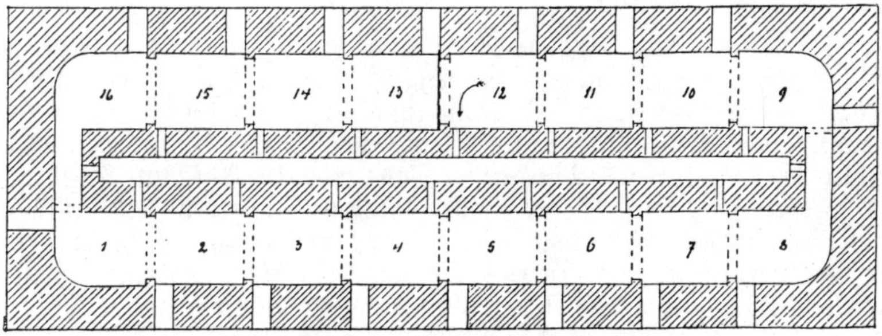

Fig. 178. Grundriß eines viereckigen Ringofens.

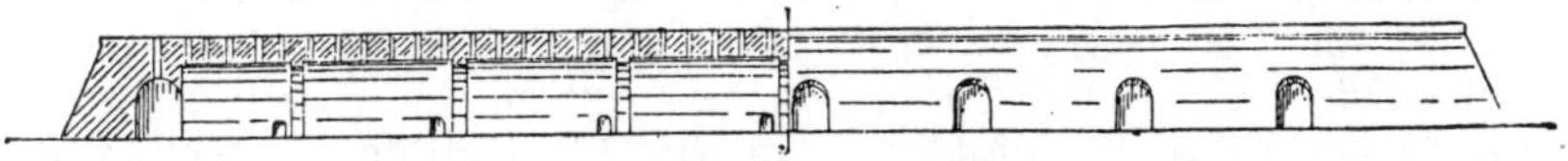

Fig. 179. Aufriß eines viereckigen Ringofens.

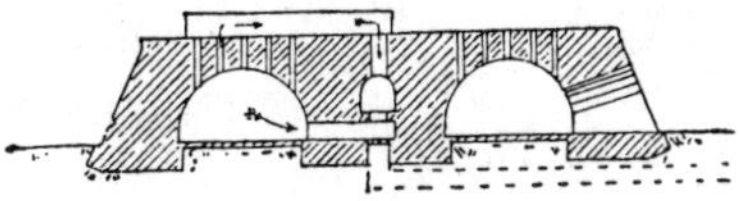

Fig. 180.
Zusammenhang der Teile eines viereckigen Ringofens.

Nur jene Abteilung wird geheizt, die vorhergehenden aber werden von der in Abteilung 1 einströmenden Zugluft durchzogen, die in dem Maße, als sie die gargebrannten Ziegel kühlt, sich selbst bis zu glühender Hitze erwärmt; so kommt sie bereits heiß an der Stelle des Ofens an, wo sie zur Verzehrung des Heizmaterials verwandt wird, nicht kalt, wie bei unseren Stubenöfen. Die Ziegel in den vorhergehenden Kammern aber kühlen sich nur sehr allmählich ab. Die gasförmigen Verbrennungsprodukte, welche beim Zimmerofen direkt in den Schornstein entweichen, und deren Hitze also sofort verloren geht, werden hier nicht gleich in die Esse entlassen, sondern durchströmen zunächst die folgenden Kammern, etwa bis zur zwölften, erst dort steht ihnen der Zugang nach außen offen. Der dort verzeichnete schwarze Strich bedeutet nämlich eine einfache Papierscheibe, die den Feuergasen den Weiterweg abschneidet und Schieber heißt. An dieser Stelle erst müssen dieselben in den Schornstein entweichen, wofür ihnen gerade hier ein Ausweg geschaffen wird, während die übrigen Teile gegen die Esse abgeschlossen werden. Aber sie betreten den Schornstein bereits soweit abgekühlt, daß dem Ofen weitere Wärme nicht entzogen wird. Der Vorteil, der hierin liegt, ist sofort zu sehen. Die Hitze dieser Gase läßt sich ja verwenden, um Ziegel, die inzwischen in den folgenden Abteilungen aufgestapelt sind, vorzuwärmen, damit ihr Brand nachher nicht mehr so lange Zeit beanspruche. Papier hat sich für den genannten Zweck als völlig ausreichend erwiesen, es sperrt den Gasen ihren Weg durch den Kanal ab, und erhitzt sich nicht so weit, um zu verbrennen. Nach einer bestimmten Zeit, etwa nach Verlauf eines Tages, mag nun der Brand der Ziegel in 6 als beendigt anzusehen sein, so wird das Feuer durch eines der verzeichneten Löcher in der folgenden Abteilung angelegt, während zugleich der Papierschieber hinter 13 versetzt, und in diesem Abschnitt die Verbindung zum Schornstein hergestellt wird, nachdem ein Stapel von frischen Ziegeln hier eingebracht ist. So fortschreitend kann man nach einander jeden Tag eine Abteilung mit Ziegeln garbrennen und immer eine bereits völlig abgekühlte herausschaffen. Am dritten Tage wird im Abschnitt 8 gebrannt, in 1 werden frische Ziegel eingestellt, während die frische Luft in 3 einzieht. In 16 Tagen kommt man einmal um den Ofen herum, kann aber ununterbrochen im Betriebe fortfahren. Es giebt Ringöfen, in denen seit 20 Jahren das Feuer nicht ausgegangen ist, und dabei kann man täglich 25000 bis 40000 Stück in einem Ofen garbrennen. Der Hauptvorzug dieses Systems vor dem älteren ist natürlich, daß dadurch sehr viel an Brennmaterial erspart wird, und zwar nicht weniger als 50 Prozent. Für das Hartbrennen von tausend Ziegeln braucht man kaum drei Zentner Steinkohlen. In Fig. 179 erblicken wir die Hälfte der Ansicht und des Längsschnittes unseres Ofens, und aus der Fig. 180 läßt sich unmittelbar ersehen, wie die Zirkulation der Luft und der Feuergase innerhalb des Rauchkanals und des Schornsteins ermöglicht ist.

Bei der langen Flamme dieser Öfen eignen sie sich insbesondere für die Verarbeitung kalkreicher Thone, weil diese leicht schmelzen. Für die kalkärmeren Thone hat Escherich einen Gas-Ringofen konstruiert, bei dem die Steine nicht direkt mit der Feuerung in Berührung kommen. Die rote Farbe der Steine kommt übrigens von ihrem Gehalte an Eisenverbindungen. Je weniger sie davon enthalten, desto mehr nähert sich ihr Farbenton dem Schwefelgelb. Aber auch die Zusammensetzung der Feuergase, die ihrerseits durch diejenige der Steinkohlen mit bedingt ist, übt einen wesentlichen Einfluß auf die Farbe der Ziegel aus. Man hat es durchaus in der Gewalt durch die Wahl des Brennmaterials und durch Mischung der verschiedenen Thone immer andere Farben zu erhalten. Für gewisse Zwecke bedarf man eines besseren Materials. So werden Dachziegel, die dem Wetter besonderen Trotz zu bieten haben, aus stein- und kalkfreieren Thonen zu gewinnen sein. Unter „Verblendern“ versteht man bessere Steine, die beim Bau von nicht zu verputzenden Mauern angewendet werden, also einmal dauerhafter sein müssen nnd das Auge des Beschauers nicht beleidigen dürfen. Auch hohle Ziegel fertigt man und erreicht bei ihrer Verwendung, daß in den Häusermauern eine stehende Luftschicht besteht, die als schlechter Wärmeleiter der Wärme des Hauses den Austritt in die Atmosphäre wehrt. Solche hohle Ziegel sind natürlich auch mit großer Ersparnis an Material herzustellen und mit geringeren Transportkosten fortzuschaffen. Sie werden, wie die Drainröhren, mit besonderen Preßmaschinen hergestellt.

Wo es sich um die Ausführung von besonders feuerfesten Bauten handelt, da wird man andere Fabrikate anzuwenden haben. Man verwendet dann die sogenannten Schamottesteine. Von den Ziegeln sind dieselben wesentlich verschieden schon dadurch, daß sie nicht porös, sondern von glasiger Struktur sind. Man brennt sie aus sehr kalkarmen Thonen, also bei einer ungemein hohen Temperatur, aber sonst wie die Ziegelsteine. Sie vertragen sehr leicht rasche Temperaturänderungen und sind für Wasser ganz undurchlässig. Zum andern verwendet man in jenen Fällen die Dinasteine. Das sind keine Thonsteine, sondern sie werden aus fast reinem Sande bei einem geringen Zusatze von Kalk gewonnen, welcher ihre Schmelzung etwas erleichtert. Man verwendet sie z. B. zur Herstellung von Gasretorten (vgl. Beleuchtung) und von Zinkmuffeln (vgl. Metallgewinnung).

Andere künstliche Bausteine kann man aus allen möglichen natürlichen Gesteinen gewinnen, wenn man sie durch eines der behandelten Bindemittel bis zur nötigen Festigkeit vereinigt. So kann der einfache Kalkmörtel, bei welchem Sand und Kalk vereinigt waren, für sich zu Kalksandsteinen verarbeitet werden. Man braucht ihn nur in geeigneten Formen zu pressen und an der Luft zu trocknen. Dieselbe Masse wird gestampft zu Straßenpflaster und Trottoirs verwendet. Noch bessere Anwendung gestattet der Gips. Man braucht ihn dazu nur mit gröberem Sande und größeren Steintrümmern zu mischen und mit Wasser angegossen in Formen zu bringen. Das so erhaltene Material, Annalith genannt, zeichnet sich, wie der Gips für sich, durch seine Festigkeit und Dauerhaftigkeit aus. Man kann es sowohl bei Gewölben, Treppen und Plafonds verbrauchen, als auch Fabrikschornsteine, Anschlagsäulen u. s. w. daraus herstellen. Wenn die Annalithe quaderförmig gearbeitet sind, so kann man größere Gebäude aus ihnen aufführen, wie ein Hotel in Paris beweist, das, vor 85 Jahren aufgeführt, heute noch keinerlei Zeichen von Alter hat. Offenbar hat dieses Baumaterial besonders an Stellen, wo der Gips billig zu beschaffen ist, eine große Zukunft. Ebenso läßt sich auch der Zement, rein oder mit Sand vermengt, in Formen gießen und zu Bausteinen, Platten oder Quadern verarbeiten. Man erhält durch feines Zermahlen des besten Zements einen so harten, gegen jeden äußeren Angriff eines scharfen Werkzeugs oder der Atmosphäre so gesicherten Stein, daß derselbe selbst guten Backsteinen überlegen ist und nur vom Granit übertroffen wird. Auch mit Stücken von Stein, Schlacken u. dgl. hat man den Zement gemischt und Quadern bis zu 18 Kubikmetern Inhalt hergestellt, wie sie zu Hafenbauten Verwendung fanden. In den Zendrinsteinen ist derselbe Stoff mit Kohlenstaub oder Asche vermengt. Ein anderes Bindemittel, das sich zur Herstellung künstlicher Steine in hohem Grade passend erwies, ist das Natriumwasserglas oder Natriumsilikat, eine gallertartige, durchsichtige Masse. So wird zur Fabrikation von Ransomes marmorartigen künstlichen Steinen, die namentlich in Amerika, Indien und England verbraucht werden, das Wasserglas in einer Mühle mit getrocknetem feinem Sande vermengt. Sodann wird die bildsame Masse geformt und durch eine Luftpumpe mit einer Lösung von Chlorcalcium vollgesaugt. Dabei bildet sich der unlösliche kieselsaure Kalk, während das noch entstehende Kochsalz ausgewaschen werden kann. Die Zahl der verschiedenen mit Hülfe von Wasserglas hergestellten Bausteine ist übrigens eine sehr große. Man kann z. B. beim obigen Verfahren das Chlorcalcium durch Portlandzement und feinen, reinen Sand ersetzen, und gewinnt dadurch einen immer härter werdenden Stein infolge einer Reihe hier nicht näher zu entwickelnder chemischer Vorgänge, die in seinem Innern geschehen. Die Victoria Stone Company in London stellt ihre Steine aus Granitabfällen her, die mit Zement gemischt und geformt, nach vier Tagen aber zwölf Stunden lang in Wasserglas gelegt werden. Sie finden eine mannigfache Verwendung zu Treppenstufen, Fliesen, Kaminsimsen u. dgl. Sogar harzige Bindemittel sind für die Herstellung von Kunststeinen angewendet worden. So versteht man unter Metall-Lava eine aus Steintrümmern, Sand, Kalkstein, Teer und Wachs verbundene Masse, die sich leicht in Platten gießen und polieren läßt. Ganz neuerdings hat, um dies noch zu erwähnen, die Glasfabrik Carlswerk in Bunzlau, einen neuen Baustoff, Vitrit genannt, eingeführt, der durch die Mannigfaltigkeit seiner Dienste Beachtung verdient. Er soll nämlich zur Verblendung der Wände nicht weniger geeignet sein, wie zur Herstellung von Tischplatten. Er besitzt eine glasige Oberfläche, die aber nicht so spröde ist, wie Glas, und doch wie dieses der Feuchtigkeit und den Einflüssen der Atmosphäre Widerstand leistet. Er läßt sich leicht färben und durch Ätzen verzieren.

2. Beleuchtung und Heizung.

Der Weg, den die Entwicklung aller gewaltigen und nutzenbringenden Zweige der Technik nimmt, ist in der Regel derselbe. Es sind zuerst einfache, längst bekannte Thatsachen, auf welche der Mensch eben so einfache, oft Jahrhunderte hindurch unverändert beibehaltene Anwendungen baut. Dann folgt gewöhnlich, angeregt durch rein zufällige Beobachtungen, die Erforschung der Ursachen jener anscheinend einfachen und oft doch recht komplizierten Thatsachen. Häufig vergeht ein langer Zeitraum, und es kostet viele Mühe, bis die Untersuchung zu einem gedeihlichen oder wenigstens vorerst befriedigenden Abschlusse geführt ist. Aber die Arbeit lohnt die Anstrengung; denn während man bisher aufs Geratewohl, d. h. ohne Berechnung des Erfolges, vorging, ist es nunmehr möglich, aus selbstgeschaffenen, absichtlich hergestellten, aus der bekannt gewordenen Theorie geschöpften Voraussetzungen vervollkommnete Methoden herzuleiten, den Erfolg also, wenigstens zum größten Teile, voraus zu berechnen.

Einen solchen Weg hat auch die Entwicklung der beiden hochwichtigen Teile der heutigen Technik genommen, welche die Überschrift dieses Kapitels bilden. Ja, das Erwähnte trifft, mehr als in anderen Fällen, gerade bei der Heizung und Beleuchtung besonders scharf zu. Das eigentliche Erfindungszeitalter der Heizung und Beleuchtung konnte, der Lage der Sache nach, erst beginnen, nachdem es der Naturwissenschaft gegen Ende des vorigen Jahrhunderts gelungen war, für die Natur derjenigen elementaren Erscheinung, welche uns Licht und Wärme schafft, des Feuers nämlich, die richtige Erklärung zu finden. Daher gehört die Entwicklung der Heizung und Beleuchtung erst unserem Jahrhundert an; wie so viele andere Erfindungen, hat dasselbe auch die früher so äußerst primitiven Einrichtungen des vorliegenden Zweiges der Technik in verhältnismäßig kurzer Zeit auf eine Stufe der Vollendung gebracht, welche einem weiteren Fortschritt auf diesem Gebiete, wenigstens in näher liegenden Zeiten, Grenzen zu setzen scheint.

Wenn wir demnach in dem Folgenden ein kurzes und übersichtliches Bild der Erfindungen auf dem Gebiete der Beleuchtung und Heizung geben wollen, so wird sich, zur Erleichterung des Verständnisses der zu berührenden Dinge, kaum eine bessere Einleitung für dieses Kapitel denken lassen, als ein historischer Überblick über die Forschungen, welche rücksichtlich der Natur des Feuers, des **Verbrennungsprozesses**, wie wir heute sagen müssen, angestellt worden sind. Daran wird sich dann eine kurze Darstellung der Resultate dieser Forschungen, als der Basis für das heutige Beleuchtungs- und Heizungswesen, anzuschließen haben.

Der Verbrennungsprozeß.

Wie groß die Wichtigkeit ist, die der Mensch, selbst im Kindheitszustande, dem Feuer beimaß, geht aus der göttlichen Verehrung hervor, welche im grauen Altertum allgemein, heute noch von einigen unberührt gebliebenen Völkern, sowohl den wohlthätigen, wie den verderblichen Wirkungen desselben gezollt wurde. Derselbe Gedanke spricht sich in der griechischen Prometheussage aus, welche die Neuerschaffung des Menschengeschlechtes und die Nutzbarmachung des Feuers gewissermaßen in eine und dieselbe Periode legt. Erst dann, als man den göttlich verehrten Wesen menschliche Form verlieh, begann sich der forschende Geist mit der Untersuchung der Natur des bis dahin unter die Götter versetzten Elementes zu beschäftigen. Aber die griechischen Naturphilosophen, besonders Demokrit, konnten in dieser Beziehung nicht zu treffenden Vorstellungen kommen, weil sie das Feuer als etwas rein Materielles betrachteten; ein Fehler, welcher von den Naturforschern und Philosophen der folgenden Jahrhunderte in gleicher Weise gemacht wurde. Die Alchimisten des Mittelalters, welche allerdings nur nebenbei rein chemische Forschungen betrieben, da sie durch das gierige Suchen nach der Goldtinktur, dem „Stein der Weisen“, gänzlich in Anspruch genommen wurden, gleichwie die edleren Zielen nachstrebenden arabischen Gelehrten Spaniens, vermochten dem bisher Bekannten nur wenig hinzuzufügen. Aber eins fanden sie doch, daß nämlich auch Körper existierten, welche ohne Flamme verbrennen; es sind dies die meisten Metalle. Ein überaus wichtiger Fortschritt geschah erst im siebzehnten Jahrhundert durch den berühmten englischen Arzt, Philosophen und Naturforscher Robert Boyle, welchem es gelang, nachzuweisen, daß die Metalle infolge ihrer Verbrennung, oder, wie man es damals nannte, ihrer Verkalkung schwerer werden. Hieraus schloß Boyle, daß die Metalle beim Verbrennen einen neuen Stoff — vielleicht aus der Luft — aufnehmen müssen. Leider geschah der bahnbrechenden Entdeckung des großen Engländers dasselbe, was großen Entdeckungen und Erfindungen so häufig begegnet; sie wurde achtlos bei Seite geworfen und schon wenige Jahre nach Boyles Tode stellte Stahl in Halle seine Phlogistontheorie auf, nach welcher alle brennbaren Körper einen gemeinsamen Stoff, das Phlogiston, enthalten sollten, welches während der Verbrennung aus dem brennenden Körper entweicht. Man übersieht leicht, daß diese Theorie der von Boyle entdeckten Thatsache ins Gesicht schlägt, indem sie gerade ein Leichterwerden der Körper beim Verbrennen fordert. Trotzdem machte die Stahlsche Theorie Schule und hielt sich während des ganzen vergangenen Jahrhunderts; ja es schien sogar einzelnen hervorragenden Gelehrten unseres Jahrhunderts, auch angesichts der gleich zu erwähnenden weiteren Entdeckungen, noch nicht angängig, sie aufzugeben.

Aber schon 1774 hatten Scheele und Priestley den Sauerstoff entdeckt und Lavoisier, der Vater der heutigen Chemie und Erfinder der modernen chemischen Experimentalforschung, bewies kurze Zeit nachher durch seine geniale Untersuchung der Verbrennung des Quecksilbers, daß der brennende Körper während der Verbrennung sich mit einem Teile der Luft unter Wärmeentwicklung vereinigt, daß also in der That das Produkt der Verbrennung schwerer ist, als der Körper vor der Verbrennung. Die Luft erwies sich nach dieser bahnbrechenden Untersuchung als ein mechanisches Gemenge aus zwei Gasen, dem zur Verbrennung nötigen und diese allein ermöglichenden Sauerstoff und dem brennende Körper zum Erlöschen bringenden Stickstoff. Verbrennt man eine leicht brennbare Substanz in reinem Sauerstoff, wie man ihn durch vorsichtiges Schmelzen von chlorsaurem Kalium in größerer Menge erhalten kann, so ist die mit dem Verbrennungsprozeß verbundene Wärme- und Lichtentwicklung eine ganz gewaltige und höchst bedeutende; sie übertrifft die bei der Verbrennung desselben Körpers in gewöhnlicher Luft erfolgende um ebenso viel, wie das Gesamtvolum der Luft den Sauerstoffgehalt übertrifft, nämlich um das fünffache. Wir erkennen hieraus, daß der anscheinend ganz unnütze Stickstoff eine höchst wichtige Rolle im Haushalte der Natur spielt: er ist der Regulator für die Verbrennungsprozesse, ohne welchen ein Bekämpfen von Bränden überhaupt unmöglich wäre.

Die verschiedenen Substanzen, welche der Verbrennung fähig sind, gebrauchen zu dieser also zunächst Luft. Dann zeigte sich aber bald, daß die Entzündlichkeit ein zweiter wesentlicher Punkt ist, welcher außerordentliche Verschiedenheit bedingt. Wir finden Körper, die wir erst bis zum heftigen Glühen erhitzen müssen, ehe sie verbrennen. Andere Substanzen bedürfen dagegen nur der Berührung mit einem brennenden Körper, um in Flammen aufzugehen. Beispiele für ein solches Verhalten sind viele bekannt. Der Phosphor braucht sogar nur gerieben werden, um sich zu entzünden; ja, wir kennen auch Substanzen, welche ohne weiteres Feuer fangen, wenn sie mit der Atmosphäre in Berührung kommen. Zu diesen „Pyrophoren" gehört z. B. das feinst gepulverte, frisch dargestellte Eisen, sowie jene seltsame Verbindung des Phosphors, die wir Phosphorwasserstoff nennen, ein sehr giftiges und feuergefährliches Gas, welches sich beim Kochen von Phosphor in Kalilauge bildet und beim Austritt sich von selbst an der Luft entzündet. Die Chemiker haben die Erklärung der verschieden starken Entzündlichkeit der brennbaren Substanzen in der gut begründeten Annahme gefunden, daß die Masse sämtlicher Elemente und Verbindungen aus kleinsten Teilchen, Molekülen, besteht und daß jedes dieser letzteren wieder aus noch kleineren Teilen, Atomen, zusammengesetzt ist, die durch Kräfte bestimmter Art im Molekül zusammengehalten werden. Es gehört daher offenbar im allgemeinen ein äußerer Kraftanstoß dazu, um die Atome von einander zu lösen; sind sie dann einmal frei geworden, so äußern sich nunmehr — und zwar sofort im Momente des Freiwerdens (in statu nascendi) — andere Kräfte, die der chemischen Affinität, welche aus den Atomen neue Moleküle bilden, von anderen Eigenschaften, wie die alten. Diese anderen Kräfte pflegen viel stärker zu sein, als die erst erwähnten, so daß in den weitaus meisten Fällen der sich bei dem Prozeß ergebende Kraftüberschuß in Form von Wärme zur äußeren Wahrnehmung kommt. Der oben erwähnte „äußere Kraftanstoß" wird also in der Regel nicht zu entbehren sein, wenn es darauf ankommt, eine Verbrennung, welche ja auch ein chemischer Prozeß ist — einzuleiten; deshalb müssen wir den zu verbrennenden Körper anzünden, d. h. bis auf eine bestimmte Temperatur erhitzen. Ist aber die Verbrennung erst an einem Punkte eingeleitet, so genügt in den meisten Fällen der freiwerdende Wärmeüberschuß, um den ganzen Körper in Flammen zu setzen. Nur in den wenigen Fällen, wo die chemische Affinität so kolossal ist, daß die Atome sich aus den ursprünglichen Molekülen von selbst lösen, ist ein Entzünden garnicht nötig, und es erfolgt eine Selbstentzündung, wie beim Phosphorwasserstoff.

Die eben entwickelte Theorie, welche von der neueren Schule der Chemiker herrührt, erhält eine Stütze in der weiteren Überlegung, daß die Zersetzung der Moleküle um so heftiger und plötzlicher erfolgen muß, je heftiger der „äußere Kraftanstoß“ ist. Das wird aber bestätigt durch die Erscheinung der Detonation der explosiven Körper. Hierbei ist der Initialstoß überaus heftig, die Zersetzung daher eine fast momentan durch die ganze Masse fortschreitende. Das Genauere über diese interessanten Forschungen findet sich unter dem Kapitel „Sprengstoffe“.

Die Körper verbrennen unter äußerlich verschiedenen Erscheinungen. Das Eisen glüht nur, ebenso die Kohle; Schwefel, Phosphor, Leuchtgas brennen dagegen mit Flamme. Der Umstand, daß Eisen und Kohle nicht zu verflüchtigen sind, während Leuchtgas an sich gasförmig ist, und Schwefel und Phosphor durch die Hitze der Verbrennung in Gase verwandelt werden, läßt leicht den Grund des Unterschiedes finden: Nur solche Körper, welche selbst Gase sind oder sich durch Wärme vergasen lassen, brennen mit Flamme. Während die Verbrennung uns die unter Licht- und Wärmeentwicklung erfolgende Verbindung des brennenden Körpers mit Sauerstoff ankündigt, bedeutet die Erscheinung der Flamme stets die Verbrennung eines gasförmigen Körpers; sie stellt geradezu ein glühendes, verbrennendes Gas vor. Das ist die einfache Erklärung der Natur des Feuers — denn mit diesem Worte bezeichnet man vorzugsweise die Flamme —, welche Jahrtausende hindurch vergeblich gesucht wurde.

Aber wir begegnen in der Flamme selbst wieder verschiedenen nicht sofort erklärbaren Erscheinungen. So sehen wir, daß der brennende Schwefel und der brennende Wasserstoff nicht leuchten, während die Leuchtgasflamme und die Phosphorflamme helles Licht ausstrahlen. Die Erklärung dieses auffallenden Verhaltens ergiebt sich aus einem einfachen Experiment. Man kennt unter der großen Menge der Kohlenwasserstoffverbindungen zwei, welche im Leuchtgas vorhanden sind: das Methan oder Grubengas und das Äthylen oder ölbildende Gas. Das letztere enthält gerade noch einmal soviel Kohle, wie das erstere; es leuchtet beim Brennen, während jenes eine nicht leuchtende Flamme hat. Leitet man aber das Äthylen, bevor man es anzündet, durch ein glühendes Eisenrohr, so wird seine Flamme nichtleuchtend, indem es, wie der Versuch ergiebt, die Hälfte seiner Kohle verloren hat und in Methan übergegangen ist. Was in dem Eisenrohr geschah, geschieht aber offenbar auch in der hoch temperierten Flamme des Äthylens; d. h. das Gas zerfällt in Methan, welches weiter brennt und in fein zerteilte, in der Flamme schwebende, glühende Kohle. Diese ist es also, welche das Leuchten der Flamme bedingt. Soll eine Flamme leuchten, so muß sie einen feinzerteilten, glühenden, festen Körper schwebend enthaltend. In der Regel besteht dieser aus Kohle; er kann aber auch das Produkt der Verbrennung sein. So ist es z. B. beim

Phosphor, in dessen Flamme das Leuchten durch fein zerteiltes Phosphorpentoxyd, die durch die Verbrennung entstehende Verbindung des Phosphors mit dem Sauerstoff der Luft, bewirkt wird.

Die Thatsache, daß in jeder gewöhnlichen leuchtenden Flamme eine vorgängige Zersetzung des vergasten Leuchtstoffes in ein brennbares Gas und fein zerteilte glühende Kohle stattfindet, bedingt sehr verschiedene Temperaturen in den einzelnen Regionen der Flamme. Dieser Umstand läßt sich am einfachsten an einer ganz gewöhnlichen Kerzenflamme feststellen. Eine solche zeigt (Fig. 181) um den Docht herum eine mattblaue, nicht leuchtende Zone c, welche offenbar aus den aus dem geschmolzenen Leuchtstoff sich erhebenden vergasten Kohlenwasserstoffen besteht. Etwas weiter nach oben zersetzt sich das brennbare Gas infolge der Hitze in Methan und Kohle. Daher sehen wir die nicht leuchtende Mittelzone von einem sehr hell leuchtenden Mantel d umgeben, welcher dadurch entsteht, daß die sich ausscheidenden Kohleteilchen zum Weißglühen erhitzt werden. Jedes Teilchen legt hierbei den Weg von der Mitte der Flamme nach dem äußeren Rande derselben zurück, kommt also zuletzt mit der äußeren Luft in Berührung und verbrennt dann vollständig. Daher zeigt sich auch die Leuchtregion von einem schmalen mattblauen Saume e, f umgeben, den wir die Verbrennungszone nennen müssen. Aus dem Angeführten ergiebt sich, daß in der Mittelregion der Flamme eine verhältnismäßig sehr niedrige Temperatur herrschen wird, während die schmale Verbrennungszone am heißesten sein muß. Daß dies wirklich der Fall ist, zeigt sich, wenn man den Kopf eines Zündhölzchens recht schnell in die Mittelzone hineinstößt; es vergeht eine erhebliche Zeit, ehe sich das Hölzchen entzündet. Dagegen erfolgt die Entzündung sofort, wenn man den Kopf desselben in die äußere Zone hineinhält. Bei einer großen Gasflamme, welche man aus einem weiten Metallcylinder hervorbrennen läßt, gelingt es sogar, Schießpulver, welches man auf einem Löffelchen in den kalten Flammenkern hält, lange Zeit vor Entzündung zu bewahren.

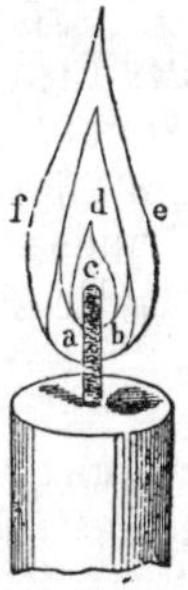

Fig. 181.
Kerzenflamme.

Aus dem Angeführten ersieht man leicht, daß die leuchtende Zone der Flamme eine Temperatur haben muß, welche zwischen der niedrigen des Kerns und der sehr hohen der Verbrennungszone die Mitte halten wird. Wir folgern weiter, daß, wenn diese Temperatur zu niedrig ist, die Kohle nicht ganz zum Glühen gebracht werden wird, während im Gegenteil bei zu hoher Temperatur die Kohle verbrennt, ohne überhaupt zum Glühen zu kommen. Im ersteren Falle zeigt sich also die ausgeschiedene Kohle zum Teil schwarz, eine Erscheinung, welche wir als das Blaken der Flamme bezeichnen; im letzteren wird die ganze Flamme nichtleuchtend, sie wird entleuchtet.

Wie begegnen wir diesen beiden Fehlern? Wir korrigieren einfach die mangelhaften Temperaturverhältnisse der Flamme, indem wir den

Luftzufluß, welcher ja bekanntlich über die Temperatur der Flamme entscheidet, entsprechend regulieren. Wir werden also einer blakenden Flamme mehr Luft zuzuführen haben, während wir den Luftzufluß bei einer entleuchteten beschränken müssen. Diese Regulierung geschieht, wie weiterhin genauer erörtert werden wird, durch die Zuggläser oder Cylinder, mit denen man die Flammen umgiebt.

Es ergiebt sich also, daß die Bedingungen für das ausgiebige Leuchten einer Flamme im wesentlichen zwei sind, nämlich genügende Entwicklung von fein zerteilter Kohle in der Flamme und richtig gewählter, d. h. weder zu schwacher, noch zu starker Luftzutritt. Daneben mag erwähnt werden, daß besondere vorgängige Erhitzung der Leuchtgase auch ein Mittel ist, um — ohne besonders starken Luftzutritt — die Leuchtkraft zu steigern.

Verlangen wir von einer Flamme nicht sowohl Leuchtkraft, als vielmehr besonders ausgiebige Wärmeentwicklung, so folgt aus dem soeben Angeführten, daß einmal die Güte des Brennmaterials, also in erster Linie sein Kohlengehalt, und sodann das Maß des Luftzutrittes auf die Hitze der Flamme von Einfluß ist. Es zeigt sich das z. B. sehr schön, wenn wir einen mehrere Millimeter dicken Eisendraht zuerst in einer gewöhnlichen, d. h. leuchtenden Gasflamme, dann in der Flamme eines Bunsenbrenners, hierauf in der Flamme einer Glasbläserlampe und endlich in einer Gasflamme erhitzen, welche durch reinen Sauerstoff angeblasen wird. Im ersten Falle dauert es sehr lange, ehe der Draht schwach glüht, im zweiten erfolgt das Glühen schon schneller, im dritten wird der Draht nach kurzer Zeit hell glühend, im letzten wird er schnell weißglühend und verbrennt unter heftigem Funkensprühen. Der Grund dafür ist das allmähliche Ansteigen des Sauerstoffzuflusses bei den gewählten vier Erhitzungsarten. Die einfache Gasflamme hat gar keinen besonderen Luftzutritt. Beim Bunsenbrenner (Fig. 182) mischt sich das Gas vor dem Verbrennen mit Luft, welche durch die zwei seitlichen Zuglöcher Zutritt hat; hierdurch wird das Gas verdünnt, die ausgeschiedenen Kohlenteilchen rücken weiter von einander und verbrennen, ohne glühend zu werden, infolge des intensiveren Luftzuflusses. Bei der Glasbläserlampe (Fig. 183) wird in die Gasflamme, welche aus einem weiten Rohre a herausbrennt, durch ein konzentrisches engeres Rohr b ein heftiger Luftstrom geblasen, so daß eine erheblich energischere Verbrennung erfolgt. Bläst man vollends mit reinem Sauerstoff

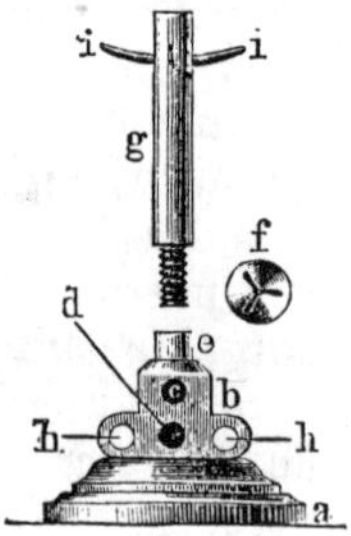

Fig. 182.
Bunsenbrenner.

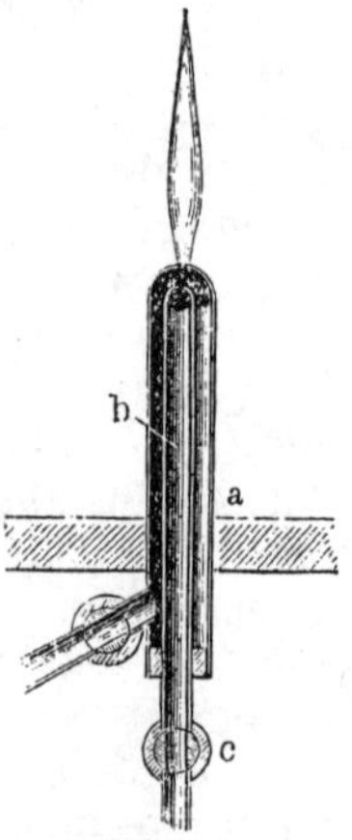

Fig. 183.
Glasbläserlampe.

an, so steigert sich die Wirkung bis auf das höchste erreichbare Maß; nur wenn man statt des Leuchtgases reinen Wasserstoff verwendet (Knallgasgebläse), läßt sich eine noch ein wenig höhere Temperatur erzielen.

Aus dem Gesagten ergiebt sich, daß die Wärmeentwicklung einer Flamme einmal von der Wahl des Brennstoffes, sodann aber von einer möglichst kräftigen Luftzufuhr abhängt. Der Gehalt des Brennstoffes, d. h. die Qualität und Quantität der verbrennenden Substanzen schafft die Verbrennungswärme, welche durch energische Sauerstoffzuführung bis auf das gewünschte Maß gesteigert werden kann.

Ein ganz besonderer Fall der Verbrennung liegt vor, wenn der zu verbrennende gasförmige Körper vorher mit einem Quantum Sauerstoff, resp. Luft gemischt wird. Reicht in diesem Falle der beigemengte Sauerstoff zur völligen Verbrennung aus, so wird die letztere auf einmal durch die ganze Masse des Gasgemisches erfolgen müssen und durch die in einem Momente entfesselte bedeutende Verbrennungswärme werden die gasförmigen Verbrennungsprodukte plötzlich derartig ausgedehnt werden, daß die umschließenden Wände zersprengt werden können: es erfolgt eine Explosion. Ein solcher Fall liegt beim Knallgase, einem Gemisch von Wasserstoff und Sauerstoff, sowie bei den Gemischen der meisten brennbaren Gase mit Luft vor. Für das Auftreten einer energischen Explosion bedarf es aber, wie gesagt, eines genügenden Luftquantums. Auch von dieser an sich verderbenbringenden Erscheinung, welche im großen Maßstabe z. B. in den schlagenden Wettern der Kohlengruben vorkommt, hat man eine nutzbringende Anwendung bei der Konstruktion der Gaskraftmaschinen gemacht.

Nachdem wir durch das bisher Angeführte in das Verständnis der Verbrennungserscheinungen eingeführt worden sind, wenden wir uns zu der spezielleren Betrachtung der Erfindungen auf dem Gebiete der Beleuchtung und Heizung.

a) Die Beleuchtung.

Von den verschiedenen Hauptarten der Beleuchtung unterscheidet man im wesentlichen die folgenden:

1. mittels fester Beleuchtungsstoffe (Kerzenbeleuchtung);
2. mittels flüssiger Beleuchtungsstoffe (Lampenbeleuchtung), welche entweder ohne Zersetzung nicht flüchtig oder aber unzersetzt flüchtig sind;
3. mittels gasförmiger Stoffe (Gasbeleuchtung), welche stets Kohlenwasserstoffe sind, aber aus sehr verschiedenen Substanzen bereitet werden können;

4. Beleuchtung durch Erhitzen von besonderen festen Beleuchtungskörpern zum Glühen (Magnesiumlicht, Drummondsches Licht, Hydrooxygengaslicht);
5. Durch Elektrizität (elektrisches Licht, Bogenlicht, Glühlicht).

Wir betrachten hier nur die ersten vier Arten, da das elektrische Licht schon vorstehend speziell abgehandelt wurde.

1. Feste Beleuchtungsstoffe; Beleuchtung mit Kerzen.

Bei einer Kerze wird der Beleuchtungsstoff in eine cylindrische Form gebracht und birgt in deren Achse den Docht. Beim Anzünden der Kerze schmilzt der Brennstoff zunächst, dann wird er durch die Capillarität des Dochtes in die Höhe gesaugt, am obersten Ende des Dochtes in Gasform übergeführt und in der Flamme verbrannt.

Die zur Kerzenbeleuchtung verwendeten Stoffe sind im wesentlichen feste Kohlenwasserstoff- oder Kohlenwasserstoffsauerstoffverbindungen, von welchen zahlreiche fertig gebildet in der Natur vorkommen, andere künstlich durch Bearbeitung der natürlich vorkommenden hergestellt werden. Die in besonders großem Umfange verwandten sind: Talg, Stearin, Paraffin, Walrat und Wachs.

Talg findet sich in winzigen Kügelchen in den Zellen bestimmter Stellen des tierischen Gewebes. Besonders bei den Wiederkäuern tritt Talg von hervorragend fester Beschaffenheit auf; der Grad der letzteren bedingt den Wert des Produktes. Das Ausschmelzen des Talges, welches in der neuesten Zeit in großen, häufig gleich mit den Schlachthäusern verbundenen Gebäuden ausgeführt wird, hat den Zweck, die zerstreuten Fettkügelchen zu sammeln und zu einer kompakten Masse zu vereinigen. Die zerschnittenen Fettlappen werden in Kesseln bei einer Temperatur von etwas über 100 ° C. behandelt und geben hierbei 90 bis 95 % Talg ab, welcher sich von den zurückbleibenden Grieben trennt.

Der Umstand, daß bei diesem Verfahren ein bemerkbarer Verlust entsteht, sowie der überaus widerliche Geruch, der dasselbe begleitet und die weite Entfernung der Talgschmelzen von menschlichen Wohnungen zu einer Notwendigkeit macht, war die Veranlassung zur Anwendung anderer Methoden der Talggewinnung. Unter ihnen sind besonders das Verfahren von Darcet und dasjenige von Lefebure zu nennen. Bei dem ersteren wird der Talg mit Wasser erhitzt, welchem wenige Prozente Schwefelsäure zugesetzt sind; bei dem letzteren läßt man den Talg mehrere Tage in einem kalten Bade von sehr verdünnter Schwefelsäure mazerieren und schmilzt ihn dann aus. In beiden Fällen erhält man eine größere Ausbeute und der Geruch ist wenigstens erträglich.

Der so gewonnene Talg wird, ehe man ihn zur Kerzenfabrikation gebraucht, geläutert, indem man ihn mit Lösungen verschiedener Salze, wie Salpeter, Salmiak, Alaun, Kochsalz, Bittersalz u. s. w. durchwäscht.

Hierdurch werden noch vorhandene Verunreinigungen, Reste von Gelatine und Leim, beseitigt und das Talgfett rein erhalten.

Stearin ist ein Bestandteil des Talges, wie überhaupt aller festen Fette. Diese bestehen aus einem Gemenge der Verbindungen des Glycerins, einer süßlich schmeckenden, ölartigen Flüssigkeit, mit drei Fettsäuren, der Stearinsäure, Palmitinsäure und Ölsäure. Je fester das Fett, desto mehr Stearinsäure, je weicher, desto mehr Ölsäure enthält es.

Zur Abscheidung der Stearinsäure, welche man gewöhnlich unter dem Vulgärnamen Stearin versteht, verdrängt man das Glycerin aus dem Fette durch Kalk, der sich mit den Fettsäuren zu in Wasser unlöslichen Seifen vereinigt; die Seife wird dann durch Schwefelsäure, welche sich mit dem Kalk vereinigt, zerlegt, und aus der zurückbleibenden Lösung von Stearin- und Palmitinsäure in Ölsäure durch Krystallisieren und Auspressen wird das Gemenge der genannten beiden festen Fettsäuren, das Stearin, gewonnen.

Der erste Prozeß, das Verseifen des Fettes, geschieht in großen, mit überhitztem Dampf geheizten Gefäßen (Autoklaven) und ist sehr schnell beendigt. Die obenauf schwimmende Kalkseife wird dann in großen Kufen mit stark verdünnter Schwefelsäure ebenfalls mittels Dampfes erwärmt, bis eine helle, durchsichtige, wie Öl aussehende Schicht sich obenauf gesammelt hat. Diese wird abgestochen und erstarrt in den Formen bald zu einer gelblichen, talgähnlichen Masse, welche nunmehr zerkleinert und dann erst in der Kälte, später nochmals in gelinder Wärme, unter starken hydraulischen Pressen behandelt wird. Hierbei läuft die flüssige Ölsäure ab und das Stearin bleibt zurück. Es stellt eine weiße krystallinische Masse dar, welche bei etwa 70 ° C. schmilzt.

Außer dem geschilderten Verfahren ist noch ein zweites im Gebrauch, bei welchem der Talg direkt durch 6prozentige Schwefelsäure zersetzt und die gewonnenen Fette mit übermäßig erhitzten Wasserdämpfen abdestilliert, dann krystallisiert und ausgepreßt werden. In diesem Falle gewinnt man als Nebenprodukt schwefelsaures Glycerin, während bei dem Verseifungsverfahren das Glycerin selbst erhalten wird.

Paraffin ist ein eigentümlicher, nicht stets gleichmäßig zusammengesetzter, fester Kohlenwasserstoff, welcher als ein Gemenge aus verschiedenen einfacheren Verbindungen betrachtet werden muß. Es ist eine weiße, sehr durchscheinende Masse, deren Schmelzpunkt, je nach der Mengung, zwischen 30 ° und 60 ° C. schwankt.

Man gewinnt das Paraffin meistens aus Braunkohle, welche man in aufrecht stehenden Cylindern von feuerfestem Thon bei niederer Temperatur destilliert, die abziehenden Teerdämpfe werden abgesaugt und in Vorlagen verdichtet. Der so erhaltene Teer wird durch Dampfheizung entwässert und hierauf aus eisernen Apparaten destilliert. Die übergehenden Produkte sind der Regel nach: wenig zurückgebliebenes

Wasser, Öle, Paraffinöle. In dem Destillationsapparat bleibt als Rückstand Asphalt. Die Öle werden zur Reinigung erst mit Natronlauge, dann mit Schwefelsäure gewaschen. Endlich destilliert man die gereinigten Öle nochmals mit überhitztem Wasserdampf; sie trennen sich in flüssige Öle (Benzin, Solaröl, Photogen) und erstarrende Öle. Diese letzteren werden nochmals mit Lauge und Schwefelsäure raffiniert und das erhaltene Rohparaffin schließlich nochmals mit Dampf destilliert.

Außer aus Braunkohle erhält man Paraffin auch aus bestimmten Sorten Petroleum (z. B. dem aus Birma stammenden), sowie aus dem Ozokerit oder Erdwachs, welches man in Galizien und am kaspischen Meer, neuerdings auch in den amerikanischen Staaten Utah und Arizona in Menge gefunden hat. Man bedient sich in diesem Falle einfach der Destillation mit überhitztem Wasserdampf und raffiniert das Rohprodukt in der eben geschilderten Weise.

Walrat findet sich als eine krystallinische, wachsähnliche, in flüssigen, fetten Kohlenwasserstoffen gelöste Masse in besonderen Höhlen des Schädels von Physeter macrocephalus, dem Pottwal. Das nach dem Tode des Tieres dem Schädel entnommene Fett wird ausgepreßt und der sich ausscheidende feste Bestandteil nochmals mit Kalilauge gewaschen, welche die letzten Spuren flüssigen Fettes beseitigt, ohne die festen Fette, den eigentlichen Walrat, stark anzugreifen. Durch Schmelzen mit Tierkohle wird der Walrat vollends gereinigt und entfärbt. Er bildet dann eine glänzend weiße, krystallinische Masse, welche eine Verbindung der oben genannten festen Fettsäuren mit einem dem Glycerin ähnlich zusammengesetzten Körper, dem Cetylalkohol, ist. Das abgepreßte Walratöl läßt sich in Lampen brennen, während der feste Walrat zur Kerzenfabrikation dient.

Wachs stammt zum Teil aus dem Tierreich, zum Teil von Pflanzen. Das Bienenwachs, welches zwischen den Hinterleibsringen unserer Honigbiene in winzigen Blättchen hervortritt und dem Tiere zum Wabenbau dient, wird zuvörderst von anhängendem Honig gereinigt und dann in siedendem Wasser geschmelzt. Das so erhaltene rohe Wachs ist gelb bis bräunlich, weil es durch aus Blütenstaub und Honig herstammende Verunreinigungen gefärbt wird. Da diese bei der Anwendung des Wachses als Beleuchtungsstoff stören, so entfernt man sie durch einen Bleichprozeß. Am besten wirkt die Sonnenbleiche; alle anderen Methoden liefern kein Wachs von haltbarer Weiße. Man schmilzt das Wachs über Wasser mit einem geringen Zusatz von Weinsteinpulver (zum Klären) und läßt es in ein zweites Gefäß laufen, welches laues Wasser von einer Temperatur enthält, welche der des Schmelzpunktes des Wachses nahe liegt. Aus diesem Gefäß läuft die geschmolzene Masse langsam in dünnem Strahl in einen flachen und weiten, steinernen, stets naß gehaltenen Cylinder; man erhält das Wachs hierdurch in dünnen Bändern (das „Bändern" des Wachses). Diese werden auf Leinwand gebreitet und den Sonnenstrahlen ausgesetzt, bis diese nicht mehr bleichend wirken. Dann schmilzt man wieder um, bändert nochmals, bleicht wieder und wiederholt diese Operationen, bis völlige Bleichung bis in den Kern hinein erfolgt ist. Das Verfahren ist ziemlich kostspielig, da es mehrere Wochen dauert.

Von Pflanzenwachssorten kennt man mehrere, welche als Surrogate für das Bienenwachs gebraucht werden. Besonders zu nennen sind das japanische Wachs, von Rhus succedania herstammend, welches fettiger und talgartiger ist, als das Bienenwachs, dem es nicht gleichkommt; sodann das Carnaubawachs, der wachsartige Überzug der Blätter einer brasilianischen Palmenart, welches sich durch große Festigkeit und hohen Schmelzpunkt von allen anderen Wachsarten unterscheidet.

Als ein anderes Wachssurrogat dient das Ceresin, welches aus dem natürlich vorkommenden Erdwachs oder Ozokerit durch Schmelzen mit Schwefelsäure und nachfolgendes Entfärben mit Tierkohle gewonnen wird. Es ist in seiner Zusammensetzung dem Paraffin ähnlich, in seinen äußeren Eigenschaften steht es dagegen dem Wachs sehr nahe. Es wird zur Fabrikation von Kerzen auch mit Carnaubawachs gemischt.

Die bisher aufgezählten festen Leuchtstoffe werden zu Kerzen verarbeitet. Nach der Fabrikationsmethode unterscheidet man gezogene und gegossene Kerzen; nur besonders starke Exemplare (zu kirchlichen Zwecken) werden aus einzelnen Wachsplatten mit eingelegtem Docht zusammengebogen und gerollt.

Das Ziehen der Kerzen erfolgt meist nur noch bei Talglichtern. Man hat zwei Gefäße, das eine zum Vorratschmelzen, das andere zur Aufnahme des gußrechten Talges. Die Dochte werden zu 16 bis 18 Stück an Holzstäben senkrecht angereiht und „auflaufengelassen“, d. h. durch schnelles Eintauchen mit heißem Talg getränkt und nach dem Erkalten abgerundet und geschlichtet. Dann beginnt das eigentliche „Ziehen“, indem man die getränkten Dochte abwechselnd in gußrecht abgekühlten Talg eintaucht, herauszieht und auf einem Holzgerüst, der „Werkbank“, erkalten läßt. So wird die Kerze allmählich dicker. Der natürlichen Neigung des Talges, sich am unteren Ende dicker anzulegen, begegnet man durch verschieden tiefes Eintauchen, sowie dadurch, daß man gegen Schluß der Prozedur das untere Ende länger im Bade läßt, so daß ein Teil wieder abschmilzt. Dann wird endlich die Gestalt der Kerze mittels eines kreisförmig ausgeschnittenen, erwärmten Bleches nachgebessert.

Das Ziehen ist sehr mühsam, bietet aber den Vorteil, daß man für die inneren Schichten der Kerze geringere, für die äußeren bessere Talgsorten verwenden kann.

Zum Gießen der Kerzen, welches besonders für Stearin, Walrat und Paraffin angewendet wird, gebraucht man meist Metallformen. Die letzteren bestehen aus einem inwendig sorgfältig geglätteten, sich sehr wenig verjüngenden Rohre, dessen unteres Ende in eine offene

Spitze ausläuft und dessen oberster Teil einen außen vorspringende Wulst hat. Viele solcher Formen werden in senkrechter Stellung in eine Werkbank eingesetzt. Der Docht geht etwas straff durch die untere Öffnung, die er also verschließt und wird oben durch einen kapselförmigen, beweglichen Einsatz gehalten, der für das Einzießen der Masse Spielraum läßt (Fig. 184). So befindet sich der Docht in genau zentraler Lage. Die gußrechte Lichtmasse, welche am besten eine Temperatur von 40—46° C. hat, wird mittels einer kleinen Kanne in die Form eingegossen. Erst am Tage nach dem Guß lassen sich die Kerzen bequem aus der Form lösen; sie werden dann nur noch an dem Gußende gleichmäßig beschnitten.

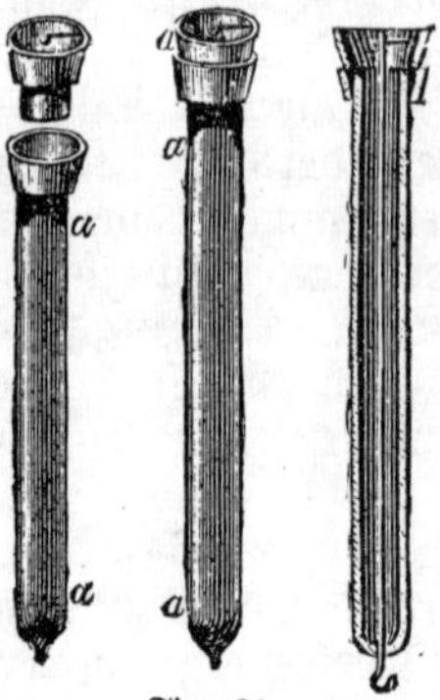

Fig. 184. Kerzenform.

Für die Fabrikation von Wachskerzen, welche erfahrungsmäßig sehr fest an den Formwänden hafteten, so daß sie häufig zerbrachen, benutzt man ein Verfahren, welches zwischen dem Ziehen und dem Gießen gewissermaßen die Mitte hält, das sogenannte Angießen. Hierbei werden die senkrecht hängenden Dochte und Gießlöffel wiederholt abwechselnd mit Wachs begossen und abgekühlt, dazwischen wieder zwischen Brettern gerollt. Auf diesem Wege erhält man Kerzen mit konzentrischen Schichten, wie man beim Zerbrechen der fertigen Kerzen noch genau bemerken kann.

Sehr dünne Wachskerzen, welche als Wachsstöcke in den Handel kommen, werden gezogen oder auch gepreßt, indem man das Wachs aus dem Pressenreservoir durch eine der gewünschten Dicke entsprechende Öffnung zugleich mit dem Docht unter sehr starkem Drucke hindurchpreßt.

In neuerer Zeit hat man auch Lichtgießmaschinen konstruiert, deren Prinzip genau dasselbe ist, wie das bei der Handarbeit befolgte. Das Produkt läßt aber, wenn nicht langsam gearbeitet wird, häufig zu wünschen übrig, obgleich natürlich die produzierte Menge wesentlich größer ist.

2. Flüssige Beleuchtungsstoffe; Beleuchtung mit Lampen.

Die wesentlichsten flüssigen Leuchtstoffe, welche naturgemäß an sich schon größere Bedeutung haben, als die festen, sind: das Rüböl und das Petroleum. Heute ist das erstere durch das letztere fast völlig verdrängt.

Das Rüböl findet sich in den Samen vieler Arten der Cruciferengattung brassica, besonders im Raps und Rübsamen. Um beim Auspressen der Samen nicht zugleich Nebenstoffe, besonders Wasser, Schleim und Eiweiß zu erhalten, benutzt man nur mehrere Monate lagernden, ganz trockenen Samen, der überdies vorher, um die letzten Wasserspuren zu vertreiben und das Eiweiß zum Gerinnen zu bringen, erwärmt wird. Die gequetschten Samen werden unter dem Mühlstein fein gemahlen und das Mehl, angewärmt in Preßtücher eingeschlagen, unter die Presse — am besten eine hydraulische — gebracht. Das Öl rinnt von den Preßplatten herunter und sammelt sich in einem Reservoir. Die Ausbeute beträgt zwischen 16 und 50 %.

Das rohe Öl muß einem Läuterungsprozeß unterworfen werden um es von den noch in ihm enthaltenen, beim Brennen schädlich wirkenden Verunreinigungen zu befreien. Zu diesem Zwecke wird das Öl, bis auf 60—70 ° C. erwärmt, in horizontal liegende Fässer gebracht, in welchen sich eine Flügelwelle dreht. Dann läßt man, unter fortwährendem Bewegen der Welle, 1—1 1/2 prozentige Schwefelsäure im dünnen Strahl hinzulaufen. Die Säure verkohlt die Verunreinigungen, welche sich infolge dessen als dunkle Flocken absetzen. Dann unterbricht man den Prozeß und reinigt das Öl durch Zusatz von warmem Wasser möglichst vollständig von der anhängenden Schwefelsäure. Die letzten Spuren derselben werden durch Kreidewasser und einem Dampfstrom entfernt, das Öl geklärt und in die Transportgefäße geleitet.

Das Petroleum (Erdöl, Steinöl, Naphta) ist eine mineralisch vorkommende, leichter oder schwerer entzündliche Flüssigkeit von sehr wechselnder Zusammensetzung. Sie besteht aus einem Gemisch von sehr zahlreichen Kohlenwasserstoffen, die in ganz verschiedenen Mengen auftreten können, so daß sich schon hieraus die verschiedenen Eigenschaften der einzelnen Sorten erklären. Die Fundorte sind sehr verbreitet; zuweilen liegen sie in der Nähe vulkanischer Gebiete, meist aber in gewöhnlichen geschichteten Gesteinen. Das Erdöl stammt zum Teil aus den ältesten, zum Teil wieder gerade aus den jüngsten Erdformationen. Es durchdringt die Zwischenräume der Gesteinschichten, erfüllt Spalten und Klüfte und sammelt sich in den verschiedensten Tiefen, in denen es durch Bohrung erreicht wird. Meist findet es sich mit brennbaren Gasen zugleich vor und steht dann, wie diese selbst, unter hohem Druck. Trifft dann die Bohrung zunächst den Gasraum, so entweichen große Mengen brennbarer Gase, welche unter dem Namen „Naturgas" häufig zur Beleuchtung gebraucht werden, und das Öl muß dann durch Pumpen gehoben werden. Erreicht man dagegen beim Bohren zuerst die Ölschicht, so sprudelt das Erdöl, durch den gewaltigen Gasdruck emporgetrieben als Springquell aus dem Bohrloch auf. Die größten Mengen werden in Nordamerika gewonnen, in welchem Erdteil sich eine reiche Zone von der Südwestgrenze Pennsylvaniens, quer durch diesen Staat und durch den Staat New-York in nordöstlicher Richtung erstreckt. Dieser Distrikt ergab zu Anfang der achtziger Jahre täglich die ungeheure Menge von über 60 000 Barrels. Außer den genannten Staaten liefern auch Ohio, Kentucky und Kalifornien Erdöl; ebenso bestimmte Distrikte von Kanada und eine ganze Anzahl von Gegenden Südamerikas. Das wichtigste asiatische Erdölgebiet ist Birma, hauptsächlich wegen der großen Menge kostbarer Nebenprodukte, welche gerade dieses Petroleum ergiebt. Die bedeutendste Menge Erdöl nach den nordamerikanischen Gebiete giebt aber die kaukasisch-kaspische Zone, deren Mittelpunkt Baku ist, eine vulkanische, an Mineralquellen reiche Gegend. Bei Tiflis entströmen der Erde fortwährend brennbare Gase. Australien und Afrika haben in Bezug auf die Erdölgewinnung noch keine Bedeutung; in Europa produziert bisher nur Galizien größere Mengen Petroleum und, vereint damit, Ozokerit. Erwähnenswert ist indessen noch das Vorkommen von Erdöl im nordwestlichen Deutschland, besonders in Hannover, wo die geologischen Bildungsverhältnisse des Erdöls ähnlich zu liegen scheinen, wie in Nordamerika. Über die Art, in welcher sich das Erdöl bildet, giebt es verschiedene Anschauungen, doch ist bisher nichts Sicheres bekannt. Ja, es steht nicht einmal ganz fest, ob es organischen oder anorganischen Ursprungs ist, obgleich dies letztere für wahrscheinlicher gehalten wird.

Das rohe Petroleum, welches meist eine dunkle, bräunliche oder grünliche Färbung hat, wird einem Destillationsprozeß unterworfen. Man benutzt hierzu große eiserne Destillierblasen. Die Destillationsprodukte werden getrennt aufgefangen. Das zuerst Übergehende wird gesammelt, bis das spezifische Gewicht 0,82 beträgt; es heißt leichtes Öl. Dann erfolgt bei höherer Temperatur das schwere Öl. Es bleibt ein Rückstand von 5—10 % zurück, der aber in einzelnen Fällen bis über 50 % steigen kann. Manche Fabrikanten ändern das angegebene Verfahren dahin ab, daß sie unter fortwährendem Rohölzufluß destillieren, bis die Blase schließlich nur noch schweres Öl enthält.

Das gewonnene leichte Öl wird unter lebhaftem Rühren zuerst mit Schwefelsäure, darauf mit Natronlauge gewaschen. Nach erneutem Waschen mit reinem Wasser destilliert man vorsichtig unter getrenntem Auffangen der Produkte. Diese letzteren sind, je nach der Natur und Beschaffenheit des Rohöls, sehr verschieden. Die wichtigsten sind:

1. Petroleumäther, Aether petrolei, Siedepunkt 45—60°, äußerst entzündlich. Dient medizinisch, sowie als Lösungsmittel für Kautschuk und Harze.

2. Gasolin, Siedepunkt 70—90°.

3. Benzin, Siedepunkt sehr verschieden (50—110°). Zum Extrahieren aller Arten Fette.

4. Ligroin, Siedepunkt 120°. Brennmaterial in besonderen Lampen.

5. Petroleumsprit, Putzöl, ein Surrogat für Terpentinöl.

Die Rückstände der Destillation des leichten Öls werden mit dem genau so wie das leichte Öl gereinigten schweren Öl zusammengegeben und destilliert. So erhält man das eigentliche Leuchtöl oder raffinierte Petroleum, dessen Siedepunkt zwischen 150° und 300° C. liegt, und welches nach erneutem Waschen mit Schwefelsäure und Ätzlauge wasserhell oder schwach gelblich erscheint, blau fluoresciert und ungefährlich ist. Durch nochmaliges Rektifizieren erhält man reine Öle, die als Kaiseröl und unter anderen Namen in den Handel kommen.

Beim Abdestillieren des Leuchtöls bleibt Teer zurück, welcher bei weiterer Destillation Schmieröle und Petroleumfett, Vaseline liefert; das erstere Produkt wird als Maschinenöl, das letztere nach guter Reinigung medizinisch verwendet.

Die leichte Entzündbarkeit der Dämpfe von schlecht raffinierten Erdölen bedingt Vorsichtsmaßregeln. Nach einer Regierungsverordnung darf Petroleum, welches eine Entflammungstemperatur von weniger als 21° C. zeigt, nur als „feuergefährlich“ in den Handel gebracht werden. Zur Prüfung ist der von Abel konstruierte Petroleumprober vorgeschrieben, welcher schon seit 1880 in England gebraucht wird. Dieser Apparat besteht aus einem doppelwandigen Wasserbade, dessen Temperatur durch ein von außen sichtbares Thermometer gemessen wird. In der inneren Höhlung des Bades hängt der Petroleumbehälter, welcher bis zu einer Marke mit dem zu untersuchenden Öl gefüllt wird und einen dicht schließenden Deckel trägt. Auf dem letzteren befindet sich ein um seine horizontale Achse kippbares Öllämpchen, welches sich nach vorn über neigt, wenn durch Aufziehen eines im Deckel angebrachten horizontalen Schiebers drei rechteckige Öffnungen, welche sich im Deckel, gerade unter dem Lämpchen, befinden, frei gemacht werden. Beim Zurückgehen des Schiebers in seine alte Lage richtet sich das Lämpchen wieder auf. Die Temperatur des zu untersuchenden Erdöls liest man an einem zweiten Thermometer ab. Sobald dieses beim allmählichen Erwärmen des Wasserbades 19° C. erreicht hat, öffnet und schließt man von 2 zu 2 Minuten den Schieber; das Öffnen soll nach der Vorschrift dreimal so langsam, wie das Schließen geschehen. Sowie eine Entflammung stattfindet, beobachtet man die Temperatur an dem Thermometer. Pensky hat für den amtlichen Gebrauch in Deutschland den Schieber des Abelschen Apparates mit einem Trieb versehen, so daß sich derselbe automatisch öffnet und schließt.

Obwohl das Erdöl schon im Altertum bekannt war, datiert sein Gebrauch zu Beleuchtungszwecken erst aus den fünfziger Jahren des 19. Jahrhunderts, zu welcher Zeit die gewaltigen Ölmassen Nordamerikas entdeckt und zuerst systematisch ausgebeutet wurden. Aus Amerika stammen auch die ersten Lampenkonstruktionen für Petroleum.

Zum Brennen der flüssigen Beleuchtungsstoffe dienen Lampen. Jede Lampe enthält einen Ölbehälter, dessen Inhalt der Regel nach durch einen Docht verbrannt wird. In den letzten Jahren des 18. und zu Anfang des 19. Jahrhunderts sind eine große Menge von Lampen konstruiert worden, welche aber alle für Rüböl berechnet waren und daher heute gar keine Bedeutung mehr haben, sondern nur noch historisches Interesse bieten.

Eine Öllampe ohne Docht, in welcher das Öl durch ein Kapillarröhrchen brennt, ist die Blackaddersche Nachtlampe, ein auf Rüböl schwimmendes Schälchen, welches das Brennröhrchen an seiner tiefsten Stelle hat. Bei der in künstlerischer Hinsicht vollendeten Antiklampe ist der eigentliche Zweck, der des Leuchtens, nur sehr unvollkommen erreicht. Der dicke Runddocht speist die Flamme sehr reichlich, so daß der Luftzutritt dem Ölzufluß nicht die Wage hält und zu schwach ist; deshalb ist die Flamme rötlich, leuchtet schlecht und blakt häufig. Ebenso verhält sich die gewöhnliche (frühere) Küchenlampe und die Grubenlampe der Bergleute. Viel vorteilhafter ist es, statt eines massiven Runddochtes einen flachen und breiten Docht anzuwenden, weil in diesem Falle der Luftzutritt intensiver ist. Noch besser wird die vollständige Verbrennung erreicht, wenn man die bei einem Flachdocht immerhin starke Abkühlung der Flamme dadurch vermeidet, daß man den Docht zu einem Hohlcylinder zusammenbiegt, dessen Flamme von außen und von innen von dem Luftstrom getroffen wird. Reguliert man endlich den letzteren noch durch ein Zugglas oder einen Cylinder, welcher die Flamme umgiebt, so erhält man den Argandschen Brenner oder Rundbrenner mit doppeltem Luftzug, welcher für die Rüböllampen lange Zeit die vollkommenste Konstruktion darstellte.

Die Gestalt des Cylinders wechselt nach der Art der Lampe. Bauchige Cylinder verwendet man bei Flachbrennern (siehe die frühere

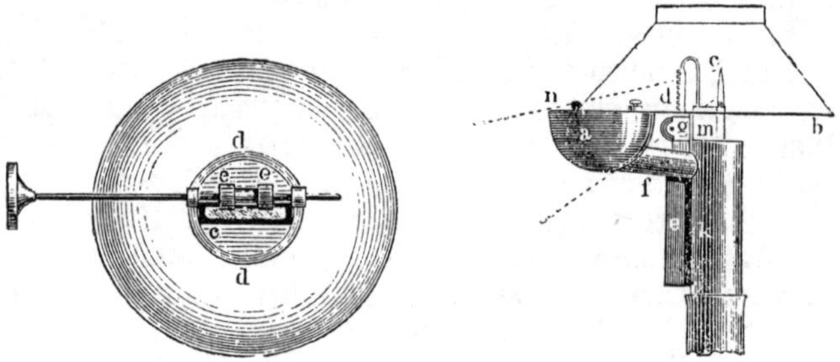

Fig. 185. Studierlampe.

Studierlampe in Fig. 185), während man für Rundbrenner glatte Cylinder mit starker Einschnürung dicht über der Flamme vorzieht, weil hierdurch der Luftzug fast horizontal gegen die Flamme gelenkt wird. Um aber eine vollkommene Wirkung zu erzielen, muß die Einschnürung in ganz bestimmter Höhe über dem Brenner stehen; schon ganz kleine Höhenänderungen bewirken starke Schwächung des Lichteffekts. Statt der eingeschnürten Cylinder gebraucht man zuweilen bauchige Cylinder bei den Rundbrennern; dann zwingt man den Luftzug zur Bewegung von außen nach innen durch eine horizontale, runde, metallene Brennscheibe, welche in der Axe des Brenners, dicht über diesem, liegt und sehr vorteilhaft wirkt.

Die erwähnten Konstruktionen von Lampen, in denen Rüböl gebrannt wird, setzen einen ziemlich starken Zufluß zum Dochte voraus, da der Kapillarität des Dochtes gegenüber dem schwerflüssigen Öl nur wenig zugemutet werden darf. Man teilt daher diese Lampen in Saug- und in Drucklampen ein. Bei den ersteren muß der Ölbehälter etwa auf dem Niveau der Flamme liegen; bei den letzteren befindet er sich tiefer als diese, gewöhnlich im Fuße der Lampe, so daß das Öl durch besondere Vorrichtungen bis zum höchsten Punkte des Dochtes gehoben werden muß.

Zu den gebräuchlichsten und bekanntesten Konstruktionen nach dem ersten Prinzip gehört die Schiebelampe (Fig. 186), welche sich, zur Petroleumlampe umgearbeitet, aber in ihrer charakteristischen Form erhalten, wohl noch hin und wieder in alten Haushaltungen vorfindet. Der Ölbehälter ist hier eine Sturzflasche b, die mit Öl gefüllt, durch ein Ventil d verschlossen, verkehrt in das Reservoir a der Lampe eingesetzt wird, und welcher immer nur dann Öl entströmt, wenn das Niveau im Reservoir tiefer sinkt, als der höchste Punkt des Dochtes, mit welchem das Reservoir durch ein kommunizierendes Rohr f verbunden ist.

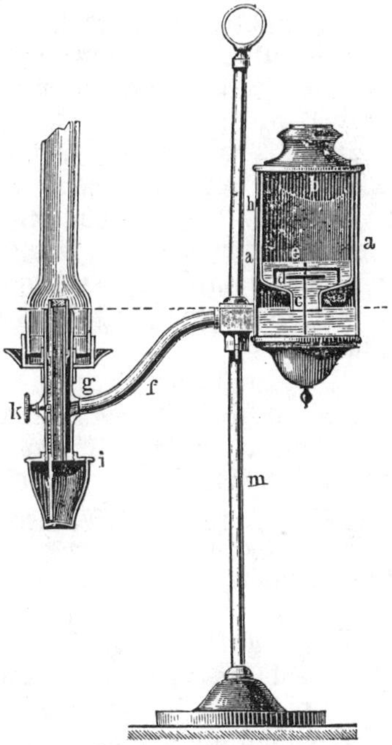

Fig. 186. Schiebelampe.

Zur Hebung des Öls in den Drucklampen kann man den hydrostatischen Druck einer Flüssigkeit benutzen, welche schwerer ist als das Öl, z. B. Zinkvitriollösung, Wasser, Quecksilber. Diese Lampen haben sich nur wenig bewährt. Viel besser eignen sich mechanische Werke. Bei der Uhrlampe von Carcel wird durch Federkraft ein kleines, im Fuße der Lampe eingeschlossenes Pumpwerk bewegt, welches das Öl dem Dochte im Überschuß zuführt. Das Niveau im Brennerrohre bleibt hierdurch stets dasselbe, während das überschüssige Öl in den Behälter zurückfließt. Hierdurch wird das Öl an dem Brenner, der Wärme abgiebt, etwas vorgewärmt. Alle diese Umstände erzielen eine Flamme von sehr großer Gleichmäßigkeit der Lichtstärke. Noch einfacher erreicht denselben Zweck die Moderateurlampe. Beim Beginn des Brennens wird durch Aufziehen des Werkes eine Spiralfeder gespannt, welche das Öl im Steigrohre emportreibt. Die Regulierung geschieht durch einen langen und dünnen Moderateurstift, welcher in das Steigrohr hineinragt und dasselbe desto mehr verengert, je stärker der Druck der Spiralfeder ist. Auch die Moderateurlampe arbeitet mit überfließendem Öl und hat eine sehr konstante Lichtstärke, so daß man ihre Flamme sogar bei den weiter unten zu besprechenden photometrischen Bestimmungen als Normalflamme gebraucht hat.

Alle beschriebenen Lampen sind durch die dem Brennstoff der Jetztzeit, dem Petroleum, entsprechenden Konstruktionen fast ganz verdrängt. Die verschiedenen Erdöle setzen verschiedene Lampen voraus. Wenn schon die flüchtigsten Öle, z. B. das Ligroin und die ihm ähnlichen Mineralöle, ganz besondere Lampen erfordern, wenn sie nicht gefahrbringend sein sollen, so sind auch die Öle mittlerer Flüchtigkeit, vor allen anderen das gereinigte Petroleum, derart dünnflüssig, daß sie bedeutend leichter durch den Docht in die Höhe gesaugt werden, als das dickflüssige Rüböl. Hierzu kommt noch, daß die Flamme, wenn sie ihre volle Intensität entwickeln soll, viel stärkeren Luftzug erfordert. Nur wenn dieser durchaus richtig reguliert wird, erhält man eine hell brennende, geruchlose Flamme.

Alle Erdöllampen sind aus den angeführten Gründen Sauglampen. Es ist dies der Sicherheit halber von der größten Wichtigkeit; denn nur dadurch, daß es möglich ist, den Ölbehälter ziemlich tief zu legen, wird eine Erhitzung desselben und damit die Möglichkeit der Bildung explosiver Dämpfe vermieden. Zur Kühlung trägt überdies noch die zur Verbrennung zugeführte Luft bei, welche längs des Brenners aufsteigt.

Der einfachste Brenner für Erdöl ist wieder der Flachbrenner, welcher zur Beförderung des Luftzuges mit einer oben der Länge nach aufgeschlitzten halbkugelförmigen Kappe von Metall bedeckt wird und einen bauchigen, besser noch einen in seinem bauchigen Teil etwas flachgedrückten Cylinder voraussetzt.

Viel häufiger angewandt und allgemein verbreitet ist der Argand-Rundbrenner. Er unterscheidet sich von dem für Rüböllampen gebräuchlichen außer durch die Länge des Rohres auch dadurch, daß der Docht unten flach ist und sich erst im oberen Teile des Brenners zusammenbiegt. Er wird durch ein oder zwei Zahnrädchen gestellt und mit einem eingeschnürten Cylinder gebrannt.

Der Umstand, daß die Lichtintensität großer Rundbrenner sich nicht in demselben Verhältnis ändert, wie die Größe, ist mit Recht dem Mangel an Luftzug zugeschrieben worden. Es sind daher in der Neuzeit eine beträchtliche Anzahl von Konstruktionen großer Lampenbrenner aufgetaucht, die alle darauf hinauslaufen, der Flamme mehr Luft zuzuführen.

Der Patentkosmosbrenner hat den Zweck, der inneren Flamme einen Überfluß von Luft zuzuführen. Zu diesem Ende ist im unteren Teile des Brenners ein flaches, cylindrisches, am Umfange durchlochtes Gefäß eingesetzt, von welchem ein oben mit einer kreisförmigen Metallscheibe abschließendes, oben ebenfalls durchlochtes Rohr senkrecht bis dicht über den Brenner emporsteigt. Da das obere Ende des Rohres bedeutend stärker erhitzt wird, als das untere, so wird hierdurch ein sehr lebhafter Luftstrom emporgesaugt, welcher direkt in die Flamme geleitet wird. Der Kosmosbrenner erzielt daher eine glänzend weiße Flamme und leidet weniger als andere Brenner an kohlendem Docht, da auch dieser durch den aufsteigenden Luftstrom gekühlt wird, also nur wenig kohlt und seine Saugekraft beibehält.

Ein anderes Prinzip liegt der Reichslampe von Schuster & Bär zu Grunde. Bei dieser liegt die innere Luftzuführung unter dem metallenen Bassin der Lampe; das Zuführungsrohr geht senkrecht durch das Bassin hindurch. Da die Energie des aufsteigenden Luftstroms von der Differenz der Temperaturen am oberen und unteren Ende des Rohres abhängt, welche in diesem Falle eine sehr beträchtliche ist, so wird die Leistung der Lampe in dieser Beziehung eine besonders hohe sein. Auch der äußere Zug wird durch eine die Flamme einschnürende Metallkappe dicht unter der Brennscheibe nicht unbedeutend verstärkt. Die Gesamtleistung der Patentreichslampe ist die höchste bisher erreichte.

Statt eines ringförmigen Flachdochtes hat man auch durch kreisförmige Zusammenstellung von zahlreichen massiven Runddochten, die sich naturgemäß durch ganz besondere Saugekraft auszeichnen, recht leistungsfähige Brenner konstruiert, welche unter dem Namen Mitrailleusenbrenner bekannt geworden sind. Dieselben geben eine sehr helle Flamme, verbrauchen aber auch bedeutend mehr Öl.

Die Explosionen, welche bei den Mineralöllampen vorkommen und deren Gebrauch immerhin nicht ganz ungefährlich machen, können allerdings von schlechter Qualität des Petroleums herrühren, sind aber meistenteils der schlechten Bedienung und Reinigung der Lampen zuzuschreiben. Selbst gutes Öl enthält immer noch wenige leichter flüchtige Bestandteile, welche beim Brennen allmählich verdampfen und sich mit der im Bassin befindlichen Luft vermischen. Somit sind, nach den schon früher entwickelten Prinzipien, wohl in jeder Lampe die Bedingungen zu einer Explosion mehr oder weniger erfüllt. Es kommt daher im wesentlichen darauf an, daß die Entzündungsgefahr vermieden wird.

Nun ist diese letztere besonders hoch bei mangelhaft gereinigten Brennern, bei welchen sich die verkohlenden, glimmenden Dochtteilchen beim Herunterschrauben der Lampe loslösen und herabfallend die Entzündung des explosiven Gemisches im Bassin bewirken können. Wenn also die Lampe nicht geradezu fehlerhaft oder feuergefährlich konstruiert ist, was heute nur noch selten vorkommt, so wird eine sorgfältige Reinhaltung — gutes Petroleum vorausgesetzt — eine genügende Sicherheit gegen Explosionen bieten.

Für sehr flüchtige Mineralöle, besonders Ligroin, Gasolin und andere, sind die gewöhnlichen Lampen ganz unbrauchbar, weil sie bei der großen Flüchtigkeit dieser Brennstoffe sofort explodieren würden. Man brennt daher lieber gleich das Gas, welches sich aus dem schwach erwärmten Öl in Menge entwickelt. Will man nur eine kleine Flamme haben, so benutzt man die Ligroinlampe (Fig. 187), deren ganzer Behälter mit Schwamm gefüllt ist. Man gießt Ligroin auf, bis der Schwamm völlig getränkt ist, und schraubt dann die Dochthülse b auf, die einen massiven Runddocht aus Baumwolle enthält. Diese Lampe ist ganz ungefährlich, ebenso wie die nach demselben Prinzip gebauten, viel gebrauchten Benzinleuchter.

Zur Erzielung größerer Flammen läßt man den Docht ganz weg. So erhält man die Dampflampen, deren Prinzip schon lange vor der Zeit der Einführung des Petroleums von Lüdersdorff benutzt wurde, welcher in seiner Dampflampe ein Gemisch von 1 Volumen Terpentinöl und 4 Volumen Alkohol in Dampf verwandelte und verbrannte. Der

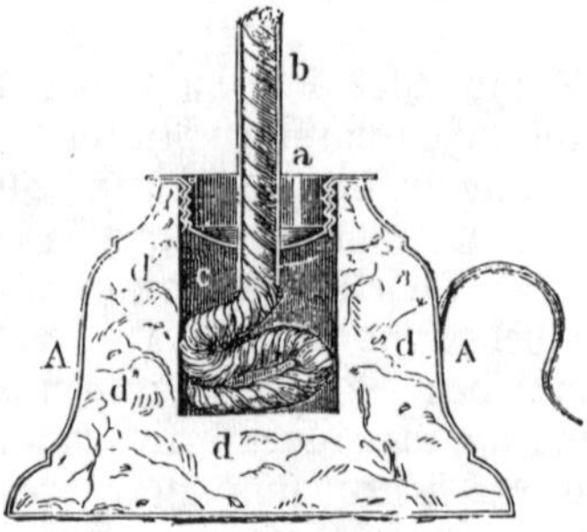

Fig. 187. Ligroinlampe.

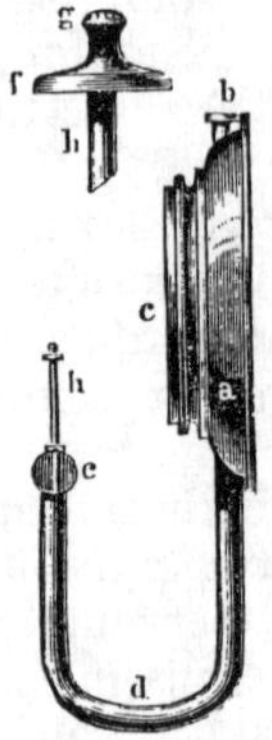

Fig. 188. Wandlampe.

Brenner dieser Lampe hat im obersten Teil kreisförmig angeordnete enge Öffnungen, durch welche die Dämpfe heraustreten, um mit glänzender Flamme zu verbrennen.

Für Ligroin und Gasolin haben Lilienfein & Lutscher eine viel gebrauchte Wandlampe (Fig. 188) konstruiert, unter deren Brenner g sich eine horizontale Metallscheibe f befindet. Wird diese durch ein brennendes Streichholz erhitzt, so verdampft etwas Leuchtstoff und brennt nach Art der gewöhnlichen Gasflamme aus den feinen, in einer Vertikalebene angeordneten Löchern des Brenners heraus. Durch die Hitze der Flamme wird die Lampe dann fortdauernd brennend erhalten. Sie ist aber nichts weniger als ungefährlich; der einzige Vorteil, den sie hat, besteht darin, daß sie sehr leicht überall, z. B. auf Bauten u. dgl., angebracht werden kann und nicht leicht durch Zug verlöscht.

Eine Lampe, welche einem ganz besonderen Zwecke dient, ist die von Davy erfundene Sicherheitslampe, welche die Arbeiter der Kohlengruben gegen die verheerende Wirkung der sogenannten schlagenden

Wetter, d. h. der explodierenden Gemische von Grubenkohlenwasserstoffen mit Luft, schützen soll. Die Sicherheitslampe beruht auf der oben genauer auseinandergesetzten Thatsache, daß zum Fortbrennen einer Flamme eine bestimmte Temperatur nötig ist. Entzieht man der Flamme also ein bestimmtes Wärmequantum, so kann ihre Temperatur derart herabgesetzt werden, daß sie nicht mehr zu brennen vermag. Hierzu sind engmaschige Drahtnetze aus einem möglichst guten Wärmeleiter das passendste Mittel. Davy umgiebt daher die Flamme seiner Sicherheitslampe (Fig. 189), einer gewöhnlichen Rüböllampe, mit einem Cylinder und einer Decke von Drahtgeflecht. Gelangt der Arbeiter mit dieser Lampe in ein explosives Gasgemisch, so dringt dieses natürlich durch das Drahtgeflecht und entzündet sich an der Lampenflamme. Es brennt aber nur im Innern des Cylinders, da das Drahtnetz dem brennenden Gase soviel Wärme entzieht, daß die Flamme nicht nach außen durchzuschlagen vermag. Der Arbeiter hat daher Zeit, sich in Sicherheit zu bringen, wenn er die Flammenerscheinung in seiner Lampe bemerkt. Größte Reinlichkeit beim Gebrauch ist, wie bei den Mineralöllampen, so auch hier die unerläßliche Bedingung für ein sicheres Funktionieren der Lampe. Kleine Schmutzteilchen, welche sich am Cylinder festhängen, können an der Flamme des Gases zu glimmen anfangen, die Entzündung nach außen fortpflanzen und namenloses Unheil anrichten. Neben peinlicher Reinhaltung der Lampe ist aber natürlich auch gewissenhaftes Umgehen mit derselben Pflicht des Bergmanns. Die Flamme brennt nur schwach und ihr Schein wird durch den Drahtkorb, der sie umgiebt, noch mehr gedämpft. Die Vertrautheit mit der Gefahr verführt daher den Arbeiter nur zu leicht, den strengen Befehl der Behörde zu umgehen; um besser sehen zu können, öffnet er die Lampe, deren ganzer Zweck hierdurch illusorisch wird. Es ist daher von jeher das Streben der Aufsichtsbehörde gewesen, das Öffnen der Lampe von seiten des Arbeiters unmöglich zu machen. Ein gemeinsamer Schlüssel, der nur in den Händen des Steigers sich befindet, nützt wenig, da er häufig nachgeahmt worden ist. Man hat daher die Lampen so eingerichtet, daß sie nur durch einen sehr starken, im Steigerhause befindlichen Magneten geöffnet werden können, oder auch so, daß sie beim Öffnen erlöschen müssen.

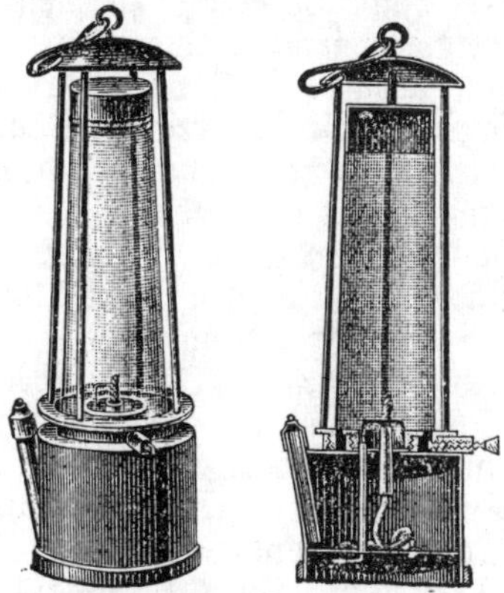

Fig. 189. Sicherheitslampe.

Leider hat sich neuerdings ergeben, daß die Sicherheitslampe in bestimmten Fällen überhaupt nicht funktioniert. Ein Durchschlagen der Flamme kann z. B. stattfinden, wenn ein sehr starker Luftzug oder

der Luftdruck eines nahen Sprengschusses den Drahtcylinder trifft. Aus diesem Grunde wendet man heute zwar den Lampen noch die nötige Sorgfalt zu, im wesentlichen richtet man aber sein Augenmerk auf eine möglichst vollkommene Ventilation der Gruben, um so die Gefahr im Keim zu ersticken.

3. Gasförmige Leuchtstoffe; Gasbeleuchtung.

Im Gegensatz zu den bisher behandelten Beleuchtungsstoffen, welche beim Brennen von selbst in Gasform übergehen, kennt man eine größere Zahl von Mineralien, welche zwar brennbare und leuchtfähige Gase in reicher Menge enthalten, diese aber nur durch sehr starke Hitze frei geben. Um diese gasförmigen Leuchtstoffe zu verwerten, müssen die sie enthaltenden Körper daher vorgängig fabrikmäßig behandelt worden; die Produkte werden dann in Reservoiren aufgesammelt, und aus diesen den Beleuchtungsstellen durch Röhrenleitungen zugeführt.

Die Erfindung der Gasbeleuchtung ist verhältnismäßig neu. Zwar war schon im 17. Jahrhundert bekannt geworden, daß Steinkohlen beim Erhitzen ein mit leuchtender Flamme brennendes Gas liefern, und einzelne Personen hatten Leuchtgas aus verschiedenen Materialien gegen Ende des vorigen Jahrhunderts zu ihren Privatzwecken gebraucht. So Lord Dundonald, welcher das aus Koksöfen entweichende Gas zur Beleuchtung seines Landhauses benutzte und Lebon, welcher um dieselbe Zeit Leuchtgas aus Knochenfett herstellte. Erst dem Schotten Murdoch gelang es, die Leuchtgasverwendung im weiteren Umfange einzuführen. 1792 beleuchtete er sein Haus und seine Werkstatt zu Redeuth in Cornwallis mit Gas aus Steinkohlen, 1798 führte er dieselbe Einrichtung mit Erfolg in einer der ersten und größten Maschinenfabriken, der von Boulton und Watt in Soho, ein. Der Amerikaner Henfrey beleuchtete 1801 einen Saal in Baltimore mit Gas; diese Thatsache erregte in Amerika derartiges Aufsehen, daß von nun an die Leuchtgasfabrikation und die Gasbeleuchtung in Amerika viel schnellere Fortschritte machte, als in Europa. Murdochs Schüler, Samuel Clegg, dem die Gasindustrie später sehr viel verdankte, führte im Jahre 1814 die Straßenbeleuchtung mittels Gases in London ein. Deutsche Städte folgten langsam nach. 1816 wurden die Hüttenwerke von Freiberg beleuchtet, 1825 Hannover, 1826 Berlin, 1828 Dresden und Frankfurt, 1838 Leipzig. Clegg verdankt man die Erfindung der Kalkreinigung und der Gasuhr, Philipps und Laming die Erfindung der Eisenreiniger. 1868 waren bereits 530 deutsche Städte mit Gas beleuchtet; 1885 gab es in Deutschland 1257 Gasanstalten. Die Konkurrenz des elektrischen Lichtes, von der man zuerst eine Schädigung der Gasindustrie fürchtete, hat im Gegenteil die Gastechniker zu erneuten Anstrengungen angespornt, um den Kampf mit der elektrischen Beleuchtung aufzunehmen, so daß heute die Anwendung des Leuchtgases sich noch immer weiter ausbreitet und die Vollkommenheit der Gasbeleuchtungsapparate fast von Jahr zu Jahr steigt.

Alle Rohmaterialien, aus denen man Leuchtgas fabriziert, bestehen — mit Ausnahme der Mineralöle — aus Kohle, Wasserstoff und Sauerstoff. Beim Erhitzen unter Luftabschluß, der sogenannten trockenen Destillation, liefern sie alle teils gasförmige, teils zu Flüssigkeiten kondensierbare Stoffe. An manchen Orten, besonders dort, wo Mineralöle gewonnen werden, entströmen der Erde brennbare Gase, welche häufig unter dem Namen „Naturgas" direkt zur technischen Verwendung gelangen, so besonders in den amerikanischen Staaten New-York und Pennsylvanien, sowie im Centralpunkt der russischen Petroleumgewinnung, in Baku. Dasjenige Mineral, welches bei weitem am meisten zur Leuchtgasgewinnung verwendet wird, ist die Steinkohle.

Man benutzt vorwiegend besonders wasserstoffreiche Kohlen mit geringem Gehalt an anorganischen Bestandteilen, welche beim Glühen zusammenbacken (Backkohle). Die beste Kohle zur Leuchtgasbereitung ist die schottische Kännelkohle aus dem Distrikt von Newcastle; dann folgt die nur wenig geringere rheinisch-westfälische Kohle, während die schlesische und die sächsische Steinkohle den geringsten Wert besitzen.

Das Glühen der Steinkohlen erfolgt in Röhren aus feuerfestem Thon von elliptischem Querschnitt, den Gasretorten; zuweilen giebt man denselben auch einen eingebogenen Boden. Die Retorten sind am hinteren Ende verschlossen, haben 2—3 Meter Länge gegen 1/2 Meter Breite bei etwas geringerer Höhe, und fassen gegen 100 kg Steinkohle, welche in groben Stücken eingeschaufelt wird. Die Retorten liegen in der Regel horizontal zu 1 bis 12 Stück in den Glühöfen (s. Fig. 190 bis 192) und werden von unten her von der Ofenflamme umspielt. Als Feuerung verwendete man früher Steinkohle oder Koks, während heute die meisten Gasanstalten eine Generatorfeuerung haben. Das Prinzip dieser von Siemens erfundenen Feuerung besteht darin, daß ein Gemisch von Luft und Leuchtgas, welches natürlich nicht soviel Luft enthalten darf, als zur Explosion des Gemisches nötig ist, wenn es vor der Entzündung angewärmt wird, beim Verbrennen eine sehr hohe Verbrennungstemperatur giebt (Fig. 193). Das Gas wird durch unvollständige Verbrennung von Braunkohlen erzeugt und, ebenso wie die Luft, in je eine vorher hoch erhitzte, mit Ziegelsteinen gefüllte Kammer c c' geleitet;

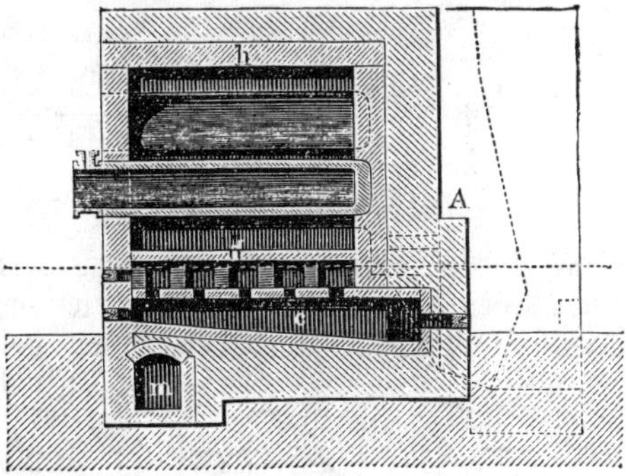

Fig. 190.
Gasretorte im Ofen.

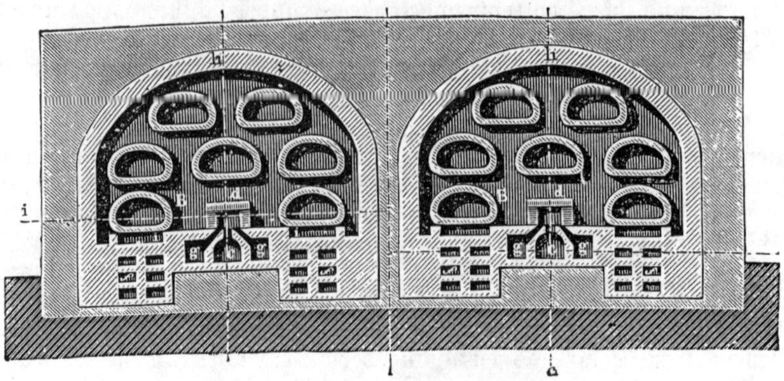

Fig. 191. Gasofen (Vorderansicht).

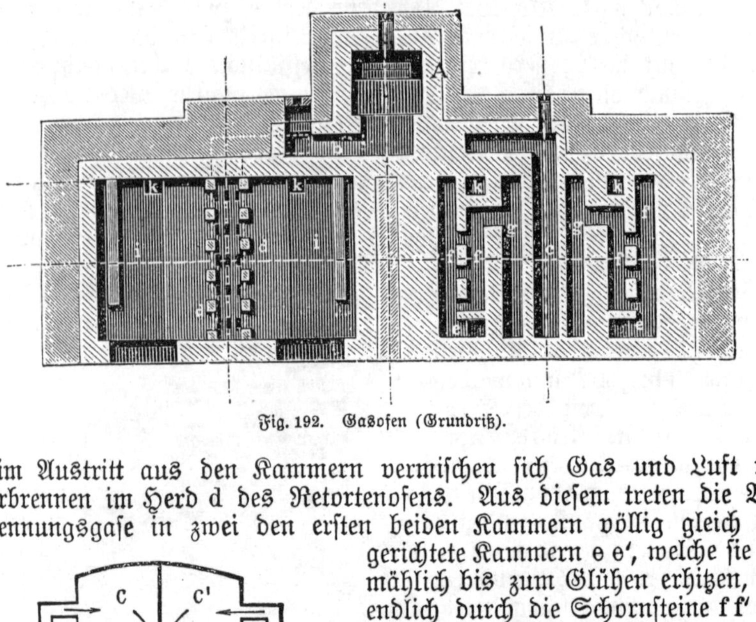

Fig. 192. Gasofen (Grundriß).

beim Austritt aus den Kammern vermischen sich Gas und Luft und verbrennen im Herd d des Retortenofens. Aus diesem treten die Verbrennungsgase in zwei den ersten beiden Kammern völlig gleich eingerichtete Kammern e e', welche sie allmählich bis zum Glühen erhitzen, um endlich durch die Schornsteine f f' abzuziehen. Ist einige Zeit verstrichen, so haben sich die beiden ersten Kammern soweit abgekühlt, daß die Hitze der Ofenflamme nicht mehr völlig genügt; dann leitet man durch einfache Umstellung der Register b b' Luft und Leuchtgas aus a a' in das nun sehr hoch erhitzte zweite Kammernpaar. Die

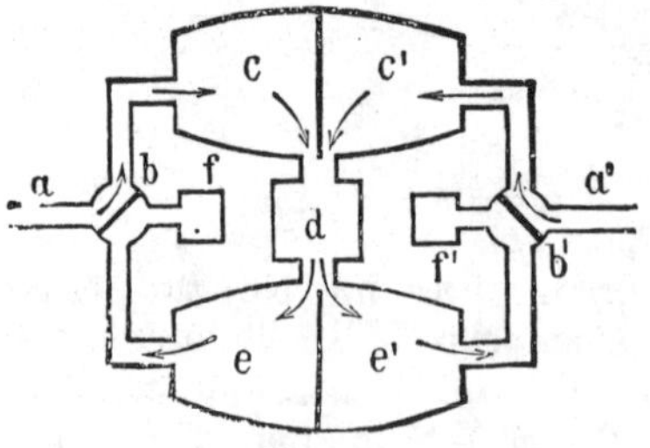

Fig. 193.
Schema einer Generatorfeuerung.

Ofenflamme bekommt dadurch wieder ihre frühere hohe Temperatur und die abziehenden Ofengase erhitzen nun wieder das erste Kammernpaar. Nach einiger Zeit, d. h. wenn die Hitze der Ofenflamme wieder nachläßt, stellt man die Register aufs neue um u. s. w. Die beiden Kammernpaare mit ihren Zuleitungen sind unterirdisch angebracht, nur der Retortenherd liegt zu ebener Erde; durch kleine Öffnungen läßt sich die Glühtemperatur der Generatorkammern, behufs nötig werdender Umstellung der Register, jederzeit leicht kontrolieren.

Die Temperatur der Gasretorten soll die der hellen Rotglühhitze sein, welche gegen Ende des Prozesses fast bis zur schwachen Weißglut steigen darf. Jede Retorte hat am vorderen, offenen, aus dem Ofen hervorragenden Ende einen eisernen Verschluß, welcher sehr verschieden konstruiert sein kann. In der neueren Zeit wendet man, z. B. in den Berliner Gasanstalten, sogenannte Excenterverschlüsse an, welche den am Rande mit Lehmmasse bestrichenen eisernen Deckel der Retorte fest und gasdicht gegen den Rand der Retorte drücken und ein schnelles und leichtes Öffnen gestatten. Der Verschluß hat nach oben zu einen Auslaß, welcher durch ein senkrecht aufsteigendes Rohr gasdicht mit der Hydraulik oder Vorlage verbunden ist, einem weiten und langen Eisenrohr, welches über alle Retortenöfen fortläuft und zur ersten Kondensation der dampfförmigen Destillationsprodukte bestimmt ist (s. B in Fig. 194). Die Vorlage ist daher stets bis über die Hälfte mit Teer gefüllt, in welchen jedes aufsteigende, oben kurz umgebogene Retortenrohr etwa 30 cm tief eintaucht. Hierdurch ist der Raum jeder Retorte für sich vollkommen abgeschlossen und kommuniziert nicht mit den übrigen Retorten, sowie den weiteren Kondensationsräumen. Es ist dies von hoher Wichtigkeit in Hinsicht darauf, daß beim gleichzeitigen Aufschlagen mehrerer Retorten jede von diesen völlig isoliert sein muß, wenn einer allgemeinen Entzündung der Destillationsprodukte vorgebeugt werden soll.

Bei der angegebenen Ladung ist der Destillationsprozeß nach 4 bis 5 Stunden beendigt. Dann öffnet ein Arbeiter die Retorte und entzündet mittels einer Lunte sogleich das ausströmende Gas, um einer etwaigen Ansammlung und Vermischung desselben mit der Luft vorzubeugen. Mit langen Zieheisen wird der Rückstand, Koks genannt, aus der Retorte in untergestellte eiserne Karren entleert, diese aus dem Retortenhause herausgefahren, und die noch glühenden Koks durch Aufgießen von Wasser abgelöscht. Sie geben ein vorzügliches, wenn auch schwer entzündbares Feuerungsmaterial ab, welches vom Platze weg verkauft wird. Die völlig entleerte Retorte wird durch Einwerfen von Steinkohle neu beschickt, eine Arbeit, welche viel handliche Geschicklichkeit der Arbeiter voraussetzt, besonders beim Laden der höher liegenden Retorten. Um das Laden und Entladen zu erleichtern, hat man in neuester Zeit beiderseits verschließbare Retorten angewendet, welche man schräg nach vorn geneigt in den Ofen legt. Das Laden erfolgt dann bequem durch das hintere, höher gelegene Ende; beim

Entladen braucht man nur das vordere Ende zu öffnen, worauf die Koks von selbst herausfallen.

Die gasförmigen Destillationsprodukte gelangen durch die senkrechten Steigröhren in die Vorlage, wo sich die kondensierbaren zum größten Teil verdichten und dadurch, wie schon bemerkt, die Steigröhren absperren. Es ist dafür gesorgt, daß immer mindestens die Hälfte der Vorlage mit Flüssigkeit gefüllt ist; der Überschuß fließt ab und sammelt sich in den Teerbassins. Das Gas passiert hierauf (s. die Darstellung der Gesamtgasanlage in Fig. 194) zunächst die Kondensatoren C, ein System weiter eiserner, senkrecht stehender Röhren, welche entweder durch die umgebende Luft oder durch Wasser gekühlt werden; man ordnet sie neuerdings nicht mehr hinter einander in einer Reihe an, sondern stellt sie zu mehreren in kreisförmige Gruppen. Jeder Kondensatorcylinder steht mit dem darunter liegenden Teerbassin in Verbindung. In den Kondensatoren kühlt sich das Gas allmählich bis zur Lufttemperatur ab, und es kondensieren sich weitere dampfförmige Produkte, Teer und besonders auch Gaswasser. Oftmals wird in die letzten Kondensatoren Wasser eingespritzt, um die Kondensation zu befördern.

Die letzten Spuren kondensierbarer Stoffe werden entfernt durch die Skrubber D, in welche das Gas nunmehr eintritt. Es sind dies weite eiserne Cylinder, die mit Koks gefüllt sind, über welche fortwährend Wasser herabrinnt. Das Leuchtgas strömt bei seinem Eintritt dem Sprühregen des Wassers entgegen, so daß hierdurch alles noch Kondensierbare niedergeschlagen wird; dies sammelt sich im unteren Teile des Skrubbers und läuft durch einen Siebboden ebenfalls in die Teerbassins.

In diesen sammelt sich neben dem glänzenden schwarzen Teer, welcher größtenteils zur Fabrikation einer Unzahl von Farbstoffen und anderen organischen Produkten an die chemischen Fabriken abgegeben wird, das leichtere Gaswasser, welches wegen seines Ammoniakreichtums heutzutage die Quelle für die Darstellung aller Ammoniakverbindungen, vorzüglich des Salmiaks und des Salmiakgeistes geworden ist.

Durch die Abkühlung werden nur diejenigen Bestandteile des Leuchtgases ausgeschieden, welche bei gewöhnlicher Temperatur flüssig sind. Da dasselbe aber eine Anzahl schädlicher gasförmiger Beimengungen enthält, welche sich später beim Brennen in unangenehmer Weise bemerkbar machen würden, so muß man es nun noch einer chemischen Reinigung unterwerfen.

Das zum Brennen taugliche Gas soll im wesentlichen aus Wasserstoff, Grubengas und — als wichtigstem leuchtenden Bestandteil — aus Äthylen bestehen. Von dem letzteren genügen 5 bis 10 %, um der Flamme die nötige Leuchtkraft zu geben. Daneben darf es andere brennbare Bestandteile in kleiner Menge enthalten, voraus-

Fig. 149. Gesamtgasanlage.

gesetzt, daß diese beim Verbrennen nicht den Ausströmungsmündungen schaden; das letztere gilt in erster Linie von dem stets in geringem Maße vorhandenen, vom Schwefelgehalte der Steinkohle herrührenden Schwefelwasserstoff, sowie vom Schwefelkohlenstoff und den in geringerer Menge vorhandenen Cyanverbindungen. Ausgeschlossen sind ferner unverbrennbare Gase, also in erster Linie Kohlensäure, sodann schweflige Säure. Die fünf genannten Verunreinigungen entfernt man durch den Reinigungsprozeß.

Die Reiniger E (Fig. 194) sind große flache eiserne Kästen, 3 bis 4 Meter im Geviert haltend, deren Deckel beweglich ist und durch mechanische Hebevorrichtungen leicht abgehoben werden kann. Diese Kästen enthalten etagenartig über einander liegende durchbrochene Hürden, auf welchen das Reinigungsmaterial ausgebreitet wird. Ist der Reiniger im Gebrauch, so liegt der Deckel auf; sein nach unten vorspringender Rand greift in eine tiefe, mit Wasser gefüllte Rinne des Unterteils ein, wodurch ein hermetischer Verschluß erzielt wird. Das Leuchtgas tritt unten von der Seite in den Reiniger ein und strömt, nachdem es sämtliche Hürden passiert hat, oben ab. Die Reiniger stehen stets in Gruppen zu je vieren zusammen. Drei sind im Gebrauch, derart, daß das Gas sie hinter einander durchströmt, und zwar den frischesten zuletzt; der vierte wird neu beschickt. Ob es Zeit zum Erneuern des Reinigungsmaterials ist, erkennt man einfach, indem man einen im Deckel des Reinigers angebrachten kleinen Hahn öffnet und einen Streifen Papier, welcher in Bleiwasser getaucht worden ist, in den austretenden Gasstrom hält; erfolgt eine Bräunung (durch Schwefelwasserstoff), so schaltet man den Kasten aus, hebt den Deckel ab und wechselt die Beschickung der Hürden.

Die Reinigungsmasse bestand ursprünglich aus frisch gelöschtem Kalk, welcher, um größere Lockerheit und Durchlässigkeit zu besitzen, mit Sägespänen oder Lohe vermischt wurde (Kalkreiniger). Der Kalk absorbiert aber nicht so energisch, wie die später angewandte Lamingsche Masse, welche aus Eisenvitriol, gelöschtem Kalk und Sägemehl besteht. Durch die innige Berührung der etwas angefeuchteten Masse bildet sich Eisenhydroxyd und Gips, während Kalk überschüssig bleibt. Die Lamingsche Masse verwandelt sich durch die Absorption der Gasverunreinigungen in Schwefeleisen, kohlensaurem Kalk und schwefelsaures Ammoniak, und wirkt sehr gut. Heute wendet man aber zum Reinigen fast nur noch Eisenhydroxyd allein an, welches man entweder als Abfall aus chemischen Fabriken bezieht oder in Form von unreinen und geringen Eisenerzen (Brauneisenstein, Raseneisenstein) aus den Hütten erhält und mit Sägemehl vermischt. Es scheint daher, als wenn man dem Kohlensäuregehalt des Leuchtgases, welcher allerdings nicht bedeutend ist, kein Gewicht legt. Das Eisenoxyd geht durch seine Absorptionsthätigkeit in Schwefeleisen über. Dieses wird zum wiederholten Gebrauche regeneriert, indem man es an der Luft ausbreitet und öfters umschaufelt. Hierbei geht das Schwefeleisen in Eisenhydroxyd und fein zerteilten Schwefel über und kann von neuem gebraucht werden, bis der Schwefelgehalt endlich nach öfterer Benutzung derartig steigt, daß die Masse nicht mehr wirkt. Dann läßt sie sich noch auf verschiedene Produkte, besonders Schwefel, verarbeiten.

Es ist selbstverständlich, daß das Leuchtgas beim Passieren der Hydraulik, der Kondensatoren, der Skrubber und der Reiniger einen nicht unbedeutenden Widerstand zu überwinden hat und es müßte infolgedessen auf diesem Wege unter einem Drucke stehen, welcher einmal ein Entweichen durch zufällige Risse der Leitungen, sodann aber, durch zu langes Verweilen des entstandenen Gases in den glühenden Retorten, eine Verminderung der Qualität desselben nach sich ziehen würde. Um diesem Übelstande zu begegnen und das gereinigte Leuchtgas mit einem geringen Überdruck den weiteren, noch zu passierenden Apparaten zuzuführen, befinden sich hinter den Reinigern die Exhaustoren, durch Dampf getriebene Luftpumpen, welche das Gas aus den bisher beschriebenen Apparaten aufsaugen und weiter befördern. Die Exhaustoren der größeren Gasanstalten sind automatisch arbeitend, d. h. sie wirken nur zeitweilig, wenn der sich erhöhende Druck im Reiniger dies nötig macht und hören von selbst auf zu arbeiten, wenn der Druck auf das gewünschte Maß gesunken ist. Sehr häufig findet man die Exhaustoren nicht hinter den Reinigungsapparaten, sondern schon vor denselben, d. h. gleich hinter den Skrubbern eingeschaltet.

Das Gas wird nun zu Apparaten geführt, welche die erzeugte Menge genau zu messen gestatten. Dieselben sind nach dem Prinzip der weiter unter näher zu beschreibenden kleinen Gasuhren der Konsumenten gebaut, aber in riesigen Dimensionen. Eine solche Betriebsgasuhr hat einen Durchmesser von 3 bis 4 Metern und gestattet auf 5 Zifferblättern eine genaue Ablesung der Gasmengen, welche in einem längeren Zeitraum hindurchgehen.

Das gemessene Gas strömt nun durch eiserne unterirdische Röhren den Gasometern zu (Fig. 194, F und 195), mächtigen Behältern, welche einmal die für eine starke Konsumtion nötigen Gasmengen sammeln, sodann aber auch dem Gase einen gleichförmigen Druck geben sollen. Man führt die Gasometer gewöhnlich auf einer kleinen, innen ausgehöhlten Erderhöhung aus Ziegeln auf und versieht das weite cylindrische Gemäuer mit einem möglichst leichten, aus Eisen konstruierten Dach. Rings herum laufen im Inneren mehrere Galerien. Durch die ganze Weite des Innenraums, bis auf einen äußeren Spielraum von etwa 1 m, wird bis zur Höhe der ersten Galerie aus Erde, Cement und Ziegeln ein cylindrisches massives Gemäuer aufgeführt, welches von unten her die Zuleitungs- und Ableitungsröhren für das Gas aufnimmt; die Enden beider Röhren ragen nur wenig über die obere Fläche hervor. Der innere massive Cylinder des Gasometers ist also durch eine schmale, aber häufig bis zu 20 m tiefe Rinne von der äußeren Wand getrennt. Diese Rinne wird mit Wasser gefüllt gehalten und soll zur Aufnahme der Glocke des Gasometers dienen. Die Glocke, ein weiter Cylinder, ist unten offen, oben von einem schwach gewölbten Dache abgeschlossen; sie wird aus eisernen Blech-

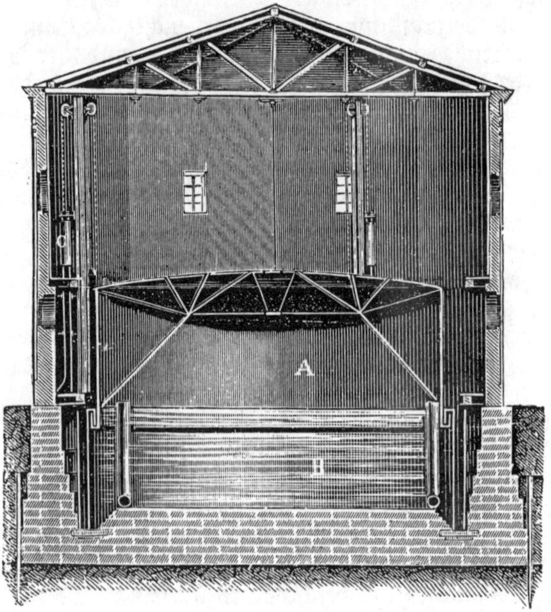

Fig. 195. Gasometer.

tafeln zusammengenietet, und die Fugen werden so gut wie möglich gedichtet. Die Glocke, deren Durchmesser um ein geringes größer ist, als derjenige des Massivcylinders, taucht mit ihrem unteren Rande in das Wasser der Rinne; bei leerem Gasometer liegt ihre obere Wölbung nur wenig höher als die Zuleitungsröhren. Strömt nun Gas zu, so hebt dasselbe die Glocke; um ein Schwanken des gewaltigen Körpers unmöglich zu machen, gleitet die Glocke genau senkrecht mittels Leitrollen, welche an senkrechten, im Umkreise stehenden, eisernen Pfeilern laufen. Ist die Glocke ganz gefüllt, so hat sie ihren höchsten Stand erreicht und übt nun nach Abschließung des Zuleitungsrohres einen bestimmten Druck auf das Gas aus, vermöge dessen es bei geöffnetem Ableitungsrohr mit mäßiger Geschwindigkeit den Verbrauchsstellen zuströmt.

Bei sehr großem Inhalte der Gasometer — man baut solche bis zu 50 000 Kubikmeter — müßte die Wassertiefe derselben eine sehr beträchtliche sein. Um diesen Übelstand zu umgehen, hat man Gasometer mit sogenannten Teleskopglocken gebaut, deren man sich bei großen

Anlagen neuerdings stets bedient. Diese Glocken bestehen aus zwei oder drei Teilen; der oberste Teil ist wie eine gewöhnliche Glocke konstruiert, sein unterer Rand ist aber nach außen um 20 — 30 cm umgebogen. Hierdurch entsteht eine äußere kreisförmige Rinne am unteren Rande. Der nächstfolgende Glockenteil ist ein beiderseits offner Cylinder, dessen oberer Rand nach innen, dessen unterer — falls noch ein dritter Glockenteil sich anschließen soll — wieder nach außen umgebogen ist. Bei leerem Gasometer liegen die Glockenteile in einander geschachtelt in der Bassinrinne. Beim Füllen hebt sich zunächst nur der oberste (innerste) Teil. Ist er fast ganz aus dem Bassin gestiegen, so greift nun die innere Randrinne des zweiten Teils in die äußere des oberen, welche mit Wasser gefüllt ist. Hierdurch wird ein hermetischer Wasserverschluß erzielt und die weiteren Teile folgen dem obersten beim Aufsteigen nach. Es versteht sich von selbst, daß die Führungsrollen entsprechend der nach unten zu steigenden Weite der Glockenteile angebracht werden müssen, um ein sicheres Spiel des Ganzen zu garantieren.

Das aus dem Gasometer austretende Gas hat häufig einen etwas zu hohen Druck. Man läßt es daher gewöhnlich noch durch einen Druckregulator gehen. Derselbe besteht im wesentlichen aus einer leichten Eisentrommel von der Form der Gasometerglocke, welche in einem cylindrischen, mit Wasser gefüllten Gefäß auf und ab steigt und desto tiefer heruntergedrückt wird, mit je schwereren Gewichten man sie belegt. Durch einen im Innern der Trommel befestigten Metallconus wird die Ausströmungsöffnung des unter die Trommel geleiteten Gases desto mehr verkleinert, je mehr sich die Trommel hebt. Das aufgelegte Gewicht ist sorgfältig derartig reguliert, daß das ausströmende Gas den vorgeschriebenen Druck von 2,5—5 cm Wassersäule hat. Wird nun der Druck vom Gasometer her stärker, so wird die Trommel gehoben, also die Ausströmungsöffnung verkleinert, so daß das Gas im wesentlichen denselben Druck behält. Ein richtig funktionierender Druckregulator muß daher eine fortwährende ganz geringe Schwankung seiner Glocke erkennen lassen.

Nicht nur die Steinkohle dient, wenn auch überwiegend, zur Leuchtgasfabrikation; von anderen Substanzen, die in Betracht kommen, sind zu nennen: Holz, Harz, Petroleumrückstände, Fett aller Art.

Holz liefert bei einer Temperatur von 800—900 ° C. ein Gas, welches im wesentlichen aus Kohlenoxyd, Kohlensäure und Grubengas besteht. Es giebt daher, nach Entfernung der Kohlensäure durch den Kalkreiniger, nur schwach leuchtende Flammen. Zur Erzielung hinreichender Leuchtkraft muß das entwickelte Gas hinreichend lange mit den glühenden Wänden der Retorten, die aus diesem Grunde viel größer als die gewöhnlichen gewählt werden, in Berührung sein. Dadurch zersetzen sich die reichlich entweichenden Teerdämpfe; ihre gasförmigen, kohlenreichen Zersetzungsprodukte mengen sich dem Gase bei und machen es leuchtkräftiger. Ammoniak und Schwefelwasserstoff enthält das Holzgas gar nicht. Das Gaswasser enthält Methylalkohol und Essigsäure, in den Retorten bleibt Holzkohle zurück. Die Darstellung des Holzgases ist nur dann zu empfehlen, wenn man trockenes Holz in Menge zu billigerem Preise als Steinkohlen haben kann. Noch weniger praktisch ist die Fabrikation von Leuchtgas aus Torf, weil es besonders stark verunreinigt ist, auch Schwefelwasserstoff und Ammoniak enthält.

In besonders waldreichen Gegenden, z. B. in einzelnen Teilen Amerikas, verwendet man auch Harze aller Art zur Gasfabrikation. Dieselben werden nicht direkt destilliert, vielmehr erst bei gelinder Hitze geschmolzen. Das geschmolzene Harz läßt man dann in die zum Glühen erhitzte, mit Ziegelstücken gefüllte Retorte fließen, wo es sich zersetzt. Das Harzgas ist etwa von der Güte des Steinkohlengases; aus 100 kg Harz erhält man im Mittel 60 Kubikmeter Gas.

Die Rückstände der Raffinierung des Petroleums bilden ein besonders vorzügliches Material für die Gasbereitung, denn man erhält aus ihnen ein Gas, welches das Steinkohlengas an Leuchtkraft bedeutend übertrifft. Die Behandlung bei der Fabrikation ist eine überaus einfache, so daß selbst kleinere Fabriken sich mit großem Vorteil aus Petroleumrückständen, Paraffinöl und dergleichen ihr Leuchtgas selbst darstellen können. Das Material wird durch Pumpen in die kleine rotglühende Retorte gehoben, wo die Vergasung sehr schnell und ohne Rückstand erfolgt. Die Gase gehen durch einen einzigen Condensator und einen kleinen Skrubber, wobei sie eine geringe Menge Teer absetzen; dann sind sie gebrauchsfertig.

Ähnlich wie aus Petroleumrückständen und mit denselben Vorteilen fabriziert man Leuchtgas aus Öl, Wollfett, Schieferöl, kurz aus Fetten und Fettabfällen jeder Art. Alle diese Gase sind zwar etwas teurer als Steinkohlengas, aber bedeutend leuchtfähiger. Sie eignen sich auch wegen ihrer großen Leuchtkraft vorzüglich zur Verwendung in komprimiertem Zustande. So benutzt man z. B. das Ölgas, wie es Pintsch in Berlin, auf 10 Atmosphären komprimiert, in eisernen Cylindern liefert, zur Beleuchtung von Eisenbahnwagen.

Im Gegensatz zu den eben erwähnten Leuchtgasarten, welche sich von dem gewöhnlichen Steinkohlengas durch größere Leuchtkraft unterscheiden, steht eine in neuerer Zeit vielfach in Gebrauch gekommene Art, welche unter dem Namen Wassergas bekannt geworden ist und gewonnen wird, indem man Wasserdampf über glühende Holzkohle oder Koks leitet, welche in eisernen oder thönernen Retorten lagern. Hierbei wirkt die Kohle reduzierend auf den Wasserdampf und man erhält ein Gemisch von Wasserstoff, Kohlenoxyd und Kohlensäure, welches durch Kalkreiniger von der Kohlensäure befreit wird. In diesem Zustand ist es sehr brennbar und entwickelt beträchtliche Hitze, leuchtet aber fast gar nicht. Soll es trotzdem zu Leuchtzwecken gebraucht werden, so muß es entweder in besonderen Brennern gebrannt werden, oder man teilt ihm durch eine besondere Behandlung einen höheren Kohlegehalt mit. Das erstgenannte Verfahren wird später bei Besprechung der Brenner erwähnt werden. Das letztere wird nicht nur für das Wassergas angewendet, sondern für alle anderen Gase von geringer Leuchtkraft und ist unter dem Namen Carbonisation oder Carburation bekannt.

Die Carburation wird in der Regel vorgenommen, indem man das Gas durch Gefäße leitet, welche kohlereiche Mineralöle oder erwärmte kohlereiche feste Kohlenwasserstoffe enthalten. Im ersten Falle benutzt man gewöhnlich die flüchtigen Petroleumöle, im zweiten Naphthalin und andere ähnliche Verbindungen. Das Gas wird hierdurch bedeutend leuchtkräftiger, indem es die flüchtigen Kohlenwasserstoffe mit sich reißt. Bei schlechten Leuchtgassorten kann man die Leuchtkraft bis auf das dreifache erhöhen. Ja, man ist soweit gegangen, schlechtweg Luft auf die angegebene Weise zu karburieren; das so bereitete Luftgas ist zur Verwendung leuchtkräftig genug.

Einer besonderen Art der Carburation unterwirft man das nicht leuchtende Wassergas nach dem von White erfundenen Hydrokarbonprozeß. Man leitet das rohe, noch nicht von seiner Kohlensäure befreite Wassergas, mit wenig Wasserdampf gemischt, über glühende Kännelkohle, wodurch es sich einmal schnell mit stark leuchtenden Kohlenwasserstoffen sättigt; sodann aber verwandelt sich die in ihm enthaltene Kohlensäure in Berührung mit der glühenden Kohle in Kohlenoxyd, so daß eine weitere Reinigung unnötig wird. Der Wasserdampf wird in derselben Weise, wie beim Bildungsprozeß des Wassergases, zerlegt und es bildet sich noch mehr Wasserstoff, der die Brennbarkeit des Gases noch erhöht. Das gewonnene, sehr leuchtkräftige Gas ist unter dem Namen Hydrokarbongas in der Technik bekannt geworden.

Es muß erwähnt werden, daß das Wassergas, gleichgültig, in welcher Art es nach seiner Darstellung noch behandelt wird, durch seinen Gehalt an Kohlenoxydgas sehr giftig ist, so daß das Ausströmen desselben noch gefährlichere Wirkungen nach sich zieht, als das des gewöhnlichen Leuchtgases, welches durch seinen Äthylengehalt giftig wirkt.

Das Gas, welches von einer großen Fabrikanlage den verschiedensten Verbrauchstellen zugeführt wird, muß an diesen im einzelnen in genau derselben Weise gemessen werden, wie dies in der Fabrik im großen geschah. Zu diesem Zwecke dient die von mehreren englischen Mechanikern erfundene Gasuhr (Fig. 196 u. 197), auch wohl Gasmesser oder Gaszähler genannt.

Der Apparat besteht aus starkem Weißblech und enthält als Hauptteil den liegenden Cylinder W, welcher etwas über die Hälfte mit Wasser gefüllt ist. In ihm bewegt sich leicht um eine horizontale Achse die Trommel der Gasuhr. Dieselbe schließt an beiden Enden mit schwach gewölbten Kopfstücken ab (o in Fig. 197) und trägt zwischen diesen vier eigentümlich gebogene Blechwände, welche die ganze Trommel in vier gleiche Kammern teilen, derart, daß jede von diesen einerseits mit dem zwischen der äußeren Trommelwand und dem Gehäuse liegendem Raum, andererseits mit dem inneren, cylindrischen, um die Achse liegenden Raum kommuniziert. Die vier äußeren schlitzartigen Öffnungen der Kammern, welche die erstgenannte Verbindung vermitteln, sind so angeordnet, daß sie nie zugleich mit den den-

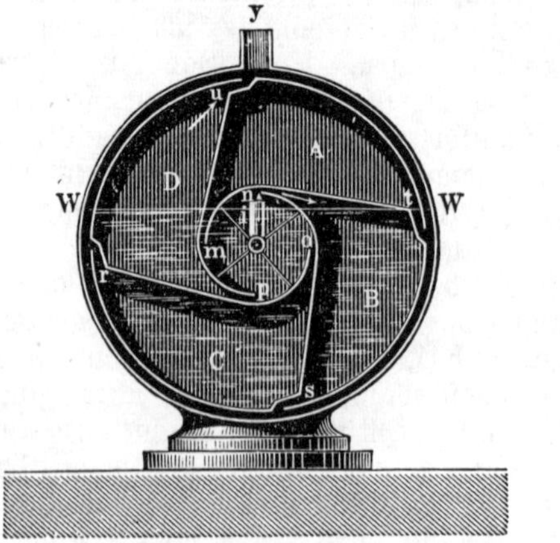

Fig. 196.
Gasuhr (Durchschnitt)

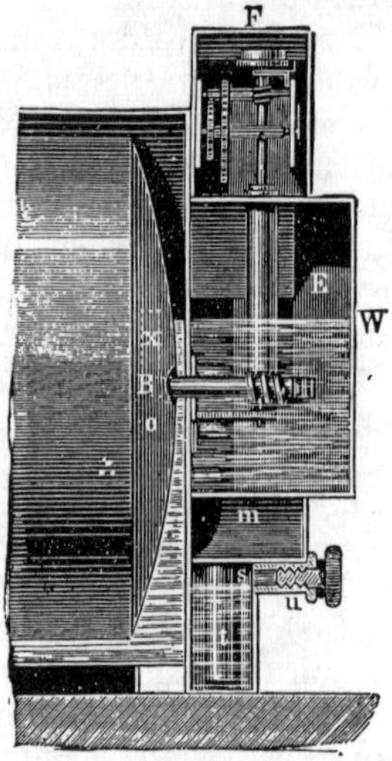

Fig. 197.
Gasuhr (Seitenansicht).

selben Kammern angehörigen inneren Öffnungen sich außerhalb des Wassers befinden können; ist z. B. die innere Öffnung einer bestimmten Kammer frei, so liegt die äußere derselben Kammer unter Wasser und umgekehrt. Das Gas strömt durch ein horizontales, die hintere Gehäusewand hermetisch durchbohrendes, in der Richtung der Achse liegendes Rohr, welches, unterhalb des Wasserspiegels durch ein zentrales Loch der hinteren Trommelkopfwand lose hindurchgehend, in den kleinen inneren Raum der Trommel eintritt und kurz und knieförmig nach oben umgebogen ist, so daß seine obere Öffnung über Wasser liegt. In der äußeren Biegung dieses Knierohrs (i in Fig. 196), befindet sich das eine Achsenlager der Trommel, während das andere in der gegenüberliegenden, vorderen Wand des Gehäuses liegt.

Tritt nun das Gas ein, so bringt es durch seinen Druck auf die Flügelwände der Trommel diese zur Drehung in einer dem Zeiger der Uhr entgegengesetzten Richtung. So wie eine äußere Öffnung frei wird, entweicht das Gas durch das Ausströmungsrohr y und die nächste Kammer füllt sich, um sich gleich darauf ebenfalls zu entleeren. Hat sich die Trommel einmal um ihre Achse gedreht, so ist offenbar soviel Gas, wie die vier Kammern zusammen fassen, durch die Uhr passiert.

Um die Umdrehungen und damit die Anzahl Liter Gas, die hindurchgegangen sind, zählen zu können, trägt die in den vorderen, ebenfalls mit Wasser gefüllten, rechteckigen Vorsprung E (Fig. 197) des Gehäuses hineinragende Trommelachse eine Schraube ohne Ende, die in ein mit einem Zählwerk verbundenes Zahnrad eingreift. Dieses Zählwerk hat 4 Zifferblätter, welche die Einer, Zehner, Hunderter und Tausender in Litern der verbrauchten Gasmenge anzeigen.

Die Gasmenge, welche eine Gasuhr anzeigt, hängt, abgesehen von dem Drucke des Gases, wesentlich von der Temperatur und dem Wasserstande in der Uhr ab. Um wenigstens den letzteren zu regulieren, hat man den vorderen Raum der Gasuhr mit einer schwimmenden Hohlkugel versehen, durch deren Bewegung sowohl bei gar zu niedrigem, als auch bei zu hohem Wasserstande das Ausströmungsrohr sich automatisch schließt.

Um das Gefrieren des Wassers in der Gasuhr während des Winters zu vermeiden, pflegt man sie in einem vor Kälte geschützten Raum aufzustellen. Benutzt man aber hierzu ein geheiztes Zimmer, so ist dies für den Consumenten ein Nachteil, weil bei je 3° Temperaturerhöhung etwa 1% Gas, infolge der Ausdehnung, zu viel gemessen wird. Es empfiehlt sich daher, die Gasuhr stets in ungeheizten Räumen anzubringen, dagegen zur Vermeidung des Einfrierens dem Wasser etwas Glycerin zuzusetzen. —

Wenn man Leuchtgas einfach aus einer engen runden Öffnung herausbrennen ließe, so würde man eine spitze, lange, infolge des mangelhaften Luftzutrittes blakende und trübe Flamme erhalten. Man hat daher von jeher die Brenner besonders hergerichtet, um bestimmte Flammenformen von intensiver Leuchtkraft zu gewinnen.

Recht gut in seiner Wirkung ist der einfache und viel gebrauchte Fledermaus- oder Schnittbrenner. Bei diesem brennt das Gas aus einem feinen senkrechten Schlitz. Man erhält so eine breite, fächerförmige, sehr flache Flamme, welche der Luft reichlichen Zutritt gestattet und daher gut leuchtet. Ähnlich dieser Flamme, ist diejenige, welche der Hohlkopfbrenner liefert; sie ist fast kreisrund und von noch größerer Lichtstärke.

Statt aus einem Schlitz läßt man das Gas auch aus zwei windschief gegen einander geneigten, einen stumpfen Winkel bildenden Löchern brennen. So erhält man den Fischschwanz- oder Zweilochbrenner. Die Ebene der flachen stark leuchtenden Flamme steht senkrecht auf derjenigen der Löcher.

Um das Argandsche Prinzip des doppelten Luftzuges auf Leuchtgas anzuwenden, läßt man dieses in einen hohlen horizontalen Metallring eintreten, welcher an seiner oberen Seite einen Kreis von zahlreichen Löchern trägt; die einzelnen dünnen Flammenstrahlen vereinigen sich zu einer einzigen röhrenförmigen Flamme, welche, um ihre volle Leuchtkraft zu entfalten, des Cylinders — in diesem Falle eines geraden, glatten — nicht entbehren kann. Bei einer anderen Konstruktion, der von Dumas, sind die feinen Löcher durch einen engen kreisförmigen Schlitz ersetzt. Die Argandgasbrenner leuchten sehr gut, brauchen aber sehr viel Gas und entwickeln beim Brennen eine übermäßig hohe Wärme.

Was den Consum der genannten einfachen Brenner betrifft, so beträgt derselbe bei dem Fledermausbrenner pro Stunde 0,14—0,17, bei dem Fischschwanzbrenner 0,11—0,14, bei dem Arganbrenner, je nach der Anzahl der Brennlöcher, 0,13—0,25 Kubikmeter in der Stunde. —

Die in der Einleitung zu diesem Kapitel erwähnte Thatsache, daß die Leuchtkraft einer Flamme von drei Faktoren abhängt, nämlich von dem Kohlegehalt des Leuchtstoffes, von der Luftzuführung und endlich von der Temperatur der Flamme, haben wir bisher nur in den beiden ersten Richtungen ausgenutzt gesehen. In der neuesten Zeit aber ist man, besonders durch die anerkannnt große Wirksamkeit der von Siemens erfundenen und vervollkommneten, oben schon beschriebenen Generatorfeuerung darauf aufmerksam geworden, daß gerade eine Temperaturerhöhung des verbrennenden Leuchtgases und der zuströmenden Luft vor der Verbrennung von außerordentlich günstigem Einfluß auf die Leuchtkraft der Flamme ist. Das praktische Resultat dieser Betrachtungen sind die neuerdings mit großem Erfolge angewandten Brillantgaslampen oder Regenerativgasbrenner.

Es existieren von diesen, bei verhältnismäßig geringem Gasverbrauch sehr intensiv leuchtenden Apparaten mehrere Arten, die nicht im Prinzip, ja nicht einmal in der Anordnung, sondern nur in Bezug auf weniger wesentliche Äußerlichkeiten von einander abweichen. Es wird daher genügen, eine dieser Lampen, den Siemensschen Automatbrenner, genauer zu betrachten. Bei demselben steigert sich durch Vorwärmung von Gas und Luft die Leuchtkraft — ohne Zunahme des Gasverbrauchs — auf das Dreifache des sonstigen Effekts.

Die Gaskammer des Siemensschen Brenners, welche ihre Zuleitung von oben her empfängt, hat die Gestalt einer flach gewölbten Hohlkugelzone oder eines sehr niedrigen und breiten Hohlcylinders, dessen innerer Kreis etwas höher steht als der äußere. Der innere Kreisumfang ist von zahlreichen feinen Löchern durchbohrt, aus denen das Gas herausbrennt. Die Flamme hat also die Richtung nach der Mitte und nach oben. Dicht über der Gaskammer befindet sich eine ganz wie diese gestaltete, aber größere und daher die Gaskammer an den Seiten etwas überragende, im mittleren Ring etwas engere Porzellankammer, welche durch eine in ihr liegende, mit ihrer oberen und unteren Fläche parallele Scheidewand von Kugelkalottengestalt in einen oberen und unteren Teil zerfällt; diese Teile kommunizieren nur am äußeren Rande der Kammer. Die Flamme und die Verbrennungsgase schlagen also durch die mittlere, kegelförmig gestaltete untere Öffnung der Porzellankammer nach innen, durchlaufen den unteren Teil der

Kammer von innen nach außen, dann den oberen in der entgegengesetzten Richtung und strömen endlich in einen senkrechten cylindrischen Schornstein, in welchen der obere Teil der Kammer ausläuft und welcher der ganzen Lampe den nötigen starken Luftzug sichert. Bei diesem Umwege, welchen die Verbrennungsgase nehmen, erhitzen sie die Porzellankammer sehr stark, so daß diese besonders nach unten eine bedeutende Hitze ausstrahlt. Hierdurch wird sowohl das zugeleitete Leuchtgas, wie auch die zwischen der Gaskammer und der Porzellankammer zuströmende Luft vor der Verbrennung stark erwärmt. Die Siemenssche Lampe giebt daher nicht nur ein sehr intensives, sondern auch ein außerordentlich weißes Licht; die in der Flamme ausgeschiedene Kohle wird eben, infolge der sehr hohen Flammentemperatur, bis zur stärksten Weißglut erhitzt. Durch den glänzend weißen Porzellankörper der Lampe wird ihr Licht direkt nach unten geworfen und so auf das günstigste verwertet.

Ähnlich wie der Automatbrenner sind die Butzkesche Lampe und die weitverbreitete Wenhamsche Lampe konstruiert; während die erstere, wie der Automatbrenner, eine nach innen schlagende Flamme hat, hat die letztere die umgekehrte Flammenrichtung, d. h. nach außen. Hierbei scheint die Wärmewirkung sich noch zu steigern, da notorisch die Wenhamlampe bei gleicher Lichtentwicklung weniger Gas verbraucht, als die anderer Konstruktionen.

Die Brillantgaslampen kann man so recht als ein Produkt ihrer Zeit ansehen. Schwerlich würde sich die um die Mitte unseres Jahrhundert etwas in Stillstand geratene Leuchtgastechnik zu so schönen Leistungen aufgeschwungen haben, wenn nicht der ihr aufgezwungene Concurrenzkampf mit der elektrischen Beleuchtung sie zur äußersten Kraftentfaltung angespornt hätte.

Die soeben erwähnte Siemenssche Lampe, welche nicht nur ein sehr intensives, sondern auch ein außerordentlich weißes Licht liefert, basiert darauf, daß die in der Flamme ausgeschiedene Kohle bis zur stärksten Weisglut erhitzt wird, also ein Gasglühlicht entsteht, welches in neuerer Zeit dem gewöhnlichen Gaslicht vielfach vorgezogen wird. Dies geschieht namentlich infolge der Erfindung einer andern Art der Erzeugung des Gasglühlichtes von dem Wiener Chemiker Dr. Auer von Welsbach. Hier erzeugt der gewöhnliche Leuchtgasbrenner nur eine schwach leuchtende Flamme, in welcher ein Gewebe, Gasstrumpf genannt, zum Glühen gebracht wird. Das Gewebe ist Baumwolle, die in einer Lösung von sogenannten Erdmetallen, wie Thorium, Cer, Zirkonium und mit Verbindungen von Erdalkalimetallen getränkt ist. Nach mehrfachem Ausglühen des Strumpfes ist die Pflanzenfaser bis auf einen kleinen Aschenrest verbraucht, während die metallischen Bestandteile die Fasern des Strumpfes bewahren. Von Zeit zu Zeit muß der Strumpf erneuert werden. In der Leuchtgasflamme verbreitet dieser Strumpf ein intensives Glühlicht, dessen Weiße einen leichten Schimmer ins Grünliche hat.

Das Acetylenlicht.

Zum Schluß müssen wir noch einmal zum Beleuchtungswesen zurückkehren, denn gegenwärtig, an der Wende des 19. Jahrhunderts, in dessen Laufe sich der gewaltige Kampf zwischen Gas und Elektrizität vollzog, tritt ein neuer Mitbewerber auf, der, wenn nicht alles trügt, eine große Zukunft hat: das Acetylen. Seine Leuchtkraft ist 16mal stärker als die des gewöhnlichen Leuchtgases und immer noch 4mal so groß als die des neuen Auer'schen Gasglühlichtes.

Das Acetylen ist ein Gas, welches auf sehr verschiedene Weise dargestellt werden kann. Praktischen, d. h. technischen Wert hat nur seine Gewinnung aus Metallcarbiden, worunter man die Verbindung des Kohlenstoffes mit einem Metall versteht. Hier ist es das Calcium, ein Metall, welches in der Natur nirgends rein vorkommt, wohl aber ein Hauptbestandteil des Kalkes ist. Zusammenschmelzen von Kalk und Kohle auf elektrischem Wege ergiebt das Calciumcarbid. Dasselbe ist nur in Wasser löslich, zersetzt sich dann mit großer Heftigkeit, indem sich der Kohlenstoff mit dem Wasserstoff des Wassers und das Calcium mit dem Rest verbindet. Die erstere Verbindung ist das Acetylen, ein Gas, welches bei gewöhnlichem Druck und sogar noch bei einem Überdruck von zwei Atmosphären nicht explosionsfähig ist. Wird es aber stark comprimirt oder gar in den flüssigen Zustand übergeführt, so kann es zu gefährlichen Explosionen Veranlassung geben, wie es unter der Hand von Pfuschern, welche mit ungenügendem Verständnis arbeiteten, wiederholt vorgekommen ist.

Erst Dr. Münsterberg in Berlin gelang es, in jahrelangen Arbeiten die Eigenarten dieses Carbids sowohl wie des Acetylens festzustellen und daraufhin Apparate zu construieren, welche jede Gefahr ausschließen. Das reine weiße Licht übertrifft jedes andere, die von ihm erzeugte Wärme ist unbedeutend, und die für die Luft schädlichen Produkte, welche sich beim Verbrennen bilden, sind so zurücktretend, daß in einem mit Acetylen erleuchteten Raume die sechsfache Anzahl Menschen sich aufhalten kann wie bei Gasbeleuchtung, ohne stärkere Verderbnis der Luft. Die Erzeugung ist außerordentlich leicht und die Beleuchtung um so bequemer, als der Apparat die denkbar einfachste Bedienung braucht und Störungen bei der Benutzung gar nicht möglich sind. Auch der Preis stellt sich jetzt billig, denn die auf Grund der Patente des Dr. Münsterberg in Berlin gebildete „Allgem. Carbid- und Acetylen-Gesellschaft" hat in Sarpsborg bei Christiania in Norwegen ein großartiges Carbidwerk errichtet, außerdem aber auch die einzige Importlizenz des in Deutschland bestehenden Carbidpatentes erworben, so daß das Acetylen, dessen immense Vorzüge schon jetzt ziemlich allgemein anerkannt sind, sicherlich seinen Triumphzug über die Erde halten wird.

Es ist nach all diesen hervorragenden Eigenschaften des Acetylens, wie gesagt, nicht unwahrscheinlich, daß es in dem mächtigen Konkurrenzkampfe auf dem Gebiete der Beleuchtung, wenn auch nicht Sieger bleiben, so sich doch wird behaupten können, während das Gaslicht, selbst in der Form des Gasglühlichtes, schwerlich darauf wird rechnen dürfen. Heute, wo man eben schon andere Beleuchtungsmittel hat, treten die Nachteile der Gasbeleuchtung schon schärfer hervor, als das früher der Fall war. Abgesehen von der Explosionsgefahr und infolgedessen von der Feuergefährlichkeit des Gases weiß jedermann, daß die Luft des Zimmers durch brennende Gasflammen nicht allein erhitzt, sondern auch verunreinigt wird, daß in einem gaserleuchteten Raum, wo viele Menschen arbeiten, die eingeatmete Luft gesundheitsschädlich ist. Vergiftungen durch ausgeströmtes Leuchtgas mit tödlichem Ausgange sind gar nicht selten. Aber auch der Grund und Boden, durch welchen die Leitungen führen, wird in nachteiliger Weise beeinflußt, denn die Dichtung der Rohrleitungen kann nie in so vollkommener Weise ausgeführt werden, daß ein allmähliches Heraustreten von Gas in den Erdboden unmöglich gemacht würde. In den Städten, welche Gasbeleuchtung haben, hat man lange schon die Erfahrung gemacht, daß die alten Baumalleen, die vorher eine Zierde so mancher Straße waren, trotz aller Mühe, welche man sich um dieselben gab, nicht zu erhalten waren. Das die Wurzeln umgebende Erdreich, aus dem jene dem Stamme die Nahrung zuzuführen haben, wurde eben nach und nach immer mehr mit Gaspartikelchen getränkt, und die Bäume wurden allmählich vergiftet. Alles das fällt beim elektrischen Lichte fort. Nur unter ganz besonderen Umständen kann die Leitung feuergefährlich werden, aber für die Gesundheit ist dasselbe unendlich viel vorteilhafter als das Gaslicht.

4. Beleuchtung durch Erhitzen von besonderen festen Körpern zum Glühen.

Die bisher beschriebenen Beleuchtungsmethoden benutzen ohne Ausnahme den in der Flamme glühend gemachten Kohlenstoff. Wir haben nun noch eine Reihe von Beleuchtungseinrichtungen zu berücksichtigen, bei denen andere Körper die Rolle des glühenden Kohlenstoffs übernehmen. Es können dies entweder wiederum fein zerteilte oder auch kompakte feste Substanzen sein. Im ersteren Falle hat man wieder zu unterscheiden, ob der fein zerteilte Körper sich erst infolge der Verbrennung ausscheidet und daher gewissermaßen — analog dem Kohlenstoff — nur momentan glüht oder ob er in die Flamme gebracht und durch diese zum kontinuierlichen Leuchten angeregt wird. Es ergeben sich demnach drei Fälle. Dem ersteren entspricht das Magnesiumlicht, dem zweiten der sogenannte Incandeszenzbrenner oder das Gasglühlicht, dem dritten endlich das Drummondlicht oder Hydrooxygengaslicht; zwischen den beiden letzten Fällen ist der Unterschied natürlich nicht so generell und durchgreifend wie zwischen diesen und dem ersten.

Daß das Magnesium beim Erhitzen zum Glühen mit glänzend-weißem, außerordentlich hellem Lichte verbrennt, ist seit seiner Darstellung bekannt. Das Metall verbrennt zu Magnesiumoxyd oder Magnesia, welche sich als weißer Rauch abscheidet und durch deren Glühen in der Flamme offenbar das Licht entsteht. Man benutzt das Magnesium zur Erzeugung des Magnesiumlichtes entweder in Form schmaler dünner Bänder oder von Pulver. Die erstere Form kann, zur Erzielung längerer Brennzeit, in Lampen geschehen, die man zu diesem Zwecke konstruiert hat (Fig. 198). Sie bestehen im wesentlichen aus einem Hohlspiegel, in dessen Mitte sich eine Öffnung befindet, durch diese wird das Band mittels eines Uhrwerkes oder mit der hindurchgetrieben, so daß sich das brennende Ende immer im Brennpunkt des Spiegels befindet.

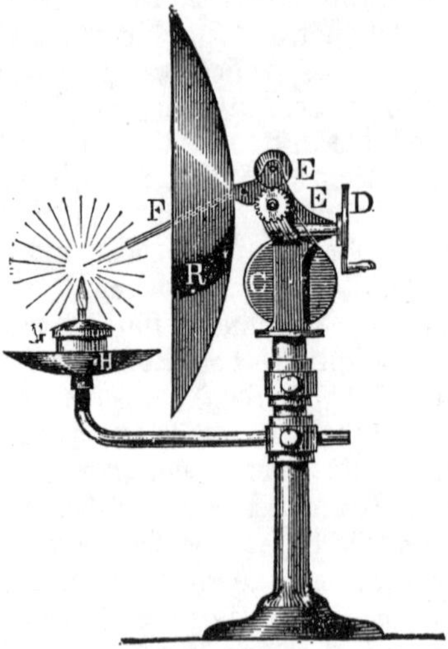

Fig. 198.
Magnesiumlampe.

Man hat außerdem das Magnesiumlicht, welches außerordentlich viele chemisch wirksame Strahlen enthält, zu Beleuchtungszwecken in der Photographie (siehe diese) verwendet. In diesem Falle gebraucht man es in Pulverform, entweder für sich allein oder mit anderen Substanzen (Sauerstoffträgern) vermischt. —

Die Gasglühlichter sind aus dem Bestreben hervorgegangen, das billige und leicht herstellbare, zu Beleuchtungszwecken aber an sich nicht taugliche Wassergas zur Erzielung leuchtender Flammen zu verwenden.

Die einfachste Methode ist die, ein Netzwerk von feinem Platindraht in die Flamme des Wassergases zu bringen; dasselbe wird weißglühend und leuchtet stark (Platingas). Statt des Platins brachte Fahnejhelm feine Kämme aus gebrannter Magnesia an, die außerordentlich hart und daher sehr dauerhaft sind.

Mehr verbreitet als diese beiden Brenner ist der von Auer erfundene. Dieser bringt in die nicht leuchtende, aber heiße Flamme von Wassergas oder von mit Luft gemischtem Leuchtgas (d. h. in eine Bunsenbrennerflamme) ein sehr feines und engmaschiges Netz von Fäden, welche aus den Oxyden der Cergruppe, d. h. des Ceriums, Lanthans und Didyms, bestehen. Der Erfinder stellt sich sein Netz durch Verbrennung und Ausglühen eines mit den salpetersauren Salzen der genannten Metalle getränkten Baumwolldochtes her; es wird in der Flamme weißglühend und strahlt ein Licht aus, dessen Farbe der des elektrischen Bogenlichtes ähnelt. Der Auersche Brenner ist vorteilhaft durch den geringen Gasverbrauch; ein großer Übelstand ist dagegen die Zerbrechlichkeit des Glühkörpers und dessen Empfindlichkeit gegen Staub. Auch muß der Gasdruck beim Gebrauch des Brenners etwas stärker als der gewöhnliche sein, wenn das Licht nicht zu trübe und grünlich erscheinen soll. — Clamond hat neuerdings den Glühkörper der Auerschen Lampe durch Magnesia ersetzt, welche in ganz analoger Weise im feinst zerteilten Zustande erhalten wird.

Bei den Drummondschen oder Hydrooxygengaslicht wird die Flamme von mit Sauerstoff angeblasenem Leuchtgas oder (seltener) Wasserstoff auf ein kompaktes Stück gebrannten Kalkes oder Magnesia geleitet. Durch die gewaltige Hitze der Flamme, welche, wie oben bemerkt, an der Grenze der auf künstlichem Wege erzielbaren Wärme steht, wird der Glühkörper weißglühend und strahlt ein Licht aus, welches man zur Erzeugung von Projektionsbildern, sowie von Signalen auf Leuchttürmen und im Kriege verwendete, bis es neuerdings durch das viel bequemer zu erzeugende elektrische Bogenlicht zum größten Teil verdrängt wurde. Intensität und Farbe des Hydrooxygenlichtes sind tadellos; aber die Kalkstifte sind keineswegs sehr haltbar und machen daher das Licht nicht selten unbeständig. Neuerdings hat man den Kalkstift durch die weit konstantere gebrannte Zirkonerde ersetzt und damit in der Zirkonlampe einen Apparat geschaffen, der recht gut für das Bogenlicht dort eintreten kann, wo die Umstände die Aufstellung einer elektrischen Anlage verhindern.

Zur Berechnung der Vorteile, resp. Nachteile einer Beleuchtungsanlage bedarf man einer genauen Schätzung der Lichtstärke der zu verwendenden Flammen in Vergleich mit anderen. Diese Schätzung ist Sache der Photometrie.

Alle Photometer sind natürlich nur Apparate, welche die Vergleichung von Lichteffekten gestatten, da wir ein absolutes Maß für Lichtstärken nicht kennen. Wir finden daher in allen die zu untersuchende Flamme neben einer Normalflamme; beide werden in verschiedene Entfernung von einer beobachteten Probefläche gebracht, bis ihr Effekt dem Auge gleich erscheint. Dann verhalten sich die Lichtstärken beider Flammen zu einander, wie die Quadrate ihrer Entfernungen von der Probefläche.

Als Probefläche benutzte Rumford eine weiße senkrechte Tafel, vor welcher in einiger Entfernung ein senkrechter Stab angebracht war. Die zu vergleichenden Kerzen standen so, daß jede von ihnen ein Schattenbild des Stabes auf die Tafel entwarf; man verändert ihre Stellung so lange, bis die Schatten gleich dunkel erscheinen.

Bei dem Photometer von Ritchie werden die Kathetenflächen eines gleichschenklig rechtwinkligen, mit weißem Papier beklebten Prismas in der Richtung der Hypotenusenfläche von zwei verschiedenen Seiten her beleuchtet und vom rechten Winkel her betrachtet. Man ändert die Entfernung der Lichtquellen so lange, bis beide Flächen gleich hell erscheinen.

Genauer als diese Photometer und daher in der Technik, besonders für Leuchtgas meistenteils im Gebrauche ist das Photometer von Bunsen. Es existieren unter diesem Namen mehrere Apparate, die im Prinzipe übereinstimmen und sich nur durch wenige wesentliche Abänderungen unterscheiden. Eine der gebräuchlichsten Formen, von Desaga konstruiert zeigt, Fig. 199. Auf der „optischen Bank" gg, einer in Milli-

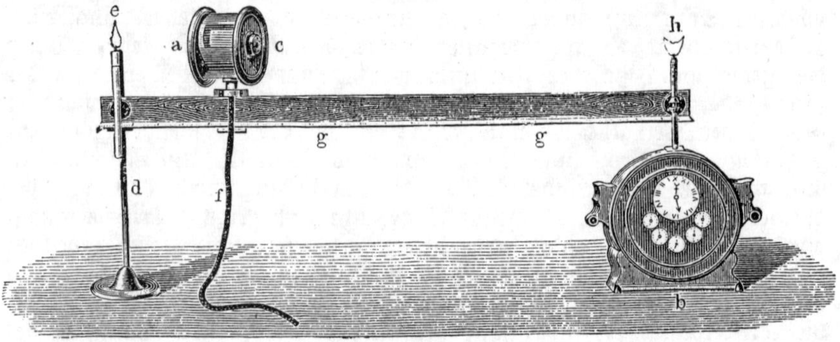

Fig. 199. Photometer von Bunsen.

meter geteilten Eisenschiene ist eine horizontale cylindrische, um ihre senkrechte Mittelachse drehbare Metallbüchse ac verschiebbar. An den beiden Enden der Bank stehen einerseits die Normalflamme e, andererseits die zu messende Lichtquelle h, deren stündlicher Gasverbrauch durch die Gasuhr b angegeben wird. Die eine Endfläche der Metallbüchse ist verschlossen, die andere a trägt in einem ringförmigen Halter eine Scheibe Seidenpapier, in deren Mitte sich ein Fettfleck befindet. In der Büchse brennt eine kleine Gasflamme, welche durch den in der Figur sichtbaren Schlauch f gespeist wird. Man dreht zunächst die Büchse so, daß die transparente Endfläche mit dem Diaphragma der Normalflamme zugekehrt ist, nähert die Büchse der Normalflamme bis auf 20 cm und verkleinert das Gasflämmchen durch Zudrehen des Hahnes so lange, bis der Fettfleck, welcher vorher, weil er von innen stärker beleuchtet war, hell auf dunklerem Grunde erschien, gerade dieselbe Helligkeit zeigt, wie das ungefettete Papier, d. h. bis sein Umriß eben zu verschwinden beginnt. Dies wird natürlich stattfinden wenn das Diaphragma von innen und von außen gleich stark beleuchtet ist. Nun dreht man zunächst die Büchse um 180°, so daß das Diaphragma nun der zu messenden Lichtquelle zugekehrt ist und verschiebt die Büchse so lange auf der Bank, bis der Fettfleck eben wieder verschwindet. Ist dann z. B. die Entfernung der Lichtquelle von der Büchse 60 cm, so ist ihre Lichtstärke, die Normalflamme gleich 1 gesetzt, $60^2 : 20^2 = 9$. Als Normalflamme, welche vor allem sehr konstant brennen muß, benutzt man häufig die Flamme, welche das Amylacetat giebt. Dies Verfahren ist sehr einfach, zuverlässig und genau genug, wenn man die Untersuchung in einem verfinsterten Zimmer mit geschwärzten Wänden anstellt.

Die Erfahrung, daß das Auge den Unterschied der Beleuchtung zweier dicht nebeneinander liegenden Flächen sehr genau erkennt, hat die Veranlassung gegeben, daß das Bunsensche Photometer, statt mit der Desagaschen Metallbüchse, mit zwei Diaphragmen versehen wird, zwischen denen zwei unter 45° geneigte, also mit einander einen rechten Winkel bildende Spiegel befestigt sind. Man erblickt dann beide Diaphragmen neben einander und verschiebt eine der Lichtquellen, bis Gleichheit eintritt. Derartige, dem Ritchieschen Photometer in der Konstruktion ähnelnde Apparate findet man z. B. in mehreren Berliner Anstalten.

Hat man auf photometrischem Wege die Lichtstärke einer leuchtenden Flamme für eine bestimmte Einheit bestimmt, so ermittelt man den Verbrauch an Leuchtmaterial der Flamme für eine bestimmte Zeit und erhält dann in dem Quotienten aus Lichtstärke und Leuchtstoffverbrauch die Leuchtkraft. Bezieht man die Leuchtkraft verschiedener Lichtquellen auf gleiche Kosten, so erhält man den Leuchtwert. Um die erwähnten Beziehungen an einem konkreten Beispiel klar zu machen, möge eine von Marx aufgestellte Tabelle hier folgen, welche die Elemente der Beleuchtung für einige wichtige und häufig gebrauchte Lichtquellen enthält.

Leuchtstoffe.	Lichtstärke in Kerzen	Verbrauch in der Stunde	Leuchtkraft	Kosten des Materials pro Stunde	Kosten des Lichts pro Stunde
Normalwachskerze	1,0	7,55 g	0,13	4,44 Pf.	4,44 Pf.
Stearinkerze I	0,9	9,50 „	0,09	2,31 „	2,55 „
Stearinkerze II	1,0	9,95 „	0,10	2,43 „	2,43 „
Paraffinkerze	1,1	7,20 „	0,15	4,71 „	4,26 „
Petroleum	3,2	15,10 „	0,21	1,83 „	0,57 „
Photogen	3,0	14,30 „	0,21	2,04 „	0,69 „
Schieferöl	3,0	14,50 „	0,21	1,74 „	0,57 „
Rüböl	2,8	19,90 „	0,14	2,28 „	0,81 „
Leuchtgas bei 21 mm Druck	6,0	127,55 „	0,05	4,86 „	0,81 „
Leuchtgas bei 8 mm Druck	10,0	127,35 „	0,08	4,86 „	0,48 „

Der Leuchtwert ist in dieser Tabelle fortgelassen, da er nach obigem einfach der umgekehrte Wert der Kosten des Lichtes pro Stunde ist.

b) Die Heizung.

Nach den Ausführungen der theoretischen Einleitung dieses Kapitels hängt die Wärmeentwicklung der Flamme, auf welche es bei der Heizung allein ankommt, im wesentlichen von zwei Faktoren ab: zunächst von der Natur des Heizmaterials und dann von der Energie der Verbrennung, welche ihrerseits besonders von der Art des Luftzutrittes beeinflußt wird. Da die letztere der Konstruktion der Öfen entspricht, welche allerdings nicht nur die Verbrennung selbst, sondern auch die Abgabe der produzierten Wärme an die Umgebung regulieren sollen, so würden wir zunächst die Heizmaterialien nach ihrer Natur und Anwendung und dann die Heizungsanlagen nach den Vorteilen und Nachteilen, welche sie bieten, zu betrachten haben.

1. Die Heizmaterialien.

Von Brennmaterialien sind zu nennen: Holz, Torf, Braunkohle, Steinkohle, Anthracit, Holzkohle, Torfkohle, verkohlte Braunkohle, Koks, Petroleum, brennbare Gase.

Die Heizmaterialien bestehen, abgesehen von geringen Mengen anorganischer Stoffe (Aschengehalt) aus Kohle, Wasserstoff und Sauerstoff. Die Steinkohle enthält häufig außerdem etwas Schwefel und Stickstoff. Kohle und Wasserstoff sind diejenigen Bestandteile, welche den Wert des Brennmaterials bestimmen. Der Sauerstoff dagegen macht dadurch, daß er sich mit einem großen Teile des Wasserstoffs zu Wasser verbindet, welches verdampft werden muß und daher viel Wärme absorbiert, einen Teil der Heizkraft unwirksam. Aus einem ähnlichen Grunde wirkt sehr schädigend ein Gehalt an hygroskopischem Wasser, welches bei der Verbrennung ebenfalls verdampft und daher einen großen Teil der produzierten Wärme hierfür beansprucht; zur Erzielung möglichst hoher Hitzegrade ist daher die Anwendung von ganz trockenem Brennmaterial eine Notwendigkeit, der eventuell durch vorheriges Trocknen oder Darren des Materials entsprochen werden muß.

Für die speziellen Fälle des Gebrauchs der Heizmaterialien hat man im wesentlichen drei Faktoren zu berücksichtigen: die Brennbarkeit, die Flammbarkeit und den Wärmeeffekt.

Unter der Brennbarkeit versteht man die größere oder geringere Entzündlichkeit des Materials. Sie ist hauptsächlich abhängig von dem Wasserstoffgehalt, aber auch von den physikalischen Eigenschaften, besonders von der Porosität. Aus diesem Grunde ist weiches und harzhaltiges Holz brennbarer als schweres, Holzkohle brennbarer als Koks.

Die Flammbarkeit ist die Eigenschaft eines Brennmaterials, mit bemerkenswerter Flammenentwicklung zu brennen. Sie hängt — nach den in der Einleitung auseinandergesetzten Verhältnissen — von der

Entwicklung brennbarer Gase und Dämpfe während der Verbrennung ab. Daher ist wiederum die Flammbarkeit von dem Gehalte an freiem Wasserstoff abhängig, weil dieser mit der Kohle die brennbaren Kohlenwasserstoffe liefert.

Gut brennbare Heizmaterialien braucht man vor allem bei weniger vollkommenen, den Luftzutritt wenig befördernden Heizvorrichtungen, weil es in diesem Falle darauf ankommt, die Entzündungstemperatur schnell zu erreichen. Dieser Fall gilt für die eigentliche Heizung. Gut flammbare wird man hingegen anwenden, wenn die Zugvorrichtungen gute sind, so daß man große Flächen mit Erfolg von der Flamme bestreichen lassen kann; dies ist bei Kesselheizungen und vielen metallurgischen Arbeiten der Fall.

Der absolute Wärmeeffekt wird durch möglichst vollkommene Verbrennung, sowie durch möglichste Vermeidung von Wärmeverlusten erreicht. Zu letzteren gehört z. B. die Verdampfung von vorhandenem hygroskopischem Wasser. Die Vollkommenheit der Verbrennung hängt bekanntlich von der Sauerstoff- resp. Luftzufuhr ab. Um theoretisch die nötige Luftmenge zu berechnen, hat man zu berücksichtigen, daß 1 g Kohle zur Verbrennung $2^2/_3$ g Sauerstoff oder, da die Luft nur etwa zum fünften Teil aus Sauerstoff besteht, ca. $11^1/_2$ g Luft bedarf, was für 1 kg Kohle ca. 8,7 Kubikmeter Luft ergiebt. Für das gleiche Gewicht Wasserstoff ergeben sich durch eine ähnliche Rechnung 26,1 Kubikmeter Luft. Hiernach findet man, daß theoretisch 1 kg trocknes Holz 6,5, Torf 7,4, Braunkohle 7,4, Steinkohle 9,0, Anthracit 9,6, Holzkohle 9,1, Koks 9,0 Kubikmeter Luft zur Verbrennung brauchen müßten. Es ist aber eine Erfahrung, daß Kohle und Kohlenwasserstoffe zur vollkommenen Verbrennung mehr als die berechneten Mengen, nämlich bis gegen das doppelte an Luft verbrauchen; nur in Gegenwart von überschüssigem Sauerstoff erfolgt eine vollkommene Verbrennung. Es zeigt sich dies besonders auffallend im Vergleich mit reinem Wasserstoff. Dieser explodiert, mit der berechneten Menge Sauerstoff gemischt, vollkommen, während alle Kohlenwasserstoffe mit derselben entweder gar nicht oder nur höchst unvollkommen explodieren; erst ein sehr großer Überschuß von Sauerstoff bewirkt vollkommene Explosion.

Leider ist der notwendige Luftüberschuß keineswegs förderlich für den Wärmeeffekt, weil er viele Wärme entführt. Daher kann es kommen, daß zuweilen eine unvollkommene Verbrennung eine höhere Temperatur erzielt, als eine vollkommene; eine Thatsache, von welcher man bei manchen metallurgischen Operationen Gebrauch macht.

Man unterscheidet den absoluten und den pyrometrischen Wärmeeffekt oder Brennkraft und Heizkraft. Die erstere wird gemessen durch die Wärme, welche 1 kg des Heizstoffes überhaupt produziert, die letztere durch die Temperatur, welche dieselbe Menge, ausgehend von einer Anfangstemperatur von 0°, erreicht. Die Brennkraft mißt man in Wärmeeinheiten oder Kalorien (vergl. S. 58). Die folgende Tabelle giebt eine Übersicht über die von den wichtigsten Brennmaterialien produzierten Wärmen, d. h. ihren absoluten Wärmeeffekt.

Heizstoff.	Absoluter Wärmeeffekt	Heizstoff.	Absoluter Wärmeeffekt
Wasserstoff	34462	Kohle (zu Kohlenoxyd) . .	2474
Grubengas (Methan) . .	13063	Holz	3600
Äthylen	11858	Torf	3000
Petroleum	11770	Holzkohle	7640
Fett	9000	Steinkohle	7000
Kohle (zu Kohlensäure) . .	8081	Kohlenoxyd (zu Kohlensäure)	2403

Der absolute Wärmeeffekt eines Heizmaterials wird entweder durch das Kalorimeter oder aus der Verdampfungskraft bestimmt.

Im ersteren Falle läßt man die bei der (womöglich mit reinem Sauerstoff erfolgenden) Verbrennung entwickelte Wärme auf eine bestimmte Wassermenge von bestimmter Temperatur einwirken und mißt die Temperatursteigerung. Findet man daher z. B., daß 100 g reinste Kohle 30 Liter Wasser von 20° C. auf 26,937° C. erwärmen, so ergiebt sich der Wärmeeffekt

$$\frac{30 \,.\, 26{,}937}{0{,}1} = 8081 \text{ Kalorien.}$$

Es versteht sich von selbst, daß die vollkommene Verbrennung eines Materials, z. B. der Kohle, theoretisch mehr Wärme produziert, als die unvollkommene und daß die Summe der letzteren und der durch etwaige weitere Verbrennung des unvollkommenen Verbrennungsprodukts erzeugten Wärme der durch die vollkommene Verbrennung des anfänglichen Materials erzeugten gleich sein muß. So giebt z. B. 1 kg unvollkommen verbrannte Kohle nach der Tabelle 2474 Kalorien, 1 kg des entstandenen Kohlenoxyds 2403 Kalorien. Nun entstehen aber bei der unvollkommenen Verbrennung der Kohle aus chemischen Gründen aus 12 kg Kohle 28 kg Kohlenoxyd, so daß das aus 1 kg Kohle erzeugte Kohlenoxyd

$$\frac{2403 \,.\, 28}{12} = 5607 \text{ Kalorien}$$

produziert. Diese geben in der That, zu 2474 addiert, 8081, also genau die Wärme, welche, nach der Tabelle, 1 kg Kohle bei vollkommener Verbrennung liefert.

Dadurch, daß man die von einer größeren bekannten Menge eines Brennmaterials produzierte Hitze auf Wasser in gut konstruierten Dampfkesseln einwirken läßt, kann man annähernd genau bestimmen, wieviel Dampf von bestimmter Temperatur, z. B. von 100° C., durch die Verbrennung von 1 kg Brennmaterial aus Wasser von 0° entsteht. Diese Größe heißt die Verdampfungskraft des Heizstoffes. Aus der bekannten Thatsache, daß zur Verwandlung von 1 kg Wasser von 0°

in Dampf von 100° 637 Kalorien nötig sind, folgt, daß man die durch den Versuch bestimmte Verdampfungskraft nur mit 637 zu multiplizieren hat, um den absoluten Wärmeeffekt zu erhalten. Umgekehrt kann man aus dem kalorimetrisch bestimmten absoluten Wärmeeffekt durch Division durch 637 die Verdampfungskraft berechnen.

Der pyrometrische Wärmeeffekt oder die Heizkraft läßt sich wegen der Höhe der zu messenden Temperaturen mittels sogenannter Pyrometer nur schwierig und sehr ungenau durch Versuche bestimmen; dagegen läßt er sich theoretisch berechnen, indem man den absoluten Wärmeeffekt der betreffenden Verbrennung durch die Summe der Produkte sämtlicher Verbrennungsgase in die entsprechenden spezifischen Wärmen dividiert. Um z. B. den pyrometrischen Effekt der Verbrennung von 1 kg Kohlenoxyd an der Luft zu berechnen, hat man zu berücksichtigen, daß aus 28 kg Kohlenoxyd aus chemischen Gründen 44 kg Kohlensäure werden, d. h. aus 1 kg 1,57 kg. Da also bei der Verbrennung 0,57 kg Sauerstoff verbraucht werden, so bleiben von der Luft, welche aus 23 Gewichtsteilen Sauerstoff und 77 Gewichtsteilen Stickstoff besteht, 1,91 kg Stickstoff übrig, welche frei werden. Da die spezifische Wärme der Kohlensäure 0,216, die des Stickstoffs 0,244 ist, so hat man für den pyrometrischen Wärmeeffekt

$$\frac{2403}{1{,}57 \cdot 0{,}216 + 1{,}91 \cdot 0{,}244} = 2985\,^{\circ}\mathrm{C}.$$

Auf diesem Wege erhält man für die wichtigsten Brennmaterialien folgende Werte als pyrometrischen Wärmeeffekt:

Brennstoff.	Effekt	Brennstoff.	Effekt
Holz mit 20 % Wasser	1520°	Holzkohle	2050°
Wasserfreies Holz . .	1660°	Koks	2040°
Torf	1800°	Steinkohle	2120°
Braunkohle	1960°	Anthracit	2140°

Das Holz enthält etwa 45 % Kohle, im lufttrocknen Zustande 20 % hygroskopisches Wasser und giebt 1 % Asche. Seine Verdampfungskraft ist im Mittel 3,5.

Der Torf ist ein Verwesungsprodukt gewisser Sumpfpflanzen in stehenden Gewässern. Er enthält zwar gegen 55 % Kohle, dafür aber im frischen Zustande viel Wasser und giebt sehr viel Asche. Die Verdampfungskraft ist im Mittel 4,5. Der Torf leistet am meisten als Preßtorf. Man erhält diesen durch Zerkleinern, Schlämmen, Trocknen und Formen zwischen heißen Pressen.

Die Braunkohle ist gleichfalls das Verwesungsprodukt von Pflanzen, und zwar von vorweltlichen, sehr üppig vegetierenden, welche unter dem bedeutenden Druck über ihnen lagernder Erdschichten sich nur sehr langsam zersetzen konnten. Der Kohlegehalt beträgt 60—70°, die Verdampfungskraft im Mittel 5,5. Die Braunkohle entwickelt bei der trocknen Destillation saure Dämpfe, ähnlich wie das Holz. Sie ist von sehr verschiedenem Alter, was sich an der häufig stark abweichenden Struktur leicht erkennen läßt und ist charakteristisch durch die vielen Kohlenwasserstoffe, die sie als Nebenprodukte des Verkohlungsprozesses enthält, und welche durch trockene Destillation aus ihr gewonnen werden können. Die wichtigsten dieser Erzeugnisse sind Photogen, Solaröl, Paraffin, welche als wichtige Leuchtstoffe weiter oben bereits erwähnt worden sind.

Die Abfälle der Braunkohlengruben enthalten noch einen beträchtlichen Heizwert, den man am besten dadurch ausnutzt, daß man sie zu Briquettes oder Preßkohlen verarbeitet. Die Abfälle werden zerkleinert, angefeuchtet, gleichmäßig mittels Maschinen durchgearbeitet, die Masse auf heißen Blechen oder auf andere Art getrocknet, und nun werden entweder die einzelnen Steine unter einer starken Presse geschlagen oder die ganze Masse wird unter bedeutendem Druck durch eine rechteckige, der Höhe und Breite der Briquettes entsprechende Öffnung hindurchgepreßt und die heraustretende endlose Masse durch auf- und niedergehende Drähte entsprechend der geforderten Länge zerschnitten. Die Feuerung mit Briquettes hat sich, schon ihrer Billigkeit halber, außerordentlich bewährt.

Die Steinkohle verdankt ihre Existenz genau demselben Prozeß, durch welchen die Braunkohle *entstanden* ist, nur ist der Zersetzungsprozeß hier noch weiter fortgeschritten. Daher beträgt der Kohlegehalt der Steinkohle 70—80°, während ihre Verdampfungskraft im Mittel auf 6,5 steigt. Die Steinkohle ist der wichtigste Brennstoff; die jährliche Gesamtproduktion schätzt man auf 400 Millionen Tonnen.

Wie die Braunkohle, enthält auch die Steinkohle andere Kohlenwasserstoffe als Nebenprodukte der Zersetzung. Wo diese in größerer Menge vorhanden sind, bläht sich die Steinkohle beim Glühen auf (Backkohle, Kännelkohle) und verrät hierdurch ihre Geeignetheit zur Leuchtgasfabrikation.

Die Steinkohlenabfälle verarbeitet man auch wohl zu Briquettes, aber in viel geringerer Menge als bei der Braunkohle. Auch genügt, wegen der größeren Sprödigkeit der Steinkohle, nicht das Pressen allein, sondern es ist noch der Zusatz eines Bindemittels notwendig, als welches man gewöhnlich Teer verwendet. Der einzige Vorteil, den diese Briquettes bieten, ist ihre große Dichtigkeit, welche sie zu sehr intensiven Wärmeleistungen infolge ihres hohen Brennwertes befähigt. Sie dienen daher zur Maschinenfeuerung.

Anthracit ist die älteste und schwärzeste Steinkohle. Sie enthält bis zu 96% Kohle, ist daher weder leicht brennbar noch flammbar, aber von großem Effekt. Man verwendet sie bei Gebläsefeuerungen, wie auch neuerdings in den Regulierfüllöfen.

Die Erwägung, daß die bisher genannten Brennmaterialien hauptsächlich durch ihren Sauerstoffgehalt an höheren Leistungen verhindert werden, muß den Gedanken nahe legen, daß eine durch Wärme zu erzielende vorherige Austreibung dieses schädlichen Bestandteils den zu erwartenden Effekt bedeutend steigern wird, wenn auch bei dieser Prozedur Wasserstoff mit verloren geht. Man hat daher, zum Teil schon in den ältesten Zeiten, diesen Prozeß, die Verkohlung, praktisch ausgeführt.

Das Verkohlen der Heizmaterialien wird für sämtliche bisher erwähnten Arten ausgeführt. Es ist weiter nichts, als eine trockene Destillation in anderer, als der gewöhnlichen Form und geschieht entweder durch beschränkten Brand der einfach auf einander geschichteten Stoffe (Verkohlung in Meilern oder Haufen), oder in gemauerten Öfen. Im ersteren Falle gehen die Nebenprodukte verloren und man erhält nur die Kohle, im letzteren gewinnt man außerdem Teer und andere Destillationsprodukte.

Die Holzkohle gewinnt man auf beiden Wegen. Das altbekannte Verkohlen des Holzes in Meilern (Fig. 200) beginnt mit dem Einschlagen eines starken Pfahles von der Höhe des zu errichtenden

Fig. 200. Meiler.

Meilers, des Quandels. Um diesen schichtet man zuerst in senkrechter, dann nach außen zu in horizontaler Lage die Scheite und bedeckt das Ganze mit einer kugeligen Haube von Stockholz und Abfällen, dann wird der Meiler mit Rasen und dieser wieder mit einer dicken Schicht von feuchten Kohlenabfällen und Erde bedeckt; die Decke wird aber ringsherum nicht bis zur Erde heruntergeführt, sondern ein handbreiter freier Raum durch die sogenannte Rüstung abgesteift, welcher später zum Entweichen der Wasserdämpfe dienen soll. Man hat Meiler von 4 bis 18 Meter Durchmesser. Das Anzünden erfolgt mittels Einbringens glühender Kohlen durch einen auf der Sohle freigelassenen Kanal. Durch die Rüstung entweicht gelblich-weißer Rauch (das „Abbähen"); hört dies auf, so deckt man auch den äußeren Umkreis mit Rasen zu. Im weiteren Verlauf kommt es darauf an, die durch den fortschreitenden Brand entstehenden Höhlungen zur rechten Zeit mit Erde auszufüllen und das „Schwinden“ des Meilers möglichst gleichmäßig zu gestalten. Das letztere geschieht durch temporäres Einstoßen von Löchern in die Decke an den zurückbleibenden Stellen. Überall, wo gegen den Schluß der Arbeit Flammen hervorbrechen, unterdrückt man dieselben sorgfältig. Endlich werden die Kohlen „gezogen“, d. h. allmählich, unter Aufreißen eines Teils der Seitendecke, herausgeholt und die gezogenen Kohlen und die aufgebrochene Stelle nach Bedürfnis „gelöscht“.

Statt der Kugelmeiler hat man in einzelnen Gegenden die Haufen, lange rechteckige, an den Seiten abgesteifte, nach dem einen Ende sich senkende Schichtungen des zu verkohlenden Holzes, deren Behandlung im wesentlichen dieselbe ist.

Die zur Verkohlung des Holzes dienenden Öfen sind meist kugelförmig gebaut, haben unten einen sehr langen und breiten Rost, oben einen entfernbaren Schlußstein und vorn eine breite Thür zum Ziehen der fertigen Kohlen; durch eine sehr genau schließende kleine Thür unterhalb des Rostes läßt sich der Zug regulieren. Seitlich ist irgendwo ein Abzug für die Teerdämpfe angebracht, welche zur Kondensierung in Kühlapparate geleitet werden. Beim Verkohlen der Nadelhölzer wird auf die Ausbeute an Teer gerade ein Hauptwert gelegt, so daß man diese Öfen geradezu Teerschwelereien nennt. Auch eiserne Verkohlungsöfen sind statt der gemauerten zahlreich im Gebrauch.

Durch die Verkohlung verliert das Holz den größten Teil des Sauerstoffs und Wasserstoffs und die Kohle bleibt in dichterer Form und dennoch vollkommen porös zurück; daher zeigt die Holzkohle fast den doppelten Wärmeeffekt und die doppelte Verdampfungskraft gegenüber dem Holz.

Die **Torfkohle** wird nicht so häufig verkohlt, wie das Holz. Der Prozeß ist, sowohl in Meilern, als auch in Öfen, wegen der prismatischen, zur Aufeinanderschichtung bequemen Form der Torfstücke leichter durchzuführen. Das Produkt eignet sich aber nicht besonders als Brennmaterial, weil es äußerst mürbe ist, und der an sich schon hohe, schädliche Aschengehalt des Torfes infolge der Verkohlung naturgemäß noch bedeutend gesteigert wird.

Die **Braunkohle** eignet sich unter allen fossilen Brennstoffen am wenigsten zur Verkohlung. Es liegt dies zunächst, wie beim Torf, an der Steigerung des an sich schon hohen Aschengehaltes, dann aber an der großen Schwierigkeit der Verkohlung. Selbst die reinste Braunkohle zeigt nämlich die Neigung, beim Erhitzen nach den im frischen Zustande nur angedeuteten Rissen und Jahresringen zu zerspringen, so daß man ein kompaktes Verkohlungsprodukt nicht erhalten kann. Man betreibt daher den Prozeß nur in einzelnen Gegenden und in geringem Umfange. Die Meilerverkohlung ist die gebräuchlichste Methode.

Koks entstehen durch die trockene Destillation oder Verkohlung der Steinkohlen. Der Zweck des Prozesses ist — neben der eventuellen Gewinnung von Leucht- und Heizgas, Teer und Ammoniakwasser —

nicht allein eine Verdichtung der Kohle und Vermehrung des Kohlegehaltes, sondern besonders auch die Entfernung des lästigen und schädlichen Schwefelgehaltes der Steinkohle. Von diesem letzteren Gesichtspunkt ausgehend, hat man die Verkokung auch oft als Abschwefeln bezeichnet.

Man wählt die zur Verkokung nötigen Kohlen so aus, daß man kompakte und nicht leicht zerdrückbare Koks erhält. Daher schließt man die Backkohle und die schlechteste Kohle, die Sandkohle, ganz aus; die erstere liefert überhaupt in den Gasanstalten wertvollere Produkte. Am besten eignet sich ein Material, welches zwischen der mäßigen Backkohle und der Sinterkohle die Mitte hält. Man führt die Verkokung in Meilern und in Öfen durch.

Die Meiler verlangen nicht die peinlichen Vorsichtsmaßregeln, wie die Holzkohlenmeiler, weil die Koks schwer brennbar sind. Man schichtet die Steinkohlen nach ihrem natürlichen Gefüge auf einen kreisförmigen Haufen, unter welchem ein Längskanal frei bleibt; um das Anzünden bequem bewirken zu können, rammt man vor dem Aufbau einige Pfähle ein, welche später herausgezogen werden, so daß man durch die entstandenen senkrechten Kanäle brennende Kohlen einwerfen kann. Eine Decke wird überhaupt erst gegen Ende des Brandes allmählich dort aufgelegt, wo sich kein Qualm mehr zeigt, bis zuletzt der ganze Meiler zum Verkühlen „unter Decke steht“. In Schottland benutzt man als mittleres Fundament der Koksmeiler eine Art von Esse, einen kaminartigen Aufbau von Backsteinen, an welchem abwechselnd Steine ausgespart werden, um Zugöffnungen zu erhalten. Es hat dies den Vorteil, daß der Zug größtenteils durch die Esse geht und sich daher nach Belieben durch teilweises Decken derselben regulieren läßt.

Viel häufiger geschieht heute die Verkokung in Öfen. Die Koksöfen sind kuppelförmig angelegt und ganz ähnlich den Öfen zur Holzverkohlung, arbeiten aber mit starkem Luftzutritt mittels des durch Löcher gebildeten Rostes. Durch die an der Vorderwand, über dem Rost, liegende große Thür setzt man zuerst größere Kohlen ein, dann kleinere, wobei ein Zündkanal frei bleibt; die kleinsten Stücke werden durch die obere Öffnung des Ofens, die Gicht, eingeworfen. Dann zündet man an, schließt beide Hauptöffnungen und öffnet nur die unterste Reihe der im Umkreis des Ofens in mehreren Reihen über einander liegenden kleineren Zuglöcher. Bemerkt man, daß die helle Glut sich durch diese Löcher zeigt, so schließt man sie und öffnet die nächste Reihe. So fährt man bis zur Beendigung der Verkokung fort; endlich bleibt der Ofen noch 12 Stunden ganz geschlossen, bis man die Koks zieht. Die teerigen Produkte werden durch einen oberen Seitenkanal fortgeleitet und kondensiert; die brennbaren Gase läßt man entweder durch die Fugen der Gicht wegbrennen, oder man benutzt sie zur Heizung.

Man gewinnt im Mittel einige 50 % Koks aus der Steinkohle, etwas weniger in den Meilern; zudem sind die Ofenkoks nicht so locker, wie die Meilerkoks. Das Gefüge der Koks ist porös und feinblasig, die Farbe eisen- bis schwarzgrau; sie ziehen, wie die Holzkohle, stark Wasser aus der Luft an und werden schon nach einigen Wochen mürbe, so daß ein rascher Verbrauch empfehlenswert ist. Der Kohlegehalt beträgt 85—93 %, die Verdampfungskraft im Mittel 7,5. Man verwendet die Koks trotz ihres schweren Brandes als Heizmaterial, besonders aber für die Hüttenheizung in Hohöfen. Da sie überwiegend reine Kohle sind, so ist ihr Effekt ein sehr hoher.

Das Petroleum kann bei seiner bedeutenden Verdampfungskraft, welche bis 18 beträgt, sehr gut als Brennmaterial dienen, wenn man, wie in Amerika und Rußland, die Rückstände billig haben kann. Aber auch das gewöhnliche Leuchtpetroleum ist in der Neuzeit mit Vorliebe und Erfolg im Kleinen in den Petroleumkochern als Heizmaterial verwendet worden. Es eignet sich zu diesem Zwecke sehr gut, weil es, richtig angewandt, gar keinen Rauch entwickelt. In größeren Feuerungen, selbst in Hohöfen, hat man es mit hoch gespanntem Dampf zerstäubt und in dieser Form verbrannt.

Brennbare Gase werden unter der Bezeichnung Generatorgase zur Heizung verwendet. Schon bei der Beschreibung der Generatorfeuerung der Leuchtgasretortenöfen ist vorstehend die Natur der Generatorgase genauer erwähnt worden. Sie bestehen aus Wasserstoff, Kohlenwasserstoffen, Kohlenoxyd und — als unwirksamem Bestandteil — atmosphärischem Stickstoff, der die Hälfte des ganzen Gemenges betragen kann. Zur Darstellung der Generatorgase verbrennt man Kohlenabfälle im Generator, einem Schachtofen mit sogenanntem Treppenrost, bei ungenügendem Luftzutritt. Die auf den untersten Stufen des Rostes liegenden Kohlen verbrennen völlig zu Kohlensäure, die auf den mittleren lagernden werden nur rotglühend, verbrennen daher zu Kohlenoxyd und reduzieren zugleich die aufsteigende Kohlensäure zu Kohlenoxyd; die obersten Kohlen endlich werden trocken destilliert, geben daher Wasserstoff und Kohlenwasserstoffe. Verbrennt man die Generatorgase mit heißer Luft im Siemensschen Generatorofen (siehe die betreffende Skizze in Fig. 103), so erreicht man sehr hohe Hitzegrade; daher ihre neuerliche Anwendung bei der Stahlfabrikation, in Glas- und Porzellanöfen, sowie zu Leichenverbrennungszwecken.

2. Die Heizungsanlagen.

Die Heizungsanlagen sind entweder rein gewerblicher Natur oder sie gehören dem Bedürfnis des alltäglichen Lebens an, während der kalten Jahreszeit die Wohnungen und sonstigen größeren Aufenthaltsräume auf eine unseren physischen Anforderungen entsprechende Temperatur zu bringen. Nur die letztere Art der Heizung ist hier zu betrachten, die wir im allgemeinen als Zimmerheizung bezeichnen.

Die Fähigkeit der Luft, die von einem Heizapparat empfangene Wärme durch ihre Teile fortzupflanzen, ist eine sehr geringe, und so würde es sehr lange dauern, ehe sich beim Heizen in einem Raume eine gleichmäßige Temperatur einstellt, wenn nicht durch die Temperaturerhöhung zugleich Schwankungen in der Dichtigkeit der Luftteile und damit eine Bewegung derselben einträte; vermöge dieser, durch das Aufsteigen der wärmeren und das Herabsinken der kälteren Luft veranlaßten Strömungen, kommen immer neue Luftteile an die Heizflächen, so daß doch in verhältnismäßig kurzer Zeit eine gleichmäßige Erwärmung stattfinden würde, wenn nicht andere äußere Ursachen derselben wenigstens einigermaßen hindernd in den Weg träten. Zu diesen Ursachen gehört in erster Linie das Entweichen warmer Luft nach außen durch die stets vorhandenen Spalten der Thüren und Fenster; dann aber nehmen auch die Wände fortwährend Wärme auf und geben sie nach außen ab. Dieser Ausgleich findet naturgemäß um so lebhafter statt, je größer die Differenz der außen und innen herrschenden Temperatur ist.

Wir erkennen aber auch, daß die Heizung einen regen Anteil an einer von selbst erfolgenden, kontinuierlichen Ventilation, einem langsam stattfindenden Luftwechsel unserer Zimmer hat, daß sie also nicht nur Wärme spendet, sondern auch, wenigstens zum Teil, für die Verbesserung der Zimmerluft sorgt.

Außer dieser wohlthätigen Wirkung der Heizung stellen sich aber leider in vielen Fällen Verschlechterungen der Zimmerluft ein. Zunächst verbreiten viele Brennmaterialien Staub; andere, wie das Petroleum, erzeugen üblen Geruch, während unverbrannt ausströmendes Gas sogar vergiftend wirkt. Aber auch schlechte Heizungsanlagen reißen entweder zu viel Wärme mit sich fort und veranlassen die Bewohner, möglichst gar nicht zu lüften, oder sie verbreiten Rauch in den Wohnungen.

Am schlimmsten ist aber das Entweichen schädlicher Gase aus den Heizanlagen selbst. Hierher gehört in erster Linie der Austritt des höchst giftig wirkenden, vermöge seines spezifischen Gewichtes sich schnell durch die Luft verbreitenden Kohlenoxydgases, welches sich sofort bildet, wenn Verbrennung bei ungenügendem Luftzutritt stattfindet. In diesem Falle wird eine Verbreitung des giftigen Gases dann erfolgen, wenn ihm der Weg nach außen verschlossen ist; es diffundiert durch die Ofenwände in die Zimmerluft.

Von großer Bedeutung ist auch eine andere gesundheitswidrige Einwirkung der Heizung, nämlich die Herabsetzung des Feuchtigkeitsgehalts der Luft. Es handelt sich hierbei keineswegs um den absoluten Wassergehalt, sondern um den relativen, d. h. darum, wie weit der Feuchtigkeitsgehalt von dem der herrschenden Temperatur entsprechenden Sättigungsmaximum entfernt liegt. Haben wir z. B. in einem Zimmer eine Temperatur von 8° C., so beträgt die Sättigungsmenge, d. h. die in 1 Kubikmeter dieser Luft im besten Falle enthaltene Wassermenge nach genauen Bestimmungen 8,3 g. Ist diese

Zimmerluft nun wirklich so feucht, und erwärmt man sie durch Heizen auf 20° C., so dehnt sich 1 Kubikmeter auf 1,043 Kubikmeter aus, enthält nun also im Kubikmeter nur 7,96 g Wasser. Da nun die Sättigungsmenge der Luft bei 20° aber 17,3g ist, so enthält die erwärmte Luft nur 46 % Wasser, also noch nicht die Hälfte gegen früher. Diese Trockenheit macht sich um so unangenehmer für unseren Körper bemerkbar, als die geheizte Luft in Bewegung ist. Deshalb erscheint uns auch der Aufenthalt in einem auf 20° geheizten Zimmer drückender und die Hitze in demselben größer, als unter ganz denselben Temperaturverhältnissen zur Sommerszeit. Erreicht die Trockenheit der erwärmten Zimmerluft einen einigermaßen hohen Grad, so entzieht sie den Mund- und Nasenschleimhäuten Feuchtigkeit; man hat dann das Gefühl der Rauhigkeit an diesen Stellen, auch ohne daß die Luft, wie man z. B. bei der Luftheizung vorauszusetzen pflegt, durch Staub- oder Rauchteile verunreinigt ist. Zur Verbesserung dieses Übelstandes muß dafür gesorgt werden, daß der trockenen Luft möglichst viel Feuchtigkeit auf künstlichem Wege zugeführt werde. Über die nötigen Feuchtigkeitsgrade bei verschiedenen Heizungssystemen sind die Ansichten noch nicht vollkommen feststehend; doch glaubt man, daß der Feuchtigkeitsgehalt erwärmter Luft von 19° C. bei gewöhnlicher Ofenheizung 40 bis 70 %, bei Zentralheizung 50 bis 75 % betragen muß. Dieser Feuchtigkeitsgehalt darf aber niemals auf Kosten der Reinheit der Luft angestrebt werden. Eine Beschränkung des nötigen Luftwechsels würde mindestens ebenso gesundheitsschädigend wirken, wie die zu große Trockenheit. Es muß aber in Betracht gezogen werden, daß bei der Ofenheizung die Verbrennung an sich schon bedeutende Luftmengen erfordert, z. B. 1 kg Holz gegen 10 Kubikmeter, 1 kg Kohle gegen 17 Kubikmeter. Der Ersatz strömt durch alle gerade vorhandenen Öffnungen zu und wird meist von nicht besonders reiner Luft aus den Nebenräumen gebildet. Die neuere Technik der Zentralheizung hat in dieser Beziehung Heizung und Ventilation in günstiger Weise zu vereinigen gesucht und auch zum Teil schon recht gute Erfolge erzielt. Natürlich stellen sich solche Einrichtungen infolge des ganz unvermeidlichen Wärmeverlustes teurer; man kann den durch die gleichzeitige Erwärmung und Ventilation der Räume bedingten Mehrverbrauch an Feuerungsmaterial reichlich auf ein Fünftel des ganzen Bedarfs veranschlagen.

Jede Heizungsanlage muß so beschaffen sein, daß die Verbrennung des Materials so viel wie möglich ausgenützt wird. Die Verbrennung soll, des Effekts wegen, eine vollkommene sein; es muß daher genügend Luft zugeführt werden, aber nicht zu viel, weil das Übermaß wieder abkühlend wirkt. Jede Anlage läßt Feuerherd, Heizraum und Schornstein unterscheiden. Der erstere muß entsprechend der Natur des Materials gebaut sein; der Heizraum soll den Verbrennungsgasen Wärme entziehen und sie der Luft des zu erwärmenden Raums mitteilen; der Schornstein endlich muß so angelegt werden, daß ihm, zur Beförderung des Zuges, noch Luft von einer genügend hohen Temperatur zugeführt wird, und daß sich womöglich der Zug regulieren läßt.

Der wichtigste der drei Teile ist der Heizraum. Er muß vor allem genügend Heizfläche enthalten; daher pflegt man ihn, wenn er Röhrenform hat, möglichst zu verlängern, ehe man ihn in den Schornstein münden läßt. Andererseits muß die äußere Oberfläche des Heizraums möglichst groß sein, was schon durch Rauhigkeit derselben, noch mehr aber durch Anbringung von Hervorragungen erzielt wird.

Man unterscheidet Lokalheizanlagen und Centralheizung. Im ersteren Falle hat jeder zu erheizende Raum seinen besonderen Ofen; im letzteren Falle ist für mehrere oder alle Räume ein gemeinsamer Ofen, meist im unteren Teile des Hauses, eingerichtet, von welchem aus die produzierte Wärme durch Vermittlung verschiedener Überträger den einzelnen Räumen zugeführt wird. Hiernach unterscheidet man wiederum Luftheizung, Warmwasserheizung und Dampfheizung.

Die **Lokalheizung** geschieht durch Kamine oder durch Öfen.

Der **Kamin** ist eine nach der Zimmerseite zu offne Feuerstelle, aus der die Verbrennungsgase fast direkt in den nach unten zu erweiterten Schornstein gelangen. Ihre Wirkung ist daher eine sehr geringe, und die Erwärmung des Zimmers erfolgt fast nur durch Strahlung. Man kann rechnen, daß nur etwa der fünfzehnte Teil der Feuerung ausgenutzt wird. Außerdem bewirkt der Kamin eine sehr intensive Ventilation, so daß die zuströmende kalte Luft unter Umständen sich als Zug sehr unangenehm bemerkbar macht. Bei stürmischem Wetter wird die Luftströmung im Schornstein leicht gestört, so daß der Kamin raucht. Trotz dieser Übelstände hat man sich, wahrscheinlich wegen der Gemütlichkeit, welche der geheizte Kamin unter den Bewohnern verbreitet, nach allen Kräften bestrebt, die Kaminheizung zu verbessern. Durch Einführung eines Rostes kann man auch mit Kohlen oder Koks heizen; auch hat man Leuchtgas als Heizmaterial verwendet und seine Flamme auf aufgehäufte Ziegelstücke geleitet, die sehr gut Wärme ausstrahlen. Als Rost nimmt man einen verzierten eisernen Gitterkorb, der gegen das Herausfallen der Kohlen sichert. Durch eine gewölbte Eisenplatte hat man ferner den oberen Teil der Feuerung verdeckt und damit eine neue gut wirkende Heizfläche geschaffen. Trotzdem ist es bisher nicht gelungen, die reine Kaminheizung in Ländern mit rauhem Klima einzubürgern. Um wenigstens die Form zu erhalten, hat man den Kamin in einen Kaminofen umgewandelt. Die Verbrennungsgase gehen aus dem Herd nicht direkt in den Schornstein, sondern sie werden in Schlangenrohren einige Male auf und nieder geführt und geben dadurch an eine durchbrochene eiserne Umhüllung, welche sich über dem eigentlichen Kamin befindet, einen erheblichen Teil ihrer Wärme ab. Sehr vorteilhaft wird auch neuerdings der Kamin geradezu mit einem Kachelofen verbunden.

Bei den **Ofenheizungen** soll die Wärme der Verbrennungsgase möglichst vollkommen an das Ofenmaterial übergehen, um von diesem ganz allmählich an die Zimmerluft übertragen zu werden. Man unterscheidet Leitungsöfen aus Gußeisen, Massenöfen aus gebrannten Thonkacheln und gemischte Öfen aus beiden Materialien. Diese letzteren strahlen sehr verschieden starke Wärme aus; das Gußeisen giebt in derselben Zeit etwa 16 mal so viel Wärme ab, wie Thonkacheln. Eiserne Öfen erkalten darum aber um so viel rascher, als Kachelöfen. Sie sind ihres billigen Preises und ihrer leichten Aufstellung wegen noch immer sehr verbreitet. Im Norden, besonders in Schweden und Rußland findet man die Massenöfen, gewaltige Steinkolosse aus Kacheln, die in ihrer soliden Steinmasse die Wärme der lange durchgeführten Feuerung aufnehmen und sie sehr langsam und regelmäßig ausströmen. In Mitteleuropa findet man die gemischten Öfen; sie sind auch aus Kacheln gebaut, enthalten aber eiserne Röhrenleitungen, durch welche die Wärme an die Ofenwände übertragen wird. Zuweilen findet man sie auch mit gußeisernem Untergestell und Rostfeuerung, wie z. B. in Holstein.

Ein wesentlicher Punkt für die richtige Ausnutzung der Öfen ist die Zugregulierung und der völlige Abschluß des Zuges nach dem Ausbrennen. Dieser letztere kann entweder durch eine Klappe im Abzugsrohr oder durch hermetisch verschließbare Ofenthüren bewirkt werden. Die Gefährlichkeit der Rauchklappe ist längst erwiesen und sie daher, häufig gegen den Willen der Bewohner, abgeschafft worden. Wird nämlich die Klappe zu früh geschlossen, so bildet sich das giftige Kohlenoxyd, welches dann am gefährlichsten ist, wenn es ohne gleichzeitige Rauchentwicklung unmerklich in das Zimmer entweicht. Gut angelegte hermetisch schließende Thüren bildeten einen vollkommenen Ersatz für die Klappe; werden sie schlecht besorgt, so kann höchstens ein Wärmeverlust, nie aber eine Gefährdung der Gesundheit die Folge sein. Während die Schädlichkeit der Ofenklappe allgemein anerkannt wird, hat sich herausgestellt, daß das Entweichen von Kohlenoxyd, wie man es den kleinen eisernen Öfen, besonders, wenn sie ins Glühen geraten, zuschrieb, ganz oder zum allergrößten Teil auf Einbildung beruht. Im schlimmsten Falle können, selbst durch glühende eiserne Wände, nur so verschwindend kleine Mengen Kohlenoxyd ausströmen, daß sie ohne Schaden eingeatmet werden können; die giftige Wirkung beginnt eben erst bei einem ganz bestimmten Prozentgehalt der Luft.

Eine besondere, in neuerer Zeit sehr in Aufnahme gekommene Art von rein eisernen Öfen sind die Regulierfüllöfen. Es möge hier nur das Prinzip derselben in der Konstruktion von Meydinger erörtert werden, Die Form des Ofens ist cylindrisch; das Brennmaterial, Steinkohle oder besser Anthracit, wird zerkleinert in einen senkrechten mit Rost versehenen Cylinder eingefüllt. Man zündet oben an; die kalte Luft dringt durch die Zwischenräume des Materials, so daß die Verbrennung ganz langsam von oben nach unten fortschreitet. Der Cylinder ist mit mehrfachen Mänteln von Eisenblech umgeben, zwischen denen ebenfalls

Luft von unten her durchströmt und sich erwärmt. Der Brand hält nach einmaliger Einfüllung sehr lange vor und giebt eine nicht zu intensive, angenehme Wärme.

Die Luftheizung ist unter den Zentralheizungen die billigste. Sie eignet sich aber nicht für große Gebäude, weil sie dann mehrere getrennte Feuerherde erfordert; auch muß ihre Einrichtung schon beim Bau der Häuser vorgesehen werden.

Der Heizapparat befindet sich in einem Kellerraum. Er besteht aus einem meist aus Eisen konstruierten Ofen, der häufig durch Röhrensysteme gebildet wird, durch welche die Heizgase hindurchgehen; damit die Röhren die Wärme besser abgeben, sind sie oft noch mit Querrippen versehen. Dieser Ofen steht entweder ganz oder doch mit seinem Röhrensystem in der Heizkammer, einem geschlossenen Raum, welchem durch Kaltröhren von außen her reine kalte Luft zugeführt wird. Diese wird in Berührung mit den Heizröhren erhitzt und strömt dann durch im Querschnitt viereckige gemauerte Heizkanäle den zu erwärmenden Räumen zu. Die Heizkanäle beginnen im oberen Teil der Heizkammer, münden in den Zimmern in einer Höhe von etwa 2 m und sind durch Klappen verschließbar. Außerdem ist für jedes Zimmer ein Ventilationskanal vorhanden, der mit einer dem Fußboden nahen und einer dicht unter der Decke liegenden Öffnung kommuniziert. Bei Öffnen der unteren entweicht erkaltete, verdorbene Luft, beim Öffnen der oberen ein Überfluß an heißer Luft. Die Ventilationskanäle stehen in der Regel durch Zirkulationskanäle mit der Sohle der Heizkammer in Verbindung. Sollen diese in Thätigkeit treten, so schließt man den Zustrom kalter Luft ab; dadurch gelangt nur noch die schon gebrauchte, also noch warme Luft in die Heizkammer zurück und strömt von neuem nach oben. Durch das letztere, allerdings sparsame Verfahren verschlechtert sich die Luft aber bedeutend; kurz vor der Benutzung des Zimmers muß daher die Zirkulation unterbrochen und wieder kalte Luft in die Heizkammer eingelassen werden.

Die Luftheizung, welche eine Zeit lang mit Vorliebe benutzt und, besonders in Berlin, überall in öffentlichen Gebäuden eingeführt wurde, hat den auf sie gesetzten Hoffnungen nicht im vollen Maße entsprochen. Sie erwärmt zwar die Zimmer schnell, die Wärme hält aber nicht vor. Einer der größten Übelstände ist aber die Schwierigkeit, der einströmenden Luft, die im Winter häufig sehr trocken ist, ein genügendes Quantum Feuchtigkeit mitzuteilen. Es sind viele Methoden angegeben worden, um dies zu bewirken, aber trotz aller noch so komplizierten Vorrichtungen, wie Spritzapparate oder dergleichen, wirkt die Heizluft austrocknend auf die Schleimhäute. Sodann haben Untersuchungen von großem Umfange gezeigt, daß die Heizluft große Mengen von Staub mit sich führt. Diese Umstände haben viel dazu beigetragen, die Luftheizung zu diskreditieren, und man giebt bei den heutigen Anlagen der Wasserheizung den Vorzug, vor allem deshalb, weil sie eine mildere und nachhaltigere Wärme erzeugt.

Die Wasserheizung besteht aus einem vollkommen geschlossenen System von Röhren, in welches am tiefsten Punkte ein Kessel eingefügt ist. Dieselbe kann ohne besonders große Schwierigkeiten selbst noch in fertig dastehenden Häusern angebracht werden. Wird der Kessel, nachdem das ganze System mit Wasser gefüllt ist, geheizt, so steigt das heiße Wasser in den Heizröhren empor, zirkuliert durch die Heizkörper, kühlt sich hierbei ab und fließt in absteigenden Röhren in den Kessel zurück, wo infolge der Erhitzung die Zirkulation von neuem beginnt (siehe Fig. 201). Man hat mehrere Systeme dieser Heizung. Am häufigsten angewandt ist die Warmwasserheizung mit Niederdruck, bei welcher das Wasser höchstens bis zum Siedepunkt erhitzt wird, sowie die mit Mitteldruck, bei welcher die Temperatur bis 140° steigen kann. In beiden Fällen ist der Kessel ein Röhrenkessel von entsprechenden Dimensionen. Alle Teile der Röhrenleitung, die keine Wärme abgeben sollen, werden eingemauert oder mit hölzernen Hüllen umgeben. Die Heizkörper sind im wesentlichen zwei: liegende oder stehende Röhrenregister, und liegende Rippenregister. Die ersteren bestehen aus zahlreichen, zwei prismatische Sammelkästen verbindenden Röhren, die letzteren stellen Röhren mit aufgegossenen schrägliegenden, weit vorspringenden Rippen dar. In beiden läßt sich die Wasserzirkulation leicht durch Ventile regulieren. Die ganze Röhrenleitung steht in Verbindung mit einem offenen, auf dem Boden stehenden Expansionsgefäß, welches zur Vermeidung zu hohen Druckes vorhanden sein muß. Unter Mitteldruck hat die Leitung beim Eintritt in dieses Gefäß ein entsprechend der geforderten höheren Wassertemperatur belastetes Ventil.

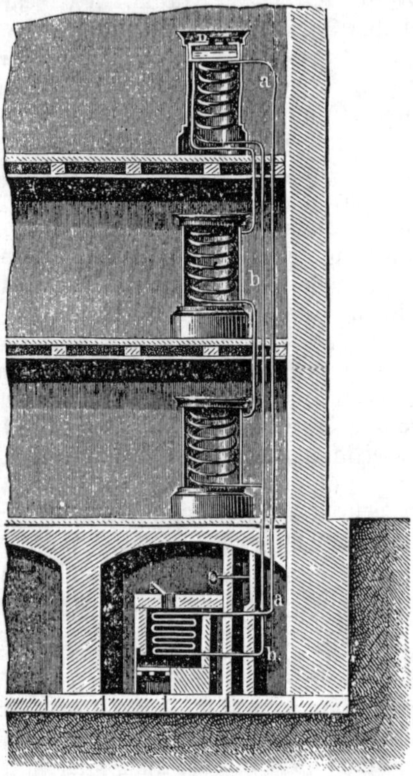

Fig. 201.
Wasserheizungsanlage.

Diejenigen Wasserheizungsanlagen, bei welchen statt des Röhrenkessels ein schlangenförmig zusammengerolltes Stück der geschlossenen Röhrenleitung, die Feuerschlange, erhitzt wird, nennt man Heißwasserheizung (System Perkins). Ist die Temperatur in der Feuerschlange 150°, so arbeitet man mit Mitteldruck, steigt sie bis 200°, so hat man Anlagen mit Hochdruck. Die Heizkörper sind in diesem Falle spiralig gerollte Röhren, die umhüllt werden oder unter Gitterplatten des Fußbodens liegen. Die Heißwasserheizung ist billiger, als die Warmwasserheizung, das Anheizen, welches bei dieser 3 bis 4 Stunden währt, ist bei jener in einer Stunde beendet. Sie bietet aber den Nachteil zu hoher Temperatur und geringer Nachhaltigkeit. Auch ist eine Explosionsgefahr, welche bei der Warmwasserheizung niemals vorkommt, hier wenigstens in der Feuerschlange nicht völlig ausgeschlossen.

Bei der Dampfheizung ist Wasserdampf von höchstens zwei Atmosphären Druck der Wärmeträger. Die Wärme, die er an die Heizkörper abgiebt, setzt sich zusammen aus der verhältnismäßig kleinen Eigenwärme und der bedeutenden Verdampfungswärme, welche er bei der in den Röhren erfolgenden Kondensation (für 1 kg Wasser 537 Kal.) verliert. Der Dampf wird in einem gewöhnlichen Dampfkessel entwickelt; die Leitungsröhren müssen gut gegen Wärmeverlust geschützt sein. Gewöhnlich erstreckt sich ein weites Leitungsrohr vom Kessel bis zum Dachgeschoß und verzweigt sich dann nach den einzelnen Räumen. Die Heizkörper sind den bei der Wasserheizung gebräuchlichen sehr ähnlich; sie müssen aber automatische Ventile haben, durch welche die Luft beim Anheizen aus den Röhren entweichen, sowie beim Abkühlen wieder in sie hineintreten kann. Da der Dampf sich in den Röhren sehr rasch bewegt, so heizen sich die Räume mit Dampf sehr schnell an, aber die Wärme ist nicht nachhaltig. Anlage und Betrieb sind, wie auch bei den Wasserheizungsanlagen, teuer, weil sowohl die technische Ausführung der Apparate eine vollkommene, wie auch die Bedienung eine sehr aufmerksame und gleichmäßige sein muß. Am meisten eignet sich die Dampfheizung natürlich an Orten, wo der Dampf, nachdem er andere Arbeiten geleistet hat, noch zur Heizung verwandt wird.

Es sei hier schließlich erwähnt, daß man in Amerika neuerdings mit dem Bau von Centralheizungsanlagen für ganze Stadtteile vorgegangen ist, deren Erfolg gute Ausblicke in die Zukunft der Heizungsanlagen eröffnet.

IV. Kleidung.

1. Die Textil-Industrie.

Gespinstfasern.

Die Herstellung von Bekleidungsgegenständen ist ebenso alt, wie das Menschengeschlecht; war doch der Mensch von jeher darauf angewiesen, sich gegen die Einflüsse der Witterung zu schützen. Zunächst erfüllten die Felle erlegter Tiere diesen Zweck. Als jedoch der Mensch erkannt hatte, daß die Haare derselben, von der Haut abgelöst, sich zu Fäden zusammendrehen ließen, daß solches weiter auch mit den Fasern von Pflanzen ausführbar war, wichen die bisher üblichen Bekleidungen allmählich den Erzeugnissen aus Fäden, die man mit einander verflocht und späterhin mit einander verwebte. Gräberfunde, Pfahlbauten, Inschriften und sonstige Überlieferungen aus uralten Zeiten beweisen uns, daß die Weberei schon im grauen Altertum geübt wurde und bei vielen Völkern durch ihre außerordentliche Pflege in ganz erstaunlichem Grade zu Verkehr, Wohlstand und Luxus geführt hat. Nichtsdestoweniger hat die Weberei erst seit Anfang dieses Jahrhunderts den ungeheuren Aufschwung genommen, welchen ihr die heutige Produktion, sowohl was Menge, als auch Verschiedenheit, sowie Billigkeit der Waren anbelangt, ermöglichte. Veranlassung zu diesem erstaunlichen Aufschwung gab einerseits die Entwickelung der Spinnerei durch die Erfindung der Spinnmaschine, wodurch es notwendig wurde, auch die Webeapparate so umzukonstruieren, daß sie gleichen Schritt mit den Spinnmaschinen in der Verfertigung der Waren zu halten vermochten; andererseits bildeten den Grund hierfür die Handels- und Verkehrs-Interessen, welche sich durch die Einführung von Transportmaschinen immer günstiger gestalteten, infolge dessen der Verbrauch an Textil-Erzeugnissen (textum, Gewebe, Geflecht) stetig zunahm, wodurch wieder die Notwendigkeit der Produktion wuchs. Hinzu kam die Erfindung von Maschinen, mittels deren man Materialien zu bearbeiten imstande war, welche man früher nicht verwerten konnte. — Nicht nur durch

Weben vereinigt man Fäden zu Gebrauchsgegenständen, sondern auch durch andere Verfahrungsarten, von denen das Wirken dem Weben an Wichtigkeit zunächst steht. Es hat keine so alte Geschichte, wie letzteres aufzuweisen, ist vielmehr bedeutend jünger und hat seine heutige Ausdehnung gleichfalls erst vom Beginne dieses Jahrhunderts ab gewonnen. Andere Mittel von mehr oder weniger untergeordneter Bedeutung zur Erzeugung von Waren aus Fäden sind dann noch das Stricken, Häkeln, Knüpfen, Klöppeln. Unzertrennbar von Spinnerei, Weberei und auch den übrigen Fabrikationsmethoden sind andere Bearbeitungs-Gebiete, nämlich Färberei, Druckerei, Bleicherei und Appretur, welche, obschon teilweise in den ältesten Zeiten bekannt, ebenfalls erst in diesem Jahrhundert sich zu derjenigen Blüte entfaltet haben, in welcher sie sich heute durch ihre Erzeugnisse darbieten. Alle diese aufgeführten Hauptbearbeitungsgebiete, zu welchen sich noch diejenigen gesellen, welche zur Formgebung der verfertigten Waren als Gebrauchsgegenstände, wie das Nähen, oder zur Ausschmückung der letzteren, wie das Sticken und Posamentieren, dienen, und zu welchen eine Menge von besonderen oder Nebenbearbeitungsgebieten hinzutritt, werden unter der Bezeichnung „Textil-Industrie" zusammengefaßt. In ihr kommen auch wohl andere Materialien als Fäden, Stoffe, welche durch ihre Natur schon größere Flächen bilden, wie das Leder, zur Verwendung, doch ist ihre Benutzung in der Textil-Industrie immerhin nur als eine beschränktere zu bezeichnen, da sich Fäden als vornehmlichstes Material zur Herstellung von Textilwaren eignen.

Fäden werden aus Rohmaterialien gebildet und nennt man letztere ohne Unterschied, ob dieselben einen wirklichen Spinnprozeß durchzumachen haben oder auf andere Weise zu Fäden gestaltet werden, Gespinstfasern. Alle drei Reiche der Natur liefern uns dieselben, obschon nur diejenigen aus dem Pflanzen- und dem Tierreiche von größerer Bedeutung sind. Zu den vegetabilischen Fasern zählen zur Hauptsache die Baumwolle, der Flachs und Hanf, sowie die Jute, und schließen sich diesen noch andere Fasern an, welche entweder nur besonderen Zwecken dienen oder deren Verwendung bislang noch eine sehr geringe ist, weil teils dem Anbau der Pflanzen in größeren Massen Schwierigkeiten entgegenstehen, teils die zu ihrer Vorbereitung für den Spinnprozeß geeigneten Maschinen noch nicht vollkommen genug sind. Als animalische Fasern gelten die Haare von Tieren und die Seide, erstere in den mannigfachsten Arten. Bis vor wenigen Jahrzehnten kamen nur fünf Fasern in Betracht, nämlich diejenigen, welche auch in der Jetztzeit die Hauptrolle spielen: Baumwolle, Flachs, Hanf, Schafwolle und Seide. Von ihnen gilt die Wolle als das älteste Gespinstfasermaterial, denn in den ältesten Traditionen sämtlicher Völker wird der Wollweberei bereits gedacht. Mit Wolle bezeichnet man allgemein die Haare der Schafwolle und nimmt unter den verschiedenen Sorten die Merinowolle den ersten Platz ein, während Elektoralwolle, Cheviotwolle u. a. als Wollen von Schafen, welche durch Kreuzung veredelt wurden, aufzufassen sind. Doch werden auch Haare anderer Tiere für Textilzwecke nutzbar gemacht. Die wichtigeren hierher gehörigen Materialien sind: Kaschmirwolle, auch persische oder tibetanische Ziegenwolle genannt, bestehend in dem feinen, weißen oder grauen Flaum- oder Grundhaar der Kaschmirziege, zu echten orientalischen Shawls verwendet; Mohair, als das feine, meist schneeweiße Haar der Angoraziege, vornehmlich zu feinen Umschlagetüchern, zu halbseidenen Stoffen als Einschlag und zu Plüschen benutzt; Alpakawolle, d. i. das weiße oder schwarze Haar von dem Pako, Alpako, einem Schafkamel in Amerika, als Kette zu Tibets u. dgl. dienend; Vigognewolle, von dem amerikanischen Vicuña, gleichfalls einer Schafkamelart, ein sehr feines, weiches, seidenartiges Haar von rötlich brauner Farbe, welches zu Tuchen verwandt wird (was gewöhnlich im Handel als Vigognewolle verkauft wird, ist ein Gemisch von Schafwolle und Baumwolle); Kamelwolle, als das bräunliche Flaumhaar des Kamels, zu Taschen, Tisch- und Schlafdecken rc. gebraucht. Auch das Kuhhaar, das grobe Haar der Hausziege, das Haar der Pudelhunde und Pferdehaare geben Materialien für Fäden ab, und sogar das Menschenhaar wird in den letzten Jahren zu Garnen verarbeitet. Andere Haare, z. B. der Kaninchen und Hasen verspinnt man entweder in geringen Mengen oder benutzt sie als Beimischung zu besseren Materialien.

Die Seide war schon Jahrtausende vor unserer Zeitrechnung den Chinesen als höchst wertvolles Material bekannt. Da dieselbe in großen Massen gewonnen wurde, sie auch bis ungefähr 100 Jahre v. Chr. ein Monopol dieses Volkes blieb, so war sie bis dahin kein Luxusartikel, sondern Gegenstand des allgemeinen Gebrauchs. Unter Justinian I., dem Beherrscher des oströmischen Reiches, wurde die Seide durch persische Mönche nach Konstantinopel verschleppt und der Seidenbau nach Europa verpflanzt. Seide ist das Erzeugnis der Raupe des Seiden- oder Maulbeerspinners. Diese sondert aus zwei kleinen Öffnungen der Unterlippe bei ihrer Verpuppung zwei Fäden ab, welche sie sogleich zu einem einzigen vereinigt und an Reisig oder dergl. anheftet, den Faden dichter und dichter um sich ziehend und so eine eiförmige Hülle, den Cocon, bildend. Von letzterem kann man den Faden unter Erfüllung einfacher Bedingungen wie von einem Knäuel abziehen. Auch die Raupen anderer Schmetterlinge liefern Cocons, und damit Seide; als die bekannteste darf die Tussahseide gelten, welche von dem Eichenspinner stammt. Die vorerst beregte Seide übertrifft alle anderen Arten an Festigkeit, Elastizität und Glanz. Nur der Vollständigkeit halben sei erwähnt, daß auch ein im Golf von Neapel vorkommendes Muscheltier lange, glänzende Seidenfäden absondert, die unter dem Namen Muschelseide bekannt sind; doch sind die Mengen so gering, daß diese Seide nie Handelsgegenstand geworden ist.

In der Natur der Sache lag es, daß man sich schon seit einer langen Reihe von Jahren bemüht hat, das kostbare Material der Seide künstlich zu ersetzen, und sind die vielfachen Versuche wirklich mit Erfolg gekrönt worden. Auf der großen Pariser Ausstellung von 1889 hat ein Pariser, namens Hilaire de Chardonnet, zuerst ein ihm patentiertes Verfahren der Herstellung künstlicher Seide, die dazu erforderlichen Maschinen mit eingeschlossen, dem Publikum vorgeführt. Sein Verfahren besteht im wesentlichen in der Bereitung einer Lösung von Nitro-Cellulose, welche beim Zusammentreffen mit Wasser sofort gerinnt und eine weiße Masse ausscheidet, die sich in Fäden ziehen läßt. Er verwendet hierzu gereinigte Cellulose, welche aus Holzstoff, Strohpapierzeug, Baumwolle, Lumpen, Filtrierpapier, Hanf, Ramie oder dergl. hergestellt sein kann und bereitet daraus eine Kollodiumlösung, die er durch feine Kapillarröhrchen unter starkem Drucke in Wasser auspreßt, wodurch sich die Fäden bilden. Es kann nicht von der Hand gewiesen werden, daß möglicherweise die künstliche Seide für die Textilindustrie von ungewöhnlicher Bedeutung werden kann, namentlich wenn die Schwierigkeit des Färbens in heißem Zustande überwunden sein wird, während jetzt der Masse der Farbstoff zugesetzt, sowie auch der Leichtentzündlichkeit durch entsprechende Zusätze begegnet wird. — Pflanzliche glänzende Fasern zu Fäden zu spinnen und sie als Ersatz für Seide zu verwerten, hat sich bisher nicht bewährt, obgleich viele dahinzielende Vorschläge gemacht worden sind.

Flachs und Hanf haben bereits in den ältesten Zeiten bei vielen Völkern als Gespinstfasermaterial gedient, wie aus den Gräberfunden hervorgeht. Beide gehören zu den sog. Bastfasern und liefert ersteren die Leinpflanze, letzteren die Hanfpflanze. Die reine Bastfaser des Leines oder Flachses ist glatt und besitzt großen seidenartigen Glanz, diejenige des Hanfes ist ähnlich, nur um vieles gröber und fester. Als weitere Bastfaser kam im Jahre 1834 die Jute hinzu, welche heute eine hochwichtige Rolle spielt. Es ist die Faser eines aus Ostindien herrührenden Lindengewächses. Zuvörderst nur zu ganz groben Fäden versponnen und demgemäß für grobe Waren, wie Säcke, bestimmt, stellt man gegenwärtig feinste Garne aus ihr her, welche sich auch für bessere Waren eignen. — In jüngerer Zeit sind verschiedene Arten aus der Familie der Nesselgewächse in die Textilindustrie eingeführt worden. Sie geben ein langes, festes und glänzendes Fasermaterial. Das Chinagras und die Rhea oder der Ramie sind die wichtigeren unter diesen Arten. Auch unsere deutsche Brennnessel würde eine schöne Bastfaser ergeben, wenn sie an der Verästelung gehindert wird. Das ist jedoch nicht die alleinige Bedingung für die Möglichkeit ihrer praktischen Verwertung, vielmehr muß auch noch die geeignete Isolierungsmethode, d. i. das Verfahren für die Ablösung der reinen Faser vom Stengel gefunden werden. Ein Gleiches gilt für manche andere heute noch nicht brauchbare Bastfaser. Nicht nur die Stengel, sondern auch die Blattrippen mancher Pflanzen liefern ebenfalls Fasern für Gespinste, so der neuseeländische Flachs, der Ananashanf, der

Manilahanf, der Aloehanf. Einheimische Pflanzen hierfür sind die Nadelhölzer, welche die sogenannte Waldwolle abgeben. Die in den Handel kommende Waldwolle ist weiter nichts, als mit einem Absud aus Fichtennadeln getränkte Schafwolle. Kokosnüsse liefern in der die Frucht umgebenden Hülle ein Material, welches zu Teppichen, Matratzen, Hüten, Stricken u. dgl. gebraucht wird. Weitere Pflanzenmaterialien sind Reis- und Maisstroh für Mattengewebe, russische Esche, Pappel Linde für Siebe, Hüte ꝛc., Binsen für Rouleaux, Kautschuk für elastische Stoffe, wie Schuhzüge, Hosenträger, Strumpfbänder und viele andere. Neuerdings hat ein Holländer, namens Bérand in Mastricht, im Torf eine spinnbare Faser entdeckt, Bérandin genannt, welche, mit Wolle gemischt, ein sehr schönes und haltbares Gespinst geben soll.

Die Baumwolle ist zwar nicht so alt, wie die Wolle und der Flachs, doch war sie gleichfalls schon im frühen Altertum manchen Völkern bekannt. Sie gehört zu der Familie der Malven oder Pappelrosen, und trägt die Pflanze Blüten, aus denen sich Fruchtkapseln von der Größe einer Walnuß mit drei bis acht Samenkörnern entwickeln. Diese sind mit den Baumwollfasern dicht umhüllt. Obschon außer der Baumwollpflanze noch andere Gewächse Samenhaare erzeugen, so sind doch bis heute nur ihre Fasern als zur Bildung von Fäden tauglich geschätzt worden.

Mineralische Stoffe können, da sie schwer und gute Wärmeleiter sind, in der Textilbranche sich keine hervorragende Stellung erringen. Nichts destoweniger sind sie für gewisse Zwecke unentbehrlich. Insbesondere werden in Möbelstoffe, Tapeten, Vorhänge, überhaupt Stoffe mit dekorativem Zweck Gold- und Silberfäden eingeschossen, desgl. in Kirchengewänder, Paramenten und Prachtstoffe, welche auch mit reichen Goldstickereien ausgestattet werden. Besatzartikel und Posamenten erfahren ebenfalls die Benutzung von Gold- und Silberfäden. An Stelle der echten Gold- und Silberdrähte nimmt man häufig schwach galvanisch vergoldete oder versilberte Kupfer- und Eisendrähte, oder wickelt, um sie billiger, leichter und biegsamer zu machen, die echten oder unechten feinen Drähte um gelbe oder weiße Fäden aus Seide, Baumwolle oder Leinen. Solche Gespinste führen in unechtem Zustande den Namen Gold- resp. Silberlahn. Schon von den ältesten Schriftstellern wird von golddurchwirkten Stoffen berichtet. Bis zur Mitte des 11. Jahrhunderts wurden echte Goldfäden verwendet, deren Seele ein Seiden- oder Leinenfaden war. Von da ab trat von Cypern aus ein neues billigeres Goldgespinst auf, bekannt unter dem Namen „cyprischer Goldfaden“, bei welchem der innere Faden wie früher gewählt war, dessen Umspinnung jedoch aus einem stark vergoldeten Darmhäutchen bestand. Seit dem 15. Jahrhundert findet man in abendländischen Stickereien den neuen Goldfaden der Renaissance, bestehend aus einem goldgelben Seidenfaden als Kern mit stark vergoldetem Silberdraht umsponnen. Aus China und Japan rührt ein heute für Möbel- und Tapetenstoffe ꝛc. gern benutzter Faden her, ein gelber Kern mit auf einer Seite stark vergoldetem Papier umwickelt. Ja, selbst glattes Goldpapier ohne jegliche Seele schießt man dort wohl in Gewebe ein. In der neuesten Zeit sucht man die schweren Metallfäden durch den spezifisch bedeutend leichteren Aluminiumdraht zu ersetzen; denn Goldpapierfäden sind wohl als Schußmaterial zu gebrauchen, dagegen nicht zu Tressen, Troddeln, Franzen und ähnlichem. Reine Eisen- und Kupferdrähte verwendet man zur Anfertigung von Drahtgeweben für die verschiedenartigsten Zwecke. Weiter werden Glasfäden von großer Feinheit in Phantasiestoffen verarbeitet. Von höchster Wichtigkeit ist wegen seiner Unverbrennlichkeit der Asbest geworden, welchen man mit vegetabilischen Fasern, z. B. Flachs, zusammenspinnt, worauf man diese durch Ausglühen beseitigt. Verwendung finden daraus hergestellte Gewebe zu Theaterdekorationen, Feuerwehrkleidungen, Bergwerkszwecken u. s. w.

Gewinnung und Zurichtung der Gespinstfasern als Rohmaterial.

Die aufgezählten der Textilindustrie zu ihren Fabrikaten dienenden Materialien werden je nach ihrer Natur verschiedenartig gewonnen, und bestehen die zu ihrer Zurichtung als Rohmaterial erforderlichen Arbeiten vorzugsweise darin, die Gespinstfaser von ihrem Träger abzulösen, zu isolieren und sie möglichst von beigemengten Unreinigkeiten zu befreien, sie auch für den weiteren Transport geeignet zu machen. Denn diese Arbeiten gelangen fast durchweg da zur Ausführung, wo das Material geerntet wurde, während die nachfolgenden Vorarbeiten für das eigentliche Spinnen und letzteres selbst häufig in Fabriken ganz anderer Länder und Gegenden vorgenommen wird. Verlassen wir die historische Reihenfolge und wählen von jetzt ab die allgemein übliche, so haben wir zunächst die pflanzlichen, dann die tierischen und endlich die mineralischen Gespinstfasern zu betrachten.

Die Baumwollfasern werden nach dem Aufspringen der Fruchtkapseln gesammelt, abgerissene Kapseln an der Luft getrocknet und hernach die Fasern samt den Samenkörnern herausgerissen. Unreife Partieen werden ausgeschieden und endlich die gewonnenen Baumwollmassen von den Körnern befreit, egreniert. Letzteres geschah in den ältesten und auch noch vielfach in späteren Zeiten mit der Hand, später wurde jedoch die Handarbeit mehr und mehr durch die Egreniermaschinen verdrängt, welche ungleich schneller zu arbeiten vermögen. Die einfachste und älteste derselben, in Indien und in China seit ewigen Zeiten in Gebrauch, besteht aus einem hölzernen, horizontalen Walzenpaar, zwischen dessen Fuge die Samenhaare bei Drehung der Walzen eingezogen werden, während die Samenkörner vor der Fuge, deren Winkel hierfür richtig gewählt ist, abreißen. Im Laufe der Zeit sind diese Walzenegreniermaschinen vielfach verbessert worden, teils um die Produktionsfähigkeit zu erhöhen, teils um das Mitnehmen und Zerquetschen von Körnern durch die Walzen zu vermeiden. Auch wurde der Hand- oder Fußbetrieb in elementaren umgewandelt. Eine ganz besondere Einrichtung hat die Egreniermaschine von Mac Carthy; eine neuere Konstruktion dieser Art ist die von Platt Brs. & Comp. in Oldham. Den Walzenegreniermaschinen, welche sich für längere Baumwolle vorzüglich eignen, stehen gegenüber die infolge ihrer stärkeren Wirkung nur für kurzfaserige Baumwollen verwendbaren Sägenegreniermaschinen, welche als Hauptorgan eine Axe mit Kreissägeblättern in geringen Abständen haben. Darüber befindet sich ein Rost, zwischen dessen Spalten die Blätter hindurchgreifen. Bei der Rotation erfassen die letzteren mit ihren Zähnen die Haare der auf den Rost gelegten Baumwollmasse und reißen sie ab, während die Körner von dem Rost zurückgehalten werden. Auch diese Maschinen, welche in der beschriebenen Einrichtung von Eleazar Carver herrühren, haben eine Menge von Umänderungen erfahren. Als wichtigste derselben ist der Ersatz der Sägeblätter durch einen mit kurzen Drahthäkchen garnierten Cylinder, Krempel- oder Kratzencylinder, welcher die gleiche Wirkung wie die Sägen hat, jedoch die Baumwollhärchen besser fassen kann, anzusehen. Die General Fibre Company in London hat in jüngster Zeit derartige Maschinen zur Ausführung gebracht. Die egrenierte Baumwolle wird in Leinwand oder grobem Baumwollenstoff verpackt, wobei man sich starker hydraulischer oder anderer Pressen bedient, um die Baumwolle auf einen möglichst kleinen Raum zu bringen und sie gegen Nässe widerstandsfähig zu machen. Stricke oder Eisenbänder halten die Ballen zusammen.

Einer vielseitigen Behandlung unterliegen die Bastfasern, Flachs, Hanf, Jute, Nessel 2c. zum Zwecke ihrer Isolierung und Reinigung. Der Flachs wird, wenn er zur Fasergewinnung und nicht zur Samengewinnung dienen soll, bevor er völlig reif ist, geerntet. Man zieht die Pflanzen aus dem Boden, was man das Raufen nennt. Es muß sehr vorsichtig geschehen, da der Stengel vor jedem Bruch möglichst zu bewahren ist. Partieenweise in Handvoll werden die ausgerupften Pflanzen reihenförmig auf dem Boden ausgebreitet, um an der Luft gehörig auszutrocknen, wobei sie von Zeit zu Zeit gewendet werden. Doch baut man die Stengel auch wohl in sogenannten kleinen Kapellen auf, indem man sie partieenweise schräg gegen einander stellt und oben zusammenbindet, so daß eine Art offenen Daches von größerer Länge auf dem Boden gebildet wird, durch welches der Wind streichen kann. Letztere Methode ist vorzuziehen. Dem Trocknen folgt das Riffeln, d. i. die Trennung der Samenkapseln und Blätter von der Pflanze. Man bedient sich hierzu eines eisernen Kammes mit langen Zähnen, der in eine Bank gesteckt ist, ergreift eine Partie von Leinstengeln an der Wurzel, schlägt sie in den Kamm ein und zieht sie durch ihn, wobei Blätter und Kapseln abreißen, so daß die reinen Stengel mit den Wurzeln übrig bleiben. Nun erst folgt das eigentliche Isolierungsverfahren. Wenn man einen Flachsstengel durchschneidet, so zeigen sich im Querschnitt mehrere konzentrische Ringe, von welchen der äußerste die Rinde ist. Darunter sitzt die zweite Schicht, der Bast, welcher wieder das sich neubildende Holz bedeckt; unter diesem befinden sich der eigentliche Holzkörper und im Innersten die Markröhre. Es erhellt, daß zur Gewinnung der Bastfasern die Rinde entfernt werden muß. Nun sind aber die Fasern unter sich durch eine Leimmasse zusammengehalten und auch mit dem Holz durch solche verbunden, resp. mit Holzsubstanz durchwachsen. Daraus erklärt sich nicht allein, daß diese Leimmasse beseitigt werden muß und hierzu ein chemisches Verfahren erforderlich ist, sondern auch, daß die Rinde und die beigemengte Holzsubstanz hernach auf mechanischem Wege zu entfernen sind. Während man bezüglich des ersteren Prozesses nicht viel weiter gekommen ist, vielmehr meist noch heute die in alten Zeiten geübten Methoden in Anwendung bringt, hat das Reinigungsverfahren durch die Konstruktion geeigneter Maschinen eine wesentliche Verbesserung gegen früher erfahren. Die Entfernung der Leimsubstanz geschieht durch das sogenannte Rösten oder Rotten. Man kennt natürliche und künstliche Rotten. Zu den ersteren gehören die Wasserrotte, die Taurotte und die gemischte Rotte, zu den letzteren die Warmwasserrotte, die Dampf- und Heißwasserrotte, die alkalische Rotte und die Rotte mit verdünnter Schwefelsäure. Bei der Wasserrotte bringt man die nach der Länge sortierten und gehörig geordneten Flachsstengel, die Wurzelenden nach unten, in Wasser, am besten einer Grube, bedeckt sie mit Stroh und legt Bretter darüber, welche mit Steinen bedeckt sind, so daß das Ganze schwimmt. So hält man die Stengel längere Zeit unter Wasser. Durch den sich entwickelnden Fäulnisprozeß werden die Rinde und die Leimsubstanz zerstört. Ist derselbe beendigt, so nimmt man den Flachs heraus und trocknet ihn in der Sonne. Die Wirkung der Tauröste ist ähnlich: der Flachs wird auf einer Wiese ganz dünn ausgebreitet, und läßt man die Feuchtigkeit der Atmosphäre auf ihn einwirken, wobei er häufig umgewendet wird. Natürlich ist der Gährungsprozeß hierbei ein weit mehr Zeit beanspruchender, als bei der Wasserrotte, auch erfordert das Verfahren bedeutende Bodenflächen, doch steht dem gegenüber der wichtige Vorteil, daß man den Röstprozeß besser beobachten, ein Überrösten der Bastfaser oder ein nicht genügendes Rotten derselben nicht so leicht eintreten kann, überdies die Flachsfaser den Tag über durch die Einwirkung des Lichtes gebleicht wird. Vereinigt werden die Vorteile beider Rotten in der gemischten Röste. Man unterbricht den Röstprozeß in den Gruben in dem Augenblick, in welchem die eigentliche Gährung anfängt und breitet dann den Flachs auf Wiesen so lange aus, bis der Röstprozeß beendigt ist. Diese natürlichen und alten Rösten geben ein besseres Gespinstmaterial, als die später erfundenen, wenig in Gebrauch befindlichen Rotten, welche sämtlich die Beschleunigung des Isolierverfahrens bezwecken. Im Jahre 1847 schlug Schenk zuerst die Warmwasserröste vor. Bottiche mit Lattenböden nehmen die Flachsstengel stehend auf. Durch ein Dampfrohr kann das zur Röste dienende Wasser im Bottich auf ca. 20 bis 25° R. erwärmt werden. Nach Beendigung des Prozesses wird der Flachs gehörig gewaschen und in Trockenräumen durch Luft getrocknet. Zu der von Watt 1852 erfundenen und von Buchanan verbesserten Dampf- und Heißwasserröste bedarf es eines komplizierten Apparates, welcher die Röste durch heißes Wasser bewirkt, das auslaugend durch die Flachsstengel gesaugt wird. Es ist die Einrichtung getroffen, daß im gleichen Apparat nachgespült und getrocknet werden kann. Der Röstprozeß ist hier in ca. 4 Stunden erledigt, während der vorige 3 bis 4 Tage, die Wasserrotte dagegen bis zu 3 Wochen und die Tauröste sogar bis zu 10 Wochen erfordert. Von ganz untergeordneter Bedeutung ist die alkalische Röste geblieben, welche durch Anwendung chemischer Mittel, Holzaschenlauge, alkalische Laugen die Auflösung der Leimsubstanz zu erreichen strebt. Das Rösten mit verdünnter Schwefelsäure endlich besteht darin, daß dem Röstwasser etwas konzentrierte Schwefelsäure zugesetzt wird, wodurch auch der unangenehme Geruch während des Gährungsprozesses bei der Wasserrotte fern gehalten wird. Es muß hier vor allem auf gehöriges Auswaschen des Röstwassers Bedacht genommen werden, um einer Zerstörung der Bastfaser durch zurückbleibende Schwefelsäure zu begegnen. — Die mechanische Trennung der Faser von dem Holze an den gerösteten und getrockneten Flachsstengeln geschieht durch die Operation des Bottens oder Brechens. Zum Botten bedient man sich des Botthammers, eines aus hartem Holze bestehenden, ca. 2 kg schweren, mit stumpfen Einkerbungen an der Kopffläche und mit langem Stiel ausgestatteten Hammers, mit welchem man den auf harter Bodenfläche ausgestreuten, mit den Spitzen nach einer Seite geordneten Flachs durch Schlagen und Stoßen bearbeitet. Hierdurch löst sich die Bastfaser vom Holze, und letzteres fällt zum Teil heraus. Diese Arbeit hat man späterhin auch wohl durch mit Wasser oder Dampf betriebene Stampfmühlen ersetzt. Das Brechen des Flachses wurde früher ausschließlich durch die Hand bewirkt. Jetzt erfolgt es vielfach mittels der Brechmaschinen. Im ersteren Falle bedient man sich eines Gerüstes oder Bockes mit 2 oder 3 horizontalen, stumpfen Messern von geringem Abstande, in deren Lücken ein ähnliches, entsprechend geformtes, um einen festen Punkt drehbares Messer mittelst Handgriffes eingeführt werden kann. Der Arbeiter ergreift eine Partie von Stengeln und führt sie mit den Spitzen zuerst in das geöffnete Maul von Ober- und Untermesser, bewegt ersteres schnell abwärts und knickt so die Flachsstengel, wobei nur die Holzteile gebrochen werden, dagegen die elastische Bastfaser nachgiebt. Allmählich den Flachs vorschiebend und das Spiel mit dem Obermesser wiederholend, hat er bald die Handvoll Flachs gebrochen, wobei die Holzteile, welche man Schäbe nennt, zum Teil herausfallen, zum Teil darin verbleiben. Durch Ausschütteln der Partie werden dann weitere Holzteile entfernt. Was die Brechmaschinen anbelangt, so sind dieselben höchst verschieden konstruiert, doch besteht ihr Hauptorgan meist in mehreren geriffelten Walzenpaaren, deren Fugen das Flachsstroh passiert, wodurch die Stengel in kleine Stücke gebrochen werden, und zwar um so mehr, als jedes folgende Walzenpaar mit einer größeren Zahl von Riffeln ausgestattet ist. Das spröde Holz fällt dabei zum größten Teil heraus. Doch giebt es auch hiervon abweichende Konstruktionen, so die Kaselowskysche Brechmaschine, verbessert von Hallerberg, eine der besten Maschinen, weil sie die Handarbeit am ehesten nachahmt; auch die von Collyer ist hier anzuführen. — Da nicht alle Holzteile beim Botten oder Brechen entfernt werden, vielmehr insbesondere die feineren Schäbeteile zurückbleiben, so bedarf es einer besonderen Reinigungsoperation hierfür, welche man das Ribben und Schwingen nennt. Ersteres kommt heutzutage seltener zur Anwendung und besteht darin, daß man eine Partie gebrochenes Flachsstroh auf einem Stück Leder ausbreitet und mit einer Art stumpfen Messers, dem Ribbemesser, über den Flachs hinstreicht, so die Holzteile abschabend. Das Schwingen geschieht auch heute noch vielfach mit der Hand unter Hinzunahme eines einfachen Apparates, des Schwingstockes und des Schwingmessers, d. i. eines mit einem Einschnitt versehenen aufrechtstehenden Brettes und eines Holzmessers mit Griff. In den Einschnitt wird eine Flachspartie eingelegt, so daß das mit der linken Hand festgehaltene Bündel als Bart herunterhängt. Mit dem Messer, welches die rechte Hand führt, schlägt man alsdann auf die herabhängenden Fasern, wodurch die Schäbeteile abgestreift werden. Ist diese Hälfte gehörig bearbeitet, so kehrt man das Bündel in der linken Hand um. Mit den Unreinigkeiten werden auch Fasern herausgeholt, und heißt der Abfall Schwinghede oder Werg. Viel schneller, aber mehr Abfall gebend, wirken die Schwingmaschinen. Die einfachste derselben und am meisten verbreitete ist das Schwingrad, ein auf einer Axe sitzendes und durch Elementarkraft gedrehtes, mit 4 bis 12 Schlagarmen ausgerüstetes Rad, deren Enden Holzmesser tragen. Letztere schlagen bei der Rotation auf den über ein vertikales Brett hängenden Flachsbart und üben die gleiche Wirkung aus, wie das Schwingmesser bei der Handarbeit. Infolge der großen Geschwindigkeit werden zahlreiche kleine Faserteilchen in den Arbeitsraum geworfen, und umgiebt man in besser eingerichteten Vorbereitungsanstalten die Schwingräder mit Holzkästen und läßt den Faserstaub durch einen Exhaustor absaugen und in eine Esse oder einen besonderen Raum führen, sammelt ihn dort und verwertet die so gewonnene Masse bei der Fabrikation von Hanfpapier, Hanfcouverts u. dgl. — Endlich wird der geschwungene Flachs noch einer Operation unterzogen, welche zwar meist von den Spinnereien vorgenommen wird, aber noch als Zurichtungsarbeit zu betrachten ist. Es ist dies das Hecheln, welches bezweckt, die Fasern noch weiter von einander zu trennen, verworrene Fasern gerade zu legen und noch anhängende kleine Verunreinigungen zu beseitigen. Wenngleich heutzutage hierfür die Hechelmaschinen benutzt werden, so ist die Handarbeit nicht zu entbehren. Man bedient sich in letzterem Falle der Hechel, eines runden Werkzeuges aus Holz mit nach oben stehenden spitzen Nadeln, durch welche der Arbeiter eine Handvoll Flachsfasern zieht. Mit den Spitzen der letzteren beginnend, schlägt er die Riste immer tiefer in die Nadeln ein. Auch genügt nicht eine solche Hechel, es werden vielmehr auf einander folgend immer feinere Nummern derselben benutzt, um den beregten Zweck möglichst vollständig zu erreichen. Der entstehende verunreinigte Faserabfall führt den Namen Hechelwerg. Maschinen zum Hecheln benutzen fast nur die Spinnereien, und soll dort ihrer gedacht werden.

Die übrigen Bastfasern, Hanf, Jute, Nessel rc. werden ähnlich behandelt, wie der Flachs. Rösten, Brechen, Schwingen und Hecheln machen die Hauptarbeiten aus, doch werden dieselben der Natur der Faser angepaßt, sowie auch die für die Ausführung der Arbeiten benutzten Apparate und Maschinen entsprechende Abänderungen haben. In der neueren Zeit ist die Nesselfaser, Ramie, Chinagras, näher studiert worden, und ist man auch zu Isolierungsmethoden gelangt, welche, wenn vervollkommnet, es zulassen werden, die höchst wertvolle und bei richtiger Kultur sehr billige Faser in größeren Mengen zu gewinnen und sie für den Spinnprozeß geeignet zu machen. Von großer Wichtigkeit ist die Entdeckung, daß die Nesselpflanzen vor dem Rösten ganz austrocknen und die Stengel entweder in Kalkbädern vorbereitet oder alkalische Röstflüssigkeiten genommen werden müssen, damit die in den Haaren der Blätter befindliche (den Schmerz beim Anfassen der gewöhnlichen Brennessel verursachende) Ameisensäure beseitigt werde. Die Chinesen und die Eingeborenen auf Sumatra und Java üben den Röstprozeß schon länger auf diese Weise aus, ohne eine wissenschaftliche Begründung geben zu können.

Schafwolle und Wollhaare anderer Tiere müssen von dem Fett, dem Wollschweiß, welcher das rohe Wollhaar bedeckt, und von den anhaftenden Unreinigkeiten befreit werden. Dieser Schweiß ist teils in Wasser löslich, teils nicht, und kann der erstere Teil entweder vor der Schur auf dem Schafe selbst durch Waschen entfernt werden — und dann hat man die Pelz- oder Rückenwäsche — oder aber nach der Schur an dem gewonnenen Vließ durch die Vließwäsche, wogegen der in einfachem Wasser nicht lösbare Teil durch einen besonderen Waschprozeß unter Zuhülfenahme chemischer Mittel herausgebracht werden muß. Der Rückenwäsche, welche auf verschiedene Weise ausgeführt wird, folgt ein Trocknen der Wolle auf dem Tiere und dann die Schur mittelst der Schafschere. Die gewaschenen oder ungewaschenen Vließe werden den Wollspinnereien zugesandt, welche die weitere Reinigung die Fabrikwäsche, übernehmen.

Für die Seidencocons macht sich eine Tötung der darin befindlichen Puppen erforderlich, damit dieselben sich nicht zum Schmetterling entwickeln können. Am besten würden die Cocons im frischen Zustande, d. h. nach dem Einsammeln, abgehaspelt, doch ist das wegen der plötzlich erzielten großen Anzahl nicht thunlich. Ihre Tötung erfolgt im Backofen oder mittelst Wasserdampf, während andere Methoden, so durch Schwefelwasserstoff- und Kohlenwasserstoffgas sich nicht bewährt haben. Bei Benutzung des ersten Verfahrens werden die Cocons in Körben in einen gehörig gereinigten Backofen gebracht, dessen Wärme auf 60 bis 75° C gefallen ist, wo sie 2 bis 3 Stunden verbleiben. Besser ist die Tötung mittels Dampf, weil sie schneller von statten geht und Beschädigungen durch Versengen ausgeschlossen sind. Hierbei werden die mit Cocons gefüllten Körbchen auf den rostartigen Deckel eines Gefäßes gesetzt, in welchem Wasser zum Kochen gebracht wird. Der sich entwickelnde Dampf, oberhalb durch eine gemauerte Kammer zusammengehalten, bewirkt in 10 Minuten die Tötung. Es werden dann die Körbchen, mit wollenen Tüchern umwickelt, 6 Stunden lang stehen gelassen, um dem etwaigen Wiederaufleben der Puppen zu begegnen und endlich die Cocons durch Ausbreiten auf Brettern getrocknet. Sorgfältige Sortierung nach Güte, Farbe und Größe bilden den Schluß der Arbeiten vor dem Versand in die Filanda, d. i. denjenigen Betrieb, in welchem das Abhaspeln, also die Herstellung des Fadens vorgenommen wird.

Mineralische Stoffe, welche in der Textilindustrie verwendet werden, müssen in denjenigen Zustand gebracht werden, welcher sie zur Bildung so feiner Fäden, wie sie die Gewebe oder deren Ausschmückung verlangen, tauglich macht. Die Bearbeitung dieser Materialien, wie Gold, Silber, Eisen, Kupfer, Glas rc. kann hier keine Besprechung finden, fällt vielmehr in die einschlägigen Kapitel.

Eigenschaften und Untersuchungen der Gespinstfasern.

Die besprochenen vegetabilischen und animalischen Spinnfasern haben besondere Eigenschaften, welche sie von einander unterscheidbar machen, selbst wenn sie nicht mehr für sich bestehen, sondern zu Fäden umgewandelt oder aus diesen Geweben hergestellt worden sind, welche die verschiedenartigste Zubereitung erfahren haben. Ist es für den Geübten auch nicht schwer, die einzelnen Hauptarten der Faser auseinander zu halten und das Material sowohl im Faden als im Gewebe ohne weiteres zu erkennen, so können doch Fälle eintreten, in denen selbst der Kenner nicht aus freier Hand zu bestimmen vermag, welches Material vorliegt. Das kann z. B. dann vorkommen, wenn die Fäden im Gewebe aus zwei Faserarten gemischt sind oder Fäden von verschiedener Art zur Benutzung kamen, kann jedoch unter Umständen schon beim Gewebe aus einem und demselben Material der Fall sein.

Es würde hier zu weit führen, alle diejenigen Eigenschaften aufzuzählen, welche die verschiedenen Gespinstfasern charakterisieren, jedoch darf nicht unerwähnt bleiben, daß insbesondere das Aussehen derselben unter dem Mikroskop für ihre Erkennung maßgebend ist. Die nebenstehenden Illustrationen zeigen die vier Hauptfasern in vergrößertem

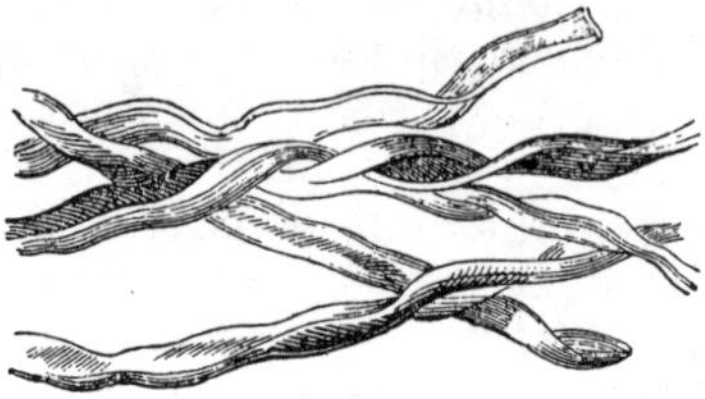

Fig. 202. Baumwolle.

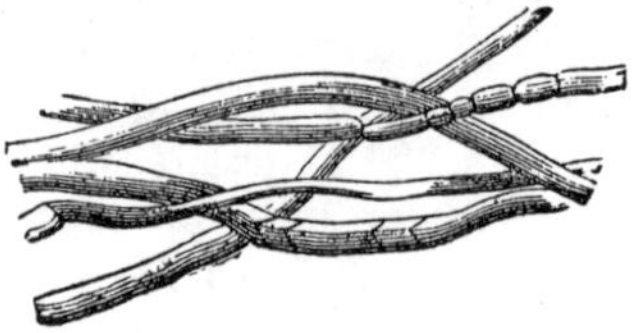

Fig. 203. Flachs.

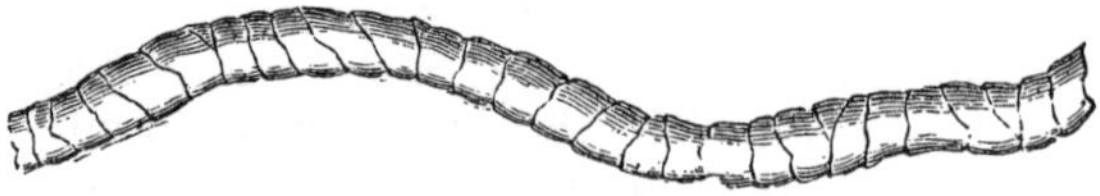

Fig. 204. Schafwolle.

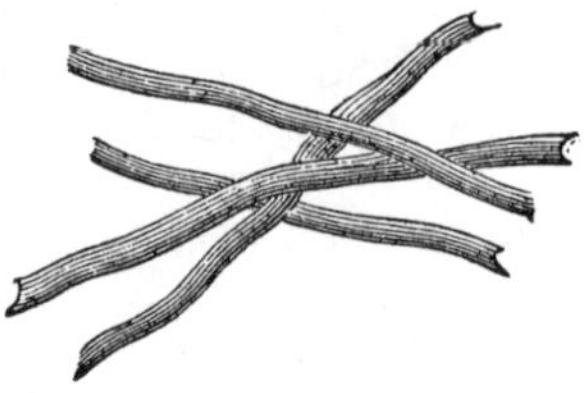

Fig. 205. Seide.

Maßstabe, und zwar Fig. 202 die Baumwolle, Fig. 203 den Flachs, Fig. 204 die Schafwolle und Fig. 205 die Seide. Erst die Anwendung dieses Instrumentes hat dazu geführt, die Fasern besser unterscheiden zu lassen. Aber auch die Chemie hat hierzu teils für sich, teils in Gemeinschaft mit dem Mikroskop wesentlich dazu beigetragen, jede Faser mit Bestimmtheit erkennen zu können, so daß Verfälschungen wertvollen Materials durch geringwertigeres anderer Art gegenwärtig ziemlich sicher festzustellen sind. Das ist jedoch nicht als alleiniger Vorteil zu verzeichnen, sondern auch die Thatsache, daß durch dieses eingehende Studium der Eigenschaften manches für die zweckmäßigere Fabrikation der Waren Dienliche entdeckt worden ist und diese heute systematischer und bestimmter gehandhabt wird, als ehedem, wo man infolge teilweiser Unkenntnis des Wesens der Gespinstfasern im Dunkeln herumtappte und erst durch mühselige, zeitraubende und kostspielige Versuche zu dem gelangte, was man sich als Ziel gesteckt hatte.

Die Vorarbeiten für das Spinnen und das Spinnen selbst.

Ehe die als Spinnmaterial zugerichteten Rohstoffe der eigentlichen Spinnmaschine überliefert werden können, haben sie eine mehr oder minder große Zahl von weiteren Bearbeitungen durchzumachen. Dieselben sind selten getrennt von dem Betrieb der Spinnerei und werden als zu dieser gehörig angesehen. Im wesentlichen bestehen die Vorarbeiten der Spinnerei in der gründlichen Reinigung des Materials, der Ausscheidung der kurzen, nicht für den ins Auge gefaßten Zweck passenden Fasern, der Parallellegung der Fasern unter einander, der Teilung oder der Verdichtung in schmale Bänder und der Zusammendrehung der letzteren zu dicken Fäden. Aus diesen erst spinnt die Spinnmaschine Fäden von der beabsichtigten Feinheit und Drehung. Zu diesen Vorarbeiten gesellen sich häufig noch anderen Gebieten der Textilindustrie zufallende, so das Färben der Gespinstfasern, um gleich einen gefärbten Faden, oder durch Mischung verschiedenfarbiger Fasern ein meliertes Garn zu erhalten. Nur selten wird das Fasermaterial ohne Fadenform für sich verwandt, wie in der Filz- und Papierfabrikation, wo durch Bearbeitung der Fasermasse in Wasser unter Hinzunahme von Klebemitteln flächenförmige Gebrauchsgegenstände gebildet werden. Entsprechend den Hauptmaterialien sind die in Betracht zu ziehenden Spinnereien Baumwollspinnereien, Flachs-, Hanf- und Jutespinnereien, Wollspinnereien und Seidenspinnereien. Die Ramiespinnereien sind erst jüngst entstanden und nur vereinzelt vorhanden, ebenso andere Spinnereien, wie die Haarspinnereien. Infolge der notwendigen Vorarbeiten sind die Spinnereien neben den eigentlichen Spinnmaschinen mit einer Menge der verschiedenartigsten Hülfsmaschinen ausgerüstet und weisen zumeist, da die Produktion sich nur in größerem Maßstabe lohnt, umfangreiche Gebäudekomplexe auf.

Vor Erfindung der Spinnmaschine geschah die Bildung des Fadens aus dem sorgfältig gereinigten und durch Kratzen geordneten Material auf einem und demselben Gerät. Das älteste ist die Spindel, Kunkel, heute noch in einzelnen Gegenden verschiedener Länder zum Spinnen von Leinengarn benutzt, bestehend aus einem hölzernen Stock, dem Rocken, zur Aufnahme des Materials und einem runden nach unten zu dicker werdendem Holz, der Spindel, meist noch durch einen Ring, den Wirtel, beschwert. Durch Ausziehen der Fasern aus dem Rocken wurde eine möglichst gleichförmige Partie zu einem schmalen Bande resp. groben Faden zusammengefügt, durch Drehen der vertikal hängenden Spindel in den beabsichtigten Faden umgestaltet und letzterer, wenn für die Bildung neuen Fadens zu lang geworden, auf die Spindel aufgewickelt. Diese Art des Spinnens erhielt sich durchweg bis zur Entdeckung des Spinnrades, welche um das Jahr 1530 fällt und einem gewissen Jürgens zu Watenmüttel im Braunschweigischen zugeschrieben wird. Durch die Bewegung einer horizontalen Spindel mittels eines Handrades wurde es möglich, schneller das dem Rocken mit der Hand entnommene Material in die Fadenform zu bringen. Um beide Hände für das Spinnen frei zu bekommen, konstruierte man dann die Tritträder, setzte das Spinnrad mit dem Fuß in Drehung und war durch Hinzunahme eines Flügels zur Spindel in den Stand gesetzt, kontinuierlich zu spinnen, d. h. stetig Faden zu drehen und auf eine Spule der Spindel aufzuwickeln, während bei dem Handrad, wie bei der Spindel beides in Absätzen zu geschehen hatte. Für geschickte Arbeiter wurden Doppelspinnräder gebaut, welche zwei Spindeln besaßen und die gleichzeitige Herstellung zweier Fäden erlaubten, von denen jede Hand des Spinners einen auszuziehen und zu führen hatte. Bis zum Jahre 1760 sind diese Methoden des Spinnens beibehalten worden, denn wenn auch bereits 1733 John Wyatt als der Erfinder der ersten Spinnmaschine genannt wird, so ist dieselbe höchstens von ihm für seinen eigenen Bedarf benutzt worden. Richard Arkwright zu Nottingham brachte 1769 eine Spinnmaschine in einer für damalige Verhältnisse leistungsfähigen Konstruktion in die Öffentlichkeit. Sie wurde zunächst durch Pferde, späterhin aber durch Wasserkraft betrieben, und ihr daher der Name Watermaschine beigelegt; die gleichwertige Bezeichnung Drosselmaschine führte sich erst später für die durch Dampf betriebenen und vervollkommneteren Spinnmaschinen derselben Art ein. Auf der Watermaschine wird, wie beim Trittrad kontinuierlich gesponnen und aufgewickelt; auf der um dieselbe Zeit 1763 von James Hargreaves zu Standhill bei Blackburn erfundenen Jenny-Maschine dagegen wurden beide Arbeiten in Absätzen ausgeführt, also so wie beim Handrad. Der Name Jenny-Maschine rührt von der Tochter des Erfinders her, welcher zu Ehren der Name gewählt wurde, und für deren Gebrauch zuvörderst die Maschine bestimmt war. Beide Systeme vereinigte Samuel Crompton 1774 in seiner Mulemaschine, welche gleichsam als ein Bastard (Mule d. h. Maulesel) anzusehen ist. Es ist klar, daß sowohl die Watermaschine als auch die Mulemaschine, die beiden heute bestehenden Systeme, im Laufe der Jahre eine Menge von Umformungen und Verbesserungen erfahren haben, welche neben der Aufnahme des Dampfes als Betriebskraft — um das Jahr 1785 herum — dazu verholfen haben, die gesamte Spinnerei auf ihre heutige Höhe zu bringen. Denn wenn auch zuerst die Erfindung der Spinnmaschinen der Verarbeitung der Baumwolle galt, so gelangte man doch bald dazu, diese Maschinen auch für die übrigen Materialien nutzbar zu machen. Die Einführung der Spinnmaschinen verlangte aber auch eine systematische, maschinelle Vorbereitung des Spinnmaterials in der eingangs berührten Weise, und so entstanden denn sehr bald die Maschinen für die Vorarbeiten und wurden stellenweise zu einem kaum mehr überschreitbaren Grade vervollkommnet.

Die Baumwollspinnerei.

Da der Inhalt verschiedener Ballen von Baumwolle fast durchweg ungleichförmig ist, so muß zwecks Ausgleichung dieser Ungleichförmigkeiten ein Mischen stattfinden. Dasselbe hat auch zu geschehen, wenn verschiedene Sorten mit einander verarbeitet werden sollen. Man bricht die Baumwolle aus den geöffneten Ballen mit den Händen oberflächlich auseinander und schichtet sie in einem trocknen Raum auf, um sie trocknen zu lassen. Gelegentlich der Verarbeitung streicht man den senkrechten Wänden der Haufen entlang mit einer Harke geringe Mengen Baumwolle ab, wodurch letztere sich vermischt. — Das durch starken Druck für den Transport fest zusammengepreßte Material muß alsdann aufgelockert werden. Hierfür und zur gleichzeitigen Reinigung von anhaftenden Kapsel- und Körnerteilchen, Sand 2c. dient das Öffnen. Es geschieht höchst selten noch durch Schlagen und Klopfen mit der Hand, sondern durch Maschinen, welche verschiedenartige Namen führen, wie Wölfe, Zauseler, Öffner, deren Hauptteil jedoch immer eine Trommel, Axe oder Scheibe ist, welche mit eisernen, mehr oder weniger langen und spitzen Zähnen versehen sind, die die Fasern auseinanderziehen. Hierbei fallen die Unreinigkeiten heraus und saugt ein Exhaustor zu kurze Fäserchen ab. Übrigens geschieht das Öffnen nicht auf einer einzigen Maschine, sondern auf zwei oder mehreren mit erhöhten Geschwindigkeiten und verfeinerten Garnituren ausgerüsteten Maschinen, und wählt man die eine oder andere Art je nach der Länge der Baumwollfasern. Unter den heute benutzten Maschinen sind zu nennen der kegelförmige Wolf für schlechte und mittlere kurzfaserige Baumwollsorten, der Zauseler oder Whipper von Mason für langfaserige, der Porcupine-Öffner zur besseren Teilung der Fasern und der Opener von Chrigton zu gleichem Zweck. — Durch das Öffnen ist die Baumwolle noch nicht so aufgelockert und gereinigt, wie das für die späteren Operationen erforderlich ist. Deshalb kommt sie noch auf die Schlag- und Wickelmaschine, wo beides, Auflockern und Reinigen in verstärktem Maße stattfindet. Der Unterschied ist aber der, daß statt der Zahntrommel rotierende 2- oder 3armige Schläger in Anwendung kommen, welche die durch Walzen vorgeschobenen Baumwollfasern abschlagen, und daß die letzteren nicht als lose Flockwolle der Maschine entweichen, sondern in Form einer losen Watte, eines lockeren Vließes, welches auf eine Stange aufgewickelt wird. Auch dieses Schlagen und Wickeln erfolgt mindestens zweimal hintereinander. Der ersten Schlagmaschine wird die Flockwolle des Öffners vorgelegt, die zweite dagegen, auch Doubliermaschine genannt, nimmt 2 bis 4 Wickel der ersten Schlagmaschine auf und laufen die Vließe übereinander in die Maschine, um zusammen von den Schlägern bearbeitet zu werden. — Eine höchst wichtige Operation ist das nun folgende Kardieren oder Krempeln. Es bezweckt, aus dem von der zweiten Schlagmaschine kommenden Wickel ein schmales Band von möglichster Gleichheit zu bilden und hierbei die in der Baumwolle noch vorhandenen Unreinigkeiten und zu kurzen Fäserchen zu beseitigen. Das wird erreicht durch Maschinen, welche Karden, Krempel, Kratzen heißen, und bei denen das wesentlichste in der Gegeneinanderwirkung cylindrischer, mit hakenförmig feinen Drahtspitzen dicht besetzter Flächen besteht. Solche Kratzbelege oder Kardengarnituren sind Streifen oder Blätter von Leder, Kautschukstoff, Kunsttuch, welche die stumpf gegen die Oberfläche abgebogenen Drahthäkchen enthalten, und mit denen die

Trommeln oder Walzen beschlagen resp. umwickelt werden. Eine Karde enthält immer eine große Trommel mit Kratzenbeschlag, über dieser feststehende oder bewegliche Deckel oder aber Walzen von geringerem Durchmesser mit gleichem Beschlag, wonach man Deckelkrempel und Walzenkrempel, Igelkarden, unterscheidet. Auch hier wird nicht nur ein Wickel der Doubliermaschine vorgelegt, sondern zur Erhöhung der Gleichmäßigkeit in der Faserverteilung befolgt man dasselbe wie bei dieser Maschine. Ebenso begnügt man sich nur bei ordinären Garnen mit einmaligem Kratzen, kardiert jedoch meist zweimal, zuerst mit der Vorkarde, dann mit der Feinkarde, wobei der Wickel der letzteren aus etwa 60 Bändern der ersteren gebildet wird, die auf der Lappingmaschine neben und übereinander auf eine Stange aufgebracht werden. Bei feinsten Garnen wird noch häufiger gekrempelt, und benutzt man teils Rollerkarden, teils Deckelkarden, deren Beschläge immer feiner und deren Geschwindigkeiten immer größere werden. Statt des Kardierens ein Kämmen anzuwenden, wie bei der Kammwolle, hat keine weitere Verbreitung gefunden. — In den von der Feinkarde kommenden Bändern liegen die Fasern keineswegs parallel, so wie das zur Bildung eines Fadens nötig ist; auch sind die Fasern noch nicht in der gewünschten Gleichmäßigkeit verteilt. Um beides zu erreichen, läßt man mehrere der Bänder zusammen strecken d. h. übereinander liegend durch die Fugen von 3 bis 5 aufeinander folgenden Walzenpaaren gehen, von denen jedes folgende eine etwas größere Geschwindigkeit hat, als das vorhergehende, so daß also das Material auseinander gezogen wird, wobei sich die Fasern in die Richtung des Zuges hinein, also parallel legen. Das die Streckmaschine verlassende Einzelband ist bezüglich der Dicke und Breite ungefähr wieder dem ursprünglichen gleich. Den Streckmaschinen werden die Töpfe oder Kannen der Feinkrempel vorgesetzt und die gestreckten Bänder wieder in Kannen aufgefangen. Man streckt wiederholt, meist dreimal, und doubliert jedesmal 6 Bänder, welche man demnach auf das 6fache zu strecken hat. Sehr feine Garne werden 6 bis 8 mal hinter einander gestreckt. Die gewonnenen Bänder müssen nun weiter verfeinert und zugleich gedreht werden, um in die eigentlichen Garnfäden umgewandelt zu werden. Das besorgt zunächst das Vorspinnen, und bedient man sich hierbei der Vorspinnmaschinen. Selten, nur bei ganz groben Garnen, reicht ein einmaliges Vorspinnen aus; fast durchweg, wenigstens für mittelfeine Garne erfolgt dasselbe auf zwei Maschinen. Von der ersteren wird ein grober, lockerer Faden, die Lunte, das Dochtgarn, grobes Vorgespinst in der Dicke einer Federpose und darüber geliefert, und werden ihr die Kannen der letzten Strecke überwiesen. Das erhaltene Produkt wird auf große, hölzerne Spulen aufgewickelt, welche dann in der zweiten Vorspinnmaschine Platz nehmen, um dort weiter zu Fäden von der Dicke einer kräftigen Stricknadel verfeinert und zusammengedreht zu werden. Man erhält das feine Vorgespinst, das Vorgarn. Hat man es mit feinen Garnen zu thun, so wendet man 3 derartige Maschinen an. Heute werden in der Baumwollspinnerei fast nur noch als Vorspinnmaschinen die Spindelbänke, Flyers, bancs à broches, benutzt, alle übrigen Maschinen, wie die Bank von Abegg, die Röhrenmaschine, die Eklipsmaschine, der Rota-Frotteur, meist englische und in Deutschland und Frankreich abgeänderte Maschinen sind veraltet und unterscheidet man obigem entsprechend: Grobflyer, Mittelflyer, Feinflyer oder für mittelfeine Garne Grob- und Feinflyer. Alle drei unterscheiden sich nicht in der Konstruktion, nur daß beim Grobflyer der Aufsteckrahmen für die Spulen fehlt, da ja aus den Kannen gesponnen wird. Ein Unterschied jedoch liegt in den verschiedenen Geschwindigkeiten: der Grobflyer hat die geringste, der Feinflyer die größte; außerdem werden die Spindeln, welche die Drehung des Fadens bewirken, immer feiner und zahlreicher, z. B 30 bis 50 beim Grobflyer, 60 bis 80 beim Mittelflyer und 80 bis 120 beim Feinflyer. Der Flyer gleicht in seiner Haupteinrichtung der später beschriebenen Waterfeinspinnmaschine, abgesehen davon, daß die Dimensionierung und die Geschwindigkeiten hier im Verhältnis zur Stärke des zu bildenden Fadens stehen. Außerdem werden nicht nur die Spindeln, welche die Fäden drehen, durch Räderwerke von der Hauptwelle der Maschine in Bewegung gesetzt, sondern auch die hölzernen Spulen, auf welche sich das Vorgespinst aufwickelt. Hierdurch sind manche Einrichtungen bedingt, welche die Vorspinnmaschine komplizierter machen, als die sonst ähnlich wirkende Waterfeinspinnmaschine. Mit solchen Einrichtungen ausgestattete Flyer führen den Namen Differentialflyer. Sie arbeiten vollständig selbstthätig; der Arbeiter hat nur die gefüllten Spulen gegen leere umzutauschen, für frisches Spinnmaterial, also für die Kannen resp. Spulen im Aufsteckrahmen, von welchen abgesponnen wird, Sorge zu tragen und endlich zerrissene Fäden wieder zu vereinigen, anzudrehen. — Endlich wird das erhaltene Vorgarn der Feinspinnmaschine übergeben, welche aus ihm durch weiteres Ausziehen und stärkeres Drehen den Faden von der beabsichtigten Feinheit und der erforderlichen Drehung, Draht, Drall, herstellt. Die heute in Benutzung befindlichen Feinspinnmaschinen sind Watermaschinen, auch Drossel- oder Flügelspinnmaschinen benannt oder Ringspinnmaschinen oder endlich Mulemaschinen, Selfaktoren. Umstehende Zeichnung (Fig. 206) läßt die Hauptanordnung einer Watermaschine erkennen. Im oberen Teile derselben befinden sich die mit Vorgarn gefüllten Spulen. Von hier laufen die Fäden den Streckwalzen zu, wo sie je nach der Feinheit auf das 4 bis 10fache der Länge ausgezogen werden, und sind dann einzeln durch Ösen den Flügeln der sich schnell drehenden Spindeln zugeführt, auf welchem Wege sie ihre Drehung erhalten. Jede Spindel trägt eine hölzerne auf ihr lose sitzende Spule, die durch die Reibung und Zentrifugalität mitgenommen wird, jedoch nur in dem Maße, als Faden frei gegeben wird, und dieser wickelt sich auf die Spule, die übrigens durch Bremsung mehr oder weniger zurückgehalten wird, auf. Hierdurch hat man es in der Hand, den Draht des Fadens in gewissen Grenzen zu ändern. Damit sich der Faden in neben einander liegenden Windungen auf die Spule aufwickelt, stehen sämtliche Spulen auf einer Bank, durch welche die Spindeln frei hindurchgehen und der durch geeignete Mechanismen Auf- und Abbewegung erteilt wird. Solcher Spindelreihen besitzt die Maschine links und rechts, sie ist zweiseitig, während die ähnlich gebauten Vor-

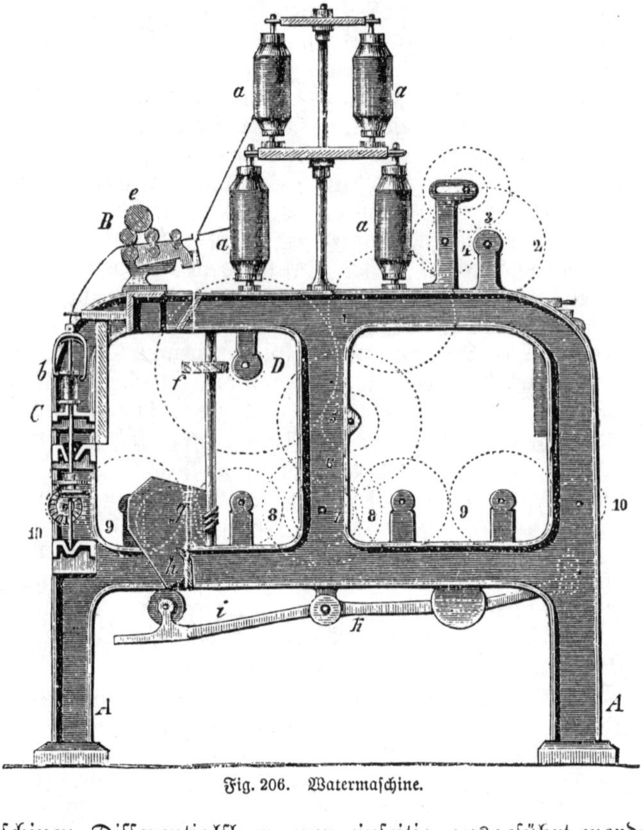

Fig. 206. Watermaschine.

spinnmaschinen, Differentialflyer, nur einseitig ausgeführt werden. Der Spindeln sind 100 bis 300 in einer Maschine vorhanden und macht jede derselben 3600 bis 4200 Umläufe pro Minute. Zur Bedienung von ca. 240 Spindeln ist ein Mädchen erforderlich, welches im Andrehen gerissener Fäden von einem Kinde unterstützt wird. — Die Spindeln der Drosselmaschinen haben vielfache Abänderungen erfahren, teils um die Produktionsfähigkeit zu erhöhen, teils um die Möglichkeit des Spinnens feinerer und loser gedrehter Garne zu schaffen, da es in der

Natur der Sache liegt, daß man mit der beschriebenen Maschine nur festgedrehte, kräftigere Garne herzustellen vermag. Eine heute vielfach gebrauchte Spindel ist die Ringspindel, welche der Spinnmaschine den Namen Ringspinnmaschine gegeben hat. Bei ihr geht jeder Faden nach Passierung der Streckwalzen und Öse zu einem Drahthäkchen, welches auf einem festen Ringe reitet, der in die Bank eingesetzt ist, welche sonst die Spulen zum Aufwickeln des fertigen Garnes trägt. Die hölzerne Spule sitzt hier fest auf der sich drehenden Spindel, dreht sich also stets mit ihr und wird der Reiter dabei auf dem sie umgebenden Ringe in dem Verhältnis als Faden gesponnen wird, im Kreise schnell herumgeführt, wodurch der Faden seinen Draht erhält und sich auf die Spule aufwickelt. Auch hier steigt die Bank mit sämtlichen Ringen und Reitern zum Zwecke der regelmäßigen Bewicklung auf und nieder. Dadurch, daß nur das leichte Drahthäkchen durch den Faden herumgeführt zu werden braucht, nicht aber, wie bei der Watermaschine die schwere, sich mehr und mehr füllende Spule, kann man Garne von größerer Feinheit und geringerer Drehung erzeugen. Infolge Wegfalls der Flügel nimmt die Ringspindel weniger Raum ein, können mehr Spindeln in der Maschine Platz finden. Letztere hat weniger Betriebskraft nötig und kann man den Spindeln bis zu 10000 Umdrehungen pro Minute geben. Mit Berücksichtigung aller dieser Umstände liefert die heutige vervollkommnete Ringmaschine ca. 40% mehr Garn als die Flügelmaschine unter sonst gleichen Verhältnissen.

Anders arbeiten die Mulemaschinen, deren Hauptanordnung die Fig. 207 zeigt. Wieder sind die mit Vorgarn gefüllten Spulen im Aufsteckrahmen der Maschine eingesetzt und gehen von hier die Fäden über Führungsdrähte dem Streckwerk zu, um ausgezogen zu werden. Die Spindeln, bis zu 800 und darüber, aber befinden sich in einem Wagen, der auf Geleisen von dem Streckwerk entfernt und demselben wieder zugefahren werden kann. Sie tragen keine hölzernen Spulen, vielmehr wird der Faden auf die blanke Spindel, auf welche nur eine dünne papierne Röhre gesteckt wird, aufgebracht und zwar in Gestalt eines birnförmigen oder cylindrischen, mit konischen Enden versehenen Körpers, der nach Fertigstellung mit der Innenröhre abgezogen wird und Cop oder Kötzer heißt. Die Spindeln drehen sich sehr schnell und wird beim Ausfahren des Wagens dadurch, daß das Streckwerk Faden durchzieht und dieser an der äußersten Spindelspitze unter stumpfem Winkel gegen die Spindelaxe gehalten wird, dem Faden Drehung erteilt, ohne daß aufgewickelt wird. Wenn der Wagen seinen Auszug vollendet hat, wird die Bewegung des Streckwerkes unterbrochen, der Faden ist eingeklemmt, und es legt sich oben über die sämtlichen Fäden ein Draht, wodurch dieselben rechtwinklig zur Spindelaxe zu liegen kommen. Wird der Wagen nun eingefahren und drehen sich die Spindeln fortgesetzt, so wickeln sich die Fäden auf ihnen auf, wobei der Draht mit Hinzunahme eines Gegendrahtes abwärts und dann wieder aufwärts geführt wird, so daß die Bewicklung die gewünschte Form erhält. Das Spiel beginnt von neuem, nachdem der Wagen wieder vor den Streckwalzen angelangt ist. Es leuchtet ein, daß man das Streckwerk auch schon vor Beendigung des Wagenauszuges abstellen und so die Fäden beliebig verfeinern, auch daß man dem Wagen, wenn derselbe am Ende der Ausfahrt angelangt ist, noch mehr oder

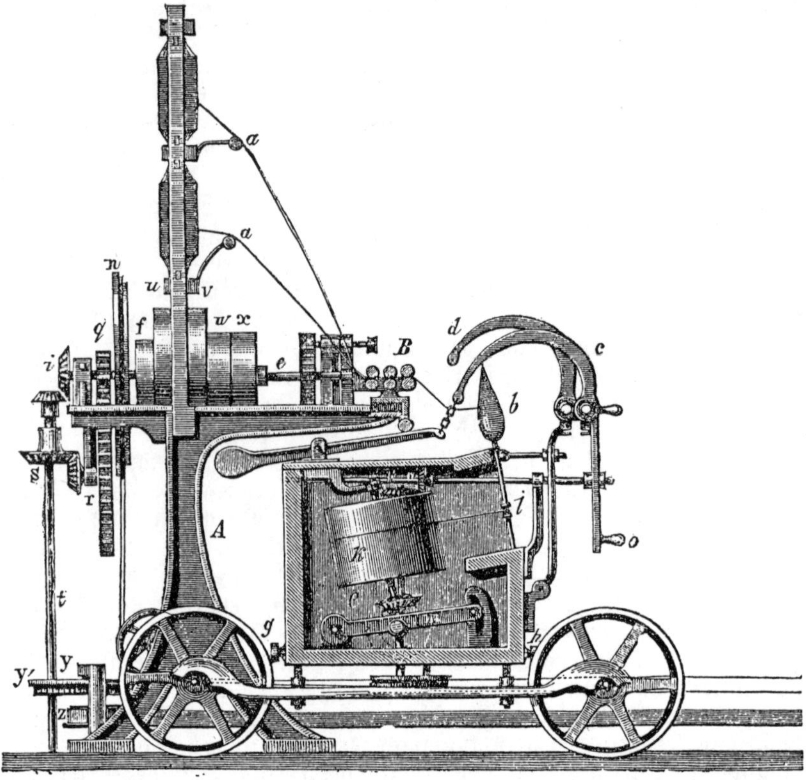

Fig. 207. Mulemaschine.

weniger langen Stillstand geben kann, bevor der Einzug bewerkstelligt wird, wodurch die Fäden mehr gedreht werden (Nachdraht). So hat man es denn in der Hand, beliebig feine Garne und solche von größerem oder geringerem Draht auf der Mulemaschine zu verfertigen. Alle Bewegungen führt die heutige Mulemaschine selbstthätig aus, weshalb sie auch Selfaktor genannt wird, während bei den ersten Maschinen das Aus- und Einfahren des Wagens, das Niederdrücken der Drähte und ähnliches durch die Hand des Arbeiters verrichtet wurden, später auch wohl teilweise die eine oder andere Manipulation durch die Maschine besorgt wurde, ohne daß letztere ganz selbstthätig war. Dann hatte man den Halfselfaktor. — Die von der Watermaschine kommenden fester gedrehten und kräftigeren Garne, welche ausschließlich zur Kette von Geweben benutzt werden, bezeichnet man als Watergarne, die von der Mulemaschine als Mulegarne. Letztere werden aber nicht nur zu Schuß verwendet, sondern auch, wenn sie stärker gedreht sind, zur Kette. Sie führen dann den Namen Mediogarne, Halbkettgarne.

Die Flachs-, Hanf- und Jutespinnerei.

Wie bereits früher erwähnt, geschieht das Hecheln meist in den Spinnereien mit Zuhülfenahme der Hechelmaschinen, wobei jedoch die Handhechelei, so wie beschrieben, nicht in Wegfall kommt. Als älteste Hechelmaschine wird diejenige von Peters bezeichnet, welche der im Jahre 1810 von Girard konstruierten weichen mußte. Auch dieses nach und nach vielfach verbesserte System ist bald verlassen und durch die von Taylor, Wordsworth & Co. in Leeds 1840 gebauten Maschinen verdrängt worden. Heute gern benutzte Hechelmaschinen sind die von Combe & Barbour in Belfast, Horner in Belfast u. a. Das Prinzip derselben besteht darin, daß der geschwungene Flachs in Partieen, Risten, Bärten, in Kluppen eingespannt wird, so daß etwa die Hälfte der Bärte herunterhängt, wenn die Kluppen in eine obere Bahn der Maschine eingesetzt werden. Über horizontale Walzen laufen zwei einander zugekehrte, vertikale endlose Hecheltücher, d. h. aus Querlatten zusammengesetzte Flächen, welche mit spitzen Nadeln garniert sind. Die Bärte hängen mit ihren Spitzen zwischen den Hecheltüchern und diese bewegen sich hier abwärts, so daß sie die Flachsfasern teilen und die Unreinigkeiten herausarbeiten. Allmählich senkt sich die Bahn mit den Kluppen, wodurch die Nadeln die Bärte mehr und mehr nach der Mitte zu fassen. Sind dieselben tief genug gekommen, so hebt sich die Bahn mit sämtlichen Kluppen wieder in die Anfangsstellung und es werden nun diese um ein Hechelfeld verschoben. Denn die Hecheltücher haben nicht durchgehends dieselbe Garnitur, sondern sind in Längsfelder eingeteilt, von denen jedes folgende einen feineren Nadelbesatz hat. So wird der Flachs denn mehr und mehr ausgehechelt, zuerst die untere Hälfte der Bärte, hernach durch Umspannen derselben die andere Hälfte. Die durch die Bearbeitung herausgeholten Schäbeteile und kurze Fasern setzen sich zum Teil an den Hechelnadeln fest und werden von diesen durch besondere Vorrichtungen abgestreift. Der Abfall ist die Hechelhede, das Hechelwerg.

Der möglichst vollkommen ausgehechelte Flachs gelangt zuvörderst auf die Anlegemaschine zwecks Bildung eines Bandes. Letztere ist unter der Voraussetzung von Regelmäßigkeit und Gleichförmigkeit des Bandes bei der Glätte und Länge der Fasern bedeutend schwieriger, als bei der Baumwolle. Der Flachs wird in gleichen Portionen gerade ausgestreckt auf ein horizontales Zuführtuch gebracht, so daß die spitzen Enden gehörig über einander greifen und einem Walzenpaar zugeführt. Eine Reihe sich nahezu horizontal fortbewegender Hechelstäbe, das sind Stäbe mit spitzen Nadeln, ergreifen ihn, und zieht ihn ein zweites Walzenpaar wieder heraus. Dabei haben die Hechelstäbe eine größere Geschwindigkeit, als der vorbeiziehende Flachs; dieser wird demnach fortgesetzt ausgehechelt. Infolge einer höheren Geschwindigkeit auch des zweiten Walzenpaares wird er auf dem Wege dorthin bedeutend gestreckt und gelangt, durch einen Trichter zusammengeschnürt, als schmales Band in eine blecherne Kanne. — Die auf der Anlegemaschine gewonnenen Bänder werden alsdann auf den Zug- oder Streckmaschinen weiter gestreckt und dabei zu 3 bis 5 oder noch mehr doubliert, so wie es bei der Baumwolle geschieht. Während jedoch bei den Streckmaschinen für dieses Material die Streckwalzen nahe zusammenliegen, der Länge der Baumwollfaser entsprechend, haben diese Walzen hier einen sehr großen Abstand von einander, da die Flachsfaser sehr viel länger ist und jedenfalls die Distanz der Walzen größer sein muß, als die Faserlänge, um ein Zerreißen der Fasern zu verhüten. Auf der großen Entfernung müssen sie deshalb unterstützt werden, was durch Hechelstäbe geschieht, deren Nadelspitzen in die Flachsbänder eintauchen und durch größere Geschwindigkeit wieder beständig aushecheln. Die Streckmaschinen gleichen daher vollständig der Anlegemaschine, nur daß bei letzterer das Zuführtuch die Flachspartieen aufnimmt, während die ersteren die Kannen mit den Bändern vorgesetzt erhalten Man benutzt 2 oder 3 solcher Streckmaschinen aufeinanderfolgend, um die Bänder immer gleichmäßiger und schöner zu machen. — Nun folgt das Vorspinnen, also die Gestaltung eines groben Fadens aus dem Bande. Es erfolgt auf der Spindelbank, Flyerbank, dem Differentialflyer, wobei nur bei feinen Garnen die Bänder doppelt in die Maschine laufen, um einen Faden abzugeben. Das Streckwerk des Flyers ist den bei den Anlege- und Zugmaschinen üblichen gleich, d. h. Hechelstäbe besorgen die Unterstützung zwischen den Streckwalzen, und hecheln dabei die Flachsbänder weiter aus. Im übrigen stimmt die Spindelbank im Prinzip mit der für Baumwolle benutzten überein. Bekannt und häufig in den Flachsspinnereien zu finden sind die Maschinen von Combe. — Das Feinspinnen geschieht heutzutage hier und da noch mit Spindel und Rocken, so wie in den ältesten Zeiten, z. B. in Böhmen und Schlesien, noch häufiger aber auf dem Spinnrad, namentlich dem Trittrad, ist aber im allgemeinen durch die Maschinenspinnerei, welche bei guter Vorbereitung des Materials bedeutend besseres Garn liefert, verdrängt worden. Dem Spinnen durch Hand geht ein Schaben und Bürsten des gerösteten, geschwungenen und gehechelten Flachses voran. Beim Spinnen selbst muß der Flachs befeuchtet werden, am besten mit Speichel, sonst durch irgend eine schleimige Flüssigkeit. Die Maschinenspinnerei hat sich verhältnismäßig spät entwickelt, indem bis vor ca. 75 Jahren die Flachsspinnerei lediglich Hausindustrie war. Philip de Girard nahm 1810 ein Patent auf eine Flachsspinnmaschine, und 1815 wurde er von Paris nach Wien berufen, um dort in der Nähe eine Flachsspinnerei einzurichten. John Faltis gründete 1837 in Jungbuch bei Trautenau in Böhmen die erste Flachsspinnerei mit englischen Maschinen. Heute sind diese Betriebe überall verbreitet und üben die besprochenen Vorarbeiten und das Feinspinnen in hoher Vollkommenheit aus. Letzteres geschieht ausschließlich auf Watermaschinen, wie sie für die Baumwolle in Anwendung sind. Es wird trocken oder naß ausgeführt, d. h. die Bildung des Fadens geschieht in trockenem Zustande, und empfiehlt sich solches nur für gröbere Garne, oder aber man leitet die zu spinnenden Fäden durch heißes Wasser; der Klebstoff der Faser löst sich und man erhält einen sehr guten und runden Faden. An Stelle des heißen Wassers nimmt man auch kaltes. Die naß gesponnenen Garne müssen sofort von den Spulen abgehaspelt und getrocknet werden, was in Trockenräumen zu geschehen pflegt. — Aus den Abfällen, dem Werg, spinnt man ein minderwertiges Garn, Werggarn, Towgarn. Das Werg wird, wie die Baumwolle, auf Krempelmaschinen gekratzt, um geordnet zu werden, nachdem es zuvor gründlich durch Schütteln und Klopfen gereinigt worden ist. Die Kratzenbeschläge der Krempel sind hier dem gröberen Spinnmaterial angemessen viel stärker, sowie auch die Maschinen bedeutend kräftiger gebaut. Als Vließ oder weiche Watte jedoch wird das gekratzte Werg nicht von der Maschine abgegeben, sondern immer in Form von Bändern. Die weitere Bearbeitung dieser meist zweimal hinter einander gekratzten Bänder durch Strecken und Doublieren, Vorspinnen und Feinspinnen weicht in keiner Weise von der für Flachs beschriebenen ab.

Was die Hanfspinnerei anbelangt, so stimmt dieselbe, solange es sich um Herstellung von Garnen handelt, mit der des Flachses überein. Wegen der großen Faserlänge muß er zerstoßen oder zerschnitten werden, was auch in gewissen Fällen beim Flachs geschieht. Sollen jedoch grobe Hanfgarne, insbesondere zu Seilerwaren erzeugt werden, so werden in der neueren Zeit abweichende Maschinen benutzt, welche zuerst von Sam. Lawson & Sons in Leeds eingeführt worden sind.

Auch die Jutespinnerei, welche in England 1832, in Deutschland 1861 zu Vechelde bei Braunschweig aufkam, stimmt im wesentlichen unter Hinzunahme der Teilung der sehr langen Fasern mit der des Flachses überein, wenn man besseres Garn, sog. Jute-Leinengarn haben will, oder aber sie findet unter Benutzung von Karden, die das Material in kurze Fasern zerreißen und dann zu einem Bande vereinigen, mehr nach Art der Wergspinnerei statt und liefert das kardierte oder Jute-Towgarn. Stets müssen aber den Vorarbeiten noch ein Einweich- und Quetschprozeß vorangehen. Der erstere besteht darin, daß man die

Fasern in kleineren Partieen schichtenweise lagert und die Schichten mit Wasser und Öl besprengt. Zur Ausführung des zweiten Prozesses dient die Jutequetschmaschine, welche mittelst vieler hinter einander angeordneter geriffelter Walzenpaare das eingeweichte Material mürbe macht. —

Die Wollspinnerei.

Man unterscheidet Streichwollspinnerei und Kammgarnspinnerei. Veranlassung zu dieser Trennung hat die Kräuselung, eine der wichtigsten Eigenschaften der Wolle gegeben. Dieselbe ist bei den Wollhaaren sehr verschieden und kann größer und geringer sein. Stärker gekräuselte Wollhaare, welche eine weniger beträchtliche Länge haben, als schlichte, werden zu Streichgarn verarbeitet, schlichte Haare von größerer Länge zu Kammgarn. Aus Streichgarn verfertigte Gewebe, Tuche, lassen sich einfilzen, einwalken, d. h. wenn man sie mit Seife, Urin, Walkerde, behandelt und auf sie Druck und Stoß einwirken läßt, so verfangen sich die gekräuselten Härchen in den Fäden und diejenigen der benachbarten Fäden in der Ware und halten sich, da die Oberfläche eines Wollhaares schuppig ist, gegenseitig fest, schließen allmählich die Poren zwischen Kette- und Schußfäden und bilden die sog. Filzdecke. Das Gewebe wird hierdurch dicker, läuft in der Länge und Breite ein, und die Ware kennzeichnet sich dadurch, daß in ihr die einzelnen Fäden nicht mehr sichtbar sind. Dagegen läßt sich das mit den langen, schlichten Wollhaaren und daraus hergestellten Garnen und Waren nicht oder doch nur in ganz geringem Grade erreichen. Kammgarnstoffe lassen daher immer die Bindung der Fäden, d. i. die Kreuzung von Kette und Schuß mehr oder weniger deutlich erkennen. Außer den genannten beiden Arten der Wollspinnerei existiert noch eine dritte, die Kunstwollspinnerei, welche die in wollenen und halbwollenen Lumpen befindlichen Wollhaare ausscheidet und wieder zu Garnen verarbeitet, die unter dem Sammelnamen Kunstwolle bekannt sind.

Was die Streichwollspinnerei anbelangt, so sind die in Betracht zu ziehenden Operationen: das Waschen, die Fabrikwäsche; das Färben, wenn solches schon in der Wolle statthaben soll; das Wolfen, d. i. das Entfernen anhängender Verunreinigungen und das Auflockern der Wolle; das Einfetten, Fetten, Schmalzen derselben; das Kratzen, Krempeln; das Vorspinnen und das Feinspinnen, Operationen, wie wir sie zum Teil auch in der Baumwollspinnerei gefunden haben. Die Fabrikwäsche, welche eine gründliche Reinigung der Wolle von dem Fettschweiß bezweckt, zerfällt in das Entschweißen, Spülen und Trocknen. Zum Entschweißen bedient man sich in kleineren Betrieben, wie seit langer Jahrhunderten des gefaulten Urins, in größeren Betrieben der Laugen aus Soda, wo auch die Handarbeit durch maschinelle ersetzt ist. Große, in mehrere Behälter zerfallende Maschinen, unter dem Namen Leviathane bekannt, nehmen die Lauge auf, und wird die Wolle mechanisch aus einem Behälter in den anderen befördert, um zuerst eingeweicht und dann ausgewaschen zu werden. Als eine der neuesten Konstruktionen ist die von Mc. Naught anzuführen. Ist die Wolle gehörig rein ausgespült, so wird sie getrocknet, wenn sie nicht gleich gefärbt werden soll; sonst reiht sich dem Spülen das Färben an, und folgt dann erst der Trockenprozeß. Man entwässert zunächst die nasse Wolle in Centrifugen, d. s. perforierten Trommeln auf vertikaler Axe, welche die Wolle aufnehmen und schnell in Rotation versetzt werden, wobei ein beträchtliches Wasserquantum ausgeschleudert wird. Darauf folgt das eigentliche Trocknen in Trockenböden oder mittelst besonderer Trockenmaschinen. Seit noch nicht langer Zeit ist der Karbonisationsprozeß eingeschoben worden, welcher gegenwärtig fast überall durchgeführt wird. Die gewaschene und getrocknete Wolle ist zwar von dem Fett und Schmutz befreit, doch sind die sog. Kletten, d. s. Samenkapselteilchen von Disteln und ähnliche vegetabilische Anhängsel, welche beim Lagern des Schafes oder durch andere Zufälligkeiten sich in den Haaren verfangen haben, nicht herausgeschafft worden. Früher mußte dies nach Möglichkeit beim Krempeln geschehen. Das heutige Entklettungsverfahren besteht in der Behandlung der Wolle mit einem Salzsäure- oder Schwefelsäurebad in einer Grädigkeit, daß zwar die vegetabilische Substanz zerstört, verkohlt, karbonisiert, dagegen die Wollfaser nicht geschädigt wird. Hierauf schleudert man die Wolle aus, trocknet sie scharf in Heizkammern und klopft sie auf Schlagmaschinen, Klopfwölfen, wodurch die verkohlten Teilchen in Staub zerfallen, den ein Exhaustor fortführt. Die in der Wolle zurückgebliebene Säure neutralisiert man durch ein Sodabad. Man entklettet aber auch auf Klettenwölfen nur mechanisch, ohne zu karbonisieren, und sucht hierdurch die Beimengungen auszuscheiden. — Durch den nun folgenden Prozeß des Wolfens will man dasselbe erreichen, wie in der Baumwollspinnerei durch das Öffnen, nämlich Auflockerung und weitere Reinigung. Ferner mischt man verschiedene Sorten Wolle, insbesondere mehrfarbige mit einander. Endlich muß die Wolle vor dem Kardieren eingefettet werden. Alles das geschieht durch Maschinen, die Wölfe heißen, und so kennt man denn Reiß-, Schlag- oder Klopfwölfe für den ersten, Misch- oder Melierwölfe für den zweiten und Ölwölfe für den letzten Zweck. Im wesentlichen gleichen die Wölfe den für Baumwolle benutzten, d. h. ihr Hauptteil ist eine schnell rotierende mit einer hölzernen Kappe bedeckte cylindrische Trommel, welche mit einigen Reihen gerader oder gekrümmter Zähne garniert ist, durch welche die Wollflocken zerteilt werden. Unreinigkeiten fallen durch einen unteren Siebboden. Das Einfetten findet statt, wenn die Wolle gehörig aufgelockert und gereinigt ist. Früher diente Rüböl dazu, doch wird es seiner harzigen Bestandteile halber und der bösen Folgen gelegentlich des Krempelns oder späteren Walkens nicht mehr benutzt. Das empfehlenswerteste Mittel ist Baumöl, doch ist es teuer und wird deshalb nur für feinste Wollen gebraucht, während man für mittlere Sorten Ölsäure, Oleïn nimmt. Neuerdings führen sich Mineralöle aus Petroleumrückständen sehr gut ein. Mit dem Schmelzmittel wird die Wolle besprengt und dann zwecks gleichmäßiger Verteilung durch die Hand und den Wolf durcheinander gearbeitet, oder aber man bedient sich des Ölwolfes, welcher alle zum Schmelzen erforderlichen Arbeiten vereinigt. — Nach Beendigung des Einfettens kann das Krempeln folgen, welches denselben Zweck hat, wie der gleichbenannte Prozeß in der Baumwollspinnerei, obschon die für Wolle dienenden Karden manche Mechanismen hinzunehmen, welche dem längeren, gekräuselteren und gröberen Material, sowie dem höheren Preise desselben Rücksicht tragen und die Arbeit mit eingehendster Sorgfalt ausführen. Denn das Krempeln spielt bei der Streichwolle eine viel größere Rolle, als bei den bisher besprochenen Materialien. Ursprünglich war, wie auch bei der Baumwolle, das Kratzen Handarbeit und wurde dieselbe mittelst Brettern ausgeführt, welche mit Kratzenbeschlag versehen waren. Die Krempel der Neuzeit sind derartig vervollkommnet, daß sie kaum der Verbesserung fähig sein dürften. Auch hier muß mehrmals hintereinander gekratzt werden, und heißt die zuerst benutzte die Reißkrempel, die zweite die Fein- oder Pelzkrempel und die dritte Vorspinnkrempel oder Continue. Erstere liefert die Wolle als eine dünne, in mehreren Lagen auf eine Trommel gewickelte Watte von beträchtlicher Breite, die Decke oder den Pelz. Durch Aufschneiden erhält man Stücke, welche dem Zuführtisch der zweiten Krempel angepaßt sind. Sie entläßt die Wolle gleichfalls in Form einer Decke, welche jedoch bedeutend größere Länge hat, als die Decke der Reißkrempel. Als letzte Krempel dient die Continue, welche die Decke, den Flor, des Feinkrempels erhält und die Wolle in einer Menge nebeneinander liegender schmaler, unten sich getrennter Bänder abgiebt, welche durch hin und her gehende Walzen, Würgelwalzen, sofort in grobe Fäden zusammengerollt und auf dünne Walzen aufgewickelt werden. Die Wirkung der Würgel- oder Nitschelwalzen ist gerade so, als ob man ein Band zwischen die flachen Hände legt und diese hin und herreibt. Hier ist also die Krempel, die Vorspinnmaschine. Übrigens geschieht ähnliches in einzelnen Fällen auch bei der Baumwolle, man läßt dort auch die Feinspinnkrempel die Vorspinnmaschine sein und spart so das Vorspinnen auf dem Flyer, doch läßt sich das nur für mittlere Ware verwenden. Bei den Wollkrempeln ist heute fast überall die hübsche und Arbeit und Transport ersparende Einrichtung getroffen, daß die Decke der Reißkrempel durch verbindende Mechanismen auf die Feinkrempel überführt wird, oder daß solches zwischen letzterer und Continue geschieht. Höchst mannigfach sind die Konstruktionen, welche sich auf die Trennung des abgeholten Flors der Continue in schmale Bänder beziehen und die man als Florteiler bezeichnet. — Aus den groben Fäden werden nun durch Bearbeitung auf der Feinspinnmaschine die feinen Fäden gebildet. Als solche verwendet man meist die Selfaktoren, wie sie bei der Baumwollspinnerei besprochen worden sind, doch fehlen bei ihnen die Streckwalzen, und sind diese durch ein einfaches Walzenpaar ersetzt. Das Ausziehen der Fäden erfolgt demnach nicht durch ein Streckwerk, sondern durch Stillsetzen des Walzenpaares, während der Spindelwagen noch weiter ausfährt. Watermaschinen, und zwar nach dem Prinzip der Ringspinnmaschinen, sind erst seit der Mitte der 60er Jahre in der Streichgarnspinnerei durch A. Vimont in Vine (Calvados) versucht worden und haben sich seit Anfang der 70er Jahre durch die Konstruktion von C. Martin in Verviers mehr und mehr eingeführt. Teppichgarne und Deckengarne spinnt man auch wohl gleich auf der Continue fertig und ist die verbreitetste hierher gehörige Continue mit Spinnapparat die von O. Schimmel in Chemnitz.

Die Kunstwolle, also die aus wollenen und halbwollenen Lumpen und Garnabfällen wiedergewonnene Wolle ist, obgleich minderwertig, von hoher Bedeutung in der Wollindustrie geworden. Die Erzeugnisse aus ihr sind ungleich billiger, als aus guter Schurwolle, und das Aussehen der Ware wird kaum beeinträchtigt, wohl aber die Haltbarkeit, doch spielt letztere bei der heutigen schnell wechselnden Mode eine untergeordnetere Rolle als in früheren Zeiten, insbesondere, wenn es sich um Damenstoffe handelt. Die Fabrikation der Kunstwolle hat man seit ca. 50 Jahren erfunden. Man unterscheidet Shoddy, Mungo und Extraktwolle, je nachdem zur Gewinnung Lumpen aus Kammgarnstoffen, gestrickten und gewirkten Waren oder aber aus streichwollenen Tuchen oder endlich aus halbwollenen Geweben benutzt wurden. Bei Shoddy und Mungo brauchen die Lumpen nur auf dem Lumpenwolfe von ihnen anhaftenden Unreinigkeiten entstäubt und zerkleinert, und allenfalls ausgewaschen zu werden. Dann werden die erhaltenen Fadenstücke durch Kratzen in Haare aufgelöst und weiter verarbeitet, wie die Streichwolle. Dagegen hat bei der Extraktwolle vor der Zerfaserung noch der bereits früher beschriebene Karbonisationsprozeß zu erfolgen, durch welchen unter Anwendung von Säuren die vegetabilischen Fasern, Baumwolle oder Leinen, zerstört werden.

Während bei der Streichgarnspinnerei die Hauptvorbereitungsarbeit das Kratzen oder Krempeln bildet, ist diejenige der Kammgarnspinnerei das Kämmen. Eine scharfe Grenze läßt sich zwischen beiden Wollen nicht ziehen. Die australischen und die Buenos-Ayres-Wollen liefern das beste Material. Cheviotkammwollen, von australischen Croßbred-Schafen herrührend, auch von England als Lüstrewollen von dort gezüchteten Schafen kommend, dienen gleichfalls als vorzügliches Material für Kammgarne. Die Kammwolle muß gehörig sortiert werden und zwar hauptsächlich in Bezug auf ihre Länge und den Grad ihrer Schlichtheit, selbstredend auch auf denjenigen ihrer Feinheit, doch ist letzteres nicht so wichtig, als bei der Streichwolle, welche möglichst in Partieen von gleicher Feinheit zusammenzustellen ist. Zunächst ist die sortierte Kammwolle zu reinigen und aufzulockern, was mittels eines Wolfes, Schlagwolfes, ausgeführt wird. Bei starker Verunreinigung durch Kletten, Kot, Staub, tritt, wie in der Streichwollspinnerei, der Klettenwolf an seine Stelle. Auch hier wird die Fabrikwäsche ausgeübt, nämlich die Wolle gründlich entschweißt, und dient hierzu die als Leviathan benannte große Waschmaschine, nur daß das kalte Wasser zum Ausspülen hier fortfällt und sämtliche 3 bis 4 Behälter mit verschieden-grädigen Laugen gefüllt sind. Mit dem Leviathan ist gleich ein Trockenapparat verbunden, welcher die Wolle beim Trocknen stets auflockert, wobei die feuchten Dämpfe abgesaugt werden.

Ferner besitzt die Maschine als Schlußorgan einen Einölapparat, welcher auf die ihn passierende Kammwolle Olivenöl mit Seifenwasser oder letzteres allein tröpfelt. Um die Wolle vollends zu öffnen und die Fasern parallel zu ordnen, auch noch weiter zu reinigen, wird sie auf der bekannten Krempel der Streichwollspinnerei gekratzt, doch begnügt man sich hier mit einem einmaligen Durchgang durch diese Maschine. Man erhält von ihr Bänder oder Wickel, welche einer Strecke übergeben werden. Die Streckmaschine gleicht der in der Flachsspinnerei gebräuchlichen; eine Nadelwalze oder Nadelkette, Hechelkette, Gillbox, unterstützt das zu streckende, doublierte Band, wie dort, und ordnet die Haare, indem das Band schnellere Geschwindigkeit hat, als die Nadelkette. Diesem Vorstrecken folgt das Kämmen, in früheren Zeiten durch Hand unter Benutzung der Wollkämme, heute durch Kämmmaschinen ausgeführt. Das Prinzip des Kämmens besteht in der Trennung der langen, spinnbaren Wollhaare von den kürzeren, wertloseren, oder ganz unbrauchbaren, und der Beseitigung noch vorfindlicher Klettenteile. Als erste brauchbare Kämmmaschine darf die von Heilmann gelten, nachher durch Schlumberger verbessert. Neben diesem System existiert gegenwärtig eine ganze Menge von anderen Systemen, so das von Noble, Holden, Lister, Little und Hübner. Im großen ganzen hat die Heilmann-Schlumbergersche Kämmmaschine folgende Einrichtung: Die auf der Krempel gewonnenen schmalen Bänder laufen zu etwa 16 zu einem breiten Vließ vereinigt in eine Zange, deren einer Teil einen Deckel mit Nadeln hat, die in das über den unteren Teil geführte Vließ einstechen, so daß ein Stück desselben, ein Wollbart, am Ende dieses Teiles herabhängt. Dieser Bart wird durch Aufsetzen des zweiten am unteren Ende geriffelten Teiles der Zange auf den ersten, mit Deckel versehenen, eingeklemmt und festgehalten, und durch eine sich drehende, stückweise mit Nadeln besetzte Trommel, die Kämmwalze, ausgekämmt. Nachdem sich währenddem der Nadeldeckel von seinem Zangenteil abgehoben, durch die erforderlichen Nebenbewegungen frisches Vließ in denselben zugelassen, sich dann der Deckel wieder gesenkt hat, und der Bart fertig ausgekämmt worden ist, öffnet sich die Zange, zwei sich drehende Walzen ergreifen den Anfang desselben und ziehen ihn ein. Hierbei sticht da, wo das unausgekämmte Vließ beginnt, von oben ein mit Nadeln besetzter Kamm in dasselbe und wird es infolge des Durchziehens durch ihn vorgekämmt. Die Zange schließt sich wieder, die Drehung der Walzen hört auf, dagegen entfernen sie sich mit dem eingeklemmten Band. Dieses reißt hierdurch ab und hängt ein Bartende, nur vorgekämmt, aus der Walzenfuge herunter, während von der Zange wieder ein wie zuerst besprochener Bart frei geworden ist. Dem Auskämmen dieses letzteren durch die rotierende Trommel folgt dann immer unmittelbar das Auskämmen des ersteren. Die Bewegungen gehen dergestalt vor sich, daß sich das abgerissene Ende mit dem Anfang des neuen Bartes beim Einziehen durch die Walzen deckt und so die Bärte kontinuierlich mit versetzten Fugen auf einander gelegt werden, wodurch die Walzen demnach wieder ein fortlaufendes gekämmtes Vließ liefern, das mittelst eines Trichters zu einem schmäleren Bande zusammengefügt wird. Eine Kanne nimmt diesen sog. Kammzug auf. Die ausgekämmten Haare und Unreinigkeiten werden von der Kämmwalze durch einen Reinigungsapparat abgenommen und bilden die Kämmlinge. Nun folgt wieder Strecken der Bänder auf Streckmaschinen. War die Wolle mit Öl behandelt, so muß sie entfettet und geplättet werden, sonst fällt diese Operation fort. Die Plättmaschine, Lisseuse, nimmt die Wickel oder Spulen mit den gestreckten Bändern auf, letztere passieren zwei mit Seifenwasser angefüllte Bottiche und werden über dampfgeheizte, kupferne Röhren gezogen, geplättet, getrocknet und auf Spulen aufgewickelt, nachdem sie durch ein Streckwerk noch geordnet wurden. Weitere Streckmaschinen legen die verwirrten Haare mehr und mehr parallel, was man auch die Entfilzung, Defeutrage, nennt. Wenn das zu erzeugende Kammgarn nicht rohweiß bleiben, sondern farbig werden soll, so können die Kammzüge nach diesem dritten Strecken gefärbt werden. Jedoch findet das Färben auch häufig im fertigen Garn statt. Auch Melangen werden fabriziert und zwar durch Anlegen verschieden farbiger Bänder auf den Streckmaschinen und durch Strecken von Bändern, welche in Zwischenräumen farbig bedruckt sind. Nach dem Färben oder Drucken der Kammzüge muß nochmals gestreckt werden; erst jetzt kann das Vorspinnen von statten gehen. Die Vorspinnmaschine gleicht einer Strecke, die das Ausziehen der Bänder besorgt, jedoch ist sie mit einem Würgelapparat, wie die Vorspinnkrempel der Streichwollspinnerei, ausgestattet, um die Bänder zu groben Fäden umzuwandeln. Es wird nicht eine solche Maschine benutzt, sondern deren 9 bis 10, wobei wiederholt doubliert wird. Auf Water- oder Mulemaschinen, welche dieselbe Bauart aufweisen, wie für Baumwolle, aber dem längeren Fasermaterial Rechnung tragen, wird feingesponnen. Die besprochenen Maschinen werden in sehr verschiedener Zusammenstellung und Reihenfolge verwendet, je nach der Beschaffenheit des Materials und der Feinheit der zu produzierenden Garne und haben sich dadurch in den einzelnen Ländern bestimmte Spinnsysteme ausgebildet, von welchen das deutsche, englische und französische von Bedeutung geworden sind.

Die Seidenspinnerei.

Spricht man von Seidenspinnereien, so versteht man darunter vielfach diejenigen Anstalten, welche sich mit dem Abhaspeln der Cocons und der Verarbeitung der Fäden zu Rohseide, Grège, befassen, obgleich eine Spinnerei im eigentlichen Sinne wegen des fertig auf dem Cocon befindlichen Fadens nicht erforderlich ist. Doch hat sich das so eingebürgert. Streng genommen sollte die Bezeichnung Seidenspinnerei nur denjenigen fabrikativen Etablissements zukommen, die die Floret- oder Chappeseide und die Bouretteseide bereiten, welche einem wirklichen Spinnprozeß unterliegen; doch bezeichnet man solche Spinnereien als Floret- oder Chappespinnereien und als Bourettespinnereien. Die zum Abhaspeln bestimmten Cocons werden in drei Klassen geteilt: die schönsten, festesten, seidenreichsten, welche den feinsten und glänzendsten Faden liefern, dienen zur Anfertigung der Kettenseide, Organzin, diejenigen von mittlerer Güte und Stärke geben die Schußseide, Trama, und die schwächsten Cocons mit grobem Faden liefern die Pelseide, eine zum Stricken, Nähen und dergleichen verwendete Seide. Das Abhaspeln geschah in den ältesten Zeiten in der Weise, daß die Cocons in ein Gefäß mit warmem Wasser geworfen, die Fadenanfänge derselben durch Klopfen oder Schlagen mit einer Rute oder einem Stäbchen aufgefangen und die Fäden zu 3 bis 8 und mehr durch ein Auge gezogen wurden, wobei sie zu einem einzigen Faden zusammenleimten. Der so gewonnene Faden wurde auf einem Haspel aufgewickelt. War einer der Cocons abgehaspelt, so mußte ein neuer angeworfen werden. Auch heute geschieht das Abhaspeln noch in gleicher Weise, doch sind die Apparate, welche dazu verhelfen, nicht mehr so primitiv, wie ehedem Vielfach führen die Arbeit aber Maschinen aus, welche mechanische Seidenhaspel heißen. Der Haspel, welcher den Faden aufzunehmen hat, wird mechanisch betrieben, die Arbeiterin hat nur die geleerten Cocons durch Anwerfen frischer zu erneuern und kann gleichzeitig 4 bis 8 Fäden beherrschen. Auch das Aufsuchen der Fadenanfänge wird mittelst einer mechanisch bewegten Bürste ausgeführt, obgleich die Handarbeit hierfür vorzuziehen ist, weil sie weniger Abfall giebt. Die Rohseide-, Grègefäden, werden dann noch, bevor sie gezwirnt werden, auf der sog. Zwirnmühle mehr oder minder stark gedreht, mouliniert, um dem Spalten in die einzelnen Coconfäden vorzubeugen. — Aus den Abfällen beim Abhaspeln der Cocons, ferner den nicht abwickelbaren, fehlerhaften und schlechten Cocons gewinnt man durch Spinnen die oben berührte Floret- oder Chappeseide, eine minderwertige Seide, welche jedoch heute in der Seidenindustrie nicht mehr entbehrlich ist, und aus den bei dieser Fabrikation entstehenden Rückständen gleichfalls durch Spinnen die Bouretteseide. So wie man aus wollenen und halbwollenen Lumpen die Kunstwolle gewinnt, so verwertet man auch die seidenen und halbseidenen Lumpen in gleicher Weise und erhält den Seidenshoddy. Während die Bourettespinnerei in steter Entwickelung begriffen ist, hat sich die Shoddyspinnerei bislang nicht einzuführen vermocht. Für die Floretspinnerei, deren Hauptsitz zur Zeit die Schweiz ist, machen sich eine Menge von Vorarbeiten nötig, die je nach den gewählten Abfällen verschiedener Art sind. Nimmt man Doppelcocons, d. h. solche, in welchen sich gleichzeitig zwei Raupen eingesponnen haben und die beiden Fäden verwirrt durch einander liegen oder die beim Abhaspeln der Cocons und die beim Moulinieren der Seide entstehenden Abfälle — das gesamte Material bezeichnet man als Strusen — so ist der Vorbereitungsprozeß ein anderer, als wenn man nur Cocons nimmt, die in Folge von Fehlern, wie Flecken, Unreifheit, Unvollendung, Durchbeißung durch den entwickelten und ausgeschlüpften Schmetterling für reine Seide untauglich sind. Die Strusen werden einem Fäulnisprozeß, Macérage, unterworfen, um den Seidenleim zu zerstören, dann mit warmem Seifenwasser unter Anwendung von Stampfen und hierauf mit reinem Wasser gut ausgewaschen und getrocknet. Ein Öffner, Fillingmaschine, nimmt das mit Seifenwasser eingesprengte und längere Zeit stehen gelassene Material auf, zerteilt und lockert es. Nun folgt ein Kämmen auf der Kämmmaschine, Dressingmaschine, in ähnlicher Weise wie bei der Kammwolle; es ergeben sich Kammbärte und als Abfall Kämmlinge. Die ersteren werden zwecks Mischung verschiedener Sorten des Materials einer Anlegemaschine übergeben, welche eine kurze Watte von 6 bis $7^1/_2$ m Länge und 20 cm Breite bildet. Abgesehen von der Form des Produktes erinnert diese Maschine an die gleichbenannte, für Flachs benutzte. Durch die Wattenmaschine werden alsdann diese Watten doubliert, gestreckt und in schmale Bänder verwandelt, die in Kannen aufgefangen werden. Auf Streckmaschinen wird wiederholt gestreckt, auf einer Flyervorspinnmaschine, wie in der Flachs- und Kammgarnspinnerei üblich, der grobe Faden gebildet und letzterer schließlich auf der Feinspinnmaschine verfeinert und stärker gedreht. Fast ausnahmslos wählt man hierfür die Watermaschine. Hat man Cocons als Rohmaterial, so kommt das Fäulen in Wegfall; sie werden nur mit warmem Seifenwasser gewaschen und gestampft, hernach mit reinem kalten Wasser ausgespült, getrocknet und alsdann auf einer Dresch- oder Klopfmaschine behandelt, nachdem die Masse vorher mit Seifenwasser besprengt wurde. Der dann folgende Coconöffner veranlaßt eine völlige Auflösung der Cocons und nun reihen sich die gleichen Operationen an, welche die Strusen durchzumachen haben, nachdem sie geöffnet worden sind, nämlich Kämmen, Anlegen, Bänderbilden, Strecken, Vorspinnen und Feinspinnen. — Für die Bourettespinnerei bilden die Kämmlinge das Gespinstfasermaterial.

Die Schlußoperationen in den Spinnereien irgend welcher Art bestehen in dem Sortieren der Garne, dem Numerieren, d. i. die Bestimmung ihrer Feinheit, dem Abhaspeln der Fäden von den hölzernen

Spulen in Strahnform zum Zwecke des bequemeren Transportes, während die Cops meist als solche versandt werden, und dem Verpacken der fertigen Garne.

Weitere Behandlung der Garne.

Die in den Spinnereien hergestellten Garne werden in den selteneren Fällen in rohem Zustande verwendet, d. h. in der der Gespinstfaser eigenen Farbe. Waren die Gespinstfasern bereits gefärbt, so hatte der Faden schon beim Verlassen der Spinnmaschine die vorgeschriebene Farbe. Sonst aber übernimmt jetzt die Färberei die Arbeit und färbt die Garne. Vielfach müssen dieselben auch noch gezwirnt, d. h. zu zweien oder mehreren zusammengedreht werden zu dem Zweck, einen glatteren und festeren, auch runderen Faden zu erzielen. Das kann Sache der Spinnerei sein oder aber besonderer Fabriken, der Zwirnereien, doch befassen sich auch Webereibetriebe für ihren eigenen Bedarf damit. Andere Garne, wie aus Baumwolle, vor allem aber aus Leinen, jedoch auch aus Wolle, wandern in rohem Zustande in die Bleicherei, um dort eine erhöht weiße Farbe zu erhalten. Auch die Druckereien nehmen teil an der Fertigstellung der Garne und bedrucken solche, stellen geflammte, melierte, chinierte Garne her. Für Phantasiewaren, Posamenten 2c. werden Garne in besonderer Weise zusammengezwirnt zu sogen. Effekt- oder Phantasiegarnen, wie Schleifengarne, Knotengarne, wobei alle nur möglichen Fadenmaterialien in Benutzung treten, auch solche mineralischer Natur, und führen das Zusammenzwirnen die Kunstzwirnereien, auch wohl Webereien aus. In früheren Zeiten diente das Trittrad zur Herstellung von Zwirnen, während für die Verfertigung stärkerer Schnüre, Kordeln, Seile, das Drehrad Anwendung fand, ein noch heute sowohl in der Seilerei, als auch in der Posamentiererei benutzter Apparat. Als jedoch die Spinnmaschinen erfunden waren, wurde das Zwirnen von Fäden für Webe- und dergleichen Zwecke auf ihnen vorgenommen, und kann jede der bestehenden Konstruktionen als Zwirnmaschine verwendet werden, wenn man statt eines Fadens deren zwei oder mehrere gleichzeitig zu demjenigen Organ führt, welches die Drehung erteilt. Es hat sich aber nur die Watermaschine zu beregtem Zweck eingeführt und zwar mit Flügelspindel und mit Ringspindel, so daß man heute Flügelzwirnmaschinen und Ringzwirnmaschinen unterscheidet. Führt man einer solchen Maschine unter Beigabe der erforderlichen Einrichtungen den einen Faden mit einer anderen Geschwindigkeit zu, als den oder die anderen Fäden, so erhält man einen Zwirn, der je nach dem Gesetz der Zufuhr verschiedenartig ausfällt, und das ist der Kunstzwirn, Effektzwirn. Glatte Zwirne, auch wohl häufig einfache Fäden, werden zur Erzielung einer höheren Glätte der Oberfläche gesengt, d. h. durch eine Flamme gezogen, und zwar mit einer Geschwindigkeit, welche eine

Beschädigung des Fadens nicht zuläßt. Früher nahm man Spiritus hierzu, seltener Öl, weil dieses rußte; heute wird das Leuchtgas, dem man, um das Blaken zu verhüten, atmospärische Luft zuführt, wie es in den bekannten Bunsenschen Brennern geschieht, zum Sengen des Garnes benutzt und wird letzteres in einer Maschine, der Gasiermaschine, bearbeitet. — Gespinstfasern und die daraus gebildeten Fäden sind sehr hygroskopisch. Durch Anziehen der Feuchtigkeit aus der Luft erhöht sich ihr Gewicht. Ist das nun auch bei dem billigen Preise der Garne aus vegetabilischen Fasern nicht von großer Wichtigkeit, so fällt dieser Umstand für die teure Seide insbesondere, aber auch für die nicht billigen Wollgarne sehr in die Wagschale. Man unterwirft deshalb zur Vermeidung von Streitigkeiten zwischen Käufer und Verkäufer die Seide stets, die Wolle gegenwärtig schon vielfach einem besonderen Verfahren, welches die Konditionierung heißt. Proben der resp. Garne werden in den unter öffentlicher Autorität stehenden Konditionieranstalten vollkommen ausgetrocknet und dann gewogen. Zu dem Trockengewicht wird ein bestimmter feststehender Zuschlag gemacht, der dem Normalzustand des Garnes entspricht und das erhaltene Gesamtgewicht auf die eingelieferten, zu konditionierenden Garnballen verrechnet.

So sind denn eine Menge von Bearbeitungsmethoden nötig, um aus den Rohmaterialien die Garne zu bilden, welche die Textilindustrie gegenwärtig für ihre Fabrikate verlangt. Waren diese Methoden auch zum Teil schon in den ältesten Zeiten bekannt — mußte doch jedes Material eine vorgeschriebene Bearbeitung erfahren, um einen Faden abzugeben — so hat doch erst die Erfindung der Spinnmaschine und daran anschließend der einschlägigen Hilfsmaschinen dazu geführt, diese Bearbeitung richtig zu zergliedern und die Reihenfolge der Einzeloperationen so zu ordnen, daß die produzierten Garne unvergleichlich viel billiger und die aus ihnen verfertigten Waren auch dem weniger Bemittelten zugänglich geworden sind. Letzteres ist natürlich nicht die Errungenschaft der Spinnerei allein, sondern die entsprechend entwickelte Weberei hat gleichfalls ihren Anteil daran.

Die Weberei und ihre Vorbereitungsarbeiten.

Wenn man ein gewebtes Stück Zeug betrachtet, so unterscheidet man leicht zwei Systeme von Fäden. Eines derselben läuft in paralleler Richtung der Länge nach, das andere zieht sich der Breite nach hin. Die Fäden des ersten Systemes bilden die Kette, die des letzteren den Schuß. Es leuchtet ein, daß die Kettfäden gleiche Länge haben müssen, auch auf solche im Gewebe abgeschnitten erscheinen, während der Schuß ohne sichtbare Unterbrechung in der Kette hin und her geht und an den beiden Rändern, den Kanten, Leisten, umkehren kann. Kette und Schuß werden beim Weben in der Weise mit einander vereinigt, daß alle Kettfäden, parallel geordnet, aufgespannt und nach gewissen Regeln teils gehoben, teils gesenkt werden; dann wird der Schuß in den schrägen Zwischenraum, die Kehle, das Fach, eingeführt. Schließt sich nun dieses Fach, schiebt man den eingetragenen Schuß an den bereits fertigen Warenrand, und wiederholt das Spiel, indem man dabei nach den gebotenen Regeln das Heben und Senken der Kettfäden anders erfolgen läßt, so erzeugt man Webware, man webt. Die Vorrichtung, welche die aufgespannte Kette aufnimmt, das Fach bildet, den Schuß einträgt und anschlägt, wenn hier nur die hauptsächlichsten Punkte aufgezählt werden, heißt der Webstuhl. Selbstverständlich müssen die für die Kette bestimmten Garne so angeordnet und zugerichtet werden, wie es die Operation des Webens erfordert und hat auch das Schußmaterial eine derartige Zurichtung nötig. Die hierher gehörigen Arbeiten werden die Vorbereitungsarbeiten für die Weberei genannt.

Als das erste und einfachste Produkt der Textilarbeit ist der aus geflochtenen Zweigen hergestellte Zaun zu betrachten, der den Menschen Schutz gegen die Angriffe wilder Tiere bot, als die darauf folgende Entwicklungsstufe die Matte aus Rohr oder Binsen, welche ihn gegen die Witterungseinflüsse schützen sollte. Aus diesen Uranfängen der textilen Leistung hat sich die heutige Weberei allmählich entwickelt. Besaß man anfänglich keine besondere Vorrichtung zur Anfertigung der genannten Erzeugnisse, so war man doch gezwungen, eine solche ausfindig zu machen, als man die Wolle der Schafe mittels der Spindel zu Fäden zusammendrehen lernte, der feine Seidenfaden, dann der Flachs und später die Baumwolle verarbeitet werden sollten. Wenn auch die ersten als Webstühle zu bezeichnenden Konstruktionen höchst primitive waren, so wie wir sie noch jetzt bei unkultivierten Völkern in Benutzung finden, so war es doch infolge dieser Vorrichtung möglich geworden, die Kettfäden in anderer Weise zu heben und zu senken, als dies die einfache Mattenbindung beansprucht, d. h. die Bindungen und Musterungen der Gewebe wurden vielseitigere. Hinzu trat, daß man die Garne und Stoffe färben lernte, die letzteren auch dem jeweiligen Zweck angepaßt, appretiert, oder durch Stickereien und Besätze reicher und reicher ausgestattet wurden, und so finden wir denn die Weberei in allen Materialien, die in Verwendung kamen, bereits sehr früh in einem überraschend hohen Grade der Vollkommenheit ausgebildet, so die Wollweberei bei den Ägyptern 1500 v. Chr., die Leinenweberei bei den Phöniziern bereits 2000 v. Chr., die Seide sogar bei den Chinesen 4000 v. Chr. und die Baumwolle 1000 v. Chr.

Während die Spinnerei der verschiedenen Materialien getrennt behandelt werden mußte, um ein möglichst gründliches Verständnis der von einander abweichenden Prozesse zu geben, ist das bei Besprechung der Webereieinrichtungen nicht allein nicht nötig, sondern nicht einmal gut durchführbar. Wenn es auch für die Vorbereitungsarbeiten der verschiedenen Garne besondere Konstruktionen giebt, auch die Webstühle sich in ihren Einzelheiten der Natur der zu verarbeitenden Garne anpassen, so sind die Abweichungen im großen ganzen nicht derart, daß sie hier nicht übergangen werden könnten. Thatsächlich werden auch Vorbereitungsapparate und Maschinen sowohl, als Webstühle bald für dieses, bald für jenes Material benutzt, so daß es für den vorliegenden Zweck genügt, das allgemeine Wesen derselben zu beleuchten. Die Vorbereitungsarbeiten für die Kette bestehen im Spulen, Scheren, Schlichten oder Leimen und Bäumen. Da die Garne häufig im Strahn bezogen werden, so muß man sie zuvörderst auf hölzerne Spulen bringen, um sie bei der nächsten Operation, dem Scheren, bequemer und geeigneter handhaben zu können. Von diesen Spulen oder, wenn man Cops hat, von diesen, werden die einzelnen Fäden abgezogen und parallel nebeneinander liegend, dem Farbmuster der gewünschten Ware entsprechend, auf einer Trommel geordnet und erhalten hierdurch auch eine gleiche Länge, nämlich diejenige, welche die nachherige Warenlänge ausmacht. Das ist die Operation des Scherens. Vielfach müssen die Kettfäden, welche im Webstuhl manche sie stark angreifenden Widerstände zu erdulden haben, gegen diese haltbarer gemacht werden. Deshalb tränkt man baumwollene und leinene Garne mit Stärkekleister, wollene mit Leimwasser, wodurch die Fäden an der Oberfläche glatter und so widerstandsfähiger für das Verweben werden. Hierin besteht das Schlichten und Leimen. Seide bedarf infolge seiner großen Glätte dieser Bearbeitung nicht. Dem Scheren, wenn Schlichten und Leimen fortfällt, oder dieser letzteren Operation folgt das Bäumen; es wird die geordnete Kette in der Breite der zu erzeugenden Ware auf eine Walze, einen Baum, gewickelt und ist dieser derjenige Teil des Webstuhles, von welchem sich die Kette beim Weben gemäß der Warenherstellung allmählich abwickelt. Hiermit sind zwar nicht alle Vorbereitungsarbeiten erschöpft, doch sind es die Hauptarbeiten. Die genannten Operationen geschahen in den ältesten Zeiten lediglich durch Hand; man spannte Faden für Faden zwischen zwei festgelegte Stangen aus, um die Kette so zu ordnen, wie es der Webstuhl verlangte. Später entstand das Spulrad, mit welchem das Abholen des Garnes vom Strahn auf die Spule erfolgte. Mittelst des Scherrahmens, einer aufrechtstehenden, sich um die vertikale Axe drehenden Lattentrommel, wurden die Kettfäden partieenweise in Bandform etwas schräg liegend, aufgeschert und durch Rückwärtsdrehen der Trommel wieder zum Ausgangspunkte zurückgebracht, nachdem sie zur Ermöglichung der Rückkehr um hölzerne Nägel geschlungen und durch die Anzahl der Umdrehungen die Kettenlänge berücksichtigt worden war. Durch Wiederholung des Spieles scherte man nach und nach die Kette in ihrer vollen Fadenzahl auf diese Trommel und wickelte das abgenommene Band vermöge einer einfachen Vorrichtung, des Bäumgestells, auf den Kettbaum, welchen man dann in den Webstuhl einlegte. Stärken und Schlichten besorgte man an den Garnsträhnen vor dem Spulen oder im Webstuhl stückweise an dem aufgespannten Teil der Kette. Noch heute geschieht die Kettenvorbereitung vielfach, wenn auch mit bedeutend verbesserten Apparaten in gleicher Weise. Statt des Spulrades verwendet man eine durch Hand-, Fuß- oder Elementarkraft bewegte Spulmaschine, die durch Einlegen von mehreren Spulen sehr viel schneller letztere zu füllen vermag. Der Handscherrahmen ist häufig als selbstthätiger zu finden; bei ihm wird das Auf- und Abwärtsführen der Kettfäden nicht durch die Hand des Arbeiters ausgeführt, sondern von dem Apparat selbst, der mittelst Kurbel von dem Scherer einmal vorwärts, einmal rückwärts gedreht wird. Unsere Zeichnung (Fig. 208) stellt

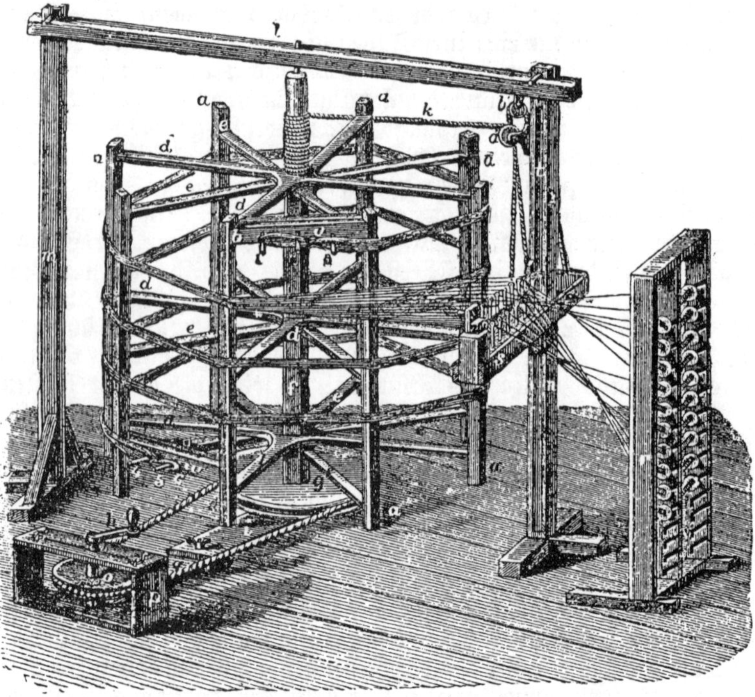

Fig. 208. Selbstthätiger Handscherrahmen.

einen solchen Scherrahmen dar. Das Bäumen pflegt man im Bäumgestell vorzunehmen oder aber in einer Bäummaschine, welche die Arbeit schneller fördert und gleichmäßiger ausübt. Ketten, welche im Handwebstuhl verarbeitet werden, werden nicht so lang genommen, als solche im mechanischen Stuhl. Ersterer arbeitet ungleich langsamer, als letzterer, und genügt deshalb zumeist die geschilderte Handvorbereitung nicht, um gleichen Schritt zu halten mit der Produktion der mechanischen Webstühle. In kleineren mechanischen Webereien oder in besonderen Fällen betreibt man das Scheren noch mit dem Handscherrahmen, stärkt auch wohl im Strahn oder im Stuhl, doch reicht das für mittelgroße oder Großbetriebe nicht aus. Hier werden sämtliche Vorbereitungsarbeiten, die übrigens für den mechanischen Stuhl überaus sorgfältig geschehen müssen, weil die Fäden in demselben viel heftigere Angriffe zu erdulden haben, als im Handstuhl, mittels Maschinen ausgeführt, welche als Spulmaschinen, Schermaschinen und Schlicht- oder Leimmaschinen bezeichnet werden, und mit denen mit Ausschluß der ersteren gleich Bäummaschinen verbunden sind. Die letzten Jahrzehnte haben auch diesen sämtlichen Maschinen eine Menge von Verbesserungen zu teil werden lassen, so daß man Garne jedweder Art und Feinheit schnell für den mechanischen Stuhl vorzubereiten vermag. Die Hand des Arbeiters ist nicht im stande, viel Fäden beim Scheren zu fassen und so zu regieren, wie es diese Operation bedingt. Auch wird seine Aufmerksamkeit bezüglich des Laufes der Fäden und ihres Reißens durch die Bewegungen, die er machen muß, abgelenkt. Ganz anders die Schermaschine. Sie nimmt 200 bis 400 und darüber, sogar bis zu 800 Fäden von dem Spulengestell und bringt sie geordnet und auf gleiche Länge auf die horizontale Schertrommel, braucht also das nur einigemale zu wiederholen, um die ganze Fadenzahl der Kette zu erreichen. Die mit der Maschine verbundene Bäummaschine wickelt alsdann die gesamte Kette von der Schertrommel auf den Kettenbaum des Webstuhls Schlicht- oder Leimmaschinen, anfangs unseres Jahrhunderts von Radcliff, Rost, Johnson und Adam in Stockport erfunden, führen, wenn diese Arbeit erforderlich ist, die Kette in der vollen Breite und Fadenzahl durch einen mit Stärkemasse oder Leimwasser angefüllten Trog, bürsten die nassen Fäden glatt, trocknen sie und bäumen die Kette alsdann. Man findet in Mittel- und Großwebereibetrieben in der Jetztzeit häufig sog. kombinierte Systeme, welche die vorberegten Arbeiten der Reihenfolge nach mechanisch zur Ausführung bringen. Übrigens beschäftigen sich nicht nur Webereien mit der Kettenvorbereitung für ihren Eigenbedarf, sondern üben dieselbe auch wohl die Baumwoll- und Flachsspinnereien aus, so daß man von diesen gleich rohe oder gebleichte, gescherte und geschlichtete Ketten in Wickelform beziehen kann, welche man dann nur noch umzubäumen hat. So haben sich denn auch diese für die Weberei wichtigen und notwendigen Operationen durch die Erfindung und Verbesserung der einschlägigen Maschinen dem heutigen Standpunkt der Weberei völlig angepaßt.

Viel einfacher gestaltet sich die Hauptvorbereitung des Schusses. Er muß in eine Form gebracht werden, die gestattet, ihn in das geöffnete Fach der Kette einzutragen. Man bedient sich zum Durchwerfen des Schusses eines Werkzeuges, des Schützens, in welchen derselbe in thunlichst großer Menge eingebracht wird, und aus dem er sich beim Verweben nach Bedürfnis abzieht. Zu diesem Zweck muß er auf eine kleine hölzerne Spule, die Schußspule, oder eine papierne Röhre gewickelt oder endlich als Schlauchknäuel geformt werden. Während man in der Handweberei noch häufig das Spulrad benutzt, auf welches die Schußspule gesteckt und durch Bewegung des Rades schnell Faden aufwindend gedreht wird, verlangt der mechanische Webstuhl infolge schnellerer Abarbeitung der in den Schützen eingelegten Schußspule auch eine schnellere Herstellung der letzteren, und erfolgt diese auf den Schußspulmaschinen, welche gleichzeitig mehrere Spulen aufnehmen. Solche Maschinen sind außerordentlich vollkommen eingerichtet. Bricht ein Faden oder ist eine Spule gefüllt, so setzt sich die zugehörige Spindel ohne Zuthun des Arbeiters still. Überhaupt sind nach dieser Richtung hin auch an den Kettenvorbereitungsmaschinen zahlreiche

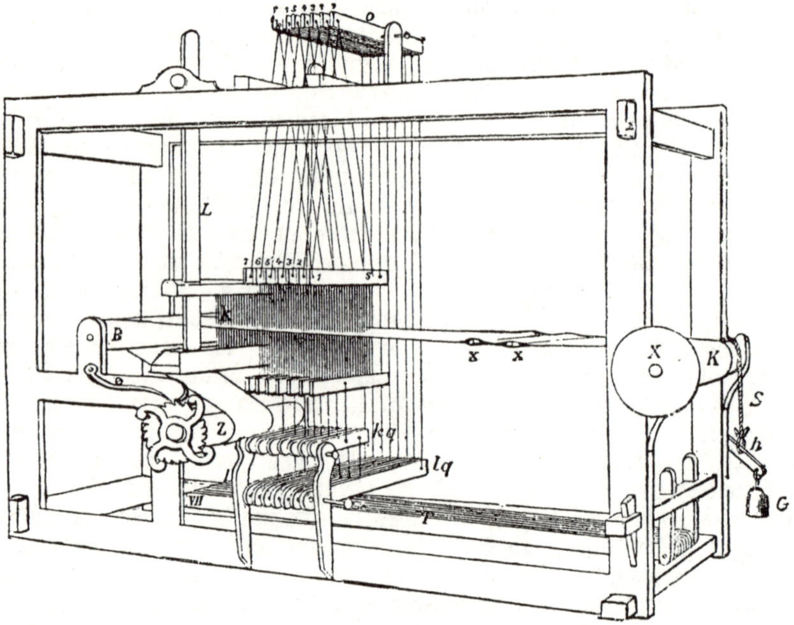

Fig. 209. Trittwebstuhl.

Erfindungen zu verzeichnen, welche bezwecken, die Thätigkeit der Maschinen mehr und mehr selbständig zu machen und dem Arbeiter immer weniger zur selben Zeit auszuübende Beobachtungen aufzuerlegen.

Der Handwebstuhl der Alten war von rahmenförmigem Aufbau; die Kette war in ihm vertikal aufgespannt, den Schuß trug man mittels eines Stäbchens ein und schlug ihn durch ein zinkenartiges Werkzeug fest an den Warenrand an. Das Trennen der Fäden bei der Fachbildung führten zwischen die Kette gesteckte Stäbe aus. Aus dieser primitiven Konstruktion bildete sich nach und nach der einfache und erweiterte Trittwebstuhl aus, mit welchem nicht nur leinwandartige oder glatte Gewebe hergestellt zu werden vermochten, sondern auch solche anderer Bindung, wie wir ihn heute noch benutzen und von dessen mannichfachen bestehenden Konstruktionen die Fig. 209 eine zeigt. Die Kette ist nur in seltenen Fällen vertikal aufgespannt, wie z. B. bei den Stühlen für Smyrna-Knüpfteppiche oder bei Gobelinstühlen, meist horizontal; die nötige straffe Spannung der Kette wird durch der Art des Materials und der Ware entsprechende Kettbaumbremsen hervorgerufen; der nach dem Arbeiterstande zu liegende Warenbaum zum Aufwickeln der Ware ist häufig mit selbstthätig wirkenden Aufwindevorrichtungen, Regulatoren, ausgerüstet; das Heben und Senken der Kettfäden geschieht durch Treten von Tritten oder Schemeln, welche sich unten im Stuhl befinden und bis nach vorn reichen, mit Zuhilfenahme teils unten, teils oben angeordneter mit den Tritten durch Schnüre vereinigter kürzerer und längerer Hebel, Wippen, und daran wieder mittels Schnüre angehängter Schäfte oder Flügel. Dieses sind zwischen zwei Leisten gebundene, mit Augen versehene, dicht neben einander gruppierte Bindfaden, Litzen genannt, durch deren Augen die einzelnen Kettfäden gehen. Ein Flügel nimmt diejenigen Kettfäden auf, welche gleichzeitig gehoben resp. gesenkt werden, und entspricht das Treten eines der Schemel, manchmal bis zu 16, dem Hochgang eines Teils der Flügel und damit ihrer Kettfäden, sowie dem Niedergang des anderen Teils; es wird Fach gebildet, durch welches der Schützen mit dem Schußmaterial geworfen, geschnellt wird. Je nach der Natur des letzteren ist die Größe und Gestalt des Webschützens verschieden. Zur richtigen Führung des Schützens dient die Lade mit dem Rieth, die oben aufgehängt ist und, wenn Fach gebildet worden, nach hinten gebracht wird, um dem Schützen die nötige Fachhöhe für den Durchgang zu gewähren. Er läuft dabei auf der oberen glatten Fläche der Ladenbahn, auf welcher die tief gezogenen Kettfäden liegen, also über diesen, während er die gehobenen über sich liegen läßt. Das Rieth der Lade, ein aus vielen vertikalen metallenen Stäben bestehender Teil, welcher die Kettfäden zu zwei oder mehreren durch seine Lücken passieren läßt, giebt dem Schützen die gerade Richtung beim Durchgang und es wird schließlich der eingetragene Schlußfaden durch Vorwärtsbewegen der Lade durch das Rieth angeschlagen, d. h. an den letzten in der Ware befindlichen Schußfaden gebracht. Selten mehr wird der Handschützen verwendet, wirft man den Schützen mit der Hand durch, sondern meist bedient man sich des 1783 von John Kay erfundenen Schnellschützens, der vermittelst einer Art Peitsche bald von rechts nach links, bald zurück getrieben wird, und während des Anschlags der Lade in einem der links und rechts an der Lade angebrachten Schützenkästen ruht. Um mehrere Schußfarben oder solche ungleicher Art eintragen zu können, erfand man die Wechselladen, Laden mit mehreren über oder neben einander liegenden Schützenzellen, welche sich nach Bedürfnis in die Ladenbahn stellen lassen, um bald die eine, bald die andere Farbe oder Art einbringen zu können. Durch Einlegen mehrerer Kettbäume mit verschiedener Kettspannung wurde man in den Stand gesetzt, die mannigfaltigsten Gewebe, Doppelgewebe, Samte, Plüsche, Schleifen- oder Noppengewebe ꝛc. zu verfertigen. Sinnreiche Einrichtungen an der Lade mit mehreren kleinen Spulen lassen es zu, die Schußfäden nur so weit im Gewebe einzutragen, als es die Figuren erfordern, also brochierte Stoffe herzustellen u. dgl. m. Doch sind diese letzteren Einrichtungen erst späterhin erfunden worden.

Schon vor Anfang dieses Jahrhunderts wurden reicher gemusterte, façonnierte Stoffe in den Handel gebracht, welche mit dem einfachen Trittstuhl nicht herstellbar sind; die hierfür dienlichen Apparate, der Sempelstuhl, der Kegelstuhl und der Trommelstuhl waren jedoch so kompliziert und die Arbeit einerseits so zeitraubend, andererseits für den Weber höchst anstrengend, daß der Preis der fabrizierten Waare ein für gewöhnliche Verhältnisse unerschwinglicher war. Erst Carl Marie Jacquard stellte 1806 in Lyon einen Stuhl mit einer Vorrichtung, der Jacquardmaschine auf, welcher im stande war, façonnierte Stoffe jedweder Art verhältnismäßig einfach und schnell zu erzeugen. Die eigentliche Einführung der genannten Maschine fällt einige Jahre später, etwa 1814, und verdanken wir ihr den erstaunenswerten Aufschwung der Weberei und die Vielseitigkeit der gemusterten Waren. Wurde die Maschine zunächst nur an Handwebstühlen angewendet, so hat sie sich, als die mechanischen Stühle mehr und mehr vervollkommnet wurden, auch diese zu eigen gemacht, und werden heute auch auf letzteren mit ihrer Hülfe die herrlichsten Stoffe zur Ausführung gebracht. Das Prinzip der Jacquardmaschine (Fig. 210) ist folgendes: Die Litzen, durch welche die Kettfäden gehen, sind unten jede durch ein Bleigewicht beschwert, oben sind sie an Schnüre gebunden und diese durch ein Brett mit feinen Löchern, das Harnisch- oder Chorbrett, so geführt, daß sich die Litzen vertikal auf- und abbewegen lassen. Von hier aus laufen die Schnüre der Jacquardmaschine zu und bilden auf diesem Wege insgesamt das, was man den Harnisch nennt. In einem Gewebe wiederholt sich in der Breite das Muster mehr oder weniger häufig und heißt eine solche Wiederholung ein Rapport. Die gleichwertigen Kettfäden in den einzelnen Rapports erheischen offenbar dieselbe Hebung resp. Senkung und sind die zugehörigen Harnischschnüre mittelst eines Ringes oder Hakens an je eine Schnur, die Platinenschnur gebunden. Hebt sich diese, so werden auch die mit ihr verbundenen Harnischschnüre, Litzen und Kettfäden gehoben. Meist macht man es so, daß die Kettfäden in ihrer Ruhelage so tief sind, daß sie bei der Fachbildung nicht noch tiefer gesenkt zu werden brauchen, vielmehr nur durch Heben der der Bindung gemäß nach oben zu bringenden Fäden Fach gebildet wird; doch giebt es auch Einrichtungen, welche bei horizontal aufgespannter Kette durch Heben und Senken der Fäden Fachbildung erreichen. Eine Jacquardmaschine besitzt 100, 200, 400, 600, 800, 1000, 1200 solcher Platinenschnüre, so daß damit beispielsweise bei 6 Rapporten und 800er Maschine 4800 einzelne Fäden regiert werden können. Die Platinenschnüre hängen an hölzernen oder eisernen flachen Stäbchen a unserer Figur, Platinen genannt, welche unten auf dem hölzernen Brett A′, dem Platinenboden, aufruhen und oben mit Nasen versehen sind. Unterhalb der letzteren befinden sich eiserne, horizontale, schneidige Stäbe d,

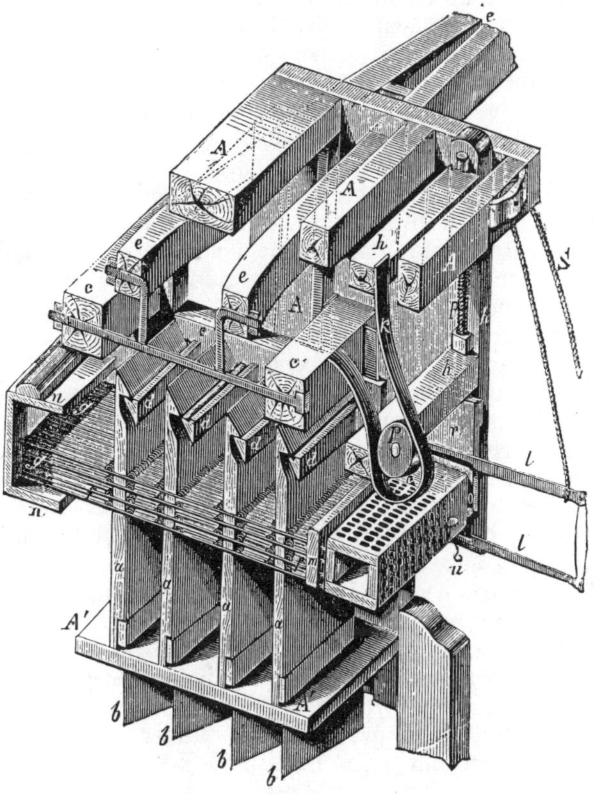

Fig. 210. Jacquardmaschine.

Messer, welche in einem Rahmen, dem Messerkasten, vereinigt sind und mit diesem gehoben werden können. Jede Platine a steht mit einem horizontalen Draht, der Platinennadel, in Verbindung und diese Nadeln werden bei g mittels Spiralfedern stets nach vorne gedrängt, so daß die Platinen mit ihren Nasen über den Messern zu stehen kommen. Drängt man dagegen einen Teil der Platinennadeln nach hinten, wobei sich die Federn g zusammendrücken, so werden die Platinen a gleichfalls nach hinten gehen, nicht mehr mit ihren Nasen über die Messer ragen, und wird nun beim Heben des Messerkastens nur ein Teil der Platinen gehoben, während der andere auf dem Platinenboden A' ruhen bleibt. Die Harnischschnüre, die Litzen und die zugehörigen Kettfäden werden demnach zum Teil gehoben, zum Teil bleiben sie gesenkt, es wird Fach gebildet. Um es in der Hand zu haben, bestimmte Platinen zu heben, wie es das beabsichtigte Muster verlangt, gehen die Platinennadeln sämtlich durch ein Brett m, das Nadelbrett, und treten mit ihren Spitzen in die Löcher eines 4- oder 6eckigen Holzkörpers, des Kartencylinders. Wenn man nun zwischen diesen Cylinder und das Nadelbrett m eine teilweise durchlöcherte, teilweise ungelochte Pappkarte legt, so werden die Platinennadeln, wie oben geschildert, auf die Platinen einwirken und beim Ausheben des Messerkastens die Kettfäden, wie es die Karte bestimmt, hoch gehen resp. liegen bleiben. Für jede Fachbildung, d. h. für jeden neuen Schuß ist auch eine neue Karte erforderlich. Sämtliche das Muster repräsentierende Karten sind in einem Kartenzuge als Band ohne Ende verschnürt, und es wird der Kartencylinder vor jedem folgenden Schuß um eine Seite gewendet, wodurch eine neue Karte vorgelegt wird. Es muß aber hierfür der Cylinder vom Nadelbrett entfernt werden. Das geschieht auch und zwar dann, wenn der Arbeiter einen unter dem Stuhl befindlichen Tritt mit dem Fuß niederdrückt, hierdurch die Messer hochbringt und Fach bildet. Läßt er dann nach geschehener Schußeintragung diesen Tritt los, läßt er die Maschine einfallen, so geht auch der Kartencylinder mit der neuen Karte gegen das Nadelbrett und stellt die Platinen für den folgenden Schuß richtig ein. Beim Einfallen der Maschine ziehen die Bleigewichte die Litzen, Schnüre und Platinen wieder abwärts. Die ehemalige Jacquardmaschine wird, wenn auch wohl Verbesserungen an ihr vorgenommen worden sind, zur Hauptsache heute noch so benutzt, wie sie Jacquard bereits konstruiert hat, und ist noch kein Ersatz für sie geschaffen worden, der die Arbeit einfacher und zweckgemäßer gestaltete. Versuche, das Heben der Kettfäden durch Apparate mit Zuhülfenahme der Elektrizität zu bewirken, sind bisher ohne Erfolg geblieben. — Außer den Trittstühlen und den Jacquardstühlen hat man noch sog. Schaftmaschinenstühle. Bei diesen sind die Litzen, wie beim Trittstuhl, in Schäften vereinigt, doch werden letztere nicht durch Schemel gehoben und gesenkt, sondern durch eine Maschine von ähnlicher Einrichtung wie die Jacquardmaschine, nur gröber dimensioniert und mit höchstens 40 Hebeplatinen ausgestattet, also für 40 Flügel berechnet. Im übrigen aber wirkt diese Schaftmaschine genau so wie die Jacquardmaschine, wenngleich auch ihre Bauart eine abweichende ist. Die für die Jacquardmaschine erforderlichen Karten werden auf Kartenschlagmaschinen ausgestanzt, wobei man eine Zeichnung in klein karriertem Papier, Patronenpapier vor sich liegen hat, vom Dessinateur oder Patroneur angefertigt, und

besondere der breiten sog. Buckskinstühle sehr angelegen haben sein lassen. Aber auch andere Nationen haben höchst Beachtenswertes geleistet. So hat in dem letzten Jahrzehnt ein russischer Stuhl von Laeserson viel Aufsehen erregt, da er einer der exaktest wirkenden und feinfühlendsten mechanischen Stühle ist, welche jemals konstruiert worden sind, daher er sich gerade für feine Garne und bessere

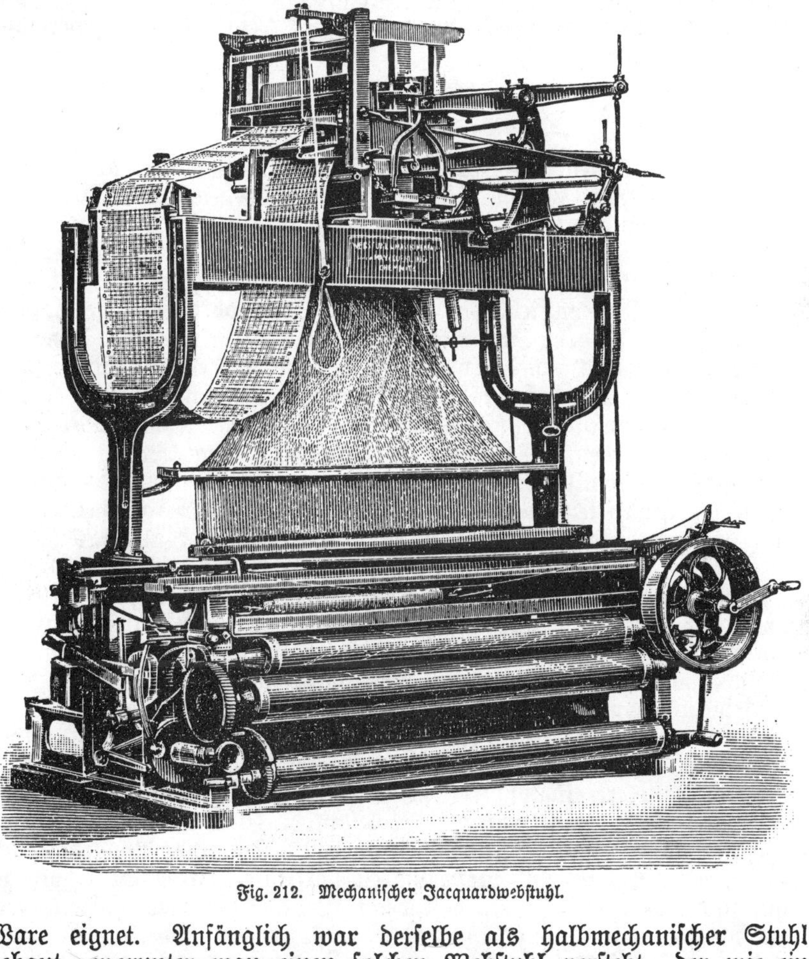

Fig. 212. Mechanischer Jacquardwebstuhl.

Ware eignet. Anfänglich war derselbe als halbmechanischer Stuhl gebaut, worunter man einen solchen Webstuhl versteht, der wie ein mechanischer ausgerüstet ist, auch so arbeitet, bei welchem aber der Antrieb nicht durch einen Riemen geschieht, sondern von dem Weber und zwar durch ein Trittbrett oder den Angriff an einer hin- und herbewegbaren Stange. Solche Stühle sollten infolge ihrer größeren

Leistungsfähigkeit dem Handweber die Konkurrenz mit dem mechanischen Stuhl möglich machen und so die mehr und mehr verschwindende Hausindustrie retten. Die angestellten Versuche haben jedoch ergeben, daß dieses rühmliche Streben fruchtlos ist, der mechanische Betrieb nun einmal nicht aufhaltbar, und derselbe, wenn er auch manche Schäden nach sich zieht, wie Überproduktion, doch auch seine guten Seiten hat, die vor allem in der Möglichkeit der Beschäftigung einer ungeheuren Anzahl von Menschen und der Leistung von jedermann zugänglichen Ware bestehen.

Das Wirken und Stricken.

Von den Arbeiten, welche zur Erzeugung von Gebrauchsgegenständen aus Fäden dienen, ist nächst dem Weben das Wirken die bedeutendste geworden. Weben und Wirken unterscheiden sich wesentlich von einander. Während durch Weben hergestellte Stoffe stets die beiden rechtwinklig zu einander liegenden Fadensysteme, Kette und Schuß, aufweisen, entsteht ein gewirkter Stoff durch die Verbindung eines einzigen Fadens mit sich selbst durch in einander hängende Maschen, oder auch vieler nur ein System bildender Fäden unter einander gleichfalls durch Maschen. Hiernach unterscheidet man Kulierware und Kettenware, je nachdem nämlich nur ein Faden oder deren viele benutzt wurden. Stricken und Häkeln sind dem Wirken bezüglich der Erzeugnisse ähnlich und sind die gestrickten Sachen mit den Kulierwaren, die gehäkelten mehr mit den Kettenwaren zu vergleichen. Man kann annehmen, daß das Stricken mit der Hand älter als das Wirken ist. Schon 1254 soll es in Italien bekannt gewesen sein; 1594 soll es in Deutschland Hosen- und Strumpfstricker gegeben haben. Andere führen das Stricken sogar bis in die Zeit der alten Griechen zurück. Vom Wirken steht ziemlich fest, daß es in England erfunden worden ist, und zwar von William Lee in Cambridge. Dieser betrieb 1589 mit seinem Handkulierstuhl in Calverton bei Nottingham Wirkerei, ging aber zu Beginn des 17. Jahrhunderts nach Frankreich und führte die Wirkerei dort ein, jedoch mit geringem Erfolge. Nach seinem Tode wurde die Wirkerei sowohl in Frankreich, als auch in England weiter geübt, und nach der Flucht der Protestanten 1685 nach Hessen, Thüringen, Sachsen und Württemberg verpflanzt. Die Apparate, mit welchen man Kulier- und Kettenwaren darstellte, waren aus Holz gebaut, und saß der Arbeiter, wie beim Weben, auf einem Brett; deshalb nannte man solche Apparate Wirkstühle, und werden derartige Handwirkstühle, sowohl Kulier- als Kettenstühle heute noch verwendet, obgleich sie mehr und mehr durch mechanische Wirkstühle verdrängt worden sind. Das Prinzip der Kulierstühle ist folgendes: In dem Stuhle liegen dicht neben einander viele der Breite und Feinheit der Ware entsprechende, horizontale Nadeln mit nach vorn umgebogenen

Haken. Wird ein Faden über diese Nadeln gelegt, und es treten zwischen die Lücken derselben dünne Metallstäbchen, Platinen, so drängen sie den Faden nach unten und bilden eine über den Nadeln hängende Schleifenreihe. Schon erzeugte Ware befindet sich hinter dieser Reihe und hängt gleichfalls über den Nadeln. Man schiebt nun die neue Schleifenreihe unter die Haken der Nadeln, drückt die Haken herunter, so daß sie die Reihe in sich schließen, und schiebt die alte Ware, d. h. die letzte fertige Maschenreihe über die gepreßten Nadeln herüber, bis sie von denselben abschlägt, wobei sie über die neue Schleifenreihe stürzt und dabei hängen bleibt — eine neue Maschenreihe ist gebildet. Die Ware wird wieder wie zu Anfang nach hinten gebracht, nachdem der Druck auf die Haken der Nadeln bereits aufgehört hatte und das Spiel beginnt von neuem. Beim Kettenstuhl, vermutlich 1775 von Crane erfunden, sind die Kettfäden mehr vertikal laufend durch die Öhren von Lochnadeln geführt, welche unterhalb der festen Hakennadeln, angebracht, in einer Schiene befestigt sind und mit dieser nach links und rechts verschoben, sowie nach oben und unten durch die Nadellücken bewegt werden können. Die Fäden werden mittels dieser Schiene teils über, teils unter die Nadeln gelegt, über 2, 3 oder mehr und wird hierdurch die Schleifenbildung erreicht. Im übrigen wird wieder durch Unterbringung der neuen Schleifenreihe unter die Haken der festen Nadeln, Pressen derselben und Herüberschieben der alten Maschenreihe eine neue hergestellt. Während man zuerst nur diese einfachste Kulier- und Kettenware zu erzeugen vermochte, erfand man später Vorrichtungen, welche die Herstellung von Wirkmustern ermöglichten. Solche Erfindungen waren die Preßmaschine 1740, die Ränder- oder Fangmaschine von Jedediah Strutt 1755, die Petinet- oder Stechmaschine von Butterworth um 1760 herum, die Deckmaschine von Dumont zur gleichen Zeit, doch stehen diese Angaben nicht ganz fest, und werden auch andere Erfinder für dieselben Maschinen geltend gemacht. Die vorerwähnten Einrichtungen sind heute noch in Verwendung, wenn auch in sehr vervollkommneterer Konstruktion. Aus der Handwirkerei entwickelte sich die mechanische Wirkerei. 1769 nahm der Engländer Sam. Wise ein Patent auf einen flachen, d. h. dem Handkulierstuhl nachgebildeten Drehkulierstuhl, 1798 der Franzose Decroix ein solches auf einen Rundstuhl. Letzterer hat die Nadeln im Kreise herum an-

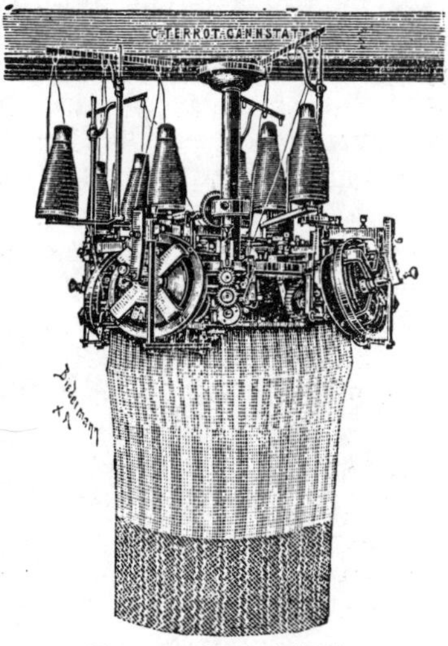

Fig. 213. Rundwirkstuhl.

geordnet; mittels einer Kurbel werden die Nadeln in gleicher Weise gedreht, Platinen bilden die Schleifen aus dem fortgesetzt über die Nadeln gelegten Faden und es wird die neue Maschenreihe ähnlich so wie beim Handkulierstuhl gebildet, aber ohne Unterbrechung. Solche Rundstühle, vielfach mit Dampf betrieben, auch Tricotstühle genannt, haben sich in verbesserter Form in der Praxis sehr verbreitet. Man stellt heute auf ihnen nicht allein einfache Tricotware her, sondern auch gemusterte. Es darf nicht auffallen, daß in der umstehenden Fig. 213 eines solchen Stuhles mehrere Spulen die Fäden abgeben. Erstens muß das geschehen, wenn man mehrfarbige Waren oder solche mit verschiedenem Material haben will, zweitens geschieht es aber auch stets bei einfarbiger Ware, da die Maschenbildung gleichzeitig an mehreren Stellen des Kreises vorgenommen wird. Der hierzu erforderliche Apparat heißt Mailleuse, und hat man Stühle mit 3, 4, 5 Mailleusen. Rundstühle werden an einem Balken mit ihrer vertikalen Axe aufgehängt. Flache mechanische Kulierstühle haben sich zunächst keinen Eingang verschaffen können, sind vielmehr erst in Aufnahme gekommen, als sie mit selbstthätigen und sicher arbeitenden Mindervorrichtungen ausgestattet wurden. Im Handkulierstuhl kann man nämlich sehr leicht die Breite der Ware dadurch erweitern oder verkürzen, daß man Endmaschen von den Nadeln abnimmt und sie nach auswärts oder einwärts auf Nachbarnadeln bringt. Man kann hierdurch sog. reguläre Ware herstellen, d. h. Teilen von Bekleidungsgegenständen, wie Hosen, Strümpfe, Handschuhe, gleich ihre richtige Form geben, so daß sie nur zusammengenäht zu werden brauchen, um den Gegenstand zu ergeben. Im Gegensatz hierzu steht die geschnittene Ware; es werden die beregten Teile aus einem größeren Warenstück herausgeschnitten und gleichfalls durch Nähen vereinigt. Einleuchtend ist, daß die letztere Ware im Innern wulstige, drückende Nähte haben muß, die bei der regulären Ware nicht vorhanden sind. 1857 ist nun zuerst eine derartige Mindervorrichtung Luke Barton patentiert worden, worauf sehr schnell zahlreiche dahin zielende Erfindungen folgten. Auch Wirkmuster kann man heute auf solchen

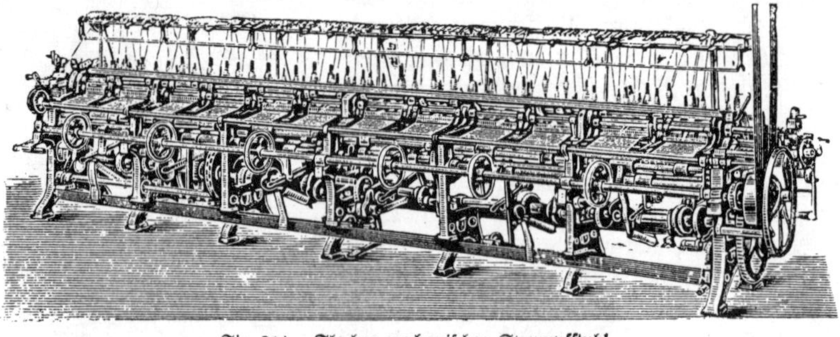

Fig. 214. Flacher mechanischer Strumpfstuhl.

flachen mechanischen Kulierstühlen erzeugen. Strümpfe werden beispielsweise zu vielen neben einander auf ihnen gewirkt, wie unsere Fig. 214 zeigt, und zwar gleich in derjenigen Form mit Hinzunahme der Fersen und Spitzen, daß sie fertig zum Zusammennähen sind, was auf einer Ankettelmaschine ausgeführt wird. Flache mechanische Kettenstühle sind gleichfalls konstruiert worden; der erste wurde 1807 dem Engländer S. Orgill patentiert. — Die älteste Strickmaschine zum Stricken von Strümpfen rührt von A. Eisenstuck 1857 her; sie besaß sehr große Ähnlichkeit mit der späteren von Lamb, welche gegenwärtig die verbreitetste ist. Eine Strickmaschine, bei der dieses System zu Grunde gelegt ist, bietet die beigefügte Fig. 215.

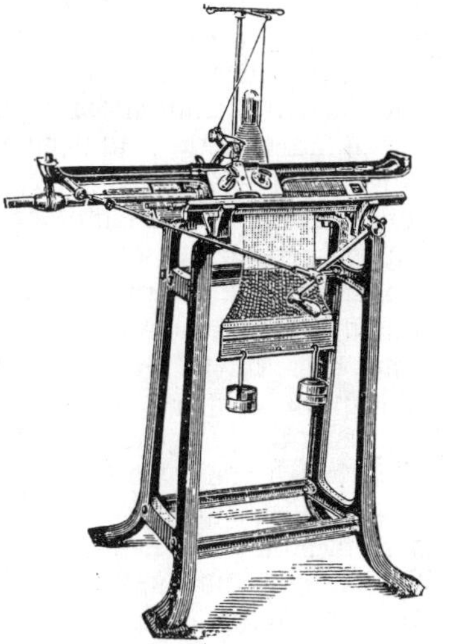

Fig. 215. Strickmaschine.

Das Häkeln, Knüpfen, Klöppeln.

Außer den Operationen des Webens, Wirkens und Strickens, welche die Herstellung von Gebrauchsgegenständen aus Fäden bezwecken, giebt es noch einige andere von untergeordneter Bedeutung, die aber doch hier kurz berührt werden sollen. Das Häkeln ist Handarbeit geblieben, wenn nicht der Gegenstand nach Art der Wirkerei erzeugt wird. Man kennt allerdings Häkelmaschinen zu Posamentierzwecken, doch haben die darauf verfertigten Besatzartikel häufig nur entfernte Ähnlichkeit mit dem, was man für gewöhnlich unter Häkelware versteht. — Knüpfen oder Netzen betrifft die Herstellung von Netzwerk durch Zusammenknoten von Fäden, und kann dieses durch Handarbeit oder durch Netzmaschinen ausgeführt werden. Eine solche hatte 1804 der durch seine Webemaschine berühmte Jacquard konstruiert. Jouanin verbesserte diese Konstruktion außerordentlich und können auf seiner Maschine Netze mit kleineren oder größeren Maschen aus Zwirn verfertigt werden. — Die hier unter Klöppeln verstandene Arbeit bezieht sich auf die Fabrikation von Spitzen, also durchbrochene auf Zellengrund gemusterte Gewebe, die meist zu Randbesätzen von Stoffen dienen und als Hand- und Maschinenspitzen unterschieden werden, je nachdem sie durch Hand oder durch die Maschine gearbeitet wurden. Handspitzen können übrigens auf höchst mannigfaltige Weise gearbeitet werden, nicht allein durch Klöppeln, sondern auch durch Häkeln, Stricken, Wirken, Knüpfen und Nähen, je nachdem die Zellen verschiedenartig ausfallen dürfen, doch sind das Klöppeln und Nähen die wichtigsten und ältesten Verfahren und von beiden wieder das letztere das ältere aus der Stickerei hervorgegangene. Hiernach trennt man die Spitzen als Klöppelspitzen und als Näh- oder Nadelspitzen. Die ältesten Nadelspitzen wurden aus einem dichten, leinwandartigen Stoff durch geeignetes Ausschneiden von Fadenstücken und gruppenweise Vereinigung der übrigen durch Umwickeln mit Nähfäden hergestellt, wobei das Muster Berücksichtigung fand. Solche Ausziehspitzen wurden im 15. und 16. Jahrhundert in Italien getragen. Bei den eigentlichen späteren Nadelspitzen ist dieser leinwandartige Grund nicht mehr vorhanden, sondern halten sich die einzelnen Fadengebilde gegenseitig. Zu ihrer Anfertigung bedient man sich einer Patrone, welche die Umrisse des Musters durch Nadelstiche angedeutet zeigt und durch sehr feine Fäden auf zwei über einander liegende Tuchstücke aufgenäht wird. Ein starker Doppelfaden wird den Konturen der Zeichnung folgend gleichfalls mittels eines feinen Fadens festgeheftet. Die so eingegrenzten Musterflächen werden dann, die Schattierungen derselben berücksichtigend, mit Spitzenstichen, das sind kunstvoll geschlungene Sticharten, ausgefüllt, und der Art der Spitze entsprechende Befestigungen ausgeführt. Endlich wird die fertige Spitze dadurch gelöst, daß man die beiden Tuchstücke auseinanderreißt, wodurch die Heftfäden mit zerreißen und die Musterzeichnung frei wird. Geklöppelte Spitzen, die eine große Mannigfaltigkeit des Grundes gestatten, stellt man mittels des Klöppelkissens, der Klöppel und der Klöppelnadeln dar. Auf dem Kissen ist die Patrone, eine Zeichnung mit die Kreuzungsstellen der Fäden markierenden Nadelstichen aufgeheftet. Die Klöppelfäden sind auf der Klöppel, einer dünnen Holzspindel, aufgewickelt und werden mittels der Klöppelnadeln auf der Patrone, den Nadelstichen gemäß, angeheftet, wobei die Nadeln an den markierten Stellen in das Kissen gesteckt sind, und nach verschiedenen Methoden verflochten. — Maschinenspitzen können auf der Klöppelmaschine, dem Wirkstuhl oder der Bobbinetmaschine erzeugt werden, unterscheiden sich aber hiernach auch in ihrem Aussehen. Erstere liefert Spitzen von dem Aussehen der durch Hand geklöppelten Spitzen. Auf dem Wirkstuhl lassen sich nur Spitzen in Form von Kettenware, also Schleifenware, herstellen. Der Bobbinetstuhl findet gegenwärtig die größte Benutzung für die Anfertigung von Maschinenspitzen, Tüllspitzen und auch der Gardinen. Diese Stühle sind sehr kompliziert, arbeiten mit Grund- und Dreherkette und vielen Schußspulen, welche bald über mehr, bald über weniger Kettfäden hingleiten, wobei die Dreherfäden sich um die Grundfäden schlingen, und da, wo die Schüsse über erstere gehen, die Befestigung geben. Eine Art Jacquardmaschine bestimmt die Länge der Verschiebung der Schußfäden.

Die Posamentiererei.

Man begreift unter Posamentierarbeiten eine Menge von Arbeiten, die keiner besonderen Verfahrungsarten bedürfen, vielmehr bald die eine, bald die andere der bereits behandelten Methoden zur Herstellung der Fabrikate benutzen. Letztere kennzeichnen sich dadurch, daß sie zumeist zur Ausschmückung gewebter oder gewirkter und daraus verfertigter Gebrauchsgegenstände dienen. Manchmal geschehen diese Arbeiten am Gegenstand selbst, wie das Franzenknüpfen an Tüchern, Shawls ꝛc., meistens jedoch werden sie für sich vorgenommen und die so verfertigten Sachen durch An- oder Aufnähen auf die Gegenstände zur Verzierung verwendet. Franzen, Borden, Bänder, Quasten, Schnüre, Rosetten, übersponnene Knöpfe, Tressen und vieles andere gehören hierher. Diese Arbeiten sind zumeist Handarbeiten, doch hat man auch für den einen oder anderen Zweck Maschinen erfunden. So stellt man geflochtene Rund- und Flachschnüre auf Flecht- oder Klöppelmaschinen, Litzenmaschinen, dar, überspinnt Fäden mit anderen buntfarbigen oder mit Silber-, Goldfäden ꝛc. auf der Gimpenmaschine. Um stärkere Schnüre für Möbel- und Tapezierzwecke zu gewinnen, dreht man Fäden zu Litzen, d. h. stärkeren Schnüren zusammen und diese, wenn nötig, wieder zu noch stärkeren Seilen. Franzen und glatte Borden werden auf dem Bordenwebstuhl, einem Handwebstuhl von geringer Breite gewebt, hernach, wenn es sich um eine Franzenborde handelt, die an einer Seite lose flatternden Schußfäden mit der Hand gedreht und geknüpft, oder man stellt solche Franzen ganz und gar auf Brettern mit der Hand durch Knüpfen über Nadeln her, welche in diese Bretter nach Muster eingetrieben sind. Quasten und Rosetten werden teils durch Hand, teils durch Apparate, teils durch Maschinen bearbeitet, Knöpfe oder ähnliche Holzformen auf dem Knopfspinnrad oder der Knopfspinnmaschine mit Garn überzogen. Die zu Franzen oder Tapezierzwecken dienende einfache oder Façonchenille liefert die Chenillemaschine. Tressen, Ordensbänder u. dgl. geben die Tressenstühle, Handwebstühle von geringer Breite. Glatte, façonnierte Bänder, bandförmige Besatzartikel werden gleichfalls auf solchen Stühlen verfertigt, doch hat man an Stelle ihrer auch Bandmühlen, welche gleichzeitig mehrere Bänder neben einander liegend, aber getrennt von einander erzeugen, und die meist mechanisch betrieben werden, gesetzt, und gehören diese Bandstühle vielfach dem Gebiete der Weberei an. Gallons, Damenkleider-Besatzartikel, werden häufig auf der bereits erwähnten Häkelmaschine angefertigt.

Das Sticken.

Als eine besondere Art, Stoffe an der freien Oberfläche durch Muster zu verzieren, ist die Stickerei zu nennen. Diese Muster entstehen durch Aufnähen von mehr oder minder dicken, farbigen Fäden. Abgesehen von der verschiedenen Art des Grundstoffgewebes oder der Stickfäden — Gold- und Silberstickerei, Leinen-, Seiden- und Wollstickerei, Tüll- und Kanevasstickerei, Lederstickerei ꝛc. — oder der Farbe derselben — Weiß- und Buntstickerei — oder des angewendeten Stiches

— Glattstich-, Kreuzstich-, Kettenstichstickerei ꝛc. — und von dem Effekt des Musters — Flach-, Relief-, Applikationsstickerei ꝛc. — unterscheidet man Hand- und Maschinenstickerei. Erstere ist schon sehr alt, auch gegenwärtig noch im Gebrauch, doch hat sie durch letztere starke Einbuße erlitten. 1829 erfand Josua Heilmann im Elsaß, derselbe welcher die Kämmmaschine für Kammwolle erfand, die Plattstichstickmaschine, fast so, wie sie noch heute benutzt wird. 1864 wurde von A. Voigt in Chemnitz der Festonierapparat daran angebracht. Derselbe gab auch einige Jahre später die Kettenstichstickmaschine mit Öhrnadeln an, welche Billweiler in St. Gallen und andere mit Verbesserungen versahen, während 1866 St. Antoine Bonnaz eine solche Maschine mit Hakennadeln konstruierte.

Das Nähen.

Mehrfach ist bereits dieser höchst wichtigen Operation gedacht worden, welche bis zum Jahre 1845 ausschließlich durch die Hand ausgeführt wurde, von da ab mehr und mehr durch Nähmaschinen. Daß die Idee verhältnismäßig erst so spät ausgeführt worden ist, darf nicht verwundern, giebt es doch heute noch Frauen genug, welche von der Maschinennäherei nicht viel wissen wollen. Wenn man indessen die Verbesserungen berücksichtigt, welche die Nähmaschine seit der Zeit ihres ersten Auftretens erfahren, und deren Näherei mit der damaligen vergleicht, so muß man die Erfindung eine der segensreichsten nennen, die je gemacht worden sind, denn sie hat keine Arbeiter brotlos gemacht, sondern im Gegenteil jede Näherin in den Stand gesetzt, daß vielfache von dem zu leisten, was ihr sonst mit der Hand möglich gewesen war.

Die ersten Versuche, für das Nähen eine Maschine zu erfinden, datieren aus dem Ende des 18. Jahrhunderts. Von ihren Erfolgen ist nichts bekannt. Etwas mehr von Josef Madersperger, einem Tiroler, von dessen Nähmaschine das Wiener Polytechnikum ein Exemplar im Besitz hat. Die Maschine ist indessen so wenig leistungsfähig, daß es nicht wundern kann, wenn sie keine Aufnahme gefunden hat. Ebenso wenig fanden die Versuche von Stone und Henderson, von Walther in Nürnberg, von Bostnik, von Barthelemy Thimonnier weitere Verbreitung. Sie laborierten alle an dem Fehler, daß sie meinten, mit der Maschine die Thätigkeit der Hand nachahmen zu müssen. Der letztgenannte Thimonnier, ein Schneider zu St. Etienne in Frankreich, ist insofern der bemerkenswerteste unter den angeführten Namen, weil die Franzosen ihm die Erfindung der Nähmaschine zuschreiben, nachdem sie ihn arm und elend haben verkommen lassen, und die Nähmaschine, die allerdings nicht von ihm herrührt, sich die Welt erobert hat. Thimonnier hatte sich seine hölzerne Nähmaschine allerdings patentieren lassen, und er fand in Paris auch Leute, welche ihn soweit mit Mitteln unterstützten, daß er achtzig Maschinen bauen konnte, die zur Anfertigung von Militärkleidung in Thätigkeit gesetzt wurden. Die Sache scheint auch einiges Aufsehen gemacht zu haben, denn die löbliche Schneiderzunft von Paris wurde besorgt um ihre Existenz, rottete sich zusammen und zerstörte des Erfinders Werkstatt samt seinen Maschinen. Das geschah um die Mitte der dreißiger Jahre. Nun fand der ruinierte Mann zwar später wieder einen Geldmann, der es ihm ermöglichte, wieder an seiner Erfindung zu arbeiten und sogar Nähmaschinen aus Eisen konstruieren zu lassen, aber das Revolutionsjahr von 1848 zertrümmerte abermals alle seine Bemühungen, und von seiner Erfindung ist dann ferner nichts mehr laut geworden.

Der wirkliche Erfinder der Nähmaschine ist Elias Howe, und obgleich seine Maschinen heutzutage kaum noch genannt werden, müssen wir bei dem Manne doch ein wenig verweilen, da ihm die segensreiche Erfindung niemand streitig machen kann. Howe war am 10. Juli 1819 zu Spencer im Staate Massachusets geboren und hatte sich nicht unbedeutende Kenntnisse im Maschinenbau in einer Fabrik erworben, in welcher er beim Bau von Spinn- und Webstühlen thätig war. Der Gedanke, sich in diesem Fach des Maschinenbaues zu vervollkommnen, trieb ihn nach Boston, wo er bei einem geschulten Mechaniker Arbeit suchte und fand. Dieser machte gerade wiederholt vergebliche Versuche, eine Strickmaschine zu bauen, und in den Gesprächen, die dabei zwischen beiden gepflogen wurden, verwünschte der Mechaniker die im Auftrage eines Kapitalisten unternommene fruchtlose Arbeit, die ohnehin keinen sonderlich ins Gewicht fallenden Gewinn verspreche; dafür möchte er lieber eine Nähmaschine bauen, die jedermann gebrauchen müßte und für die ein ungemessen weites Absatzfeld in Aussicht stünde. Diesen Gedanken faßte Howe auf, und er verließ ihn nicht wieder, rastlos war er thätig, denselben zur Ausführung zu bringen. Anfänglich verfiel er in denselben Fehler, wie seine Vorgänger, die Maschine die Bewegung und Thätigkeit der nähenden Hand nachahmen zu lassen, doch überzeugte er sich bald von der Fruchtlosigkeit dieser Versuche. Da kam ihm die Idee, das Weberschiffchen, welches ihm aus seiner früheren Thätigkeit so wohlbekannt war, mitzuverwenden, indem er eine öhrspitzige Nadel Schlingen bilden ließ, die durch einen in dem Schiffchen befindlichen zweiten Faden gebunden wurden. Das war der Kernpunkt der Erfindung gewesen, und 1845 stand die erste Nähmaschine fix und fertig da, natürlich aus Eisen konstruiert, was in Amerika, dem Lande des Maschinenwesens, ja eine selbstverständliche Sache war. Dennoch fand die Erfindung zunächst nicht die Beachtung, die sie verdiente, trotzdem, daß sie bei einem Wettnähen dreihundert Stiche in der Minute machte, eine Leistung, die für damals förmlich verblüffend hätte sein müssen. Howe entschloß sich deshalb, seine Erfindung in England zu verwerten. Nachdem er ein amerikanisches Patent erhalten, schickte er seinen Bruder nach England, und dieser sah sich, da ihm hier die ohnehin knappen Geldmittel bald ganz ausgingen, genötigt, die Maschine an einen Unternehmer Thomas zu verkaufen, mit der Berechtigung, ein englisches Patent darauf zu nehmen, und der Verpflichtung, für jede gebaute Nähmaschine an Howe drei Pfund St. zu zahlen. Von dieser Einnahme hat Howe nie einen Pfennig gesehen. Er folgte sogar noch 1847 einer Aufforderung jenes Unternehmers, selbst nach England zu kommen und die Maschine für die Korsettfabrikation einzurichten. Auch das gelang dem Erfinder vollkommen, und als Lohn dafür wurde er von Thomas bei der ersten besten Gelegenheit an die Luft gesetzt. Man kann sich denken, in welch bittere Not der Ärmste geriet, er mußte sogar sein amerikanisches Patent versetzen, um nur die Mittel zur Rückreise nach Amerika zu gewinnen. Man denke sich sein Erstaunen, als er hier ankam: Ihn selbst kannte kein Mensch mehr, aber seine Erfindung hatte inzwischen ihren Siegeslauf begonnen. Es hatte sich jemand gefunden, der die praktische Verwendung der Howeschen Erfindung erkannte, ihre Tragweite richtig schätzte und mit der größten Rührigkeit die Erfindung eines Andern trotz des darauf ruhenden Patentes skrupellos sich aneignete und ausbeutete. Isaak Singer hieß dieser weitsichtige Geschäftsmann, und nach seinem Beispiele hatten sich auch noch einige Andere bereits an die Ausbeutung des Eigentums eines anscheinend Verschollenen gemacht. Glücklicherweise fand Howe einen Kapitalisten, welcher ihm das Geld vorstreckte, gegen diese ungenierte Ausbeutung gerichtlich vorzugehen, und da die inzwischen hier und da angebrachten kleinen Veränderungen und Verbesserungen für das Patent der eigentlichen Erfindung von keinem Belang waren, so mußte er seinen Prozeß gewinnen, und die Ausbeuter wurden ihm abgabepflichtig. Howe starb am 3. Oktober 1867 in Brooklyn als reicher Mann.

Wir haben geglaubt, bei diesem Manne, dem Erfinder eines Werkzeuges, das gegenwärtig in jedermanns Wohnung zu finden ist, etwas länger verweilen zu müssen, und da uns ein Eingehen auf den Bau der verschiedenen Nähmaschinensysteme hier zu weit führen würde, so wollen wir uns mit der Notiz begnügen, daß die Nähmaschinenindustrie auf jährlich 2½ Millionen Stück geschätzt wird. Die Singer Co. in Amerika fertigt allein jährlich 600000 Stück, die Wheeler & Wilson Co. 150000 und andere Firmen nicht viel weniger. Auch in Deutschland giebt es bereits Fabriken, welche 50000 Nähmaschinen im Jahre auf den Markt bringen, so daß der Gesamtwert der in Deutschland gefertigten Nähmaschinen auf 35 Millionen Mark geschätzt werden kann.

Die Appretur.

Die dem Webstuhl entnommenen Gewebe haben fast durchgängig nicht diejenige Beschaffenheit, welche von ihnen für die bestimmten, äußerst verschiedenen Zwecke verlangt werden. Abgesehen von Färberei, Bleicherei und Druckerei, welche lediglich das Aussehen verändern, giebt es eine große Zahl von Bedingungen, welche zu erfüllen sind, um die gewebte Ware markt- und handelsfähig zu machen. Zwar betrifft das auch die gewirkten oder in anderer Weise verfertigten Waren, aber in so geringem Grade, daß hier von diesen Abstand genommen werden kann. Alle diejenigen Prozeduren nun, welchen eine Ware, insbesondere also Webware, nach der Entnahme vom Stuhl unterliegt, um derselben dasjenige Aussehen, denjenigen Griff (Anfühlen) und die Beschaffenheit zu erteilen, welche man von ihr für den jeweiligen Zweck verlangt, faßt man zusammen in dem Worte Appretur (adparare, zurichten, zurüsten). Schon im grauen Altertum war die Zurichtung von Geweben nach der einen oder anderen Richtung hin bekannt, bewegte sich jedoch in ungleich engeren Grenzen, als solche heutzutage bestehen. Die vielseitige Verwendung anderer Gespinstfasermaterialien, minderwertigere mit eingeschlossen, die Verfertigung von Stoffen, welche bezüglich der Art ihrer Zusammensetzung immer mannigfaltiger geworden sind, vor allem aber die hohen Anforderungen der schnell wechselnden Mode, sowohl was Aussehen, als auch Charakter der Stoffe anbelangt, haben die Zahl der Appreturoperationen auf eine geradezu erstaunliche Höhe getrieben. In demselben Maße ist natürlich die Menge der diese Prozeduren ausführenden Maschinen, Appreturmaschinen, gewachsen, denn die ehemals übliche Handarbeit ist fast ganz und gar aus der Appreturbranche verdrängt worden. Selbst das Pressen von fertigem Stoff zu dem Zweck, dieselben zu glätten, oder gewisse andere Effekte, Glanz, Moirée, hervorzubringen, geschieht heute vielfach in hydraulischen Pressen, deren Pumpen durch Maschinenbetrieb in Bewegung gesetzt werden, wie die nebenstehende Fig. 216 durch die der Pumpe gegebenen Riemscheiben erkennen läßt. Das Trocknen von gewaschenen oder feuchten Geweben und das gleichzeitig notwendige Breitspannen derselben wird heute immer seltener an den Trockenrahmen, an welche die Stoffe angeschlagen wurden, bewirkt, es dienen vielmehr diesem Zweck großartige Spann- und Trockenmaschinen, die die Gewebe in Etagen in langem Zuge passieren lassen und unter Anwendung von Wärme, Exhaustoren zum Abführen der feuchten Dämpfe und Vorrichtungen zum Ausspannen des Gewebes in der Breite schnell zum Ziel führen, ohne allzuviel Bodenfläche und die Handarbeit vieler Personen zu beanspruchen. Unser Bild (Fig. 217) zeigt eine derartige Maschine. Nicht immer stattet man die Appreturmaschinen mit Riemscheiben aus, um sie mittelst Riemen von einer Kraftwelle, Transmissionswelle, aus zu treiben, sondern verbindet man mit ihnen

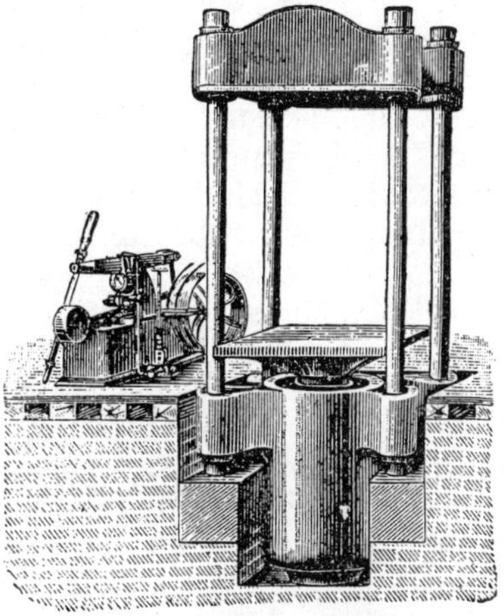

Fig. 216. Hydraulische Presse.

Fig. 217. Spann- und Trockenmaschine.

kleine Dampfmaschinen, Lilliput-Dampfmaschinen, welche direkt auf die Antriebswelle der Arbeitsmaschine einwirken und letztere hierdurch in Bewegung bringen. Der Vorteil dieser Einrichtung ist der, daß man der Appreturmaschine durch Zulassung von mehr oder weniger Dampf in den Dampfcylinder bequem jede Geschwindigkeit erteilen, sie schneller oder langsamer laufen lassen kann, je nachdem solches das in der Maschine zu bearbeitende Gewebe durch sein Material und seine Art bedingt. Die beigefügte Fig. 218 giebt einen sog. Kalander in Verbindung mit einer Dampfmaschine. Zur Erklärung sei hinzugefügt, daß ein Kalander das Gewebe durch die Fugen der schweren, noch durch Hebel- und Gewichtsdruck stark belasteten eisernen und Papierwalzen passieren läßt, um sie zu glätten oder andere Effekte hervorzubringen, wie in der hydraulischen Presse. — Bei den Römern und Griechen waren die Hauptappreturprozeduren für Wollstoffe bekannt, das Walken, Rauhen, Waschen, Trocknen, Bürsten und Scheren, d. h. das Einfilzen derselben, um sie dicker und dichter zu machen, die Ausstattung der gefilzten Ware mit einer mehr oder minder langen Haardecke durch Aufkratzen des Schusses, die Reinigung der Stoffe von Fettbestandteilen und anderen Unreinigkeiten und das hierauf folgende Trockenmachen, das Niederlegen der gerauhten Haare nach einer Richtung, sowie das Abnehmen hervorstehender Härchen, um entweder ganz glatte Gewebe oder aber die Haardecke der hochflurigen Gewebe gleichmäßig zu erhalten.

Fig. 218. Kalander.

Außerdem schwefelten sie Wollstoffe, um sie zu bleichen, ihnen die nötige Weiße zu geben. Für Leinen wurden Schlagen, Waschen, Glänzendmachen, vermutlich auch Bleichen benutzt. Durch Schlagen erhielt das Leinen eine größere Weichheit, einen besseren Griff, gleichzeitig wurde der Staub entfernt. Das Glänzendmachen geschah durch Reiben und Klopfen der Stoffe mit glatten Holzkeulen. Andere Stoffe waren ihnen damals unbekannt. Zur Reinigung von Geweben bediente man sich je nach der Art der Verunreinigung verschiedener Mittel als Zusätze zum Waschwasser; so der Holzasche, der Walkerde, des Urins 2c. Man trat die Stoffe in Wassergruben, oder schlug die nassen Gewebe, wie die Ägypter, und wie solches heute noch bei den Indiern üblich ist. Nur selten wird gegenwärtig noch in fabrikativen Etablissements die Handwäscherei benutzt, höchstens in der Leinenindustrie. Waschmaschinen der verschiedensten Art, den jeweiligen Zwecken angepaßt, führen fast durchweg den Waschprozeß aus. Das Waschmittel ist meist Seife, während zum Reinspülen das bloße Wasser verwendet wird. Wann die erste dieser Maschinen erfunden worden, ist nicht bekannt; fest steht nur, daß im englischen Patentregister von 1691 John Tyzacke als Erfinder aufgeführt ist, und 1767 eine Waschmaschine von Schaeffer in Augsburg thätig war. Die Reinigung der Gewebe von mechanisch beigemengten Verunreinigungen, wie Staub, erfolgte durch Klopfen, jetzt vielfach durch Klopfmaschinen. Das mehrfach erwähnte Karbonisationsverfahren verhilft dazu, in Stoffen aus animalischer Gespinstfaser Klettenteile und Beimengungen vegetabilischen Ursprungs zu beseitigen, ein heute in der Wollindustrie häufig angewandtes Verfahren. Hervorstehende Fadenendchen, Härchen 2c. entfernt man mittels Absengens durch Sengemaschinen, wobei das Gewebe durch eine breite, nicht rußende, schneidige Gasflamme geht und zwar mit einer Geschwindigkeit, die ein Anbrennen nicht befürchten läßt, und sengt man gegenwärtig Gewebe jeglichen Materials. Neuerdings will man sich die Elektrizität für diesen Zweck dienstbar machen, verbindet einen Metalldraht mit einer Elektro-Dynamomaschine, wodurch er glühend wird, und läßt das Gewebe über ihn laufen. Eine wichtige Rolle hat zu allen Zeiten das Einfilzen von Streichwollstoffen, das Walken, gespielt. Es bestand bei den Alten im Waschen, Schlagen, darauf folgenden Stampfen der Gewebe mit den Füßen in Walkgruben oder steinernen Trögen und Ausspülen in reinem Wasser. Nitron, Walkerde oder verfaulter Urin waren die Walkmittel. Das mühevolle Treten ist zweifelsohne sehr früh durch erleichternde Vorrichtungen ersetzt worden. Bereits im 12. Jahrhundert gedenken französische Verordnungen der Walkmühlen; in England arbeitete eine solche 1322, in Deutschland 1430 in Augsburg, in Amerika 1643 zu Rowley. Die Thätigkeit des Tretens führten dabei auf das im Walkloch liegende Gewebe fallende Hämmer aus, Hammerwalken. Stampfwalken traten etwa 1700 zuerst in Holland auf. Erst zu Anfang dieses Jahrhunderts kamen andere Systeme zur Geltung,

1804 die Doppelkurbelwalke durch John Dyer, und hat letztere den Grund für die heutigen Cylinderwalken gegeben, während neben diesen als zweites System die Hammerkurbelwalken bestehen, beide Arten in einer fast unübertrefflichen Vollkommenheit. Außer den genannten Walkmitteln ist Seife als vorzüglichstes zu erwähnen. Das Rauhen von Stoffen war gleichfalls bereits im grauen Altertum bekannt und wurde diese Operation mit der noch heute für den gleichen Zweck verwendeten Kardendistel, wenn auch in einer anderen Spezies, vorgenommen. Man befestigte die Karden in einem Kreuz mit Handgriff und bearbeitete das der Länge nach herunterhängende Gewebe in Richtung der Kette, riß also die Schußfäden auf, wodurch die Haardecke entstand. Wenn auch höchst selten, so geschieht das Rauhen für kleinere Gewebestücke in Kleinbetrieben heute noch in gleicher oder ähnlicher Weise. Die Maschinenrauherei soll 1684 mit James Dabadies Patent begonnen haben. 1797 wurde Walter Burt in Amerika eine Rauhmaschine patentiert. Von 1800 ab sind eine ganze Reihe von derartigen Patenten erteilt worden, und haben sich allmählich die vorzüglichen Konstruktionen der Gegenwart entwickelt, deren Hauptbestandteil immer eine oder zwei große mit Kardendisteln garnierte und schnell rotierende Trommeln, an denen das der Länge nach durch die Maschine gehende Gewebe vorbeistreicht, bilden. Eine solche Rauhmaschine, bei denen sich die Karden, die man übrigens auch durch metallene von annähernder Form ersetzt hat, auf Spindeln drehen, bietet die beistehende Fig. 219. Ferner hat man statt der Karden Drahthäkchenbeschlag, Krempelbeschlag, als Besatz für die angreifenden Organe genommen und die Kratzenrauhmaschine konstruiert. Eine Operation, die dem Sengen gleich kommt, aber auch, wie bereits erwähnt, dazu dient, hochflurige Gewebe gleichmäßig hoch zu bekommen, ist das Scheren. Seit Jahrhunderten sind dazu scherenartige Werkzeuge benutzt worden. Wie es dagegen im Altertume ausgeführt worden ist, wissen wir nicht; daß es aber damals schon bekannt war, ist sicher. Die Tuchscherer spielten besonders im Mittelalter eine hervorragende Rolle. Nachrichten von ihnen haben wir aus dem 8. Jahrhundert. 1684 soll die Tuchschere zuerst durch Elementarkraft betrieben worden sein. James Delabadie nahm ein Patent auf eine solche Schermaschine. Die späterhin und heute vorfindlichen Schermaschinen haben ein ganz anderes Prinzip. Die eigentliche Schere ist fortgefallen. Ein mit spiralförmigen Messern ausgestatteter Cylinder dreht sich schnell gegen ein darunter befind-

Fig. 219. Rauhmaschine.

liches, festes, horizontales Messer von gleicher Länge, nämlich der Breite des Gewebes und bilden beide Teile zusammen ein Art Schere, die kontinuierlich geschlossen wird, also stetig schneidet. Das Gewebe zieht dabei über eine Schiene unterhalb des festen Messers und bietet die abzuschneidenden Härchen emporgerichtet der Schere dar. Es sei erwähnt, das man auch Schermaschinen hat, bei welchen Messercylinder und Messer über das horizontal darunter ausgespannte Gewebe gefahren werden. — Häufig müssen Stoffe noch mit besonderen Mitteln behandelt werden, um denjenigen Griff und dasjenige Aussehen zu erhalten, welche man von ihnen wünscht. Diese Appreturmittel dienen dazu, gewisse natürliche Mängel der Gewebe, Magerkeit der Fäden, Ungleichmäßigkeit derselben u. s. w. in reeller Weise zu verdecken. Das betrifft vornehmlich Baumwoll- und Leinenwaren, in geringerem Grade Wollen- und Seidenwaren, obgleich auch hier derartige Mittel Verwendung finden können. Es sind zumeist stärkehaltende, mehlige, schleimgebende Substanzen, welche als Abkochungen benutzt und mit denen die vegetabilischen Stoffe bestrichen, getränkt und imprägniert werden, während man für die animalischen Stoffe mehr die Leim- und Gummiabkochungen oder dergl. wählt. Zusätze mineralischer Natur zu den Appreturmassen gestatten eine Erschwerung des Gewebes, welche sich jedoch immer in reellen Grenzen halten sollte. Leider ist und wird dagegen viel gefehlt und vermehrt man das Gewicht der Waren häufig in unerlaubtem Grade mit Mitteln, die nicht haltbar und sogar gesundheitsschädlich sind. Die Chemie hat bezüglich der richtigen Wahl der Appreturmittel für diesen oder jenen Zweck vieles gefördert und deckt im Zusammenhang mit mikroskopischen Untersuchungen manche Verfälschung auf. Eine hochwichtige Entdeckung der letzten Jahrzehnte soll aber hier besonders hervorgehoben werden, d. i. die Vermeidung des Ausschlagens lagernder appretierter Stoffe. Mehle und Stärken, auch Leim u. dgl. haben nämlich die böse Eigenschaft, sich leicht zu zersetzen, wenn Feuchtigkeit und Wärme auf sie einwirken, und verlieren diese Eigenschaft auch nicht, wenn sie als Appreturmasse gebraucht und die Gewebe getrocknet wurden. Lagern nun solche Stoffe, so treten diese Pilze und Schimmel auf, überziehen das Gewebe, und bilden sich auch Säuren, welche die Farbe zerstören. Erst durch das Studium der sog. antiseptischen Substanzen, Carbolsäure, Salicylsäure, Chlorverbindungen u. a., ist es möglich geworden, dem vorzubeugen, indem man derartige Mittel der Appreturmasse zusetzt.

Geebnet und geglättet werden die zugerichteten Waren entweder kalt oder heiß oder aufeinanderfolgend beides in der hydraulischen Presse, in dem Kalander oder in der Mangel, auch sucht man hierdurch, wenn nötig, die Oberfläche matter oder glänzender zu machen und gewisse Effekte, wie Moirée, hineinzubringen. Der Presse und und des Kalanders wurde bereits kurz gedacht und mag das für hier genügen. Was die Mangel betrifft, so ist sie eine Kasten- oder eine

Walzenmangel. Das Gewebe wird auf Holzkeulen fest aufgewickelt, auf eine horizontale Tischplatte gelegt und durch Hin- und Herbewegen eines ungemein schweren, darauf gebrachten Kastens hin- und hergerollt, oder aber es wird die Keule zwischen zwei unter Druck befindliche Walzen gelegt und durch Hin- und Herdrehen dieser letzteren gleichartig behandelt. Zum Ebenen und Glätten der Waren gehören allerdings noch eine Reihe von Nebenoperationen, insbesondere das Einsprengen, zuweilen Dämpfen ꝛc., doch können diese hier nicht behandelt werden. Eine häufig erforderliche Zwischenoperation zwischen anderen Appreturprozeduren bildet das Trocknen der Gewebe. Durch äußerst verschiedenartig konstruierte Maschinen wird das gegenwärtig besorgt, und gab bereits Fig. 217 ein Bild einer solchen Maschine. Sind die Gewebe mit Wasser oder Waschflüssigkeit gesättigt, so entnäßt man sie auch wohl vor der Überlieferung in den eigentlichen Trockenapparat oder der Trockenmaschine mittels Centrifugen. Das sind im großen ganzen die Hauptappreturoperationen, welche die Gewebe je nach ihrer Beschaffenheit und ihrem Material durchzumachen haben. Den Schluß der Appretur bilden meistens das Falten, Legen, Messen der fertigen Waren, Operationen, für deren Ausübung zahlreiche Maschinen erfunden worden sind.

2. Die Farben und das Färben.

Zu allen Zeiten, unter allen Himmelsstrichen und bei allen Völkern finden wir den Sinn für Farben, wenn auch in mehr oder minder entwickelter Form. Die Natur giebt die Anregung, indem uns das Sonnenlicht von allen Gegenständen gebrochen, d. h. farbig zurückstrahlt. Der erwachende Intellekt des Menschen war aber nicht mit dem zufrieden, was die Natur bot, der Mensch wollte selbst nach seinem Geschmacke eingreifen. Sein erstes Ziel war die Schmückung des eigenen Leibes, das weitere der Aufputz der ihn zunächst umgebenden Gegenstände. In Ermangelung von Kleidungsstücken begann der auf niederer Kulturstufe stehende Mensch mit der Bemalung des eigenen Körpers, sei es in Form bloßer wirklicher Bemalung oder in Form der dauerhafteren Tättowierung. Die Reste beider Liebhabereien finden wir ja noch heute bei den zivilisiertesten Völkern. Die Modedame bemalt sich, der Soldat, der Handwerker ꝛc. läßt sich auf den Arm ein mehr oder weniger kunstvolles Bild tättowieren. Als die Bekleidung begann, erwachte natürlich auch das Streben, dieser einige Buntheit zu verleihen. Man machte aber die Beobachtung, daß die Farben, die zum

Bemalen dienten, nicht auch zum Färben zu gebrauchen waren, und so ergab sich eine naturgemäße Einteilung aller Farbmaterialien in solche, die zum Bemalen, und in solche, die zum Färben geeignet sind. Die Grenzen beider Gruppen sind natürlich keine scharfen, aber immerhin gewährt diese Gruppierung eine gute Einteilung, und das umsomehr, als diese Einteilung gleichzeitig mit einer anderen zusammenfällt, die sich aus dem Ursprung der Farben ergiebt. Als Farben zum Bemalen dienen die mineralischen oder anorganischen Farben, während die zum Färben gebrauchten organischen Farbstoffe dem Tier- oder Pflanzenreich entstammen.

a) Farben zum Bemalen.

Als Material für Malfarben boten sich dem farbebedürftigen Menschen eine Reihe in der Natur vorkommender Mineralien. Für Blau diente der kostbare Lasurstein (lapis lazuli) und die Kupferlasur, ein schönes Grün lieferte der Malachit (Berggrün). Gelbe, rote und braune Farben finden sich zahlreich in Form von verschiedenen Eisenmineralien, als Rot wurde auch der Zinnober benutzt. Schwarz lieferte die Kohle, weiß vor allem die Kreide. War man früher ausschließlich auf die natürlichen Funde angewiesen, so blieb späteren Jahrhunderten, insbesondere dem unsrigen, das man nicht nur als Zeitalter des Dampfes, sondern auch als Zeitalter der Chemie bezeichnen muß, vorbehalten, die Gewerbe und Künste in ihrem Farbenbedarf von den Launen der Natur unabhängig zu machen.

Eine der wichtigsten industriellen Erfindungen war die künstliche Darstellung des Lasursteins (lapis lazuli) oder Ultramarins. 1827 entdeckten gleichzeitig Gmelin und Köttig in Deutschland und Guimet in Frankreich den Weg, der zum künstlichen Ultramarin führte, und alsbald wurde das Verfahren auch praktisch verwertet. Der Erfolg war natürlich in erster Linie ein kolossaler Preissturz der bis dahin äußerst kostbaren Farbe. Während das Kilogramm des natürlichen Lasursteins 240 Mark gekostet hatte, war zwei Jahre nach der Erfindung der Preis bereits auf 30 Mark gesunken, und heute kostet das Kilogramm des uns unentbehrlich gewordenen Blaus weniger als eine Mark. Man gewinnt das Ultramarin, indem man Porzellanthon (Kaolin) mit Schwefel und Soda zusammen erhitzt, meist unter Zusatz von Glaubersalz und Kohle. Dabei erhält man zuerst grünes Ultramarin, und dieses geht bei weiterem Erhitzen mit Schwefel in das blaue über. Indem man der Mischung auch noch Kieselsäure (Infusorienerde) zusetzte, gelangte man zu rötlichblauen und violetten Ultramarinen, aus denen man dann weiter durch Behandlung mit Säuren sogar rotes Ultramarin gewinnen lernte. In den chemischen Laboratorien hat man auch gelbe und graue Ultramarine dargestellt, so daß man jetzt über eine vollständige Farbenskala Ultramarin ähnlicher Farben verfügt.

Als Malfarben nicht mehr gebräuchlich sind der unechte Lasurstein (die Kupferlasur) und der Malachit, beides Verbindungen von Kupfer und Kohlensäure. Von den sonstigen kupferhaltigen Farben (z. B. Grünspan, Bremer Blau, Scheelesches Grün) hat eine größere Bedeutung nur das Schweinfurter Grün. Diese außerordentlich schöne und feurige Farbe ist eine Verbindung von Kupfer, Arsenik und Essigsäure und deshalb sehr giftig. Sie wurde 1814 von Ruß und Sattler in Schweinfurt entdeckt und fand wegen ihrer Schönheit vielfache Verwendung als Anstrich- und Druckfarbe, besonders für Tapeten. Man versuchte sogar, sie zum Färben von Kleidern zu benutzen, indem man die Farbe mit Eiweiß auf dem Stoffe befestigte. Leider war aber diese Art der Färberei von äußerst geringer Haltbarkeit; die Farbe stäubte von den schönen grünen Ballkleidern beim Tanzen ab oder wurde durch den Schweiß zersetzt, zum schweren Schaden für die Trägerinnen sowohl als für die übrigen Tänzer. Die vielfachen Vergiftungen, die eine Folge dieser grünen Kleider waren, führten bald dazu, das Schweinfurter Grün und mit ihm alle andern grünen Farben in Verruf zu bringen. In Deutschland und vielen anderen Ländern darf das Schweinfurter Grün jetzt nur noch als Ölfarbe verwendet werden, und da es sich dazu schlecht eignet, so wird es bei uns wenig mehr gebraucht. Immerhin werden noch bedeutende Mengen für den Versand nach dem Orient und nach China hergestellt, wo man nicht so skrupulös ist und auf Vergiftungen weniger Gewicht legt.

Eine der früher am häufigsten gebrauchten blauen Farben ist das Kobaltblau, die Smalte. Als Erfinder derselben (1540) wird der böhmische Glasmacher Christoph Schürer in Neudeck bezeichnet. Sein Geheimnis wurde den Holländern bekannt, deren Betriebsamkeit bald in Schneeberg einen lebhaften Kobalterzbergbau ins Leben rief. Die Smalte (Schmelze) wird durch Zusammenschmelzen von Sand, Pottasche und geröstetem Kobalterz (Zaffer) dargestellt, sie ist also ein blaugefärbtes Glas. Die Industrie nahm bis zum dreißigjährigen Kriege einen bedeutenden Aufschwung, sowohl auf der sächsischen als auf der böhmischen Seite des Erzgebirges, um dann durch den Krieg allerdings fast gänzlich zu Grunde zu gehen. Erst gegen Ausgang des großen Krieges entstanden neue Blaufarbenwerke, von denen jetzt noch zwei bestehen. Der Verbrauch an Smalte ist durch die Einführung des künstlichen Ultramarins bedeutend zurückgegangen.

Von blauen Farben ist außer den bereits genannten nur noch zu nennen das Berliner Blau, eine Eisenverbindung der Blausäure (welche letztere ihren Namen vom Berliner Blau herleitet). Man gewinnt das Berliner Blau aus dem gelben Blutlaugensalz (gelbes blausaures Kali, Ferrocyankalium); dieses entsteht, wenn man Pottasche mit Kohle und tierischen, stickstoffhaltigen Abfällen (Horn, Haut, Leder) unter

Zusatz von Eisen schmilzt. Versetzt man eine Lösung dieses Blutlaugensalzes mit einer Eisenlösung, so fällt ein je nach dem angewandten Eisensalze weißer bis dunkelblauer Niederschlag. Auch der weiße Niederschlag geht langsam an der Luft, schnell bei Behandlung mit Oxydationsmitteln (Salpetersäure) in dunkelblau über, und gerade die so erhaltene Farbe bildet das wertvolle Handelsprodukt. Das Berliner Blau findet ausgedehnteste Anwendung zum Färben von Papier, sowie zum Drucken. Die feinste Sorte (Pariser Blau) bildet blaue Stücke, die beim Reiben Kupferglanz annehmen, eine Eigenschaft, die sie mit dem Indigo gemeinsam haben. Das Berliner Blau wurde 1704 von Diesbach in Berlin entdeckt. Eine technisch nicht verwendete Abart desselben, welche aus rotem Blutlaugensalz (Ferricyankalium) und Eisenvitriol erhalten wird, führt zwar den Namen Turnbulls Blau, ist aber nicht von Turnbull erfunden worden.

Von roten Mineralfarben, die in der Natur vorkommen, sind nur gewisse Arten von Eisenocker, sowie der Zinnober zu erwähnen. Letzterer wird aber in größeren Mengen künstlich dargestellt, indem man Quecksilber und Schwefel entweder trocken oder naß zusammenreibt und das entstehende Schwefelquecksilber sublimiert. Unter Sublimieren versteht man eine Art Destillation, bei der aber die Körper nicht schmelzen, sondern direkt aus dem festen in den gasförmigen Zustand übergehen und sich dann wieder in festem Zustande niederschlagen. Auf diesem Wege erhält man den Zinnober als die bekannte schöne rote Farbe.

Neben dem Zinnober spielt eine rote Bleifarbe, die Mennige (minium), eine große Rolle. Wie der Zinnober ist sie seit früher Zeit bekannt. Man stellt sie dar, indem man Blei an der Luft bis fast zum Glühen erhitzt. Dabei verbindet sich das Blei mit dem Sauerstoff der Luft zuerst zu Bleioxyd, der bekannten Bleiglätte (Massicot), dann aber mit mehr Sauerstoff zu Mennige. Auch durch Erhitzen von Bleiweiß kann man letztere erhalten. In neuerer Zeit stellt man aus Mennige besonders eine Zinnober-Imitation her, indem man sie mit der Bleiverbindung eines Teerfarbstoffes, des Eosins, vermischt. Diese Nachahmung hat vor echtem Zinnober den Vorteil bedeutend größerer Billigkeit. Außer der Mennige findet noch eine andere rote Bleiverbindung technische Verwendung, das Chromrot, eine Verbindung von Blei mit Chromsäure. Man stellt sie aus dem Chromgelb dar, das aus den gleichen Bestandteilen zusammengesetzt ist und seiner schönen Farbe und großen Deckkraft wegen ausgedehnte Verwendung als Anstrich- und Druckfarbe findet. Man gewinnt das Chromgelb, indem man eine Lösung von Bleiessig mit Lösungen von chromsauren Salzen fällt. Je nachdem man dabei Säuren oder Ätzlaugen zusetzt, erhält man Töne vom reinsten Schwefelgelb bis zum leuchtendsten Rot. Das Chromgelb dient ganz besonders auch zur Herstellung grüner Farben durch Mischen mit Berlinerblau. Mit einer solchen Grünmischung sind z. B. unsere 5 Pfennig-Briefmarken und Postkarten gedruckt. Neben dem Chromgelb spielen die anderen gelben Farben nur eine untergeordnete Rolle, obgleich man für die Zwecke der Malerei noch eine ganze Reihe solcher herstellt, z. B. das Kadmiumgelb. Mit Hilfe der chromsauren Salze stellt man auch direkt ein schönes, von Guignet 1859 angegebenes und nach ihm benanntes Grün her. Man erhitzt zu diesem Zwecke rotes chromsaures Kalium mit Borsäure zum schwachen Glühen und wäscht das Produkt mit Wasser aus. Es hinterbleibt dann Chromoxyd in Form eines smaragdgrünen Pulvers, das sich zum Ersatz des giftigen Schweinfurter Grüns eignet.

Für braune Farben benutzt man fast nur natürlich vorkommende Eisen- oder Manganmineralien, die meist mehr oder weniger gebrannt werden. Für Schwarz kommt ausschließlich die Kohle in Betracht, und zwar in der Form von Ruß. Zu diesem Zwecke unterwirft man in besonderen Öfen Kienholz und andere harzreiche Hölzer, Weinreben, Pech u. dgl. einer langsamen (rußenden) Verbrennung. Der Rauch wird in Kammern verdichtet, wo sich der Ruß, der aus feinen Kohlenstoffstäubchen besteht, absetzt. Er wird dann noch mit Laugen ausgekocht, um ihn von fetten, teerigen Bestandteilen zu befreien. Unsere gesamte Druckerschwärze wird so gewonnen.

Von weißen Farben haben wir schon der Kreide gedacht. Daneben finden von natürlich vorkommenden Rohmaterialien noch Gips und weißer Thon Verwendung. Außerdem sind aber noch drei künstlich erzeugte weiße Farben von größter Wichtigkeit, das Permanentweiß (blanc fixe), das Bleiweiß und das Zinkweiß. Das Permanentweiß ist eine Verbindung von Schwefelsäure und Baryt; die gleiche Verbindung kommt zwar in der Natur als Schwerspat vor, allein dieses Mineral ist selbst in fein gemahlenem Zustande nicht als Farbe zu gebrauchen, da es keine Deckkraft besitzt. Man erhitzt es daher mit Kohle, wobei es in lösliches Schwefelbaryum übergeht. Die Lösung des letzteren, mit Schwefelsäure niedergeschlagen, liefert das künstliche Barytweiß, dessen Hauptvorzug darin besteht, daß es absolut unveränderlich ist. Hierdurch ist es wesentlich überlegen dem sonst in mancher Hinsicht vorteilhafteren Bleiweiß (Kremser Weiß), welches leider durch Schwefelwasserstoff, der ja oft in der Luft vorhanden ist, gelblich bis braun und sogar schwarz wird. Das Bleiweiß ist schon seit alter Zeit bekannt, wenn auch seine fabrikmäßige Gewinnung kaum über 400 Jahre alt ist. Zur Darstellung des Bleiweißes benutzt man verschiedene Methoden, welche nach den Ländern, wo sie zuerst ausgeübt wurden, benannt sind. Man hat ein holländisches, deutsches, englisches und französisches Verfahren. Die beiden ersteren sind die ältesten und unterscheiden sich nur in unwesentlichen Einzelheiten. Sie beruhen darauf, daß man Bleiplatten bei erhöhter Temperatur Essigdämpfen aussetzt, während gleichzeitig Luft und Kohlensäure Zutritt haben. Zu diesem Behufe rollt man beim holländischen Verfahren Bleiplatten spiralig auf und setzt sie in Töpfe, die etwas Essig oder Bierhefe enthalten. Von solchen Töpfen setzt man eine größere Anzahl in eine gemauerte Kammer, deren Boden mit Pferdedung oder gebrauchter Lohe bedeckt ist. Über die Töpfe kommt eine mehrfache Lage von Bleiplatten, darauf wieder Lohe u. dgl., in die wieder die Essigtöpfe eingesetzt sind u. s. f., bis die Kammer (Looge) gefüllt ist. Nach 4—7 Wochen sind die Bleiplatten größtenteils zerfressen und in Bleiweiß umgewandelt.

Beim deutschen (österreichischen) Verfahren hängt man die Platten dachförmig gebogen in geheizten Kammern auf, in die man dann die Dämpfe von kochendem Essig und die Verbrennungsgase von Holzkohlen oder Koks hineinstreichen läßt. Beim englischen Verfahren verwendet man nicht metallisches Blei, sondern Bleioxyd (Bleiglätte); man feuchtet dieselbe mit einer Lösung von Bleizucker (essigsaurem Blei) an und leitet Kohlensäure darüber. Dabei wird die Masse fortwährend gut durchgemischt und so sehr rasch in Bleiweiß übergeführt. Das französische Verfahren geht ganz auf nassem Wege vor sich. Man löst in Essig so viel Bleiglätte auf, als sich eben lösen will, und leitet dann Kohlensäure in die Flüssigkeit. Dabei fällt der größere Teil des gelösten Bleies als Bleiweiß aus; in der übrigbleibenden Lösung wird wieder frische Bleiglätte gelöst, durch Kohlensäure gefällt u. s. f. Das Bleiweiß ist zwar vom technischen Standpunkt eine sehr brauchbare Farbe, es hat aber den Nachteil, sehr giftig zu sein und darf deshalb jetzt nur noch als Ölfarbe gebraucht werden. Als Ersatz ist dafür das Zinkweiß in Aufnahme gekommen, das zuerst von Leclaire in großem Maßstabe hergestellt wurde. Da es nicht giftig ist, so schädigt es weder die mit der Herstellung beschäftigten Arbeiter, noch bedingt es Beschränkungen in der Verwendung. Man gewinnt es, indem man Zink in thönernen Retorten verdampft, die Zinkdämpfe mittelst heißer Luft verbrennt, und den dabei entstehenden Rauch von Zinkoxyd in große Kammern leitet, in denen es sich abkühlt und verdichtet. Das Zinkweiß teilt mit dem Permanentweiß die Eigenschaft, gegen Schwefelwasserstoff unempfindlich zu sein, dagegen wird es, wie das Bleiweiß, von Säuren angegriffen.

b) Farben zum Färben.

Woran liegt es, daß eine so große Anzahl farbiger Körper nicht zum Färben geeignet ist? Um diese Frage zu beantworten, müssen wir uns mit dem Begriff des Färbens bekannt machen. Das Färben besteht darin, einen Körper oder Stoff — der sowohl weiß als auch bereits farbig sein kann — so mit einer bestimmten Farbe zu vereinigen, daß die letztere auf rein mechanischem Wege durch Abkratzen oder Abwaschen mit Wasser nicht mehr zu entfernen ist. Während beim Bemalen die Farbe an der Oberfläche haftet, dringt sie beim

Färben in die Gegenstände ein, sie verbindet sich mit ihnen. Über die Vorgänge, die dabei statthaben, werden wir zum Schluß in einem besonderen Abschnitt zu sprechen haben.

Während für die Farben zum Bemalen vorwiegend mineralische — anorganische — Materialien in Betracht kommen, ziehen wir die Farben zum Färben vorwiegend — man kann fast sagen ausschließlich — aus der Tier- und Pflanzen-, also der organischen Welt. Die Tierwelt ist freilich bei dieser Lieferung nur sehr schwach beteiligt. Wir haben nur zwei Vertreter zu nennen, die im Altertume hochberühmte Purpurschnecke und die seit der Entdeckung Amerikas uns bekannt gewordene Cochenille-Schildlaus mit ihrer bei uns heimischen Verwandten, der Kermes-Schildlaus.

1. Die tierischen Farbstoffe.

Der Purpur war die bei weitem hervorragendste zur Färberei gebrauchte Farbe des Altertums. Er wurde aus verschiedenen Schneckenarten gewonnen, die den Gattungen Purpura, Murex und Buccinium angehören. Diese Tiere sondern in ihren Zellen ein farbloses oder schwach gelbliches Ausscheidungsprodukt ab, welches unter der Einwirkung von Licht und Luft in Fäulnis übergeht, und dabei unter Entwickelung eines starken Knoblauchgeruches nach und nach gelb, grün, blau, violett und schließlich rot wird. Die wichtigste Eigenschaft des so entstandenen Farbstoffes ist, daß er sehr echt ist, ohne weitere Befestigungsmittel (Beizen) die Faser färbt und durch Waschen mit Seife und ähnlichen alkalischen Reinigungsmitteln sogar an Glanz und Schönheit gewinnt. Übrigens war die Farbe kein reines Rot, sondern stets mit Blau gemischt, und näherte sich deshalb mehr unserem Violett. Der Farbenton und die sonstigen Eigenschaften des Purpurs schwankten je nach dem Ursprungsort, der im Orient gewonnene war schöner als der in Italien hergestellte; unter den orientalischen Sorten hatte wieder der tyrische, aus der phönikischen Stadt Tyrus, den größten Ruf. Als eine Luxusfarbe war der Purpur stets nur den bevorzugten Bevölkerungsklassen zugänglich und erlaubt. In erster Linie galt das Tragen purpurner Gewänder als Vorrecht der Könige, wie ja noch heute der Purpur als Symbol der höchsten Gewalt angesehen wird, nennen wir doch den Inhaber derselben kurzweg „Purpurträger“. Im alten Rom war der Purpur eine Auszeichnung der Senatoren, später freilich dehnte sich mit dem zunehmenden Luxus auch der Gebrauch des Purpurs aus, so daß zur Kaiserzeit das Tragen desselben gesetzlich beschränkt und sogar ganz verboten wurde. Jetzt ist die Gewinnung des Purpurs aus den Schneckenarten völlig in Vergessenheit geraten.

Das Cochenillerot wird aus einem Insekte gewonnen, das zur Klasse der Schildläuse gehört und den wissenschaftlichen Namen Coccus cacti führt. Dasselbe lebt ausschließlich auf einer in Mexiko heimischen

Kaktusart, der Opuntia, welche in ihrer Heimat den Namen Nopal führt. Da sich unter günstigen Witterungsverhältnissen innerhalb sechs Wochen eine neue Generation der Cochenillelaus entwickelt, die Vermehrung also ganz außerordentlich groß ist, so kann man in einem Jahre drei- bis fünfmal ernten. Das Einsammeln der Tierchen ist außerordentlich einfach; man fegt die Insekten mit einem Pinsel oder anderen geeigneten Instrumenten von den Pflanzen herunter in Blechbutten und tötet sie durch heißes Wasser, durch Trocknen an der Sonne oder durch trockene Ofenhitze. Letzteres Verfahren liefert das beste Produkt, da dabei der silbergraue Hauch, der auf den Läusen liegt und in einer Wachsausschwitzung besteht, erhalten bleibt, während er bei den anderen Tötungsmethoden verloren geht, so daß das Produkt dann braunrot und unansehnlicher wird. Die Handelsware erscheint in Form runzliger Körner. Man gewinnt die Farbe daraus, indem man dieselben pulvert, und mit Wasser unter Zusatz von Alkalien (Ammoniak, Soda u. dgl.) extrahiert. Die Cochenille giebt schöne, lebhafte, rote Töne und wurde vor Einführung der Azofarben (s. später) in großen Mengen verbraucht. Die Hauptländer für die Cochenillegewinnung waren Mexiko, wo die Nopalpflanze und das Insekt heimisch sind — ist doch die Nopalstaude sogar im mexikanischen Wappen vertreten — ferner Guatemala und Honduras. Von dort aus sind der Nopal, und mit ihm die Läuse, auch nach anderen Ländern verpflanzt und sogar in Europa — in Südspanien — angebaut worden. Sogar in Deutschland ist es gelungen, in Treibhäusern die Nopalstaude mit den Insekten zu züchten, doch ist dies natürlich nur ein wissenschaftlich interessanter Versuch, nicht aber ein Kulturverfahren für industrielle Zwecke. Die Ausfuhr allein aus Mexiko belief sich früher auf etwa 440 000 kg jährlich, was einer Zahl von etwa 62 Milliarden Schildläusen entspricht. Das Färben mit Cochenille war bereits den Azteken bekannt; von ihnen lernten es die Spanier, welche die Farbe nach Europa brachten, wo sie großen Anklang fand. Jetzt hat der Verbrauch außerordentlich nachgelassen, und nur für wenige Zwecke, insbesondere für Scharlachaufschläge an Uniformen, sowie zum Färben von Zuckerwaren und für Schminken wird Cochenille verwendet, während sie im übrigen durch die billigeren Anilinfarben verdrängt ist. Ganz ähnlich der Cochenille war die Verwendung des Kermes, der aber weniger glänzende Farben lieferte.

Außer dem Purpur und der Cochenille ist nur noch eine Farbe zu nennen, die mit dem Tierreich in Verbindung steht, nämlich das Indischgelb (jaune indienne oder purée genannt); es wird aus den Extrementen von Wiederkäuern in Indien und China gewonnen. Der färbende Bestandteil dieser Farbe führt den Namen Euxanthinsäure. Die Verwendung dieses Produktes ist nur eine beschränkte.

2. Die pflanzlichen Farbstoffe.

Weit ergiebiger als in der Tierwelt ist die Farbenausbeute in der Pflanzenwelt, aus der wir an hervorragenden Vertretern den Indigo, den Krapp, die verschiedenen Farbhölzer (Blau-, Rot-, Gelbholz), die Flechtenfarbstoffe (Orseille) nennen wollen.

Die Nachrichten über den Indigo reichen bis ins Altertum zurück. Er wird von Plinius und Dioskorides unter dem Namen Indicum beschrieben, während er bei arabischen Schriftstellern den Namen „Nil" (hindostanisch = blau) führt. Man schätzte ihn als Farbe sehr hoch und stellte ihn gleich hinter den Purpur. Der Indigo kommt in der Natur nicht fertig gebildet vor. Eine Anzahl von Pflanzengattungen, obenan die Indigofera-Arten, dann aber Isatis (Waid) und Polygonum enthalten in den Blättern einen in Wasser löslichen Körper, der den Indigo liefert. Zu diesem Zwecke werden die abgeschnittenen Pflanzen mit Wasser übergossen und die Mischung sich selbst überlassen, wobei sie in Gährung gerät. Wenn die Gährung einige Zeit gedauert hat, läßt man die Flüssigkeit in große offene Cisternen ab, wo man sie mit Schlaghölzern gründlich durcharbeitet, um sie möglichst mit der Luft in Berührung zu bringen. Dabei scheidet sich allmählich der Indigo als blauer Schaum ab, wird schließlich auf einem Filter gesammelt, gewaschen und gepreßt. Die gepreßten Kuchen werden in Stückchen geschnitten und an der Luft getrocknet, und bilden dann den fertigen Indigo, wie er im Handel erscheint. Das Hauptproduktionsland des Indigos ist Ostindien, das ihm ja auch den Namen gegeben hat. Namentlich Bengalen liefert ein durch seine Güte ausgezeichnetes Produkt, weshalb man die feinsten Indigosorten als Bengalindigo bezeichnet. Außer auf dem indischen Festland wird besonders auf Java guter Indigo gewonnen, ferner baut man ihn auch auf den Philippinen, am Senegal, in Guatemala und Venezuela, sowie in verschiedenen anderen Ländern. In Mexiko wurde der Indigo schon vor der Entdeckung des Landes durch die Spanier von den Azteken kultiviert und verwendet. Der in den Handel kommende Indigo bildet dunkelblaue Stücke, welche auf den Bruchflächen, besonders beim Reiben, mehr oder weniger Kupferglanz zeigen. Je höheren Glanz der Indigo entwickelt, um so besser ist er. Er verdampft beim Erhitzen auf 250—300 ° C. und setzt sich an kalten Flächen in Form kleiner blauer Kryställchen ab, welche aus chemisch reinem Indigo bestehen. Die Handelsware ist nämlich nichts weniger als ein reines Produkt. Abgesehen von äußerlichen Beimengungen, enthält sie noch verschiedene andere Körper, die bei der Bereitung des Indigos neben diesem entstehen; dazu gehört ein zweiter purpurner Farbstoff, das Indigorot, ferner eiweißartige (Indigleim) und humusartige (Indigbraun) Verbindungen. Alle diese verkohlen beim Erhitzen, während allein das Indigblau (Indigotin) sich verflüchtigen läßt. Das Indigblau ist vollständig unlöslich in Wasser, Spiritus, verdünnten Säuren und Alkalien, dagegen löslich in konzentrierter Schwefelsäure, in Anilin und einigen anderen, dem gewöhnlichen Sterblichen nicht ohne weiteres zugänglichen Flüssigkeiten. Beim Auflösen in Schwefelsäure, besonders wenn man sogenannte rauchende anwendet oder bei höherer Temperatur arbeitet, löst sich der Indigo nicht unverändert auf. Er verbindet sich vielmehr mit der Schwefelsäure zu verschiedenen neuen Körpern, der Indigschwefelsäuren, welche im Gegensatz zum Indigo selbst in Wasser und Alkalien löslich sind. Diese Indigschwefelsäuren (Indigsulfosäuren) eignen sich sehr gut zum Färben von Wolle, und man benutzt die Anziehungskraft der Wolle sogar zur Reindarstellung der Farbe. Zu diesem Zwecke löst man unreinen, rohen Indigo in starker Schwefelsäure und gießt die Flüssigkeit nach der Auflösung in viel Wasser; alsdann hängt man Wolle in die Lösung, welche den Farbstoff vollkommen der Flüssigkeit entzieht, und nachher mit Wasser gewaschen werden kann, ohne die Farbe zu verlieren. Behandelt man dagegen die gefärbte Wolle mit ganz dünner Sodalösung, so wird das Blau vollkommen „abgezogen", indem es sich in der Flüssigkeit auflöst. Aus der letzteren („abgezogene Komposition") gewinnt man es dann durch Zusatz von Säuren wieder, wobei ganz reine Indigschwefelsäure ausfällt, die im Handel den Namen Indigkarmin, früher auch Sächsischblau genannt, führt. Man sieht schon aus dieser Darstellungsweise, daß das mit Indigkarmin erzeugte „Sächsischblau" trotz seiner Schönheit nicht waschecht ist. Die Kunst, Wolle mit in Schwefelsäure gelöstem Indigo zu färben, wurde 1740 von Barth in Großenhain (Sachsen) entdeckt, daher der Name „Sächsischblau".

Ganz echte Färbungen liefert die zweite, sehr viel ältere Methode der Indigofärberei, die sogenannten „Küpe". Der Indigo als solcher löst sich nicht in alkalischen Flüssigkeiten auf. Reduziert man ihn aber, so geht er in das Indigweiß über, welches in Alkalien löslich ist. Wie wir früher gesehen haben, wird auch bei der Gewinnung des Indigos zuerst Indigweiß erhalten, das dann an der Luft in Blau übergeht, die Küpe ist also eigentlich nichts weiter als eine Wiederholung dieses ersten Prozesses. Wesentliche Vorbedingung zum guten Gelingen der Küpe ist, daß der Indigo ganz fein gemahlen sei; dies geschieht in sogenannten Naßmühlen: man giebt den Indigo in eine durch Maschinenkraft drehbare eiserne Trommel nebst etwas Wasser und einigen eisernen Kugeln; beim Drehen der Trommel wird er dann zu einem feinen Schlamm zermahlen, der sich später in der Küpe sehr gut verteilt. Als Alkalien benutzt man für die Küpen entweder Kalk, oder Soda, früher nahm man wohl auch Pottasche. Die Reduktion des Indigos bewirkt man entweder dadurch, daß man der Küpe gährungsfähige Substanzen zusetzt, welche in der Küpe in Gährung geraten (Krapp, Kleie), oder durch mineralische Substanzen (Eisenvitriol, Zinnsalz, Operment) oder endlich mittelst Traubenzucker (Stärkezucker). Erstere

Art von Küpen bezeichnet man als warme oder Gährungsküpen, letztere als kalte Küpen. Die letzteren haben den großen Vorzug, daß man mit genau bekannten Materialien arbeitet und die Küpe daher beliebig groß wählen kann, während im ersten Falle, bei den Gährungsküpen, Störungen mannigfacher Art eintreten können, wenn die Gährung zu langsam oder zu schnell verläuft. Hängt man nun in eine solche Küpe, welche also den Indigo in reduzierter Form, als Indigweiß, enthält, Wolle oder Baumwolle ein, so übt dieselbe auf das Indigweiß eine Anziehung aus, und dieses bleibt an den Fasern haften; nimmt man die Stoffe oder Garne dann aus der Küpe und hängt sie in der Luft auf, so geht das Indigweiß wieder in Indigblau über, es wird „oxydiert“, und die Farbe haftet nunmehr so fest auf der Faser, daß man sie durch Waschen und auch durch andere Mittel nicht mehr „abziehen“ kann, ohne die Faser oder die Farbe zu zerstören. Auf dieser Unlöslichkeit des Indigos beruht die außerordentliche Echtheit der damit gefärbten Stoffe, wie wir alltäglich an den Uniformen unserer Soldaten wahrnehmen können. Selbst die fünfte Garnitur hält immer noch Farbe, so schäbig sie sonst auch aussehen mag. Es hat daher einige Berechtigung, wenn die Militärverwaltung zähe an der Anwendung des Indigos zum Färben der Militärtuche festhält; die vorgeschlagenen Ersatzmittel, die sich bedeutend billiger stellen würden, erreichen den Indigo noch nicht ganz in allen Eigenschaften, doch ist anzunehmen, daß die rastlos fortschreitende Farbentechnik bald in der Lage sein wird, Ersatzmittel zu liefern, welche dem Indigo nach jeder Richtung gleichstehen. Es ist dies eine wirtschaftlich sehr wichtige Frage, denn für den Indigo müssen wir heute noch sehr bedeutende Summen ans Ausland zahlen, die im anderen Falle, bei Verwendung von Teerfarbstoffen, im Lande bleiben würden. Die Versuche, den Indigo selbst künstlich herzustellen, um uns dadurch von der Einfuhr vom Auslande unabhängig zu machen, haben leider noch nicht zu dem gewünschten praktischen Resultate geführt. Zwar sind verschiedene Verfahren entdeckt worden, nach denen Indigo leicht genug zu gewinnen wäre, allein stets stellt sich das Ausgangsmaterial zu teuer. Die erste künstliche Darstellung gelang Baeyer 1879; sie rief großes Aufsehen und hochgespannte Erwartungen hervor, die aber leider nicht erfüllt werden konnten. Das Ausgangsmaterial für Baeyers Synthese bildet das später zu erwähnende Toluol; aus diesem stellt man der Reihe nach Benzaldehyd (Bittermandelöl), Zimtsäure, Nitrozimtsäure, Nitropropiolsäure dar, die letztere liefert dann mit Alkalien und Reduktionsmitteln behandelt, also in einer Art Küpe, den Indigo. Es ist, wie gesagt, leider nicht gelungen, die Schwierigkeiten, die sich der Erzeugung künstlichen Indigos nach diesem Verfahren im Großen darstellen, zu überwinden. Es sind daher von verschiedenen Seiten weitere Versuche unternommen worden, um das verlockende Ziel zu erreichen. Man hat auch schon neue Wege aufgefunden, doch sind die Arbeiten noch nicht abgeschlossen, und bisher scheint es nicht, als ob dem natürlichen Indigo schon jetzt eine ernstliche Konkurrenz drohe, und dies um so weniger, als der Preis des Indigos an sich seit 10 Jahren gefallen ist, so daß die an die Billigkeit eines künstlichen Darstellungsprozesses zu stellenden Anforderungen noch gestiegen sind.

Zu den seit dem Altertume bekannten und in neuerer Zeit zu großer Bedeutung gelangten Farben gehören die Farbstoffe des Krapps (Färberröte). Schon Dioskorides beschreibt die Pflanze und ihre Anwendung zum Färben, erwähnt auch, daß sie sowohl wild, als angebaut vorkäme. Plinius giebt ihr den lateinischen Namen Rubia, der sich als wissenschaftliche Bezeichnung (rubia tinctorum) bis heute erhalten hat. Im Mittelalter hieß der Krapp Varantia (Garance), dann aber kam aus der Levante die Benennung Lizari oder Alizari, die von den Chemikern später zur Bezeichnung des färbenden Prinzips des Krapps, des Alizarins verwendet worden ist. In Frankreich und Süddeutschland (Elsaß) wurde der Krappanbau erst seit dem vorigen Jahrhundert betrieben. Der den Farbstoff liefernde Bestandteil der Pflanze ist die Wurzel, man zieht sie daher auch dem entsprechend so, daß die Blattstiele nur ganz wenig aus der Erde herausragen. Nach 2 bis 6 Jahren — je älter die Wurzel, um so ergiebiger ist sie — wird geerntet, indem man mit Hacke und Spaten die Wurzeln ausgräbt. So wenig, wie in den Blättern des Indigo, ist in den Wurzeln der Färberröte der Farbstoff als solcher fertig gebildet vorhanden. Die Wurzeln enthalten eine komplizierte Verbindung, die Ruberythrinsäure, welche beim Zerfall durch Lagern (Gährung) oder beim Erhitzen mit stark verdünnten Säuren sich in Zucker und Alizarin spaltet. Daneben entsteht ein zweiter Farbstoff, das Purpurin, das zum Alizarin in naher Beziehung steht und chemisch als Oxydationsprodukt desselben aufzufassen ist. Die eingeernteten Wurzeln werden getrocknet, wobei sie etwa $^3/_4$ ihres Gewichts verlieren, und dann gemahlen und in eichene Fässer verpackt werden. In letzteren hält sich der Krapp am besten; beim Lagern erleidet er eine Art Nachreife, (er „wächst"), die darin beruht, daß sich die Ruberythrinsäure allmählich zersetzt und dadurch das Alizarin freimacht. Die Hauptlieferanten des Krapps waren früher Deutschland, Frankreich, Holland, Ungarn und die Levante (Kleinasien). In Frankreich wurde der Krappbau von Staatswegen so begünstigt, daß man beim französischen Militär rote Hosen einführte, um der Krappindustrie ein großes und sicheres Absatzgebiet zu verschaffen. Seitdem freilich die künstliche Fabrikation des Alizarins aus dem Kohlenteer aufgekommen ist, ist der Krappbau mehr und mehr zurückgegangen, und wird heute nur mehr in kleinem Maßstabe betrieben, da seine Kultur nicht mehr lohnt. Die Farbstoffe des Krapps, das Alizarin und Purpurin, sind Beizenfarbstoffe (s. Abschnitt c). Als Beizen kommen hauptsächlich Thonerde (das Oxyd des so modernen

Aluminiums), Eisenoxyd und Chromoxyd in Betracht. Purpurin giebt mit allen dreien ein mehr oder weniger braunes Purpurrot, Alizarin dagegen giebt mit Thonerde ein leuchtendes Rot (Türkischrot), mit Eisenoxyd Violett und mit Chromoxyd ein schönes Rotbraun. Bevor man die künstliche Darstellung der beiden Farbstoffe kannte, war ihre Absonderung und Trennung aus dem Krapp mit großen Schwierigkeiten verbunden, aber notwendig, wenn man reine Töne erzielen wollte. Jetzt natürlich mischt man einfach die beiden künstlich dargestellten Bestandteile in dem gewünschten Mengenverhältnisse.

Neben Indigo, Cochenille und Krapp spielten früher die Farbhölzer eine bedeutende Rolle, die ihnen größtenteils von den Teerfarben abgenommen worden ist. Am meisten davon wird heute noch das Blauholz (zum Schwarzfärben) benutzt. Das Blauholz oder Campecheholz stammt von einem in Centralamerika und auf den Antillen heimischen Baume, Haematoxylon (Blutholz), ab. Das Rotholz (Fernambuk- oder Brasilienholz) wird von Caesalpinia-Arten, besonders in Brasilien gewonnen, während das Gelbholz (Cubaholz) von Morus tinctoria herrührt. Gleich der Indigopflanze und dem Krapp enthalten auch diese Hölzer nicht den fertigen Farbstoff, sondern Verbindungen desselben mit Zucker und anderen Körpern, aus denen erst durch den Einfluß von Wasser und Luft die eigentlichen Farbstoffe frei gemacht werden. Die Lösung des Blauholzes für sich liefert auf dem Zeug nur eine trübe, unbrauchbare Farbe; behandelt man aber das gefärbte Zeug nachträglich mit Eisen- oder Chromverbindungen, so erhält man ein recht gutes und billiges Schwarz, dem nur neuerdings vom Anilinschwarz Konkurrenz gemacht wird. An diese Hölzer schließt sich noch das Quercitron an, die gepulverte Rinde verschiedener nordamerikanischer Eichen. Von einigem Interesse als früher vielfach verwandte Farbe ist auch noch die Orseille (getrocknet Persio genannt), die Seide schön rot färbt. Man gewinnt sie aus verschiedenen Flechtenarten (Roccella, Lecanora), die an den Küsten des mittelländischen Meeres und in den Tropen gesammelt werden. Man behandelt diese Flechten mit alkalischen Flüssigkeiten (Ammoniak und Kalk) und unterwirft sie einer Gährung, bei der sich der Farbstoff entwickelt. Auf die gleiche Weise gewinnt man den bekannten Lakmus, der durch Säuren rot, durch Alkalien aber blau gefärbt wird.

3. Die Teerfarbstoffe.

Die gewaltigste Umwälzung in der Industrie der Farben und in der Färberei wurde hervorgerufen durch die Entdeckung und technische Verwertung der aus den Produkten des Steinkohlenteers sich ableitenden „organischen" Farbstoffe. Die Erschließung dieser sozusagen unerschöpflichen Quelle lehrte nicht nur ganz neue Farbentöne kennen, von einem Glanz und einer Reinheit, wie sie bis dahin völlig unbekannt, ja ungeahnt gewesen waren, sondern erweiterte auch den Anwendungskreis der Farben in ganz außerordentlicher Weise. Nur langsam freilich begann die Erforschung der im schwarzen, schmutzigen Teere schlummernden Farbenpracht. Die beiden ältesten hierher gehörenden Farbstoffe leiten sich vom Phenol, im Volksmunde auch Kreosot oder Karbolsäure genannt, ab. Der eine davon, der älteste künstlich hergestellte organische Farbstoff überhaupt, ist die Pikrinsäure. Sie wurde schon im vorigen Jahrhundert dargestellt, indem man Harze mit Salpetersäure behandelte. Die Pikrinsäure entsteht nämlich fast überall, wo Salpetersäure mit organischen Substanzen in Berührung kommt. Die gelben Flecke, welche auftreten, wenn Salpetersäure auf die Haut, auf Wolle, auf Seide u. dgl. gelangt, verdanken ihre Färbung der Pikrinsäure. Dieser Körper hat nebenbei einen äußerst bitteren Geschmack und ist wohl gelegentlich von gewissenlosen Brauern als Ersatz des Hopfens gebraucht worden. Abgesehen von ihrer Giftigkeit hat die Pikrinsäure auch noch die unter Umständen wenig angenehme Eigenschaft, explosiv zu sein, besonders in Form ihrer Verbindungen mit Metallen. Andrerseits hat aber diese Eigenschaft wieder zu einer ausgedehnten Verwendung der Säure in der Sprengstoffindustrie geführt. Als Farbstoff wird sie heutzutage kaum mehr angewandt, da sie längst durch bessere, vor allen Dingen dauerhaftere Farben ersetzt ist, als der Veteran unter den Teerfarbstoffen verdient sie aber wenigstens, daß man ihr eine freundliche Erinnerung bewahrt. Ihr eigentlicher Entdecker ist Hausmann (1788), aber erst 1842 wurde von Laurent ihre Zugehörigkeit zu den Teerabkömmlingen erkannt.

Nächst der Pikrinsäure ist als ältester Teerfarbstoff die Rosolsäure zu nennen. Schon der Name deutet darauf hin, daß wir es hier mit einem roten Farbstoff zu thun haben. Sie wurde im Jahre 1836 von Runge entdeckt, hat aber niemals eine große Rolle für die Färberei gespielt. Wieder liegt eine längere Pause — 20 Jahre — zwischen der Entdeckung der Rosolsäure und dem zunächst bekannt gewordenen Teerfarbstoffe. Bildete bei den ersten beiden Vertretern der Gruppe die Karbolsäure das Ausgangsmaterial, so kam nunmehr die Reihe an das Anilin. Der englische Forscher Perkin sen. war es, der im Jahre 1856 bei der Einwirkung oxydierender, d. h. Sauerstoff abgebender Agentien auf das Anilin einen violetten Farbstoff, das Mauveïn, entdeckte. Das Mauveïn ist auch der erste Teerfarbstoff, der vom Kohlenteer ausgehend, fabrikmäßig dargestellt wurde, denn die Pikrinsäure erhielt man, wie schon erwähnt, früher aus Harzen. Freilich war dem Mauveïn nur eine beschränkte Verwendung beschieden. Sein hoher Preis — es ist noch heute einer der teuersten Farbstoffe — stand einer ausgedehnten Verwendung im Wege, umsomehr, als es bald gelang, schönere und billigere Violette auf anderen Wegen zu erzeugen. Immerhin findet das Mauveïn noch heute Anwendung zum Weißen der Seide, deren gelblichen Naturton es vollkommen aufhebt, sowie zum

Druck von Briefmarken. So sind z. B. die bekannten englischen violetten Pennymarken mit Mauveïn gedruckt.

Zwei Jahre später wie das Mauveïn wurde von A. W. Hofmann ein zweiter Anilin-Farbstoff, das Fuchsin, dargestellt, bis zum heutigen Tage eine der wichtigsten Anilinfarben für die Färberei. Es dauerte allerdings noch ein Jahr, bis es gelang, das Fuchsin technisch im Großen darzustellen. Das Fuchsin entsteht nämlich nicht aus dem Anilin allein, sondern nur in Gegenwart eines dem Anilin sehr ähnlichen Körpers, des Toluidins. Erhitzt man ein Gemisch dieser beiden Körper z. B. mit Arsensäure, so erhält man Fuchsin. Das Fuchsin, dessen Name sich von der Blume Fuchsia ableitet, färbt prachtvoll karminrot; es wird in Form von Krystallen gewonnen, welche auf der Oberfläche einen intensiv grünen Metallglanz zeigen, so daß man alles andere eher dahinter vermutet, als einen roten Farbstoff. Die Eigentümlichkeit, in festem Zustande eine von der eigentlichen Farbe vollkommen verschiedene Oberflächenfarbe zu besitzen, teilen übrigens sehr viele andere Teerfarbstoffe mit dem Fuchsin. Man glaubte anfangs gewisse Beziehungen zwischen dem Tone des Farbstoffs und seiner Oberflächenfarbe zu finden, indem man annahm, die Oberflächenfarbe sei zur Nüance des Farbstoffs selbst komplementär*); mit den fortschreitenden Entdeckungen neuer Farben stellte sich aber diese Annahme bald als irrig heraus. So hat z. B. das Malachitgrün, ein dem Fuchsin nahe verwandter Körper, eine diesem fast ganz gleiche Oberflächenfarbe, so daß man äußerlich beide Farbstoffe verwechseln könnte, während der eine karminrot, der andere blaugrün färbt. Wie erwähnt, wurde das Fuchsin ursprünglich mit Hülfe von Arsensäure dargestellt. Diese Fabrikationsmethode hatte aber den großen Übelstand, daß dabei aus der Arsensäure die arsenige Säure entstand, welche letztere nichts anderes ist, als weißer Arsenik, also eins der heftigsten Gifte. Da es nicht möglich war, den Arsenik wieder vollkommen aus der Farbe zu entfernen, da andererseits die arsenikhaltigen Rückstände der Fabrikation große Schwierigkeiten und Belästigungen im Gefolge hatten, so sann man natürlich darauf, die Arsensäure durch ein anderes, minder gefährliches Material zu ersetzen. Dies gelang Coupier, indem er statt der Arsensäure Nitrobenzol anwandte. Zum besseren Verständnis dieser chemischen Verbindungen, wollen wir zunächst den Ursprung derselben betrachten. Wird der Teer, wie man ihn bei der Leuchtgasbereitung als Nebenprodukt erhält, der Destillation unterworfen, so geht zuerst das sogenannte Leichtöl über. Dies ist eine wasserhelle, stark lichtbrechende, auf Wasser schwimmende und außerordentlich leicht entzündliche Flüssigkeit. Sie ist aber kein einheitlicher Körper, sondern ein Gemisch verschiedener, einander sehr ähnlicher Verbindungen. Wird dieses Gemisch nochmals destilliert, unter Anwendung

*) Unter komplementären Farben versteht man solche, deren Mischung weiß giebt.

von Apparaten, wie sie bei der Spiritusreinigung in Gebrauch sind (Kolonnenapparate), so läßt es sich in mehrere Bestandteile zerlegen, welche unter sich hauptsächlich durch den Siedepunkt verschieden sind. Der erste Körper der Reihe, das Benzol, siedet schon bei 80° C., also 20° niedriger als Wasser, der zweite, das Toluol, bei 111°, also schon 11° höher als Wasser, dann folgen bei 140° das Xylol, und weiterhin noch mehrere andere ähnliche Verbindungen. Das Benzol und das Toluol sind es, die für die Darstellung des Fuchsins von Wichtigkeit sind; die höher siedenden Anteile dienen teilweise ebenfalls zur Gewinnung von Farbstoffen, außerdem aber als Lösungsmittel für Fette u. s. w. (Brönnersches Fleckwasser). Bringt man das Benzol oder Toluol unter geeigneten Bedingungen mit Salpetersäure zusammen, so entstehen zwei neue Körper von ganz verschiedenen Eigenschaften, das Nitrobenzol und das Nitrotoluol. Es sind gelbliche Öle, welche um 125° höher sieden, als das Benzol oder Toluol, aus dem sie erhalten wurden; insbesondere das Nitrobenzol hat einen starken, bittermandelartigen Geruch, und findet deshalb unter dem Namen Mirbanöl in der Seifenfabrikation ausgedehnte Verwendung zum Parfümieren der gewöhnlichen Seifen. Unterwirft man die beiden Nitrokörper der Einwirkung von Eisen und Salzsäure, so entstehen aus ihnen die beiden Verbindungen, welche wir als zur Fuchsingewinnung notwendig kennen gelernt haben, das Anilin und Toluidin. Wir sehen also, wie Nitrobenzol und Anilin mit einander in engstem Zusammenhange stehen. Kehren wir zum Fuchsin zurück. Die Fabrikation aus Anilin (Toluidin) und Nitrobenzol ist heute die fast ausschließlich gebräuchliche und sie liefert jährlich ganz bedeutende Mengen dieses wichtigen Farbstoffes.

Das Fuchsin dient nicht nur als solches zum Färben, sondern es wird auch noch auf blaue Farben weiter verarbeitet. Zu diesem Zwecke erhitzt man es mit Anilin auf höhere Temperatur (180° C.). Je nach der Intensität der Einwirkung erhält man rötere oder grünere Blaus. Die Entdecker dieses Prozesses waren Girard und de Laire 1860. Die so erhaltenen Farben sind aber nicht in Wasser, sondern nur in Spiritus löslich, und konnten daher nur zur Seidenfärberei verwendet werden. 1862 entdeckte aber Nicholson, daß sich das Anilinblau wasserlöslich machen ließ, wenn man es mit starker Schwefelsäure erhitzte; erst seit dieser Zeit erhielt der schöne Farbstoff seine eigentliche Bedeutung, da er nunmehr in der Woll- und Baumwollfärberei ausgedehnte Anwendung finden konnte und auch bis heute findet.

Im Jahre 1862 fand A. W. Hofmann, daß man vom Fuchsin aus auch zu violetten und grünen Farbstoffen gelangen könne. Das Hülfsmittel hierzu war das Jodaethyl, ein Körper, der bei der gemeinsamen Einwirkung von Jod und Phosphor auf unseren gewöhnlichen Spiritus erhalten wird. Bei der Einwirkung des Jodaethyls auf Fuchsin in der Wärme entsteht zuerst ein prachtvoller violetter Farbstoff, nach seinem Entdecker Hofmanns Violett genannt. Wendet man aber einen Überschuß von Jodaethyl an, so geht das Violett in ein Grün (Jodgrün genannt) über. Dieses Grün hat die Eigenschaft, sich bei höherer Temperatur wieder in Jodaethyl und Violett zu zerlegen, eine Eigentümlichkeit, die es auch nach dem Färben beibehält. Taucht man daher ein mit Jodgrün gefärbtes Gewebe in kochendes Wasser, so wird es violett. Wegen dieser unangenehmen Eigenschaft, blieb die Verwendung des Jodgrüns natürlich eine beschränkte. Schon vor Hofmann, hatte Lauth entdeckt, daß man auch auf anderen Wege aus Anilin violette Farben erhalten könne. Indessen blieb seine Entdeckung zunächst ohne Bedeutung, da es erst sehr viel später gelang, das Lauthsche Verfahren technisch zu verwerten. Jetzt freilich werden die Anilinvioletts ausschließlich nach dem Lauthschen Prinzipe hergestellt, während das Hofmannsche Verfahren längst verlassen ist.

Fast gleichzeitig mit den Hofmannschen Entdeckungen fand ein Färber Cherpin einen Weg zur Darstellung eines grünen Farbstoffes aus Fuchsin. Während aber Hofmann zu seinen Entdeckungen auf Grund wissenschaftlicher Versuche kam, beruht Cherpins Fund auf reinem Zufall. Cherpin hatte als Färber große Mühe, das Fuchsin auf Baumwolle dauerhaft zu fixieren. In seiner Not sprach er mit einem Freunde, einem Photographen, über die Sache, der ihm riet, es einmal mit „Fixiersalz" (Antichlor, Natriumthiosulfat) zu versuchen. Gesagt, gethan. Cherpin nahm auch etwas Spritvorlauf dazu, der viel Aldehyd enthält, und siehe da, das Fuchsin wurde „fixiert", — aber es war dabei grün geworden. Indessen hat auch dieses Aldehydgrün kein langes Dasein gehabt, da es zu teuer kam. Erst 15 Jahre später gelang es, schöne dauerhafte Anilingrüne zu erzeugen.

Wie wir gesehen haben war es in den Jahren 1856—1862 bereits gelungen, vom Anilin ausgehend, rote, blaue, violette und grüne Farben zu erhalten. Auch ein Gelb wurde 1859 von Grieß entdeckt, doch war dasselbe nicht zum Färben zu gebrauchen. 1863 gesellte sich zu diesen Farben das Anilinschwarz, welches von Lightfood entdeckt wurde, und bald darauf ein Anilinbraun (Vesuvin, später und noch jetzt Bismarckbraun genannt), eine Entdeckung Grieß' und Caros. Fügen wir noch das 1868 von Perkin sen. entdeckte, schön scharlachrote Safranin hinzu, so können wir damit die erste Periode der Teerfarben abschließen. Diese Periode ist die eigentliche der „Anilin"farben, denn alle diese Farbstoffe wurden aus dem Anilin durch Einwirkung der verschiedensten Reagentien erhalten. Alle Entdeckungen waren mehr oder weniger zufällige, durch Herumprobieren gemachte, alle stammen aus England und Frankreich, wenn auch zum Teil von deutschen Chemikern.

Mit der Periode von 1869 ab trat aber ein völliger Umschwung der Dinge ein. Das klassische Land der Teerfarben wurde jetzt Deutschland: deutscher Fleiß und deutsche Gründlichkeit bauten das Gebäude auf, welches sowohl in wissenschaftlicher, als in technischer Hinsicht ein Musterbau genannt werden kann. Zum Unterschied gegen die mehr oder weniger planlosen Versuche der ersten Periode beginnt in der zweiten die planmäßige Forschung, welche von bekannten Grundlagen ausgehend, allmählich auf neuen, aber sorgfältig erkundeten Wegen dem gesteckten Ziele zustrebt, und so eine sichere Grundlage schaffte, welche bei weiteren Arbeiten stets willkommene Stützpunkte bot. In diese Periode fallen auch die ersten künstlichen Darstellungen von in der Natur fertig vorkommenden, wichtigen Farben. Gleich die erste Entdeckung der zweiten Periode gehört hierzu. Nach vielen Mühen gelang es 1869 Graebe und Liebermann, den wichtigen Farbstoff der Krappwurzel, das Alizarin, künstlich aus einem Produkte des Steinkohlenteers, dem Anthracen, darzustellen. Von welch enormer Bedeutung diese Entdeckung geworden ist, geht am besten daraus hervor, daß der Krappbau, der früher besonders in Frankreich große Länderstrecken in Anspruch nahm und eine bedeutende Einnahmequelle darstellte, jetzt zurückgegangen ist und überhaupt kaum noch lohnt. Man bemüht sich zwar in Frankreich, ihn aufrecht zu erhalten, um nicht das deutsche Alizarin kaufen zu müssen, allein was früher ein Quelle des Wohlstandes war, ist jetzt nur noch ein mit Mühe gefristeter Erwerbszweig. Dieser Fall ist zugleich das glänzendste Beispiel der Verdrängung eines Naturprodukts durch ein damit identisches Kunstprodukt.

Nächst dem Krapp hatte man besonders die künstliche Darstellung des Indigos ins Auge gefaßt. Aber obwohl es 1879 Baeyer nach jahrelangen Versuchen gelang, den Indigofarbstoff künstlich aufzubauen, und obwohl seitdem noch mehrere Verfahren zur Darstellung des Indigos entdeckt worden sind, so sind doch alle diese Wege noch zu teuer, um einen konkurrenzfähigen künstlichen Indigo zu beschaffen. Wie die Verhältnisse liegen, dürfte auch noch geraume Zeit vergehen, bis dem natürlichen Indigo das Schicksal des Krapps zu teil wird. Dagegen ist ein anderer, früher sehr geschätzter Farbstoff ebenfalls völlig verdrängt worden, nämlich die Cochenille. Zwar hat man nicht den Farbstoff der Cochenille selbst künstlich dargestellt, wohl aber andere Farben, welche an Schönheit und Echtheit dem Cochenillerot gleichkommen oder es übertreffen, dabei aber erheblich billiger sind.

Während so einerseits der Erfindungsgeist und die Industrie darauf ausgingen, einen künstlichen Ersatz für Naturprodukte zu finden, waren beide auch in der Richtung der früheren Periode thätig, indem sie immer neue Ausgangsmaterialien in die Bearbeitung zogen und den Kreis der Teerfarbstoffe nach allen Richtungen hin erweiterten. Man beschränkte sich nicht mehr auf das Anilin, man kann vielmehr sagen, daß jeder neue Körper, den man den Destillationsprodukten des Teers abgewann, auf seine Fähigkeit, Farbstoffe zu liefern, untersucht wurde. Wissenschaft und Technik arbeiteten sich in einer Weise in die Hände, wie es außer bei der Teerfarbenindustrie höchstens noch in der Industrie der optischen Gläser vorgekommen ist. Die erste glänzende Entdeckung bildeten die Eosinfarbstoffe, deren Ausgangsprodukt, das Fluoresceïn 1871 von Baeyer, deren erster Repräsentant, das Eosin selbst, 1874 von E. Fischer entdeckt wurde. Diese Farbstoffe zeichnen sich durch eine Eigentümlichkeit aus, die in gleich hohem Maße keine andere Farbengruppe besitzt, nämlich durch die Fluorescenz. Diese besteht darin, daß die Lösung des Farbstoffs im auffallenden Lichte eine andere Farbe zeigt, als im durchscheinenden. Eine Lösung von Eosin z. B. ist beim Hindurchsehen rosa bis rot; von außen betrachtet, also im auffallenden Lichte, erscheint sie grün. Ein sehr hübscher Effekt entsteht, wenn man etwas Eosin (oder Fluoresceïn) auf die Oberfläche eines mit Wasser gefüllten Glases streut; von jedem Körnchen rinnt eine grüne Schlange zu Boden, welche besonders im Sonnenscheine metallisch funkelt. Allmählich sieht das Wasser wolkig getrübt aus, beim Hindurchsehen erkennt man aber, daß es trotzdem vollkommen klar ist. Die Fähigkeit des Eosins, und noch mehr des Fluoresceïns, dem Wasser die grüne Fluorescenz zu erteilen, ist so groß, daß man den grünen Schimmer noch bei fast millionenfacher Verdünnung wahrnimmt. Man hat daher davon Gebrauch gemacht, um den Lauf unterirdisch verschwindender Flüsse zu verfolgen, indem man oberhalb der zu untersuchenden Stelle eine größere Menge Fluoresceïn im Wasser versenkte, um dann zu beobachten, wo das fluorescierend gemachte Wasser wieder zu Tage trat. Am bekanntesten ist der erste Versuch dieser Art 1877, bei welchem es sich um die Feststellung des Zusammenhangs zwischen dem Bodensee und der Donau handelte. Man versenkte zwischen Möhringen und Immendingen 10 kg Fluoresceïn in die Donau. Nach Verlauf von 60 Stunden zeigte das Wasser der Ach, eines Zuflusses des Bodensees, deutlich die grüne Fluorescenz.

Die Fluorescenz der Lösungen bewahren die Eosinfarbstoffe auch beim Färben auf der Faser, besonders auf Seide. Man kann auf diese Weise ganz wunderbare Effekte erzielen, da die Seide je nach der Beleuchtung rosa, grün und goldig schimmert. In Verbindung mit Metallen, namentlich Blei und Zinn, liefern die Eosine prachtvolle rosa Lacke, die für den Druck, für Tapeten u. dgl. ausgedehnte Anwendung finden. Auch in der Papierfärberei spielen die Eosine eine große Rolle. Die dünnen rosa Bindfaden, welche zu eleganten Verpackungen so gern verwendet werden, sind ebenfalls mit Eosin gefärbt.

Der Entdeckung der Eosingruppe folgte die einer Farbstoffklasse, welche infolge ihrer Vielseitigkeit jetzt den Hauptplatz in der Industrie der Teerfarben einnimmt, der Azofarbstoffe. Obwohl sich bei den Reaktionen, nach welchen man dieselben erhält, Verbindungen verschiedenster Abstammung einführen lassen, so sind es doch vorwiegend

Abkömmlinge eines bis dahin fast garnicht verwendeten Anteils der Teerdestillation, welche den Hauptstamm der wertvollen Azofarbstoffe liefern. Das Naphthalin war bis zur Entdeckung der Azofarbstoffe der lästigste Bestandteil des Teerdestillats, um so mehr, als es der Menge nach darin am stärksten vertreten ist. Selbst als Mottenschutzmittel war es damals noch nicht gebräuchlich. Sobald aber das Naphthalin einmal in die Farbstoffindustrie eingeführt war, wuchs sein Verbrauch von Tag zu Tag. Verschwände es heute plötzlich von der Bildfläche, so könnten dreiviertel aller Teerfarbenfabriken geschlossen werden. Die ersten Azofarbstoffe waren zwar schon lange vor 1875 entdeckt worden, es waren das früher erwähnte Anilingelb und das Bismarckbraun. Aber einerseits wußte man nicht, daß es Azofarbstoffe waren, dann aber waren sie auch auf ganz anderen Wegen erhalten worden, als auf dem für die eigentlichen Azofarbstoffe typischen. Der erste als solcher dargestellte Azofarbstoff war das Chrysoïdin, welches 1875 gleichzeitig von Witt und von Caro entdeckt wurde; es färbt ebenso, wie die zunächst nach ihm dargestellten Glieder der Gruppe, orange. Der nächste Schritt vorwärts wurde von Caro und Baum gethan, welche die ersten roten Azofarben (Echtrot, Ponceau und Bordeaux) entdeckten und in die Technik einführten.

Eine ganz neue Bedeutung erhielten die Azofarben seit der von Boettiger 1883 gemachten Erfindung des Kongorots. Dieses bildet den ersten Körper einer besonderen Gruppe unter den Azofarbstoffen, welcher die Eigentümlichkeit zukommt, Baumwolle direkt ohne jeden Zusatz, im Seifenbade zu färben. Alle billigen roten Baumwollstoffe sind heutzutage mit den Kongofarbstoffen, wie man sie wohl genannt hat, gefärbt. In neuerer Zeit ist es auch gelungen, blaue, violette, schwarze, ja selbst grüne Azofarbstoffe darzustellen, so daß man die ganze Stufenfolge des Regenbogens mit ihnen färben kann, und noch immer ist kein Ende in den Entdeckungen neuer Azofarben abzusehen, wenn auch wirklich epochemachende Neuerungen kaum noch zu erwarten sind. Gegenüber der Ausdehnung, welche die Fabrikation der Azofarbstoffe angenommen hat, treten alle später entdeckten Farbstoffklassen zurück. Indessen befinden sich darunter immerhin einige, welche große technische Bedeutung besitzen. In erster Linie gehört dazu eine Gruppe von schwefelhaltigen Farbstoffen, deren wichtigster Repräsentant das Methylenblau ist. Der erste Körper aus der Reihe der Thionine, wie man die Gruppe genannt hat (vom griechischen θειον — thion = Schwefel), wurde von Ch. Lauth dargestellt und führt nach seinem Entdecker den Namen Lauthsches Violett. Wegen seines hohen Preises hat es keine technische Anwendung gefunden. Dagegen gelang es Caro 1878 durch Übertragung der Lauthschen Reaktion auf einen durch ihn, Caro, zugänglich gemachten Körper, das Amidodimethylanilin, einen prachtvollen grünblauen Farbstoff, das Methylenblau, zu gewinnen. Zwar verursachte dessen Herstellung im Großen bedeutende Schwierigkeiten, besonders wegen der notwendigen Anwendung des Schwefelwasserstoffgases, eines sehr heftigen Giftes, dem verschiedene Menschenleben zum Opfer fielen; nach Überwindung der Hindernisse aber nahm die Fabrikation einen großen Aufschwung, der sich noch steigerte, als sieben Jahre später ein neues Fabrikationsverfahren erfunden wurde, welches nicht nur die Verwendung des Schwefelwasserstoffs umging, sondern sich auch bedeutend billiger stellte. Bis heute, also seit fast 15 Jahren, hat, ein seltener Fall in der Teerfarbenindustrie, das Methylenblau seine Stellung in der Färberei und Zeugdruckerei behauptet, ohne durch einen neuen Farbstoff verdrängt zu werden.

Ein Jahr früher als das Methylenblau wurden die grünen Anilinfarben entdeckt, und zwar gleichzeitig auf etwas verschiedenen Wegen von O. Fischer und von Döbner. Bis zur Entdeckung des Malachitgrüns, wie der erste Repräsentant der Gruppe genannt wurde, fehlte es in der Färberei vollständig an einheitlichen grünen Farben, denn das früher erwähnte Aldehydgrün kam nicht in Betracht, und die wohl auch zur Herstellung grüner Zeuge verwendeten Mineralfarben färbten nicht die Stoffe, sondern klebten nur darauf. Man war also genötigt, grüne Töne durch Mischungen von Blau und Gelb zu erzeugen. Die neuen Anilingrüne lieferten zuerst reine grüne Farben in den verschiedenen Schattierungen nach blau, wie nach gelb hin, und erleichterten dadurch die Grünfärberei bedeutend. Leider haben diese Farben neben ihrem Glanze den Fehler, schnell zu verbleichen. Sie kommen in dieser Hinsicht gleich nach den Eosinfarbstoffen, welche die glänzendsten, aber auch die vergänglichsten Vertreter der Teerfarbstoffe sind.

Von den später entdeckten Teerfarbstoffen mögen ihrer großen Wichtigkeit wegen nur noch die Alizarinfarbstoffe erwähnt werden, die sich an das schon besprochene Alizarin und Purpurin in ihren chemischen und färberischen Eigenschaften anschließen. Die Reihe derselben umfaßt gegenwärtig so ziemlich alle Farbentöne: Blau, Grün, Gelb, Orange, Braun, Schwarz. Ihrer Echtheit wegen gewinnen sie eine täglich wachsende Bedeutung; sie sind zugleich die Hauptvertreter der Beizenfarbstoffe, über die im nächsten Abschnitt gesprochen werden wird.

c) Färben und Drucken.

Die Farben, wie wir sie in den vorhergehenden Abschnitten kennen gelernt haben, sind in der Regel nicht ohne weiteres anwendbar, um Faserstoffe (Garne oder Gewebe) zu färben. Es bedarf dazu einer Vorbereitung der Faser, durch welche dieselbe einerseits von störenden Verunreinigungen befreit, andererseits mit Stoffen getränkt wird, welche die Vereinigung von Faser und Farbe ermöglichen.

Ganz allgemein müssen alle Fasern vor ihrer Verwendung gewaschen werden. An das Waschen schließt sich in den meisten Fällen das Bleichen, erst dann kommt das Färben oder Bedrucken, sowie andere Verschönerungsmittel (Appretieren). Das Verfahren, welches einzuschlagen ist, richtet sich in jedem Falle nach der späteren Verwendung der zu bearbeitenden Faser, vor allem aber nach der Art der Faser selbst. Darnach müssen wir zwei große Gruppen unterscheiden: pflanzliche und tierische Faser; bei letzteren sind dann noch zwei Hauptgruppen auseinanderzuhalten, Wolle und Seide.

Unter den Pflanzenfasern, die zum menschlichen Gebrauche dienen, steht obenan die Baumwolle. Der rohen Baumwolle, auch der versponnenen und gewebten, haften außer dem von der Arbeit herrührenden Schmutz und Schweiß noch natürlicher (brauner) Farbstoff, harzartige Körper und die Schlichte an, mit der die Baumwolle beim Spinnen und Weben getränkt wurde. Zur Entfernung dieser Stoffe, welche ein gleichmäßiges Färben unmöglich machen, wird die Baumwolle zuerst in Wasser eingeweicht. Dabei löst sich besonders die anhaftende Schlichte auf, außerdem aber wird die Baumwolle leichter durchdringbar für die folgenden Reinigungsmittel. Die Baumwolle wird gewöhnlich im fertig gewebten Stück gefärbt und bedruckt und kommt daher auch als Stück zur Reinigung. Man näht, da die Reinigung mittelst Maschinen vor sich geht, welche den Stoff über Walzen führen, die einzelnen Stücke an einander und bildet so ein Band von beträchtlicher Länge (bis zu 30 km). Vor dem Waschen wird das Gewebe häufig noch gesengt. Man läßt die Stücke schnell über rotglühende Platten laufen oder führt sie an Gasflammen vorbei (letzteres besonders bei feinen Geweben); dabei werden alle vorstehenden Fäserchen fortgesengt und eine ganz glatte Fläche erhalten, was besonders für den Druck von Wichtigkeit ist. Nach dem Sengen kommt die schon erwähnte Behandlung mit Wasser. An diese schließt sich das „Kalken" an, indem die Stücke in großen Kesseln mit Kalkwasser gekocht werden. Der Zweck des Kalkens ist die Aufschließung der im Gewebe enthaltenen Fett- und Harzsubstanzen; dieselben verbinden sich nämlich mit dem Kalk zu Seifen, die sich bei der weiteren Behandlung auflösen und so entfernt werden. Nach dem Kalken werden die Stücke wiederum mit Wasser gewaschen und dann gesäuert. Die Säure (gewöhnlich Salzsäure), die natürlich sehr stark verdünnt ist, zersetzt die durch den Kalk gebildeten Seifen, indem sie daraus die Fettsäuren abscheidet, die sich zwar nicht in Wasser lösen, aber nunmehr so fein zerteilt sind, daß sie sich bei der folgenden Operation des „Bäuchens" leicht lösen. Unter „Bäuchen" versteht man das Kochen der Stücke mit Laugen und Seifen. Als Lauge dient Natronlauge oder Soda. Gewöhnlich wird die Lauge dreimal erneuert, indem man zuerst und zuletzt reine Lauge, dazwischen aber ein Gemisch von Lauge und Seife anwendet. Durch das Bäuchen werden alle noch in der Baumwolle vorhandenen Fettstoffe, sowie der noch anhaftende natürliche Farbstoff gelöst und entfernt. Die Baumwolle ist nunmehr rein, jedoch haftet ihr noch ein gelblicher Schein an, der durch die Bleiche beseitigt werden muß. Natürlich ist es nicht möglich, die gewaltigen Massen von Stoff, die heutzutage verarbeitet werden, nach altväterischer Sitte auf dem Rasen an der Sonne zu bleichen, man muß also zu schneller wirkenden und bequemeren Mitteln greifen. Ein solches besitzen wir seit fast hundert Jahren in dem Chlorkalk. Für die Zwecke der Bleiche stellt man eine sehr dünne, klare Lösung desselben her, durch welche die Baumwollstücke hindurchgezogen werden. Man läßt sie dann einige Zeit an der Luft liegen, wodurch die in den Fasern aufgesaugte Chlorkalklösung zur Entfaltung ihrer Wirksamkeit gelangt. Um die bleichende Wirkung zu vervollständigen und um zugleich den etwa überschüssigen Chlorkalk zu zerstören, läßt man auf das „Chloren" wieder eine Säuerung folgen und wäscht dann die nun schön weißen Stücke gründlich mit Wasser, um jede Spur noch vorhandener Säuren und sonstiger Verunreinigungen zu entfernen. Soll das Zeug später weiß (ungefärbt) bleiben, so setzt man dem letzten Waschwasser etwas Blau, sowie die zur Appretur nötige Stärke u. dgl. zu, — bei Stücken, die gefärbt oder bedruckt werden sollen, ist ein solcher Zusatz natürlich überflüssig, — worauf das Zeug getrocknet wird und nunmehr zur weiteren Verwendung fertig ist.

Ähnlich wie Baumwolle werden auch die anderen Pflanzenfasern behandelt, unter denen als wichtigste noch das Leinen erwähnt sei. Die Leinenbleiche ist ungleich schwieriger als die Baumwollenbleiche, da die rohe Leinenfaser sehr fest von einem braunen harzartigen Körper, der Pektinsäure, umhüllt wird, die nur durch sehr langes und wiederholtes Waschen mit Kalk und Laugen löslich zu machen ist. Beim Leinen muß man auch heute noch die Rasenbleiche anwenden, um ein gutes Zeug zu erhalten; wollte man allein mit Chlorkalk die Weiße erzielen, so müßte man soviel von demselben nehmen, daß dabei die Leinenfaser selbst geschädigt würde. Dem entsprechend dauert auch die Leinenbleiche 5 bis 10mal so lange als die Baumwollbleiche.

Wesentlich verschieden verläuft die Wäsche und Bleiche der tierischen Fasern. Der Unterschied wird hauptsächlich dadurch bedingt, daß die tierische Faser: Wolle, Seide, Haare, Federn, von Laugen angegriffen und von starken Laugen sogar aufgelöst, außerdem aber durch Chloren zerstört werden, wie früher schon gezeigt. Aus den Waschflüssigkeiten der Wolle, besonders aus dem ersten Wasser, das den Schweiß aufgenommen hat, stellt man seit 1886 das für Wunden aller Art und als allgemeines Hautverschönerungsmittel so vorzügliche Wollfett (Lanolin) dar. Neuerdings hat man andere Methoden zum Entfetten der Wolle versucht, indem man die Wolle mit fettlösenden Flüssigkeiten [Schwefelkohlenstoff*), Benzin,

---

*) Schwefelkohlenstoff ist eine sehr flüchtige, stark lichtbrechende und sehr entzündliche Flüssigkeit, schwerer als Wasser und von durchdringendem, betäubendem Geruch. Man gewinnt sie, indem man Schwefeldampf über glühende Kohlen leitet

Fuselöl] in geschlossenen Apparaten behandelte. Besonders T. J. Mullings hat ein solches Verfahren ausgearbeitet, indem er die Wolle erst mit Schwefelkohlenstoff behandelt und dann den letzteren durch Wasser verdrängt. Die Schwierigkeit dieses Verfahrens liegt darin, daß man es mit leicht entzündlichen, flüchtigen Flüssigkeiten zu thun hat, indessen dürften die Hindernisse wohl überwunden werden. Soll die Wolle noch gebleicht werden, so wird sie in Kammern den Dämpfen brennenden Schwefels ausgesetzt, oder mit einer Auflösung solcher Dämpfe in Wasser (schwefliger Säure) behandelt. In letzter Zeit hat man auch mit gutem Erfolge Wasserstoffsuperoxyd — das bekannte Mittel zum Blondfärben der Haare — als Bleichmittel benutzt.

Ähnlich wie Wolle, wird die Seide behandelt. Da dieselbe aber gegen alkalische Flüssigkeiten (Laugen) noch viel empfindlicher ist als Wolle, so darf das Reinigen nur mit bester Olivenseife (Marseiller Seife) geschehen. Die rohe Seidenfaser ist von dem sogenannten Seidenleim umhüllt, der vollkommen entfernt werden muß, damit die Seide Glanz und Griff erhält. Diese Operation nennt man das „Entschälen“ oder „Degummieren“ der Seide. Die mit Seidenleim gesättigten Seifenwässer (die Bastseife) werden vielfach beim späteren Färben der Seide als Zusatz benutzt. Dem Degummieren folgt eine zweite Wäsche mit Seife, das „Weißkochen“, wobei die letzten Reste von Leim und natürlichem Farbstoff entfernt werden. Durch das Entleimen verliert die rohe Seide bis zu $1/3$ ihres ursprünglichen Gewichts, erhält aber dabei den Glanz und die Geschmeidigkeit, die wir an der Seide so hoch schätzen. Da der große Gewichtsverlust den Preis der Seide bedeutend verteuert, so hat man versucht, der Seide die Eigenschaft entleimter Seide zu geben, ohne ihr Gewicht so stark herabzumindern. Zu diesem Zwecke wird die Seide erst mit einem Gemisch von Salzsäure und Salpetersäure behandelt, dann geschwefelt, und schließlich in einer ganz verdünnten Weinsteinlösung gekocht. Derartige Seide bezeichnet man als Souple-Seide.

Durch die vorstehend beschriebenen Reinigungsverfahren sind nun die verschiedenen Fasern zum Färben vorbereitet. Das Färben selbst war früher eine große Kunst, da man zum Färben nicht fertige Farbstoffe zur Verfügung hatte, sondern mit Rohmaterialien arbeitete, die in ihren Eigenschaften nicht immer gleichmäßig waren. Vor allem kannte man außer dem Purpur des Altertums keine Farbe, die sich ohne weiteres von selbst auf der Faser dauerhaft niederschlug. Das Färben der Fasern besteht entweder in einer Verbindung der Fasern mit dem Farbstoffe selbst (direkte Farbstoffe), oder es beruht darauf, daß auf der Faser farbige Verbindungen (Lacke) niedergeschlagen werden (Beizenfarbstoffe).

Hat man es mit direkten Farbstoffen zu thun, so ist das Färben eine einfache Sache. Die Farbstoffe werden in Wasser (in seltenen Fällen bei der Seidenfärberei auch in Spiritus) gelöst, und der Strang oder das Gewebe in die Lösung hineingebracht, und darin bewegt (umgezogen). Meistens setzt man, um ein gleichmäßiges „Aufgehen“ der Farbe zu erzielen, dem Färbebade Säuren (Schwefelsäure, Essigsäure) oder Salze (Kochsalz, Glaubersalz) hinzu. Es giebt nämlich Farbstoffe, die von der Wolle oder Seide so begierig aufgenommen werden, daß sie sich sofort an den Teilen niederschlagen, die der Flüssigkeit zunächst sind, während die im Innern des Garnes oder Gewebes liegenden Fasern nur wenig Farbstoff abbekommen. Derartige Färbungen sind natürlich unbrauchbar. Man mildert die Wirkung eben durch Zusätze, welche die Anziehungskraft der Faser vermindern, so daß der Farbstoff nur langsam aufgenommen wird. Dieses direkte Färben ist fast ausschließlich durch die Teerfarbstoffe möglich geworden, vor der Einführung derselben war der Färber nur in wenigen Ausnahmefällen so glücklich, auf diesem einfachsten Wege sein Ziel zu erreichen. Die meisten Farbstoffe bedürfen zu ihrer Befestigung der Beizen. Wie schon erwähnt, beruht die Wirkung der Beize darauf, daß sie mit dem Farbstoff eine unlösliche Verbindung bildet, und da die chemische Natur der Farbstoffe sehr verschieden ist, so weichen auch die Beizen in ihrem chemischen Charakter stark von einander ab. Für Wolle und Seide verwendet man hauptsächlich Farbstoffe von saurem Charakter. Dieses „sauer“ ist natürlich nicht so zu verstehen, als ob der Farbstoff sauer schmeckte, sondern man versteht darunter die Eigenschaft, sich mit „Basen“ zu verbinden. Als Basen gelten vor allem die Metalloxyde, man kann daher sagen, ein saurer Farbstoff ist ein solcher, der sich mit Metalloxyden zu meist unlöslichen Verbindungen vereinigt. Die Beizen für saure Farbstoffe bestehen daher auch aus löslichen Verbindungen (Salzen) der verschiedenen Metalle (Eisen, Aluminium, Blei, Kupfer, Nickel, Zink u. s. w.) Besonders die Wollfasser hat nun die Eigentümlichkeit, solche löslichen Metallsalze zu zerlegen, indem sich das Metalloxyd, die Base, auf der Faser niederschlägt, während die Säure im Wasser gelöst bleibt. Bringt man die mit der Base beladene Wolle in die Lösung eines sauren Farbstoffs, so tritt zwischen dem Farbstoff und der Base eine Verbindung ein, und da dieselbe in der Faser in feinster Verteilung vor sich geht, so erscheint nachher die Faser gefärbt. Als Gegensatz zu den sauren Farbstoffen giebt es nun aber auch basische Farbstoffe. Um diese auf die Faser niederzuschlagen (zu „fixieren“), bedarf man natürlich einer sauren Beize, und als solche dient allgemein die Gerbsäure. Letzteres Verfahren wird ausschließlich für die Baumwollfärberei verwendet, während das oben geschilderte für tierische und pflanzliche Faserstoffe in Gebrauch ist. Mit dem Färben unter Zuhülfenahme einer Beize läßt sich das öfters angewandte Erzeugen von Mineralfarben auf dem Zeuge selbst vergleichen. Man beizt z. B. Baumwolle mit einem Eisensalze, und färbt sie dann gewissermaßen in Blutlaugensalz aus; dabei bildet sich das an sich unlösliche Berliner Blau auf der Faser und haftet infolge dessen so fest wie ein Farbstoff.

Ähnlich kann man Chromgelb und andere Farben auf dem Stoffe befestigen, indem man sie innerhalb des Gewebes entstehen läßt.

Außer durch Färben stellt man farbige Gewebe nun auch auf einem andern Wege, der sich mehr dem Bemalen an die Seite stellt, nämlich durch Bedrucken mit Farben, her. Das Bedrucken von Geweben findet mittels Platten oder Walzen in derselben Weise statt, wie der Buchdruck, nur wendet man natürlich andere Farbenmischungen an. Während für den Papierdruck Firnisfarben dienen, wird für den Zeugdruck die Farbmasse mit Eiweiß, Mehl, Stärke, Gummi und ähnlichen Klebemitteln angerieben. Bei der einfachsten Art des Zeugdrucks begnügt man sich damit, die aufgedruckte Farbe einfach trocknen zu lassen. In der Regel werden die bedruckten Gewebe dem „Dämpfen" unterworfen, dessen Hauptzweck es ist, die aufgedruckte Farbmasse unlöslich und somit dauerhaft zu machen. Das Dämpfen besteht darin, daß man das Zeug in geschlossenen Kesseln aufhängt, durch die man dann gespannten Dampf streichen läßt. Man muß vor allen Dingen darauf achten, daß sich auf dem bedruckten Stoffe kein Wasser verdichtet, da sonst die Farbe auslaufen und schmieren würde, eben deshalb wendet man Dampf von höherer Temperatur als 100° C. an.

V. Ernährung.

1. Die künstlichen Düngestoffe und die Chemie des Bodens in Bezug auf die Pflanzenernährung.

Wenn als unbestritten angenommen werden darf, daß es eine der vornehmsten Aufgaben eines jeden Landes ist, seine Einwohner zu ernähren, so ist damit gleichzeitig die hohe Bedeutung der Landwirtschaft gekennzeichnet. Früher, als der wenig ausgenützte Boden noch eine große Ansammlung der sog. „alten Kraft" besaß, war die Lösung dieser Aufgabe einfacher, heute ist sie durch Jahrhunderte lang fortgesetzte Entziehung einzelner Bodenbestandteile — ohne, daß man gleichzeitig für genügenden Ersatz derselben sorgte — so schwierig geworden, daß sie nur durch eine ganz intensive Kultur gelöst werden kann. Diese setzt wiederum einen sehr intelligenten Landwirt voraus, der sowohl versteht den neuesten Forschungen der Wissenschaft zu folgen, als auch dieselben in der Praxis zu verwerten, bez. diese wissenschaftlichen Forschungen durch praktische Feld- und Vegetationsversuche zu unterstützen.

In den ersten Jahrzehnten dieses Jahrhunderts war es, wo die stetig abnehmenden Erträge des Bodens sich endlich in so einschneidender Weise bemerkbar machten, daß die Aufmerksamkeit der Wissenschaft darauf hingelenkt wurde, und kein geringerer, als der berühmte Chemiker Justus v. Liebig bahnbrechend vorging, um Abhilfe zu schaffen; heute sehen wir ein gewaltiges Heer von bedeutenden Forschern und intelligenten Landwirten die damals betretene Bahn weiter verfolgen. Fast so alt die Landwirtschaft ist, so lange wußte man, daß der Boden mehr Nährstoffe für die Pflanze bedarf, als er an und für sich hat, um bei dem kontinuierlichen Ausbrauch durch die Ernten gleichmäßig hohe Ernteerträge zu liefern; man begnügte sich aber damit, dem Acker den produzierten Dung wiederzugeben, und glaubte nun neben mehr oder weniger genügender mechanischer Bearbeitung des Bodens seine Pflicht gethan zu haben. Das war ein folgenschwerer Irrtum, der, durch Jahrhunderte fortgesetzt, sich schließlich bitter rächte! Der Enkel glaubte vor einem unerklärlichen Wunder zu stehen und beschwerte sich in lauten Klagen, daß sein Acker, den er doch genau so behandelte wie sein Großvater und alle Vorfahren desselben, ihm nicht mehr dieselben reichen Ernteerträge wie einst diesen liefern wollte. Liebig erklärte dieses scheinbare Wunder als eine ganz natürliche Folge der bisher betriebenen Wirtschaft, bei der man dem Acker stets vieles entzogen, und nur weniges wiedergegeben hatte, denn um die Stoffe aller Produkte, die der Landwirt nicht selbst verwandte, sondern verkaufte, wie z. B. Futter, Korn, Handelsgewächse, Fleisch ꝛc. war der Boden stets ärmer geworden. Er rief warnend hinaus, daß sich der Landwirt darüber klar werden müßte, daß er mit jedem Scheffel Roggen ein Stück seines Gutes verkaufe, nannte die bisher betriebene Wirtschaft sehr bezeichnend „Raubbau“ und riet dringend den Verlust durch käufliche Düngemittel — solche stehen zahlreich in verschiedenen Formen zur Verfügung — zu ersetzen. Damals wurden seine Ansichten nicht nur von den Landwirten selbst, sondern sogar von einem Teile der Lehrer an landwirtschaftlichen Schulen bekämpft; heute ist das anders und beweisen höchste Ernteerträge — also großer Gewinn der intelligenten Landwirte — selbst auf minderwertigem Boden die Richtigkeit des Satzes: „Wer die Natur erkennt, dem muß sie dienen!“

Auch in nicht genügender mechanischer Bearbeitung des Bodens — Pflügen, Eggen ꝛc. — kann viel gesündigt werden, denn diese soll den Boden locker machen und dadurch das Eindringen der atmosphärischen Luft ermöglichen, welche durch ihren Gehalt an Kohlensäure die Thätigkeit des Bodens und somit die so wichtige Humusbildung veranlaßt, bez. erhöht. Aber selbst die beste mechanische Bearbeitung des Bodens ersetzt die Zufuhr der chemischen Stoffe nicht, sondern verlangt dieselben im Gegenteil in höherem Maße, denn sie erzeugt höhere Ernteerträge und entzieht somit dem Boden auch die hierzu nötigen größeren Mengen seiner Nährstoffe, welche eben wiederum durch Zufuhr ersetzt werden müssen.

a) Entstehung des Bodens.

Wichtig ist es nun, den Boden erst einmal an und für sich zu betrachten, sowohl die Art, wie er entsteht, als auch seine Zusammensetzung, welche letztere selbstverständlich von der Gesteinsart abhängen wird, aus welcher der Boden entstanden ist. Der gesamte, mehr oder weniger fruchtbare Ackerboden ist aus nackten, unfruchtbaren Felsen entstanden und zwar haben hierbei sowohl physikalische, als auch chemische Kräfte mitgewirkt, deren gemeinsame Arbeit wir „Verwitterung“ nennen. Es ist eine rein mechanische Kraft, welche den ersten Angriff mit Hilfe des Wassers auf den Felsen ausübt, indem letzteres irgend einen kleinen Riß desselben ausfüllt, beim Sinken der Temperatur zu Eis gefriert, dabei bekanntlich ein größeres Volumen einnimmt und so den Riß erweitert. In langsamer, aber steter Arbeit vergrößert sich dieser Riß von Jahr zu Jahr und reißt nicht nur endlich ein häufig gewaltig großes Stück vom Felsen los, sondern zerlegt dieses auf dem eben beschriebenen Wege wiederum in kleinere Teile, bis es endlich ganz gepulvert ist. Während des ganzen Ganges dieser Arbeit haben aber zwei wichtige chemische Kräfte mitgewirkt und zwar eine auflösende und eine oxydierende, dadurch das Resultat nicht nur beschleunigt, sondern speziell zur Vollkommenheit desselben beigetragen, indem gerade ihnen die Feinheit des Bodens im wesentlichen zu verdanken ist. Die im Wasser enthaltene Kohlensäure hat gewisse Bestandteile der Gesteinsart aufgelöst und der in der atmosphärischen Luft enthaltene Sauerstoff hat andere oxydiert, wodurch der Verwitterungsprozeß sehr gefördert wurde. Diesen drei vereinten Kräften kann selbst der festeste Granitblock nicht widerstehen und zerbröckelt schließlich zu einem feinen Pulver von Thon und Sand; die jahrtausendlange Arbeit dieser Kräfte haben uns die großen Flächen Ackerboden geliefert und arbeiten täglich fort und fort an ihrer Aufgabe. Je nach der Gesteinsart des betreffenden Felsens entstehen nun die verschiedenen Bodenarten, so wird z. B. aus dem Sandstein ein schwerer Sandboden, aus dem Keuper ein milder thoniger Boden, aus dem Granit oder Basalt ein sandiger Thonboden gebildet zc. Bleibt dieser Boden an seinem Entstehungsorte liegen, so wird er „Verwitterungsboden“ genannt, während wir ihn „angeschwemmten Boden“ nennen, wenn er durch die Bewegung des Wassers von seinem Entstehungsorte fortgespült und wo anders angeschwemmt wurde. Letzterer ist gewöhnlich fruchtbarer, weil er auf dem Wege zu seinem Ablagerungsorte sich mit anderen Bodenarten vermischt und so eine reichere Zusammensetzung in Bezug auf die den Pflanzen notwendigen Nährstoffe erhält.

Aber nicht nur die anorganischen Bestandteile des Bodens sind wichtig für die Fruchtbarkeit desselben, sondern auch einige organische, welche wir „Humus“ nennen, wenn man auch die ältere Ansicht, daß Humus eine unbedingte Notwendigkeit für die Fruchtbarkeit ist, längst und mit Recht aufgegeben hat, denn zahlreiche Versuche und die kräftige Entwickelung von Bäumen und Sträuchern auf nackten Felsen haben längst das Gegenteil bewiesen. „Humus“ nennen wir die Gesamtmenge der organischen und somit verbrennlichen Substanz des Bodens, welche aus Kohlenstoff, Wasserstoff, Sauerstoff und Stickstoff besteht und als Zersetzungsprodukt zahlreicher, verschiedenartiger, abgestorbener Organismen im Boden entstanden ist. Humus ist somit ein Produkt der Vegetation, und kann seine Bildung — diese erhöht die Fruchtbarkeit des Bodens wesentlich — durch den Anbau gewisser Pflanzen leicht gefördert werden.

Die Fruchtbarkeit eines Bodens ist — bei noch zu betrachtenden physikalischen Eigenschaften desselben — bedingt durch die in ihm enthaltenen Nährstoffe für Pflanzen und wird um so größer sein, je mehr dieselben in genügender Menge und Löslichkeit, wie auch in einem richtigen Verhältnis zu einander vorhanden sind. Sehr bald werden wir nämlich sehen, daß die Pflanze nur im stande ist lösliche Nährstoffe aufzunehmen, und ferner, daß für die Menge der Aufnahme derjenige entscheidend ist, der in geringster Menge geboten wird. Nur diesem entsprechend nimmt die Pflanze die Menge der anderen Nährstoffe auf, und selbst wenn letztere in übermäßig großer Menge vorhanden sind, bleiben sie dennoch unberücksichtigt. Die Pflanze kränkelt und entwickelt sich nur kümmerlich, wenn ihr auch nur einer der wesentlichen Nährstoffe fehlt oder in nicht genügender Menge gegeben wird.

Von den physikalischen Eigenschaften des Bodens — im wesentlichen bedingt durch seinen Gehalt an Thon, Sand, Kalk und Humus — kommen besonders folgende in Betracht:

1. Die Absorptionsfähigkeit,
2. die wasserfassende Kraft,
3. die Farbe des Bodens und endlich
4. die Konsistenz des Bodens und des Untergrundes.

Die Absorptionsfähigkeit des Bodens ist abhängig von seinem Gehalt an lehmigen und humusartigen Substanzen und ist eine außerordentlich wichtige Eigenschaft desselben. Filtriert man eine gelbe, übelriechende Jauche durch eine Schicht Ackererde von gewisser Dicke, so fließt diese Flüssigkeit fast rein und farblos ab, da die Ackererde ihr alles entzogen hat, was für die Ernährung der Pflanzen zu verwerten ist. Hierdurch werden alle für die Pflanze geeigneten Nährsubstanzen zusammengehalten und es wird verhindert, daß sie durch Regen 2c. ausgewaschen werden, oder in die Tiefe versickern, bevor die Pflanze Gelegenheit hatte sie aufzunehmen. Bei zu großer Trockenheit verhindert aber dieselbe Eigenschaft die Bildung von konzentrierten Nährsalzen, welche den jungen, zarten Teilen der Pflanze außerordentlich schädlich sind, und sehr bezeichnend hat Emil Wolff die Absorptionsfähigkeit „Polizei im Boden“ genannt. Aber auch Gase saugt der Boden — wie alle feinpulverisierten Substanzen — auf, was sehr wichtig für die Aufnahme von Kohlensäure und Sauerstoff aus der atmosphärischen Luft ist, weil die Kohlensäure nicht nur ein direkter Nährstoff für die Pflanzen ist, sondern beide auch die weitere Zersetzung des Bodens in außerordentlich hohem Maße befördern.

Die wasserfassende Kraft des Bodens beruht auf Kapillarwirkung und ermöglicht denselben, Flüssigkeiten aus dem Untergrunde, welche der Pflanzenwurzel unerreichbar sind und somit verloren gehen würden, in die Höhe zu saugen. Es ist dies eine sehr wohlthätige Wirkung, besonders wenn bei anhaltender Trockenheit die obere Schicht des Bodens, in welcher die Pflanze wurzelt, bereits trocken geworden ist, während der Untergrund noch Feuchtigkeit enthält. Allerdings kann — wenn auch in seltenen Fällen — diese Eigenschaft schädlich wirken, nämlich dort, wo den Pflanzen schädliche Flüssigkeiten in den Untergrund versickert sind, was zuweilen in der Umgebung mancher chemischen Fabriken, welche größere Mengen gewisser Lösungen fortlaufen lassen müssen, wohl vorkommen kann.

Die Farbe des Bodens kommt insofern in Betracht, als ein dunkler Boden sich viel leichter erwärmt, als ein heller und die aufgenommene Wärme auch viel länger behält. Ferner ist die dunkle Farbe gewöhnlich ein Zeichen eines größeren Gehaltes an Humus, welcher — wie bereits vorher gesagt — durch fortwährende Zersetzung Kohlensäure entwickelt, und diese ist nicht nur an und für sich ein wichtiger Nährstoff, sondern auch ein vorzügliches Lösungsmittel für andere Nährstoffe. —

Die Konsistenz des Bodens und des Untergrundes schließlich ist sowohl für die Ausbreitung der Wurzeln, als auch für die Regulierung des Wassergehaltes wichtig. Ist der Boden zu locker, so läßt er zu viel Wasser durch, ein leichter Boden wird um so schneller trocken, ja schließlich sogar dürr werden; ist er dagegen zu fest, so werden die Wurzeln bei ihrer Ausbreitung Widerstände zu überwinden haben, denen sie nicht immer gewachsen sind und ein zu dichter Untergrund kann das Abfließen des Wassers derartig hindern, daß schließlich eine Versumpfung eintritt. Er ist die wesentliche Veranlassung zur Bildung weiter Moorstrecken, welche lange Zeit unfruchtbar lagen und erst neuerdings besonders nach der Methode von Rimpau-Cunrau kultiviert werden.

Die chemischen Mängel des Bodens können durch Zufuhr von künstlichen Düngemitteln, die physikalischen durch Meliorations-Methoden verbessert werden. Die wichtigsten der letzteren wollen wir hier kurz erwähnen, um uns dann eingehender mit den ersteren, wie mit der Ernährung der Kulturpflanzen überhaupt zu beschäftigen.

Eine der am häufigsten angewendeten Meliorations-Methoden ist die Bodenmischung. Diese wird überall dort angewendet, wo dem Boden gewisse Bestandteile ganz oder teilweise fehlen und ist auf sehr verschiedenen Wegen zu erzielen. Durch Tiefpflügen mit dem eigens hierzu konstruierten Untergrundpflug mischt man den Untergrund mit den oberen Schichten und erreicht das noch vollkommener durch sog. Rajolen, d. h. die Erde in einen tiefen und breiten Graben auswerfen, denselben mit Erde des benachbarten Teiles so füllen, daß der unterste Teil derselben obenauf zu liegen kommt, u. s. f., bis das ganze Feld auf diese Art umgestochen ist. Häufig wird auch guter Boden von anderen Orten zum Mischen herbeigeschafft und ebenso in gewissen Fällen Kalk oder Mergel. Der Kalk hat dann eine sehr wichtige Rolle, denn er ist sowohl direkt Nährstoff, als er auch auflösend auf viele Mineralien wirkt und schließlich die saure Beschaffenheit des Bodens neutralisiert. Hierbei muß auch erwähnt werden, daß jede mechanische Bearbeitung des Bodens, wie alle Arten des Pflügens, Eggens 2c. zu den Meliorations-Methoden zu zählen sind, und nimmt man hierbei häufig auch direkt Naturkräfte zu Hilfe, wie z. B. beim Pflügen im Spätherbst, um den so aufgeworfenen Acker im Winter ausfrieren zu lassen und dadurch die Bodenthätigkeit zu erhöhen.

Bei sehr schwerem Lehmboden, welcher der Bearbeitung großen Widerstand entgegensetzt und daher eine große Kraftaufwendung beansprucht, wird das Brennen, d. h. ein teilweises Ausglühen des Bodens angewendet, wodurch er wesentlich gelockert und seine Kieselsäureverbindungen zersetzt werden.

Hervorragend wichtig unter den Meliorationsmethoden sind diejenigen, welche die Wasserregulierung veranlassen sollen. Wasser ist nicht nur selbst, besonders infolge seines Gehaltes an verschiedenen Mineralien, welche es aufgelöst hat, ein wertvoller Nährstoff für die Pflanze, sondern ist gleichzeitig eine Hauptbedingung für die Aufnahme aller übrigen Nährstoffe, da diese nur in flüssigem Zustande aufgenommen werden können, wie wir später noch eingehender beobachten werden. Zu trockene Ländereien werden daher berieselt, d. h. durch vorhandene oder herzustellende Wasserläufe je nach Bedürfnis überschwemmt. Aber auch zuviel Wasser, besonders im Untergrunde, ist nicht wünschenswert und führt sehr bald zu Versumpfungen bezw. Moorbildungen, welche nur durch eine künstliche Ableitung des Wassers für die Kultur zurückgewonnen werden können. Es geschieht dies durch Drainieren, d. h. Einlegen von Thonröhren, Reisigbündeln 2c., welche dem Wasser des Untergrundes einen bequemen Abfluß gestatten und sein Anstauen verhindern. Früher befürchtete man, daß gleichzeitig mit dem durch den Acker gesickerten Drainwasser auch die wertvollen Nährstoffe fortgewaschen würden, welche im Dünger dem Boden zugeführt werden. Diese Ansicht konnte sich aber nur so lange halten, als man die wichtige Eigenschaft des Bodens — seine Absorptionsfähigkeit — nicht genügend kannte. Neuere Forschungen haben ergeben, daß ein Verlust bei den meisten Nährstoffen durch das Drainwasser nicht eintritt, weil dasselbe, bis es durch den Ackerboden filtrierend in den Untergrund gelangt ist, alle Nährstoffe, die es enthält, bereits unterwegs abgegeben hat. Es ist allerdings nicht zu verkennen, daß das nicht für alle Nährstoffe zutrifft, sondern gewisse derselben, und zwar recht wichtige, neigen dazu, bei zu langem Verweilen im Boden — aber auch nur dann — sich mit fortwaschen zu lassen. Diese sind aber genügend bekannt und der Verlust wird vollständig und sicher vermieden, wenn sie nicht schon im Herbst, sondern erst im Frühjahr kurz vor der Einsaat dem Boden zugeführt werden.

b) Bestandteile und Nahrungsmittel der Pflanze.

Die rapide allgemeine Entwickelung unserer Gesamtverhältnisse ist an der Landwirtschaft nichts weniger als spurlos vorübergegangen, sie hat dieselbe im Gegenteil kräftig mit sich fortgerissen und zwingt sie zu einer rationellen und intensiven Kultur, wenn sie ihre Aufgabe lösen will, d. h. im allgemeinen das Land fähig machen, seine Einwohner zu ernähren und im speziellen ein Gut für den Besitzer rentabel zu machen. Die Frage, ob dies überhaupt möglich sei, ist mit „ja“ zu beantworten, denn die Wissenschaft hat in zahlreichen, mühseligen und vorzüglichen Forschungen den Weg hierzu sicher und scharf gekennzeichnet; schlimmer sieht es aber mit der Beantwortung der Frage aus, ob diese wissenschaftlichen Errungenschaften auch überall in die Praxis übertragen werden. Wenn auch heute nicht mehr verkannt werden darf, daß ein großer Teil intelligenter Landwirte diese Forschungen zum allgemeinen, wie zu ihrem eigenen Vorteil verwertet und ihre Zahl stetig zunimmt, so ist doch immer noch der überwiegend große Teil derselben im alten Schlendrian begriffen, und große Strecken unseres Vaterlandes, deren intensivere Kultur eine Einfuhr vom Auslande ganz unnötig machen würde — wie wir am Schlusse dieses Abschnittes nachweisen werden — bringen heute noch nicht annähernd den Ertrag, den sie produzieren könnten.

Die Landwirtschaft hat die Aufgabe, aus anorganischen Substanzen organische zu machen, denn erstere im Boden enthalten bilden Pflanzen und durch Verfütterung derselben Fleisch, deren Abfall und Verwesungsprodukte dem Boden zurückgegeben den Kreislauf von neuem beginnen, ohne daß etwas in der Natur verloren gehen kann. Aber die einem bestimmten Orte entnommenen Stoffe werden nur zum Teil ebendemselben wiedergegeben, denn alle Produkte, die der Landwirt verkauft, kommen nicht leicht wieder in denselben Acker und da sie zum größten Teil von den Städtern konsumiert werden, welche in erster Linie die sanitäre Frage und erst in zweiter die rationelle Verwertung der Fäkalien berücksichtigen müssen, so geht ein großer Teil derselben für die Landwirtschaft ganz verloren. Welche sind das nun aber und in welcher Menge geschieht das? Um diese Frage beantworten zu können, müssen wir uns einmal die Bestandteile und Nahrungsmittel der Pflanze etwas näher betrachten. Hierbei werden wir gleichzeitig erkennen, welche Nährstoffe der Pflanze überhaupt, also auch aus anderen Gründen dem Boden außer den natürlichen Abfällen, wie dem Stallmist 2c. zuzuführen sind, z. B. aus dem am häufigsten eintretenden Grunde, daß der Boden von diesem oder jenem Nährstoffe niemals eine genügende Menge besessen hat, bez. an welchem er mit der Zeit durch die vor Liebig allgemein üblich gewesene Wirtschaft erschöpft wurde.

Die Pflanze besteht aus organischen und anorganischen Substanzen, die wir durch Verbrennen leicht von einander trennen können, wobei sich erstere zersetzen und verflüchtigen, während die letzteren in der Asche zurückbleiben. So mannigfaltig und kompliziert zusammengesetzt die organischen Bestandteile auch sind, so bestehen sie doch nur aus vier Elementen, nämlich aus Kohlenstoff, Wasserstoff, Sauerstoff und Stickstoff, während die Bestandteile der Asche, also die anorganischen viel zahlreicher sind

Als die wichtigsten sind hier zu nennen Phosphorsäure, Kali und Kalk, ferner Magnesia, Natron, Eisenoxyd, Thonerde, Kieselsäure, Schwefelsäure, Chlor ꝛc., wobei selbstverständlich die Säuren niemals frei vorkommen, sondern stets an Basen gebunden sind, wie z. B. an Calcium, Kalium, Natrium ꝛc. Alle diese Stoffe muß die Pflanze Gelegenheit haben aufzunehmen und zwar in dem jeder Gattung eigentümlichen richtigen Verhältnisse, wobei das bloße Vorhandensein dieser Stoffe nicht genügt, sondern noch manches andere zu berücksichtigen ist. So ist z. B. die Pflanze nur im stande flüssige Nahrung aufzunehmen, woraus sich ergiebt, daß die vorhandenen Nahrungsstoffe nur dann einen Wert haben, wenn sie löslich sind und Feuchtigkeit genug im Boden vorhanden ist, um sie zu lösen. Ferner wirken alle konzentrierten Nährstoffe direkt schädlich, also ist gehörige Verdünnung geboten, und muß die direkte Berührung mit den jungen, zarten Pflanzenteilchen vermieden werden. Dieser Umstand wurde z. B. bei Einführung der käuflichen künstlichen Düngestoffe häufig nicht genügend beachtet, wobei die naturgemäß dadurch entstehenden Mißerfolge diese neuen Düngemittel sehr diskreditierten, und doch ganz mit Unrecht, denn der Landwirt wußte ja von jeher, daß es sich selbst mit dem Stallmist und der Jauche ganz genau so verhält und nannte das Feld, das mit zu konzentrierter Jauche gedüngt war, „verbrannt“.

Von der Nahrungsaufnahme der Menschen und Tiere unterscheidet sich diejenige der Pflanzen sehr wesentlich. Während erstere organische und anorganische Stoffe aufnehmen, nehmen die Pflanzen nur anorganische Stoffe auf, ferner diese — wie bereits erwähnt — nur gelöst oder als Gase, und schließlich sind die Pflanzen nicht im stande, sich ihre Nahrung an beliebigen Orten zu suchen, sondern können dieselbe nur dann aufnehmen, wenn sie von den Wurzeln oder anderen für diesen Zweck bestimmten Organen erreichbar ist.

Eine ganz unerschöpfliche Quelle für einen sehr wichtigen Bestandteil der Pflanze, nämlich für den Kohlenstoff, liefert die atmosphärische Luft. Diese ist ein Gemenge verschiedener Gase und besteht dem Volumen nach aus ca. 79,1 % Stickstoff, 20,9 % Sauerstoff und 0,04 % Kohlensäure, ferner aus wechselnden Mengen Wasserdampf und Spuren von kohlensaurem Ammoniak und Schwefelammonium, welche sich bei der Zersetzung organischer Körper bilden, und daher hauptsächlich dort zu finden sind, wo solche Zersetzungen vor sich gehen, wie schließlich auch Spuren von salpetersaurem und salpetrigsaurem Ammoniak, gebildet durch elektrische Vorgänge in der Atmosphäre. Diese Stickstoff-Verbindungen werden durch die Niederschläge im Boden gewaschen und hier von der Pflanze aufgenommen. Ist auch die Menge dieser Stoffe scheinbar gering, so wird sie doch zu einer nicht unbeträchtlichen, wenn man das gewaltige Volumen der ganzen Atmosphäre berücksichtigt und dabei besonders in Betracht zieht, daß jene Stickstoff-Verbindungen kontinuierlich erzeugt werden.

Die drei Hauptbestandteile der atmosphärischen Luft, Sauerstoff, Stickstoff und Kohlensäure haben für die Ernährung der Pflanze eine sehr verschiedene Bedeutung, und zwar der in so großer Menge vorhandene Sauerstoff, der für die Respiration von Menschen und Tieren von so ungeheurer Wichtigkeit ist, die allergeringste. Er wird zwar beim Keimen der Samenkörner und während der Blütezeit und des Ausreifens der Früchte, hauptsächlich in der Nacht, wo die Aufnahme anderer Nährstoffe fast ganz aufgehört hat, eingeatmet und auch bei dem Wachstum der Wurzeln spielt er eine gewisse Rolle, aber ein eigentlicher Nährstoff ist er nicht, denn er veranlaßt keine Gewichtszunahme, sondern wird im Gegenteil — wie wir bei der Kohlensäure sehen werden — unter dem Einflusse des Lichtes von der Pflanze erzeugt und ausgeschieden. Auch der Stickstoff, der dem Boden in Gestalt sehr teurer Düngemittel zugeführt werden muß, hatte — wie man bisher annahm — als freier Stickstoff der Atmosphäre für die Pflanzen keine Bedeutung, und erst allerneueste Forschungen, die wir später genauer behandeln werden, haben ergeben, daß er in der That für gewisse Pflanzen unter geeigneten Umständen von sehr großer Bedeutung werden kann, und hat man diese Pflanzen „stickstoffsammelnde" genannt, im Gegensatz zu den übrigen, den „stickstoffzehrenden" Pflanzen. Die Kohlensäure hingegen ist von überaus großer Wichtigkeit für die Pflanzenernährung, denn sie ist der einzige Kohlenstofflieferant derselben und dazu reicht die in der Atmosphäre enthaltene Menge aus, so gering sie auch dem Prozentsatze nach ist, denn jener kleine Bruchteil beträgt vom Gesamtgewicht der Atmosphäre 3150 Billionen Kilogramm und das entspricht 860 Billionen Kilogramm Kohlenstoff. Auch wird ihre Menge trotz der kontinuierlichen Verarbeitung durch die Pflanzen nicht geringer, denn das absorbierte Quantum wird stets wieder durch Respiration, Verbrennung, Verwesungs- und Fäulnisprozesse ergänzt, wobei die im Humus sich bildende Kohlensäure nicht nur den Gehalt der atmosphärischen Luft vermehrt, sondern auch gleichzeitig noch eine sehr wichtige Aufgabe löst, indem sie auf andere im Boden enthaltene Nährstoffe lösend wirkt. Mittels der Blätter nimmt die Pflanze die Kohlensäure auf, verarbeitet sie unter dem Einfluße von Licht und Wärme durch einen eigentümlichen Stoff, das Blattgrün, das der Chemiker „Chlorophyll" nennt, zu Kohlenstoff, dem wichtigen Bestandteil für den Aufbau der Pflanzen und giebt den freigewordenen Sauerstoff der Atmosphäre zurück, als Lebensbedingung für die Atmung der Menschen und Tiere, welche denselben während der Atmung mit Hülfe des ihnen von den Pflanzen in den Nahrungsmitteln gelieferten Kohlenstoffes zu Kohlensäure verbrennen, und diese ausatmend wiederum den Pflanzen überliefern und so im ewigen Kreislauf sich gegenseitig unterhalten.

Das Wasser als Nährmittel der Pflanze.

Von überaus großer Bedeutung für die Ernährung der Pflanzen ist das Wasser, und fallen ihm besonders vier wesentliche Aufgaben zu. Es dient als Vegetationswasser, indem es unverändert durch die Pflanze hindurchgeht, zur direkten Ernährung infolge seines Wasserstoff-Gehaltes, als Vermittler zur Aufnahme aller übrigen Nährstoffe und schließlich zur Kühlung der Pflanzen bei großen Hitzen. Als Vegetationswasser wird die Feuchtigkeit des Bodens von den Wurzeln aufgesaugt, durch die Pflanze hindurch nach oben geführt und verdunstet, aus den Blättern, wie aus allen saftig grünen Teilen austretend. Nur so lange dies geschieht, ist die Pflanze lebensfähig, und sie welkt, sobald diese Thätigkeit aufhört, sei es aus Wassermangel im Boden, sei es, daß sie zur Zeit der Reife nachläßt. 80—96 % der Pflanze bestehen während ihres Wachstums aus Wasser und ungeheure Mengen desselben gehen als Vegetationswasser durch die Pflanze hindurch. Nach Wolff*) werden auf diese Weise bei den Halmfrüchten 0,5—1,5 Millionen kg Wasser pro Morgen während der Vegetationszeit verdunstet und bei den blattreichen, hochwachsenden Pflanzen, wie Obstbäumen, Hopfen rc. sogar 1,5—2 Millionen kg. Das ist ein größeres Quantum als durchschnittlich während der Vegetationszeit, d. h. während 5 bis 7 Monaten an Niederschlägen fällt, somit muß das während des Winters gefallene und im Boden angesammelte Wasser zur Ernährung mitwirken, was wiederum eine lockere Beschaffenheit des Bodens und seine möglichst tiefe Bearbeitung voraussetzt.

Als Vermittler für andere Nährstoffe ist das Wasser so wichtig, daß jene ohne dieses überhaupt nicht zur Geltung kämen, wie sie auch unwirksam bleiben, wenn sie nicht löslich sind, oder es mit der Zeit werden. Nur auf dem vorher beschriebenen Wege des Vegetationswassers können sie das Innere der Pflanze erreichen, und das geschieht bis zu einem gewissen Maximum in demselben Maße, als das Vegetationswasser zur Verfügung steht. Unter gewissen Verhältnissen kann man das auch äußerlich der Pflanze ansehen, nämlich, wenn nach großer Dürre plötzlich starker und kurzer Regen eintritt, um wiederum einer großen Hitze zu weichen. Dann werden von der Pflanze plötzlich so große Wassermengen aufgenommen und nach dem Wege durch die Pflanze von den saftig grünen Teilen derselben verdunstet, daß die Menge der darin gelösten Nährstoffe zu groß ist, um von der Pflanze in der so kurzen Zeit aufgenommen und verarbeitet zu werden. Ein Teil der Nährstoffe tritt dann mit dem zu verdunstenden Wasser aus, und da er nicht verdunsten kann, so lagert er sich auf der Verdunstungsstelle, d. h. also auf den Blättern rc. als feiner weißer Niederschlag ab.

*) Emil Wolff; Praktische Düngerlehre. Verlag von Paul Parey, Berlin.

An und für sich aber enthält das Wasser, besonders das Fluß- Quell- und Trinkwasser zahlreiche den Pflanzen dienliche Stoffe in sehr wechselnder Menge aufgelöst und kann infolge des Gehaltes daran als direktes Düngemittel betrachtet werden. Hierbei entscheidet über seinen Wert nicht die Menge der gelösten Pflanzennährstoffe überhaupt, sondern speziell der Gehalt an solchen, welche gewöhnlich im Boden fehlen, wie z. B. Kali, Phosphorsäure 2c., während andererseits der gewöhnlich sehr große Gehalt an Kalk und Eisen weniger in Betracht kommt, trotzdem auch diese unerläßliche Nährstoffe sind und zwar, weil der Boden an diesen Stoffen häufig schon an und für sich einen Überschuß hat. Für die Brauchbarkeit des Wasser in dieser Beziehung geben die an den Ufern der Bäche, Flüsse und Teiche wild wachsenden Pflanzen häufig einen sicheren Anhalt; wachsen dort z. B. Süßgräser und allerlei Blattpflanzen sehr üppig, oder finden sich Seerosen und Schwimmkraut auf der Oberfläche des Wassers, so kann es als sehr fruchtbar betrachtet werden. Endlich ist die Thätigkeit des Vegetationswassers zur Kühlung der Pflanze zu erwähnen. Je höher die Temperatur in den Sommermonaten steigt, desto größer ist auch die verdunstende Menge des Vegetationswassers, und die daher entstehende Verdunstungskälte wirkt kühlend und erfrischend auf die Pflanze, wodurch das Welken derselben in den heißen Sommermonaten verhindert wird.

Die übrigen Nährstoffe der Pflanze.

Alle sich in der Pflanzenasche findenden Bestandteile sind nicht zu den unentbehrlichen zu rechnen, welcher Umstand in Bezug auf die dem Boden zuzuführenden künstlichen Düngemittel wohl zu berücksichtigen ist. So rechnen wir die Phosphorsäure, Schwefelsäure, den Stickstoff in Form von Salpetersäure oder Ammoniak, das Kali, den Kalk, die Magnesia und das Eisen zu den unentbehrlichen Nährstoffen, während die sich häufig in der Asche findenden Mengen von Chlor, Natron und Kieselerde in den meisten Fällen leicht entbehrlich sind. Die unentbehrlichen Stoffe aber genügen in ihrem bloßen Vorhandensein im Boden nicht, sondern großer Wert ist auf das für die zu kultivierende Pflanze passende Mengenverhältnis zu legen. Ferner kann der Umstand nicht genug berücksichtigt werden, daß das Fehlen oder auch nur nicht genügend Vorhandensein eines einzigen wesentlichen Nährstoffes den Wert aller anderen stark beeinträchtigt, denn die Pflanze kann dann nicht gedeihen, und die Ernte wird unter solchen Umständen stets nur eine sehr mangelhafte werden. Über den Wert und die Aufgabe der genannten Mineralstoffe ist nach Wolff folgendes zu erwähnen. Der Kalk ist nicht nur ein direkter Nährstoff, sondern wirkt auch gleichzeitig indirekt sehr nützlich, indem er den Boden auflockert und die Verwitterung desselben, wie auch die Verwesung der in ihm enthaltenen organischen Stoffe sehr beschleunigt. Während der Kalk sich hauptsächlich in den Blättern und Stengeln findet, ist sein fast steter Begleiter, die Bittererde (Magnesia) vornehmlich in den Samenkörnern enthalten. Einige dolomitische Kalksteine enthalten 10 bis 20 % Magnesia, aber fast jeder Kalk 0,5 bis 5 % davon. Trotzdem die Pflanzenasche nur 0,5 bis 1,5 % Eisenoxyd enthält, so ist diese Substanz doch als ganz unentbehrlich für den Aufbau der Pflanze und speziell zur Erzeugung der grünen Farbe zu betrachten. Die laugenartige Beschaffenheit der Asche — die ja bei der Pottasche allgemein bekannt ist — verdankt dieselbe ihrem hohen Gehalt an Kali, der bis 50 % geht. Dieser Stoff ist von außerordentlicher Wichtigkeit für die Körner und fast noch mehr für Blätter, Kraut und Stroh, woraus sich sein Dungwert, besonders für alle Futterarten und Wiesen von selbst ergiebt. Von ebenso hoher Bedeutung, besonders für die Körner ist die Phosphorsäure, denn die Asche der Roggen- und Weizenkörner enthält bis 50 %, während die der Stengel und Blätter 5 bis 16 % davon enthalten. Es ergiebt sich hieraus zur Genüge, daß für höchste Ernteerträge bei den Halmfrüchten die Stallmistdüngung allein nicht genügt, sondern dem Boden Phosphorsäure in Gestalt der käuflichen Phosphate, bez. Superphosphate zugeführt werden muß. Die Schwefelsäure wird größtenteils als Gips, das ist schwefelsaures Calcium dem Boden gegeben und ist gleichfalls der Pflanze unentbehrlich.

Trotzdem die Kieselsäure von den körnertragenden Halmfrüchten in reichlicher Menge aufgenommen wird, ist sie dennoch als unentbehrlich nicht zu betrachten und überdies in jedem Boden stets in weit mehr als ausreichender Menge enthalten. Ihre Thätigkeit für die Entwickelung der Pflanze ist eine sehr nutzbringende, denn sie beschleunigt die Reife derselben, indem sie frühzeitig ihre Lebensthätigkeit vermindert. Hierdurch wird die Entwickelung der Pflanze von manchen später eintretenden ungünstigen Witterungsverhältnissen unabhängig gemacht und die Ernten werden gleichmäßiger. Natron und Chlor sind gleichfalls entbehrlich, trotzdem sie sich fast in jeder Asche finden, was auch ganz natürlich ist, da fast jedes Wasser Kochsalz (Chlornatrium) enthält und besonders der Stallmist schon infolge des den Tieren gegebenen Viehsalzes.

Da nun alle Pflanzen sehr dazu neigen, selbst in übermäßiger Weise dem Boden die vorhandenen Nährstoffe zu entziehen, so wechseln die Mengen der Aschenbestandteile häufig sogar bei einer und derselben Pflanze je nach den Verhältnissen des Bodens, der Düngung und der Witterung. Das praktische Ergebnis aus dem Erkennen der Neigung zum übermäßigen Konsum ist, daß man eine sehr reiche Ernte nicht etwa als Beweis dafür annehmen darf, daß nun der Boden genügend gedüngt ist, sondern im Gegenteil denselben sofort wieder um so reicher düngen muß, weil die durch die reiche Ernte dem Boden entzogenen größeren Mengen seiner wertvollen Bestandteile wieder ersetzt werden müssen. Indes ist für gewisse Pflanzen der Gehalt gewisser Stoffe so überwiegend, daß man ganze Arten danach nennt, so bezeichnet man z. B.

die Kartoffeln und alle rübenartigen Gewächse als Kalipflanzen, hingegen die Kleearten, Luzerne, Esparsette und alle Hülsenfrüchte als Kalkpflanzen.

Einer der wichtigsten, vielleicht der allerwichtigste Pflanzennährstoff, der dem Boden bei intensiver Kultur durch käufliche Düngemittel zugeführt werden muß, ist der Stickstoff, trotzdem er in der Asche nicht nachgewiesen werden kann, da seine Verbindungen sich beim Verbrennen zersetzen und er somit in den Verbrennungsgasen zu finden ist. Von den Pflanzen wird er nur durch die Wurzeln und zwar in Form von salpetersauren Salzen aufgenommen.

c) Die Düngung.

Aus allem vorstehenden geht hervor, von welch eminenter Bedeutung für die Ernteerträge, also auch für das Nationalvermögen eine richtige Düngung ist, denn nur durch diese allein sind allerhöchste Ernteerträge zu erzielen. Die älteste Methode, die Stallmistdüngung, ist zweifellos eine sehr wirksame, denn durch dieselbe wird nicht nur dem Boden eine ganze Reihe wertvoller Stoffe zugeführt, sondern der Boden wird auch gleichzeitig durch das darin enthaltene Stroh gelockert und schließlich werden durch die sich kontinuierlich bildende Kohlensäure zahlreiche wertvolle, im Boden enthaltene Mineralstoffe löslich gemacht. Aber genügend ist die Stallmistdüngung allein nicht, denn ihr fehlen alle die Substanzen, welche als Marktware verkauft werden, und die bloße Stallmistwirtschaft ist das, was Liebig „Raubbau" nannte, wobei jedes Jahr ein Teil des Gutes verkauft wird. Der Erlös dieser Marktwaren, wie Getreide, Fleisch ꝛc. liefert ja auch dem Landwirt das Betriebskapital und die Rente für sein Gut; wie außerordentlich sie aber den Boden erschöpfen, das weist Wolff quantitativ in überaus schlagender Weise nach. Indes hat die Wissenschaft eine ganz sichere Abhilfe dafür geschaffen, nämlich durch Verwendung der käuflichen, sogenannten konzentrierten Düngstoffe.

Selbst bei der bloßen Stallmistwirtschaft wird bei der Lagerung und Behandlung des Stallmistes sehr viel gesündigt, und in häufigen Fällen kommt er nach monatelanger falscher Behandlung viel ärmer auf den Acker, als er erzeugt wurde. Zusätze, wie humose Erde, Thonmergel, Torfpulver, Kalisalze, ganz besonders der sogenannte Superphosphatgips, ein Nebenprodukt der Superphosphatfabriken, bestehend aus 60 Proz. Gips und 6 bis 8 Proz. Phosphorsäure, verhüten sowohl den Verlust des so wertvollen Stickstoffs, indem sie das Ammoniak binden, d. h. im Boden festhalten und es am Entweichen in die Luft hindern, als sie auch gewisse Mineralsubstanzen besser zusammenhalten und schließlich die Zersetzung des Dunges nicht nur aufhalten und langsamer machen, sondern auch gleichmäßiger vor sich gehen lassen. Mehr und mehr haben intelligente Landwirte dergleichen Vorteile auch schon eingesehen. Wie ungeheuer groß der Verlust an Stickstoff ohne besondere Behandlung des Mistes ist, soll später in Zahlen ausgedrückt werden. Ein so konservierter Stallmist hat schon ganz sichtbar andere Erfolge, als der gewöhnliche, bezw. gar nicht behandelte, ganz anders aber noch stellen sich die Ernteerträge bei Verwendung der konzentrierten Düngemittel.

Die konzentrierten Düngemittel.

Durch die mehrfach geschilderte falsche Wirtschaft ist der Wert des Bodens hauptsächlich dadurch vermindert, daß eine „Entmischung" desselben stattgefunden hat, das heißt seine ursprünglich gute Zusammensetzung ist insofern verändert, als ihm stets von allen entzogenen Bestandteilen nicht immer dieselben wiedergegeben wurden und dadurch diese dem Prozentsatze nach zurückgegangen bezw. ganz verschwunden sind. Ersatz hierfür zu liefern sind die konzentrierten Düngemittel ganz vorzüglich geeignet, denn in ihnen giebt man dem Boden nur einen ganz bestimmten Nährstoff und kann mit Leichtigkeit stets denjenigen auswählen, der dem Boden mit Rücksicht auf die zu kultivierende Pflanze gerade fehlt. Auf dem von den neuesten wissenschaftlichen Forschungen so scharf gekennzeichneten Wege können auch alle diejenigen Bodenarten wesentlich verbessert werden, welche infolge ihrer natürlichen Zusammensetzung von vornherein nicht geeignet waren, hohe Ernteerträge zu liefern, oder sich zur Kultur überhaupt nicht eigneten, und in demselben Maße, als sich die Verwendung der konzentrierten Düngemittel immer mehr ausbreitet, haben sich auch deutlich bemerkbar die Erträge des Bodens und damit die Rentabilität der Landwirtschaft erhöht; denn der durch eine schlechte Wirtschaft erschöpfte Boden wurde wieder gestärkt und auch ein richtiges Mischungsverhältnis der einzelnen Nährstoffe im Boden herbeigeführt. Außerdem hat man aber hierdurch gleichzeitig ein Mittel an der Hand Saaten, deren Stand nicht befriedigt, durch Überdüngung zu verbesseren, und endlich kann man durch Verwendung schnell wirkender Düngemittel an Orten, deren rauhes Klima manche Kultur überhaupt nicht zuläßt, solche mit Vorteil betreiben. Heute ist nämlich nicht nur bei den einzelnen Düngemitteln die Art ihrer Wirkung, sondern auch die Schnelligkeit derselben genau bekannt.

Nun muß aber besonders betont werden, daß bei der außerordentlichen Mannigfaltigkeit der Bodenarten, wie der zu kultivierenden Pflanzen, welche alle andere Ansprüche in Bezug auf die Düngung stellen, allgemeine Rezepte zur Verwendung der künstlichen Düngemittel nicht gegeben werden können, sondern die rationelle Anwendung derselben für jeden Fall durch eigene Versuche ermittelt werden muß. Solche Versuche sind nach den durch die moderne Wissenschaft ermittelten Wegen anzustellen und die hierfür aufgewendete Mühe wird reich belohnt. Für diese Versuche sei hier erwähnt, daß neben den gedüngten Versuchsparzellen auch ungedüngte liegen müssen, und die Versuche erst dann als richtig durchgeführt zu bezeichnen sind, wenn die Resultate der ersteren und letzteren unter sich nur wenig voneinander abweichen, bezw. diese Abweichungen infolge genauer Beobachtungen leicht zu erklären sind. Bei manchen nicht sofort löslichen Düngemitteln, wie z. B. bei gewissen, später näher zu betrachtenden Phosphaten muß auch die Nachwirkung mit in Betracht gezogen werden, welche manchmal erst nach 3 bis 4 Jahren eintritt; daher kann bei solchen Düngemitteln auch nur das Gesamtresultat von vierjährigen Versuchen entscheidend sein. Endlich ist es selbstverständlich, daß diese Versuche auf einem möglichst gleichartigen Boden angestellt werden müssen, und das erzielt man leichter, wenn man das Versuchsfeld in lange, sehr schmale Streifen teilt, als wie früher in Quadrate, weil durch diese Einteilung etwa ungleichmäßige Stellen des Versuchsackers sich eher auf alle Versuchsparzellen verteilen, anstatt auf einer einzigen zur Geltung zu kommen. Diese Versuche zeigen für jeden Fall den Gehalt des Bodens an disponiblen Nährstoffen und danach hat man die Zufuhr für die Nährstoffmenge, welche die Pflanze bedarf, einzurichten. Hierbei muß man mit der Stickstoff-Zufuhr möglichst vorsichtig verfahren, denn der zu viel gegebene und den Winter über im Boden verbleibende Stickstoff geht verloren, da er durch Regen 2c. ausgewaschen wird. Anders verhält es sich mit der Phosphorsäure und dem Kali; hiervon muß man stets einen Überschuß geben, und alles zu viel gegebene bleibt im Boden infolge seiner Absorbtionsfähigkeit aufbewahrt und erhalten.

Als käufliche Düngemittel kommen natürlich nur diejenigen in Betracht, welche dem Boden fehlen, und das sind hauptsächlich der Stickstoff, die Phosphorsäure und das Kali, also kann es sich nur um Chemikalien oder Abfälle handeln, welche diese genannten Stoffe enthalten. Als Stickstoffdünger haben wir Chilisalpeter, Ammoniaksalze und gewisse tierische Abfälle; als Phosphorsäure-Dünger zahlreiche Guano-Arten, Knochenasche, die aus diesen dargestellten Superphosphate, den phosphorsauren Kalk der Leim- und chemischen Fabriken, wie das sogen. Thomasphosphat; als Kali-Düngemittel endlich die Staßfurter Kalisalze und gewisse Rückstände chemischer Fabriken. Nun giebt es aber auch sehr wichtige Düngemittel, welche zwei der vorhergenannten Stoffe gleichzeitig enthalten. So ist z. B. im Peru-Fisch- und Fray-Bentos-Guano Knochenmehl und im Ammoniak-Superphosphat 2c. Stickstoff und Phosphorsäure enthalten; die Holzasche und das Kali-Superphosphat enthalten Kali und Phosphorsäure, und endlich enthält der Kalisalpeter Kali und Stickstoff. Im Handel befinden sich allerdings noch sehr zahlreiche Düngemittel, welche künstlich gemengt alle drei Stoffe in sehr wechselndem Mengenverhältnis enthalten, aber diese können hier nicht in Betracht kommen, weil sie keine Gewähr für eine konstante Zusammensetzung bieten, und auch vom

Konsumenten selbst leicht für das gerade auf seinem Acker vorhandene Düngebedürfnis aus den eigentlichen Düngemitteln gemischt werden können. Die wichtigsten dieser Düngemittel sollen nun einzeln in drei Gruppen als Phosphorsäure-, Stickstoff- und Kali-Düngemittel betrachtet werden, vorher ist aber noch für alle gemeinsam folgendes zu erwähnen. Es ist kein einziger Stoff imstande, wenn er an und für sich auch noch so wichtig für die Ernährung der Pflanze ist, einen anderen zu ersetzen, sondern jeder einzelne muß im Boden in genügender Menge vorhanden sein. Für die Wirkung der Gesamtdüngung ist derjenige Stoff entscheidend, welchen der Boden im Verhältnis zum Verbrauch durch die Pflanze in geringster Menge enthält. Höchste Ernteerträge lassen sich aber nur dann erzielen, wenn stets die mehrfache Menge derjenigen Pflanzennährstoffe im Boden enthalten ist, welche ihm durch die jedesmalige Ernte entzogen wird. Als wirklich vorhanden kann man aber die Nährstoffe nur dann betrachten, wenn sie sich im Boden in einer solchen Form befinden, daß sie von der Pflanze leicht aufgenommen werden können und dazu müssen sie sowohl löslich, als auch sehr feinpulvrig und gleichmäßig verteilt sein. Schließlich genügt in den überwiegend meisten Fällen ihr bloßes Ausstreuen nicht, sie müssen vielmehr gut mit der Ackererde gemischt, d. h. eingeeggt und, wenn irgend möglich, untergepflügt werden.

Von welcher Bedeutung die Phosphate als Düngemittel sind, geht zur Genüge aus dem Umstande hervor, daß einerseits Phosphorsäure in jeder Pflanze und in jedem Teile derselben enthalten und andererseits der Boden gewöhnlich mehr oder weniger arm an Phosphorsäure ist. Hauptsächlich kommen als Düngemittel die Calciumsalze der Phosphorsäure in Betracht, von denen es — wie von allen Salzen derselben — ihrem Wasserstoffgehalt entsprechend, 3 Reihen giebt, nämlich basische, halbsaure und saure Salze. Sämtliche Phosphate werden in Bezug auf ihren Düngewert in basische und Superphosphate eingeteilt, deren Unterscheidung folgende ist. Die in der Natur vorkommenden Phosphate sind alle basische Phosphate, d. h. die in ihr enthaltene Phosphorsäure hat mit Calcinm, Eisen, Magnesium oder anderen Basen gesättigte Salze gebildet. Diese phosphorsauren Salze sind aber in Wasser unlöslich und haben somit nur geringen Düngewert, weil die Pflanze ja nur lösliche Nährstoffe aufnehmen kann. Liebig schlug vor, die von der Natur gebotenen rohen, unlöslichen Phosphate durch Behandeln mit Schwefelsäure — beim Knochenmehl kann die Schwefelsäure auch durch Dämpfen ersetzt werden — in lösliche zu verwandeln. Dieses Verfahren nennt man „Aufschließen“ und die aufgeschlossenen rohen Phosphate: „Superphosphate“.

Außer der löslichen und unlöslichen Phosphorsäure muß noch die „bodenlösliche“ genannt werden, d. h. eine Phosphorsäure, die in Wasser nicht, wie die lösliche, aufgelöst wird, wohl aber, wenn auch in etwas längerer Zeit, von der Bodenflüssigkeit, worauf es doch hier im wesentlichen ankommt. Hierher ist die bereits erwähnte „zurückgegangene“ Phosphorsäure zu zählen und diejenige, welche in der Thomasschlacke enthalten ist. Für letztere kommen daher im ersten Jahre nach Wagner nur ca. 50 Proz. zur Geltung und muß zur Düngung deshalb das doppelte Quantum gegenüber den Superphosphaten verwendet werden; ihr Preis ist allerdings auch nur ca. halb so hoch. Jedenfalls sind diese chemischen Vorgänge von größter Wichtigkeit. Einen wie tief greifenden Einfluß die Phosphorsäure auf die chemische Zusammensetzung der Pflanze ausübt, geht daraus hervor, daß durch die Phosphorsäure nicht nur die Quantität der Ernte vermehrt, sondern auch deren Qualität wesentlich verbessert wird, indem z. B. die Zuckerrübe an Zuckergehalt und die Kartoffel an Stärkemehl reicher wird.

Es erübrigt nun noch, die gebräuchlichsten Rohphosphate aufzuzählen, welche in drei große Gruppen eingeteilt werden können:

1. Die Knochenphosphate, wie Knochenkohle, Knochenasche, der phosphorsaure Kalk der Leimfabriken und die fossilen Knochen.

2. Die Guano-Phosphate, welche von der Küste des stillen Ozeans importiert werden und stickstoffrei sind im Gegensatz zum Peru-Guano. Sie sind aus den Exkrementen und Leibern der Vögel entstanden und waren zweifellos bei ihrer Entstehung gleichfalls stickstoffhaltig, aber da sie durch die Brandung des Meeres stets feucht gehalten wurden, verwandelte sich ihr Stickstoff sehr bald in Ammoniak und schließlich in Salpetersäure, wovon ersteres verdunstete und letztere mit den vorhandenen Basen Salze bildend, ausgewaschen wurde und in den Boden versickert ist.

3. Die mineralischen Phosphate, welche mit Ausnahme des Thomasphosphats gleichfalls tierischen Ursprungs sind, aber durch die Länge der Zeit vollständig in Mineralien verwandelt wurden. Hierher gehören die Krusten-Guanos, die Koprolithe, das sind vollständig versteinerte Exkremente längst abgestorbener Tiergeschlechter, der Lahnphosphorit, auch nach seinem Fundort „Staffelit“ genannt, und andere.

Die Thomasschlacke ist ein Nebenprodukt der Stahlfabrikation im Bessemer-Prozeß. Nach Thomas und Gilchrist wird behufs Entphosphorierung des geschmolzenen Eisens die Bessemer-Birne mit Steinen von Dolomit ausgekleidet. Der Phosphor des Eisens wird infolge der hohen Temperatur und des zugeführten Sauerstoffes der atmosphärischen Luft zu Phosphorsäure oxydiert, und diese verbindet sich mit dem Kalk der Dolomitsteine und außerdem mit direkt hinzugegebenem Kalk zu phosphorsaurem Kalk, welcher — nach Beendigung des Prozesses als Schlacke gewonnen — fein gemahlen als Düngemittel in den Handel kommt. Die Produktion ist jetzt in Deutschland jährlich 5 bis 6 Millionen Zentner und deckt ungefähr 1/4 des Bedarfs der Landwirtschaft an Phosphorsäure.

Wenn auch für eine intensive Kultur die Zufuhr von konzentrierten Stickstoffdüngemitteln absolut unerläßlich ist, so sollen doch hier auch diejenigen Mittel erwähnt werden, mit deren Hülfe man den Boden außer durch die käuflichen Düngemittel mit Stickstoff bereichern kann. Solche sind die Verwendung von gekauften stickstoffreichen Futtermitteln, wie Träber ꝛc., der Anbau stickstoffsammelnder Pflanzen, welche später eingehender behandelt werden sollen, und vor allen Dingen die Verhinderung des Stickstoffverlustes im Stallmist. Wie schon vorher erwähnt, ist dies durch Zusatz von Superphosphat-Gips oder Kali ꝛc. leicht zu erzielen, und hier soll nur noch mit Zahlen belegt werden, welch ein ungeheures Vermögen bei nachlässiger Behandlung des Stallmistes jährlich verloren geht. Holdefleiß weist nach, daß ganz abgesehen von den Verlusten, welche durch Abfließen und Versickern der Jauche entstehen, allein 20 % des Stickstoffs und mehr bei nicht rationell behandeltem Stallmist verdunstet, d. h. jährlich pro Stück Großvieh ein Verlust von 15 bis 16 kg Stickstoff, welche einer Menge von 2 Zentnern Chilisalpeter im Preise von ca. 20 Mark entsprechen. Preußen allein hat dadurch bei einem Bestand von 8,700,000 Stück Großvieh einen Verlust von jährlich 174 Millionen Mark. Würde man danach den Verlust von ganz Deutschland oder gar für alle kultivierten Länder berechnen, so erhält man so erschreckend große Zahlen, daß es in der That ganz unbegreiflich ist, wie die überwiegend größten Kreise heute noch so einfache und so sicher wirkende Hilfsmittel in ihrer unverantwortlichen Lässigkeit unbenutzt lassen.

Die Lieferanten der käuflichen Stickstoffdüngemittel sind der Chilisalpeter, die Ammoniaksalze und zahlreiche tierische Abfälle, wie Blut, Fleisch, Lederabfälle, Horn, Haare, Wolle ꝛc.

Da die Pflanze ihren Stickstoff-Bedarf in Gestalt von salpetersauren Salzen aufnimmt, so ist der Chilisalpeter d. i. salpetersaures Natron, das wichtigste der genannten Düngemittel. Er, wie alle anderen salpetersauren Salze entstehen durch Oxydation des Ammoniaks oder des Stickstoffs in tierischen Abfällen durch den Sauerstoff der atmosphärischen Luft. Seine Wirkung ist eine sehr schnelle und ihn vollständig aufbrauchende, also eine Nachwirkung dieses Düngemittels ist daher nicht nur nicht zu erwarten, sondern es verlangt im Gegenteil reichliche Zufuhr auch aller anderen Nährstoffe, weil es gerade durch seine schnelle Wirkung den Boden stark erschöpft. Besonders muß es gleichzeitig mit den Phosphaten gegeben werden, denn diese neutralisieren durch ihre die Frühreife bedingende Wirkung seine Eigenschaft, die Vegetationszeit zu verlängern.

Die Ammoniaksalze — in der Landwirtschaft schlechtweg so genannt — sind immer schwefelsaures Ammonium und werden als Nebenprodukt bei der Leuchtgasfabrikation, neuerdings auch bei den Kokereien und dem Hochofenbetriebe aus der Steinkohle gewonnen. Das sich bei der trockenen Destillation derselben bildende Ammoniak wird in Schwefelsäure aufgefangen und krystallisiert dann beim Eindampfen heraus: die Bildung des schwefelsauren Ammoniak ist also eine einfache Addition, wie folgende Formel zeigt:

$$2\,NH_3 + H_2\,SO_4 = (NH_4)_2\,SO_4.$$

2 Ammoniak + Schwefelsäure = Schwefelsaures Ammonium.

Da uns diese Stickstoffquelle im Inlande in ausreichender Menge zur Verfügung steht, während der Chilisalpeter importiert werden muß und für denselben jährlich große Summen an das Ausland bezahlt werden, so sind zahlreiche Versuche von hervorragenden Forschern wie Maercker, Stutzer, Wagner, Wolff u. a. darüber angestellt worden, wie sich die Wirkungen dieser beiden Stickstoff-Düngemittel zu einander verhalten, bez. ob es nicht möglich sei, den Chilisalpeter ganz durch das Ammoniaksalz zu ersetzen. Alle diese Versuche haben aber im wesentlichen ergeben, daß der Chilisalpeter bedeutende Vorteile vor dem Ammoniaksalz bietet. So wirkt er z. B. schneller, und das ist ganz erklärlich, weil er bereits ein fertiges salpetersaures Salz ist, während das Ammoniak erst zu Salpetersäure oxydiert werden muß. Ferner wirkt der Stickstoff im Chilisalpeter in den allermeisten Fällen intensiver, als dieselbe Stickstoff-Menge in dem Ammoniaksalz. So hat z. B. Stutzer bei je 100 kg Chilisalpeter in 144 Felddüngungsversuchen 940 kg Zuckerrüben mehr erhalten, als bei derselben Stickstoff-Menge im Ammoniak; bei der Futterrübe nach Versuchen in England war der Mehrertrag ca. 1700 kg, bei den Kartoffeln 164 kg u. s. f., endlich bei den Halmfrüchten nimmt man sogar einen ca. 20 % geringeren Düngewert für das Ammoniaksalz an. Diese geringere Wirkung für den Stickstoff im Ammoniak erklärt sich daraus, daß nicht überall die Verhältnisse der notwendigen Umbildung des Ammoniak zur Salpetersäure günstig sind, daß ferner während dieser Umbildung ca. 10 % Stickstoff für den vorliegenden Zweck verloren gehen, und daß endlich in manchen Fällen das im Chilisalpeter enthaltene Natron das Kali zu ersetzen scheint, wo dieses im Boden fehlt, und sogar eine eigene günstige Wirkung auch neben dem Kali äußert. Sehr übersichtlich stellt Wagner die von ihm nach dieser Richtung hin gemachten Versuche in seiner Broschüre: „Wie wirkt das schwefelsaure Ammoniak im Vergleich zum Chilisalpeter"? zusammen und giebt darin zahlreiche photographische Abbildungen der von ihm hierbei erzielten Ernteresultate, von denen hier nur (Fig. 220) die Versuche mit Gerste gezeigt werden mögen. Die gleiche Menge ein und desselben in Gefäße gefüllten Bodens wurde vorher gleichmäßig mit Phosphorsäure und Kali gedüngt und erhielten die mit O bezeichneten Gefäße gar keine Stickstoffdüngung, die mit S bezeichneten ½ g Stickstoff in Form von Chilisalpeter und die mit A bezeichneten 1,5 g Stickstoff in Form von schwefelsaurem Ammoniak. Trotzdem letztere die dreifache Stickstoffmenge erhalten hatten, sieht man an der Abbildung doch deutlich die schwächere Wirkung und gleichzeitig bei Vergleich aller Gefäße die eminente Wirkung der Stickstoffdüngung überhaupt.

Die tierischen Abfälle endlich wirken infolge ihres Stickstoffgehaltes wie die oben beschriebenen Düngemittel, nur wesentlich langsamer, da ihre Zersetzung viel Zeit in Anspruch nimmt. Sie sind sehr zahlreich, und sei nur im allgemeinen erwähnt, daß der Reichtum, den sie in

Fig. 220.

0 g Stickstoff. | 0,5 g Stickstoff in Form von Chilisalpeter. | 1,5 g Stickstoff in Form von schwefelsaurem Ammoniak.

Düngungsversuche mit Gerste.

Bezug auf das Nationalvermögen enthalten, noch insofern bei weitem nicht genug berücksichtigt wird, als ihre Verwendung eine viel umfangreichere sein könnte.

Als eine der wichtigsten Errungenschaften der neueren Zeit ist die Stickstoff-Düngung zu betrachten, zu welcher bei den stickstoffsammelnden Pflanzen die atmosphärische Luft den Stickstoff liefert. Boussingault, Gilbert, Hellriegel, Lawes, Märcker, Schultz-Lupitz, Wagner, Wolff u. a. haben hierüber zahlreiche Versuche angestellt und im wesentlichen folgendes gefunden. Die Leguminosen und Futterarten sind „stickstoffsammelnde“ Pflanzen, d. h. sie sind nicht nur imstande, trotzdem ihre Substanz selbst sehr stickstoffreich ist, ohne die so wichtige, aber auch teure künstliche Stickstoffdüngung zu gedeihen, sondern sie bereichern den Boden noch direkt an Stickstoffnahrung. Der Stickstoff der atmosphärischen Luft wird von ihren Wurzeln unter Mithilfe gewisser Mikroben zu Salpetersäure verarbeitet und als solche aufgenommen. Werden nun nach der Ernte diese sehr stickstoffreichen Futtermittel — falls man nicht vorzieht, sie direkt einzuackern — verfüttert, so kehrt ihr Stickstoff im Stallmist auf den Acker zurück, während ihre noch stickstoffreicheren Wurzeln beim Umackern von vorn herein dem Boden verbleiben, und so kommt der gesamte, aus der atmosphärischen Luft entnommene Stickstoff den nachfolgenden Kulturpflanzen zu gute.

Als Stickstoff und gleichzeitig Phosphorsäure enthaltende Düngemittel sind noch der Peru-Guano, die Knochen und endlich die ammoniakalischen wie Salpeter-Superphosphate zu nennen.

Für die dem Boden nötige Kalizufuhr haben wir in den Staßfurter Kalisalzen eine reiche Quelle. Es ist nicht zu verkennen, daß die Verwendung dieser Salze in der Landwirtschaft zuerst großem Mißtrauen begegnete, und daß dieselben selbst heute noch an vielen Orten nicht beliebt werden. Dieses Mißtrauen entstand nicht etwa — wie so häufig — aus Voreingenommenheit, sondern resultierte aus direkten Mißerfolgen, aber die Untersuchungen aller dieser Mißerfolge bewiesen unwiderleglich, daß dieselben nur durch die falsche Verwendungsart veranlaßt wurden. Teils waren es den Pflanzen schädliche Verunreinigungen dieser Salze, teils im Boden fehlende andere Nährstoffe, wie Stickstoff und Phosphorsäure, denen diese Mißerfolge zuzuschreiben sind, und endlich eignet sich jede Bodenart zur Kalidüngung. Heute sind alle Bedingungen, unter welchen das Kali günstig wirken muß, genügend bekannt und unter Berücksichtigung derselben gute Erfolge garantiert. Für gewisse Bodenarten, wie z. B. Wiesen und vor allen Dingen Moorboden, ist die Kalidüngung geradezu unerläßlich, und die Rimpausche Kulturmethode für Moorboden, welche gewaltige Moore, die bisher nicht bebaut werden konnten, der Kultur aufschließt, ist ohne Kalidüngung überhaupt nicht denkbar. Mit einem Worte: die richtige Anwendung der beschriebenen agrikulturchemischen Basen ist für die Gesamterträge von eminenter Bedeutung. Wollten doch das die Landwirte überall einsehen!

Kali=Phosphat=Düngungsversuche mit Erbsen und Hafer.

Fig. 221.

Ohne Düngung. — Kali=Phosphat=Düngung ohne Stickstoff. — Kali=Phosphat=Düngung mit Stickstoff.

Um den Wert der Düngung mit konzentrierten Düngemitteln noch recht anschaulich vor Augen zu führen und gleichzeitig zu beweisen, daß die Verwendung dieser Düngemittel eine unnütze Verschwendung ist, wenn auch nur einer der wesentlichen Nährstoffe fehlt, seien noch zwei der bereits erwähnten Wagnerschen Photographieen seiner Versuche hier nachgebildet. Fig. 222 zeigt Versuche mit Sommerweizen und Gerste ohne und mit Stickstoffdüngung. In die Vegetationsgefäße wurde im Frühjahr ein stickstoffarmer Ackerboden gefüllt; die mit O bezeichneten erhielten

Stickstoff-Düngungsversuche

mit Weizen. mit Gerste.

Fig. 222.

Kali-Phosphat-Düngung ohne Stickstoff. — Kali-Phosphat-Düngung mit Stickstoff. (10 g Chilisalpeter per Gefäß.) — Kali-Phosphat-Düngung ohne Stickstoff. — Kali-Phosphat-Düngung mit Stickstoff. (10 g Chilisalpeter per Gefäß.)

nur eine Kaliphosphat-Düngung, die mit S bezeichneten außerdem noch 10 g Chilisalpeter in jedes Gefäß. Der Unterschied in der Entwickelung der Pflanzen ist überaus auffallend, denn Weizen und Gerste entwickelten sich ohne Stickstoff, trotz der Kaliphosphat-Düngung, nur kümmerlich, während bei Zufuhr von Stickstoff eine geradezu üppige Vegetation eintrat; der Ertrag hatte sich hierbei um das Dreifache gesteigert!

Fig. 223 zeigt Kali-Düngungsversuche mit Sommerroggen auf Lehm- und Sandboden, welchen das Maximalquantum an Stickstoff und Phosphorsäure zugesetzt war.

Kali-Düngungsversuche

mit Roggen auf Lehmboden. mit Roggen auf Sandboden.

Fig. 223.

Ohne Kali-Düngung. Gedüngt mit 0,75 g Kali. Ohne Kali-Düngung. Gedüngt mit 0,75 g Kali.

---

2. Die landwirtschaftlichen Maschinen und Geräte.

Im vorhergehenden Kapitel ist die Wichtigkeit einer zweckmäßigen mechanischen Bearbeitung des Bodens betont worden unter Erwähnung der verschiedenen Meliorationsmethoden und der durch dieselben beabsichtigten Veränderungen in der physikalischen Beschaffenheit des Bodens. Im nachstehenden sollen nun die heute für diesen Zweck verwendeten Maschinen und Geräte beschrieben werden. Dieselben sind in neuerer Zeit zu sehr hoher Vollkommenheit verbessert worden, und hat die Einführung von Maschinen für die bei dem Feldbau vorzunehmenden Arbeiten sich schon lange nicht mehr damit begnügt, nur bei der mechanischen Bearbeitung des Bodens selbst Hilfe zu leisten, sondern wir finden heute auch sehr genial konstruierte und vollkommene Maschinen, sowohl im Dienste der Arbeit des Säens, als auch der Ernte.

Nach diesem Gesichtspunkte können alle landwirtschaftlichen Maschinen in drei Gruppen geteilt werden, die sich als Bodenbearbeitungs-, als Saat- und Erntemaschinen bezeichnen lassen.

a) Die Bodenbearbeitungsmaschinen.

Die wichtigste der Bodenbearbeitungsmaschinen, ist der Pflug, und es ist besonders interessant, die Entwickelung dieses Gerätes zu betrachten. Der Pflug hat die Aufgabe, einen bestimmten Erdstreifen völlig umzuwenden, und zwar je nach dem vorliegenden Zweck und der vorhandenen Beschaffenheit des Bodens diese Arbeit mehr oder weniger tief, aber stets von einer ganz bestimmten Tiefe auszuführen. Ein solcher Erdstreifen muß für den umzuwendenden Teil wagerecht und senkrecht scharf abgegrenzt werden und die zwischen je zwei solcher umgewendeten Erdstreifen entstehenden Furchen müssen vollständig rein und ausgeräumt erscheinen. Je vollkommener nun bei möglichst geringem Kraftaufwand der Pflug diese Aufgabe löst, desto besser ist er natürlich, und recht zahlreiche Konstruktionen sind für die Lösung dieser Aufgabe in Konkurrenz getreten.

Als der Mensch anfing, den Boden zu bearbeiten, wurde die heute vom Pfluge verrichtete Arbeit unter Zuhilfenahme verschiedener Gerätschaften bewerkstelligt, und zwar waren es Spaten, Schaufel, Hacke und schließlich Rechen, welche dem Menschen hierzu dienten und deren Arbeit der Pflug übernommen hat, indem gleichzeitig an Stelle der verschiedenen Kräfte, welche zur Handhabung jener Gerätschaften notwendig waren, nunmehr eine einzige, nämlich die Zugkraft, trat.

Soweit unsere Forschungen zurückreichen, finden wir den ersten Pflug bei den Ägyptern und zwar in Abbildungen auf altägyptischen Denkmälern, gleichzeitig ein Beweis dafür, daß der Ackerbau schon damals in hohen Ehren stand. Dieser Pflug (Fig. 224) bestand aus einem starken, gekrümmten und an einem Ende zugespitzten Baumzweige a, dessen anderes Ende in zwei Äste b b auslief, die als Handhaben dienten, und an welche die Zugstange c mit dem für das Anspannen des Zugtieres notwendigem Querholz d angebracht war. Die Überlieferungen der römischen Schriftsteller, ganz besonders die so vorzüglichen des Plinius, dem wir zahlreiche, sehr schätzenswerte Mitteilungen über den Ackerbau der Römer und Griechen verdanken, machen uns auch mit der ersten Verbesserung des ägyptischen Pfluges durch die Römer bekannt. Sie setzten, wie es Fig. 225 zeigt, an dem unteren Teile des Baumes a die Pflugschar b aus Eisen an, ohne zuerst die Zugführung c d wesentlich zu verändern. Gerade dieser Pflug ist sehr instruktiv für die Entstehung des Pfluges aus der Schaufel, denn er zeigt fast das Bild einer schräg in den Boden gestoßenen Schaufel, deren Herausheben, wie es vorher nach jedem Spatenstich notwendig war, unterbleibt, und bei welcher für die stoßende Kraft des Menschen die

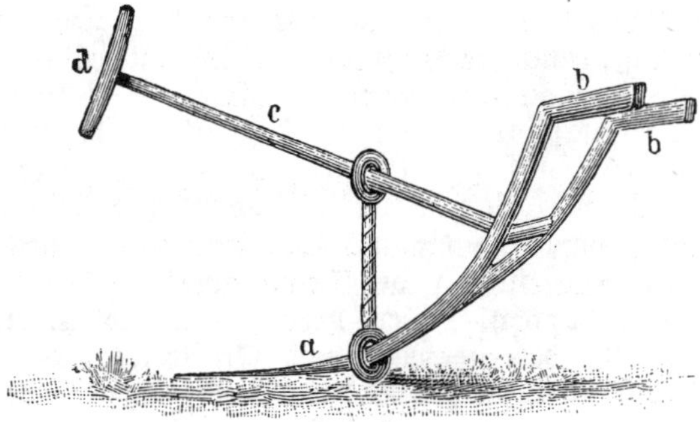

Fig. 224. Ägyptischer Pflug.

Fig 225. Römischer Pflug.

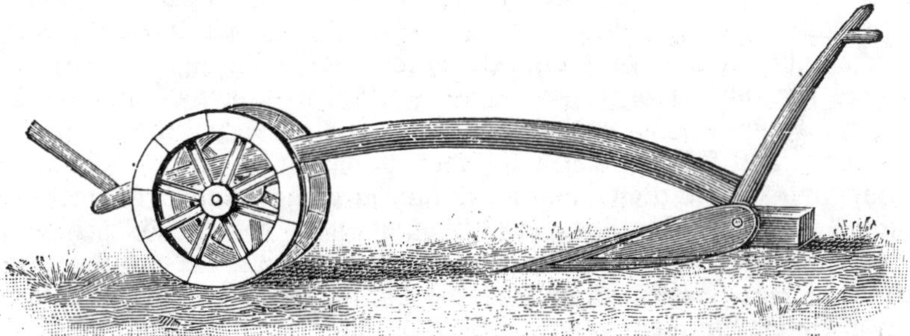

Fig. 226. Römischer Pflug der späteren Zeit

Fig. 227.
Ruchadlo-Pflug.

Fig. 228.
Kultur-Pflug.

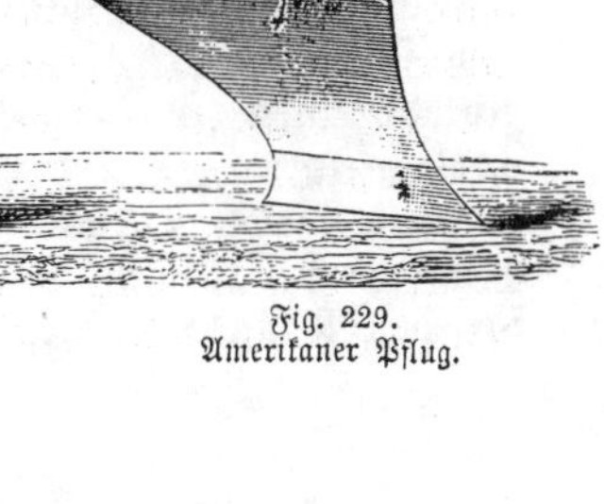

Fig. 229.
Amerikaner Pflug.

von einem Tiere geleistete Zugkraft getreten ist. Die nächste wesentliche Verbesserung, auch noch von den Römern selbst vorgenommen, bestand darin, daß sie den vorderen Teil des Pfluges auf Räder legten und die Pflugschar, aus zwei Eisenstücken bestehend, an einem schlittenartigen Klotz befestigten, wie es Fig. 226 zeigt. Mit dieser Konstruktion sind wir denjenigen der modernen Pflüge bereits so nahe gekommen, daß wir die weitere Entwickelung des Pfluges verlassen und zur Beschreibung der heute üblichen Konstruktionen derselben übergehen können. Der Wert dieser modernen Pflüge liegt hauptsächlich darin, daß sie bei großer Kraftersparnis jede gewünschte Art des Pflügens durch besonders zu diesem Zwecke gewählte Bauarten ermöglichen.

Schon die Form und Größe des Pflugkörpers wird nicht mehr beliebig gewählt, sondern der betreffenden Bodenart entsprechend, und unterscheidet man danach die in den Figuren 227—229 dargestellten drei Hauptarten. Der Ruchadlo-Pflug (Fig. 227) ist ein kurzer, breiter, gedrungener Keil, bei welchem Schar- und Streichbrett in fast cylindrischer Form steil und schaufelförmig aufwärts steigen. Hierdurch ist der von der Schar aufgenommene Boden gezwungen, am Streichbrett emporzusteigen, wird durch die Krümmung desselben zerkrümelt und fällt dann sich überstürzend in die offene Furche. Man verwendet diese Form der Schar besonders auf naturlockeren, leichten und mittelschweren Bodenarten, Sand- und Geröllboden, sowie auf mildem Lehmboden. Der Kulturpflug (Fig. 228) hat ein längeres und weniger steiles Streichbrett, als der Ruchadlo-Pflug, wodurch der von der Schar aufgenommene Boden über die Kante des Streichbrettes in die Furche fällt, wobei er gekrümelt wird. Dieser Pflug eignet sich besonders für nicht zu bindigen Boden. Der Amerikaner-Pflug (Fig. 229) endlich ist für Thon- und Lehmboden, sowie rohen Boden jeder Art geeignet. Der Körper dieses Pfluges bildet einen langen spitzen Keil; Schar und Streichbrett steigen in flachem Bogen aufwärts, wobei sich letzteres in schraubenförmiger Windung nach rückwärts zieht. Der Boden gleitet an dem Streichbrett entlang, wird der Windung desselben folgend, gewendet und in die Furche gedrängt, wobei er je nach seiner Bindigkeit mehr oder weniger bricht.

Der Normalpflug (Fig. 230) ist so konstruiert, daß alle mit demselben gezogenen Furchen ganz gleichlaufend werden müssen. Zu diesem Zweck läuft das eine der beiden Räder, auf welchen der Pflug ruht, in der letzten der gezogenen Furchen, während das andere auf dem festen Lande läuft und der gewünschten Furchentiefe entsprechend mittelst eines sinnreich konstruierten Hebelmechanismus genau eingestellt werden kann. Beim Ausrücken stellen sich die beiden unteren Radbahnen wieder in eine Horizontale, wie es Fig. 231 zeigt, wo auch gleichzeitig das hinten anzubringende kleine Rad sichtbar ist, welches für den Transport des Pfluges dient.

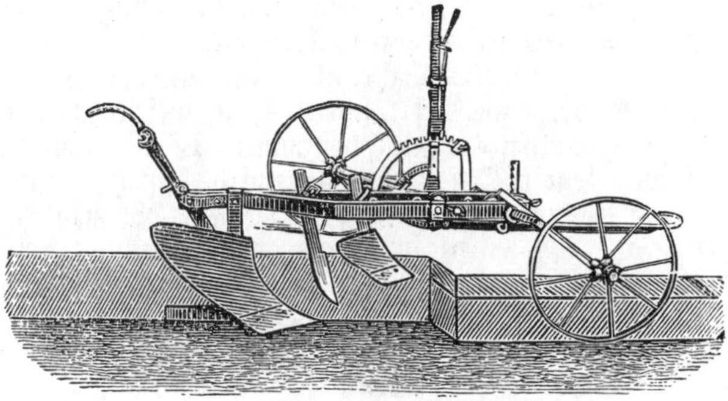

Fig. 230. Normalpflug.

Fig. 231. Normalpflug in Transportstellung.

Der Rajolpflug (Fig. 232) krümelt und wendet bei einer relativ sehr geringen Kraftaufwendung die Ackerfurche sehr vollständig um, und leistet bei schon einmaliger Anwendung ganz erheblich mehr, als die so mühsame Spatenkultur. Er schneidet die zu kultivierenden Furchenstreifen in zwei Hälften und zwar derartig, daß die obere Bodenschicht mit den Stoppeln, Gras und Dünger gelockert nach unten gelegt, die untere Erdschicht hingegen gehoben und lose gekrümelt darüber gedeckt wird. Die Form des Schar- und des Streichbrettes wird der betreffenden Bodenart entsprechend gewählt. Das sich verhältnis-

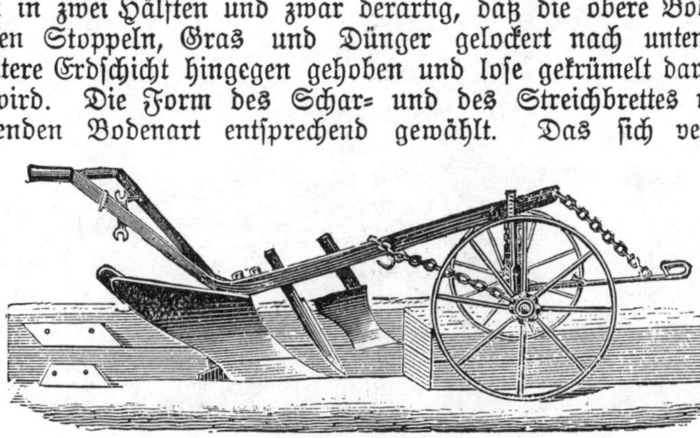

Fig. 232. Rajolpflug.

mäßig besonders an dem unteren Teile schnell abnutzende Streichbrett dieser Pflüge ist nach einer neueren Konstruktion von W. Flöther in zwei Teile geteilt und mittels Schrauben am Körper befestigt, so daß beide Teile einzeln ersetzt werden können. Eine wesentliche Verbesserung (Fig. 233) der für geringen Tiefgang bestimmten Pflüge, wodurch die vorzunehmende Arbeit sehr rationell verrichtet wird, besteht darin, daß man an denselben zwei bis vier Schare anbringt. Fig. 233 zeigt einen solchen zweischarigen, Fig. 234 einen dreischarigen Saatpflug, bei denen die

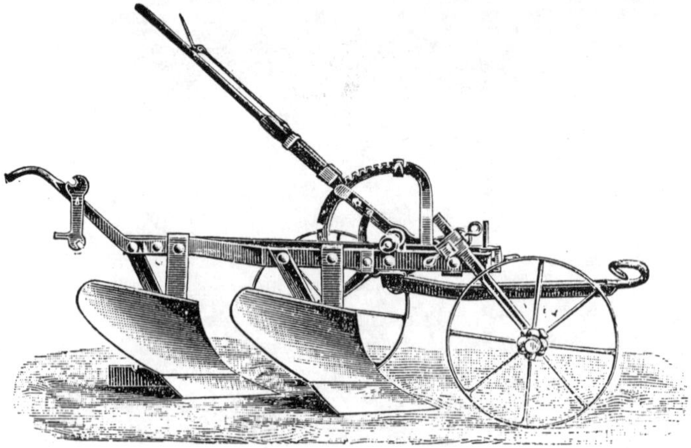

Fig. 233. Zweischariger Pflug.

Fig. 234. Dreischariger Pflug.

hinteren Stelzräder nur für den Transport des Pfluges angebracht sind. Diese Stelzräder können bei allen Pflügen auch durch Transportkarren ersetzt werden, welche gleichzeitig die Pflugschar während des Transportes schützen, und zeigt Fig. 235 einen Pflug, dessen Schar durch einen Transportkarren gehoben und geschützt ist, während A den Karren vor

Fig. 235. Transportkarre.

dem Gebrauche darstellt. Im Gegensatz zu den sehr flach gehenden mehrscharigen Pflügen steht der Untergrund- oder Mineur-Pflug (Fig. 236). Er dient zum Lockern des Untergrundes und wird in der Furche hinter einem gewöhnlichen Pfluge angewendet. Dieser Pflug lockert und mischt den Untergrund bis zu einer Tiefe von 10 bis 25 cm, so daß, wenn der vorhergehende Pflug eine Furche von 20 cm Tiefe gemacht hat, eine Lockerung des Bodens bis auf 45 cm Tiefe erreicht werden kann. Bei diesem Tiefpflügen sind allerdings große Widerstände zu überwinden, welche — wie auch etwa vorhandene Steine — die Scharspitze schnell abnutzen. Aus diesem Grunde besteht die Scharspitze des Untergrundpfluges, wie es bei Fig. 236 ersichtlich ist, aus einem kräftigen, verstellbaren Messer, welches leicht geschärft, nachgestellt, oder auch ganz ersetzt werden kann. Zu den bisher besprochenen

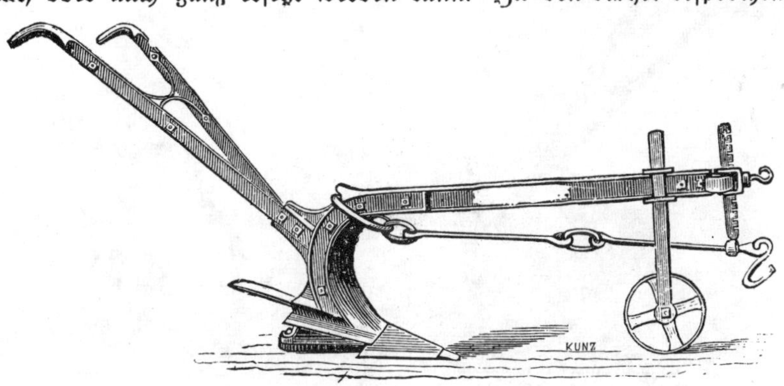

Fig. 236. Mineur oder Untergrundpflug.

Pflügen ist von den neueren Konstruktionen noch der Wendepflug (Fig. 237) zu erwähnen. Dieser Wende- auch Zwillings- oder Kehrpflug genannt, ist für Gebirgsgegenden konstruiert, wo das Auf- und Abwärtswenden an den Hängen bisher eine sehr mühsame Arbeit war. Mit dem

Fig. 237. Wende- und Zwillingspflug.

Wendepflug wird das Wenden hingegen sehr leicht, da er aus zwei am Gründel vollständig drehbar angebrachten Pflugkörpern besteht. Die Drehstelle ist gegen das Einfallen von Erde geschützt und die Räder an dem Vorderkarren sind bei diesem Pfluge natürlich gleich groß, da sie ja abwechselnd in der Furche gehen müssen.

Außer zu direkten Lockerungen des Bodens, zu welchen die vorstehend beschriebenen Pflüge dienen, wird der Pflug in der Landwirtschaft jetzt auch noch zu einigen anderen Arbeiten verwendet und sollen zum Schlusse drei solcher Pflüge aufgeführt werden. Da ist vor allem der Jäte- und Häufelpflug (Fig. 238), welcher sowohl zum Behacken der Pflanzen bei Reihenkulturen, d. h. also zum Entfernen des Unkrautes zwischen den Reihen, wie auch zum Behäufeln der Pflanzen selbst dient. Das Ausjäten des Unkrautes veranlassen die

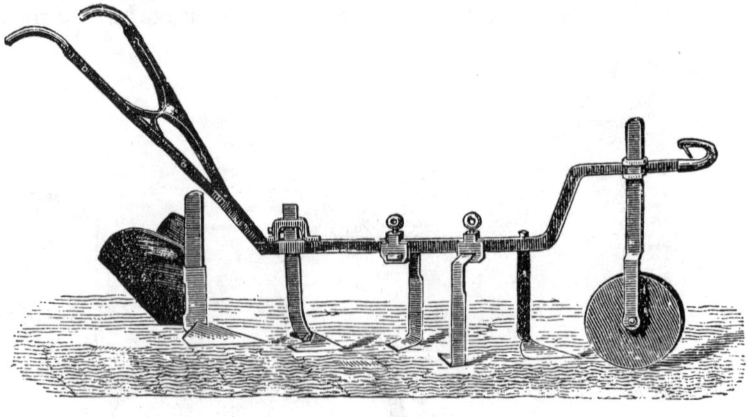

Fig. 238. Jäte- und Häufelpflug.

seitlichen Hackmesser, welche mittels eiserner Kloben an dem Pflugbalken befestigt sind und der Entfernung der Reihen entsprechend fest eingestellt werden können. Soll der Pflug als Häufelpflug benutzt werden, so werden diese Hackmesser ganz abgenommen und an Stelle der hinteren Hackschar wird der Häufelkörper befestigt. Ferner gehört hierher der sog. Wasserfahrenpflug (Fig. 239), der besonders für größere Güter mit schwerem, undurchlässigem Boden eine hohe Bedeutung gewonnen hat. Bei diesen Gütern ist nämlich die Herstellung

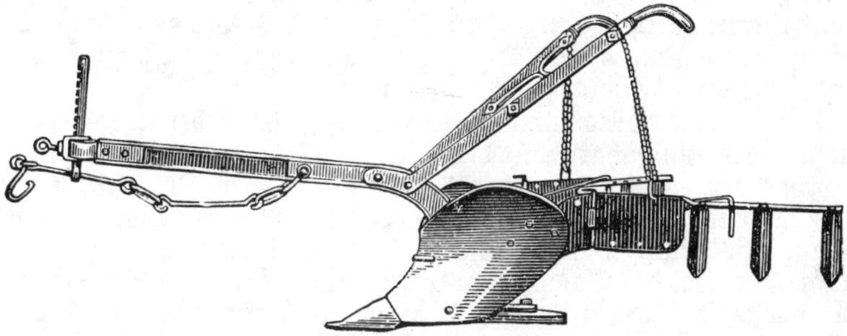

Fig. 239. Wasserfahrenpflug.

der Wasserfahren eine sehr zeitraubende Arbeit, für welche aber, wenn die Witterung das Aufgehen der Saat besonders begünstigt, nur eine sehr kurze Zeit gegeben ist. Der Wasserfahrenpflug löst diese Aufgabe leicht und schnell, denn ein zweimaliges Vorgehen genügt, um eine Furche von 18 cm Tiefe mit 20 cm breiter Sohle herzustellen. An den Streichbrettern dieses Pfluges sind stellbare Streicheisen mit Eggenarmen angebracht, welche den ausgehobenen Boden ausbreiten und ebnen. Schließlich gehört der Forstkulturpflug (Fig. 240) hierher. Er hat die Aufgabe, eine ca. 42 cm tiefe trapezförmige Furche mit ebener Sohle herzustellen, wobei diese letztere zur Aufnahme der Saat locker bleiben

Fig. 240. Forstkulturpflug.

muß. Um diesen Ansprüchen zu genügen, muß der Pflug sehr kräftig gebaut und eigenartig konstruiert sein. Zum Aufreißen des Bodens dient ein Sech oder Rolter, welches in jeder beliebigen Lage durch einen Keil festgehalten wird. Eine flachgestellte Schar schält den Boden ab, und an diese schließen sich zu beiden Seiten zwei schraubenförmig gewundene Streichbretter aus Stahlblech an, welche den Erdstreifen allmählich nach beiden Seiten umlegen. Beide Streichbretter sind durch je einen stellbaren eisernen Abstreicher nach außen verlängert, welche den umgelegten Erdstreifen festdrücken und ein Zurückfallen desselben in die Furche verhindern. Der Tiefgang des Pfluges kann durch Stellung eines Ringes auf der von der Karrenachse aufwärtsstehenden Spindel beliebig bestimmt und fixiert werden.

Mit der Vervollkommnung der Pflüge, ganz besonders mit der Zunahme der Pflugschare und des Tiefganges, mußte naturgemäß auch die Größe der zur Bewegung des Pfluges nötigen Zugkraft wachsen, und nicht selten sah man, besonders bei Untergrundpflügen 4, ja selbst 6 Pferde vor einem Pfluge ziehen. Das wiederum mußte in einem Zeitalter, in dem der Dampf zur Kraftleistung eine so ungeheuer große Rolle spielte, auf den Gedanken bringen, auch den Pflug durch Dampf zu bewegen. So entstand der erste Dampfpflug, bei welchem der Pflug direkt anstatt von Pferden oder Rindern von einer Dampfmaschine über den Acker hin- und hergezogen wurde. Dieses System bewährte sich indes nicht, konnte aber erst verlassen werden, nachdem David & Thomas Fisken, zwei Schullehrer, 1855 den Balancierpflug erfanden, aus welchem sich sehr bald das sog. indirekte Dampfpflugsystem entwickelte. Fowler und Howard bildeten, scharf untereinander konkurrierend, dieses System zu großer Vollkommenheit aus, und leisten

Fig. 241. Drei-Furchen-Dampfpflug für Tiefkultur, von John Fowler & Co. in Magdeburg.

diese Dampfkultivatoren heute der Landwirtschaft sehr wesentliche Dienste, nicht nur durch rationelle Verwertung der Zugkraft, sondern noch bei weitem mehr dadurch, daß sie Tiefkulturen ermöglichen, wie sie vorher nie erreicht wurden, und hierdurch bei richtiger Verwendung von Düngestoffen die Ertragsfähigkeit des Bodens wesentlich erhöhen. Von den verschiedenen Systemen der Dampfkultivatoren sei hier das Fowlersche kurz beschrieben. Der Balancierpflug (Fig. 241) hat zwei mal drei oder mehr Schare, von denen die eine Hälfte stets in der Luft schwebt, wenn die andere den Boden berührt. Auf der einen Seite des Ackers steht die den Motor bildende Lokomotive (Fig. 242) und kann auf Schienen

Fig. 242. Lokomotive zum Dampfpflug.

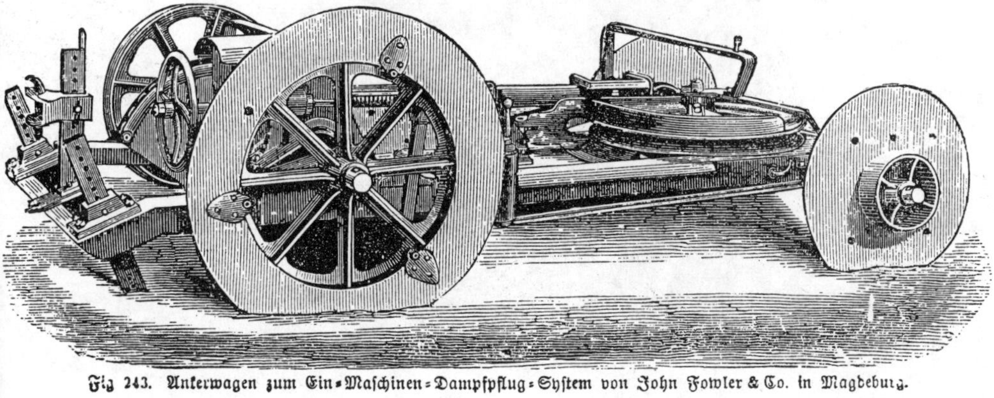

Fig. 243. Ankerwagen zum Ein-Maschinen-Dampfpflug-System von John Fowler & Co. in Magdeburg.

Fig. 244.
Ein-Maschinen-Dampfpflug-System von John Fowler & Co. in Magdeburg.

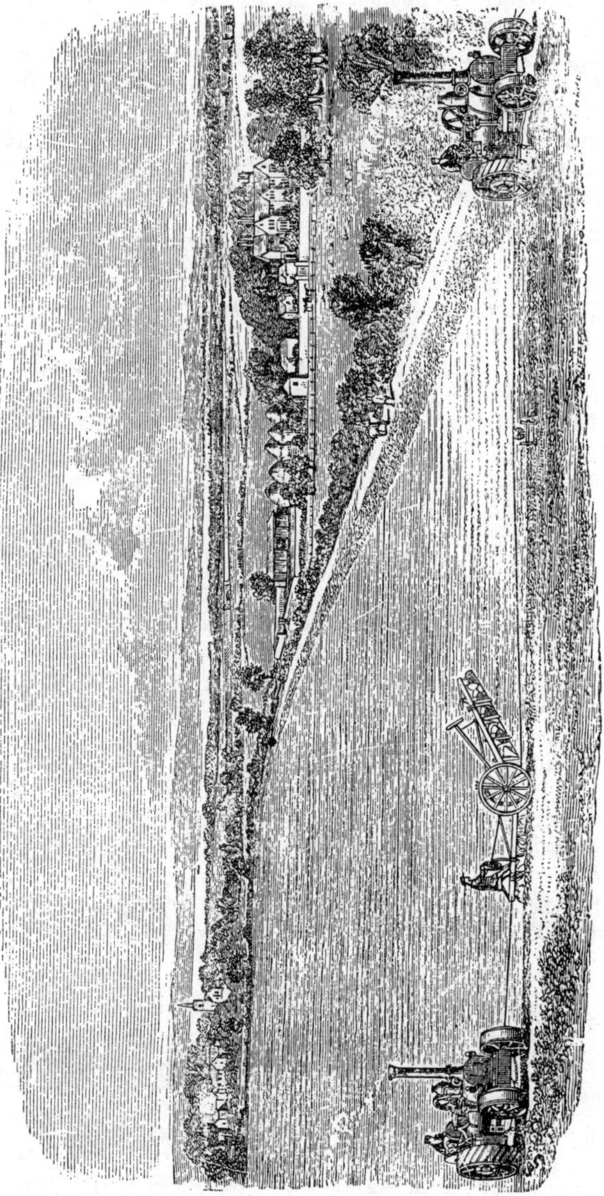

Fig. 245.
Zwei-Maschinen-Dampfpflug-System von John Fowler & Co. in Magdeburg.

oder auf sehr breiten Rädern montiert, auch direkt auf den Acker, an der Grenze desselben vorwärts gerückt werden. Auf der anderen Seite, der Lokomotive gerade gegenüber, ruht ein schwerer Karren, sog. Ankerwagen (Fig. 243), welcher eine horizontal montierte Seilscheibe trägt. Zwischen dieser Seilscheibe, der anderen Ecke des Ackers und der Lokomotive läuft ein Drahtseil, an welches der Balancierpflug angebracht und so quer über den Acker gezogen wird. Auf dem Wege von der Lokomobile zum Karren durchfurcht die eine Hälfte der angebrachten Pflugschare den Acker, während die andere in die Luft ragt, um auf dem Rückwege zur Lokomotive, diese ablösend, die Furche zu ziehen. Bei einmaligem Hin- und Rückwege des Pfluges werden somit eine der Gesamtzahl der Pflugschare entsprechende Anzahl Furchen gezogen und Lokomotive wie Ankerwagen hierauf um die Breite der hergestellten Furchen vorgerückt. Das ist das sog. Einmaschinensystem des Dampfpfluges (Fig. 244), und unterscheidet sich hiervon das Zweimaschinensystem (Fig. 245) dadurch, daß bei diesem auch der Ankerwagen durch eine Lokomotive ersetzt ist und der Balancierpflug zwischen diesen beiden Maschinen an einem Drahtseile angekoppelt hin- und hergezogen wird. Der Dampfpflug findet immer größere Verbreitung, nicht nur in den größeren, sondern auch durch Einführung der Lohnpflüge für die mittleren und kleineren Wirtschaften.

Die Bearbeitung des Ackers mit dem Pfluge ist noch keine vollkommene und wird erst mit Eggen und Walzen vollendet. Die Egge hat hierbei die Harke zu ersetzen, wie der Pflug den Spaten, und soll den Boden nicht nur ebnen, sondern auch lockern, pulvern und von Unkraut befreien. Zu diesem Zweck sitzen Zinken der verschiedensten Art an lose stehenden Balken, wobei ein zu hohes Gewicht gern vermieden wird, da die Zinken nur bis höchstens 10 cm tief in den Boden eingreifen sollen. Je nach der Art des Bodens haben — wie beim Pfluge — auch die Eggen sehr verschiedene Gestalt. Da ist die in ihrer Anordnung den Krümmern ähnliche Grubber-Egge (Fig. 246) welche sich insbesondere für eine oberflächliche Lockerung des Bodens empfiehlt. Sie ist infolge der Anbringung des Zuges an der einen Ecke des lose verschraubten Rahmens sehr beweglich und vermeidet deshalb nach Möglichkeit jede Verstopfung der Zinken durch mit-

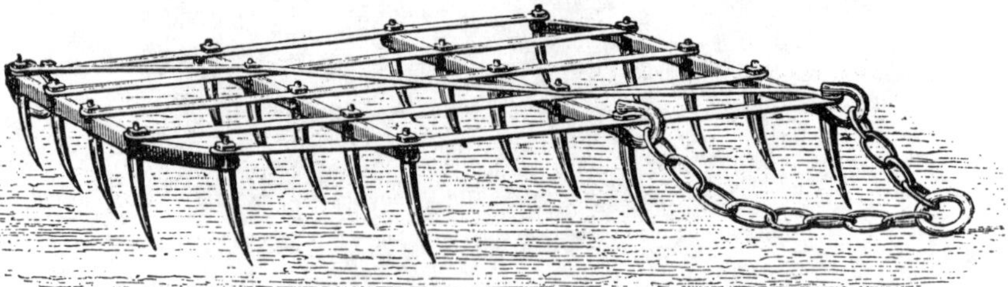

Fig. 246. Grubber-Egge.

gerafftes Unkraut ꝛc. Die Zickzackegge (Fig. 247) hat den Vorteil, daß infolge der Stellung der Zinken jede derselben eine besondere Furche zieht, wie diese auf der Zeichnung punktiert sind, wodurch schon mit verhältnismäßig wenig Zinken eine feine Teilung des Bodens erreicht werden kann. Zwei oder auch drei Felder können an einen Rahmen gehängt werden, und zeigt Fig. 247 eine solche Zusammenstellung mit zwei Feldern. Die Acme-Egge (Fig. 248) hat eine von

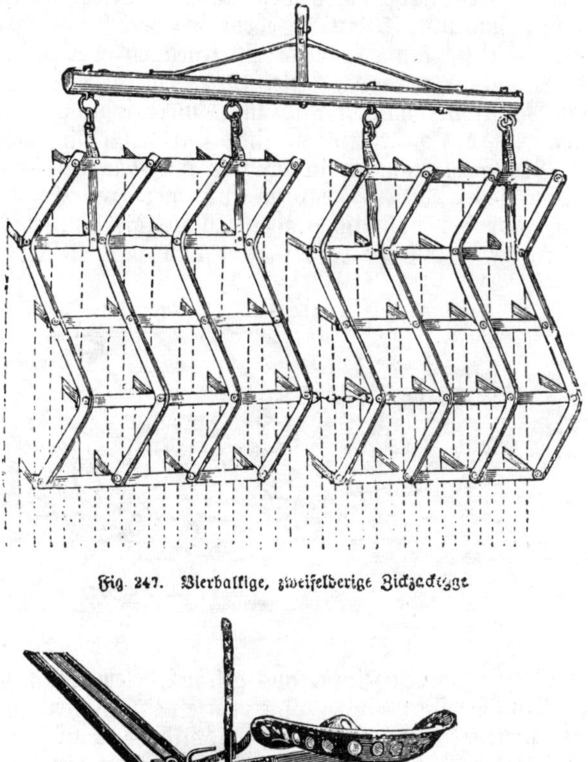

Fig. 247. Vierbalkige, zweifelderige Zickzackegge.

Fig. 248. Acme-Egge.

den gewöhnlichen Eggen sehr abweichende Form und wird zum Zerkleinern und Ebenen des Ackers, wie auch zur Saatunterbringung benutzt. Sie besteht aus einer Anzahl eigentümlich geformter Stahlmesser, welche an zwei parallel hintereinander liegenden Schienen befestigt sind. Die Messer beider Schienen sind verschieden geformt und ergänzen sich dadurch gegenseitig in ihrer Wirkungsweise. Auch die Tiefe, in welcher die Messer in den Boden greifen sollen, kann ganz bestimmt fixiert werden, da die beiden Schienen beweglich mit einander verbunden sind und mittels eines Hebels in ihrer Neigung zum Boden fest eingestellt werden können. Die Wieseneggen werden benutzt, um Wiesen von Moos zu reinigen, dieselben zu lüften, wie auch zur Verteilung von Maulwurfshaufen und zur Unterbringung der künstlichen Düngemittel. Ihre Konstruktionen sind sehr zahlreich und können in zwei große Gruppen, nämlich in schwere und leichte Eggen eingeteilt werden. Von jeder dieser Gruppen soll hier eine Egge beschrieben werden und zwar die böhmische oder Athaussche Wiesenegge und die leichte Wiesenegge. Die erstere, in Fig. 249 dargestellt, besteht aus

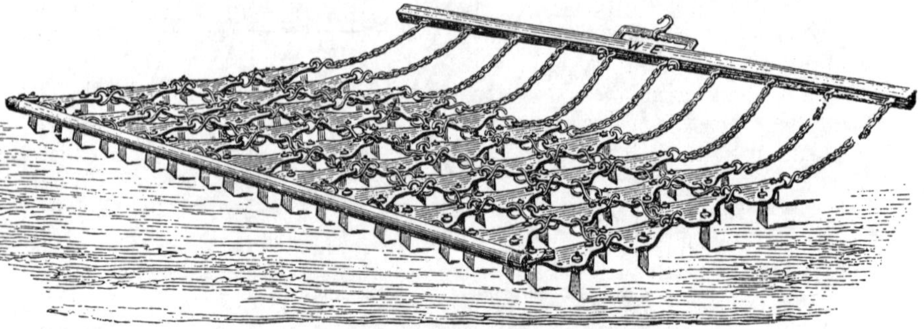

Fig. 249. Böhmische oder Athaussche Wiesenegge.

gußeisernen Platten, deren Zinken aus geschmiedetem Stahl mit Muttern an den Platten befestigt sind. Die einzelnen Platten sind mit einander durch Kettenglieder verbunden, wodurch es ermöglicht wird, daß die Egge sich allen Bodenunebenheiten anschmiegen kann, welche Möglichkeit noch dadurch erhöht wird, daß die Plattenreihen nicht fest an der Zugstange sitzen, sondern mittels Ketten an diese angehängt sind. Die leichte Wiesenegge (Fig. 250) zeichnet sich durch besondere Leichtigkeit aus und hat aus Stahl gefertigte Zinken, welche in der Mitte an schmiedeeisernen Gliedern sitzen, und die so angeordnet sind, daß jede Zinke ihre eigene Bahn beschreibt, ähnlich wie bei der Zickzack-Egge, (Fig. 247) d. h. sehr vollkommen wirkend. Die Zinken selbst sind an dem einen Ende mit meißelartiger Spitze, an dem anderen hingegen mit einer messerartigen Schneide versehen, und da sie in der Mitte an den Gliedern befestigt sind, so kann diese Egge auf beiden Seiten be-

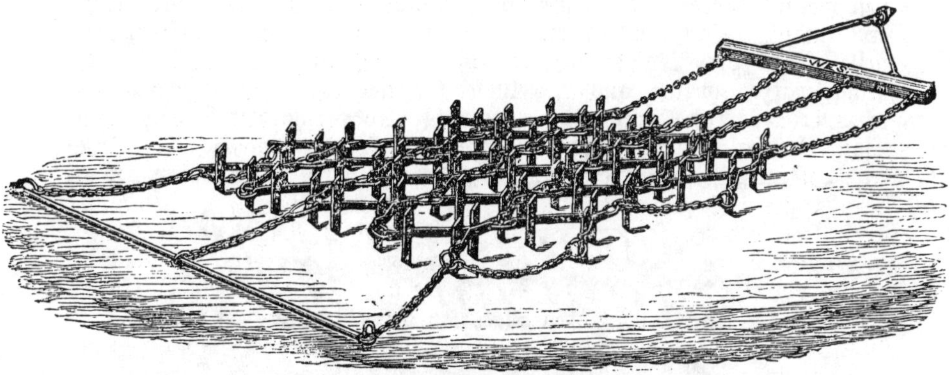

Fig. 250. Leichte Wiesenegge.

nutzt werden. Die meißelartige Form der Zinken dient zum Beseitigen von Moos, zum Auseinanderziehen der Maulwurfshügel, so wie auch zur Vorbereitung des Ackers für die bei den Saatmaschinen näher zu beschreibende Drillkultur. Die messerartigen Zinken hingegen eignen sich besser zum Lüften und Aufarbeiten von Wiesen, wie zur Unterbringung der künstlichen Düngemittel.

Vollendet wird die Bearbeitung des Bodens erst durch die Walze, denn diese veranlaßt die Krümelung des Bodens auch an denjenigen Stellen, wo sie weder durch den Pflug noch durch die Egge erzielt wurde, indem sie selbst die härtesten Schollen zertrümmert. Aber noch zahlreiche andere Aufgaben hat die Walze zu lösen, so z. B. das Festdrücken und Ebenen des Bodens, das Andrücken der durch den Frost gehobenen Saaten und die Verteilung, wie Unterbringung feiner Sämereien. Je nach der zu lösenden Aufgabe ist nun auch die Form der Walze eine verschiedene, und sollen hier die wichtigsten derselben

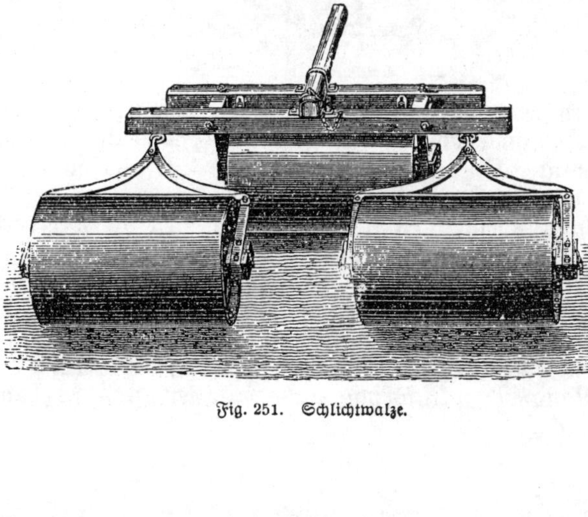

Fig. 251. Schlichtwalze.

beschrieben werden. Da sind die einfachen Schlicht-Walzen, früher eine aus Holz angefertigte einfache Walze, welche jetzt aus Eisen dargestellt, aus drei Walzen besteht, wie es Fig. 251 zeigt. Ferner die Ringelwalze, welche aus einzelnen gußeisernen Ringeln besteht, die in einer größeren Anzahl auf einer Achse neben einander befestigt, eine Walze bilden. Zwei solcher Walzen werden in einem Gestell, wie es Fig. 252 zeigt, so hintereinander gelagert, daß die eine die andere

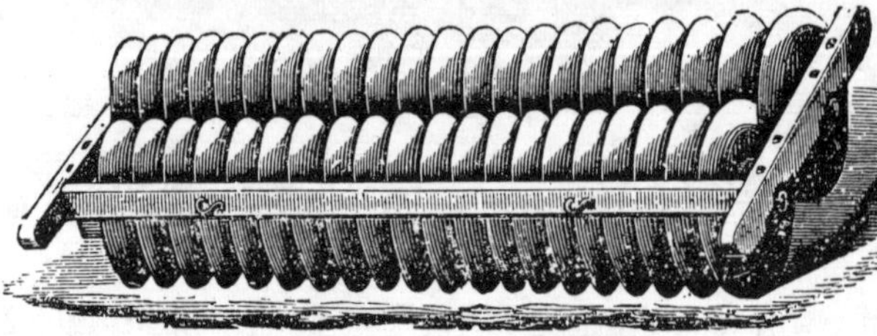

Fig. 252. Doppelte Ringelwalze.

während des Betriebes von der daran haftenden Erde reinigt, indem die Erhöhungen der einen Walze in den Rinnen der anderen laufen. Diese Walzen werden bei genau derselben Lagerung der Ringel auch in kürzeren Stücken als drei Paare so angeordnet, wie es Fig. 253 zeigt und sind für den Transport mit Rädern versehen, welche entweder auf dem Acker abgezogen oder mittels einer Zahnstange in die

Fig. 253. Dreiteilige doppelte Ringelwalze

Höhe gehoben werden können. Endlich sei hier noch die Cambridge-Walze, eine Kombination von Ringel- und Zackenwalze erwähnt, welche sowohl einteilig als auch dreiteilig (Fig. 254) besonders zur Bearbeitung der Weizenfelder im Frühjahr verwendet wird. Diese Walze besteht aus einzelnen gußeisernen Ringen in zwei verschiedenen Größen und Formen, welche lose auf eine schmiedeeiserne Achse gesteckt sind. Die breiteren dieser Ringe haben einen Durchmesser von 40 cm und eine Breite von 8 cm, sie sind am Rande mit einer Schneide versehen und drehen sich gleich einem Rade auf der Achse. Die schmalen Ringe haben einen Durchmesser von 42 cm und eine Breite von 2 cm; ihr Rand ist zackenförmig ausgeschnitten, und sie haben in der

Fig. 254. Dreiteilige Cambridge-Walze.

Mitte eine große Öffnung, welche ihnen einen Spielraum auf der Achse gestattet. Infolge dieser Anordnung schmiegt sich die Walze allen Bodenunebenheiten an, zerkleinert und ebnet den Boden sehr vollkommen, drückt ihn fest und giebt ihm endlich trotzdem eine lockere Oberfläche.

Bevor wir nun nach Beschreibung der Bodenbearbeitungsmaschinen zu denjenigen übergehen, welche die Handarbeit beim Säen und Ernten ersetzen, ist es notwendig noch eine Art der Maschinen zu erwähnen, welche noch vor der Saat verwendet werden, nämlich die Düngerstreumaschinen. Es ist in der vorstehenden Arbeit über die künstlichen Düngemittel besonders betont, daß dieselben sehr gleichmäßig verteilt werden müssen, und es lag nahe, für diese Arbeit, welche mit der Hand vorgenommen stets sehr mangelhaft ist, Maschinen zu konstruieren. Von diesen soll hier die sogen. Bandboden-Düngerstreu-Maschine (Patent Lins) beschrieben und in Fig. 255 in der äußeren Ansicht, wie in Fig. 256 in der inneren Einrichtung dargestellt werden. An eine solche Düngerstreu-Maschine wird darum eine so hohe Anforderung gestellt, weil mit derselben jedes Düngemittel, sei es trocken und staubig, wie z. B. Knochenmehl und Thomasschlacke, oder sei es

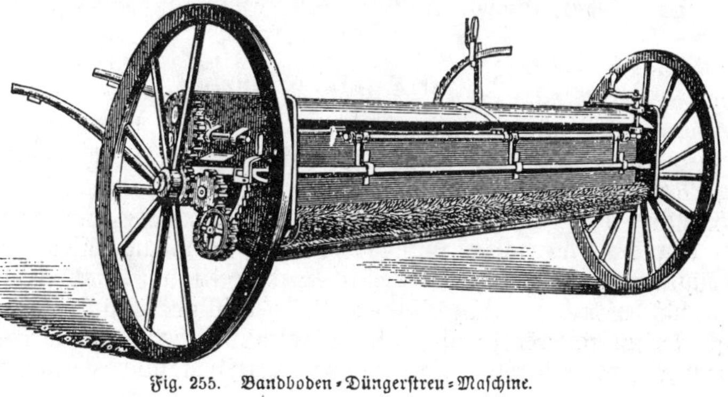

Fig. 255. Bandboden-Düngerstreu-Maschine.

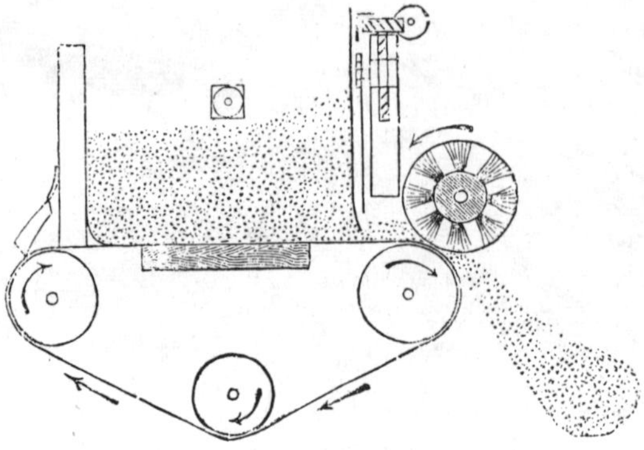

Fig. 256.
Querschnitt der Bandboden-Düngerstreu-Maschine.

feucht und klebrig, wie Guano und Superphosphat, nicht nur dauernd und gleichmäßig fein verteilt, gestreut werden muß, sondern dieselbe muß auch zu jedem Quantum geeignet sein, da die Menge des auszustreuenden Düngemittels sehr variabel ist und zwischen 15 und 300 kg pro Morgen liegt. Die Bandboden-Düngerstreu-Maschine löst diese Aufgabe infolge ihrer in Fig. 256 dargestellten inneren Konstruktion, welche im wesentlichen in folgendem besteht. Unter einem Kasten, der, wie Fig. 255 zeigt, von Fahrrädern getragen wird, sind der Länge nach drei Walzen parallel nebeneinander laufend angebracht. Über diese Walzen ist ein in der Richtung der Pfeile laufendes Band ohne Ende gezogen, welches gleichzeitig den Boden des über ihm stehenden Kastens bildet. An der hinteren Wand des Kastens ist ein verstellbarer Schieber angebracht, der hochgezogen einen Schlitz über dem Bandboden bildet, dessen Breite von der Stellung des Schiebers abhängt und je nach dem auszustreuenden Quantum eingestellt wird. Wird der Kasten nun mit den betreffenden Düngemitteln gefüllt nach vorwärts gefahren, so bewegt sich das Band über die rotierenden Walzen nach hinten und nimmt das Düngemittel in der Höhe des Schlitzes kontinuierlich mit heraus, wo es am Ausgange von einer in der Richtung des Pfeiles rotierenden Verteilungswalze erfaßt und fein verteilt auf den Boden gestreut wird. Das Bodenband ist von sehr fester Leinwand und hat zum Schutze gegen die in den Düngemitteln häufig enthaltenen Ätzstoffe einen Gummiüberzug erhalten.

b) Die Saatmaschinen.

Die Saatmaschinen sind viel älter, als man allgemein annimmt, denn China, Japan und Ostindien sollen schon lange vor Europa solche Maschinen im Gebrauch haben, und da wir unter den heutigen Saatmaschinen die Drillmaschine als eine wesentliche Verbesserung der Breitsäemaschine betrachten müssen, so ist es in Bezug auf die Geschichte der Saatmaschinen um so interessanter, daß ein im Londoner technologischen Museum befindliches hindostanisches Modell einer Saatmaschine als Vorläufer unserer heutigen Drillmaschinen betrachtet werden kann. Um den Wert der Drillmaschinen den Breitsäemaschinen gegenüber verständlich zu machen, wollen wir kurz die Drillkultur erläutern. Eine jede Pflanzenart beansprucht für das Aufgehen eines Saatkornes und fernere Ausbildung der Pflanze einen ganz bestimmten Raum, und haben genaue Versuche ergeben, daß dieser Raum für die verschiedenen Pflanzen auch ein sehr verschiedener ist und z. B. für Lein 6—7, für Klee 25—50, für Gerste 47, für Roggen 54, für Hafer 60, für Weizen 68 und für Mais sogar 197 □cm beträgt. Es ist einleuchtend, daß, wenn die einzelnen Saatkörner enger gestreut werden, jede einzelne Pflanze somit den ihr zur Entwickelung notwendigen Raum nicht erhält, und eine solche Aussaat nicht nur eine Saatvergeudung an und für sich ist, sondern auch gleichzeitig der Entwickelung der einzelnen Pflanze sehr hinderlich sein muß, da ganz abgesehen von den Vorgängen im Boden selbst, schon über demselben den zu eng stehenden Pflanzen Luft und Licht fehlen wird. Mit der Hand konnte eine rationelle Aussaat nur vorgenommen werden, indem man Längs- und Querreihen vorher über das Feld zog, an den Schnittpunkten derselben mit dem Pflanzstock Löcher stieß und in diese die Saatkörner legte. Die Drillmaschinen veranlassen eine solche Reihensaat und die Dibbelmaschine ist eine Abart derselben.

Die Breitsäemaschinen sind noch sehr viel im Gebrauch, sie gewähren zwar keine Saatersparnis, aber sie bewirken doch das Ausstreuen der Saat viel gleichmäßiger, als es selbst dem geschicktesten Säemanne möglich ist, auch sind sie gewöhnlich einfacher und leichter als die Drill-

Fig. 257. Breitsäemaschine.

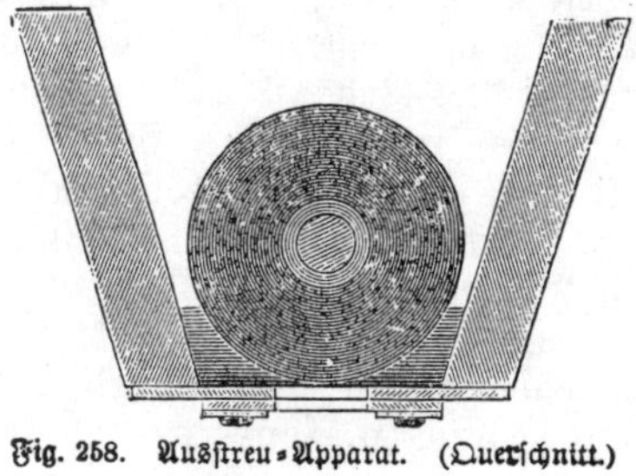

Fig. 258. Ausstreu-Apparat. (Querschnitt.)

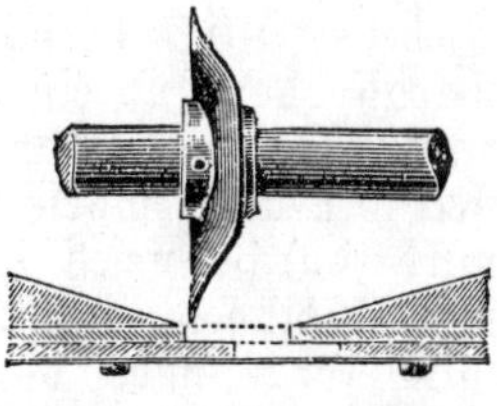

Fig. 259. Ausstreu-Apparat (Längsschnitt und Ansicht.)

maschinen. Fig. 257 zeigt eine Breitsäemaschine, deren innere Einrichtung im Quer- und Längsschnitt in Fig. 258 und 259 dargestellt ist. Der Ausstreu-Apparat besteht aus einer Säewelle mit 22 Säescheiben, welche sich dicht über einen am Boden der Maschine befindlichen stellbaren mit Löcher versehenen Schieber drehen. Diese Schieber bewirken bei Drehung der Welle durch ihre eigentümliche wellenartige Form ein stetiges Hin- und Herschieben und dadurch ein ganz gleichmäßiges Ausfließen der Körner. Die Saatkörner fallen auf das unter der Maschine hängende Streubrett und werden durch dieses gleichmäßig auf den Acker verteilt und zugleich durch ein wasserdichtes Tuch vor Wind und Regen geschützt. Die Menge der ausgestreuten Körner hängt von der Stellung des Schiebers, d. h. davon ab, wie weit sich die in Fig. 258 und 259 sichtbaren Löcher des Bodens und Schiebers decken. Die genaue Stellung des Schiebers ist aber von großer Wichtigkeit und erfolgt mittelst eines hinten an der Maschine befindlichen Stellhebels, welcher auf einer Skala gleitet, die mit einem Stellkloben versehen ist. Eine zur Maschine gehörige Saattabelle giebt die Stellung des Stellklobens auf der Skala für jedes bestimmte Saatquantum an, und gleichzeitig dient der Stellhebel auch als Ausrücker, um mit demselben den Schieber vollkommen zu schließen. Für den Transport der Maschine auf schmalen Wegen ist dieselbe mit einer durch die Mitte des Kastens gehenden Querachse versehen, auf welche die Räder beim Transport gesteckt werden, wie es Fig. 260 zeigt, während die eine Deichsel in die am rechten Ende der Maschine befindlichen Bügel geschoben und mittelst eines Vorsteckers befestigt wird. Eine andere Konstruktion der Breitsäemaschine bezweckt ein gleichmäßiges Ausstreuen der Saat in stets gleichmäßiger Menge unabhängig von dem langsamen oder schnellen Gange des Zugtieres und schließt automatisch beim Stillstand der Maschine die Ausflußöffnungen. Der Säeapparat dieser Maschine besteht aus 12 gußeisernen Gehäusen, in welchen sich Schaufelräder drehen. Letztere sitzen auf einer gemeinschaftlichen Welle und können mittelst eines Hebels seitlich verschoben werden, so daß entweder das ganze Schaufelrad oder nur ein Teil desselben in das Gehäuse tritt, wodurch das auszustreuende Saatquantum reguliert wird. Die durch die Schaufelräder ausgeworfene Saat fällt auf ein verdecktes Streubrett und wird durch dieses gleichmäßig auf den Acker verteilt. Endlich sei hier noch die sehr einfache Klee-Säemaschine erwähnt, welche auch für Raps und Grassamen viel verwendet wird. Hier erfolgt das Ausstreuen des Samens durch eine rotierende Bürste, und wird diese Maschine nicht nur für den Betrieb mit Zugtieren, sondern auch sehr

Fig. 260.
Transportstellung der Breitsäemaschine.

leicht gebaut, auf einer Karre ruhend, für den Handbetrieb angefertigt, wie es Fig. 261 zeigt.

Zur Drillkultur, d. i. also zur Kultur in Reihen, gehören nicht nur die Drill- und die aus diesen entstandenen Dibbelmaschinen, sondern

Fig. 261. Klee-Säemaschine.

auch die während der Vegetationszeit zwischen den Reihen verwendeten Hackmaschinen. Es ist nicht einer der geringsten Vorteile der Drillkultur, daß sie ein bequemes Hacken ꝛc. mit Maschinen zwischen den Reihen zuläßt, was bei der mit der Breitsäemaschine oder Hand ausgestreuten Saat ganz unmöglich ist, außerdem aber bedingt sie neben sehr großer Samenersparnis aus den vorher erwähnten Gründen auch einen gleichmäßigen Aufgang, wie Stand der Saat und eine vorzügliche Verteilung von Luft und Licht zwischen den Pflanzen. Schon 1710 wurden die ersten Drillmaschinen von dem Engländer Jethro Tull konstruiert und bis heute ganz wesentlich vervollkommnet, nicht nur in Bezug auf die gleichmäßige Abgabe der Saatkörner, sondern auch darin, daß sie gleichzeitig den Samen mit Erde bedecken und somit die Säearbeit ganz vollenden.

Fig. 262 zeigt den äußeren Anblick einer Drillmaschine, und sieht man bei dieser im Gegensatz zur Breitsäemaschine eine Anzahl Röhren an dem Saatkasten hängen. Die Anzahl dieser Röhren entspricht der Anzahl der Reihen, welche gesät werden sollen, während die Röhren selbst zur Saatführung nach unten dienen, in einer Scharform enden und an Hebeln montiert, so leicht sind, daß ein zu tiefes Eindringen im leichten Boden vermieden wird, während sie für schweren Boden durch Gewichte belastet werden. Fig. 263 zeigt eine solche zum Ziehen der Furchen bestimmte Schar d an dem Scharhebel befestigt. Für das gleichmäßige Arbeiten der Drillmaschine ist es unbedingt notwendig, daß der Saatkasten stets in wagerechter Stellung bleibt, und wird dies bei einzelnen Maschinen durch eine sinnreich konstruierte Schraubenstellung erzielt, welche indes neuerdings durch eine automatisch wirkende Vorrichtung zur wagerechten Haltung des Kastens verdrängt zu werden

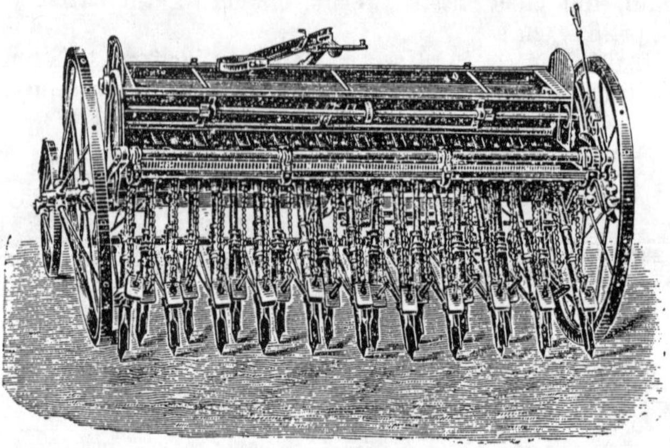

Fig. 262. Drillmaschine.

scheint. Innerhalb dieses Kastens befindet sich ein Säeapparat, welcher den Zweck hat, dafür zu sorgen, daß nur eine ganz bestimmte Anzahl Saatkörner in ganz bestimmten Zwischenräumen in die Saatleitungsröhren und durch diese zur Erde gelangen. Diese Säeapparate werden stets durch Verbindung mit einem Fahrrade in Thätigkeit gesetzt und sind von sehr verschiedener Konstruktion, erstreben aber alle denselben Zweck, nämlich ein ganz gleichmäßiges Säen unter allen Umständen, also auch bei Abhängen, welche eine schiefe Stellung des Saatkastens veranlassen, bei wechselnder Fahrgeschwindigkeit, bei Hacken und Stoßen während des Fahrens 2c. Fig. 264 zeigt den Durchschnitt einer Drillmaschine und zwar der sog. Nutenwalzen-Drillmaschine, so genannt nach dem von Lins erfundenen Nutenwalzen-Säeapparat, welchen dieselbe enthält. Hierbei ist a b die Umsetzung vom Fahrrade zum Säeapparat k, und zwar sind diese die Umsetzung bewirkenden Räder durch Wechselräder zu ersetzen, wenn eine andere Geschwindigkeit der Nutenwalze für ein verändertes Saatquantum gewünscht wird. Die furchenziehenden Schare sind mit d bezeichnet, und t endlich ist die Saatführungsröhre, durch welche die vom Säeapparat ausgeworfenen Saatkörner genau an der gewünschten Stelle in den Boden gelangen. Ein anderer von

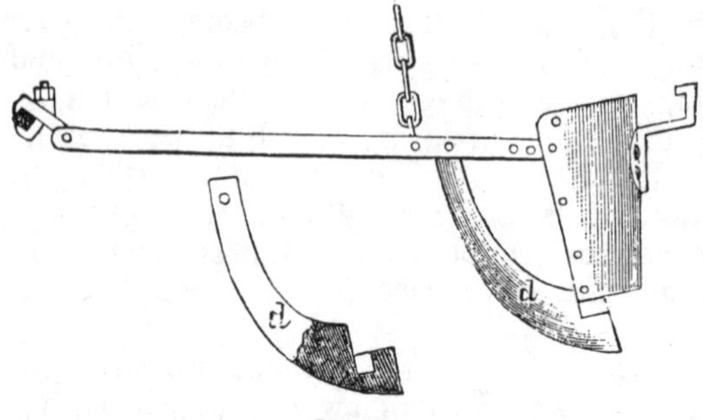

Fig. 263.
Schare und Hebel der Drillmaschine

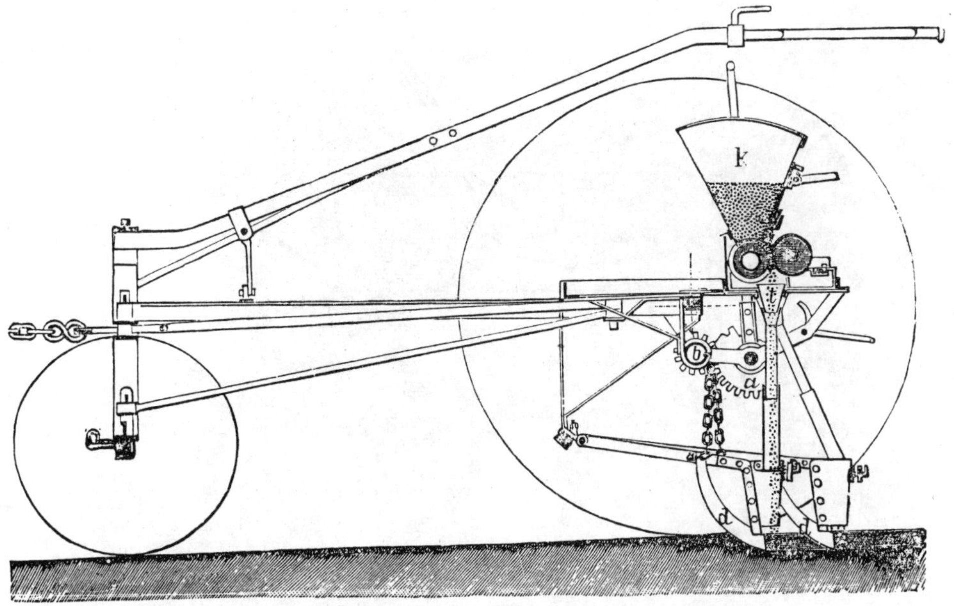

Fig. 264. Durchschnitt der Drillmaschine.

Flöther konstruierter Säeapparat hat anstatt der Nutenwalzen eine Konstruktion, bei welcher Schöpfräder der wesentlichste Teil sind und ist gleichfalls sehr verbreitet. Diese Drillmaschinen können auf jede beliebige Reihenweite von 90 mm ab eingestellt und sehr leicht für alle Getreidearten umgestellt werden. Bei den Dibbelmaschinen, welche den Zweck haben, eine bestimmte Anzahl Körner in ganz bestimmten Abständen von einander in die Erde zu bringen, wie z. B. bei der Rübenkultur, ist die Einrichtung eine ähnliche wie bei der Drillmaschine und nur der Säeapparat den für das Dibbeln gestellten Anforderungen entsprechend geändert. Es giebt auch zahlreiche Konstruktionen, welche durch sehr einfache Auswechselung des Säeapparates und einiger sonstigen Teile in sehr kurzer Zeit das Umändern einer Drillmaschine zu einer Dibbelmaschine gestatten.

Wie schon vorerwähnt, ermöglichte die Saat in genau gehaltenen Reihen auch die Einführung von Hackmaschinen, welche verhältnismäßig leicht zwischen den Pflanzenreihen geführt werden können. Von den zahlreichen Konstruktionen der Hackmaschinen sei hier die Eckert patentierte und in Fig. 265 dargestellte, beschrieben. Die Messer derselben sind aus Stahl und an beweglichen Parallelogrammen so befestigt, daß sie sich allen Unebenheiten des Bodens anschmiegen, ohne ihre Schnittrichtung gegen denselben zu verändern. Die Parallelogramme sind verschiebbar auf einem Rahmen befestigt und werden für

Fig. 265. Hackmaschine.

jede beliebige Reihenentfernung passend auf demselben eingestellt. Der Hackrahmen wird durch Rollen an zwei eisernen Röhren geführt; diese sind mittelst Ketten an Hebeln aufgehängt, welche durch Drehen an einem Handrade beliebig gestellt werden können, so daß hierdurch der ganze Hackapparat jederzeit beliebig gehoben und gesenkt werden kann. Durch einen Handhebel ist außerdem die Neigung des Rahmens und dadurch die Schnittrichtung der Messer gegen den Boden während des Ganges leicht und schnell zu regulieren. Der Hackrahmen selbst gestattet durch seine ganz außerhalb der Räder befindliche Lage eine große seitliche Bewegung, so daß der ganze Apparat geschickt geführt, das Behacken der Reihen in sehr kurzer Zeit und ganz vorzüglich besorgt.

Bei den Saatmaschinen sei noch schließlich Rings Kartoffelpflanzlochmaschine (Fig. 266) erwähnt, welche in sehr genialer Weise die Handarbeit bei der Herstellung der Kartoffellöcher ersetzt. Diese Maschine besteht aus einem mit Vorderrädern versehenen Hinterwagen von schmiedeeisernen Rädern, die sich auf einer gemeinschaftlichen Achse drehen, und auf welchen 10 bis 15 cm lange Pflanzeisen sitzen. Je nach der gewünschten Reihenweite werden diese Räder auf der Achse verschoben und tragen auf dem Radreifen die erforderlichen Löcher für 7, 8, 10 oder 12 Pflanzeisen. Durch diese Anordnung können Pflanzlöcher von 10 bis 15 cm Tiefe, in Reihen von jeder Entfernung zwischen

Fig. 266. Fünfreihige Kartoffel-Pflanzlochmaschine.

55 und 70 cm und endlich in Abständen von 30 bis 55 cm hergestellt werden, denn sieben Pflanzeisen auf dem Rade entsprechen einer Entfernung des hergestellten Loches, vom nächsten derselben von genau 55 cm u. s. f. bis zu 12 Pflanzeisen, welche einem Zwischenraume von 30 cm zwischen je zwei Löchern entsprechen. Diese Maschine kann auf jeder Art Acker verwendet werden und wird ihre Leistung auch durch frisch untergepflügten Stall- oder Gründünger nicht beeinträchtigt; für den Transport werden zwei hohe Räder an dem Hinterwagen befestigt, welcher zu diesem Zwecke an beiden Seiten kurze Achsen trägt, von denen die linke auf der Zeichnung sichtbar ist.

c) Die Erntemaschinen.

Geht auch aus dem Vorstehenden bereits hervor, daß die landwirtschaftlichen Maschinen im allgemeinen sich ganz hervorragend entwickelt haben, so ist dies doch bei den nun noch zu betrachtenden Erntemaschinen ganz besonders der Fall, und können daher von den überaus zahlreichen Arten derselben hier nur einige der wichtigsten behandelt werden.

Von den Mähemaschinen muß, wie bei den Säemaschinen bemerkt werden, daß auch sie viel älter sind, als man im allgemeinen glaubt. Schon die Römer kannten für diesen Zweck, nach den Berichten von Plinius, eine Maschine, welche die Ähren abschnitt und in einen Kasten warf. Ferner sind fast alle Konstruktionen unserer neueren Maschinen, trotz ihrer ganz hervorragenden Vervollkommnung entweder auf die 1755 von Derffer oder 1800 von Boyce konstruierten Mähemaschinen zurückzuführen. Diese modernen Mähemaschinen (Fig. 267) haben zwei Hauptteile, nämlich die Schneidevorrichtung, welche den Schnitt der Halme bewirkt und den Ablegeapparat, welcher die Halme geordnet neben einander ablegt und das Binden derselben sehr erleichtert; beide werden durch die Rotation der Fahrräder getrieben. Als neueste Verbesserung

Fig. 267. Woods Getreidemäher.

ist hier noch ein dritter Teil zu nennen, nämlich der Garbenbinder, welcher die Halme gleich während des Ablegens zu Garben bindet, und welcher später eingehend beschrieben werden soll. Die Schneidevorrichtung besteht aus dem an einem flachgehenden Tische befestigten Messerbalken, an welchem eine die Sense ersetzende größere Anzahl Messer sitzen. An dem Messerbalken anliegend ist ein Fingerbalken montiert, dessen Finger das Getreide teilen und an die, sich hin- und herbewegende Messer drücken, welche es auf diese Weise scherenartig abschneiden. Die Ablegevorrichtung besteht gewöhnlich aus vier gemeinschaftlich von einem Punkte strahlenförmig ausgehenden Hölzern, welche sich um den Befestigungspunkt drehen und an deren äußeren Enden bewegliche Rechen angebracht sind. Die geschnittenen Halme fallen auf den Tisch, werden von dem gerade darüber hinstreichenden Rechen zusammengerafft, und seitlich von dem Tisch heruntergeschoben, geordnet nebeneinander gelegt. Da während des Mähens durch das Drehen um den Unterstützungspunkt der Hölzer kontinuierlich ein Rechen dem anderen folgt, so wird der ganze Schnitt auf diese Weise geordnet auf den Boden in Reihen gelegt und kann leicht zu Garben gebunden werden. Während des Transportes werden Rechen und Tisch senkrecht hoch geklappt und das Getriebe von der Umsetzung zu

Fig. 268. „Adriance"-Getreidemäher mit aufgeklapptem Tisch.

den Fahrrädern losgelöst, so daß der ganze Apparat, wie es Fig. 268 zeigt, leicht transportiert werden und während des Transportes eine Bewegung des Mechanismus nicht stattfinden kann. Die vorstehend beschriebenen Konstruktionen sind die von „Wood's" und „Adriance" Getreidemäher; es giebt noch zahlreiche andere mehr oder weniger von diesen abweichende, gewöhnlich nach ihren Erfindern genannt, deren Hauptbestandteile aber stets Schneide- und Ablegevorrichtung sind. Bei den Grasmähmaschinen fehlt die letztere und wird der Antrieb hierbei nicht von den Fahrrädern, sondern von eigens dafür konstruierten Kammrädern besorgt, wie es in Fig. 269 abgebildet ist.

Fig. 269 Grasmähemaschine.

Der Garbenbinder, an der Ablegevorrichtung der Mähemaschinen angebracht, veranlaßt, daß dieselbe das geschnittene Getreide gleich zu Garben gebunden ablegt und soll von den verschiedenen hierfür existierenden Konstruktionen gleichfalls der „Adriance" Garbenbinder beschrieben werden. Das geschnittene Getreide wird mittels eines endlosen Tuches (Canvas Apron), in Fig. 270 im Vertikalschnitt dargestellt, zu einer mit Greifsternen (Revolving Sprockets) versehenen Walze geführt, an deren vorderem Ende sich eine als Halmenebner

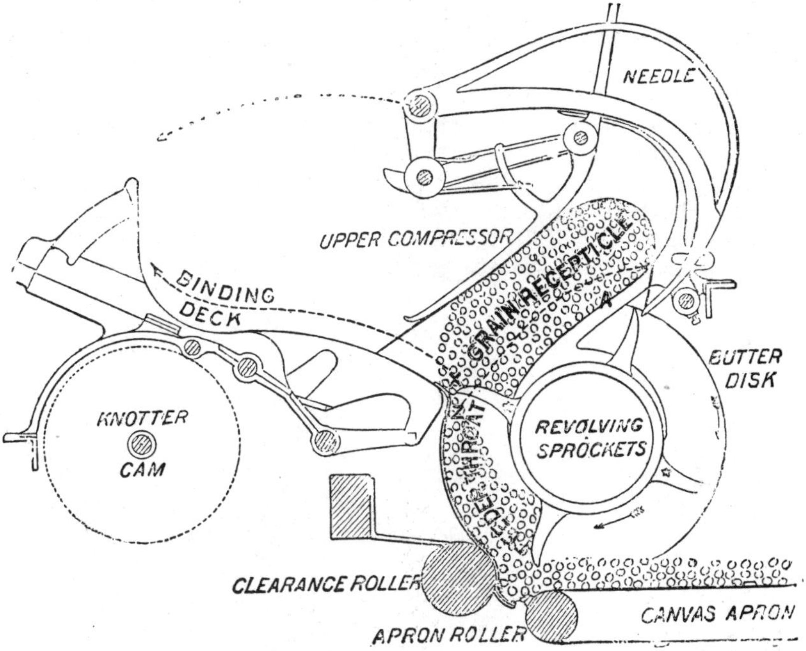

Fig. 270. Garbenbinder (Vertikalschnitt).

dienende Scheibe (Butter Disk) dreht. Hierauf wird das Getreide von den Greifern gefaßt und durch einen Hohlweg (Feeder Throat) auf eine Reihe schräg liegender Arme A gehoben, welche den Sammelplatz für das Getreide (Grain Recepticle) bilden und gleichzeitig dazu dienen, die Greifer beständig rein zu halten, sowie ein Wickeln der Halme zu verhüten. Die über den Sammelarmen befindliche Nadel umspannt jetzt sich senkend, das gesammelte Getreide mit Bindfaden und bewegt sich gleichzeitig nach dem nahe am Fahrrade befindlichen Binderdeck zu. In Fig. 271 sieht man die Nadel mit der Garbe etwa auf halbem Wege zum Binderdeck, und beginnt damit die Trennung der zu bindenden Garbe x von der nächsten sich ansammelnden z. Fig. 272 zeigt die Garbe B auf dem Binderdeck festgepreßt und zum Binden bereit, ferner den Seitenpresser C, wie er den Druck von der Nadel nimmt. Sobald die Nadel und die Ablegegabel ihre Arbeit vollendet haben und in ihre erste Stellung zurückkehren, wird der Knoten geschürzt, wobei die Nadel nicht auf dem Hinwege zurückgeht, sondern auf dem in Fig. 272 punktiert bezeichnetem Wege über die sich ansammelnde nächste Garbe hinweggeführt wird. Fig. 273 endlich zeigt die beginnende Ablage und endgültige Trennung der Garben. Hierbei ist ersichtlich, wie die eine Garbe sich dem Binderdeck nähert, und

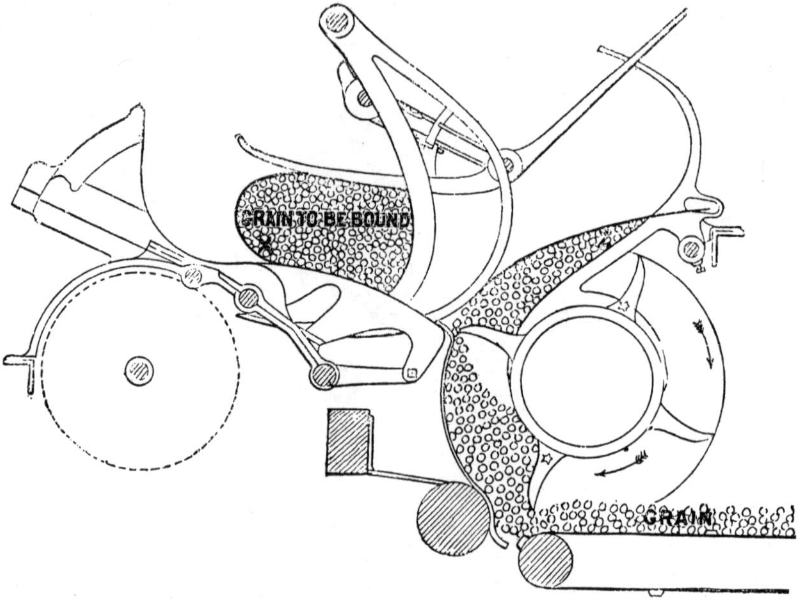

Fig. 271. Garbenbinder.

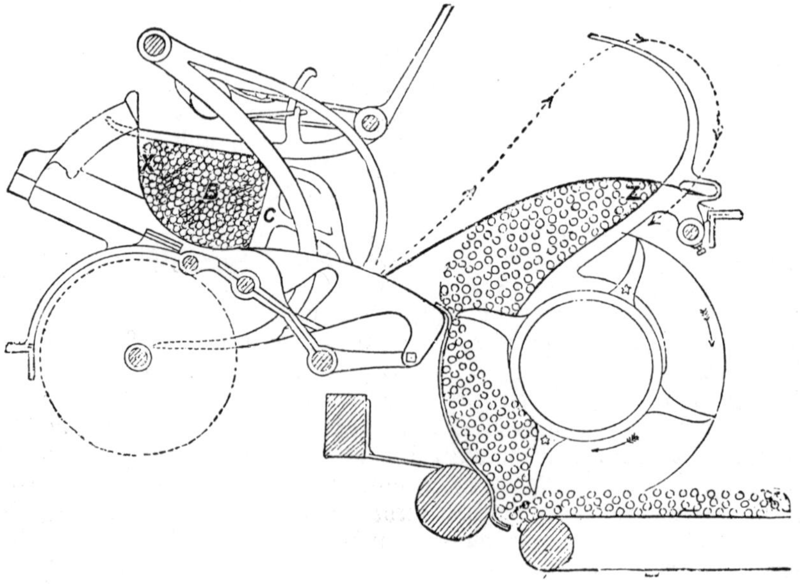

Fig. 272. Garbenbinder.

von Nadel, oberem Presser und Bindfaden festgehalten wird, während die andere, schon fest gebunden, durch die Ablegegabel vom Binderdeck gehoben und umgedreht mit dem Schnittende zuerst rückwärts zur Erde gelegt wird.

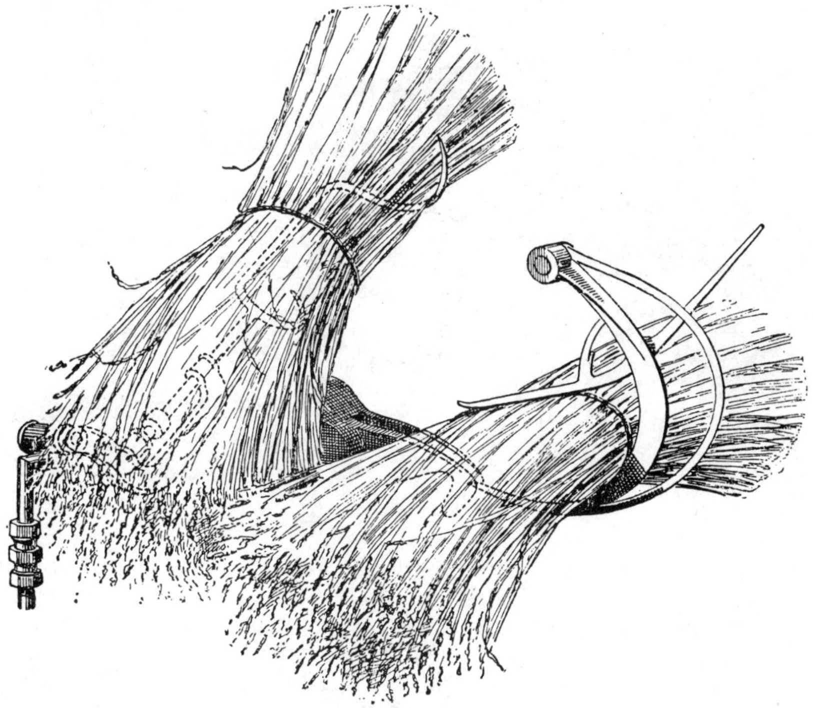

Fig. 273. Garbenbinder.

Für die Ernte des Heues sind besonders die Heuwender und die Pferderechen zu erwähnen, welche letztere auch zum Zusammenbringen von Getreide und Klee, wie zum Aufharken von Lupinen, Kartoffelkraut 2c. verwendet werden. Der Heuwender hat, wie es Fig. 274 zeigt, eine größere Anzahl Zinken an zwei röhrenförmigen Balken sitzen. Diese Zinken bestehen aus Stahldraht, dessen inneres Ende in einer Spirale um die Befestigungsachse gewunden ist; hierdurch weicht die etwa ein Hindernis antreffende Zinke für sich allein aus, ohne daß die Funktion der anderen an demselben Balken angebrachten Zinken gehemmt würde. Die drehbar montierten Balken werden an beiden Enden in eine eigentümliche Kurve geführt, welche eine möglichst günstige Stellung der Zinken und ein derartiges Heraustreten derselben aus dem Heu bewirken, daß dasselbe beim Ablegen vollständig abgestreift wird. Der Betrieb der Zinkentrommel, durch deren Rotation

Fig. 274. Heuwender.

das Heu sehr sachgemäß gewendet wird, erfolgt von Zahnkränzen in den Fahrrädern aus auf kleine Getriebe, welche an den Enden der Trommelachse aufgesetzt sind. Sobald der Arbeiter seinen Sitz einnimmt, balanciert die Maschine vollständig, und die Trommel liegt dann soweit nach hinten, daß die beiden äußersten entsprechend gekröpften Zinken in der Radspur arbeiten, wodurch auch das von den Rädern gepreßte Heu aufgenommen wird. Wesentlich einfacher ist die Konstruktion des Pferderechens (Fig. 275), da hier das Heu ꝛc. nicht gewendet, sondern nur zu einzelnen Haufen zusammengeharkt werden soll. An einem aus zähem Eichenholz bestehenden Gestell sitzen aus Stahl gefertigte lange Zinken, welche mit ihren Spitzen den Boden berühren und leicht nach vorn gekrümmt sind. Jede dieser Zinken ist für sich beweglich und schmiegt sich allen Bodenunebenheiten an, sodaß alle vorkommenden Hindernisse, selbst Baumwurzeln, den Gang dieses Gerätes nicht stören. Sobald die Zinken soviel Heu aufgenommen haben, daß sie entleert werden müssen, werden sie mit der Hand aufgehoben, oder auch, bei einer neueren Vorrichtung, durch den Zug des Pferdes. Diese Vorrichtung ist so eingerichtet, daß sie durch einen leichten Tritt des Führers auf eine Kette in Funktion gesetzt werden kann, was der älteren Konstruktion gegenüber den Vorteil hat, daß der Führer beide Hände für die Führung des Pferdes frei behält.

Fig. 275. Pferderechen.

Für den Transport des Rechens wird das Gestell so herumgeklappt, daß die Zinken nach oben gerichtet sind.

Das Ausgraben der reifen Rüben durch Menschenarbeit beansprucht nicht nur große Kraftaufwendung und verhältnismäßig lange Zeit, welche die Witterung nicht immer gestattet, sondern bringt auch einen nicht unerheblichen Verlust von Rüben selbst mit sich durch das ganz unvermeidliche Übersehen einzelner Rüben, und man veranschlagt diesen Verlust auf ca. 5%. Das hat dazu geführt, auch diese Arbeit durch Maschinen zu ersetzen, und giebt es jetzt Rübenhebemaschinen verschiedener Konstruktionen. Diese Maschinen heben die Rüben nicht vollständig heraus, lockern sie aber so, daß sie sehr leicht sogar von Kindern ausgehoben werden können. Fig. 276 zeigt die Rübenhebemaschine von Siedersleben, mit nach rückwärts geklappter Deichsel, welche im wesentlichen aus zwei sehr starken tief greifenden Eisen be-

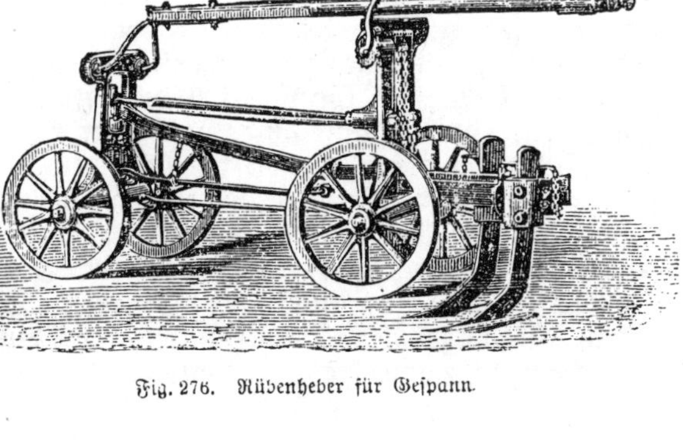

Fig. 276. Rübenheber für Gespann.

steht, die auf einem sehr kräftig gebauten Wagen montiert sind, welche für den Transport mittelst einer durch eine Kurbel aufwickelbaren Kette gehoben werden können. Diese Maschine hebt zwei Reihen Rüben gleichzeitig aus, ohne irgend welche derselben stehen zu lassen und zwar pro Tag zwei Hektar bei gleichzeitiger sehr tiefer Lockerung des Ackers, worin in Bezug auf die nächstfolgende Kultur ein hoher Wert liegt. Natürlich ist während der Arbeit dieser Maschine auch ein sehr großer Widerstand zu überwinden und gehören vier Zugtiere zum Bewegen derselben, was den Erfinder veranlaßt hat, diesen Heber auch für Dampfbetrieb zu konstruieren, mit welchem täglich 10 Hektar Rübenfeld bearbeitet werden können.

Daß endlich das Ausdreschen des Getreides mit dem Dreschflegel längst durch von Motoren betriebene Dreschmaschinen ersetzt ist, ist, wie diese Maschine selbst, so allgemein bekannt, daß hier aus dem vorher angegebenen Grunde nicht näher darauf eingegangen werden kann.

---

3. Nahrungs- und Genußmittel.

a) Die gegohrenen Getränke: Bier, Branntwein und Wein.

Die Bierbrauerei.

Das Bier gehört zu den wenigen Nährsubstanzen, welche gleichzeitig Nahrungs- und Genußmittel sind. Wir unterscheiden nämlich bei den Stoffen, welche wir behufs unserer Ernährung zu uns nehmen, sehr scharf zwischen Nahrungs- und Genußmitteln, und nur sehr wenige Speisen bezw. Getränke sind beides zu gleicher Zeit. Während die Nahrungsmittel uns direkt ernähren, d. h. die aufgebrauchten Teile unseres Körpers ersetzen, oder diesen vor dem Aufgebrauchtwerden schützen, indem sie selbst an seiner Stelle durch den eingeatmeten Sauerstoff zersetzt werden, haben die Genußmittel diese Fähigkeit nicht, denn sie haben gar keinen oder im günstigsten Falle nur einen sehr geringen Nährwert. Nichtsdestoweniger dürfen sie nicht als Luxusartikel betrachtet werden, denn ihre Bedeutung für die Ernährung überhaupt ist eine so hohe, daß eine Ernährung ohne dieselben ganz undenkbar wäre.

Das Bier ist also gleichzeitig Nahrungs- und Genußmittel, denn zu ersterem macht es sein Extraktgehalt, welcher direkt ernährend wirkt, zu letzterem sein Alkoholgehalt. Dasselbe ist unter den alkoholischen Getränken deswegen so empfehlenswert, weil es den Alkohol in verdünntester Form darbietet. Die Physiologen sind nämlich darüber einig, daß, so nützlich uns der Alkohol als Genußmittel — mäßig genossen — auch sein kann, er doch nur in sehr verdünnter Form genossen werden darf. Als dritter wesentlicher Bestandteil des Bieres ist die Kohlensäure zu nennen, welcher dasselbe seine labende und erquickende Eigenschaft verdankt. Die Bildung dieser Substanzen — Extrakt, Alkohol und Kohlensäure — im Biere ist die Aufgabe des Brauers und soll im nachstehenden beschrieben werden.

Die Rohmaterialien für die Bierbereitung.

Die Rohmaterialien für die Bereitung des Bieres sind Getreide oder andere stärkemehlhaltige Substanzen, Hopfen, Hefe und Wasser.

Das Getreide und unter diesem die Gerste haben für die Bereitung des Bieres den Vorzug vor allen anderen stärkemehl- oder zuckerhaltigen Substanzen, obgleich sich auch diese dazu eignen. Die Cerealien und unter diesen wiederum die Gerste haben deshalb den Vorzug, weil ihr Stärkemehl-Gehalt ein ziemlich konstanter, wenigstens der am wenigsten schwankend ist, und sie lassen sich auch am leichtesten vermälzen. Unter den chemischen Bestandteilen der Gerste ist, wie schon angedeutet, die Stärke der weit überwiegende, sie nimmt unter 100 Teilen nicht weniger als 54 ein; unter den Aschenbestandteilen sind es wesentlich Phosphorsäure und Kieselsäure, die zusammen unter 100 Teilen 63 Teile ausmachen.

Vornehmlich die Bierbereitung ist es, die der Gerste ihre Bedeutung für die Landwirtschaft giebt, denn als Brotfrucht steht sie hinter Roggen und Weizen zurück, da ihr Mehl von weit geringerer Qualität auch im Nahrungswert ist. Dagegen sind die Körner geschroten als Mastfutter sehr geschätzt, auch die daraus erzeugten Graupen werden vielen anderen vorgezogen. Von den mancherlei Gerstensorten wollen wir hier nur die drei erwähnen: die vierzeilige oder kleine Sommergerste mit langer, meist etwas gebogener Ähre, deren Körner in sechs unregelmäßigen Reihen stehen; die sechszeilige Wintergerste mit kürzerer, gedrungener Ähre, deren Körner in sechs regelmäßige Reihen angeordnet sind; die zweizeilige Gerste mit langen plattgedrückten Ähren, deren Körner nur in zwei Reihen stehen. Letztere braucht zur Reife nur drei Monate und wird wegen ihres vortrefflichen Kornes von den Bierbrauern am meisten gesucht. Die Gerste bildet nebst dem Weizen den Hauptartikel des Getreidehandels, und es werden jährlich ungeheure Mengen aus Ungarn und dem östlichen Europa in das deutsche Reich eingeführt. Unter allen Getreidearten reicht sie am weitesten sowohl nach Norden wie nach Süden, von Lappland bis nach Ägypten und Arabien, und in den Alpen geht sie noch bis zu 1600 m hinauf. Der Grund ist einfach der, daß sie ihr Wachstum so rasch vollendet, daß sie in warmen Klimaten alle Stufen desselben vor Eintritt der Sommerdürre zurücklegen und in kalten noch vor Eintritt der Herbstfröste zur Reife gelangen kann.

Der Hopfen ist eine ausdauernde Pflanze aus der Familie der Nesselgewächse. Der Teil, welcher davon in der Bierbrauerei gebraucht wird, ist die weibliche Blüte, die man auch Kätzchen oder Zapfen nennt. Diese Blüten enthalten unter ihren schuppenartigen Blättchen goldgelbe, nierenförmige Körner, das sogenannte Hopfenbitter. Die für den Brauer in Betracht kommenden Bestandteile des Hopfens sind das Hopfenöl, die Gerbsäure und einige mineralische Substanzen. Das Hopfenöl oxydiert außerordentlich rasch und bildet Valeriansäure, welche die Ursache der Minderwertigkeit des alten Hopfens ist und diesem auch den eigentümlichen käseartigen Geruch verleiht. Den bitteren Geschmack verdanken die Blüten, deren Form der Botaniker zapfenartige Scheinähren nennt, dem sogenannten Hopfenharz.

Die Qualität des Hopfens ist von außerordentlich hoher Bedeutung für Feinheit, Geschmack und Haltbarkeit des Bieres, und da die Qualität selbst des besten Hopfens mit der Zeit leidet, so war man stets auf die neue Ernte angewiesen, was — je nach Ausfall derselben — zu außerordentlich schwankenden Preisen führte, welche in neuerer Zeit einigermaßen durch die Konservierungsmethoden des Hopfens geregelt werden. Der Hopfen wird, um ihn haltbar zu machen, geschwefelt d. h. man setzt den getrockneten Hopfen den Dämpfen brennenden Schwefels aus und preßt ihn, nachdem er abgedarrt ist, fest in luftdichtverschließbare große Metallcylinder. Dieser sogenannte Büchsenhopfen ist — besonders kühl und trocken aufbewahrt — jahrelang haltbar.

Die Hefe (Saccharomyces cerevisiae) gehört zur Gruppe der Sproßpilze und soll bei der Bereitung des Bieres selbst und zwar bei der Gährung näher beschrieben werden.

Das Wasser ist je nach seinen Beimengungen von großem Einfluß auf die Bierbereitung. Wir unterscheiden zwischen „hartem" und „weichem" Wasser. Letzteres setzt beim Kochen keinen Pfannenstein ab und ist kalkfrei, während hartes Wasser einen mehr oder weniger hohen Gehalt an kohlensaurem oder schwefelsaurem Calcium hat. In den meisten Fällen sind daher Quellwasser und Brunnenwasser hartes Wasser, während Flußwasser und besonders Regenwasser zu den weichen Wässern zählen. Für die Bereitung des Malzes ist weiches Wasser vorzuziehen, während zum Einmaischen ein gewisser Kalkgehalt nicht schadet; auf jeden Fall aber ist ein Wasser, das durch organische Substanzen verunreinigt ist, als zur Bierbereitung ganz ungeeignet zu verwerfen, und wo kein anderes Wasser zur Verfügung steht, muß es vor der Verwendung durch geeignete Behandlung — auf die hier nicht näher eingegangen werden kann — gereinigt werden.

Die Bereitung des Bieres selbst zerfällt in drei von einander getrennte Abschnitte, und zwar in:

1. die Malzbereitung,
2. die Bereitung der Bierwürze und
3. die Gährung der Bierwürze.

Die Malzbereitung geht in der Mälzerei, die Bereitung der Bierwürze im Sudhause und die Gährung in der Kellerei vor sich. Diese drei Hauptabschnitte sollen nun der Reihe nach unter Berücksichtigung der neuesten Erfindungen und Verbesserungen beschrieben werden.

Die Mälzerei.

Die Aufgabe der Mälzerei im chemischen Sinne ist es, das Stärkemehl des Kornes befähigt zu machen, sich unter geeigneten Umständen in Zucker zu verwandeln. Diese Verwandlung selbst geht dann während des Prozesses im Sudhause vor sich, und der Zucker der hier gebildeten Zuckerlösung wird schließlich im Gährkeller mittelst Gährung in Alkohol und Kohlensäure gespalten.

Die Malzbereitung selbst zerfällt wiederum in drei Unterabteilungen, nämlich in das Einweichen, das Keimen und das Darren der Gerste.

Die Gerste wird vor dem Einweichen in Putz- und Sortiermaschinen gereinigt und je nach Größe der Körner in verschiedene Sorten getrennt, von denen mit Vorteil nur die beste Sorte, d. h. diejenige, welche die größten und vollsten Körner enthält, vermälzt werden kann. Diese Sortiermaschinen trennen gleichzeitig auch alle halben Körner, welche seit Einführung der Dampfdreschmaschinen sich recht häufig finden, und das ist für die weitere Verarbeitung sehr wichtig. Ein solch' zerschlagenes Korn hat nämlich seine Keimfähigkeit eingebüßt und schimmelt bei der zum Mälzen nötigen Behandlung, die Schimmelbildung dann — besonders wenn zahlreiche halbe Körner vorhanden sind — über den ganzen Malzhaufen fortpflanzend, was die Qualität des Malzes außerordentlich verringert.

Die für das beabsichtigte Wachstum notwendige Feuchtigkeit erhält die Gerste durch Einweichen. Sie wird in große eiserne oder gemauerte und auscementierte, mit Wasser gefüllte Gefäße geschüttet und sinkt darin unter. Alle nicht gesunden Körner und sonstige Unreinlichkeiten schwimmen hingegen auf der Oberfläche des Wassers, werden abgeschöpft und finden als sog. Abschöpf- oder Schwimmgerste besonders als Futter für Geflügel Verwendung. Bei Anwendung gut wirkender Sortier- und Putzmaschinen ist übrigens die Menge der Schwimmgerste nur sehr unbedeutend. Das Wasser muß in den Quellstöcken oder Weichen — wie die oben erwähnten Gefäße genannt werden — einige Centimeter über der Gerste stehen und einige Male gewechselt werden, weil es gewisse Bestandteile der Hülse des Kornes auslaugt und hierdurch sowohl eine braune Farbe, als auch einen eigentümlichen Geruch annimmt. Die Dauer des Einweichens ist bedingt durch das Alter der Gerste, die Stärke der Hülsen, die Temperatur des Wassers ꝛc. und daher sehr variabel (48 bis 72 Stunden).

Hat die Gerste die genügende Weiche erhalten, so kommt sie auf die Tennen, um dort zu keimen. Diese Tennen sind sehr große Säle oder Keller, deren Boden mit ganz gleichmäßigen Platten belegt oder sehr glatt cementiert ist. Hier wird die Gerste zuerst in einen möglichst hohen Haufen, den sog. „Naßhaufen" geschüttet und später zu immer flacheren Haufen umgeschaufelt. Infolge der dem Korne in den Weichen gegebenen Feuchtigkeit und der während des Wachstums selbst produzierten Wärme beginnt ein wunderbares Leben in demselben. An der Spitze des Kornes schießen Wurzelfäserchen heraus, und unterhalb der Hülse belebt sich der Blattkeim, derselbe, der — wenn dieses Leben nicht rechtzeitig unterbrochen wird — zum Halme auswächst und unserem Auge den Anblick des wogenden Ährenmeeres der mit Getreide besäten Felder bietet. Das Wachstum muß für alle Körner im ganzen Haufen sehr gleichmäßig vor sich gehen, aus welchem Grunde für eine gleichmäßige Temperatur in demselben Sorge getragen werden muß. Nun sind selbstverständlich die unteren Schichten des Haufens wärmer, als die oberen, während die mittleren mit ihrer Temperatur zwischen ihnen stehen. Auf sehr kunstvolle Weise wird aber der Haufen in gewissen Zeiträumen so umgeschaufelt, daß seine unterste Schicht oben auf, die oberste nach unten, die mittlere aber wiederum in ihre frühere Lage zurückkommt.

Seit einem Jahre hat man für diese Arbeit auf den Tennen Wendeapparate eingeführt, welche — durch Maschinenkraft betrieben — das Wenden des Haufens sehr exakt besorgen. Ein solcher Wendeapparat besteht im wesentlichen aus einer über die ganze Tenne reichenden eisernen Stange, welche sich auf an den Seiten der Tenne laufenden Zahnrädern, um die eigene Axe drehend, langsam über den Haufen fortbewegt und, sobald sie denselben überschritten hat, zurückgeführt werden kann. Klammerartige oder anders konstruierte Ansätze, welche die Stange trägt, greifen das Malz und wenden es genau so, wie der beabsichtigte Zweck es verlangt, d. h. also die oberste Schicht nach unten u. s. w. wie vorher beschrieben. Durch diese Apparate wird nicht nur die gewünschte Arbeit vorzüglich geleistet, sondern man arbeitet auch in Bezug auf die für das Wenden des Haufens zu verausgabenden Löhne wesentlich billiger, als es bisher geschah, und muß man sich über eine so späte Ausführung eines solchen Apparates um so mehr wundern, als die Brauerei einen ganz ähnlichen Apparat auf den Darrherden zum Wenden des zu darrenden Malzes bereits seit mehr als zehn Jahren verwendet. (Siehe Fig. 278.)

Der vorher erwähnte, bei dem Keimen sich bildende Blattkeim verbraucht zu seiner Ernährung das Stärkemehl des Kornes, und gerade dieses muß der Brauer erhalten, denn aus ihm will er später Zucker bilden, und der ganze Prozeß des Wachstums ist ihm ja nur ein Mittel zum Zweck, welches diese Zuckerbildung ermöglichen soll. Darum unterbricht man das Wachstum des Kornes, wenn der Blattkeim unter der Hülse ca. $^2/_3$ der Länge des ganzen Kornes erreicht hat, indem man so viel frische Luft - und zwar kalte, denn man mälzt, um das Wachstum des Haufens überhaupt regulieren zu können, nur im Winter — über den immer dünner und zuletzt recht dünn geführten Haufen streichen läßt, so daß die zum ferneren Wachsen unbedingt notwendige Wärme und Feuchtigkeit fehlen.

Um diese Luftzufuhr, welche gleichzeitig dem Haufen so viel von der Feuchtigkeit nimmt, daß er lufttrocken wird, recht intensiv hervorbringen zu können, wird der Haufen von den stets zu ebener Erde oder im Keller gelegenen Tennen mittels Fahrstuhl nach dem obersten Boden, dem sogenannten Schwelkboden gebracht. Dieser Boden liegt gewöhnlich hart unter dem Dache und steht durch einen Mauereinschnitt mit der obersten Darrhorde (Fig. 277, b) in Verbindung, so daß das hier getrocknete Grünmalz ohne weiteren Motor gleich auf die Darrhorde geschüttet werden kann, sobald es lufttrocken geworden ist. Die Luftzufuhr veranlassen zahlreiche zur ebenen Erde dieses Schwelkbodens einander gegenüberliegende Fensteröffnungen und eine intensive Wirkung derselben wird durch 4 bis 6 maliges tägliches Umschaufeln des auf der Schwelke nur 3 bis 5 cm dicken Haufens hervorgebracht. Die Dauer des ganzen Keimens ist von der Außentemperatur abhängig und dauert um so länger, je niedriger dieselbe ist, im ganzen 7 bis 14 Tage.

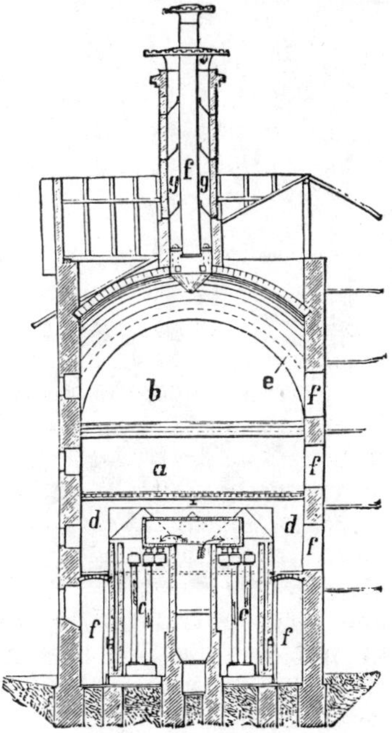

Fig. 277. Malzdarre.

Das Luftmalz wird auf den Darren einem Röstprozeß unterworfen und hierbei in Darrmalz übergeführt. Die Darre (Fig. 277) ist ein turmartiger Bau, welcher sich an die Böden des Brauereigebäudes anlehnt und mittels einer eigenartig konstruierten Feuerung heiße Luft herstellt, welche durch das zu darrende Malz streicht, ohne es mit den Feuergasen in Berührung zu bringen. Die Darre besteht aus der Feuerung c, bei welcher die Feuergase durch eiserne Röhren in der Richtung der Pfeile geleitet werden, und in auf Fig. 277 nicht sichtbaren Mauerkanälen zum Schornstein g geführt, aus diesem entweichen. Ferner aus den Lufträumen f, in welchen die Luft erhitzt zu der sog. „Sau" d — einem unter den Horden liegenden Raume — und durch f in die untere Darrhorde a und die obere b geführt wird, um schließlich mit den beim Darren entwickelten Wasserdämpfen durch f im Schornsteine zu entweichen. Der Boden der Horden a und b besteht aus siebähnlichen Drahtgeflechten oder aus durchlochten Eisenblechen.

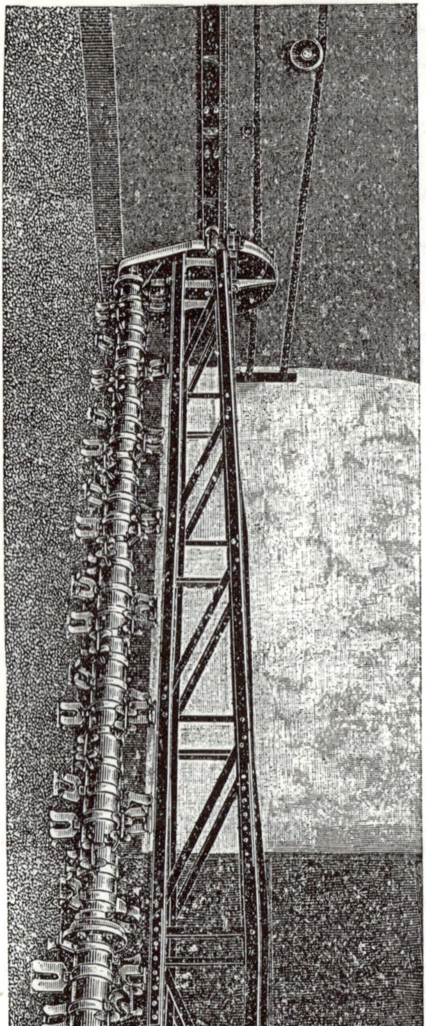

Fig. 278. Darrwender.

Das lufttrockene Malz wird zuerst auf die obere Horde b gebracht, um hier in einer weit niedrigeren Temperatur, als sie in a herrscht — und zwar bei 30 bis 40° C. — vorgetrocknet zu werden, und um auch zu verhüten, daß die sich zuerst sehr stark entwickelnden Wasserdämpfe das auf der darüber liegenden Horde befindliche Malz treffen. Würde man nämlich das Malz sofort stark erhitzen, dann würde sein Stärkemehl in Kleister übergehen und eine hornartige, für Wasser undurchdringliche Substanz bilden. Ein solches fehlerhaft dargestellte Malz ist für den Brauprozeß unbrauchbar und wird Steinmalz oder auch Glasmalz genannt. Das auf der oberen Horde b so vorgetrocknete Malz wird durch eine Öffnung im Boden auf die untere Horde a gebracht, um hier langsam auf 50 bis 90° C. — je nach der Art des Bieres, das gebraut werden soll — erwärmt zu werden. Auch auf beiden Darrhorden ist das Malz regelmäßig umzuwenden, wenn es gleichmäßig gedarrt werden soll, was sehr wichtig ist, und geschieht dies durch einen ähnlichen Wendeapparat, wie er beim Malzwenden auf der Tenne beschrieben worden ist, und wie ihn Fig. 278 zeigt.

Das so fertiggestellte Darrmalz muß nun, bevor es im Sudhause weiter verarbeitet werden kann, von den Wurzelfäserchen, welche sich während des Keimens gebildet haben, befreit werden. Diese Arbeit geht auf den sogen. Malzputz- und Entkernungsmaschinen verhältnismäßig leicht vor sich, da diese Wurzelfäserchen in der hohen Temperatur, bei welcher das Malz abgedarrt wurde, sehr spröde geworden sind. In diesen Maschinen wird das Malz zwischen gerippten Tellern leicht gerieben und mit den auf diese Weise losgeriebenen Wurzelfäserchen in einen schräg liegenden, sich um die eigene Axe drehenden Siebcylinder geführt. Die Wurzelfäserchen fallen hierbei durch das Sieb in einen diesen umgebenden Kasten, während das geputzte und entkeimte Malz das Sieb am unteren Ende verläßt. Die gedarrten Keime sind ihres hohen Stickstoffgehaltes wegen ein sehr gesuchtes Viehfutter.

Als eine hervorragende Neuerung auf dem Gebiet der Mälzerei, welche geeignet ist, den ganzen Betrieb derselben umzugestalten, ist das pneumatische Malzverfahren von Galland zu nennen. Galland hebt die Handarbeit auf der Tenne vollständig auf, indem er das Keimen in geschlossenen Trommeln unter Zuführung gleichmäßig feuchter Luft von stets derselben Temperatur vor sich gehen läßt. Diese Luft stellt Galland dar, indem er dieselbe durch einen mit Koks angefüllten Turm

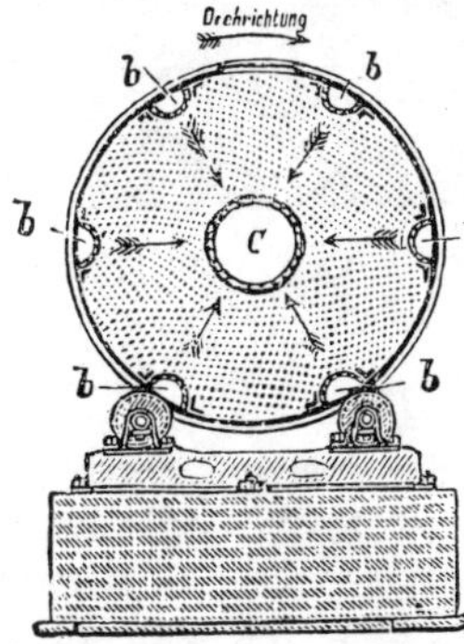

Fig. 279. Keimtrommel. (Querschnitt.)

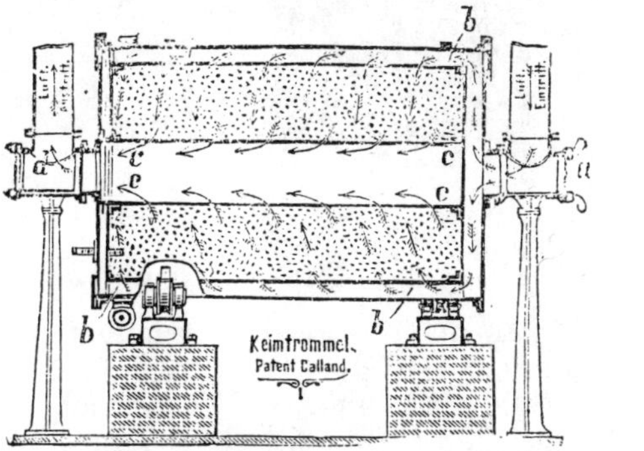

Fig. 280. Keimtrommel. (Längsschnitt.)

leitet, wo sie von einem fein zerteilten Regen getroffen wird. Mittels Ventilators wird nun diese so gereinigte und angefeuchtete Luft, deren Temperatur und Feuchtigkeitsgehalt man durch die Wasserzufuhr im Koksturme regulieren kann, in geschlossene Trommeln geführt, und zwar so, daß sie dieselben und die darin befindliche keimende Gerste durchstreichen muß. Fig. 279 zeigt den Querschnitt, Fig. 280 den Längsschnitt einer solchen Trommel. Die Luft tritt bei a (Fig. 280) in die Trommel, wird in der Richtung der Pfeile nach der äußeren Wand des Cylinders geführt, tritt bei b b durch die, die keimende Gerste begrenzende durchlochte Wandung, durchströmt die keimende Gerste, um bei c c in das Innere der Trommel zu gelangen und dieselbe bei d in der Richtung der Pfeile wieder zu verlassen. Dieser Luftstrom führt auch gleichzeitig die sich während des Keimens bildende Kohlensäure, deren Verbleib in den Trommeln dem ferneren Wachstum sehr schädlich wäre, mit fort, während das Wenden des Malzes in sehr gleichmäßiger Weise durch langsames Drehen der Trommeln um die eigene Achse besorgt wird. Solche Trommeln werden in einer größeren Anzahl nebeneinander aufgestellt, und Fig. 281 zeigt die geschlossenen Trommeln in einer solchen Anordnung.

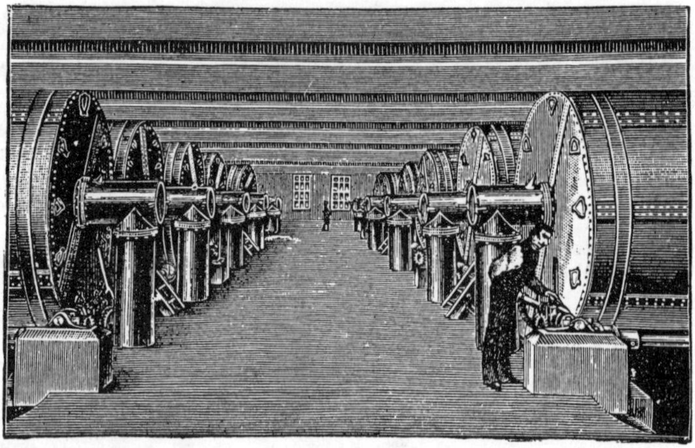

Fig. 281. Keimtrommeln.

Die Bereitung der Bierwürze.

Während des Keimens nun hat sich ein ganz merkwürdiger Stoff im Korne gebildet, den der Chemiker „Diastase" nennt, und der die Eigenschaft hat, unter der Einwirkung von Säuren oder des tierischen Speichels oder auch bei einer Temperatur von ca. 75° C das Stärkemehl des Malzes in Zucker zu verwandeln. Im Sudhause, wo die Bildung des Zuckers aus dem Stärkemehl vorgenommen wird, brüht der Brauer das geschrotene Malz mit heißem Wasser auf, und soll der Sudhausbetrieb mit seinen modernen Einrichtungen nachfolgend beschrieben werden. Vorher darf aber nicht unerwähnt bleiben, daß nicht alle Völker von den drei genannten Hülfsmitteln, den Zucker aus dem Stärkemehl zu erzeugen, gerade die erhöhte Temperatur wählen. So erzählt uns z. B. v. Tschudi in seinem Werke „Reisen in Peru", daß in gewissen Teilen der Sierra aus Maismalz ein Bier gebraut wird, welches man dort „Chika" nennt und dessen beste Sorte dargestellt wird, indem alle Mitglieder der Familie, wie auch eigens dafür engagierte, möglichst zahnlose, alte Frauen das Maismalz im Munde zerkauen und dann in ein Gefäß, „Kalabasche" genannt, zurückspeien, welchen Brei man dann nach Zusatz von heißem Wasser gähren läßt. Diese Chika wird „Chika maskada" d. h. gekaute Chika genannt und sehr hoch geschätzt, so daß der Serrano, wenn er einen Gast recht gut bewirten will, ihm stets diesen Trank mit der besonderen

Empfehlung vorsetzt, daß er das Malz dazu mit seiner eigenen Familie selbst gekaut habe.

Um die inneren Teile des Malzes für das Aufbrühen im Sudhause von der sie schützenden Hülle zu befreien und gleichzeitig dem heißen Wasser eine größere Angriffsfläche zu geben, wird das Malz geschroten. Hierbei ist ein zu feines Mahlen zu vermeiden, trotzdem der beabsichtigte Zweck bei einem möglichst feinen Mehl besser erreicht würde, weil das später notwendige klare Abziehen der Würze durch die Teigschicht, die ein feines Mehl bildet, unmöglich gemacht wird. Das Malz wird also nur grob aufgebrochen, und das geschieht mittels Schrotmühlen (Fig. 282), in welchen sich zwei Walzen von verschiedenem Durchmesser hart an einander gerückt gegeneinander bewegen, wie es die Richtung der Pfeile in Fig. 282 anzeigt. Wenn das Malz in die trichterartige Öffnung a, welche offen oder geschlossen sein kann, hineinläuft, zwischen den Walzen aufgebrochen wird, so fließt es dann durch die auf der Zeichnung nicht sichtbare, unten angebrachte Ausflußöffnung — um ein Verstauben des geschrotenen Malzes zu vermeiden — in geschlossener Röhre in den Vormaischapparat Fig. 283. Dieser Vormaischapparat, welcher über dem Maischbottich steht, hat den Zweck, das geschrotene Malz aus einem trockenen Staube in einen nassen Teig zu verwandeln, damit auch hier nichts verstauben kann, wenn das Malz aus der unteren, hier gleichfalls nicht sichtbaren Öffnung in den Maischbottich fällt. Das geschrotene Malz fällt durch die mit der Schrotmühle verbundene Holzrinne in den Vormaischapparat, und trifft hier mit dem eintretenden Wasser zusammen. Bevor es nun in den Maischbottich fällt, wird es durch die, auf der Welle sitzenden messerartigen Schaufeln innig mit dem Wasser gemengt und so in einen staubfreien Teig verwandelt.

Fig. 282. Schrotmühle.

Im Maischbottich soll nun das geschrotene Malz während des Aufbrühens mit dem heißen Wasser möglichst innig gemengt werden, um sowohl die Zuckerbildung zu erleichtern, als auch den gelösten Zucker dem Malz möglichst vollkommen zu entziehen. Dem Maischbottich (Fig. 284), einem eisernen runden Gefäß, ist zu diesem Zwecke ein Rührwerk eingebaut, welches die durchquirlende Arbeit besorgt. Daß

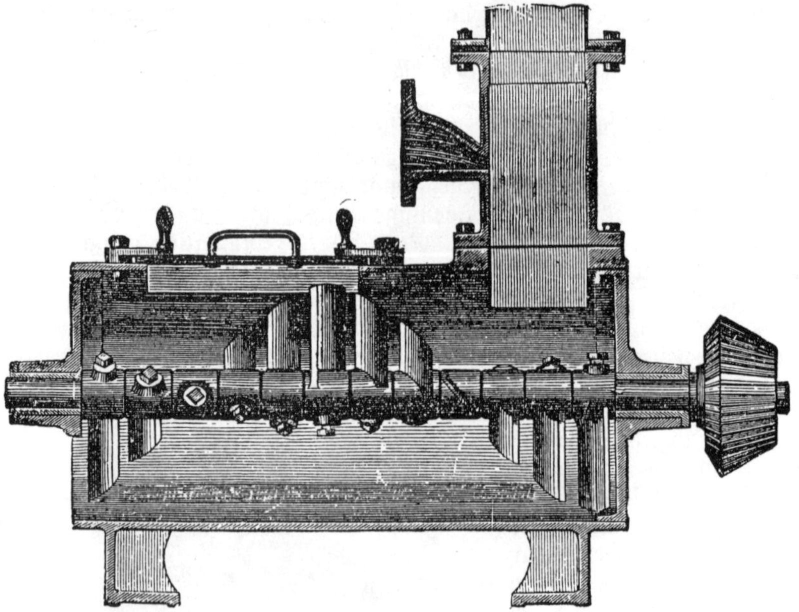

Fig. 283. Vormaisch-Apparat.

es nicht leicht ist, ein genügend inniges Durchrühren zu erzielen, wird sofort einleuchten, wenn man berücksichtigt, daß in großen Sudwerken 70 Zentner und mehr trockenes Malzschrot auf einmal — also außer der dazu gehörigen Wassermenge — eingemaischt werden. Man hat daher Rührwerke von verschiedenen Konstruktionen eingeführt, und ist in Fig. 284 das vollkommenste derselben dargestellt. Dieses Rührwerk dreht sich vor allem um die Hauptachse a b; außerdem drehen sich aber die an der senkrechten Achse c d und an der wagerechten Achse e f befestigten eisernen Schaufeln noch um diese beiden Achsen, so daß in der Maische Bewegungen nach drei gegeneinander strömenden Richtungen hin entstehen. g ist der auf dem Maischbottich montierte Vormaischapparat (vergl. Fig. 283).

Unter stetem Umrühren wird das mit kaltem Wasser angemaischte Malzschrot durch Nachgießen von heißem Wasser unter Innehaltung verschiedener Ruhepausen langsam auf die für die Verzuckerung des Stärkemehls geeignetste Temperatur von 70 bis 75° C. gebracht. Geschieht dies — wie eben beschrieben — ohne einen Teil der Maische zu kochen, so nennt man dieses Verfahren die „Infusionsmethode", während die viel häufiger angewendete „Dekoktionsmethode" darin besteht, daß man einen Teil der aus der Maischpfanne in die Bierpfanne übergeschöpften Maische kocht und die Temperatur der gesamten Maische durch Zurückpumpen dieser kochenden Maische bis zu den gewünschten

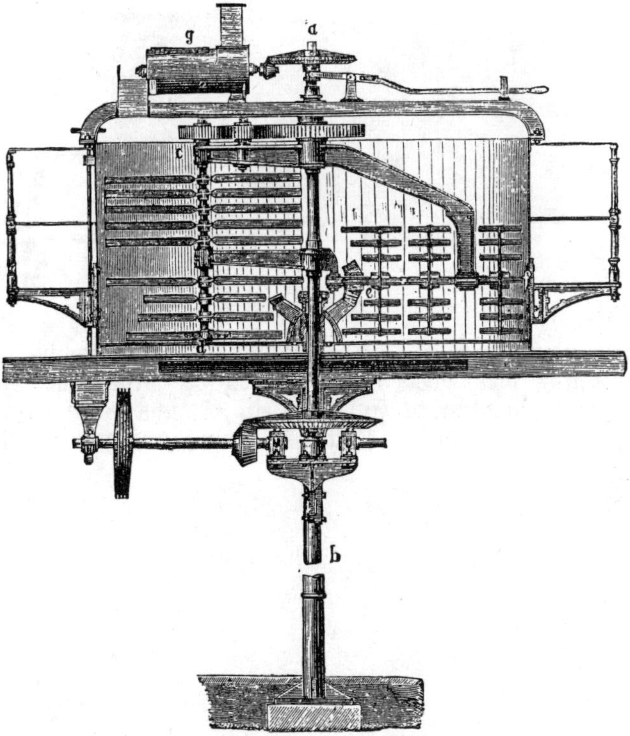

Fig. 284. Maischbottich.

Graden erhöht. Der Maischprozeß ist beendet, wenn alles Stärkemehl des Malzes in Zucker verwandelt ist, und kann man dies durch Behandeln der Maische mit Jodkali leicht erkennen. Man nimmt zu diesem Zwecke einige Tropfen der Maische in ein Reagenzgläschen und gießt einige Tropfen einer verdünnten Jodkalilösung hinzu. Diese hat die Eigenschaft, Stärkemehl blau zu färben, und weist somit eine etwa eintretende Blaufärbung noch vorhandenes Stärkemehl nach. Erst wenn diese Blaufärbung ganz aufgehört hat, ist alles Stärkemehl des Malzes in Zucker verwandelt und der Maischprozeß als beendet zu betrachten. In diesem Falle muß die Zuckerlösung, welche jetzt „Würze" genannt wird, von den Hülsen — Treber genannt — klar abgezogen werden, und das geschieht im Läuterbottich. Dieser Läuterbottich (Fig. 285) ist gleichfalls ein rundes Gefäß aus Eisen oder Holz, welches bei a b hohl auf dem Boden aufliegend, einen aus mehreren Teilen zusammensetzbaren durchlöcherten Boden (Fig. 286), gewöhnlich aus Kupfer, trägt. Überläßt man die übergepumpte Maische eine Zeit lang der Ruhe, so sinken alle Treberteile zu Boden und bilden auf dem durchlöcherten Einsatz a b (Fig. 285) eine Filterschicht, durch welche

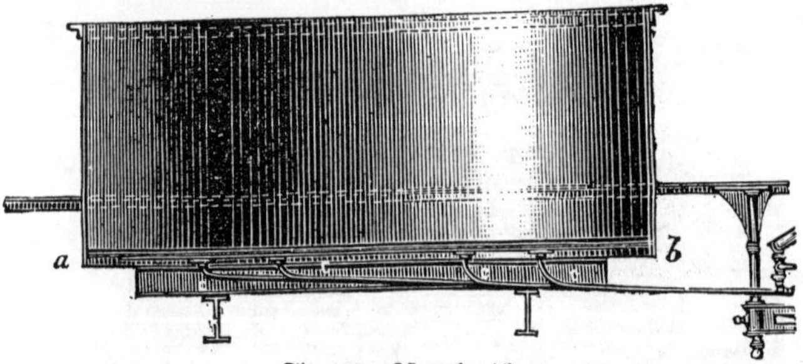

Fig. 285. Läuterbottich.

die Würze hindurch filtriert, die sich unter dem Einsatz sammelt, um von hier aus durch vier oder mehr Röhren c, welche im Boden des Läuterbottichs eingeschraubt sind, in ein Sammelgefäß — „Grand" genannt — und von hier aus in die Braupfanne zu fließen, wo sie

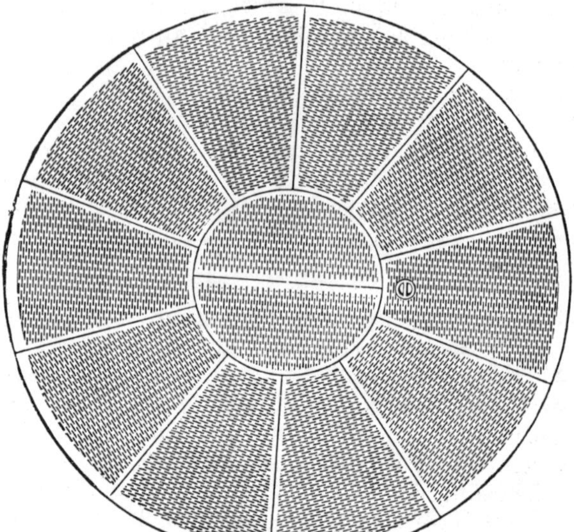

Fig. 286. Läuterbottichboden.

später gekocht werden soll. Da es für den späteren Verlauf des Prozesses unbedingt notwendig ist, daß die Würze ganz klar abläuft, so ist es nicht möglich, die Treber, die zuletzt noch eine nicht unbeträchtliche Menge Würze schwammartig aufgesaugt enthalten, auszupressen, und man muß diese Würze, die man nicht verloren geben darf, daher mit Wasser auswaschen. Dieses Verfahren nennt man „Anschwänzen" und Fig. 287 zeigt einen solchen Anschwänzapparat. Das Rohr a ist

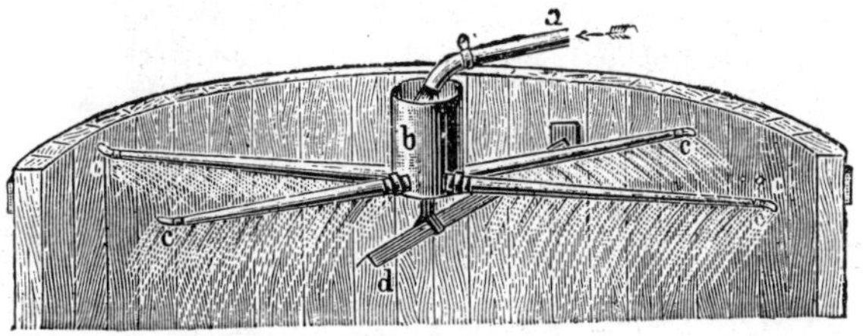

Fig. 287. Anschwänz-Apparat.

mit dem Heißwasser-Reservoir verbunden und läßt das heiße Wasser in das auf den Arm d drehbar aufgesetzte Gefäß b fließen. Von b aus strömt das heiße Wasser in die vier daran befestigten und an den äußeren Enden geschlossenen Röhren c, welche alle nur an einer und zwar an derselben Seite mit feinen Löchern versehen, sich sofort mit dem Gefäße b zu drehen beginnen, und so das heiße Wasser in sehr feinen Strahlen gleichmäßig über die Treber strömen lassen, welche es durchsickernd auswäscht, und so alle noch darin enthaltene Zuckerlösung aufnimmt und in die Braupfanne führt.

Die Treber sind ein außerordentlich wertvolles Viehfutter, aber auch, besonders in den heißen Sommermonaten leicht zur Säuerung geneigt, wobei sie vollständig verderben. Dieses Futtermittel ist aber gerade in den Sommermonaten des vorhandenen Grünfutters wegen wenig begehrt und war überdies nur in der allernächsten Umgegend absetzbar, weil es, ganz abgesehen von seiner leichten Verderbbarkeit schon der enthaltenen Wassermengen wegen nicht versendbar war.

Der Erlös der Treber aber ist für die Rentabilität einer Brauerei ein so wesentlicher Faktor, daß die Brauereien gezwungen sind, die Anzahl der Sude von der Möglichkeit des Treberverkaufs abhängig zu machen. Nachdem durch Anwendung von Kühlmaschinen der Brauereibetrieb längst von der Außentemperatur unabhängig war, wurde es um so schwerer empfunden, daß die Entwickelung des Betriebes nun durch die Treberabsatzfrage im Sommer dennoch eingeengt blieb. Von verschiedenen Seiten arbeitete man daher gleichzeitig daran, eine Behandlungsweise für die Treber zu finden, welche dieselbe haltbar und für den Transport geeignet machte. Hierdurch sollte sowohl das beliebig häufige Brauen in der heißen Jahreszeit, wie auch der Umstand ermöglicht werden, die Treber versenden und auch aufbewahren zu können, um sie nicht im Sommer verkaufen zu müssen, sondern für den Winter, wo sie höher bezahlt werden, aufbewahren zu können. —

Man stellte nun durch Pressen und Trocknen der nassen Treber sog. Trockentreber dar, die sowohl recht haltbar als auch versendbar waren, und damit war anscheinend diese Frage gelöst; aber sehr bald fand man, daß die Treber durch das Pressen an Nährwert verloren hatten, sodaß der Landwirt mit Recht behauptete, diese getrockneten Treber seien viel minderwertiger als die früheren, dem Läuterbottich direkt entnommenen. So ergab z. B. eine in der landwirtschaftlichen Versuchsstation ausgeführte Analyse des aus den Trebern herausgepreßten Wassers, welches ja nun für Futterzwecke verloren war, einen Gehalt an Nährstoffen von 0,91 % Fett, 2,38 % Proteïn und 2,43 % stickstoffhaltige Extraktstoffe. Nach manchen weiteren Versuchen ist es endlich gelungen, die Treber haltbar zu machen, ohne einen Verlust an Nährwert herbeizuführen und zwar durch gelindes und langsames Trocknen der Treber mittelst Dampfes ohne vorheriges Pressen derselben.

Fig. 288 zeigt den Henckeschen Trebertrocken-Apparat. Derselbe führt den in die trichterartige Mulde a geschütteten nassen Treber

Fig. 288. Trebertrocken-Apparat.

zwischen zwei mit Dampf von innen geheizte und sehr langsam gegen einander rotierende Trockenwalzen b, welche sich nicht berühren, einen sehr großen Durchmesser haben, und von denen in Fig. 288 nur die eine sichtbar ist. Hierbei legen sich die Treber in dünner Schicht an die Walzen an, trocknen schnell und fallen nach einer einzigen Umdrehung der Walze, von den mit Gewichten beschwerten Abstreichern c abgestrichen, in die unter den Walzen befindliche Nachtrockenmulde d. Diese ist doppelwandig und gleichfalls mit Dampf geheizt und in ihrer ganzen Länge mit einer Wendevorrichtung e versehen, welche sowohl das Trocknen gleichmäßig macht und beschleunigt, als auch in der etwas geneigt liegenden Mulde die Treber in ihrer Achse vorwärts schiebt und an der Stirnwand derselben gut getrocknet spreuartig herausfallen läßt. Sollen größere Mengen Treber getrocknet werden, so werden eine größere Anzahl ganz wie d konstruierter Mulden neben d horizontal übereinander montiert, und die aus d in einen Kasten fallenden Treber werden mittelst Becherwerkes gehoben und in die oberste dieser Mulden geschüttet. Auch diese Mulden sind etwas geneigt gegen einander montiert, so daß die Wendevorrichtung einer jeden Mulde die immer trockener werdenden Treber in derselben entlang und der nächsten Mulde zuführt, bis sie die letzte Mulde vollständig trocken verlassen.

An den Dampfzuführungsröhren f sitzen Manometer g, um den Druck sowohl in den Walzen, als auch in den Muldenwandungen beobachten und so eine Explosion derselben verhüten zu können.

Wir kehren nun zu der Bierwürze zurück, welche wir nach dem Abläutern aus dem Läuterbottich in der Braupfanne verlassen haben. Die Stärke dieser Würze, d. h. ihr Zuckergehalt, wird mittelst Saccharometer festgestellt und natürlich nach der Art des Bieres bemessen, welches gebraut werden soll. Der Extraktgehalt der verschiedenen Biere variiert von 4 bis 15 %, ihr Alkoholgehalt von 2 bis 8 %, und 1 % Zucker in der Würze liefert bei der später zu beschreibenden geistigen Gährung derselben ca. 0,5 % Alkohol. Beim Kochen der Würze mit Hopfen werden — abgesehen von einigen anderen Wirkungen des letzteren — die in ihr enthaltenen Eiweißstoffe durch die Gerbsäure des Hopfens koaguliert und in großen Flocken herausgefällt. Diese Flocken setzen sich dann beim Abkühlen des gekochten Bieres auf dem Kühlschiff zu Boden, von dem sie als sog. Kühlgeläger abgefegt zu Viehfutter Verwendung finden. Dieses Ausscheiden der Eiweißstoffe ist sehr wichtig, denn sie sind — wie alle stickstoffhaltigen Substanzen — sehr geneigt in Fäulnis überzugehen und würden die Haltbarkeit des Bieres nicht nur beeinträchtigen, sondern sogar vollständig unmöglich machen. Anderseits ist diese technische Notwendigkeit sehr zu bedauern, denn könnte man die Eiweißstoffe im Biere lassen, so würde der Nährwert desselben ein wesentlich höherer sein, als er es jetzt ist.

Die Bierpfanne ist eine große runde oder viereckige eiserne Pfanne, unter welcher sich eine Feuerungsanlage befindet, welche so konstruiert ist, daß die Flamme nicht nur den Boden der Pfanne, sondern auch einen Teil der Seitenwandung bestreicht, und das ist notwendig, weil das Kochen der Würze ein sehr langes und sehr intensives sein muß. Wird die Bierpfanne — wie in sehr häufigen Fällen — auch gleichzeitig zum Kochen der Maische benutzt, so befindet sich in derselben ein Rührwerk, welches durch auf dem Boden der Pfanne schleifende bewegliche Hämmer oder Ketten ein Anbrennen der sich auf den zu Boden setzenden Treberteilchen der Maische verhindert. Mit großem Vorteil ist neuerdings für die direkte Feuerung die Dampfkochpfanne (Fig. 289) eingeführt. Diese be-

Fig. 289. Dampf=Kochpfanne.

steht am Boden und einem Teile der Wandungen aus doppelten Eisenblechen, zwischen welche der Dampf, der bei a in der Richtung des Pfeils eintritt, nach b gelangen kann. c ist ein Ventil zur Regulierung der Dampfzufuhr, d ein Manometer und e ein Sicherheitsventil zur Regulierung des Dampfdruckes zwischen den Wandungen der Pfanne. Mittelst des Rädchens f kann das am Boden der Pfanne angebrachte Ventil g geöffnet werden, um nach Beendigung des Kochens das Bier durch das Rohr h abfließen zu lassen. Endlich ist i der Antrieb des in der Pfanne befindlichen, zum Kochen der Maische notwendigen Rührwerks.

Von der Pfanne wird das heiße Bier behufs Abkühlung auf das Kühlschiff gepumpt. Das Kühlschiff ist ein sehr großes offenes und nur 20 bis 24 cm tiefes eisernes Gefäß, welches sehr hoch gelegen und möglichst freistehend montiert wird, um der Luft von allen Seiten freien Zutritt zu gestatten. Da nun aber das Bier zwischen 25° und 30° C. sehr zur Milchsäurebildung neigt und die Abkühlung auf dem Kühlschiffe besonders im Sommer nur sehr langsam vor sich geht, so wird die Würze schon bei einer Temperatur von mehr als 30° C vom Kühlschiffe abgelassen, um auf ihrem Wege zum Gährkeller Kühlapparate zu passieren, welche den Namen „Gegenstrom-Apparate" führen, weil die zum Kühlen verwendete Flüssigkeit dem Biere entgegenströmt. Fig. 290 zeigt einen solchen Kühlapparat im Längsschnitt und Fig. 291 im Quer-

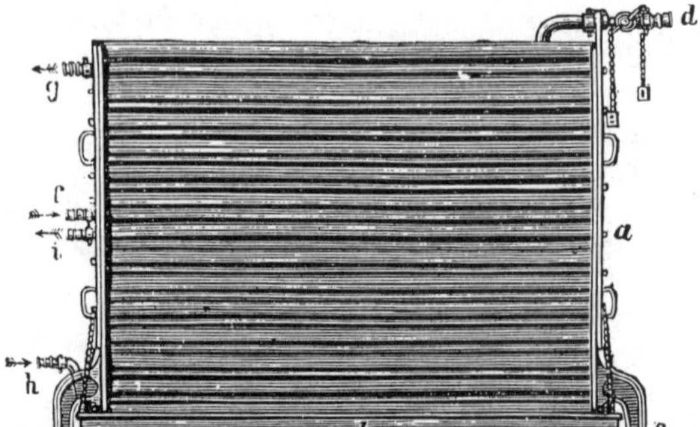

Fig. 290.
Bierkühl-Apparat (Längsschnitt).

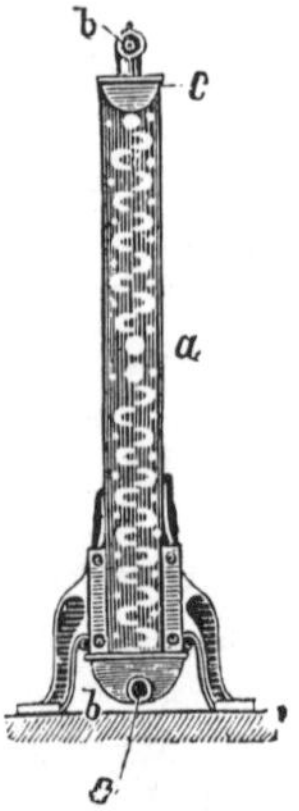

Fig. 291.
Bierkühl-Apparat (Querschnitt).

schnitt. Er besteht aus senkrecht aufgerichteten, wellenförmig gebogenen und so aneinander gelegten Blechen, daß sie im Innern einen Hohlraum bilden, dessen oberer Teil bei a von dem unteren Teile getrennt ist. Diese Bleche stehen in einer größeren Mulde b und tragen eine kleinere Mulde c. Das Bier fließt vom Kühlschiff durch das Rohr d in die Mulde c, tritt dann aus feinen seitlichen Öffnungen derselben heraus, um außen an den Wellblechen herab in die Mulde b zu laufen und von hier aus durch das Rohr e in den Gährkeller zu gelangen. Während nun das Bier außerhalb der Wellbleche den Weg von c nach b macht, geht in dem Innenraum zwischen den Blechen eine kalte Flüssigkeit von unten nach oben, und zwar Brunnenwasser, welches bei f ein= und bei g austritt, den oberen Innenraum in der Richtung der Pfeile durchströmend, während Eiswasser für den unteren Innenraum bei h ein= und bei i austritt.

In demselben Maße aber, wie die Kenntnis der zahlreichen, dem Biere im allgemeinen und der Gährung im speziellen so schädlichen Bakterien zunimmt, muß auch die Abgeneigtheit gegen das Kühlschiff überhaupt wachsen, da das Bier in demselben mit sehr großer offener Fläche stundenlang dem Zutritte der Luft ausgesetzt ist und so alle Bedingungen einer möglichst großen Infizierung vorhanden sind. In der That besteht die allerneueste Verbesserung der Brauerei=Apparate darin, das Kühlschiff ganz zu beseitigen und dasselbe durch einen luftdicht geschlossenen Kühl= und Sterilisierapparat zu ersetzen. Derselbe ist aus Eisenblech montiert, hat die ungefähre Form einer mit dem konischen Ende nach unten gerichteten Birne und ist so groß, daß er den ganzen Sud auf einmal aufnehmen kann. Nachdem die in dem Apparate enthaltene Luft mittelst Dampf sterilisiert ist, wird der Sud hineingelassen und unter vollkommenem Luftabschluß erst mit Hülfe von Brunnenwasser und zuletzt mittelst Eiswasser abgekühlt.

Die Gährung der Bierwürze.

Vom Kühlschiff kommt das Bier in den Gährkeller, wo nach Zusatz von Hefe die Gährung, d. h. im chemischen Sinne die Spaltung eines Teiles des im Sudhause erzeugten Zuckers in Alkohol und Kohlensäure veranlaßt wird. Die chemische Spaltung oder Zerlegung des Zuckers geschieht zu gleichen Teilen in Äthyl=Alkohol und Kohlensäure und ist der Hauptakt der Gährung. Die beiden genannten Bestandteile des Zuckers sind natürlich nicht die einzigen, welche sich ausscheiden, denn bei einer chemischen Zerlegung trennen sich selbstverständlich auch die andern Bestandteile eines Körpers von einander; so bilden sich auch bei der Gährung noch verschiedene Nebenprodukte, auf die wir indes erst bei der Brennerei und Weinbereitung näher eingehen.

Diese sog. Hauptgährung geht in großen oben offenen Gährbottichen vor sich, dauert 6 bis 8 Tage und wird nicht ganz zu Ende geführt, damit das Bier dann noch fähig ist, im Lagerkeller, wohin es vom Gährkeller aus in große Lagerfässer geschlaucht wird, eine Nachgährung durchzumachen, die — je nach der Zeit, in welcher das Bier konsumiert werden soll — mitunter monatelang dauert. Bei der Hauptgährung tritt eine wesentliche Temperaturerhöhung ein, welche durch künstliche Kühlung in den Bottichen reguliert werden muß, während die

Lagerkeller selbst durch ein an der Decke angebrachtes und von großen Kühlmaschinen gespeistes Röhrensystem auf einer Temperatur von 1 bis 2° C gehalten werden.

Die Gährung ist gleichzeitig eine Hefenkultur, denn die Hefe vermehrt sich während derselben bedeutend, und je nachdem man bei höherer oder niedriger Temperatur mit verschiedenen Arten der Hefe die Gährung mehr oder weniger stürmisch verlaufen läßt, findet man die Hefe an der Oberfläche oder auf dem Boden des Gährgefäßes. Nach dieser Art der Gährung unterscheidet man „obergährige" oder „untergährige" Biere, bez. „Oberhefe" und „Unterhefe". Fig. 292 und

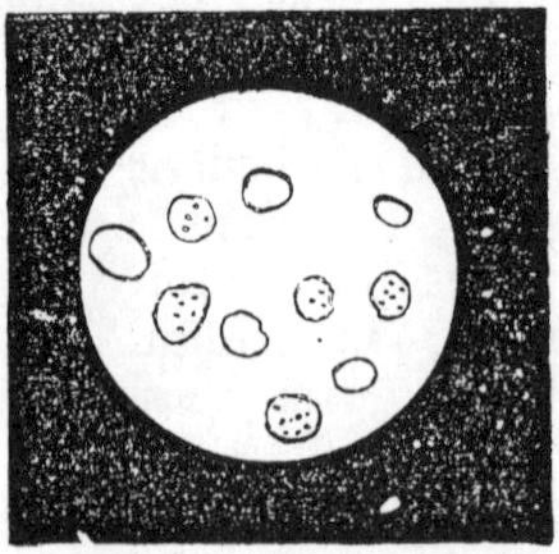

Fig. 292. Oberhefe.

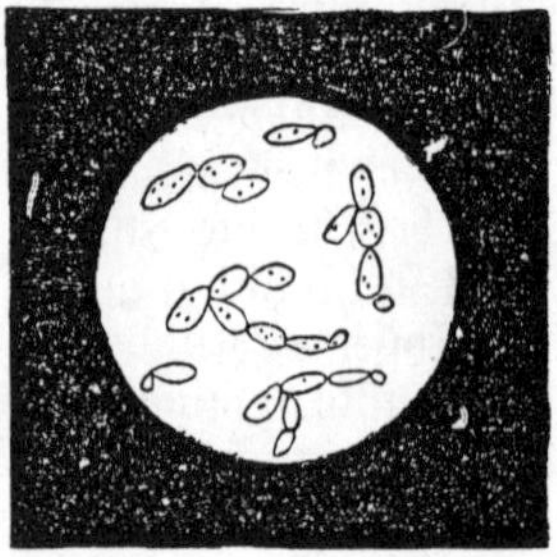

Fig. 293. Unterhefe.

293 zeigen diese beiden Hefenarten stark vergrößert; die Oberhefe bildet runde, schwere Zellen, während die Zellen der Unterhefe leichter und von länglicher Form sind.

Der ganze Verlauf der Gährung und besonders die Art der Hefe selbst sind außerordentlich wichtig für die Güte der Biere und haben gerade in allerneuester Zeit zu sehr interessanten Forschungen geführt. Die durch Professor Koch hervorgerufene Zeit der mikroskopischen Untersuchungen der Pilze, zu welchen auch die Hefe — Saccharomyces cerevisiae — gehört, ist an den modernen wissenschaftlichen Hülfsmitteln der Bierbereitung nicht spurlos vorübergegangen, und stand vorher von den exakten Naturwissenschaften besonders die Chemie im Dienste der Bierbrauerei, so spielt heute die Pflanzenphysiologie eine fast nicht minder wichtige Rolle. Prof. Hansen in Kopenhagen gebührt das Verdienst, den Gedanken des berühmten französischen Chemikers Pasteur, Reinkulturen der Hefe zu züchten, in die richtige Bahn geleitet und für die Brauerei praktisch verwendbar gemacht zu haben. Pasteur verstand unter „Reinkulturen" Hefe, frei von irgend welchen anderen Spaltpilzen; Hansen wies die zahlreichen Arten dieser Hefe selbst nach und versteht unter „Reinkultur" die Hefe einer einzigen Art derselben. Diese kann man nur gewinnen, wenn man die Hefe unter absolutem Abschluß aller Bakterien der Luft von einer einzigen mikroskopischen Hefezelle aus züchtet. Das bot schon bei Laboratoriums-Versuchen große Schwierigkeiten und schien für den Großbetrieb infolge der dort notwendigen Mengen ganz undurchführbar. Dennoch hat dieser geniale Forscher in überraschend kurzer Zeit alle Schwierigkeiten überwunden, und heute schon arbeiten zahlreiche Brauereien mit seinen sog. Hefe-Reinzucht-Apparaten, welche ihnen in kontinuierlichem Betriebe alle für die Bierproduktion notwendigen Hefemengen liefern, deren Ursprung eine einzige winzig kleine Zelle war, welche bei 100maliger Vergrößerung unter dem Mikroskop ungefähr so groß aussieht, als ein Stecknadelkopf!

Von den Lagerfässern wird das fertige Bier auf Versandfässer gefüllt und in diesen oder in Flaschen dem Konsum übergeben. Infolge der Nachgährung hat sich in den Lagerfässern das sog. „Faßgeläger" gebildet und dort zu Boden gesetzt. Um nun das Bier vollständig klar abziehen zu können, werden neuerdings Filtrier-Abzieh-Apparate verwendet, wie Fig. 294 einen solchen, von Stockheim konstruierten, zeigt. Dieser Apparat wird mit dem Schlauche an das Zapfenloch des Lagerfasses angeschraubt, und das Bier muß, bevor es aus den Ausflußöffnungen b b in zwei Versandfässer gleichzeitig gefüllt werden kann, die Trommel c durchströmen. In dieser Trommel befinden sich einige ihre ganze Fläche bedeckende, durchlöcherte Metallplatten, zwischen welchen ein aus Cellulose bestehendes Filtermaterial gepreßt liegt, und dieses hält alle Hefeteilchen und sonstige das Bier trübe machenden Substanzen zurück. Natürlich bedarf das Bier eines gelinden Druckes, um diesen Filtrier-Apparat zu durchströmen, und zwar ist hierzu ein Überdruck von ca. $1/2$ Atmosphäre nötig. Dieser Druck wird durch eine Luftpumpe erzeugt, welche mit dem Spundloch des Fasses verbunden wird und kann am Manometer e beobachtet werden; d endlich sind Schaugläser von verschiedenen Durchmessern, an welchen die Klarheit des Bieres geprüft werden kann.

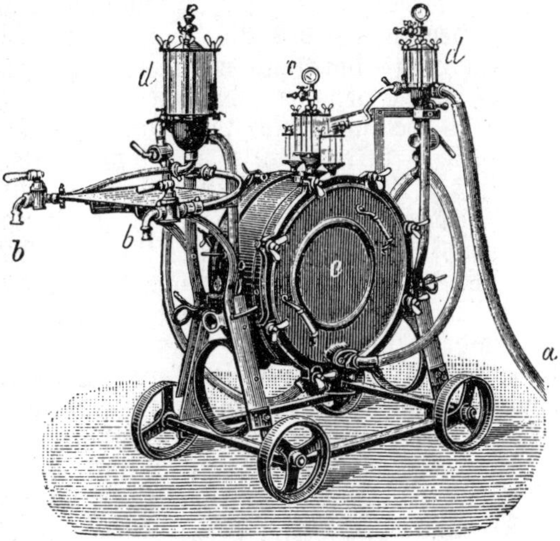

Fig. 294. Filtrier- und Abzieh-Apparat.

Was die Geschichte des Bieres anbetrifft, so ist es wohl allgemein bekannt, daß Gambrinus, König von Brabant, welcher von den Brauern als Erfinder des Bieres verehrt wird, in das Reich der Mythe gehört; das Bier ist älteren Ursprungs. Schon die alten Ägypter verstanden es ein sehr gutes Bier zu brauen, und Pelusium, eine Stadt an einer der Nilmündungen, war das „München" der damaligen Zeit. Von

Ägypten aus hat sich diese Industrie über alle Völker verbreitet und besonders in Deutschland eine Stätte gefunden, an welcher die Art und Weise der Bereitung sehr vervollkommnet worden ist. Im Mittelalter und später noch, waren es besonders die Klöster, welche dieses Handwerk pflegten, und sie lieferten schon darum ein sehr vorzügliches Bier, weil es weniger für den Handel, als für den Selbstkonsum bestimmt war. Die Brauerei entwickelte sich von Jahr zu Jahr mehr, und die kulturhistorische Bedeutung des Bieres ist nicht zu unterschätzen. Wir sehen nämlich Moral, Familienglück, Wohlstand in den hauptsächlich Schnaps trinkenden Gegenden in demselben Maße zunehmen, als es dem Biere gelingt, den Schnapskonsum einzudämmen, so daß die stetig wachsenden Zahlen des Bierkonsums erfreulich wirken müssen. Hiermit soll allerdings durchaus nicht bestritten werden, daß auch das Bier, im Übermaße genossen, sehr viel Unheil anrichten kann.

Das Deutsche Reich produzierte 1872 rund $33\frac{1}{2}$ Millionen Hektoliter, 1882 bereits $39\frac{1}{2}$ Millionen, 1887 45 Millionen und 1891 endlich 53 Millionen. Dieser Zuwachs ist nicht etwa auf die gleichzeitig gewachsene Einwohnerzahl zurückzuführen, denn 1872 wurden pro Kopf und Jahr 81,7 Liter, 1882 schon 84,7 Liter, 1887 94,6 Liter und 1891 endlich 106 Liter konsumiert. Bei so bedeutender Entwickelung einer Industrie, welche eine so große kulturhistorische Aufgabe hat, muß die Reinheit des Fabrikats gerade in einer Zeit wie der unseren, wo Surrogate so vieles ersetzen sollen, besonders angenehm berühren. Es giebt nämlich nur wenige Nahrungs- bezw. Genußmittel, welche fabrikmäßig, im großen hergestellt, so rein geliefert werden als das Bier, und alle so häufig genannten Verfälschungen mögen wohl zum Teil früher vorgekommen sein, gehören aber jetzt in das Reich der Fabel, wenigstens für die große Anzahl der Großbrauereien, welche mit ihrer Produktion fast den ganzen Konsum decken.

Die Branntweinbrennerei.

Sobald eine zuckerhaltige Flüssigkeit zufällig mit Gährungserregern, wie sie unzählbar in der atmosphärischen Luft enthalten sind, in Berührung kommt, oder ihr solche, wie z. B. die Hefe, absichtlich zugesetzt werden, so beginnt die Gährung dieser Flüssigkeiten. Beim Wein z. B. wird die Gährung durch diejenigen Fermente oder Gährungserreger hervorgerufen, welche in der atmosphärischen Luft vorhanden sind und aus verschiedenen Arten bestehen, die der Botaniker unter dem Mikroskope genau von einander unterscheidet. Die Weinhefe unterscheidet sich wiederum scharf von der Hefe, welche die Gährung im Biere hervorruft und diesem — wie wir im vorigen Kapitel erläutert haben — in möglichst rein gezogener Rasse zugesetzt wird. Daß alle diese kleinen Pflänzchen die Eigenschaft haben, eine Gährung in einer Zuckerlösung hervorzurufen, kann den Botaniker ebensowenig veranlassen, sie für identisch untereinander zu halten, als ein Laie z. B. eine Rose und ein Veilchen nur darum mit einander verwechseln könnte, weil beides Blumen sind und angenehm riechen.

Für den Chemismus der Gährung selbst aber ist die Art des Gährungserregers bis zu einer gewissen Grenze gleichgiltig, denn beim Weine, wie beim Biere und bei allen anderen Zuckerlösungen, welche in den Maischen der verschiedenen Getreidearten, der Kartoffeln, in dem Safte der Früchte rc. enthalten sind, gehen der Hauptsache nach dieselben chemischen Umsetzungen vor sich. Mit dem Fortschreiten der Gährung verschwindet der Zuckergehalt dieser Flüssigkeiten immer mehr, und sie werden immer alkoholreicher, während große Mengen Kohlensäure frei werden und entweichen. Näheres über die Entstehung des Alkohols und der Kohlensäure aus der Zuckerlösung findet sich gleichfalls in dem vorstehenden Aufsatz über Bierbrauerei. In Wirklichkeit geht aber die Spaltung des Alkohols nicht so rein und glatt vor sich, denn neben dem Alkohol bilden sich gleichzeitig — je nach der Art der Gährung und des zu vergährenden Rohmaterials — noch verschiedene andere Körper, wie z. B. das sog. Fuselöl, einige Ätherarten rc. Das hat sein Angenehmes und Unangenehmes. So verdankt z. B. der Wein sein so beliebtes Aroma — auch die „Blume" genannt — jenen Ätherarten, welche als Nebenprodukt der Gährung entstehen, aber auch das Fuselöl, diese unserm Organismus so schädliche Verunreinigung des Branntweins, bildet sich auf diese Weise und muß bei der Destillation von diesem getrennt werden.

Alle durch die Gährung entstehenden Flüssigkeiten enthalten den Alkohol nur in sehr verdünnter Form, und Aufgabe der Brennerei ist es, denselben aus den weingaren Maischen durch Destillation mehr oder weniger konzentriert und rein zu gewinnen. Bevor wir uns aber mit der Destillation selbst beschäftigen, müssen wir die für die Branntweinbrennerei verwendeten Rohmaterialien und die Darstellung der weingaren Maischen aus denselben, näher betrachten. Es sind bei der Spiritusfabrikation drei Hauptoperationen zu unterscheiden und zwar:

1. die Darstellung der zuckerhaltigen Flüssigkeit,
2. die Gährung derselben und
3. die Abscheidung des Alkohols durch Destillation.

Als Rohmaterial für die Spiritusfabrikation sind alle festen oder flüssigen Körper zu verwenden, welche zuckerbildende Substanzen enthalten, oder schon fertigen Zucker oder auch schließlich fertigen Alkohol, nachdem sie bereits eine Gährung durchgemacht haben. Im Großbetriebe kommen hauptsächlich die Wurzeln und Knollen der Kartoffeln — für den Kartoffel-Spiritus — und von den Cerealien Roggen, Weizen und Gerste, seltener Hafer, Mais und Reis — für den Getreide- oder Kornbranntwein — in Betracht.

Bei Darstellung des Kornbranntweins mischt man wenigstens 2, am häufigsten alle 3 der genannten Getreidearten, weil dadurch die Ausbeute an Alkohol größer wird, und zwar rechnet man gewöhnlich auf einen Teil Grünmalz, zwei Teile ungemälztes Getreide. Dieses Gemenge wird geschroten, eingeteigt und — wenigstens in Deutschland — mit den Trebern vergohren, nachdem die Maische auf Kühlschiffen durch Kühlapparate so schnell als möglich abgekühlt ist. Als Gährungserreger wird entweder Bierhefe oder in heißem Wasser aufgelöste Preßhefe verwendet. Nach 3 bis 5 Stunden tritt die Gährung ein und dauert bei einer Temperatursteigerung bis ca. 30° C ungefähr 4 Tage, bis nach dem Aufhören der Entwickelung der Kohlensäure alle schwereren Teile zu Boden sinken. Die darüber stehende Maische bezeichnet man als reif oder weingar und die Destillation derselben muß dann sofort vorgenommen werden.

Die Kartoffeln enthalten neben 72 % Wasser 28 % Trockensubstanz und in diesen 21% Stärkemehl, aus welchem der Kartoffelspiritus gewonnen werden soll. Zur Umbildung des Stärkemehls in Zucker muß — da ja Diastase nicht vorhanden ist — gleichfalls etwas Malz zugesetzt werden; die Operation mit verdünnter Schwefelsäure, welche denselben Dienst leistet, soll hier — als sehr wenig angewendet — unberücksichtigt bleiben. Die Kartoffeln werden gewaschen, gekocht, zerkleinert, gleichfalls mit Grünmalz eingemaischt und die Maische auf dem Kühlschiff abgekühlt. Auch diese Maische wird im Gährbottich mit Bier oder Preßhefe zur Gährung angestellt und ist nach ca. 60 bis 70 Stunden weingar d. h. zur Destillation reif.

Unter Destillation verstehen wir das Verdampfen einer Flüssigkeit bei Siedetemperatur und Kondensieren der so erhaltenen Dämpfe durch Abkühlung zu einer Flüssigkeit, und zeigt Fig. 295 einen Destillierapparat allereinfachster Konstruktion. Die zu destillierende Flüssigkeit wird in einem großen Hohlgefäß B — Blase genannt — erwärmt. Diese Blase ist durch einen sog. Helm A, an dessen Ausflußrohr C das Kühlrohr D eingeschraubt ist, verschlossen, so daß die sich entwickelnden Dämpfe gezwungen sind, durch dieses Kühlrohr D zu gehen. Das Kühlrohr liegt in schlangenartigen Windungen in einem von kontinuierlich fließendem kalten Wasser durchströmten Bottich, aus welchem es bei O herausragt, so daß hier ein Gefäß, die sog. Vorlage, angesetzt werden kann. In dieser Vorlage wird die Flüssigkeit aufgefangen, die sich infolge der Abkühlung des Kühlrohrs durch Kondensation der sein Inneres durchströmenden Dämpfe gebildet hat. An dieser, wie gesagt, einfachsten Form eines Destillierapparates sind ganz wesentliche Verbesserungen vorgenommen worden und sollen später einige derselben beschrieben werden.

Da nun der Alkohol schon bei 78,3° C siedet, das Wasser aber bekanntlich erst bei 100°, so wird von der in der Destillierblase erhitzten Flüssigkeit, welche den Alkohol verdünnt enthält, zuerst der

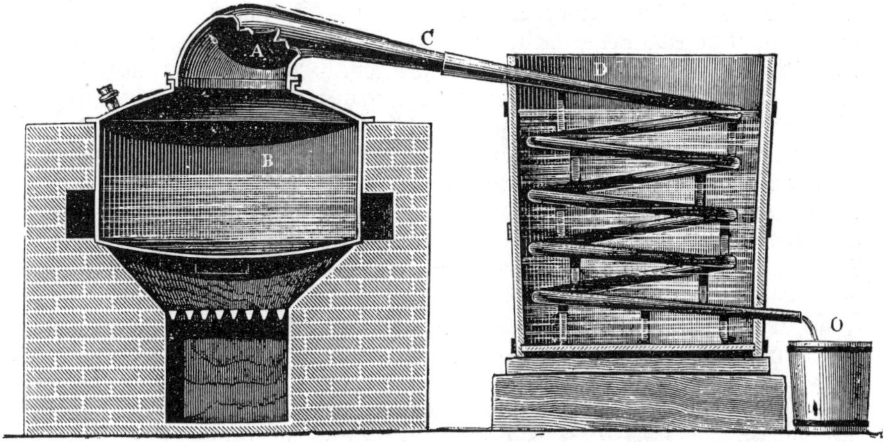

Fig. 295. Destillierapparat.

Alkohol — allerdings mit Wasserdämpfen — in die Vorlage überdestilliert. Die Temperatur steigt in der Destillierblase nicht eher auf die Siedetemperatur des Wassers, als bis aller Alkohol überdestilliert ist, wodurch derselbe — jetzt „Lutter" genannt — von der Hauptmenge des Wassers getrennt wird. Dieser Lutter wird nun von neuem der Destillation — jetzt Rektifikation genannt — unterworfen. Auch die bei der Gährung sich bildenden Nebenprodukte, wie Ätherarten und Fuselöl, haben andere Siedetemperaturen, als der Alkohol und werden mit Hülfe dieser von dem Lutter mittelst fraktionierter Destillation getrennt. Der Siedepunkt der betreffenden Ätherarten liegt niedriger, der des Fuselöls höher, als derjenige des Alkohols, so daß also beim wiederholten Destillieren zuerst die Ätherarten, dann der immer noch stark mit Wasser versetzte Alkohol und endlich das Fuselöl überdestillieren. Sobald nun die einzelnen Flüssigkeiten überdestilliert sind, wird nach dem Auffangen einer jeden derselben die Vorlage gewechselt, wodurch man sie getrennt erhält, welche Unterbrechung der Destillation durch das Wechseln der Vorlage ihr auch den Namen „fraktionierte" Destillation gegeben hat. Das bei der Rektifikation des Lutter zuerst übergehende, sehr alkoholreiche Destillat heißt „Vorlauf," das spätere „Nachlauf". Zur vollkommenen Trennung des Alkohols vom Fuselöl und besonders von den letzten Teilen Wasser, welche der Alkohol außerordentlich fest hält, ist bei der Rektifikation die Zuhilfenahme von Kohle, häufig auch verschiedener oxydierend wirkender Chemikalien erforderlich. Letztere zerstören das Fuselöl und bilden durch Oxydation desselben verschiedene Ätherarten. Deutschland hat außerordentlich hohe Verdienste um die Verbesserung der Verfahren, welche zur Reinigung des Spiritus und zur Darstellung eines ganz reinen Sprits dienen, weshalb letzterer auch viel exportiert wird. So geht z. B. eine nicht unbeträchtliche Menge nach Spanien, dient dort zum Verschneiden der starken spanischen Weine und kehrt in diesen wiederum nach Deutschland zurück, was den berühmten Chemiker A. W. v. Hofmann zu dem sehr bezeichnenden Ausspruch veranlaßte: „Das Feuer der spanischen Weine wächst auf den märkischen Kartoffelfeldern!“

Die zu den landwirtschaftlichen Betrieben gehörigen Brennereien erzeugen indes nur den gewöhnlichen Spiritus, seine Reinigung durch Rektifikation bez. die Herstellung von Feinsprit wird hingegen in den sog. Spritfabriken betrieben, an welche jene Brennereien den Spiritus liefern. Die hierzu nötigen Apparate sind wesentlich verbessert worden, und ist es hier nicht möglich, die ganze Entwickelung dieser Apparate zu schildern, vielmehr müssen wir uns damit begnügen, die letzten und vollkommensten derselben zu beschreiben. Da ist vor allen Dingen der sog. Kolonnenapparat, der schon zur Gewinnung des Rohspiritus dient. Fig. 296 zeigt die innere Konstruktion zweier aus der Mitte herausgegriffenen Elemente eines solchen Kolonnenapparates, von denen eine größere Anzahl übereinander gebaut ist. Aus dem auf Fig. 296 nicht mehr sichtbarem Element A tropft die Maische durch das Rohr a in das Element B, bis sie den Boden derselben so hoch bedeckt, daß sie durch das Rohr b nach dem Element l überfließen kann, worauf sie, sobald auch hier der Boden genügend bedeckt ist, durch das Rohr c nach dem hier nicht mehr sichtbaren Element D überfließt und so fort, bis alle Elemente des Apparates mit der von oben nach unten fließenden Maische gefüllt sind. Die dem Apparat zugeführten Dämpfe machen den entgegengesetzten Weg; sie treten in das unterste Element ein und durchstreichen alle Elemente der Reihe nach von unten nach oben. Die in die Elemente führenden Eintrittsöffnungen sind aber, wie es bei d und e sichtbar ist, nach unten gebogen, und zwar so tief, daß die austretenden Dämpfe die den Boden eines jeden Elementes bedeckende Maische durchströmen müssen. Auf diese Weise werden die Dämpfe nach oben zu immer alkoholreicher, da sie immer mehr Maische durchströmt haben und ihr Wasser in den nach oben zu kälter werdenden Elementen immer mehr kondensiert wird, während die Maische nach unten zu immer alkoholärmer und wasserreicher wird. Diese Kolonnenapparate werden auch — für kontinuierlichen Betrieb eingerichtet — zur Rektifikation von Spiritus verwendet.

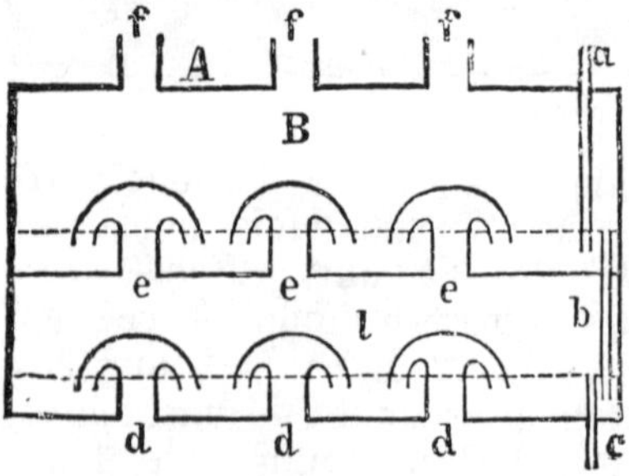

Fig. 296.
2 Elemente eines Kolonnenapparates.

Vorher war bereits erwähnt, welche verbessernde Wirkung oxydierende Chemikalien auf das Fuselöl haben. Aber auch nach Entfernung des Fuselöls bleiben noch andere Nebenprodukte der Gährung wie Äther, Aldehyde ꝛc., die ohne Zuhilfenahme von Chemikalien — welche aber leicht ein geschmack- und geruchloses Fabrikat zu erzielen verhindern — schwer zu entfernen sind. R. Eisenmann ist ein Verfahren patentiert worden, nach welchem eine große Menge Ozon in sehr starkem Luftstrom erzeugt wird. Das Ozon verbrennt dabei alle genannten Verunreinigungen des Spiritus, und die luftförmigen Verbrennungsprodukte werden von dem starken Luftstrom vollständig herausgeblasen. Fig. 297 zeigt die Kombination des Ozonisations-Apparates von Eisenmann, mit dem Savalleschen Destillations-Apparat. A ist die Blase, B die Kolonne, C der Dephlegmator, D der Kühler, E der Regulator, F der Spiritusabfluß des Savalleschen Destillations-Apparates. G ist das Reservoir, in welchem die Gewinnung des Sprits vorgenommen wird, und mit G in Verbindung sind H der Dephlegmator, I der Kühler und K der Spiritusabfluß.

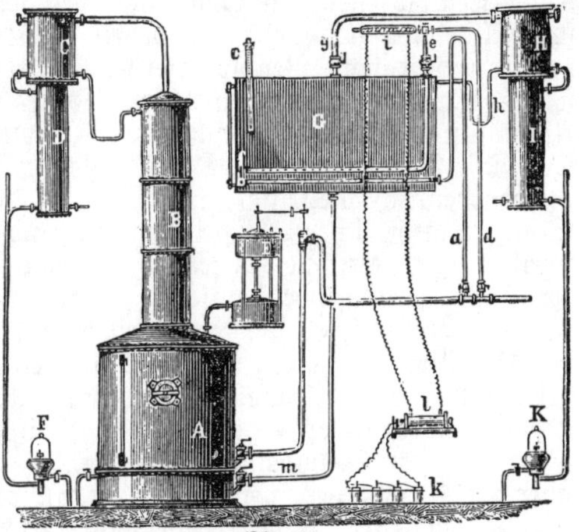

Fig. 297.
Ozonisations-Apparat zur Reinigung des Spiritus nach Eisenmann.

Zur Erwärmung des Spiritus im Reservoir G dient die Dampfleitung a, welche innerhalb des Reservoirs in einen durchlöcherten Röhrenkranz b endet, und wird durch das Thermometer c die erzielte Temperatur angezeigt. Eine zweite Dampfleitung d setzt das Dampfstrahlgebläse e in Thätigkeit. Der von diesem erzeugte kräftige Luftstrom entweicht aus den zahlreichen Öffnungen des innern Röhrenkranzes f, durchströmt in vielen Blasen den erwärmten Spiritus im Reservoir G und gelangt durch das Rohr g in den Dephlegmator H, woselbst die flüchtigen Spiritusteile wieder kondensiert werden und durch das Rohr h zum Reservoir zurückfließen, während sich die herausgeblasenen, leichtflüchtigen Zersetzungsprodukte erst im Kühler I verdichten und durch den Abfluß K nach besonderen Sammelgefäßen abfließen.

Um den Sauerstoff der Luft nun in den ozonisierten Zustand zu versetzen, passiert dieselbe, bevor sie durch den Spiritus geblasen wird, einen Apparat i, in welchem durch langsame elektrische Entladung einer Batterie k in Verbindung mit dem Funkengeber l die Ozonisation stattfindet. Nach erfolgter Reinigung fließt der Spiritus aus dem Reservoir, alsdann durch das Rohr m in die Blase A, um in bekannter Weise destilliert zu werden. Hierbei resultiert ein geruch- und geschmackloser Sprit von 96 bis 97%, der von allen Verunreinigungen frei ist, da sein Fuselöl durch die Holzkohle absorbiert wurde und alle Aldehyde, Äther und sonstige leicht flüchtige Verunreinigungen bei der Ozonisation zerstört und durch den kräftigen Luftstrom fortgeführt wurden.

Aber gerade bei der mit so vielen Vorteilen angewendeten Filtration durch Holzkohle werden durch den in den Poren der Kohle kondensiert enthaltenen, die Oxydation des Alkohols veranlassenden Sauerstoff Aldehyde gebildet, und diesen Fehler vermeidet ein an R. Eisenmann und Joseph Bendix erteiltes Patent, nach welchem diese so notwendige und nützliche Filtration des Spiritus durch Holzkohle unter Ausschluß der atmosphärischen Luft bewirkt werden kann.

Die Verwendung des Alkohols zu technischen Zwecken ist eine außerordentlich vielseitige, wie z. B. in der Parfümerie, zum Auflösen fetter und ätherischer Öle, bei der Lack- und Firnisfabrikation, als Brennspiritus, zum Verschneiden sehr schwerer Weine, wo, wie wir bereits vorher erwähnt, gerade der deutsche, so gut gereinigte Sprit eine hervorragende Rolle spielt ꝛc. ꝛc. Leider wird aber auch ein großer Teil des Spiritus — häufig nur recht mangelhaft gereinigt — als Schnaps getrunken. Der Alkohol ist nämlich als Genußmittel nur dann zu empfehlen, wenn er — nächst dem Maßhalten darin — in ganz verdünnter Form genossen wird, wie z. B. im Biere, welches 2 bis 8 %, oder im Weine, der, wenn er leicht ist, ca. 8 % enthält, während der Alkoholgehalt sehr schwerer Weine bis 20 % steigt. Die Schnäpse aber, welche 30 bis 70 % Alkohol enthalten, sind nur zulässig, wenn sie sehr selten und nur nach sehr schwer verdaulichen Speisen genommen werden. In solchen Fällen unterstützen sie unsern Verdauungsapparat dadurch wesentlich, daß sie die inneren Magenwände zur möglichst großen Absonderung von Verdauungssäften reizen. Gewöhnt der Mensch sich aber besonders bei ungenügender Ernährung an den regelmäßigen Alkoholgenuß, so begiebt er sich auf eine so stark abschüssige Bahn, daß er bald keinen Halt mehr finden kann, sondern physisch und moralisch elend zu Grunde gehen muß. Ein dem Menschen ganz unwürdiges Dasein führend, verfällt er der chronischen Alkoholvergiftung, die mit dem Säuferwahnsinn — delirium tremens genannt — und auf dem Kirchhofe endet, wohin nicht selten der Weg durch das Irrenhaus oder gar durch das Zuchthaus führt. Auch eine akute Alkoholvergiftung ist bekannt und tritt dann ein, wenn zu große Mengen auf einmal genommen werden. Der Rausch ist das kleinste Stadium derselben, nicht selten endet sie aber bei größeren Mengen mit dem plötzlichem Tode des Vergifteten, wie derselbe leider schon häufig genug durch leichtsinnige Wetten veranlaßt wurde und schon manches blühende, zu Hoffnungen berechtigende Menschenleben vernichtet hat.

Nun muß besonders hervorgehoben werden, daß gerade die ungenügende Ernährung eine besondere Veranlassung ist, der chronischen Alkoholvergiftung zu verfallen. Der Kohlenstoff und der Wasserstoff des genossenen Alkohols verbrennen mittels des eingeatmeten Sauerstoffes direkt zu Kohlensäure und Wasser, um als solche ausgeatmet zu werden. Hierdurch schützt der Alkohol den durch die Nahrungsmittel dem Körper zugeführten Kohlenstoff und Wasserstoff vorläufig vor dieser Verbrennung, und somit wird eine Nahrung bei gleichzeitigem Alkoholgenuß länger vorhalten als ohne diesen. Auch verfügt der mangelhaft Ernährte nach dem Schnapsgenuß augenblicklich über Kräfte, welche aber der Schnaps nicht erzeugt, sondern welche bereits im Körper vorhanden waren und nur plötzlich gesammelt werden, um nachher einer um so größeren Ermattung zu weichen. Der berühmte Chemiker Justus v. Liebig sagt darüber im zweiunddreißigsten seiner so klassisch geschriebenen „Chemischen Briefe“ in lichtvollen Worten: „Der Darbende, welcher Schnaps trinkt, um die Kraft für die Arbeit zu finden, behandelt seinen Körper, wie der Unbarmherzige, der sein vor Hunger erschöpftes Pferd mit der Peitsche zu neuen Leistungen zwingt. Der Branntwein ist ein Wechsel, ausgestellt auf die Gesundheit, der immer prolongiert werden muß, weil er aus Mangel an Mitteln nicht eingelöst werden kann. Der schnapstrinkende Arbeiter verzehrt das Kapital anstatt der Zinsen — kein Wunder, daß endlich der Bankerott des Körpers unvermeidlich ist!“

Es ist schließlich ein allgemein verbreiteter Irrtum, anzunehmen, daß der Schnaps Wärme erzeugt, denn das ist nicht der Fall. Der Alkohol ruft nur durch Erweiterung gewisser Gefäße eine schnellere Blutcirkulation hervor und führt dadurch die im Körper bereits vorhandene Wärme schneller den einzelnen Gliedmaßen zu, was wir besonders an frierenden Gliedern als Wärme empfinden. Aber genau wie bei der zu schnell und auf einmal verbrauchten Kraft, ist es gerade nach diesem schnellen Wärmeverbrauch dringend notwendig, dieselbe zu ergänzen.

Ist es denn aber mit dem Schnapskonsum überhaupt so schlimm? Fast unglaublich scheinen die Zahlen, welche die für diesen Zweck vergeudeten Summen angeben, und sie wirken um so erschreckender, wenn man berücksichtigt, daß diese Summen zum allergrößten Teil von armen Leuten, deren Ernährung schon an und für sich eine sehr mangelhafte ist, gezahlt werden. Wenn auch aus diesen Zahlen deutlich hervorgeht, daß der Schnapskonsum infolge des Gesetzes über die Besteuerung des Branntweins vom 24. Januar 1887 merklich nachgelassen hat, so ist doch das Übel auch heute noch geradezu unerträglich groß. Den neuesten offiziellen Angaben darüber entnehmen wir folgendes: der Durchschnittskonsum in den Jahren 1880 bis 1886, also vor dem Inkrafttreten des obengenannten Gesetzes, betrug pro Kopf und Jahr im ganzen deutschen Reichsgebiete bei einer Einwohnerzahl von rund 38 Millionen 6,58 Liter und ging infolge des Gesetzes auf 4,64 Liter pro Kopf und Jahr zurück. Wie aber sieht es trotz dieser Besserung selbst jetzt noch mit dem Gesamtkonsum und den dafür verausgabten

Summen aus? Jene 4,64 Liter pro Kopf entsprechen bei 49 096 000 Einwohnern einen Gesamtkonsum von 2 279 828 Hektolitern reinen Alkohols, welcher mit der doppelten Menge Wasser verdünnt wird, bevor er als Schnaps in den Handel kommt und somit zu 6 839 484 Hektolitern anwächst. Nehmen wir nun als Detailpreis, wie er beim Verkauf des einzelnen Schnapses in der Schänke berechnet wird, pro Liter eine Mark an, so werden also jährlich allein im deutschen Reichsgebiete 683 948 400 Mark zum größten Teil vergeudet und der notwendigen Ernährung armer Leute entzogen. Will man sich nun noch daran erinnern, welch großer Prozentsatz der Verbrechen im Rausche begangen werden — in England z. B. nach amtlichen Berichten $^3/_4$ bis $^4/_5$ aller Vergehen — so muß man mit einstimmen in den Ausspruch William Parkers: „Das gelbe Fieber ist gegenüber der Trunksucht ein sehr mildes Leiden für die Menschheit!"

Die Weinbereitung.

Es giebt hauptsächlich drei Arten Weine, die man nach dem Rohmaterial, aus welchem sie bereitet werden, als die Traubenweine, die Obstweine und die Palmen- oder ähnliche Weine bezeichnet. Alle drei Arten Weine unterscheiden sich vom Bier durch folgende drei wesentlichen Merkmale. Sie enthalten nur sehr wenig festen Nahrungsstoff, der beim Bier neben der durststillenden und erregenden Eigenschaft desselben gleichzeitig ernährend wirkt. Ferner werden sie nicht künstlich durch Zusatz von Gährungserregern zur Gährung gebracht, sondern sie gähren von selbst bez. ihre Gährung wird durch die aus der Luft aufgenommenen Hefekeime veranlaßt, und endlich fehlt ihnen der bittere, narkotische Bestandteil, der dem Biere durch den Hopfen gegeben wird. Hingegen hat der Wein gegenüber dem Branntwein mit dem Biere das gemeinsam, daß er ohne Destillation gewonnen wird.

Als Rohmaterial der Traubenweine dient die von dem aller Welt der gemäßigten Erdstriche bekannten Weinstock gelieferte Weintraube. Der Weinstock gedeiht weder in der kalten, noch in der tropischen Zone und erzeugt in der gemäßigten Zone nur unter bestimmten, sich auf Boden und Klima beziehende Bedingungen eine Traube, aus der sich ein trinkbarer Wein erzeugen läßt. Abgesehen von einer gewissen Fertigkeit bei der Darstellung des Weines selbst aus der Traube resultieren, je nachdem diese Bedingungen mehr oder weniger erfüllt sind, die so zahlreichen Arten der Weine, deren Güte bez. Wert so sehr verschieden ist.

Die Traubenlese geschieht erst bei sehr reifem Zustande der Beeren, denn in demselben Maße wie sie reifen, nimmt ihr Zuckergehalt zu und liefert dadurch bei der späteren Gährung nicht nur einen höheren Alkoholgehalt, sondern mit seinem Zunehmen geht auch gleichzeitig der Säuregehalt der Beeren zurück. Bei der Reife der Trauben werden die Beeren welk, ebenso die Stiele, welche dann leicht abzubrechen sind, ferner lösen sich die Kerne leicht vom Fleisch und die Beeren nehmen eine dunklere Farbe an, indem diejenige der weißen Traube bräunlichgelb und diejenige der roten und blauen fast schwarz erscheint. Der richtige Reifezustand der Beere ist von sehr wesentlichem Einfluß auf die Qualität des Weines, da hierdurch hauptsächlich der Zuckergehalt erhöht und der Gehalt an freier Säure vermindert wird.

Bevor durch Pressen der Trauben ihr Saft gewonnen wird, müssen bei rationeller Weinbereitung die Stiele entfernt werden. Diese Arbeit früher mit der Hand, später mit einer weitzinkigen Gabel vorgenommen, wird jetzt durch die sogen. Traubenraspel, welche gleichzeitig die Beeren zerquetscht, besorgt. Ähnliche neue Apparate beruhen, wie die Traubenraspel, im wesentlichen darauf, daß die Trauben in einem Kasten (Fig. 298), dessen Boden aus scharfkantigen Holzstäben besteht, so lange

Fig. 298. Traubenmühle.

mit der Hand oder durch Motorenkraft hin und her bewegt werden, bis alle Beeren zerquetscht durch den gitterartigen Boden gefallen sind, während die Stiele — „Kämme" genannt — in dem Kasten zurückbleiben. Dieses Zerdrücken der Beeren muß stets dem Pressen vorangehen und geschieht, wo die Kämme nicht erst entfernt werden, in großen Bottichen durch Zerstampfen mit Keulen oder dem sehr unsauberen Zertreten mit den Füßen. Das Auspressen der Beeren wird in sehr verschieden konstruierten Pressen, wie Baumpressen, Hebelkeltern, Schlittenpressen, oder Schraubenpressen ꝛc. vorgenommen, welche alle mehr oder weniger primitiv sind, und bei welchen entweder ein Hebel, oder eine Schraube oder ein mit Steinen belasteter Schlitten den erforderlichen Druck auf die Beeren ausübt. Sehr vollständig und schnell werden Most und Trester, — d. i. Saft und alle festen Bestandteile der Beere — bei Anwendung von Centrifugalmaschinen getrennt. Obgleich die alten Pressen noch vielfach in Gebrauch sind, so sind dieselben doch in neuerer Zeit vielfach verbessert und u. a. auch die hydraulischen Pressen eingeführt worden. Eine viel verwendete Presse ist die sogen. Universal Wein-Presse von Wm. Platz Söhne in Weinheim i. B. (Fig. 299), bei welcher die Druckplatte unter einer runden, eisernen und mit Löchern versehenen Scheibe sitzt und durch diese vertikal an einer in einem Bottich festmontierten eisernen Spindel bewegt wird. Die Scheibe selbst hingegen wird durch einen Hebel, der in die Löcher der Scheibe eingreift, gedreht.

Unter den Bestandteilen des Mostes ist der Zucker der hervorragendste: der Gehalt daran beträgt je nach Art der Traube bei vollkommener Reife 12 bis 30%. Derjenige an Säure wechselt gleichfalls sowohl nach Art der Trauben, als auch nach der Reife der Jahrgänge und verhält sich nach Fresenius zum Zuckergehalt wie 1:16 bis 1:29. Diese Säure besteht zum größten Teile aus doppelt weinsaurem Kali und scheidet sich mit der Zeit als sogen. Weinstein aus dem Wein ab. Der ausgepreßte Most erscheint niemals klar, sondern ist stets durch die darin suspendierten Pflanzenteilchen getrübt. Die übrigen Bestandteile des Mostes sind bis 0,43 % freie Säure, bis 0,22 % Eiweißkörper, bis 0,47 % Mineralbestandteile, bestehend aus Kali, Phosphorsäure ꝛc., bis 4,11 % gebundene organische Säuren und Extraktivstoffe und endlich bis 76,72 % Wasser.

Wie bemerkt, veranlassen die zahlreichen in der atmosphärischen Luft enthaltenen Keime und Hefezellen, welche sich schon während des Wachstums der Traube auf den Beeren selbst abgesetzt hatten, und welche ferner in den Most geraten, während dieser der Luft ausgesetzt ist, die Gährung. Der Chemismus der Gährung ist bei dem Biere ausführlich besprochen und sei hier nur gesagt, daß die Gährung des Mostes in Deutschland und Frankreich eine Untergährung ist und bei 10 bis 15° C. beginnt. Man unterscheidet bei dieser Gährung drei Stadien, nämlich die Hauptgährung, welche 3 bis 4 Wochen dauert, ferner die stille oder Jungwein-Gährung, welche nach ca. 6 Monaten beendet ist, und endlich die Lagergährung, welche bis zur vollkommenen Reife des Weines währt. Die Gährung des Mostes geschieht je nach der Art des Weines entweder, nach-

Fig. 299. Universal-Weinpresse.

dem er von den Trestern getrennt ist, oder auch mit diesen, und wird in letzterem Falle in großen, offenen Bottichen aus verschiedenem Material oder in geschlossenen aufrecht stehenden Gefäßen, deren Einrichtung Fig. 300 zeigt, vorgenommen. Ein durchlöcherter, eingesetzter Boden c verhindert das Emporsteigen der Trester und ebenso ein vor dem Hahn a von innen angebrachtes, durchlöchertes Brett b das Mitfließen derselben beim Ablassen des Mostes nach beendeter

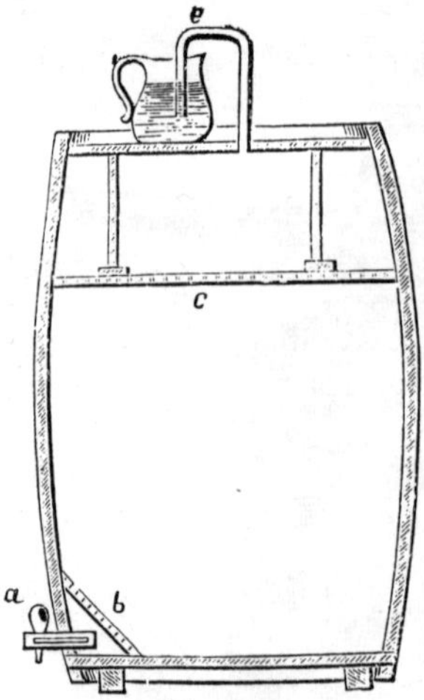

Fig. 300.
Geschlossenes Gährgefäß mit doppeltem Boden.

Hauptgährung. Ein in Wasser mündendes Steigrohr e ermöglicht das Entweichen der sich während der Gährung bildenden Kohlensäure und verhindert gleichzeitig das Eindringen der atmosphärischen Luft. Bei Herstellung von Rotwein läßt man den Most mit den Trestern vergähren, um so den Schalen den Farbstoff und den Kernen die Gerbsäure zu entziehen. Zu diesem Zwecke bleiben die Trester auch noch nach der Hauptgährung längere Zeit mit dem Weine in Berührung, und derselbe wird erst abgelassen, wenn der Wein durch Lösen einer genügenden Menge Farbstoff die gewünschte dunkelrote Farbe erhalten hat.

Die offenen Gährgefäße sind nicht so zweckdienlich, wie die luftdichtverschlossenen, weil bei Anwendung der ersteren sich stets kleine Mengen Essigsäure bilden. Das in Fig. 300 gezeichnete Steigrohr e ist neuerdings sehr vorteilhaft durch einen sogen. Gährspund (Fig. 301) ersetzt. Derselbe besteht aus einem trichterartigen Gefäß b b, dessen Ausflußrohr c nach oben verlängert ist und so verhindert, daß das in

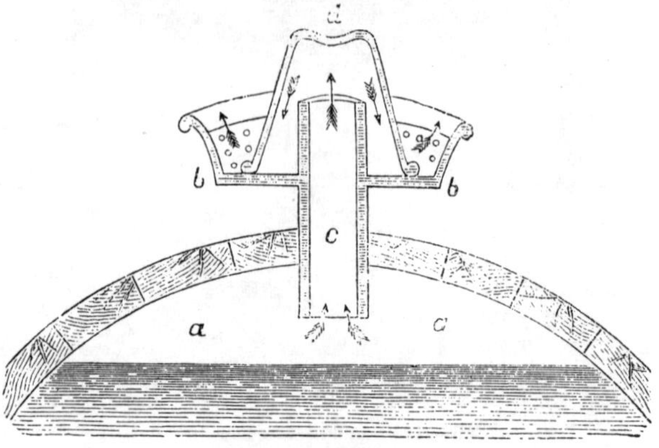

Fig. 301. Gährspund.

b gegossene Wasser in den Bottich fließen kann. Ein Gefäß d, dessen umgebogener Rand eingekerbt ist, wird umgekehrt über c gestülpt und auf diese Weise ein Wasserverschluß hergestellt, durch welchen die sich bei der Gährung bildende Kohlensäure in der Richtung der Pfeile entweicht, ohne daß die Luft zu dem gährenden Moste treten kann, wenn der Gährspund in das Spundloch aa luftdicht eingesetzt wird. Das durch die entweichenden Kohlensäurebläschen entstehende Geräusch ist gleichzeitig ein Anzeichen für den mehr oder weniger heftigen Verlauf der Gährung. Die Gährung des Weißweines wird, von vornherein von den Trestern getrennt, größtenteils in Fässern vorgenommen, und hierbei kann der eben beschriebene Gährspund gleichfalls verwendet werden.

In demselben Maße als die Spaltung des Zuckers in Alkohol und Kohlensäure fortgeschritten ist und schließlich nachläßt, sinkt auch die Temperatur des gährenden Mostes wieder, und ist zuletzt nicht mehr höher als die Temperatur des Gährlokales selbst. Aber nur während der stürmischen, sogen. Hauptgährung wird genügend Kohlensäure erzeugt, um den Zutritt der atmosphärischen Luft und damit die Essigsäurebildung zu verhindern. Zum Schutze gegen diese wird nun der Wein auf Fässer umgefüllt, wo er die Nachgährung vollendet. Der von den Trestern getrennte und auf Fässer gefüllte Wein wird täglich aufgefüllt, so daß die Fässer stets voll sind und die sich etwa dennoch bildenden Essigsäurepilze, der auf der Oberfläche des Weines schwimmende sogen. „Kahn", beim Auffüllen mit überlaufen und so aus den Fässern entfernt werden. Während dieser zweiten Gährung nun setzt sich die Hefe schwammartig und der Weinstein krystallisiert an den Wänden der gewöhnlich sehr großen Fässer ab, worauf der Wein, sobald diese Nachgährung beendet ist, durch Abstechen oder Abziehen von diesem Faßgelager getrennt und in die Lagerfässer gebracht wird, wo die dritte, die sogen. Lagergährung stattfindet. Durch diese wird nicht nur der Alkoholgehalt noch etwas vermehrt und durch vollkommenes Absetzen der Hefe und des Weinsteins der Wein klar, sondern es bilden sich auch während dieser Gährungsperiode lieblich duftende Stoffe, welche dem Wein sein Aroma, das sogen. „Bouquet" oder die „Blume" verleihen. Von hier aus werden die weniger feinen Sorten in kleinere, vorher geschwefelte Fässer gezogen, die besseren hingegen auf Flaschen gefüllt, welche horizontal liegend aufbewahrt werden.

Der Wein enthält fast alle Bestandteile des Mostes und außer diesen noch Alkohol, aromatische Bestandteile, Glycerin und Bernsteinsäure, welche sich während der Gährung gebildet haben. Ist aller Zucker, der in dem Weine enthalten war, vergohren, so hat sich ein sog. trockener oder saurer Wein gebildet, zu welchen Weinarten die Franken- und Rheinweine zählen; ist hingegen durch irgend welchen äußeren Umstand, wie zu niedrige Temperatur, Mangel an Hefesubstanz oder Wasser, die Gährung nicht ganz zu Ende geführt, so daß ein Teil des Zuckers erhalten blieb, so resultieren aus einer solchen Gährung die süßen Weine. Aber auch künstlich werden süße Weine erzeugt durch teilweises Eindampfen des Mostes, durch Vermischen des Mostes mit ca. 20 % Alkohol oder auch durch direkten Zusatz von Zucker.

Nachfolgend wird die mittlere Zusammensetzung des Weines aufgeführt, und je nachdem einzelne der genannten Bestandteile vorherrschen, ist der Wein ein süßer, saurer, herber, adstringierender, moussierender ꝛc.

In 1000 Teilen sind enthalten:

Wasser	891 bis 900 Teile
Alkohol (gewöhnlicher) +	70 „ 80 „
Propyl- und Butylalkohol +	
Äther	
Ätherische Öle	
Traubenzucker	
Glycerin +	
Gummi	
Pektin	
Farbstoff- und Fettsubstanz	30 bis 20 Teile
Proteïnkörper	
Kohlensäure +	
Weinsäure und Traubensäure	
Äpfelsäure	
Gerbsäure	
Essigsäure +	
Bernsteinsäure +	
Anorganische Salze	

Diejenigen der vorstehend genannten Stoffe, welche mit + bezeichnet sind, haben sich erst während der Gährung gebildet.

Fehler in der Behandlung und Aufbewahrung des Weines können in demselben Krankheiten erzeugen, welche, wie z. B. das Zähe- oder Langwerden des Weines und auch das Bitterwerden, auf Mikroorganismen zurückzuführen sind, die bei der fehlerhaften Behandlung des Weines günstige Umstände für ihre Entwickelung fanden. Aber auch das Material der Lagerfässer selbst kann schädlich auf den Wein wirken, denn der Faßgeschmack, wie Faß- und Schimmelgeruch werden durch alte, anrüchige Dauben der Lagerfässer, oder auch durch das Schimmligwerden derselben in dumpfigen Kellern erzeugt.

Von den Konservierungsmethoden des Weines ist vor allen Dingen das Pasteurisieren zu nennen. Dieses nach seinem Erfinder, dem französischen Chemiker Pasteur genannte Verfahren beruht darauf, daß die im Weine enthaltenen Pilzkeime und Sporen bei einer Temperatur von 50 bis 60° C getötet werden, und ist beim Biere bereits besprochen. Da aber wegen des sehr großen Druckes, welchen die im Biere enthaltene Kohlensäure bei der Erwärmung ausüben würde, das Pasteurisieren des Bieres in Fässern unmöglich ist und daher nur auf die Flaschenbiere beschränkt bleibt, während der Wein hauptsächlich in Fässern pasteurisiert wird, so haben die Pasteurisierapparate für Wein eine sehr weitgehende Benutzung gefunden und sind in sehr vollkommenen Konstruktionen fast allgemein im Gebrauch.

Auch die antiseptisch wirkenden Eigenschaften der Salicylsäure sind zur Konservierung des Weines verwendet worden, und da 25 bis 30 gr derselben genügen, um ein Hektoliter Wein jahrelang vor dem Verderben zu schützen, so glaubt man, daß eine so geringe Menge der Salicylsäure durchaus keinen schädlichen Einfluß auf die Gesundheit ausüben kann. Die Ansichten hierüber sind indes geteilt, und in Frankreich z. B. ist die Verwendung der Salicylsäure für diesen Zweck gesetzlich verboten.

Das Klarwerden der Weine geschieht bei den sog. trockenen Weinen, welche keinen Zucker mehr enthalten, von selbst, indem sich die hefigen Teile zu Boden setzen; bei den süßen und dickflüssigeren Weinen hingegen wird durch Klären oder Schönen nachgeholfen und zwar durch Zusatz von leim- oder eiweißähnlichen Körpern, wie Hausenblase, Leim, Eiweiß, Blut, Milch oder Mischungen aus diesen Substanzen. Das Gipsen des Weines hat den Zweck, die Farbe der Rotweine zu erhöhen und die Weine klarer und haltbarer zu machen. Der gebrannte Gips — bekanntlich schwefelsaurer Kalk — setzt sich mit dem weinsauren Kali in weinsauren Kalk um, welcher unlöslich ist und sich abscheidet, während schwefelsaures Kali gelöst bleibt. Auch über die Nützlichkeit oder Schädlichkeit des Gipsens ist ein heftiger Streit entbrannt, und in Frankreich ist ein höherer Gehalt als 2 gr schwefelsaures Kali im Liter Wein unzulässig.

Die wichtigsten Methoden der künstlichen Verbesserung des Mostes und des Weines sind folgende:

1. Zusatz von Zucker zu zuckerarmem Moste und Entziehung der zu großen Säuremengen des Mostes durch Zusatz von Marmorstaub, nach seinem Erfinder Chaptal „Chaptalisieren" genannt;
2. Zusatz von Zucker und Wasser zu zuckerarmem und säurereichem Moste, nach Gall „Gallisieren" genannt;
3. die Trester nochmals mit Zuckerwasser gähren zu lassen, nach Petiot „Petiotisieren" genannt;
4. Entziehung von Wasser durch Frost und Gips;
5. Entziehung von Säuren durch chemisch wirkende Mittel;
6. Zusatz von Alkohol zu schwachen Weinen;
7. Versetzen des fertigen Weines mit Glycerin, ein Verfahren, das „Scheelisieren" (nach Scheele, dem Entdecker des Glycerins) genannt wird, und endlich
8. das Elektrisieren des Weines, wodurch sowohl die Haltbarkeit des Weines erhöht, als auch die Qualität durch Vermehrung des Bouquets verbessert werden soll. Zu diesem Zweck leitet man einen konstanten elektrischen Strom durch den Wein; die Leitungsdrähte sind mit einem Gummiüberzug versehen und tragen an den Enden Elektroden aus Platin.

Die Rückstände der Weinbereitung sind die Trester, bestehend aus den Kämmen, Stielen und Ranken der Trauben, wie aus den Häuten und Kernen der Beeren, und das Weingeläger, bestehend aus Hefe und Weinstein. Die mit Wasser noch nicht ausgelaugten Trester enthalten noch nicht unbedeutende Mengen Most und dienen zur Bereitung von petiotisiertem Wein, von Branntwein, zur Fabrikation von Grünspan, zur Essigfabrikation und als Viehfutter. Die Traubenkerne liefern ein fettes Öl und infolge ihres Gerbsäuregehaltes die sogenannte Wein-

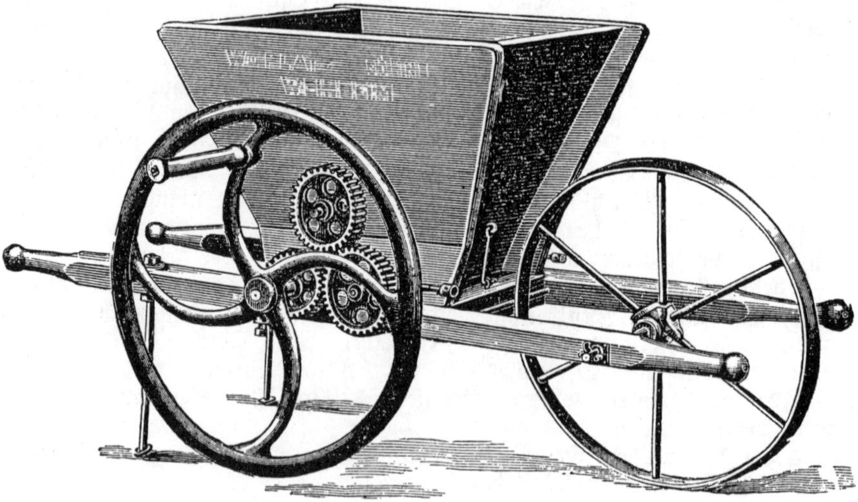

Fig. 302. Obstmühle.

kerngerbsäure. Aus dem Weingeläger werden der eigentümlich riechende Drusenbranntwein, der Weinstein und die Weinsäure gewonnen.

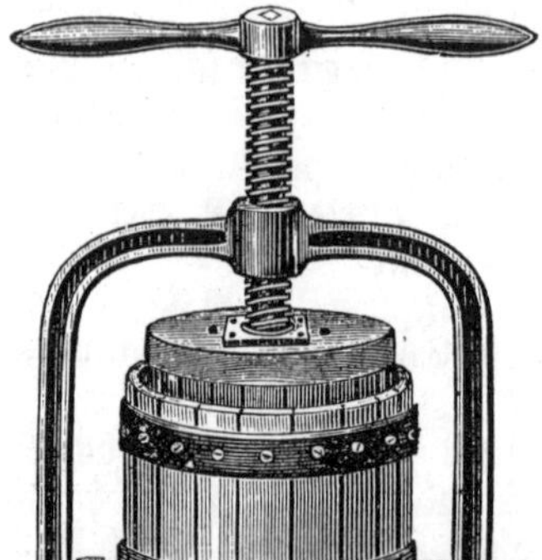

Fig. 303. Saftpresse.

Als Rohmaterial des Obstweines dienen hauptsächlich Äpfel, sie geben den in Frankreich so verbreiteten Cider; aber auch Birnen werden verwendet, und von den Beerenweinen sind besonders der Johannisbeer- und der Stachelbeerwein zu nennen. Der aus den genannten Früchten erzielte Saft wird der Selbstgährung überlassen und dann wie der Traubenwein weiter behandelt. Der Saft dieser Früchte wird in den meisten Gegenden heute noch durch die allerprimitivsten Vorrichtungen gewonnen, indes verbreitet sich neuerdings die Obstquetsche und -Mühle von Wm. Platz Söhne in Weinheim, Baden, immer mehr. Auf einem Gestell aus festen Holzbalken ist eine Quetschmühle angebracht, von welcher aus das gequetschte Obst in einen darunter stehenden Preßkorb fällt. Sobald dieser gefüllt ist, wird er unter die Scheibe einer Preßspindel geschoben, deren Mutter in einen neben der

Quetschmühle liegenden Balken eingefügt ist. Die Preßkörbe stehen auf einem mit Rand und Ablauf versehenen, etwas geneigten Brette, welches den herausgepreßten Saft auffängt und in einen vorgestellten Kübel fließen läßt. Fig. 302 zeigt die Obstmühle, auf eine Karre montiert, ohne diese Preßvorrichtung, welche in Fig. 303 allein abgebildet ist.

Auch aus dem sehr zuckerreichen Safte der Kokospalmen (Cocos nucifera) wird ein Wein erzeugt, der Palmenwein oder Toddy genannt wird, ebenso aus dem Zuckerrohr (Saccharum officinarum), „Guarapo" genannt, und endlich auch aus der amerikanischen Aloe (Agave Americana), der die Namen Pulque, Octli oder Agavenwein führt.

b) Die Aufgußgetränke: Kaffee, Thee und Kakao (Schokolade).

Es genügt bei unserer Ernährung nicht, die sich kontinuierlich verbrauchenden Teile unseres Körpers durch Zufuhr der in den Nahrungsmitteln enthaltenen Bestandteile desselben wieder zu ergänzen, sondern die Nahrungsmittel müssen gleichzeitig durch die Wirkung der Genußmittel unterstützt werden. Trotzdem die letzteren — alkoholische Getränke, Aufgußgetränke, Gewürze, Tabak 2c. — mit Ausnahme des Bieres auch nicht den geringsten direkten Nährwert haben, so sind sie es doch eigentlich, welche unseren Körper einerseits befähigen, die ihm zugeführten Nahrungsmittel überhaupt ohne Widerwillen aufzunehmen und zu verdauen, andererseits aber auch uns geistig anregen und erregen. Sie ermöglichen es uns, unsere erschlaffenden Kräfte gerade dann zu sammeln und zu verwenden, wenn es darauf ankommt, in irgend einem Augenblick nicht müde zu sein, sondern trotz der uns beschleichenden Mattigkeit auszuharren. Man hat daher die Wirkung dieser Genußmittel sehr bezeichnend mit der Wirkung eines Peitschenhiebes verglichen, den wir einem Pferde gerade dann versetzen, wenn dasselbe seine letzten Kräfte sammeln soll, um vorliegende Hindernisse momentan zu überwinden. Ohne daß dem Pferde durch den Peitschenhieb irgend welche Kraft erteilt würde, wird doch durch dieses Mittel sehr häufig der beabsichtigte Zweck erreicht. Natürlich tritt nach diesem Sammeln und Verwenden des letzten Restes der Kraft auch später eine um so größere Erschlaffung ein, und wer mit den Kräften seines Pferdes haushälterisch umgeht, wird demselben durch nachfolgende Ruhe und Pflege Gelegenheit geben, das Übermaß von verbrauchter Kraft wiederum zu ergänzen. Ebenso müssen wir unserem Körper durch nachfolgende Ruhe Zeit zur Wiedererholung gönnen, wenn wir seine körperlichen und geistigen Leistungen durch Zuhilfenahme von Genußmitteln auf mehr als normale Höhe gebracht haben.

Der Kaffee.

Die Aufgußgetränke und besonders der unter diesen die erste Stelle einnehmende Kaffee bieten die Vorteile der Wirkung der alkoholischen Getränke, ohne — bis zu einer gewissen Grenze — die Nachteile derselben zu haben. Wenngleich auch sie, im Übermaße genossen, sehr schädlich wirken können, so ist doch ein Übermaß hierin nicht sobald erreicht und tritt im Verhältnis zu dem Übernehmen mit alkoholischen Getränken auch nur äußerst selten ein. Die sich neuerdings bemerkbar machende Bestrebung, Kaffeehäuser für die arbeitende Bevölkerung einzurichten, ist daher sehr anzuerkennen, und zweifellos eine sehr wertvolle Waffe im Kampfe gegen den Schnaps.

Die physiologische Wirkung des Kaffees besteht darin, das Gehirn und das gesamte Nervensystem wohlthätig zu beeinflussen, wie auch durch erhöhte Thätigkeit des Herzens den Kreislauf des Blutes und dadurch den gesamten Stoffwechsel zu befördern. Im Übermaß genossen, veranlaßt der Kaffee nicht nur Schlaflosigkeit, sondern auch mitunter eine Aufgeregtheit, in welcher uns die wirrsten Bilder und Gedanken peinigen, schließlich eine so überaus verstärkte Herzthätigkeit, daß ein stürmischer Kreislauf des Blutes und viele damit verbundene, sehr störende Erscheinungen auftreten.

Die Kaffeebohne ist die Frucht des hauptsächlich in den Tropen wachsenden Kaffeestrauches zu der Familie der Coffeaceae gehörig, und Fig. 304 stellt den Zweig der Coffea arabica dar. Die Bohne besteht ihrer chemischen Zusammensetzung nach aus Pflanzenzellstoff oder Cellulose, welche hier aber viel hornartiger auftritt, als bei den meisten übrigen Pflanzen, ferner aus Kaffeegerbsäure, Eiweißstoffen und einem ätherischen Öl, das sich zwar erst während des Brennens des Kaffees bildet, welches aber das Aroma desselben bedingt und sehr wichtig für seine Wertbestimmung ist. Der wichtigste Bestandteil des Kaffees aber ist ein Stoff, den der Chemiker Kaffeïn nennt, ein durchaus giftiges Alkaloid, das übrigens mit dem im Thee enthaltenen „Theeïn“ identisch ist. Allerdings ist dieses Gift im Kaffee nur in überaus geringer Menge vorhanden, aber ihm verdankt das Getränk seine so wertvollen physiologischen Wirkungen, und von einer eigentlichen Schädlichkeit, die so manche Leute dem Kaffee nachreden, kann im Ernst wohl kaum die Rede sein; man kann wenigstens steinalt dabei werden.

Fig. 304.
Zweig des Kaffeestrauches.

Der Kaffee, welcher gegenwärtig vom Palast bis in die Hütte hinab genossen wird, und den weder die Strafpredigten der Ärzte, noch Napoleons tyrannische Auflagen und Verbote der Kolonialwaren verdrängen konnten, ist, wie Zucker, Thee und Gewürze, welthistorisch geworden. Der Kaffeestrauch ist ein zierliches Gewächs mit schlanken Ästen, hellgrauen, länglichen, glänzenden Blättern und weißen jasminähnlichen Blüten, aus denen sich kirschenähnliche, erst grüne, dann rötlichbraune Beeren entwickeln, die zwei, von ziemlich dickem Fruchtfleisch umgebene Samen, eben die Kaffeebohnen, enthalten. Die Pflanze hat seit anderthalb Jahrhunderten auf ihrer Wanderung von Habesch über Arabien, Java, die Manilen, über Ceylon, Isle Bourbon, bis nach Westindien, Surinam, Cayenne und Brasilien so viele neue Kaffeegärten erzeugt, daß in dieser neuen Heimat Hunderttausende von Arbeitern aller Art mit deren Pflege beschäftigt sind, daß deren Ertrag von mehr als dreihundert Millionen Kaffeebohnen in Hunderten von Schiffen den indischen wie den atlantischen Ozean durchschwimmt und auf den Märkten Europas durch Preis, Zoll und Umsatz aller Art nicht allein von Einfluß auf die Lebensfragen der Völker, sondern auch der Politik, der Staaten und selbst auf das Schicksal einer ganzen Menschenrasse geworden ist. Für das Vaterland des Kaffees wurde seither das glückliche Arabien gehalten, allein glaubwürdige Zeugnisse älterer und neuerer Reisenden weisen auf Äthiopien hin, auf Abessynien, und hier speziell auf Kaffa, den südlichen Distrikt der Hochebene Narea Von dieser Landschaft dürfte die Pflanze auch ihren Namen erhalten haben. Von hier erst gelangte der Kaffee nach Arabien, denn ältere arabische Schriftsteller geben an, daß der Gebrauch desselben als Getränk in Yemen nur bis ins 9. Jahrhundert der Hedschra (unser 15. Jahrh.) hinaufreiche, während man in Äthiopien den Kaffee seit undenklichen Zeiten kenne. Ein Mufti von Aden, Gemal Eddin mit Namen, soll das Getränk und den Anbau der Pflanze zuerst in Arabien eingeführt haben. In Ägypten gab es bereits zu Anfang des 16. Jahrhunderts Kaffeehäuser oder vielmehr Schulen der Weisheit, wie man sie nannte, wo sich alle müßigen und solche, die aus dem Müßiggang anderer die Mittel zu ihrem Lebensunterhalt gewinnen wollten, Musiker, Erzähler, Tänzer, versammelten.

Im Abendlande wurde der Kaffee erst später bekannt. Bernhard Rauwolf, ein Augsburger Arzt und Orient-Reisender, sowie Prosper Alpinus, welcher als Arzt des venetianischen Konsuls in Ägypten lebte, waren die ersten, welche zu Ende des 16. Jahrhunderts von dem Kaffee Nachricht gaben. Als Ware lernten ihn dann die Venetianer zuerst kennen und brachten die erste größere Sendung 1624 nach Europa. In Paris wurde 1657 die erste Tasse Kaffee als ausländische Kuriosität getrunken, in Marseille 1671 das erste französische Kaffeehaus eröffnet. In England soll der Kaffee schon einige Jahre früher durch einen Kaufmann, der einen starken Handel nach der Levante betrieb, eingeführt worden sein. Nach Deutschland gelangte der Kaffee aus Frankreich, etwa um

1670, und der Gebrauch verbreitete sich schnell. In Wien wurde 1683 das erste Kaffeehaus errichtet, in Nürnberg 1686, in Hamburg 1687, in Danzig 1700, in Stuttgart 1712, in Augsburg 1713, in Berlin 1721. Daß gegen das Getränk von Anfang an von den Ärzten auch Widerspruch erhoben wurde, wollen wir nicht unerwähnt lassen.

Der ungemein rasch wachsende Verbrauch und der hohe Preis des Kaffees in Europa veranlaßte die Holländer, schon 1650 Versuche mit dem Anbau einiger Kaffeesträucher aus Mocca in ihren Besitzungen auf den ostindischen Inseln zu machen. Sie gediehen vortrefflich, und von 1680 ab begann der Anbau im großen. 1720 gelangte die Kaffeepflanze nach Westindien und wurde danach überall angebaut, wo die Verhältnisse nur einigermaßen sich günstig zeigten. So kommt es, daß man im allgemeinen eine große Menge von verschiedenen Sorten unterscheidet, die man nach Farbe und Größe der Bohne glaubt erkennen zu können. Das ist nicht ganz zutreffend, denn die Farbe aller Kaffeesorten ist bei der Ernte grün, erst durch Regen und andere Witterungsverhältnisse wird sie im Produktionslande oder auf der Reise blaß, bisweilen durch die feuchtheiße Schiffsluft gelb. Wird Kaffee in den tropischen Ländern aufgelagert, so wird er durch die Hitze auch dunkelgelb bis braun (Menado, Java), was den Geschmack voller, ergiebiger macht. In neuerer Zeit wird in fast allen Ländern die westindische Behandlung angewendet, wodurch die Farbe des Kaffees infolge einer Waschmethode nach dem Pflücken schön grünblau wird.

Von großer Wichtigkeit für die Güte des Getränkes ist das Brennen der Bohne und das Ausziehen des gerösteten und gemahlenen Kaffees. Jeder Kaffee sollte vor dem Brennen erst gewaschen und zwischen Tüchern getrocknet werden, um ihn von allen ihm anhaftenden Verunreinigungen zu befreien. Diese Verunreinigungen sind nicht immer zufällig an den Kaffee gekommen, sondern werden demselben nicht selten absichtlich hinzugesetzt, wodurch sowohl eine billigere Sorte den teueren ähnlich gemacht, als auch dem verdorbenen Kaffee ein besseres Aussehen gegeben wird. Gegen alle diese den Geschmack des Kaffees sehr nachteilig beeinflussenden Zusätze ist das Waschen und Trocknen des Kaffees zwischen Tüchern ein ebenso einfaches wie sicher wirkendes Mittel. Das Brennen des Kaffees hat nicht nur den Zweck, eine physikalische Veränderung der Bohne hervorzurufen, welche sie spröde und dadurch geeignet macht, in der Kaffeemühle gepulvert zu werden, sondern bewirkt gleichzeitig so wichtige chemische Umsetzungen in den Bestandteilen der Bohne, daß diese Manipulation von der höchsten Wichtigkeit ist. Der Kaffee muß in gut geschlossenen Trommeln unter kontinuierlichem Drehen derselben über freiem Feuer gebrannt werden, und ein eigentümliches Knistern wie das Hervortreten einer hellbraunen Farbe zeigen die Beendigung der Operation an. Wird das Brennen zu weit fortgesetzt, so verliert die Güte des Kaffees sehr, und zwar besonders durch Hervortreten eines brenzlichen Geruches, welcher das sehr angenehme Aroma des Kaffees verdeckt.

Dieses Aroma ist überhaupt sehr empfindlich und geht häufig auch dadurch verloren, daß der gebrannte Kaffee Gerüche aus seiner Umgebung anzieht, weshalb er in hermetisch schließenden Büchsen aufbewahrt werden muß.

Der nach dem Brennen möglichst fein gemahlene Kaffee darf nicht gekocht, sondern nur aufgebrüht werden, weil durch das Kochen sein ätherisches Öl vollständig verflüchtigt wird. Andererseits muß aber auch das Aufbrühen mit großer Sorgfalt ausgeführt werden, wenn alle extrahierbaren Bestandteile auch wirklich ausgezogen werden sollen. Hierbei darf nicht unerwähnt bleiben, daß die nahrhaften Eiweißstoffe, von denen der Kaffee ca. 13 % enthält, in heißem Wasser unlöslich sind, und somit für uns verloren gehen. Einige Arten Wasser, wie z. B. die von Prag und Karlsbad, liefern unleugbar einen stärkeren und wohlriechenderen Kaffee, als manches andere Wasser, und einige Chemiker schreiben diese Wirkung dem Gehalte des betreffenden Wassers an alkalischen Stoffen zu. Diese Ansicht hat dazu geführt, dem ungeeigneteren Wasser geringe Mengen Soda zuzusetzen und werden 2,4 g kalcinierte Soda oder 5 g krystallisierte Soda für die Wassermenge empfohlen, welche zu einem Pfund Kaffee verwendet wird.

In neuerer Zeit sind zahlreiche Versuche gemacht worden, dem Kaffee eine kompendiösere Form zu geben, um ihn so für weite Seereisen 2c. in zum Gebrauche fertigem Zustande gegen die äußeren Einflüsse widerstandsfähig zu machen. So wird z. B. gemahlener Kaffee unter starkem Druck auf $^1/_3$ seines ursprünglichen Volumens gepreßt und wohlverpackt in Gestalt kleiner Tafeln für Seereisen empfohlen u. s. w.

Es ist erklärlich, daß ein verhältnismäßig gar nicht so billiges und dennoch so vielbegehrtes Produkt eine Anzahl von Versuchen hervorrief, dasselbe durch ein weniger kostspieliges Erzeugnis zu ersetzen, und diese Erzeugung von Kaffeesurrogaten hat eine bedeutende Industrie ins Leben gerufen, leider in den allermeisten Fällen zum Nachteil des konsumierenden Publikums. Geröstete Roggenkörner, zerschnittene Eicheln, geröstetes Maismalz (Saladinkaffee), geröstete Samen der gelben Lupine (Kraftkaffee) oder der Samen einer Kassia (Magdadkaffee) u. s. w. u. s. w. Zu empfehlen als ein vortreffliches Surrogat wäre der Feigenkaffee aus getrockneten und gerösteten Feigen, d. h. wenn derselbe nicht auch wieder verfälscht wird. Das bekannteste und verbreitetste, obgleich am wenigsten berechtigte Surrogat ist die Cichorie, von der man im günstigsten Falle sagen kann, daß sie wenigstens unschädlich ist, womit aber auch ihr Lob vollkommen erschöpft ist, denn sie vermag nicht die geringste dem Kaffee eigentümliche Wirkung auszuüben.

Wie die beiden nachstehenden Abbildungen, Fig. 305 und 306 zeigen, sind derartige Verfälschungen des Kaffees leicht zu entdecken; es gehört dazu aber ein Mikroskop mit 140maliger Vergrößerung, ist also für das Publikum im allgemeinen gar nicht ausführbar. Es ist selbstverständlich, daß dergleichen Verfälschungen, gegen die der Käufer so gut wie schutzlos

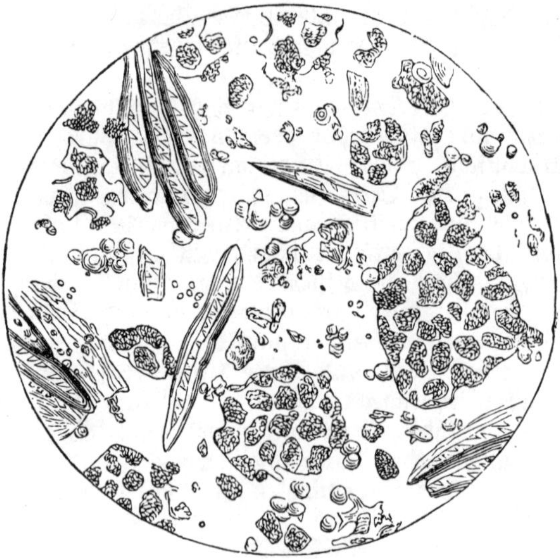

Fig. 305. Kaffeesatz von reinem Kaffee.

Fig. 306.
a Satz des reinen Kaffees. b Satz der Cichorie.
c Satz des Eichelpulvers.

ist, weil er sie nicht zu erkennen vermag, nur mit gemahlenen Kaffee vorgenommen werden können. Man kaufe daher stets Bohnen.

Zwei Arten von Verfälschungen verdienen aber noch einer besonderen Erwähnung. Die eine betrifft den sogenannten havarierten Kaffee, d. h. den bei einem Schiffsunglück durch das Seewasser verdorbenen Kaffee. Man hat Methoden erfunden, dieses verdorbene Produkt zu „verbessern", und mit dieser Verbesserung beschäftigt sich in Holland und England eine förmliche Industrie. Die gar zu sehr beschädigten Bohnen werden herausgelesen, das Salz des Meerwassers abgewaschen, die Bohnen durch Kalkwasser entfärbt und hierauf der zurückgebliebene Kalk durch abermaliges Auswaschen entfernt. Nachdem der Kaffee dann durch Erwärmen in einem Luftzuge getrocknet ist, giebt man ihm durch ganz gelindes Rösten oder durch direktes Färben mittels eines Azofarbstoffes eine geeignete Farbe. Die Azofarbstoffe sind in Alkohol außerordentlich leicht löslich, und daher ist das Färben mit denselben sehr einfach dadurch nachzuweisen, daß man den Kaffee in Alkohol schüttet und beim Umrühren sieht, ob dieser sich färbt.

Viel häufiger noch, als diese Behandlung des havarierten Kaffees, sind die verwerflichen Manipulationen beim Rösten des Rohkaffees, welche direkt darauf hinausgehen, den Konsumenten zu übervorteilen. Es werden Mittel angewendet, um das durch das Rösten verringerte Gewicht auszugleichen, z. B. durch Verdichtung des Wasserdampfes in den heißen Bohnen und dünne Schichten von Glycerin, Palmöl oder Vaseline. Die häufigste Manipulation ist das Überziehen des Kaffees während des Röstens mit Lösungen von Zucker und ähnlichen Flüssigkeiten, wodurch unschwer eine Gewichtsvermehrung von 8 bis 10 % erzielt werden kann; man nennt dies Verfahren schmeichelnd „Glasieren" und behauptet, daß dadurch das Verflüchtigen der aromatischen Bestandteile der gerösteten Kaffeebohne verhütet werde, was aber schon durch das beim Rösten hervortretende und die Bohne umhüllende vegetabilische Fett ganz von selbst geschieht. Durch das Glasieren, für welches der Zucker in dem Röstsirup schon längst einen noch wohlfeileren Konkurrenten erhalten, erzielt man noch obenein den Vorteil, daß damit leicht eine geringere Qualität des Kaffees verdeckt und als vollwertig unter eine bessere gemengt werden kann. Endlich dient ein solcher Überzug auch dazu, das Aussehen von nicht gar gebranntem Kaffee zu verdecken, und durch solches Nichtgarbrennen wird wieder ein naturgemäßer Gewichtsverlust auf unreelle Weise vermieden.

Außer den genannten Manipulationen giebt es noch eine ganze Reihe, die sämtlich nur dazu dienen sollen, dem Händler möglichst große Vorteile zu bringen, und es ist oft sehr schwer oder auch unmöglich, da eine Verfälschung nachzuweisen. Es mag an den angeführten Beispielen genug sein.

Schließlich muß noch bemerkt werden, daß bei vielen Konsumenten des so beliebten Getränkes die falsche Ansicht herrscht, daß ein Kaffee, der nach dem Aufgießen recht dunkel aussieht auch, recht stark sein muß, weil ein sehr hell aussehender Kaffeeaufguß stets auch sehr schwach ist. Ein starker Kaffee muß allerdings dunkel aussehen, aber jeder dunkel aussehende Kaffee braucht noch durchaus nicht stark zu sein. Gerade die tinktoriale Eigenschaft hat nicht wenig dazu beigetragen, der so wertlosen Cichorie ein so großes Absatzgebiet zu erringen, und in dieser Hinsicht leisten der gebrannte Zucker und der Röstsirup auch das ihre. Daß ein braun gebrannter Karamel das Wasser — und das ist ja der Hauptbestandteil des Kaffeeaufgusses — dunkel färbt, ist eine längst bekannte Thatsache, welche in der Technik häufig genug zum Dunkelfärben verschiedener Flüssigkeiten Anwendung findet, wie z. B. zum Färben mancher Biere, und hat dieses Fabrikat im Handel den Namen „Zuckercouleur" erhalten. Ein solches Färben des Kaffees hat aber mit der Güte desselben gar nichts zu thun, ja, es kann ihn sogar wesentlich verschlechtern, falls die hinzugesetzten Substanzen schädlich sind. Bei dem Glasieren des Kaffees mit selbst bereiteten Zuckerlösungen hat man trotz der vorher genannten Nachteile dieser Manipulation, wenigstens die Gewißheit, daß dieselbe nicht direkt schädlich ist, was vom Röstsirup bis heute nicht behauptet werden kann, weil Analysen desselben leider noch fehlen. Wollte man durchaus eine dunkle Farbe des Kaffees erzielen, ohne die hierzu erforderliche Menge desselben zu verwenden, dann wäre die mit Recht so energisch bekämpfte Cichorie noch vorzuziehen, denn sie färbt den Kaffee gleichfalls dunkel und wird bei ihrer vollständigen Wertlosigkeit doch wenigstens nicht mit dem hohen Preise des Kaffees selbst bezahlt.

Der Thee.

Der Genuß des Thees soll nach einer Überlieferung in China schon seit dem dritten Jahrhundert bekannt gewesen sein, allgemein wurde derselbe dort aber erst im siebenten Jahrhundert und von diesem Lande 810 nach Japan eingeführt. Erst im siebzehnten Jahrhundert kam der Thee durch eine nach China geschickte russische Gesandtschaft nach Europa, wo aber schon vorher besonders in England und Holland viel Salbeithee getrunken wurde. Nichtsdestoweniger betrachtete die Königin von England zwei Pfund Thee, welche sie im Jahre 1664 von der ostindischen Kompagnie erhielt, als ein wertvolles Geschenk.

Die Wirkung des Thees ist derjenigen des Kaffees außerordentlich ähnlich, nur ist derselbe als Genuß- und Reizmittel wesentlich milder, als der Kaffee, da der Thee viel weniger Röstprodukte enthält..

Die verschiedenen Länder benutzen sehr verschiedene Theearten, von denen aber der chinesische Thee der weitverbreitste ist; nach ihm spielt noch der Paraguaythee oder Maté die wichtigste Rolle, während verschiedene andere Theearten weniger in Betracht kommen. Die Theepflanze gedeiht am besten in den weniger heißen Gegenden der tropischen Zone, kommt aber auch in der gemäßigten Zone selbst bis zum 40sten Grad nördlicher Breite vor. Fig. 307 zeigt einen Zweig mit Blatt und Blüte des chinesischen Theestrauches (Thea chinensis) [in der Hälfte der natürlichen Größe], dessen Blätter vom vierten bis zwölften Jahre zur Bereitung des Thees dienen, und zwar werden sie in jedem Jahre durch Pflücken mit der Hand einmal eingesammelt. Von diesen Blättern sind die jüngsten die begehrtesten, da sie den besten Thee geben, während die älteren holziger und bitterer sind. Auch der Abfall von schlechten und verwelkten Blättern wird in Formen gepreßt als Ziegelthee, oder nach Zusatz von Blut als Bindemittel als sog. Backsteinthee in den Handel gebracht. Die grünen Blätter haben noch nichts von dem uns bekannten angenehmen Geschmack und lieblichen Saft des Thees, sondern diese entwickeln sich erst — gerade wie beim Kaffee — während des Röstens derselben.

Fig. 307.
Zweig, Blatt und Blüte des Theestrauches.

Die Behandlung der Theeblätter ist bei dem grünen und schwarzen Thee eine wesentlich verschiedene und wird von dem englischen Reisenden Fortune wie folgt beschrieben. Bei dem grünen Thee werden die Blätter in dünnen Schichten auf flachen oder schräg stehenden Bambushorden ausgebreitet, um die ihnen anhängende Feuchtigkeit zu trocknen; hier bleiben sie aber nur sehr kurze Zeit, nämlich je nach dem Wetter, ein bis zwei Stunden liegen. Von diesen Horden aus kommen sie in Röstpfannen, welche mit schnell brennendem Holzfeuer geheizt werden, und worin sie rasch herumbewegt und aufgelockert werden. Nach vier bis fünf Minuten werden sie auf einem Tisch mit den Händen zusammengerollt, um hierauf von neuem in denselben Pfannen, aber über einem gleichmäßigen Holzkohlenfeuer gerührt und gewendet zu werden. Nachdem diese Behandlung ungefähr eine Stunde oder auch etwas länger gedauert hat, ist die Farbe des Thees fixiert, d. h. es ist keine Gefahr mehr vorhanden, daß seine dunkelgrüne Farbe, welche später noch etwas heller wird, in eine schwarze übergehe. Nach dieser Behandlung schwingt man den Thee, um ihn von Staub und anderen Unreinlichkeiten zu befreien, und scheidet ihn mittels engerer und weiterer Siebe in verschiedene Sorten, welche unter den Namen Twankay, Hyson, Hysonskin, Young Hyson, Gunpowder zc. in den Handel kommen.

Bei dem schwarzen Thee bleiben die ausgebreiteten Theeblätter auf den Bambushorden wesentlich länger, nämlich ca. 12 Stunden liegen, um darauf längere Zeit mit den Händen behufs Lockerung so durch die Luft geworfen zu werden, daß sie einzeln niederfallen; dann werden sie leicht mit der Hand geklopft. Sind sie auf diese Weise ganz weich und welk geworden, so werden sie in Haufen geschichtet, eine Stunde liegen gelassen, wobei eine leichte Gährung eintritt, die sich durch Veränderung der Farbe der Blätter und durch einen duftigen Geruch bemerkbar macht. Vor dem Rollen werden die Blätter in Klumpen zusammengeballt, und auf einem Rohrtisch von dem in ihnen enthaltenen Saft befreit, dann wiederholt auseinander geschüttelt und endlich gerollt, und kommen nach kurzem Verweilen auf flachen Horden in die Röstpfannen, um hier genau so, wie der grüne Thee behandelt zu werden. Hierauf werden sie auf Sieben in dünne Schichten ausgebreitet und im Freien ca. 3 Stunden lang unter fleißigem Wenden der Luft ausgesetzt. Bei diesem Lüften verlieren die Blätter den größten Teil ihrer Feuchtigkeit und werden dann noch einmal 3 bis 4 Minuten lang geröstet und von neuem gerollt. Nun werden Siebe, welche ca. 3 cm hohe Schichten Theeblätter tragen, in den oberen Teil röhrenförmiger Körbe, welche in der Mitte verengt sind, gesetzt und so unter sorgfältiger Beobachtung 5 bis 6 Minuten über ein Kohlenfeuer gestellt. Hierauf werden die Blätter von neuem gerollt und noch einmal etwas längere Zeit dem Feuer ausgesetzt, wobei sie eine dunkle Farbe annehmen. Schließlich wird der Thee in dickeren Schichten mit einem Korbe bedeckt, noch einmal über ein teilweise bedecktes Kohlenfeuer gebracht und so lange gleichmäßig erhitzt, bis er vollkommen trocken ist, und die schwarze Farbe, welche später noch schöner wird, langsam hervortritt. Damit ist die Behandlung beendet, worauf das Trennen der Sorten durch Sieben geschieht, wie es bei dem grünen Thee beschrieben wurde.

Fig. 308.
Zweig und Blüte des Paraguay-Theestrauches.

Den Südamerikanern, besonders den Brasilianern ist der Paraguaythee, auch Maté genannt, dasselbe, was der chinesische Thee den Völkern des nördlichen Asiens ist. Er stammt aus den trockenen Blättern der brasilianischen Stechpalme (Ilex Paraguayensis), welche Fig. 308 zeigt. Der Baum, welcher die Theeblätter — Yerba genannt — liefert, wächst in den Wäldern Paraguays wild, und Indianer werden dazu verwendet, seine Blätter einzusammeln. Diese trocknen und rösten die Yerbazweige auf einem aus Flechtwerk bestehenden Gewölbe — Barbaqua genannt — über freiem Feuer, aber ohne dieselben zu versengen. So getrocknet und gedörrt, werden die Blätter durch Dreschen mit Stöcken von den Zweigen losgeschlagen und dabei teilweise gepulvert. Nun werden sie in Säcken aus feuchten Häuten fest eingestampft, wo sie, nachdem sie so einige Tage getrocknet sind, fast steinhart werden und sich in diesem Zustande sehr gut halten. Je nach den Teilen des verwendeten Laubes unterscheidet man folgende 3 Sorten des Paraguaythees. Die beste Sorte — Caa-cuys genannt — („Caa" bedeutet „Blatt") wird nur aus den halb entfalteten Knospen bereitet und muß in Paraguay selbst konsumiert werden, da sie nicht haltbar ist; die zweite Sorte — Caa-miri — ist aus den sorgfältig gepflückten und vor dem Rösten abgerippten Blättern hergestellt; die dritte Sorte endlich — Caa-guayza — besteht aus dem ganzen Laube, das, wie vorher beschrieben, verarbeitet wird. Der Maté heißt auch Jesuitenthee, weil die Jesuiten während ihrer Niederlassung in Paraguay sich um die Bereitung desselben, besonders des Caa-miri, sehr verdient gemacht haben. Zum Export eignet sich der Paraguaythee wenig, da er während desselben an Kraft, Wohlgeruch und aromatischer Bitterkeit sehr viel einbüßt und bisher noch keine Methode gefunden ist, welche diese Fehler vermeidet.

Die Bestandteile des Thees erinnern sehr an die chemische Zusammensetzung der Kaffeebohne und auch sein wertvollster Bestandteil ist das Theïn, bez. Kaffeïn, von dem es aber durchschnittlich 2 bis 2,8 % enthält, während sich im Kaffee nur 1 bis 1,5 % finden. Außerdem enthält der geröstete Thee durchschnittlich 6 % Wasser, 20 % Gummi und Zucker, 21 % Kleber, 15 % Gerbsäure, 4 % fettes und ätherisches Öl, 24 bis 26 % Holzfaser und 5,5 % Mineralbestandteile.

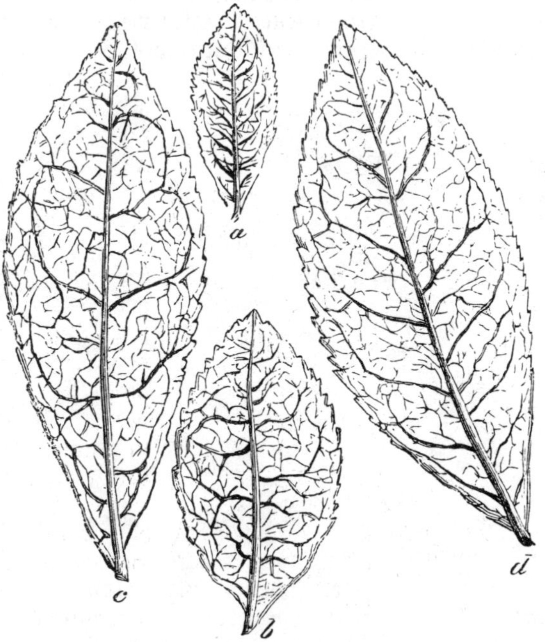

Fig. 309. Blätter des Theestrauches.

Auch die Bereitung des Thees ist derjenigen

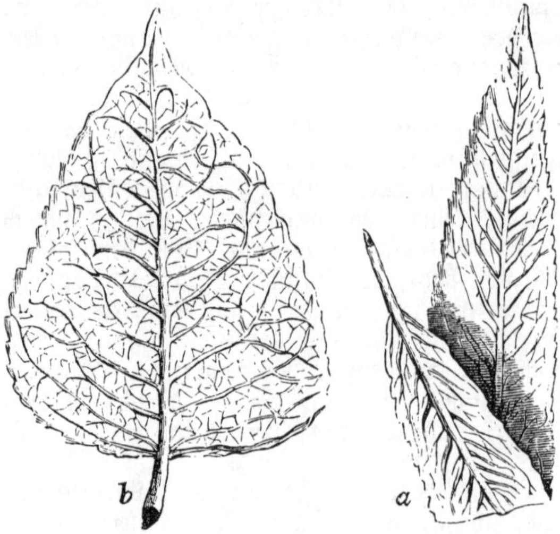

Fig. 310.
Blätter einiger, zur Fälschung des Thees benutzter Pflanzen.

des Kaffees sehr ähnlich, denn sie besteht im wesentlichen darin, daß die Blätter mit heißem Wasser ausgezogen werden, und gerade wie beim Kaffee hat man auch versucht ihn in eine Form zu bringen, welche ihn zur Verwendung auf Reisen besser geeignet macht. So giebt es z. B. im Handel Theesorten, welche aus einem unter starkem Drucke zu Scheiben gepreßtem Gemisch von Theeblättern und Zucker bestehen.

Es wird nicht Wunder nehmen, daß ein so verbreitetes Produkt, wie der Thee, auch zahlreichen Verfälschungen ausgesetzt ist. Am häufigsten werden die besseren Theesorten mit geringerem oder gar bereits ausgezogenem Thee vermischt. Letztere Manipulation nimmt immer mehr überhand, und mehrere Fabriken in London beschäftigen

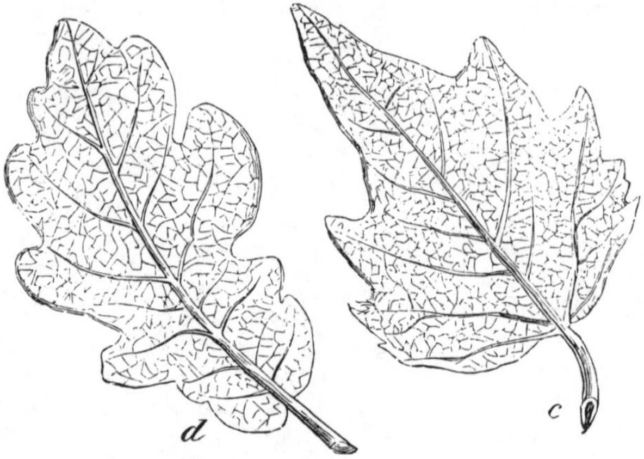

Fig. 311. Blätter einiger zur Fälschung des Thees benutzter Pflanzen.

sich damit, alten gebrauchten Thee wieder verkäuflich zu machen. Durch die Bestimmung des Theïngehaltes läßt sich diese Verfälschung sicher nachweisen. Ferner werden Blätter zahlreicher anderer Pflanzen, wie der wilden Rose (Rosa canina), des Schlehdorns (Prunus spinosa), der Esche

(Fraxinus excelsior), des Weidenröschens (Epilobium angustifolium), der Erdbeere (Fragaria vesca) geröstet und mit den Theeblättern gemischt als Thee in den Handel gebracht. Leicht sind diese Fälschungen zu erkennen, wenn man eine kleine Menge des fraglichen Thees in heißem Wasser aufweicht, die Blätter aufrollt und nun ihre Form genau mit dem Vergrößerungsglase betrachtet. Schon der Laie wird die Blätter anderer Pflanzen von denjenigen des Thees unterscheiden, und der Botaniker dieselben unschwer bestimmen können. Fig. 309 zeigt Theeblätter in verschiedenen Größen; man wird sich leicht selbst ein Urteil bilden können, wenn man mit diesen die Blätter einiger Bäume vergleicht, die außer den obengenannten Arten, ebenfalls vielfach zur Fälschung des Thees benutzt werden, so zeigt Fig. 310 die Blätter der Weide a und der Pappel b; Fig. 311 endlich der Platane c und der Eiche d.

Der Kakao und die Schokolade.

Von den Kakaoarten ist die mexikanische Kakaobohne (Theobroma Cacao) für den Genuß die wichtigste, außerdem aber spielt noch der brasilianische Kakao, auch Guarana genannt, eine größere Rolle, während andere Stoffe, welche den Kakao ersetzen können, bisher wenig bekannt sind und später erwähnt werden sollen.

Die mexikanische Kakaobohne ist der Same des Kakaobaumes, von dem Fig. 312 einen Zweig mit Blättern und Frucht darstellt. Dieser Baum wächst in Westindien, Mittelamerika und in Südamerika, besonders am Orinoko und am Amazonenstrome; in Demerara bildet er ganze Wälder und wächst auch jetzt noch in Mexiko und an der Küste von Caraccas wild. Die Spanier fanden bei ihrer Ansiedelung in Mexiko bei den Eingeborenen ein aus der Kakaobohne bereitetes Getränk unter den Namen „Chocollatl" im allgemeinen Gebrauch und zwar schon seit so langer Zeit, daß sich der Anfang der Bereitung dieses Getränkes nicht mehr bestimmen ließ. 1520 brachten die Spanier die Kakaobohne nach Europa, wo sie sich sehr bald allgemein verbreitete. Ihren wissenschaftlichen Namen verdankt sie der Vorliebe des berühmten Botanikers Linné für dieses Getränk, denn er nannte es „Theobroma" d. h. Götterspeise.

Fig. 312. Zweig des Kakaobaumes.

Die Frucht (Fig. 312), von der Gestalt einer kleinen, länglichen Melone, enthält den Samen in Form von 6 bis 30 reihenweise in ein schwammiges Gewebe eingebetteten

Bohnen, und diese sind es, welche weiter verarbeitet werden. Getrocknet werden sie entweder direkt auf den Markt gebracht oder vorher in die Erde vergraben, einer leichten Gährung unterworfen und dann getrocknet, wobei sie einen Teil ihrer natürlichen Bitterkeit und Schärfe verlieren. Die nach Europa gebrachte Kakaobohne ist spröde, innen von dunkelbrauner Farbe und hat einen leicht zusammenziehenden und deutlich bitteren Geschmack.

Unter den Bestandteilen der Kakaobohne ist der Wirkung nach das Alkaloid das wichtigste, welches dem Kaffeïn entspricht und nach dem Gattungsnamen des Kakaobaumes „Theobromin" genannt wird. Wesentlich unterscheidet sich der Kakao aber vom Kaffee und Thee durch seinen hohen Gehalt (bis 50%) an einen Fettstoff — Kakaobutter genannt — und einer bedeutenden Menge Stärke, wie eiweiß- oder klebeartiger Stoffe, durch welche derselbe eine direkt ernährende Wirkung hat, die ja bekanntlich dem Kaffee und Thee fehlen. Die durchschnittlichen Bestandteile der geschälten Kakaobohne setzen sich, abgesehen von ganz unwesentlichen Substanzen, aus 1 bis 1,5% Theobromin, ca. 50% Kakaobutter, 14 bis 18% Stärke, 13 bis 18% Proteïnverbindungen ꝛc. zusammen. Dieser hohe Fettgehalt macht den Kakao bezw. die aus ihm bereitete Schokolade für schwache Magen sehr schwer verdaulich und hat dazu geführt, entweder das Fett aus der Kakaomasse zu entfernen, oder auch dieselbe mit Zuckerstärke oder Mehl zu versetzen, um sie auf diese Weise verdaulicher zu machen.

Die Zubereitung des Kakaos ist eine sehr mannigfache, je nachdem derselbe mit der Schale, oder enthülst oder schließlich unter Zusatz verschiedener anderer Stoffe verarbeitet wird. Mit der Schale wird die Kakaobohne geröstet, in einem heißen Mörser zu Teig zerstoßen und dann zwischen heißen Walzen gequetscht. So erhält man einen erhärteten Teig, die sog. Kakaomasse, welche auch häufig noch mit Zucker, Stärke und ähnlichen Bestandteilen vermischt wird. Die aus der Kakaobohne mit den Hülsen gewonnene Kakaomasse ist aber häufig nicht nur sandig infolge der den Hülsen anhaftenden erdigen Beimengungen, sondern hat nicht selten einen gradezu erdigen Geschmack. Neuerdings hat man bei dem sog. holländischen oder leicht löslichen Kakao nicht nur diesen Fehler aufgehoben, sondern die Masse für das spätere Ausziehen mit Wasser bei Bereitung des Getränkes selbst auch viel ergiebiger gemacht durch vorheriges Einquellen der Kakaobohnen mit Pottasche oder Soda unter Zusatz von etwas Magnesia. Diese Stoffe beseitigen nicht nur den erdigen Geschmack und lassen das eigentliche Aroma des Kakao viel mehr zur Geltung kommen, sondern sie ermöglichen gleichzeitig ein viel feineres Zerreiben des Zellgewebes. Im reinsten Zustande gewinnt man den Kakao, wenn derselbe nach dem Rösten und vor dem Mahlen enthülst wird, wobei allerdings etwa 11% an Gewicht verloren gehen. Eine andere Methode der Zubereitung ist, daß man den Kakaobohnen erst einen gewissen Teil ihres

Fettes entzieht und den Rest dann pulvert. So erhält man den entölten oder entfetteten Kakao, der mit Milch oder Zucker gekocht ein angenehmes, leicht verdauliches Getränk liefert, das von vielen der eigentlichen Schokolade vorgezogen wird.

Die Schokolade selbst wird bereitet, indem die gerösteten und enthülsten Bohnen zwischen heißen Walzen gemahlen werden, worauf man die Kakaomasse mit Zucker, Vanille und häufig auch noch mit anderen Gewürzen sehr innig vermischt. Diese innige Mischung wird in einem Apparat, Melangeur genannt, erzielt, wie ihn Fig. 313 zeigt, einem runden, beckenartigen Gefäß, in dem die Kakaomasse mit den genannten Zusätzen stundenlang von zwei rotierenden Granitwalzen

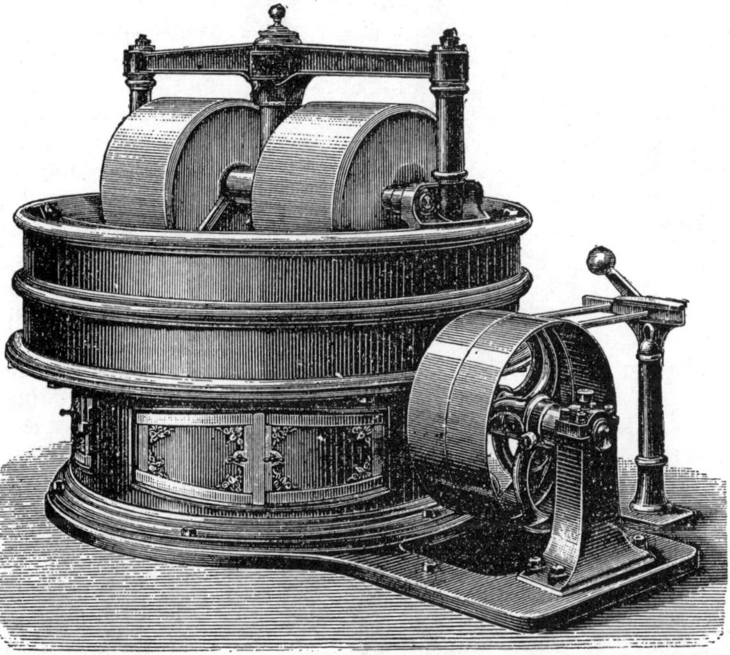

Fig. 313. Apparat zum Mengen der Schokolade. (Melangeur.)

zusammengeknetet wird. Auch die Löslichkeit aller Substanzen der Schokolade wird, wie vorher beim Kakao erwähnt, durch Zusatz von Alkalien sehr erhöht, ein Verfahren, das neuerdings viel verwendet wird. Aus der Kakaomasse wird hierbei zuerst durch warmes Pressen das Fett — es schmilzt bei 29 bis 30° C. — entfernt, hierauf eine wässerige Lösung von Alkalien hinzugesetzt, das Wasser verdampft und schließlich das abgepreßte Kakaofett wieder in die Masse gemischt.

Die bei Verarbeitung der besseren Kakaosorten entfernten Schalen sind eine unter dem Namen „Miserables“ besonders von italienischen

Häfen nach Irland ausgeführte Ware. Hier wird aus denselben von der ärmeren Bevölkerung durch Abkochen ein theeartiges Getränk bereitet, daß einen angenehmen Geschmack haben und der Gesundheit sehr zuträglich sein soll. Auch dienen die Schalen leider in gemahlenem Zustande zur Verfälschung der billigeren Schokoladensorten.

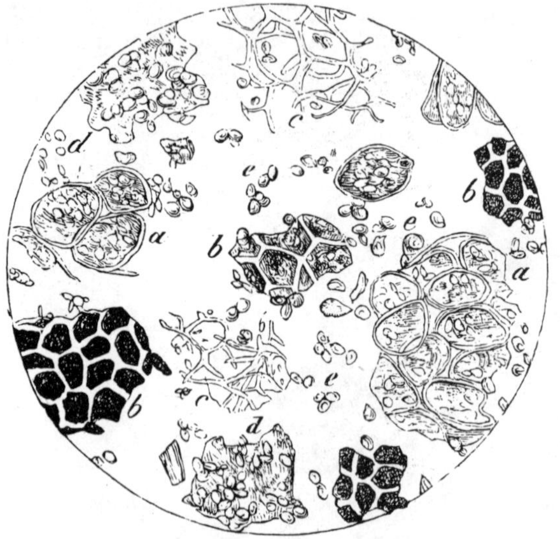

Fig. 314. Echtes Schokoladenpulver ohne Hülsen.

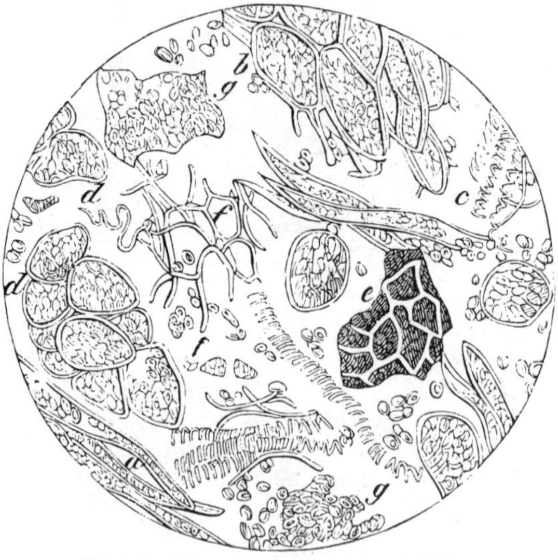

Fig. 315. Echtes Schokoladenpulver mit Hülsen.

Verfälschungen des Kakao sind bei dem hohen Preise desselben nicht selten. So wird z. B. das der Bohne entzogene Fett durch Hammeltalg und andere geringwertige Fette ersetzt; diese sind wenig haltbar und machen sich bald durch einen ranzigen Geruch, wie auch dadurch bemerkbar, daß sie beim Kochen Fettaugen absetzen. Ferner wird eine übergroße Menge Zucker hinzugesetzt, welche abgesehen von dem sehr süßen Geschmack, sich nur auf chemischem Wege bestimmen läßt. Erdige Beimengungen, wie Ocker, Thon- und Ziegelmehl 2c. sind hingegen leicht an dem Bodensatz zu erkennen, der sich beim Kochen bildet. Die am häufigsten vorkommende Verfälschung endlich besteht in einem Zusatz von geröstetem Getreidemehl sehr verschiedener Körner und ist sowohl durch chemische Reaktionen, als auch in dem Bilde unter dem Mikroskop nachzuweisen. Fig. 314 zeigt das mikroskopische Bild von echtem Schokoladenpulver, welches ohne Zusatz der Hülse allein aus der Bohne bereitet wurde; a sind die Zellen der Bohne, b die Teile der Membran, welche die Lappen der Bohne bekleidet, c Zellen der Keimstelle der Bohne und d Massen freien Stärkemehls. Fig. 315 zeigt gleichfalls ein unverfälschtes Schokoladenpulver, bei dessen Bereitung aber die Hülsen der Bohnen nicht entfernt wurden. Hier sind a Röhrenfasern der Hülsenoberfläche, b Teile der zweiten Hülsenmembran, c Spiralgefäße, d Bohnenzellen, e Membran von der Oberfläche der Bohnenlappen, f Keimzellen und endlich g freie Gruppen von Stärkemehl. Fig. 316 zeigt ein mit Kartoffelstärke und Sagomehl verfälschtes Schokoladenpulver, wobei in a die Zellen der Kakaobohne, in b die der Kartoffelstärke und in c das Sagomehl abgebildet sind. Fig. 317 endlich zeigt andere zur Verfälschung benutzte Stärkemehle und läßt gleichzeitig einen Vergleich derselben mit den Stärkekörperchen des Kakao selbst in scharfer Weise zu. Die Zellen und Stärkekörperchen des Kakao sind in a abgebildet, in b die Stärke von Canna-Arrowroot und in c die Tapiocca-stärke. Alle vier Abbildungen zeigen eine Vergrößerung von 220 mal im Durchmesser und geben nur einen Teil der zur Verfälschung benutzten gerösteten Mehlarten.

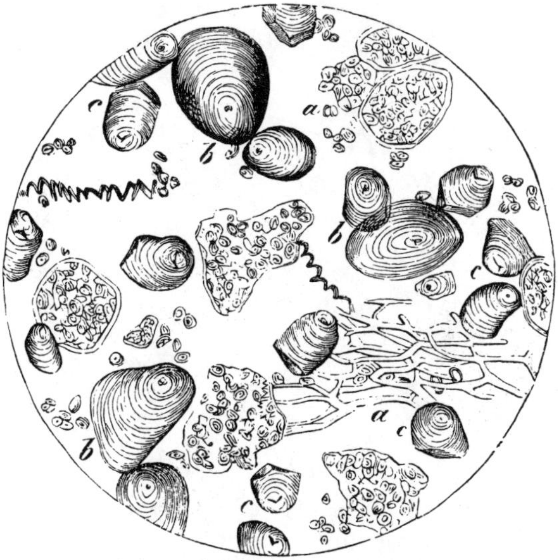

Fig. 316. Verfälschtes Schokoladenpulver.

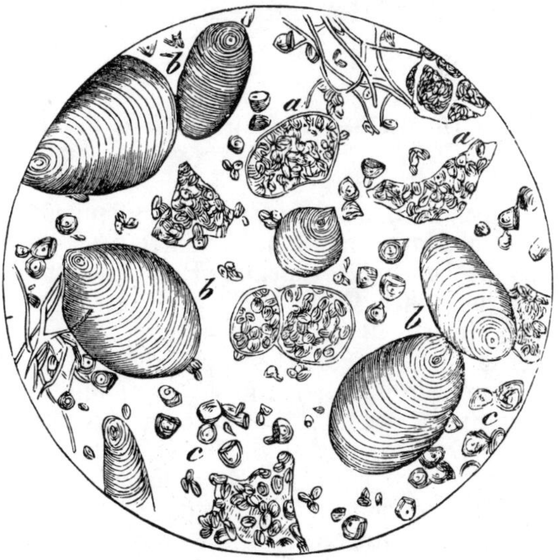

Fig. 317. Verfälschtes Schokoladenpulver.

Wie schon im Anfang gesagt, kennt man bisher nur sehr wenige Ersatzmittel für die Kakaobohne und selbst über diese fehlen genauere Angaben. So wird eine Erdeichel Südkarolinas (Arachis hypogaea), deren Samen unter der Erde reift, geröstet und wie der Kakao zubereitet; in Spanien dient die geröstete, sehr ölige Wurzelknolle von Cyperus esculentus, einer Grasart, als besagtes Surrogat. Endlich berichten Afrikareisende, daß im westlichen Sudan die Frucht der Dodoa (Parkia africana) — in Fig. 318 mit Zweig und Blättern abgebildet — als Ersatz für Schokolade allgemein im Gebrauche ist.

Fig. 318. Zweig der Dodoa.

Vergleichen wir die drei Aufgußgetränke, Kaffee, Thee und Schokolade mit einander, so finden wir, daß sie alle drei durch ihren Gehalt an Kaffeïn bezw. Theobromin anregend wirken, wobei quantitativ der Gehalt an Theobromin beim Kakao die Mitte zwischen Thee und Kaffee hält. Das nahrhafteste Getränk von allen dreien ist die Schokolade infolge ihres hohen Gehaltes an Fett und Eiweißkörpern, während der Thee mitunter störend auf die Verdauung wirken kann, da er die meiste Gerbsäure enthält, und diese unter gewissen Umständen die für die Verdauung notwendige Verwandlung der Eiweißkörper in Peptone hindert.

c) Die narkotischen Genußmittel: Tabak, Opium, Hanf, Koka, Hopfen.

Den vorher beschriebenen Genußmitteln stehen noch diejenigen einer anderen Klasse, nämlich die narkotischen Genußmittel sehr nahe, denn auch sie haben die Eigenschaft, in kleinen Mengen genossen, uns anzuregen, unser Kraftgefühl zu steigern, wohlthätig auf unser ganzes Nervensystem zu wirken und uns über manche Beschwerlichkeit des Lebens hinwegzuhelfen. Anderseits wirken aber auch sie im Übermaß genossen sehr schädlich und erzeugen schließlich Rausch und Betäubung. Aber streng genommen kann man sie nicht für unentbehrlich halten, und werden sie, wie z. B. das wichtigste und verbreitetste unter ihnen, der Tabak, erst durch die Angewöhnung in gewissem Sinne unentbehrlich, oder es hält doch wenigstens dann sehr schwer diese Gewohnheit aufzugeben. Anderseits kann man gewiß nicht behaupten, daß zahlreiche Menschen, die sich niemals den Tabakgenuß in irgend welcher

Form angewöhnten, ihn also auch ganz leicht entbehren, hinsichtlich ihrer geistigen und körperlichen Fähigkeiten hinter denjenigen zurückständen, welche diesem Genusse fröhnen.

Der Tabak.

Der Tabak ist — wie bereits gesagt — das wichtigste und verbreitetste der narkotischen Genußmittel und von ganz hervorragender volkswirtschaftlicher Bedeutung. Schon aus diesem Grunde ist der Rückgang des Konsums eines so wichtigen Handelsartikels, dessen Anbau, Verarbeitung und Vertrieb viele Tausende ernährt, nicht zu wünschen und in der That ist in den letzten Jahrzehnten gerade das Gegenteil eingetreten, denn der Konsum des Tabaks hat sich in den letzten 25 Jahren fast verdoppelt. Es ist nicht mehr zu bestimmen, seit wann der Genuß des Tabaks bei den Menschen üblich ist, wir wissen nur daß Kolumbus im Jahre 1492 die Indianer Cubas Tabak rauchen sah, und daß diese den Genuß desselben damals schon lange kannten. Auch Cortez fand später den Tabakgenuß in Mexiko, und es läßt sich auch nicht mit Bestimmtheit sagen, wann derselbe zuerst von dort nach Spanien kam. Den Gattungsnamen „Nicotiana“ erhielt die Tabakpflanze nach Jean Nicot, welcher 1560 den ersten Tabaksamen nach Paris brachte. 1586 brachte Francis Drake den Tabak nach England, es dauerte aber noch 50 Jahre, bis er dort näher bekannt wurde, und erst während des dreißigjährigen Krieges verbreitete sich der Tabakgenuß über Deutschland und ungefähr zur selben Zeit über die Türkei und Arabien. Seine Heimat ist der zwischen den Wendekreisen gelegene Teil Amerikas, aber heute kann diese Pflanze selbst noch bis zum 52. Grade nördlicher Breite kultiviert werden, wenn auch die besten Tabaksorten noch jetzt die amerikanischen und unter diesen besonders diejenigen aus Virginien, Varinas, Havanna und Portorico sind.

Von den Arten des Tabaks sind drei botanisch von einander verschiedene zu nennen, nämlich:

1. Der virginische Tabak (Nicotiana tabacum), wie ihn Fig. 319 zeigt, dessen große lanzettförmige Blätter direkt am Stengel stehen, sich in der Mitte meist umbiegen, und dessen breite Rippen mit spitzablaufenden Nebenrippen versehen sind.

2. Der Marylandtabak (Nicotiana macrophylla), zwar mit breiteren, aber doch so zugespitzten Blättern, wie die des vorigen.

3. Der Bauern- oder Veilchentabak (Nicotiana rustica) mit eirunden, blasigen Blättern (Fig. 320), welche auf einem längeren Stiele sitzen als die der vorigen Arten und mit grüngelben, kürzeren Blüten.

Die Güte des Tabaks ist abgesehen von der Art des Samens sehr beeinflußt durch Klima, Beschaffenheit des Bodens und Lage der Felder, wie überhaupt der Einfluß der Kultur für den Tabaksbau von ganz entscheidender Wichtigkeit ist.

Fig. 319. Virginischer Tabak.

Fig. 320. Bauerntabak.

Vor allem sind es drei Substanzen, welche als die wichtigsten für die chemische Zusammensetzung des Tabaks zu betrachten sind. Das Nikotianin oder der Tabakskampfer ist eine fettartige Substanz, welche bei einem bitteren, aromatischen Geschmack den angenehmen Geruch des Tabakdampfes hat, seine Menge ist sehr maßgebend für die Güte des Tabaks. Ein ferneres, schon in ganz geringer Dosis tödlich wirkendes Gift ist das Nikotin, eine organische Base, welche in reinem Zustande ein farbloses Öl von ätzendem Geschmack und betäubendem Tabakgeruch darstellt. Die in den Blättern sich findende Menge des Nikotins scheint keinen Einfluß auf die Güte des Tabaks zu haben, denn die verschiedenen Tabaksarten haben einen Nikotingehalt von weniger als 2 (wie z. B. der Havanna-Tabak) bis fast 8%, welche Menge sich in sehr guten französischen Tabaken findet, während der virginische Tabak 6,87% Nikotin enthält. Das Nikotin ist im Tabak nicht frei enthalten, sondern in Gestalt eines Salzes an die Tabaksäure — das ist der dritte wesentliche Bestandteil — gebunden. Die Tabaksäure hat große Ähnlichkeit mit der Äpfelsäure und ist vielleicht mit ihr identisch. Außer diesen drei wesentlichen Bestandteilen enthalten die Tabaksblätter noch eiweißartige Substanzen, Holzfaser, Gummi, Harz und schließlich 19 bis 27% (der trockenen Blätter) Mineralbestandteile.

Erst durch die Zubereitung erhalten die Tabaksblätter diejenigen Eigenschaften, welche man von einem guten Rauchtabak verlangt. Diese bestehen in einem angenehmen Geruch und dem Fehlen des beißenden Geschmackes, wie der Unbehaglichkeiten, welche ein zu großer Gehalt an Nikotin hervorruft. Die eiweißhaltigen Bestandteile des Blattes sind es, welche den unangenehmen Geruch nach verbranntem Horn erzeugen, diese müssen also zerstört und der Nikotingehalt muß vermindert werden, wodurch gleichzeitig das Aroma des Tabaks mehr hervortritt. Eine fernere Aufgabe der Zubereitung ist es, daß man den Blättern die für die Fabrikation von Rauch- und Schnupftabak geeignete Form giebt. Die geernteten Blätter müssen erst in hellen Räumen bis auf ca. 12% ihres Wassergehaltes getrocknet werden, wobei sie gleichzeitig ihre grüne Farbe verlieren und eine braune annehmen. Beides geschieht aber nur dann ganz gleichmäßig, wenn sich die Blätter während des Trocknens nicht berühren, sie werden deshalb entweder auf Bindfäden aufgezogen, nebeneinander aufgehängt, oder auch je 2 Blätter, durch ein kleines Querhölzchen verbunden, an langen Stöcken aufgereiht. Die so getrockneten Blätter werden in ca. 60 cm hohen Haufen mit Brettern und Steinen beschwert einige Tage lang gepreßt, darauf in Bezug auf ihre Farbe und Dicke sortiert, entrippt, um die hauptsächlich aus Holzfasern bestehenden Blattrippen zu entfernen und endlich die vorher erwähnte Umsetzung der Blattbestandteile auf chemischem Wege vorgenommen.

Diese chemische Behandlung besteht im wesentlichen aus dem Saucieren oder Beizen und Gähren der Blätter. Sie werden hierzu mit einer Sauce getränkt, die aus Kochsalz, Salmiak, Salpeter und salpetersaurem Ammoniak besteht, außerdem aber noch weingeistige, organisch-saure und gewürzhafte Substanzen enthält. Das Saucieren geschieht entweder durch wiederholtes Besprengen der Blätter mit der Sauce oder durch Eintauchen in dieselbe, welch' letztere Manipulation „Docken" genannt wird. Die mit dieser Sauce getränkten Blätter werden, in Fässer verpackt, einer Gährung unterworfen, bei welcher die Temperatur bis auf 35° C steigt und alle die gewünschten chemischen Umsetzungen vor sich gehen, wie Zerstörung der Eiweißstoffe, Verminderung des Nikotingehaltes, Entwickelung des Aromas ꝛc. Nach dieser Gährung werden die Blätter auf Herden bei mäßiger Wärme getrocknet und nun je nach ihrer Bestimmung mechanisch weiter verarbeitet.

Der für die Pfeifen- oder Cigarrettenfabrikation bestimmte Rauchtabak wird durch einfaches Schneiden der Blätter in die bekannte kurze Form gebracht. Bei größerem Betriebe dienen hierzu mit der Hand zu drehende Maschinen, welche einer Häckselschneidemaschine sehr ähnlich sehen und auch, in großem Maßstabe mit Dampf betrieben werden. Der so beliebte Kraustabak wird aus dem geschnittenen Tabak hergestellt, indem man denselben eine Reihe von erhitzten Eisencylindern passieren läßt, wodurch die Blätter zusammenschrumpfen und ein krispliges Aussehen erhalten; aber nicht selten verliert der Tabak durch diese Behandlung an Güte. Der jetzt immer mehr abkommende Rollentabak wird durch Spinnen dargestellt, nachdem die Blätter durch Befeuchten mit Wasser geschmeidig gemacht wurden. Der erste Teil der Rolle wird durch Drehen mit der Hand hergestellt, hierauf an

36*

einer horizontale Spindel befestigt und während des Drehens derselben unter Zuführung stets neuer Blätter durch Streichen mit einem Brettchen auf dem Tische zu einem Taue weiter gesponnen.

Die in Deutschland verbreitetste Art des Tabakkonsums ist das Rauchen desselben in Form von Cigarren, und soll daher auch die Cigarren-Fabrikation kurz beschrieben werden. Die entrippten Tabaksblätter werden mit der Hand so auf dem Tische gerollt, daß die Mitte etwas dicker wird, als die beiden Enden, hierauf mit dem sog. Umblatt versehen und schließlich mit dem aus dem vollen Tabaksblatte sauber geschnittenen, ganz fehlerfreien Deckblatte umwickelt. So einfach diese Arbeit scheint, so verlangt sie doch sehr große manuelle Geschicklichkeit, wenn die Cigarre gut Luft haben und gleichmäßig brennen soll; auch muß sehr auf die Lage der Rippen und die Richtung geachtet werden, in welcher die Blätter aufzuwickeln sind. Das Rollen des inneren Teiles der Cigarre wird jetzt durch die sog. Formarbeit anstatt mit der Hand vorgenommen, während sich für das Umlegen des Deckblattes bisher die Handarbeit durch Zuhilfenahme irgend welcher Maschinen nicht ersetzen ließ. Auch färbt man jetzt durch Bestreichen mit einer braunen Farbe die Deckblätter häufig braun, um ihnen so ein besseres Aussehen zu geben. Dieses Verfahren ist bestimmt zu tadeln, da es selbst unter der Voraussetzung einer unschädlichen Farbe immerhin eine Täuschung ist. Die fertigen Cigarren werden, nachdem sie in gleiche Länge geschnitten und sortiert wurden, in Trockenräume gebracht, welche durch Lüften im Sommer und Heizen im Winter auf einer möglichst gleichmäßige Temperatur erhalten werden. Durch das Ablagern der Cigarre gewinnt dieselbe wesentlich an Güte, und zwar nicht nur durch das Austrocknen des Tabaks, sondern auch dadurch, daß derselbe hierbei eine Art Nachgährung durchmacht, wodurch sowohl Substanzen, welche die Güte des Tabaks beeinträchtigen, zerstört, als auch andere, ihm vorteilhafte, entwickelt werden. In den letzten zwei Jahrzehnten hat auch in Deutschland der in Rußland und dem ganzen südlichen Europa so groß entwickelte Konsum der Cigarretten und damit auch die Fabrikation derselben ganz außerordentlich zugenommen. Infolge davon sind zahlreiche Maschinen zum Wickeln und Verkleben der Papierhülsen und Mundstücke konstruiert worden.

Zur Darstellung des Schnupftabaks werden die Blätter ähnlich wie beim Rauchtabak behandelt, nur wird die Sauce hier vorzugsweise aus Ammoniaksalzen und aromatischen Substanzen hergestellt. Nachdem die Gährung der Blätter vorbei ist, und diese getrocknet sind, werden sie geschnitten und dann auf Mühlen verschiedener Konstruktion oder auch zwischen Steinen fein zermahlen. Eine der besten Tabakmühlen besteht aus einem zur Aufnahme des geschnittenen Tabaks bestimmten Trichter, in dessen unterem Teile — gerade wie bei der Kaffeemühle — ein gekerbter, nußförmiger Körper sich um die eigene Achse dreht. Der hier sehr fein gemahlene Tabak gleitet auf einem schiefen Brette in einen unten angebrachten Behälter, von wo er durch eine archimedische Schraube in geschlossener Rinne nach dem Verpackungsraume transportiert wird. Durch Sieben wird der Schnupftabak dann in gröbere und feinere Sorten geschieden. Der Schnupftabak enthält ca. 2% Nikotin und zwar teils frei, teils als neutrales oder basisches Salz; auch das darin enthaltene Ammoniak ist an eine Säure gebunden, und diese beiden Salze sind es, welchen der Schnupftabak seine Reizwirkung auf die Schleimhaut der Nase verdankt. Schließlich darf nicht unerwähnt bleiben, daß die Bedeutung des Schnupftabaks dem Rauchtabak gegenüber eine sehr untergeordnete ist.

Über die Wirkungen des Tabaks bezw. über dessen Nützlichkeit oder Schädlichkeit ist sehr viel hin- und hergestritten worden, und thatsächlich ist es nicht leicht, zu einem bestimmten Resultat den Angreifern des Tabakgenusses gegenüber zu kommen, weil sein Gebrauch nicht nur durch eine gewisse Mäßigkeit desselben — wie bei allen Genußmitteln — und ferner durch die Art des Tabaks selbst bedingt ist, sondern auch ganz wesentlich durch die Persönlichkeit des Genießenden beeinflußt wird. Zu jugendliche Organismen z. B. werden zweifellos ebenso unter dem Gebrauche des Tabaks — selbst auch schon bei einem mäßigen Genusse — leiden, als er dem vollständig ausgewachsenen Organismus zahlreiche Vorteile bietet. Er verlängert unter gewissen Bedingungen die Arbeitsfähigkeit, läßt leichter die Gedanken sammeln, stillt bis zu einer gewissen Grenze sowohl den Durst, als er auch vorübergehend den Hunger beschwichtigt, und erhöht somit die Ausdauer bei körperlichen Anstrengungen und Beschwerden. Ferner sei von manchen anderen Vorteilen nur noch erwähnt, daß er die Lust zu Näschereien beschränkt und schließlich Mäßigkeit wie Nüchternheit befördert, indem er den Genuß geistiger Getränke vielfach entbehrlich macht. Selbstverständlich wirkt der Tabak, wie die allermeisten der übrigen Genußmittel, im Übermaß genommen, durchaus schädlich.

Die Verfälschungen des Tabaks bestehen darin, ihm eine bessere Farbe und ein künstliches Aroma zu geben, wie auch durch Beschwerungsmittel sein Gewicht zu erhöhen. Das Braunfärben der Deckblätter ist bereits bei der Fabrikation der Cigarren erwähnt, und zur Erzielung des künstlichen Aromas dienen zahlreiche aromatische Flüssigkeiten. Als Beschwerungsmittel werden verschiedene Zuckerstoffe, Blätter zahlreicher anderer Pflanzenarten, aber auch anorganische Substanzen verwendet. Mit zahlreichen Verfälschungen anderer Art wird der Schnupftabak gemischt, und ist Nieswurz die schädlichste derselben.

Das Opium.

Von den narkotischen Genußmitteln ist der Tabak das einzige empfehlenswerte. Alle anderen sind zu verwerfen; unter ihnen also auch und sogar ganz besonders der Genuß des Opiums. Der Gebrauch des Opiums als Genußmittel beschränkt sich allerdings hauptsächlich auf China, und wenn auch vielleicht mit Recht behauptet wird, daß der Opiumgenuß weit verbreiteter sei, als man im allgemeinen glaubt und sogar in Europa heimliche Anhänger zählt, so kann man wohl doch zum Glück im eigentlichen Sinne nicht behaupten, daß der Opiumkonsum in Europa von irgend welcher Bedeutung sei.

Zur Gewinnung des Opiums dienen die halbreifen Köpfe des Mohns (Papaver somniferum), der in Fig. 321 dargestellt ist. In diese Köpfe werden, so lange die Rinde derselben noch eine helle Farbe hat, Einschnitte gemacht, aus welchen ein Pflanzensaft quillt, der aufgefangen und eingedickt wird. So erhält man eine braune Salbe von lange nachhaltendem, streng bitterem Geschmack, welche von den Arabern „afioum" genannt wird, und aus dieser Bezeichnung ist das Wort Opium entstanden.

Fig. 321.
Der Schlafmohn.

Opium wird wie Tabak hauptsächlich geraucht, während einige Völker Asiens auch den Saft direkt irgend welchen geistigen Getränken hinzusetzen, um hierdurch die berauschende Wirkung derselben zu erhöhen. Der Opiumraucher benutzt als Pfeife ein kleines Rohr, an dessen unterem Ende ein durchbohrter Metallknopf mit so kleiner Höhlung sitzt, die gerade groß genug ist, die kleine Opiumpille, welche als einmalige Dosis dient, aufzunehmen. Diese Pfeife in der Hand, sucht er eine Lagerstätte auf, und raucht so lange, bis er von den gewünschten Träumen umgaukelt, bewußtlos auf die Lagerstätte sinkt. Diese so angenehmen Träume werden aber sehr teuer bezahlt, denn die Erschlaffung und der Ekel, welche beim Erwachen den Opiumraucher beherrschen, können nur durch neue und zwar immer größer werdende Mengen Opium betäubt werden, bis endlich sämtliche Organe des Körpers, besonders die Eingeweide, alle Kräfte eingebüßt haben und der gesamte Organismus an Erschlaffung zu Grunde geht. Es läßt sich nach dieser so schädlichen Wirkung des Opiums auf den ganz ausgewachsenen Organismus leicht beurteilen, wie thöricht unwissende Mütter handeln, wenn sie schreiende Säuglinge mittelst eines Getränkes durch Abkochen aus unreifen Mohnköpfen bereitet, in den Schlaf wiegen. So verdünnt das in diesem Getränke enthaltene Opium auch immerhin ist, so steht es doch anderseits einem um so zarteren Organismus gegenüber und bereitet diesem für die ganze spätere Entwickelung außerordentlich große Nachteile.

Trotz aller dieser den menschlichen Organismus zu Grunde richtenden Wirkungen, darf aber die Vorzüglichkeit des Opiums als Arzneimittel nicht verkannt werden. Es ist ein vorzügliches Gegenmittel bei Durchfall und sein wirksamster Bestandteil, das Morphium, übt bei Einspritzungen unter die Haut eine wohlthuende, schmerzstillende Wirkung aus.

Von den chemischen Bestandteilen des Opiums ist das soeben genannte Morphium, von dem das Opium ca. 6 % enthält, das wichtigste, weil es diesem hauptsächlich seine Wirkung verdankt. Aber noch andere organische Basen, wie das Narkotin (ca. 7 %), das Kodeïn (fast 1 %) und endlich das Narceïn (ca. 9 %), deren Wirkungen dem Morphium sehr nahe kommen, sind darin enthalten, neben organischen Säuren, Fetten, Harzen, gummiähnlichen Extraktivstoffen und Wasser.

Der Hanf, die Koka und der Hopfen.

An der Seite des Opiums müssen auch noch Hanf, Koka und Hopfen genannt werden. Aus dem Safte der Hanfpflanze (Cannabis sativa) wird eine Substanz gewonnen, die Haschisch genannt wird und deren Bereitung und Wirkung dem Opium sehr ähnlich ist. Den Genuß des Haschisch findet man hauptsächlich in Persien, Indien, Arabien und in den meisten Teilen Afrikas. Die Blätter der Koka (Erythroxylon Coca) werden hauptsächlich von den Bergindianern benutzt und sollen — sehr mäßig verwendet — zu außerordentlichen körperlichen Anstrengungen befähigen, während größere Dosen dem Opium ähnliche Wirkungen hervorrufen. Der Genuß der Koka geschieht durch Kauen der getrockneten, oder frischen, mit etwas ungelöschtem Kalk bestreuten Blätter. Schließlich gehört auch der Hopfen unter die narkotischen Genußmittel, wenn er sich auch von allen anderen ganz wesentlich dadurch unterscheidet, daß er niemals allein genossen wird, sondern stets in Gemeinschaft mit anderen Stoffen, wie im Biere, bei dem wir ihn kennen lernten.

d) Butter und Kunstbutter.

Die Butter und der Ersatz derselben, die Kunstbutter oder „Margarine", wie die gesetzlich vorgeschriebene Bezeichnung für letztere lautet, gehören zweifellos zu den wichtigsten für unsere Ernährung bestimmten Fetten. Die Kunstbutter wird von vielen Seiten, besonders von wissenschaftlicher, ebenso warm verteidigt, als von manchen anderen Seiten hart angegriffen, und ist auch der für die unteren Kreise sehr unglücklich gewählte Ausdruck „Margarine" für Kunstbutter sehr wahrscheinlich nur dem Wunsche entsprungen, bei der Benennung dieses Surrogates das Wort „Butter" überhaupt zu vermeiden.

Um den wirklichen Wert der Kunstbutter zu erkennen, muß man erst untersuchen, ob wir überhaupt einen Ersatz für die Butter nötig haben, wobei wir als unbestritten annehmen wollen, daß die Butter unter den zum Kochen verwendeten Fettarten die wohlschmeckendste ist.

und den ersten Platz unter denselben einnimmt. Ferner muß man die Entstehungsart der Butter selbst kennen, und wollen wir daher eine ganz kurze Beschreibung derselben voraus schicken.

Zur Bereitung der Butter dient bekanntlich die Milch als Rohmaterial, und diese kennen wir alle als eine weiße undurchsichtige Flüssigkeit. Wollen wir das Aussehen der Milch aber genauer kennen lernen, so müssen wir ein Tröpfchen derselben unter dem Mikroskop betrachten; wir sehen dann in einer wasserähnlichen Flüssigkeit unzählige Fettkügelchen herumschwimmen, von denen jedes einzelne mit einer zarten Haut umgeben ist. Läßt man die Milch so lange ruhig stehen, daß die in ihr enthaltenen Körper von verschiedenem spezifischen Gewichte sich trennen können, so kommen diese Fettkügelchen, weil sie leichter sind als die übrige Flüssigkeit, an die Oberfläche und bilden den Rahm. Dieser Rahm wird abgeschöpft, und aus ihm die Butter bereitet, und zwar durch eine Manipulation, welche man das Buttern nennt, wo durch schlugende und stoßende Bewegung jene feinen, die einzelnen Fettkügelchen umgebenden Häutchen zerreißen. Hierdurch bildet der bloßgelegte Inhalt dieser Kügelchen eine kompakte Fettmasse — die Butter. So wurde und wird auch heute noch im Kleinbetriebe die Butter bereitet. Im Großbetriebe hingegen wird die frisch gemolkene Milch durch Schleudern mittels Centrifugalmaschinen in wenigen Minuten entrahmt, dadurch wird nicht nur Zeit gewonnen, sondern auch gleichzeitig dem Sauerwerden der Milch, einer Gefahr, welche bei längerem Stehen besonders im Sommer häufig eintritt, vorgebeugt. Die Entrahmungsmaschinen bestehen im wesentlichen aus einem auf einer vertikalen Axe sitzenden Gefäß, welches von einem zweiten, weiteren Gefäß umschlossen ist. Das mit Milch gefüllte innere Gefäß wird nun mittels der Axe, auf welcher es ruht, in sehr schnelle Drehung versetzt, und zwar bis zu 6000 Umdrehungen pro Minute. Die Centrifugalkraft, welche die ganze Flüssigkeit an dem Rande des Gefäßes nach oben zu steigen zwingt, schleudert die leichteren Teilchen, hier also das den Rahm bildende Fett, bei dem kontinuierlichen Zufließen von neuer Milch über den Rand des rotierenden Gefäßes in ein zweites, welches mit einer Abflußrinne versehen ist. Auch die entrahmte Milch, welche ja nun schwerer ist, als die nachfließende Vollmilch, wird auf diese Weise von letzterer getrennt und an einem gesonderten Abflusse aufgefangen. Der auf diese Weise in sehr kurzer Zeit gewonnene Rahm wird nicht mehr durch stundenlanges Bearbeiten im Butterfaß mit der Hand, sondern in wenigen Minuten gleichfalls durch Maschinen verbuttert, die durch Walzen, welche mit Ansätzen irgend welcher Art versehen sind, den Rahm bearbeiten. Fig. 322 zeigt eine solche Buttermaschine für den Handbetrieb. Der Rahm wird in den halben mit einem drehbaren Deckel verschließbaren Cylinder B gebracht und hier durch die auf der Welle befindlichen Flügel C gepeitscht. Die Welle wird mittels der Kurbel und der Zahnräder EF in schnelle Drehung versetzt, während A endlich ein Wasserbad ist, welches man je nach der Jahreszeit mit warmem oder kaltem Wasser füllt, um den Rahm auf der für das Buttern günstigsten Temperatur zu erhalten. Diese Maschinen werden auch in größerem Maßstabe für Motorenbetrieb gebaut und ferner mit veränderten Konstruktionen, welche im wesentlichen darin bestehen, daß die den Rahm bearbeitenden Körper nicht horizontal, wie in Fig. 322 angegeben, sondern vertikal bewegt werden. Diese Art der Handhabung der Butterbereitung ist schneller, sicherer und sauberer, als das frühere Buttern; sie entspricht unserer raschlebigen Zeit, welche auf allen Gebieten so wesentliche Verbesserungen geschaffen hat.

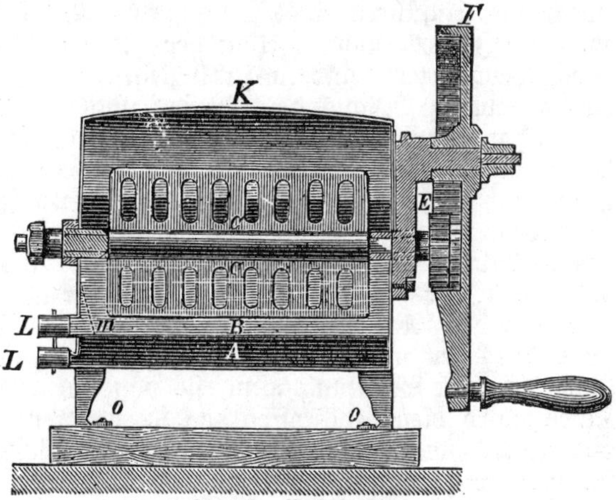

Fig. 322. Buttermaschine.

Die auf dem soeben beschriebenen Wege gewonnene natürliche Butter ist ein vorzügliches Nahrungsmittel und hat unseren Eltern und Voreltern vollständig genügt; was kann uns also veranlassen, dafür ein Surrogat einzuführen? Das Mißverhältnis zwischen Produktion und Konsumtion ist es, welches sich schon zu Anfang dieses Jahrhunderts für die weniger bemittelten Klassen bemerkbar machte und von Jahr zu Jahr unangenehmer und in stets weiter werdenden Kreisen empfunden wird. Die Butterproduktion eines Landes ist natürlich abhängig von seinem Viehstande, und nur sehr wenige Länder, wie z. B. die Niederlande, die Schweiz und Tirol, halten so viel Melkvieh, daß die Butterproduktion nicht nur dem eigenen Bedarf genügt, sondern sogar noch einen Export ermöglicht, in allen andern europäischen Ländern aber ist das Verhältnis gerade ein umgekehrtes. Das beste Beispiel, um den Beweis hierfür zu führen, dürfte uns das stark bevölkerte England bieten; trotzdem dort Ackerbau und Viehzucht auf der höchsten Stufe stehen und Irland und Schottland nur mäßig bevölkert sind, so ist die Butterproduktion doch nicht hinreichend, um den Konsum zu decken, sondern nur durch ganz bedeutende Einfuhr von Butter, besonders aus Holland und der Schweiz, kann dieses Mißverhältnis ausgeglichen werden. Ähnliche Verhältnisse, wenn auch vorläufig noch nicht in dem hohen Maße, finden sich im gesamten Westeuropa, und diese Verhältnisse verschlimmern sich von Jahr zu Jahr aus dem ganz natürlichen Grunde, daß nicht nur die Bevölkerung im allgemeinen stets wächst, sondern durch das Vergrößern der Städte überdies noch der Produktionskreis der Butter eingeschränkt wird.

Verlangen nun diese allerdings unbestreitbaren Thatsachen auch gleich das Einführen eines Surrogats für ein so wertvolles Nahrungsmittel? Ist es nicht viel näher liegend, dasselbe aus denjenigen wenig bevölkerten Ländern zu beziehen, welche hauptsächlich Ackerbau treiben, wie z. B. aus dem Westen und Süden Amerikas, wie es ja auch schon längst mit dem dort frisch geschlachteten Fleische geschieht? Leider ist uns dieser Weg vorläufig noch verschlossen, denn es ist bis heute noch nicht gelungen, eine Konservierungsmethode für die Butter zu finden, welche es ermöglicht, dieselbe für so lange Zeit und so weite Reisen haltbar zu machen. Wie aus allen Fetten, bilden sich auch aus denjenigen der Butter die sog. Fettsäuren, eine Zersetzung, welche man mit dem Ausdrucke „Ranzigwerden" bezeichnet. Im Vergleich zu anderen Fetten wird die Butter besonders leicht ranzig, denn es gelingt bei ihrer Bereitung nicht, sie von allen Käseteilchen der Milch — Kaseïn wird dieser stickstoffhaltige Körper genannt — zu befreien, und diese sind, wie alle stickstoffhaltigen Substanzen, besonders geneigt, sich zu zersetzen und somit auch das Verderben der Butter zu veranlassen. Ebenso enthält sie in den eingeschlossenen Milchteilen den Milchzucker und das Milchsäureferment derselben, und der Gehalt an diesen Stoffen ist es auch, welcher uns zwingt, für ihre Haltbarkeit zu sorgen, selbst wenn die Butter auch nur in nächster Nähe von ihrem Produktionsorte auf den Markt gebracht werden soll. Das geschieht in Norddeutschland durch Einsalzen, in Süddeutschland durch Ausschmelzen der Butter, und je nach der gewählten Behandlungsart wird die Butter dann als Salz-, bezw. Schmelzbutter bezeichnet. Schon hierbei muß erwähnt werden, daß es ein ganz wesentlicher Vorteil einer besonderen Art der Kunstbutter — der sog. Marinebutter — vor der natürlichen ist, viel haltbarer als diese zu sein und sich daher besonders für Seereisen und dergl. zu eignen, weil sie nur aus Fetten besteht und in ihr keine stickstoffhaltigen Substanzen enthalten sind.

In gerechter Erwägung des vorstehenden kommt man zweifellos zu der Ansicht, daß wir ein Surrogat für die Butter haben müssen, wenn nicht alle weniger begüterten Kreise auf dieses so wertvolle Nahrungsmittel verzichten sollen. Unter solchen Verhältnissen ist es entschieden als ein glücklicher Umstand zu bezeichnen, daß es dem Chemiker nach mühseligen und vielen vergeblichen Arbeiten endlich gelungen ist, ein solches Surrogat zu schaffen und zwar unter der Voraussetzung, daß es reell dargestellt wird, ein recht brauchbares.

Die Erfindung der Kunstbutter verdanken wir indirekt Napoleon III., da derselbe durch die vorstehend entwickelten Gründe veranlaßt, einen Preis für die Auffindung eines Surrogates für Butter aussetzte, an welches sehr hohe Ansprüche gestellt wurden, denn es sollte wohlschmeckend, nahrhaft, unschädlich, haltbar und billig sein. Dem französischen Chemiker Mège-Mouriès gelang es im Jahre 1869 diese Preisfrage zu lösen; es bildete sich auch sogleich in Frankreich eine Gesellschaft zur Ausnutzung dieses Verfahrens, stellte aber infolge des deutsch-französischen Krieges den Betrieb wieder ein, um ihn erst 1875 wieder aufzunehmen. Seit damals hat sich die Fabrikation fast über ganz Deutschland verbreitet und nur ganz unwesentliche Verbesserungen erfahren, denn der Hauptsache nach arbeitet

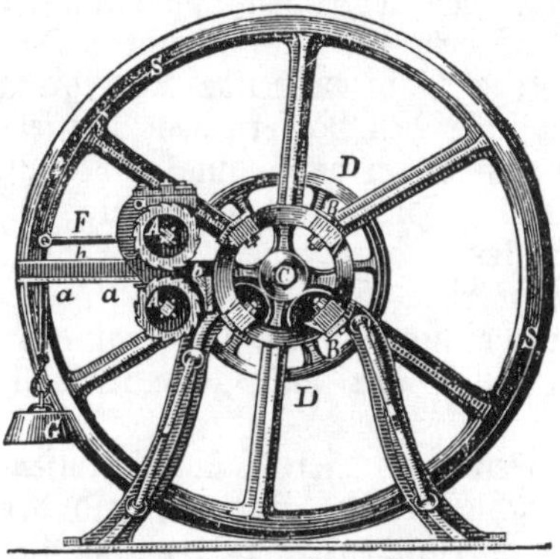

Fig. 323. Talgschneidemaschine (Seitenansicht).

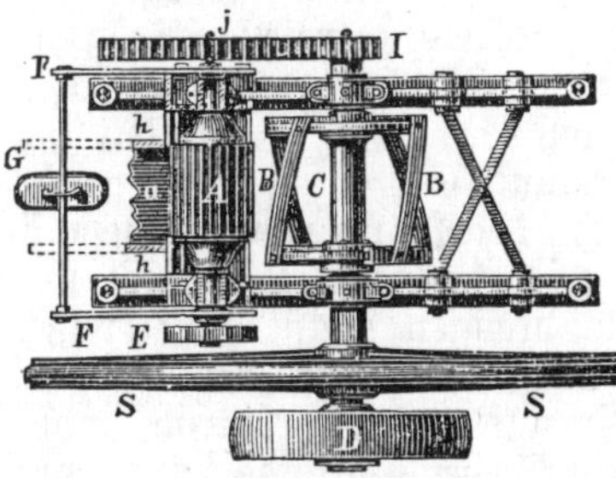

Fig. 324. Talgschneidemaschine (Queransicht).

man heute noch nach der Mège-Mouriès'schen Methode. Das Rohmaterial zur Kunstbutterfabrikation ist das Nierenfett des Rindes, welches ganz frisch, also sofort nach dem Schlachten des Rindes verarbeitet werden muß. Durch intensives Waschen wird dieses Fett von Blut, Schleimteilen u. dergl. gut gereinigt, woran sich ein Zerschneiden des Talges und Zerreißen der Gewebeteile mittelst Maschinen schließt, um hierdurch die von den Gewebeteilen eingeschlossenen Fettpartikelchen freizulegen. Fig. 323 zeigt die Seitenansicht, Fig. 324 die Queransicht einer Talgschneidemaschine. Die Talgstücke werden auf den Zuführungstisch a h gebracht, und von hier aus zwischen den grob gerippten Walzen A A zu den schräg gestellten Messern B B der Walze C geführt. Durch das Getriebe D S wird die Walze C in schnelle Umdrehung versetzt, wobei die Messer B B den an sie herangedrückten Talg in kleine Stückchen zerschneiden; J j sind die Zahnradumsetzungen, welche die Walzen A A von dem Getriebe D S aus treiben. Das Zerreißen des Gewebes der

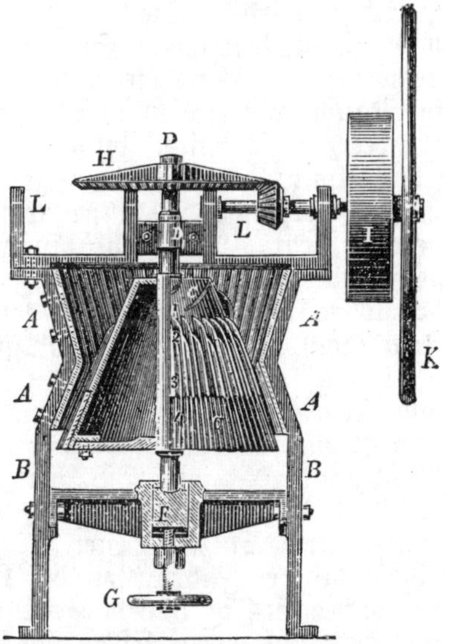

Fig. 325. Talgzerreißmaschine.

so zerkleinerten Fettstücke muß nun sehr vollkommen geschehen, damit das von ihm eingeschlossene Fett für die später folgenden Prozesse vollständig freigelegt wird. Fig. 325 zeigt eine sehr vollkommen arbeitende Zerreißmaschine. In einem eisernen, innen mit scharfen Messern besetzten Mantel A, in welchen die kleingeschnittenen Talgstücke von oben gebracht werden, rotiert ein gleichfalls mit Messern besetzter, oben abgestumpfter Kegel C, während der ganze Apparat auf dem Gestelle B ruht. Das Getriebe K I L D H dient dazu, den Kegel C in drehende Bewegung zu setzen, und quetscht gleichzeitig den zwischen den Messern des Mantels und des Kegels zerrissenen Talg nach unten durch den schmalen Raum, welcher zwischen Mantel und Kegel bleibt. Hier fällt der Talg auf einen im Gestelle B befestigten horizontalen Boden, welcher durch die Vorrichtung G F nach oben geschraubt werden kann und es so ermöglicht, den Raum, in welchem sich der herausgefallene Talg sammeln muß, zu verringern. Hierdurch ist es möglich, den Talg zu einer vollständig breiigen Masse zu zerreißen.

Das so in einen Brei verwandelte Fett wird hierauf in geschlossene Gefäße auf 45° C erwärmt, wobei es schmilzt und sich während des ruhigen Stehens infolge seines geringen spezifischen Gewichtes von den Gewebeteilen und dem Wasser trennt, von welchem es dann abgeschöpft wird. Dieses Fett besteht aus verschiedenen Fettarten, von denen besonders Stearin, Palmitin, Margarin und Oleïn zu nennen sind. Nur die beiden letzteren eignen sich zur Kunstbutterfabrikation und müssen von den beiden ersteren, welche das Rohmaterial zur Kerzenfabrikation bilden, getrennt werden. Diese Trennung ist sehr einfach, da der Schmelzpunkt des Stearins und Palmitins über 25° C, derjenige des Margarins und Oleïns aber unter dieser Temperatur liegt. Nach Abkühlung des abgeschöpften Fettes auf 25° C gießt man die noch flüssigen Fettarten von den bei dieser Temperatur bereits erstarrten ab und gewinnt die in dem bereits erstarrten Fette noch eingeschlossenen flüssigen Fette durch Auspressen derselben.

Das so gewonnene, bei 25° C noch flüssige Fett besteht nur noch aus Margarin und Oleïn und wird, nachdem es nochmals durch gegenströmendes Wasser sehr gut ausgewaschen ist, entweder ohne Milchzusatz — wie z. B. bei der vorhererwähnten Marinebutter — größtenteils aber nach einem Zusatz bis zu 50 % Milch durch Waschen, Kneten und Salzen weiter zu Butter verarbeitet. Das Buttern geschieht bei der Fabrikation der Kunstbutter größtenteils in Fässern, wie ein solches in Fig. 326 dargestellt ist. Das Faß steht, von einer Welle getragen, auf einem festen Bock, diese Welle fällt aber nicht mit der Faßachse zusammen, sondern weicht wie die Abbildung es zeigt, insofern von der Lage derselben ab, als ein Teil der Welle höher, der andere aber tiefer als die Faßachse liegt. Hierdurch erhält die Füllung des Fasses beim Drehen der Welle durch die von einem Motor in Bewegung gesetzte Riemscheibe eine schleudernde Bewegung, welche das

Buttern veranlaßt. Anstatt des Spundloches hat das Faß einen großen viereckigen Ausschnitt, welcher durch ein genau passendes Brett fest verschlossen werden kann. Diese Öffnung dient zum Füllen des Fasses und gleichzeitig zum Reinigen desselben; die Reinigung wird mit Zuhilfenahme von Chemikalien wesentlich erleichtert und kann recht gründlich vorgenommen werden,

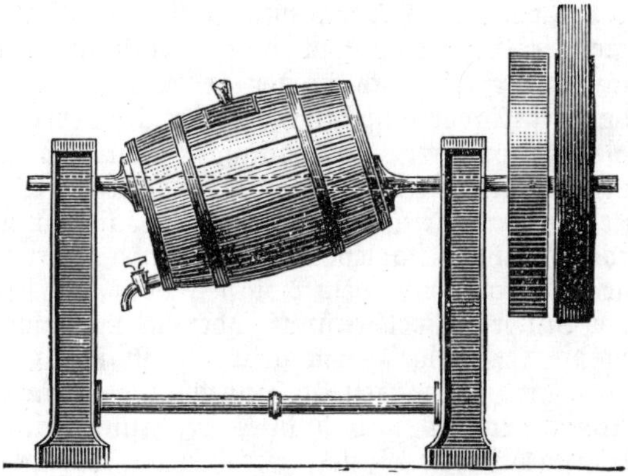

Fig. 326. Buttermaschine für Kunstbutter.

wenn man das Faß, bevor es in Betrieb gesetzt wird, innen mit Paraffin überzieht. Nachdem der Prozeß des Butterns bei gleichmäßiger Temperatur, welche 17° C nicht übersteigen soll, ca. 2 Stunden lang gedauert hat, ist er gewöhnlich beendet, und das Faß muß nun entleert werden. Hierzu giebt man ihm eine solche Lage, daß das mit einem Hahn versehene Zapfenloch den tiefsten Punkt einnimmt und läßt die halbflüssige, weiche Masse in möglichst kaltes Wasser fließen, dessen Temperatur höchstens 8 bis 10° C sein darf. Hier erstarrt die Kunstbutter vollständig und nimmt eine Konsistenz an, wie sie die gewöhnliche Butter zeigt. Aber wie diese, schließt sie noch, wenn sie unter Milchzusatz verarbeitet wurde, nicht unbeträchtliche Mengen Buttermilch ein und da letztere durch ihren Gehalt an Milchzucker, Milchsäureferment und wenn auch noch so geringe Mengen von Kaseïn die Veranlassung zum Ranzigwerden der Butter ist, so muß sie entfernt werden. Es geschieht dies durch sorgfältiges Auswaschen und Auskneten, von denen die erste Manipulation in folgendem, in Fig. 327 im Vertikalschnitt abgebildeten Apparate vorgenommen wird. Die zu waschende Kunstbutter wird in den mit einem genau passenden Deckel verschließbaren Kasten K gebracht und durch Belastung des Deckels aus dem unten im Kasten befindlichen schmalen Schlitz S als breites Band heraus-

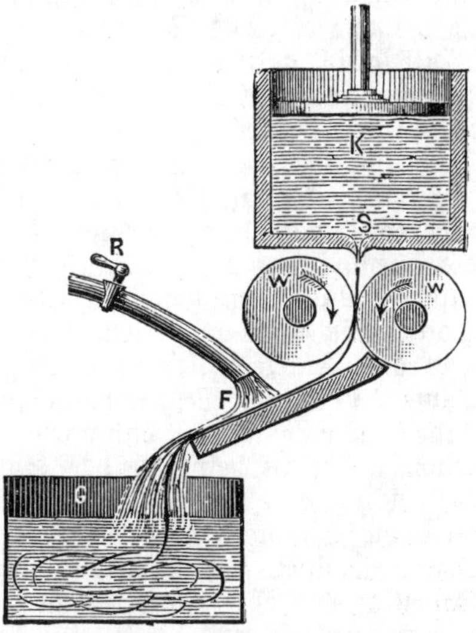

Fig. 327. Butterwaschmaschine.

gepreßt. Dieses Band wird von den beiden Walzen W, welche sich mit gleicher Geschwindigkeit in der Richtung der Pfeile gegeneinander bewegen, erfaßt, noch breiter gedrückt und das Anhaften an den Walzen durch geeignet angebrachte Abstreicher verhindert. Von hier aus gleitet dieses sehr breite und dünne Butterband auf der geneigten Fläche F in den Kasten G, wird aber auf diesem Wege von zahlreichen Wasserstrahlen, welche aus dem mit durchlöchertem Verschluß versehenen Wasserrohre R unter starkem Drucke strömen, hart getroffen und gründlich ausgewaschen. Nach dem Ablassen des Wassers aus dem Kasten G, wird die Butter entweder direkt, oder nach nochmaligem Waschen geknetet und in die kloßartige Form gebracht, in welcher sie im Handel bekannt ist.

Eine so dargestellte Kunstbutter ist ein durchaus empfehlenswertes, sehr wertvolles und billiges Nahrungsmittel, und nur der Produzent der natürlichen Butter, für dessen Fabrikat ja nach Erfindung dieses Surrogats eine weitere Preissteigerung ausgeschlossen erscheint, versucht es zu diskreditieren. Sehr leicht kann aber der unreelle Fabrikant die Kunstbutter in Verruf bringen, wenn er aus Gewinnsucht oder Nachlässigkeit nicht die größte Sorgfalt auf die Herstellung seines Fabrikates verwendet.

e) Die Brotbäckerei.

Als Rohmaterial für die Brotbereitung dient das aus den Cerealien gewonnene Mehl, nebst Wasser, Gährungsmitteln und Salz, ev. unter Zufügung gewisser Gewürze. Das Weißbrot wird aus Weizenmehl und Hefe, das Schwarzbrot aus einem Gemisch von Roggenmehl, Weizenmehl und Sauerteig hergestellt. Die Bereitung selbst hat den Zweck, das Mehl physikalisch und chemisch so zu verändern, daß unsere für die Zerkleinerung und Verdauung der Speisen bestimmten Organe ihre Aufgabe möglichst vollkommen zu lösen imstande sind. Gleichzeitig soll aber auch der dem mit Wasser angerührten Mehl anhaftende fade Geschmack beseitigt und in einen solchen verwandelt werden, der den menschlichen Organismus zur Aufnahme dieser Speise reizt, und endlich soll auch eine gewisse Haltbarkeit des Gebäckes erzielt werden. Das Backen löst also im wesentlichen folgende Aufgaben: Durch Erhitzen geht das Stärkemehl in den aufgeschlossenen Zustand, den wir Kleister nennen, über; der Teig wird gehindert, sich in eine spröde oder wässerige Masse zu verwandeln, dahingegen durch Zusatz von Hefe oder gewisser, später näher zu besprechender Surrogate dafür gezwungen, sich aufzublähen und eine lockere, schwammige Beschaffenheit anzunehmen. Endlich wird die Oberfläche des Brotes geröstet und dadurch die Rinde oder Kruste gebildet, welche den Wohlgeschmack des Brotes nicht nur ganz wesentlich erhöht, sondern auch den inneren Teil nicht so leicht austrocknen läßt und somit seine Haltbarkeit für eine gewisse Zeit bedingt.

Die Bereitung des Brotes beginnt mit dem Anmachen des Teiges und dem Kneten desselben. Dabei wird das Mehl mit Wasser zu einem Teig verarbeitet, wodurch einige Bestandteile desselben chemisch, andere physikalisch verändert werden. Das Dextrin, die Dextrose und einige eiweißartige Körper werden von dem Wasser aufgelöst und durchdringen in aufgelöstem Zustande die unlöslichen Bestandteile des Mehles, wie Kleber und Stärkemehl. Der Kleber bildet das Bindemittel im Teige, und sind daher auch nur solche Mehlarten zum Backen geeignet, welche diesen Stoff enthalten. Diese beiden in Wasser unlöslichen Stoffe des Mehles, der Kleber und das Stärkemehl, lassen sich sehr leicht getrennt von einander darstellen, wenn man, wie es in Fig. 328 angedeutet ist, den Teig unter einem Wasserstrahl in einem Beutel aus Musselintuch so lange durchknetet, bis das ablaufende Wasser nicht mehr milchig erscheint. Die in dem Beutel dann zurückbleibende zähe, weiße Masse ist der Kleber, während das sich im Wasser mit der Zeit auf dem Boden des Gefäßes absetzende weiße Pulver aus der Stärke besteht. Mit dem Wasser zugleich hat man beim Anmachen des Teiges als Gährungsmittel entweder Hefe oder Sauerteig hinzugesetzt. Sauerteig ist ein durch Hefe in Gährung versetzter Teig, welchen man von einem Backen zum anderen aufspart, um auf diese Weise durch Fortpflanzung der Gährung die ganze Menge des neuen Teiges in Gährung zu versetzen. Die Menge des zuzusetzenden Sauerteiges hängt sowohl von der Art des herzustellenden Brotes, als auch von dem Säuregrade des Sauerteiges selbst ab. Dieser nimmt nämlich beim Liegen des Sauerteiges stetig zu, bis dieser schließlich in Fäulnis übergeht.

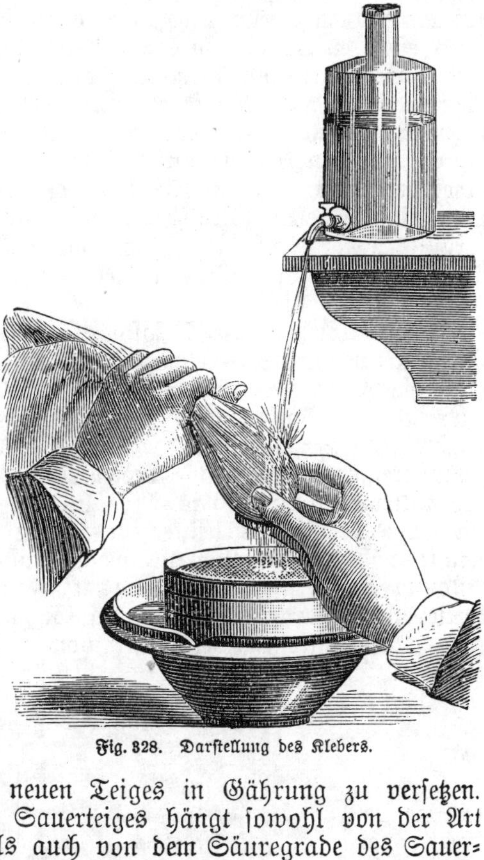
Fig. 328. Darstellung des Klebers.

Nun überläßt man den mit Mehl bestreuten Teig an einem mäßig warmen Orte ca. 12 Stunden lang der Gährung. Diese spaltet, wie beim Biere eingehend beschrieben, die Dextrose in Alkohol und Kohlensäure, wobei die sehr geringen Mengen des ersteren gar nicht in Betracht kommen, während die Kohlensäure eine sehr wichtige, aber rein mechanische Aufgabe zu lösen hat. Sie sucht zu entweichen, wird daran aber durch die Zähigkeit des Mehlteiges verhindert, wodurch sie diesen aufbläht, und, indem sie die bei der Krume bekannten zahlreichen größeren und kleineren Höhlungen in denselben reißt, macht sie ihn sehr porös und damit für unsere Verdauung geeigneter. Bei einem neuen Verfahren wird die Gährung im luftverdünnten Raume vorgenommen, wodurch sie vollkommener werden soll. Nach der Gährung, zu welcher man nur ungefähr ein Drittel des zu verarbeitenden Teiges nahm, wird dieser mit den anderen zwei Dritteln durchgeknetet, nochmals einer etwa halb so lange dauernden Gährung unterworfen und nach dem Kneten sofort in die Form des Brotes gebracht. Während der Gährung hat sich das Volumen des Teiges auf das Doppelte erhöht und durch Bestreichen mit lauem Wasser, eine Manipulation, welche vor dem Einschieben des Teiges in den Ofen wiederholt wird, verhindert man, daß die Oberfläche desselben bei der Volumenvergrößerung Risse erhält. Gleichzeitig wird hierdurch die Krustenbildung und der Glanz der Kruste erzielt, da das Wasser etwas Dextrin der Rinde unter Erweichen derselben aufgelöst hat und dieses bei seinem Verdunsten zurückläßt.

Das Abteilen der Teigstücke zu je einem Brote wird in dem Großbetriebe der Bäckerei jetzt durch Teilmaschinen vorgenommen, und muß hierbei, da die Brote ein bestimmtes Gewicht haben sollen, die während des Backens verdunstende Wassermenge berücksichtigt werden. Dieselbe beträgt je nach der Größe des Brotes bis zu 25 %, und zwar beeinflußt die Größe des Brotes den Gewichtsverlust, weil bei einem kleineren Brote das Verhältnis der Kruste zu dem der Krume ein größeres ist, als bei einem großen Brote, und bei Bildung der Kruste während des Backens mehr Wasser verloren geht, als bei der Bildung der Krume. Auch das Kneten des Teiges wird im Großbetriebe jetzt durch Maschinen besorgt, und zwar giebt es recht zahlreiche Konstruktionen derselben, von welchen hier in Fig. 329 die-

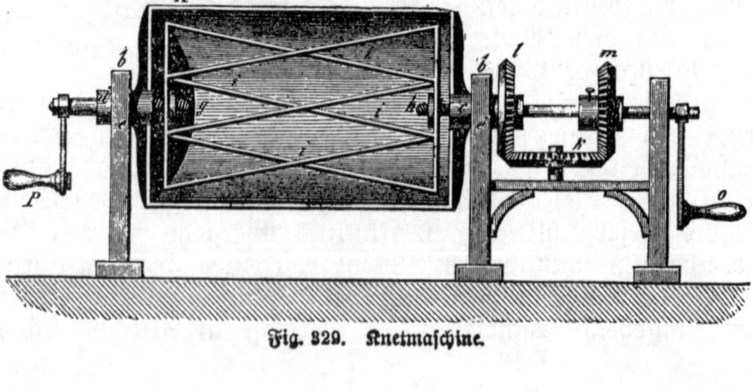

Fig. 329. Knetmaschine.

jenige von Clayton erläutert werden möge. Der zu knetende Teig wird in den cylindrischen Backtrog A gebracht, in welchem sich ein mit schräg stehenden Messern i versehener Rahmen befindet. Mittels der Kurbeln P und O können der Backtrog und der die Messer tragende Rahmen in entgegengesetzter Richtung um die Achse g h gedreht werden, wobei der Teig von den Messern i gut durchgeknetet wird. Die Zahnradumsetzung m k l dient dazu, die entgegengesetzte Bewegung der Cylinder auch durch Drehung der Kurbel O allein zu ermöglichen, und schließlich ist es selbstverständlich, daß die Knetmaschine, nachdem für die Kurbel O eine Riemscheibe aufgezogen ist, auch durch Motorenkraft betrieben werden kann.

Aus dem aufgegangenen und gekneteten Teig wird durch Backen das Brot erzeugt. Der Backofen besteht aus einem ovalen oder auch runden Herde, der mit einem Gewölbe überspannt ist, und an dessen vorderem Ende sich ein mit einer eisernen Thüre verschließbares Mundloch zum Einschieben des Brotes und gleichzeitig zur Einführung des Brennmaterials befindet. Die für die Verbrennung des letzteren notwendige Luft strömt durch den unteren Teil des Mundloches ein, die Verbrennungsgase und der Rauch hingegen aus dem oberen Teile des Mundloches aus und belästigen den Bäcker in ganz unangenehmer Weise. Eine wesentliche Verbesserung des Backofens ist es daher, daß man den Bau desselben dahin abgeändert hat, daß das Mundloch nur noch zur Einführung des Brennmaterials und später des Brotes dient, während der Rauch durch die im hinteren Teile des Gewölbes angebrachten und mit Schieber verschließbaren Öffnungen entweicht. Fig. 330 zeigt den Längsschnitt eines solchen neueren Ofens, und Fig. 331 den Querschnitt der Backsohle desselben. A ist die Backsohle, B das Mundloch, e e e sind die Züge, durch welche die Verbrennungsgase von dem hinteren Teile

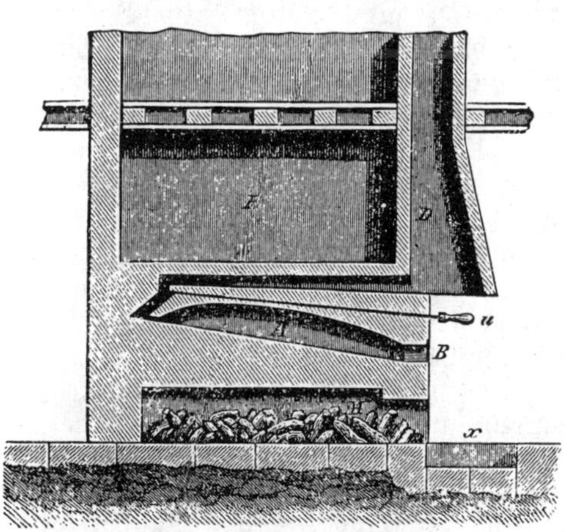

Fig. 330. Backofen (Längsschnitt).

Fig. 331. Backsohle (Querschnitt).

der Backsohle aus in den Schornstein D gelangen, und u ist der Schieber zum Verschließen derselben. E ist die Backstube, in welcher man den Teig vor dem Backen aufgehen läßt, und welche durch die darunter liegende Backsohle A die für diesen Zweck günstige Erwärmung erhält. Die vor dem Ofen bei x angebrachte Vertiefung ermöglicht dem Bäcker einen bequemen Stand einzunehmen und der Raum M, die vor dem Backen selbst aus der Backsohle A herausgezogenen glühenden Kohlen unterzubringen. Das Backen des Brotes besteht nun darin, daß in der Backsohle A trockenes und weiches, feingespaltenes Holz verbrannt wird, bis der Ofen so heiß ist, daß sich beim Reiben des Gewölbes mit einem Holzstabe Funken zeigen. Der Ofen hat dann die zum Backen günstigste Temperatur von 200 bis 225° C. erreicht, und nun werden die glühenden Kohlen herausgezogen, nach dem Raume M gebracht und der Ofen selbst mittels eines nassen Wischers von Asche 2c. gereinigt. Die mit Wasser, welchem etwas Mehl beigemischt ist, bestrichenen Brote, werden mittels eines mit langem Stiele versehenen Brettes in den Ofen geschoben und hier durch die in demselben herrschende Temperatur gebacken. Die Hitze wirkt hierbei zuerst auf das dem Brote aufgestrichene Wasser, welches verdunstend das Aufspringen der Kruste verhütet, gleichzeitig aber bewirken die den Ofen sehr bald anfüllenden Wasserdämpfe die chemischen Umsetzungen des äußeren Teiles des Teiges, welchem wir die Entstehung der so schmackhaften Kruste des Brotes verdanken. Die zum Backen nötige Zeit richtet sich nach der Form, Größe und Art des Brotes, wobei Schwarzbrot eine längere Backzeit erfordert als Weißbrot, und ebenso ein kugelförmiges mehr als ein längliches, da bei ersterem die Oberfläche im Vergleich zur Masse eine kleinere ist. Im Großbetriebe der Bäckerei sind auch diese Öfen bereits verlassen und durch kontinuierlich betriebene, d. h. solche, bei denen Back- und Feuerraum getrennt sind, ersetzt. Man hat bei dieser Konstruktion nicht nötig, das Backen zu unterbrechen, sobald der Ofen nicht mehr heiß genug ist, bis man ihn wieder genügend angeheizt hat, sondern backt in dem vom Feuerraume getrennt liegenden Backraume kontinuierlich fort und spart hierbei viel Zeit und Brennmaterial. Um die Hitze des Backraumes bei diesem Ofen für jedes der Brote möglichst gleichmäßig auszunutzen, ordnet eine neue Konstruktion einen Wagen an, der in den Backraum geschoben wird, und auf welchem endlose Ketten um vieleckige Scheiben gelegt sind. Diese Ketten tragen an Armen die pendelnd aufgehängten Backbleche, welche also durch Drehung der Kettenscheiben in eine kreisende Bewegung versetzt und dadurch in den verschieden heißen Teilen des Ofens herumgeführt werden. Ein neuer Apparat zum Backen endlich besteht darin, daß der Teig zwischen zwei hohle Platten gebracht wird, deren Ränder fest aufeinander gepreßt werden. Unter Druck läßt man nun in dem Hohlraume Dampf cirkulieren, und soll bei Anwendung eines Druckes von sechs Atmosphären das Backen so schnell, als bei den mit direktem Feuer geheizten Öfen vor sich gehen.

Die Gährung des Brotes, welche, wie vorher angegeben, einzig und allein den Zweck hat, durch die entweichende Kohlensäure die Krume schwammig und porös zu machen, vermindert den Stärkegehalt des Mehles im Teige, denn aus diesem wird der Stärkezucker gebildet, aus welchem wiederum die Kohlensäure bei der Gährung entsteht. Auch ist der Hefezusatz — dem Teige doch nur zur Einleitung der Gährung gegeben — der Zusammensetzung des Teiges in Bezug auf die spätere Verdauung desselben nicht sehr vorteilhaft. Das hat zu zahlreichen Versuchen veranlaßt, das Ferment durch Surrogate zu ersetzen, die in der Hitze, also während des Backens Kohlensäure entwickeln, somit also durch die entweichende Kohlensäure die Gährung des Teiges vollständig erreichen, ohne die Nährkraft des Brotes zu beeinträchtigen. Diese Aufgabe ist vollständig gelöst, und zahlreiche Präparate befinden sich heute unter dem Namen Backpulver im Handel, deren wesentlicher Bestandteil stets ein kohlensaures Salz ist, welches dem Teige zugesetzt wird und beim Erwärmen desselben die Kohlensäure abgiebt. Ein nicht zu unterschätzender Vorteil dieser Backpulver ist auch die Zeitersparnis bei der Bereitung des Gebäckes, da die ganze auf Gährung des Teiges verwendete Zeit bei Benutzung dieser Backpulver fortfällt. Mit ihrer Hilfe kann man in 2 Stunden fertiges Brot aus Mehl herstellen und erhält dabei eine 10 bis 12 % höhere Ausbeute, als bei Anwendung der Gährung. Endlich darf nicht unerwähnt bleiben, daß diese Backpulver beliebig lange aufbewahrt werden können, was bei der Hefe oder dem Sauerteige nicht der Fall ist und daher auf Schiffen und in Dörfern, wo nicht regelmäßig gebacken wird, nicht selten Mangel daran ist. Auch für den Küchengebrauch sind die Backpulver wegen der Einfachheit ihrer Verwendung und vor allem wegen der Schnelligkeit ihrer Wirkung sehr zu empfehlen. Solche Backpulver bestehen aus Hirschhornsalz d. i. saurem kohlensaurem Ammonium, ferner aus doppeltkohlensaurem Natron und Salzsäure. Das Liebigsche Backpulver besteht aus zwei Präparaten, nämlich einem Säurepulver, und zwar aus saurem Calciumphosphat gemengt mit saurem Magnesiumphosphat und einem Alkalipulver, bestehend aus einem Gemisch von doppeltkohlensaurem Natron und Chlorkalium. Dieses Pulver scheint sehr vorteilhaft zu wirken und werden auf 100 kg Mehl 2,6 kg Säurepulver und 1,6 kg Alkalipulver hinzugesetzt. Es bilden sich beim Aufeinanderwirken dieser beiden Pulver zuerst aus dem doppelkohlensauren Natron und dem Chlorkalium das doppeltkohlensaure Kalium und Chlornatrium, von denen das erstere dann unter Freiwerden der Kohlensäure durch das saure Phosphat zersetzt wird. Das unter dem Namen Schnellhefe bekannte Backpulver besteht aus 33 % doppeltkohlensaurem Natron, 19,7 % Weinsteinsäure, wie 47,3 % Weizen- und Reisstärke, und setzt hierbei die Weinsteinsäure die Kohlensäure in Freiheit, gerade so, wie es bei Verwendung eines gewöhnlichen Brausepulvers geschieht. Schließlich werden auch neuerdings alaunhaltige Backpulver verwendet, aber auch gleichzeitig von anderer Seite davor gewarnt, weil der Alaungehalt derselben auf unseren Organismus schädlich wirken soll. Die zahlreich angestellten Versuche, Kohlensäuregas direkt in den Teig strömen zu lassen, ein Gedanke, der sehr nahe liegt, haben befriedigende Resultate bisher nicht gegeben.

Die chemische Zusammensetzung des Brotes zeigt dem Mehle gegenüber vor allem einen viel höheren Wassergehalt, da z. B. 100 kg Weizenmehl sich mit 50 kg Wasser verbinden und 150 kg Brot geben. Das frische Weizenbrot enthält 9 % Dextrin und lösliche Stärke, 40 % Stärke, 6,5 % Proteïnkörper und 40 bis 45 % Wasser. Das Altbackenwerden des Brotes wird nicht durch einen Wasserverlust desselben hervorgerufen, wie es häufig angenommen wird, sondern durch eine Veränderung im Molekularzustande, besonders der Krume, denn der Wassergehalt des altbackenen Brotes ist nach Boussingault nicht geringer als derjenige des frischen.

Beim Brote kommen, wenn auch nicht übermäßig häufig, gewisse Verfälschungen vor. So ist z. B im nördlichen Frankreich und Belgien eine sehr verwerfliche Methode üblich, und wird in Deutschland hin und wieder nachgeahmt, verdorbenes Mehl zum Backen geeignet zu machen. In diesem Mehle ist der Kleber verändert und so weich geworden, daß er beim Gähren des Teiges die Kohlensäure nicht fest halten kann, sondern entweichen läßt, wodurch das Brot derb wird und weniger weiß erscheint. Diesen Fehler des Mehles sucht man durch einen, wenn auch nur ganz geringen Zusatz von schwefelsaurem Kupfer aufzuheben, und dieser Zusatz ist trotz seiner geringen Menge, denn er beträgt nur $^1/_{15000}$ bis $^1/_{30000}$ des zu verbackenden Mehles, unserem Organismus sehr schädlich. Nachweisen läßt sich die Verfälschung für den Chemiker sehr leicht durch Trocknen und Verbrennen des zu untersuchenden Brotes und Abschlämmen der zurückbleibenden Asche. In England ist Alaunzusatz zu dem Mehl üblich, in Deutschland aber beides gesetzlich untersagt. Nicht selten sind die Verfälschungen der besseren Mehlsorten mit minderwertigen, wie Kartoffelmehl, Kartoffelstärke ꝛc. und können unter dem Mikroskope sicher nachgewiesen werden, da die Stärkekörperchen aller Mehlsorten eine für jede derselben ganz charakteristische Form haben. Außer den vorher genannten mineralischen Zusätzen zu verdorbenem Mehle, um es wieder zum Backen geeignet zu machen, kommen auch noch solche bei gesundem Mehle, wie Kreide, Gips, Schwerspat ꝛc. vor, um das Gewicht desselben zu erhöhen und werden gleichfalls durch Einäscherung des Brotes und Prüfung der Asche nachgewiesen.

Es muß noch erwähnt werden, daß die fabrikmäßige Herstellung des Brotes, von genial konstruierten Maschinen unterstützt, sich in den letzten Jahren zu hoher Blüte entwickelt hat. Hierzu kommen die Erleichterungen und Einrichtungen der Versendung, welche gleichfalls unter Berücksichtigung der einzelnen Fabrikate gehandhabt werden, und durch alles dieses zusammen ist das Brot — wenigstens gewisse beliebte Arten desselben — schon längst nicht mehr ein Produkt, das wie früher auf jeden Fall am Produktionsorte konsumiert wurde, sondern es wird heute nicht selten auf weite Entfernungen verschickt. Noch viel weiter, ja selbst überseeisch ist der Export von Backwaren, welche wie Biskuits, Cakes zc. an und für sich haltbar und dem Verderben nicht ausgesetzt sind, und die Fabrikation derselben wird noch bei weitem mehr, als diejenige des Brotes, durch einen ausgebildeten Maschinenbetrieb unterstützt.

f) Das Fleisch.

Die Hauptbestandteile des Fleisches sind außer den Knochen, welche ungefähr 10 % des Gesamtgewichtes desselben betragen, Wasser, Fleischsaft, Fleischfaser und Fett, neben verschiedenen Salzen und leimgebenden Geweben. Im Fleischsafte und der Faser sind verschiedene Eiweißstoffe enthalten, von denen besonders das Fibrin und das Myosin, letzteres ist der Muskeleiweißstoff, zu nennen sind. Diese Zusammensetzung, von welcher sowohl der Nährwert, als auch die Verdaulichkeit des Fleisches abhängt, ist sehr wechselnd, und zwar nicht nur bei dem Fleische der verschiedenen Tierarten, von welchen wir uns nähren, und bei ein und demselben Tiere, je nach Rasse, Alter, Fütterung und dergl., sondern auch je nachdem das Fleisch von den verschiedenen Körperteilen des betreffenden Tieres entnommen ist. Nach letzterem Gesichtspunkt wird daher auch der Wert des Fleisches im Handel bestimmt und zeigt Fig. 332 die Einteilung des Rindfleisches in vier

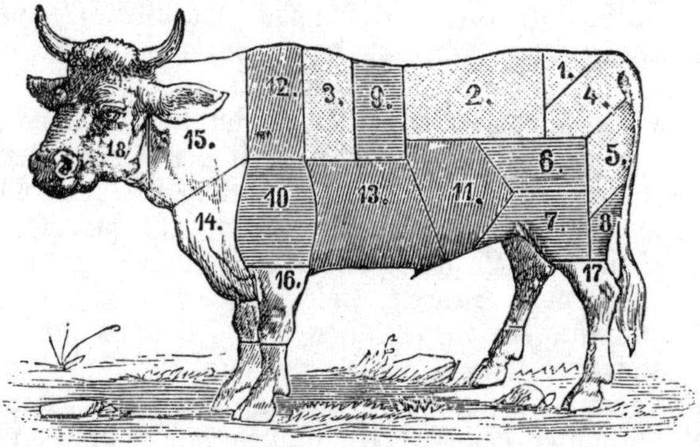

Fig. 332. Zerlegung des Rindes.

Klassen mit 18 Unterabteilungen, wie sie in London eingeführt ist. Diese vier Klassen A bis D sind auf der Abbildung durch besondere Schraffierung gekennzeichnet und bestehen aus der Unterabteilung für A: 1. Schwanzstück, 2. Lendenbraten, 3. Vorderrippe, 4. Hüftenstück und

5. Hinterschenkel; B: 6. Oberweiche, 7. hinter-s Weichstück, 8. Wadenstück, 9. Mittelrippe und 10. Oberarmstück; C: 11. Flankenstück, 12. Schulterblatt und 13. Bauchstück; endlich D: 14. Wamme, 15. Hals, 16. und 17. Vorder- und Hinterbeine und 18. Kopf. In Paris sind drei Klassen mit 7 Unterabteilungen eingeführt, nach welchen das Kalb (Fig. 333) wie folgt eingeteilt wird: A: 1. Keule, 2. Nierenbraten und 3. Vorderviertel; B: 4. Schulterblatt und endlich C: 5. Bauchstück,

Fig. 333. Zerlegung des Kalbes.

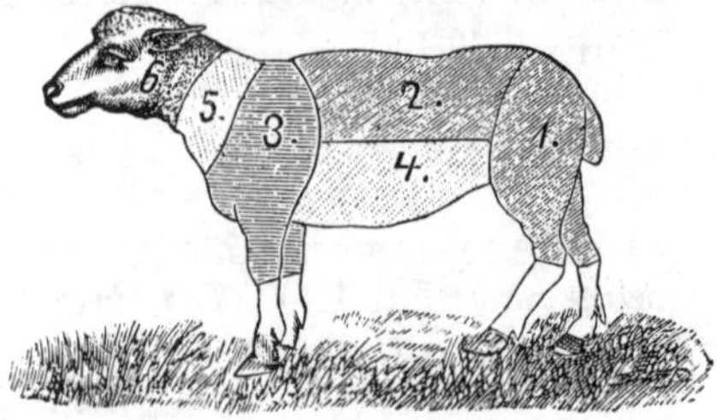

Fig. 334. Zerlegung des Schafes.

6. Kopf und 7. Hals. Die drei in Paris für Zerlegung des Schafes eingeführten Klassen sind den soeben aufgeführten ähnlich; sie bestehen (Fig. 334) in A: 1. Keule und 2. Rücken; B: 3. Vorderblatt und endlich C: 4. Bauchstück, 5. Hals und 6. Kopf.

Das Fleisch der jüngeren Tiere ist im allgemeinen wasserreicher, als dasjenige der älteren und daher weniger nahrhaft, so enthält z. B. das Kalbfleisch ca. 80 % Wasser, während das Fleisch eines gewöhnlichen Zugochsen nur ca. 60 % und das eines gemästeten Ochsen sogar nur ca. 40 % Wasser enthält. Diesem hohen Wassergehalte verdankt das Kalbfleisch auch den Namen „Halbfleisch", welchen es im Volksmunde erhalten hat, aber es darf doch nicht unterschätzt werden, daß bei jungen Tieren auch die Fleischfaser viel zarter und leichter verdaulich ist, als bei ältern Tieren, weil sie dünner, weicher und feuchter ist, als jene, und gerade diese Beschaffenheit der Fleischfasern beeinflußt den Nährwert ganz beträchtlich, weshalb man dieselben auch bei älteren Tieren während der Zubereitung künstlich mürbe zu machen versucht, sowohl durch längeres Liegenlassen des Fleisches an der Luft, als auch durch Zusatz von Säuren, wie z. B. von saurer Sahne oder Essig. Auch das längere Liegenlassen des Fleisches an der Luft veranlaßt die Einwirkung einer Säure auf dasselbe, und zwar der sog. Fleischmilchsäure, welche sich bei Zersetzung des Fleisches bildet. Diese Säure bildet sich unter gewissen Umständen auch schon im Fleische der lebenden Tiere z. B. bei heftiger und andauernder Bewegung derselben. Daher kommt es auch, das das Fleisch des Wildbrets bez. aller kurz vor dem Tode gehetzten Tiere mürber ist, als dasjenige der geschlachteten, weil die Fleischmilchsäure, welche sich in diesem Falle schon vor dem Tode des Tieres gebildet hat, sofort nach dem Tode desselben auf die Fleischfaser einzuwirken beginnt. Fütterung und Pflege des Tieres wirken ganz besonders günstig auf die Beschaffenheit der Fleischfaser ein, dahingegen wird dieselbe durch fortdauernde Anstrengung der Muskeln, wie z. B. bei Zugtieren härter, zäher und dadurch schwerer verdaulich, als bei dem Mastvieh, welches derartigen Anstrengungen nicht ausgesetzt ist.

Der am leichtesten zu verdauende Bestandteil des Fleisches ist der zwischen den Fleischfasern sich befindende Fleischsaft, den man durch Auspressen des rohen, frisch geschlachteten Fleisches als eine wässrige, rote Flüssigkeit gewinnen kann, und der die Eiweißstoffe, wie die Salze des Fleisches, gelöst enthält. Als Nahrungsmittel hat der so dargestellte Fleischsaft aus rein praktischen Gründen keine Bedeutung, wohl aber dient er unter Zusatz von Fett und Kohlehydraten wie Stärkemehl und Zucker, als vorzügliches Stärkemittel für Kranke.

Auch vom Fettgehalte des Fleisches hängen Nahrhaftigkeit und Verdaulichkeit desselben ab, und zwar erhöht der größere Fettgehalt die erstere, indem er den Wassergehalt zurückdrängt, verringert aber gleichzeitig die letztere dadurch, daß er das Fleisch, im Magen mit einer Fettschicht bedeckend, vor der Einwirkung der Verdauungssäfte schützt. Wie sehr dieser Fettgehalt des Fleisches künstlich durch eine geeignete Fütterung und Pflege des betreffenden Tieres erhöht werden kann, ist durch das so zahlreich bei Mastvieh, Stopfgänsen u. dgl. vorgenommene Verfahren genügend bekannt. In Bezug auf jene, die Verdauung erschwerende Wirkung, sind aber die verschiedenen Fettarten einander nicht gleich, sondern die weichen Fette den härteren vorzuziehen. Die Begriffe „weich“ und „hart“ hängen einzig und allein von dem Schmelzpunkt der betreffenden Fette ab, und man wird in dem hierbei in Betracht kommenden Falle alle Fette weich nennen, deren Schmelzpunkt unter unserer Körpertemperatur liegt, wie z. B. das Gänsefett, Hühnerfett und die Butter, während andererseits z. B. Ochsen- und Hammeltalg, deren Schmelzpunkt über unserer Körpertemperatur liegt, als harte Fette zu bezeichnen sind.

Wir genießen im allgemeinen das Fleisch der Pflanzenfresser, besonders der wiederkäuenden Haustiere, wie dasjenige der Vögel und Fische. Alle diese Fleischarten haben qualitativ fast dieselbe Zusammensetzung, zeigen aber quantitativ, wie auch im Geschmack, sehr wesentliche Unterschiede. Ohne an dieser Stelle auf die genannten Unterschiede näher einzugehen, darf für die Volksernährung nicht unerwähnt bleiben, daß das Vorurteil, welches gegen das Pferdefleisch besteht, ein durchaus unberechtigtes und dieses Fleisch um so mehr zu empfehlen ist, da es als ein ganz vorzügliches Nahrungsmittel gleichzeitig einen sehr billigen Preis hat. Es wird natürlich hierbei vorausgesetzt, daß das betreffende Fleisch nicht von einem kranken Pferde herstammen darf, das ist ja aber auch bei allen anderem Schlachtvieh eine ganz selbstverständliche Voraussetzung. In Frankreich hat man während des letzten deutsch-französischen Krieges in den größeren, belagerten Festungen, ganz besonders in Paris, kennen gelernt, daß das Pferdefleisch ein sehr wertvolles Nahrungsmittel ist, trotzdem man damals infolge des Futtermangels nur sehr heruntergekommene Tiere schlachten konnte, und die damals gemachten Erfahrungen werden dort dauernd fortbenutzt, denn seit den letzten zwanzig Jahren spielt das Pferdefleisch in der Volksernährung Frankreichs eine viel größere Rolle als vorher, oder bei uns.

In Bezug auf die Verdaulichkeit des Fleisches, begegnet man noch hin und wieder der Ansicht, daß rohes Fleisch besonders leicht verdaulich sei, eine Ansicht, welche durchaus irrig ist. Das rohe Fleisch dürfte nur in einem Falle, nämlich wenn es sehr fein geschabt und von allen Sehnen befreit ist, einem gut zubereiteten Fleische in dieser Beziehung gleichkommen, in allen anderen Fällen aber wird es schwerer verdaulich sein als dieses. Hieraus ergiebt sich die außerordentliche Wichtigkeit der guten Zubereitung des Fleisches von selbst, abgesehen davon, daß die bei der Zubereitung verwendete Temperatur bis zu einer gewissen Grenze ein sehr guter Schutz gegen manche Krankheitsstoffe und Parasiten ist, welche sich vielleicht im Fleische befinden, bis zu einer gewissen Grenze nur, weil das Fleisch selbst ein sehr schlechter Wärmeleiter ist, es somit sehr lange dauert, bis die hohe Temperatur das ganze Fleisch durchdrungen hat, und das unbedingt notwendig ist, wenn jene Krankheitsstoffe bezw. Parasiten unschädlich gemacht werden sollen. Dieses vollständige Durchdringen der Hitze geschieht aber nur sehr selten und mit Recht, denn — wie sogleich auseinander gesetzt werden soll — widerspricht dasselbe in vielen Fällen einer rationellen Zubereitung. Es ist nämlich durchaus falsch, anzunehmen, daß das Fleisch, wenn es nicht beim Kochen schnell weich wird, durch längeres Kochen doch schließlich weich werden muß; das wird aus demselben Grunde nie geschehen, aus welchem es beim Hühnerei nicht geschieht. Wie das Eiweiß des Hühnereies durch das Kochen gerinnt — „koaguliert", wie der wissenschaftliche Ausdruck lautet — so auch das Eiweiß der Fleischfasern, welche natürlich durch längeres Kochen hart und zäh werden müssen. Die rationelle Zubereitung des Fleisches muß beim Braten und Kochen bestrebt sein, dieses Eiweiß gelöst zu erhalten, aber auch von dem für die Ernährung so wichtigen Fleischsafte nichts zu verlieren; das erreicht man am besten, wenn man das Fleisch plötzlich, aber nur für sehr kurze Zeit, einer sehr hohen Temperatur aussetzt, wobei sich die Zeitdauer natürlich nach der Größe der zu behandelnden Stücke richten muß. Hierdurch gerinnt nur das Eiweiß, welches sich auf der Oberfläche des Stückes befindet und bildet dadurch eine schützende Hülle für den Fleischsaft, den es nun vollkommen einschließt, so daß dieser wertvolle Bestandteil des Fleisches ohne nennenswerten Verlust erhalten bleibt. Ein durch solche Zubereitung erhaltenes Fleisch ist sowohl nahrhaft, als es auch durch die in Lösung gebliebenen Eiweißstoffe bezw. durch die weich gebliebenen Fleischfasern, leicht verdaulich ist.

Hat man das Braten oder auch Kochen des Fleisches so gehandhabt, also den Fleischsaft fast vollständig im Fleische behalten, so wird natürlich die gleichzeitig beim Kochen gewonnene Fleischbrühe nicht besonders wertvoll sein können, und wenn es darauf ankommt, eine gute Brühe zu erhalten, so wird man also ganz anders verfahren müssen. In diesem Falle will man möglichst allen Fleischsaft mit den darin enthaltenen Salzen und Extraktivstoffen aus dem Fleische extrahieren und daher vor allen Dingen verhüten, daß die sich beim Braten absichtlich erzeugte, schützende Hülle durch geronnene Eiweißstoffe um das Fleisch herum bildet; wenigstens dürfen diese Eiweißstoffe nicht früher gerinnen, als bis aller Fleischsaft aus dem Fleische ausgezogen ist. Zu diesem Zwecke legt man das in möglichst kleine Stücke zerschnittene Fleisch in kaltes Wasser, dessen Temperatur man nur ganz langsam bis zur Siedehitze, welche man schließlich erreichen muß, steigen läßt. Auf diese Weise entzieht man dem Fleische alle jene Säfte und Extraktivstoffe, welche uns die Brühe mit Recht so wertvoll erscheinen lassen, behält aber natürlich ein an Nahrungsstoffen nur ziemlich wertloses Fleisch zurück. Hieraus ergiebt sich von selbst, daß es unmöglich ist, gleichzeitig aus ein und demselben Stücke rohen Fleisches eine gute Brühe und einen guten Braten oder nahrhaft gekochtes Fleisch zu bereiten. Auch der Wert der Brühe wird durch die Fleischart bestimmt, aus der dieselbe gewonnen wird, und so kommt z. B. der höhere Wert der Hühnerbrühe im Verhältnis zu der aus Ochsenfleisch gewonnenen daher, daß das Hühnerfleisch mehr lösliche Stoffe enthält als jenes.

Da aber selbst bei dieser rationellen Bereitung der Fleischbrühe dieselbe doch schließlich zum Kochen kommt, so gerinnen auch hierbei endlich die auf dem vorher beschriebenem Wege langsam extrahierten Eiweißstoffe. Sie bilden jenen bekannten schmutziggrauen Schaum, welcher bei der Bereitung der Brühe fast immer so sorgfältig abgeschöpft wird und welcher sich so lange wieder erneuert, als noch Eiweißstoffe in Lösung vorhanden sind. Da aber die Eiweißstoffe das einzig direkt Nahrhafte in der Brühe waren und durch Abschöpfen aus derselben entfernt wurden, so enthält die Brühe keine Nahrungsstoffe mehr, und kann deshalb auch nicht mehr zu den Nahrungsmitteln gerechnet werden. Wir zählen sie auch in der That nicht zu diesen, sondern zu den Genußmitteln, weshalb aber ihr hoher Wert für die Ernährung keineswegs als ein geringerer zu betrachten ist. Außer den verschiedenen Salzen und Extraktivstoffen, welche unsere Verdauung in sehr hohem Maße befördern, enthält die Fleischbrühe noch einen Stoff, den der Chemiker „Kreatin" nennt, und welcher eine ähnliche erregende Wirkung hat, wie derjenige Stoff, der unter dem Namen „Kaffeïn" als wirksamer Bestandteil des Kaffees und des Thees, bei den Aufgußgetränken beschrieben ist. Eine gute Fleischbrühe reizt daher nicht nur, wie kein zweites Genußmittel, unsere Magenwände, die nötigen Verdauungssäfte abzusondern, und wird darum auch mit Recht gewöhnlich beim Beginn der Hauptmahlzeit genommen, sondern sie ist gleichzeitig das einzige Genußmittel, daß, trotzdem es uns belebt und erregt, keine nachteiligen Wirkungen zurückläßt. Ihren hohen Wert bezeichnet der berühmte Chemiker Justus von Liebig mit folgenden Worten: „Eine Tasse Fleischbrühe hat häufig eine kräftigende Wirkung, nicht darum, weil ihre Bestandteile Kraft erzeugen, wo keine ist, sondern weil sie auf unsere Nerven so wirkt, daß wir uns der vorhandenen Kraft bewußt werden und empfinden, daß diese Kraft verfügbar ist.“

Von den zur Unterstützung der Zubereitung des Fleisches gemachten Erfindungen sind vor allen Dingen die Fleischhackmaschinen zu erwähnen. Für den Großbetrieb ist bei denselben an der Konstruktion wenig geändert, denn das große, sechs oder achtklingige Wiegemesser und der runde Holzklotz, auf dem es die Fleischmassen zerwiegt, sind geblieben. Anstatt daß es aber von zwei langsam um den Wiegeblock herumgehenden Männern gehandhabt wird, setzt es heute die Motorenkraft in wiegende Bewegung und führt gleichzeitig den Wiegeblock, ihn um die eigene Achse drehend, unter dem stets auf derselben Stelle arbeitenden Wiegemesser durch, wobei immer eine andere Stelle des auf dem Block ausgebreiteten Fleisches von den Messern getroffen wird. Die kleineren, für die Wirtschaft bestimmten Hackmaschinen, bestehen im wesentlichen aus Walzen, auf welchen in spiralförmiger Windung Messerklingen sitzen, und welche in einem hohlen, aufklappbaren Cylinder gedreht werden, dessen obere Hälfte eine Öffnung zur Einführung des Fleisches hat. Die neueste Verbesserung dieser Konstruktion besteht darin, daß anstatt der Messer an der Walze scharfkantige, viereckige Stifte befestigt sind, welche beim Drehen der Walze genau durch den Zwischenraum gehen, den je zwei an dem Cylinder selbst sitzende Messer bilden. Diese Messer nehmen, durch den genannten Zwischenraum getrennt, die ganze Länge des Cylinders ein, und ihre Anzahl ist daher durch die Länge desselben bestimmt.

Wesentlich wichtiger sind die Erfindungen auf chemischem Gebiete, welche für die Zubereitung des Fleisches gemacht wurden, und welche durch Herstellung von Fleischpräparaten das Fleisch oder wenigstens seine wirksamen Bestandteile für weitere Entfernungen versendbar machen wollen. Da ist vor allen Dingen der Fleischextrakt, welcher in Buenos-Ayres, Mexiko, Australien, Podolien rc. von den dort geschlachteten Rindern, an Ort und Stelle dargestellt und weit versandt, auch in Europa viel konsumiert wird. Besonders hat diese Fabrikation in Süd-Amerika durch spezielle Anleitung Liebigs außerordentliche Dimensionen angenommen. Dieser Fleischextrakt ist nicht mit jenen Präparaten zu verwechseln, welche die Brühe ersetzen sollen und gewöhnlich in der Form von Tafeln oder Kapseln in den Handel gebracht werden. Hierbei handelt es sich darum, die Brühe in eine feste, leicht transportable und bequem verwendbare Form zu bringen. Neuerdings gewinnt die Heppsche Fleischgallerte immer größere Verwendung, besonders für Kranke und Rekonvalescenten. Sie wird dargestellt, indem gutes, knochen- und fettfreies Ochsenfleisch auf dem Wasserbade sehr lange Zeit gekocht wird, wobei die Masse schließlich zu einer angenehm schmeckenden Gallerte erstarrt.

Wie alle organischen Substanzen, so unterliegt auch das Fleisch gewissen Zersetzungen, welche sich schließlich bis zur Verwesung steigern. Auch was wir beim Wildbret „Hautgout" zu nennen pflegen, ist nicht etwa eine Eigentümlichkeit, die diesem allein zukommt, sondern nichts weiter, als der Anfang der Zersetzung überhaupt, welche auch bei jedem anderen Fleische unter den dafür günstigen Bedingungen eintritt. Beim Wildbret geschieht das nur viel schneller, und zwar infolge der Einwirkung der Fleischmilchsäure, welche sich hier, wie vorher beschrieben, schon häufig bei Lebzeiten des Tieres gebildet hat. Zahlreiche Mittel sind besonders in neuerer Zeit für die Konservierung des Fleisches erdacht, und ist es klar, daß solche Mittel, wenn sie ihre Aufgabe lösen sollen, nicht nur fäulnishindernd wirken müssen, sondern auch dem Fleische keinen Beigeschmack geben dürfen. Alle diese schon längst bekannten oder auch erst neu erfundenen Mittel lassen sich ihrer Wirkung nach in vier Gruppen einteilen, denn diese beruht entweder auf Luftabschluß, oder Wasserentziehung, oder auf Zusatz von Chemikalien, wie Kochsalz u. a. oder endlich auf Einwirkung einer sehr niedrigen Temperatur. Manche dieser Konservierungsmittel wirken auch auf zwei der genannten Gebiete gleichzeitig, wie z. B. das Räuchern, welches infolge der Wärme des Rauches sowohl trocknend, also wasserentziehend wirkt, als auch durch das im Holzrauche vorhandene Kreosot eine antiseptische Wirkung hat. Es sollen nun die wichtigsten dieser Konservierungsmittel beschrieben werden.

Von den Methoden, bei welchen die Konservierung des Fleisches durch Luftabschluß bewirkt wird, hat die von Appert angegebene die weiteste Verbreitung gefunden. Nach dieser werden fertig gekochte Fleischwaren in Blechbüchsen gefüllt und zwar dergestalt, daß die Fleischbrühe alle Räume der Büchse vollständig ausfüllt, sodaß nach dem Verlöten derselben weder Luft in denselben enthalten ist, noch nachträglich eindringen kann. Hierdurch sind alle Fäulniserreger der Luft abgeschlossen, und die in dem Fleische selbst durch vorherige Berührung mit der Luft enthaltenen Keime, werden dadurch getötet, daß diese wohlverschlossenen Blechbüchsen mehrere Stunden lang in einem Salzbade, also bei einer Temperatur, welche höher liegt, als der Siedepunkt des Wassers, gekocht werden. Diese Methode ist von Jones dadurch verbessert, daß er die im Salzbade befindlichen Blechbüchsen mittels einer Metallröhre mit einem luftleeren Raume verbindet. Durch dieses mechanische Aussaugen der Luft aus dem Fleische, wird ein Teil des sonst sehr lange dauernden Kochens erspart, und dadurch die Schmackhaftigkeit desselben weniger beeinflußt. F. Robert setzt das Fleisch, nachdem es in eine Lösung von Natriumhyposulfit getaucht ist, in hermetisch verschließbaren Gefäßen einer Atmosphäre aus, welcher der Sauerstoff und die die Fäulnis verursachenden Keime entzogen sind. Die Gefäße werden dann in dieser Atmosphäre geschlossen, und soll diese Methode ein sich sehr lange haltendes und schmackhaft bleibendes Fleisch liefern. Roosen bringt Fleisch aus überseeischen Ländern nach Europa, das in starkwandigen Gefäßen unter Zugabe einer antiseptisch wirkenden Lösung verpackt ist, und welchem vor dem Verschließen derselben die Luft ausgepumpt wird. Street endlich bringt das frisch geschlachtete Fleisch in einen Raum, der luftleer gemacht wird, und setzt es hierauf der expandierenden Wirkung eines konservierenden Gases, z. B. der schwefligen Säure, aus, wodurch es für mehrere Monate haltbar gemacht sein soll.

Die Wasserentziehung des Fleisches wird entweder durch Trocknen oder Einsalzen desselben erzielt. Durch Trocknen sind zahlreiche, in den anderen Erdteilen sehr bekannte Fleischpräparate dargestellt, so der Pemmikan in Nordamerika, Tassajo in Südamerika und Biltongue in Südafrika. In Europa hat diese Methode bisher noch wenig Feld erobert, obgleich der Fleischzwieback von Gail-Borden und derjenige von E. Jacobsen auch hier bekannt sind.

Die älteste der Konservierungsmethoden, das Einsalzen oder Pökeln, ist auch insofern ein Trocknen des Fleisches, als das Salz einen Teil der Fleischflüssigkeit aufnimmt, zugleich aber tritt ein Teil des Salzes in die Fleischfaser ein. Fälschlich nahm man bisher an, daß der Nährwert des Fleisches durch das Pökeln wesentlich verringert werde, bis in neuerer Zeit E. Voit das Irrige dieser Ansicht nachwies. Er legte Fleisch 14 Tage lang in eine 6%ige Kochsalzlösung und untersuchte dann dasselbe. Bei dieser Untersuchung fand er, daß 1000 gr Fleisch 43 gr Kochsalz aufnahmen und 10,4% Wasser, 2,1% organische Stoffe, 1,1% Eiweiß, 13,5% Extraktivstoffe, wie 8,5% Phosphorsäure abgaben, wodurch der Nährwert desselben nicht wesentlich beeinträchtigt wird. In neuerer Zeit ist diese alte Methode durch zahlreiche Erfindungen wesentlich verändert worden, besonders durch Hinzufügung anderer Chemikalien, von denen manche auch schließlich gar keine wasserentziehende Wirkung mehr haben, sondern eine rein antiseptische. Eine neuere Methode besteht darin, das Fleisch erst luftleer zu machen, um so der Kochsalzlösung das intensivere Eindringen in die Poren zu ermöglichen, und eine andere empfiehlt zu 80% Kochsalz, 10% Kalisalpeter und 10% Salicylsäure hinzuzusetzen. Zahlreiche andere Methoden empfehlen die Verwendung anderer Chemikalien, und von diesen soll hier nur noch die Wickersheimersche Flüssigkeit genannt werden, welche aus einer Lösung von Pottasche, Kochsalz und Alaun, wie einer zweiten aus Salicylsäure, Methylalkohol und Glycerin besteht. Die Verwendung dieser Flüssigkeit geschieht durch Einspritzen derselben.

Das Räuchern, dessen Wirkung bereits vorhin erwähnt wurde, hat nur insofern Verbesserungen erfahren, als der Bau der Raucherkammern verändert wurde. Diese Verbesserungen gehen alle darauf hinaus, sowohl das Feuermaterial rationeller auszunutzen, als auch den Zweck des Räucherns selbst durch die Art des erzeugten Rauches in höherem Maße zu erreichen.

Das Konservieren des Fleisches mittels Frostes hingegen hat in den letzten Jahren, der Vervollkommnung der Eismaschinen entsprechend, ganz wesentliche Erweiterungen erfahren. Was im nördlichen Rußland von jeher auf natürlichem Wege möglich und üblich war, das Fleisch in gefrorenem Zustande auf ungeheuer weite Entfernungen unverdorben und schmackhaft zu Markte zu bringen, ist jetzt durch künstliche Erzeugung der Kälte auch für andere Länder eingeführt, und heute passiert das Fleisch im gefrorenen Zustande sogar die Tropen, denn es wird gefrorenes Fleisch aus Australien und Südamerika auf dem Londoner Markte verkauft. Die in diesen Ländern geschlachteten Tiere läßt man in Schiffen, welche mit großen Kältemaschinen versehen sind, einfrieren, und erhält das Fleisch durch diese Maschinen während der ganzen Zeit der Reise im gefrorenen Zustande, in welchem ein Verderben desselben bekanntlich ganz ausgeschlossen ist.

Die den anderen Nahrungsmitteln entsprechenden Verfälschungen giebt es bei dem unzubereiteten Fleische nicht, wohl aber eine Minderwertigkeit bezw. direkte Schädlichkeit desselben durch Behaftung mit Krankheitsstoffen oder Parasiten, wie Finnen und Trichinen, endlich kann die Minderwertigkeit auch dadurch bedingt sein, daß das betreffende Fleisch von zu jungen Tieren stammt. Als Schutz hiergegen giebt es nur ein wirklich ausreichendes Mittel, und das ist die obligatorische Fleischbeschau, welche wiederum nur nach Aufhebung aller Privatschlachthäuser und Einrichtung von öffentlichen Schlachthäusern für eine jede Stadt in genügender Weise durchführbar ist. In den großen Städten sind diese öffentlichen Schlachthäuser schon vielfach eingeführt, und werden bei dem großen Wert, der heute mit Recht von den Behörden auf Beachtung aller sanitären Vorschriften gelegt wird, bald allgemein verbreitet sein.

VI. Wehr- und Werkzeuge.

1. Die Rohgewinnung der Metalle.

Allgemeines.

Bevor wir die Rohgewinnung der einzelnen Metalle und der Erze, aus welchen sie gewonnen werden, betrachten, ist es nötig, einige allgemeine Begriffe zu erläutern, welche sich auf alles Nachfolgende gleichmäßig beziehen.

Unter „Metallurgie" verstehen wir die Lehre von zahlreichen, teils mechanischen, teils chemischen Prozessen, durch welche die Metalle in den Hüttenwerken aus ihren Erzen dargestellt werden. Die nähere Beschreibung dieser Prozesse nennen wir „Hüttenkunde". Es giebt nur sehr wenige Metalle, welche sich in der Natur „gediegen", d. h. rein finden; die meisten kommen in Verbindungen mit begleitendem Gestein und anderen Substanzen, wie z. B. sehr häufig mit Sauerstoff und Schwefel vor; diese Verbindungen der Metalle nennt man „Erze".

Die Erze sind nicht nur mit dem sie begleitenden Gestein, der sog. „Gangart" oder dem „tauben Gestein" gemengt, sondern auch unter sich, so daß sie, nachdem sie losgebrochen und zu Tage gefördert sind, sowohl von einander getrennt, als auch von der Gangart gereinigt werden müssen. Diese Trennung und Reinigung geschieht auf ganz mechanischem Wege und heißt Aufbereitung. Sie besteht im wesentlichen in Zerkleinern, Auswaschen und Aussortieren der einzelnen Stücke nach ihrem Gehalt an taubem Gestein in verschiedene Haufen, von denen der reinste — „Stuferze" genannt — gewöhnlich direkt ohne weitere Vorbereitungen in der Hütte verschmolzen werden kann, während der unreinste so arm an dem zu gewinnenden Metall ist, daß er überhaupt nicht weiter verarbeitet wird. Diese Aufbereitung, früher fast nur mit den Händen und später durch Pochwerke, Setzsiebe 2c. besorgt, bedient sich jetzt im rationellen Betriebe fast nur der Maschine. Eine solche Maschine zum Zerbrechen der Erze zeigt Fig. 335. a ist eine kleine Dampfmaschine, welche eine starke eiserne Schwinge b und diese wiederum die an ihr hängende Backe c in eine pendelnde Bewegung setzt. Die schwingende Backe c steht trichterförmig zur feststehenden Backe d und zermalmt alle in diese trichterförmige Öffnung geworfenen Erzstücke, welche zerkleinert aus der verstellbaren unteren Öffnung herausfallen.

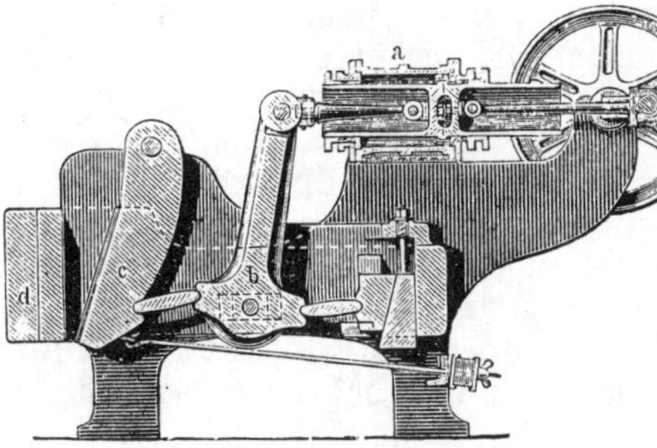

Fig. 335. Steinbrecher.

Dieselbe Aufgabe in viel vollkommenerer Art löst der Desintegrator von Carr (Fig. 336). Die beiden einander gegenüberstehenden und mit starken Stahlstiften besetzten Scheiben cc_1 werden durch die Riemscheiben AA_1 in sehr schnelle und zwar entgegengesetzte Rotierung versetzt. Die zu zerkleinernden Erze fallen durch

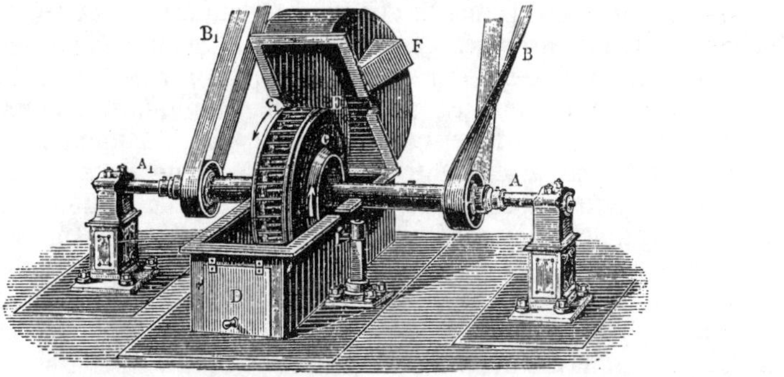

Fig. 336. Desintegrator von Carr.

den Fülltrichter F zwischen die Stahlstifte, werden von diesen zerbrochen und zur Thür D hingeschleudert, aus welcher sie entfernt werden.

Ein von Siemens & Halske konstruierter Apparat dient zur Trennung magnetischer Erze von nicht magnetischen Substanzen, z. B. des Magneteisensteins von seinen Gangarten. Die den Erzen anhaftenden lehmigen Bestandteile werden unter Zuhilfenahme eines starken Wasserstrahles durch Waschapparate verschiedener Konstruktion von diesen abgesondert. Auch ein mittelst Ventilators erzeugter starker Luftstrom dient zur Trennung des leichteren tauben Gesteines von den schwereren Erzen. Diese fallen von einer bestimmten Höhe auf ein sich horizontal bewegendes Band und werden im Fallen, wie auf dem Bande selbst, von einem starken Windstrom, welcher in einer der Bewegung des Bandes entgegengesetzten Richtung bläst, senkrecht getroffen. Hierbei werden während des Fallens der Staub und die kleineren Stücke des tauben Gesteins entfernt, während auf dem Bande selbst die Erze auf der einen, das taube Gestein aber auf der anderen Seite herabrollen, und so die gesamte Masse in drei Haufen getrennt wird.

War die Aufbereitung der Erze rein mechanischer Art, so besteht die nun folgende Vorbereitung derselben in chemischen Prozessen und zwar im Rösten und Brennen. Hierdurch sollen die Erze aufgelockert, also poröser gemacht werden, um so den Gasen während des Schmelzprozesses zugänglicher zu sein, oder es soll auch ihre chemische Zusammensetzung überhaupt geändert werden. Diese Prozesse werden in sog. Röstöfen vorgenommen, deren Konstruktion je nach der Art des Erzes verschieden ist und daher bei den einzelnen Erzen selbst erwähnt werden soll. Sie haben im wesentlichen alle den Zweck, gewisse Bestandteile des Erzes zu verflüchtigen, und zwar, indem sie die Erze entweder oxydieren, oder reduzieren, oder sie endlich in Chlormetalle umwandeln. Das Zugutemachen der Erze, d. h. die Gewinnung des Metalles oder einer Verbindung desselben, ist der Hüttenprozeß. Hierfür werden ärmere und reichere Erze derselben Art gemischt, welche Arbeit man „Gattieren“ nennt, und durch welche die den Erzen noch anhaftenden Beimengungen zur Schlackenbildung geeignet gemacht werden sollen. Sehr selten ist dies ohne gewisse Zusätze möglich, und diese sind für den Röstprozeß andere, als für den Schmelzprozeß und werden „Zuschläge“ genannt. Schließlich giebt man — abgesehen von den für Schachtöfen notwendigen Mengen mit dem Brennmaterial selbst — auch noch andere Zusätze, „Flüsse“ genannt, welche die Aufgabe haben, das ausgeschmolzene Erz leichter abzuscheiden und flüssig zu machen. Dieses Gemenge wird in den Schachtofen oder in einen Flammenofen gebracht und hier durch Schmelzen in mehr oder weniger reine Metalle und Schlacken — das sind die Abfälle — geschieden. Bei den Schachtöfen wird das Erz mit dem Brennmaterial gemischt in denselben Raum gebracht, während bei den Flammenöfen das Erz mit dem Brennmaterial selbst nicht in Berührung kommt, sondern auf einem Herde durch die darüber streichende Flamme erhitzt wird.

Nachdem im vorstehenden die sich auf alle Erze gemeinsam beziehenden Prozesse erklärt sind, soll nun die Rohgewinnung der Metalle selbst für jedes einzelne der in Betracht kommenden beschrieben werden, und zwar unter Berücksichtigung der Erze, in welchen sie vorkommen.

a) Unedle Metalle.

Das Eisen.

Das Eisen ist ganz zweifellos das wichtigste von allen Metallen und unsere gesamte, so hoch entwickelte Technik wäre in den allermeisten Fällen ohne das Eisen gar nicht denkbar. Diese hervorragende Wirkung verdankt das Eisen sowohl seinem häufigen Vorkommen, als auch seinen Eigenschaften, welche es befähigen, unter ganz verändertem

Charakter sehr verschiedenen Zwecken zu dienen. Diese verschiedenen Modifikationen des Eisens resultieren aus seinem Kohlenstoffgehalte, und nach demselben unterscheidet man — abgesehen von chemisch reinem Eisen, welches für die Technik keine Bedeutung hat — drei Arten, nämlich das Roheisen mit 5 % Kohlenstoff, das Schmiedeeisen mit höchstens 0,5 % Kohlenstoff und endlich den Stahl mit 0,5 bis 1,5 % Kohlenstoff.

Vorkommen. Die Eisenerze bestehen hauptsächlich aus Verbindungen des Eisens mit Sauerstoff — Oxyde — oder Schwefel — Schwefelmetalle — in sehr verschiedenem Verhältnis, von denen für die Verhüttung nur die Oxyde in Betracht kommen. Gediegen, d. h. rein findet sich das Eisen nur sehr selten in den Meteorsteinen. Da bei Nennung der die Verhüttung lohnenden Erze stets die quantitative Zusammensetzung sehr wichtig ist — denn nur durch diese unterscheiden sich z. B. fast alle nachstehend erwähnten Eisenoxyde von einander — so ist die Nennung der chemischen Formel hierbei nicht zu umgehen und wird bei allen Erzen angegeben werden. Diese Angaben werden aber durchaus verständlich sein, da nicht unterlassen werden soll, jede neu erwähnte Bezeichnung zu erläutern; so sei hier gleich bemerkt, daß die Formel für Eisen Fe (von ferrum abgeleitet) und diejenige für Sauerstoff O (von oxygenium abgeleitet) ist.

Die wichtigsten Eisenerze sind:

1. Magneteisenstein Fe_3O_4 enthält 72 % Eisen, ist magnetisch und wird in Dannemora in Schweden gefunden.

2. Eisenglanz Fe_2O_3 findet sich in Elba (Böhmen) und in Schweden.

3. Roteisenstein Fe_2O_3 kommt in Sachsen, im Harz und in Nassau vor, häufig mit faserigem Gefüge, in welchem Falle er roter Glaskopf oder Blutstein genannt wird.

4. Spateisenstein $FeCO_3$ (d. h. kohlensaures Eisenoxydul) findet sich in Stahlberg bei Müsen, Steiermark, Kärnthen, Schottland und Westfalen; auch mit Kohle und Schieferthon vermengt unter dem Namen Blackband.

5. Brauneisenstein $H_6Fe_4O_9$ (H bedeutet Wasserstoff von hydrogenium abgeleitet) ist sehr verbreitet und wird in nierenförmiger Gestalt mit faseriger Struktur ebenfalls Glaskopf genannt.

6. Gelbeisenstein ist eine thonige Varietät des vorigen.

7. Bohnerz besteht aus Kieselsäure, Eisenoxydul und Wasser und bildet längliche Körner.

8. Raseneisenstein endlich, auch Wiesen-, Morast- oder Sumpferz genannt, findet sich viel verbreitet in der norddeutschen Ebene als sehr jugendliches Gebilde, welches auch jetzt noch im Entstehen begriffen ist.

Darstellung. Der Hochofenprozeß, durch welchen das Roheisen gewonnen wird, hat die Aufgabe, das Eisenoxyd zu reduzieren, d. h. den Sauerstoff desselben zu entfernen und die Beimengungen der Erze wie Thon, Kieselsäure 2c. von denselben als Schlacken zu trennen.

Der Hochofen (Fig. 337) ist ein Schachtofen, welcher aus zwei konzentrisch gebauten und aus feuerfestem Material gemauerten Schächten besteht, nämlich dem Kernschachte B und dem ihn umgebenden Rauhschachte A. Der Zwischenraum zwischen diesen beiden Schächten ist mit schlechten Wärmeleitern ausgefüllt aus den S. 266 angeführten Gründen. Dieser bildet zwei Kegel, welche mit der Basis aufeinander ruhen, und haben die einzelnen Teile derselben, in welchen ganz verschiedene Temperaturen herrschen, bestimmte Namen. Der Raum von D bis E wird die Rast genannt, der von C bis D der Kohlensack oder Bauch, der von

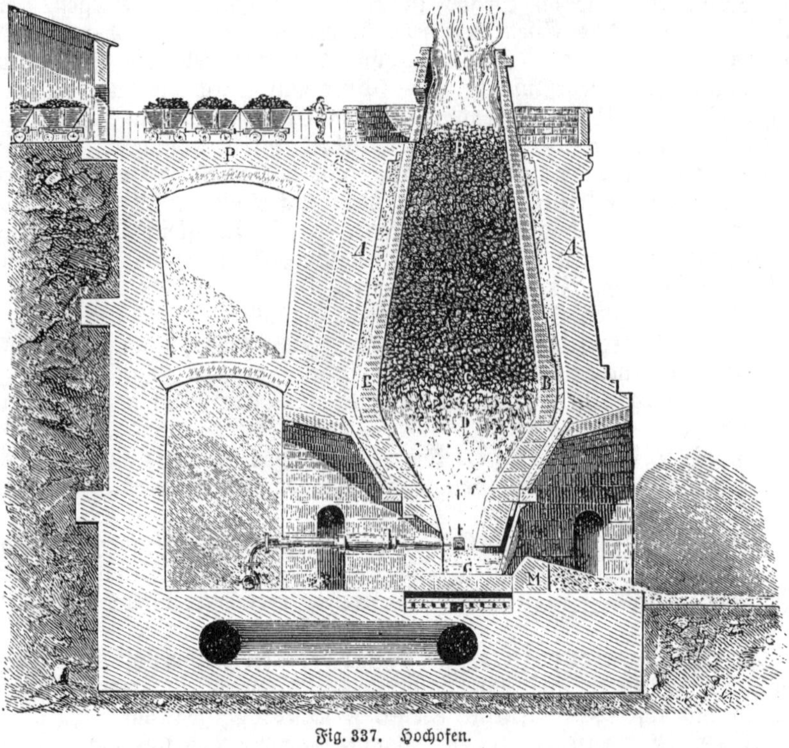

Fig. 337. Hochofen.

B bis C der Schacht und die Öffnung bei A die Gicht. Die Rast steht auf dem Gestelle F, welches bei G durch die Herdsohle abgeschlossen wird. Die Vorderseite des Gestelles ist durchbrochen und wird durch den Wallstein M begrenzt, in welchem die während des Betriebes mit Thon geschlossene Abstichöffnung angebracht ist, und über welchem der Tümpelstein liegt. Nach beendigtem Prozesse wird die Abstichöffnung durchstoßen, so daß das geschmolzene Eisen, welches sich hier angesammelt hat, abfließen kann. Das auf der entgegengesetzten Seite einmündende Rohr führt die Luft des Gebläses von unten in die

Flamme und so dem Ofen die zur Erzielung der hohen Temperatur notwendige Sauerstoffmenge zu. P ist die Gichtbrücke, von welcher aus der Hochofen beschickt wird.

Für die im Innern des Ofens vorgehenden Prozesse können fünf verschiedene Zonen mit nach unten zu steigenden Temperaturen unterschieden werden. In der Vorwärmezone (Fig. 338) wird die Beschickung getrocknet und vorgewärmt; bei 400° C. gelangt sie in die Reduktionszone, wo das Eisenoxyd durch das hier vorhandene Kohlenoxyd — und Wasserstoffgas — zu metallischem Eisen reduziert wird. In der Kohlungszone nimmt das Eisen bei 1000 bis 1200° C. Kohlenstoff auf, und wird dadurch stahlhaltig, um endlich in der Schmelzzone bei 1600 bis 1800° C. Roheisen zu werden. In der Verbrennungszone trifft die eingeblasene atmosphärische Luft auf den bei 2000 bis 2650° C. glühenden Kohlenstoff und verbrennt ihn zu Kohlensäure. Diese steigt nach oben und wird beim Passieren der Schmelzzone durch die in dieser glühende Kohle zu Kohlenoxyd reduziert, und dieses reduziert wiederum in der Kohlungs- und Reduktionszone das Eisenoxyd zu metallischem Eisen, indem es durch den Sauerstoff desselben wiederum zu Kohlensäure oxydiert wird. Die gleichfalls hier reduzierend wirkenden Kohlenwasserstoffgase bilden sich aus dem Kohlenstoff des Brennmaterials und aus dem Wasserstoff der mit der Luft eingeführten Feuchtigkeit. Alle anderen sich bildenden Verbrennungsgase entweichen durch die Gicht als sog. Gicht- oder Hochofengase, welche aber nicht verloren gegeben werden, sondern zum Erwärmen der Gebläseluft, zum Rösten der Eisensteine 2c. Verwendung finden.

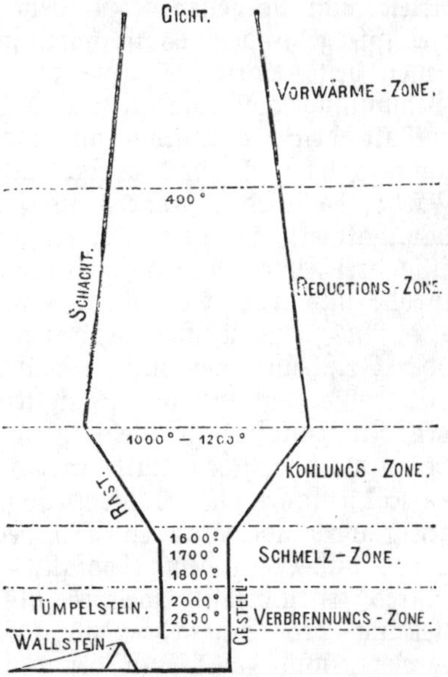

Fig. 338. Schema eines Hochofens.

Während sich nun auf der Sohle des Herdes das reduzierte, geschmolzene Eisen ansammelt, wird es von der sich bildenden Schlacke hautartig überzogen und dadurch gleichzeitig vor einer neuen Oxydation durch die vom Gebläse zugeführte Luft geschützt. Nach beendigtem Prozeß wird die Schlacke über dem Wallstein abgezogen und schon ihre Farbe läßt erkennen, ob der Hochofenprozeß gut verlaufen ist, bezw ob die Mischungsverhältnisse der Beschickung richtige waren. Das Resultat ist um so besser, je weniger Eisenoxydul die Schlacke enthält und in demselben Maße ist auch ihre Farbe heller. Das gewonnene Roh- oder Gußeisen läßt man in langen Formsandkanälen oder in flachen eisernen Vertiefungen erkalten. Das Roh- oder Gußeisen enthält außer dem Kohlenstoff noch geringe Mengen von Kiesel, Schwefel und Phosphor, selten auch Stickstoff.

Eigenschaften. Die Art, wie es den Kohlenstoff enthält, ist entscheidend für seine Eigenschaften, und danach unterscheidet man drei Arten von Roheisen. In dem weißen Roheisen ist der Kohlenstoff chemisch gebunden, es ist hart, spröde und von starkem weißen Glanz, dessen beste Sorte „Spiegeleisen" genannt wird, und hauptsächlich zur Gewinnung von Stabeisen und Rohstahl dient. Das graue Roheisen enthält den Kohlenstoff nur mechanisch als Graphit beigemengt, ist nicht so hart als das vorige und hat eine hellgraue bis schwarzgraue Farbe; es wird besonders zu Gußwaren verwendet. Drittens endlich, das halbierte Roheisen, ist ein Gemenge der beiden vorher genannten. Alle drei Arten sind schmelzbar, aber nicht schweiß- oder schmiedbar, spröde und nicht elastisch.

Aus dem weißen Roheisen wird das Schmiedeeisen, auch Stab- oder Frischeisen genannt, gewonnen, und zwar, indem man demselben den Kohlenstoff bis auf wenigstens 0,5 % entzieht. Dieses Austreiben des Kohlenstoffes geschieht in hoher Temperatur durch den Sauerstoff der atmosphärischen Luft, indem dieselbe den vorhandenen Kohlenstoff zu Kohlensäure oder Kohlenoxydgas oxydiert, welche entweichen. Gleichzeitig wird aber auch ein Teil des Eisens zu Eisenoxydul oxydiert, und dieses bildet mit dem ebenfalls zu Kieselsäure oxydierten Kiesel kieselsaures Eisenoxydul, welches als Schlacke entfernt wird. Diese Herstellung des Schmiedeeisens kann nach zwei Methoden bewerkstelligt werden, und zwar entweder auf Herden im sog. „Frischprozeß" oder in Flammenöfen im sog. „Puddlingsprozeß".

Der Frischherd (Fig. 339) bildet bei a einen tiefen, mit eisernen Platten ausgelegten Herd, in welchen die Düse eines Gebläses c führt. Dieser Düse gegenüberliegend, befindet sich ein höher liegender Herd b, in welchen das Roheisen gebracht wird, und von dem es geschmolzen, langsam nach dem tiefer liegenden Herd a abtropft. Beim Fallen der einzelnen Tropfen durch die Luft

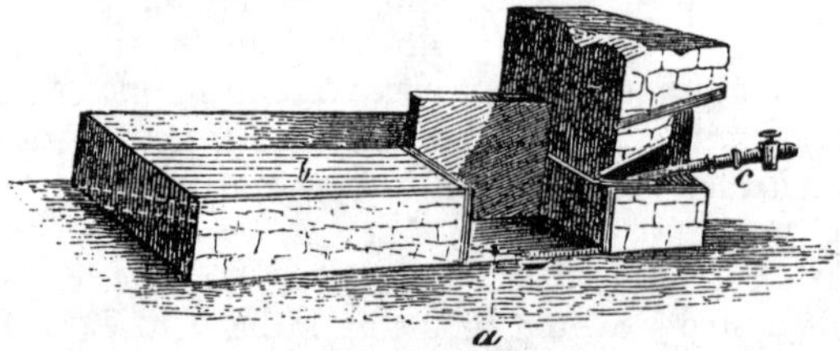

Fig. 339. Frischherd.

gehen die vorher beschriebenen Oxydationen vor sich, und auch hier schützt die Schlacke durch Bedecken des flüssigen Eisens im Herde a dasselbe vor weiterer Oxydation. Diese Schlacke wird nach beendetem Prozeß abgezogen und „Garschlacke" genannt, sie enthält ziemlich viel Eisenoxydul und wird als Zusatz bei der nächsten Operation benutzt. Der letzte

Rest der Schlacke aus der entkohlten Eisenmasse, jetzt „Luppe“ oder „Wolf“ genannt, wird durch Auspressen unter dem Dampfhammer entfernt.

Der Flammenofen für den Puddlingsprozeß ist ein überdeckter Herd, in welchem fortwährend atmosphärische Luft auf das geschmolzene Roheisen strömt, während auf der Herdsohle das flüssige Eisen mit Krücken umgerührt — „gepuddelt“ — wir. Hierbei bildet sich zuerst Eisenoxydul und giebt dann seinen Sauerstoff an den Kohlenstoff ab, welcher zu Kohlenoxyd verbrennt. In demselben Maße, wie die Entkohlung fortschreitet, wird die Eisenmasse zäher und dickflüssiger, bis sie schließlich mittels der Krücken zu mehreren Ballen zusammengehäuft werden kann. Die Schlacke wird von Zeit zu Zeit abgelassen und hier der Rest derselben unter dem Dampfhammer herausgepreßt, wobei die Luppen gleichzeitig dichter werden.

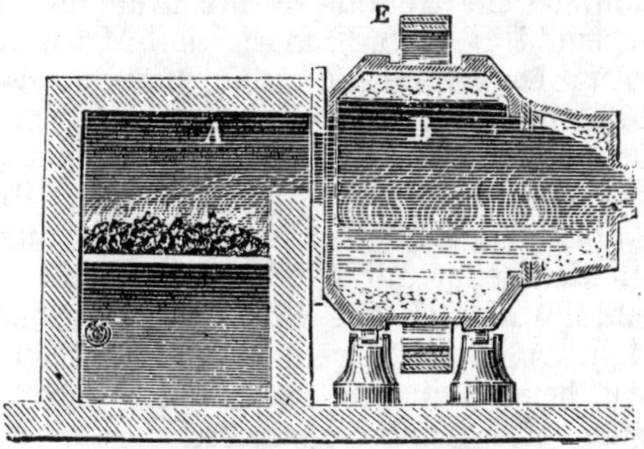

Fig. 340. Puddelofen (Vertikalschnitt).

Die Handarbeit beim Puddeln wird beim rotierenden Puddelofen von Danks durch Maschinenkraft ersetzt; Fig. 340 stellt den Vertikalschnitt, Fig. 341 die Vorderansicht dieses Ofens dar. A ist der Herd mit dem Rost für die Feuerung, in welchen die Luft eingeblasen wird. B ist der Drehherd, der auf zwei Rollen läuft und mit dem Zahnrad E, welches durch das kleine Zahnrad F in Bewegung gesetzt wird, fest verbunden ist.

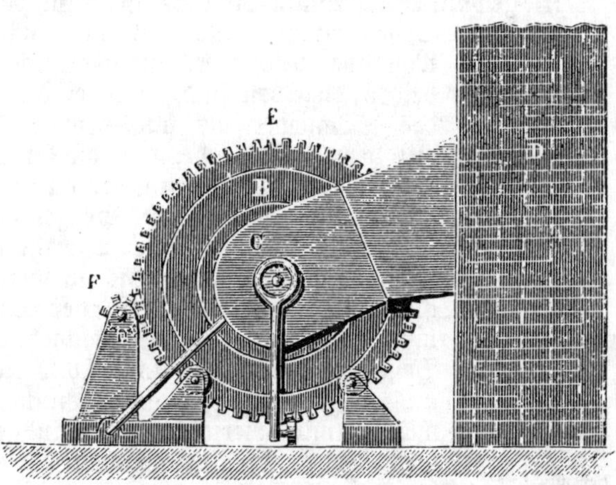

Fig. 341. Puddelofen (Vorderansicht).

Dieser Drehherd ist aus gußeisernen Platten zusammengesetzt und inwendig mit feuerfestem Material ausgekleidet; D ist der Schornstein, durch welchen die Verbrennungsgase entweichen.

Eigenschaften. Das so erhaltene Schmiedeeisen enthält nur 0,1 bis 0,5 % Kohlenstoff, schmilzt erst bei 1500 bis 1600° C., hat eine hellgraue Farbe, ein spezifisches Gewicht von 7,7, ist hämmerbar, dehnbar und schweißbar, d. h. es lassen sich zwei oder mehrere Stücke im weißglühenden Zustande unter dem Hammer zu einem vereinigen. Es hat eine sehnige Struktur, welche es sehr fest macht, aber leider bei anhaltender Erschütterung — wie z. B. bei den Eisenbahnachsen — in eine viel leichter brechende, körnige Struktur übergeht. Gewisse Verunreinigungen beeinträchtigen die Festigkeit des Eisens sehr, so macht es z. B. Schwefel und Arsen „rotbrüchig", d. h. es zerbröckelt, wenn es rotglühend gehämmert wird; Kiesel macht es „faulbrüchig", d. h. hart und mürbe, und endlich eine kleine Menge Phosphor „kaltbrüchig", d. h. es bricht durch Stoß und Schlag oder beim Biegen.

Der Stahl enthält 1 bis 1,5 % Kohlenstoff, steht also mit seinem Kohlenstoffgehalt zwischen dem Roh- und dem Schmiedeeisen, und damit ist gleichzeitig auf die Methoden seiner Gewinnung hingedeutet. Man entkohlt nämlich das Roheisen und gewinnt den sog. Roh- oder Schmelzstahl, oder man vermehrt den Kohlenstoffgehalt des Schmiedeeisens, wie bei Gewinnung des Cement- oder Brennstahls, und endlich kann man Roh- und Schmiedeeisen im richtigen Verhältnis zusammenschmelzen und dadurch den Kohlenstoffgehalt des Stahles erzielen.

Der Rohstahl — durch teilweise Entkohlung des Roheisens gewonnen — kann wiederum nach drei verschiedenen Methoden dargestellt werden, nämlich im Frischverfahren, im Puddlingsverfahren oder nach dem Bessemerprozeß. Je nach dem angewendeten Verfahren nennt man den gewonnenen Stahl Frischstahl, Puddelstahl oder Bessemerstahl, und soll hier nur die letzte Methode beschrieben werden, da die ersten beiden dieselben sind, wie bei der Gewinnung des Schmiedeeisens aus dem Roheisen, nur mit dem Unterschiede, daß die Entkohlung des Roheisens nicht bis zu Ende durchgeführt, und dieses unter dem Winde vorgenommen wird.

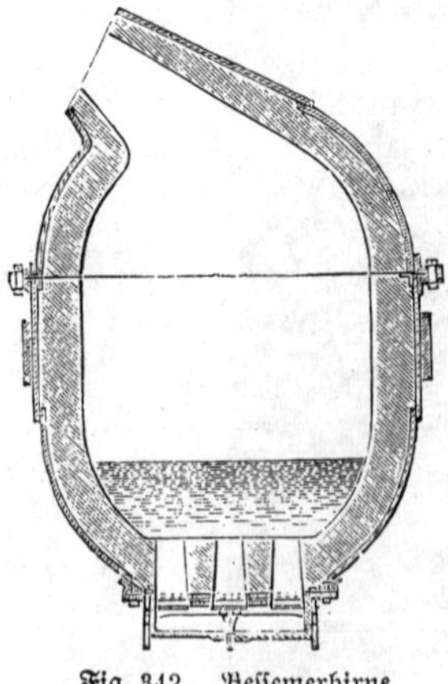
Fig. 342. Bessemerbirne (Vertikalschnitt).

Nach dem Bessemer-Verfahren wird der Kohlenstoff des Roheisens in der Weißglühhitze mit dem Sauerstoff der Luft in Verbindung gebracht. Dies geschieht in der sog. Bessemerbirne oder dem Converter, welcher uns Fig. 342 im Vertikalschnitt zeigt, und welcher mit feuerfestem Thon ausgekleidet, auf dem Boden für den Eintritt der zugeführten Luft ein System von Öffnungen besitzt. Ist der Prozeß beendet, so wird der Inhalt des Converters ausgegossen und ist derselbe zu diesem Zweck bei d (Fig. 343) in einer Achse drehbar aufgehängt. In dieser Zeichnung ist auch das Rohr D sichtbar, welches den sehr stark gepreßten Luftstrom in den Converter leitet. Durch den in der atmospärischen Luft zugeführten Sauerstoff werden in den ersten 8—10 Minuten Schlacken gebildet; diese geben in den darauf folgenden 6 bis 8 Minuten ihren Sauerstoff an den Kohlenstoff des Roheisens ab und oxydieren denselben zu Kohlenoxydgas. In den darauf folgenden 20 Minuten wird der Rest des Kohlenstoffes verbrannt und nachdem der Wind abgestellt ist, die Birne

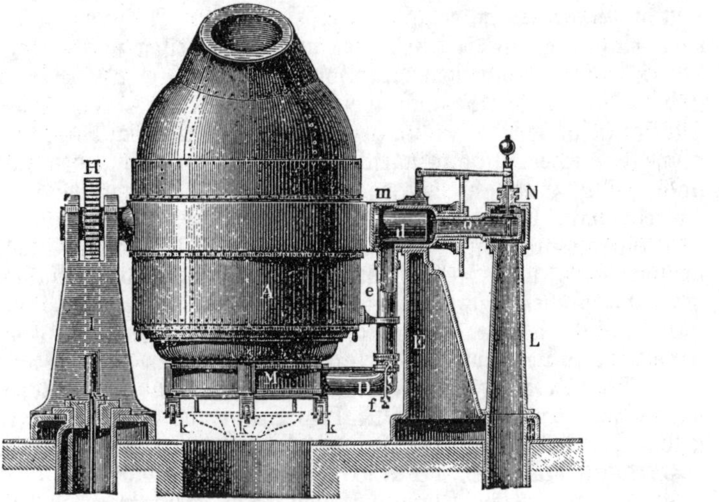

Fig. 343. Bessemerbirne.

umgeklappt, um ihr noch ca. 10 % geschmolzenes Spiegeleisen zuzusetzen. Nun wird der Wind noch einmal angelassen und nach kurzer Zeit ist der Prozeß, dessen Beendigung man an seiner Flamme mittels Spektralapparates erkennt, vollendet. Dieses Verfahren ist zweifellos das rationellste von allen zur Stahlbereitung angewendeten, denn nach demselben produziert man 10—12 000 kg in weniger als einer Stunde, in welcher Zeit im Puddelofen nur ca. 50 kg produziert werden. Hieran schließt sich das von Uchatius angegebene Verfahren, wonach der sog. Uchatiusstahl direkt aus dem Roheisen dargestellt wird, indem das aus Magneteisenstein dargestellte Roheisen mit Spateisensteinpulver beschickt im Graphittiegel geschmolzen wird. Nach Martin wird das Schmelzen nicht mehr in Tiegeln, sondern auf der muldenförmigen Sohle eines Flammenofens mit Hilfe eines Siemensschen Regenerativ-Gasofens ausgeführt. Der so gewonnene Stahl hat unter dem Namen

„Martinstahl" oder auch „Flußstahl" eine große Bedeutung erlangt. Der Tunnersche Glühstahl, auch hämmerbares Gußeisen genannt, wird ohne Schmelzung durch Glühen aus weißem Roheisen mit Sauerstoff-abgebenden Substanzen, wie Eisenoxyd, Braunstein, Zinkoxyd 2c. dargestellt. Heaton frischt das Roheisen mit Natronsalpeter und entkohlt hierdurch dasselbe nicht nur, sondern treibt gleichzeitig auch Phosphor und Schwefel in die Schlacke; dieser Stahl wird Heatonstahl genannt.

Die Fabrikation des Cementstahls, durch Vermehrung des Kohlenstoffgehaltes des Schmiedeeisens dargestellt, besteht darin, daß man Schmiedeeisen in Kästen von feuerfestem Thon in Kohlepulver sog. „Cementierpulver" lagert und diese Kästen, luftdicht verschlossen, längere Zeit in einem Ofen erhitzt. Bei der dritten Art der Stahlgewinnung wird einfach gutes Schmiedeeisen mit Spiegeleisen zusammengeschmolzen.

Die so gewonnenen Stahlsorten sind in ihrer Masse nicht homogen und müssen deshalb noch weiter verarbeitet werden. Sie werden in Stücke geschlagen, zu flachen dünnen Stäben ausgereckt und weißglühend wieder zusammengeschweißt; so behandelt, geben sie den Gerbstahl. Der Gußstahl hingegen wird durch Umschmelzen in feuerfesten Tiegeln ohne Gebläse erzeugt.

Eigenschaften. Der Stahl ist der festeste aller Eisenarten, von grauweißer Farbe, sehr feinkörnig und höchst politurfähig. Sobald man ihn glühend schnell in kaltes Wasser taucht, wird er sehr hart und elastisch, welche Eigenschaften bei nochmaligem Erhitzen und langsamem Abkühlen wieder verloren gehen. Der polierte Stahl nimmt beim Erhitzen an der Luft verschiedene Farben an, welche Operation man das „Anlassen" des Stahles nennt; bei 200° C. wird er blaugelb, bei 240° strohgelb, bei 260° purpurrot, bei 280° hellblau, bei 300° dunkelblau und bei 320° endlich schwarzblau.

Die bereits vorher erwähnten Gasgeneratoren, welche ein gasförmiges Brennmaterial liefern, indem sie aus der Steinkohle Kohlenoxyd entwickeln, finden immer mehr Aufnahme und werden zu den vorstehend beschriebenen Prozessen bei den Puddel- und Schweißöfen jetzt viel verwendet, da man die hierbei erzeugte Flamme, je nach Regulierung der Luftzufuhr beliebig zu einer oxydierenden oder reduzierenden machen kann. Auch sind mit den wachsenden Dimensionen der Hochöfen die Konstruktionen der Gebläsemaschinen wesentlich verbessert worden, und heute liefern dieselben 100 cbm Wind in der Minute von einer Pressung, welche einer Quecksilbersäule von 22 cm Höhe das Gleichgewicht hält. Fig. 344 zeigt eine solche Balancier-Gebläsemaschine, in welcher der Dampfcylinder c den Balancier d in Bewegung setzt, wodurch wiederum der Kolben im Luftcylinder a die Luft durch das Windrohr b in ein Reservoir preßt, wo dieselbe vor der weiteren Verwendung — wie weiter unten näher beschrieben — vorgewärmt wird. Ein Schwungrad e — mittels Pleuelstange an d befestigt — reguliert die Gleichmäßigkeit der Bewegung.

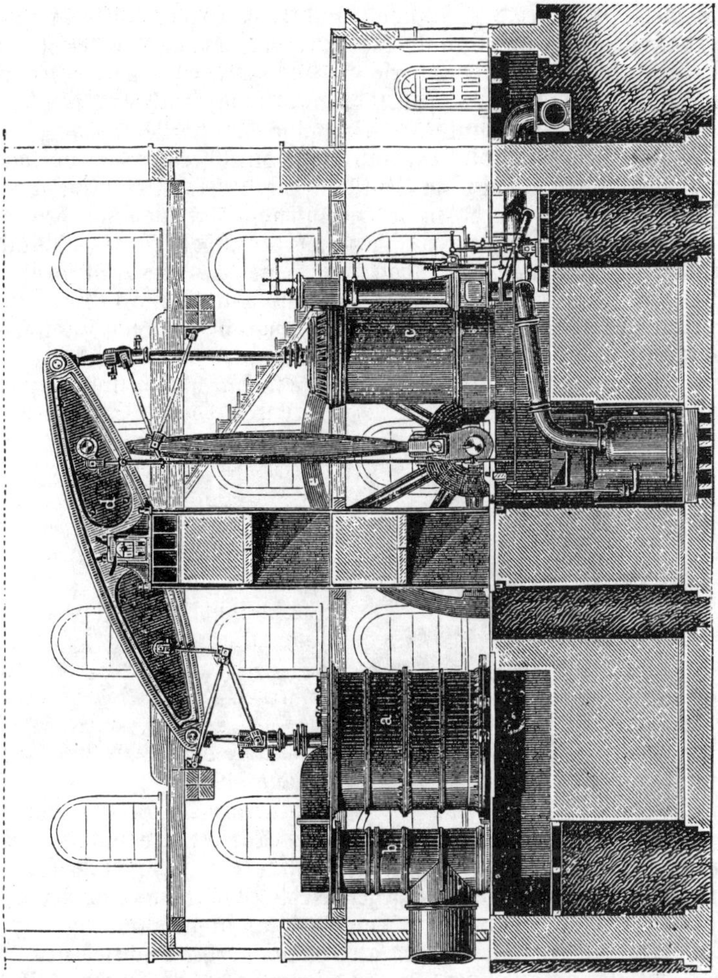

Fig. 844. Balancier-Gebläsemaschine.

Schon vorher war gesagt, daß die abziehenden Gichtgase benutzt werden, um durch ihre hohe Temperatur die durch das Gebläse zugeführte Luft vorzuwärmen, was, wie leicht einzusehen ist, eine große Ersparnis an Brennmaterial bedeutet. Es geschah dies größtenteils durch sog. Röhrenapparate, welche den kalten Wind durch von den Feuergasen von außen umspielte Röhren streichen ließen. Neuerdings sind diese Röhrenapparate durch den Whitwellschen oder auch Regenerator-Winderhitzungsapparat genannt, fast vollständig verdrängt. Dieser Apparat besteht aus zwei großen gemauerten Kammern, welche zwischen der Gebläsemaschine und dem Hochofen eingeschaltet sind und durch

Ventile die Richtung des Windes und der Gichtgase so regulieren lassen, daß sie abwechselnd bald die eine, bald die andere der Kammern durchstreichen. Man läßt nun erst die Gichtgase die eine der Kammern heizen, führt dann die Gebläseluft durch dieselbe, während welcher Zeit durch Umstellung der Ventile die Gichtgase die zweite Kammer heizen. Ist diese nun heiß und die erste durch die durchstreichenden Luftmengen wieder abgekühlt, so werden die Ventile wieder umgestellt, so fort und fort stets heiße Luft dem Hochofen ꝛc. zuführend. Um die Hitze des Gichtgases möglichst rationell auszunutzen, werden möglichst viele Wände in die Kammern so eingebaut, daß die Gase an allen vorbeistreichen müssen, und zeigt Fig. 345 Vertikalschnitt und Ansicht einer solchen Gebläsekammer. Die Gichtgase treten bei b in die Kammer ein und werden unter Luftzutritt hier verbrannt, um, nachdem sie die Kammer bei a in der Richtung der Pfeile durchstrichen haben, bei e

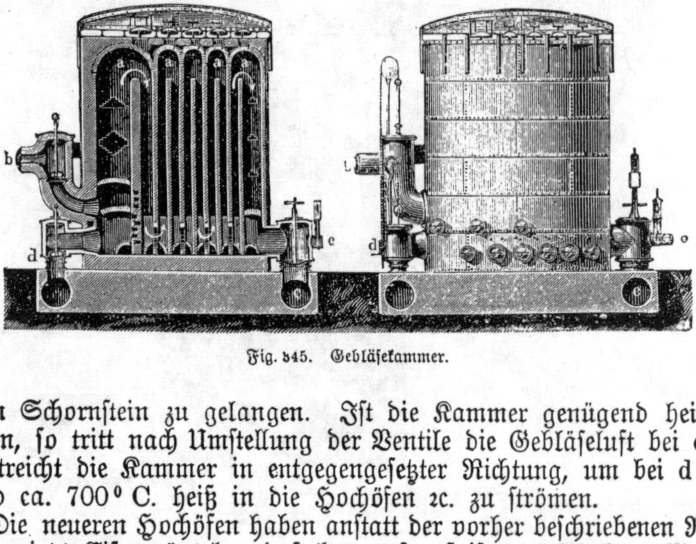

Fig. 345. Gebläsekammer.

in den Schornstein zu gelangen. Ist die Kammer genügend heiß geworden, so tritt nach Umstellung der Ventile die Gebläseluft bei e ein, durchstreicht die Kammer in entgegengesetzter Richtung, um bei d austretend ca. 700° C. heiß in die Hochöfen ꝛc. zu strömen.

Die neueren Hochöfen haben anstatt der vorher beschriebenen Rauhmauern jetzt Eisenmäntel und stehen auf gußeisernen Säulen. Mehrere solcher Hochöfen werden nebeneinander errichtet, und zeigt Fig. 346 acht solcher Hochöfen, welche in der Grafschaft Cumberland in England auf dem Furneßwerk stehen und täglich 14 000 Zentner Roheisen produzieren. Die hierbei sichtbaren, schiefen Ebenen dienen zum Aufziehen der Beschickung, denn auch diese Aufzüge haben mit der Zunahme der Höhe der Hochöfen bis zu 25 m manche Veränderung erfahren. Büttgenbach läßt auch noch den eisernen Mantel der Hochöfen fort, um besser den Schacht an jedem Punkte des Gestelles kontrollieren zu können und legt das Gichtplateau auf hohle eiserne Säulen, welche gleichzeitig als Ableitungsröhren für die Gichtgase

Fig. 346. Hochöfen des Furneßwerkes.

dienen. Um die Gichtgase, welche immer rationeller ausgenützt werden, abzufangen, hat man zahlreiche Apparate konstruiert, von denen hier der Hoffsche Apparat erwähnt werden möge.

Die sehr schwierige Aufgabe, auch die letzten Reste Phosphor, welcher — wie vorher angegeben — das Eisen „kaltbrüchig" macht, aus dem Eisen zu entfernen, haben Thomas und Gilchrist gelöst. Sie verwarfen die bisher benutzte Ausmauerung des Convertes im Bessemer-Prozeß, welche aus kieselsäurehaltigen Substanzen bestand und wendeten dafür basische Substanzen an, indem sie sehr richtig annahmen, daß der durch die hohe Temperatur und den Sauerstoff der atmosphärischen Luft zu Phosphorsäure oxydierte Phospor des Eisens, als phosporsaures Salz in die Schlacke gehen würde, wenn die Phosphorsäure eine Base fände, mit der sie sich verbinden könnte. Zur Ausmauerung nimmt man deshalb jetzt den Dolomit, eine Mischung von kohlensaurem Kalk und kohlensaurer Magnesia und giebt — um diese Ausmauerung nicht zu schnell abzunutzen, denn sie muß ergänzt werden, wenn die Basen aufgebraucht sind — noch überdies Dolomit oder Kalk zu den Zuschlägen. Aller Phosphor geht auf diese Weise als phosphorsaurer Kalk und phosphorsaure Magnesia in die Schlacken, und diese bilden fein gemahlen ein von der Landwirtschaft sehr begehrtes Dungmaterial. (Siehe „Die künstlichen Düngestoffe.") Zur ferneren Schonung der Ausmauerung wird der Zusatz von 3 % Silicium — welches sich ja ebenfalls, zu Kieselsäure oxydiert, mit den Basen verbindet — fortgelassen, und der Phosphor ersetzt ihn als für den Bessemerprozeß so notwendigen Wärmeentwickler vollkommen.

Zur Reinigung von Eisen und Stahl sind zahlreiche Patente erteilt, welche im wesentlichen alle zu dem geschmolzenen Eisen und Stahl gewisse Beimengungen geben, mit welchen sich die Verunreinigungen des Eisens verbinden sollen. So wird z. B. auf 160° erhitztes Bleiamalgam hinzugefügt, oder auch das Eisen und der Stahl werden in Tiegeln oder anderen Behältern geschmolzen, welche mit gewissen Kompositionen, wie z. B. aus Mennige, Zinnober und Formsand rc. bestehend rc., ausgefüttert sind.

Geschichtliches. Das Eisen ist seit den ältesten Zeiten bekannt, denn schon Moses spricht von eisernen Waffen und aus einer Stelle im Homer scheint hervorzugehen, daß auch das Meteoreisen seinen Zeitgenossen bereits bekannt war.

Legierungen. Das Eisen wird in neuerer Zeit viel mit anderen Metallen legiert, d. h. gemischt, so z. B. mit Nickel, Kupfer, Zink, Zinn, Blei, Antimon, Kobalt und Aluminium. Diese Legierungen sind bei den anderen Metallen, besonders beim Kupfer, beschrieben.

Das Kobalt.

Vorkommen. Das Kobalt findet sich gediegen nur im Meteoreisen und ist in den wichtigsten, zur Verhüttung gelangenden Kobalterzen stets von Arsen — dessen chemische Formel „As" ist — begleitet. Diese Erze sind Arsenkobalt Co_2As_3, Speiskobalt $CoAs_2$, Glanzkobalt $CoAsS$ (S ist die Formel für Schwefel) und Kobaltblüte $Co_3As_2O_8 + 8H_2O$ (H_2O ist die Formel für Wasser).

Darstellung. Diese Erze werden, nachdem sie geröstet und gepulvert sind, mit saurem schwefelsaurem Kalk erhitzt. Hierbei bildet sich schwefelsaures Kobaltoxydul, welches löslich ist und daher mit Wasser leicht ausgezogen werden kann. Setzt man nun zu dieser Lösung saures oxalsaures Kali, so fällt oxalsaures Kobaltoxydul von schwach rosenroter Farbe heraus. Dieses oxalsaure Kobaltoxydul wird unter Luftabschluß geglüht und liefert hierbei das Metall. Haben die verhütteten Erze auch Kupfer und Wismut enthalten, so finden sich diese Metalle in der wässrigen Lösung des schwefelsauren Kobaltoxyduls, aus welcher sie vor der weiteren Behandlung derselben mittelst Schwefelwasserstoff als Schwefelmetalle gefällt und dann so weiter behandelt werden, wie es bei Abhandlung dieser Metalle näher beschrieben werden soll.

Eigenschaften. Das Kobalt hat eine rötliche, stahlgraue Farbe, ein spezifisches Gewicht von 8,7, schmilzt erst bei sehr hoher Temperatur, ist schmiedbar und magnetisch. Sehr viele Kobalterze enthalten 35% Nickel und werden dann „Zaffer" oder „Safflor" genannt. In der Technik findet das Kobalt keine Verwendung.

Geschichtliches. Schon die Alten kannten die Kobalterze und ihre Eigenschaft, Glasflüsse blau zu färben. Das Metall — jedoch in unreinem Zustande — stellte Brand 1733 dar; die Reindarstellung und namentlich die Scheidung von Nickel gaben erst Liebig und Wöhler an.

Das Nickel.

Vorkommen. Auch das Nickel findet sich gediegen nur im Meteoreisen und ist ein steter Begleiter des Kobalts. Das wichtigste seiner Erze ist das Kupfernickel, $NiAs$. Diese Formel zeigt, daß es nur aus einem Teil Nickel und einem Teil Arsen besteht, also gar kein Kupfer enthält, und stammt der Name „Kupfernickel" auch nur von seiner kupferroten Farbe her, welche die Bergleute früherer Zeit täuschte und sie glauben machte, daß sie es mit einem Kupfererze zu thun hätten. Andere Nickelerze sind Nickelglanz $NiAsS$, Haarkies NiS, Antimonnickel $NiSb$ (Sb, abgeleitet von stibium, ist die Formel des Antimons), Weißnickel $NiAs_3$ rc.

Darstellung. Das Nickel wird als Metall in derselben Weise, wie vorher beim Kobalt beschrieben, gewonnen. Dieser Gewinnung geht aber meist erst ein Konzentrationsschmelzen voraus, bei welchem man, wenn die Erze Schwefel enthalten, Schwefelarsen und, wenn sie Arsen enthalten, das Arsen als Konzentrationsmittel verwendet. Das hierbei erhaltene Produkt nennt man im ersten Falle „Stein" und im zweiten Falle „Speise".

Nach einem an Wiggin und Johnstone erteilten Patent kann Nickel und Kobalt auch auf elektrolytischem Wege dargestellt werden. Das Kupfer wird danach aus den Lösungen dieser Metalle, welche besonders als Chloride verwendet werden, durch Elektrolyse entfernt. Die Eintrittsstelle besteht aus Kohle oder unreinem Nickel, die Austrittsstelle aus Kupfer oder Messing. Der Prozeß erfolgt in einer Reihe von Gefäßen, welche die Lösung nach einander durchfließt, wobei das an der Anode frei werdende Chlor mittels einer Haube oder ähnlichen Vorrichtung aufgefangen wird. Nach einem an D. Mendeleff erteilten Patent, werden die Nickel- und Kobalterze in einem geschlossenen und erhitzten Raume mit gasförmigen Kohlenwasserstoffen behandelt, gepulvert und mit Wasser zu einem konsistenten Brei verrührt, aus welchem man dann die metallischen Partikel mittels eines elektro-magnetischen Separators abscheidet.

Nach dem Patent von W. Brondreth werden die zerkleinerten Erze mit 25% gepulvertem Graphit gemischt und ein geeignetes Flußmittel zugegeben. Dieses Gemenge wird in einem Ofen mit einem Herde aus Graphit geschmolzen und das Metall abgezogen. Das im Converter erzeugte Nickel ist nicht ganz rein, sondern enthält 92 bis 98% Nickel; es muß daher vor seiner Verwendung noch raffiniert werden. Dies geschieht nach einem Patente von P. Mauhès, indem man das in Platten von 10 mm Stärke gegossene Rohnickel in oxydierender Flamme 6 bis 10 Stunden glüht, nachdem man etwas Salpeter auf die Platten gegeben hat. Die so oxydierten Platten werden dann im

Tiegel oder im Flammofen unter Zusatz eines alkalischen Flußmittels, z. B. Borax, geschmolzen. Während des Schmelzens nun werden alle Stoffe oxydiert, die leichter oxydierbar sind, als das Nickel selbst, z. B. Schwefel zu schwefliger Säure und Eisen zu Eisenoxyd, welche sich in dem Flußmittel auflösen.

Nickel und Kobalt in sehr konzentrierten Lösungen vollkommen eisenfrei zu gewinnen, ist nach dem Patent von W. Schoeneis möglich. Die schwefel= und arsenhaltigen Erze werden gut geröstet, die oxydischen Erze hingegen zur Vertreibung des hygroskopischen Wassers nur geglüht. Das Röstgut wird hierauf gemahlen, mit Eisenchlorür gemischt, mit einer Eisenchlorürlösung angefeuchtet und getrocknet. Nun wird die Masse gut geglüht, wobei die zu gewinnenden Metalle in Chlorüre übergehen und in Wasser gelöst werden können, um dann — wie vorher beschrieben — weiter bearbeitet zu werden.

Eigenschaften. Das Nickel ist fast silberweiß mit einem geringen Stich ins Gelbliche, es hat ein spezifisches Gewicht von 8,9 bis 9,2, ist sehr politurfähig, walzbar und schmiedbar und läßt sich zu Draht ziehen. Seine Zähigkeit verhält sich zu der des Eisen wie 9 : 7, es ist aber gegen chemische Agentien und Witterungseinflüsse viel widerstandsfähiger als das Eisen. Es findet in der Technik zahlreiche Verwendungen, so z. B. zur Darstellung von Legierungen (das Neusilber oder Argentan besteht aus 60% Kupfer, 30% Zink und 10% Nickel) zum Überziehen anderer Metalle, zur Darstellung der Scheidemünzen im Deutschen Reich, in der Schweiz, in Belgien, in den Vereinigten Staaten und in der Republik Honduras.

Geschichtliches. Cronstedt und Bergmann erkannten 1731 das Nickel als eigentümliches Metall.

Legierungen. Das Nickel wird viel zu Neusilber oder Argentan, welches beim Kupfer näher beschrieben werden soll, verwendet. Eine neue Legierung von Eisen und 2,5—50% Nickel ist J. F. Hall darzustellen gelungen, während bisher höchstens 3% Nickel enthaltende Eisenlegierungen bekannt waren. Diese neue Legierung soll zur Herstellung von Kanonen, Gewehrläufen, Panzerplatten 2c. sehr geeignet sein. Zur Herstellung von Clichés wird jetzt eine neue Legierung von Nickel, Blei und Antimon verwendet, welche auf je 100 Teile Schriftmetall 5 Teile Nickel enthält.

Das Kupfer.

Vorkommen. Das Kupfer hat seinen Namen von der Insel Cypern, von welcher es schon die alten Römer und Griechen bezogen und es „Cyprium" nannten, woraus der Name „Cuprum" entstand. Gediegen findet es sich in großer Menge unter dem Namen Kupfersand oder Kupferbarilla mit 60 bis 80% Kupfer und 20 bis 40% Quarz am Oberen See und in Chile, ferner in zahlreichen Kupfererzen. Solche sind Rotkupfererz Cu_2O, mit Eisenocker gemengt auch Ziegelerz genannt; Kupferlasur $2CuCO_3$ (d. i. kohlensaures Kupfer) + $Cu(OH)_2$ (d. i. Kupferhydroxyd) mit schöner, blauer Farbe (Cornwallis und Südaustralien), dem ähnlich zusammengesetzten Malachit $CuCO_3 + Cu(OH)_2$ von schöner grüner Farbe (Ural, Australien und Kanada), Kupferglanz Cu_2S, Kupferkies $Cu_2S + Fe_2S_3$; das Buntkupfererz enthält Cu_2S, CuS und FeS; der Kupferschiefer ist ein bituminöser Mergelschiefer und enthält Kupferglanz, Kupferkies und Buntkupfererz (im Mansfeldschen, in Stolberg am Harz und in Hessen), die Fahlerze endlich, welche beim Silber noch näher betrachtet werden sollen, enthalten außer Cu_2S noch Silber, Antimon, Arsen und Eisen (Chile und Südaustralien). Auch der bei dem Blei näher zu betrachtende Bournonit enthält 12,7% Kupfer.

Darstellung. Die Methoden zur Gewinnung des Kupfers sind je nach der Zusammensetzung der Kupfererze sehr verschiedenartig und zerfallen in drei Hauptgruppen, nämlich in Gewinnung aus oxydierten Erzen, aus geschwefelten oder kiesigen Erzen und endlich auf nassem Wege.

Die Gewinnung des Kupfers aus den oxydierten oder ockrigen Erzen ist die einfachste, denn diese Erze werden unter Zusatz eines Flußmittels nur durch Kohle reduziert. Allerdings ist ihr Vorkommen so gering, daß sie in den allermeisten Fällen mit den geschwefelten Erzen verschmolzen und dann mit diesen zusammen verhüttet werden. Wo sie aber allein verarbeitet werden sollen, werden dieselben, nachdem man sie mit den erforderlichen, eine leichtflüssige Schlacke bildenden Zuschlägen versetzt hat, mit Kohle in einem Schachtofen geschmelzt. Das reduzierte Kupfer — hier Schwarzkupfer genannt — wird in sog. Spleißöfen gargemacht und in Blöcken als Rosettenkupfer auf den Markt gebracht.

Die Kupfergewinnung aus den geschwefelten oder kiesigen Erzen, wird entweder in Schachtöfen oder in Flammenöfen vorgenommen. In beiden Fällen wird zuerst der Kupfergehalt des Erzes im Kupferstein konzentriert und dann das Kupferoxyd des gerösteten Kupfersteins im Schachtofen mittelst Kohle, im Flammenofen mittelst Schwefel reduziert. Der Schachtofen liefert daher ein kohlehaltiges Kupfer, der Flammenofen ein übergares, Kupferoxydul enthaltendes Kupfer; beide also liefern kein hammergares Kupfer und muß das gewonnene Kupfer erst auf ganz verschiedene Art zu diesem verarbeitet werden.

Für die Gewinnung des Kupfers in dem Schachtofen werden die Erze zuerst geröstet und dann das Röstgut nach Zusatz von schlackebildenden Materialien geschmolzen. Hierbei wird das während des Röstens gebildete Kupferoxyd zu metallischem Kupfer reduziert, während die anderen beim Rösten entstandenen Verbindungen, wie schwefelsaure, arsensaure und antimonsaure Salze 2c. nachdem erstere wieder Schwefelmetalle gebildet haben, mit dem metallischen Kupfer den kupferreichen sog. Rohstein bilden, während die arsen- und antimonsauren Salze zu ihren Metallen reduziert, die sog. Speise erzeugen. Die übrigen Metalloxyde verbinden sich mit den Zuschlägen zur Schlacke. Durch Wiederholung des Röst- und des reduzierenden Schmelzprozesses erhält man schließlich metallisches Kupfer, Roh- oder Schwarzkupfer genannt. Dieses wird durch ein oxydierendes Schmelzen, — das Rohgarmachen genannt — von den noch darin enthaltenen fremden Metallen befreit, welche teils als Oxyde verflüchtigt werden, teils in die sog. Garschlacke gehen. Das Garkupfer, auch Rosetten- oder Scheibenkupfer genannt, enthält noch Kupferoxydul, von dem es durch ein schnelles, reduzierendes Schmelzen befreit werden muß, weil seine Dehnbarkeit durch dasselbe vermindert wird, und erst nach Entfernung des Kupferoxyduls wird es hammergar genannt. Raffiniert man das Kupfer aber in Flammenöfen, so wird sehr rationell das Roh- und Hammergarmachen zu einem einzigen Prozeße vereinigt.

Fig. 347, 348 und 349 zeigen einen Schachtofen, wie er zum Rohschmelzen der gerösteten Erze zu Rohstein dient, und zwar zeigt Fig. 347 den Vertikalschnitt, Fig. 348 die äußere Ansicht, bei welcher die vordere Mauer nicht mitgezeichnet ist, um einen Blick in das Innere zu gestatten und Fig. 349 den unteren Teil des Ofens. Die Öffnungen für die Düsen des Gebläses t ermöglichen die Luftzufuhr; das geschmolzene Metall läuft durch o — Augen — und zwei kurze Kanäle — Spuren genannt — in die beiden schalenförmigen Vertiefungen (Fig. 349), welche den Namen Spurtiegel führen.

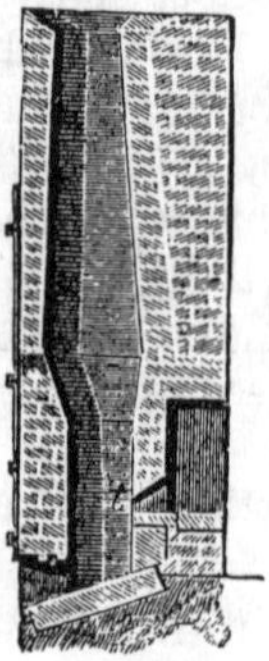
Fig. 347.

Fig. 348.

Fig. 349.

Schachtofen für Kupfer.

Das Schwarz- oder Rohkupfer wird durch oxydierendes Schmelzen von Schwefel und anderen Verunreinigungen, welche alle früher verschlacken als das Kupfer selbst, befreit. Diese Operation wird auf einem Garherde (Fig. 350) vorgenommen, bei welchem a die Herdgrube, eine halbkugelige Vertiefung bildet und durch eine gußeiserne Deckplatte b begrenzt ist; h ist eine der beiden Düsen, welche die Luft aus dem Gebläse zuführen. Wesentlich vollkommener arbeitet der sog. Spleißofen (Fig. 351); A zeigt den Schmelzherd, B den Spleißherd, t den Feuerungsraum mit dem Rost für das Brennmaterial und n ist die Luftzuführung des Gebläses.

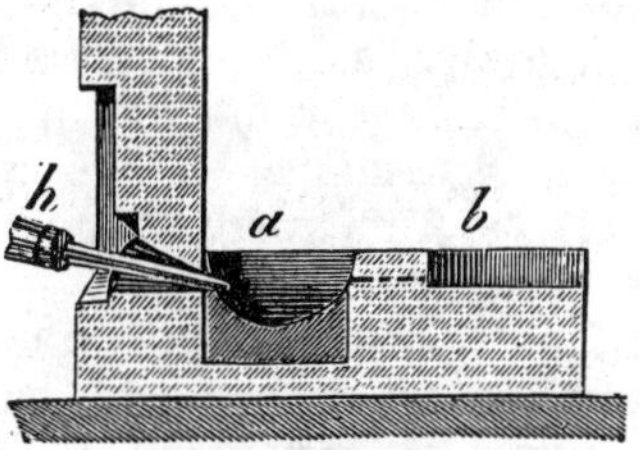

Fig. 350. Garherd.

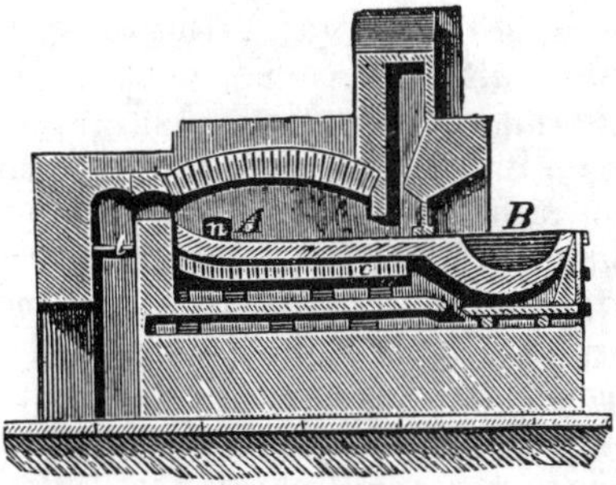

Fig. 351. Spleißofen.

Ein wesentlich verbesserter Ofen zur Röstung der Kupfererze ist der Kupfererz-Doppelofen. Vom Rost aus streicht die Flamme über den unteren Herd, geht in einem vertikalen Kanal nach einem darüberliegenden Herd und von hieraus zur Esse. Die Erze werden durch die Decke des oberen Herdes eingeschüttet und durch eine Krählvorrichtung, welche ihren Antrieb unter dem Herde hat, gewendet. Bei einem ähnlich konstruierten Ofen ist die Krählvorrichtung hohl und dient dazu, Wasserdampf einströmen zu lassen. Dieser Wasserdampf zersetzt sich in Wasserstoff und Sauerstoff, welche mit dem Arsen und Antimon flüchtige Verbindungen bilden, wodurch das Kupfer von diesen beiden Metallen gereinigt wird. Zugleich wirkt der Dampf mechanisch, indem er das geschmolzene Metall in Wallung erhält und so alle Teile desselben leichter oxydierbar macht.

H. Schliephacke empfiehlt zur Darstellung von Kupfer aus Schwefelkupfer, in das schmelzende Schwefelkupfer überhitzten Wasserdampf zu leiten. Hierbei wird dasselbe unter Bildung von schwefliger Säure in metallisches Kupfer übergeführt, welches noch einen Rest Kupferoxydul enthält. Durch Rühren des geschmolzenen Kupfers mit Birkenholz wird auch dieser Rest Kupferoxydul zu metallischem Kupfer reduziert. Die Beendigung des Prozesses ist am Verschwinden der charakteristischen Wasserstoffflamme erkennbar, da die Zersetzung des Wasserdampfes aufhört, wenn alles Schwefelkupfer in metallisches Kupfer verwandelt ist. Nach W. Gentles wird das Arsen aus dem Kupfer entfernt, indem man zu dem geschmolzenen Metall ein Gemisch von Manganoxyd und einem Alkali oder einem Alkalisalz fügt. Als ein solches Gemisch werden gleiche Teile Mangandioxyd und Natriumkarbonat empfohlen. Nach F. Garnier soll zum Raffinieren von Kupfer dasselbe in einem basisch gefütterten Ofen mit Kohle und einer basischen Schlacke, bestehend aus 70 % Base und 30 % Kieselsäure, sowie Flußspat geschmelzt werden.

Die Gewinnung des Kupfers auf nassem Wege wird hauptsächlich dort angewendet, wo wegen Kupferarmut der Erze der trockene Weg nicht lohnend erscheint. Die Cementation, welche das sog. Cementkupfer liefert, besteht darin, daß das Kupfer aus seinen Lösungen durch metallisches Eisen gefällt wird. Solche Lösungen kommen häufig fertig gebildet als Grubenwässer oder Cementwässer vor, und überzieht das darin enthaltene Kupfer das hineingelegte alte Eisen mit einer Haut, welche durch zeitweiliges Bewegen der Eisenstücke abgestoßen wird (vgl. S. 136). Das Anhaften an dem Eisen kann auch durch angebrachte Rührvorrichtungen überhaupt vermieden werden. Die Erze müssen für das nasse Verfahren erst insofern vorbereitet werden, als die Kupferverbindung derselben in eine lösliche übergeführt werden muß; dies geschieht — je nach der Art der Erze — durch Verwittern oder durch Rösten. Die so behandelten Erze werden ausgelaugt, und kann dies sowohl durch Wasser, als auch durch verdünnte Salzsäure, Schwefelsäure, Eisenchlorid, oder Eisenchlorür haltige Mutterlaugen 2c. geschehen. Aus diesen Lösungen wird das Kupfer entweder durch Eisen — wie beim Cementkupfer — als metallisches Kupfer gefällt oder auch mittelst Schwefelwasserstoff als Schwefelkupfer und dann weiter verarbeitet. P. Price empfiehlt, das Kupfer aus der dargestellten Lösung durch fein verteiltes Eisen zu fällen, wobei ein Dampf- oder Luftstrom die Lösung in lebhafte Bewegung versetzt. Nach H. Doetsch wird das Kupfer aus seinen Erzen durch eine Lösung von Eisensulfat gelöst, indem man diese zu Haufen aufgeschichteten Erze in gewissen Zwischenräumen mit der genannten Lösung begießt und die abfließende Flüssigkeit dann nach einer der vorher angegebenen Methoden weiter auf Kupfer verarbeitet.

Die elektrolytischen Methoden zur Gewinnung des Kupfers, haben in den letzten Jahren eine hohe Vervollkommnung erreicht, und in demselben Maße hat auch ihre praktische Verwendung zugenommen. Diese Methoden sind S. 169 bis 171 näher beschrieben.

Eigenschaften. Von den Eigenschaften des Kupfers ist besonders zu erwähnen, daß es einen starken Glanz und ein spezifisches Gewicht von 8,9 hat, sehr schweißbar, geschmeidig und dehnbar ist; es wird deshalb zu sehr feinen Drähten ausgezogen und zu sehr feinen Blättchen ausgewalzt oder auch ausgeschlagen. Ein Draht von nur 2 mm Dicke zerreißt erst bei einer Belastung von 140 kg. Das Kupfer schmilzt bei 1100° C, und überzieht sich leicht an der atmosphärischen Luft mit einer dünnen Schicht von Grünspan, d. i. kohlensaures Kupferoxyd. Es ist das einzige Metall von roter Farbe und überzieht sich beim schwachen Erhitzen mit einer roten Schicht von Kupferoxydul, welches bei stärkerem Erhitzen in Oxyd von schwarzer Farbe übergeht. Verdünnte Schwefelsäure und organische Säuren lösen das Kupfer bei Luftzutritt langsam, Salpetersäure und erwärmte, konzentrierte Schwefelsäure sehr schnell auf, Salzsäure hingegen greift es nicht an.

Geschichtliches. Das Kupfer und auch ein Teil seiner Legierungen, namentlich die Bronze waren schon im Altertume bekannt.

Legierungen. Das Kupfer legiert sich mit den meisten Metallen und die am häufigsten verwendeten aller Legierungen sind in der That diejenigen des Kupfers. Seine Legierung mit Zink bildet das Messing, mit Zinn das Kanonenmetall, Glockenmetall, Spiegelmetall und Medaillenbronze. Aus Kupfer, Zinn und Zink bestehen das Mannheimer Gold und die Bronze zu Statuen, aus Kupfer, Zink und Nickel das Argentan, aus Kupfer, Zinn und Antimon das Britanniametall, welches zuweilen auch noch Zink und Wismut enthält. Das Minargent, eine neue silberähnliche Legierung enthält kein Silber, sondern besteht aus 100 Teilen Kupfer, 70 Teilen Nickel, 5 Teilen Wolfram und einem Teile Aluminium. Eine goldähnliche Legierung geben 16 Teile Kupfer, 1 Teil Zink und 7 Teile Platin. O. Mouckel ändert den Härtegrad des Kupfers nach Belieben durch Zusatz wechselnder Mengen von Chrom. G. Guillemin legiert das Kobalt mit dem Kupfer, Th. Schaw Aluminium und Phosphor mit demselben, um seine wünschenswerten Eigenschaften zu erhöhen. Das neu dargestellte „Ferro-Neusilber" besteht aus Eisen, Nickel und Kupfer oder hat auch noch einen Zinkzusatz. Das „Platinoïd", ein neues Metall, ist aus Kupfer, Wolfram, Nickel und Zink zusammengesetzt. A. Bauer stellt eine Stahlkomposition durch Zusammenschmelzen von Stahlspähnen, Kupfer, Quecksilber, Zinn, Blei, Zink und Antimon dar. H. Schliephacke erzeugt eine Legierung von goldähnlicher, unveränderlicher Färbung aus Kupfer, Zink und Schwefelstrontium; A. Krupp ein Lagermetall aus Kupfer, Zink und Zinn, dem er für gewisse Zwecke auch Blei zusetzt. Eine säurebeständige Bronze stellt Débré dar aus 15 Teilen Kupfer, 2,34 Teilen Zink, 1,82 Teilen Blei und einem Teil Antimon. Nach W. Hampe besteht der Silicium-Telephondraht (vergl. S. 275) aus 97,12% Kupfer, 1,14% Zinn, 0,05% Silicium, 1,62% Zink und einer Spur Eisen; das Silicium-Messing aus 71,30% Kupfer, 26,65% Zink, 0,74% Blei, 0,57% Zinn, 0,38% Eisen und 0,14% Silicium; endlich das Delta-Metall aus 55,94% Kupfer, 0,72% Blei, 0,87% Eisen, 0,81% Mangan, 41,61% Zink, 0,013% Phosphor und einer Spur Eisen. Eine schöne Legierung von violetter Farbe geben gleiche Teile Kupfer und Antimon. Nach L. Dienelt erhält man eine Legierung von sehr homogenem Gefüge aus 50% Kupfer, 6% Nickel, 10% Blei, 32% Zink und 2% Zinn. Die neue Legierung „Metallin" besteht aus 30% Kupfer, 35% Kobalt, 25% Aluminium und 10% Eisen. Endlich ist das Kupfer das geeignetste Metall zu allen Gold- und Silberlegierungen, da es zu den wenigen Metallen gehört, welche die Duktilität und Dehnbarkeit der genannten Edelmetalle nicht beeinträchtigen.

Das Blei.

Vorkommen. Auch das Blei findet sich nur äußerst selten gediegen, sondern hauptsächlich in folgenden Erzen: Bleiglanz an Schwefel gebunden Pb S (Pb ist die Formel für Blei von „plumbum" abgeleitet); Bournonit, auch Spießglanzbleierz genannt, besteht aus Blei, Kupfer, Antimon und Schwefel; dieses Erz wird — wie schon beim Kupfer erwähnt — auf Blei und Kupfer verarbeitet. Weißbleierz $Pb\,C\,O_3$ d. i. kohlensaures Blei, auch Cerussit genannt. Grünbleierz ist phosphorsaures Bleioxyd und Chlorblei $3\,(P_2\,O_5,\ 3\,Pb\,O) + Pb\,Cl_2$ wird auch Pyromorphit oder Bleiphosphat genannt. Vitriolbleierz oder Anglesit ist schwefelsaures Bleioxyd $Pb\,S\,O_4$; Mimetesit ist arsensaures Bleioxyd und Chlorblei $3\,(As_2\,O_5,\ 3\,Pb\,O) + Pb\,Cl_2$; Gelbbleierz ist molybdänsaures Bleioxyd $Pb\,Mo\,O_4$ und endlich Rotbleierz ist chromsaures Bleioxyd $Pb\,Cr\,O_4$ auch Krokoit genannt.

Darstellung. Von allen diesen Erzen ist für die Gewinnung des Bleies der Bleiglanz das wichtigste und dient fast ausschließlich zur Verhüttung, welche nach zwei verschiedenen Methoden, Niederschlagarbeit und Röstarbeit genannt, betrieben wird.

Die Gewinnung des Bleies aus dem Bleiglanz beruht auf der größeren Affinität, welche der Schwefel zum Eisen, als zum Blei besitzt. Derselbe verbindet sich nämlich, wenn Schwefelblei mit Eisen erhitzt wird, mit diesem zu Schwefeleisen, wobei das Blei frei wird:

$$\underset{\text{Schwefelblei}}{Pb\,S} + \underset{\text{Eisen}}{Fe} = \underset{\text{Schwefeleisen}}{Fe\,S} + \underset{\text{Blei.}}{Pb}$$

Man stellt zu dieser Operation Eisengranalien dar, indem man geschmolzenes Roheisen in Wasser gießt, mengt diese mit dem durch Ausschmelzen oder Schlemmen von dem Gestein getrennten Bleiglanz und schmilzt dies Gemenge in einem Schachtofen nieder. Anstatt des metallischen Eisens werden auch Eisenerze und Eisenfrischschlacken verwendet, deren Sauerstoff gleichzeitig zur Verbrennung des Schwefels dient. Das Schmelzen des Gemenges findet in einem sogenannten Sumpfofen statt, welchen Fig. 352, 353 und 354 in seinen einzelnen Teilen darstellen. Die mit Eisengranalien gemengten Erze werden in den Ofen B eingetragen, die flüssigen Produkte sammeln sich sodann auf dem Sumpfteile C—D, von dem ein Teil außerhalb des Ofens liegt. Die Schlacken fließen hierbei über eine geneigte Ebene ab, und die Produkte werden, sobald der Sumpfherd angefüllt ist,

Fig. 352.

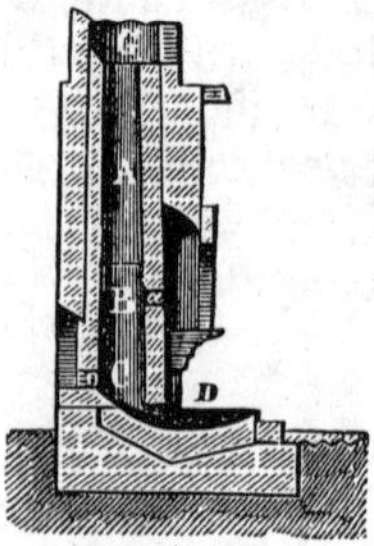

Fig. 353.

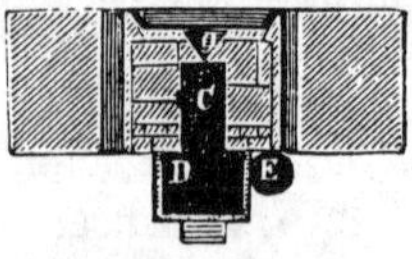

Fig. 354

Sumpfofen.

mittels Durchstoßens einer Öffnung in den tiefer liegenden Stichtiegel E (Fig. 354) abgelassen. Bei O (Fig. 352) führt das Gebläse in den Ofen B, und die aus dem Schachte nach der Esse T entweichenden Gase müssen erst die sog. „Fluggestübbekammern" in der Richtung der Pfeile durchstreichen, in welchen sich die durch das Gebläse mit fortgerissenen Erzteilchen absetzen. Nachdem der zu Scheiben erstarrte Bleistein abgehoben ist, wird das darunter befindliche Blei, — Werkblei genannt — welches u. a. ca. 3% Silber enthält, später weiter auf Silber verarbeitet, wie es beim Silber näher beschrieben werden soll. Bei der Röstarbeit, welche in Flammenöfen vorgenommen wird, oxydiert der Sauerstoff der atmosphärischen Luft einen Teil des Bleiglanzes zu Bleioxyd, schwefliger Säure und schwefelsaurem Blei. Der Sauerstoff des entstandenen Bleioxyds oxydiert den Schwefel im Schwefelblei zu schwefliger Säure, so daß sich (neben freiem Sauerstoff) metallisches Blei bildet:

$$3\,PbO + PbS = 4\,Pb + SO_2 + O.$$

Bleioxyd + Schwefelblei = Blei + schweflige Säure + Sauerstoff.

Die Schwefelsäure des schwefelsauren Bleies hingegen bildet mit dem Schwefel des Schwefelbleies metallisches Blei und schweflige Säure:

$$PbSO_4 + PbS = 2\,Pb + 2\,SO_2$$

Schwefelsaures Blei + Schwefelblei = Blei + schweflige Säure.

Auch hierbei wird, wie bei der Niederschlagsarbeit sog. Werkblei gewonnen, welches noch Silber, Kupfer, Antimon 2c. enthält und auch weiter auf Silber verarbeitet wird.

Ch. Havemann empfiehlt bei Gewinnung des Bleies aus Schwefelblei durch Zusatz von Eisen anstatt des bisher verwendeten starren Eisens geschmolzenes zu nehmen. Behufs Reinigung und Entsilberung des Bleies schmilzt G. Lomer dasselbe in einem Bade flüssigen Eisens. Das geschmolzene Blei sinkt in demselben infolge seines höheren spezifischen Gewichtes unter und wird dabei auf dem Wege zum Boden des Bades gereinigt. Das Silber steigt nach oben und findet sich in der obersten Schicht des Eisens; gleichzeitig schützt das deckende Eisen das Blei vor Oxydation. H. H. Schlapp empfiehlt ein ähnliches Verfahren, indem er anstatt des Eisenbades ein Zinkbad anwendet. Zur direkten und vollständigen Entsilberung des Werkbleies wird dasselbe geschmelzt, und in das flüssige Werkblei wiederholt eine Zinkaluminiumlegierung eingerührt. Das Aluminium verhindert eine Oxydation des Zinks, sodaß die bekannte Zinksilber-Bildung leichter und schneller stattfindet.

Auch für die Bleigewinnung ist in neuerer Zeit die elektrolytische Methode angewendet worden. Nach Keith werden Anodenbleiplatten in konzentrischen Kreisen an einem Träger in weite Bottiche aus Asphaltcement gehängt, in welchen sich eine Lösung von schwefelsaurem Blei in essigsaurem Natron befindet. Das hierbei ausgeschiedene Blei wird durch kreisende Bürsten abgestreift, während die Lösung dadurch in Bewegung gehalten wird, daß sie in ein unterirdisches System von Röhren abfließt, aus welchem sie durch eine Pumpe in die oberirdische Leitung wieder zurückgepumpt wird. Auch ist zur Entsilberung des Bleies die Elektrolyse von F. D. Bottome verwendet worden. Die Anoden (Eintrittsstelle des Stromes) werden aus dem zu entsilbernden Blei angefertigt und in eine Lösung von Ammoniaksalzen getaucht, welche durch Einleiten von Kohlensäure mit dieser stets gesättigt gehalten wird. Durch den elektrischen Strom wird das Blei abgeschieden und fällt als kohlensaures Blei, während sich das Silber auf den Kathoden (Austrittsstelle des Stromes) absetzt.

Eigenschaften. Das Blei ist sehr weich und abfärbend, von bläulich-grauer Farbe, hat ein spezifisches Gewicht von 11,37, ist auf der noch nicht oxydierten Fläche stark glänzend, überzieht sich aber schnell, besonders in feuchter Luft, mit einer dünnen Oxydschicht, welche dann das darunter liegende Metall vor weiterer Oxydation schützt. Es ist hämmerbar, läßt sich zu dünnen Blättchen auswalzen und zu Draht ausziehen; es schmilzt bei 332° C. und verdampft in der Weißglühhitze. Beim Schmelzen bedeckt sich das Blei mit einer grauen Haut, Bleiasche genannt, welche aus Bleisuperoxyd besteht und allmählich in Bleioxyd übergeht. Hartes Wasser greift das Blei fast gar nicht an, dahingegen weiches Wasser und besonders destilliertes Wasser unter Bildung von Bleihydroxyd, welches giftig ist; zu Wasserleitungsröhren darf das Blei also nur für hartes Wasser verwendet werden. Verdünnte Salpetersäure und Essigsäure lösen das Blei leicht auf, Salzsäure und Schwefelsäure hingegen greifen es wenig an.

Geschichtliches. Das Blei ist schon seit den ältesten Zeiten bekannt.

Legierungen. Das Blei legiert sich mit fast allen Metallen. So besteht z. B. das Schnellot aus gleichen Teilen Blei und Zinn; das Metall der Orgelpfeifen aus 96% Blei und 4% Zinn; das Zapfenlagermetall aus 5½ Teilen Blei, 4 Teilen Zinn und einem Teile Antimon; die Legierung zu den Schiffsnägeln aus 2 Teilen Blei, 3 Teilen Zinn und einem Teile Antimon; das Kalain der Chinesen, mit welchem die Theekisten ausgefüttert werden, besteht aus 126 Teilen Blei, 17,5 Teilen Zinn, 1,25 Teilen Kupfer und einer Spur Zink. Andere Legierungen des Bleies sind bei dem Kupfer und Antimon erwähnt, und sei hier noch eine ganz neue Legierung für Antifriktionszwecke genannt, bestehend aus 36 Teilen Blei, 7 Teilen Antimon, 2,25 Teilen Zinn, 0,115 Teilen Wismut und 0,23 Teilen Graphit, welchen eventuell noch 0,115 Teile Silber und 0,115 Teile Aluminium hinzugefügt werden.

Das Zinn.

Vorkommen. Das Zinn, dessen chemische Formel Sn (von stannum abgeleitet) ist, findet sich in der Natur niemals gediegen und kommt entweder an Sauerstoff gebunden — SnO_2 — als Zinnstein auch Stannit und Cassiterit genannt in England, Böhmen, Sachsen,

Ostindien, Malakka und auf der Insel Banca vor, oder als Schwefelzinn mit anderen Schwefelmetallen verbunden unter dem Namen Zinnkies. Der Zinnstein wird je nach seinen Vorkommen im geologischen Sinne Bergzinnerz oder Seifenzinn genannt und enthält in beiden Fällen außer dem Zinnoxyd noch Schwefel, Arsen, Zink, Eisen, Kupfer und andere Metalle. Er findet sich aber auch in England, in Neu-Süd-Wales, in Australien ꝛc. als fast chemisch reine Zinnsäure. Im allgemeinen ist das Seifenzinn ein weit reineres Erz als das Bergzinnerz, weil bei ersterem die Umstände, unter welchen es sich findet, bereits eine mechanische Scheidung von den Verunreinigungen durch die Natur bedingen. Der in Sachsen vorkommende Zinnstein — Zinnzwitter genannt — ist gewöhnlich von Wolfram, Molybdänglanz, Schwefel- und Arsenkies begleitet.

Darstellung. Bei der Darstellung des Zinns, wird das Bergzinnerz zuerst durch Pochen und Schlämmen von der anhängenden Gangart und dann durch Rösten von dem Schwefel, Arsen und Antimon befreit. Das so vorbereitete Bergzinnerz oder reinere Zinnerze direkt werden in eigenartig konstruierten, ca. 3 m hohen Schachtöfen verschmelzt, wie Fig. 355 einen solchen darstellt. Die Erze werden mit Kohle und Zinnschlacken geschichtet in den Schacht A gebracht, dessen Sohle aus einem muldenförmig ausgehauenen Bodenstein D besteht. Das geschmolzene und reduzierte Zinn sammelt sich auf dem Vorderherd B, von welchem es durch eine Durchstichöffnung nach dem eisernen Kessel C fließen kann; o bezeichnet die Einmündung der Düse des Gebläses. Das in C gesammelte reduzierte Zinn enthält noch Eisen und Arsen, von welchen es auf einem mit glühenden Kohlen bedeckten Herde ausgesaigert wird. Hierbei fließt das reine Zinn, welches zuerst schmilzt, durch die Kohle und sammelt sich auf dem Stichherde, während die strengflüssigere Legierung des Zinns und seiner Verunreinigungen — Dörner genannt — in Körnern zurückbleibt. Das so gewonnene Zinn ist sehr rein, denn es enthält kaum 0,1 % fremder Metalle und kommt unter den Namen „Körnerzinn“ in den Handel, während die zurückbleibende schwer schmelzbare Legierung, welche neben dem Zinn hauptsächlich noch Eisen enthält, nachdem sie nochmals umgeschmelzt ist, als „Blockzinn“ auf den Markt kommt. In Böhmen und Sachsen führt das Zinn, je nach der Gestalt, in welcher es geliefert wird, den Namen „Stangenzinn“ oder „Rollzinn“; letzteres ist in dünne Blätter gegossen.

Fig. 355. Schachtofen.

Das Zusammenschmelzen des fein verteilten Zinnes bereitet häufig Schwierigkeiten, weil die einzelnen Metallpartikel sich mit einer Oxydulschicht bedeckt haben, welche das Zusammenschmelzen derselben verhindert. L. Vignon hebt diesen Mißstand auf, indem er dem zu schmelzenden Zinn eins der beim Verzinnen oder Löten gebräuchlichen Mittel, wie Chlorzink, Salmiak, Harz ꝛc. hinzusetzt. Durch Chlorzink oder Salmiak wird das die Metallpartikel überziehende Zinnoxydul in Chlorzinn übergeführt, während dasselbe durch das Harz zu metallischem Zinn reduziert wird. Zur Gewinnung des Zinns aus den Zinnschlacken wendet J. Shears die Elektrolyse an. Man schmelzt die Schlacken mit einem Alkali oder Alkalikarbonat und laugt die geschmolzene Masse mit Wasser aus. Beim Dekantieren der Lösung bildet sich ein Bodensatz, welcher auf Nickel, Kobalt und Eisen weiter behandelt werden kann, während sich aus der Lösung selbst beim Elektrolysieren in eisernen Behältern das Zinn ausscheidet. Das hierbei verwendete Alkali wird aus der Lösung mittels Fällen durch Kalkmilch, Kieselerde und Thonerde wiedergewonnen und etwa vorhanden gewesenes Wolfram krystallisiert beim Verdampfen der Alkalilösung heraus.

Eigenschaften. Das Zinn ist ein weiches Metall und nur etwas härter als Blei, es schmilzt bei 230° C. und krystallisiert beim Erstarren. Diese Krystalle reiben sich beim Biegen einer Zinnstange, wodurch ein eigentümliches Geräusch — das Zinngeschrei genannt — entsteht. Erhitzt man verzinntes Weißblech, kühlt es dann schnell in Wasser ab und ätzt es hierauf mit verdünnter Säure, so werden diese Krystalle den Eisblumen am Fenster ähnlich sichtbar (moiré métallique). Das Zinn hat eine silberweiße Farbe von starkem Glanz und verändert sich an der Luft und im Wasser nicht. Längere Zeit an der Luft geschmolzen, überzieht es sich mit einer grauen Haut, der Zinnasche, und verbrennt in der Weißglühhitze mit heller, weißer Flamme zu Zinnoxyd. Es ist sehr geschmeidig und läßt sich zu dünnen Blättchen — Stanniol — auswalzen, wird aber bei 200° spröde und zerfällt auch der Kälte ausgesetzt in ein grobkörniges, krystallinisches Pulver. Salzsäure und konzentrierte Schwefelsäure lösen es auf; Salpetersäure oxydiert es zu Zinnoxyd, welches in Salpetersäure unlöslich ist und als weißes Pulver zu Boden fällt. Sein spezifisches Gewicht ist 7,28.

Geschichtliches. Das Zinn ist schon seit den ältesten Zeiten bekannt.

Legierungen. Das Zinn wird viel mit Blei legiert (siehe dieses) um die Härte beider Metalle zu erhöhen. Mit Zink legiert, verarbeitet man es zu dem unechten Blattsilber; Britanniametall besteht aus 90% Zinn und 10% Antimon, häufig hat es auch noch einen Kupferzusatz, und sind die zahlreichen Legierungen des Zinns mit dem Kupfer bei letzterem Metalle erwähnt. Das Tombak-Metall besteht aus 87,5% Zinn, 5,5% Nickel, 5% Antimon und 22% Wismut; diesem sehr ähnlich ist das Warnesche Metall. Es werden auch Legierungen von Zinn.

Chrom und Kupfer dargestellt, und als vorzügliches Metall für Lager aller sich schnell drehenden Wellen eine Legierung von Zinn und Mangan.

Das Wismut.

Vorkommen. Das Wismut, dessen chemische Formel Bi (von Bismuthum abgeleitet) ist, findet sich sehr selten und zwar im Erzgebirge, in Peru, Australien, meist gediegen, auch kommt es mit Sauerstoff verbunden als Wismutocker BiO_3 und mit Schwefel als Wismutglanz BiS_3 und als Wismutkupfererz vor.

Darstellung. Die Gewinnung ist sehr einfach, da es gediegen nur von seiner Gangart durch Schmelzen — Aussaigern genannt — getrennt zu werden braucht, und das bietet bei seinem niedrigen Schmelzpunkt (264° C.) keine Schwierigkeiten. Die Wismuterze werden möglichst gut von der Gangart befreit, zerkleinert und in die schräg liegende gußeiserne Röhre A (Fig. 356) gebracht. Durch die Flammen des

Fig. 356. Wismutsaigerofen.

darunter liegenden Herdes wird das Wismut geschmelzt und fließt in die eisernen Näpfe B, welche gleichfalls von unten erwärmt werden, und in welchen sich Kohlepulver befindet, wodurch das Wismut vor Oxydation geschützt wird. D ist ein mit Wasser gefüllter Kasten, in welchen die aus A mit der Krücke herausgezogenen, zurückbleibenden Erze fallen. Auch bei der Verarbeitung der sog. Kobaltspeise, wie aus der Glätte und Testasche beim Silberfeinbrennen (hier auf nassem Wege) wird das Wismut als Nebenprodukt gewonnen. Wo das Wismut mit Kupfer verunreinigt ist, schmelzt man es mit Schwefelwismut zusammen, wobei sich das Kupfer als Schwefelkupfer ausscheidet. Da hierzu eine ziemlich hohe Temperatur erforderlich ist, so empfiehlt Matthey zur Ausscheidung des Kupfers mehrmals Schwefelnatrium hinzuzusetzen und das Gemenge durchzurühren. Hierbei bildet sich gleichfalls Schwefelkupfer und scheidet sich aus.

Eigenschaften. Das Wismut hat eine rötlich-weiße Farbe, starken Glanz, große Härte und ist so spröde, daß es gepulvert werden kann. Es schmilzt — wie bereits gesagt — bei 264° C und erstarrt wieder mit bedeutender Volumvergrößerung bei 242° C. Von Salpetersäure und Königswasser wird es leicht aufgelöst; sein spezifisches Gewicht ist 9,79.

Geschichtliches. Das Wismut ist seit dem fünfzehnten Jahrhundert bekannt, wurde aber erst 1739 von Pott näher studiert.

Legierungen. Das Wismut giebt mit anderen Metallen sehr leicht schmelzbare Legierungen; so schmilzt das Rosesche Metall, bestehend aus zwei Teilen Wismut, einem Teile Blei und einem Teile Zinn, schon bei 94° C und ein Zusatz von Kadmium giebt Woods Metall, das schon bei 70° C schmilzt. In neuerer Zeit sind zahlreiche ähnliche Legierungen zusammengesetzt worden, aber ihr Schmelzpunkt liegt nicht oder doch wenigstens nicht wesenlich unter 70° C

Das Zink.

Vorkommen. Das Zink (chemische Formel Zn) findet sich in der Natur niemals gediegen. Es kommt als kohlensaures Zink $ZnCO_3$ Galmei oder Zinkspat genannt und als Kieselzinkerz, d. i. eine Verbindung der Kieselsäure mit dem Zink und Wasser Zn_2SiO_4, H_2O in Westfalen vor, ebenso als Zinkblende ZnS, und schließlich findet es sich als Rotzinkerz d. i. ein durch Mangan rötlich gefärbtes Zinkoxyd und als Gahnit d. i. eine Verbindung des Zinks mit dem Aluminium und Sauerstoff in manchen Fahlerzen.

Darstellung. Zur Gewinnung des Zinks werden der Zinkspat oder die Zinkblende geröstet, wobei sich Zinkoxyd bildet. Dieses wird durch Erhitzen mit Kohle zu Metall reduziert, welches sich verflüchtigt, und in Vorlagen kondensiert, aufgefangen wird. Schlesien, Belgien und England nehmen dieses Erhitzen bez. Destillieren nach drei verschiedenen Methoden vor.

In Oberschlesien, Stolberg bei Aachen und in Westfalen geschieht die Reduktion und Destillation des Zinks in muffelähnlichen Destillationsgefäßen aus feuerfestem Thon, wie sie Fig. 357 in der äußeren Ansicht und Fig. 358 im Längsschnitt zeigen. Diese Muffeln haben an der Stirnwand zwei Öffnungen a und b, von denen a — während der Destillation geschlossen — dazu dient, nach beendetem Verfahren die Destillationsrückstände zu entfernen. Bei b mündet ein knieförmiges Rohr, durch welches die Zinkdämpfe streichen und in welchem sie sich kondensieren, sodaß das flüssige Zink bei d abtropft. Am Knie dieses Rohres ist bei c eine Öffnung angebracht, welche zur Beschickung der Muffel dient, und welche während der Destillation gleichfalls geschlossen ist. Bis 20 solcher Muffeln werden in einen Muffelofen (Fig. 359) so eingeschoben, daß sie von der Flamme so viel als möglich umspielt werden können und t t zeigen die Räume dieses Ofens, in welchen das aus den Muffeln bei d abtropfende flüssige Zink aufgefangen wird. So lange der Ofen im Anfang der Operation noch sehr kühl ist, verdichten sich die Zinkdämpfe — ohne flüssig zu werden — sofort zu festem, fein verteiltem Zink, Zinkstaub oder Zinkrauch genannt. Das

Fig. 357. Muffel.

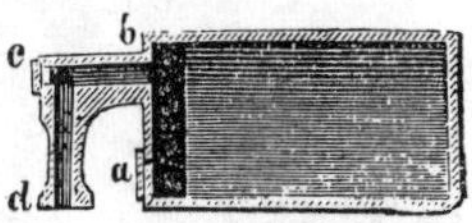

Fig. 358. Muffel (Längsschnitt).

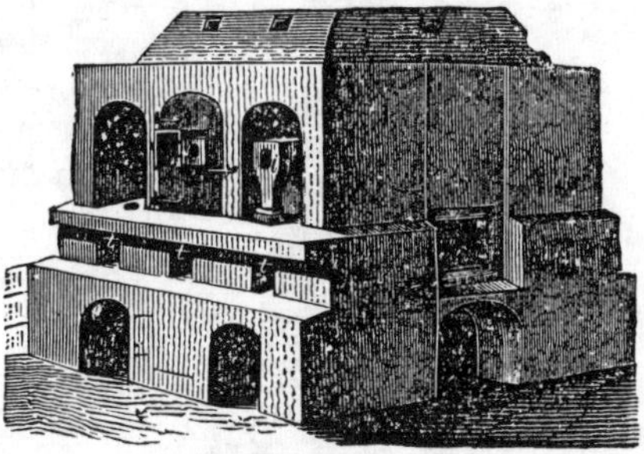

Fig. 359. Muffelofen.

Tropfzink wird zusammengeschmelzt und in Form von Tafeln als „Werkzink" in den Handel gebracht. Das das Zink fast stets begleitende Kadmium befindet sich im ersten sich bildenden Zinkoxyd als Kadmiumoxyd und wird weiter auf Kadmium verarbeitet.

Bei der belgischen, auf der Vieille montagne angewendeten Methode, wird der Galmei in cylindrische Thonröhren gebracht, welche ca. 1 m lang sind, eine lichte Weite von 18 cm haben und an einer Seite geschlossen sind, wie es Fig. 360 zeigt. An dem offenen Ende der beschickten Röhre wird eine konische, 25 cm lange Ansatzröhre von Gußeisen befestigt, und auf diese endlich eine engere, gleichfalls konische 20 cm lange Röhre aus Eisenblech, welche inwendig mit Lehm ausgefüttert ist, geschoben. Diese Destillierröhren werden mit dem geschlossenen Ende in 8 Reihen etwas geneigt im Innern des Destillationsofen, von dem Fig. 361 einen Vertikalschnitt zeigt, befestigt. Dieselben ruhen auf an der Mauer b d angebrachten acht Bänken und werden hier von dem Feuer umspielt. Das in denselben verdampfende Zink kondensiert sich in den konischen Ansätzen wieder und wird aus dem vordersten derselben von Zeit zu Zeit abgelassen.

Fig. 360. Destillationsröhre.

In England läßt man die Zinkdämpfe direkt nach unten destillieren. Man beschickt die aus feuerfestem Thon geformten 1,5 m hohen Tiegel c (Fig. 362) und bringt sie in einen Reduktionsofen, dessen Herd mit einer Wölbung versehen ist. Diese Wölbung ist durchlöchert, so daß man durch diese Löcher zu den Tiegeln gelangen kann. Auch die Tiegel bleiben solange geöffnet, bis man die beginnende Reduktion an einer Blaufärbung der Flamme erkennt, was ungefähr nach zwei Stunden der Fall ist. Die Tiegel c haben in der Mitte des Bodens eine Öffnung, welche beim Beschicken derselben durch einen Holzpfropfen verschlossen ist, und in welche von unten die Abtropfröhre t gesteckt wird. Diese Holzpfropfen brennen während der Operation fort und das destillierende Zink tropft durch die Abtropfröhren in ein darunter stehendes Gefäß, welches teilweise mit Wasser angefüllt ist, um das Verspritzen der herabfallenden Zinktropfen zu verhüten. Hier sammelt sich das destillierende Zink als feines Pulver mit Zinkoxyd gemengt und wird in eisernen Gefäßen umgeschmelzt, wobei sich das Zinkoxyd an der Oberfläche abscheidet und abgeschöpft werden kann.

Fig. 361. Zinkdestillationsofen (Vertikalschnitt).

Fig. 362. Englischer Zinkdestillierofen

Das vorher beschriebene Siemenssche System der Gasfeuerung wird jetzt auch viel bei der Zinkfabrikation und zwar mit großem Erfolge verwendet.

Die Zinkblende konnte nach dem Rösten — wie vorher gesagt — wie der Galmei nach einer der drei soeben beschriebenen Methoden verarbeitet werden, man kann sie aber auch — und zwar sehr vorteilhaft — direkt verarbeiten. Zu diesem Zwecke werden der Zinkblende gebrannter Kalk und hinreichende Mengen ganz wasser- und kohlensäurefreier Eisenerze zugesetzt. Das Eisen entschwefelt die Zinkblende vollkommen und das freiwerdende Zink kann nicht wieder oxydiert werden, da weder Sauerstoff noch sauerstoffabgebende Substanzen vorhanden sind. Auch werden anstatt der Eisenerze direkt Roh- und Schmiedeeisen verwendet. Nach Swindell wird die Zinkblende mit Kochsalz geröstet und das sich hierbei bildende Glaubersalz und Chlorzink gelöst. Aus dieser Flüssigkeit krystallisiert das Glaubersalz zuerst heraus, und das Zink wird durch Kalk als Zinkoxyd niedergeschlagen und nach dem Trocknen auf gewöhnliche Weise reduziert. Arsenfreies Zink stellt Fr. Stolba dar, indem er aus einem innigen Gemenge von gebranntem Gips, Schwefel und Wasser, geformte und an Stöcken befestigte Kugeln im schmelzenden Metall bis auf den Boden der Schmelztiegel versenkt. Es entwickeln sich dann alsbald große Mengen von Schwefel- und Wasserdämpfen, welche das flüssige Metall in lebhafte Bewegung bringen. Bei eventueller Wiederholung dieser Operation geht alles Arsen und der größte Teil des Bleies und Eisens in die Schlacke. L'Hote setzt zu demselben Zwecke dem geschmolzenen Metall 1 bis 1,5 % wasserfreies Magnesiumchlorid hinzu. Hierbei entweichen weiße Dämpfe von Chlorzink, welche alles Arsen und auch das allerdings seltener vorkommende Antimon mitnehmen. L. v. Neuendahl gewinnt Zink und Blei gleichzeitig, indem er die betreffenden Erze in einem mit Generatorengas geheizten Schachtofen schmelzt. Hierbei fließt das geschmolzene Blei in den Thonrinnen ab, welche auf der geneigten Sohle liegen, während die Zinkdämpfe durch die Gicht entweichen und von hier aus nach einem der vorher beschriebenen Kondensations-Systemen geleitet werden. Hampe trennt das Zink von anderen Metallen, indem er die Metalle in ameisensaure Salze überführt und die Lösung derselben mit Schwefelwasserstoff behandelt, wobei nur das Zink als Schwefelzink gefällt wird, wenn die Lösung eine genügende Menge freier Ameisensäure enthält.

Nach Ch. H. Murray wird zur Destillation des Zinks aus seinen Erzen durch diese unter Druck erhitzter Wasserdampf geleitet, wodurch unter Mitwirkung einer hohen Temperatur die Erze reduziert werden, und das Zink überdestilliert. Nach M. Westmann werden die Zinkerze in einer Mischung mit Kohle der Einwirkung von hoch erhitztem Kohlenoxyd unterworfen. Hierauf wird das reduzierte Zink von dem austretenden Kohlenoxyd durch Kondensation getrennt. Zur Gewinnung von reinem Zink auf nassem Wege werden die Erze nach Ch. F. Croselmire gepulvert und im Ofen im Gebläsewind geröstet. Hierauf werden sie mit verdünnter Säure übergossen und die Verunreinigungen durch hineingepreßte Luft oxydiert; aus der darauf abgelassenen Zinklösung wird dann das Zink gefällt. Ed. Walsh führt den Zinkdämpfen, wo sie mit oxydierend wirkenden Gasen gemischt sind, um das Zink vor der Oxydation zu schützen, kontinuierlich eine Schicht Kohle entgegen, welche bei der Berührungsstelle mit den Gasen auf 815° C erhitzt ist. Am anderen Ende der Kohlenschicht, wo die Gase und Zinkdämpfe dieselben verlassen, ist die Temperatur so niedrig, daß letztere kondensiert werden und das Zink hier geschmolzen abfließt. Zur mechanischen Trennung der im Grünstein vorkommenden Zinkblende von ihrem Nebengestein, benutzt man neuerdings den Unterschied zwischen der Kohäsion der Blende und der Kohäsion des Grünsteins. Dieser Unterschied ermöglicht es beim Quetschen die Blende in Mehl von weit geringerer Korngröße zu zerkleinern, als den sie begleitenden Grünstein. Mittels eines Siebes von 0,5 qmm

Maschenweite wird nun die Blende vom Nebengestein getrennt, um unmittelbar geröstet und auf Zink verarbeitet zu werden.

Wie für die allermeisten Metalle, so wird in neuerer Zeit auch zur Gewinnung des Zinks die elektrolytische Methode vielfach verwendet. So werden nach R. P. Herrmann die Zinkerze in Mineralsäuren gelöst, die Lösung dann mit einem Alkali- oder Erdalkalisalz versetzt und das sich hierbei bildende Doppelsalz durch den elektrischen Strom zerlegt. M. Kiliani digeriert eine mit Ammoniakkarbonat versetzte Ammoniaklösung oder auch eine Ätznatron- oder Ätzkali-Lösung mit den Zinkerzen in mit Blei ausgekleideten Holzbottichen. In diesen Bottichen sättigt sich die Lösung mit Zink und fließt von hier durch Filter in ein Reservoir, aus dem sie kontinuierlich in die einzelnen Elektrolysierkästen geleitet wird. Hier scheidet der elektrische Strom auf der aus Zink oder Messing bestehenden Kathode metallisches Zink ab, während sich an der aus Eisenblech bestehenden Anode Sauerstoff entwickelt. Die aus den Elektrolysierkästen abfließende Lauge wird wieder in die mit den Zinkerzen gefüllten Sättigungskästen zurückgepumpt. Lea und Hammond elektrolysieren eine Zinkchloridlösung, welche sie durch Lösen von Zinkerzen in Salzsäure oder in einer wässrigen Chlorlösung dargestellt haben. A. Watt verwendet als Elektrolyt Pflanzensäure, namentlich Essigsäure, mit welcher er die Zinkerze auslaugt, bez. in welcher er rohes Zink, welches gereinigt werden soll, löst. Um rohes Zink zu reinigen, benutzt er dasselbe als Anode und reines Zink als Kathode. Ch. A. Burghardt trägt Zinkoxyd oder geröstete Zinkerze, welche mit 3 bis 4% Kohle gemischt sind, allmählich in geschmolzenes Ätznatron ein und erhitzt die Masse unter Umrühren längere Zeit. Die so dargestellte Zinkatlösung wird durch den elektrischen Strom elektrolysiert, wobei die Anoden aus Eisenblech und die von diesen durch poröse Scheidewände getrennten Kathoden aus Zink- bez. Zinnblechen bestehen. Lange und Koßmann endlich behandeln die gerösteten Zinkerze mit schwefliger Säure und Wasser, und elektrolysieren die so erhaltene Zinksulfitlösung. Hierbei schlägt sich das metallische Zink nieder, während der frei werdende Sauerstoff die schweflige Säure zu Schwefelsäure oxydiert.

Eigenschaften. Das Zink hat eine bläulich-weiße Farbe und einen starken Metallglanz, der sich an der atmosphärischen Luft verliert, indem sich das Zink mit einer weißen, aus kohlensaurem Zinkoxyd bestehenden Schicht überzieht. Diese Schicht schützt aber das darunter liegende Metall vor weiterer Oxydation. Das Zink schmilzt bei 412° C. und ist bei gewöhnlicher Temperatur spröde, zwischen 100 und 150° C. wird es dehnbar, bei 200° C. aber wieder so spröde, daß es im Mörser gepulvert werden kann. In starker Glühhitze verdampft es und seine Dämpfe brennen mit bläulich-weißer Farbe; gegossen hat es ein krystallinisches, großblättriges Gefüge. Es ist etwas härter als das Silber, aber weniger hart als Kupfer; sein spezifisches Gewicht ist 7,1, kann aber durch Hämmern und Walzen bis auf 7,3 erhöht werden. In verdünnten Säuren löst sich das Zink auf und zwar um so leichter, je mehr es durch fremde Metalle verunreinigt ist. Das käufliche destillierte Zink ist niemals ganz eisenfrei und dieser Eisengehalt modifiziert seine Eigenschaften bedeutend. L'Hôte stellt eisenfreies Zink dar durch Destillation eines Gemenges von reinem gefällten Zinkoxyd mit gebranntem Kienruß. Das so erhaltene Zink entwickelt selbst bei anhaltendem Sieden mit Wasser keinen Wasserstoff und wird von verdünnter Schwefelsäure nicht angegriffen. Rührt man aber das so rein dargestellte Zink nur mit einem Eisenstab um, wodurch es 0,0003 bis 0,0005% Eisen aufnimmt, so zersetzt es bereits Wasser in der Siedehitze unter Entwickelung von Wasserstoff und wird auch von verdünnter Schwefelsäure angegriffen. Ebenso verhält sich reines Zink, sobald es nur mit ganz geringen Mengen Arsen oder Antimon legiert wird. Ein geringer Bleigehalt bis 0,5% macht das Zink geschmeidiger, aber schon 0,25% Blei machen es zur Messingfabrikation sehr ungeeignet, da die Festigkeit des Messings mit dem Bleigehalt sehr abnimmt.

Geschichtliches. Schon die alten Griechen verwandten den Galmei zur Bereitung des Messings. Das erste metallische Zink scheint aus dem Orient nach Europa gekommen zu sein und wird in Europa erst seit dem achtzehnten Jahrhundert dargestellt.

Legierungen. Durch Legierungen des Zinks mit Arsen, oder auch mit Arsen und Phosphor wird der Schmelzpunkt des Zinks wesentlich erhöht. 5% Arsenzusatz zum Zink ermöglichen auch eine 18%ige Eisenlegierung, während bisher höchstens 10% Eisen mit dem Zink legiert werden konnten; auch Phosphor hat eine ähnliche Wirkung. Zahlreiche andere Legierungen des Zinks sind bei dem Kupfer genannt.

Das Kadmium.

Vorkommen. Das Kadmium (chemische Formel Cd) ist ein fast steter Begleiter des Zinks und findet sich in den Zinkerzen besonders im Galmei und in der Zinkblende.

Darstellung. Es ist auch flüchtig, wie das Zink, verdampft aber schon bei niedrigerer Temperatur, so daß es also mit den ersten Zinkdämpfen, bei der Destillation desselben übergeht. Der hierbei sich bildende bräunliche Rauch enthält neben kohlensaurem Zink das Kadmium und dient zur Darstellung des letzteren. Nachdem der Rauch wieder zu Metall kondensiert ist, wird dasselbe in kleinen, gußeisernen, cylindrischen Retorten mittels Holzkohle reduziert und in einem konischen, aus Eisenblech bestehenden Vorstoße dieser Retorten aufgefangen. Das hier kondensierte Kadmium wird in fingerdicken, kleinen Stangen in den Handel gebracht. Auch auf nassem Wege wird das Kadmium aus kadmiumhaltigem Zink durch Behandlung desselben mit Salzsäure gewonnen. Hierbei löst sich das Zink auf und das

Kadmium kann, so lange Zink im Überschuß vorhanden ist, ausgefällt werden.

Eigenschaften. Das Cadmium ist von weißer Farbe und starkem Glanze, den es aber an der Luft nach einiger Zeit verliert. Es ist dehnbar, hämmerbar, schmilzt bei 360° C. und siedet bei 860° C. Seine Dämpfe verbrennen mit brauner Flamme zu braunem Kadmiumoxyd. Sein spezifisches Gewicht ist 8,6.

Legierungen. Mit Blei, Zinn und Wismut bildet es eine Legierung, Woods Legierung genannt, deren Schmelzpunkt wesentlich niedriger liegt, als der des Kadmiums, denn eine solche Legierung, bestehend aus 3 Teilen Kadmium, 4 Teilen Zinn, 15 Teilen Wismut und 8 Teilen Blei, schmilzt schon bei 70° C. Eine andere Legierung des Kadmiums, bestehend aus 50 Teilen Blei, 36 Teilen Zinn und 22,5 Teilen Kadmium, liefert das Metall zur Darstellung der Clichés.

Geschichtliches. 1818 wurde das Kadmium von Stromeyer und Hermann gleichzeitig entdeckt.

Das Antimon.

Vorkommen. Das Antimon, dessen chemische Formel (von stibium abgeleitet) Sb ist, findet sich — wenn auch selten — gediegen. Häufiger kommt es mit Schwefel verbunden als Antimonglanz oder Grauspießglanzerz $Sb_2 S_3$ und auch mit Sauerstoff $Sb_2 O_3$ als Valentinit und Senarmontit vor.

Darstellung. Man gewinnt das Antimon hauptsächlich aus dem Grauspießglanzerz und trennt es von seiner Gangart durch den Saigerprozeß, da es viel leichter schmelzbar ist, als das begleitende Gestein. Zu diesem Zwecke wird es mit dem Gestein in Tiegeln erhitzt, deren Boden durchlöchert ist, und welche zwischen zwei mit Zuglöchern versehenen Mauern stehen. Fig. 363 zeigt diese Anordnung, bei welcher unter dem Schmelztiegel b ein kleinerer Tiegel c steht, um das aus dem durchlöcherten Boden des Tiegels b ausfließende Schwefelantimon auf-

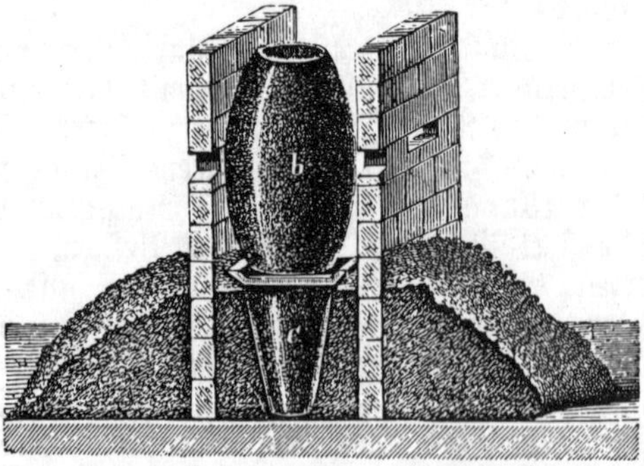

Fig. 363. Antimonschmelzofen.

Fig. 364.
Antimonschmelzofen (Vertikalschnitt)

zufangen. Dieser kleinere Tiegel c ist mit heißem Sande oder heißer Asche umgeben. Rationeller wird das Brennmaterial in einem, in Fig. 364 im Vertikalschnitt dargestellten, vollständig ummauerten Ofen ausgenutzt. Hierbei werden die größeren Tiegel, welche mit dem Erze beschickt sind, auf dem Herde eines Flammenofens von der Flamme vollständig bestrichen, während die unteren kleineren Tiegel, mit den Böden der oberen durch Thonröhren verbunden, außerhalb des Feuers in der Außenwand des Ofens stehen. Am rationellsten aber geschieht die Aussaigerung direkt auf dem Herde eines Flammenofens (Fig. 365), von dessen tiefstem Punkte eine Abflußröhre e nach dem außerhalb des Ofens stehenden Gefäße f führt, durch welche nach beendetem Schmelzen das flüssige Schwefelantimon abfließen kann.

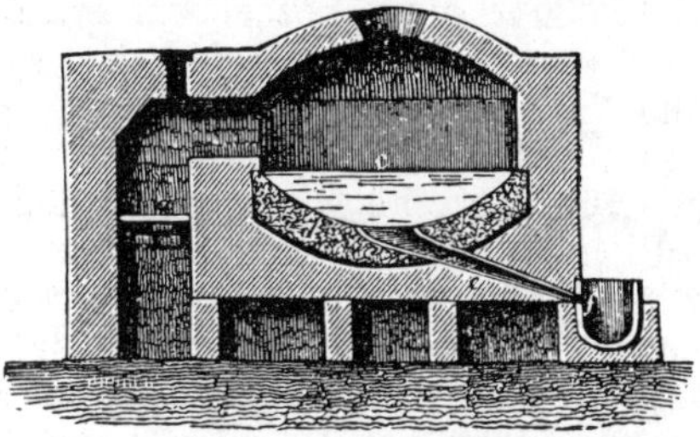

Fig. 365. Flammenofen.

Aus dem so gewonnenen Schwefelantimon, welches auch direkt unter dem Namen „Antimonicum crudum“ in den Handel kommt, wird das metallische Antimon gewonnen, indem man es röstet und mit Kohle oder Soda reduziert. Nach A. J. Shannon werden die Erze mit Brennstoff gemischt und in einem mit feuerfestem Thon gefütterten Schachtofen mit stark wirkendem Gebläse erhitzt. Das hierbei gebildete Oxyd wird in Zügen oder Kondensatoren gesammelt, mit einem reduzierend wirkenden Agens gemischt und in einem Flammenofen geschmelzt. Sehr einfach ist auch das Verfahren, den Schwefel durch Eisen zu entfernen, wobei sich Schwefeleisen bildet:

$$6\,Fe + 2\,Sb_2S_3 = 6\,FeS + 4\,Sb.$$

Eisen + Schwefelantimon = Schwefeleisen + Antimon.

Nach H. Borchers kann das Antimon auch auf elektrolytischem Wege gewonnen werden. Es wird hierbei Schwefelnatrium von ganz bestimmtem Gehalt als Lösungsmittel verwendet, für welches das Grauspießglanzerz das geeignetste Antimonerz ist. Die aus Eisen bestehenden Zersetzungszellen werden gleichzeitig als Kathode benutzt und können zur Vergrößerung der Kathodenfläche noch eiserne Platten eingehängt werden. Als Anoden dienen isoliert eingestellte Bleipatten. Das Antimon wird hierbei je nach der Stromstärke pulverförmig oder schuppenförmig erhalten und dann zusammengeschmelzt.

Eigenschaften. Das Antimon ist ein großblätteriges Metall von glänzend bläulich-weißer Farbe, dessen krystallinische Struktur man auf den im Handel vorkommenden Broten als farnkrautähnliche Figuren sehen kann. Es hat ein spezifisches Gewicht von 6,7, ist sehr spröde und läßt sich leicht pulvern. Es schmilzt bei 450° C., oxydiert sich bei gewöhnlicher Temperatur nicht, bildet aber, an der Luft erhitzt, einen starken weißen Rauch von Antimonoxyd. Salzsäure und Schwefelsäure greifen es nur in der Wärme an, Salpetersäure oxydiert es zu in Salpetersäure unlöslichen Oxyden und Königswasser endlich löst es auf.

Legierungen. Zu Legierungen verwendet, macht das Antimon die Metalle glänzender, härter und spröder. Das Metall der Buchdruckerlettern — Schriftgießermetall genannt — besteht aus 80% Blei und 20% Antimon, und nimmt die Härte des sog. Hartbleies überhaupt mit seinem Antimongehalt zu. Das sog. Britanniametall besteht aus 10% Antimon und 90% Zinn, das Pewtermetall aus 89,3% Zinn, 7,1% Antimon, 1,8% Kupfer und 1,8% Wismut, das Métal argentin aus 85,5% Zinn und 14,5% Antimon. Eine in England viel zu Lagermetall für Lokomotiven ꝛc. verwendete Legierung besteht aus 77,8% Zinn, 19,4% Antimon und 2,8% Zink, ferner gilt als Surrogat für Neusilber eine Legierung von 5,5% Antimon, 5% Nickel, 2% Wismut und 87,5% Zinn. Zum Ausfüllen kleinerer Löcher und schlechter Stellen im Gußeisen, wird eine Legierung von 9 Teilen Blei, 2 Teilen Antimon und 2 Teilen Wismut verwendet, da dieselbe die Eigenschaft hat, sich beim Erkalten auszudehnen. Als Magnolia-Lagermetall befindet sich eine Legierung von 78% Blei, 16% Antimon und 6% Zinn im Handel, dieselbe schmilzt bei 340° C, fließt gut und füllt die Formen gut aus. Endlich wird als Lötzinn eine Legierung von 0,5% Kupfer, 7% Antimon, 24,5% Zinn und 68% Blei hergestellt.

Geschichtliches. Schon die Alten scheinen einige Verbindungen des Antimons gekannt zu haben, das Metall selbst wurde aber erst im 15. Jahrhundert von Basilius Valentinus beschrieben. Proust und Berzelius haben die Verbindungen des Antimons näher kennen gelehrt.

Das Arsen.

Vorkommen. Das Arsen (chemische Formel As) findet sich gediegen als Scherbenkobalt, meist jedoch in Verbindung mit anderen Elementen wie im Arsenkies $Fe\,As\,S$, Arsenikalkies $Fe_2\,As_3$, Realgar $As\,S$, Auripigment $As_2\,S_3$, Speiskobalt $Co\,As_2$, Glanzkobalt $Co\,As\,S$, Kupfernickel $Ni\,As$, in den Fahlerzen und als Beimengung vieler anderer Erze.

Darstellung. Das im Handel vorkommende Arsen ist entweder direkt Scherbenkobalt oder aus dem Arsenkies und dem Arsenikalkies durch Sublimation dargestellt. Der Arsenkies wird zur Gewinnung des Arsens in thönernen Röhren erhitzt und das übergehende Metall in Vorlagen aufgefangen. So dargestellt führt es im Handel den Namen Fliegenstein. Reines Arsen gewinnt man durch Sublimation eines innigen Gemenges arseniger Säure ($As_2\,O_3$) mit Kohle, wobei diese unter Bildung von Kohlenoxyd zu Arsen reduziert wird.

$$As_2\,O_3 + 3\,C = 3\,CO + 2\,As$$

Arsenige Säure + Kohle = Kohlenoxyd + Arsen

Eigenschaften. Das Arsen ist spröde, stahlgrau und glänzend; sein spezifisches Gewicht ist 5,6. Beim Erhitzen unter Luftabschluß verflüchtigt es sich bei 180°C, ohne zu schmelzen und verdichtet sich beim Erkalten zu Krystallen; wird es an der Luft erhitzt, so verbrennt es mit bläulich-weißer Flamme zu arseniger Säure.

Geschichtliches. Gewisse Verbindungen des Arsens waren schon den Alten bekannt, das Metall selbst wurde 1694 von Schröder und 1733 von Brand aus dem Arsenik dargestellt.

Das Mangan.

Vorkommen. Das Mangan (chemische Formel Mn) wird hauptsächlich aus dem Braunstein $Mn O_2$ dargestellt, welcher häufig mit Baryt, Kieselerde, Wasser, Nickel, Kobalt und Thallium verunreinigt ist. Ferner dienen, wenn auch seltener, zur Darstellung Braunit $Mn_2 O_3$, der Manganit $Mn_2 O_3, H_2 O$ und der Hausmannit $Mn_3 O_4$. Der Braunstein des Handels ist gewöhnlich ein Gemenge von Pyrolusit $Mn O_2$ mit Hausmannit, Braunit und anderen Manganerzen.

Darstellung. Zur Darstellung des Mangans werden die Manganoxyde, besonders der Braunstein durch starkes Erhitzen mit Kohlepulver reduziert. Zur Aufbereitung geringhaltiger Manganerze empfiehlt Dehl das Erhitzen derselben mit wasserhaltigem Chlormagnesium behufs Bildung von Manganchlorür, Schmelzen desselben unter Einwirkung von Luft und Wasserdampf, wobei sich Manganoxyduloxyd und Chlor bildet.

Eigenschaften. Das metallische Mangan ist spröde, von grauer Farbe und hat ein spezifisches Gewicht von 8.

Legierungen. Eine Legierung von Mangan, Eisen und Kupfer vermehrt Festigkeit, Zähigkeit und Härte der später aus solchem Kupfer gefertigten Bronze. G. A. Dick stellt eine Manganbronze dar, indem er reines Kupfer in einem Tiegel mit manganreichem Ferromangan und Silicium zusammenschmelzt, O. M. Thowleß, indem er Ferromangan mit Silex, einem Metall und einem Flußmittel mischt, die Mischung in einem geeigneten Behälter erhitzt und die entstandene Legierung im geschmolzenen Zustande durch Ausgießen von den übrigen Stoffen trennt. Cowles setzt den Manganlegierungen 5% Aluminium hinzu, wodurch sie eine weiße Farbe und Silberglanz erhalten, fester, elastischer, leichter gießbar und weniger leicht angreifbar werden. Endlich stellt derselbe aus 18 Teilen Mangan, 1,2 Teilen Aluminium, 5 Teilen Silicium, 13 Teilen Zink und 67,5 Teilen Kupfer eine Silberbronze dar, welche sich zu sehr dünnen Blechen auswalzen und zu sehr feinem Draht ausziehen läßt.

Geschichtliches. Schon die ältesten Chemiker kannten den Braunstein, zählten ihn aber zu den Eisenerzen, bis 1774 Scheele nachwies, daß er ein eigentümliches Metall enthalte, welches Gahn einige Jahre später darstellte. Die zweckmäßigen Methoden, durch welche das Mangan rein gewonnen werden konnte, gaben erst vor ca. zwei Jahrzehnten H. St. Claire-Déville und Brunner an.

Das Aluminium.

Vorkommen. Das Aluminium (chemische Formel Al) bildet in seinen Verbindungen den verbreitetsten Bestandteil aller Mineralien. An Sauerstoff und Kieselsäure gebunden, bildet es den ja jedermann bekannten Thon, und dieser findet sich nächst dem Sauerstoff und der Kieselsäure wohl am häufigsten auf unserm Planeten. Gediegen kommt es aber nicht vor, und die Darstellung des reinen Metalles hat bis in die neuere Zeit hinein sehr große Schwierigkeiten gemacht. Wie sehr dieselbe aber gerade in den letzten Jahren vervollkommnet ist, geht wohl am deutlichsten aus nachfolgenden Angaben hervor.

Geschichtliches. Als es 1828 von Wöhler zuerst dargestellt wurde, gab es nur so geringe Quantitäten, daß der Preis für ein Kilo überhaupt nicht festgesetzt werden konnte. Als es Deville 1854 gelang, das Aluminium im kompakten Zustande darzustellen, galt das Kilo 2400 Mark, und heute kostet es infolge der außerordentlichen Vervollkommnung der Darstellungsmethoden nur noch fünf Mark.

Darstellung. Die Darstellung nach Wöhler bestand darin, daß er Thonerde mit Holzkohle gemengt, glühte und über diese glühende, poröse Thonerde Chlorgas leitete. Hierbei bildete sich Chloraluminium, welches mit metallischem Natrium oder Kalium stark geglüht, unter Bildung von Chlornatrium, bez. Chlorkalium zu metallischem Aluminium reduziert wurde. Nachdem H. Deville 1854 bei der Darstellung gefunden hatte, daß es sich weit weniger leicht oxydiere als man bisher glaubte und dadurch von sehr großer Wichtigkeit für die Technik sei, stellte man das Metall in Javelle für Rechnung des Kaisers Napoleon III. fabrikmäßig dar und zwar im wesentlichen nach der vorher angegebenen Methode. Da nun die Aluminium-Legierungen gleichfalls von sehr hoher Bedeutung für die Technik sind, so ist es in vielen Fällen nicht nötig, das Aluminium rein zu gewinnen, und daher gehen viele der Verbesserungen seiner Darstellung darauf hinaus, es mit irgend einem Metalle legiert darzustellen. So mischt H. Niewerth Ferrosilicium mit Fluoraluminium und schmelzt das Gemenge, wobei sich Fluorsilicium bildet, welches sich verflüchtigt, während eine Legierung von Eisen und Aluminium zurückbleibt. Schmelzt man diese Eisen-Aluminium-Legierung mit Kupfer zusammen, so erhält man die wertvolle Kupfer-Aluminium-Legierung — Aluminiumbronze genannt — während das Eisen ausscheidet. W. Weldon schmelzt Kryolith — das ist ein Mineral, welches eine Verbindung vom Fluoraluminium mit Fluornatrium darstellt und schon von H. Rose zur Darstellung des Aluminiums anstatt der Thonerde benutzt wurde — mit Calciumchlorid zusammen. Hierbei bildet sich Aluminiumchlorid, welches dann zu metallischem Aluminium reduziert wird. H. A. Gadsden reduziert das erhaltene Aluminiumchlorid zu metallischem Aluminium, indem er Natriumdämpfe darauf einwirken läßt, welche er durch Erhitzen einer Mischung von Natriumkarbonat mit Holzkohle erzeugt. Emerson Foote erzeugt in zwei verschiedenen Gefäßen Natriumdampf und eine flüchtige Aluminium-Verbindung, welche sich in einem dritten Gefäße unter Bildung von Aluminium mischen. Nach J. J. Seymour wird zerkleinertes Kaolin mit einem gerösteten und gleichfalls zerkleinertem Zinkerz, Kohle und Flußmitteln gemischt. Diese Mischung wird in feuerfesten Retorten, deren konische Verschlußstopfen eine kleine Öffnung besitzen, stark erhitzt, wobei sich eine Aluminium-Zink-Legierung bildet, welche als solche benutzt oder durch Destillation in ihre Bestandteile zerlegt werden kann. F. Lauterbom stellt Aluminium aus Aluminiumsulfat dar, indem er letzteres, um es vom Wasser zu befreien in Tiegeln oder auf Herden erhitzt und die so erhaltene poröse Masse pulvert. Hierauf wird dieselbe mit Kohle, Antimon und Flußmitteln gemengt, bis zum Schmelzen erhitzt und durch ein Gebläse im Fluß erhalten, wobei sich metallisches Aluminium bilden soll. R. Grätzel schmelzt Aluminiumnatriumfluorid mit Magnesium oder leitet Magnesiumdampf in das geschmolzene Doppelfluorid, wodurch dasselbe zu metallischem Aluminium reduziert wird. Auf demselben Wege kann auch Aluminiumbronze erzeugt werden, wenn man von vornherein eine genügende Menge Kupfer hinzusetzt.

R. de Montgelas bringt granuliertes Zink in eine Schmelze von Aluminiumchlorid und Aluminiumnatriumchlorid, wobei sich eine Zink-Alumiumlegierung bildet, welche 50 % Aluminium enthält. Diese Legierung wird wieder mit dem Doppelchlorid und einer geringen Menge Magnesium verschmelzt und das Verfahren so lange wiederholt, bis alles Zink aus der Legierung entfernt ist. O. M. Towleß mischt Aluminiumchlorid oder Aluminiumfluorid mit Kalk, Kohle, Soda und Kryolith, worauf diese Mischung in geschlossenen Gefäßen auf starke Rotglut erhitzt wird. Hierbei schmilzt die Mischung zusammen, und wird dann aus der Schmelze durch Waschen und Lösen des Flusses das reduzierte Aluminium gewonnen. Nach Reillon wird über in einer Retorte hoch erhitzte thonerdehaltige Kohle ein Strom von gasförmigem Schwefelkohlenstoff geleitet. Hierbei bildet sich Schwefelaluminium, aus welchem mittels Kohlenwasserstoffgases bei lebhafter Glühhitze der Schwefel entfernt wird. Nach S. Pearson wird ein Gemisch von Kryolith, Bauxit oder Kaolin oder Thonerdehydrat, Chlorcalcium, Calciumkarbonat und Kohle auf dunkle Rotglut erhitzt, wodurch das Aluminium reduziert wird, aber in der ganzen Masse verteilt bleibt. Zur Abscheidung desselben werden Kupfer oder Zink hinzugesetzt, welche sich bein Schmelzen mit dem Aluminium legieren. Soll das Metall rein dargestellt werden, so wird es mit Zink versetzt, welches aus dem Gemenge dann durch Destillation ausgeschieden wird.

Von ganz hervorragender Bedeutung für die Darstellung des Aluminiums aber ist die in neuerer Zeit so sehr ausgebildete elektrische Methode geworden. Ohne dieselbe wäre es nicht möglich, das Aluminium zu einem so billigen Preis darzustellen, und ihm damit die zahlreichen Verwendungsarten zu erschließen, welche es in letzter Zeit gefunden hat (vergl. darüber S. 178 bis 180).

Eigenschaften. Das Aluminium hat eine bläulich-weiße Farbe und einen starken Glanz, der sich an der Luft selbst in der Glühhitze unverändert erhält. Es ist sehr leicht und hat ein spezifisches Gewicht von nur 2,5; es ist sehr dehnbar und hämmerbar, so daß man es zu dünnem Draht ausziehen und zu feinen Blättchen auswalzen kann. Es ist härter als das Zinn, aber weicher als das Zink und Kupfer, nicht sehr biegsam und bricht mit unebener, zackiger, feinkörniger Bruchfläche. Es schmilzt bei ca. 700° C. und löst sich in Salzsäure, Natron- und Kalilauge auf.

Legierungen. Da sich das Aluminium mit vielen Metallen gut legiert und diese Legierungen manche wertvollen Eigenschaften haben, so sind zahlreiche derselben dargestellt worden, welche alle eine mehr oder weniger hohe Bedeutung für die Technik haben. Die bereits erwähnte Aluminiumbronze, aus 90 bis 95 % Kupfer und 5 bis 10% Aluminium bestehend, hat eine goldähnliche Farbe und einen Glanz von großer Haltbarkeit. Diese Aluminiumbronze wird auch sehr häufig zu den verschiedensten Zwecken weiter legiert, so bereitet O. Hofmann eine Legierung zur Herstellung von Formerwerkzeugen aus 100 Teilen 10prozentiger Aluminiumbronze, 2 Teilen Zink, 0,5 Teilen Mangan, 1,5 Teilen Blei, 2 Teilen Zinn und 0,25 Teilen Phosphor, welche Stoffe bei 800° C. zusammen und mehrere Male umgeschmelzt werden. Silber-Aluminium-Legierungen sind härter und politurfähiger als reines Aluminium und haben vor der Silber-Kupferlegierung die Vorteile, ihre weiße Farbe zu behalten und an der Luft völlig unveränderlich zu sein. Die physikalischen Eigenschaften dieser Legierungen wechseln mit den Mengenverhältnissen beider Stoffe, so ist z. B. eine solche Legierung aus 169 Teilen Aluminium und 5 Teilen Silber bestehend, sehr elastisch und daher zur Fabrikation feinerer Federn sehr geeignet. Eine Legierung aus 100 Teilen Aluminium und 10 Teilen Zinn soll alle Schwierigkeiten, welche das Aluminium beim Schweißen bietet, aufheben, dabei weißer als das Aluminium selbst und bei einem spezifischen Gewicht von 2,85 nur wenig schwerer als dieses sein. Eine nickel- und kupferhaltige Aluminiumlegierung wird besonders für Patronenhülsen empfohlen. A. Baldwin empfiehlt, zur direkten Darstellung von Aluminiumlegierungen Thon oder ähnliche aluminiumhaltige Stoffe mit kohlenstoffhaltigem Material und einem Überschuß von Natriumchlorid zu schmelzen und in diese geschmolzene Masse das mit dem Aluminium zu verbindende Metall gleichfalls geschmolzen einzutragen. C. A. Burghardt stellt eine Aluminiumbronze dar durch Elektrolyse einer Lösung des Doppelcyanides von Kupfer und Aluminium. John Clark stellt Legierungen des Aluminiums mit Eisen und Stahl dar. Ein Zusatz von Aluminium zu Neusilber giebt ein Metall, das sich seiner Härte und Schärfbarkeit wegen gut zu Messerklingen eignet; ein Zusatz des Aluminiums zu Messing macht dasselbe widerstandsfähiger gegen ätzende Flüssigkeiten. L. D. Brin stellt Aluminiumlegierungen direkt aus Thonerde dar, indem er dieselbe mit Borax und dem zu legierenden Metall zusammen schmelzt unter gleichzeitiger Durchleitung von reduzierend wirkenden Gasen durch den Schmelztiegel. R. Falk stellt durch galvanischen Niederschlag Legierungen des Aluminiums mit zahlreichen anderen Metallen dar. L. Petit-Devaucelle schmilzt eine Legierung von Kupfer mit Zinn, Zink oder Blei und setzt Schwefelaluminium hinzu, wodurch er eine 5 bis 10prozentige Aluminiumkupferlegierung erhält. G. Bamberg legiert das Aluminium mit Eisen, Zink, Blei oder Kupfer, indem er Aluminiumchlorid in Dampfform oder Pulver in das betreffende hoch erhitzte, geschmolzene Metall einführt. J. W. Langley endlich stellt Legierungen aus Aluminium mit Titan und Chrom dar.

Das Magnesium.

Vorkommen. Das Magnesium bildet als Silikat den Hauptbestandteil vieler Gesteine, und findet sich ferner als Sulfat im Kieserit, Schoenit und Kainit, als Chlor- und Brom-Magnesium im Meerwasser und im Karnallit und endlich als Karbonat in dem Magnesit und den Dolomiten.

Darstellung. Seine Darstellung ist ganz analog derjenigen des Aluminiums, indem man eine geeignete Magnesiumverbindung, besonders das Chlormagnesium mittels Natriums reduziert. In neuerer Zeit ist noch eine andere Darstellungsmethode mit Vorteil versucht worden und zwar von E. v. Püttner. Nach dieser Methode wird das magnesiumhaltige Mineral oder Produkt mit Eisenoxyd und Kohle innig gemengt und in geschlossenen Gefäßen zur Weißglut erhitzt. Hierbei wird das Magnesium reduziert, verdampft, und seine Dämpfe werden in Vorlagen von bekannter Form aufgefangen und wieder kondensiert. Auch auf elektrolytischem Wege wird es von Gerhard gewonnen. Derselbe benutzt Ammonium-Magnesiumsulfat in Wasser gelöst als leitende Flüssigkeit und erwärmt das Bad auf 65 bis 100° C. Für die Abscheidung eines weißen Metalles wird eine Nickelanode benutzt, während man bei Verwendung einer Kupferanode Magnesiumbronze erhält, in welch' letzterem Falle aber der elektrolytischen Flüssigkeit noch Cyankalium und Ammoniumkarbonat hinzuzusetzen ist.

Eigenschaften. Das Magnesium gehört zu den leichtesten Metallen, sein spezifisches Gewicht beträgt nur 1,7. Es ist von silberweißer Farbe, verliert aber seinen Glanz sehr bald, da es an der Luft etwas anläuft. Über seinen Schmelzpunkt sind die Ansichten sehr verschieden, denn während man bisher annahm, daß derselbe nur etwas über 400° C. läge, behauptet V. Meyer neuerdings, daß derselbe erst bei ca. 800° C. zu suchen sei. Über den Schmelzpunkt hinaus erhitzt, entzündet es sich und verbrennt mit blendend weißem Lichte zu Magnesia; ungefähr bei 1020° C. verdampft es. Es ist sehr duktil und läßt sich zu Draht ausziehen und zu Blech ausschlagen.

Legierungen. Nach Fleischmann soll ein Zusatz von Magnesiumlegierungen, besonders von einer Nickel-Magnesiumlegierung, zu Metallbädern diese Metalle für den Guß insofern geeigneter machen, als sie dadurch sehr dehnbare, blasenfreie Gußstücke liefern. J. F. Holtz hingegen fand, daß das Magnesium zur Darstellung von Legierungen sehr ungeeignet sei, weil die betreffenden Metalle, wie z. B. Eisen, Stahl, Kupfer, Messing und Bronze durch Zusatz von Magnesium spröder, statt schmiedbarer und weicher würden.

Geschichtliches. Die ersten Versuche zur Isolierung des Magnesiums aus seinen Verbindungen stellte Davy an, dieselben gelangen aber erst Liebig und Bussy. 1852 fand Bunsen die Reindarstellung des Magnesiums auf elektrolytischem Wege.

b) Edle Metalle.

Alle vorstehend behandelten Metalle werden „unedle" Metalle genannt, während die vier nun noch zu beschreibenden, nämlich Quecksilber, Platin, Silber und Gold „edle" Metalle genannt werden. Ihr allgemeiner Charakter wird bestimmt durch ihr seltenes Vorkommen, ihr hohes spezifisches Gewicht und ihre geringe Affinität zum Sauerstoff, wodurch sie sich an der Luft nicht verändern und auch das Wasser nicht zersetzen, weder bei gewöhnlicher noch bei höherer Temperatur und endlich auch nicht bei Gegenwart von Säuren.

Das Quecksilber.

Vorkommen. Das Quecksilber (chemische Formel Hg, von hydrargyrum abgeleitet) ist nicht sehr verbreitet. Es findet sich nur in geringen Quantitäten gediegen, hauptsächlich an Schwefel gebunden im Zinnober HgS und kommt besonders zu Idria in Illyrien, zu Almaden in Spanien und auch in China, Peru und Kalifornien vor. Ferner findet es sich in der bayerischen Rheinpfalz, Westfalen, Kärnthen, Steiermark, Böhmen, Ungarn, Siebenbürgen und am Ural. Zu erwähnen sind noch das Quecksilberlebererz, ein mit thonigen und bituminösen Teilen verunreinigter Zinnober und das Quecksilberfahlerz, welches 2 bis 15% Quecksilber enthält.

Darstellung. Das Quecksilber wird hauptsächlich aus dem Zinnober dargestellt, und zwar in Idria durch Rösten desselben in

Schachtöfen und Verdichtung der sich hierbei entwickelnden Quecksilberdämpfe in eisernen oder gemauerten Kammern; in Spanien werden die Dämpfe in röhrenartig zusammengefügten Thongefäßen verdichtet. In Böhmen und der Pfalz wird der Zinnober in geschlossenen Räumen durch Zuschläge, wie Eisenhammerschlag oder Kalk zerlegt.

Fig. 366 und 367 zeigen den in Idria angewendeten Apparat im Vertikalschnitt, und zwar ist Fig. 367 nur eine Vergrößerung des Mittel-

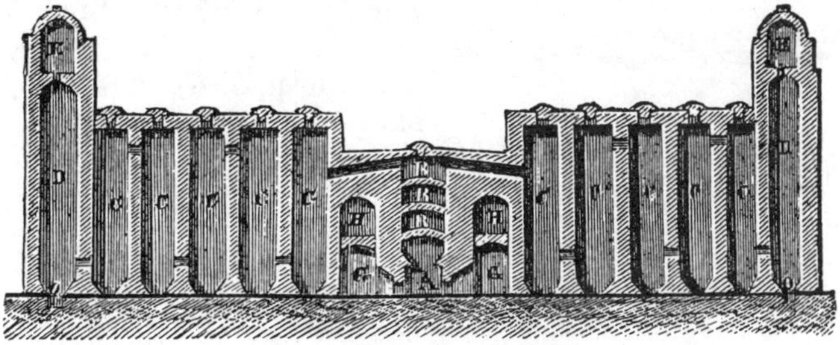

Fig. 366. Quecksilber-Röstofen.

baues von Fig. 366. Der zu röstende Zinnober wird auf den Wölbungen über dem Herd A derartig angehäuft, daß der erste Raum V vollständig damit angefüllt ist, auf der Wölbung pp[1] die größeren Stücke und endlich auf der Wölbung rr[1] der Staub und die Rückstände der letzten Fabrikation gebracht werden. Diese Wölbungen sind zahlreich durchlöchert, und die sich entwickelnden Gase gelangen durch einen über der obersten Wölbung liegenden Kanal und durch die zahlreichen Seitenkammern CC zu beiden Seiten nach den Räumen D. Sobald der Ofen beschickt ist, wird auf dem Rost bei A ein Feuer, gewöhnlich mit Buchenholz entzündet, und der in dem ganzen Bau herrschende Zug führt genügende atmosphärische Luft in den Zinnober, um bei der 10 bis 12 Stunden anhaltenden Dunkelrotglut durch den Sauerstoff derselben den Schwefel des Zinnobers zu schwefliger Säure zu oxydieren, wobei das Quecksilber frei wird, was sich durch folgende chemische Formel ausdrücken läßt:

Fig. 367. Quecksilber-Röstofen.

$$HgS + 2O = SO_2 + Hg$$

Zinnober + Sauerstoff = Schweflige Säure + Quecksilber.

Die Verbrennungsprodukte entweichen in die Seitenkammern CC, auf deren in der Mitte vertieftem Boden das Quecksilber in einen Behälter aus Porphyr abfließt, während aus einem Wasserreservoir kaltes Wasser kontinuierlich zu den äußeren Kammern strömt. Die letzten Spuren des Quecksilbers verdichten sich in den Rauchkammern DD.

In Almaden in Spanien werden die Quecksilberdämpfe in birnenförmigen kurzen Röhren aus Thon — Aludeln genannt — verdichtet. Diese Aludeln werden mit ihren offenen Enden so ineinandergeschoben, wie es Fig. 368 zeigt, und in dieser Anordnung Aludelschnüre genannt.

Fig. 368. Aludelschnur.

Der Ofen, den Fig. 369 im Vertikalschnitt und Fig. 370 im Horizontalschnitt zeigt, besteht aus einem mittels durchbrochenen Gewölbes in zwei Abteilungen geteilten, cylindrischen Schachtofen, in dessen unterer Abteilung das Feuer angemacht, und dessen obere Abteilung mit Zinnober beschickt wird. Dieser Ofen steht durch den sog. Aludelplan, auf welchem

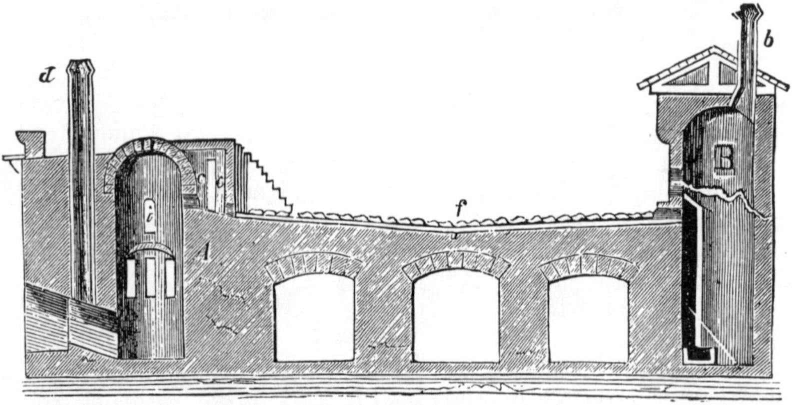

Fig. 369. Quecksilber-Röstofen (Vertikalschnitt).

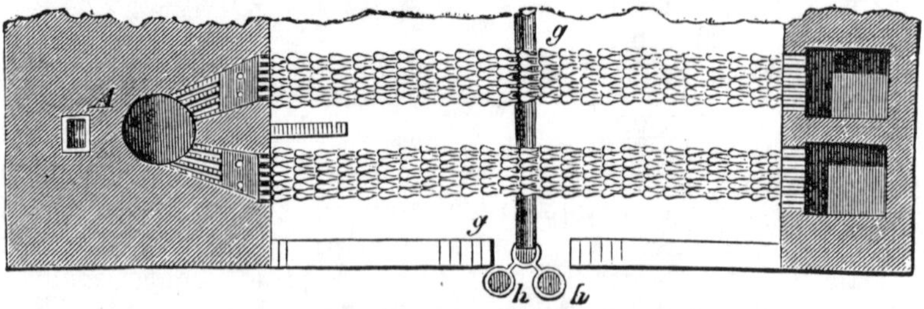

Fig. 370. Quecksilber-Röstofen (Horizontalschnitt).

12 Aludelschnüre liegen, mit den Kammern B in Verbindung. Jede dieser Aludelschnüre enthält bei 20 bis 22 m Länge 44 Aludeln. Die beim Rösten sich bildenden Dämpfe treten nun durch die Kammern cc in die Aludelschnüre, in welchen sich das Quecksilber verdichtet und bei

der am tiefsten liegenden Aludel f durch die Rinnen gg in die steinernen Behälter hh abfließt. Das letzte Quecksilber wird in Kammern B verdichtet, während der Rauch durch den Schornstein b entweicht.

In Böhmen wird durch Erhitzen des Zinnobers mit Eisen aus dem Schwefel desselben Schwefeleisen gebildet, wobei gleichfalls das Quecksilber frei wird, wie es folgende chemische Formel zeigt:

$$HgS + Fe = FeS + Hg$$

Zinnober + Eisen = Schwefeleisen + Quecksilber.

Dieses Verfahren wird in einem Glockenofen, wie ihn Fig. 371 zeigt, ausgeführt. Auf einer eisernen Säule ruhen eiserne Teller bb, welche mit einer unten in Wasser tauchenden Glocke bedeckt sind. Die Glocken, von denen sechs in einem gemauerten Ofen stehen, werden durch das Gestell g in die Öfen versenkt, an ihrem oberen Teile von der Mauer f aufwärts mit Steinkohle bedeckt und hier, nachdem der Zinnober auf die Teller bb gebracht war, zum Glühen erhitzt, wobei das Quecksilber in das Wasser a tropft, welches nach beendeter Operation und, nachdem die Glocke mittels g gehoben worden ist, mit dem Kasten d herausgezogen werden kann.

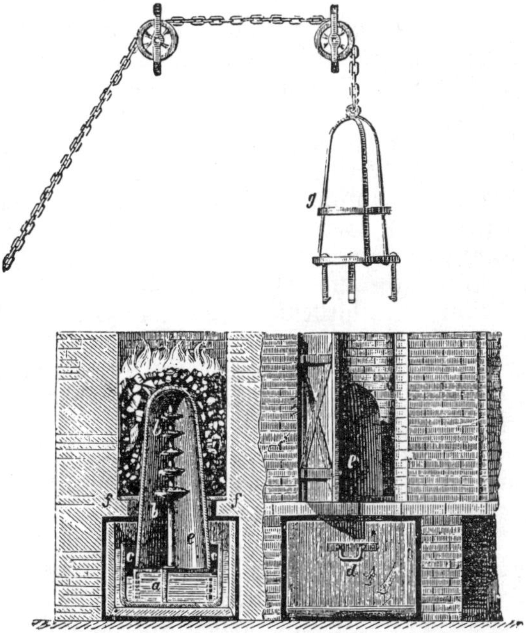

Fig. 371. Glockenofen.

Eigenschaften. Das Quecksilber ist das einzige Metall, welches bei gewöhnlicher Temperatur flüssig ist; es erstarrt erst bei $- 39^{0}$ C., siedet bei 360^{0} C., verdunstet aber schon bei gewöhnlicher Temperatur. Es hat eine silberweiße Farbe, starken Glanz und fließt in runden Tropfen über glatte Flächen. Es verändert sich bei gewöhnlicher Temperatur an der Luft nicht, wird von Salzsäure und Schwefelsäure bei gewöhnlicher Temperatur nicht angegriffen, von Schwefelsäure aber beim Erhitzen und von Salpetersäure schon in der Kälte aufgelöst. Sein spezifisches Gewicht ist 13,5.

Geschichtliches. Das Quecksilber ist seit den ältesten Zeiten bekannt, und der Zinnober fand schon bei den Alten als Farbe Verwendung.

Die Verbindungen des Quecksilbers mit anderen Metallen werden „Amalgame" genannt, welche fest oder flüssig sind, je nach der Menge des darin enthaltenen Quecksilbers. Es verbindet sich leicht mit Blei, Wismut, Zink, Zinn, Silber und Gold, schwer mit Kupfer, gar nicht mit Eisen, Nickel, Kobalt und Platin. Die Amalgame mit Gold und Silber werden bei Gewinnung dieser Metalle benutzt, um diese von den Erzen zu scheiden, wie bei diesen Metallen selbst näher auseinandergesetzt werden soll.

Das Platin.

Vorkommen. Das Platin findet sich nur gediegen, meistens in Form von Körnern im angeschwemmten Sande von Flußbetten, gewöhnlich als Platinerz, d. i. Platin mit kleinen Beimengungen der sog. Platinmetalle, worunter Palladium, Iridium, Rhodium, Osmium und Ruthenium verstanden werden. Auch Eisen und Kupfer begleiten es häufig. Seine Fundorte sind besonders Südamerika, Kolumbia, Peru und Brasilien, wie das aufgeschwemmte Land am Ural. Aber es findet sich auch unter dem Waschgold in Kalifornien, im Oregongebirge, in Brasilien, auf Haïti, in Australien, auf der Insel Borneo, in Norwegen und endlich im Sande des Ivaloflusses im nördlichen Lappland. v. Pettenkofer hat nachgewiesen, daß das Platin überhaupt viel verbreiteter ist, als man früher annahm, denn seine Untersuchungen haben ergeben, daß alles Silber, welches nicht direkt aus einer Scheidung herrührt, von einer geringen Menge Platin begleitet ist. Seine chemische Formel ist Pt.

Darstellung. Die Gewinnung des Platins aus dem Platinerz kann nach zwei Methoden, nämlich auf dem nassen oder auf dem trockenen Wege geschehen.

Nach der ersten Methode behandelt man das Platinerz mit Königswasser, wodurch man eine saure Lösung von Platinchlorid ($PtCl_4$) erhält. Aus dieser Lösung fällt man mittels Salmiak (NH_4Cl) einen gelben Niederschlag von Platinsalmiak ($2NH_4Cl, PtCl_4$), welcher, nachdem er gut ausgewaschen und geglüht ist, ein graues, poröses Metall, den sog. Platinschwamm, liefert. Dieser wird zusammengepreßt, zum Weißglühen erhitzt und unter wiederholtem Ausglühen zwischen Holzkohlen in einem Schmiedefeuer gehämmert, wobei das Metall dicht und geschmeidig wird.

Weit vollkommener ist die von Deville und Debray 1861 eingeführte Methode, das Platin auf trockenem Wege zu gewinnen. Das Platinerz wird hiernach mit Bleiglanz auf einem Flammenofen zusammengeschmelzt, wobei sich das im Platinerz enthaltene Eisen mit dem Schwefel des Bleiglanzes zu Schwefeleisen verbindet, während das Platin und die es begleitenden Metalle sich mit dem Blei legieren. Auf einem Treibherde, wie er bei der Gewinnung des Silbers näher beschrieben werden soll, wird nun das Blei nebst den anderen Metallen entfernt. Das so dargestellte Platin ist aber noch nicht ganz rein, denn es enthält noch eine geringe Menge von Blei, Osmium, Iridium und Rhodium und muß auch noch von diesen Beimengungen befreit werden. Das geschieht, indem das Platin in einem kleinen Kalkofen im Knallgasgebläse so lange geschmelzt wird, bis sich keine Dämpfe von Blei und anderen Metallen — letztere erkennt man an dem eigentümlichen Geruch der Osmiumdämpfe — aus der geschmolzenen Masse mehr entwickeln.

Eigenschaften. Das Platin ist von weißer, etwas ins stahlgraue gehender Farbe, von hohem Glanze, sehr hämmerbar und läßt sich zu sehr feinen Drähten ausziehen. Es ist so weich wie das Kupfer und in der Weißglühhitze schweißbar. Sein Schmelzpunkt aber liegt sehr hoch, und es konnte früher nur im Knallgebläse geschmelzt werden, wodurch das Gießen von größeren Platinblöcken sehr erschwert, wenn nicht unmöglich war. Jetzt sind von Deville, Debray, Schlösing u. a. Öfen konstruiert, in welchen das Platin in größeren Massen geschmelzt werden kann, und zwar durch eine Leuchtgas- oder Wasserstoffflamme, welche von Sauerstoff oder auch nur von atmosphärischer Luft angeblasen wird. Die Schmelztiegel in diesen Öfen bestehen aus Kalk oder Magnesia. An der Luft bleibt das Platin ganz unverändert und wird auch von Wasser oder von Säuren — mit Ausnahme von Königswasser, welches es auflöst — nicht angegriffen; wohl aber greifen es die Alkalien in der Glühhitze an. Sein spezifisches Gewicht ist 21,2.

In fein verteiltem Zustande, wie das Platin bei der Darstellung auf nassem Wege gewonnen wird, nennt man es Platinschwamm. Dieses hat die Eigenschaft, Gase und besonders Sauerstoff in sehr großer Menge in die Poren aufzunehmen und zu verdichten. Der Sauerstoff der atmosphärischen Luft wird im Platinschwamm so verdichtet, daß er von einem Wasserstoffstrom getroffen, mit diesem Wasser bildet und durch die dabei erzeugte hohe Temperatur den Wasserstoff entzündet. Auf dieser Eigenschaft des Platinschwammes beruht das Döbereinersche Feuerzeug. Das Platinmohr besitzt die Eigenschaft, Sauerstoff zu absorbieren, in noch höherem Grade als der Platinschwamm und ist wie dieses höchst fein verteiltes Platin, aber von vollständig schwarzer Farbe. Es wird gewonnen, indem man schwefelsaures Platinoxyd mit kohlensaurem Natron und Zucker kocht, wodurch das Platinmohr als schwarzes Pulver zu Boden fällt, oder indem man Zink mit Platin zusammen schmelzt und diese Legierung mit verdünnter Schwefelsäure behandelt. Diese löst das das Platin vollständig durchsetzende Zink auf und läßt das Platin selbst in dem oben beschriebenen, fein verteilten Zustande zurück.

Geschichtliches. Das Platin wurde von Anton d'Ulloa, einem Mathematiker, in dem goldführenden Sande des Flusses Pinto in Südamerika entdeckt, aber von ihm für Silber gehalten, bis 1752

Scheffer und Wollaston nachwiesen, daß es kein Silber, sondern ein eigentümliches Metall sei. Dieser Verwechslung verdankt es auch seinen Namen, der von dem spanischen Worte „platiña“, das heißt „silberähnlich“ abgeleitet ist. Seine Eigenschaften haben Tennant, Wollaston, Berzelius und Döbereiner näher kennen gelehrt.

Legierungen. Das Platin bildet mit den meisten Metallen Legierungen von sehr wertvollen Eigenschaften. So stellte Deville eine Legierung von 78,7% Platin und 21,3% Iridium dar, welche hart und hämmerbar ist und selbst vom Königswasser nicht angegriffen wird. Legierungen von 10 bis 15% Iridium widerstehen den Reagentien und dem Feuer besser als das reine Platin, während sie zugleich strengflüssiger und härter als dieses sind. Chapuis hat eine Legierung von 92% Platin, 5% Iridium und 3% Rhodium von ähnlichen Eigenschaften dargestellt. Aus 3 Teilen Platin und 13 Teilen Kupfer stellt Bolzani eine dem Golde in Bezug auf dauernden Glanz und Farbe ähnliche Legierung dar. 50% Platin und 50% Stahl geben eine weiße Legierung, welche als Spiegelmetall unübertroffen ist. H. Ostermann stellt eine Legierung aus Platin, Nickel, Kupfer und Kadmium dar, denen er dann Wolfram und Kobalt hinzusetzt, und erhält so ein Metall, das die Eigenschaften des Stahles hat, nur nicht oxydierbar und nicht magnetisch ist, sich daher besonders zur Herstellung von Uhrenteilen eignet. Endlich besteht eine für Tiegel und chemische Utensilien empfohlene neue Platinlegierung, „Platinid“ genannt, aus 60% Platin, 35% Nickel, 2% Gold und 3% Eisen.

Das Silber.

Vorkommen. Das Silber, dessen chemische Formel von argentum abgeleitet Ag ist, findet sich in der Natur sowohl gediegen, als auch in zahlreichen Erzen an Schwefel, Arsen und Antimon gebunden, sehr selten dagegen als Oxyd und an Säuren gebunden. Gediegen kommt es in größeren oder kleineren Stücken baumförmig, drahtförmig und krystallisiert vor; von den Erzen sind die wichtigsten Silbererze die folgenden: Silberglanz oder Glaserz Ag_2S, auch Schwefelsilber genannt; dunkles Rotgiltigerz oder Pyrargyrit Ag_3SbS_3; lichtes Rotgiltigerz oder Proustit Ag_3AsS_3; Schwarzgiltigerz oder Sprödglaserz $Ag_{12}Sb_2S_9$; Miargyrit $Ag_2S + Sb_2S_3$; Polybasit $(Ag_2S, Cu_2S)_9$, Sb_2S_3 2c. Die Fahlerze haben die Formel $R_4Sb_2S_7$, wobei R für Silber, Kupfer, Eisen oder Zink gesetzt ist, und endlich enthält der Bleiglanz sehr häufig 0,01 bis 1,0% und auch verschiedene Kupfererze 0,02 bis 1,1% Silber.

Darstellung. Die Darstellung des Silbers wird nach sehr zahlreichen Methoden bewerkstelligt, welche sich außer der neu hinzugekommenen Darstellung auf elektrischem Wege in zwei Gruppen, nämlich in Darstellungen auf nassem und auf trockenem Wege einteilen lassen. Diese beiden Gruppen haben folgende Unterabteilungen:

A. Darstellungen auf nassem Wege.

a) Mittels Quecksilbers:
   1. Europäische Amalgamation,
   2. Amerikanische Amalgamation.

b) Mittels Auflösung und Fällung:
   1. Augustinsche Methode,
   2. Ziervogelsche Methode,
   3. Sonstige Methoden.

B. Darstellungen auf trockenem Wege.

a) Gewinnung von silberhaltigem Blei,

b) Abscheidung des Silbers aus silberhaltigem Blei.
   1. Abtreiben auf dem Treibherde,
   2. Pattinsonieren,
   3. Entsilbern des Werkbleies durch Zink,
   4. Feinbrennen des Blicksilbers.

Der Amalgamationsprozeß wird besonders bei silberarmen Erzen ausgeführt, und besteht die europäische Amalgamation, welche hauptsächlich in Freiberg üblich war, im wesentlichen aus folgendem: die Erze werden mit Kochsalz d. i. Chlornatrium geröstet, wobei Arsen und Antimon sich verflüchtigen und sich als Oxyde in besondern Räumen sammeln, während das Chlor des Kochsalzes mit dem Silber der Erze Chlorsilber bildet. Das Chlorsilber wird unter Zusatz von Wasser und metallischem Eisen in die sog. Amalgamierfässer gebracht, welche 16 bis 18 Stunden lang schnell um die eigene Achse rotieren. Hierbei verbindet sich das Eisen mit dem Chlor zu Eisenchlorür, während sich das Silber als metallisches Silber in außerordentlich feiner Verteilung ausscheidet. Um diese feinen Partikel zu sammeln, wird Quecksilber hinzugesetzt, welches mit denselben ein Silberamalgam bildet, und aus diesem das Quecksilber in einem sog. Tellerofen geschieden. Diesen Tellerofen, auch Glockenofen genannt, den Fig. 371 zeigt, haben wir bereits bei Gewinnung des Quecksilbers kennen gelernt und dort erfahren, daß die Quecksilber-Verbindung — in diesem Falle das Silberamalgam — auf die Teller bb gebracht wird, wodurch das die Glocke umgebende Feuer das Quecksilber verdampft, und sich kondensiert in dem Wasser a des Kastens d sammelt, während das zurückbleibende Silber, jetzt „Tellersilber“ genannt, von den Tellern bb nach Abkühlung und Herausheben der Glocke aus dem Ofen e abgenommen wird. Dieser Apparat ist fast vollständig durch einen neueren verdrängt, in welchem die Destillation des Quecksilbers aus dem Silberamalgam in einer weiten gußeisernen Röhre vorgenommen wird. Diese Röhre liegt in einem Ofen und hat an ihrem einen Ende eine zweite rechtwinklig nach abwärts gebogene Röhre aufgesetzt, welche aus dem Ofen heraus unter Wasser führt, und in welcher sich das verdampfte Quecksilber wieder kondensiert, während das andere Ende der Röhre, nachdem sie mit dem Silberamalgam beschickt ist, luftdicht verschlossen wird. Auch werden gespannte Wasserdämpfe zur Destillation des Quecksilbers aus dem Amalgam verwendet.

Das so erhaltene Tellersilber enthält noch fremde Metalle und wird von diesen mit Ausnahme des Kupfers durch Umschmelzen in Graphittiegeln, nachdem es mit Kohlenpulver bestreut ist, befreit. Nun wird es „Raffinatsilber" genannt und enthält nur noch Kupfer, welches durch Abtreiben oder Affinieren, eine Operation, die später beschrieben werden soll, entfernt wird.

Nach der in Mexiko, Peru und Chile üblichen amerikanischen Amalgamation werden hauptsächlich Rotgiltigerz und Fahlerze verarbeitet. Hierbei müssen die zu verarbeitenden Erze sehr gut zerkleinert sein, weshalb sie trocken gepocht und dann mit Wasser auf Erzmühlen, deren Steine aus Porphyr oder Basalt bestehen, sehr fein gemahlen werden. Das Wasser des so erhaltenen feinschlammigen Breies läßt man auf schräg liegenden Steinplatten abfließen und setzt nach einigen Tagen Kochsalz und gerösteten, fein gemahlenen Kupferkies „Magistral" genannt unter innigem Mengen und Kneten und schließlich Quecksilber in einzelnen Rationen hinzu, eine Manipulation, die die „Inkorporation" genannt wird. Das Mengen wird hauptsächlich mittels Durchtretens vorgenommen, was 2 bis 5 Monate lang jeden zweiten Tag geschehen muß, bis man glaubt, daß die Entsilberung beendet ist. Aus dem so erhaltenen „Quickbrei" wird das Amalgam durch Waschen in ausgemauerten Cisternen geschieden, durch Pressen in Zwillichsäcken vom überschüssigen Quecksilber befreit und schließlich das im Silberamalgam befindliche Quecksilber abdestilliert. Der chemische Vorgang aller dieser Operationen ist folgender. Die Wirkung des Magistrals beruht auf seinem Gehalt an schwefelsaurem Kupferoxyd ($CuSO_4$), welches mit dem Kochsalz ($NaCl$) schwefelsaures Natron und Kupferchlorid bildet. Dieses wiederum giebt einen Teil seines Chlors an das Silber ab, indem es Kupferchlorür und Chlorsilber bildet, von welchem das Chlorsilber in der überschüssigen Kochsalzlösung gelöst bleibt. Sobald das Chlorsilber mit dem Quecksilber in Berührung kommt, wird es unter Bildung von Quecksilberchlorür und Silberamalgam zersetzt. Diese amerikanische Amalgamation hat die Nachteile eines sehr großen Zeitaufwandes und eines sehr hohen Quecksilberverbrauchs, welchen aber als Vorteile der geringe Brennmaterialverbrauch gegenübersteht und vor allen Dingen der Umstand, daß nach dieser Methode, so silberarme Erze verarbeitet werden können, wie nach keiner anderen.

F. Gutzkow destilliert das Quecksilber des Silberamalgams im Vakuum ab und hat einen Apparat konstruiert, der das Retortieren des Silberamalgams unter vermindertem Druck erlaubt. Hierdurch wird das Quecksilber viel vollständiger aus den Retorten herausgebracht und die Arbeiter werden beim Einschmelzen des Silbers vor den so schädlichen Einwirkungen der Quecksilberdämpfe geschützt. H. S. Myers befreit auf chemischem Wege die Silbererze (auch Golderze) von den die Amalgamation so erschwerenden, ihnen anhaftenden Stoffen. Nach seiner Methode wird das zerstampfte oder gepulverte Erz vor dem Rösten mit einer Lösung von Salmiak und nach dem Rösten mit einem Gemisch von Schwefelsäure und Wasser befeuchtet, wodurch die Metallpartikel für vollkommene Amalgamation geeignet werden. Für die Amalgamation reinerer Erze (Silber und Gold) empfiehlt Mühlenberg einen Cyankaliumzusatz bis 5 %, da dadurch alle Gold- und Silbersalze besser gelöst werden.

Es sollen nun diejenigen Methoden der Silberdarstellung auf nassem Wege besprochen werden, bei welchen das Silber durch Auflösen und Fällen gewonnen wird.

Nach Augustin werden die durch Pochen und Mahlen in ein feines Pulver verwandelten Silbererze geröstet, wobei sich schwefelsaures Silberoxyd bildet. Dieses wird von neuem unter Zusatz von Kochsalz d. i. Chlornatrium geröstet, wodurch das schwefelsaure Silberoxyd in Silberchlorid übergeführt wird. Das so gewonnene Chlorsilber wird durch Ausziehen des Röstgutes mit heißer, konzentrierter Kochsalzlösung aufgelöst und aus der Lösung mittels metallischen Kupfers als metallisches Silber gefällt. Aus der zurückbleibenden kupferchlorürhaltigen Lauge wird das Kupfer durch Eisen gefällt. Die von Ziervogel angegebene Methode ist der Augustinschen ähnlich, nur unterläßt Ziervogel das zweite Rösten mit Kochsalz und zieht das sich beim ersten Rösten bildende schwefelsaure Silberoxyd direkt mit heißem Wasser aus, in welchem sich dieses und das schwefelsaure Kupferoxyd auflösen. Aus dieser Lösung wird gleichfalls durch metallisches Kupfer das Silber niedergeschlagen und Kupfersulfat als Nebenprodukt erhalten. Dieses Verfahren erfordert weniger Röstkosten und Arbeitslöhne, als das vorstehende, aber es ist nur für reichere Erze verwendbar, und auch die Rückstände sind silberhaltiger. Ein Bleigehalt der Erze erschwert wegen der leicht eintretenden Sinterung das Rösten nach diesem Verfahren sehr, und Arsen wie Antimon in den Erzen machen es überhaupt unanwendbar, weil sich dann die betreffenden Arsen- und Antimonverbindungen des Silbers bilden, und diese in Wasser unlöslich sind. Patera und v. Hauer schlagen vor, das Silber aus mit Kochsalz gerösteten Erzen mittels unterschwefligsauren Natrons zu lösen und dann das Silber aus der Lösung — wie vorher gesagt — niederzuschlagen.

Die Schwefelkiese oder Pyrite, welche bei der Schwefelsäurefabrikation zur Darstellung der schwefligen Säure benutzt werden, enthalten häufig Kupfer und geringe Mengen Silber, weshalb die Röstrückstände dieser Fabrikation, Kiesabbrände genannt, auch auf

Kupfer verarbeitet wurden, wobei ihr Silbergehalt unberücksichtigt blieb. F. Claudet hat ein Verfahren entdeckt, auch diese geringen Mengen Silber zu gewinnen und zwar, indem er das in den Laugen in Form von Chlorsilber-Chlornatrium befindliche Silber vor der Fällung des Kupfers vermittelst Jodkalium als Silberjodid abscheidet. Der Niederschlag enthält außer dem Silberjodid noch Kupferchlorür und Kupferoxychlorid, weshalb er mit Salzsäure behandelt wird, um die Kupferverbindungen zu lösen. Beim Erhitzen des nun noch restierenden Niederschlages mit Wasser und metallischem Zink, wird unter Bildung von löslichem Jodzink metallisches Silber ausgeschieden; das Jodzink dient dann weiter zum Fällen neuer Silbermengen.

Um eine wie vorher beschriebene weiter zu behandelnde Chlorverbindung des Silbers (auch Goldes) in den Erzen ohne Rösten zu erhalten, empfiehlt F. Manhès, die feingemahlenen Erze mit pulverisiertem Salmiak zu mischen. Dieses Gemisch wird dann bei niedriger Temperatur solange erhitzt, bis keine Ammoniakdämpfe mehr auftreten, und nun sind die genannten Edelmetalle in ihre Chlorverbindungen übergeführt. Nach G. Thomson wird das feingemahlene Erz geröstet, mit Schwefelsäure erhitzt und dann mit einer Kochsalzlösung solange behandelt, bis alles Silbersulfat in Silberchlorid übergeführt ist. Aus der Silberchlorid-Lösung wird dann, wie vorher beschrieben, das Silber gewonnen. H. Hassenot empfiehlt die Fällung des metallischen Silbers aus seinen Salzen durch Einstellen eines Kupferbleches in die ammoniakalische Lösung derselben. Silbersalze, welche in Ammoniak nicht löslich sind, werden mit konzentrierter Schwefelsäure zum Sieden erhitzt, mit überschüssigem Ammoniak versetzt und hierauf der Einwirkung des Kupfers ausgesetzt. R. Pearce stellt das weiter zu verarbeitende Silbersulfat aus den feingepulverten Erzen dar, indem er sie, mit 2 bis 5% Natrium- oder Kaliumsulfat gemischt, röstet und das Röstgut mit heißem Wasser auslaugt. S. W. Cragg behandelt die Erzmassen mit trockenem Chlorgas bei einer Temperatur von 100 bis 150° C., ohne daß das Chlorgas oder die zu chlorierenden Erze mit dem Erwärmungsmittel in Berührung kommen. Es bildet sich hierbei Chlorsilber, welches in hölzernen Gefäßen, die einen Asphaltüberzug haben, ausgelaugt wird. Nach Mac Arthur endlich werden die Erze mit Kali oder Kalk bis zur Neutralität behandelt, und dann wird das Silber (auch Gold) mittels Chloridlösungen ausgezogen. Die Lösung wird filtriert und über fein verteiltes Zink geleitet, durch welches das Silber (bez. Gold) gefällt wird. Durch Destillation wird dann das Zink von den Metallen getrennt.

Bei der Gewinnung des Silbers auf trockenem Wege wird erst silberhaltiges Blei, sog. Werkblei, dargestellt und dann aus diesem nach verschiedenen Methoden das Blei entfernt. Der erste Teil dieses Verfahrens beruht auf der Eigenschaft des Bleies, Schwefelsilber beim Schmelzen unter Bildung von Schwefelblei und silberhaltigem Blei zu zersetzen. Letzteres ist sehr leichtflüssig und bildet sich auch beim Zusammenschmelzen von Blei und silberhaltigem Kupfer unter gleichzeitiger Bildung einer schwerer schmelzbaren Blei-Kupferlegierung. Zu diesem Zwecke schmelzt man das silberhaltige Schwarzkupfer mit Blei zu Scheiben, wie sie Fig. 372 zeigen, aus welchen dann auf dem Saigerherde (Fig. 373) das silberhaltige Blei ausgesaigert wird. Fig. 372 zeigt gleichzeitig die Art der Aufstellung der Scheiben oder Saigerstücke D auf dem Herde, auf welchem das bleihaltige Silber ausschmilzt und in die Bleigruben cc (Fig. 373) fließt. Von hieraus wird es in die Vertiefung e geschöpft, um dann nach einer der sogleich zu beschreibenden Methoden verarbeitet zu werden. Die viel schwerer schmelzbare Blei-Kupferlegierung bleibt auf dem Herde zurück und die sie enthaltenden Scheiben werden „Kienstöcke" genannt.

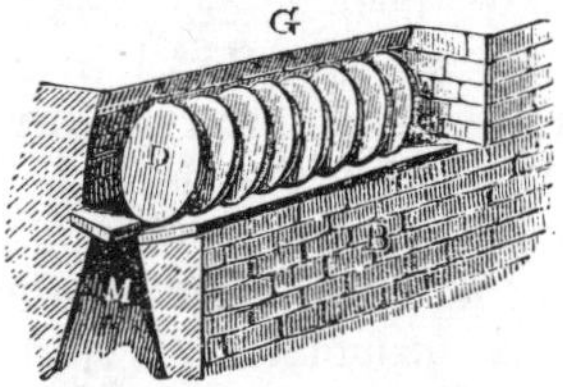

Fig. 372. Anordnung der Saigerstücke.

Fig. 373. Saigerherd.

Die nun vorzunehmende Entsilberung des Werkbleies kann nach einer der vorher genannten drei verschiedenen Methoden geschehen, nämlich auf dem Treibherde, oder durch Pattinsonieren oder endlich vermittelst Zink.

Die Entsilberung des Werkbleies auf dem Treibherde wird sowohl in den Silberhüttenwerken, als auch in den Bleihüttenwerken vorgenommen. Fig. 374 zeigt den Vertikalschnitt eines solchen Treibherdes, der aus einem Gebläseflammenofen mit einer Feuerung F besteht. A ist der Herd, auf welchem das Werkblei geschmelzt wird, B eine durch die Vorrichtung D zu hebende und zu senkende Haube, P das Schürloch, auch Blechloch genannt, und aa sind die Düsen des in den Herd mündenden Gebläses. Die Wirkung dieser Treibherdarbeit beruht nun darauf, daß die sich stets von neuem auf der Oberfläche des Metallbades bildende Schicht von Bleioxyd durch das in Fig. 374 nicht sichtbare

Fig. 374. Treibherd (Vertikalschnitt).

„Glättloch" abfließen kann. Läßt die Menge des Werkbleies nach, so wird das Glättloch durch Auskratzen vertieft, und schließlich ist die Operation beendet, wenn sich kein neues Häutchen von Bleiglätte mehr bildet. Das letzte sich bildende Häutchen ist schon so dünn, daß die Oberfläche in allen Regenbogenfarben schillert und beim Zerreißen das weiße Silber durchblicken läßt, welchen Augenblick man den „Silberblick" und das so erhaltene Silber „Blicksilber" nennt. Das letztere wird, nachdem das Feuer aus dem Ofen gezogen ist, durch Besprengen mit Wasser abgekühlt und aus dem Ofen gehoben; während das inzwischen abgeflossene Bleioxyd zu einer blättrigen Masse von gelber oder rötlichgelber Farbe (Bleiglätte) erstarrt.

Die Arbeit auf dem Treibherde ist bei silberarmem Werkblei nicht mehr lohnend, und nimmt man im allgemeinen an, daß die Grenze hierfür bei einem Silbergehalt von 0,12% liegt. Das nach seinem Erfinder Pattinson genannte Verfahren, das „Pattinsonieren", ermöglicht auch noch weit ärmerem Werkblei das Silber zu entziehen und zwar bis zu einem Gehalte von 0,009%. Es beruht auf einem Krystallisierprozeß und wird ausgeführt, indem man das silberarme Werkblei schmelzt und es dann langsam abkühlen läßt. Hierbei bilden sich Bleikrystalle, die fast ganz silberfrei sind und nach deren Entfernung — Abheben mittels Schaumlöffels — silberreicheres Blei zurückbleibt. Durch mehrmalige Wiederholung dieser Operation kann man das Silber vollständig vom Blei trennen. Das Pattinsonieren wird aber auch angewendet, um silberarmes Werkblei silberreicher und damit für die Treibherdarbeit geeignet zu machen.

Das Entsilbern des Werkbleies durch Zink endlich beruht darauf, daß die Affinität des Zinks zum Silber größer ist, als diejenige des Bleies, während Blei und Zink miteinander keine Legierungen bilden. Hierüber haben Karsten und später Parkes Versuche angestellt, während Rosway, Cordurié u. a. dieses Verfahren für die Praxis ausgebildet haben. Danach wird Zink in das geschmolzene Werkblei gethan und nach tüchtigem Umrühren die an der Oberfläche erstarrende Zink-Silberlegierung abgehoben. Aus dieser Legierung wird dann das Zink durch Destillation getrennt, oder nach Cordurié durch überhitzten Wasserdampf in der Glühhitze in Zinkoxyd übergeführt. Hierbei zersetzt nämlich das Zink den Wasserdampf in Sauerstoff, mit welchem es sich zu Zinkoxyd verbindet, und Wasserstoff, wie es folgende chemische Formel zeigt:

$$Zn + H_2O = ZnO + 2H$$

Zink + Wasserdampf = Zinkoxyd + Wasserstoff

Das nach der Entsilberung des Werkbleies durch Zink zurückbleibende zinkhaltige Blei wird nach Herbst und Wassermann durch Erhitzen mit Chlorblei unter Bildung von Chlorzink wieder vom Zink gereinigt:

$$Zn + PbCl_2 = ZnCl_2 + Pb$$

Zink + Chlorblei = Chlorzink + Blei.

Nach H. H. Schlapp wird das Werkblei mittels Zinks entsilbert, indem man das geschmolzene Werkblei in fein verteiltem Zustande durch das Zinkbad fallen läßt und dann das entsilberte Blei vom Boden des Bades aus abzieht. In der deutschen Gold- und Silberscheide-Anstalt in Frankfurt a/M. endlich wird anstatt des Zinks eine Zinkaluminiumlegierung verwendet, indem dieselbe wiederholt in das flüssige Werkblei eingerührt wird. Das Aluminium verhindert hierbei die Oxydation des Zinks, wodurch die Bildung und Absonderung des Zinksilbers viel leichter und schneller vor sich geht.

Das so erhaltene Blicksilber ist noch nicht vollständig rein, sondern enthält noch geringe Mengen anderer Metalle, welche durch „Feinbrennen", auch Raffinieren genannt, entfernt werden müssen. Dieses Feinbrennen geschieht je nach den Verunreinigungen des Silbers entweder in Testen, Schalen oder eisernen Ringen, welche mit Knochenasche ausgefüttert sind, unter Anwendung eines Gebläses, oder unter der Muffel, oder endlich am vorteilhaftesten und einfachsten im Flammenofen. Das so gereinigte Silber heißt dann „Brandsilber" und erhält man bei diesen Operationen 96,8% des Blicksilbers. Zur Reinigung des Blicksilbers von Blei und Wismut wendet die deutsche Gold- und Silber-Scheideanstalt schwefelsaures Silberoxyd an. Dieses wird geschmolzen allmählich in das im Graphittiegel gleichfalls geschmolzene Blicksilber eingerührt. Hierbei entstehen schwefelsaures Bleioxyd und Wismutoxyd, welche an der Oberfläche des Metallbades eine Schlacke bilden.

Auch der elektrische Strom ist im großen zur Gewinnung des Silbers aus seinen Erzen durch Elektrolyse in neuerer Zeit viel angewendet worden. Nach einem Verfahren von Höpfner wird außer dem Kupfer das Silber direkt und sehr rationell aus seinen Erzen gewonnen. Bei dem Kupfer gestattet das Verfahren einschließlich eines 10prozentigen Stromverlustes die Gewinnung von fast 33 kg chemisch reinen Kupfers mit 30 kg Kohle, ein Resultat, das bisher ganz unerreicht dasteht und noch die Verwertung der ärmsten Erze ermöglicht. Für die Silbergewinnung fehlen die diesbezüglichen Zahlenangaben noch. Luckow trennt auf elektrolytischem Wege Silber und Blei in einer 15% freie Salpetersäure enthaltenden, salpetersauren Lösung, welche mit einigen Tropfen konzentrierter Oxalsäurelösung versetzt ist. Endlich ist der elektrische Strom auch zum Raffinieren des Silbers angewendet worden. In ein gewöhnliches elektrolytisches Bad werden Anoden von dem betreffenden silberhaltigen Metall und als Kathode eine dünne Platte reinen Silbers gebracht. Das Bad besteht aus einer sehr schwachen, etwa einprozentigen Salpetersäure, und die Anoden sind von Mousselinsäckchen umgeben, in welchen das Gold, Platin, Bleisuperoxyd und andere in dem zu raffinierenden Silber enthaltenen fremden Metalle mit Ausnahme des Kupfers zurückbleiben. War auch Kupfer im Silber enthalten, so wird dieses zwar von der Salpetersäure gelöst, aber nicht auf der Kathode niedergeschlagen.

Eigenschaften. Das Silber hat von allen Metallen die weißeste Farbe, den stärksten Glanz, und ist sehr politurfähig; es schmilzt bei ca. 1000° C und verflüchtigt sich bei sehr hohen Temperaturen. Es absorbiert während des Schmelzens Sauerstoff, und zwar sein zweiundzwanzigfaches Volumen, wenn es in reinem Sauerstoff geschmelzt wird; diesen Sauerstoff giebt es beim Erstarren wieder ab, wodurch das noch flüssige Metall umhergeschleudert wird, eine Erscheinung, die man das „Spratzen" des Silbers nennt. Es ist weicher als Kupfer, aber härter als Gold und mit Ausnahme dieses Metalles das geschmeidigste und dehnbarste aller Metalle; es läßt sich zu Blattsilber von 0,01 mm Dicke auswalzen und von einem Gramm Silber kann man einen Draht von 2200 m Länge ziehen. Die Dehnbarkeit und Geschmeidigkeit werden aber schon durch geringe Beimischungen anderer Metalle mit Ausnahme des Kupfers sehr verringert; Gold hingegen erhöht dieselben. Salzsäure greift das Silber auch bei höherer Temperatur nur sehr wenig an, Schwefelsäure beim Erhitzen, und Salpetersäure löst es schon bei gewöhnlicher Temperatur schnell auf. Sehr leicht verbindet es sich mit Schwefel, weshalb es sich in schwefelwasserstoffhaltiger Luft mit einer dünnen Schicht von schwarzem Schwefelsilber überzieht. Sein spezifisches Gewicht ist 10,5, kann aber durch Hämmern bis auf 10,62 erhöht werden.

Geschichtliches. Das Silber ist schon seit den ältesten Zeiten bekannt.

Legierungen. Da das Silber zu weich ist, um rein verarbeitet zu werden, so wird es fast stets mit anderen Metallen, wie Blei, Zink, Nickel, Zinn, Wismut, Aluminium, Gold ꝛc., besonders aber mit Kupfer legiert. Diese Legierungen sind härter und klingender als das reine Silber, und sind die Legierungsverhältnisse derselben in den meisten Ländern gesetzlich vorgeschrieben. Das Silber von dem vorgeschriebenen Feingehalt wird „Probesilber" genannt. Eine neue für die Juweliere bestimmte Legierung heißt Roseïn und besteht aus 10 % Silber, 40 % Nickel, 30 % Aluminium und 20 % Zinn. Einige Legierungen, in denen sich Silber in geringerer Menge findet, sind bei den Legierungen der anderen Metalle beschrieben.

Das Gold.

Vorkommen. Das Gold — dessen chemische Formel von aurum abgeleitet Au ist — ist ziemlich verbreitet, findet sich aber fast immer nur in sehr geringer Menge, meist gediegen oder mit etwas Silber in Siebenbürgen, Sibirien, besonders aber in Kalifornien, Mexiko und Australien. Es findet sich entweder auf Gängen und Lagern in den ältesten Gesteinen der Erde oder in den Zersetzungsprodukten derselben, ferner im Flußsande und im angeschwemmten Lande. Auch Eisenkies und die meisten Silber-, Kupfer- und Bleierze enthalten Gold, wenn auch nur in sehr geringen Mengen.

Darstellung. Die Gewinnung des Goldes geschieht auf sehr verschiedene Arten und richtet sich nach dem Vorkommen desselben. Das in dem Goldsande und den verwitterten Felsarten vorkommende Gold wird aus diesen ausgewaschen, indem man viel Wasser durch auf schiefen Tafeln stehende sog. Wiegen, welche die goldführende Gesteinsart enthalten, fließen läßt, oder auch in hölzernen Näpfen, welche man so lange mit Wasser schüttelt, bis die größte Menge des Sandes fortgewaschen ist. Das so erhaltene „Waschgold" enthält noch Körner von Titaneisen und Magneteisen.

Auch durch Quecksilber wird das Gold aus dem goldhaltigen Sande, nachdem dieser aufgeschwemmt ist, unter Bildung von Goldamalgam ausgezogen. Es geschieht dies in den sog. Quick- oder Goldmühlen, in welchen durch Herumschleudern die Goldkörnchen mit dem Quecksilber in Berührung gebracht werden. In Beuteln von Leder oder dergleichen, wird dann durch Pressen das Goldamalgam von dem überschüssigen Quecksilber getrennt und schließlich das Quecksilber aus dem Amalgam nach denselben Methoden entfernt, welche bereits beim Silberamalgam beschrieben sind. Nach H. Wurtz wird durch Zusatz von Natrium zum Quecksilber unter Bildung von Natriumamalgam das Ausziehen des Goldes erleichtert und auch viel vollständiger erreicht. Einen sehr vollkommen arbeitenden Amalgamotor hat H. Mc. Dougall konstruiert. Bei demselben gelangen der goldführende Sand oder die Erze durch einen Trichter in die innere Pfanne eines Systems konzentrischer Pfannen, welche sich in rascher Umdrehung befinden und deren Seitenwände geneigt und amalgamiert sind. Die Centrifugalkraft schleudert das Erz von der innersten Pfanne an der Seitenwand derselben aufsteigend in die zweite, von hier aus in die dritte u. s. w., bis es alle Pfannen passiert hat. Der Amalgamüberzug der Seitenwände hat dann auch alles Gold amalgamiert.

Bei weitem rationeller als die Methode des Auswaschens und Amalgamierens ist diejenige des Ausschmelzens. Nach derselben wird das Gold mit Flußmitteln in Hochöfen auf goldhaltiges Roheisen verschmelzt und aus diesem dann mittels Schwefelsäure abgeschieden. G. Sweanor stellt bei 315° C. durch Zusammenschmelzen eine leicht schmelzbare Legierung von vier Teilen Wismut, zwei Teilen Blei, einem Teile Zinn und einem Teile Kadmium dar, hält sie bei ca. 88° C. flüssig und trägt in dieses Metallbad den gepulverten goldführenden Quarz ꝛc. ein. Das Gold sinkt in demselben unter, während die Gangart auf der Legierung schwimmt.

Die Kupfer- und Bleierze, in welchen Gold eingesprengt vorkommt, werden, wie bei ihrer Verarbeitung angegeben worden, geröstet und gewaschen, und sind es goldreiche Erze, so werden sie durch Amalgamation weiter behandelt, während aus goldarmen Erzen das Gold mittelst der „Eintränkungsarbeit" gewonnen wird. Dieselbe besteht darin, daß man die goldhaltigen Schwefelmetalle, nach dem Rösten und

Schmelzen „Rohstein“ genannt, abermals röstet und nun mit Bleiglätte zusammenschmilzt. Diese verbindet sich mit dem in dem Rohsteine enthaltenen Golde und wird von diesem dann auf dem Treibherde mittelst Abtreibens geschieden. E. T. Levis empfiehlt, die zerkleinerten Erze unter Lufteinblasen zu rösten, den entweichenden Staub zu sammeln und diesen mit der gerösteten Masse und mit basischen Flußmitteln gemischt in einem Schachtofen niederzuschmelzen. D. Clark chloriert die goldhaltigen Erze, indem er sie vor dem Rösten mit Kochsalz und Eisen- oder Kupferchlorür mischt, und sie nach dem Rösten auslaugt oder amalgamiert. Ein Verfahren von O. Brien hat sich besonders für goldhaltige Pyrite bewährt. Danach werden die Kiese, nachdem sie 24 bis 30 Stunden lang geröstet wurden, mit Schwefligsäureanhydrid behandelt, mit Wasser ausgelaugt und dann in gewöhnlicher Weise amalgamiert. Die hierzu erforderliche schweflige Säure liefern die Kiese während des Röstens selbst. Zur Gewinnung des Goldes aus Arseneisen endlich schmelzt E. Probert dasselbe und läßt es dann in eiserne, mit feuerfestem Material ausgefütterte Gefäßen ab. In die noch flüssige Masse wird dann gekörnte Glätte oder Blei eingeführt, welches sich mit dem Golde verbindet und von diesem — wie vorher gesagt — auf dem Treibherde abgetrieben wird.

Sehr armen goldhaltigen Erzen wird das Gold auf nassem Wege entzogen, indem dieselben mit Chlorwasser oder einer angesäuerten Chlorkalklösung behandelt werden. Hierbei löst sich das Gold als Goldchlorid ($AuCl_3$) auf und wird aus der Lösung durch Eisenvitriol oder Schwefelwasserstoff niedergeschlagen. Nach dieser Methode kann man aus Kiesen, welchen man — nachdem sie geröstet wurden — durch Behandlung mit Schwefelsäure das Eisen, Zink, Kupfer ꝛc. entzogen hat, noch 0,0001 gr Gold extrahieren. Nach Mac Arthur wird das Gold aus den Erzen durch Cyanid gelöst und aus dieser Lösung mittelst Zink niedergeschlagen. J. B. Spence löst das Gold aus den gerösteten und fein gemahlenen Erzen in einer heißen Lösung von Eisenhyperchlorid, und schlägt es aus dieser Lösung durch geeignete Agentien nieder. Cl. T. J. Vautin endlich erhöht die Wirkung der zur Auflösung des Goldes verwendeten wässerigen Chlorlösung wesentlich dadurch, daß er die Behandlung der Erze mit derselben unter einem Druck bis zu vier Atmosphären vor sich gehen läßt.

Das nach allen den vorstehend genannten Methoden gewonnene Gold ist nicht absolut rein, sondern enthält noch kleine Beimengungen anderer Metalle und stets Silber, von welchem es gereinigt werden kann. Diese Reinigung wird nach sehr verschiedenen Methoden vorgenommen, von denen die wichtigsten nachfolgende sind.

Mittelst Schwefelantimons kann das verunreinigte Gold oder die Legierung gereinigt werden, wenn sie mindestens 60 % Gold enthält. In das geschmolzene Metall wird gepulvertes Schwefelantimon eingetragen und bewirkt beim Erkalten die Bildung von zwei Schichten der Masse, von denen die obere, „Plachmal“ genannt, aus den Schwefelmetallen der Verunreinigungen besteht, während die untere, „König“ genannt, Antimongold ist. Das Antimon verdampft man aus dem Antimongold durch Erhitzen der Legierung vor dem Gebläse oder unter der Muffel.

Eine andere Scheidung ist diejenige durch Cementation, wobei sog. Cementpulver, bestehend aus 4 Teilen Ziegelmehl, einem Teile Kochsalz und einem Teile geglühten Eisenvitriols mit feinen Granalien oder dünnen Blechen des Goldes in einem Tiegel geschichtet, mehrere Stunden lang erhitzt wird. Hierbei wird das Chlor des Kochsalzes entwickelt und bildet mit dem Silber Chlorsilber, welches das Ziegelmehl aufsaugt. Nach dem Erkalten der Masse wird das Gold aus derselben durch Auskochen mit Wasser gewonnen.

Eine durchaus falsche Bezeichnung trägt die sog. Scheidung in die Quart, welche durch Salpetersäure geschieht, weil man fälschlich annahm, daß sie nur dann ausführbar sei, wenn der Silbergehalt der betreffenden Legierung das dreifache des Goldgehaltes betrage. Es genügt aber schon die doppelte Menge von Silber in der Legierung, um es durch Kochen mit konzentrierter Salpetersäure aufzulösen. Bei Anwendung dieser Methode wird die betreffende Legierung mit der erforderlichen Menge Silber zusammengeschmelzt, granuliert und in einem Platinkessel mit vollkommen chlorfreier Salpetersäure übergossen. Diese löst das Silber auf, ohne das Gold anzugreifen, welches dann mit Borax und Salpeter umgeschmelzt wird. Das Silber wird aus der salpetersauren Lösung durch Zink oder Kupfer gefällt und so wieder gewonnen.

Die wichtigste unter allen Scheidungsmethoden ist die sog. „Affinierung“, welche durch Schwefelsäure geschieht, denn dieselbe ist nicht nur die einfachste und billigste, sondern sie gestattet auch die Scheidung einer Legierung von ganz geringem Goldgehalte, vorausgesetzt, daß dieselbe nicht über 20 % Gold und 10 % Kupfer enthält. Beim Erhitzen mit Schwefelsäure wird das Silber und das Kupfer vollständig gelöst, während das Gold nicht angegriffen wird. Dasselbe wird darauf mit Natriumkarbonat gekocht und mit Salpetersäure behandelt, wodurch es von dem beigemengten Eisenoxyd, Schwefelkupfer und Bleisulfat befreit wird. Aus der das Silber und Kupfer enthaltenden Lösung wird das Silber mittelst Kupferblechstreifen herausgefällt und das Kupfer auf Kupfersulfat verarbeitet. Auch die sich bei der zuerst stattfindenden Behandlung der Legierung mit Schwefelsäure entwickelnden Dämpfe von Schwefelsäure und schwefliger Säure werden nicht verloren gegeben, sondern aufgefangen und auf Schwefelsäure oder deren Präparate weiter verarbeitet. Durch die Affinierung kann das Gold aus den betreffenden Legierungen noch gewonnen werden, wenn dieselben auch nur $^1/_{12}$ % davon enthalten. Das so gewonnene Gold enthält nach M. v. Pettenkofer allerdings noch 2,8 % Silber und 0,2 % Platin, kann aber von diesen Metallen leicht durch Umschmelzen mit Salpeter und Natriumbisulfat befreit werden.

Wie zur Gewinnung des Silbers und der meisten anderen Metalle ist in neuerer Zeit auch zur Gewinnung des Goldes im großen die Elektrolyse verwendet worden. A. E. Scott wendet amalgamierte Zinkelektroden an, welche in eine mit einer dünnen Schicht Benzin bedeckten Salzlösung oder in Seewasser tauchen. Die Erze werden in diese Flüssigkeit hineingegeben, und das während der Elektrolyse aus derselben entwickelte Chlor löst das Gold auf. Die gesättigte Lösung wird dann abgedampft, der Rückstand kalciniert, mit Wasser ausgezogen und schließlich auf Gold verarbeitet, oder das Gold wird aus der Lösung direkt gefällt. A. Schanschieff wendet als erregende Flüssigkeit einer galvanischen Batterie die Lösung von Quecksilbersulfat an, in welcher die Erze gethan sind. Das frei werdende Quecksilber amalgamiert sich mit dem Gold und Silber der Erze, während die anderen in ihnen enthaltenen Metalle in Lösung gehen. Die Batterie wird hauptsächlich aus einem Eisenbehälter gebildet, in welchen das Erz gebracht wird, und aus einer Kohlenplatte, welche die Lösung von oben gerade berührt. H. F. Julian endlich behandelt die Erze mit Chlor, amalgamiert sie, und behandelt sie dann elektrolytisch auf folgende Weise. Das zerkleinerte Erz kommt in ein rotierendes Faß, durch dessen Hohlachse Luft oder Dampf tritt, um hier mit Chlor oder einer chlorerzeugenden Substanz behandelt zu werden. Sodann führt man Quecksilber oder Natriumamalgam in das Faß ein, und läßt es von neuem rotieren, worauf das Erz durch elektrolytische Zellen und über amalgamierte Platten geleitet wird. Die Kathoden dieser Zellen bestehen aus Quecksilber oder Amalgam und das Erz wird in den Zellen durch die aus einer perforierten Röhre tretenden Wasserstrahlen bewegt. Durch eine Lösung eines Kalium- oder Natriumsalzes wird die Wirksamkeit des Quecksilbers sehr erhöht.

Eigenschaften. Das Gold hat eine gelbe, als Pulver eine braune Farbe, welche erstere schon durch die Beimengung geringer Mengen anderer Metalle modifiziert wird, und ist bei großer absoluter Festigkeit noch weicher, dehnbarer und streckbarer als das Silber wie auch sehr politurfähig. Es läßt sich zu Blattgold von 0,0001 mm Dicke auswalzen und ist in diesem Zustande mit grüner Farbe durchscheinend. Aus einem Gramm Gold kann ein Draht von 2500 m Länge gezogen werden. Es schmilzt bei 1100 ° C., nimmt dabei eine meergrüne Farbe an und dehnt sich schmelzend stark aus; in sehr hoher Temperatur kann es verflüchtigt werden. Von Säuren wird es nicht angegriffen, sondern nur von Chlor liefernden Flüssigkeiten, und unter diesen besonders von dem sog. Königswasser, d. i. eine Mischung von einem Teil konzentrierter Salpetersäure und 2 bis 4 Teilen konzentrierter Salzsäure. Sein spezifisches Gewicht ist 19,25, kann aber durch Bearbeitung bis auf 19,6 erhöht werden.

Geschichtliches. Das Gold ist seit den ältesten Zeiten bekannt, und seine vergeblich angestrebte künstliche Darstellung war das Hauptziel der Alchimisten, welche eine ganz besondere Epoche in der Geschichte der Chemie hervorriefen.

Legierungen. Da die aus reinem Gold dargestellten Gegenstände sich infolge seiner geringen Härte sehr bald abnutzen würden, so muß es stets legiert werden. Es legiert sich auch mit zahlreichen anderen Metallen, aber mit Ausnahme von Silber und Kupfer beeinträchtigen schon kleine Mengen fast aller anderen Metalle seine Dehnbarkeit beträchtlich, und besonders wirken Blei, Antimon, Wismut und Arsen schädlich nach dieser Richtung. Bei der Berechnung des Goldes in den Legierungen nach „Karat", wird die Kupferlegierung des Goldes „rote Karatierung", die Silberlegierung „weiße Karatierung" und ein Gemisch beider „gemischte Karatierung" genannt. Auch für das Gold wird — wie bei dem Silber erwähnt — der Gehalt der Legierungen in den meisten Ländern durch das Gesetz bestimmt. Eine Legierung von rotbrauner Farbe und Eisenhärte besteht aus 18 Teilen Gold, 13 Teilen Kupfer, 11 Teilen Silber und 6 Teilen Palladium. Grünes Gold in allen Nuancen wird durch geeignete Proportionierung von Gold, Silber und Kadmium erhalten. H. Ostermann setzt eine Legierung zusammen aus 30 bis 45 Teilen Gold, 20 bis 30 Teilen Palladium, 0,1 bis 5 Teilen Rhodium, 10 bis 20 Teilen Kupfer, 1 bis 10 Teilen Nickel, 0,1 bis 5 Teilen Mangan, 0,1 bis 5 Teilen Silber und 0,1 bis 2,5 Teilen Platin.

Diese vorstehend erwähnten Legierungen sind aber nur als die allerneusten derselben erwähnt worden, während in der That außerordentlich zahlreiche Legierungen des Goldes, besonders im wechselnden Verhältnis mit Silber und Kupfer existieren, denn die Herstellung derselben zur Erhöhung des Härtegrades und zur Veränderung der Farbe ist uralt. Schon die antiken Schmucksachen bestehen größtenteils aus Legierungen von Gold mit Silber und Kupfer, ja selbst mit Blei.

---

2. Die Metallverarbeitung.

a) Die rohere Formgebung der Metalle.

Das Metall hat sich die Welt erobert. Überall, in den Hütten der Armut, wie in den Palästen der Reichen tritt es uns entgegen, bald in bescheidenster Gestalt als Blechlöffel, bald als kostbare Bronzestatue, deren Erwerb dem glücklichen Besitzer viele Tausende von Mark kostete. Schier unendlich mannigfaltig sind die Formen, die es anzunehmen vermag; was immer des Künstlers Auge schaut, vermag seine Hand in Erz nachzubilden, ist es doch ein Stoff von einer Bildsamkeit wie fast kein anderer und doch wieder von einer Festigkeit, die ihn Jahrtausende überdauern läßt. Wir haben ihn nun im vorigen Abschnitt auf seinem Leidenswege verfolgt, den ihn der Mensch wandeln läßt, erst losgerissen von seiner Mutter Erde, dann zerpocht, geröstet 2c., bis endlich ein Metallblock entstand, so rein, daß er zu weiterer Verarbeitung sich eignet; denn noch ist der Pfad nicht zu Ende und ehe aus dem Blocke ein Kunstwerk entsteht, das dem Menschen Bewunderung abzwingt, kostet es noch manchen Schweiß. Da wird gegossen, gehämmert, geschmiedet, die verschiedenen Metalle werden gemischt 2c., unerschöpflich erscheint fast jetzt schon die Fülle der Methoden, nach denen Metalle verarbeitet werden, und noch jedes Jahr bringt neue Erfindungen hervor.

Das Gießen.

Unter Metallgießen versteht man die Kunst, dem Metall im geschmolzenen Zustande eine Form zu geben, die es nach dem Erstarren behält. Man füllt zu diesem Zwecke eine Höhlung, der man eine bestimmte Gestalt gegeben hat, mit dem flüssigen Metalle aus und erhält dann ein Gußstück, das dieser Höhlung, der Gußform, vollkommen gleicht. Auf die Herstellung der Form muß daher die größte Sorgfalt verwendet werden, und so haben sich denn im Laufe der Zeit die verschiedensten Methoden herausgebildet, die Formen so zweckentsprechend wie möglich zu gestalten und dabei doch den geringsten Aufwand an Zeit und Arbeitskraft zu machen. Die Form ist eine Art Kunstwerk für sich, und entspricht sie nicht allen Anforderungen, so mißlingt der Guß, und Mühe und Fleiß sind vergeblich geopfert. Bildsam soll das Material der Form sein, damit es sich mit Leichtigkeit in bestimmte Formen drücken läßt; und doch fest dabei, damit es durch den Druck des Metalls nicht auseinander gepreßt werde; porös, damit die Gase, welche oft in großen Mengen vom Metall absorbiert sind, leicht entweichen können, und unschmelzbar in der Temperatur, bei welcher das Metall hineingegossen wird. Wenige solche Materialien giebt die Natur dem Menschen direkt an die Hand. In älteren Zeiten benutzte man hauptsächlich Lehm, wie ja auch Schiller in der Glocke erwähnt, aber da Lehm undurchlässig ist, so mischt man ihn mit Pferdedünger, der sich in der Hitze zersetzt und dann Hohlräume übrig läßt. Lehmformen werden vor dem Gebrauche getrocknet, nicht so die Formen aus Sand, die seit der Mitte des 18. Jahrhunderts vielfach in Aufnahme gekommen sind. Der Sand bekommt erst durch einen richtigen Feuchtigkeitsgrad die genügende Bildsamkeit, man nimmt ihn recht fein, aber scharfkantig und splittrig, damit Hohlräume bleiben, durch welche der Wasserdampf und die Gase entweichen können. Enthält der Sand viel Thonerde, so wird er fett genannt und heißt auch Masse. Die Masse ist bildsamer, aber weniger durchlässig. Eiserne Formen, welche mit Luftkanälen versehen sind, kommen seit Anfang dieses Jahrhunderts vor und werden zum sogenannten Hartguß benutzt.

Zum Herstellen der Formen bedient man sich meist hölzerner Modelle, mit jeder größeren Gießerei ist daher auch eine Modelltischlerei verbunden. Nach dem einfachsten Verfahren wird Formsand unmittelbar vor dem Ofen in einer gehörig dicken Schicht auf dem Fußboden der Hütte, dem Herde ausgebreitet, durchnäßt und dann das Modell hineingedrückt. Durch Kanäle läuft das Metall in die Form und erstarrt an der Luft, feines Kohlenpulver, mit dem die Form bestäubt wird, verhindert das Anbacken von Sandkörnchen an das Gußstück. Von der Seite her sind durch den Sand mit einer feinen langen Nadel, dem Luftspieß, in die Form feine Öffnungen gestochen, die Windpfeifen, um den Abzug des Wasserdampfes zu erleichtern. Mit dieser offenen Art der Herdformerei lassen sich natürlich nur einfache Gußstücke, namentlich Platten herstellen. Bei allen komplizierten Gußstücken bedient man sich des Kasten- oder Flaschengusses. Man legt das Modell auf ein Brett, das Formbrett, mit derjenigen Fläche nach oben, welcher die Form des Werkstückes gegeben ist. Dann stülpt man den Kasten darüber, und füllt ihn mit Formsand, der gehörig festgestampft wird. Bei großen Gußstücken ist der Kasten mit eisernen Querrippen versehen, um dem Sande größere Haltbarkeit zu verleihen. Kehrt man darauf den Kasten um, so hat man in der Sandoberfläche einen vertieften Abdruck des Modells. Einen zweiten Kasten von gleicher Größe stampft man ebenfalls mit Sand voll und setzt ihn als Oberkasten darauf. Durch den Sand des Oberkastens geht ein Kanal, durch welchen das Metall eingegossen wird. Hat das Gußstück kompliziertere Profile, ist es namentlich geschweift und so gestaltet, daß man nach dem Guß die Form nicht ohne weiteres abnehmen kann, so schneidet man es der Dicke nach quer durch, formt jeden Teil einzeln und setzt dann die Formkästen aufeinander, nachdem ihre Oberflächen mit Ziegelmehl bestreut sind, damit der Sand nicht zusammenbacke. So werden z. B. Kugeln, Walzen und ähnliche Gegenstände geformt. Fig. 375 zeigt die zweiteilige Form einer Riemenscheibe mit einem Kerne a b. Diese hölzernen oder eisernen Kästen sollen verhindern, daß die Form durch den starken Metall- oder Dampfdruck zersprengt wird. Auch hier wird die Form vor dem Gebrauch mit Kohlenstaub bepudert. Der Kastenguß wird außerordentlich häufig angewandt. Bei hohlen Gegenständen, Mörsern, Röhren u. dgl. wird in die den äußeren Umfang des Gußstückes begrenzende Form noch eine zweite innere

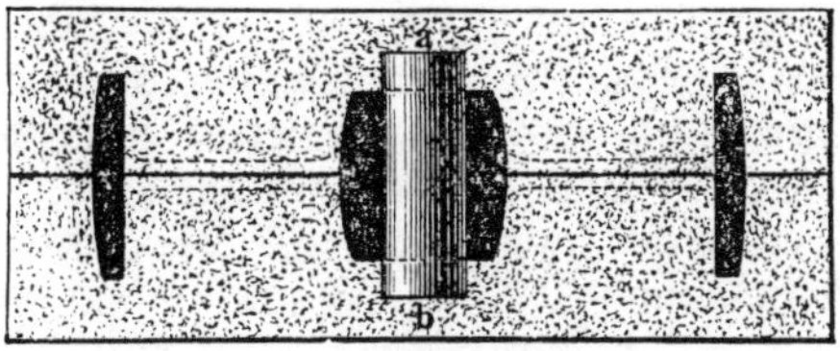

Fig. 375.
Zweiteilige Gußform einer Riemenscheibe.

hineingesetzt, der Kern. Der Kern muß besonders stark gearbeitet werden, — er besteht meist aus gebranntem Lehm — weil das Metall beim Erkalten sich mehr oder minder stark zusammenzieht und dann einen ungeheuren Druck auf den Kern ausübt.

Der Masseguß wird, weil das benutzte Material feinkörniger ist, hauptsächlich für feinere Gießwaren, Ringe, Leuchter, Münzen verwertet. Da die Formen wegen ihres festeren Gefüges weniger durchlässig sind, so werden sie vor dem Gebrauch in eigenen Trockenkammern stark getrocknet, bis aller Wasserdampf entwichen ist.

Bei den bisher beschriebenen Verfahren kann die Form nur einmal gebraucht werden, dasselbe findet auch beim Lehmguß statt. Die Lehmform besteht aus drei Teilen. Der Kern hat Größe und Gestalt des Innern, des Hohlraumes des Gußstückes. Über den Kern wird mit Lehm ein Modell ausgeformt, das dem zu fertigenden Gußstücke vollkommen der äußeren Gestalt nach gleicht und dessen Schicht so dick ist, wie die Metallstärke des Gegenstandes werden soll. Dies ist das Hemde, die Dicke, auch Stärke genannt. Über das Hemde endlich wird eine stärkere Lehmschicht aufgetragen, der Mantel. Der Mantel wird dann vorsichtig mit einem dünnen Messer zerschnitten, abgenommen und das Hemde vom Kern entfernt. Endlich stülpt man den Mantel wieder über den Kern und hat nun einen Hohlraum, der in jeder Beziehung dem Gußstücke ähnlich ist. Große Formen werden in eine Grube, die Dammgrube gesetzt und dann mit festgestampfter Erde umgeben; auch mauert man wohl den Kern gleich in der Grube aus Lehmziegeln auf. Lehmformen werden vor dem Gebrauch stark getrocknet und mit einer Mischung von Wasser und Kohlenpulver bepinselt, geschwärzt.

Formen aus Metall, wie sie beim sogenannten Schalenguß gebraucht werden, haben den Vorzug, daß sie eine mehrmalige Benutzung gestatten, sie werden trotzdem wenig angewendet, weil die Gußwaren durch das schnelle Abkühlen — das Abschrecken — in den gut leitenden Formen unansehnlich und rauh ausfallen und bis in eine gewisse Tiefe eine große Härte und Sprödigkeit erlangen, wenigstens beim Eisen. Damit ist das Formmaterial noch nicht erschöpft, bei Metallen mit niedrigen Schmelztemperaturen benutzt man Papier, Gips, Holz, Schiefer oder leicht schmelzbare Metalle, für schwer schmelzbare Metalle verwendet man Messing, Schmiedeeisen, Gußeisen, Sand, Lehm, gebrannten Thon, für Edelmetalle auch Sepia; bei den einzelnen Metallen soll darauf zurückgekommen werden.

Um Zeit und Arbeitslohn zu sparen, hat man gesucht, beim Herstellen der Formen die menschliche Hand durch Maschinen zu ersetzen. So erfand 1827 Frankenfeld in Rothehütte im Harz zusammen mit Heyder und Flantje die Modellplattenformerei, 1854 erfand Brown in Nordamerika die erste Röhrenformmaschine, diese ist später von Waltjen verbessert und unter dessen Namen weithin bekannt geworden. Die größte Verbreitung haben aber die Räderformmaschinen für Zahnräder gefunden, für welche eine große Anzahl von Patenten genommen sind.

Das Gießen selbst ist eine verhältnismäßig einfache Sache. Die Formen erhalten ein Gießloch, und bei kleinen Gegenständen wird mit Schöpfkelle oder Eimer das flüssige Metall durch dasselbe hineingegossen. Größere Gußstücke werden durch viele Öffnungen gleichzeitig gefüllt, meist direkt aus Hochöfen, und das Metall durch in den Hüttenboden gegrabene Kanäle zugeführt. Da das Metall beim Erkalten sich zusammenzieht, — schwindet, — so wird die Form etwas größer gebaut, wie das Gußstück; vielfach wird sie auch noch mit einem Aufsatz versehen, dem verlorenen Kopf, der nach dem Guß beseitigt wird, und aus welchem das Metall nachfließen kann. Immer ist darauf zu achten, daß die sich entwickelnden Dämpfe und die aus dem Metall hervorbrechenden Gase, so schnell wie möglich abziehen können; die Zahl der Windpfeifen muß also genügend groß sein.

Die Eisengießerei war im Altertum unbekannt, denn man war damals nicht imstande, so hohe Hitzegrade zu erzielen, daß man vermocht hätte, Eisen zu schmelzen. Erst aus dem Jahre 1490 kommt die Nachricht, daß im Elsaß eiserne Öfen gegossen wurden. 1547 fertigte man in England eiserne Kanonen, 1780 goß man auf der Hütte Lauchhammer die ersten eisernen Statuen. Den Feinguß betrieb zuerst die Anfang des 19. Jahrhunderts angelegte königliche Eisengießerei zu Berlin. Die erste Eisenbrücke wurde in England 1773—1777 über den Severnfluß geschlagen. Früher goß man Eisen ausschließlich in Lehmformen, jetzt kommen alle oben genannten Methoden in Anwendung. Heutigen Tages kann man sich kaum eine Vorstellung davon machen, wie unsere Vorfahren ohne Eisen haben durchkommen können, denn seit der Erfindung des Gusses hat dieses Metall sich im Fluge die Welt erobert. Zum Segen der Menschheit hat es namentlich das Holz erfolgreich aus dem Felde geschlagen; denn was sollte aus den Wäldern werden, würden nicht Streben und Träger, ja selbst ganze Gebäude und Schiffe, landwirtschaftliche und andere Maschinen, Brunnenröhren u. s. w. aus Eisen verfertigt, lauter Gegenstände, zu deren Herstellung früher ausschließlich Holz benutzt wurde. Auch mit anderen Metallen, namentlich mit der Bronze, ist das Gußeisen erfolgreich in Konkurrenz getreten und die zierlichsten Kunstwerke von außerordentlicher Feinheit der Ausführung werden in den Eisengießereien angefertigt. In allerjüngster Zeit hat eine Abart des Eisens, der Stahl, einen erfolgreichen Wettbewerb mit demselben angefangen.

Der Stahlguß geht in gleicher Weise vor sich, wie der Eisenguß, nur daß man sich hier ausschließlich der Formen aus fettem Sande oder aus Lehm bedient, die ganz besonders feuerbeständig sein müssen. Stahl ist bedeutend widerstandsfähiger wie Eisen, bei gleichen Anforderungen an die Leistungsfähigkeit können daher Gußstahlstücke von sehr viel geringeren Dimensionen gewählt werden. Man benutzt also

Stahl überall, wo bei Verwendung von Gußeisen die Werkstücke selbst schon zu schwer werden würden, oder wo letzteres Metall sich zu schnell abnutzen würde. 1824 beschäftigte sich Needham in London zuerst mit dem Gießen von Stahl, aber erst seit der Erfindung des Bessemer Verfahrens finden wir Stahlschienen, Stahlkanonen, Turmglocken, Radkränze, Scheibenräder, Walzen und andere große Gegenstände. Sicherlich steht man hier erst am Anfang und der Fortgang ist noch nicht abzusehen, namentlich beim Brückenbau blüht dem Stahl noch eine große Zukunft.

Von geringerer Bedeutung ist das Gießen von Messing und Neusilber, das gleichfalls in Sand oder in Lehmformen vor sich geht; der Gebrauch dieser Metalle ist allerdings auch ein ziemlich großer, aber doch auf einen verhältnismäßig geringen Kreis beschränkt.

Von höchstem Interesse ist der Bronzeguß. Bronze wird hauptsächlich für Kanonen, Glocken und Bildsäulen verwertet. Gegossen wird Bronze wie die anderen Metalle, und nur beim Glocken- und Statuenguß findet ein besonderes Verfahren Platz, das hier näher erläutert werden soll. Glocken werden in der Dammgrube geformt und gegossen, mit der Mündung nach unten. Auf dem für den Mittelpunkt der Form bestimmten Platz schlägt man einen Pfahl ein, um den ein ringförmiges Mauerwerk aufgeführt wird, über welches der hohle, ebenfalls gemauerte Kern sich aufbaut, den man außen mit Lehm bestreicht. Auf ein quer über den Pfahl gelegtes und in den Kern eingemauertes Eisen stützt man eine senkrechte eiserne Spindel, deren oberes Ende in einem wagerecht über der Grube liegenden Balken läuft. An der Spindel wird ein Brett befestigt, das genau die Form des inneren Querschnitts der Glocke hat; führt man also mit der Spindel diese Lehre um den Kern, so wird sie allen überschüssigen Lehm fortnehmen, so daß der Kern jetzt dem Glockeninnern vollkommen gleicht. Dann macht man Feuer in dem Kern an, damit derselbe trockne, und bestreicht ihn mit in Wasser gelöster Asche, damit das Hemde nicht am Kern festhafte. Das Hemde wird aus Lehm gemacht und ebenfalls mit einer Lehre, die natürlich die äußere Glockenform nachahmt, abgestrichen. Endlich bekommt dieses Hemde oder Modell einen Überzug aus Talg oder Wachs, der flüssig aufgetragen und mit der Lehre geglättet wird. Bilder, Schrift, Verzierungen werden in nassen hölzernen, gipsenen oder messingenen Formen aus Wachs gedrückt, mit Terpentin auf das Modell aufgeklebt, das dadurch der äußeren Glocke vollkommen gleicht. Endlich wird über das Hemd Lehm schichtenweise aufgetragen und der Mantel gebildet und mit einer dritten Lehre abgedreht. Durch gelindes Heizen des Kernes trocknet der Mantel, indem gleichzeitig die wächsernen Verzierungen ausschmelzen und ihnen gleiche Vertiefungen im Mantel zurücklassen. Auf die Öffnung, welche die Form oben, entsprechend der Höhlung des Kerns, immer noch hat, wird die Form zu den Henkeln aus Lehm über hölzernen oder wächsernen Modellen gebildet, die in ihrem Innern die vollkommene Gestalt der Glockenkrone haben. Diese enthält den Einguß und mehrere Windpfeifen. Zur Verstärkung werden Mantel und Henkelform mit eisernen Schienen und Reifen versteift, an welchen sich Haken befinden, mittels deren man diese Rüstung mit Mantel und Henkelform mit einem Flaschenzug in die Höhe ziehen kann. Sodann schneidet man das Hemde in Stücken los, bessert, wenn nötig, Kern und Mantel noch aus, füllt den Kern mit Erde und verschmiert ihn oben mit Lehm. Endlich läßt man den Mantel wieder herab und macht durch Verstreichen aller Fugen mit Lehm und Vollstampfen der Dammgrube mit Erde und Sand die Form zum Guß fertig.

Der Statuenguß ist noch komplizierter. Mannigfaltig sind die Methoden, nach denen die Gußformen hergestellt werden. Nach einer kleinen Skizze wurde über einem Gerüst aus Eisenstäben ein Gipsmodell mit aller Sorgfalt hergestellt, in der wirklichen Größe, die die gegossene Statue haben sollte. Über diesem Modell wurde eine aus vielen Teilen bestehende Gipsform gemacht, deren Hohlraum also jetzt dem Gußstück gleicht. Vor dem Zusammensetzen kleidete man jedes Stück mit Wachs von der Dicke aus, die die Statue bekommen sollte. Dieses Wachsmodell gleicht nun in jeder Beziehung — äußerer, innerer Form, Dicke — der Statue. Ist man so weit, so setzt man die ganze Form um ein Gerüst von Eisenstäben in die Dammgrube und füllt sie innen mit der Kernschlichte, einer Mischung von Gips, Ziegelmehl und Wasser. Da Gips allein dem Feuer nicht widerstehen kann, so wird der Gipsmantel abgenommen, das Wachsmodell bleibt auf dem Kern, da es innen mit einer großen Anzahl kleiner Ösen und Häkchen versehen ist, die im Kern festsitzen. Das Wachsmodell wird erst noch nachgearbeitet und dann etwa 20 mm dick mit Formkitt, einer Mischung aus Lehm, Ziegelmehl und Leimwasser, überzogen. Jetzt umgiebt man das Ganze mit Lehm und umbaut es mit Lehmsteinen. Ein gelindes, außen angemachtes Feuer läßt das Wachs innen schmelzen und eine Höhlung zurückbleiben, die dem anzufertigenden Gußstück gleicht. Dieser sogenannte italienische Guß wird heute noch angewendet, er hat den Vorzug, daß alle Feinheiten des Bildwerkes aufs beste, ohne Nacharbeit hervortreten und das Ganze in einem Stücke gegossen werden kann, andererseits ist aber auch bei einem ja niemals ausgeschlossenen Mißlingen des Gusses die ganze mühevolle Arbeit verloren, das Modell allerdings bleibt erhalten. Man gießt daher jetzt die Kernschlichte direkt in die Gipsform und arbeitet nach dem Erkalten vom Kern soviel herunter, als die Metalldicke betragen soll und gießt dann den Raum zwischen Kern und Mantel mit Wachs aus oder, und das ist das in der Neuzeit meist angewendete Verfahren, man führt den Guß stückweise aus. Der Hauptkörper wird in einfachere Teile zerlegt und ebenso werden kleinere Nebenteile, die stark hervortreten, wie Pferdeschwänze, vorgestreckte Arme u. s. w. getrennt gegossen. Man wendet auch Thon statt des kostspieligen Wachses an. Bei kleinen Statuen, bei Büsten, Vasen und allen Gegenständen, die fabrikmäßig in großer Zahl hergestellt werden sollen, greift man zum Sandguß. Diese Stücke werden aus Wachs in einer mehrteiligen Gipsform hohl gegossen, indem man die Form stürzt, d. h. nach teilweisem Erstarren des Wachses umkehrt und das noch Flüssige auslaufen läßt. Die Form wird dann mit einem warmen Messer zerschnitten, über einem Kern von Lehm oder festem Sande wieder zusammengesetzt und nun mit einem Lehmmantel umgeben oder in einem zweiteiligen Formkasten in festem Sande eingeformt. Endlich wird das Wachs ausgeschmolzen. Wunderlich sieht eine Form bei sehr gegliederten und verwickelten Güssen aus, indem sie aus einer Unzahl von Keilstücken zusammengesetzt wird, die hinten von Lehm umgeben sind. Bei einer Adlerschwinge z. B. muß für jede Feder ein besonderer Keil eingesetzt werden. Das Gußstück erhält dadurch eine große Zahl von Gußnähten, die nachher erst wieder wegciseliert werden müssen.

Der Geschützguß hat ebenfalls eine Reihe von Wandlungen durchmachen müssen. Die ersten deutschen Bronzegeschütze sollen 1372 von Aarau in Augsburg hergestellt sein. Man goß sie bis Mitte des 17. Jahrhunderts hohl über einen Kern, seit 1740 und 1748 aber werden sie nach dem Vorgehen des französischen Marine-Inspektors Maritz massiv ausgeführt und nachher ausgebohrt. Der Modellkörper wird aus Lehm über einem viereckigen Eisengerüst hergestellt und Inschrift und Verzierungen aus Wachs aufgeklebt. Um dies Hemde wird, wie beim Glockenguß der Mantel geformt. Seit Anfang dieses Jahrhunderts wendet man Bronzemodelle an, die in Stücke geteilt und einzeln in Formkästen in der oben beschriebenen Weise mit Masse umstampft werden. Die Kästen werden dann zusammengesetzt. Beim Gießen ist das dicke Ende unten, und oben noch ein verlorener Kopf aufgesetzt.

Der Zinkguß wurde in früheren Zeiten sehr wenig betrieben, kommt aber immer mehr in Aufnahme, namentlich als Ersatz für die teure Bronze. Statuen, Kronleuchter, Kunstgegenstände aller Art werden aus Zink gearbeitet und dann bronziert. Diese sogenannte unechte Bronze sieht gut aus und ist gegenüber der echten sehr billig. Zink gießt sich mit sehr glatter Oberfläche und giebt alle feinen Züge des Modells wieder, es bedarf daher nur geringer Nacharbeit. Sehr beliebt sind in neuerer Zeit für Massenartikel die Stürzformen. Über ein Gipsmodell wird ein Bronzemantel gegossen, der dann inwendig von einem Ciseleur sehr sorgfältig nachgearbeitet wird, eine besonders schwierige Arbeit, da alle Erhöhungen des Gusses als Vertiefungen in der Form und umgekehrt erscheinen. Beim Guß wird die Form gedreht, so daß nur eine dünne Metallschicht an der Wandung der Form sitzen bleibt. Das überschüssige Metall wird durch Umkehren der Form entfernt. Sehr beliebt sind die elastischen Leimmodelle, die auch beim Bleiguß vielfache Verwendung finden. Über einem Gipsmodell wird aus mehreren Stücken eine Form aus gebranntem Gips und Wasser hergestellt, innen gefirnißt und mit heißer Leimauflösung, der man auch wohl etwas Sirup zusetzt, vollgegossen. Nach dem Erkalten nimmt der Leim die Konsistenz einer zähflüssigen Gallerte an und läßt sich dann das Leimmodell leicht herausziehen. Über dieses Modell werden Formen aus einer Zusammensetzung von Ziegelmehl, feinem Formsand, Gips und Wasser gegossen, die aber — und hierin liegt der Hauptvorteil — wegen des elastischen Modelles nur aus sehr wenigen Teilen zu bestehen brauchen.

Eine ganz hervorragende Bedeutung hat der Bleiguß, der einzige, bei dem auch ohne Form Güsse zustande kommen. Teils rein, teils mit anderen Metallen gemischt, hat Blei eine ungeheure Verbreitung gefunden. Bleiröhren, Bleipapier, Gewehrkugeln in allen Größen bis zum feinsten Schrot, Orgelpfeifen, Schriftlettern mögen als Beweis für diese Behauptung gelten. Bleiplatten werden seit 1827 nach dem Vorgehen von Voisin auf einer Sandsteinplatte gegossen, Platten aus Orgelmetall, einer Legierung von Blei mit Zinn auf einem mit Leinewand überzogenen aus mehreren Bohlen zusammengesetzten Holzbrett. Kugeln werden seit 1840 meist nach Napier durch Maschinen aus kaltem Blei durch Pressen hergestellt. Eine ganz eigne Methode wird beim Schrotguß angewendet. Wenn man aus einem Blechlöffel Blei in Wasser gießt, und wer hätte dies nicht schon einmal am Sylvesterabend gethan, so wird man bemerken, daß kleinere Bleitropfen zu Gebilden erstarren, die einem Getreidekorn ähnlich sehen. Läßt man aber den Bleitropfen aus größerer Höhe herabfallen, so rundet er sich und gewinnt mehr die Kugelform. Beim Herstellen des Schrotes verfährt man ähnlich. Man gießt flüssiges Blei in ein rundes oder viereckiges Sieb von Eisenblech, mit runden scharfrandigen Löchern, die um das dreifache ihres übrigens bei allen gleichen Durchmessers von einander abstehen. Nach der Größe der Löcher richtet sich die Feinkörnigkeit des Schrotes. Vor dem Gießen wird die Form mit Lehmwasser gestrichen und wieder getrocknet, damit das Blei nicht anbacke. Dann bedeckt man erst den Boden derselben mit Bleikrätze, wie sie als Schaum beim Schmelzen auf der Oberfläche des Bleies entsteht. Würde man das Blei ohne weiteres in die Form gießen, so würde es in einem kontinuierlichen Strome herauslaufen, durch dieses lockere Material aber kann es nur in Tropfen durchsickern. Die Form steht auf der Höhe eines Turmes, des Schrotturmes, so daß die Tropfen eine Höhe von 30 bis 40 Metern durchfallen müssen, ehe sie in ein untenstehendes Wassergefäß hineinfallen. Dadurch ist ihnen Zeit gelassen, sich in der Luft zu einer Kugel zu runden und abzukühlen. Dieses Patentschrot ist eine englische Erfindung von William Wetts in Bristol 1782 und giebt sehr regelmäßige Körner. Noch besser und fast ausschußfrei soll das Schrot werden, wenn das Wasser mit einer

15 cm hohen Ölschicht oder einer 30 cm hohen beständig flüssig erhaltenen Talgschicht bedeckt wird. David Smith in Newyork, geb. 1849, gab ein Verfahren an, dem fallenden Blei einen starken Luftstrom entgegen zu treiben, wodurch der Fall verlangsamt wird, so daß man die Fallhöhe um die Hälfte geringer wählen kann. Nachher wird das Schrot getrocknet, vom Ausschuß befreit, nach der Größe gesichtet und endlich poliert.

Eine noch viel größere Bedeutung wie der Schrotguß hat der Schriftguß in seinen verschiedenen Formen erlangt. Die einzelnen Teile, aus welchen die Formen zum Bücherdruck zusammengesetzt werden, bezeichnet man mit dem Namen Typen, oder wenn besonders von Buchstabentypen die Rede ist, so spricht man von Lettern; sie bestehen aus einer Mischung von Blei und Antimon, enthalten aber manchmal noch andere Zusätze. Die Anfertigung dieser Typen ist ziemlich verwickelt. Zunächst wird jeder Buchstabe und jedes Zeichen erhaben in Stahl geschnitten; von dieser Patrize, auch Stempel genannt, schlägt man in ein Kupferstück einen vertieften Abdruck, den Abschlag. Alsdann wird dieses Kupferstück, die Matrize, genau rechtwinklig befeilt und in eine aus messingenen, eisernen und hölzernen Bestandteilen zusammengesetzte Gießform hineingelegt. Die Gießform, Gießinstrument, ist so eingerichtet, daß sie durch bloßes Auswechseln einzelner Teile für Matrizen und Buchstaben jeder Größe passend gemacht werden kann. Alle Metallbestandteile sind in zwei hölzerne Schalen eingeschlossen, damit die Hände des Gießers vor der Hitze geschützt seien; die Schalen dienen auch dazu, das Ganze augenblicklich in zwei Teile zu zerlegen, oder zusammenzusetzen. Das flüssige Schriftmetall wird durch einen hohen trichterartigen Kanal eingegossen, welcher auf dem beim Gusse nach oben gekehrten Fußende der Letter sein Ende findet. Bei der ungeheuren Wichtigkeit, welche der Schriftguß für das gesamte öffentliche Leben hat, kann es nicht Wunder nehmen, daß eine große Reihe von Erfindungen und Verbesserungen gerade auf diesem Gebiete gemacht wurden und noch gemacht werden. In seiner einfachsten Form geht der Schriftguß in der Weise vor sich, daß der Arbeiter das Gießinstrument in seiner linken Hand hält, während er mit einem Löffel in seiner Rechten etwas Metall aus einem Kessel schöpft und in den Einguß so gießt, daß dieser sich ganz füllt. Durch eine eigentümlich schwingende Bewegung befördert er das Metall bis in die feinsten Linien der Matrize, öffnet dann die Form und läßt die frisch gegossene Type herausfallen. Durch einfaches Schließen ist die Form sofort zum weiteren Gebrauch wieder fertig. Diese ganze Reihe von Handgriffen geht mit solcher Geschwindigkeit vor sich, daß ein geübter Arbeiter bei zehnstündiger Arbeitszeit gegen 4000 Lettern zu gießen vermag. Berte in England 1806 und Tarbé in Paris 1835 versuchten das Metall aus einem Rohr durch Öffnung eines Hahnes oder Ventils durch seine eigene Schwere in die Form hineinzutreiben, um das Löffelgießen und das Instrumentschwingen zu umgehen, und da der Druck der Metallsäule nicht ausreichte, um die feinsten Vertiefungen genügend auszufüllen, so ließ man einen schweren Gegenstand auf das Metall fallen, das dadurch mit großer Vehemenz in die Form getrieben ward. Von diesem Prinzip machten Lehmann und Mohr in Berlin bei der Erfindung ihrer sogenannten Klischiermaschine Gebrauch. Bei letzterer ist die Gießform, in welche die Matrize mit dem Abschlag nach unten von oben hineingesetzt ist, auf einer gußeisernen Grundplatte befestigt. Neben der Form befindet sich eine große Einflußöffnung, die mittels eines engen Kanals durch die Seitenwand der Form hindurch mit dieser in Verbindung steht. Über der großen Eingußöffnung ist eine vollkommene Ramme eingerichtet. In senkrechten Leitungen bewegt sich eine Eisenstange auf und ab, die oben mit einer Eisenkugel beschwert ist, unten aber einen würfelförmigen, eisernen, genau in die Eingußöffnung passenden Klotz, den Rammbär, trägt. Läßt man jetzt so viel Metall in die Einflußöffnung wie nötig ist, um die Form ganz zu füllen, so wird beim Herabfallen des Bären das Metall durch den Seitenkanal mit großer Gewalt in die Form gedrückt. Feine Luftkanälchen in der Form, sorgen für schnelles Entweichen der eingeschlossenen Luft. Namentlich für große Buchstaben hat die Klischiermaschine vielfache Anwendung gefunden.

Im Jahre 1844 kam eine Vorrichtung auf, bei welcher das Schriftmetall durch eine kleine eiserne Druckpumpe mit Handbetrieb in die Formen gespritzt wurde, aber bei dem raschen Eindringen des Metalls in das Instrument vermag die Luft nicht schnell genug zu entweichen, so daß in den Lettern Höhlungen und Blasen entstehen. Die Gießpumpe für den Handbetrieb wenigstens hat daher nicht recht Eingang gefunden.

Als das Zeitungswesen eine immer größere Verbreitung gewann, da reichte die Leistung eines Handarbeiters nicht mehr aus, um dem Letternverbrauch Genüge zu leisten; und man sann darauf, Letterngießmaschinen zu erfinden. Dieselben verwerten alle die Gießpumpe; und alle Bewegungen, das Pumpen, das Öffnen und Schließen der Form, das Heranbringen derselben an das Mundstück der Pumpe, das Zurückziehen und Herauswerfen der gegossenen Typen, alles wird durch besondere Mechanismen bewirkt, die durch Umdrehung der Kurbel an einem Schwungrade in Bewegung gesetzt werden. Die Maschine liefert etwa fünfmal so viel wie ein geübter Arbeiter, also bis zu 20000 Typen bei zehnstündiger Arbeitszeit. Der erste, der Gießmaschinen einführte, war 1815 Didot in Paris. Die erste wirklich allen Anforderungen entsprechende konstruierte 1835 der Amerikaner White zu Boston. Bis zum heutigen Tage sind inzwischen eine große Anzahl teils neuer Maschinen erfunden, teils älterer verbessert.

Nachdem die Typen gegossen sind, werden sie durch Abbrechen des pyramidenförmigen Gußzapfens, Abschleifen des Grates und endliches Bestoßen zum Gebrauch fertig gemacht, Arbeiten, welche meist durch Knaben, bald durch Handbetrieb ausgeführt werden, bald unter Zuhilfenahme eigens konstruierter Maschinen.

Ohne die kostspieligen Stahlpatrizen stellt man sich Matrizen auch über Typen auf galvanoplastischem Wege in Gestalt dünner Plättchen her, die nachher mit Schriftmetall umgossen werden. Auf gleichem Wege vervielfältigt man in Holz oder Metall geschnittene Zeichnungen, z. B. Titelvignetten und dergl. Bei Stahl- und Kupferstichen prägt oder preßt man das Original auch in Blei und stellt sich so eine Matrize her. Diese Operationen bilden das eigentliche Abklatschen oder Klischieren. Aus der Matrize wird die Type meist nicht durch Guß hergestellt, sondern ebenfalls durch Pressen. Man läßt sie mittels eines Fall- oder Schlagwerkes auf ein leichtflüssiges Metall niederfallen in dem Augenblicke, wo dasselbe eben zu erstarren beginnt; so hergestellte Abdrücke erhalten eine außerordentliche Schärfe und geben das Original höchst getreu wieder. Beim Druck werden die Klischees auf Holz genagelt oder auf Unterlagen von Schriftmetall gelötet. Ähnlich verfährt man beim Stereotypieren. Stereotypen sind metallene Formen zum Buchdruck, welche aus einer größeren Anzahl von Typen zu einem Ganzen vereint sind, also nicht einzelne Typen, sondern Typenplatten. Der aus Einzeltypen zusammengestellte Satz wird in eine weiche Masse, Gips oder neuerdings meist feuchte Pappe eingedrückt und dieser vertiefte Abdruck mit Schriftmetall gefüllt. Die so gewonnene Stereotypplatte gleicht dann dem Schriftsatze vollkommen. Der größeren Haltbarkeit wegen pflegt man dieselben zu vernickeln. Näheres darüber lese man unter Buchdruck.

Über den Kunstguß aus Blei, zu dem die sogenannte Weichbronze eine Mischung von Blei mit Antimon oder mit Antimon und Zinn gehört, ist schon beim Zinkguß alles Erforderliche angedeutet, insbesondere auch über die Anwendung elastischer Leimformen.

Die Zinngießerei hat nicht die Bedeutung erlangt, wie sie der Wichtigkeit des Metalls entspricht. Zinn besitzt eine schöne, fast silberweiße Farbe und bleibt unter den Einflüssen der Luft beinahe unverändert, aber es ist selten und daher ziemlich teuer. Man vermischt es meist mit Blei; doch ist überall der Bleigehalt desselben wegen der giftigen Eigenschaften des Bleis strengen gesetzlichen Vorschriften unterworfen, sobald es sich um Verwendung zu Gegenständen handelt, in denen Nahrungsmittel bereitet oder aufbewahrt werden, wie Kochgeschirre, Teller, Bierkrugdeckel u. s. w. Große Verbreitung hat auch eine Mischung aus Zinn, Antimon und Kupfer, die unter dem Namen Britannia-Metall bekannt ist, gefunden. Zum Gießen des Zinnes bedient man sich der Sandformen überall da, wo ein Modell vorhanden ist und nur wenige Abgüsse gemacht werden sollen; handelt es sich, wie wohl meist beim Zinn, um Massenartikel, so benutzt man bleibende Formen. Früher gebrauchte man vielfach einen feinkörnigen Sandstein oder gebrannten Thon; auch Gips, Serpentin und Schiefer sind vielfach in Anwendung gekommen, haben aber den Messing- und namentlich den billigen und dauerhaften Gußeisenformen weichen müssen. Größere hohle Stücke gießt man in Teilen, die nachher zusammengelötet werden. Die weiteste Verbreitung hat das Zinn wohl in der Form von Zinnfolie (Stanniol) gewonnen. Masson in Paris hat 1860 für die Herstellung derselben einen mechanischen Apparat konstruiert, der eine große Arbeitsbeschleunigung gestattet. Dieses Papier wird ebenso wie Bleipapier gegossen. Man bespannt einen Rahmen straff mit Leinewand, die mit einer Mischung von Kreide und Eiweiß überstrichen ist, und stellt ihn unter einem Winkel von 15°, bei der Zinnfolie sehr steil unter einem Winkel von 75° gegen die Wagerechte geneigt auf und fährt dann mit einem Kästchen ohne Boden und Hinterwand, in welches das Blei bez. Zinn eingegossen ist, rasch darüber fort. Je steiler der Rahmen, je flüssiger das Metall, je schneller die Bewegung des Kästchens, um so dünner fällt das an der Leinewand hängen bleibende Plättchen aus. Masson läßt an einem Riemen ohne Ende zwei Zinkkästchen sich bewegen, von welchen das eine oben auf die Gießtafel tritt und mit Zinn gefüllt wird, sobald das andere unten angekommen ist und seinen Überschuß an Zinn ausgeleert hat. Mit Hilfe dieser Vorrichtung sollen zwei Männer, von einem Kinde unterstützt, täglich 300 Blätter von 2,4 m Länge und 1 mm Dicke gießen.

Die Edelmetalle werden selten gegossen, höchstens in Form von Stäbchen oder Platten, die man zur weiteren Verarbeitung braucht; hierbei kommen schmiedeeiserne Formen zur Verwendung. Massive Ringe gießt man auch wohl in mit Kohlenstaub eingepulverten Formen aus Ossa Sepia, in welche das Modell, in zwei Platten je zur Hälfte eingedrückt ist. Ebenso selten werden Aluminium, Kupfer und Neusilber gegossen. Schmiedeeisen ist, wie ja auch sein Name schon besagt, der Formgebung durch Gießen überhaupt ganz unzugänglich.

Das Schmelzen.

Im vorangegangenen war überall vorausgesetzt, daß man flüssiges Metall zur Verfügung habe, es sollen nachträglich auch die Apparate Erwähnung finden, welche dazu dienen, das Metall flüssig zu machen. Einen finden wir schon erwähnt, den gigantischen Hochofen, in welchem aus den Erzen die Metalle ausgeschmolzen werden; auch dieser findet beim Gießen Anwendung, aber nur da, wo es sich um gewaltige Gußstücke handelt. Überall da, wo kleinere und kleinste Erzeugnisse hergestellt werden, wird man auch kleinere Öfen anwenden, und wo man leichtflüssige Metalle vor sich hat, wird man sich nicht der die höchsten Temperaturen hervorbringenden Hochöfen bedienen.

Zwei Gruppen von Schmelzapparaten haben wir zu unterscheiden, diejenigen, bei denen die Metalle in Gefäßen geschmolzen werden und diejenigen, bei denen dies im Ofen selbst geschieht. Leichtflüssige Metalle kann man ja schon in einem Blechlöffel über einer Spiritusflamme zum Schmelzen bringen, aber doch nur in geringen Mengen; braucht man größere Mengen flüssigen Metalls, so wendet man Kessel oder Tiegel an. Die Schmelzkessel werden meist aus Gußeisen hergestellt, weil dieses Metall eine bedeutende Wärmeleitungsfähigkeit besitzt und deshalb wenig Feuerungsmaterial verbraucht. Natürlich kann man in diesen Kesseln nur solche Metalle flüssig machen, deren Schmelztemperatur unter der des Gußeisens liegt, also Zinn, Blei, Zink und die Legierungen dieser drei mit Antimon und Wismut. Die Kessel werden von unten geheizt und sind entweder mit Handhaben versehen, damit man sie zum Gebrauche herausnehmen und entleeren kann, oder sie sind fest eingemauert und haben dann unten eine Entleerungsvorrichtung.

Für schwer schmelzbare Metalle benutzt man Tiegel aus Graphit (Passauer Tiegel) oder aus feuerfestem Thon (hessische Tiegel). Die Kessel sind meist halbkugelförmig und nur mit einem dünnen Deckel versehen zum Schutze der Metalle gegen die oxydierenden Wirkungen der atmosphärischen Luft. Die Tiegel sind längliche, etwas ausgebauchte Cylinder und mit einem festaufsitzenden Deckel aus gleichem Materiale versehen, so daß dieselben von allen Seiten der gleichen Hitze ausgesetzt werden können. In Tiegeln schmelzt man Gußstahl, Kupfer, Messing, Nickel, Silber, Gold u. s. w. Bei Tiegeln wendet man keine Unterfeuerung an, sondern umgiebt sie ganz mit dem Feuerungsmaterial. Fig. 376 stellt einen Tiegelschachtofen dar. C ist eine Roste, auf welche der Tiegel gesetzt wird. Durch die Öffnung G wird das Feuerungsmaterial eingeschüttet, durch F werden kleine Tiegel hereingebracht, große werden ebenfalls durch G eingesetzt. E ist die Esse, durch welche die Gase entweichen und I der Aschenfall. Bei Betrieben im größeren Umfange benutzt man Tiegelherdöfen (Tiegelflammöfen), in welchen vier bis acht Tiegel in einem gemeinschaftlichen Ofen vereinigt werden. Bei diesen stehen die Tiegel auf einem horizontalen, von einem Gewölbe überspannten Tische, das Brennmaterial befindet sich daneben auf einem Roste, so daß die Tiegel nur von den brennenden Gasen desselben umspült werden, die auf der anderen Seite wieder abziehen. Die Tiegel müssen zum Gusse stets herausgenommen und von Arbeitern an den Ort ihrer Bestimmung hingetragen werden. Ein solcher

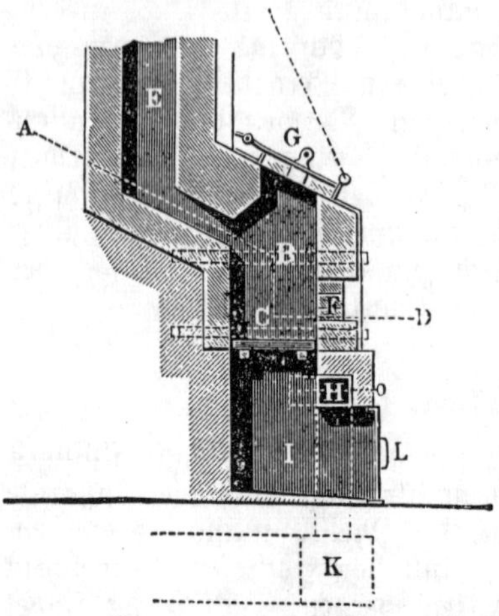

Fig. 376. Tiegelschachtofen.

Tiegel hält meist nur 3 Schmelzen aus und der Ofen wird durch die kolossale Hitze bereits nach viermaligem Gebrauch reparaturbedürftig. Aus den Tiegeln kommt das Metall in ein vorgewärmtes Sammelgefäß, und aus diesem erst läuft es in die Gußformen. Der Tiegelguß ist überall da in Anwendung, wo das Metall rein und unverändert bleiben muß oder wo gleichzeitig wegen der Kostbarkeit des Materials ein Entweichen von Metalldämpfen möglichst verhindert werden soll, wie z. B. in den Münzwerkstätten.

Wegen der Umständlichkeit des Tiegelgusses hat man Öfen konstruiert, in denen das Metall frei geschmelzt wird, direkt den Einwirkungen einer offenen Flamme ausgesetzt, und man ist so zu den tiegellosen Herdflammöfen und den Schacht- oder Kupolöfen gekommen. Bei ersteren liegt das Metall frei auf einem geneigten Tische, neben demselben, (in der Fig. 377 links) vom Metall durch eine nicht allzu

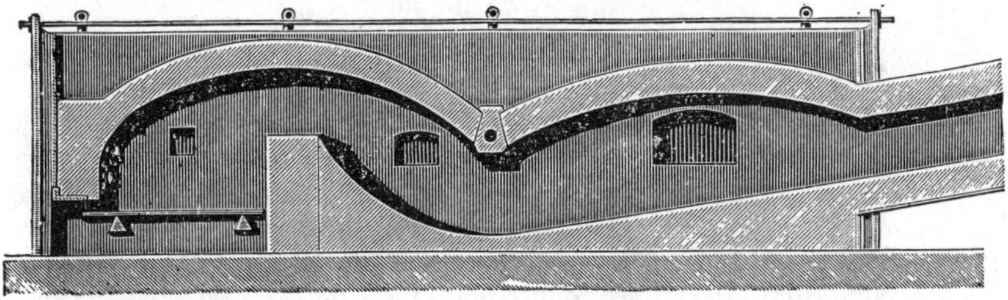

Fig. 377. Herdflammofen.

hohe Wand, die Feuerbrücke, getrennt, befindet sich auf einer Roste das Brennmaterial. Der Zug des Ofens geht so, daß die Flammen über die Brücke schlagen und das Metall überspielen. An der tiefsten Stelle sammelt sich das Metall vor einer mit Lehm verschmierten Öffnung, dem Einstich, Stichloch, Abstichloch. Über dem Stichloch befindet sich ein Schauloch. Bei Steinkohlen und ähnlichen Feuerungen wird dieselbe vorn durch eine Thür eingeworfen, bei Holzfeuerung von oben her durch einen Schacht. Diese Flammöfen werden besonders beim Eisen- und Bronzeguß verwendet. Soll das Metall ausfließen, so wird der Lehmpfropf mit einer Eisenstange durchgestoßen, wie Schiller in der Glocke sagt: Stoßt den Zapfen aus. Das Metall rinnt dann durch Kanäle in die, in die Dammgrube eingebaute Form in mehreren Verzweigungen hinein.

Mehr den Hochöfen nähert sich die letzte Gattung der Schmelzöfen, die Schacht- oder Kupolöfen. Der Schmelzraum des Ofens besteht aus einem senkrecht stehenden Schachte, der oben eine Öffnung, die Gicht, hat. Wie beim Hochofen füllt man Brennmaterial und Schmelzmaterial in abwechselnden Schichten in den Ofen. Unten brennt der Ofen und schmilzt das Metall; die Gase, die sich beim Verbrennen entwickeln, ziehen nach oben und entweichen durch die Gicht, während gleichzeitig Brennmaterialien' und Metall nach unten sinken. Die Schmelzmaterialien werden also durch die glühenden Gichtgase schon sehr stark vorgewärmt, ehe sie zur Flamme kommen. So lange das Schmelzen dauern soll, wird oben fortgesetzt Material nachgefüllt. Das geschmolzene Metall sammelt sich entweder auf der Sohle des Ofens, dem Herde, oder in einem mit dem Ofen durch einen besonderen Kanal verbundenen Sammelraum, dem Vorherde, und wird durch ein am tiefsten Punkte des Herdes bez. Vorherdes angebrachtes Stichloch abgelassen. Im Kupolofen wird fast ausschließlich Gußeisen geschmolzen. Zum Einführen der Brennluft dienen eigene Gebläse.

Flammöfen sind in England schon seit 1612 bekannt, Kupolöfen, die mit erhitztem Wind bedient werden, kennt man in England seit 1834.

Das Schmieden.

Die Kunst des Schmiedens ist uralt, wohl so alt wie die Kenntnis der Erze überhaupt. Eine wie große Wichtigkeit dieser Kunst beigelegt wurde, ersieht man daraus, daß eines von den drei Kindern, die Juno ihrem Gemahle, dem Götterkönige Jupiter, schenkte, als Gott der Schmiedekunst verehrt wurde; so hatten die Griechen ihren Hephästos, die Römer ihren Vulkan. Auch bei den Deutschen war der Schmiedehammer das Symbol der Kraft, das der gewaltige Gott Thor als Attribut führte. Im Altertum freilich kannte man nur eine Art des Schmiedens, nämlich das Bearbeiten der Metalle mit dem Hammer. Neuerdings vermag man die Erze aber auch durch langsam wirkenden Druck umzugestalten und bezeichnet diese Formveränderung ebenfalls als Schmieden, mit alleiniger Ausnahme des Walzens. Beim Schmieden bedarf man nur weniger Werkzeuge von größter Einfachheit, und lediglich dadurch, daß man die Möglichkeit hat, die Schläge des Hammers nach seinem Willen ungleich auf verschiedene Teile des Metalles einwirken zu lassen, ist man imstande die mannigfaltigsten Formen herzustellen, während umgekehrt beim Walzen wie beim Gießen für jedes Werkstück besonderer Gestalt auch eine Walze besonderer Gestalt nötig ist. Walzwerke bedingen größere maschinelle Einrichtungen, das Schmieden kann mit der Hand geschehen. Was beim Gießen mit der Form, wird beim Schmieden mit dem Hammer, beim Walzen mit der Walze hervorgebracht. Wie man beim Gießen zur Hervorbringung verschiedener Gestalten verschiedener Formen bedurfte, so sind auch beim Schmieden je nach dem Zwecke, den man mit den Hammerschlägen erreichen will, verschiedene Hämmer nötig. Neben dem Hammer ist der Amboß ein unerläßliches Werkzeug. Hammer und Amboß müssen im allgemeinen beide in ihren wirksamen Teilen härter als das zu verarbeitende Metall sein, damit sie nicht von dem Werkstücke Eindrücke empfangen.

Der Amboß besteht, wenn er nur für kleine Hämmer benutzt wird aus einem schweren in die Erde eingerammten Holzklotze, dem Hammerstock; bei schweren Hämmern nimmt man einen Gußeisenkörper, die Chabotte, welcher gewöhnlich auf ein elastisches Fundament aus hölzernen Balken aufgesetzt ist. Die Oberfläche des Ambosses bezeichnet man als seine Bahn, dieselbe wird gehärtet und ganz eben geschliffen, damit nicht zurückbleibende Unebenheiten sich im Werkstücke abdrücken. Der gewöhnliche Amboß, Amboß ohne Horn, hat eine rechtwinklige Bahn von 400 bis 450 mm Länge und 100 bis 120 mm Breite. An einem Ende befindet sich ein ebenfalls rechtwinklig ausgearbeitetes Loch, in welches besondere Schmiedeeisenunterlagen, wie sie für einige Werkstückformen erforderlich sind, mittels eines an denselben befindlichen Zapfens eingesteckt werden können. Damit sich der Amboß auf seinem Stocke nicht verschieben kann, trägt letzterer einen Zapfen, welcher in eine Öffnung in die Unterseite des Amboßes hineinpaßt.

Läuft die eine Seite des Ambosses in eine konische Verlängerung aus, so hat man den Amboß mit einem Horn (Fig. 378), beim Amboß mit zwei Hörnern ist gegenüber dem ersten Horn ein zweites angebracht, das aber vierseitigen Querschnitt und keilförmige Gestalt besitzt. Machen endlich die Hörner den Hauptteil des Ambosses aus, so spricht man von einem Sperrhorn. Beim Herstellen feiner Bleche aus Edelmetallen benutzt man auch Ambosse aus Granit und Marmor mit abgeschliffener Bahn.

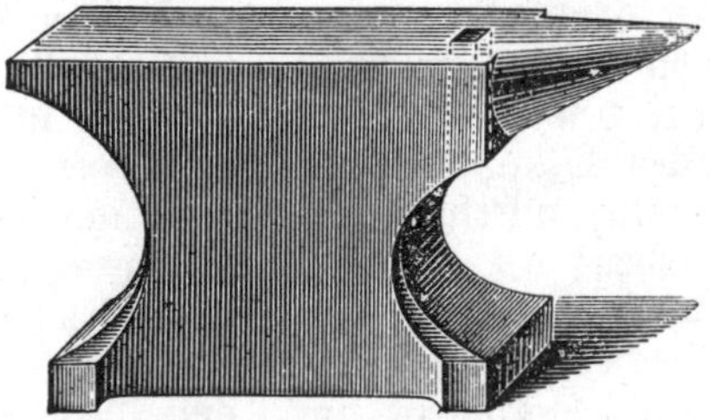
Fig. 378. Amboß mit Horn.

Bei den Hämmern unterscheidet man zwei Hauptgruppen, Stielhämmer und Rahmen oder Parallelhämmer. Der Stielhammer besteht aus zwei Hauptteilen, dem Stiele oder Helm, der aus zähem Holze gefertigt wird, und dem Hammerkopf, der aus Schmiedeeisen mit verstählter Arbeitsfläche hergestellt ist. Die Öffnung des Kopfes, in welche der Stiel gesteckt wird, ist das Hammerauge. Ist die arbeitende Fläche in der Länge und Breite nicht zu stark abweichend, so heißt sie Hammerbahn, hat sie aber Keilform, und ist sie sehr schmal im Verhältnis zur Breite, so nennt man sie Finne. Je nach der Form der Bahnen und nach der Lage der Finne zur Bahn unterscheidet man eine große Anzahl für besondere Zwecke bestimmter Hämmer, welche aber weniger zum Schmieden als zum späteren Vollenden der Form benutzt werden.

Wenn man einen jener rußigen Gesellen sieht, seine nervigen Arme, seine Muskeln wie Stahl, so sollte man meinen, sie könnten spielend mit Centnern umgehen, wie ein Kind mit Gummibällen, und doch beträgt das Gewicht eines Hammers, welchen ein Schmied mit beiden

Händen zu schwingen vermag, höchstens 20 Kilogramm. Diese Zuschlaghämmer führt ein Gehilfe des Schmiedes, während beim eigentlichen Schmieden nur Hämmer von 1 bis 2 Kilogramm Gewicht zur Verwendung kommen. Eine solche Handschmiede bietet einen recht malerischen Anblick, namentlich am Abend; die lodernde Esse, deren Flamme die wunderlichsten Schatten an die Wände malt, das glühende Metall, die rußigen Gestalten, und endlich der taktgemäße Hammerschlag. — Ja, wozu eigentlich der Takt?

Obgleich derselbe mit der Verarbeitung selbst nichts zu schaffen hat, ist er, namentlich überall da dringend nötig, wo mehrere Zuschläger helfend thätig sind, weil sonst leicht mehrere gleichzeitig zuschlagen und dann wohl ihre Hämmer nicht aber das Werkstück treffen. So müssen die Schmiede taktvolle Leute sein.

Solange man nur Handhämmer zur Verfügung hatte, waren der Größe der zu verarbeitenden Werkstücke sehr schnell Grenzen gesteckt, aber der erfinderische Menschengeist bleibt vor keiner Schwierigkeit stehen, und nicht allzu lange mag es gedauert haben, bis man das Wasser zwang, der Menschen Muskeln zu ersetzen und Hammerwerke zu treiben. Nach und nach hat man an diesen Hammerwerken eine Reihe von Verbesserungen eingeführt. Das Gewicht der Hämmer wurde vergrößert, der Hammerstiel wurde mit dem Kopf zusammen aus einem Ganzen von Eisen gegossen, die Holzgestelle wurden durch eiserne Gerüste ersetzt. Bei den Handhämmern erhebt man den Stiel samt dem Kopfe, bei allen Maschinenhämmern ist der Stiel in einem Punkte, dem Drehpunkte unterstützt, und kann sich in diesem um eine horizontale Achse drehen; der Hammerkopf bewegt sich also beim Auf- und Niederfallen in einer Kreislinie. Das Anheben geschieht durch eine Trommel, auf welcher Daumen befestigt sind, die den Hammerstiel ergreifen. Je nachdem der Angriff am Kopfe des Hammers, zwischen Kopf und Drehpunkt oder hinter dem Drehpunkt stattfindet, unterscheidet man Stirnhämmer, Aufwerfhämmer und Schwanzhämmer. Alle diese Hämmer sind Stielhämmer, und ihre Wirkung ist keine geringe. Es muß schon ein ganz beträchtliches Stückchen Eisen sein, das ihren gewaltigen Streichen Widerstand entgegen zu setzen wagt, aber was wollen sie sagen gegen die Cyklopen der Neuzeit, jene gewaltigen Riesen, denen fast nichts zu widerstehen vermag, die ungeheuren Dampfhämmer. Hier ist der Stiel verschwunden und der Hammerkopf ist direkt mit der Kolbenstange eines über ihm befindlichen Dampfcylinders verbunden, und mit dem Kolben hebt und senkt er sich. Fast ins Unermeßliche vermag bei diesen Hämmern das Gewicht des Hammers gesteigert zu werden, seine Wirkung kann vergrößert werden durch eine beträchtliche Höhe, aus der man ihn fallen läßt, ja noch mehr: während bei den Stielhämmern der Kopf allein durch seine eigene Schwere niedersauste, vermag man bei den Dampfhämmern, indem im richtigen Augenblicke der Dampf über den Kolben tritt, dem Hammer noch außer seiner Schwere von oben her einen mächtigen Antrieb zu verleihen. Endlich aber vermag man den Schwung des Hammers beliebig zu regulieren. Als Kaiser Wilhelm II die Kruppschen Eisenwerke besichtigte, ließ er sich auch den Riesenhammer vorführen, und siehe da, nachdem dieser soeben eine große Eisenmenge fast zu Brei zermalmt, berührte er im Momente darauf des Kaisers goldene Uhr so leise und zart, daß sie unversehrt unter dem Hammer hervorgeholt wurde. Alle diese Vorzüge haben den Dampfhämmern unter allen Konkurrenten den Vorrang gesichert.

James Watt, der Erfinder der Dampfmaschine, war es, der 1784 das Projekt zu einem Dampfhammer aufstellte, das aber nicht zur Ausführung kam. Erst 1842 wurde zu Creusot in Frankreich von dem Mechaniker Bourdon ein Dampfhammer ausgeführt und dem Besitzer der dortigen Eisenwerke, Schneider, patentiert. Die Idee rührte allerdings nicht von Bourdon her, sondern von James Nasmyth zu Patricroft bei Manchester, der schon 1832 die Zeichnungen dazu hergestellt hatte. Bei diesem Hammer bewirkte der Dampf nur das Heben, das Fallen geschah durch die eigene Schwere. Im selben Jahre 1842 trat Nasmyth schon mit einer neuen Idee hervor, indem er auch beim Fallen noch den Dampf fördernd mitwirken ließ. Später haben dann besonders W. Nagler zu Storwich 1854, Condie in Glasgow 1846 und neuerdings eine große Reihe anderer Männer neue und verbesserte Methoden teils vorgeschlagen, teils auch in Ausführung gebracht.

Die Dampfhämmer sind Rahmen- oder Parallelhämmer. Der Hammer geht nicht in einer Kreislinie, sondern bewegt sich zwischen zwei senkrecht stehenden Gleitschienen auf und nieder. Der Amboß ist entweder mit dem Gerüst, das die Schienen, und oben auf einem Quergerüst den Dampfcylinder trägt, fest verbunden, oder aber, wenn man vermeiden will, daß Hammer, Gerüst und Dampfmaschine durch die Schläge mit erschüttert werden, so ist der Amboß auf einem besonderen Fundament aufgebaut, das in einer Grube liegt, die mit Sand vollgestampft ist, der jede Übertragung der Erschütterungen verhindert. Die größten Dampfhämmer hat wohl die Kruppsche Werkstatt in Essen, das bedeutendste industrielle Etablissement im Deutschen Reiche. Hier findet man Giganten bis zu einer Schwere von 1000 Centnern. Ist es nicht ein erhebendes Bewußtsein, wenn solche Kolosse dem leisesten Winke des Menschen Folge leisten?

Nicht überall sind übrigens diese großen Hämmer anwendbar. Die Metalle lassen sich ausschmieden, so lange sie glühen, wie es ja auch im Sprichwort heißt: man muß das Eisen schmieden, so lange es noch warm ist, — also werden überall da, wo es sich nicht um große Massen handelt, die lange ihre Hitze behalten, große Hämmer, die natürlich nur verhältnismäßig langsam sich auf und nieder bewegen können, vorteilhaft durch kleine Hämmer ersetzt, die dafür aber um so schneller arbeiten. Diese Schnellhämmer bieten einen Ersatz für Handhämmer, sie werden auch durch Dampf oder Federkraft emporgeschnellt und meist durch Dampf von oben wieder heruntergetrieben. Ein Schnellhammer macht 300 bis 400 Schläge in einer Minute.

Beim Schmieden verfolgt man einen doppelten Zweck, einerseits greift es direkt in die Arbeiten über, welche zur Gewinnung des Eisens dienen, andererseits beabsichtigt man eine weitere Formgebung. Im ersteren Falle dient es dazu, die Schlacken auszuquetschen und beim Schweißeisen die Schweißung der einzelnen Teile herbeizuführen, oder aber die durch Blasenbildung beim Gießen entstandenen Poren zuzuquetschen, wie beim Flußeisen. Neben den Hämmern werden hierbei noch zwei andere Instrumente benutzt, die sich für diesen Zweck als äußerst praktisch bewährt haben. Man hat diese Maschinen nach verschiedenen Prinzipien eingerichtet. Bei der einen Hauptform geschieht die Bearbeitung durch Drücken mit einem gewaltigen Hebel, gerade wie in einer Riesenzange. John Hartop in England hat diese Quetschwerke 1805 zuerst angewendet, Allarton sie 1841 verändert, in Frankreich wurden sie durch Flahat, Cavé und Guillemin gebaut. Der wiegenartig gestaltete Hebel der Luppenquetsche hat an der Unterseite seines rechten Armes eine breite Fläche, unter welcher eine solide Amboßplatte festliegt. Der linke, längere Arm wird durch Vermittelung einer Kurbel von einer Dampfmaschine auf und nieder bewegt, während der rechte kürzere Arm die in glühendem Zustande hinuntergeschobenen weichen Eisenluppen mit unwiderstehlicher Gewalt zusammenpreßt, so daß die Schlacken auf beiden Seiten herausfließen. Je weiter nach hinten man die Luppen bringt, um so größer ist der Druck. Nach jedem Druck, deren in der Minute bis zu 90 ausgeübt werden können, kann der Arbeiter das Werkstück so drehen und wenden, wie es ihm für den neuen Druck am vorteilhaftesten erscheint. Das ist ein Vorzug, den die Hebelluppenpressen vor den Luppen- oder Zängmühlen voraus haben. Bei diesen, wie sie von den Engländern Ralston 1840, Thorneycroft 1843, Dorrel 1855 und Abbot 1857 konstruiert sind, dreht sich in einer festliegenden gerieften Trommel eine außerachsig gelagerte Walze mit längslaufenden kantigen Rippen. An der Seite, wo der größere Abstand zwischen Walze und Trommel ist, schiebt man die Luppe ein, und nun zieht die Walze die Luppen vorwärts, sie immer mehr und mehr quetschend, bis sie dieselben, wenn sie an der engsten Stelle des Zwischenraumes angekommen sind, wieder auswirft. 20 Umgänge macht die Luppenmühle in einer Minute, gerade genug, um die Eisenmassen mit größter Energie zu zängen. An Stelle von Trommel und Walze benutzte zuerst der Nordamerikaner Burden zwei Walzen zu dem gleichen Zwecke. Auch diese Maschinen sind inzwischen vielfach verändert und haben manche Verbesserungen erfahren.

Zum Formengeben können, wie schon erwähnt, diese Maschinen nicht benutzt werden, dazu dienen die Hämmer, aber neben diesen auch noch einige Ergänzungsstücke, die hier nicht unerwähnt bleiben dürfen. Da sind zunächst die Setzhämmer, welche auf das zu bearbeitende Werkstück gesetzt werden und den Schlag des Hammers auf dieses fortpflanzen. Man braucht sie, wenn es darauf ankommt, daß die Schläge immer genau auf dieselbe Stelle treffen, oder auch, wenn durch eine besondere Form der Bahn des Setzhammers Eindrücke erzielt werden sollen, wie sie mit dem einfachen Hammer nicht hervorgebracht werden können. Als Unterlage dient hierbei das Stöckchen, ein viereckiges Stück Gußeisen oder Stahl mit flacher oder geformter Bahn, das mit einem Zapfen in der Öffnung des Ambosses befestigt wird.

Neben den Setzhämmern finden die Gesenke vielfach Anwendung, sie entsprechen vollkommen den Formen beim Gießen. Wie man offene und geschlossene Formen hat, so hat man einfache und doppelte Gesenke. Die Innenflächen der Gesenke entsprechen genau den Außenflächen der Werkstücke; wird die offene Fläche durch die Bahn des Hammers geschlossen, so hat man einfache Gesenke. Das untere Gesenke wird mit einem Zapfen in das Loch des Ambosses gesteckt, während das obere Gesenke, wie es beim doppelten Gesenke benutzt wird, genau wie ein Setzhammer angewendet wird, und wie dieser mit einem Stiel versehen ist, wie Fig. 379. zeigt.

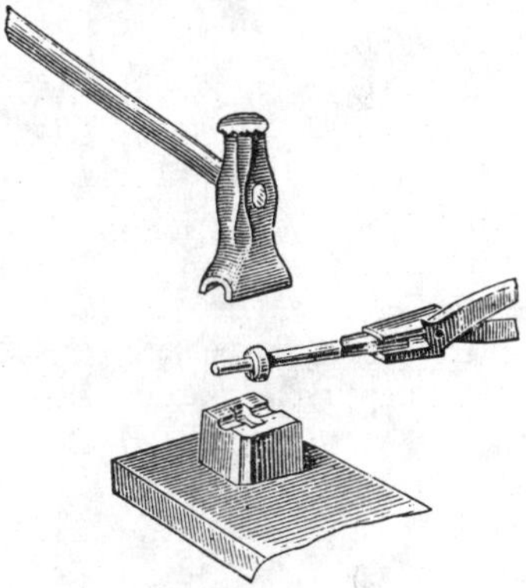
Fig. 379.
Ober- und Untergesenk zum Schmieden cylindrischer Stäbe.

Der Schrotmeißel, ein Setzhammer mit verstählter, schneidenförmig zugespitzter unterer Kante, dient zum Lostrennen einzelner Stücke, als Unterlage entspricht ihm ein ähnlich geformtes Stück, der Abschrot. Der Durchschlag dient zum Schlagen eines Loches, er besteht aus einem Stahlstempel, dessen untere polierte Fläche so groß ist, wie das Loch werden soll, als Unterlage dient ein Ring, in welchen der Stempel hineinpaßt, der Lochring, das herausgeschlagene Stück nennt man Putzen.

Auch beim Schmieden hat man bereits die Handarbeit durch Maschinenarbeit ersetzt. Wenn man eine Anzahl Gesenke, die bei ihrer nacheinander folgenden Benutzung eine bestimmte Gestalt hervorbringen, mit einer ebenso großen Anzahl von Hämmern verbindet, die in einem gemeinschaftlichen Gerüste lagern und gemeinsam durch Elementarkraft getrieben werden, so erhält man eine Schmiedemaschine.

An Stelle der Hämmer werden meistens Stempel benutzt, die an einer gemeinschaftlichen Welle sitzen und durch Excenter eine auf- und niedergehende Bewegung erhalten. Die Maschinen üben bei langsamem Gange eine pressende Wirkung, gewöhnlich aber machen sie in einer

Minute 200 bis 400 Auf- und Niedergänge, so daß die Stempel wie Hämmer auf die Werkstücke schlagen. Die Oberstempel können mit einem formgebenden Werkzeuge (Gesenk, Meißel, Abschrot) versehen werden, das in eine Öffnung des Stempels eingesetzt und mit einer Schraube befestigt wird. Es kann daher leicht ausgewechselt und die Maschine für eine neue Form zurecht gemacht werden. Die Unterstempel haben ebenso wie die Oberstempel in dem Gerüst Führung, sie sitzen auf dem oberen glatten Ende einer schmiedeeisernen Schraubenspindel mit einer Hülse auf, in welcher sich die Spindel frei drehen kann. Im Gerüst lagert eine zugehörige Schraubenmutter fest, so daß bei einer Drehung der Schraube, diese und der Stempel auf und ab bewegt werden können. Vor den Stempeln ist ein eiserner Tisch am Gerüst befestigt, als Unterlage und Führung für die zu schmiedenden Werkstücke. Schmiedemaschinen wendet man überall da an, wo es sich um die Herstellung von Massenartikeln handelt, wo Marktware von einfacher Form in großer Anzahl durch Schmieden verfertigt werden soll. Die leichte Umwechslung der formgebenden Teile, der schnelle Gang der Maschine, die durch Anwendung von Gesenken bewirkte Verringerung menschlicher Arbeitsleistung verbürgen ihnen die weiteste Verbreitung. Es kommt noch hinzu, daß man auf den verschiedenen Stempeln der Maschine mehrere Werkstücke gleichzeitig bearbeiten kann, so daß man in kurzer Zeit eine große Stückzahl herstellen kann. Ryder zu Bolton in Lancashire hat 1841 diese Maschinen erfunden (Fig. 380).

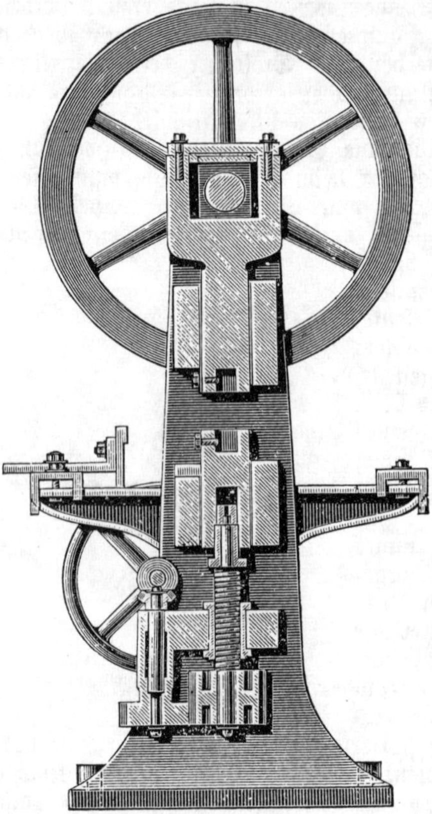

Fig. 380. Schmiedemaschine.

Nicht alle Metalle können geschmiedet werden, sondern nur die dehnbareren unter denselben, also Schmiedeeisen, Stahl, Kupfer, Messing und seine Legierungen, Zink, Zinn, Blei, Aluminium, Gold, Silber, Platin. Am häufigsten werden Schmiedeeisen und Stahl geschmiedet, weil bei diesen außer der Gestaltung auch eine Vereinigung stattfinden kann. Man kann zwei Stücke so zusammenschmieden, daß sie nachher ein einziges untrennbares Ganze bilden, man kann sie schweißen. Bei diesen Metallen also ersetzt das Schmieden das Gießen vollkommen. Nicht schmiedbar sind Gußeisen und Gußstahl.

Die einfachsten Formen, wie Stäbe, werden jetzt nicht mehr durch Schmieden hergestellt, das Blattgold allein, wie es zum Vergolden von Bücher-Einbänden, Holzwerk ꝛc. angewendet wird, wird mit dem Hammer verfertigt. Bei der Gold- (Silber-, Platin-, Aluminium-) Schlägerei legt man eine größere Anzahl von Plättchen übereinander, nur getrennt durch dazwischen gelegte Blätter, weil sonst die dünnen Bleche aneinanderhaften und sich nicht ohne Beschädigung trennen lassen würden. Solange die Bleche noch stärker sind, benutzt man hierzu Pergament, später aber Goldschlägerhaut, d. h. das feine Oberhäutchen vom Blinddarme des Ochsen, welches gereinigt, aufgespannt, getrocknet, mit Alaunwasser gewaschen, endlich mit Wein, worin man Hausenblase und einige Gewürze aufgelöst hat, bestrichen und mit Eiweiß überzogen ist. Man benutzt zum Ausschlagen Handhämmer mit kreisrunder etwas gewölbter Bahn. Dieses Arbeitsverfahren, bei welchem durch Hammerschläge eine Verdünnung des Querschnitts und somit eine Ausdehung in der Länge stattfindet, nennt man das Ausstrecken oder Zainen. Das Zainen geschieht mit der Finne des Hammers, indem man Schlag neben Schlag setzt; es entstehen dadurch eine große Anzahl schmaler Kerbe nebeneinander, das Metall wird gerieft, man gleicht daher diese Unebenheiten durch Schlichten wieder aus, d. h. man schmiedet noch einmal mit der Bahn des Hammers nach.

Führt man gegen irgend eine Stelle einer Metallplatte einen Hammerschlag, so wird an dieser Stelle eine Verdünnung, gleichzeitig aber auch ein Strecken stattfinden, und da die umgebenden vom Hammer nicht getroffenen Teile nicht ausweichen können, so entsteht eine Vertiefung, eine Beule. Führt man aber gegen die Mitte der Platte mit einer kugligen Hammerbahn eine große Reihe von Schlägen, ohne den Rand zu berühren, so wird der ganze mittlere Teil ausgebaucht, und die Platte erhält die Form einer Schale oder eines Kessels. Man nennt das Treiben oder Auftiefen. Je nachdem man auf verschiedene Stellen mehr oder weniger starke oder häufige Hammerschläge fallen läßt, kann man verschiedenartig geformte Hohlkörper erzeugen.

Stellt man ein Metallstück senkrecht auf den Amboß und schlägt mit dem Hammer darauf, so wird sich das Stück verkürzen und gleichzeitig verdicken. Soll nur ein Teil gestaucht werden, so wird dieser vorher erwärmt und zieht sich daher kräftiger zusammen wie die anderen. Nach dem Stauchen wird stets noch überschmiedet. Das Stauchen ist die entgegengesetzte Behandlung wie das Strecken. Ebenso hat man eine dem Treiben entgegengesetzte Bearbeitungsmethode. Wenn man eine flache Scheibe rings so hämmert, daß eine Aufbiegung des Randes entsteht, so bekommt man einen Hohlkörper, dessen Durchmesser kleiner ist, als der der ursprünglichen Platte, denn es findet hier eine Vergrößerung der Querschnittsstärke infolge der Zusammendrückung statt. Diese Methode nennt man das Aufziehen.

Soll an ein Metallstück ein Ansatz z. B. ein Zapfen angebracht werden, so benutzt man einen Setzhammer. Glatte Ansätze werden auf der Kante des Ambosses geschmiedet, bei profilierten Ansätzen werden besonders geformte Setzhämmer sowie Stöckchen als Unterlage gebraucht. Dieses Schmieden bezeichnet man als Ansetzen.

Zum Biegen gebraucht man bei runden Biegungen das Horn oder Sperrhorn, indem man das Werkstück quer darüberlegt und auf die nicht unterstützte Stelle hämmert. Man benutzt auch wohl einen runden Stahlstab, den Dorn, um welchen man das Metall herumhämmert. Scharfe Biegungen bringt man durch Umklopfen über die Kante des Ambosses oder eines Stöckchens hervor.

Beim Lochen benutzt man den Durchschlag, der konisch gestaltet ist. Bei starken Stücken locht man von einer Seite zur Hälfte, und treibt dann von der anderen Seite den Putzen heraus. Um das nun in der Mitte am schwächsten erscheinende Loch cylindrisch zu machen, treibt man einen Dorn hindurch, man muß es ausdornen. Natürlich wendet man auch viereckige oder sonstwie gestaltete Durchschläge an. Man führt das Lochen auch mit dem Schrotmeißel aus, und nennt es dann Aufhauen.

Beim Schweißen sollen zwei Metallstücke derartig zusammengefügt werden, daß sie nachher ein untrennbares Ganze bilden. Es leuchtet ohne weiteres ein, daß dies am besten gelingt, je größer die Schweißflächen sind. Man schrägt daher die Endflächen ab, oder man spaltet die eine und schiebt die andere hinein, nachdem man sie zugespitzt. Am interessantesten ist aber, wie man aus allerlei Abfällen, alten Schienen u. s. w. wieder neues Material herstellt. Man bringt hierbei das ganze Gerümpel zu einem viereckigen Paket zusammen, das man mit Draht umwickelt, damit es nicht auseinander falle. Dann wird das Paket schweißwarm gemacht, unter den Dampfhammer gebracht und erst mit vorsichtigen schwachen Schlägen zusammengeschweißt, endlich mit kräftigen Schlägen weiter verdichtet und gereckt.

Das Pressen.

Wenn das Schmieden nicht durch einzelne mehr oder minder schnell aufeinander folgende Schläge, sondern durch fortdauernd wirkenden Druck vor sich geht, so bezeichnet man es als Pressen; die Größe des Druckes muß daher, da derselbe nur einmal wirkt, ein sehr bedeutender sein. Um denselben hervorzubringen, benutzt man Hebel oder Pressen, und zwar besonders hydraulische Pressen, weil man mit diesen den stärksten Druck hervorzubringen imstande ist. Schon im Jahre 1856 verfertigte Pollenz in Aachen Eisenbahnwagenräder mittelst einer Kniehebelpresse und entsprechender Preßklötze aus Gußeisen. Den ersten sogenannten Preßhammer oder die Schmiedepresse scheint Haswell in Wien angewendet zu haben. Er arbeitete schon 1861 damit, während die Engländer Fairbairne 1861, Wilson 1862 und Yates 1863 Patente darauf nahmen. Schon 1854 benutzte Smith in Smethwick bei Birmingham die hydraulische Presse, um Naben und Speichen zu Eisenbahnrädern aus weißglühendem Eisen in gußeisernen Formen oder Matrizen herzustellen. Da man beim Pressen das Werkstück während der Arbeit nicht drehen und wenden kann, so muß für jede Form desselben, die hervorgebracht werden soll, ein besonderes Gesenke, eine Matrize benutzt werden, gerade wie beim Gießen die Form, welche die äußere Gestalt des Arbeitsstückes innen hat. Überall da, wo es sich um komplizirtere Formen handelt, die man mit dem Hammer gar nicht, oder doch nur schwer und unter besonders großem Zeitaufwande herstellen könnte, tritt die Presse mit vollem Erfolge ein. Treibt man noch obenein die hydraulische Presse mit Dampf, so ist die Wirkung derselben fast eine ungemessene.

Das Walzen.

Für besondere Formen der zu erzeugenden Werkstücke, namentlich auch für solche, welche in großer Anzahl in möglichst genau gleicher Gestalt hergestellt werden sollen, hat sich das Walzen der Metalle in neuerer Zeit außerordentlich eingebürgert. Das Walzen besteht der Hauptsache nach in einem Strecken des Stückes, indem man dasselbe zwischen zwei sich in entgegengesetzter Richtung drehenden Walzen hindurchführt, deren gegenseitiger Abstand geringer ist, als die Dicke des Metalles. Die Walzen wirken hier wie die Hammerfinne beim Zainen, die Streckung erfolgt daher in erster Linie in der Richtung quer gegen die Achsen der Walzen, sie ist nur gering in der Achsenrichtung derselben. Hierbei findet eine Querschnittsverdünnung statt, eine Zusammendrückung, in der Richtung, in welcher der Druck thätig ist, eine Ausdehnung nach allen Richtungen. Diese Ausdehnung ist beim Walzen kalter Metalle am größten, entsprechend ist aber auch die Streckung in die Länge geringer, das Metall wird dabei hart und spröde. Ausglühen stellt die Dehnbarkeit und Weichheit wieder her. Beim Walzen glühender Metalle treten diese Übelstände nicht auf.

Die Walzwerke werden in erster Linie zur Verarbeitung des Eisens benutzt, aber nur wenig zur definitiven Formgebung, sie geben dem Techniker das Material in die Hand, wie er es weiter verwerten kann, und je nach der Form, in welcher dies geschieht, unterscheidet man die Eisensorten, die verschiedenen Arten des Formeisens. Man kauft dreieckige, runde, halbrunde, dreiviertelrunde, ovale Eisen, keilförmiges, Winkel- oder Eckeisen └, T-Eisen **T**, Doppel-T-Eisen **I**, auch H-Eisen genannt, J-Eisen **I**, Kreuzeisen ┼ und wie die vielen Arten sonst noch heißen mögen. Auch die Eisenbahnschienen gehören zu diesen Formeisen, ebenso wie die runden nnd quadratischen Röhren.

Das Walzwerk (Fig. 381) in seiner einfachsten Form besteht aus einem festen Gerüst, auf welchem mit Zapfen Walzen in Lagern ruhen, die durch irgend eine elementare Kraft in Bewegung gesetzt werden, so daß sie sich in entgegengesetztem Sinne drehen. Als treibende Kraft wird meist der Dampf angewendet. Die Walzen lagern entweder in unveränderlicher Entfernung von einander, oder sie lassen sich nähern und entfernen; zu letzterem Zwecke pflegt die obere Walze beweglich zu sein. Je nach der Form des Fabrikats, das man herzustellen gedenkt, unterscheidet man verschiedene Walzenformen. Einfache glatte Walzen werden zur Blecherzeugung verwendet, hier kommt es nur darauf an, daß das fertige Stück eine gewisse vorgeschriebene Dicke habe, nicht aber, welche Ausmessungen es nach den anderen Richtungen besitze. Wird aber eine ganz bestimmte Gestalt des Werkstückes verlangt, so müssen auch die Walzen entsprechend gestaltet sein, ganz wie man beim Schmieden und Pressen Gesenke von bestimmter Form benutzt. Die Walzen sind weiter nichts wie Gesenke, allerdings Gesenke ohne Ende; die untere Walze giebt das Untergesenke, die obere Walze das Obergesenke. Enthält eine Walze mehrere Kaliber — so nennt man die Öffnung, welche infolge der Furchung der Walzen zwischen beiden frei bleibt, also die Form, die das Werkstück erhalten soll — so sind die einzelnen durch 10 bis 25 mm breite Ringe von einander getrennt. (Siehe Fig. 381.) Enthält jede Walze die Hälfte des Kalibers, so laufen die Ringe auf einander und das Kaliber ist ein offenes; enthält dagegen die Unterwalze die Hauptform, die nur durch die Oberwalze geschlossen wird, so laufen die Ringe der Unterwalze in Furchen der Oberwalze, das Kaliber ist ein geschlossenes. Nun sieht sich das Walzen von weitem ganz wundervoll an. Man sollte meinen, es ginge so, daß man auf der einen Seite das Gußstück hineinleitet, dann läuft es zwischen den Walzen durch und auf der anderen Seite kommt das fertige Kunstwerk heraus, just wie man beim 10 Pfennig-

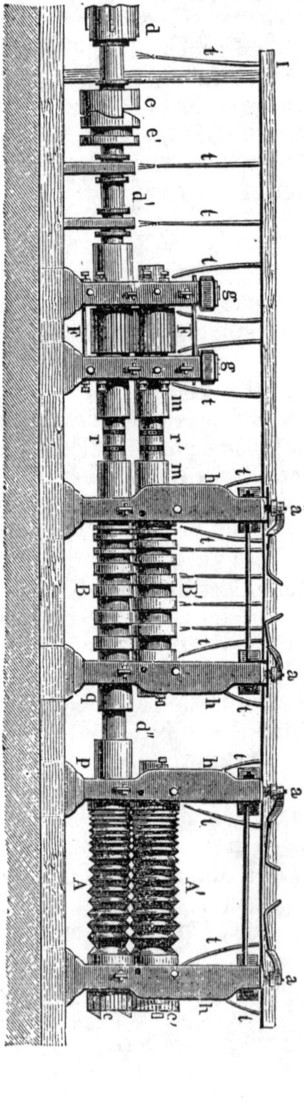

Fig. 381. Walzwerk.

Automaten oben den Nickel einwirft, und unten kommt die Schokolade an. Aber das Walzen hat so seine Schikanen. Ist das Gußstück von vornherein, oder wird es durch den Walzendruck breiter als das Kaliber, so dringt das Metall zwischen den Ringen an den Seiten durch, es entstehen Bärte, Nähte, Grate. Zur Sicherheit schließen daher auch die Ringe niemals ganz dicht auf einander, denn wenn man auch durch die Praxis gewitzigt, die Seitenausdehnung ziemlich kennt, läßt sie sich doch nicht ganz genau berechnen und hat das Metall keinen Ausweg, so drückt es eben die Walzen auseinander. Ferner aber kann man das Metall nicht zwingen, sofort die verlangte Gestalt anzunehmen, man müßte denn einen ungeheuren Druck anwenden: ein Gußstück von 25 cm Dicke läßt sich nicht mit einem Male zu einem Bleche von 1 mm Dicke auswalzen, oder zu einer Schiene umformen, sondern erst nach und nach kann man es durch verschiedene andere Formen hindurch bis zu dem verlangten Querschnitte bringen. Man benutzt daher zunächst Vorwalzen und bringt dann erst das vorgearbeitete Stück zu den Fertigwalzen. Beim Fertigwalzen tritt übrigens dieselbe Erscheinung ein, wie beim Gießen, das heiße Metall schrumpft noch nachträglich beim Erkalten zusammen, also müssen auch hier die Kaliber um das Schwindmaß größer sein, als das Werkstück werden soll.

Walzen wendet man in den verschiedensten Abmessungen an. Bei den kleinsten Walzwerken haben sie einen Durchmesser von 40 bis 50 mm bei einer Länge von 75 mm; solche gebrauchen die Goldarbeiter zum Herstellen ihrer feinen Bleche; bei der Herstellung der gewaltigen Panzerplatten sind die Walzen natürlich etwas größer, sie haben einen Durchmesser von fast 1 m bei einer Länge von 3 m; das sind aber die größten.

Der erste, der Kaliberwalzen zum Schweißen und Strecken von Stäben in Anwendung brachte, war Henry Cort in Lancaster im Jahre 1783, derselbe, der auch auf dem Gebiete des Eisenbereitens durch die Einführung des Puddelns sich einen Namen erworben hat. In Frankreich gewannen die Walzwerke zu Ende des 18ten Jahrhunderts, in Deutschland und Österreichs erst am Anfange dieses Jahrhunderts Verbreitung.

Das Vorwärmen des Metalls.

Wie fürs Gießen, so muß auch fürs Schmieden und Walzen in vielen Fällen das Metall vorgewärmt werden. Es kommt aber nicht darauf an, eine so hohe Temperatur zu erzielen, daß das Metall in den flüssigen Zustand übergeht, es soll nur weich und dehnbar werden, ohne jedoch den Zusammenhang zu verlieren, ferner soll es die durch Hämmern, Pressen oder Walzen erhaltene Härte und Sprödigkeit durch Glühen verlieren, damit es zu weiterer Verarbeitung tauglich werde.

Auch hier unterscheidet man Feuerungsanlagen, bei denen das Metall direkt mit den Brennmaterialien in Berührung kommt, und solche bei denen es vor der Berührung mit denselben geschützt ist.

Die einfache Schmiedeesse (Fig. 382) mit gemauertem Herde ist wohl allgemein bekannt. Die Feuergrube F ist aus feuerfesten Steinen gebaut, B ist die Brandmauer, d die Windform, durch welche der Gebläsewind in das Feuer eintritt, g der Rauchfang und e die Esse. L ist ein Löschtrog, der mit Wasser gefüllt ist, die Öffnung A wird zum Aufbewahren von Brennmaterialien benutzt. Vielfach liegen auch mehrere Feuer auf einem Herde und unter einem Rauchfang. Der Bequemlichkeit wegen hat man auch eiserne Essen konstruiert, die mit Rädern versehen sind und daher überall hin mit Leichtigkeit transportiert werden können.

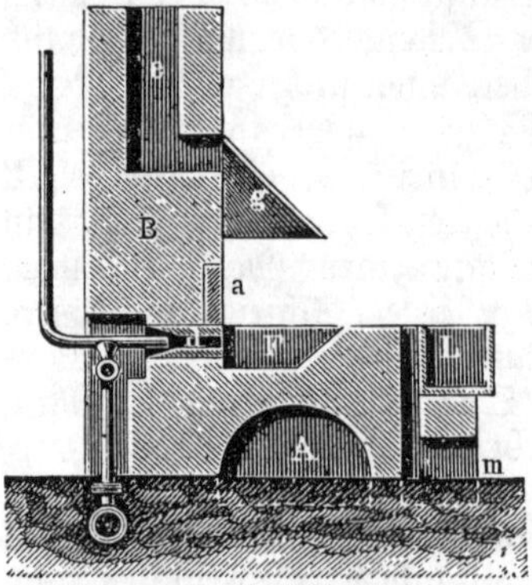

Fig. 382. Schmiedeesse.

Den Wind besorgt meist ein Blasebalg, doch sind auch Ventilatorgebläse eingeführt. Die Windstärke läßt sich regulieren, der Wind sofort abstellen, wenn das Metall aus dem Feuer genommen ist.

Mannigfaltig sind die Erzeugnisse, welche durch Schmieden im weiteren Sinne hergestellt werden, es mögen daher hier nur einige der einfachsten und im allgemeinen Verkehrsleben wichtigsten Platz finden.

Die Blecherzeugung.

Blech ist ein bedeutender Handelsartikel, und die Art seiner Anwendung und Benutzung eine mehr wie reichhaltige. Nicht nur wird es benutzt, so wie es ist, zum Schutze minder widerstandsfähiger Stoffe, sondern fast noch mehr als Übergangsform für andere kunstvollere Industrieerzeugnisse. Blech nagelt man vor den Ofen, um den Fußboden vor der Entzündung gegen Feuer zu schützen, den gleichen Zweck haben eiserne Vorhänge und Thüren, die ganz aus Wellblechplatten bestehen. Wie gegen Feuer, so soll es gegen Wasser ein Schirm sein. Mit Blecheinsätzen versehen wir Waschtoiletten und Blumentische. Gegen Diebesgefahr benagelt man die Thüren mit Blech, nimmt Wellblechjalousieen vor Schaufenster und Eingänge und verwahrt sein Geld in Schränken, die aus Stahlblech hergestellt sind. Zur Sicherung vor feindlichen Kugeln umkleidet man die Kriegsschiffe mit eisernen Panzern, ja man setzt ganze Schiffe nur aus Blechplatten zusammen, kurz wohin das Auge blickt, begegnet man dem Blech in seiner wahren Gestalt. Noch viel häufiger sieht man es verarbeitet, durch Biegen, Drücken, Pressen, Prägen, Stanzen, Hämmern 2c., bald in einfacher Form als

Blechlöffel, Regenrinne, Teller, bald zu den feinsten und kunstvollsten Ornamenten umgewandelt.

Die Erzeugung des Bleches selbst geschieht durch Hämmern oder Walzen. Geschlagenes Blech kommt mehr und mehr in Abnahme, da es niemals ganz gleichmäßig werden kann. Schlägt der Hammer einmal stärker zu, so wird das Blech an dieser Stelle dünner und die Platte wird beulig. Vielfach aber wird das Blech erst mit dem Hammer vorgearbeitet und verdichtet, ehe es seine eigentliche Verarbeitung durch die Walzen erfährt, umgekehrt erfahren die feinsten Bleche, wie Zinnfolie, Blattgold und ähnliche ihre letzte Bearbeitung mit dem Hammer. Die Blechwalzwerke unterscheiden sich von anderen durch das Fehlen der Walzringe, sie haben keine seitliche Begrenzung. Die Walzen sind möglichst genau und glatt gearbeitet. Die untere Walze ruht fest in ihren Lagern, während ihr die obere nach jedem Durchgange des Bleches genähert wird, bis die verlangte Dicke erreicht ist. Hierzu dienen Stellschrauben, welche von oben auf die Lager der Walzen drücken und sie dadurch verhindern, weiter als bis zu einem bestimmten Punkte nach oben nach zu geben. Die kleinen Walzwerke mit Walzen von 30 bis 40 mm Länge, wie sie in den Münzanstalten, Schmuckfabriken, Goldarbeiterwerkstätten ꝛc. vorhanden sind, werden auch Plättwerke genannt. Je geringer der Walzendurchmesser, um so größer die Längenstreckung, gerade wie mit der schmalsten Finne ebenfalls die größte Streckung erreicht wird. Bei einfachen Walzwerken wird das Metallstück vor die Walzen gebracht, und nachdem es zwischen denselben durchgelaufen ist, schleunigst über die obere Walze hinweg hinübergereicht, geschwind die Entfernung der Walzen verringert und nun von neuem das Blech durchgeschickt. Hier ist größte Fixigkeit am Platze, sonst wird das Metall kalt und zur Weiterverarbeitung zunächst ungeeignet. Nun ist das Hinüberheben großer und schwerer Bleche auch nicht zu den Annehmlichkeiten zu rechnen, man hat daher versucht, mechanische Überhebvorrichtungen in Anwendung zu bringen, zuerst Vigor in Montataire 1854, später Borsig in Berlin u. a. Dann hat man auch Walzwerke mit 3 Walzen übereinander konstruiert, die allerdings mehr bei den Stabwalzwerken Anwendung finden. Bei diesen liegt entweder die mittlere Walze fest und die obere und untere sind verstellbar — System Fritz — oder die obere und untere Walze sind fest, und nur die mittlere läßt sich verstellen — System Holleg. Das Überheben vermeiden neben diesen Triowalzwerken auch die Kehrwalzwerke, bei denen sofort nach dem Durchgange des Bleches die Umdrehungsrichtung der Walzen geändert werden kann, so daß nun das Blech von derselben Seite wieder zwischen die Walzen hineingeführt werden kann, auf welcher es herauskam. Letzteres Verfahren wurde 1792 zuerst von dem Engländer John Wilkinson angewendet. Endlich stellte Samuel Lees 1848 zwei Walzwerke mit entgegengesetzter Drehrichtung nebeneinander mit einer Vorrichtung, um die Bleche wechselweise dem einen oder anderen Walzwerke zuzuführen.

Eisen wird immer glühend gewalzt, auch Kupfer vielfach, Zink bei der Temperatur seiner größten Dehnbarkeit zwischen 125° und 150°, alle übrigen Metalle werden kalt den Walzen übergeben.

Zur Herstellung des Eisenbleches nimmt man Stürze, d. h. breite, nicht zu dicke Stäbe, die mit einer durch Wasser oder Dampf bewegten Schere zurechtgeschnitten sind. Man steckt sie so hinein, daß die Richtung der Bewegung der ursprünglichen Breite entspricht, die also nachher die Länge der Tafeln wird. Sind sie mehrmals durch die immer enger werdenden Walzen durchgegangen, so biegt man sie mit dem Hammer in der Mitte zusammen, taucht sie in Lehmwasser, steckt zwei oder mehrere in einander und walzt sie weiter aus, indem man das Glühen erneuert, sobald es wieder nötig wird. Nach jedem Glühen wird der Glühspan mit einem Handhammer abgeklopft, damit er nicht mit in das Eisen eingewalzt werde und die Bleche beim nachherigen Losplastern unansehnlich und rauh mache. Die gewaltigen Platten, wie sie zur Panzerung von Schiffen dienen, werden durch eiserne auf Schienen laufende Wagen an die Walzen gebracht. Die Krümmung wird den Blechen dadurch genommen, daß man sie auf gußeiserne Platten legt und mit Gewichten beschwert. Die Platten der Geldschränke werden auf einer Seite gehärtet, damit sie den Instrumenten Widerstand leisten, an der inneren Seite müssen sie aber geschmeidig bleiben, damit sie auch bei Schlägen und Stößen nicht zersplittern.

Stahlblech wird genau wie Eisenblech behandelt und gewalzt. Beim Kupferblech werden die gegossenen Platten zunächst unter dem Hammer bis zu einer Dicke von 15 mm vorgeschlagen, dann erst rotglühend oder noch besser kalt gewalzt und wiederum bei ausreichender Dünne zusammengebogen.

Wie Kupfer behandelt man Messing, nur werden hier die Walzen mit Öl abgerieben, um ein Anbacken des Bleches zu verhüten. Das ganz dünne Messingblech, das zur Weihnachtszeit viel benutzte Rausch- oder Knittergold, wird unter den Walzen papierdünn ausgezogen, blank abgebeizt und dann in Lagen bis zu 20 und mehr Tafeln übereinander gelegt und unter dem Schnellhammer gebracht, wodurch es nicht nur breiter und dünner wird, sondern auch seine Steifigkeit und seinen Glanz erhält.

Blei kann seiner Weichheit wegen nur gewalzt, nicht gehämmert werden, doch müssen auch hier Walze und Platte mit Öl bestrichen werden. Eine Methode zur Herstellung des Tabakbleies fand beim Gießen bereits Erwähnung; gewalztes Blei wird noch dünner, indem man 20 und mehr übereinander gelegte Platten durch die Walzen gleichzeitig laufen läßt.

Die Herstellung der Zinnplatten geschieht wie die des Bleibleches, die ganz dünne Zinnfolie, Stanniol, wurde auch schon beim Gießen erwähnt, hier war ihre Behandlungsweise wie die der Bleifolie.

Beim Schmiedeprozeß werden sie ganz wie Rauschgold behandelt. Entweder wird in Stäbe gegossenes Zinn von Anfang bis zum Ende mit dem Hammer behandelt, oder gegossene Platten werden vorgewalzt und erhalten ihre letzte Bearbeitung mit dem Hammer. Bei großen Spiegeln benutzt man zum Belegen Platten von 0,5 mm Dicke; die zum Einwickeln von Schokolade benutzte Zinnfolie hat aber oft nur eine Dicke von 0,008 mm.

Sehr viel benutzt zu allerlei Gefäßen, zu Eimern, Gießkannen, Dachrinnen 2c. wird Zinkblech. Dessen Herstellung macht die meiste Mühe, weil seine größte Dehnbarkeit innerhalb ziemlich enger Temperaturgrenzen liegt. Dasselbe muß immer vorgewärmt und Sorge getragen werden, daß seine Temperatur durch den Walzdruck nicht über den günstigen Wärmegrad hinaus gesteigert werde. Auch hier werden die Walzen geölt.

Edelmetalle werden in Blechform vielfach zu Schmucksachen verarbeitet, die über einem Harzkern plattiert werden. Auch hier findet eine vorherige und nachherige Bearbeitung der gewalzten Bleche statt. Über die Herstellung des Blattgoldes wurde bereits ausführlicher gesprochen.

Die Staberzeugung.

Stabeisen, Façoneisen werden nur noch selten mit dem Hammer hergestellt, ja viele Formen, so z. B. die Eisenbahnschienen, würden sich überhaupt nicht durch Hämmern in die vorgeschriebene Form bringen lassen, hier ist man ausschließlich auf Kaliberwalzen angewiesen. Von anderen Metallen, wie Eisen, kommen Stäbe nicht unter die Walzen; wo sie einen Handelsartikel ausmachen, sind sie unmittelbar durch Guß hergestellt. Was bei der Blecherzeugung gesagt wurde, gilt auch hier, man benutzt Duowalzwerke, Triowalzwerke und Kehrwalzwerke. Diejenigen Teile des Eisenstückes, welche von der Walze unmittelbar getroffen werden, erleiden eine Verdichtung des Gefüges, während diejenigen Teile, welche seitwärts ausweichen müssen, eine Lockerung erfahren. Man dreht daher den Stab nach jedem Durchgange um einen bestimmten Winkel, der meist 90° beträgt, damit alle Teile gleichmäßig beeinflußt werden. Vor dem Walzwerk bringt man Eisenplatten an, welche dem Werkstück nur gestatten, in einer bestimmten Lage hindurch zu gehen, die also als Führung dienen. Für jeden einzelnen Querschnitt des Eisens ist auch ein besonderes Kaliber nötig, so daß in einer größeren Werkstatt, die die verschiedensten Sorten von Eisen auf den Markt bringt, eine bedeutende Anzahl von Walzwerken Aufstellung finden, oder wenigstens von Walzen vorhanden sein muß. Für Stabeisen mit rechteckigem Querschnitt beseitigt diese unangenehme Notwendigkeit das Universalwalzwerk von R. Däelen zu Hörde in Westfalen (1848). Bei diesem wird das Flacheisen durch zwei Paar glatte Walzen erzeugt, von denen die eine wagerecht, die zweite senkrecht gelagert ist, so daß also das Eisen bei jedem Durchlaufen sowohl in senkrechter, als auch in wagerechter Richtung Druck erfährt. Die Lagerungen der Walzen sind verstellbar eingerichtet, so daß mit einem Universalwalzwerk Flacheisen von jeder Dicke und Breite angefertigt werden kann.

Wenngleich die Herstellung von Blechen und Stäben die Hauptthätigkeit der Walzwerke ausmacht, so ist ihre Anwendung damit noch lange nicht erschöpft, Schraubenmuttern, façonnierte Geländer und Gitterstäbe, Radreifen, ja ganze Scheibenräder werden aus roh vorgeschmiedeten Eisenstücken nur durch Walzen fertig hergestellt, ja neuerdings ist ein Verfahren erfunden, welches nicht nur gestattet, Röhren zu walzen, sondern auch dieselben nach Belieben abwechselnd als Hohl- und Vollcylinder zu gestalten. Bei der Röhrenfabrikation wird dieses Mannesmannverfahren noch eingehendere Besprechung finden.

Das Ziehen.

Das dritte und letzte Verfahren, bei Metallen eine rohere Formgebung zu erzielen, ist das Ziehen. Das Ziehen nähert sich dem Pressen und Walzen, denn auch hier findet eine Querschnittsverringerung und Veränderung eines Metalles durch Zusammendrücken statt. Das Ziehen geschieht in der Weise, daß man ein stabförmiges Metallstück an einem Ende zuspitzt, so daß es in eine engere Öffnung, als sein eigener Querschnitt ist, sich hineinstecken läßt, und dann den ganzen Stab durch diese Öffnung hindurchzieht, indem man ihn an dem zugespitzten Ende ergreift. Hierbei wird der Stab dünner, gleichzeitig aber auch länger werden. Diese Löcher sind meist in eine Gußstahlplatte hineingearbeitet und je nach dem Querschnitt, den der gezogene Stab erhalten soll, verschieden weit. Sie müssen sehr genau gearbeitet und vor allen Dingen innen glatt sein, daß sie keine Spähne abreißen. Zunächst sind sie trichterförmig gestaltet, dann folgt eine cylindrische Strecke, die sich wieder erweitert, um dem Stabe den Austritt zu erleichtern. Das gezogene Stück ist stets dicker wie das Loch, denn vermöge seiner Elastizität dehnt sich das Metall wieder etwas aus. Die vordere Öffnung ist das Auge des Zieheisens, wie die Platte heißt; ein Zieheisen enthält bis zu 100 Löchern von 4 bis 25 mm Durchmesser. Bei feinen Drähten aus Edelmetallen wird statt des Zieheisens eine Messingplatte benutzt, in welche ein durchlochter Saphir oder Rubin eingelassen ist; natürlich sind diese Steinlöcher dauerhafter wie die Zieheisen. Beim Ziehen pflegt man die Metalle kalt zu lassen, weil in kaltem Zustande der Widerstand, den sie der Zerreißung entgegensetzen, ein größerer ist. Die Werkzeuge, die zum Ziehen benutzt werden, sind außer dem Zieheisen noch Ziehbänke, und je nach der Art, wie auf diesen der Zug ausgeübt wird, unterscheidet man Schleppzangen- und Scheiben- oder Leierziehbänke.

Die Schleppzangenziehbank besteht aus einer Bank, an deren einem Ende ein Zieheisen angebracht ist; vor demselben befindet sich ein kleiner Wagen mit einer Zange, deren Maul sich schließt, sobald der Wagen vom Zieheisen fortbewegt wird. Unter der Bank befinden sich zwei Räder, ein gezahntes und ein ungezahntes, über welche eine endlose Kette läuft. Sobald das Zahnrad durch ein Getriebe in Bewegung gesetzt wird, bewegt sich auch die Kette und mit ihr der Wagen, der mit einem aushebbaren Finger in dieselbe eingreift. Ist der Wagen am Ende der Bank angekommen, so schaltet er sich selbstthätig aus. Diese Bänke waren in England schon 1563 eingeführt. 1834 verbesserte Michel in Paris die Zangen und 1830 Hohnbaum in Hannover die Bankkonstruktion. Die Schleppzangenziehbank wird hauptsächlich für Röhren angewendet, ihr Wirkungskreis ist dadurch beschränkt, daß sie eben nicht länger ziehen kann, als es die Länge der Bank gestattet. Ist der Wagen am Ende angekommen, so muß er wieder zum Zieheisen zurückgeführt werden, und die Zange muß von neuem einbeißen, wodurch die Zugstücke unschön werden.

Praktischer sind die Scheiben- oder Leierziehbänke (Figur 383), die aber nur für Drähte Verwendung finden können. Hier befindet

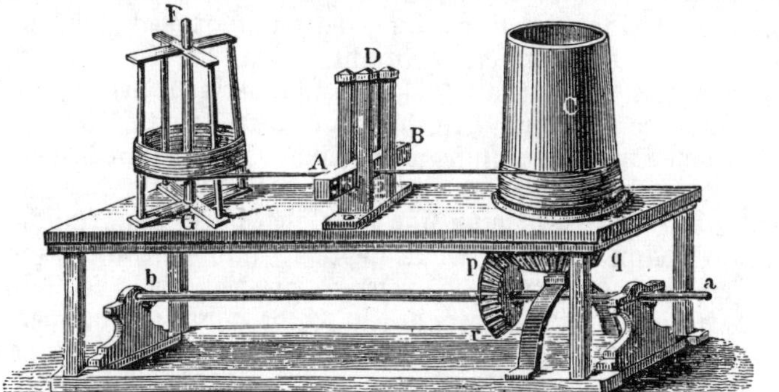

Fig. 383. Leier- oder Scheibenziehbank.

sich auf einer Seite einer hölzernen Bank ein Haspel, in der Mitte ein Zieheisen, auf der anderen Seite die Leier, eine Trommel aus Gußeisen. Der Draht wird erst auf die drehbare Trommel aufgewickelt, dann zugespitzt, durch das Zieheisen gesteckt und auf die Haspel aufwunden.

Die Drahterzeugung.

Der Draht, wie er in den Handel gebracht wird, hat meist einen kreisrunden Querschnitt, allerdings kommen auch anders gestaltete Drähte vor, doch werden diese meist in den Werkstätten nur zur sofortigen

Weiterverarbeitung hergestellt. Drähte werden fast ausschließlich gezogen, nur dünnere Drähte werden gewalzt. Bevor sie dem Zieheisen überliefert werden, sucht man sie möglichst schon in diejenige Form zu bringen, welche sie nachher annehmen sollen. Deshalb werden runde Stäbe gegossen und dann nachgeschmiedet, wie es beim Kupfer, Silber und Gold geschieht, oder gewalzt, wie es beim Stahl und Eisen üblich ist. Man schneidet auch Streifen aus Blechen, und rundet sie mit der Feile ab. Da sich die Drähte beim Ziehen stark verdichten und dadurch spröde werden, so müssen sie von Zeit zu Zeit ausgeglüht werden, um ihre vorige Weichheit wieder zu erlangen, namentlich bei Eisen, Stahl und Messing ist dies öfters nötig. Nach dem Glühen muß dann der Glühspan durch Abscheuern, Abbröckeln oder Abbeizen mit verdünnter Schwefelsäure losgetrennt werden.

Eine ganze Reihe von Verwandlungen muß das rohe Eisenstück durchmachen, ehe es als Glühdraht beim Spengler weitere Verwendung finden kann. Nachdem es der Hochofenhitze glücklich entronnen, dachte es sich als schmucker Eisenblock schon wunder etwas Schönes zu sein, um so mehr, als man es unter der Luppenquetsche von allen Unreinigkeiten und Schlacken gründlich befreit hatte. Aber nun geht es erst los. Jetzt wird es in den Schweißofen geworfen, und nachdem es die richtige Schweißtemperatur erlangt hat, mit großen Zangen ergriffen und vor ein Drahtwalzwerk gebracht. Da drehen sich drei übereinander gelagerte Walzen mit großer Geschwindigkeit herum, und in die Walzen sind tiefe Furchen (Kaliber) um den ganzen Umkreis eingeschnitten, deren Öffnungen stufenweise immer kleiner und kleiner werden. Nun sollte man meinen, was ein Draht werden will, das rundet sich bei Zeiten, aber nein. Erst muß sich das Eisen durch quadratische Kaliber durchwinden, dann wird es oval gepreßt, und erst die letzte Formgebung bewirken kreisrunde Furchen. Hierbei muß es lernen, sich tüchtig zu biegen, denn während sein Ende noch im vorigen Kaliber steckt, wird der Anfang schon umgewendet und in das folgende Kaliber geführt, und all' diese Drehungen und Quetschungen gehen mit einer solchen Geschwindigkeit vor sich, daß ein vorgewalzter Quadratstab von 25 mm Dicke und etwa 70 cm Länge schon nach einer einzigen Minute als ein Draht von 15 m Länge noch rotglühend aus dem letzten Kaliber heraustritt. Flugs wickelt man ihn auf eine Art Haspel, bestehend aus vier auf einem Kreuz stehenden Eisenstäben, wo man ihn erkalten läßt, um ihn alsdann durch Scheuern und Beizen vom Zunder und Glühspan zu befreien und blank zu machen, so daß er nun schon ein stattliches Aussehen erhält. Will man nur dicken Walzdraht haben, so ist er jetzt fertig, denn bis zu einem Durchmesser von drei Millimeter vermag er es schon auf guten Walzen zu bringen, aber meist muß er noch weiter, zur Ziehbank. Hier wird er um den meist konisch geformten Cylinder gewickelt, und muß, so gut es geht, sich durch das Zieheisen durchpressen und zwar durch 9 bis 12 Löcher, die oft gleich so hintereinander angeordnet sind, daß der Draht erst nach Verlassen des letzten Loches um die Haspel gewunden wird, oft sitzt aber auch zwischen je zwei Ziehlöchern eine Haspel. Zuweilen sträubt sich der Draht gegen dieses Verfahren und reißt entzwei. Das ist in doppelter Weise unangenehm, es bringt Zeitverlust mit sich, da der Draht neu angespitzt und durch das Zieheisen gesteckt werden muß, und der Käufer will keine kurzen Enden haben, wenn er einen Ring Draht kauft, sondern verlangt nur ein Stück, oder jedenfalls doch nur wenige Adern. Aus geeignetem Eisen hat man schon Ringe in einer Ader bis zu einer Fadenlänge von fast einer geographischen Meile ausgezogen. So schnell wie das Walzen geht das Ziehen nicht, denn ehe alle 12 Löcher passiert sind, muß der Draht inzwischen mehrmals, bis viermal frisch geglüht und entsprechend gereinigt werden.

Eisen- und Stahldrähte haben eine Stärke von 1 mm, als Seildrähte bis zu 0,1 mm, die Klavierdrähte sind 0,1 bis 0,7 mm dick, messingene Klaviersaiten 0,25 mm. Sehr viel feiner sind die Drähte aus echten und halbechten Metallen, wie sie zu Gespinsten, Tressen u. dergl. dienen. Neuerdings hat man für wissenschaftliche Zwecke Platindraht hergestellt, der fast schwer mit bloßem Auge zu erkennen ist. Nachdem nämlich der Platindraht aus einem gegossenen Stäbchen oder aus mit der Schere aus einem Blech herausgeschnittenen Streifen in der gewöhnlichen Weise schon zu beträchtlicher Feinheit ausgezogen ist, umzieht man denselben mit Silber, oder hüllt ihn in mehrfach herumgelegtes Silberblech ein, und zieht ihn nun nochmals so fein als nur irgend möglich aus. Dann legt man ihn in ein Bad von Salpetersäure, welche das Silber auflöst, das Platin dagegen nicht angreift. So gelingt es Draht von fast unglaublicher Feinheit zu erzeugen. Ebenso wird Platiniridiumdraht hergestellt.

Benutzt man statt des Zieheisens den Seckenzug, so können auch Stäbe und Streifen in gleicher Weise verfertigt werden. Der Seckenzug besteht aus zwei stählernen Backen, die mit Einschnitten versehen sind. Sie werden in einen eisernen Rahmen geschoben und dann mittels einer oder zweier Schrauben soweit genähert, wie es der vorliegende Zweck gerade erfordert. Der obere und untere Einschnitt bilden dann zusammen eine Öffnung, durch welche das Metall mit der Schleppzange gezogen wird. Auch hier erfolgt die Formgebung nur nach und nach, indem bei jedem neuen Durchgange auch die Backen einander wieder mehr genähert werden. Dünnes Blech biegt sich hierbei einfach und bildet Hohlkörper, bei denen den Vertiefungen außen genau gleiche Erhöhungen im Innern entsprechen und umgekehrt; dicke Blöcke werden eingedrückt oder durch Abnehmen von Spähnen geformt, wobei die innere Fläche eben bleibt.

Die Röhrenerzeugung.

Röhren spielen im Haushalte der Menschen eine höchst wichtige Rolle. Tausende von Kilometern sind in einer Großstadt allein in die Erde gegraben. Da liegen Wasserleitungsrohre, Kanalisationsrohre und Gasrohre; Telegraphenkabel und Kabel für elektrische Beleuchtung sind in Röhren eingeschlossen, durch Röhren fliegt die Rohrpost; ebensoviele Kilometer sind in den Wänden der Häuser eingemauert, oder laufen außen an den Häusern entlang; da giebt es neben den genannten noch Röhren für Centralheizungen, für Ventilation, Röhren, welche Druckluft als Betriebskraft von einer Centralstelle in die Werkstätten führen, auf dem Hofe findet man Brunnenröhren; und welche Unmengen von Röhren sind erst an den Maschinen aller Art, kurz Röhren hier und Röhren da, Röhren überall, wohin das Auge blickt. Kein Wunder also, wenn der Röhrenfabrikation die größte Aufmerksamkeit zugewendet wird, und fast jede Woche neue Verfahren ersonnen und zum Patent angemeldet werden.

Gußeiserne Röhren konnte man schon in früher Zeit herstellen. Dieselben sollen vollkommen blasenfrei sein, damit sie dicht halten und weder Gas noch Wasser durchsickern lassen, sie sollen aber auch bei Erschütterungen, wie sie bei der Wasserleitung durch das Wasser ausgeübt werden, wie sie aber auch beim Dichten der Verbindungsstellen nicht zu vermeiden sind, nicht zerbrechen. Man gießt daher die Röhren meist stehend, die Muffe — der erweiterte Ansatz, in welchen die folgende Röhre hineingeschoben wird — nach unten. Dann steigen die Blasen nach oben, alle Unreinigkeiten und Fremdkörper schwimmen oben und bleiben nicht in der Röhre, namentlich wird die Muffe, die gerade beim Dichten die Schläge auszuhalten hat, frei von Verunreinigungen sein. Ferner hat der stehende Guß den Vorteil, daß man den Kern hineinhängen kann, ohne ihn weiter zu versteifen und zu stützen. Die Formen, meist aus Sand hergestellt, werden zuvor getrocknet, um die Dampfentwicklung zu vermindern. Man wendet durchweg Kastenguß an, der Kasten ist cylindrisch, zweiteilig und sein Durchmesser so gewählt, daß die Sandschicht nur schmal, 20 bis 30 mm breit ist — so wird Material an Sand gespart und das Trocknen geht schneller vor sich. So werden in Deutschland allein über eine Million Centner Röhren jährlich hergestellt.

Gegossene Röhren haben natürlich immer eine ziemliche Wandstärke, man hat deshalb schon seit Anfang dieses Jahrhunderts Röhren gezogen, gerade wie man Draht zieht. Ein kurzer kräftiger Hohlcylinder wird gegossen und auf die Schleppzangenziehbank gebracht. Das Zieheisen, welches das Rohr passieren muß, heißt hier Ziehring. Um ein Verbiegen und Krümmen des Rohres zu verhindern, und um ihm gleichzeitig genau die verlangte Wandstärke zu erteilen, wird das Rohr nicht bloß durch den Ring, sondern gleichzeitig noch über einen Vollcylinder, den sogenannten Dorn, der der inneren Weite desselben entspricht, gezogen. Sollen die Röhren größere Weite haben, so wird der Dorn sehr schwer, die untere Wandung der Röhre infolgedessen dünner als die obere. Man verwendet daher statt der Horizontalziehbänke auch senkrecht stehende. Dann läuft eine Kette über eine Trommel, welche oben an einem starken Gerüst angebracht ist. Entweder benutzt man einen langen Dorn, der mit dem Rohr durch den Ziehring gezogen wird, oder der Dorn ist nur kurz, bleibt fest in der Öffnung des Ringes, und nur das Rohr wird durch die Aufwicklung des Seiles über beide gestreckt, endlich läßt man auch Dorn und Rohr fest und läßt einen, auch zwei Ringe über das Rohr gleiten.

Die beiden vorgenannten Arten von Röhren sind nahtlos, aus einem Stück hergestellt und für viele Zwecke, namentlich da, wo ein starker Druck auszuhalten ist, sind nur nahtlose Röhren im Gebrauch. Man kann Röhren aber auch aus Blechen herstellen und zwar auf die allerverschiedenste Weise.

Bei langen Röhren schneidet man einen Blechstreifen zurecht, befeilt ihn an den Rändern, klopft ihn über einem Dorn, bei sehr engen Röhren auch über einem Drahte rund und läßt endlich das Ganze durch ein Zieheisen laufen, damit die Ränder sich glatt übereinander pressen. Man spart sich wohl auch die Vorbereitung und läßt das Blech gleich durch fünf bis sechs immer enger werdende Ziehlöcher laufen, was außerordentlich schnell geht, aber leicht Veranlassung giebt, daß die Fuge spiralig verläuft.

Dickere und größere Röhren werden ebenfalls erst zusammengebogen, dann mit Schlaglot gelötet und jetzt auf der Röhrenziehbank über den Dorn in der oben erwähnten Weise gezogen. Das Ende der Röhre wird hierbei umgeschlagen, damit die Röhre sich nicht abstreifen kann, wenn Dorn und Röhre durch den Ziehring gestreckt werden. Bei schmiedeeisernen Röhren ist natürlich ein Löten nicht nötig. Die roh mit dem Handhammer oder auf andere Weise in rotwarmem Zustande in Röhrenform gebrachten Schienen werden weißglühend auf die Ziehbank gebracht, sodaß beim Ziehen auch gleichzeitig ein Zusammenschweißen der Ränder stattfindet.

Die ältesten Röhren, wenn man von den gegossenen absieht, waren die aus Blech gebogenen und dann zusammengelötet, endlich über einen Dorn durch das Zieheisen gezogen, also diejenigen Röhren, welchen beim Ziehen nur noch eine geringe Streckung gegeben wird, wo vielmehr das Ziehen hauptsächlich nur den Zweck erfüllt, die Röhren gerade zu biegen. Früher fand das Biegen stets mit dem Handhammer statt, bequemer und schneller gelingt es mittels eines aus drei dünnen Eisencylindern bestehenden Walzwerkes. Auch die weitere Verfertigung und Vollendung der Röhren läßt sich mit einem Walzwerk erreichen. Doch findet dieses Verfahren der Hauptsache nach nur für geschweißte schmiedeeiserne Röhren Anwendung.

Das Röhrenwalzwerk ist im allgemeinen ebenso konstruiert, wie das Stabwalzwerk. In einem festen Gestell ruhen zwei, auch wohl drei Walzen mit ringsherumlaufenden Furchen, deren Gestalt dem halben Querschnitt der Röhre entspricht, so daß kreisrunde, quadratische, ovale u. s. w. Kaliber entstehen. Da die Röhren gleichzeitig gestreckt werden sollen, so sind die Kaliber der Größe nach abgestuft. Man nimmt einen gewalzten oder von einem Bleche abgeschnittenen Streifen und richtet ihn für das Schweißen zu, d. h. man schrägt die beiden Seiten ab, ganz wie man will, z. B. indem man den Streifen auf einer Art Ziehbank an zwei Sticheln entlang zieht, welche Spähne losreißen. Jetzt geht's ans Biegen, dazu macht man die beiden Enden des Streifens warm und krümmt ihn mit Hülfe eines Gesenkes so stark, daß der entstehende Rundkörper einen kleineren Durchmesser bekommt, als die nachherige Röhre haben soll. Immer mehr heizt man alsdann dem Werkstück ein, denn es folgt eine Erhitzung bis zur Rotglut; bei welcher es durch einen Trichter gezogen wird, der einen vorspringenden Rand hat, und die Streifen abschrägt und über einander biegt. Wieder geht es in den Ofen zurück, aber zum Schweißen, das jetzt an die Reihe kommt, ist Weißglut erforderlich, und weißglühend wird der vorbereitete Streifen in die Walzen gebracht. Ohne weitere Hülfsmittel sind diese allerdings nicht zu benutzen, da sie das Rohr unregelmäßig zusammendrücken könnten, sondern auch hier kommt ein Dorn in Anwendung, wie ihn Fig. 384 zeigt.

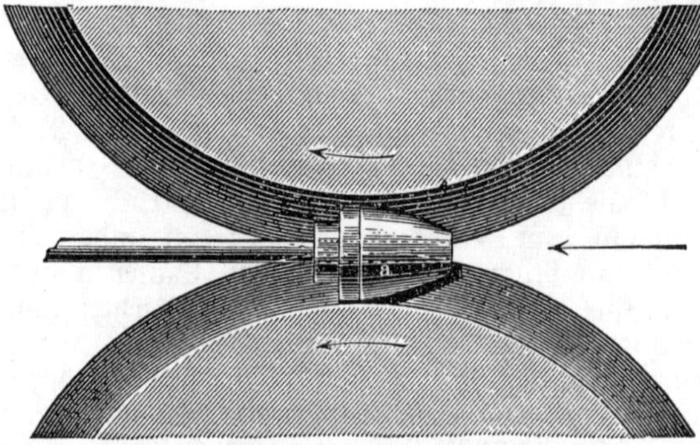

Fig. 384. Wirkungsweise des Röhrenwalzwerks.

Der Dorn sitzt fest an einer Stange und ragt in das Kaliber hinein, das Rohr geht in der Richtung der Pfeile in die Walzenfurchen, welche es fest an den Dorn pressen, der seinerseits diesen Druck durch Gegendruck gegen die Walzen vergilt. So werden die abgeschrägten Seiten zusammengeschweißt. Einmal ist natürlich auch hier keinmal, denn man setzt dieses Verfahren fort, indem man erst die entstandene Röhre um 60 Grad dreht, damit die Wände gleichmäßig werden, dann aber ein engeres Kaliber und einen dickeren Dorn auswählt. Soll die Röhre jetzt wieder durch, so muß sie sich strecken und während die Wandungen dünner werden, wird sie bei jedem Durchgange länger. Dreimal bis viermal eilt sie mit großer Geschwindigkeit durch die Walzen und wird zuletzt, damit sie sich beim Erkalten nicht verziehe, mehrere Male auf der Kratzbank durch Hartgußringe mit scharfen geschliffenen Rändern gezogen, wobei auch der Glühspan abgeschabt wird. Die Schweißnaht ist hierbei ganz unbedenklich, die Röhren haben sich für Gasleitungen in den Gebäuden, für SRiederöhren bei Dampfkesseln u. s. w. vorzüglich bewährt, aber wie es überall geht, so ist auch hier das Bessere der Feind des Guten und das Bessere ist das Mannesmannsche Verfahren, Röhren ohne weitere Vorbereitung aus einem vollen Blocke durch bloßes Walzen herzustellen. Die ganzen vorbereitenden Arbeiten, das Blechwalzen, das Biegen, mehrmalige Erhitzen, und was sonst noch alles nötig war, fällt einfach fort. Das Mannesmannsche Verfahren bedeutet eine vollständige Umwälzung auf diesem Gebiete, es ist in jeder Richtung neu und originell, es vereinfacht das ganze Verfahren, indem es gestattet, in einem Durchgange eine fast unbegrenzte Streckung zu erzielen, und noch obendrein die Röhre völlig ohne Naht herstellt.

Bei den bisher angeführten Walzwerken liegen die Walzen so, daß ihre Achsen einander vollkommen parallel sind. Laufen dieselben in entgegengesetzter Richtung, so wird ein rechtwinklig zur Walzenachse eingeführtes Werkstück je nach der Schnelligkeit der Umdrehung mit mehr oder minder großer Geschwindigkeit hindurchgezogen; laufen dagegen Ober- und Unterwalze in derselben Umdrehungsrichtung, so wird ein in der Walzenrichtung eingebrachtes Werkstück sich zwar ebenfalls in eine drehende Bewegung versetzen, aber auf seiner Stelle liegen bleiben. Beide Methoden werden zur Formgebung benutzt, bei beiden aber hütet man sich davor, das Werkstück in Schraubenbewegung geraten zu lassen, mit welcher eine Faserdrehung, und ein leichtes Zerbröckeln des Materials verbunden wäre, namentlich dann, wenn die Querschnittsverringerung und Streckung eine erhebliche ist. Bei Mannesmann wird das Umgekehrte erstrebt, nämlich größte Faserdrehung mit größter Streckung und Querschnittsverringerung. Beides wird erreicht durch eine besondere Walzenanordnung. Die Walzenachsen sind nicht mehr einander parallel, sondern bilden einen Winkel mit einander, ja sie liegen nicht einmal in derselben Ebene, sondern sie kreuzen sich. Man kann sich eine Vorstellung von dieser Anordnung in folgender Weise machen. Beim gewöhnlichen Walzwerk hebt man die Oberwalze an einem Ende, während man die Unterwalze an demselben Ende senkt, dann bilden die Achsen in derselben Ebene einen Winkel. Darauf zieht man an demselben Ende die Oberwalze nach rechts, die Unterwalze nach links, dann liegen die anderen Enden nicht mehr bei einander, sondern die Walzen kreuzen sich. Führt man jetzt in den Walzenwinkel ein Werkstück ein, so gerät es in eine drehende Bewegung und bei der Streckung setzt sich die drehende und vorwärtsschreitende Bewegung desselben zu einer schraubenförmigen Faserdrehung zusammen, es würde also aus einem runden Block ein runder Stab entstehen, dessen Fasern nicht längs lagern, sondern gewunden sind. Eine Röhre entsteht hierbei noch nicht. Nun sind die Mannesmannschen Walzen noch obendrein konisch. Es ist ohne weiteres klar, daß ein Punkt auf dem Umfange eines kleinen Kreises eine kleinere Geschwindigkeit hat, wie ein solcher auf dem Umfange eines großen Kreises, wenn beide in derselben Zeit denselben Winkel machen sollen, denn der letztere Punkt muß in derselben Zeit eine sehr viel größere Wegstrecke durcheilen. Verhalten sich die Durchmesser wie 1 zu 10, so verhalten sich die Geschwindigkeiten wie 1 zu 100. Führt man daher zwischen die konischen Walzen einen Rundblock, so wird das Werkstück, wenn es von dem dünneren Walzenende hereingebracht wird, vorn sehr viel schneller sich drehen müssen, wie am hinteren Ende, es kann hinten gar nicht so viel Material zugeführt werden, wie vorn verbraucht wird. Und die Folge davon? Der äußere Teil des Materiales muß, ob er will oder nicht, entsprechend seiner Drehung vorwärts, aber der innere Kern kann nicht folgen, er bleibt zurück, während der Mantel sich vorschiebt. So entsteht eine Röhre, deren hinteres Ende geschlossen ist. Weiter kann auf dieses interessante Verfahren, über welches, obwohl es erst seit 5 Jahren besteht, schon eine kleine Bibliothek geschrieben und noch mehr geredet ist, hier nicht eingegangen werden, es genüge zu wissen, daß es mit demselben möglich ist, einen Block ganz in eine Röhre auszuwalzen, aber auch die Röhre an einem, an beiden Enden, ja an jeder beliebigen Stelle vollzulassen, was z. B. für Träger, die in der Mitte voll bleiben können, von höchster Bedeutung ist. Die Anwendung desselben ist also fast unbeschränkt.

Nicht unerwähnt mag es bleiben, daß Röhren auch gestanzt und, was namentlich bei Bleiröhren der Fall ist, kalt oder warm in die verlangte Form gepreßt werden.

b) Die letzte Formgebung der Metalle.

Aus tiefem Bergesschachte hat der Bergmann das Metall hervorgeholt, mühsam mußte er es von der Erde Rippen losreißen, dann stieg es ans Tageslicht, um in des Hochofens Gluten von Schlacken befreit zu werden, und bald lag ein Metallblock vor uns, seiner weiteren Bestimmung harrend. Nun wurde dieser durch Gießen und Hämmern, durch Walzen und Pressen in eine Form gebracht, die ihn befähigte, auf dem Weltmarkte zu erscheinen. Vielfach ist diese oft schon recht vollendete Form bereits die endgültige, — die Schrotkugel, die Schrifttype wird so in Benutzung genommen, wie sie aus dem Gusse hervorgeht; die Glocke, die Statue erfährt weiter keine Formveränderung; aber meist bedeuten alle die bisher dargestellten Arbeitsverfahren doch nur einen Übergang, und noch harren die Metalle ihrer letzten Bearbeitung, bis sie als vollendetes Ganze ihrer Bestimmung entgegen gehen. Nicht selten, namentlich da, wo es sich um weitere Formveränderungen handelt, wird man schon bekannten Instrumenten begegnen: Hammer und Walze, Presse 2c. spielen auch hier eine große Rolle, und nur die Art ihrer Anwendung ist mannigfach verschieden. Man gelangt hier auf das große Gebiet der Werkzeugmaschinen, das so recht einen Beweis für die schöpferische Erfindungskraft des Menschen liefert. Welch ein Weg von dem einfachen Feldstein, mit dem unsere Vorväter klopften, bis zum Kruppschen Riesendampfhammer. Ein gemeinsamer Zug aber geht durch alle die Erfindungen hindurch, nämlich der Wunsch, die langsame und trotzdem unsichere Handarbeit durch die sehr viel schneller vor sich gehende und in ihren Ergebnissen sehr viel sicherere maschinelle Thätigkeit zu ersetzen.

Die Trennungsarbeiten.

Zwei Formen sind es hauptsächlich von den bisher kennen gelernten, in denen die Metalle zur weiteren Verarbeitung gelangen, beide, das Blech und der Stab sollen nun auf ihrem Gange weiter verfolgt werden.

Haben sie das Walzwerk oder den Hammer verlassen, so wird ihnen zunächst diejenige Größe gegeben, deren sie zur weiteren Verarbeitung benötigen. Dies geschieht durch Scheren. Zum Schneiden dünner Bleche hat man auch nur Handscheren nötig, die nicht viel anders konstruiert sind, wie die Scheren, die der Schneider zum Zuschneiden schwerer Stoffe benutzt. Für dickere Bleche benutzt man Scheren, die in einem niedrigen hölzernen Klotze festgemacht sind, die Stock- oder Bockscheren. Bei diesen liegt der Drehpunkt meist am Ende, das untere Blatt ist fest, das obere ein sehr langer, einarmiger Hebel. Wo man auch mit den Stockscheren noch nicht auskommt, treten die mit Elementarkraft betriebenen Maschinenscheren in Thätigkeit, und zwar zumeist die Parallel- oder Guillotinenscheren, die, wie schon ihr Name besagt, wahrscheinlich französischen Ursprungs sind, oder die aus England herübergekommenen Kreisscheren. Bei der Parallelschere liegt die untere Schneide fest und horizontal, die obere bewegt sich zwischen zwei senkrechten Führungen auf und nieder. Wollte man aber die Schneide ebenfalls horizontal legen, so würde sie in ihrer ganzen Länge gleichzeitig angreifen und müßte einen ungeheuren Druck überwinden; man läßt sie also mit der unteren Schneide einen Winkel bilden, so daß das Metall nach und nach durchschnitten wird, so weit die Schneide reicht. Durch die Länge der Schneiden wird auch die Länge des Schnittes begrenzt, ein Übelstand, den die Kreisscheren vermeiden, bei denen zwei um ihren Mittelpunkt bewegliche Scheiben, die übereinandergreifen, sich in entgegengesetzter Richtung drehen, so daß jeder Teil des Umfangs zum Schneiden kommt. Das Werkstück wird den Scheren entgegengeschoben und kann natürlich unbegrenzt lang sein. Fig. 385 wird die Wirkungsweise noch weiter verdeutlichen.

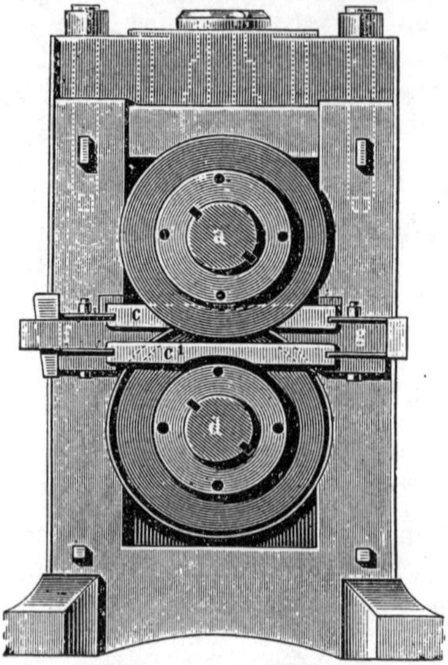

Fig. 385. Kreisschere.

Wenn geschlossene Figuren ausgeschnitten werden sollen, so wird die Benutzung der erwähnten Scheren beschwerlich, man wendet dann eine in sich selbst zurückkehrende Schneide an, den Durchschlag oder den Schneidestempel, der mit einem Schlage die Form aus dem Blech austrennt. Das Metall liegt auf einer Scheibe, die mit einem Loch versehen ist, das wie der Stempel genau die Umrisse der gewünschten Figur hat, der Lochscheibe. Die Verwendung der im 17ten Jahrhundert erfundenen Lochmaschinen ist eine fast unbegrenzte. Runde Plättchen schneidet man in Münzen und Metallknopffabriken aus, man benutzt sie ferner zur Herstellung von Sägeblättern, Blechsieben, Scherenklingen, Stahlfedern, Schnallenringen, Uhrzeigern, Nietlöchern in Kesselwandungen, durchbrochenen Goldarbeiten 2c. 2c., kurz unendlich vielseitig sind die Formen, die die Lochmaschine hervorzubringen imstande ist. Alle diese Modifikationen des Durchschlags sind freilich fast ohne Ausnahme Kinder des 19ten Jahrhunderts.

Schwerere und im Querschnitt größere Metallstäbe, lassen sich mit keiner der genannten Methoden durchteilen, hier tritt die Metallsäge in Thätigkeit. Bei den Metallsägen berühren sich die Gegensätze. Ganz feine Laubsägen, deren Blatt aus einer Uhrfeder hergestellt ist, schneiden aus dünnen Blechen die zierlichsten Figuren aus; geradezu großartig, sowohl in ihren Abmessungen, wie in ihren Wirkungen, sind die Sägemaschinen, welche dazu dienen, die frischgewalzten und noch glühenden Schienen auf die richtige Länge zu bringen. Eine gewaltige Kreissäge von $^3/_4$ bis $1^1/_2$ m Durchmesser macht, durch Elementarkraft getrieben, 800 bis 2000 Umdrehungen in einer Minute und in 10 bis 15 Sekunden sind die stärksten Schienen und Stabeisen durchgeschnitten; nur bester Stahl vermag solche Arbeit zu verrichten.

Wie die Säge bei starken Metallen die Schere ersetzt, so tritt in gleichem Falle der Bohrer an die Stelle des Durchstoßes. Zum

Bohren von Löchern benutzt man den bekannten Drillbohrer oder die Bohrknarre, schneller kommt man mit der Bohrmaschine vorwärts. Fig. 386 zeigt eine einfache Vertikal-Handbohrmaschine, wie sie vielfach in mechanischen Werkstätten Benutzung findet. Bei größeren Arbeitsstücken, genügen dieselben natürlich nicht, und so fing man seit Anfang dieses Jahrhunderts, namentlich in England, von wo ja fast alle neueren Werkzeugmaschinen herstammen an, Lochbohrmaschinen für Elementarkraft-Betrieb herzustellen. Bewegt man das Werkstück während des Bohrens, so entsteht kein Loch, sondern ein beliebig langer Einschnitt, und die Maschinen heißen Langloch- oder Schlitzbohrmaschinen.

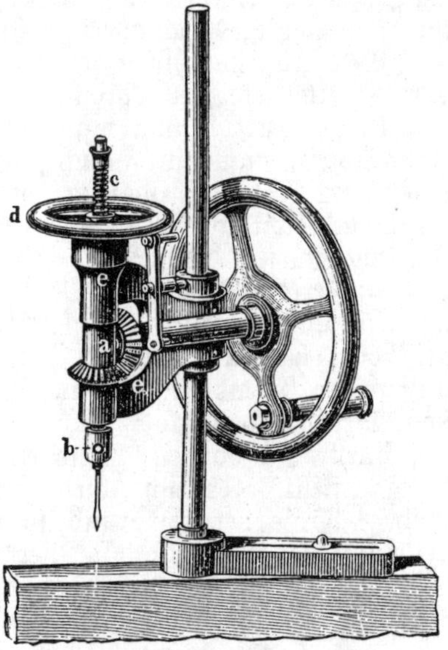

Fig. 386. Handbohrmaschine.

Besondere Schwierigkeiten treten auf, wo ein sehr langes und dabei doch breites Loch herzustellen ist, wie z. B. bei den Kanonen. Früher wurden dieselben hohl gegossen; da indessen beim Gießen immer Blasen und Hohlräume bleiben, die erst dann entdeckt wurden, wenn die Kanone zersprang, so goß zuerst der französische Marine-Inspektor Maritz 1740 die Geschütze massiv und bildete die Höhlung gänzlich durch Bohren. Die Schwierigkeiten liegen darin, daß aus dem Vollen angefangen werden muß, und daß das eine Ende geschlossen bleibt, der Bohrer muß also freistehend so lang sein wie die Höhlung. Wie leicht kann ein solcher Bohrer ins Zittern oder Schwanken geraten und die Arbeit, bei der es ja gerade hierbei auf äußerste Gleichförmigkeit ankommt, zu einer verfehlten machen. Verschiedene Kanonenbohrmaschinen sind daher in Anwendung gekommen. Bei den wagerechten, die wohl den Vorzug verdienen, ist der Bohrer fest und das wagerecht liegende Kanonenrohr dreht sich ganz langsam, nur zwölfmal in einer Minute, um seine Achse; durch Schrauben, Gewinde oder Zahnstangen wird der Bohrer allmählich vorwärts gerückt, ab und zu zieht man ihn heraus, um die Bohrspähne zu beseitigen. Man stellt den Bohrer aber auch senkrecht auf und läßt die Kanone, während sie oder der Bohrer sich dreht, durch ihre eigene Schwere über den letzteren herunterrutschen. Bei den senkrechten Maschinen fallen die Spähne von selbst heraus. Für kleinere Geschütze genügen 3 Bohrergrößen um den Lauf fertig zu machen, bei größeren aber ist oft eine bedeutende Anzahl von Bohrern nacheinander in Anwendung zu bringen.

Wie Kanonen, werden auch Gewehrläufe gebohrt, aber bei diesen ist nur eine schon vorhandene Höhlung nachzuarbeiten. Bei den Flintenlaufbohrmaschinen dreht sich der wagerechte Bohrer mit großer Geschwindigkeit, während man den Lauf vorwärtsschiebt. So entsteht schnell ein genau kreisrundes Loch, das allerdings nicht immer ganz gerade verläuft; nachheriges Hämmern richtet dann erst die fertigen Läufe gerade.

Den Sägemaschinen schließen sich die Fräsmaschinen an, hier wie dort ist ein gekerbtes Rädchen das arbeitende Werkzeug. Schon seit sehr langer Zeit benutzt man zum Herstellen der Zähne an kleineren Zahnrädern, namentlich auch solchen, wie sie in Uhrwerken laufen, das sogenannte Räderschneidezeug, eine gekerbte Stahlscheibe, die mit großer Geschwindigkeit um ihre Achse rotiert. Diese bedeuten den Anfang der Fräsmaschinen, die seitdem eine immer noch sich vergrößernde Bedeutung erlangt haben. Man kann sie in ihrer Vielseitigkeit allein mit den Lochmaschinen vergleichen. Wo die Sägemaschine roh vorgearbeitet hat, arbeitet die Fräse nach, so z. B. beim genaueren Abmessen der Eisenbahnschienen, ferner ersetzt sie die Feile beim Glätten von Metallflächen, aber auch alle möglichen Formen, die sich früher nur durch Handarbeit herstellen ließen, werden mit Hilfe der Fräse fertig gestellt. Freilich wird für jede besondere Form auch eine besondere Fräse benötigt, und so ist denn die Fräsmaschine überall da die nützlichste und wichtigste Werkzeugmaschine, wo eine größere Anzahl gleicher Körper hergestellt werden sollen, also für Markt- und Massenartikel. Die Fräsen haben Scheiben-, Cylinder-, Kegel- oder Kugelgestalt. Fig. 387 zeigt eine cylindrische Fräse mit Schneiden auf der Stirn- und Mantelfläche, mit welcher zwei rechtwinklig gegeneinander gerichtete Flächen gleichzeitig bearbeitet werden können, und die daher zur Herstellung rechtwinkliger Ansätze gebraucht wird. Im Konstruieren von Fräsen für besondere Zwecke haben sich besonders die Nordamerikaner hervorgethan.

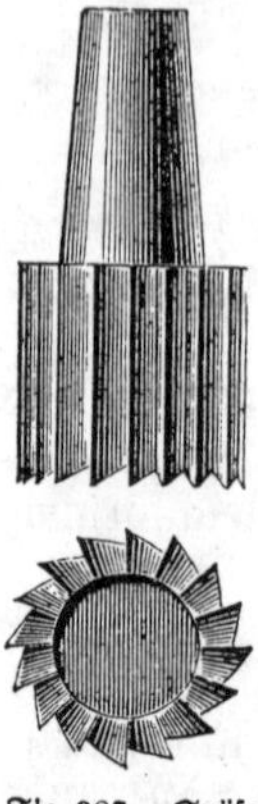

Fig. 387. Fräse.

Alle bisher genannten Maschinen dienten in erster Linie dazu, Werkstücke in ihren Längen- und Breitenausdehnungen zu verändern, und nur die Fräse kann auch eine Dickenveränderung hervorrufen, sonst aber sind für diesen Zweck die Hobelmaschinen bestimmt. Hier ist das arbeitende Werkstück der Meißel oder der Stichel. Versieht man den Meißel mit einer Vorrichtung, durch welche seine Bewegung gesichert ist, und die das mit jedem Hammerschlage stoßartig erfolgende Vorwärtsgehen und Spanabheben des Meißels in ein stetiges Vorrücken und ununterbrochenes Schneiden längs der ganzen Bahn in geradliniger Richtung verwandelt, so hat man den Hobel. Der Hobel des Tischlers ist ja ein bekanntes Werkzeug. In der Metallbearbeitung kommen Handhobel nicht vor, sondern der Hobel wird stets durch Maschinen geführt. Hebt der Hobel sehr dicke Spähne ab, und ist die einzelne

Arbeitsbewegung erheblich lang, so spricht man von eigentlichen Hobel- oder Planhobelmaschinen, hebt der Stichel dünnere Spähne auf einer kurzen Bahn ab, bei senkrechter Bewegung desselben, so heißen die Maschinen Stoßmaschinen, Feilmaschinen endlich, wenn die Verschiebung des Stichels in derselben Weise wagerecht vor sich geht. Die Hobelmaschinen sind aus England herübergekommen, Murray zu Leeds hatte schon 1814 eine solche in Gebrauch, ebenso Fox in Derby, eine dritte konstruierte 1817 Roberts in Manchester. Die Stoßmaschinen scheinen 1830 in England aufgekommen zu sein, die ersten Feilmaschinen führte Reichenbach um 1810 ein, doch werden erst seit 1840 größere Maschinen gebaut.

Einen Gegensatz zu allen Werkzeugmaschinen, bei denen die Bewegung des Werkstückes oder Werkzeuges eine geradlinige war, bildet die Drehbank. Schon das Wort drehen deutet an, daß hier eine umlaufende Bewegung stattfindet, und zwar macht diese stets das Werkstück. Die Drehbank ist wohl die älteste, aber auch heute noch wichtigste Maschine, die in keiner Metallfabrik fehlen darf. In ihrer einfachsten Form, wie sie beispielsweise in Uhrmacherwerkstätten gebraucht wird, zeigt sie Fig. 388. Auf einem prismatischen Eisenstäbchen C sitzen zwei „Docken" A und B, A verschiebbar auf C, B mit C fest verbunden und einen Ansatz h tragend, vermittels dessen dieser „Drehstuhl" in den Schraubstock geklemmt werden kann. Jede Docke trägt ein bewegliches und feststellbares Stäbchen. Die Stäbchen haben konische, einander zugekehrte Spitzen ab, die in genau gleicher Höhe liegen. Zwischen die Spitzen wird das Arbeitsstück, das man vorher an den entsprechenden Stellen mit zwei feinen Grübchen versehen hat, festgeklemmt. Versieht man das Werkstück mit einem Schnurröllchen und wickelt um letzteres eine Schnur, deren beide Enden an einem Bogen befestigt sind, so muß beim Hin- und Herziehen des Bogens das Werkstück um die Spitzen als Drehpunkte sich vorwärts und rückwärts abwechselnd drehen. Drückt man mit der anderen Hand einen Stichel — Schneidestahl — gegen das Werkstück, so muß dieser Spähne ablösen. Zur sicheren Führung und Unterstützung des Schneidestahls ist zwischen den beiden Docken die Auflage D verschiebbar angebracht, auf deren in vertikaler Richtung beweglicher Krücke d der Stahl ruhen kann. Bei den durch Elementarkraft bewegten, überhaupt bei allen größeren Drehbänken ist die eine Spitze direkt mit dem Schwungrad in Verbindung und dreht sich mit diesem, seine Bewegung dem Werkstück mitteilend; es findet hier also kein Vor- und Rückwärtsdrehen statt, sondern eine ständige drehende Bewegung. Großartig in ihren Dimensionen sind die Maschinendrehbänke, man hat deren bis zu 10 Meter Länge, um sehr lange Walzen abzudrehen, oder Gewinde in lange Schraubenspindeln zu schneiden.

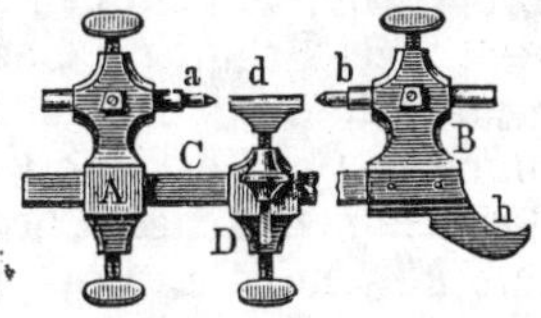

Fig. 388. Drehstuhl.

Die Biegungs- und Drehungsarbeiten.

Diese Bearbeitungen bedürfen, soweit sie von Menschenhänden ausgeführt werden, nur weniger schon angeführter Werkzeuge. Rechtwinklige Ecken und Kanten biegt man mit dem Hammer über die Amboßkante, runde Formen in derselben Weise über das Amboßhorn, zur Herstellung komplizierterer Figuren hat man Gesenke oder vertiefte stählerne Formen, die Stanzen, in welche das Blech mit dem Hammer hineingetrieben wird. Auch hier zwang die Langsamkeit und Unsicherheit der Handarbeit und der Massenverbrauch gleichartiger Artikel zur Erfindung von Maschinen, doch gehören dieselben fast durchweg dem 19. Jahrhundert an. Die älteste war wohl das Fallwerk, der Vater der schon geschilderten Maschinenhämmer, in seiner einfachen Form, wie man sie noch heute beim Einrammen von Pfählen findet. Der Hammer trägt hierbei meist die erhabene Form, das Blech liegt auf der vertieften Stanze; namentlich zur Herstellung der messingenen Möbelbeschläge fanden die Fallwerke ausgebreitetste Verwendung.

Der Prägestock oder das Stoßwerk wurde zuerst in Münzen angewendet, ging aber schon Anfang des 18. Jahrhunderts in die Knopffabriken, Gürtler- und Goldarbeiterwerkstätten über, wird aber auch zum Prägen metallener Theebretter, silberner Löffel und Gabeln, Schmucksachen, Dosen u. s. w. verwendet. Beim Prägen drückt die Maschine einen erhaben oder vertieft gearbeiteten Stempel mit einem kräftigen Schlage auf das Blech; hat auch die Unterlage eine Zeichnung, so sind beide Seiten gleichzeitig geprägt.

Handelt es sich um die Herstellung tieferer Gefäße aus einem Blechstück, so würde ein einziger starker Stoß dasselbe leicht zerreißen, man treibt daher das Blech durch eine Reihe von Einzelstößen und benutzt an Stelle der Fallwerke und Prägestöcke die Druckpressen. Die einfachen Pressen, wie man sie bei jedem Kaufmann als Kopierpressen findet, wirken mit Schrauben, soll ein sehr starker Druck hervorgerufen werden, so benutzt man hydraulische Pressen. Hierbei haben die gußeisernen Stanzen keinen Boden, sondern sind ringförmig unten offen, die auf sie gelegte Blechscheibe wird am Rande ringsum eingeklemmt und durch den Stempel in die Stanzenhöhlung hineingetrieben. Beim Herstellen von eisernen und kupfernen Kasserollen und Waschbecken, von Röhren, zinnernen Weinflaschenkapseln, Pommadetiegeln, kupfernen Zündhütchen u. s. w. nimmt man erst einen weiten Ring und entsprechend weiten Stempel und macht das Biegen schrittweise, indem man die Werkzeuge immer enger wählt; eine Verdünnung des Bleches findet dann nicht statt.

Sogar zum Herstellen ganz einfacher Formen, wie des bekannten Wellblechs, der Regenrinnen auf den Dächern, der Wagenfedern u. a. sind Biegemaschinen erfunden, welche die Handarbeit ganz in den Hintergrund gedrängt haben.

Für bauchige Formen, Thee-, Kaffee-, Wasserkannen, kann man Stanzen und Stempel natürlich nicht verwenden, hier findet das Metalldrücken passende Verwendung. Die Erfindung desselben — wo und von wem dieselbe ausging, ist unbekannt — rief eine förmliche Revolution in der Metallverarbeitung hervor. An die rotierende Drehbankspindel bringt man ein meist hölzernes Modell — das Futter — an, an welchem man vorn eine Scheibe des zu verarbeitenden Bleches befestigt hat. Während man nun das Futter mit großer Geschwindigkeit in Umlauf erhält, zwingt man das Blech durch Anhalten stumpfer stählerner Werkzeuge, der Drückstähle, sich demselben nach und nach fest anzuschmiegen. Die Arbeit geht mit bedeutender Schnelligkeit und Exaktheit vor sich. Ist das Werkstück fertig, so wird es vom Futter abgezogen. Bei bauchigen Gegenständen nimmt man nach dem Vorgange von Duval in Paris ein aus mehreren Teilen zusammengesetztes Futter.

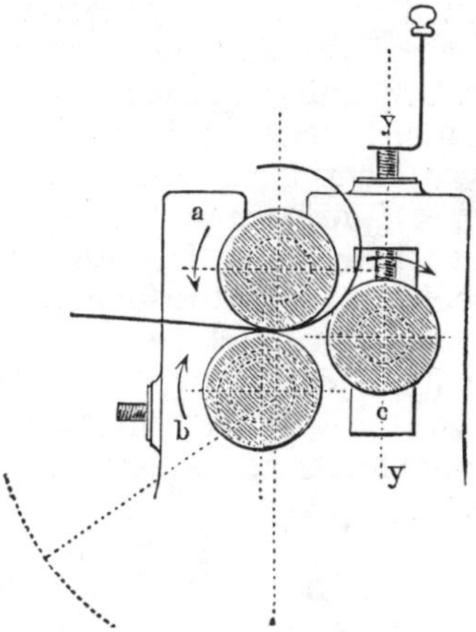

Fig. 389. Biegewalzwerk.

Auch die Universalhelfer im Gebiete der Metallverarbeitung, die Walzwerke, hat man in den Dienst des Metallbiegens gestellt. So zeigt Fig. 389 eine Walzenanordnung zum Biegen von Cylindern oder von Kegeln, wenn man die Biegewalze c schräg stellt. Namentlich werden Walzwerke überall da angewendet, wo man auf Gegenstände von Blech hohle Reliefverzierungen pressen will, was sonst mittels Stanzen im Fallwerk geschehen müßte, und wo gleichzeitig eine gebogene oder geschlossene Form hergestellt werden soll, wie bei Armbändern, Siegelringen u. a. Die Walzen sind sehr kurz, mehr scheibenförmig und tragen die entsprechenden Zeichnungen eingraviert, man nennt diese letzteren kleinen Walzwerke auch Rändelmaschinen.

Die Zusammenfügungsarbeiten.

Im vorangehenden sind alle diejenigen Arbeiten der Besprechung unterzogen, durch welche ein Metallstück eine Formveränderung erleidet, häufig wird es auch nötig, mehrere Metallstücke, wohl auch verschiedene Teile desselben Metallstückes zu einem Ganzen zu vereinen. Schon bei der Herstellung von Röhren war dieser Gegenstand gestreift. Beim Walzen schmiedeeiserner Röhren werden die Ränder aufeinandergeschweißt. Beim Schweißen, das stets im schweißwarmen Zustande vor sich geht, werden die beiden Metalle durch Hammerschläge oder Walzen so fest aufeinandergepreßt, daß sie untrennbar verbunden bleiben. Nicht alle Metalle lassen sich schweißen, der Hauptsache nach nur Eisen, Stahl,

Platin, Gold, Kupfer, Nickel. Vor einigen Jahren machte ein neues, das elektrische Schweißverfahren viel von sich reden, bei welchem die zu verbindenden Metallstücke mittels des elektrischen Lichtbogens geschweißt werden. Es findet hierbei ein fast momentanes Zusammensickern des Metalles statt, beinahe ohne Hinterlassung irgend einer Fuge. Besonders für Dampfkessel, zum Zusammenschweißen der einzelnen Platten sollte es geeignet sein, man hört aber jetzt nur wenig davon und nietet die Dampfkessel nach wie vor.

Das Nieten kann man mit dem Nageln des Holzes vergleichen. Die einfachste Nietung entsteht, wenn man einen zapfenförmigen Ansatz des einen Stückes durch ein entsprechend großes Loch des zweiten Stückes hindurchsteckt und dann das hervorragende Ende des Zapfens mit dem Hammer zu einem übergreifenden Kopfe schlägt. Meist haben beide Teile Öffnungen, durch welche ein besonderer Niet oder Nietbolzen hindurchgesteckt wird. Die Niete werden mit eigenen Maschinen seit 1840 aus starkem Eisendraht oder gewalztem Rundeisen angefertigt, und zwar gleich mit einem Kopf. Aber auch für das Nieten selbst erfand Fairbairn in Manchester 1838 eine Maschine, jetzt hat man nicht nur feststehende, sondern auch transportable Nietmaschinen für Röhren, Kessel, Eisenkonstruktionen der Brücken ꝛc. in Benutzung, und während früher vier Arbeiter stündlich 20 bis 40 Niete einzuziehen imstande waren, schaffen drei mit der Maschine 400 bis 500 Stück.

Genietet werden starke Bleche, schwächere kann man falzen, d. h. man biegt die Ränder um und legt sie dann übereinander, sei es ein-

Fig. 390. Einfacher Falz.

Fig. 391. Falz mit Klammer.

Fig. 392. Doppelfalze.

fach wie in Fig. 390, unter Benutzung eines klammerartigen Hülfsstückes, des Falzstreifens, den man überschiebt, wie in Fig. 391, sei es endlich mit doppelter Biegung des Bleches, wie in Fig. 392.

Endlich sei auch des Lötens noch gedacht, durch welches zwei Metalle derselben oder verschiedener Art durch ein anderes, im geschmolzenen Zustande zwischen dieselben gebrachtes und nachher wieder erstarrtes Metall vereinigt werden.

Die Verschönerungs- und Erhaltungsarbeiten.

Wenn durch eine Reihe der vorgedachten Verfahren ein Gegenstand seiner Form nach vollendet ist, so zeigt er meist noch ein recht unscheinbares Gewand; ist er gegossen, so zeigt er Gußnähte und die Gußhaut, bei geschmiedeten und gewalzten Gegenständen mißfällt der Glühspan; Stichel und Meißel haben auch ihre Spur hinterlassen, und so bedarf denn der Gegenstand noch einer letzten, der verschönernden Bearbeitung, damit er auch dem Auge gefällig wirke. Andrerseits sind die Gegenstände häufig Einwirkungen ausgesetzt, denen das reine Metall nicht zu widerstehen vermag, Eisen rostet, Messing setzt Grünspan an ꝛc., da wird denn ein Überzug nötig, um das Metall vor seinen Feinden zu schützen.

Handelt es sich darum, einen unschönen Oxydüberzug — Glühspan, Zunder — fortzubringen, um die reine Metalloberfläche zum Vorschein zu bringen, so greift man zum Abbeizen oder Abbrennen, d. h. man überläßt den Gegenstand der Einwirkung einer verdünnten Säure so lange, bis das Oxyd aufgelöst ist. Beim Messing nennt man dieses Verfahren Gelbbrennen, beim Silber Weißsieden. Silber ist meist mit Kupfer legiert, und daher mit einer dunklen Haut von Kupferoxyd überzogen; löst man dieses in verdünnter Schwefelsäure auf, so kommt das weiße Silber zum Vorschein. Dieses Verfahren wird zweimal in der Siedehitze angewendet. Soll die Oberfläche matt werden, so glüht man den Gegenstand nach dem ersten Sieden, nachdem man ihn in einen Brei von Pottasche und Wasser eingepackt hat, löscht in Wasser ab und siedet zum zweitenmale. Auch Gold wird ähnlich behandelt.

Überläßt man nur einen Teil des Gegenstandes dem Einflusse der Säure, so wird nur dieser angegriffen, und das Metall wird geätzt. Beim Ätzen handelt es sich meist um das Hervorbringen ornamentaler Verzierungen, man überzieht die ganze Oberfläche mit einer schützenden Schicht, gewöhnlich einer harzigen Substanz, dem Ätzgrund und schabt die zu bildenden Figuren aus diesem so heraus, daß das Metall freiliegt. Gießt man Ätzwasser darauf, so werden nur die unbedeckten Stellen angefressen und erscheinen nach Abspülung und Entfernung des Ätzgrundes als vertiefte Ornamente. Man kann auch umgekehrt die Figuren aus Ätzgrund stehen lassen und ringsherum das Metall frei schaben, dann erscheinen die Figuren erhaben. Ersteres Verfahren heißt Tiefätzen, letzteres Hochätzen.

Gegenstände mit rauher Oberfläche werden unter Benutzung des Schleifsteines abgeschliffen, wobei alle Unebenheiten fortgerissen werden; haben sie unregelmäßige Begrenzungsflächen, so ist namentlich bei kleineren Körpern diese Methode nicht anwendbar, man führt dann ein Stäbchen von hartem Material mit glatter, glänzender Arbeitsfläche, den Polierstahl, unter Druck über die Oberfläche, so daß alle vorstehenden Teilchen niedergedrückt werden und ein Glätten entsteht, das dem Gegenstande Glanz verleiht, man poliert ihn.

Eine sehr beliebte und viel in Anwendung gebrachte Art der Metallverschönerung und Schützung besteht in dem Überziehen eines minderwertigen Metalles mit einem wertvolleren, sei es des besseren Aussehens wegen oder um dem geringeren eine größere Widerstandsfähigkeit zu verleihen. Was stellt man nicht alles aus Eisen her, und doch wird Eisen von Feuchtigkeit nicht minder wie von allen atmosphärischen Einflüssen, von Säuren u. s. w. aufs leichteste angegriffen. Trotzdem ist Eisen eins der wichtigsten und häufigst benutzten Materialien, nur muß man es eben mit einer Schutzhülle versehen. Eisen überzieht man meist nach der direkten oder mechanischen Methode, d. h. man reinigt es sehr sauber und taucht es dann in ein Bad des geschmolzenen Metalles, das als Überzug dienen soll. So werden Eimer, Blechlöffel, Nägel, Schnallen, Draht, Koch- und Zinkgeschirre, Hohlmaße verzinnt. Auch Kupfer und Messing werden auf gleiche Weise durch Verzinnung geschützt. Bei dieser Methode bildet sich eine zwar dünne, aber äußerst dauerhafte Lage des flüssigen Metalles auf dem festen. Das Verzinnen kupferner Gefäße war schon im Altertum bekannt und wird bereits von Plinius erwähnt, das jetzt zu so großer Bedeutung gelangte Verzinnen von Eisen scheint aber erst im 16. Jahrhundert aufgekommen zu sein, angeblich in Böhmen. 1670 wurde ein Engländer Yarrenton nach Sachsen geschickt, um diese Kunst zu erlernen, wie dem Engländer dies gelungen, beweist die Thatsache, daß das englische Weißblech bis in die neueste Zeit den Weltmarkt beherrscht hat. Im allgemeinen hängt man das zu verzinnende Stück einfach in die geschmolzene Masse, aber auch das von Morewood und Rogers in England 1843 angegebene Verfahren, im Zinnkessel noch Walzen anzubringen, zwischen welchen die Bleche bei ihrem Austritt durchgeführt werden, hat sich für die Abgleichung des Zinnüberzuges und die Vermeidung von Tropfen gut bewährt.

Das Überziehen auf nassem Wege lieferte in seiner früheren Anwendungsform zu schwache und vor allen Dingen zu wenig haftende Überzüge, als daß es sich hätte dauernd halten können. Hierbei hängt man das Metall in die Lösung eines Salzes des zweiten Metalles, z. B. erhält Eisen in einer Kupfervitriollösung einen roten Überzug vom Kupfer, Zink wird in einer Platinchloridlösung tiefschwarz von ausgeschiedenem Platin. Diese Methode des Überziehens auf nassem Wege gewann erst wirkliche Bedeutung, als man den galvanischen Strom benutzte, um die Metallsalze zu zerlegen und ein Metall auf dem andern niederzuschlagen. Galvanische Überzüge werden äußerst gleichmäßig, lassen sich in beliebiger Dicke herstellen und sind dauerhaft, worüber im Kapitel über die Galvanoplastik nachgelesen werden kann.

Die dauerhaftesten Überzüge erreicht man aber durch das Amalgamationsverfahren, das indessen nur beim Versilbern und Vergolden benutzt wird. Die Feuervergoldung, wie man es auch nennt, ist zugleich die älteste unter allen Metallüberziehungen und wird schon von Plinius erwähnt. Man benutzt dazu möglichst reines Gold, wenn eine gelbe Vergoldung hervorgebracht werden soll; eine Legierung von Gold und Silber giebt eine grüne, eine Kupferlegierung eine mehr rötliche Färbung. Zum Gebrauche wird das Gold in kleine Stäbchen geschnitten, in einem Tiegel bis zur Rotglut erhitzt, dann das achtfache Gewicht reinen Quecksilbers hinzugethan und unter Umrühren noch einige Minuten erwärmt. Das so entstandene Amalgam gießt man in kaltes Wasser, damit eine schnelle Abkühlung und keine Krystallisation erfolge. Das überschüssige Quecksilber wird entfernt durch Drücken und Kneten, das so lange fortgesetzt wird, bis das kalte Amalgam eine teigartige Konsistenz erlangt hat. Da das Amalgam auf einer matten Oberfläche besser haftet als auf einer glatten, so wird der zu vergoldende Gegenstand erst erhitzt, dann gebeizt und abgetrocknet und dann erst das Amalgam mit einer Messingbürste aufgetragen, die vorher in Quickwasser getaucht wurde, d. h. in eine verdünnte Auflösung von salpetersaurem Quecksilber. Dann wird die Säure abgespült, der Gegenstand getrocknet und über Holzkohlenfeuer soweit erhitzt, daß das Quecksilber sich verflüchtigt, er wird abgeraucht. Dieses Verfahren wird mehrfach wiederholt, wenn die Vergoldung stärker ausfallen soll. Soll der Gegenstand glänzend werden, so wird er mit Blutstein poliert, oder aber er wird mattiert, mit einem Gemisch von Salpeter, Kochsalz, Alaun und etwas Wasser in Breiform überzogen und abermals erhitzt.

Diejenigen Stellen, welche blank bleiben sollen, werden mit einem Überzuge von einem Brei aus Kreide, Zucker, Gummi und Wasser bedeckt, die Stücke wieder getrocknet und bis zum Braunwerden des Überzuges erhitzt, man nennt dies das Aussparen. Ist beim Erhitzen die salzige Kruste völlig geschmolzen, so taucht man denselben schnell in die mit kaltem Wasser gefüllte Mattiertonne, worin sowohl die Salzlösung als auch die Aussparung sich ablösen. Beim Feuervergolden geht eine ganze Menge des edlen Metalles verloren; in der Asche des Abrauchofens und des Mattierofens, im Kehricht von den Arbeitstischen und auf dem Fußboden der Werkstätte, in der Flüssigkeit und dem Bodensatze der Mattiertonne, in den Kratzbürsten und im Schornsteinruß, überall sind Goldspuren vorhanden, so daß nur 74 Teile von dem in das Amalgam hineingelegten Golde auch auf dem Werkstück sich wieder vorfinden. Aber man gewinnt das Gold aus den Abfällen wieder und nur 4 Prozent gehen wirklich und unwiederbringlich verloren.

Ähnlich wie das Vergolden wird auch das Versilbern und Verplatinieren gemacht.

Es ist fast selbstverständlich, daß auch auf dem Gebiete des Überziehens der Metalle mit anderen Metallen das Mädchen für alles in der Metallverarbeitung, das Walzwerk, eine große Rolle spielt: das Walzwerk macht in der That eben alles. Man nennt dieses Arbeitsverfahren das Plattieren. Plattieren lassen sich allerdings nur Bleche, am häufigsten Kupferbleche mit Gold oder Silber. Man walzt eine Kupferplatte bis auf eine Stärke von 12 bis 20 mm, und nachdem man sie durch Schaben vollkommen gereinigt hat, belegt man sie mit einer ebenfalls vollständig reinen Gold- oder Silberplatte aus reinstem Metall und klopft die Ränder derselben um die Ränder der Kupferplatte. Die Vereinigung findet nur dann statt, wenn die Metallflächen absolut rein sind, man vergoldet auch wohl vorher die Kupferplatte durch Überstreichen mit einer konzentrierten Lösung von Goldchlorid oder versilbert sie mit Silbernitrat. Die beiden Platten werden dann vorsichtig bis zur Rotglut erwärmt und die Oberfläche wird mit einer eisernen Krücke gerieben, damit ein vollkommenes Aneinanderschmiegen erreicht wird. Erst wenn man sich durch Klopfen mit einem Hämmerchen überzeugt hat, daß keine Hohlräume geblieben sind, läßt man die Platten rasch mehrmals durch ein Walzwerk laufen unter jedesmaliger Annäherung der Walzen, wodurch eine vollkommene Verbindung stattfindet. Nachher wird dann die zusammengesetzte Platte kalt zu der verlangten Stärke ausgewalzt.

Wie Kupfer, so überzieht man auch Aluminiumblech mit Gold- und Silberplatten, sonst kommen in der Hauptsache noch Zinn- und Nickelplattierungen vor.

Nächst den metallischen Überzügen findet man auf Metallen auch Überzüge von zusammengesetzten Körpern, die ihnen Schutz verleihen sollen. Es ist eine ganz merkwürdige Thatsache, daß eine ganze Reihe von Metallen gegen Witterungseinflüsse und Säuren äußerst empfindlich sind, während ihr Rost — ihre Oxyde — im höchsten Grade widerstandsfähig sich erweisen. So z. B. ist beim Eisen das sogenannte Eisenoxyduloxyd, das eine blauschwarze, mattglänzende Farbe besitzt (Magneteisenstein) höchst unempfindlich, allerdings ist es höchst schwierig, dasselbe als Überzug auf Eisenwaren vollkommen herzustellen. Weit bekannter und auch geschätzter ist ein Kupferprodukt. Wem wäre nicht schon auf Dächern von Kirchen und Türmen die wunderbare grüne Farbe aufgefallen, welche die Kupferplatten zeigen; aber diese ist nicht nur dem Auge wohlgefällig, sondern sie schützt vor allen Dingen das Kupfer vor weiterer gänzlicher Zerstörung. Die Patina ist nun freilich erst durch den Einfluß der Jahrhunderte entstanden, aber man hat auch den Versuch gemacht, dieselbe künstlich herzustellen, mit mehr oder minder gutem Erfolge. Sie genau auf chemischem Wege zu erzeugen, wird vielleicht niemals vollkommen gelingen. Ähnlich liegen die Verhältnisse bei Bronzestatuen.

Daß man Metalle durch Anstreichen, Firnissen, Lackieren, Asphaltieren ebenfalls zu schützen oder zu verschönern sucht, sei nur nebenbei erwähnt, genauer sei nur noch eingegangen auf ein Verfahren, das für die Hausfrauen von ganz besonderem Interesse sein muß, das Emaillieren oder Glasieren. Es wurde zuerst im Jahre 1783 von dem schwedischen Bergwerksbeamten Rinman versucht, doch soll man noch 1828 in England und Frankreich zu keinen Resultaten gekommen sein; wogegen in Deutschland zu Lauchhammer schon 1815 bis 1820 emaillierte, gußeiserne Geschirre hergestellt wurden. Emaille oder Glasschmelz dient ebenso zum Schutz — wie bei allen Kochgeschirren — wie zur Verzierung, wie bei den mannigfaltigen Schmucksachen, Zifferblättern und ähnlichen Gegenständen. Das Arbeitsverfahren beim Emaillieren ist höchst einfach, man pulverisiert die Emaille ganz, rührt sie mit Wasser zu einem dünnen Brei an, den man mit einem Pinsel in gehöriger Stärke auf das Metall aufträgt, dann trocknet man die Emaillemasse und erhitzt sie mit dem Metall so stark, bis sie eine geschmolzene Decke bildet, worauf alles wieder langsam abgekühlt wird. Was ist nun aber Emaille? Der Hauptsache nach ein durchsichtiges leicht flüssiges Glas, am besten hergestellt durch Zusammenschmelzen von Quarzpulver mit kohlensauren Alkalien und Bleioxyd, oder mit Thonerde, Kalkerde u. s. w., überall da, wo Blei wegen seiner Giftigkeit keine Anwendung finden darf, wie z. B. bei Kochgefäßen. Soll die Emaille weiß werden, so fügt man Zinnoxyd hinzu, Kobaltoxyd macht sie blau, Kupfer- oder Chromoxyd grün, antimonsaures Kali gelb, Eisenoxyd, Kupferoxydul oder Goldpurpur rot, Braunstein violett, Hammerschlag mit Braunstein schwarz. Das Gemisch wird im Tiegel geschmolzen, und nach dem Erkalten gemahlen. Auch beim Emaillieren muß das Metall absolut rein sein.

So hätten wir denn das Metall auf seiner ganzen Laufbahn von seinem Herauskommen aus der Erde bis zum Kunstwerk verfolgt, das vollendet in der Form und wohlgeschmückt und verziert vor uns steht, — einige der gebräuchlichsten Metallwaren mögen noch als Beispiele für die dargelegten Bearbeitungsweisen und die vorgeführten Methoden dienen.

Die Stahlschreibfedern.

Von wem zuerst der Gedanke gefaßt wurde, den Gänsekiel durch ein metallenes Instrumentchen in der Form nachzuahmen und dasselbe zum gleichen Zwecke zu verwenden, das ist leider, wie bei so vielen welterschütternden Erfindungen nicht mehr ausfindig zu machen, trotzdem ist es sicher nachweisbar, daß im Anfang des 19. Jahrhunderts messingene und auch silberne Federn in Gebrauch waren, die ihren Zweck jedoch noch so schlecht erfüllten, daß sie die Gänsekiele nicht zu verdrängen vermochten. Für Zeichner und Kalligraphen verfertigte man aber bald auch stählerne Federn, mit denen man auch auf Steine zum Steindruck schrieb. Alles dies waren nur Versuche, erst James Perry in London vervollkommnete 1830 die Stahlfedern so, daß sie bald ihre früheren Konkurrenten verdrängten. Perry ist der eigentliche

Begründer der jetzt so gewaltigen Stahlfederindustrie geworden. Bis zum Jahre 1846 war England, besonders Birmingham der alleinige Sitz derselben, in diesem Jahre begann sie auch in Frankreich, und 1856 errichteten Heintze & Blankertz die erste deutsche Stahlfederfabrik in Berlin.

Die Stahlfedern werden aus Cementstahl hergestellt, der im Walzwerke zu Blechstreifen ausgearbeitet wird von etwas geringerer Breite als die doppelte Federlänge und von der Stärke, welche die Feder erhalten soll. Die Platten werden dann geglüht und alsbald in den Schneidesaal gebracht, wo eine Anzahl Mädchen mit kleinen Lochmaschinen aus ihnen Plättchen ausstoßen, die in ihren Umrissen genau die Gestalt der fertigen Federn haben. Jeder Stahlstreifen giebt zwei Reihen Plättchen, von denen die Arbeiterin erst eine Reihe ausstößt, indem sie das Blech ruckweise in gerader Linie unter dem Stempel entlang führt. Am Ende angekommen, wird der Streifen umgekehrt und rückwärts die zweite Plättchenreihe ausgestoßen. 4000 bis 4500 Stück solcher Plättchen vermag eine geübte Arbeiterin in einer Stunde fertig zu stellen.

Nun kommen die Platten in den zweiten Saal, wo ihnen der Stempel eines einfachen Fallwerks die Firma und Bezeichnung mit einem Stoße aufprägt. Wieder kommen sie unter eine zweite Lochmaschine, wo das Durchstoßen des Loches in der Mitte der Federn oder des Spaltes, d. h. nicht des Schreibspaltes, vor sich geht, auch die Seitenschlitzchen, welche die Federn häufig zur Erhöhung der Elastizität haben, werden hier eingestoßen. Nach diesen Handhabungen bedarf der Stahl abermals des Ausglühens, denn durch die vielen Stöße ist er inzwischen hart geworden. Die geglühten Platten kommen unter eine Schraubenpresse, wo sie ein konvexer Stempel in eine konkave Matrize eindrückt und ihnen so die erforderliche Wölbung erteilt. Durch das Glühen sind sie weich geworden, also unbenutzbar, und müssen daher von neuem gehärtet werden, zu welchem Zwecke sie abermals erhitzt und dann in mit Thran gefüllte Tonnen geworfen werden. In einer mit Sägespähnen gefüllten rotierenden Trommel werden sie vom Thran wieder befreit und in einer eisernen Trommel über Kohlenfeuer angelassen, gelb oder blau, je nach der Härte, die sie bekommen sollen. Abermals müssen sie in eine Trommel, die mit zerstoßenen Schmelztiegelscherben gefüllt ist, um einer energischen Reinigung unterzogen zu werden. Dann geht es in den Schleifsaal. Zum Schleifen dienen durch Maschinenkraft in Bewegung gesetzte Schmirgelscheiben mit großer Umlaufsgeschwindigkeit. Erst werden die Federn von der Spitze bis zum Loche in der Mitte auf einem konkaven Steine, dann von einer Seite nach der anderen hinüber auf einer flachrandigen Scheibe abgeschliffen, um durch diese Verdünnung der Spitze eine noch weitere Elastizität derselben hervorzurufen; ein einmaliges Anhalten an den Stein wirkt schon vollkommen ausreichend. Die Schreibspalte erhalten die Federn zuletzt und zwar durch eine kleine mit der Hand bewegte Parallelschere. Nun sind sie fertig, aber ehe sie in den Handel gelangen, werden erst noch die Böcke von den Schafen gesondert, was im Sortiersaale vor sich geht. Jedes einzelne Exemplar wird mit der Spitze auf ein Stück Elfenbein gedrückt, die guten werden in Kästchen verpackt, die schlechten bei Seite geworfen. Goldfedern und ähnliche werden zuvor noch galvanisch überzogen.

Die Münzen.

So alt wohl beinahe, wie das Menschengeschlecht, sind auch die Münzen. Die Zeiten, in denen der Mensch allein von dem leben konnte, was die Natur ihm darbot, gingen schnell vorüber, und gar bald machte mit steigender Kultur sich das Bedürfnis geltend, Waren, Lebensmittel, Kleider, Waffen u. s. w., Sachen, die man nicht selbst besaß oder sich anfertigen konnte, von anderen auf dem Wege des Handels zu erwerben. Anfangs war der Handel wohl Tauschhandel, aber nicht immer waren geeignete Tauschobjekte vorhanden, man mußte also zu einer anderen Wertbestimmung greifen, und wenn auch zunächst Muscheln als Geld eine große Verbreitung fanden, bald ging man dazu über, wirkliche Münzen aus Metall herzustellen. Die Chinesen sollen schon 2000 Jahre v. Chr. Münzen in Gebrauch gehabt haben, sonst finden wir sie zuerst bei den Phöniziern. Als Metalle für Münzen wurden und werden auch heute noch der Hauptsache nach Gold, Silber und Kupfer verwertet. Bei den Spartanern waren einmal zu Lykurgs Zeiten eiserne Geldstücke im Gebrauch, 1828 bis 1845 hatte Rußland Platinmünzen, auch Bronzemünzen kommen in mehreren Ländern vor; neben den oben genannten Metallen hat aber nur in allerneuester Zeit eine stark kupferhaltige Nickellegierung Eingang gefunden. Auch die anderen Metalle kommen nicht rein zur Verwendung, weil sie zu weich sind und daher eine zu schnelle Abnutzung der Prägung befürchten lassen. Auf die Herstellung der Münzen wird die größte Sorgfalt verwandt, denn durch den aufgedrückten Stempel garantiert der Staat für den Wert derselben. Der Gehalt an Edelmetall — Feingehalt — und das Gewicht sind daher in allen Kulturstaaten gesetzlich festgestellt, ferner aber ist der Stempel so angebracht, daß jede Wegnahme von Spähnchen von der Oberfläche sich sofort bemerkbar machen muß, auch dem Befeilen der Ränder, dem Beschneiden ist dadurch vorgebeugt, daß der Rand eine herumgehende Schrift oder Verzierung — Rändelung — trägt, endlich sind die Ränder erhaben, damit beim Aufliegen auf einer Platte sich nur die Ränder abnutzen und nicht der Stempel.

Bei der Anfertigung der Münzen stellt man erst die Legierungen her. Man schmilzt dieselben in einem Tiegel, meist in einem mit Coaks oder Holzkohlen geheizten Tiegelschachtofen. In Benutzung kommen Graphittiegel, für Silber auch wohl schmiedeeiserne oder gußeiserne

Tiegel, deren Inhalt 200 bis 1000 kg beträgt. Erst erhitzt man die Tiegel bis zur Rotglut, bringt das Metall hinein und bedeckt sie mit Holzkohlenlösche. Ist alles flüssig genug, so nimmt man mit einem Schöpflöffel eine kleine Probe heraus und prüft sie auf den Feingehalt. Fällt die Prüfung zufriedenstellend aus, so wird das Metall in aufrechtstehende gußeiserne zweiteilige Formen gegossen zu Stäben — Zainen — von 400 bis 600 mm Länge, 4 bis 8 mm Dicke und einer Breite, die sich nach dem Durchmesser der Münzen richtet. Die erkalteten Zaine kommen dann in ein Walzwerk, wo sie so lange gestreckt und gleichzeitig verdichtet werden, bis ein ausgestoßenes Plättchen das genaue Normalgewicht einer Münze gleicher Größe hat. Ist dies erreicht, so folgt das Ausstückeln, das natürlich mittels einer Lochmaschine vor sich geht. Die dabei verbleibenden Reste wandern in den Schmelztiegel zurück. Obgleich nun die Walzwerke, deren Walzen etwa 150 bis 250 mm Durchmesser und 200 bis 400 mm Länge haben, aufs genaueste gearbeitet sind, so fallen die Platten doch nicht unbedingt gleichmäßig aus, sie gelangen daher vor ihrer Weiterverarbeitung in den Justiersaal. Hier sitzt ein Arbeiter an einem Tische, vor sich eine Wage, auf deren einer Schale das Normalgewicht liegt. Auf die andere legt er das Plättchen, ist dasselbe zu leicht, so muß es seine Laufbahn von neuem im Schmelztiegel beginnen; ist es zu schwer, so wird es vorsichtig so lange befeilt, bis es das richtige Gewicht zeigt. Diese Bearbeitungen werden aber auch selbstthätig von Maschinen ausgeführt, die Plättchen auf Plättchen auf die Wage legen und wieder wegschnellen, die leichten in ein bestimmtes, die zu schweren in ein anderes gesondertes Behältnis. Derselben Wage bedient man sich auch, um bei den schon im Umlauf gewesenen Münzen, die noch vollwichtigen von den zu leichten zu sondern. Auch das Justieren besorgt ein Automat. Bei Nickel- und Kupfermünzen giebt man sich übrigens nicht so große Mühe; ob das einzelne Stück ganz genau ist, wird nicht untersucht, man trägt nur Sorge, daß auf 1 kg die richtige Anzahl Münzen kommen, ohne sie einzeln nachzusehen. Alsdann werden zuerst die Ränder, welche natürlich rauh und uneben aus dem Durchstoß hervorgehen, einer weiteren Bearbeitung ausgesetzt, sie werden gerändelt auf der Rändelmaschine. Diese enthält als Arbeitszeug zwei gehärtete, gradlinige oder kreisbogenförmige Stahlschienen, die Rändeleisen, deren eine festliegt, während die andere derselben parallel sich soweit vorschieben läßt, daß die Münze um eine halbe Umdrehung fortgerollt wird. Der Abstand der Schienen ist nach dem Durchmesser der zu rändelnden Münzen verstellbar. Das Rändelwerk ist übrigens eine Erfindung des französischen Ingenieurs Cassaing aus dem Jahre 1685. Beim Rändeln wird der Rand gleichzeitig durch die polierten Schienen geglättet und etwas nach beiden Seiten aufgeworfen. Nach dem Rändeln, manchmal auch schon vorher, werden die Platten ausgeglüht, wobei sie mit Kohlenstaub bedeckt in kupfernen oder eisernen Kasten liegen, und in einer geneigten hölzernen Tonne, die man um ihre Achse dreht, mit verdünnter Schwefelsäure gebeizt, wo bei den Silbermünzen zugleich ein Weißsieden stattfindet. Goldmünzen reinigt man auch wohl nach dem Glühen nur in Seifenwasser, sie bleiben dann rötlich, während die gebeizten eine schöne gelbe Farbe zeigen. Nach dem Beizen werden die Münzen auf ein leinenes Tuch geschüttet und mit Bürsten trocken gerieben, wobei sie zugleich Glanz erhalten. Der bei diesem Verfahren entstehende Gewichtsverlust ist natürlich erfahrungsmäßig festgestellt und beim Justieren bereits berücksichtigt. Jetzt geht es ans Prägen; erst der Rand, wieder auf einem anderen Rändeleisen, das auf jeder Schiene die Hälfte der Schrift oder Verzierung in umgekehrter Anordnung zeigt, — dann die Flächen auf einem Prägwerk. Dieses hat zwei einander zugekehrte Stempel, jeden mit der entsprechenden Schrift oder Zahl in umgekehrter Anordnung. Die Platte liegt auf dem unteren festen Stempel und wird von dem oberen mit starkem Drucke gepreßt, so daß gleichzeitig beide Seiten die Prägung erhalten. Hierbei wird die Münze dünner und indem sie gezwungen wird, seitwärts auszuweichen, verändert sie auch ihre Form, so daß die Münzen nicht gleich groß erscheinen. Man sucht diesen Übelstand durch die Ringprägung zu vermeiden, indem man die Platte während des Prägens in einen Stahlring einschließt, dessen innerer Durchmesser genau gleich dem Durchmesser der Münze und des Stempels ist. Erhabene Schrift würde allerdings hierbei verloren gehen, fast alle im Ringe geprägte Münzen haben daher vertiefte Randschrift. Bei den kleineren Münzen benutzt man den Kerbring. Die Prägestempel nutzen sich beim Gebrauch beträchtlich ab, und da die Prägung immer scharf sein soll, so sind sie nur für eine beschränkte Anzahl Münzen, höchstens bis zu 500 000 Stück zu benutzen und müssen dann durch neue ersetzt werden. Da ein solcher aber sehr schwer herzustellen ist, er ist ja ein Kunstwerk im wahren Sinne des Wortes, und seine Anfertigung lange Zeit in Anspruch nimmt, so wird mit dem Originalstempel überhaupt nicht gearbeitet, sondern dieser nur dazu benutzt, um einen Modellstempel herzustellen. Beide sind aus bestem Gußstahl. Der Originalstempel wird in ein kräftiges Prägewerk eingesetzt, und so langsam durch eine große Anzahl einzelner Stöße der Modellstempel geprägt, der genau wie die Münze aussieht. In derselben Weise werden nun mit dem Modellstempel die eigentlichen Prägestempel hergestellt.

Die Nähnadeln.

Zur Herstellung derselben wird Stahldraht benutzt, wie ihn die Drahtziehereien in Form von Ringen liefern. Ein solcher Ring wird über eine große Trommel von etwa 1,5 m Durchmesser gerollt, so daß abermals ein Ring entsteht, der aber sehr groß ist und gewöhnlich so etwa 100 Windungen enthält, die man auf zwei Seiten mit einer geeigneten Schere durchschneidet, so daß zwei Drahtbündel von je etwa 2,5 m Länge entstehen. Diese kommen in das Schaft- oder Schachtmodell, d. h. eine halbcylindrische Büchse oder Rinne, deren Boden so weit vom oberen Rande entfernt ist, als die doppelte Länge der Nähnadeln beträgt. Ein einziger Schnitt mit der Bock- oder Maschinenschere am Rande teilt das ganze Drahtbüschel in Schafte. Sind die Schafte geschnitten, so werden sie gerichtet, d. h. es werden 10 000 Stück in zwei eiserne Ringe fest hineingesteckt und im Holzkohlenfeuer erst geglüht und dann, wenn der Stahl weich geworden ist, auf eine gußeiserne, gut gehobelte Platte gelegt, die Einschnitte für die Ringe hat. Eine zweite ebensolche Platte mit Handhaben an der Seite legt man darauf, und schiebt sie mehrere Male hin und her, wodurch das Drahtbündel in rollende Bewegung versetzt wird. Dadurch erreicht man den doppelten Vorteil, daß die Drahtbündel gradlinig werden und die größte Menge Glühspan verlieren. Nach dem Glühen kommt das Schleifen, welches trocken geschehen muß, weil sonst die Nadeln sofort rosten würden. Man benutzt 125 mm breite Schleifsteine aus hartem Sandstein, die man nach dem Vorgange von Elliot seit 1823 gänzlich in einen eisernen Kasten einschließt, so daß nur eine kleine Öffnung zum Heranhalten der Schafte freibleibt. An der Rückseite des Steines ist ein Kanal, der zu einem für mehrere Steine gemeinschaftlichen Schornstein führt, durch welchen durch den starken beim Drehen hervorgerufenen Luftzug der Schleifstaub ins Freie gebracht wird. So wird die Luft des Arbeitssaales von den schädlichen Stahl- und Steinsplitterchen freigehalten. Der Arbeiter nimmt immer eine größere Anzahl Schafte auf einmal und indem er fortwährend dreht, spitzt er sie alle gleichzeitig an und erreicht so eine Arbeitsleistung von 100 000 Stück täglich. Man hat aber auch Schleifmaschinen, die diese Arbeit selbstthätig ausführen und in einer Stunde 30 000 Nadeln bewältigen. Sind die Schafte gespitzt, so werden sie auf der Mitte ihrer Länge mit der Hand oder der Mittenschleifmaschine etwas blank geschliffen und dann dieselbe Stelle unter einem kleinen Fallwerk breit geschlagen und zugleich mit einem Stempel mit den Umrissen der beiden Nadelöhre und mit Furchen versehen, wobei durch das Pressen ein geringes seitliches Aufwerfen entsteht, ein Bart oder Grat sich bildet. Nun fehlt nur noch das Durchstoßen der Öhre, das auf einer kleinen Lochmaschine durch zwei parallele Stiftchen am Stempel und entsprechende Löcher in der Matrize oder dem Unterstempel geschieht. Sind die Schafte so geöhrt, so zieht man ihrer 100 auf zwei Stahldrähte, legt sie auf ein festgestopftes Kissen oder Brett und klammert sie durch zwei darübergespannte Eisenschienen, die den mittleren Teil freilassen, fest. Dadurch wird die Stelle, wo der Bart sitzt, etwas nach oben gebogen, und es ist ein Leichtes, die sämtlichen Bärte auf einmal mit einer flachen Feile oder einem Schleifstein abzuschleifen und gleichzeitig in der Mitte zwischen beiden Öhren einen Einschnitt zu machen. Ist dies geschehen, so wendet man das Bündel und macht dieselbe Arbeit von der anderen Seite noch einmal, wodurch der Zusammenhang der Schafte so weit gelockert wird, daß man sie bequem auseinanderbrechen kann, und nun die einzelnen Nadeln zu je 100 auf einem Drahte aufgereiht vor sich hat. Dieselben werden dann nur noch oben abgefeilt oder abgeschliffen, und sind so in ihrer Form vollendet. Durch Hin- und Herwirbeln zwischen den Fingern prüft man, ob sie nicht krumm geworden sind, in welchem Falle sie durch Schläge mit einem kleinen Hammer wieder gerade gerichtet werden. Noch sind die Nadeln vom Glühen weich, sie müssen also erst wieder gehärtet werden, zu welchem Zwecke sie erst in einer eisernen Mulde bis zur Rotglut erwärmt und dann in ein Gefäß mit Rüböl geschüttet werden. Nachdem sie dort wieder herausgefischt sind, werden sie gelb oder blau angelassen, in Wasser abgekühlt und mit Sägespähnen getrocknet, der entstandene Glühspahn wird durch Scheuern entfernt. Man packt eine große Anzahl Nadeln mit scharfem Sande oder auch mit Schmirgel und Öl in Ballen von etwa 10 mm Durchmesser und von länglicher Form, und läßt eine Anzahl solcher Ballen 12 bis 18 Stunden lang auf einer Art Drehrolle oder Wäschemangel hin- und herrollen. Dann nimmt man sie heraus, packt sie mit neuem Schleifmaterial ein und überliefert sie abermals der Schauermühle, und wiederholt dieses Verfahren 8 bis 10 Mal, so lange mit immer feineren Schleifmitteln bis die Nadeln aufs feinste poliert sind, worauf man sie in Seifenwasser wäscht und mit Sägespähnen trocknet. Bevor sie in den Handel kommen, werden sie noch sortiert, und diejenigen, deren Spitzen etwa abgebrochen sind, entfernt, und wenn dies geschehen ist, werden nun noch mindestens fünferlei Arbeiten mit ihnen vorgenommen. Erst läßt man die Köpfe, damit die Nadeln wegen ihrer Sprödigkeit nicht gleich an der dünnen Stelle am Öhre abbrechen, nochmals blau an, um sie geschmeidiger zu machen, wozu man sie in eine rotierende Scheibe steckt und von einer Gasflamme erhitzen läßt (Blaumachmaschine). Dann werden die Nadeln versenkt, d. h. die Öhre, welche beim Durchstoßen so scharfkantig geworden sind, daß sie den Faden leicht zerschneiden würden, werden mittels einer kleinen spitzen Reibahle, welche an der Spindel einer schnell umlaufenden kleinen Drehbank befestigt ist, von beiden Seiten her nachgebohrt. Man benutzt auch Schmirgelstäbchen zu dem nämlichen Zwecke. Abermals geht es zum Schleifstein, wo die Spitzen nachgeschliffen und die Köpfe von der blauen Farbe befreit werden. Schließlich werden sie auf einer Lederscheibe mit feinstem Schmirgel poliert. Endlich sind sie, nachdem sie fast hundertmal in die Hand genommen sind, vollkommen gebrauchsfertig und können abgezählt und verpackt werden. Beim Abzählen benutzt man ein eisernes Lineal mit 25 und 100 Furchen auf einer Seite, in welchen genau eine Nadel Platz findet. Man nimmt eine Anzahl Nadeln zwischen Daumen und Zeigefinger, streicht über das

Lineal hin, und es bleibt in jeder Furche eine Nadel liegen. Auch hierzu giebt es Maschinchen, welche die ganze Arbeit soweit allein besorgen, daß sie die Nadeln sogar noch in Papier stecken, so daß der Arbeiter nur die Kurbel dreht und das Papier hinlegt und fortnimmt.

---

3. Die Sprengstoffe und ihre Verwendung in der Technik und im Kriege.

Wenn es wahr ist, daß die siegende Intelligenz, welche den Menschen über alle anderen Geschöpfe erhebt, ihr höchstes Ziel in der Beherrschung der Naturkräfte findet, so muß die Erfindung der Sprengstoffe als einer der größten Triumphe der menschlichen Geisteskraft angesehen werden. Denn auf keinem anderen Gebiete ist das Material, mit welchem der spekulative Verstand zu arbeiten hat, ein derartig sprödes, in seiner fesselfreien Entfaltung furchtbares und vernichtendes, bei keiner anderen Erfindung der Einfluß auf die Schicksale der Menschheit ein so gewaltiger und in wunderbarer Weise zwischen Fluch und Segen geteilter, wie gerade hier. Derselbe Stoff, der in der Hand des fleißigen Arbeiters eine segenspendende Kraft von gigantischer Leistungsfähigkeit darstellt, wird in der Waffe des Kriegers zum zerstörenden, die Weltgeschichte beherrschenden Dämon, und in der Faust des politischen Schwärmers zum Werkzeug fluchwürdiger Verbrechen.

Die Sprengstoffe sind im wesentlichen eine Erfindung des gegenwärtigen Jahrhunderts; besonders ist es erst seit verhältnismäßig kurzer Zeit gelungen, einen genaueren Einblick in die Wirkungsweise dieser Körper zu gewinnen und, gestützt auf die Fortschritte der Chemie, ihre Eigenschaften mit derselben Sicherheit zu beherrschen, mit der wir andere natürliche Kraftquellen für unsere Zwecke ausnutzen. Nur die Erfindung des bekanntesten aller Sprengstoffe, des Schießpulvers, gehört früheren Zeiten an, und ihre Spur verliert sich im sagenhaften Altertum. Wie wir aber einerseits das Pulver in historischer Beziehung als das Urbild der Sprengstoffe ansehen müssen, so ist andererseits seine verhältnismäßig langsame Wirkungsart besser, als diejenige anderer neuerer Sprengstoffe geeignet, einen Begriff von den Prozessen zu geben, welche sich bei der Zersetzung explodierender Körper abspielen. Wir beginnen daher mit der Betrachtung des Pulvers, um dann die wichtigsten anderen Sprengstoffe folgen zu lassen.

Das Schießpulver.

Die frühere Annahme, daß das Pulver von den der Alchimie ergebenen Mönchen des Mittelalters, als deren Personifikation Berthold Schwarz gilt, erfunden sei, ist sicher als falsch erwiesen, obgleich dem genannten Erfinder, von dem man weder Geburtsort noch Lebenszeit kennt, in Freiburg ein Denkmal gesetzt worden ist. Die Entstehungsgeschichte des Pulvers gehört überhaupt nicht einer bestimmten Zeit an, sondern dürfte sich über lange Jahrhunderte erstrecken. Von den zur Pulverfabrikation notwendigen Ingredienzien, der Kohle, dem Schwefel und dem Salpeter, sind die beiden ersteren den abendländischen Kulturvölkern seit Urzeiten bekannt, während der Salpeter, welcher fertig gebildet, als Auswitterung des Bodens, sich nur in Indien und China findet, auch nur der Bevölkerung dieser Länder so nahe stand, daß sie auf seine eigentümlichen Eigenschaften aufmerksam werden mußte. Jedenfalls hat man den Salpeter im Abendlande erst durch die Vermittelung arabischer Alchimisten, also nicht vor dem achten Jahrhundert, kennen gelernt.

Hieraus ergiebt sich mit größter Wahrscheinlichkeit, daß die Chinesen die ersten gewesen sind, welche von der wichtigsten Eigenschaft des Salpeters, mit brennbaren Körpern aller Art bei der Entzündung sehr rasch abzubrennen oder zu verpuffen, Kenntnis hatten und, ihrer noch heute beobachteten großen Vorliebe für Feuerwerkskünste folgend, die gemachte Entdeckung in dieser Richtung verwendeten. Marco Polo, der berühmte Reisende des Mittelalters, welcher auch Ostasien besuchte, erzählt allerhand wunderbare Dinge, welche auf die erwähnte Anwendung von Salpetermischungen in der chinesischen Feuerwerkerei hindeuten. Während nun die Chinesen den Salpeter, welcher übrigens in arabischen Handschriften geradezu „Chinasalz" oder „Chinaschnee" genannt wird, nur zu friedlichen Zwecken verwendeten, scheinen andere kriegerischere Völker, denen die Erfindung allmählich bekannt wurde, diese im wesentlichen zu Angriffs- und Verteidigungszwecken benutzt zu haben. Es ist kaum zu bezweifeln, daß das berüchtigte und überaus gefürchtete „griechische Feuer" der Byzantiner, welches schon in den Kriegen des frühen Mittelalters, ganz besonders aber in den Kämpfen der Kreuzzüge eine besonders wichtige Rolle spielte, auch nichts weiter gewesen ist, als eine Mischung von Salpeter mit Kohle, Schwefel und vielleicht noch anderen brennbaren Körpern. Es gelang den Byzantinern, ihr kostbares Geheimnis Jahrhunderte hindurch zu bewahren, und in den Kriegen, die sie führten, das griechische Feuer als unwiderstehliches Schreckmittel zu benutzen. Sie schleuderten es in Töpfen aus Wurfmaschinen auf die Feinde, befestigten es an Pfeilen oder steckten es an lange Stangen, um auf diese Weise die Schiffe der Gegner direkt in Brand zu setzen; eine Verwendungsweise, die im letzten Falle lebhaft an die noch im türkisch-russischen Kriege von 1877 angewendeten Spierentorpedos erinnert. Erst im 13ten Jahrhundert wandten auch andere Völker das griechische Feuer an, so daß erst zu dieser Zeit das Geheimnis desselben sich weiter verbreitet zu haben scheint. Außerdem haben wir aber aus derselben Epoche Handschriften, welche über die Zusammensetzung der Feuermischungen genauere Angaben machen; es ist gewiß sehr merkwürdig, daß sich in diesen Rezepte finden, welche sich denen unseres Pulvers in ganz überraschender Weise nähern.

Wahrscheinlich aber wird bei dem Gebrauche des griechischen Feuers eine Beobachtung gemacht worden sein, welche vielleicht dem ersten Entdecker gar nicht sehr imponierte, welche aber in der Folge viel stärker ausgenutzt worden ist, als die anderen Eigenschaften des merkwürdigen Körpers. Wir meinen die treibende Kraft der Feuerwerkssätze, welche sich am einfachsten in dem heftigen Sprühen der Flamme und in der unabhängigen Richtung derselben, dann aber auch in der Erscheinung zeigte, daß die Brandpfeile durch das Brennen des Satzes eine erheblich größere Geschwindigkeit erlangten, als sie von der schleudernden Wurfmaschine empfangen hatten. Nachdem diese Erscheinungen bekannt geworden waren, war zu der Erfindung der Rakete, dem aus eigner Kraft vorwärts eilenden feurigen Geschoß, nur noch ein kurzer Schritt. Bei der fortschreitenden Vervollkommnung der Raketen aber konnte es nicht unbemerkt bleiben, daß, wenn die Rakete an der Bewegung gehindert wurde, alle Körper, welche von dem brennenden Satz getroffen wurden, mit Heftigkeit fortgeschleudert wurden, und daß diese Wirkung bedeutend stärker auftrat, wenn der Satz gekörnt war. So kam man in der zweiten Hälfte des 13ten Jahrhunderts auf den Gedanken, den in der noch heute üblichen Weise bereiteten Pulversatz in eine Röhre zu laden und ein darauf gesetztes Geschoß vermittelst seiner Kraft fortzutreiben. Wir finden die neue Erfindung im Laufe des nächsten Jahrhunderts bereits in den meisten europäischen Staaten; es ist bekannt, daß die englischen Geschütze den Sieg von Crecy, 1346, hauptsächlich entschieden. In der zweiten Hälfte des 14ten Jahrhunderts wurde schon an vielen Orten Deutschlands Pulver fabriziert und allgemein im Kriege verwendet. Auch von den Gefahren, die mit der Herstellung und Aufbewahrung des neuen Kriegsmittels verknüpft sind, haben wir schon aus dieser frühen Zeit Kunde; 1360 wurde das Lübecker Rathaus das Opfer einer Pulverexplosion.

Ehe wir auf die hochinteressante Entwickelung der Verwendung des Pulvers für die Schußwaffen näher eingehen, ist es nötig, seine Herstellung und Wirkungsweise genau zu erörtern.

Von den notwendigen Rohmaterialien muß die Kohle vor allem so leicht entzündlich, wie nur möglich sein; daher eignet sich am besten die poröse, welche weichen Holzarten entstammt. Man erzeugt die Pulverkohle gewöhnlich nicht durch Brennen der Hölzer (besonders von Pappeln, Haselsträuchern, Faulbäumen) in Meilern (s. S. 351), sondern durch „Destillieren" in eisernen Cylindern, durch welches Verfahren ein sicherer Brand verbürgt ist. Das Produkt, die sogenannte Rotkohle, ist bräunlich-schwarz und leitet die Wärme gut; es ist rein von Sandkörnern und anderen harten Verunreinigungen, welche bei der späteren Verarbeitung des Pulversatzes die Gefahr einer Explosion hervorrufen würden.

Der Schwefel, welcher meist Sicilien entstammt, erfährt an Ort und Stelle eine Reinigung von den anhängenden erdigen Verunreinigungen. Zu diesem Zwecke destilliert man ihn aus irdenen Gefäßen und kondensiert die Dämpfe in Vorlagen. Das Produkt, der Rohschwefel, welcher noch einige Prozente erdiger Teile enthält, kommt in den Handel und muß einer nachträglichen Reinigung unterzogen werden. Dieselbe erfolgt durch eine zweite, vorsichtigere Destillation, bei welcher die Dämpfe in große gemauerte Kammern geleitet werden. So lange deren Wände kälter sind, als 110°, die Temperatur des Schmelzpunktes des Schwefels, kondensieren sich die Dämpfe zu festem Schwefelpulver, den Schwefelblumen; nachher sammelt sich geschmolzener Schwefel, welchen man in cylindrische Formen gießt und unter dem Namen Stangenschwefel in den Handel bringt. Man sondert die beiden Formen des gereinigten Schwefels rechtzeitig von einander, da man zur Pulverfabrikation die Schwefelblumen, wegen eines geringen Gehaltes an Schwefelsäure, nicht verwendet. Der erhaltene Stangenschwefel wird häufig einer nochmaligen Destillation unterworfen.

Der Salpeter, von welchem schon erwähnt wurde, daß er sich als Mineral in geringer Menge in einigen Gegenden Asiens findet, wird stets künstlich erzeugt. Früher geschah dies in den „Salpeterplantagen", deren Wirksamkeit auf der chemischen Umwandlung ammoniakhaltiger, organischer Körper in Salpetersäure beruht; diese Umwandlung ist jedoch nur in Gegenwart alkalischer Substanzen möglich. Man sammelte mit faulenden, stickstoffhaltigen Substanzen durchsetztes Erdreich oder schichtete Erde mit allerlei tierischen und pflanzlichen Abfällen in Haufen; in beiden Fällen sorgte man durch Aufgießen von Jauche und anderen faulenden Flüssigkeiten für stete Feuchthaltung der Erde. Endlich mengte man Schutt, Mergel, Kalkreste darunter, und überließ das Ganze unter stetem Begießen längere Zeit der Einwirkung der Luft. Die Wirkung zeigte sich durch einen weißlichen Überzug von auswitternden salpetersauren Salzen. Dann hörte man auf zu begießen und laugte die „reife" Erde mit Wasser aus. Die gewonnene Lauge, welche alle möglichen salpetersauren Salze enthielt, wurde durch das „Brechen" in Kalisalpeter verwandelt; man setzte einfach Pottasche oder Chlorkalium hinzu, worauf die Umsetzung leicht vor sich ging. Endlich erhielt man durch „Versieden" und „Raffinieren" den Salpeter als Krystallmehl. Die beschriebene Methode ist fast ganz verdrängt durch ein anderes Verfahren, welches von dem in Chile in gewaltigen Lagern vorkommenden Chilesalpeter oder Natronsalpeter ausgeht. Leider ist dieser für die Pulverfabrikation wegen seiner hygroskopischen Eigenschaften nicht selbst verwendbar. Schon vor 1850 stellte man aber aus ihm kleine Mengen Kalisalpeter dar, indem man seine Lösung mit Pottaschenlauge vermischte; aus Natronsalpeter und kohlensaurem Kalium bildete sich hierbei durch einen Austausch der Bestandteile Kalisalpeter und kohlensaures Natrium (Soda). Gegenwärtig benutzt man nicht mehr Pottasche zu diesem „Conversionsprozeß", sondern das aus den Staßfurter und anderen Salzlagern in Menge gewonnene Chlorkalium. Mischt man nämlich heiße gesättigte Lösungen von Natronsalpeter und Chlorkalium, so entsteht Kalisalpeter und Chlornatrium, welche sich beide durch ihre sehr verschiedene Löslichkeit in Wasser sehr leicht trennen lassen. Aus der heißen Lösung sondert sich nämlich eine große Menge Chlornatrium, als das in heißem Wasser minder lösliche Salz, ab; beim Erkalten der abgegossenen Lauge scheidet sich dann aber der in kaltem Wasser schwer lösliche Salpeter in Krystallen aus, während das in kaltem, wie in warmem Wasser etwa gleich leicht lösliche Chlornatrium in Lösung bleibt. Durch wiederholtes Auflösen und Umkrystallisieren reinigt man den so gewonnenen „Conversionssalpeter"; derselbe findet heute fast ausschließliche Anwendung bei der Darstellung des Pulvers und wird den Pulvermühlen im Zustande genügender Reinheit geliefert. Man fordert von gutem Salpeter, daß er ganz frei von Natronsalpeter und Chlornatrium sei.

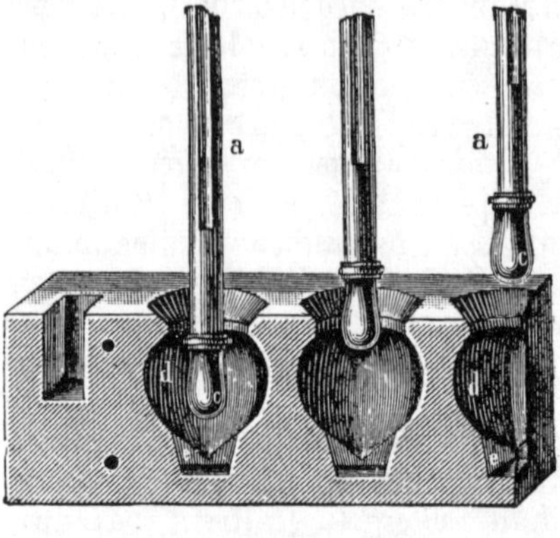

Fig. 393. Pulverstampfwerk.

Die drei genannten Ingredienzien des Schießpulvers müssen zunächst fein gepulvert werden. Es geschah dies früher durch Bearbeiten der Materialien unter Stampfwerken (Fig. 393), welche durch Wasser bewegt wurden, oder zwischen Mühlsteinen. Beide Methoden werden zwar noch hier und dort angewendet, sie sind aber fast vollkommen verdrängt von der Zerkleinerung nach dem Revolutionsverfahren, welches seit der französischen Revolution sich immer mehr Bahn gebrochen hat. Hiernach verbindet man das Zerkleinern häufig gleich mit dem Mischen des Satzes.

Das Verhältnis der Mischung ist in den verschiedenen Staaten und für verschiedene Pulversorten ein wechselndes. Auf 100 Gewichtsteile Salpeter nimmt man 12—25 Teile Kohle und 15—22 Teile Schwefel; als mittleres Verhältnis dürfte sich für 100 Teile fertiges Pulver 75 : 12 : 13 herausstellen. Man bringt die abgewogenen

Gemengteile in die Pulverisiertrommeln (Fig. 394), faßartige, horizontal liegende Cylinder von Holz, welche an ihrer inneren Wand mit hervortretenden abgerundeten Längsleisten versehen und mit Leder aus-

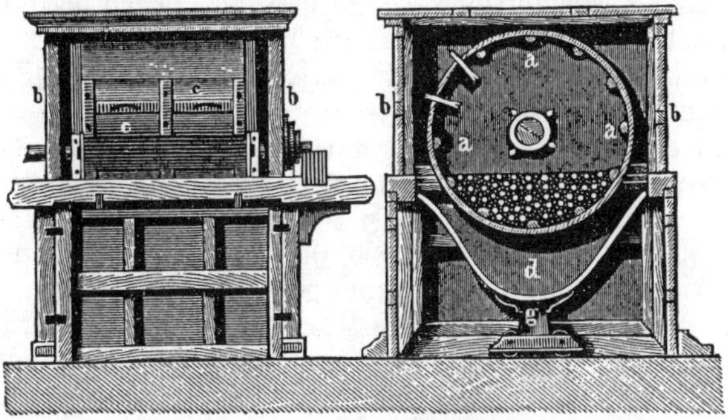

Fig. 394. Pulverisiertrommel.

geschlagen sind. Man fügt eine bestimmte Menge kleiner Bronzekugeln hinzu, welche beim schnellen Drehen der Trommel die Masse des Satzes zerkleinern. Häufig zerkleinert man zuerst die Kohle, fügt dann den Schwefel hinzu und mengt endlich das schon vorher besonders zerkleinerte Salpetermehl bei. Indessen ist die Praxis der Pulvermühlen in dieser Beziehung eine überaus mannigfaltige und es läßt sich kaum eine Methode anführen, welche überwiegend angewendet würde. Auch die Menge der Bronzekugeln, deren Gewicht nach den meisten Angaben etwa zwei Drittel von dem Gewicht des ganzen zu zerkleinernden Satzes betragen soll, wird sehr verschieden gewählt. Die Wirkung der Trommeln ist sehr einfach. Jede Kugel wird von einer Leiste der Trommel ein kurzes Stück in die Höhe geführt und fällt dann herab, die Masse zerkleinernd. Hieraus folgt auch, daß die Umdrehungsgeschwindigkeit nicht so groß werden darf, daß die Kugeln durch die Schwungkraft an die Wände gedrückt werden und demnach keine Wirkung äußern. Die Zeit der Arbeit ist ziemlich lang. Einige Fabriken wenden zum vollständigen Mischen der Satzteile besondere Trommeln an, welche zinnerne anstatt der bronzenen Kugeln enthalten; in vielen Fällen zerkleinert man auch die einzelnen Satzteile, besonders den Salpeter, für sich allein zwischen Steinen, um dann in den Trommeln nur das Mischen vorzunehmen.

Der fertig gemischte und staubfein zerkleinerte Satz, das sogenannte Mehlpulver, wird nun, zur Erhöhung seiner Wirkung, dem Dichtungsprozeß unterworfen. Das Mehlpulver wird mit so vielem Wasser vermischt, daß ein Teig entsteht, welcher mittels eines Leinentuches ohne Ende zwischen zwei horizontale Walzen geführt wird. Die obere besteht aus Bronze, die untere aus Holz; zwischen beiden wird der Pulverteig kräftig zusammengepreßt. Er hat dann Ansehen und Härte des Thonschiefers und läßt sich nur mit ziemlichem Kraftaufwand zwischen den Händen zerbrechen. Die Operation des Dichtens hat erstens den sehr wichtigen Zweck, einer Entmischung der spezifisch verschieden schweren Gemengteile des Pulvers bei dessen Transport vorzubeugen; sodann wird bei dieser Arbeit der Pulversatz auf einen kleineren Raum zusammengedrängt, also die Entzündlichkeit und die Wirkung wesentlich erhöht.

Der zerbrochene Pulverkuchen wird nun gekörnt, um dem Pulver die für seine verschiedene Verwendung passende Korngröße zu geben und hierdurch dafür zu sorgen, daß ein späteres Zerbröckeln zu Mehlpulver unmöglich gemacht wird. Es ist nämlich leicht einzusehen, daß die Schnelligkeit, mit welcher das Pulver abbrennt, zum großen Teil davon abhängt, ob zwischen den einzelnen Körnern Spielraum für die durchschlagende Flamme vorhanden ist, oder nicht. In der That hat man gefunden, daß das häufig zu Feuerwerkssätzen verwendete Mehlpulver viel langsamer abbrennt, als hinreichend gekörntes Pulver, und daß bei fest eingepreßtem Mehlpulver die Explosionswirkung sogar eine viel geringere sein kann. Das Körnen erfolgt zunächst durch Zerkleinern des Pulverkuchens auf dem Schrotsiebe. Es ist dies ein ziemlich grobes Sieb, in welchem der Kuchen durch den Läufer, eine linsenförmige Scheibe von hartem Holz, die man oft noch mit Blei beschwert, zerschrotet wird. Die Stücke fallen durch die Löcher des fortwährend in rüttelnder Bewegung befindlichen Schrotsiebes auf ein Kornsieb von Messingdraht, in welchem das Pulverkorn die richtige Größe erhält, um auch durch die Löcher dieses Siebes zu gleiten und endlich auf dem Staubsiebe von den Staubteilen getrennt zu werden. Für bessere Pulversorten, besonders Jagdpulver, welches durch seinen höheren Preis kostspieligere Einrichtungen gestattet, hat man vollständige Körnmaschinen, die aus acht selbständig arbeitenden Apparaten bestehen. Die ersten Kornsiebe liefern noch grobe Stücke, damit nicht zuviel Staub entsteht; erst die mittleren geben dem Korn die richtige Größe und lassen es durchpassieren, während das auf ihnen liegenbleibende Grobkorn den Schrotsieben noch einmal zugeführt wird. Das gute Korn wird durch Laufschläuche aus der Maschine weggeführt. Das Schütteln der Siebe wird durch Excenter oder Krummzapfen einer gemeinsamen Welle bewirkt (s. Fig. 395). Auch die Einrichtung der Körnvorrichtungen der einzelnen Pulverfabriken ist, wenn sie sich auch im wesentlichen den geschilderten anschließen, fast bei einer jeden verschieden. Besonders zu erwähnen ist höchstens die von der allgemein üblichen abweichende Congrevesche Körnmethode, bei welcher der Pulverkuchen zwischen zwei mit vierkantigen Spitzen besetzten Messingwalzen zerrieben wird.

Besondere Behandlung und Vorrichtungen sind für das Körnen derjenigen Pulversorten notwendig, deren Verwendung ein möglichst langsames Abbrennen erfordert, also besonders der Geschützpulver. Es

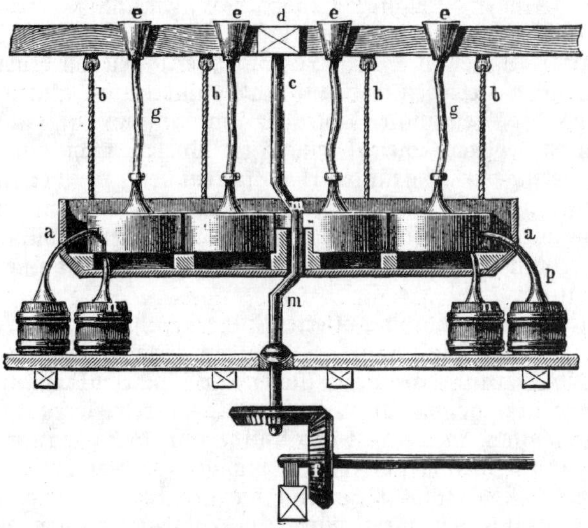

Fig. 895. Pulverkörnmaschine.

ist nämlich leicht einzusehen, daß ein Pulver von bestimmter Kornform desto schneller abbrennen wird, je kleiner die Körner sind, vorausgesetzt, daß eine gewisse Kleinheit nicht überschritten wird, weil in diesem Falle wieder ähnliche Umstände, wie beim Mehlpulver, das Brennen verlangsamen und — was am schlimmsten — die Leistung vermindern würden. Vergrößert man daher das Korn, so kann man beliebig langsame Abbrennzeiten erreichen. Das Resultat dieser Überlegung ist das von dem Amerikaner Rodman erfundene prismatische Pulver, welches man durch Pressen des Pulverkuchens in eine sechseckige prismatische Form von 1,5 bis 2,5 cm Durchmesser und etwa 2,5 cm Höhe erhält. Um einen gleichmäßigeren Brand zu bewirken, enthält das Korn noch sieben Längskanäle. Bei den neuesten Monstregeschützen ist man mit den Dimensionen des Pulverkorns noch über die angegebenen gegangen, während man bei den leichten Feldgeschützen geringere Größen gebraucht. Besonders günstige Resultate hat man durch das braune prismatische Pulver erhalten, welches einen geringeren Gehalt an Schwefel und einen höheren an Kohle hat, als der gewöhnliche Pulversatz. Die Kohle zu diesem Pulver gewinnt man durch sehr unvollkommene Verkohlung von Stroh; hieraus erklärt sich auch die bräunlich schwarze Farbe des Pulvers und sein langsames Abbrennen.

Das gekörnte Pulver färbt ab und bedarf noch einer besonderen Behandlung, um ihm diese unangenehme Eigenschaft zu nehmen. Die ganz grobkörnigen Sorten werden zwar so vorsichtig behandelt und verpackt, daß sie weniger leiden, die feinkörnigen aber bedürfen des Glättens oder Polierens. Das gekörnte Pulver, welches womöglich einen ganz geringen Feuchtigkeitsgehalt besitzen muß, kommt in die Rollfässer, welche sich mit mäßiger, erst später gesteigerter Geschwindigkeit um vertikale Achsen drehen. Hierdurch erhalten die Körner, indem sie gegen einander gerieben werden, eine dichtere und glänzende Oberfläche, welche für Feuchtigkeit weniger empfänglich ist, als diejenige der unpolierten Körner; diesem wichtigen Vorteil steht nur der Nachteil etwas geringerer Entzündbarkeit gegenüber, welcher aber durch einen Gewinn an Dichtigkeit, welchen das Polieren mit sich bringt, ausgeglichen wird. Da sich das Pulver durch die Reibung nicht unbeträchtlich erhitzt, so läßt man häufig die Fässer zuletzt eine Zeit lang langsamer laufen.

Das frisch gekörnte und polierte Pulver enthält mehr Wasser, als für seinen Gebrauch nützlich ist. Daher wird es zunächst an der Luft getrocknet und hierauf einem künstlichen Trockenverfahren unterworfen, welches den Wassergehalt auf höchstens 2 % reduzieren muß. Man benutzt große Kästen, in welchen das Pulver auf ausgespannten Trockentüchern liegt, und welche von einem mäßig warmen Luftstrom durchzogen werden. Es kommt wesentlich darauf an, daß die Temperatur nur sehr allmählich gesteigert wird; im entgegengesetzten Falle leidet die Güte des Pulvers erheblich. Erst gegen Ende des Trocknens, welches 4 bis 6 Stunden währt, erhöht man die Wärme bis auf 50° C. Das fertige Pulver wird dann in Fässer, Säcke oder Blechbüchsen verpackt.

Wenn auch die Güte des Pulvers von einer Menge Faktoren abhängt, welche sich größtenteils der oberflächlichen Beobachtung entziehen, so kann doch schon aus seinem Ansehen und seiner äußerlichen Beschaffenheit auf seine Qualität ein ungefähr zutreffender Schluß gezogen werden. Die Farbe soll dunkelgrau bis dunkelbraun, vollkommen gleichförmig sein; die Körner dürfen nicht durch weiße Flecke ein Ausblühen des Salpeters verraten, dürfen nicht abfärben, sollen sich schwierig und unter Knirschen zerdrücken lassen und leicht abbrennen.

Die Anlage der Pulverfabriken muß stets so erfolgen, daß die einzelnen, durchweg aus leichten Materialien aufzuführenden Gebäude durch hohe Erdwälle von einander getrennt sind, damit bei einer zufällig in einer Abteilung eintretenden Explosion eine Fortwirkung auf Nebenräume möglichst ausgeschlossen sei. Von hervorragender Bedeutung ist ferner, daß alle Umstände, durch die das Pulver bei seiner Herstellung unversehens entzündet werden könnte, sorgfältig vermieden werden. Hierher gehört besonders die Auswahl des Materials der Stampfen, bei welcher gewisse Metalle, z. B. Eisen, Messing, Blei gänzlich ausgeschlossen sind, weil sie Selbstentzündung bewirken können, während Kupfer oder Bronze, sowohl gegen einander, als auch auf Holz, noch nie Explosionen hervorgerufen haben. Daß die Annäherung von glimmenden oder gar brennenden Körpern, wie Laternen und dergleichen, an eine Pulverfabrik auf das sorgfältigste vermieden werden muß, ist selbstverständlich.

Um die Wirkungsweise des Schießpulvers kurz erklären zu können, müssen wir an dieser Stelle auf diejenigen Ausführungen verweisen, welche über die Entzündung explosiver Gasgemische in dem Kapitel „Beleuchtung und Heizung“ (S. 309) gegeben sind. Wir haben nämlich bei dem Pulver einen ganz ähnlichen Fall, wie beispielsweise dort bei der Verbrennung eines Gemenges von Wasserstoff und Sauerstoff. Auch hier sind zwei leicht entzündbare Substanzen, Kohle und Schwefel, mit einem außerordentlich viel Sauerstoff enthaltenden Körper, dem Salpeter, innig gemengt, so daß bei einem geringen äußeren Anstoß, z. B. bei der Entzündung, plötzlich das Gemenge sich chemisch zersetzt und eine derartige Wärme frei macht, daß die Produkte der Zersetzung, welche im wesentlichen aus Gasen bestehen, auf das heftigste ausgedehnt und gewaltsam auseinander getrieben werden. Es entsteht also ganz unvermittelt ein überaus hoher Gasdruck auf die Umgebung der Ladung, welcher sich als Explosion oder Detonation äußert. Ist die Ladung von allen Seiten von Wänden eingeschlossen, so werden diese verschoben oder zertrümmert werden, und zwar offenbar dort am meisten, wo sie den geringsten Widerstand leisten. So wirkt das Pulver in der That; nur fest eingeschlossen äußert es seine volle Energie. Dagegen finden wir, daß es frei daliegend bei der Entzündung nur schwach verpufft und keine mechanische Wirkung zeigt. Es erklärt sich dies einfach dadurch, daß die Luft, als ein überaus elastischer Körper, dem Gasdruck nach oben zu mit der größten Leichtigkeit ausweicht, so daß auf die Unterlage so gut wie gar keine Wirkung ausgeübt wird; vorausgesetzt muß hierbei natürlich werden, daß das Abbrennen des Pulvers so langsam erfolgt, daß die Luft Zeit hat auszuweichen. Wäre dies nicht der Fall, so würde die Wirkung nach unten um so stärker sein, je weniger die Luft dem Explosionsstoß auswiche. In der That haben eingehende Untersuchungen gezeigt, daß die Verbrennungsgeschwindigkeit des Pulvers, verglichen mit derjenigen der neueren Sprengstoffe eine verhältnismäßig sehr geringe ist; sie beträgt z. B. nur den 500. Teil derjenigen, welche die Schießbaumwolle entwickelt.

Was den chemischen Prozeß beim Abbrennen des Pulvers betrifft, so ist derselbe höchst kompliziert, und man hat ihn bisher trotz eingehender Versuche noch nicht völlig erforschen können. Es ist nur das unzweifelhaft festgestellt, daß die gasförmigen Zersetzungsprodukte im wesentlichen aus Stickstoff und Kohlensäure bestehen. Das Volumen der Gasmenge von 1 gr Schießpulver, reduziert auf 0° C. und 760 mm Luftdruck beträgt nach der allgemeinen Annahme 331 ccm; aber sowohl Bunsen als auch Nobel und Abel, von welchen sich besonders die beiden letzteren sehr große Verdienste um die Untersuchung der Sprengstoffe erworben haben, haben kleinere Zahlen gefunden (193 resp.

280 ccm). Die durch die Explosion entwickelte Wärme, ein für die Kraftleistung sehr wichtiger Faktor, wurde von Bunsen auf 3340°, von Nobel und Abel nur auf 2200° C. geschätzt. Durch besondere Apparate, sogenannte Gasdruckmesser, hat Nobel versucht, die bei der Verbrennung von Schießpulver stattfindende Gasspannung zu bestimmen. Diese Maschinen bestehen im wesentlichen aus Metallcylindern, welche durch die Explosionswirkung deformiert oder gestaucht werden, so daß man aus der Größe der Stauchung auf den Gasdruck ungefähre Schlüsse ziehen kann. Nobel fand den Druck auf diesem allerdings anfechtbarem Wege zu 6400 Atmosphären, während derselbe nach Bunsen 4373 Atmosphären betragen soll. Wie aus diesen Beträgen ersichtlich, sind die Kraftmessungen für Pulver noch außerordentlich unzuverlässig, und es fehlt bisher an einer wirklich brauchbaren Methode für dieselben.

Gehen wir nun zu den Anwendungen des Pulvers über, so müssen wir vorweg bemerken, daß unser „altes“ Schießpulver gerade heutezutage, nachdem es Jahrhunderte hindurch die Sprengtechnik im Frieden und im Kriege unumschränkt beherrscht hat, an dem Ende seiner Regierung angekommen zu sein scheint. Nachdem ihm durch Dynamit und Schießwolle schon seit Jahrzehnten eine siegreiche und immer stärker anwachsende Konkurrenz auf dem Gebiete der friedlichen Sprengarbeit bereitet worden war, beginnt es jetzt auch als Kriegspulver vor einem kräftigeren Gegner den Platz zu räumen. Während die erstere Thatsache uns eigentlich nicht in Erstaunen setzen kann, da beim Sprengen die größte Kraftentwicklung das einzige Ziel des Technikers ist und das Pulver gerade in dieser Hinsicht längst durch andere Sprengstoffe überholt worden ist, so läßt sich die letztere nur begreifen, wenn wir die innige und subtile Beziehung, welche zwischen der Leistung der Schußwaffe und den verschiedenen Eigentümlichkeiten des zum Forttreiben des Geschosses angewendeten Sprengstoffes besteht, genauer kennen lernen.

Es ist bekannt, daß die Wirkung eines Geschosses, seine „lebendige Kraft“, einmal von seinem Gewicht, dann aber, und zwar hauptsächlich, von der Geschwindigkeit abhängt, mit welcher es das Rohr verläßt, der „Anfangsgeschwindigkeit“. Die Physik lehrt, daß die Leistung mit dem Geschoßgewicht in einfachem, mit der Anfangsgeschwindigkeit im quadratischen Verhältnis steigt, daß also ein doppelt so schweres Geschoß auch doppelt so stark, ein doppelt so schnelles aber viermal so stark wirkt. Diese Verhältnisse berücksichtigte man früher nicht; daher finden wir die mittelalterlichen Schußwaffen, wenn auch häufig künstlerisch sehr vollendet gebaut, in physikalischer Hinsicht höchst unvollkommen konstruiert. Es ist hier nicht der Ort, der Entwickelung der Schußwaffen im einzelnen zu folgen, nur die wichtigsten Fortschritte können erwähnt werden, und zwar immer nur hinsichtlich ihrer Beziehung zu der Fortentwickelung der Sprengstoffe.

Die Geschütze, offenbar die ersten und einfachsten Schußwaffen, sollten im Anfange weiter nichts leisten, wie die antiken Wurfmaschinen, d. h. Steine oder schwere Körper gegen Mauern schleudern. Erst später erkannte man, daß nicht nur die Vergrößerung der Ladung die Wirkung verstärkt, sondern besonders die innere Beschaffenheit und die Länge des Laufes. So finden wir zur Zeit des dreißigjährigen Krieges schon Geschütze von relativ großer Treffsicherheit; man gab sich alle Mühe, einen guten Anschluß des Geschosses an die Rohrwände zu bewirken und hierdurch an Ladung zu sparen. Aber erst unserem Jahrhundert ist es vorbehalten gewesen, eine überaus wichtige Änderung herbeizuführen, welche die Anfangsgeschwindigkeit und die Treffsicherheit der Geschütze ganz außerordentlich vermehrte; wir meinen die Einführung der Laufzüge, welche in den fünfziger Jahren durch Napoleon III geschah. Dadurch, daß man das Geschoß zwang, beim Abfeuern den Zügen zu folgen, erreichte man einerseits einen überaus festen und sehr gasdichten Anschluß, andererseits wurde die Bewegung außerhalb des Laufes durch die mitgeteilte Drehung eine konstantere und von Hindernissen unabhängigere. Angesichts dieser Sachlage war der Gedanke, daß man die errungenen Vorzüge durch Einführung der Hinterladung noch bedeutend verstärken könne, recht nahe gelegt, umsomehr, als diese bei den Handfeuerwaffen schon überaus wichtige Erfolge aufzuweisen hatte. Der Krieg von 1870, welcher Hinterladungs- und Vorderladungsgeschütze gegen einander ins Feld führte, hat die gewaltige Überlegenheit der ersteren gezeigt und nicht wenig zum Erringen der deutschen Siege beigetragen. Was die Geschosse betrifft, so ist man bekanntlich von der anfänglichen Kugelgestalt zu anderen Formen übergegangen, um dem Widerstand der Luft weniger Angriffsfläche zu bieten. Die schon frühzeitig gebrauchten Hohlgeschosse, deren Größe, nach einer internationalen Übereinkunft, unter ein bestimmtes Maß nicht heruntergehen darf, sind gerade in der neueren Zeit bedeutend vervollkommnet worden. Nachdem man die früher für die Granaten angewandte Zündungsart mittels eines beim Abfeuern entzündeten und in bestimmter Zeit abbrennenden Zündsatzes, die sogenannten Tempierzünder, durch die viel sicherer wirkenden an der Spitze des Geschosses befestigten und beim geringsten Anprall zündenden Perkussionszünder ersetzt hatte, ist man dazu übergegangen, die Sprengladung der Granaten, die bisher auch aus Kornpulver bestand, durch erheblich kräftiger wirkende Sprengstoffe, besonders durch die später zu erwähnenden Pikrinsäureverbindungen, zu ersetzen. Die Tempierzünder, die man eine Zeit lang ganz verlassen hatte, oder höchstens für ganz schwere Festungsgeschütze anwandte, sind neuerdings bei einer besonderen Art von Geschossen, den Schrapnells, wieder zu Ehren gekommen, und man hat es verstanden, auch diese früher unzuverlässige Zündungsart bis zu hoher Vollkommenheit auszubilden.

Während man im Feldkrieg die Treffsicherheit, Sprengwirkung und Beweglichkeit der Geschütze auf die höchste Potenz zu bringen bestrebt sein muß, steht bei dem Festungskrieg und Seekrieg die Durchschlagskraft der Geschosse im Vordergrunde. Hier entscheidet einzig Tragweite, Ladung und Geschoßgewicht. So konnte denn jener Wettkampf zwischen Geschütz und Eisenpanzer beginnen, der Jahrzehnte hindurch an die Fabrikanten immer größere und größere Anforderungen stellte. Jede Verstärkung auf der einen Seite mußte notwendig eine solche auf der anderen hervorrufen; je größer Kaliber und Ladung gewählt wurden, desto dicker und widerstandsfähiger wurden die Panzerwände gebaut, desto schwerfälliger die Schlachtschiffe, desto massiger die Armierung der Festungen. Es ist natürlich, daß man in diesem Kampfe auch das Pulver das seinige zur Verbesserung der Geschützleistungen beitragen ließ, und gerade die oben erwähnten geformten Pulver haben ihr Dasein diesem Bestreben zu verdanken. Die kolossalen Geschütze, die den Namen Krupp weltberühmt gemacht haben, bedürfen nämlich ganz besonders eines langsam brennenden und erst in dem Momente, in welchem das Geschoß das Rohr verläßt, seine höchste Kraft entfaltenden Pulvers, wenn nicht der Laderaum und die Sprengladung gefährdet werden sollen. Es ist interessant, daß eine Art riesiger Geschosse, die Hartgußgranaten, gar keine Zünder gebrauchen; durch das Eindringen der Granate in die Panzerwand wird genügend Wärme entwickelt, um die Sprengladung auch ohne direkte Zündung zur Explosion zu bringen. Das Gegenstück zu diesen Riesenkanonen sind die kleinen schnell feuernden Revolverkanonen, deren winzige Sprenggeschosse nur die dünne Eisenhaut der Torpedoboote zu durchschlagen vermögen und daher zur Abwehr dieser unheimlichen Angreifer gebraucht werden. Es sei endlich der Maximkanone gedacht, eines Schnellfeuergeschützes, welches den eigenen Rückstoß beim Abschießen dazu benutzt, sich wieder schußfertig zu machen und von neuem abzufeuern. Daß derartige Mechanismen, nicht nur bei der genannten Kanone, sondern auch bei anderen Maschinengeschützen, besonders den Mitrailleusen, sehr leicht Störungen unterworfen sind, welche ihren Gebrauch im offenen Gefecht mitunter gänzlich in Frage stellen, ist leicht begreiflich und wird bei aller ihrer sonstigen Vollkommenheit ein stetes Hindernis für ihre allgemeine Verwendung sein.

Die Handfeuerwaffen, in den frühesten Zeiten ihres Daseins noch ungefügiger als die Geschütze, haben sich viel später Bahn gebrochen als diese, so daß eine Zeit lang die Armbrüste sich noch recht gut neben ihnen behaupten konnten. Erst im Anfang des vorigen Jahrhunderts war die Konstruktion der Gewehre so weit vorgeschritten, daß diese als allgemeine Waffe des Fußvolks eingeführt und vermöge der Anbringung des Bajonetts zum Nah- und Fernkampfe gebraucht werden konnten. Das Laden war eine zeitraubende Arbeit, welche die Krieg Führenden die Aufstellung viele Glieder tief zu nehmen zwang; erst nachdem man sich an die Waffe gewöhnt hatte, wagte man bis auf drei Glieder herunter zu gehen, aber wohl erst Friedrich II war es, der das Infanteriefeuer im wesentlichen zur Entscheidung der Schlachten zu benutzen versuchte. Noch war das Steinschloß mit der offenen, durch Feuchtigkeit leicht unbrauchbar werdenden Zündpfanne ein großes Hindernis für den Gebrauch der Waffe, und erst die unserem Jahrhundert angehörende Erfindung des Perkussionsschlosses mit der durch den Schlag des Hahns explodierenden und die Ladung entzündenden Zündmasse machte die Handgewehre zu allgemein brauchbaren Waffen. Das war im Anfange des Jahrhunderts. Und nun begann jene rapide Entwicklung der Gewehre, welche heute dieselben auf eine Höhe der Vollkommenheit gebracht hat, die man vor 50 Jahren nicht ahnen konnte. Dadurch, daß man den Lauf mit Zügen versah und die bis dahin gebrauchte Kugel durch das Langbleigeschoß ersetzte, erhöhte man die Trefffähigkeit bedeutend. In den fünfziger Jahren erfolgte sodann in Preußen die Einführung des Dreyseschen Zündnadelgewehres, des ersten Hinterladers seit 1360, wo man diese Waffen schon kannte. Das ungeheure Übergewicht der Hinterladungsgewehre, welches sich in den Kriegen von 1864 und 1866 in so in die Augen springender Weise bemerkbar machte, bewirkte die von allen Staaten mit fieberhafter Eile betriebene Einführung der verschiedensten Konstruktionen von Hinterladern, unter denen sich besonders das französische Chassepotgewehr im Kriege von 1870 dem Zündnadelgewehr zwar nicht in der Trefffähigkeit, um so mehr aber in der Tragweite und Feuergeschwindigkeit weit überlegen zeigte. Die politische Lage seit 1870 hat natürlich nicht dazu beigetragen, einen Ruhepunkt für die Gewehrtechnik herbeizuführen; was der eine Staat eben einführte, wurde von dem anderen nachgeahmt, ja womöglich übertroffen. So hat denn erst die neueste Zeit wieder einen Fortschritt auf diesem Gebiete zu verzeichnen, so einschneidend und epochemachend, wie seit der Erfindung des Pulvers kein anderer erlebt wurde; wir meinen die Einführung der Magazingewehre und des rauchlosen Pulvers.

Um zu begreifen, wie es geschehen konnte, daß man das durch die Praxis von Jahrhunderten eingeführte Triebmittel für den Gewehrschuß so leicht und plötzlich fallen ließ, muß man die beiden Ziele kennen, auf welche, abgesehen von der Feuergeschwindigkeit, die Kriegstechnik seit der Mitte unseres Jahrhunderts hindrängte; wir meinen die Vergrößerung der Tragweite und der „Rasanz“, d. h. der Streckung der Geschoßbahn. Besonders der letztgenannte Punkt war wichtig, weil jedes Gewehr erfahrungsmäßig um so präziser schießt, je weniger gekrümmt, je rasanter die Flugbahn ist. Beide Ziele sind nur erreichbar, indem man zwischen Geschoßmasse und Anfangsgeschwindigkeit das richtige Verhältnis zu treffen sucht. Verkleinert man nun das Geschoß, so wird die Luft diesem weniger Widerstand bieten und die Forderung größerer Rasanz ist erfüllt; leider aber verliert das Geschoß dabei auch an Durchschlagskraft, weil seine Wirkung bekanntlich von seiner Masse abhängt. Da aber doch zur Erreichung möglichst großer Rasanz kein anderes Mittel bekannt ist, so bleibt nichts weiter übrig, als die aus der durchaus notwendigen Verkleinerung des Geschosses resultierende Minderleistung durch Vergrößerung der Anfangsgeschwindigkeit zu heben. Dies letztere kann natürlich zunächst durch Vergrößerung der Pulverladung geschehen; aber man begreift, daß auch das eine Grenze hat. In der That sehen wir, wie das Kaliber der Gewehre, welches z. B. nach 1846 in Frankreich 17,5 mm betrug, im Laufe der nächsten Jahre immer mehr herabgesetzt wurde; die Schweiz ging schon 1853 auf 10,5 mm herab. Die anderen Staaten blieben bis 1866 auf 14 mm stehen; erst dann verkleinerte sich der Laufdurchmesser rapide. Seit 1870 ist derselbe auf 11 mm gesunken, seit der Mitte der achtziger Jahre hat man allgemein Geschosse von 8 bis 7,5 mm eingeführt. Es war selbstverständlich, daß die äußersten Anstrengungen gemacht wurden, um die durch die Verkleinerung des Geschosses verlorene „lebendige Kraft" durch Vergrößerung der Anfangsgeschwindigkeit zu ersetzen. Als schließlich das alte Pulver sich diesem Bestreben nicht mehr zugänglich erwies, mußte man sich notgedrungen nach einem neuen umsehen und man benutzte die Gelegenheit, um von diesem Pulver der Zukunft noch eine andere Eigenschaft zu fordern, welche man an dem alten schmerzlich vermißt hatte, nämlich die Rauchlosigkeit. Schneller, als man geglaubt hatte, sollte die gestellte Forderung erfüllt werden. Die enormen Fortschritte der organischen Chemie boten Explosivstoffe in Fülle dar, Stoffe von einer so gewaltigen Kraftleistung, daß es merkwürdiger Weise darauf ankam, deren Wirkung zu mäßigen, um sie überhaupt als Pulver benutzen zu können. Einen dieser Stoffe müssen wir erst näher kennen lernen, ehe wir das rauchlose Pulver und seine Anwendung betrachten: die Schießbaumwolle.

Im Jahre 1845 entdeckte Schönbein in Basel und kurze Zeit nach ihm Böttger in Frankfurt a. M., daß Baumwolle beim Eintauchen in ein Gemisch aus Schwefelsäure und Salpetersäure explosive Eigenschaften bekommt, nachdem schon 1832 Braconnot, nach ihm Pelouze und Dumas ähnliches bei Stärke, Holzfaser und Papier beobachtet hatten. Nach dem sorgfältigen Auswaschen der gesäuerten Baumwolle mit Wasser zeigte sich ihre äußere Beschaffenheit nicht verändert; dagegen verbrannte sie nach dem vorsichtigen Trocknen beim Entzünden sehr schnell ohne Hinterlassung eines Rückstandes, sowie ohne Rauchentwicklung, und explodierte äußerst heftig durch Schlag oder Stoß. Die letztere Eigenschaft lenkte die Blicke der ganzen Welt auf den neu entdeckten Sprengstoff, und nachdem durch Sprengungen, welche bei Gelegenheit von Eisenbahnbauten in der Schweiz mittels Schießwolle vorgenommen wurden, erwiesen war, daß ihre Sprengkraft die des Pulvers um das Vierfache übersteigt, machte man die energischsten Versuche, sie zu Kriegszwecken zu verwerten. Als aber mehrere fürchterliche Explosionen trocknender oder schon fertiger Schießwolle, z. B. in Le Bouchet bei Paris und in Faversham zeigten, wie gefährlich der neue Stoff sei, wurde die bis dahin sehr rege Fabrikation wesentlich eingeschränkt. Obgleich Otto in Braunschweig und, wie sich erst neuerdings herausgestellt hat, W. von Siemens die Darstellungsmethode gleichzeitig mit Böttger verbesserten, gelang es damals doch noch nicht, ein reines Produkt zu erzielen und Folgen davon sind, wie man später mit größter Wahrscheinlichkeit nachwies, jene Explosionen gewesen. Der österreichische General von Lenk war der erste, dem es gelang, die Bedingungen festzustellen, welche zur Herstellung einer konstanten Schießwolle erfüllt sein müssen; aber eine neue Explosion in der Nähe von Wien, durch welche mehr als 5000 Centner Schießwolle auf einmal vernichtet wurden, setzte auch seinen Versuchen eine Grenze. Von da an benutzte man die Schießwolle, welche nur in kleinen Mengen fabriziert wurde, nur zu Sprengungen. Erst der Engländer Abel war es, welcher dem bis dahin unbrauchbaren Sprengstoff im Anfange der siebziger Jahre wieder Eingang zu Kriegszwecken verschaffte. Dadurch, daß er die Baumwolle außerordentlich rein herstellte und das fertige Produkt im Holländer in einen Brei verwandelte, welcher nachträglich unter starken hydraulischen Pressen fast ganz entwässert wurde, hat er in seiner „komprimierten Schießwolle" einen Sprengstoff geliefert, welcher ebenso ungefährlich bei der Behandlung, Versendung und Aufbewahrung, wie furchtbar bei der Verwendung zu Sprengungen ist. Die erste deutsche Schießwollfabrik, welche nach Abels Verfahren arbeitete, war die zu Kruppamühle in Oberschlesien

Die Schießwolle unterscheidet sich in ihrer Wirkung von dem Pulver wesentlich dadurch, daß sie „brisanter" ist. Die Explosion eines frei auf einer steinernen Unterlage ruhenden Prismas komprimierter Schießwolle zermalmt die Unterlage völlig. Man muß also annehmen, daß die Verbrennungsgeschwindigkeit so gewaltig ist, daß die Luft trotz ihrer Elastizität nicht imstande ist, dem Explosionsstoß auszuweichen; derselbe wirkt daher nach allen Seiten und trifft also auch die Unterlage oder jeden anderen Körper, der den Sprengstoff unmittelbar berührt, mit voller Gewalt. Man nennt explosive Körper von der beschriebenen Art, die offenbar einen Gegensatz zu dem Pulver bilden, „brisante". Ihre stärkere, auf die ins Ungeheure gesteigerte Schnelligkeit der Verbrennung zurückzuführende Wirkung erklärt sich daraus, daß alle brisanten Sprengstoffe einfache chemische Verbindungen sind, während Sprengkörper von der Art des Pulvers stets, trotz ihrer feinen Zerteilung, nur Gemenge sind. Im ersteren Fall ist das ganze zur Explosion nötige Material in jedem einzelnen Molekül vereinigt, während im letzteren stets getrennte Moleküle auf einander wirken.

Für diese Auffassung spricht auch die Thatsache, daß Pulver schon durch einfache Entzündung explodiert, während diese nicht ausreicht, die brisanten Sprengstoffe zur Explosion zu bringen; sie bewirkt eben nur eine Verbrennung. Um diese Körper zu „detonieren“, ist eine stärkere Erschütterung, der „Initialstoß“ nötig, welcher am besten mittels eines anderen brisanten Sprengkörpers, am besten des Knallquecksilbers, geführt wird. Nur auf diese Weise ist der Zerfall der ruhenden Moleküle zu bewirken.

Die Schießwolle — wie überhaupt alle anderen brisanten Sprengkörper, mit alleiniger Ausnahme des Knallquecksilbers — ist ein Nitrierungsprodukt, d. h. das salpetersaure Salz einer organischen Verbindung, in diesem Falle der Cellulose, aus der sich die Baumwolle zusammensetzt. Nun ist dem Chemiker bekannt, daß bei der Einwirkung einer Säure auf eine Base — welche letztere in diesem Falle die Cellulose vorstellt — neben dem Salz auch Wasser gebildet wird. Es ist dies von Wichtigkeit für die Herstellung der Schießwolle. Beim Zusammentreffen von Salpetersäure mit Cellulose bilden sich nämlich nicht weniger als sechs verschiedene, durch ihren Gehalt an Salpetersäure von einander abweichende Verbindungen beider Substanzen, von denen nur die säurereichste, das Hexanitrat der Cellulose, ausgiebig explosiv ist. Da dieses aber erfahrungsmäßig nur bei höchster Konzentration der angewendeten Salpetersäure entsteht, so kommt es vor allem darauf an, das sich bei dem Prozeß bildende Wasser zu beseitigen. Dies gelingt durch Zufügung von Schwefelsäure, welche das Wasser bindet. Trotzdem ist es unmöglich, ganz reines Hexanitrat zu erhalten; die beste Schießwolle ist immer nur ein Gemenge aller sechs Nitrate und desto wirksamer, je mehr Hexanitrat sie enthält. Zur Bestimmung der Leistungsfähigkeit hat man zu untersuchen, wie viel Stickstoff die Schießwolle enthält. Gute Schießbaumwolle enthält davon 12—13%; die theoretisch richtige Menge von 14,14%, welche dem reinen Cellulosehexanitrat entspricht, wird nie erreicht. Die Nitration muß bei niedriger Temperatur erfolgen und schnell vor sich gehen; im entgegengesetzten Falle bilden sich ausschließlich säureärmere Nitrate der Cellulose, die sich durch ihre Löslichkeit in Ätheralkohol von dem explosiven Nitrat unterscheiden; diese Lösung ist unter dem Namen **Kollodium** bekannt und findet umfassende Anwendung in der Heilkunde und Photographie. Sie hinterläßt beim Trocknen ein dünnes, zähes Häutchen.

Die Fabrikation der Schießwolle beginnt mit der eingehenden Reinigung der Baumwolle, welche völlig entfettet und durch Maschinen aufs feinste zerkleinert wird. Sie wird dann in ein gut gekühltes Gemisch stärkster Salpetersäure und Schwefelsäure eingetaucht, nach wenigen Minuten herausgezogen, gut ausgedrückt und in Töpfen 24 Stunden sich selbst überlassen. Dann wird sie in Centrifugen ausgeschleudert, schnell in einen großen Bottich mit kaltem Wasser geworfen und sorgfältig, zuletzt unter Zusatz einer geringen Menge Kreide, ausgewaschen. Nun bringt man sie in Holländer (s. Papierfabrikation), in welchen sie zu einem feinen Brei zermahlen wird. Dieser wird durch Centrifugen entwässert und unter großen hydraulischen Pressen, welche einen Druck bis zu 1000 Atmosphären ausüben, zu prismatischen, papiermachéartigen Körpern zusammengepreßt. In diesem Zustande enthalten die Prismen 15—16% Wasser, welches für gewöhnlich absichtlich nicht entfernt wird. Abel hat nämlich gefunden, daß die Schießwolle gerade in diesem Zustande sehr stark wirkt; wenn man auf eine Ladung aus feuchten Prismen ein lufttrocknes befestigt und dieses letztere durch eine Knallquecksilberkapsel von 1 gr Ladung detoniert, so explodiert die ganze Ladung mit der größten Gewalt. Ganz reine, feuchte Schießwolle lagert unzersetzt und brennt nur bei sehr starker Erhitzung ab, die lufttrockene ist allerdings feuergefährlich, aber beim Anzünden nicht explosiv. Die Explosionsgase bestehen im wesentlichen aus Kohlenoxyd, Kohlensäure und Wasserdampf. Daneben treten Grubengas, Stickstoff und Stickoxyd auf.

Die Schießwolle ist in dem Zustande, wie ihn Abel kennen lehrte, für den Verteidigungskrieg, besonders zur See, unentbehrlich; man kennt kein anderes ebenso ungefährlich zu behandelndes und doch so wirksames Sprengmittel. Man benutzt sie zur Füllung von unterseeischen Verteidigungs- und Angriffskörpern, auf deren Einrichtung und Entwicklung deshalb an dieser Stelle ein kurzer Blick geworfen werden muß.

Unter dem Namen „Torpedo“ wurde — abgesehen von wenig belangreichen früheren vereinzelten Versuchen — zuerst in dem amerikanischen Bürgerkriege der sechziger Jahre eine Art submariner Sprengkörper angewendet. Man füllte größere Gefäße mit Pulver, verankerte sie an geeigneten Stellen und sorgte dafür, daß sie beim Antreffen an ein Schiff explodieren mußten. Derartige Körper wurden auch noch im Kriege von 1870 benutzt, bis Abels bahnbrechende Arbeiten über die Schießwolle eine totale Umgestaltung bewirkten. Schon gegen die Mitte der siebziger Jahre tauchte die Idee auf, die gewaltige Kraft der mit Schießwolle geladenen Torpedos nicht nur zu Verteidungs-, sondern auch zu Angriffszwecken zu verwenden. Der Engländer Whitehead war der erste, welcher diesen Gedanken verwirklichte. Seitdem bezieht man den Namen Torpedo nicht mehr auf sämtliche submarine Sprengkörper; vielmehr unterscheidet man scharf zwischen den zur Verteidigung von Sperren dienenden Minen und den für Offensivzwecke berechneten Torpedos.

Die jetzt im Gebrauch befindlichen Minen sind ziemlich dünne eiserne Gefäße von der Gestalt eines umgekehrten Kegels mit gewölbter Grundfläche. Die Sprengladung, aus nasser Schießwolle bestehend, füllt die Höhlung der Mine aus und steht in naher Berührung mit der Sprengbüchse, welche die zur Detonierung der Ladung nötigen trocknen Prismen und die Sprengkapsel enthält. Die letztere wird elektrisch gezündet; zwei Leitungsdrähte sind an ein winziges Stückchen sehr dünnen Platindraht gelötet, welches sich im Satze der Sprengkapsel befindet und zu glühen beginnt, sowie ein Strom durch die Drähte cirkuliert. Den Strom liefert die Mine selbst. Auf ihrer oberen, schwach gewölbten Fläche trägt sie fünf cylindrische Bleikapseln, deren jede ein mit Chromsäure gefülltes zugeschmolzenes Glas umschließt; dicht unter jedem Glase liegt ein kleines Zinkkohleelement ohne Flüssigkeit, dessen Pole mit den Drähten der Sprengkapsel verbunden sind. Stößt nun irgend ein Körper gegen die Bleikapsel, so zerbricht das darin liegende Glas, die Chromsäure läuft in das Element und der entstehende Strom bewirkt das Glühen des Platindrahts und damit die Sprengung der Mine. Um beim Auslegen einer Mine gegen das immerhin mögliche Auffliegen gesichert zu sein, schaltet man in die Leitung ein Sicherheitskabel von einiger Länge ein; der Strom muß dann noch die innere und äußere Belegung des Kabels durchlaufen, um zu wirken. Man hält daher beide Belegungen am Ende des Kabels sorgfältig getrennt und vereinigt sie erst, nachdem man sich in genügender Entfernung von der Mine befindet. Die Minensperren sind sehr wirksame Hafenverteidigungen, die der Feind nur durch Auswerfen von Contreminen beseitigen kann. Sprengt er eine solche nämlich in der Nähe der Minen, so können durch die Erschütterung die letzteren mit auffliegen und dadurch unschädlich werden. Man hat die Sperren auch mit willkürlich von einem Punkte aus zu dirigierender Zündung versehen, welche man in dem Momente in Thätigkeit treten läßt, wo sich ein feindliches Schiff über der Mine befindet.

Der Whiteheadsche Torpedo, schon von Anfang an ein Musterbeispiel maschineller Konstruktion, hat in den letzten 15 Jahren noch erhebliche Verbesserungen erhalten und kann jetzt als ein höchst vollkommenes Instrument der modernen Kriegführung angesehen werden. Der runde, gestreckte, etwa $4\frac{1}{2}$ m lange, an der dicksten Stelle etwa $\frac{1}{3}$ m im Durchmesser haltende hohle Körper besteht aus Bronze und spitzt sich nach vorne und hinten zu. Die vordere Spitze trägt die Perkussionszündung, welche der einer Granate ähnelt; darauf folgt die Sprengladung, welche ursprünglich aus 20 bis 30 kg Schießwolle bestand, neuerdings aber vermehrt worden ist. Der nächste hohle cylindrische Teil birgt den geheimnisvollsten Apparat des Ganzen, eine Pendelvorrichtung, welche gestattet, den Torpedo vor dem Ablaufen auf eine bestimmte, zwischen 1 und 3 m schwankende Tiefenlage einzustellen, welche zugleich seinen Lauf im Wasser stets horizontal erhält oder, wenn er die horizontale Richtung aus irgend einem Grunde verläßt, ihn zwingt, in diese zurückzukehren. Das Mittel hierzu sind zwei bewegliche, im Schwanzstück liegende Flossen, welche herausspringen oder wagerecht liegen, je nachdem der Tiefenapparat eingreift oder nicht. Auf den letzteren folgt nach hinten der ziemlich $1\frac{1}{2}$ m lange Kessel, welcher die mittelst einer besonderen Luftpumpe bis auf 90 Atmosphären komprimierte, zur Bewegung der Maschine notwendige Preßluft enthält. Die Maschine liegt hinter dem Kessel; sie bewegt eine horizontale, bis in das Schwanzstück reichende Welle, deren Drehung sich auf ein Paar dicht hintereinander liegender, in entgegengesetzter Richtung rotierender, aber auch entgegengesetzt gewundener und daher in demselben Sinne wirkender Schraubenpropeller überträgt. Der Torpedo wird in der Regel aus Metallkanonen vermittelst komprimierter Luft in schräger Richtung in das Wasser gestoßen; erst beim Austritt springt die Maschine an, deren Bewegung den Torpedo mit einer Geschwindigkeit von etwa 15 m in der Sekunde bis auf 500 m zu treiben vermag. Stößt er nun gegen eine Schiffswand, so erfolgt die Explosion; verfehlt er sein Ziel, was bei der großen Sicherheit, mit der man ihn abzuschießen versteht, nur selten vorkommen dürfte, so öffnet sich, nachdem er seinen Lauf beendet hat, ein Bodenventil; er füllt sich mit Wasser und versinkt, damit er nicht den eignen Fahrzeugen schaden kann. Man schießt die Torpedos direkt von den großen Schlachtschiffen, viel häufiger aber von sogenannten Torpedobooten, welche sich, durch geringes Hervorragen über Wasser und dunkle Farbe gedeckt, an die Geschwader heranzuschleichen vermögen. Die letzteren versuchen sich ihrerseits durch Ausstellen von metallenen Schutznetzen zu sichern, durch welche der Torpedo im gegebenen Falle schon in einer so großen Entfernung von der Schiffswand explodiert, daß seine Wirkung nicht zum Schlagen eines Lecks genügt. Es ist gewiß bemerkenswert, daß man den Torpedo 15 Jahre hindurch kannte, ohne eine Probe von seiner Wirkung im Ernstfalle zu haben; erst der neueste chilenische Krieg von 1891 hat eine solche geliefert, indem ein Schiff der Kongreßpartei durch einen wohlgezielten Torpedo getroffen und vernichtet wurde. (Vergl. elektrischer Torpedo unter „elektr. Schiffahrt“.)

Die furchtbare Kraftleistung der komprimierten Schießwolle läßt diese von vornherein für Schießzwecke untauglich erscheinen; trotzdem hat es seit ihrer Entdeckung nicht an Versuchen gefehlt, um sie als Pulver zu verwenden. Man vermischte sie bei der Fabrikation mit indifferenten Substanzen und mäßigte hierdurch ihre Wirkung; indessen gelang es auf diesem Wege nicht, ein gleichmäßig wirkendes Pulver, wie es für Kriegszwecke nötig gewesen wäre, zu erhalten. Als aber im Jahre 1886 die französische Regierung mit der Einführung des Lebelgewehres plötzlich von dem früheren Kaliber von 11 mm auf 8 mm herabging, war es nötig, den Mangel, welcher sich aus der Verminderung des Geschoßgewichts von 25 g auf 14 g ergab, durch erhebliche Erhöhung der Anfangsgeschwindigkeit auszugleichen. Man führte ein neues Pulver, das „Poudre B.“ ein, welches aller Wahrscheinlichkeit nach, d. h. so weit man dem Geheimnis auf die Spur kommen konnte, aus einer Mischung von Pikrinsäure und Schießbaumwolle bestand. Auch die Pikrinsäure ist eine Nitroverbindung, nämlich dreifach nitriertes Phenol, und wirkt höchst explosiv. Das Poudre B. erregte die Sprengtechniker aller Länder auf das Lebhafteste; und der Umstand, daß es sich beim Lagern nicht unzersetzt halten sollte, bewirkte, daß man alle nur möglichen Anstrengungen machte, um die Schießwolle allein zu Pulver zu verarbeiten. Diese Aufgabe kann heute als vollkommen gelöst gelten. Nachdem schon 1870 die Amerikaner Gebrüder Hyatt durch Auflösen schwach nitrierter Baumwolle in geschmolzenem Kampher eine gelatinöse, nach dem Trocknen elastische Substanz dargestellt hatten und hierdurch die Erfinder des zur Herstellung aller möglichen Imitationen dienenden Celluloids geworden waren, gelang es nun, auch die Schießwolle mittels verschiedener Lösungsmittel, wie Aceton, Essigäther und anderer, zu „gelatinieren". Sie quillt in diesen Mitteln, ohne sich eigentlich zu lösen, auf und geht in eine gallertartige Masse über, welche nach Entfernung des Lösungsmittels plastisch genug ist, um sie in Tafeln auswalzen und dann in kleine viereckige, nach dem völligen Trocknen hornartig erscheinende Blättchen zerschneiden zu können. Es ist leicht begreiflich, daß man es völlig in der Hand hat, durch Zusatz von indifferenten Körpern, besonders von Kampher, die Wirkung dieses neuen rauchlosen Pulvers ganz nach Belieben zu verkleinern und den Waffen, für welche es bestimmt ist, anzupassen.

Es war natürlich, daß diese Waffen, nachdem die Anfangsgeschwindigkeit des Geschosses um das Doppelte erhöht war, gegen die früheren Änderungen erleiden mußten. Während das deutsche Magazingewehr 84 gegen das Mausergewehr 71 — abgesehen von der Magazineinrichtung — eigentlich nichts Neues bot, muß das neue deutsche Gewehr 88 als eine vollständig neue Waffe angesehen werden, deren Schilderung in wenigen Zügen hier folgen möge, weil wir sie als die vollkommenste Leistung auf dem Gebiete der Handfeuerwaffen betrachten können.

Die Waffe (Fig. 396 u. 397) hat ein Kaliber von 7,9 mm und vier Züge, die schon auf je 240 mm Lauflänge eine Umdrehung vollenden. Der Lauf ist, um ihm Freiheit zur Ausdehnung durch die unvermeidliche Erwärmung zu gestatten, von dem stählernen Laufmantel lose umgeben und nur am vordersten Ende eng umschlossen. Die zwischenliegende Luftschicht vermindert auch die Verbreitung der Wärme des Laufes nach außen zu. Der Verschluß am hinteren offenen Laufende e wird, ähnlich wie schon bei dem alten Zündnadelgewehr, durch die Kammer k gebildet, welche sich zurückziehen läßt (Fig. 396). Der Patronenrahmen p, welcher das frühere Magazin vertritt, faßt fünf Patronen; er besteht aus dünnem Stahlblech und wird durch den federnden, an der untersten Patrone angreifenden Zubringer z stetig nach oben gedrückt, zugleich aber durch den Rahmenhalter g, dessen Kralle in einen Haft des Rahmens greift, an der Bewegung nach oben gehindert. Nachdem die Kammer zurückgezogen ist, befindet sich das

Schloß in der in Fig. 396 dargestellten Lage. Stößt man nun die Kammer mit dem gespannten Schloß nach vorn, so faßt der Verschlußkopf v den Kopf der obersten Patrone und schiebt sie nach vorn in das Patronenlager c, worauf durch Herunterdrücken des Kammerknopfes nach rechts der völlige Schluß der Kammer bewirkt wird. Zugleich sind die vier

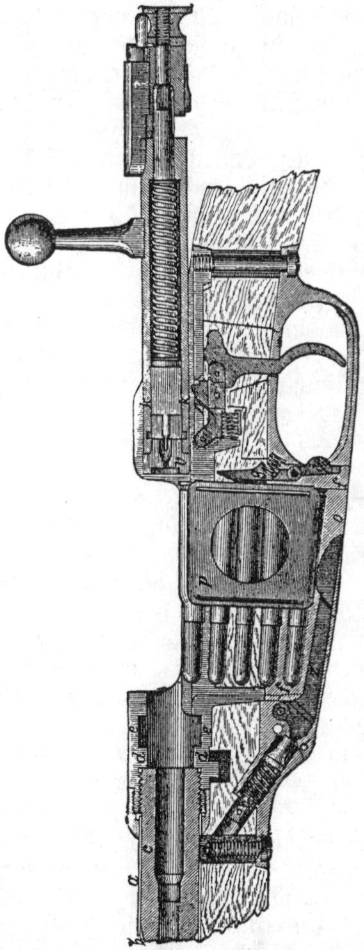

Fig. 396. Deutsches Gewehr 88, vor dem Schließen der Kammer.

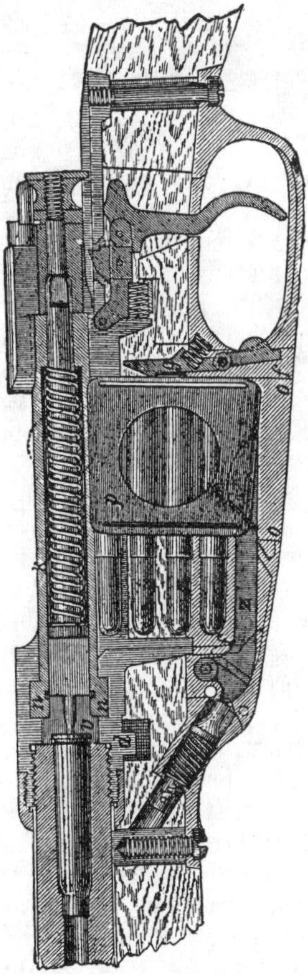

Fig. 397. Deutsches Gewehr 88, abgeschossen.

übrigen Patronen durch den Zubringer um eine Patronendicke in die Höhe geschoben worden. Nun folgt das Abfeuern, indem durch Zurückziehen des Abzuges der Schlagbolzen mit seiner Spitze auf das, am hinteren Ende der Patrone liegende Zündhütchen geschleudert wird. Die Lage der Schloßteile in diesem Augenblick zeigt Fig. 397. Wird nun der Kammerknopf wieder nach oben gerichtet und die Kammer zurückgezogen, so faßt die Kralle des in dem Lager i (Fig. 398) liegenden, hier nicht abgebildeten Ausziehers den Vorsprung der leeren Patronenhülse und zieht sie aus dem Patronenlager zurück, bis beim völligen Zurückziehen der Kammer der Knopf l des Auswerfers nach vorn gestoßen wird und die Hülse nach rechts herausschleudert. Nun ist das Gewehr zum nächsten Laden fertig. Nachdem die unterste der fünf Patronen verschossen ist, fällt der leere Rahmen, der nun keinen Halt mehr nach unten hat, aus dem Kasten des Gewehrs heraus und wird durch einen vollen ersetzt. Diesen setzt man bei geöffneter Kammer von oben ein, während man den Rahmenhalter g durch einen Druck auf dessen Druckstück f zurückbiegt. Die Patrone enthält vorn das 32 mm lange Geschoß aus Hartblei, welches von einem nickelplattierten Stahlmantel umgeben ist, dahinter, durch ein Pappblättchen gesondert, die Ladung von 2,75 g neuem Blättchenpulver und schließt mit dem Zündhütchen. Das Geschoß wiegt 14,5 g, die ganze Patrone, bei einer Länge von 82,5 mm, 27,3 g, ein gefüllter Rahmen 154 g, die Kriegsausrüstung von 150 Patronen etwa 5 kg. Das Gewicht des Gewehres beträgt nur 3,8 kg.

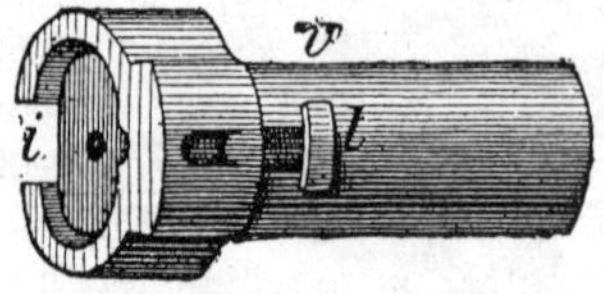

Fig. 398. Verschlußkopf.

Das Knallquecksilber.

Dieser Sprengstoff hat nur insofern eine Bedeutung, als er als Detonierungsmittel für die brisanten Sprengstoffe und als Zündmasse für viele Kriegszwecke unentbehrlich ist. Er muß als die Quecksilberverbindung eines komplizierten organischen Körpers, des Nitroacetonitrils, betrachtet werden. Im feuchten Zustande sogar durch starken Druck nicht zersetzbar, explodiert er, getrocknet, schon durch gelinden Stoß mit furchtbarer Gewalt. Es wurde 1799 von Howard entdeckt. Kekulé wies seine chemische Konstitution nach.

Man stellt Knallquecksilber dar, indem man zu einer Auflösung von Quecksilber in Salpetersäure Alkohol hinzufügt. Es erfolgt eine sehr heftige Reaktion, durch welche viele Dämpfe entwickelt werden. Nach dem Erkalten scheidet sich ein seidenglänzender, krystallinischer Niederschlag von Knallquecksilber ab, welcher durch Abgießen getrennt und ausgewaschen wird. Im feuchten Zustande wird er mit chlorsaurem Kalium oder Salpeter gemischt und direkt in die kupfernen Zündkapseln eingepreßt, welche man dann sehr vorsichtig trocknet. Während die fertigen Zündhütchen für Gewehre bekanntlich nur sehr geringe Dimension und Ladung haben, stellt man für Sprengzwecke solche bis zu 10 cm Länge und 2 g Ladung her.

Das Nitroglycerin.

Dieser kräftigste aller bisher bekannt gewordenen Sprengkörper wurde von Sobrero in Pelouzes Laboratorium in Paris im Jahre 1847 entdeckt. Die neue Substanz fand lange Zeit gar keine Beachtung, vielleicht, weil ihre gefährlichen Eigenschaften vor einer fabrikmäßigen Herstellung zurückschreckten. Erst 1863 wurde der Versuch von dem Schweden Alfred Nobel gewagt und glücklich zu Ende geführt. Das Nitroglycerin wurde unter dem Namen „Nobels Sprengöl" schnell bekannt und fand besonders im Bergbau umfassende Anwendung. Da explodierte 1864 Nobels eigene Fabrik in Stockholm; eine ganze Anzahl furchtbarer Unglücksfälle gleicher Art in den verschiedensten Weltgegenden folgte nach, so daß schnell die günstige Aufnahme, die man dem Sprengöl bisher bereitet hatte, in das Gegenteil umschlug. Nobels großes Verdienst bestand nun darin, daß er trotz der ungünstigen Verhältnisse sein Ziel mutig weiter verfolgte. Er wies zunächst durch unwiderlegbare Versuche nach, daß die stattgefundenen Explosionen allein grenzenlosem Leichtsinn zuzuschreiben seien; dann aber gelang es ihm, in der Infusorienerde, dem Kieselgur, einen Körper zu entdecken, welcher das Sprengöl mit Leichtigkeit aufsaugt und hierbei eine leicht und verhältnismäßig gefahrlos zu behandelnde und doch sehr sprengkräftige Masse, das Dynamit, ergiebt. Zugleich zeigte er, daß man mittels eines Zündhütchens das Dynamit leicht und gefahrlos zur Detonation bringen kann. 1866 wurde Dynamit zum erstenmale zum Sprengen verwendet; seitdem ist es in der Technik das beliebteste Sprengmittel geworden, welches in vielerlei Formen und Mischungen gebraucht wird und das Pulver gänzlich verdrängt hat.

Das Nitroglycerin, oder wie man es richtiger nennen sollte, das salpetersaure Glycerin, ist eine der Schießwolle durchaus analoge Verbindung, welche in ähnlicher Weise, wie diese, gewonnen wird. Zur Fabrikation nach dem heute als das beste anerkannte Verfahren des Amerikaners Mowbray benutzt man Glycerin, welches durch Zerlegung der Fette mittels überhitzter Wasserdämpfe gewonnen und nachträglich raffiniert wird. Es muß absolut farb- und geruchlos sein und völlig reinen, süßen Geschmack besitzen; ebenso muß es ganz frei von Wasser sein. Man läßt das Glycerin sehr langsam in Steinkrüge einfließen, welche ein kaltes Gemisch von zwei Volumen Schwefelsäure und einem Volum Salpetersäure enthalten und in mit einer Kältemischung aus Eis und Kochsalz gefüllten hölzernen Bottichen stehen. Durch besondere Röhren wird in jeden Krug ein kalter Luftstrom geleitet und hierdurch eine innige Mengung bewirkt; vor allem wird hierdurch jede Spur von salpetriger Säure entfernt, welche nachgewiesenermaßen gerade zu Explosionen Anlaß giebt. Die Arbeiter müssen die Temperatur während der Zersetzung genau überwachen und hindern den Glycerinzufluß, sowie sich Erwärmung bemerkbar macht. Nach anderthalb Stunden etwa werden alle Krüge in eine große Kufe mit Wasser entleert; das Öl sinkt zu Boden, wird abgezogen und in schwingenden Bottichen zuerst mit Wasser, endlich mit Sodalösung sorgfältig gewaschen. Dann schafft man es in Krüge, in denen es drei Tage verbleibt; während dieser Zeit steigen alle Verunreinigungen an die Oberfläche und werden abgeschöpft. Das so gewonnene reine Sprengöl ist farblos, giftig, durch Entzündung brennbar; bei rascher Erhitzung, sowie durch Schlag und Stoß explodiert es mit furchtbarer Gewalt. Es gefriert schon bei 8° C. und ist in diesem Zustande vollkommen ungefährlich, so daß man es gefroren versenden kann, vorausgesetzt natürlich, daß man ein ganz reines Produkt hat. Zum Auftauen verwendet man Wasser von etwa 30° C., mit welchem man die Versandgefäße, in der Regel Blechkannen, umgiebt; jede andere Art bringt die größten Gefahren mit sich und ist in der Regel die Veranlassung zu den vielen schon vorgekommenen Unglücksfällen gewesen. Kurtz in Köln hat ein Verfahren angegeben, welches ebenso gutes Sprengöl erzielt, wie das Mowbraysche, so daß heute die deutsche Fabrikation auch in dieser Beziehung auf der Höhe der Situation steht. Unreines Sprengöl ist ein höchst gefährlicher Körper, weil es leicht Zersetzungen unterliegt, in deren Gefolge Explosionen auftreten können. Die Explosionsgase bestehen aus Kohlensäure, Wasserdampf, Stickstoff und Sauerstoff; die Kraft der Explosion ist 13mal so stark, wie die eines gleichen Volums Pulver und mehr als doppelt so stark wie die eines gleichen Gewichts Schießwolle.

Man benutzt das Nitroglycerin, dessen Transport in Deutschland ganz verboten ist, gar nicht mehr zu Sprengzwecken, seitdem man es durch das weit ungefährlichere Dynamit ersetzt hat. Die letztere Bezeichnung erstreckt sich aber im allgemeinen nicht auf einen bestimmten Sprengstoff, sondern auf eine ganze Gruppe solcher, welche durch Aufsaugung von Nitroglycerin vermittelst aller möglichen anderen Stoffe erhalten werden. Der Aufsaugestoff ist entweder indifferent, wie beim gewöhnlichen Kieselgurdynamit, oder er besteht selbst aus einem Sprengstoff. Hieraus ergeben sich eine große Menge neuer Sprengstoffe, von denen hier nur die wichtigsten erwähnt werden können. Das gewöhnliche Kieselgurdynamit wird durch Mengen mit der Hand hergestellt, obgleich die Gesundheit der Arbeiter dabei leidet. Die weißen Quarzsandlager der Lüneburger Heide werden seit einigen Jahren für die Dynamitfabrikation ausgebeutet. Die gewöhnlichen Dynamitpatronen haben 3—10 cm Länge bei 2 cm Dicke; die Zündung geschieht mittelst einer Sprengkapsel und Zündschnur, der Gehalt an Nitroglycerin beträgt 75 %. Durch Feuer explodiert Dynamit nicht, wohl aber durch sehr harte Stöße. Unter 8° C. wird es hart und muß unter denselben Vorsichtsmaßregeln wie Nitroglycerin aufgetaut werden. Man kennt kein Sprengmittel, welches in der Technik in solchem Umfange angewendet wird; ja auch bei dem Minenkriege zu Lande braucht man es häufiger, als Schießwolle.

Die Nitroglycerinpräparate mit chemisch wirksamem Aufsaugestoff sind sehr zahlreich. Die unter den Namen Lithofrakteur, Dualin, Lignose, Cellulosedynamit, Gelatinedynamit, Sprenggelatine bekannten Substanzen gehören hierher. Das wichtigste und kräftigste Mittel unter ihnen ist die Sprenggelatine, dadurch erhalten, daß man Schießwolle mit Nitroglycerin gelatiniert. Es ist eine gummiartige Masse, welche das Nitroglycerin auch unter dem stärksten Druck nicht frei giebt. Nobel hat diesen Sprengstoff in regelmäßig geformte Stücke zerschnitten und als Kanonenpulver verwendet. Genau so, wie bei dem neuen Gewehrpulver, ist man durch Beimischung indifferenter Substanzen imstande, die Kraftleistung dieses Pulvers nach Belieben zu regulieren. Es wird hierdurch auch fähig, zur Füllung von Granaten zu dienen und hält den Stoß beim Abfeuern aus, ohne zu explodieren.

Die Pikrinsäurepräparate.

Gerade so, wie man durch Nitrierung der Cellulose die Schießwolle, des Glycerins das Nitroglycerin erhält, entsteht durch Behandeln von Phenol (Karbolsäure) mit starker Salpetersäure ein Sprengstoff, welcher als Trinitrophenol oder Pikrinsäure bezeichnet wird. Bereits im Jahre 1771 durch Behandeln von Indigo mit Salpetersäure gewonnen, wurde sie zuerst von Laurent nach dem oben angegebenen Verfahren aus Phenol dargestellt. Die Pikrinsäure kristallisiert in goldgelben Blättchen, welche Stoffe schön gelb färben, bei 117° schmelzen und bei rascher Erhitzung sehr heftig explodieren. Noch viel explosiver sind ihre Verbindungen mit Metallen, die pikrinsauren Salze. Im Jahre 1869 flog durch Explosion von Kaliumpikrat ein ganzes Häuserviertel in Paris in die Luft, und dieses Unglück schreckte die Techniker eine Zeitlang vor weiteren Versuchen zurück. Trotzdem versuchte man wiederholt die Pikrinsäureverbindungen zu Kriegszwecken, besonders zu Granatfüllungen zu verwenden. Das schon oben erwähnte Poudre B. des Lebelgewehrs ist ein neueres Produkt solcher Bestrebungen; hierher gehört auch das Melinit, welches durch die vielen Reklamen, welche für diesen Sprengstoff gemacht wurden, sowie in neuester Zeit durch den Turpinprozeß viel von sich reden machte. Da die reine Pikrinsäure weniger leicht explodiert, als ihre Salze, und, wie wiederum Nobel nachwies, selbst bei einem Wassergehalt von 15% durch einen kräftigen Initialstoß noch detoniert werden kann, so lenkte sich die Aufmerksamkeit am meisten auf sie. Trotzdem die Rolle des Melinits, als eines Sprengstoffes von sehr zweifelhafter Haltbarkeit, ausgespielt sein dürfte, so ist es doch zweifellos, daß die meisten europäischen Staaten die Versuche, ihre Hohlgeschosse mit Pikratpulvern zu füllen, nicht nur nicht aufgegeben, sondern zum Teil zu einem erfolgreichen Ende geführt haben. Indessen dürften, gerade so wie bei den neuen Waffen, welche wir oben schilderten, erst künftige Kriege und länger andauernde Einführung über die Brauchbarkeit dieser neuen Sprengmittel entscheiden.

VII. Das Verkehrswesen.

Allgemeines.

Das Bedürfnis der Menschheit nach Verkehr unter einander ist so alt, wie die Geschichte des menschlichen Geschlechtes. Mit der Zunahme des Verkehres und der Bildung wuchs auch das Streben, jenen so leicht und so bequem als nur irgend möglich zu gestalten. Das Produkt dieses durch die lange Reihe der Jahrhunderte erfolgreich fortgesetzten Strebens ist das Verkehrswesen von heute, der Stolz der jetzigen Generation, das charakteristische Kennzeichen des neunzehnten Jahrhunderts.

Je nach der Art des gewählten Verkehrsweges haben wir zu unterscheiden:

1. den Verkehr zu Lande,
2. den Verkehr zu Wasser und
3. die modernste, noch in der Entwicklung begriffene Art: den Verkehr durch die Luft.

Was den Verkehr zu Lande betrifft, so vollzog sich derselbe zunächst zu Fuße auf mehr oder weniger geebnetem Pfade. Alsbald wurde die Kraft der Tiere dem Verkehrsbedürfnisse nutzbar gemacht, und zum Tragen und Ziehen von Personen und Lasten herangezogen. Diese Art des Verkehrs entwickelte sich im Laufe der Zeit zu immer größerer Vollkommenheit, bis die Kraft der Zugtiere in weitgehendem Maße durch die Kraft des gespannten Wasserdampfes ersetzt wurde. Hiermit vollzog sich ein das Verkehrswesen von Grund aus umwälzender Umschwung. Es währte nicht lange, so war der gesamte über größere Entfernungen sich erstreckende Verkehr auf die Eisenbahnen übergegangen. Wir haben demnach zunächst uns mit den Straßen und Wegen, sowie deren Fahrzeugen und hierauf mit den Eisenbahnen und deren Betriebsmitteln zu befassen.

Jedoch auch der auf den gewöhnlichen Straßen und Wegen sich vollziehende Verkehr geschieht nicht allein durch Zugtiere. Wir haben hier vielmehr als besondere Art der Verkehrsmittel zunächst die

Motorenwagen zu betrachten, d. h. Wagen, welche ihren Antrieb durch irgend eine motorische Kraft, Dampf oder Gas, erhalten. Als letzte und neueste Gattung der Straßenfuhrwerke folgen sodann die Draisinen oder Velocipeden.

Bei den Eisenbahnen haben wir zu unterscheiden, ob der Betrieb auf gewöhnlichen glatten Schienen oder unter Zuhilfenahme der Zahnstange erfolgt. Als besondere Art des Betriebes ist sodann noch der pneumatische des näheren zu betrachten und zwar besonders um deswillen, weil aus demselben sich die für unser modernes Verkehrswesen so sehr wichtige Rohrpost entwickelt hat.

Was den Verkehr zu Wasser betrifft, so erfolgt derselbe entweder auf den natürlichen Wasserflächen, den Meeren, Seeen und Flüssen, oder auf den künstlichen Wasserstraßen der Kanäle. Auch hier vollzog sich durch die Einführung der Dampfkraft derselbe Umschwung des Verkehrswesens wie zu Lande; an Stelle der ursprünglichen Ruder- und Segelschiffe trat alsbald in weitgehendstem Maße das Dampfschiff.

Was schließlich die jüngste Art des Verkehrs, die Luftschiffahrt betrifft, so nimmt diese gegenwärtig noch die bei weitem niedrigste Stellung ein und hat mit dem Mißtrauen der überwiegenden Mehrzahl der Bevölkerung zu kämpfen. Bei der Behandlung des ihr gewidmeten Abschnittes werden wir von den zahlreichen problematischen Vorschlägen völlig Abstand nehmen und uns nur mit erfolgreichen, bewährten Einrichtungen befassen.

1. Der Verkehr zu Lande.

a) Straßen, Wege und ihre Fahrzeuge.

1. Der Bau von Straßen und Wegen.

Läßt man den Blick rückwärts schweifen in die ältesten Zeiten des beginnenden Verkehrs der Menschen und Völker untereinander, so ist hier ein bestimmter Abschnitt, welchen man als den Anfang des Straßen- und Wegebaues bezeichnen könnte, nicht zu erkennen und festzulegen. Weder der erste Erbauer der Straßen und Wege, noch der Erfinder des Wagens ist uns durch die geschichtliche Tradition überliefert worden. Zwar wird von der Königin Semiramis berichtet, daß das Innere ihres weiten Reiches durch ein System von planmäßig angeordneten Straßen durchzogen gewesen sei, wohl rühmt man dem Könige Salomo nach, daß er sein Land durch den Bau von

Straßennetzen erschlossen habe, auch von den Chinesen, den Persern und den Phöniziern wird ähnliches berichtet, eine genaue Angabe über die Technik dieser ältesten Straßenbauten fehlt jedoch; eine solche finden wir zuerst bei den Griechen, und bei diesen beginnt daher unsere Kenntnis von der Wegebaukunst der Alten.

In Hellas waren es die die Tempel und heiligen Ortschaften untereinander und mit der Küste in Verbindung setzenden heiligen Straßen, welche uns zuerst das Bild einer Kunststraße darbieten. Was diese heiligen Straßen uns so außerordentlich interessant erscheinen läßt, das ist der Umstand, daß in ihnen uns das Urbild unserer modernen Spurbahnen, der Straßen- und der Eisenbahnen, aus dem Dunkel der Anfänge der Geschichtsschreibung entgegen tritt. Um nämlich den Widerstand des auf der Erdoberfläche dahin bewegten Fahrzeuges auf das Äußerste zu beschränken, legten schon die Griechen für jedes Wagenrad ein besonderes Gleis, eine besondere Fahrbahn an, welche entweder in den Fels eingearbeitet oder in dem lockeren Erdreiche durch Pflasterung wohl befestigt wurde; die hierbei zur Anwendung kommende Spurweite betrug durchgängig etwa 1,625 Meter. Im Laufe der folgenden Jahrhunderte fast völlig in Vergessenheit geraten, sollte diese alte Bauart der Hellenen erst wieder gegen Ende des vorigen und im Laufe des jetzigen Jahrhunderts in unseren Eisen- und Pferdebahnen von neuem zu Ehren und zu weitgehendster Anwendung kommen.

Wie Curtius in seiner klassischen Abhandlung „Geschichte des Wegebaues bei den Griechen" mitteilt, unterschied man bestimmt zwischen der im losen Erdreiche sich bildenden Fahrspur, der ἁρματροχία und dem künstlich angelegten, durch Pflasterung befestigten Gleise, dem ἴχνος. So wurden die Wagen in fest vorgeschriebener Bahn dahingezogen. Begegneten sich zwei Fuhrwerke, so machte dieses erheblich mehr Schwierigkeiten, als bei den jetzigen glatten Fahrstraßen, da die Räder die tiefen Gleise verlassen und eine gewisse Wegeslänge auf weichem, unbefestigtem Boden zurücklegen mußten. Auch diesem Umstande hat man bereits bei den heiligen Straßen Griechenlands Rechnung getragen, indem in gewissen Abständen sogenannte ἐκτροπαι, d. h. Ausweichungen angeordnet waren, welche im Bogen nach rechts und links abzweigten und so die sich begegnenden Fuhrwerke aneinander vorüberführten. Wem fällt hier nicht das Geschick des Ödipus ein, der in einem wegen des Ausweichens auf offener Heerstraße entbrannten Streite zum Mörder des Vaters wurde? — Auch diese altgriechischen ἐκτροπαι treten uns in den Weichen unserer Eisenbahnen in moderner Umgestaltung wiederum entgegen.

Das Verdienst, den Wegebau der weiteren und durchgreifenden Vervollkommnung entgegengeführt zu haben, gebührt den Römern. In richtiger Erkenntnis der hohen Wichtigkeit guter Straßen für die Beherrschung der von ihnen eroberten gewaltigen Ländermassen, ließen sich die Römer es schon von den ersten Zeiten ihrer Herrschaft ab angelegen sein, überall da, wo sie festen Fuß gefaßt hatten, ein planmäßig projektirtes und durchgearbeitetes Netz wohl befestigter Straßen zu erbauen. In erster Linie hatten sie hierbei den Zweck im Auge, daß ihre Legionen in möglichster Schnelle von ihren Standorten in die entferntesten Gegenden des Reiches gelangen konnten.

Es entstand so im Laufe der Jahre die einen eigenartigen Typus bildende Römerstraße; noch heute gilt dieselbe als das Vorbild einer mustergiltigen Ausführung von Wegebauten. Eine solche Römerstraße erforderte ein erhebliches Maß von Arbeit und Sorgfalt; ihre Ausführung beschäftigte lange Zeit hindurch die Kräfte der die Besatzung der eroberten Länder bildenden Legionen. Noch heute erregen die zahlreichen Überbleibsel dieser alten Kunststraßen die Bewunderung der Fachleute wegen der Dauerhaftigkeit und Sorgfalt ihrer Ausführung. Das bei dem Bau der Römerstraße befolgte Verfahren war folgendes: Nachdem das Erdreich in der Breite der zu erbauenden Straße so tief ausgehoben war, bis man einen hinreichend festen und widerstandsfähigen Untergrund gefunden hatte, wurden auf dem Boden des so gebildeten flachen Grabens zunächst ein bis drei Schichten kleiner Steine verlegt und diese dann mit feuchtem Sande überschüttet. Erforderlichen Falles wurde die Zahl der auf dem Boden verlegten Steinschichten noch vermehrt. Die eben erwähnte Sandschicht wurde auf das sorgfältigste festgestampft und in diese nun das eigentliche Pflaster eingelegt. Letzteres bestand aus rohen oder aus bearbeiteten Steinen, welche in gehörigem Verbande neben einander verlegt wurden, oft sogar noch unter Hinzufügung eines besonderen Bindemittels. Die Römerstraße unterschied sich also von der heiligen Straße der Griechen wesentlich dadurch, daß sie keine Gleise oder Rinnen für die Wagenräder besaß, sondern nur eine einzige, stark gepflasterte Oberfläche hatte, auf welcher die Wagen frei und ohne Umstände einander ausweichen konnten. Zu den beiden Seiten dieses Fahrweges zogen sich dann erhöhte Wege für die Fußgänger hin; in gewissen Abständen waren aufrecht stehende prismatische Steine angebracht, welche den Reitern das Aufsteigen auf das Pferd bei dem damaligen Mangel der Steigbügel erleichtern sollten. Im weiteren Verlaufe der Jahrhunderte, als der Glanz Roms sich immer mehr steigerte, da bildeten diese Straßen in der Nähe der großen Städte eine hohe Zierde für die Landschaft, denn es hatte sich die schöne Sitte herausgebildet, an den wichtigeren Wegen den Göttern Heiligtümer zu erbauen und Denkmäler zu Ehren hervorragender Bürger zu errichten. Als das glänzendste Beispiel einer solchen Römerstraße bringen wir in Fig. 399 eine Abbildung der „Königin der Straßen", der von Rom nach Brundusium führenden via Appia. Noch heute bilden die Trümmer dieser hochwichtigen Heerstraße des Altertums einen der größten Reize der Umgebung der ewigen Stadt.

Als fernere Beispiele berühmter Straßen der Römer führen wir noch an: die vom aurelischen Thore zum tyrrhenischen Meere, später über die Alpen nach Gallien führende via Aurelia, ferner die via Flaminia, welche Rom mit Rimini verband und die von Rom nach Aquileja führende via Aemilia.

Fig. 399. Die via Appia.

Den Mittelpunkt des römischen Straßennetzes bildete ein neben dem Saturntempel auf dem Forum Romanum errichteter Meilenzeiger, das milliarium aureum. Hier waren auf zahlreichen Bronzetafeln die Entfernungen der wichtigsten Städte der Welt angegeben. Aus den Angaben dieses ältesten Meilenzeigers entwickelten sich dann später, besonders unter Augustus, die sogenannten Itinerarien; es waren dieses Zusammenstellungen wichtiger Reiserouten mit Angabe der Entfernungen, sowie mit Einfügung mythologischer oder historischer Reminiscenzen. Aus diesen Itinerarien läßt sich entnehmen, daß während der Glanzperiode des römischen Kaiserreiches dieses über ein System festgefügter und solider Reisestraßen von etwa 76 000 Kilometer Länge verfügte.

In den Stürmen der Völkerwanderung und des Mittelalters ist im großen und ganzen von einer Straßenbaukunst, geschweige denn von einem Fortschritte des Verkehrswesens nichts zu spüren. Man begnügte sich meist mit dem von den Vorfahren Ererbten und beschränkte sich im übrigen auf das Allernotwendigste, ja es galt zu Zeiten das Reiten als die einzig zulässige und würdige Art des Reisens, so daß ein Bedürfnis nach guten und systematisch angelegten Wegen für weite Kreise der Bevölkerung überhaupt nicht vorlag. Hervorzuheben sind nur die Leistungen Karls des Großen im Abendlande und der Kalifen im Orient. Die von Karl dem Großen erbauten Straßen zeichneten sich dadurch aus, daß ihre Fahrbahn in der Weise hergestellt wurde, daß Steine nebeneinander in Kalk eingesetzt wurden, die nach dem Erhärten dieses Bindemittels im Verein mit letzterem ein festes Ganze bildeten. Diese Straßen erhielten nach der eigenartigen und weitgehenden Verwendung des Kalkes den Namen: „calciata“, französisch „caucié“, woraus sich dann allmählich die Bezeichnung „Chaussee“ entwickelte.

Sieht man von Nebenstraßen lediglich lokaler Bedeutung ab, so bildete nach den Kreuzzügen Nürnberg den Mittelpunkt des gesamten deutschen Straßennetzes. Die einzelnen Straßenzüge konnten sich jedoch hinsichtlich der Güte der Bauausführung nicht mit den alten festen Römerstraßen messen, und laute Klagen über die schlechte Beschaffenheit der Wege bildeten das ständige Thema der Tagebücher der wenigen Reisenden. Eine durchgreifende Verbesserung der Verkehrswege bahnte sich in Deutschland erst im Laufe des achtzehnten Jahrhunderts an. Man rühmte zunächst die gute Beschaffenheit der Fahrstraßen Württembergs. Die erste nach allen Regeln der Kunst erbaute Straße wurde im Jahre 1753 zwischen den schwäbischen Städten Öttingen und Nördlingen dem Verkehr übergeben.

In Frankreich hatte sich ein Wandel zum Bessern bereits im siebzehnten Jahrhundert vollzogen; dort verwendete man unter Heinrich IV im Jahre 1603 schon 3 Millionen Francs, d. i. mehr als den zwölften Teil der gesamten Staatseinnahmen, auf den Bau von Straßen. Colbert ging später, da ihm das Wegebau-Budget auf 400000 Francs vermindert wurde, dazu über, die Gemeinden zu den Kosten des Wegebaues heranzuziehen.

Weniger gut standen die Verhältnisse in England; auch hier vollzog sich ein endgültiger Umschwung erst gegen Ende des achtzehnten Jahrhunderts. Bemerkenswert ist jedoch, daß dort zuerst die für die Regelung eines intensiven Verkehres so sehr wichtige Regel des Rechtsfahrens und des Ausweichens nach der rechten Seite hin eingeführt wurde; auch legte man zuerst in England mit Recht einen besonderen Wert auf eine angemessene Festsetzung des auf den Wagen zu transportierenden Gewichtes.

In der Gegenwart geht man bei dem Bau eines Landweges, das ist derjenigen Art von Kunststraßen, welche man allgemein als Chaussee bezeichnet, in folgender Weise vor. Zunächst wird die von der Straße einzuhaltende Richtung ganz genau festgelegt, worauf man mit der Vornahme der erforderlichen Felssprengungen, der Ausführung der nötigen Aufschüttungen und Einschnitte vorgeht, wobei zu beachten ist, daß die Steigung den Höchstbetrag von 1 : 20 wenn irgend möglich nicht überschreiten soll. Ist dieses geschehen, so empfiehlt es sich, dem Erdreich Zeit zu lassen, sich zu setzen und zu festigen; zu diesem Zwecke läßt man den Bau während des Winters ruhen und beginnt nunmehr erst mit der Herstellung der eigentlichen Fahrbahn, des Oberbaues. Dieser wird im großen und ganzen in derselben Weise gebildet, wie wir dies bei den Römerstraßen gezeigt haben. Es wird zunächst das sogenannte Planum des Weges, welches durch den Frost des Winters und den Regen sich gehörig gesetzt hat, an den Seiten mit Steinen, den sogenannten Bordsteinen, eingefaßt. Hierauf werden zwischen diesen mehrere Schichten von Steinen, deren Größe von der tiefsten zur höchsten Schicht abnimmt, eingebracht, wobei die tiefste Steinlage sorgfältig nebeneinander verlegt wird, ähnlich wie es bei dem Pflastern der Straßen geschieht. Auf die oberste Lage wird schließlich eine etwa 8 cm starke Schicht von Kies gebracht, und diese mit großen Walzen, die entweder durch Menschen und Pferde oder durch Dampfkraft bewegt werden, geglättet.

Bei der Herstellung der gepflasterten Straßen hat man zu unterscheiden, wenn wir von dem hin und wieder angewendeten eisernen Pflaster absehen, das Steinpflaster, das Holzpflaster und das Asphaltpflaster. Hinsichtlich des Steinpflasters ist das wesentliche bereits bei der Herstellung der Römerstraßen und der Chausseeen gesagt. Auch hier werden zunächst mehrere Steinlagen über einander gepackt, auf diese eine Kiesschicht gebracht, und in diese werden alsdann die Steine verlegt. Die zwischen denselben verbleibenden Fugen werden bei besseren Ausführungen mit Kies angefüllt und schließlich noch mit einem geeigneten Materiale, z. B. flüssigem Pech, ausgegossen. In der neueren Zeit ist an Stelle des Steinpflasters vielfach das Holzpflaster getreten. Bei dieser Art von Pflasterung werden Holzblöcke, welche zuvor mittels Teer oder Chlorzink gegen Fäulnis geschützt sind, in derselben Weise unter Benutzung von Hartpech als Bindemittel neben einander in regelmäßigem Verbande verlegt, wie dies bei dem Steinpflaster geschieht.

Eine besondere Art der in den Städten zur Anwendung kommenden Pflaster bildet das sogenannte Asphaltpflaster. Der hierzu benutzte Rohstoff ist der u. A. bei Limmer in der Provinz Hannover, bei Seefeld in Tirol, bei Lobsann im Elsaß gewonnene Asphaltstein, ein mit Erdharz oder Bergteer stark versetztes Kalkgestein. Der Asphaltstein wird zu Pulver zerkleinert und nun so weit erwärmt, bis er zu erweichen beginnt. In diesem Zustande wird er auf die durch Steinlager und Sandschüttungen sorgfältig hergestellte und geebnete Unterlage gebracht, worauf alsdann eine Glättung der Asphaltschicht durch schwere geheizte Walzen, Stampfen und nach Art der Bügeleisen eingerichtete Werkzeuge erfolgt.

Wenngleich die rastlos an der Zerstörung des Hergebrachten arbeitenden Eisenbahnen von Jahr zu Jahr die Bedeutung der gewöhnlichen Heerstraßen zurückdrängen, so wird dadurch die Bewunderung, welche wir den Erbauern der alten, die gewaltigen Hindernisse der Gebirge mit den einfachsten Mitteln überwindenden Straßen schuldig sind, in keiner Weise beeinträchtigt. Im Gegenteil: was jene mit den primitivsten Hilfsmitteln ausführten, stellt sich hinsichtlich der Schwierigkeit der Ausführung den modernen Eisenbahnbauten, welche die die Völker trennenden Gebirge durchqueren, würdig zur Seite. Wir erwähnen nur die großartigen Straßen, welche von unseren Vorfahren über den St. Gotthard, den Simplon, den Bernhardiner und den Splügen geführt wurden.

2. Die von Zugtieren bewegten Fahrzeuge.

Das älteste Mittel, um einen Gegenstand von einem zum andern Orte, sei es auf einem geebneten Wege, sei es ohne Benutzung von Weg und Steg zu befördern, ist der Schlitten oder die Schleife. Die hierbei in sehr starkem Maße auftretende Reibung und die infolge dessen erforderliche Anwendung einer großen Zugkraft ließen schon früh auf Mittel und Wege sinnen, den Transport zu erleichtern. So kam man zunächst auf den Gedanken, zwischen die Schlittenkufen und die Fahrbahn Rollen einzulegen und auf diesen den Schlitten vorwärts zu ziehen; hierdurch war die gleitende Reibung in die erheblich weniger hinderliche rollende Reibung verwandelt, mithin ein außerordentlicher Fortschritt erzielt. Diese erste Einfügung der Rolle in das Verkehrswesen dürfte, so geringfügig dieselbe dem Laien erscheinen mag, zu den größten Erfindungen zu zählen sein, die jemals dem Haupte eines Sterblichen entsprangen. Derartiger Erfindungen, welche man heut zu Tage geneigt ist, als selbstverständlich anzusehen, giebt es noch eine große Zahl. Lazarus Geiger bringt dieses an einem anderen Gegenstande, dem Hammer, in seinen „Vorträgen zur Entwicklungsgeschichte der Menschheit“ sehr treffend mit folgenden Worten zum Ausdruck: „So groß der Gegensatz einer Dampfmaschine unserer Tage mit dem ältesten Steinhammer immer sein mag, dasjenige Geschöpf, welches zuerst seine Hand mit einem solchen Hammer bewaffnete, welches vielleicht einen Fruchtkern zum erstenmal auf diese Weise einer harten Schale entnommen, es mußte, so scheint es, einen Hauch jenes Geistes in sich verspüren, welcher einen Entdecker unserer Zeit unter dem Aufblitzen eines neuen Gedankens beseelt.“ Leider ist der Erfinder des auf Rollen bewegten Schlittens ebenso wenig bekannt, wie der Erfinder des Hammers, des Wasserrades, der Windmühle und so vieler anderer grundlegender Konstruktionen.

In Fig. 400 ist die Hälfte einer Abbildung wiedergegeben, welche den Transport einer altägyptischen Kolossalstatue mittels Schlittens darstellt. Um die Reibung zwischen den Schlittenkufen und der aus Brettern gebildeten Bahn thunlichst zu vermindern, gießt hier ein zu Füßen der Bildsäule stehender Arbeiter ein geeignetes Schmiermittel, Wasser oder Öl, auf die Bahn, während ein auf den Knieen der Statue stehender Aufseher die an vier Zugseilen angreifenden 172 Arbeiter (dieselben sind in der Figur nur zum Teil dargestellt) durch Zuruf und Zeichen leitet.

Fig. 400.
Transport einer altägyptischen Kolossalstatue.

So unvollkommen dieses Transportmittel uns erscheint, so erstaunlich sind die Leistungen, welche die alten Ägypter mit demselben, allerdings unter Aufwendung ungeheurer Arbeitermassen, erzielten. So wurde auf diese Weise einer der großen Obelisken des Tempels zu Karnak im Gewichte von 29700 Kilogramm 28 deutsche Meilen weit befördert. Als ferneres Beispiel führen wir an, daß König Amasis von Elefantine nach Sais ein aus einem einzigen Stein bestehendes Haus schaffen ließ; hierzu gebrauchten 2000 Mann einen Zeitraum von drei Jahren.

Aus der unter die Schlittenkufen gelegten Rolle entwickelte sich alsbald das an dem Schlitten befestigte drehbare Rad, denn die der Rolle naturgemäß anhaftenden Mängel waren sehr schwer wiegender Natur. Man wird daher schon im hohen Altertum mit der Rolle die gleichen bösen Erfahrungen gemacht haben, wie dies dem bekannten Architekten Fontana im Jahre 1586 bei der Aufstellung des 10000 Centner schweren vatikanischen Obelisken widerfuhr. Zunächst erfordern die Rollen stets eine feste Unterlage, da sie anderen Falles zu tief in das Erdreich sich einpressen; dann aber haben sie beim Vorwärtsschieben stets die Neigung, sich zu verschieben und sich schräg einzustellen, und schließlich ermöglichen sie nur unter großen Schwierigkeiten die Ausführung von Schwenkungen beim Passieren von Wegekrümmungen.

Die ältesten Räder waren Scheibenräder; bei diesen bestand der ganze Radkörper aus einem einzigen Stück. Diese primitivste Art der Räder finden wir noch heute in Gegenden geringer Kultur. Merkwürdiger Weise aber haben diese alten Scheibenräder bei den Eisenbahnwagenrädern in zahlreichen Exemplaren wiederum Anwendung gefunden, da die Herstellung derselben eine sehr bequeme und leichte ist. Alsbald trat an die Stelle des unschönen Scheibenrades das graziösere Speichenrad. Weder der Erfinder des einen noch des andern ist uns bekannt.

Die ältesten auf Rädern ruhenden Wagen hatten nur eine Achse und zwei Räder. Die Figuren 401 und 402 stellen einen römischen Rennwagen dar; das Original desselben befindet sich im vatikanischen Museum.

Fig. 401.
Römischer Rennwagen.

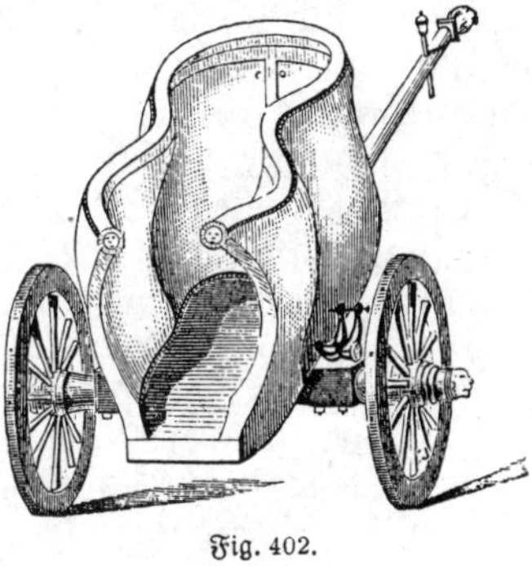

Fig. 402.
Römischer Rennwagen.

Der eigentliche Wagenkasten ist aus Holz angefertigt und mit Bronze bekleidet; die Deichsel ist mit der Achse fest verbunden. Vor diese zweiachsigen Wagen spannte man zwei, drei, auch vier Pferde, und zwar sämtlich nebeneinander in einer Reihe; man unterschied demnach Zweispänner (bigae), Dreispänner (trigae), und Vierspänner (quadrigae). Im allgemeinen galt in der älteren Zeit der Griechen und Römer die Benutzung von Wagen als ein Zeichen besonderer Ehrung oder aber der Verweichlichung. So durften in Rom innerhalb der Hauptstadt nur Triumphatoren, Vestalinnen, Priester und Senatoren Personenwagen benutzen; auch war, wohl mit Rücksicht auf den starken Verkehr innerhalb der engen Straßen, der Transport von Lasten auf ganz bestimmte Stunden beschränkt. Mit dem wachsenden Luxus nahm auch die Benutzung der Wagen für den Personentransport zu. Hierzu diente die oft auf das prunkvollste ausgestattete vierrädrige carruca (Karosse). Von Nero wird erzählt, daß er auf seinen Reisen fünfhundert solcher Wagen mit sich geführt habe. Der erste mit Schlafvorrichtung versehene Wagen, also der älteste Vorläufer unserer modernen waggons lits, wird dem Verres zugeschrieben.

Von erheblichem Einfluß auf das Verkehrswesen und die technischen Einrichtungen zur Beförderung von Personen und Sachen war die im wesentlichen durch Augustus bewirkte Ausgestaltung des römischen Postwesens. Man unterschied zweierlei Formen der römischen Staatspost, nämlich den cursus celer (die Schnellpost) und den cursus clavularis (die Frachtpost); dem entsprechend diente die leichte zweirädrige rheda dem Schnelldienste und für den gewöhnlichen Personendienst das carpentum. Zur Bewältigung der Frachtverkehrs verwendete man die clavularia Leiterwagen.

Das zur Personenbeförderung dienende carpentum war bereits mit einem die Insassen gegen die Unbilden der Witterung schützenden Dache versehen. Nach dieser Richtung ist die später in Deutschland benutzte Art von Reisewagen als ein erheblicher Rückschritt zu betrachten. So bediente sich Karl der Große, wenn er einmal ausnahmsweise eine Reise nicht zu Pferde zurücklegte, eines einfachen, offenen Karrens. Primitiv wie die Wege, so waren auch die Wagen des Mittelalters. Nur Frauen und Geistliche, welche übrigens ebenfalls meist das Pferd oder den Esel bestiegen, bedienten sich des Wagens. Es währte bis in das fünfzehnte Jahrhundert hinein, ehe man wieder dazu überging, die Wagen etwas komfortabler einzurichten. Stets aber war bei der mangelhaften Beschaffenheit der Wege eine solche Reise nichts weniger als ein Genuß. Einer der bekanntesten Reiseunfälle, welche aus jener Zeit überliefert wurden, ist derjenige, welcher den Papst Johannes auf seiner Reise zum Konstanzer Konzil am Arlberg betraf. Hier fiel auf dem durch Schnee unpassierbar gewordenen Wege plötzlich der päpstliche Wagen um, so daß Johannes in die unwilligen Worte ausbrach: „Jaceo hic in nomine diaboli.“ Nebenstehende Fig. 403 stellt diese Scene nach einem im Jahre 1536 zu Augsburg erschienenen Werke Ulrich Reichenthals: „Das Koncilium, so zu Konstanz gehalten ist worden“ dar. Was uns dieses ziemlich drastisch gehaltene Bildchen besonders interessant macht, das ist der Umstand, daß der Künstler auf demselben das Untergestell des Wagens mit größter Gewissenhaftigkeit abgebildet hat. Wir sehen hieraus zunächst, daß die Achse vierkantig gestaltet war, und daß die Räder auf derselben sich drehten und durch Vorsteckstifte gehalten wurden. Des weiteren ersehen wir, daß die Deichsel an der Vorderachse befestigt war und sich mit dieser um einen an dem Wagen angebrachten Stift drehen konnte. Was wir aber bei einem weiteren Vergleiche mit den modernen Personenfahrzeugen an diesem päpstlichen Wagen ganz besonders vermissen, das ist die jetzt schon seit langem allgemein eingeführte elastische Aufhängung des Wagenkastens. Fürwahr es gehörte das eiserne Nervensystem unserer Vorfahren dazu, um in einem solchen schwerfälligen Fahrzeuge sämtliche Stöße und Schwankungen, die der entsetzliche Zustand der grundlosen Wege verursachte, ungemildert mit dem eigenen Körper aufzufangen. Es war als ein ganz gewaltiger Fortschritt zu begrüßen, als man das Obergestell des Wagens von den Achsen emporhob und oberhalb derselben in Ketten aufhängte. Alsbald ersetzte man in Ungarn diese Trageketten, welche den seitlichen Schwankungen nachgaben, durch starke Riemen; hierdurch erzielte man eine elastische Aufhängung des Wagenkastens und milderte so die aus den Unebenheiten des Weges entspringenden zahlreichen Stöße, die in

Wie Bapst Johannes auff dem Arlen berg inn dem schnee lag.

Fig. 403.
Der Reiseunfall des Papstes Johann auf dem Arlberge.

früheren Zeiten nicht selten zu Knochenbrüchen Veranlassung gegeben hatten. Diese komfortablere Art der Fuhrwerke soll zuerst in der Ortschaft Kotse gebaut sein und erhielt daher die Bezeichnung „Kutsche". Gegenwärtig legt man das Obergestell des Wagens allgemein auf stählerne Federn; ja man schreibt die Anbringung derartiger elastischer Tragfedern sogar bei Lastfuhrwerken vor, da hierdurch auch die von den Rädern auf das Straßenpflaster ausgeübten Stöße erheblich gemildert werden, was naturgemäß eine längere Haltbarkeit der Pflasterung zur Folge hat. Außerdem wird bei starkem Verkehr die Umgebung der Straßen durch das Vorüberfahren bei weitem weniger belästigt, als wenn keine Tragfedern vorhanden sind.

Veredarius führt in seinem interessanten Werke „Das Buch von der Weltpost" die aus dem Jahre 1673 stammende Erfindung des Fürstlich sächsischen Architektur-Direktors u. s. w. Erhard Weigel zu Jena an, welche darauf abzielte, durch künstliche Polsterung eine Milderung der Püffe und Stöße der schlechten Wege herbeizuführen. Auch sollte der nach den Prinzipien des Erfinders konstruierte Wagen nicht umfallen können, weil die in demselben Sitzenden durch entsprechende Verlegung ihres Sitzes und durch Hinüberneigen auf die Gegenseite jederzeit das Gleichgewicht herzustellen vermöchten. Vor allem anderen ist nachstehender Satz der Weigelschen Schrift hoch ergötzlich: „Ja wenn auch durch Verwahrlosung des Knechtes der Wagen ausser dem Geleist oder über einen hohen Stein und Hügel geführet, nothwendig ümbfallen müste, zumahl an einer Seite des Berges: so können dennoch die drinnen sitzenden ohne Schaden des mit ümbfallens seyn. Denn die zur andren Seiten können den Schlag geschwind aufmachen, zugleich alle mit einander heraus springen (welches in den gemeinen Kutschen nicht möglich), die bei der fallenden Seiten aber können sich bald umbwenden, zugleich nach jenen herausspringen oder in dem ümbfallenden Wagen nur contra weltzen, so werden sie von dem Wagen frey." Man sieht, daß dieser als so sehr vollkommen gerühmte Reisewagen, der, wie der Erfinder an andrer Stelle sich ausdrückt „das Schuttern in ein lieblich Hetzschen verwandelte", doch seine Schattenseiten besaß.

Übrigens bildeten die aus der schlechten Beschaffenheit der Verkehrsmittel entspringenden Beschädigungen von Menschen, Tieren und Sachen eine keineswegs zu mißachtende Einnahmequelle der Straßenanwohner. Als man in England mit der Verbesserung der Straßen und Fuhrwerke im achtzehnten Jahrhundert vorzugehen begann, erfolgten daher zahlreiche Vorstellungen an die Regierung, in welchen diese darauf hingewiesen wurde, daß ein großer Teil der Bevölkerung der an den Haupt-Landstraßen liegenden Städte und Ortschaften durch eine Verbesserung der Wege dem Hungertode ausgeliefert werden würde, da ihnen die bisherige Einnahme, welche ihnen aus ihrer Beschäftigung als Feldschere, Hufschmiede und Wagenbauer entsprungen sei, entzogen werden würde. Nicht minder beklagten sich die Pferdezüchter und Pferdehändler, da der bisherige starke Verbrauch an Pferden bei besserer Beschaffenheit der Wege sich stark vermindern würde.

Für Deutschland wird der Eintritt einer entscheidenden Wendung zum Bessern durch die einheitliche Ausbildung des Postwesens bezeichnet, welche dieses durch die Familie Thurn und Taxis erfuhr. Bis zu den Zeiten Maximilian I. erfolgte die Beförderung von Briefschaften durch das Nachrichtenwesen eines jeden der zahlreichen Ländchen, aus welchen das damalige heilige römische Reich deutscher Nation zusammengesetzt war. Ein jedes derselben hatte seine eigenen Botenposten, einen durchgehenden Verkehr durch mehrere solcher Ländchen, also z. B. von Wien nach Stuttgart gab es nicht. Von einer ordnungsmäßigen Beförderung von Personen verlautbarte überhaupt nichts.

Es war im Jahre 1516, als Maximilian I. dem an seinem Hofe lebenden Francesco de Tassis, genannt Torriani, die kostenfreie Beförderung von Briefen von Wien nach den Niederlanden übertrug, mit der Maßgabe, daß jenem, sowie dessen Nachkommen der ausschließliche Besitz und die gesamten Einkünfte der neuen Verkehrsanstalt zufallen sollten. Dieses Privilegium hatte der Kaiser kurzer Hand erteilt, ohne zuvor die Genehmigung der einzelnen Fürsten und Reichsstände, durch deren Gebiete die reitenden Boten Torrianis passieren mußten, einzuholen. Infolgedessen hatte dieser erste Beginn eines durchgehenden Postverkehrs viel Anfechtung von seiten der einzelnen Fürstentümer und Ländchen zu erleiden. Allmählich aber erweiterte die Familie Taxis ihre Postkurse und nachdem sie bereits früher unter dem Namen der Herren von Thurn und Taxis naturalisiert war, erhielt im Jahre 1595 Leonhard von Taxis die Würde eines General-Postmeisters, sowie den Besitz der Postgerechtsamen in sämtlichen Ländern des habsburgischen Kaiserhauses. Im Laufe der Zeit haben verschiedene Länder, unter denen in erster Linie Kur-Brandenburg zu nennen ist, ihre Posten in eigene Verwaltung genommen; immerhin aber gebührt der Familie Thurn und Taxis das große Verdienst, in Deutschland einen geordneten Postdienst eingeführt und bis in unsere Tage durchgeführt zu haben.

Ein besonderes Verdienst der Taxisschen Postverwaltung besteht darin, daß sie an Stelle der früher benutzten sogenannten Hauderer-wagen, der öffentlichen Landkutschen, welche bunt durcheinander lebendige und tote Fracht in höchst mangelhaften Fuhrwerken beförderten, die Postkutschen einführte. Die erste derselben kursierte im Jahre 1690 zwischen Frankfurt a. M. und Nürnberg. Jedoch auch in Brandenburg ging man mit der Schaffung einer regelrechten, vom Staate betriebenen Personenbeförderung energisch vor. Zu erwähnen ist hier die vom Jahre 1754 ab zwischen Berlin und Potsdam täglich, zunächst einmal, später zweimal, verkehrende Journalière, welche die 26 Kilometer betragende Entfernung in vier Stunden zurücklegte. Ganz besondere Verdienste um die Hebung der Personenbeförderung hat sich der Minister Ludwigs XVI, Turgot, erworben. Er schuf im Jahre 1791 die nach ihm benannten Turgotinen; vergl. Fig. 404. Dieselben wiesen insofern gegen früher einen wesentlichen Fortschritt auf, als sie auch bei Nacht fuhren; sie legten im Durchschnitt 4 Kilometer in jeder Stunde zurück.

Diese Turgotine ist das Vorbild der guten, alten, gelben Postkutsche gewesen, die noch jetzt in den entlegenen Gegenden den geregelten

Fig. 404. Französische Turgotine aus dem Jahre 1791.

Personenverkehr besorgt und die Verbindung mit der Außenwelt herstellt. Früher der Gegenstand der Lieder von poetisch und nicht poetisch veranlagten Geistern, nähert sie sich mit unaufhaltsamem Schritte ihrem völligen Verschwinden. Angesichts der stetig zunehmenden Verbreitung der modernen Verkehrsmittel, der Eisenbahnen, der Pferdebahnen, der elektrischen Bahnen, existiert sie nur noch in wenigen Exemplaren als ein Zeichen der mit Unrecht so oft gerühmten guten alten Zeit.

3. Die Motorwagen.

Als die Erkenntnis der dem Wasserdampfe innewohnenden Kraft sich immer mehr Bahn brach, da kam zuerst Savery, dessen Vorrichtung zum Heben von Wasser wir bei der Geschichte der Erfindung der Dampfmaschine des näheren erläutert haben, auf die Idee, die Dampfkraft zur Fortbewegung von Straßenfuhrwerken anzuwenden. Er kam jedoch über die Versuche nicht hinaus. Der erste, welcher einen mit Dampfkraft betriebenen Straßenwagen thatsächlich ausführte und in Betrieb setzte, war der Franzose Cugnot, und zwar geschah dieses auf Kosten der französischen Regierung im Jahre 1769. Diese Maschine mußte jedoch alsbald wieder bei Seite gelassen werden, da sie nur vier Personen mit einer Geschwindigkeit von 4 Kilometer in der Stunde auf dem Pariser Straßenpflaster zu befördern vermochte. Das Modell dieses Cugnotschen Dampfwagens befindet sich noch heut im Pariser Conservatoire des Arts et Métiers.

Von besseren Erfolgen waren die Bestrebungen des Amerikaners Olivier Evans und des Engländers Trevithick begleitet, leider aber ohne nachhaltige Wirkung. Von ersterem wird berichtet, daß er während der Jahre 1803/1804 in Philadelphia in Gegenwart Tausender Probefahrten angestellt habe; von einer weiteren Verwendung seiner Erfindung verlautet jedoch nichts.

Der von Trevithick konstruierte Dampfwagen ist in Fig. 405 dargestellt. Man hat Trevithick, der entschieden ein geborenes mechanisches Genie war, nicht mit Unrecht, als den eigentlichen Vater der Lokomotive bezeichnet, denn in der That wies sein Dampfwagen, den er 1801 erbaute und im Jahre 1803 wesentlich verbesserte, bereits alle diejenigen Merkmale auf, welche später die Stephensonsche Lokomotive zum Siege über ihre Rivalinnen führten. Trevithick wurde durch einen Zufall der Gehilfe Murdocs, des Werkführers von James Watt, und hatte hier die Reparatur eines von Murdoc in müßigen Stunden angefertigten, wenig brauchbaren Dampfwagens auszuführen. Es war dieses ein vierrädriges Gestell, auf welchem ein Dampfkessel mit stehendem Dampfcylinder angeordnet war, von dessen Kolben aus die Räder durch eine Triebstange bewegt wurden. Im Jahre 1801 hatte Trevithick eine Dampfkutsche konstruiert, welche 6 Personen zu befördern vermochte. Dieselbe war insofern das Vorbild der späteren Lokomotive Stephen-

Fig. 405. Trevithicks Dampfwagen.

sons, als sie einen liegenden Cylinder besaß, ferner einen Dampfkessel für höheren Dampfdruck, eine Speisepumpe und eine Einrichtung, durch welche der Dampf aus dem Cylinder nach vollbrachter Arbeit durch den Schornstein entwich und auf diese Weise das Feuer stetig anfachte. Wie wir später noch sehen werden, war diese letzterwähnte Einrichtung dasjenige, was den Sieg Stephensons entschied. Trevithick hatte zur Entfachung des Feuers zuerst besondere Blasebälge angewendet und war höchlichst erstaunt über die günstige Wirkung des durch den Schornstein abziehenden Dampfes. Seinen verbesserten Dampfwagen ließ Trevithick im Jahre 1803 auf einer Schienenbahn in London laufen und zeigte ihn dem erstaunten Publikum für Geld; merkwürdiger Weise war die Stelle dieser eigenartigen Schaustellung derselbe Ort, wo sich jetzt einer der größten Bahnhöfe der South-West-Railway in London ausdehnt.

Trevithick endete gleich Dionysius Papin in tiefem Elend. Beide hochbegabten Männer, denen die Nachwelt zu größtem Danke verpflichtet bleibt, litten an einer Unstetigkeit, welche einen anhaltenden Erfolg nicht zu erzielen vermochte. Mit Hinterlassung einer Schuldenlast von 60 Pfd. Sterling starb Trevithick im Jahre 1833. Die Idee, die gewöhnlichen Straßenfuhrwerke mit Dampfkraft zu betreiben, ist dann in neuerer Zeit wiederum in der Bolléeschen Dampfdroschke, jedoch ohne durchschlagenden Erfolg zur Ausführung gebracht worden.

Eine besondere Anwendung findet die Dampfkraft in der von Savery, Cugnot und Trevithick angegebenen Weise, bei den Straßenwalzen und den Straßenlokomotiven. Die Einrichtung ist teils die gleiche, wie diejenige der später zu beschreibenden Eisenbahn-Locomotive, teils lehnt sie sich direkt an die in Fig. 405 dargestellte Dampfdroschke Trevithicks an. Stets wird durch die Kolbenstange des Dampfcylinders unter Vermittelung von Zahnrädern u. dergl. eine Achse angetrieben.

In der neuesten Zeit hat ein eigenartiger Motorwagen das Interesse weitester Kreise mit Recht für sich in Anspruch genommen; derselbe ist in Fig. 406 dargestellt und wird von der rheinischen Gasmotoren-Fabrik Benz & Co. in Mannheim fabriziert. Dieser durch einen Motor angetriebene Wagen ruht auf drei Rädern, von denen das vordere als Lenkrad dient. Zwischen den Hinterrädern ist der den Antrieb des Wagens bewirkende Motor angeordnet. Derselbe ist im Gegensatz zu vorstehend beschriebenen Dampfkutschen ein Gasmotor, zu dessen Betriebe

Fig. 406. Motorwagen (System Benz & Co.).

alle Petroleumöle, wie Benzin, Naphta u. s. w. im spezifischen Gewicht von 0,70 dienen können. Durch die Verwendung des Gases als Motorkraft ist in einfacher Weise die Belästigung der Passagiere durch Hitze und Rauch vermieden worden; man ist in dieser Richtung insofern noch einen Schritt weiter gegangen, als die Entzündung des Gases in einem geschlossenen Cylinder durch den elektrischen Funken erfolgt. Die Übertragung der Bewegung der Triebwelle des Motors auf die hinteren Räder des Wagens erfolgt durch eine Gliederkette.

Die Erfindung war insofern epochemachend, als sie eine ganze Flut von ähnlichen Erscheinungen nach den allerverschiedensten Systemen im Gefolge gehabt hat. Es sind Motorwagen für die allerverschiedensten Zwecke gebaut worden, und gegenwärtig sieht man sie in den Straßen großer Städte von dem einfachen kleinen Wägelchen für eine oder zwei Personen bis zum viele Personen befördernden Omnibus oder dem mit einer Unzahl von Fässern beladenen Brauerwagen hin und her sich bewegen. Dies geschieht mit größerer oder geringerer Geschwindigkeit, je nachdem die Bahn frei erscheint oder nicht. In der That ist ja auch etwas Bequemeres für den Verkehr gar nicht zu denken, und es unterliegt gar keinem Zweifel, daß die Motorwagen, mögen sie durch Dampf, Petroleum, Benzin, Elektrizität oder immer welche Kraft getrieben werden, eine große Zukunft haben (vergl. „Motoren“).

4. Die Draisinen oder Velocipede.

Im Jahre 1817 erfand der Forstmeister Freiherr von Drais, geboren 1785 zu Sauerbronn, gestorben 1851 zu Mannheim, ein zweirädriges Fahrzeug zum Selbstfahren. Dasselbe besaß zwei hintereinander liegende Räder, die durch ein als Reitsitz dienendes Gestell miteinander verbunden waren. Der dieses Fahrzeug Benutzende nahm auf demselben rittlings Platz und bewegte sich durch wechselseitiges Abstoßen der Füße vom Erdboden vorwärts. Bei einer weiteren Vervollkommnung seiner Fahrvorrichtung ordnete Herr v. Drais das Vorderrad um seine vertikale Achse drehbar an, um das Fahren von Kurven zu gestatten. In England wurde die Erfindung Drais' durch einen gewissen Johnson zum Patent angemeldet und erhielt hier die volkstümliche Bezeichnung „Dandy-horse“, ohne jedoch eine irgendwie erhebliche Bedeutung und Verbreitung zu gewinnen.

Erst im Jahre 1862 tauchte die nach ihrem ersten Erfinder als Draisine bezeichnete Fahrvorrichtung in einer zweckmäßig abgeänderten Gestalt von neuem auf; zu dieser Zeit war der Franzose Michaux auf den glücklichen Gedanken gekommen, an dem einen Rade eine Kurbel anzubringen und diese durch die Füße des Fahrenden betreiben zu lassen. Im Jahre 1867 erregten die von Michaux konstruierten, neuartigen Fahrräder auf der Pariser Weltausstellung ein ganz besonderes Interesse, infolgedessen sich alsbald die Compagnie Parisienne, ancienne maison Michaux & Comp., zur Ausnutzung der neuen Erfindung bildete. Die ersten Michauxschen Fahrräder, die nunmehr die Bezeichnung Velocipede erhielten, waren ganz aus Holz angefertigt; es hat sich jedoch alsbald ein völliger Umschwung zur ausschließlichen Anwendung des Stahles vollzogen, und zwar in so durchgreifendem Maße, daß das Velociped häufig bildlich als Stahlroß bezeichnet wird.

In Fig. 407 bringen wir eine Abbildung eines zweirädrigen Velocipeds (Bicycle) der Fahrräder-Fabrik von Dürkopp & Co. in Bielefeld. Fig. 408 und 409 stellen dreirädrige Velocipede derselben Fabrik dar.

Die Velocipede sind ein sprechendes Beispiel dafür, wie leicht bei thatsächlich vorliegendem Bedürfnis und bei wirklich vorhandener

Fig. 407. Renn=Zweirad

Fig. 408. Einsitziges Dreirad.

Fig. 409. Zweisitziges Dreirad.

Zweckmäßigkeit eine Neuerung Verbreitung und Anerkennung zu ge-gewinnen vermag. Als sie vor einigen zwanzig Jahren zuerst bekannt wurden und an die Öffentlichkeit traten, da begegneten sie dem Mißtrauen weitester Kreise, ja diejenigen, welche sich zuerst ohne Vorurteil dieses neuen Verkehrsmittels bedienten, luden den Fluch der Lächerlichkeit auf sich. Heutzutage haben das Zwei- und das Dreirad sich bereits eine gesicherte Stellung unter den Fahrzeugen errungen, ja sie sind bereits in zahlreichen Staaten gleichsam offiziell anerkannt als Mittel zur Überbringung von Stafetten. Selbst nicht das Dampfroß hat sich so schnell einzubürgern verstanden und seinen Wirkungskreis zu erobern vermocht, als das Stahlroß.

b) Die Eisenbahnen und ihre Betriebsmittel.

Allgemeines.

Als die ältesten Vorläufer unserer Eisenbahnen müssen die im vorigen Abschnitte beschriebenen heiligen Straßen der alten Griechen gelten, welche zuerst für die Räder der Fahrzeuge besonders befestigte Rinnen oder Gleise anordneten, um den Widerstand, welcher aus der unebenen Beschaffenheit der Straßen sich ergab, thunlichst zu beschränken. Diese Bauart der alten Hellenen ist zugleich mit ihrer Kultur verschwunden, ja es scheint sich kaum eine Überlieferung dieser alten Kunststraßen während des Mittelalters erhalten zu haben, denn die erste Mitteilung von dem Vorhandensein von Spurbahnen stammt erst wieder aus den Zeiten, wo in Deutschland der Bergbau sich zu hoher Blüte emporgeschwungen hatte. Steiner giebt in seinen „Bildern aus der Geschichte des Verkehrs“ aus dem alten „Bergwerksbuch“ von Georg Agricola und Philipp Bechius (in deutscher Übersetzung erschienen anno 1557) folgende Beschreibung der in den Bergwerken zum Erztransport dienenden Karren, der sogenannten „Hunde“ und Gleise:

„Zumletsten so die Erdt- oder Steinschollen mit dem Karren „heraußgeführt werden / so legt man Brett zusammen gemacht / auf „die Stegen / so den Hunden zwey Gestengen einer spannen dick vnd „breit / welche an diesem Theile da sie zusammen gethon außgehauen „werden / das in dem Gleiß / wie in einen gewissen weg / die Leitnägel „der Hunden mögendt fürlauffen / mit welchen Leitnegel / das verhüt „wird / das nicht die Hundt / von dem gebandten Weg das ist auß der „gleiß zu rechten oder zur lincken abweichen / ja auch eben vnter den „Stegen / werden Wasserseige gleit / durch welche das Wasser herauß- „lauffe.“

So hoch entwickelt der Bergbau der Römer war, so kannten diese doch nicht die Benutzung des auf Gleisen laufenden Transportwagens; bei ihnen geschah die Förderung des Erzes aus der Grube an das Tageslicht lediglich auf den Schultern der Sklaven. Erst dem deutschen Bergmann war es vorbehalten, die Schienenbahn wieder in die Zahl der Verkehrswege einzuführen.

Als infolge seines großen Kohlenreichtums England das Land des Bergbaues par excellence wurde, da erhielten die Schienenwege eine weitere Ausbildung. So verfügte man bereits gegen das Jahr 1650 zu Newcastle upon Tyne über eine große Anzahl von „railways“, welche mit hölzernen Schienen ausgestattet waren, auf denen die Kohlen von der Grube zu den auf dem Flusse liegenden Schiffen geschafft wurden. Als Erbauer dieser ersten oberirdischen Schienenbahn wird ein gewisser Beaumont genannt. Diese hölzernen Gleise mußten bei dem starken Verkehr sich notwendigerweise bald abnutzen, und so ging man denn alsbald dazu über, die Balken mit Eisen zu beschlagen. Im Jahre 1738 traten die ersten gußeisernen Schienen auf und zwar in zweierlei Form, einmal als Flachschienen mit erhöhtem Seitenrande und zweitens als Flachschienen mit einer erhöhten Mittelrippe. Gleichzeitig führte man eine weitere hochbedeutsame Neuerung ein, indem man auch die Wagenräder mit einem erhöhten Rande versah, mittelst dessen sie sich in den Schienen sicher führten.

Als die Dampfmaschine durch James Watt ihrer Vervollkommnung mit sicherer Hand entgegengeführt wurde, da tauchte auch der Plan, den Dampf dem Verkehrswesen dienstbar zu machen, in verschiedenen erfinderischen Köpfen auf; wir verweisen auf die in dem vorhergehenden Abschnitte besprochenen Dampf-Straßenfahrzeuge von Cugnot, Evans und Trevithick.

Hat letzterer das große Verdienst, zuerst ein für den Verkehr auf gewöhnlichen Wegen wirklich brauchbares Dampf-Fuhrwerk erfunden und gebaut zu haben, so hat derselbe auch für die Schienenwege den ersten Dampfwagen erbaut. Wir haben bereits in Fig. 405 ein Bild und auf S. 752 eine kurze Beschreibung des von Trevithick im Jahre 1803 in London vorgeführten Dampfwagens gebracht. Fig. 410 bringt die von Trevithick im Jahre 1809, nach andrer Quelle im Jahre 1808, des weiteren vervollkommnete Konstruktion seines Dampfwagens, und zwar speziell für den Betrieb auf Schienenwegen. Wir sehen auf dem hinteren Teile des cylindrischen Kessels einen aufrechtstehenden Dampfcylinder, dessen Kolben bei dem Auf- und Niedergange durch eine lange Kurbelstange das Hinterrad antreibt und auf diese Weise den Wagen in Bewegung setzt. Man sagt, daß Trevithick durch den Bau dieser ersten Lokomotive eine Wette von 500 Guineen gewonnen habe. Die Maschine soll ein Gewicht gehabt haben von etwa 100 Centnern, und 70 Menschen und 200 Centner Eisen fortbewegt haben mit einer Geschwindigkeit von 5 englischen Meilen in der Stunde. Es war dieses bereits eine höchst ansehnliche Leistung, und jedenfalls würde es schon damals Trevithick geglückt sein, das Problem der Einführung der Dampfkraft in das Verkehrswesen endgültig zu lösen, hätte es diesem nicht an einer gewissen Beharrlichkeit gemangelt. Es traten nämlich unter dem bedeutenden Gewichte der Maschine sehr häufig Brüche der gußeisernen Schienen ein. Statt nun stärkere Schienen zu beschaffen, verließ Trevithick kurzer Hand sein Lokomotivprojekt und stellte die Fahrten ein.

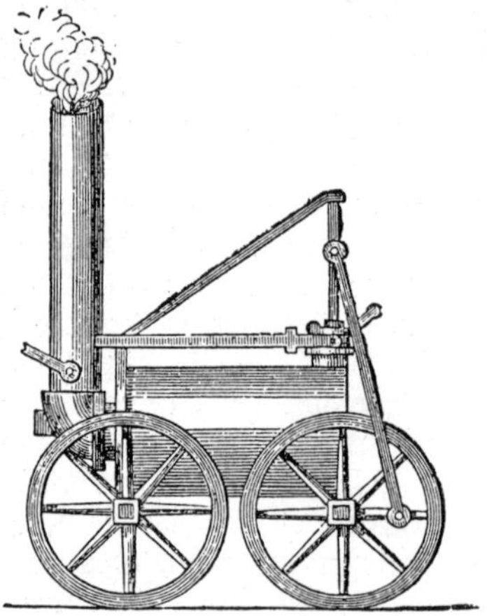

Fig. 410.
Trevithicks Dampfwagen für Schienenbahnen.

Es ist eine merkwürdige Thatsache, daß, obgleich Trevithick durch die That bewiesen hatte, daß die zwischen der glatten Schiene und dem Triebrade seines Dampfwagens bestehende Reibung völlig genügte, um diesen samt einer Zahl von Lastwagen vorwärts zu bewegen, die späteren Konstrukteure zunächst von der sonderbaren Vorstellung befangen waren, daß diese Reibung oder Adhäsion künstlich erhöht werden müsse. So baute Blenkinsop im Jahre 1812 eine Eisenbahn in der Nähe von Leeds, bei welcher zwischen den Schienen eine Zahnstange lag, in welche ein an der Maschine angebrachtes, durch Dampf angetriebenes Räderwerk eingriff. Bei dieser Anordnung zog sich die Maschine samt ihrer Last an der Zahnstange entlang und kletterte gleichsam ihres Weges dahin. Blenkinsop hatte die Einrichtung um deswillen gewählt, weil er fürchtete, daß das Triebrad auf der glatten Schiene gleiten, also eine Vorwärtsbewegung der Maschine nicht bewirken würde. Um dieses Gleiten des Triebrades zu vermeiden, brachte er die gezahnte Stange an und ließ in diese das als Zahnrad ausgebildete Treibrad eingreifen. In der neuesten Zeit hat diese alte Blenkinsopsche Eisenbahn in Gestalt der die Gebirge übersteigenden Zahnradbahnen gleichsam von neuem das Licht der Welt erblickt.

Eine noch eigenartigere Konstruktion wies die Lokomotive von Brunton auf. Wenn man mit einer poetischen Wendung die Lokomotive häufig als Dampfroß bezeichnet, so ahnen wohl wenige, daß in der That zahlreiche Konstrukteure sich bemüht haben, thatsächlich den Bau des Pferdes für die Konstruktion einer Lokomotive nachzuahmen. Der erste, welcher auf diese Idee verfiel, war Brunton; derselbe ordnete an dem hinteren Ende des Dampfkessels einen Dampfcylinder an, an dessen Kolbenstange eine Anzahl durch Gelenke mit einander verbundener Stangen angriff. Die Wirkung dieser Stangen ging bei dem Vor- und Rückwärtsgange des Kolbens in der Weise vor sich, daß dieselben sich gegen den Erdboden stemmten, sich hoben und wiederum gegen den Boden stemmten, gleichsam die Bewegung der Beine des Pferdes nachahmend und hierbei den Dampfwagen vorwärtsschiebend. Bis über die Mitte des zweiten Jahrzehntes dieses Jahrhunderts hat die Idee des metallenen Zugpferdes die Köpfe zahlreicher Konstrukteure erfolglos beschäftigt. Bruntons im Jahre 1813 erbautes Dampfpferd wurde insofern noch von einem besonderen tragischen Geschick ereilt, als während einer Probefahrt der Kessel in Folge Überlastung des Sicherheitsventiles explodierte, wobei mehrere Personen den Tod fanden.

Eine andere Idee der Transportbeförderung mittels Dampfkraft ging von den Gebrüdern Chapman aus; dieselben ordneten unterhalb der Maschine eine Trommel an, auf welche eine längs des Schienenweges angebrachte Kette sich aufwickeln konnte. Wurde also die Trommel in Drehung versetzt, so zog sich die Maschine mit ihrer Last an der Kette nach vorwärts. Der erste, welcher nach dem Vorgange Trevithicks wieder dazu überging, die Triebräder der Lokomotive auf den glatten Schienen laufen zu lassen, ohne Vermittlung von Zahnrädern, Zahnstangen, Ketten und dergl., war der Engländer Blackett, allerdings ohne durchgreifenden Erfolg.

So weit war die Einführung des Dampfes in das Verkehrswesen vorbereitet, als George Stephenson begann, sein Genie diesem Gegenstande zuzuwenden. Langsamkeit, hohe Kosten und Unbequemlichkeit kennzeichneten in hohem Maße den damaligen Dampfverkehr. Mit sicherem Blicke erkannte Stephenson die mannigfachen Gründe dieser Mängel, und mit der Kraft des Genius überwand er dieselben. Kaum eine zweite Erfindung ist so formvollendet von einem Erfinder der Nachwelt überliefert, als die Lokomotive George Stephensons. Die an dieser von den Nachfolgern des großen Northumberlandman nachträglich angebrachten Änderungen sind so geringfügig, daß das Wesen der Erfindung jenes nur um so bedeutender erscheint.

George Stephenson wurde am 9. Juni 1781 zu Wylam in Northumberland geboren, wo sein Vater auf einer Kohlengrube als Heizer beschäftigt war. Schon früh machte sich in dem Knaben das angeborene mechanische Talent geltend, und es entsprach seiner innersten Neigung, als er später ebenfalls neben seinem Vater in dem Maschinen-betriebe zu Dewley Beschäftigung fand. Hier wurde ihm alsbald wegen seiner Zuverlässigkeit und Kaltblütigkeit die Wartung und Be-dienung der Fördermaschine übertragen. Im Jahre 1803, am 16. De-zember, wurde ihm sein Sohn Robert, der spätere Teilhaber seiner großen Triumphe, geboren. Trotz seiner Tüchtigkeit wäre George Stephenson dennoch vielleicht im Elende versunken, hätte ihn nicht in der Zeit höchster Not ein glücklicher Zufall im Jahre 1810 zu den Gruben von Killingworth geführt. Hier war eine neue Pumpmaschine aufgestellt worden, hatte jedoch die auf sie gesetzten Erwartungen derartig getäuscht, daß ein neu abgeteufter Schacht überhaupt nicht in Betrieb genommen werden konnte. Was zahlreiche hervorragende Maschineningenieure nicht vermocht hatten, das brachte Stephenson in 4 Tage zu stande; in dieser kurzen Zeit gab er der Maschine die gewünschte Leistungs-fähigkeit, infolge dessen er sofort das Amt eines Maschinenmeisters der Killingworther Gruben erhielt. Hier fand er Muße, sich im Zeichnen und in der Theorie weiter auszubilden, so daß er bereits im Jahre 1812 zum Grubeningenieur aufrückte. Diese Stellung ließ ihn alsbald auf Mittel und Wege sinnen, den Transport der Kohlen nach Möglichkeit zu erleichtern. Die Frucht dieses Strebens war die von ihm innerhalb 10 Monaten erbaute, als „Travelling Machine“ („Reisemaschine“) be-zeichnete Lokomotive „Blutcher“. Dieselbe zog bei einer am 25. Juli 1814 angestellten Probefahrt bei einer Steigung von 1:450 acht Wagen von 30 Tonnen Gewicht mit einer Geschwindigkeit von 4 englischen Meilen in der Stunde.

Wenngleich diese Maschine regelmäßigen Dienst auf der Killing-worther Grubenbahn verrichtete, so wies dieselbe dennoch sehr schwer-wiegende Mängel auf, an deren Beseitigung Stephenson während der folgenden Jahre eifrigst arbeitete. Was diesen vor seinem Vorläufer Trevithick ganz besonders auszeichnet, und was auch in erster Linie die Ursache seiner späteren Erfolge war, das ist der Umstand, daß Stephenson sich nicht einseitig auf die Vervollkommnung der Lokomotive warf, sondern daß er auch den Oberbau der Schienenbahn, also die Konstruktion der Geleise, in den Kreis seiner Thätigkeit zog. Er war daher eine mehr universelle und dabei zugleich sehr nachhaltige Natur und vermochte die Verhältnisse von einer höheren Warte zu überblicken als seine Vorgänger. Es möge hier kurz erwähnt werden, daß Stephenson in jener Zeit gleichzeitig mit Davy die Erfindung der die Gefahr der Explosion schlagender Wetter wesentlich vermindernden Sicherheitslampe (s. Fig. 189, S. 323) machte. Inzwischen brachte John Berkinshaw durch die Erfindung der erheblich widerstandsfähigeren, aus Schmiedeeisen gewalzten Schienen im Jahre 1820 einen weiteren wesentlichen Fortschritt.

Als im Jahre 1821 einem Konsortium der Bau einer zunächst mit Pferden zu betreibenden Eisenbahn von Stockton nach Darlington konzessioniert worden war, da gelang es Stephenson, die maßgebenden Persönlichkeiten dazu zu bewegen, daß ein wesentlicher Teil des Betriebes mit Lokomotiven ausgeführt wurde. Stephenson selbst trat im Jahre 1823 mit einem jährlichen Gehalte von 300 Pfund Sterling als Ingenieur in die Dienste dieser Stockton—Darlington-Eisenbahngesellschaft, projektierte und baute die Linie und richtete auch schließlich den Lokomotivbetrieb ein. Da hier die Verhältnisse bei weitem größer sich gestalteten, als bei den Killingworther Gruben, so war hier eine gute Gelegenheit geboten, die Verwendbarkeit der Dampfkraft im größeren Maße zu prüfen. Am 27. September 1825 wurde die neue Bahn eröffnet. Die auf das Unternehmen gesetzten Hoffnungen bewährten sich vollkommen; die Maschine erreichte bei einem Zuggewichte von 90 Tonnen und einer Passagieranzahl von 450 Personen die ansehnliche Geschwindigkeit von 12 englischen Meilen in der Stunde. Das Mißtrauen, welches sich fast allgemein gegen dieses neue Beförderungsmittel geltend machte, und die Furcht, welche auch die Unternehmer der Eisenbahn für ihr Leben wie für ihr gutes Geld befangen hielt, fand einen sehr bezeichnenden Ausdruck durch die Devise, welche diese ihrem Unternehmen gaben. Dieselbe lautete, in einem gerade nicht sehr klassischen Latein: „Periculum privatum utilitas publica“ und prangte auf einem während der Einweihungsfeier mit der Musik besetzten Wagen. Man kann den Sinn dieses Wahlspruches in doppelter Weise auslegen, einmal derart, daß das finanzielle Risiko, welches der Privatmann übernahm, sich in einen öffentlichen Nutzen umsetzen werde; dann aber auch in dem Sinn, daß die persönliche Gefahr, welcher die den ersten Probefahrten sich anvertrauenden Staatsbürger sich aussetzten, eine Erhöhung des Gemeinwohles durch Schwinden des gegen die Eisenbahnen bestehenden Mißtrauens herbeiführen werde.

In der That war der Widerstand, welcher seitens der Gegner der Eisenbahnen, der Landleute, der Gastwirte, der Pferdezüchter, der Jagdinteressenten u. s. w., ins Werk gesetzt wurde, ein sehr energischer. Mußte doch die zuerst projektierte Linie der Stockton-Darlington-Bahn verlegt werden, weil der Herzog von Cleveland dort einen Fuchsbau besaß!

Wenngleich die eben genannte Bahn gegen die früheren Kohlenbahnen einen erheblichen Fortschritt aufwies, so war sie doch noch sehr weit davon entfernt, eine Eisenbahn im heutigen Sinne zu sein. Der Betrieb erfolgte nur zum Teil durch Lokomotiven; an gewissen Stellen, wo starke Steigungen vorhanden waren, wurden die Wagen an Seilen durch große feststehende Dampfmaschinen emporgezogen. Zwischen den Endstationen verkehrte täglich nur zweimal ein Personenwagen, der nach den Schilderungen der Zeitgenossen große Ähnlichkeit mit einem Menageriewagen zeigte. Eine Beförderung eigentlicher Güterzüge erfolgte überhaupt nicht; die Bahn stellte vielmehr nur die Lokomotive und jeder hatte das Recht, seine eignen Wagen gegen ein gewisses Fahrgeld auf der Bahn zu befördern.

Immerhin aber waren die hier gemachten Erfahrungen derartiger Natur, daß sie alsbald zu dem Bau der ersten wirklichen Personeneisenbahn, derjenigen von Liverpool nach Manchester führten. Auch hier war alles in die Hände George Stephensons gelegt.

Der Bau dieser Eisenbahn von Liverpool nach Manchester machte erhebliche Schwierigkeiten; unter anderem mußte ein großes Moor durchschnitten werden, während an anderen Stellen große Felssprengungen auszuführen waren. Alle diese Schwierigkeiten aber wurden durch Stephensons Energie und Genie siegreich überwunden.

Man war sich alsbald bewußt, daß die bei der Stockton-Darlington-Bahn verwendete Lokomotive für diese neue Bahn nicht zu benutzen sein würde, und setzte daher einen Preis von 500 Pfund Sterling für die beste Lokomotive aus. Die Bedingungen dieses Konkurrenzausschreibens lauteten:

1) Die Maschine muß ihren Rauch selbst verbrennen.
2) Dieselbe muß bei einem Eigengewichte von 6000 Kilogrammen täglich zwanzigtausend Kilogramm Last, einschließlich Tender und Wasserkasten, mit 10 Meilen Geschwindigkeit in der Stunde, mit einer Dampfspannung, welche höchstens 50 Pfund auf den Quadratzoll betragen darf, ziehen können.
3) Der Kessel muß zwei Sicherheitsventile besitzen, von denen keines befestigt sein darf, und von denen eines der Kontrole des Maschinisten entzogen werden kann.
4) Maschine und Kessel sollen auf Federn und 6 Rädern ruhen. Das obere Ende des Schornsteins darf nicht höher als 15 Fuß über der Bahn liegen.
5) Das Gewicht der Maschine darf bei gefülltem Kessel 6000 Kilogramm nicht überschreiten. Einer leichteren Maschine wird, falls sie eine verhältnismäßige Last zu ziehen vermag, der Vorzug gegeben.
6) An der Maschine ist ein Quecksilber-Manometer anzubringen, an welchem Dampfspannungen von mehr als 45 Pfund auf den Quadratzoll abgelesen werden können.
7) Die Maschine ist probebereit bis zum 1. Oktober 1829 an das Liverpooler Ende der Bahn zu schaffen.
8) Der Preis der Maschine darf 550 Pfund Sterling nicht überschreiten.

Auf Grund dieses Preisausschreibens fanden sich 4 Lokomotiven zu festgesetzter Zeit ein, und es fand zwischen denselben der in der Geschichte der Eisenbahnen hochbedeutsame **Lokomotivstreit von Rainhill am 6. Oktober 1829** statt.

Die vier um die Palme des Sieges ringenden Lokomotiven waren:

The Rocket, die Rakete, von Stephenson in seiner Fabrik zu Newcastle erbaut;
The Novelty, die Neuigkeit, von Braithwaite und Ericson;
The Sanspareil, die Unvergleichliche, von Hackworth;
The Perseverance, die Beharrlichkeit, von Burstall.

Der Wettbewerb dieser vier Maschinen fand in Gegenwart einer großen Menge von Gelehrten, Fachmännern und Laien statt und endete mit einem vollständigen Siege der Stephensonschen Lokomotive „The Rocket“. Dieselbe hatte bei einem Eigenwicht von $4^1/_4$ Tonnen einen $12^3/_4$ Tonnen schweren Zug mit einer Geschwindigkeit von 13,8 englischen Meilen in der Stunde befördert. Ja, als die eigentlichen Versuchsfahrten bereits beendet waren, führte Stephenson seine Maschine noch einmal vor und legte nun 25 Meilen in der Stunde zurück. Von diesem Tage an war der Sieg der Eisenbahnen endgiltig entschieden; die Aktien der Liverpool-Manchester-Bahn stiegen sofort um 10%.

Einen erheblichen Teil seines Erfolges hatte Stephenson der eigenartigen Konstruktion des Kessels der Rocket zu verdanken; dieselbe rührte merkwürdiger Weise von einem Nichttechniker, dem kaufmännischen Sekretär der Liverpool-Manchester-Bahn Henry Booth her und es erhielt daher letzterer einen besonderen Anteil von dem ausgesetzten Preise. Dieser neuartige Kessel gelangt noch jetzt bei den Lokomotiven allgemein zur Anwendung; sein wesentlichstes Merkmal besteht darin, daß der Wasserraum desselben von zahlreichen Röhren durchzogen wird, in welchen die Feuergase zum Schornstein entlang streichen. Des weiteren wurde Stephensons Sieg noch dadurch entschieden, daß jener den entweichenden Dampf zum Anfachen des Feuers ausnutzte.

So war die Welt in den Besitz eines neuen gewaltigen Verkehrsmittels gelangt. Stephenson war der Held des Tages, und von nun ab begann das Dampfroß unaufhaltsam seinen Siegeslauf um die Erde. Man betrachtete dasselbe als einen lebenden Dämon, die Stahl und Eisen gewordene Nachahmung des Pferdes, des bisherigen vollkommensten Repräsentanten des Verkehrswesens zu Lande. „Was an der Dampfmaschine“, so sagt Ernst Kapp in seinem vortrefflichen Werke „Grundlinien einer Philosophie der Technik“, „die hohe Bewunderung einflößt, das sind ja nicht jene technischen Einzelheiten, wie etwa die Nachbildung einer organischen Gelenkverbindung durch metallene Drehflächen mit Ölglätte, nicht die Schrauben, Arme, Hebel, Kolben, sondern es ist die Speisung der Maschine, die Umsetzung der Brennstoffe in Wärme und Bewegung, kurz der eigentümlich dämonische Schein selbsteigener Arbeitsleistung. Hier spricht die Erinnerung an höhere Herkünfte, die den Menschen, dessen Hand das eiserne Ungetüm gebaut und freigegeben hat zum Wettlauf mit Sturm und Wind und Wogen, in sich selbst erkennen macht.“

Am 16. September 1830 fand dann die feierliche Eröffnung der Liverpool-Manchester-Bahn, der ersten Eisenbahn im heutigen Sinne statt. Leider wurde die Feststimmung erheblich getrübt, denn schon hier zeigte sich die in den Dienst der Menschheit gebannte, gewaltige Kraft des Dampfes in ihrer dämonischen Eigenschaft: einerseits Segen spendend, andrerseits Tod und Verderben speiend. Auf einer Zwischenstation wurde das Parlamentsmitglied Huskisson durch die Zuglokomotive getötet. Stephenson selbst fuhr den Sterbenden nach Liverpool zurück und zwar mit der erstaunlichen Geschwindigkeit von 30 englischen Meilen in der Stunde!

Es möge uns gestattet sein, hier die Aufzeichnungen eines Teilnehmers dieser ersten Eisenbahnfahrt zum Teil folgen zu lassen:

„Obgleich die ganze Tour zwischen Liverpool und Manchester eine Reihe von Bezauberungen ist, weit wunderbarer als die in „Tausend und eine Nacht“, da sie Wahrheit, nicht Dichtung sind, so sind doch gewisse Momente von besonders anregendem Reiz.

Es sind dies die Abfahrt, die Steigungen, die Gefälle, die Tunnels, das Chat-Moor, die Begegnungen.

Im Augenblicke der Abfahrt bläst das Automatroß eine Explosion von Dampf empor — dann scheint es für eine oder zwei Sekunden zu ruhen. Bald wiederholen sich aber die Explosionen in immer kürzeren Intervallen, bis sie zu schnell werden, um gezählt werden zu können, obgleich ihr Schlag noch deutlich unterscheidbar bleibt. Diese Ausstöße oder Explosionen gleichen weit mehr kurz ausgestoßenem Löwen- oder Tigergebrüll, als einem anderen Tone, dessen ich mich entsinne. Bei der Steigung werden sie langsamer und langsamer, bis der riesige Automat bei der gewaltigen Anstrengung, die Höhe zu erreichen, arbeitet wie ein atemloses Pferd. Die Schnelligkeit mindert sich dem angemessen, und kurz vor dem Überschreiten des Höhepunktes bewegt sich die Maschine nicht schneller, als daß man im Schritt nebenher reiten könnte. Mit der langsameren Bewegung der Maschine wird auch ihre Atmung beschwerlicher, dem Stöhnen ähnlicher, bis zuletzt das Tier erschöpft wird und röchelt wie der Tiger, der vom Büffel erdrückt wird.

Im Augenblicke aber, wo die Höhe erreicht ist und der Herabstieg beginnt, werden die Schläge rascher, die Maschine mit ihrem Zuge beginnt zu eilen, und in wenig Sekunden fliegt sie das Gefäll hinab wie ein Blitz und wie mit einem ununterbrochenen Knallen von einem fernen Geschützfeuer. Zu dieser Zeit stürmt der Zug mit 35 bis 40 Miles Geschwindigkeit in der Stunde dahin. Ich saß außen auf dem ersten Wagen sozusagen über der Maschine. Die Scene war jetzt gewaltig, ich hätte fast gesagt schrecklich. Obgleich tote Windstille herrschte, blies uns doch ein Orkan entgegen, mit solcher Schnelligkeit schossen wir durch die Luft. Aber alles war gleichförmig streng gemessen, und es war etwas in der Präcision der Maschine, das die Empfindung einen Punkt weit vor der Furcht stillhalten, die Sicherheit ein wenig größer als die Gefahr erscheinen ließ.

Man mag vom Pole zum Äquator, von der Straße von Malacca bis zum Isthmus von Darien reisen und wird nicht so Bewunderungswürdiges sehen, als diese Eisenbahn.“

Alsbald vollzog sich in schneller Folge der Bau weiterer Eisenbahnlinien. In Deutschland wurde die erste Eisenbahn zwischen Nürnberg und Fürth am 7. Dezember 1835 eröffnet; auch diese Feier, von der wir in Fig. 411 eine charakteristische Zeichnung eines Augenzeugen bringen, bildete einen Triumph für die Erbauer der Bahn, **Johannes Scharrer** und **Paul Denis**. Wohl selten ist die Prophezeiung eines

Fig. 411. Eröffnung der Eisenbahn Nürnberg-Fürth am 7. Dezember 1835.

Poeten so vollständig in Erfüllung gegangen, als die des Nürnberger Buchbindermeisters und Magistratsrates, Jakob Schnerr. Dieser hatte ein Festgedicht für das an die Einweihung sich anschließende Bankett nach der Melodie: „Am Rhein, am Rhein, da wachsen unsre Reben“ geliefert, aus welchem hier folgende zwei Strophen Platz finden mögen:

Ja! alle Ketten, Fesseln, Wehr und Waffen
Aus roher, harter Zeit,
Sie werden einst in Schienen umgeschaffen,
Zum Preis der Menschlichkeit.

Mit Schienen, Freunde, webet ohne Bangen
Ein Netz von Pol zu Pol!
Sieht sich Europa einst darin gefangen,
Dann wird es ihr erst wohl.

Nur wenige Zahlen mögen hier folgen, um den Siegeszug zu kennzeichnen, welchen alsbald das Dampfroß um die Erde begann. Nachdem im Jahre 1825 die 41 Kilometer lange Strecke Stockton-Darlington als die erste, wenn auch noch unvollkommene, Eisenbahn eröffnet worden, waren im Jahre 1840 auf der gesamten Erde bereits 8641 Kilometer Eisenbahnen im Betriebe. Zwei Jahrzehnte später, am Schlusse des Jahres 1860, war diese Länge auf 107,935 Kilometer und nach weiteren zwei Jahrzehnten, am Schlusse des Jahres 1880, auf 367,105 Kilometer gestiegen. Die Ausdehnung der Schienengleise war also in den 20 Jahren, von 1840—1860, um 99,264 Kilometer und in den 20 Jahren, von 1860—1880, um 259,080 Kilometer gewachsen.

Am Schlusse des Jahres 1887 waren auf der Erde im ganzen 547,832 Kilometer Eisenbahnen im Betriebe. Von Interesse ist die Zunahme, welche die Eisenbahnnetze der verschiedenen Länder noch jetzt erfahren. So betrug das gesamte Eisenbahnnetz der Erde zu Anfang des Jahres 1899 i. S. 752472 km, was mehr als 100000 deutsche Meilen ausmacht. Den größten Anteil daran hat Amerika mit 387732 km, dann folgt Europa mit 269743 km. In Europa wiederum hat Deutsch- mit 49500 km das größte Eisenbahnnetz, dann folgen der Reihe nach Rußland, Frankreich, Österreich-Ungarn, und erst an fünfter Stelle Großbritannien und Irland. Das gesamte Eisenbahnnetz der Erde hat in den letzten fünf Jahren des 19. Jahrhunderts um 2 bis 2,5 % ziemlich gleichmäßig zugenommen. Was das Schlußjahr 1899 betrifft, so weisen die größte Steigerung Asien und Afrika auf, die geringste Amerika. In Asien hat der fortschreitende Ausbau der sibirischen Bahn, in Afrika der Eisenbahnbau der englischen Kolonien den Zuwachs bewirkt. In Amerika sind nur die Vereinigten Staaten an der wenn auch sehr geringen Zunahme beteiligt. In Europa hat Rußland den größten Zuwachs aufzuweisen. Die Anlagekosten aller auf der Erde vorhandenen Eisenbahnen waren am Schlusse des Jahrhunderts auf fast 149 Milliarden Mark zu veranschlagen, was im Laufe der kurzen Spanne Zeit von nur zwölf Jahren eine Steigerung von nicht weniger als 35 Milliarden beträgt.

Die Dichtigkeit der Eisenbahnnetze der verschiedenen Länder läßt sich aus folgender kleiner Zusammenstellung entnehmen:

Es kam Ende 1887	auf je 100 Quadratkilom. eine Bahnlänge von Kilometer	auf je 1000 Einwohner eine Bahnlänge von Kilometer
in Preußen	6,8	8,2
„ Bayern	6,9	9,5
„ Sachsen	15,2	7,0
„ Württemberg	7,5	7,3
„ Österreich-Ungarn	3,6	5,9
„ Großbritannien und Irland	10,0	8,9
„ Frankreich	6,5	9,0
„ Rußland	0,5	3,2
„ Italien	4,1	3,9
„ Belgien	16,1	8,1
„ Vereinigte Staaten von Nordamerika	2,7	40,9

Bevor wir uns der Besprechung der verschiedenen Einrichtungen der Eisenbahnen zuwenden, mögen noch einige kurze Bemerkungen folgen, aus denen der Einfluß zu ersehen ist, welchen die Eisenbahnen nach verschiedenen Richtungen hin ausübten.

Nach Picards Traité de chemin de fer betrug die Fahrgeschwindigkeit der Personenbeförderung in Frankreich pro Stunde:

im 17. Jahrhundert	2 km
am Ende des 18. Jahrhunderts	3 „
im Jahre 1814	4 „
„ „ 1830	6 „
„ „ 1848	9 „

Beim Gütertransport betrug diese Geschwindigkeit vor Einführung der Eisenbahnen nicht mehr als 3 bis 4 km pro Stunde. In England legte man bereits in alten Zeiten auf die Herstellung guter Personenbeförderung ganz besonderes Gewicht, und es betrug hier die Geschwindigkeit der alten Diligenceposten 15 bis 16 km die Stunde.

In diese Verhältnisse brachte nun die Eisenbahn einen plötzlichen Wandel. Die Geschwindigkeit der Personenbeförderung stieg nunmehr sofort auf 30 km, diejenige des Güterverkehrs auf 20 bis 30 km. Heutzutage fahren unsere Kurierzüge mit 90 km und mehr in der Stunde. Diese außerordentliche Vermehrung der Geschwindigkeit brachte auf der einen Seite allerdings einen außerordentlichen Gewinn, auf der anderen Seite aber zwang sie die Eisenbahntechniker, auf Mittel und Wege zu sinnen, um die gewaltigen entfesselten Kräfte leicht und bequem regeln und bändigen zu können.

Picard berechnet die Ersparnis der Reisenden an Zeit infolge der Abkürzung der Reisedauer im Jahre 1883 für Frankreich auf 17 Millionen Tage zu 24 Stunden oder auf 10 bis 11 Stunden pro

Einwohner. Engel schätzt die aus der Beschleunigung des Personenverkehrs sich ergebende Ersparnis für die Zeit bis 1878 für Deutschland auf 955 Millionen Mark. Beiläufig möge hier noch bemerkt werden, daß der thatsächliche, d. h. direkte und indirekte Vorteil einer Eisenbahn von dem bekannten französischen Minister Freycinet (welcher gleich dem Präsidenten Carnot aus dem Ingenieurfache hervorgegangen ist) als das Vierfache der gesamten Bruttoeinnahme der Bahn berechnet wurde.

Man ist in den Kreisen der Laien sehr geneigt, die Eisenbahnen als ein höchst gefährliches Transportmittel zu betrachten. Mit Unrecht! denn die Statistik lehrt das Gegenteil. So stellte man für Frankreich fest, daß durch die Eisenbahnen eine Steigerung der körperlichen Sicherung um das 13—16fache gegenüber dem Reisen in der Postkutsche bewirkt worden ist. Für England ist nachgewiesen worden, daß es bei weitem nicht so gefährlich ist, einen Tag mit der Eisenbahn zu reisen, als während derselben Zeit in den belebteren Teilen Londons zu gehen, woselbst durch Pferdewagen jährlich 7—8mal so viel Menschen umkommen, als auf den sämtlichen Eisenbahnen Großbritanniens. Durch die Eisenbahnen ist der Komfort und die Gelegenheit zum Reisen so gewaltig gewachsen, daß z. B. in Frankreich vom Jahre 1841 bis bis zum Jahre 1890 die Zahl der Reisenden sich um das 381fache vermehrte.

1. Der Bau der Eisenbahnen.

Handelt es sich darum, zwei Städte unter einander durch eine Eisenbahn zu verbinden, so sind zunächst diejenigen zwischenliegenden Punkte zu bestimmen, welche wegen ihrer wirtschaftlichen Bedeutung durch die Eisenbahn berührt und in den Verkehr einbezogen werden sollen. Die auf diese Weise festgelegte Linie nennt man die kommerzielle Trace. Nunmehr ist es Sache des Bauingenieurs diese kommerzielle Trace so zu legen, daß dieselbe mit den zur Verfügung stehenden technischen Mitteln gebaut und betrieben werden kann, und zwar so, daß ein angemessener Nutzen erzielt werden kann. Aus dem Kompromisse zwischen der kommerziellen und der thatsächlich ausführbaren Trace entspringt dann schließlich das endgültige Projekt. Als Grundsätze für den Bau der Eisenbahnen gelten im allgemeinen folgende:

1. Die Krümmungsradien der Kurven müssen möglichst groß sein, damit die Fahrzeuge möglichst leicht hindurch passieren können; man nimmt für diese Radien im flachen Lande eine Größe von 1100 Metern, im Hügellande von 600, im Gebirge von 300 Metern; in Deutschland sind Kurvenradien von weniger als 180 Metern überhaupt nicht zulässig.

2. Die Steigungen sollen im Flachlande in der Regel den Betrag von 1 : 200 nicht überschreiten, d. h. die Eisenbahn soll auf einer Länge von 200 Metern höchstens 1 Meter ansteigen. Im Hügellande geht man bis 1 : 100, im Gebirge bis auf 1 : 40, ja in der neueren Zeit bis

auf 1 : 20. Ist mit Hülfe dieser Steigungen die Bahn nicht zu erbauen, so muß man das gewöhnliche Eisenbahnsystem mit glatten Schienen verlassen und zum Bau einer Zahnradbahn oder Seilbahn, oder einer Kombinierung dieser Systeme schreiten.

Der den Bau einer Eisenbahn projektierende Ingenieur ist durch diese Rücksichten außerordentlich gebunden im Vergleich zu seinen den Wegebau betreibenden Kollegen. Es ist dieses aber eine Folge des Wesens der Schienenbahn, und man muß daher bei dem Bau derselben gewaltige Bauwerke, Einschnitte, Aufschüttungen, Tunnels, Brücken u. s. w. ausführen, um die oben angegebenen Krümmungsradien und Steigungen nicht zu überschreiten.

Die größten Hindernisse bilden die hohen Gebirge, sowie die großen Flüsse und Meeresarme: erstere müssen durchtunnelt werden, letztere bezwingt man dadurch, daß entweder gewaltige, früher für unmöglich gehaltene Brückenbauten ausgeführt werden, oder daß man den Eisenbahnzug auf großen Dampfschiffen, sogenannten Trajektdampfern, über das Wasser transportiert.

Von den Tunnels sind die großartigsten der Mont Cenis-Tunnel von 12,2 Kilometer Länge, eröffnet am 17. September 1871, der St. Gotthard-Tunnel von 15 Kilometer Länge, eröffnet im Juni 1882, und der Arlberg-Tunnel von 10,25 Kilometer Länge, eröffnet im Jahre 1884.

Auf dem Gebiete des Brückenbaues hat die Einführung der Eisenbahnen eine vollständig neue Ära herbeigeführt. Hatte in früheren Jahrhunderten bei der Verwendung von Holz und Stein schon die Überbrückung kleiner Ströme ein erhebliches Maß von Zeit und Arbeit erfordert, so brachte das Zeitalter des Dampfes auch hier alsbald einen derartigen Aufschwung, daß bereits ein ernstgemeintes Projekt einer Überbrückung des Kanals zwischen England und Frankreich auftauchen konnte. Es ist dieses in erster Linie eine Folge der Einführung des Schmiedeeisens und des Stahles in die Brückenbautechnik.

Als den gewaltigsten Repräsentanten dieses Teiles des Eisenbahnwesens lassen wir nachstehend die über den Firth of Forth bei Edinburg vor wenigen Jahren erbaute Brücke folgen. Der Umstand, daß dieses gewaltige Werk überhaupt unternommen und ausgeführt wurde, ist eine lebendige Illustration für den Wert, welchen gegenwärtig die Zeit in unserem Leben besitzt, da der durch die Brücke beseitigte Umweg nur 40 Kilometer, das Anlagekapital dagegen 2325000 Pfund Sterling betrug.

Die Forth-Brücke ist erbaut von den Ingenieuren Sir John Fowler und Benjamin Baker; die Überspannung des einen zahlreichen Schiffsverkehr aufweisenden Meeresarmes geschieht in 2 kolossalen Öffnungen von je 521,2 m lichter Weite. Als erschwerend für die Ausführung der Brücke kam in Betracht, daß dieselbe wegen der Schiffahrt sowie wegen der Tiefe des Wassers (60 m) ohne irgend welche Rüstung von den Ufern aus allmählich vorgebaut werden mußte; als günstiger Umstand kam dem Bau die zwischen beiden Ufern gelegene kleine Felseninsel Garvie zu gute; dieselbe ist denn auch zur Aufnahme des einzigen Zwischenpfeilers benutzt worden. Wie aus der in Fig. 412 gegebenen Skizze zu ersehen ist, besteht die Brücke aus drei großartigen Pfeilerkonstruktionen, von denen je eine auf dem südlichen bezw. nördlichen Ufern und eine auf der eben erwähnten Insel Garvie errichtet ist. Das Charakteristische der Konstruktionen besteht darin, daß von jedem Pfeiler aus Konsolen nach beiden Seiten hin vorgebaut sind, und der zwischen den Endpunkten der Konsolen noch zu überbrückende Teil der Spannweite durch einen mit Hilfe von Gelenken eingeschalteten Fachwerksträger überspannt wird. Die Gelenkigkeit dieser Verbindung ist erforderlich, um den Veränderungen der Höhenlage der Stützpunkte und den durch die Temperaturschwankungen hervorgerufenen Ausdehnungen der Eisenkonstruktionen entgegentreten zu können. Dieses System des Brückenbaues, bekannt als Cantilever-Brücke oder Konsolbrücke mit frei schwebenden Stützpunkten, ist berufen, eine hervorragende Rolle bei der Überbrückung solcher Verkehrshindernisse zu bieten, bei denen aus irgend welchen Gründen die Errichtung eines Baugerüstes zwischen den Stützpunkten ausgeschlossen ist. In der That hat dasselbe bereits mehrfach Anwendung gefunden, wie z. B. bei der Überbrückung des Niagara und des St. Johnflusses in Neu-Braunschweig. Die Grundidee ist sehr alt und soll bereits vor Hunderten von Jahren von den Chinesen benutzt worden sein. Als Baker, der eine Erbauer der Forth-Brücke, den durch seine außereuropäischen Feldzüge bekannten englischen General Lord Napier of Magdala auf die Baustelle führte und ihm das Prinzip der Konstruktion darlegte, äußerte derselbe, daß die gleiche Bauweise ihm mehrfach bei wilden Völkern zum Zwecke der Überbrückung reißender, unwegsamer Flüsse bekannt geworden sei.

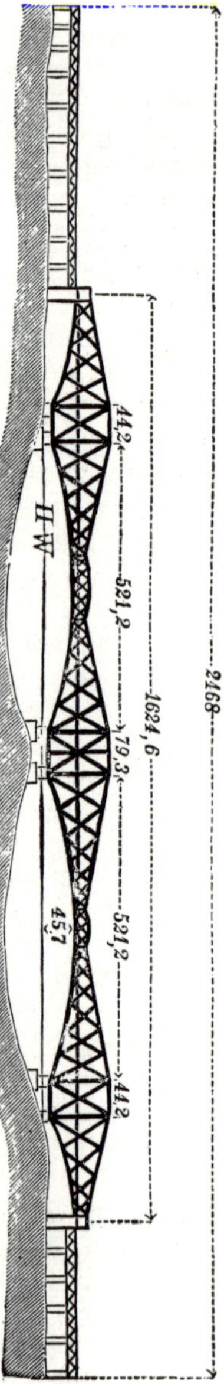

Fig. 412. Die Forth-Brücke.

Fig. 413 giebt die Art und Weise wieder, wie Baker gelegentlich eines in London gehaltenen Vortrages die Wirkungsweise der

Cantilever=Brücke erklärte. Man erkennt unschwer, daß die beiden auf Stühlen sitzenden Personen den beiden Hauptpfeilern entsprechen, während der mittlere, gelenkige Teil der Brücke durch den Sitz der mittleren Person repräsentiert wird. Die Arme der beiden erstgenannten Personen sind als Konsolen ausgebildet und zwar derartig, daß die über

Fig. 413. Bakers lebendes Modell der Forth=Brücke.

dem Wasserspiegel liegenden das gelenkige Zwischenglied tragen, während die den Ufern zugewandten durch am Lande errichtete Fundamente gesichert sind. Es möge hier bemerkt werden, daß die Übertragung dieses in Asien für Holzbrücken und kleine Spannweiten angeblich bereits seit Jahrhunderten bekannten Konstruktionsprinzipes auf eiserne Brücken mit großen Spannweiten zuerst von einem deutschen Ingenieur Gerber, dem Erbauer der bereits erwähnten Niagara=Brücke, herrührt. Nachdem sich diese Bauweise für immer größere Spannweiten erfolgreich bewährt hat, läßt dieselbe die Möglichkeit der Überbrückung noch größerer Meeresarme unzweifelhaft erscheinen.

Was die Fundierung der Pfeiler anbetrifft, so ist jeder derselben in der Weise unterstützt, daß unter jeder Ecke ein cylindrischer Mauerwerkspfeiler von durchschnittlich 15 m Durchmesser angebracht ist. Die Verbindung dieser Mauerkörper mit den eisernen Pfeilern erfolgt durch 48 Stahlbolzen von 65 mm Stärke.

Die 3 Fundamente des südlichen Pfeilers sind sämtlich auf eisernen Caissons aufgebaut, welche bis auf den festen Baugrund, durch die darüber gelagerte Schlammschicht hinabgesenkt wurden. Der Durchmesser dieser Caissons beträgt 21,3 m. Die nähere Einrichtung eines solchen Caissons ist aus Fig. 414 ersichtlich. Dasselbe besteht aus einem der unteren Fläche des Brückenpfeilers entsprechend bemessenen starken eisernen Kasten, welcher mit scharfen Schneiden versehen ist, so daß er sich in das Erdreich des Meeresgrundes eindrückt. Ist dieses Caisson an derjenigen Stelle versenkt, wo der Brückenpfeiler errichtet werden soll, so wird das Wasser aus demselben herausgepumpt. Nunmehr wird das Caisson sorgfältig verschlossen, und hierauf Luft in das-

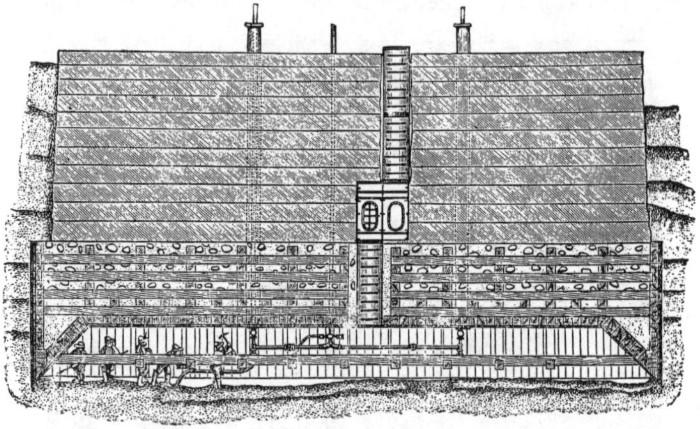

Fig. 414. Fundierung eines Brückenpfeilers auf einem Caisson.

selbe hineingepreßt, welche durch ihren Überdruck verhindert, daß durch das Erdreich Wasser unterhalb der Schneiden des Caissons in dieses eindringe. Nun wird von Arbeitern das Erdreich unterhalb des Caissons gelockert und nach oben befördert, infolgedessen das Caisson immer tiefer in das Erdreich einsinkt, bis guter Baugrund erreicht ist. Der Aufenthalt in einem solchen Caisson ist infolge des in demselben herrschenden Überdruckes ein der Gesundheit schädlicher, so daß die Arbeiter oft abgelöst werden müssen.

Das Versenken ging bei dem Bau der Forth-Brücke bei 3 Caissons ohne Unfall von statten; bei dem vierten trat jedoch ein eine lange Verzögerung mit sich bringender Zwischenfall ein. Am Neujahrstage 1885, als man das Caisson an Ort und Stelle gebracht hatte, setzte sich derselbe bei Eintritt der Flut derartig tief in dem Schlamm fest, daß die darauf folgende Ebbe nicht imstande war, ihn zu heben; er füllte sich daher mit Wasser, neigte sich zur Seite und wurde außerdem noch um 4,5 m von der für ihn bestimmten Stelle fortgeführt. Der Versuch, das Caisson durch Auspumpen wieder flott zu machen, mißlang und kostete zwei Arbeitern das Leben. Endlich im Oktober gelang es, dasselbe an seinen Ort zu bringen und dort zu fesseln.

Die Fundierungsarbeiten waren im März 1886 beendet und hatten gerade 2 Jahre in Anspruch genommen.

Von nun ab begann man mit der Anbringung der großartigen eigentlichen Brückenkonstruktionen, indem man zunächst die Pfeiler, deren mittlerer in Fig. 415 dargestellt ist, errichtete und von diesen aus die

Überbrückung nach der Mitte der Öffnungen zu vorwärts trieb. Die Ausführung der beiden Anschluß Landbrücken bietet kein besonderes Interesse und kann daher übergangen werden.

Die Pfeiler sowie die Konsolen sind aus röhrenförmigen Säulen und Streben zusammengesetzt. Wenn man bedenkt, daß der Durchmesser dieser Röhren bis zu 3,66 m beträgt, so kann man sich eine

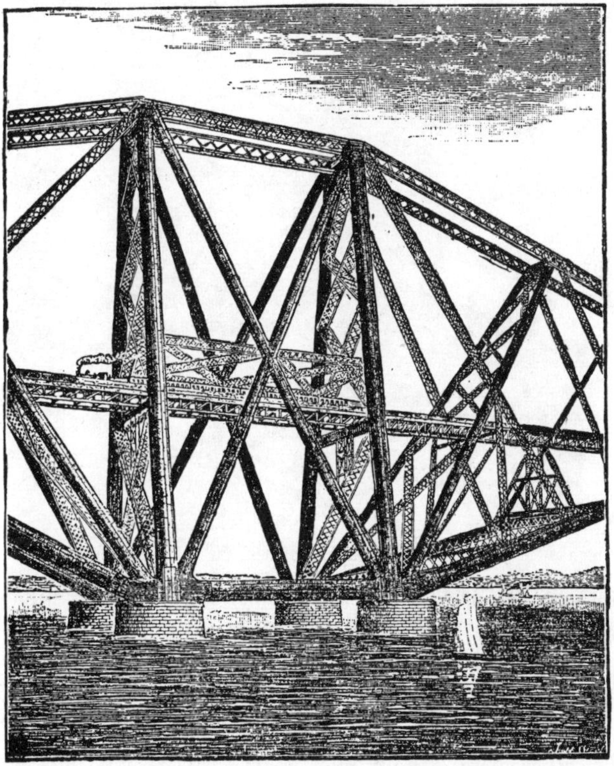

Fig. 415. Der mittlere Pfeiler der Forth-Brücke.

Vorstellung davon machen, wie außerordentlich kompliziert die Knotenpunkte der Pfeiler und der Konsolstreben ausfallen mußten. Es giebt an der Brücke Punkte, wo 10 verschiedene Konstruktionsteile von ungewöhnlicher Größe zusammenstoßen und durch Nietung miteinander in feste Verbindung gebracht wurden; zur Erzielung einer leichteren Vernietung gehen die Rohre in der Nähe der Knotenpunkte in eine viereckige Form über. Das Vorbauen der Konsolen erfolgte in der Weise, daß die einzelnen Rohrstücke und Bleche durch hydraulische Nietmaschinen allmählich vor einander gebracht wurden, wobei allemal, ehe ein fester Dreiecksverband erzielt werden konnte, dieser durch später wieder zu entfernende Hilfskonstruktionen vorläufig hergestellt wurde. Die Nietmaschine sowie ein die Bleche während des Nietens tragender Krahn wurden mit dem Fortschreiten der Arbeit hydraulisch vorwärts bewegt. Aus der in Fig. 416 wiedergegebenen Ansicht, welche einen Krahn nebst Nietmaschine darstellt, ersieht man eine der wie Schwalben-

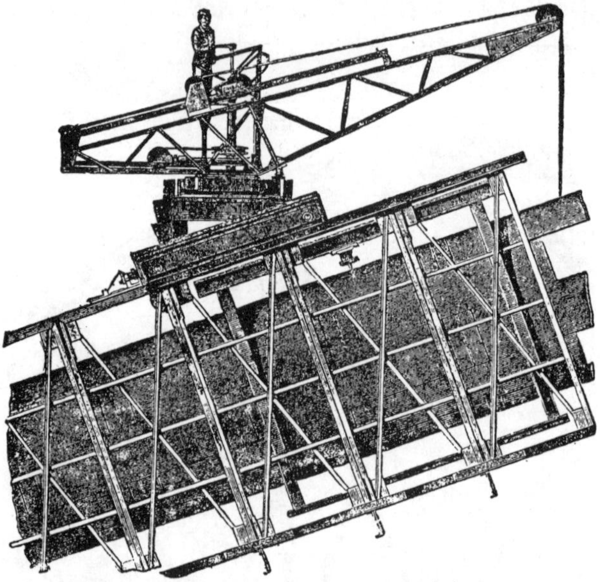

Fig. 416. Krahn und Nietmaschine für Brückenbauten.

nester an den Pfeilern und Streben haftenden Arbeitsstellen. Eine Hauptschwierigkeit bei dieser Art des Brückenbaus, bei welcher man sich von zwei Seiten auf halbem Wege entgegenkommt, besteht darin, daß die Richtung genau innegehalten wird und die beiden vorgebauten Konsolen nicht an einander vorbeigehen.

Bei den gewaltigen Größenverhältnissen der Brücke — die Höhe der Pfeiler über dem Hochwasserspiegel beträgt 110 Meter, während diejenige des Berliner Rathausturms z. B. nur 88 Meter beträgt — ist die Ausdehnung, welche die Brücke bei Erhöhung der Temperatur erfährt, sehr beträchtlich; man schätzt dieselbe im Sommer auf 800 Millimeter.

Hinsichtlich der Eisenbahntrajekte können wir uns kurz fassen. Bei diesen wird der Transport von Eisenbahnwagen in der Weise ausgeführt, daß diese auf das mit Schienengleisen versehene Verdeck des Trajektschiffes geschoben und nunmehr wie jede andere Last an das gegenüberliegende Ufer befördert werden. Hier wird der Zug von den Schiffsgleisen auf die am Lande befindlichen Gleise hinübergeschafft und setzt dann seinen Weg fort.

Ist die Bahnlinie soweit hergestellt, daß die Tunnel, die Einschnitte, die Aufschüttungen, die Brücken fertig sind, so beginnt die Verlegung des Oberbaues, d. h. der Gleise. Dieses geschieht in der Weise, daß die Schienen auf hölzernen oder eisernen Schwellen, welche in einer starken Kieslage eingebettet sind, befestigt werden. Die Konstruktionen des Oberbaues sind außerordentlich zahlreich; man unterscheidet gegenwärtig nach dem zur Verwendung gelangenden Materiale den hölzernen und den eisernen Oberbau; bei ersterem liegen die Schwellen quer zur Richtung des Gleises, während bei dem eisernen Oberbau sowohl querliegende als auch unterhalb der Schienen mit diesen in gleicher Richtung verlaufende eiserne Schwellen (Langschwellen) zur Anwendung kommen. Die Spurweite zwischen den Schienen beträgt bei der überwiegenden Mehrzahl der Eisenbahnen 1,435 Meter; man nennt diese die Normalspur im Gegensatz zu der Schmalspur, welche zwischen 0,6 bis 1,25 Metern schwankt und bei den Eisenbahnen untergeordneter Bedeutung, den sogenannten Sekundär- und Tertiärbahnen, Anwendung findet. Die so verlegten Gleise sind, um einen gehörigen Verkehr zu ermöglichen, noch mit Vorrichtungen zu versehen, welche einem Fahrzeuge gestatten, von dem einen Gleise auf ein anderes überzugehen. Diese Vorrichtungen sind die Drehscheiben, die Schiebebühnen und die Weichen. Die beiden ersteren sind beweglich angeordnete Gleisteile, welche durch Menschenkraft oder durch Elementarkraft samt dem auf ihr befindlichen Fahrzeuge von einem zum anderen Gleise gedreht, oder auf Rädern gefahren werden. Die dritte Gattung, die Weichen, ist die wichtigste, denn mit Hülfe dieser können ganze Züge von einem zum anderen Gleise übergehen. In der Fig. 417 ist eine Weichenanlage dargestellt. Um von dem Gleise AB auf das Gleis CD ganze Wagenzüge überführen zu können, ist ein mit HH bezeichnetes Zwischengleis angeordnet; dasselbe hat an seinen beiden Enden bewegliche Zungen zz[1], welche mittels der Zugstangen s so verlegt werden können, daß die Wagen entweder auf den Gleisen AB bezw. CD verbleiben oder über H von dem einen zum anderen Gleise übergehen. Fig. 417 giebt ferner die eigentliche Weiche in größerem Maßstabe wieder. Der Teil H heißt das Herzstück, während die Teile Z den Namen Zwangsschienen führen, weil sie die Räder bei dem Passieren der Weichen in die richtige Bahn zwängen und am Entgleisen verhindern. Je nachdem die Ablenkung des Zuges, wenn man gegen die Spitze der Weiche sieht, nach rechts oder nach links erfolgt, unterscheidet man Rechts- bezw. Linksweichen. Laufen, wie in dem unteren Teile von Fig. 417 dargestellt ist, beide Gleise hinter der Weiche aus einander, so heißt die Weiche eine symmetrische.

Eine große Anzahl der leider unvermeidlichen Eisenbahnunfälle ist auf unrichtige Bedienung der Weichen zurückzuführen. Um diese Gefahr thunlichst zu beschränken, ist man in neuerer Zeit dazu übergegangen, die Weichen der größeren Bahnhöfe durch lange Drahtleitungen und Gestänge zu vereinigen und thunlichst in die Hand eines einzigen Mannes zu legen, so daß also die durch das Mißverständnis mehrerer leicht herbeigeführten Unfälle nunmehr fortfallen; man nennt eine solche Einrichtung eine centrale Weichenstellvorrichtung. Auch mit den die Ankunft und Abfahrt der Züge anzeigenden Signalen hat man jetzt die Weichen derartig verbunden, daß das Signal nicht eher gegeben werden kann, als bis die zugehörige Weiche in die richtige

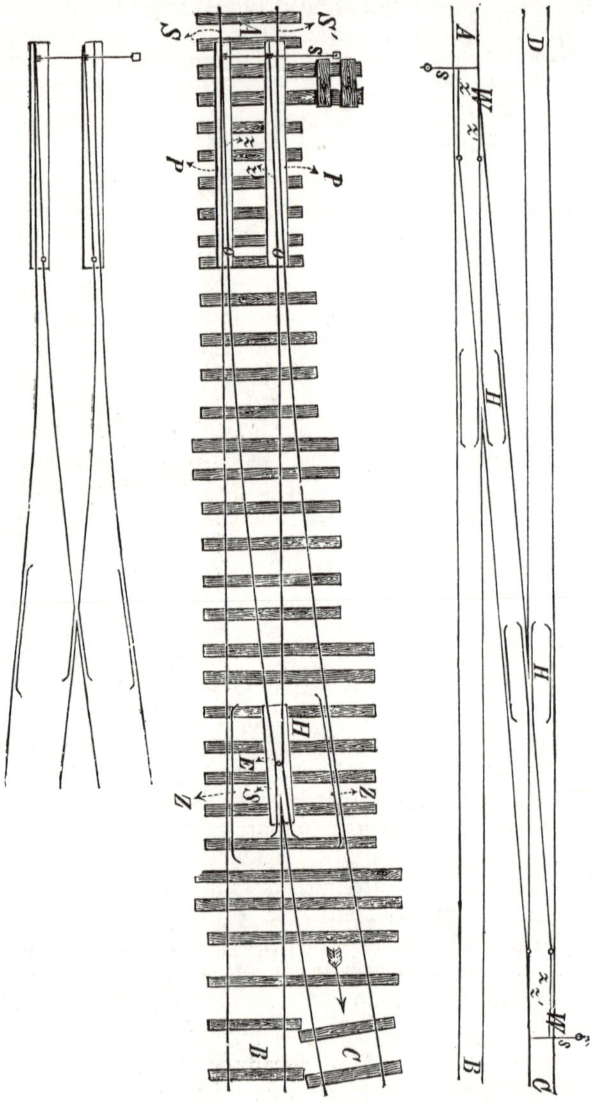

Fig. 417. Weichen.

Stellung gebracht ist. Durch diese höchst sinnreiche Vorrichtung ist der Eisenbahnbetrieb während der letzten Jahrzehnte ein erheblich sicherer geworden. (Vergl. auch S. 258 und 259.)

Zum Schluß dieses dem Eisenbahnbau gewidmeten Abschnittes müssen wir noch einer besonderen Art von maschinellen Vorrichtungen kurz gedenken, welche auf jedem Bahnhofe vorhanden sein müssen und welche für eine prompte Besorgung des **Verkehrs**, speziell des **Güter**-

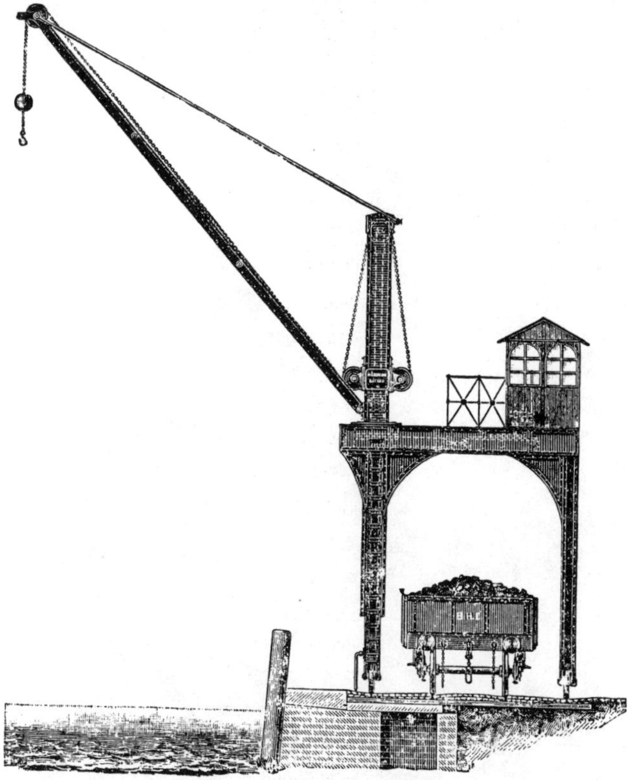

Fig. 418. Fahrbarer Drehkrahn.

verkehrs von der allergrößten Wichtigkeit sind. Wir meinen die zum Be- und Entladen der Eisenbahnwagen dienenden Krahne und Entladevorrichtungen. Fig. 418 stellt einen vom Grusonwerk in Magdeburg-Buckau gebauten fahrbaren Drehkrahn mit hydraulischem Betrieb dar. Wie aus der Abbildung zu ersehen, besitzt das aus Schmiedeeisen hergestellte Krahngerüst die Gestalt eines Portales, dessen lichte Weite so bemessen ist, daß auf dem darunter liegenden Eisenbahngleise beladene Wagen verkehren können. Die Verschiebung des Krahnes auf seinen Gleisen geschieht durch Menschenhand. Das Heben der Lasten dagegen erfolgt durch einen vertikalen Cylinder, dessen mittels Wasserdruckes bewegte Kolbenstange auf einen Flaschenzug wirkt; die Drehbewegung des Krahnes wird durch zwei horizontale hydraulische Cylinder erreicht. Sollen nur kleine Lasten gehoben werden, so kann durch eine besondere Vorrichtung der Verbrauch von Druckwasser entsprechend vermindert werden. An dem Krahngleise ist eine Rohrleitung angebracht, welche das erforderliche Druckwasser hinzuführt.

Fig. 419 zeigt eine ebenfalls vom Grusonwerk gebaute Entladevorrichtung. Mit Hülfe derselben können die mit 10000 kg befrachteten

Fig. 419. Entladevorrichtung.

Güterwagen, nachdem sie auf die Schienen einer schmiedeeisernen, in das Eisenbahngleis eingebauten Plattform aufgefahren sind, in einer Neigung gekippt werden, daß der Inhalt sich binnen 5 Minuten durch eine Schüttrinne entleert. Auch diese Vorrichtung wird mit Hülfe von gepreßtem Wasser betrieben. (Vergl. auch S. 223.)

2. Die Lokomotiven und Eisenbahn-Wagen.

Bereits bei der Besprechung des Wettstreites von Rainhill hatten wir kurz erwähnt, daß der Sieg Stephensons wesentlich durch den von Booth und jenem konstruierten Röhrenkessel entschieden wurde. In Fig. 420 ist die innere Einrichtung eines solchen für eine amerikanische

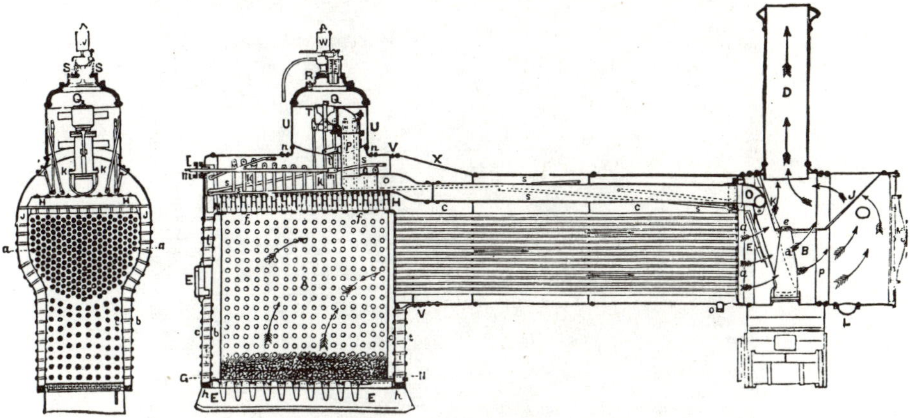

Fig. 420. Lokomotivkessel.

Lokomotive bestimmten Röhrenkessels gegeben. Wir sehen hier am hinteren Ende des Kessels die zur Aufnahme des Feuers dienende Feuerkiste A, von welcher aus die Heizgase durch zahlreiche, den Wasserraum C des Kessels durchziehende Röhren zu der Rauchkammer abziehen. Aus dieser strömt sodann der Rauch durch den Schornstein D ins Freie. Der in dem Kessel sich bildende Dampf sammelt sich in dem sogenannten Dome U und wird von hier aus den rechts und links am Gestell der Lokomotive angeordneten Dampfcylindern zugeführt. In diesen wirkt dann der Dampf genau wie in einer Zwillingsdampfmaschine; die Kolbenstangen der Cylinder greifen an die Treibstangen an, welche die Räder der Lokomotive in Drehung versetzen und so die Bewegung derselben nebst den angehängten Wagen bewirken. Der Dampf tritt, nachdem er in den Cylindern seine Arbeit verrichtet hat, durch die Rauchkammer zum Schornstein hinaus. Auch diese Einrichtung hatte bereits die „Rocket" Stephensons und verdankte derselben einen großen Teil ihres Erfolges, da durch den mit großer Geschwindigkeit aus dem Schornstein hinausgetriebenen Dampf das Feuer in der Feuerkiste mächtig angefacht wurde und infolge dessen sehr vielen Dampf produzierte.

Was den Bau der Lokomotive zu einem sehr schwierigen macht, das ist der Umstand, daß die Bedienung sämtlicher Teile während der Fahrt von einer einzigen Stelle, von dem Führerstande aus leicht und bequem gehandhabt werden muß; der Lokomotivführer kann nicht wie der Wärter einer stationären Maschine nach Belieben zu jeder Zeit um seine Lokomotive herumgehen und hier die einzelnen Ventile, Hähne, Klappen ꝛc. bedienen. So bietet denn das in Fig. 421 dargestellte Innere eines Lokomotivführerhauses ein sehr buntes Bild dar.

Fig. 421. Das Innere eines Lokomotivführerhauses.

1 bis 3. Leinen für die Signalglocken. 4. Dampfpfeifenhebel. 5. Manometer für den Kessel. 6. Manometerlaterne. 7. Manometer für die Luftdruckbremse. 8. Ventil für die Brems-Dampfpumpe. 9. Schmiervorrichtung. 10. Dampfhahn für die Schmiervorrichtung. 11. Sandstreuer, um bei Glatteis Sand auf die Schienen zu streuen. 12. Hebel zum Öffnen der Cylinder-Wasserhähne. 13. Ventil zum Anfachen des Feuers. 14. Hebel zum Einlassen des Dampfes in die Dampfcylinder. 15. Feststellvorrichtung für Hebel 14. 16. Injektorventil. 17. Steuerhebel. 18. Feststellvorrichtung für den Steuerhebel. 19. Wasserstandshähne. 20. Cylinderschmierhähne. 21 bis 23. Injektorhebel. 24. Ölkannenbehälter. 25 bis 31. Hebel für die Luftdruckbremse. 32. Vorrichtung zur Regulierung des Schornsteinzuges. 33. Vorrichtung zum Heben und Senken der Schneeräumer. 34. Hebel zum Kontrolieren der Injekteure. 35. Wasserstandslaterne. 36. Lufteinlaß für die Feuerkiste. 37, 38. Ölkannen. 39. Wärmvorrichtung für die Ölkannen. 40. Feuerthür. 41. Kette zum Öffnen und Schließen der Feuerthür. 42. Hebel zum Öffnen und Schließen der Aschenfallklappen. 43. Schmiervorrichtung für die Luftpumpe der Bremse. 44. Ventil, um behufs Anfachen des Feuers Dampf in den Schornstein einzulassen. 45 bis 49. Heizventil für die Wagen des Zuges. 50, 51. Wasserstandszeiger. 52. Hahn zum Ausblasen von Schmutz aus dem Kessel.

Die in den Figuren 422 und 423 dargestellten modernen Lokomotiven haben einen sogenannten Schlepptender (bei Fig. 422 nicht dargestellt), welcher das erforderliche Wasser und Brennmaterial aufnimmt. Das Gegenstück zu diesen Lokomotiven mit besonderen Tendern bilden die

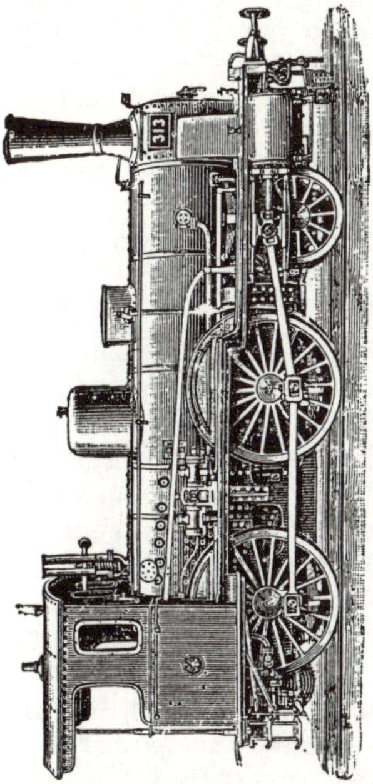

Fig. 422. Preußische Personenzug-Lokomotive.

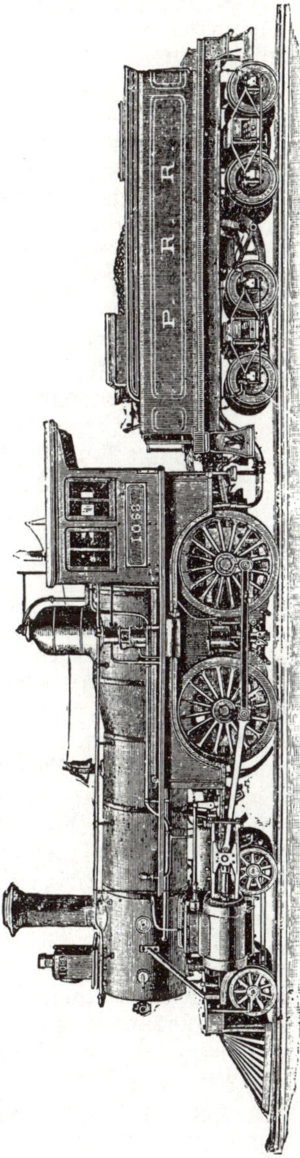

Fig. 423. Amerikanische Personenzug-Lokomotive.

sogenannten Tendermaschinen, bei denen die Behälter für das Wasser und das Brennmaterial um den Kessel und am Führerhause angeordnet sind. Je nach der Anzahl der mit den Kolbenstangen der Dampfcylinder gekuppelten Räderpaare unterscheidet man einfach, zweifach, dreifach 2c. gekuppelte Maschinen. Je mehr Last eine Lokomotive ziehen soll, desto mehr gekuppelte Räderpaare muß dieselbe haben. Man trifft daher unter den Güterzugmaschinen meist nur dreifach gekuppelte Maschinen. Das Kennzeichen der Schnellzugmaschinen besteht darin, daß sie meist nur ein- oder zweifach gekuppelt sind und große Räder besitzen, welche während eines jeden Kolbenhubes eine große Weglänge zurücklegen. Die in Fig. 423 dargestellte amerikanische Lokomotive ist noch dadurch bemerkenswert, daß dieselbe vorn ein sogenanntes Drehgestell, Truck, aufweist. Es hat dieses den Zweck, die Lokomotive zu befähigen, die Krümmungen der Bahn thunlichst leicht zu passieren; auch der Tender ist mit zwei derartigen Drehschemeln ausgestattet. Das große gitterartige, über den Schienen angeordnete Gestell dient dazu, Hindernisse, insbesondere auf das Geleise geratenes Vieh — daher auch cow-catcher genannt — zur Seite zu schleudern. Die mächtige Glocke dient dazu, Passanten auf das Herannahen des Zuges aufmerksam zu machen, eine Maßnahme, welche in Amerika, wo Bahnwärter nur vereinzelt vorhanden sind, dringend erforderlich ist.

Bei der deutschen Lokomotive ist noch zu bemerken, daß bei derselben unmittelbar am Führerhause eine Luftpumpe zu sehen ist; diese dient dazu, die erforderliche Menge an Preßluft für die später noch zu beschreibende Luftdruckbremse zu beschaffen.

In der neuesten Zeit hat man das bei den Dampfmaschinen des näheren besprochene Compound- oder Verbundsystem auch auf Lokomotiven übertragen. Ein wesentliches Verdienst hierfür gebührt dem Königlichen Eisenbahn-Bauinspektor von Borries in Hannover, sowie dem Engländer Webb und dem Franzosen Mallet. Die gebräuchlichste Art dieser Verbundlokomotiven arbeitet mit zwei ungleich großen Dampfcylindern; hat der Dampf in dem kleinen Cylinder, dem Hochdruckcylinder seine Arbeit verrichtet, so tritt er in den größeren, den Niederdruckcylinder über, um hier des weiteren noch ausgenutzt zu werden. Die hierdurch erzielte Kohlenersparnis stellt sich auf 10 bis 20 %.

Was die Wagen der Eisenbahnen betrifft, so sind sie im wesentlichen den auf den Landwegen gebräuchlichen Fahrzeugen nachgebildet, unterscheiden sich jedoch, abgesehen von der Größe und der festen Bauart, besonders dadurch von jenen, daß die Räder sich nicht auf ihren Achsen drehen, sondern mit diesen fest verbunden sind. Es ist dieses um deswillen geschehen, damit eine sichere Führung der Räder in den Gleisen möglich ist. Außerdem sind die Räder an ihrem Umfange nicht glatt, sondern besitzen einen umlaufenden Ansatz, den sogenannten Radflansch, welcher sich gegen die Schienen legt und das Rad in den Gleisen sicher leitet. In der neuen Zeit geht man nach amerikanischem Muster dazu über, auch bei den Wagen sogenannte Drehgestelle oder Trucks zu verwenden, da hierdurch ein sehr ruhiger Gang der Wagen erzielt wird.

Je nach der Anordnung der Plätze werden unterschieden: Coupéwagen, Durchgangswagen und Wagen mit innerer Verbindung. Jede Art bietet Vorteile in der einen und Nachteile in der anderen Beziehung, so daß man nicht behaupten kann, daß die eine unbedingt den Vorzug vor der anderen verdient. Es sind hier besonders folgende Punkte hervorzuheben:

Vorteile der Coupéwagen: Vollständige Trennung der Abteilungen für Raucher, Nichtraucher, Frauen; Herstellung bequemer Liegeplätze.

Nachteile der Coupéwagen: Möglichkeit der Beraubung zc. einzelner Reisenden; Nötigung fortwährenden Sitzens während der Fahrt.

Vorteile der Durchgangswagen: Herstellung großer Räume; Möglichkeit des Bewegens der Reisenden während der Fahrt; größere Sicherheit gegen Beraubung.

Nachteile der Durchgangswagen: Ungünstige Anordnung der Aborte; kurze Sitze, welche das Liegen nicht gestatten; Belästigung durch die Mitreisenden und das Zugpersonal; Zugluft.

Vorteile der Wagen mit innerer Verbindung: Günstige Anordnung der Aborte; Herstellung bequemer Liegeplätze; doppelte Thüren nach außen, daher keine Zugluft und Abkühlung beim Öffnen der Thüren.

Nachteile der Wagen mit innerer Verbindung: Belästigung durch die Mitreisenden, wenn auch in geringerem Maße als bei den Durchgangswagen; schmälere Sitze als in den Coupéwagen.

Gewöhnlich werden Coupéwagen für Fernzüge, Durchgangswagen für den Nahverkehr und Wagen mit innerer Verbindung für Nachtzüge vorgezogen.

Gegenwärtig ist man in der Anbringung von Bequemlichkeiten für die Reisenden sehr weit vorgeschritten; Toilettenräume, besondere

Fig. 424. Innere eines Salonwagens.

Schlafwagen, Restaurationswagen sorgen dafür, das Unbequeme des Reisens thunlichst zurückzudrängen. Als Beispiel bringen wir in Fig. 424 das Innere eines modernen Salonwagens.

Was die für die Beförderung von Gütern dienenden Eisenbahnwagen betrifft, so ist die Konstruktion derselben je nach dem Zweck, dem sie dienen, eine sehr verschiedene; so unterscheidet man bedeckte und offene Güterwagen, Coaks- und Kohlenwagen, Schienenwagen, Langholzwagen u. s. w.

Einen für die Sicherheit des Eisenbahnbetriebes hoch wichtigen Gegenstand bilden die zur Vernichtung oder Verminderung der Geschwindigkeit des dahinbrausenden Zuges dienenden Bremsen.

Die ältesten Eisenbahnwagenbremsen waren denjenigen der gewöhnlichen Straßenfuhrwerke nachgebildet und also Handbremsen, welche durch eine Schraubenspindel angezogen bezw. gelöst wurden. Diese Art der Bremsen ist noch heutzutage vielfach in Gebrauch und hat im Laufe der Jahre zahlreiche wesentliche Verbesserungen erfahren.

Gerade die Bremsen der Eisenbahnen haben die Thätigkeit der Erfinder sehr stark gereizt. Zum Beweise führen wir an, daß wir gegenwärtig folgende Klassen von Bremsen, nach den auf das Bremsgestänge einwirkenden, d. h. nach den für die Bremsung benutzten Kräften, unterscheiden können:

1. Handbremsen; 2. Gewichtsbremsen; 3. Federbremsen; 4. Friktionsbremsen; 5. Schaltwerksbremsen; 6. Bufferbremsen; 7. Luftdruckbremsen; 8. Luftsaugebremsen; 9. Dampfbremsen; 10. Lokomotivbremsen.

Jedoch auch nach anderen Gesichtspunkten, als nach der zum Betrieb benutzten Kraft, können wir die Bremsen unterscheiden in:

1. Einzelbremsen. Hierher gehören diejenigen, welche an jedem einzelnen Wagen angebracht sind, und welche jede für sich einzeln bedient werden müssen (z. B. die Spindelbremse).

2. Durchgehende oder kontinuierliche Bremsen. Es sind dieses diejenigen, welche in neuester Zeit zu immer allgemeiner sich gestaltenden Einführung gelangen. Das Charakteristische dieser durchgehenden oder kontinuierlichen Bremsen besteht darin, daß dieselben für den ganzen Zug von einem einzigen Punkte, z. B. von der Lokomotive, vom Packwagen oder von einem beliebigen Coupé aus, in Thätigkeit gesetzt werden können. Man unterscheidet diese kontinuierlichen Bremsen nochmals in:

1. nicht automatische und
2. automatische.

Bei ersteren wird das Eintreten der Bremswirkung bedingt durch eine von dem Personale bezw. den Passagieren zu verrichtende Manipulation, z. B. das Umlegen eines Hebels, Ziehen an einer Schnur. Die automatischen Bremsen dagegen treten selbstthätig in Kraft bei Eintritt eines äußeren Zufalles, z. B. bei dem Reißen der Kuppelung, bei Störungen im Bremsapparate.

Aus der großen Zahl der Bremskonstruktionen können wir hier nur zwei der verbreitetsten herausgreifen.

In Fig. 425 bringen wir in verschiedenen Ansichten die zu den Friktions- oder Reibungsbremsen zählende Bremse von Heberlein, welche bei den preußischen Sekundärbahnen eingeführt ist.

Diese Bremse beruht auf dem dem Laien von Haus aus etwas parador erscheinenden Prinzip, die lebendige Kraft des dahineilenden

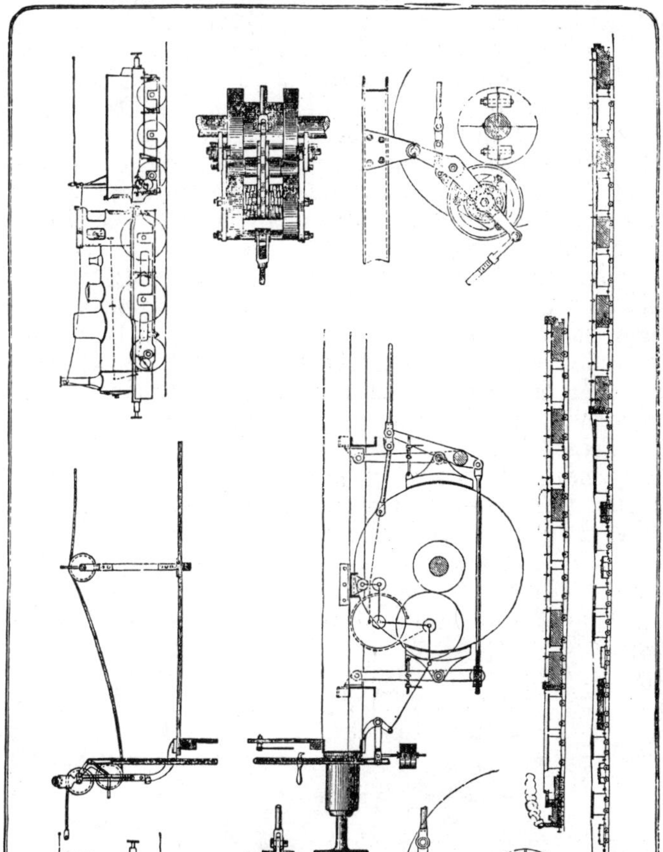

Fig. 425. Friktionsbremse von Heberlein.

Zuges zum Bremsen, d. h. zu ihrer Selbstvernichtung zu benutzen. Zur Erreichung dieses Zieles wird auf einer Radachse eine Friktionsscheibe fest aufgekeilt; soll nun gebremst werden, so bringt man mit dieser festen Friktionsscheibe eine bewegliche Scheibe in Berührung, letztere wird durch die Reibung in Drehung versetzt und wickelt hierbei eine Kette auf, an welcher die sämtlichen Bremsen angehängt sind und bringt so die letzteren zum Anliegen gegen die Radreifen.

Die in den Figuren 426, 427 und 428 dargestellte Westinghouse-Bremse erfreut sich gegenwärtig der größten Verbreitung.

Die für den Betrieb der Bremse angewendete Kraft ist gepreßte Luft. Sämtliche Bremsen eines Zuges können sowohl von der Lokomotive, als auch vom Zuge aus gleichzeitig in Thätigkeit gesetzt werden, und bei Zugtrennungen, sowie bei Brüchen von wesentlichen Teilen der Luftleitung und der Bremsapparate kommen alle Bremsen des Zuges selbstthätig zur Wirkung.

Die erforderliche Luft wird durch eine an der Lokomotive angebrachte Luftpumpe A, B in den Hauptluftbehälter C gepreßt. Von hier aus gelangt dieselbe durch das Führer-Bremsventil D in die Hauptleitung E, welche sich über den ganzen Zug erstreckt, und füllt an jedem gebremsten Fahrzeuge einen Hilfsluftbehälter G mittels eines damit verbundenen sogenannten Funktionsventils F (Fig. 428). Jedes Funktionsventil steht ferner mit einem Bremscylinder H in Verbindung, dessen Kolbenstange bei R an das Bremsgestänge angreift.

Im Innern des Bremscylinders H befindet sich ein Kolben, welcher durch eine Spiralfeder in der gezeichneten Lage gehalten wird. Tritt

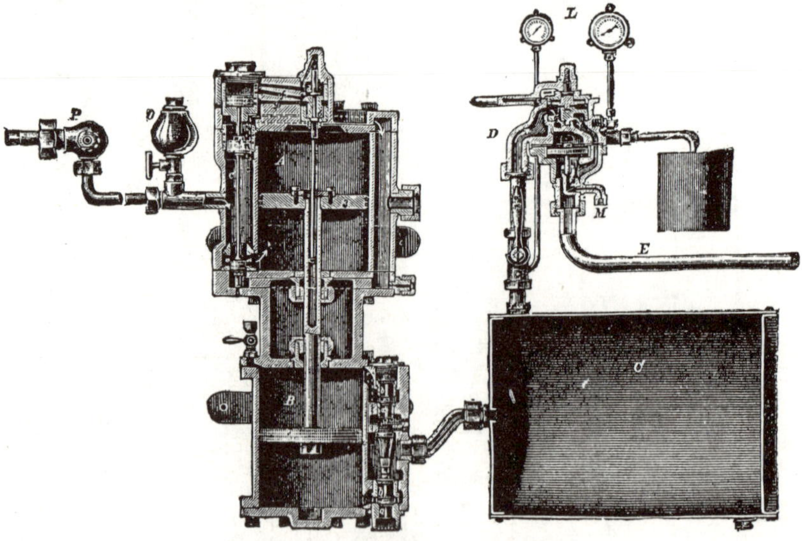

Fig. 426. Luftdruckbremse von Westinghouse.

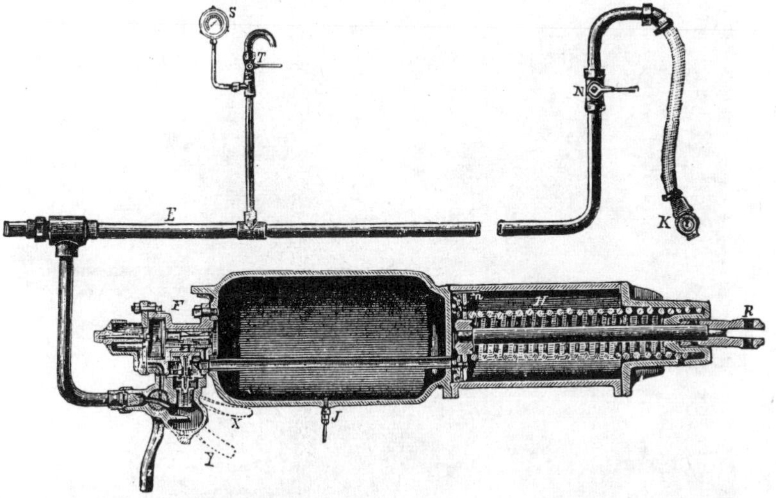

Fig. 427. Luftdruckbremse von Westinghouse.

gepreßte Luft in den Cylinder ein, so wird der Bremskolben vorwärts getrieben, und dadurch werden die Bremsklötze gegen die Räder gepreßt. Entweicht die Preßluft aus dem Cylinder, so schiebt die sich wieder ausdehnende Spiralfeder den Kolben zurück, wodurch die Bremse gelöst wird.

Die im Hilfsluftbehälter G aufgespeicherte Preßluft bildet den Kraftvorrat für die betreffende Bremse. Das Funktionsventil F regelt beim Bremsen das Einströmen der Preßluft in den Bremscylinder und beim Lösen das Entweichen der Luft aus dem Bremscylinder ins Freie. Das Anziehen der Bremsen erfolgt, sobald durch das Führer-Bremsventil Luft aus der Hauptleitung ausgelassen, oder in der letzteren anderweitig eine Druckverminderung verursacht wird.

Das Lösen der Bremsen erfolgt durch Steigerung des Luftdruckes in der Hauptleitung, indem Preßluft aus dem Luftbehälter C der Lokomotive durch das Bremsventil D in die Rohrleitung E eingelassen und dadurch in der letzteren der ursprüngliche Druck wieder hergestellt wird. Infolgedessen lassen die Funktionsventile die in den Bremscylindern wirksame Preßluft ins Freie entweichen, wodurch der Druck auf die Bremskolben aufgehoben wird, während gleichzeitig die Hilfsluftbehälter G wieder mit Luft gefüllt werden.

Mit dieser Westinghouse-Bremse ist man nach angestellten Versuchen imstande, einen aus 50 Wagen und 1 Lokomotive bestehenden Zug bei einer stündlichen Geschwindigkeit von 58 Kilometer auf 141 Meter und zwar innerhalb $15^1/_2$ Sekunden zum Stillstande zu bringen.

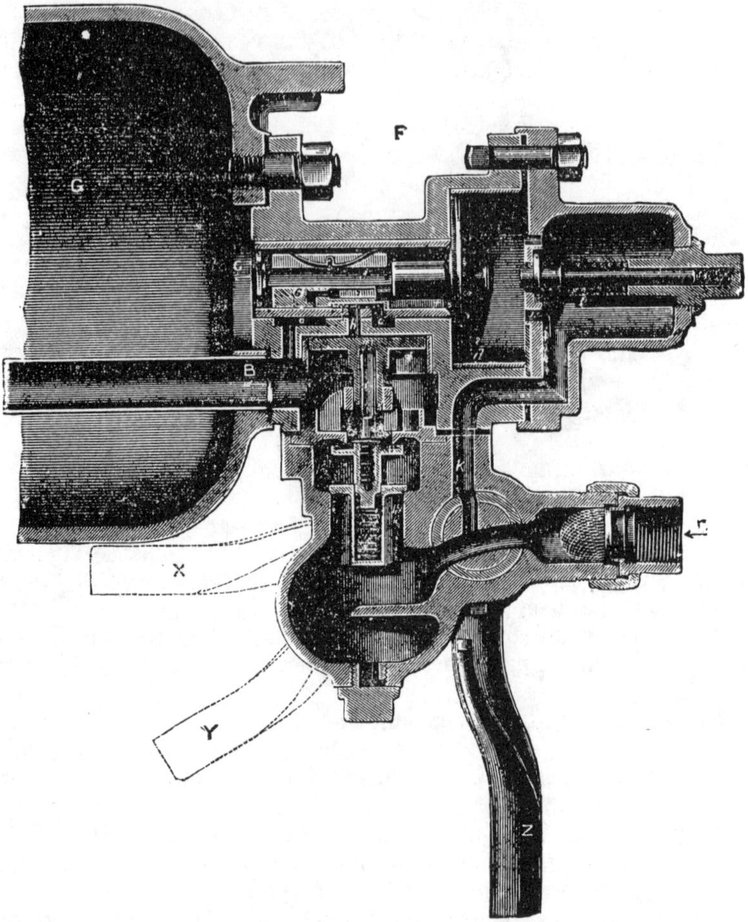

Fig. 428. Funktionsventil der Luftdruckbremse von Westinghouse.

Die bisher besprochenen Einrichtungen sind im großen und ganzen die der gewöhnlichen Eisenbahnen. Es bleibt uns nunmehr noch übrig, die außergewöhnlichen Eisenbahnsysteme kurz zu mustern.

3. Außergewöhnliche Eisenbahnsysteme.

Die Verwendung der gewöhnlichen Eisenbahnen mit glatten Schienen — der sogenannten Adhäsionsbahnen — ist insofern eine beschränkte, als dieselbe nur für gewisse Steigungsverhältnisse angängig ist. Die Grenze für die Möglichkeit des gewöhnlichen Adhäsionsbetriebes tritt dann ein, wenn diejenige Kraft, welche erforderlich ist, um den Zug nebst der Lokomotive vorwärts zu bewegen, die sogenannte Zugkraft, größer ist als die Reibung der Triebräder der Maschine auf den Schienen. Um also größere Steigungen mittels Eisenbahnen zu überwinden, muß die Reibung der Maschinenräder auf den Schienen, die Adhäsion, vermehrt werden, und bedient man sich hierzu des Zahnstangenbetriebes, bei welchem ein Zahnrad in eine zwischen den Schienen angeordnete Zahnstange eingreift und auf diese Weise die Steigung sozusagen erklimmt.

Wenngleich erst die neueste Zeit eine durchschlagende Entwickelung des Zahnradbetriebes gebracht hat, so ist letzterer doch bereits im Jahre 1812 auf einer Kohlenbahn in der Nähe von Leeds, durch Blenkinsop zur Anwendung gelangt. Auch in Amerika wurde vom Jahre 1848 ab während einiger Zeit durch die Madison Indianopolis Railway eine kurze Strecke von 1:17 Steigung mit Zahnradlokomotiven betrieben. Am bekanntesten wurde das Zahnradbahnsystem zuerst durch die im Jahre 1871 eröffnete Rigibahn mit einer Maximalsteigung von 1:4 und einer Durchschnittssteigung von 1:5. In der Folge hat sich das System immer mehr verbreitet und z. B. im Harz, am Niederwald, am Drachenfels Anwendung gefunden. Bei den ersten dieser Bahnen ist das System Riggenbach benutzt, bei welchem das Triebrad sich um eine horizontale Achse dreht und in eine leiterförmige Zahnstange eingreift. In neuerer Zeit hat das System Abt die Aufmerksamkeit der Fachleute erregt; bei d sem ist die Zahnstange aus drei einzelnen Stangen zusammengesetzt, welche um $1/3$ der Zahnteilung gegeneinander versetzt sind; hierdurch wird insofern die Sicherheit bedeutend gehoben, als ein längerer Eingriff erzielt wird. Beide Systeme, Riggenbach wie Abt, erfahren jedoch dadurch eine Beschränkung ihrer Anwendbarkeit, daß bei außerordentlichen Steigungen alsbald das Zahntriebrad durch den aufwärts wirkenden Zahndruck außer Eingriff gebracht, letzterer also aufgehoben wird.

Von ganz besonderem Interesse ist die Bahn des Oberst Locher, welche vom Ufer des Vierwaldstädter Sees mit einer Maximalsteigung von fast 1:2 und einer mittleren Steigung von 1:2$1/2$ bis auf 53 m unterhalb der Spitze des 2123 m hohen Pilatusberges emporsteigt.

Die Hälfte der Bahn, welche insgesamt 7 Tunnel von 10 bis 97 m Länge aufweist, liegt in Krümmungen von 80 bis 100 m Radius. Die Spurweite beträgt 80 cm. Um das tote Gewicht der Fahrzeuge auf das Geringstmaß zu beschränken, ist die Lokomotive, wie Fig. 429 zeigt, mit dem 32 Personen fassenden Wagen vereinigt; das so gebildete Fahrzeug hat im belasteten Zustande ein Gewicht von 10,5 t. Die aus Martinflußeisen in Stücken von 3 m hergestellte Zahnstange ist, wie aus Fig. 429 zu ersehen ist, nicht mit einer nach oben gerichteten Verzahnung, sondern nach beiden Seiten hin mit Zähnen von 85,7 mm Teilung und 40 mm Breite versehen. Es greift also nicht wie bei den Systemen von Riggenbach und Abt ein einziges Zahnrad in die Zahnstange von oben ein, sondern von jeder Seite der Zahnstange ist je ein besonderes Triebrad RR angebracht.

Neben den Zahnradbahnen sind von besonderer Wichtigkeit die Seilbahnen; beide werden des öfteren bei dem Bau von Gebirgsbahnen von besonders starken Steigungen mit einander vereinigt. Bei den Seilbahnen besteht die Laufbahn aus einem Drahtseile oder einer Schiene, welche auf besonderen Gerüsten in einer gewissen Höhe über dem Terrain gelagert ist. Es giebt zweierlei Arten von Seilbahnen, nämlich solche mit endlosem Seile und solche mit festem Seile. Bei

Fig. 429. Die Pilatusbahn.

den ersteren wird das Seil gleichzeitig mit der Last bewegt. Bei den letzteren liegt das die Wagen führende Seil fest und werden die Wagen auf diesem durch ein zweites Seil dahingezogen.

Wir übergehen eine Anzahl hier und da aufgetauchter Vorschläge, so z. B. die Einschienenbahn Lartigues und das nach Art der bekannten Rutschbahnen geplante Gravity-System von Thompson, um uns zunächst noch kurz mit der Girardschen gleitenden Eisenbahn zu beschäftigen, ehe wir dann zu der letzten Gattung der Bahnen, der pneumatischen Eisenbahn, übergehen. Die gleitende Eisenbahn Girards erregte auf der letzten Pariser Weltausstellung mit Recht allgemeines Erstaunen, ob sie aber berufen sein wird, einmal thatsächlich Aufnahme unter den Verkehrsmitteln zu finden, bleibt höchst zweifelhaft.

Es handelt sich bei dieser Eisenbahn um nichts Geringeres, als um die Beseitigung der Räder und der Lokomotiven. Dieselbe erfolgt in der Weise, daß die einzelnen Wagen auf Schlitten gesetzt werden, welche hohl sind und von einem Reservoir mittels Luftdrucks mit Wasser von hoher Spannung gefüllt werden. Unter dem Einfluß des im Innern der Schlitten herrschenden hohen Wasserdruckes heben sich die Fahrzeuge um $^1/_2$ Millimeter, und es strömt ein freier Wasserstrahl auf die Fahrbahn aus. Hierdurch wird erreicht, daß die der Bewegung der Fahrzeuge sich entgegenstellende Reibung auf ein Minimum sich verringert, so daß naturgemäß nur eine außerordentlich geringe motorische Kraft zur Fortbewegung des aus derartigen Wagen zusammengesetzten Zuges erforderlich ist. Bei Thalfahrten kann einfach durch Benutzung des Gefälles eine sehr hohe Geschwindigkeit erzielt werden. Soll der Zug zum Stillstand kommen, so wird der Zufluß des Druckwassers zu den Gleitschuhen abgesperrt.

Der Antrieb des Zuges erfolgt ebenfalls durch Wasserkraft. Zu diesem Zwecke befindet sich in den Schienen der Eisenbahn gleichfalls Druckwasser, welches durch Ventile, welche in gewissen Entfernungen angeordnet sind, zum Ausströmen gebracht werden kann. Der austretende, hoch gespannte Wasserstrahl schlägt gegen Schaufeln, welche ähnlich einer Zahnstange an der Unterseite der Wagen angebracht sind, und schiebt die Wagen vorwärts. Die Ventile werden beim Herannahen des Zuges durch diesen selbstthätig geöffnet und nach dessen Passieren in gleicher Weise wieder geschlossen.

Die Erwartungen, welche man an diese höchst eigenartige neue Eisenbahn knüpft, sind zum Teil außerordentlich weitgehende; so wurde in französischen Blättern behauptet, daß man bei derselben eine Zuggeschwindigkeit von 200 km in der Stunde, das wäre mehr als das Doppelte derjenigen unserer schnellsten Expreßzüge, erreichen könne.

Girard selbst ist während des deutsch-französischen Krieges gefallen; die vorliegende Fortsetzung seiner Idee rührt von einem Ingenieur, Namens Barre her. Es ist nicht das erste Mal, daß die gleitende Eisenbahn Girards die Runde durch die technischen Blätter macht. So fanden wir z. B. im Génie industriel vom Jahre 1862 bereits eine kurze Erwähnung dieses neuen Eisenbahnsystems; eine Übersetzung des betreffenden Artikels brachte bald darauf Dinglers Polytechnisches Journal.

Auch damals erregte die Erfindung Girards großes Aufsehen. Napoleon III unterstützte das junge Unternehmen durch einen namhaften Zuschuß, so daß schon damals eine Versuchsstrecke gebaut werden konnte. Der Erfolg entsprach jedoch nicht den Erwartungen und es blieb Barre vorbehalten, nach Einführung mehrerer praktischer Neuerungen Girards gleitende Eisenbahn wieder an die Öffentlichkeit zu bringen. Mit welchem praktischen Erfolge, bleibt abzuwarten.

Das letzte der außergewöhnlichen Eisenbahnsysteme, mit welchem wir uns noch kurz beschäftigen wollen, ist das pneumatische.

Im Jahr 1810 machte der Engländer Medhurst den Vorschlag, die in einem geschlossenen Kanal enthaltene Luft zu verdünnen, und die hierdurch erzeugte Differenz zwischen dem Druck der äußeren Luft und der in dem Kanal enthaltenen Luft — also den Überdruck der atmosphärischen Luft — zum Transport von Gegenständen zu benutzen.

Später tauchte seitens des Amerikaners Pinkus im Jahre 1834 ein ähnlicher Vorschlag auf; jedoch befanden sich die zu transportierenden Gegenstände, nicht innerhalb sondern außerhalb des Kanales. Dieser hatte die Gestalt einer Röhre, welche oberhalb einen Schlitz hatte. Durch diesen ragte ein Arm hindurch, welcher einen im Innern der Röhre bewegten Kolben mit dem zu transportierenden, außerhalb der Röhre befindlichen Gegenstande, z. B. einem Wagen, verband.

Eine erhöhte praktische Bedeutung gewann das pneumatische System erst vom Jahre 1838 ab durch die Engländer Samuda und Clegg, welche thatsächlich mehrere Linien zur Ausführung brachten und in Betrieb setzten. Es stellte sich jedoch bald heraus, daß für Personenbeförderung die pneumatische Eisenbahn hinsichtlich der Zuverlässigkeit und Ökonomie weit hinter dem Lokomotivenbetrieb zurückstand, ein Ergebnis, welches Georg und Robert Stephenson bereits seit langem vorhergesagt hatten. Dahingegen hat das pneumatische System in Gestalt der modernen Rohrpost eine ausgedehnte Anwendung zur Beförderung von Briefschaften gefunden. Das Prinzip dieser Beförderungsweise beruht darauf, daß die Briefe in kleine metallene Büchsen gelegt, und diese durch die in einem geschlossenen, unterirdisch verlegten Rohre mittels einer Luftpumpe erzeugte Luftdruckdifferenz von einer Station zur andern befördert werden.

In Fig. 430 ist eine derartige Rohrpostanlage dargestellt. K ist die sogenannte Empfangskammer, in welcher die die Schriftstücke enthaltenden Metallhülsen angelangen. M ist das unter dem Straßenpflaster liegende Verbindungsrohr. Mit Z ist eine Abzweigekammer bezeichnet, welche, zur Aus- oder Einströmung der Luft in den Rohrstrang dienend, mittels des Rohres N mit dem Hauptbeförderungs-

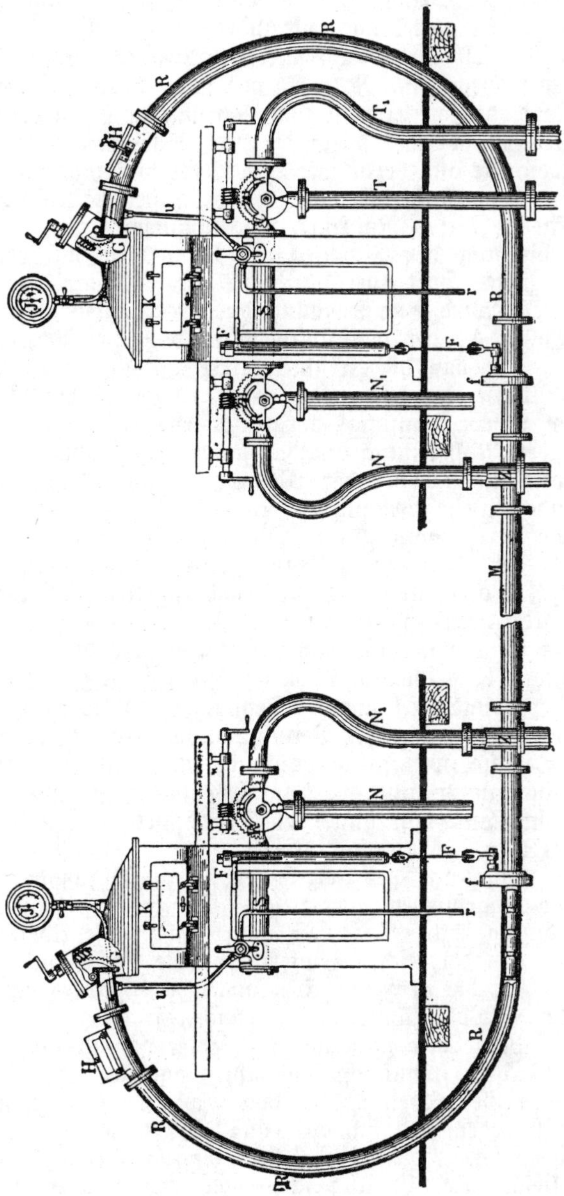

Fig. 430. Rohrpostanlage.

hahne B verbunden ist. Durch das Rohr R wird die unterirdische Rohrleitung M mit der Empfangskammer K verbunden. Bei H werden die zu befördernden Sendungen in das Rohr R eingelegt. Das Rohr S dient zur Vermittelung noch anderweitiger Luftwege; zu diesem Zwecke ist an demselben zunächst der Hauptbeförderungshahn B angebracht, welcher durch das Rohr N_1 mit der atmosphärischen Luft in Verbindung steht; des weiteren ist noch ein zweiter Hahn A angebracht, der Luftwechselhahn, welcher durch die Rohre T und T_1 mit den Behältern für verdichtete und verdünnte Luft in Verbindung steht. Schließlich führt von dem Rohre S noch ein Röhrchen u zu der Einlegeklappe H. Ein in dieses Röhrchen eingeschalteter Hahn D stellt entweder die Verbindung der Einlegeklappe H mit der im Rohre S befindlichen verdichteten Luft oder durch das Rohr r mit der atmosphärischen Luft her. Wird eine Sendung durch verdichtete Luft befördert, so wird der Hahn A, der den Luftbehälter von der Rohrleitung abschließt, geöffnet, so daß die Preßluft direkt auf die die Sendung enthaltende Metallhülse drücken kann. Wird dagegen die Beförderung mit Hülfe der Luftverdünnung vorgenommen, so wird der luftleere Behälter mit der Rohrleitung in Verbindung gebracht. Der Betrieb bei dem Empfange und bei der Absendung von Rohrpostsendungen geht in folgender Weise vor sich:

Trifft eine durch komprimierte Luft bewegte Sendung bei M ein, so tritt die vor den Transporthülsen befindliche Luft durch die Rohrleitungen ZN_1BN aus; auch die die Sendung treibende komprimierte Luft tritt, sobald Z erreicht ist, auf demselben Wege aus, während die Sendung selbst infolge der ihr innewohnenden lebendigen Kraft in die Empfangskammer K geschleudert wird. Hier werden die für das betreffende Rohrpostamt bestimmten Sendungen entnommen, während die übrigen, nach telegraphischer Verständigung, weiter befördert werden.

Wird mit Hülfe von Luftverdünnung eine Sendung befördert, so wird auf der Empfangsstation der Hauptbeförderungshahn B geschlossen, die atmosphärische Luft tritt hinter die Transporthülsen und treibt diese über Z und BR in die Empfangskammer K.

Das letzte Jahrzehnt des abgelaufenen 19. Jahrhunderts hat den im vorstehenden angeführten eigenartigen Eisenbahnsystemen eine ganze Reihe neuer hinzugefügt. Der Leser wird schon die Überzeugung gewonnen haben, daß dergleichen Systeme für die Ebene nicht notwendig sind, wohl aber für die größeren Erhebungen des Erdkörpers, also für Gebirgsgegenden. Wohl könnte da so mancher fragen: sind denn Eisenbahnen auf die Berghöhen notwendig? Wer diese nicht ersteigen kann, der möge sie sich doch freundlichst von unten ansehen, und wer von dem Gebirge für seine Gesundheit Nutzen haben will, nun, der muß sich ja doch erst recht bewegen und sich auf seine Füße verlassen, nicht aber sich in eine Eisenbahn setzen, die ja jede Bewegung und damit jeden Vorteil für ihn ausschließt. Das ist alles schon ganz richtig, aber es reisen eben nicht alle Leute rein nur ihrer Gesundheit wegen ins Gebirge, es giebt auch viele, die das Gebirge kennen lernen wollen und doch verhindert sind, anstrengende Bergtouren zu unternehmen. Sollen denn diese nicht auch einmal auf irgend einen jener berühmten Aussichtspunkte gelangen können, von denen in Büchern und Zeitschriften so viel Rühmens gemacht wird? Da bleibt eben kein anderes Mittel, als die Eisenbahn.

Im Nachfolgenden wollen wir das Wichtigste, was uns der Beginn des 20. Jahrhunderts geboten hat, zusammenfassen als ein besonderes kleines Kapitel.

Neue Gebirgsbahnen.

In den letzten Jahren sind auf eine große Anzahl von Aussichtspunkten, insbesondere der Schweiz, Bergbahnen gebaut worden, ohne daß man dabei auf die thatsächlichen Bedürfnisse überall gebührend Rücksicht genommen hätte, so daß das Nationalvermögen der Eidgenossenschaft um Millionen gebracht worden ist. Außer den älteren Systemen von Riggenbach und Abt, bei denen ein Zahnrad des Wagens in eine gezahnte Schiene eingreift, sind eine Reihe von Seilbahnen (S. 790) gebaut worden, bei denen die treibende Kraft auf verschiedenen sehr interessanten Wegen erlangt wird. In den meisten Fällen hängen zwei Wagen an einem gemeinsamen Seile, und der eine befindet sich immer auf der Thalfahrt, während der andere die Bergfahrt macht. Das Übergewicht jenes dient einfach als die bewegende Kraft für diesen. Dieses Übergewicht besteht in einer Wassermenge, die dem oben angelangten Gefährte eingefüllt wird, während der unten ankommende sofort entleert wird. Es ist also die Arbeitskraft einer sozusagen bergab fließenden Wassermenge, welche die Bewegung der Wagen hervorbringt. In anderen Fällen, wie z. B. bei der $3^1/_2$ km langen, 1893 eröffneten Seilbahn auf das früher recht unbequem zugängliche Stanserhorn, ist die Triebkraft elektrisch, und sie wird aus einer zentralen Turbinenanlage in Buochs am Vierwaldstättersee gewonnen. Die Bahn besteht aus drei einzelnen Abteilungen, deren jede ihre eigene Betriebsstation besitzt. Obgleich man mit dieser Bahn in drei Viertelstunden auf einen um 50 m höheren Berg als den Rigi befördert wird, so ist die ganze Anlage doch um so viel billiger geworden, daß der Fahrpreis um ein Drittel geringer ist. Man bedarf bei dieser Einrichtung nicht einmal der Zahnstange mehr, die man früher für das Bremsen unentbehrlich fand. Durch Zangen, die am Wagen sitzen, und mit welchen die Schienen sofort gefaßt werden können, läßt sich der Zug auch im Falle eines Seilbruches leicht zum Stehen bringen.

Eine sehr interessante Neuerung haben Siemens & Halske an einer elektrisch betriebenen Zahnradbahn von Barmen auf den Tölleturm zur Anwendung gebracht, welche bestimmt ist, der Bevölkerung Elberfelds

Barmens die landschaftlich reizvolle Umgebung mehr zu erschließen, sowie auch diese waldreiche Heimstätte einer ausgedehnten Kleinindustrie mit der Großstadt zu verbinden. Hier wird nämlich ein Teil der sonst beim Bremsen vergeudeten Kraft bei der Thalfahrt aufgesammelt, und zwar durch eine elektrische Bremse, welche dabei die für die Bergfahrt verwendeten mechanischen Bremsen ersetzt. Hierzu werden die mitgeführten Elektromotoren so geschaltet, daß sie Strom in die Leitung abgeben, so daß drei Fünftel der Arbeit des bergabfahrenden Wagens in Elektrizität umgesetzt und nutzbar gemacht wird, und zugleich die Unterhaltungskosten, namentlich die der Bremsteile, bedeutend eingeschränkt sind.

Ein für die Zukunft jedenfalls sehr beachtenswertes Projekt für eine neue Art von Drahtseilbahn war dem spanischen Ingenieur Torres vom Bundesrate konzessioniert worden, aber ein unangenehmer Zwischenfall hat die Ausführung vorläufig hinausgeschoben. Der Pilatusberg, auf den die S. 790 abgebildete Zahnradbahn führt, gipfelt in einer Reihe von Spitzen, von denen die eine das Climsenhorn ist. Es handelte sich nun darum, diese Spitze mit der Endstation Pilatuskulm durch eine Schwebebahn zu verbinden. Sechs Kabel sollten zwischen den beiden Enden ausgespannt werden, von denen jedes Tragfähigkeit genug besitzen sollte, um die Last des Wagens auszuhalten. Ein Tragkorb für die Passagiere ist an einer Achse befestigt, welche mittels sechs Rollen an diesen Drahtseilen entlang laufen soll. Ein Drahtseil, welches durch einen unterhalb der Luftlinie der Bahn aufgestellten Dampfmotor verlängert oder verkürzt wird, vermittelt den Verkehr zwischen der oberen und der unteren Station. Dann mag ruhig eines von den schwebenden Kabeln reißen, so sind die übrigen noch zum Tragen der Last befähigt. Wenn aber das Leitseil reißen sollte, so bremst sich der Wagen von selbst und kann dann langsam zur unteren Station herabgelassen werden. Leider hat sich bei einer ähnlichen, in Neuseeland über einen Fluß gebauten Schwebebahn durch eine Verschlingung eines abgerissenen Teiles des Leitseiles dieses Herabgleiten nicht bewerkstelligen lassen, und deshalb wurde Torres schließlich doch die Konzession entzogen. Unter den Bergbahnen erreicht die größte Höhe die in Amerika auf den Pike's Peak gelegte Zahnradbahn, nämlich 4331 m, und diese mit verhältnismäßig geringen Schwierigkeiten ausgeführte Linie wird auch von dem neuesten europäischen Projekte, nämlich von der in Ausführung begriffenen Bahn auf die Jungfrau, den bekannten Hochgipfel des Berner Oberlandes, an Höhe nicht übertroffen werden, wohl aber durch die Kühnheit der Anlage bei den ungeheueren Schwierigkeiten, welche die Beschaffenheit des Terrains und die Vergletscherung der zu überschreitenden Gipfel bietet. Wenn noch vor 50 Jahren derjenige, der auch nur die Möglichkeit einer zukünftigen Jungfraubahn zugegeben hätte, dem Spotte ausgesetzt gewesen wäre, so lassen die erstaunlichen Fortschritte der Technik uns heute kaum noch an der Ausführbarkeit dieses gewaltigen Problems zweifeln. Unter einer Reihe beachtenswerter und wohldurchdachter Vorschläge hat gegenwärtig derjenige des Präsidenten der Schweizerischen Nordostbahn, Guyer-Zeller, begründetste Aussicht auf Verwirklichung. Man hat gegen eine Bahn in diese eisgepanzerten Bergriesen der Schweiz geltend gemacht, daß dieselben die Domaine einer Gilde von Naturfreunden bleiben sollten, die hier in der überwältigenden Einsamkeit dem Genusse der grandiosesten Natur sich hingeben und ihre Kräfte in diesen Naturdienst stellen. Abgesehen davon, daß dem berechtigten Streben dieser Bergsteiger noch eine stattliche Anzahl von Riesengipfeln als Ziele bleiben werden, wo sie die gesuchte Einsamkeit genießen können, so erhält die Bahn ihre Berechtigung schon dadurch, daß nunmehr vielen Anderen, die durch Mangel an Kraft von diesen reinen Genüssen ausgeschlossen waren, der Einblick in eine neue Welt, die Welt der Gletscher, des Firnschnees und der Lawinen eröffnet wird, eine Welt, die mit dämonischer Gewalt alle diejenigen gefesselt hält, die einmal den Zauber ihrer Reize über sich haben ergehen lassen. Zudem lassen sich nach Ausführung des Planes auch viele wissenschaftliche Ergebnisse erwarten. Denn unter den Konzessionsbedingungen lautet die eine: „Die Gesellschaft (welcher der Bau und die Übernahme des Betriebes konzessioniert wurde) ist verpflichtet, nach partieller oder gänzlicher Vollendung der Linie, an die Herstellung und Einrichtung eines ständigen Observatoriums, insbesondere für meteorologische Beobachtungszwecke auf der Station Mönch oder Jungfrau, eventuell auf beiden, die Summe von mindestens 100 000 Francs zu verwenden, sowie zu den Kosten des Betriebes während der jeweiligen Beobachtungszeit beizutragen". Welches ist nun der Weg und die Art des Betriebes, die für diesen merkwürdigsten aller Bahnbauten, für die gewaltigste technische Unternehmung, die so recht ans Ende dieses technischen Jahrhunderts gehört, projektiert sind? Es giebt seit vier Jahren im Berner Oberlande bereits eine Zahnradbahn, die bis in die Nähe der Bergriesen führt, nämlich die Bahn von Grindelwald nach Lauterbrunnen über die kleine Scheidegg und die Wengernalp. Das Bild, welches diese Bahn erschließt, ist bereits eines der schönsten, das die Alpen überhaupt bieten. Da leuchten die steilen felsigen Wände des in gewaltigem Absturze nach Grindelwald abfallenden Eigers, die von Schnee und nacktem Fels gebildeten Nordabfälle des Mönchs und der im reinsten Weiß des Firnschnees prangende Gipfel der Jungfrau uns entgegen, die hier als zu weit nach rechts liegend auf dem Bilde fehlt. Hier ist der Ausgangspunkt für die Jungfraubahn, welche als die erstere uns die Geheimnisse des Hochgebirges zu erschließen bestimmt ist. Da die ganze Strecke als Zahnradbahn mit einer Neigung von 1 : 4, also derselben Maximalsteigung wie die Rigibahn betrieben werden soll, so wird man nur auf einem großen Umwege zum Ziele gelangen. In der That sieht man, wie die Bahntrace sich am Fuße des Eigers nach links wendet, den sie in kühnem Bogen umkreisen soll, um auf der Südseite der drei Berge weiter fahrend schließlich die Jungfrauspitze zu erreichen. Es ist ferner selbstverständlich, daß die Bahn nicht auf den Gletschern entlang zu führen ist. Deren ewig gleitendes, niemals in starrer Gleichgültigkeit verharrendes Eis stellt allen, auch den festesten Bauten von Menschenhand, ein nahes Ende in sichere Aussicht. Auch die lawinenbedrohten felsigen Flanken der Berge sind ein zu unsicheres Pflaster, und so geht der Plan dahin, den Betrieb zu einem unterirdischen zu gestalten, und in einer Reihe kühn angelegter Tunnels die Leiber der Berge zu durchbohren. Schon vom Fuße des Eigers (in der Fig. rechts) an wird der Betrieb unterirdisch werden. Dort in einer Höhe von 2 400 m über dem Meere (336 m über der kleinen Scheidegg) hört die oberirdische Trace auf und der 10 km lange Tunnel beginnt (der Gotthardtunnel hat 15 km Länge, der im Bau begriffene Simplontunnel wird mit einer solchen von 20 km alle vorher gebauten übertreffen). Eine so langsame Fahrt von 10 km im Innern der Erde, wo kein Blick in die Außenwelt einen angenehmen Wechsel in die Düsterkeit der Eindrücke bringt, wäre nicht gerade einladend, und zudem würde bei einem ununterbrochenen Tunnel die Eisenbahn wenigstens nicht einen partiellen Betrieb während der fünf Jahre aufnehmen können, welche für den ganzen Bau vorgesehen sind. Eine solche vorherige Inbetriebsetzung ist aber schon der besseren Verzinsung der im ganzen auf 8 Millionen Francs taxierten Kosten wegen erforderlich. Es wird also zunächst in 2300 m Entfernung von dem Thor des Berges aus eine Station an der Tagesoberfläche anzulegen sein, eine in die Felsen gehauene Galerie, die lawinensicher in einer Höhe von 3000 m (auf dem Bilde ganz links am Eiger) die herrliche Aussicht, die sich hier bietet, wird mit Muße betrachten lassen. Weil der Blick direkt auf das mehr als 2000 m senkrecht darunter liegende Dorf Grindelwald fallen wird, so soll sie die Grindelwald-Galerie heißen. Von hier bis zur Eigerstation sind noch etwa 2½ km. Hier wird der Blick sich zuerst in die gewaltigen Firnmassen verlieren können, deren letzten schmalen Ausläufer der Besucher von Grindelwald als den unteren Gletscher kennt. Von allen Seiten starren einem hier die Häupter der Bergriesen entgegen, wie die Schreckhörner und die Spitzen des Fieschergrates. Wiederum wird die Bahn den Berg, hier das Innere des Mönchs, betreten, um in einer Höhe von 3600 m die Hauptstation zu erreichen, wo der Blick über das große Aletschfirn schweift mit seinen oberen Firnbecken, dem Jungfraufirn und dem Ewigschneefeld, das gewaltigste, was die Alpen an Schneemassen überhaupt bieten. Von dieser Station werden ausdauernde Bergfahrer ohne besondere Mühe thalwärts gelangen können, um nach interessanter Gletscherpartie im Kanton Wallis die Rhone zu erreichen. Von der Mönchstation wird die Bahn ein wenig bergab gehen müssen, um das Jungfraujoch (ganz rechts auf dem Bilde) zu erreichen und nun am östlichen Grate der Jungfrau bis zur Höhe von 4100 m emporzuklimmen, wo endlich ein elektrischer Fahrstuhl die Reisenden aufnehmen und noch die letzten 60 m bis zur Spitze der Jungfrau emporheben wird. Der ganze Betrieb wird übrigens elektrisch sein, was schon, weil er unterirdisch geführt wird, notwendig ist. Wasserkräfte, die

Fig. 430a. Die Jungfraubahn von Norden

auf der kleinen Scheidegg bis zu 8000 Pferdestärken zur Verfügung stehen, werden zur Drehung der Dynamos verwendet. Für diesen Tunnelbau, wie für den am Simplon in Arbeit befindlichen, werden alle die beim Gotthardbahnbau gesammelten Erfahrungen zur Geltung kommen. Durch entsprechende Maßnahmen wird man die im Innern des Berges herrschende höhere Temperatur während der Arbeiten viel weiter als am Gotthard herabsetzen, wo sie nur bis auf 30 Grad gebracht war, so daß nur auf Kosten der Gesundheit der Arbeiter der Durchstich zu vollenden war. Eine besondere Schwierigkeit liegt wie bei allen Tunnelbauten in Hochgebirgsgegenden in der vorherigen genauen Terrainaufnahme, deren großartige Durchführung es beim Gotthardtunnel ermöglichte, daß die von beiden Seiten zugleich geführten Arbeiten genau auf demselben Punkte im Innern der Erde zusammenstießen. Diese Aufnahmen sind jetzt wesentlich erleichtert, und zwar nicht zum Schaden der Genauigkeit, durch die von Prof. Koppe in Braunschweig erfundene photogrammetrische Methode. Es werden von einer Reihe von Standpunkten aus Photographien des zu durchbohrenden Gebirgsmassivs aufgenommen, und aus ihrer Zusammenstellung sind nach direkter Abmessung nur einer Basislinie alle die Linien- und Winkelgrößen zu entnehmen, welche für die Bestimmung der Richtungen der Bahntrace im Innern des Berges von besonderer Wichtigkeit sind. Diese Aufnahmen, bei denen auch Dr. Miethes neues Teleobjektiv seine vorzüglichen Dienste that, waren längst beendet, und so konnte man hoffen, daß mit dem Ende des 19. Jahrhunderts noch ein Teil des gewaltigen Bauwerkes vollendet vorliegen und eine Reise in die Gletscherwelt ohne Anstrengung und Gefahren würde auszuführen sein. Leider ist Guyer-Zeller, dessen bewundernswerter Energie das ganze Unternehmen zu danken war, auf dessen zwei Augen eigentlich dasselbe allein stand, am 3. April 1899 in Zürich gestorben, und man muß nun abwarten, ob die Bahn, wie die Gesellschaft ursprünglich beachsichtigte, schließlich am Mönch enden oder den ersehnten Gipfel erreichen wird.

2. Der Verkehr zu Wasser.

a) Die Wasserwege.

Die dem Verkehr zu Gebote stehenden Wasserwege sind: die Flüsse und Seen, die Meere, die Kanäle; die ersten drei sind die von der Natur gebotenen, die letztgenannten die von Menschenhand künstlich geschaffenen.

Jedenfalls gehörte ein besonderer Mut dazu, zuerst sich dem unzuverlässigen Element auf schwankendem Fahrzeuge anzuvertrauen:

> Illi robur et aes triplex
> Circum pectus erat, qui fragilem truci
> Commisit pelago ratem
> Primus.*)

Die zunächst zu Wasser sich darbietenden Verkehrsstraßen waren jedenfalls die schiffbaren Flüsse, auf deren Rücken schon im frühesten Altertum der Handelsverkehr sich entspann. Es war dann ein großer Fortschritt, als man auch begann das Meer zu durchkreuzen und die entlegenen Küsten der Anwohner aufzusuchen.

Erforderte der Verkehr auf den Flüssen nur in untergeordnetem Maße den Bau besonderer Verkehrseinrichtungen, so war dieses bei dem Meere in bedeutend höherem Maße der Fall. Hier galt es, Häfen zu bauen für die sichere Unterkunft zu Zeiten von Stürmen. Die Landungseinrichtungen mußten sich dem verschiedenen Stande von Ebbe und Flut anpassen.

Ganz besonders aber zeitigte der Verkehr auf dem Meere bereits in den frühesten Zeiten eine genaue Kenntnis des Himmels und seiner Gestirne und eine Ausbildung des Signalwesens. Nach dieser Richtung giebt uns folgende Stelle aus dem neunzehnten Gesange von Homers Ilias den ersten Anhalt:

> „Wie wenn draußen im Meere der Glanz herleuchtet den Schiffern
> Von auflodernden Feuer, das hoch am Berge entflammet,
> Brennt in einsamer Hürd', indes mit Gewalt sie der Sturmwind
> Durch fischwimmelnde Fluten entfernt von dem Freunde hinwegträgt."

Die letzte Art der Wasserwege, die künstlich hergestellten Kanäle, beginnt gerade in der Neuzeit eine erhöhte Bedeutung zu gewinnen, und man sieht in allen Kulturländern der Erde mächtige Kanalanlagen entstehen.

Will man die Aufgabe, welche den Kanälen in der Gegenwart zufällt, kurz bezeichnen, so kann man dieselbe — abgesehen von den außergewöhnlichen Verhältnissen des Suezkanals, des Nord-Ostseekanals, desjenigen durch den Isthmus von Korinth — dahin präcisieren, daß im allgemeinen den Kanälen der Transport der Rohstoffe, den Eisenbahnen dagegen der Transport der fertigen Produkte zufällt.

Die Zahl der im Betriebe befindlichen Schiffahrtskanäle wäre unstreitig eine bedeutend größere, wenn denselben nicht verschiedene, besonders schwerwiegende Mängel anhafteten. Neben der Beschaffung der nötigen Wassermenge und neben der langsamen Beförderung der zu transportierenden Güter ist es besonders die Schwierigkeit, die Höhenzüge der Gebirge mit Kanälen zu überschreiten, welche naturgemäß in vielen Fällen hindernd in den Weg treten und nicht um-

*) Horaz. Carm. I 3.

gangen werden können. Für die Überwindung der Terrainhindernisse in Gestalt von Gebirgszügen können bei dem Bau von Kanälen verschiedene Einrichtungen Anwendung finden:

1. Schiefe Ebenen.

Bei dieser Anordnung wird zwischen die Enden der beiden miteinander zu verbindenden Kanalstrecken — der sogenannten „Haltungen" — eine geneigte, mit Schienengleisen versehene schiefe Ebene eingelegt. Auf dieser Bahn laufen große, stark gebaute Wagen, welche entweder eine Wasserkammer tragen, in welcher das Schiff schwimmt, oder welche die Schiffe direkt, also ohne Vermittelung eines Wasserbeckens aufnehmen. Die Schiffe werden unmittelbar aus dem Wasser der unteren Kanalstrecke herausgezogen, können jedoch naturgemäß nicht ohne weiteres in das Wasser der oberen Haltung eingeführt werden, sondern werden zunächst in eine mit dieser verbundene Kammer eingefahren, von wo sie dann erst in den eigentlichen Oberkanal übergehen. Diese Kammer muß demnach abwechselnd gefüllt und geleert werden. Die schiefen Ebenen sind vielfach praktisch angewendet, so z. B. bei zahlreichen englischen Kanälen, sowie auch bei dem 175 km langen oberländischen Kanal in Preußen. Eine der großartigsten Anwendungen der schiefen Ebenen war seitens des Kapitäns Eads für den Panamakanal projektiert worden; hiernach sollten die transatlantischen Schiffe in fahrbaren Bassins durch Drahtseilbetrieb über die Gebirgskette der Kordilleren gezogen werden.

2. Schleusen.

Diese Art der Überwindung der den Kanalverkehr hemmenden Terrainerhöhungen ist die bei weitem verbreitetste.

Eine Schleuse besteht aus einer meist in Mauerwerk ausgeführten Kammer, welche in die tiefer liegende Kanalstrecke zwischen beiden Haltungen eingebaut ist und genügend Platz für ein oder mehrere Schiffe bietet. Die beiden Stirnseiten der Schleuse sind mit wasserdichten Thoren versehen, welche einen Abschluß gegen das Unter- bez. gegen das Oberwasser ermöglichen. Soll nun beispielsweise ein Schiff von der einen Kanalstrecke auf den Wasserspiegel einer höher gelegenen gehoben werden, so geschieht dieses in der Weise, daß dasselbe, nachdem das untere, d. h. das nach der tiefer gelegenen Strecke gelegene Thor geöffnet wurde, in die Schleuse hineinfährt. Nun wird das obere Thor geöffnet; die Folge hiervon ist, daß das Oberwasser sich in die Schleuse ergießt und das Schiff allmählich auf die Höhe des in der oberen Kanalhaltung befindlichen Wasserspiegels hebt. Bei der Thalfahrt der Schiffe, d. h. bei dem Hinabsteigen von der oberen zu der unteren Strecke, wird in umgekehrter Weise vorgegangen.

Die Schleusen haben in dem Laufe der Zeit eine sehr ausgedehnte Verwendung gefunden. So besitzt z. B. der unter Ludwig Philipp erbaute 315 km lange Rhein-Rhonekanal 172, der Canal du midi ebenfalls mehr als 100, der Rhein-Marnekanal 180 Schleusen. Belgien und die Niederlande hatten im Jahre 1878 2240 km Kanäle mit 220 Kammerschleusen; in Deutschland sind zu nennen der 45 km lange Finowkanal zwischen Oder und Havel mit 15 Schleusen, der 141 km lange Main-Donaukanal (Ludwigskanal) mit 87 Schleusen. Von hervorragendem Interesse sind die großartigen Schleusenanlagen des Trolhätta- und des Götakanals in Schweden.

Durch die Schleusen sind die Schiffahrtskanäle überhaupt erst lebensfähig geworden; über die Person des Erfinders liegen die verschiedensten Angaben vor. Meist wird als solcher der holländische Ingenieur Simon Stevin und als Zeitpunkt ihrer ersten Ausführung das Jahr 1618 genannt.

Jedoch mit der Zunahme des Verkehrs traten die großen Mängel, welche dem Schleusenbetriebe anhaften, immer klarer zu Tage. Neben den großen Anlagekosten ist es vor allen Dingen der erhebliche Aufwand an Zeit, sowie die geringe erreichbare Hubhöhe.

Man verwendet daher in der neuesten Zeit mehrfach:

3. Mechanische Schiffshebewerke.

Diese der neuesten Zeit angehörigen Vorrichtungen kennzeichnen sich besonders dadurch, daß bei ihnen das Schiff in ein Bassin eingefahren wird, das auf einem Kolben gelagert ist, welcher durch Wasserdruck auf die gewünschte Höhe emporgehoben wird. Zu besserer Ausnutzung des Betriebswassers werden zwei solcher Schiffshebewerke nebeneinander angeordnet, so zwar, daß das eine sich senkt, während das andere sich aufwärts bewegt. Bekanntlich ermöglicht die Anwendung des Prinzips der hydraulischen Presse die Hervorbringung eines außerordentlich hohen Druckes, so daß man imstande ist, mit Hilfe dieser Vorrichtung auch bei großen Lasten eine bedeutende Hubhöhe mit einem Male zu überwinden, was eine bedeutende Verminderung des Zeitaufwandes und der Anzahl der einzelnen zur Überwindung einer Steigung erforderlichen Kanalstrecken zur Folge hat.

Es war zuerst Edwin Clark, ein bekannter englischer Konstrukteur, welcher im Jahre 1872 eine solche Schiffshebevorrichtung zu Cheshire bei Anderton ausführte, mit deren Hilfe Schiffe von 100 Tonnen aus dem Weaverflusse in Bassins von 23,4 m Länge und 4,6 m Breite und 1,5 m Tiefe auf das Niveau eines um 15,3 m höher liegenden Kanals gehoben werden; die Zeit, welche für jede Hebung erforderlich ist, beträgt nur 3 Minuten; die Gesamtdauer einer Schleusung beträgt 8 Minuten.

Inzwischen haben die mechanischen Schiffshebewerke immer weitergehende Verbesserungen erfahren und gelangen mehr und mehr in Aufnahme. Zunächst ist das ebenfalls von Clark erbaute, in Fig. 431 schematisch dargestellte Hebewerk von Les Fontinettes bei St. Omer zu nennen; dasselbe dient dazu, im Kanal von Neufossé einen Niveauunterschied von 13,13 m in einer einzigen Hebung zu überwinden.

In der Fig. 431 ist das Hebewerk gerade in einer solchen Stellung abgebildet, daß das eine Bassin F sich in seiner tiefsten Lage befindet, während das andere bis zur Höhe der oberen Kanalhaltung gehoben ist. Der Betrieb geschieht nun in folgender Weise: Das zu hebende Schiff fährt nach Öffnung des Schiebers H in das an seiner entgegengesetzten Stirnseite durch einen anderen Schieber geschlossene Bassin F hinein; nun wird der Schieber H heruntergelassen, so daß

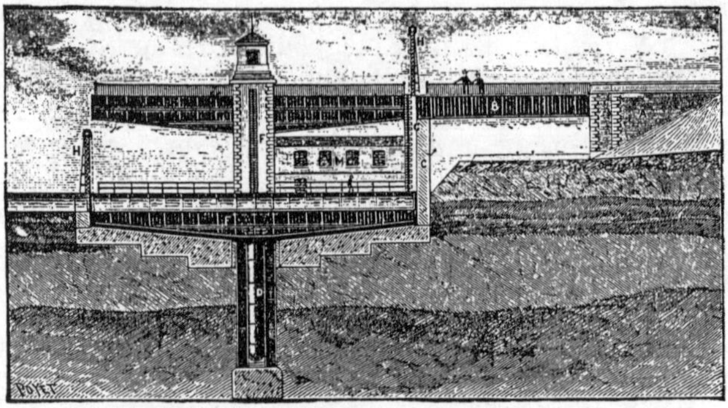

Fig. 431. Schiffshebewerk bei Les Fontinettes.

der Behälter F von allen Seiten fest geschlossen ist. Hierauf wird das Bassin F samt dem Schiffe mittels des Treibcylinders D in Führungen, welche an den gemauerten Türmen F angebracht sind, bis zur Höhe der oberen Kanalhaltung AB gehoben, während gleichzeitig das andere Bassin hinabsinkt. Ist das Bassin F oben angelangt, so wird der dasselbe gegen B abschließende Schieber H geöffnet, und das Schiff kann nun ohne weiteres seinen Kurs in der höher gelegenen Kanalstrecke AB fortsetzen.

Eine durchweg in Eisenkonstruktion ausgeführte Schiffshebevorrichtung stellt Fig. 432 dar; dieselbe liegt bei Houdeng-Goegnies in Belgien und dient dazu, in dem Kanal du Centre einen Niveauunterschied von 15,397 m zu überwinden. Außer dem dargestellten gelangen noch drei derartige Ascenseure, wie man dieselben auch wohl nennt, von je 16,993 m Hubhöhe zur Anwendung. Der Antrieb erfolgt dadurch, daß der Wasserspiegel des obenstehenden beweglichen Behälters um 0,30 m erhöht wird, was eine Gewichtsvermehrung um 74 Tonnen zur Folge hat. Der Durchmesser der Treibcylinder beträgt 2,06 m; der Druck in demselbeu beträgt gegen 14 Atmosphären; die Abmessungen der Cylinder 2c. sind für 80 Atmosphären berechnet. Die Hebung eines Schiffes erfolgt in $2^1/_2$ Minuten bei einem Wasserverbrauche von 74 Tonnen. Die Ausführung dieses Hebewerkes erfolgte durch die bekannte Société Cockerill in Seraing nach den Patenten und Angaben der Herren Standfield und Clark.

Unter den gegenwärtig in der Ausführung begriffenen Kanalbauten nimmt der Nord-Ostsee-Kanal ein besonderes Interesse für sich in Anspruch, dessen Verlauf aus Fig 433 zu entnehmen ist.

Es ist von besonderem Interesse, daß der älteste Plan einer allerdings nur für flachgehende Schiffe benutzbaren Verbindung der Nord- und Ostsee thatsächlich zur Ausführung gelangt und noch gegenwärtig im Betriebe ist. Es ist dieses der gegen Ende des 14. Jahrhunderts

Fig. 432. Schiffshebewerk bei Houdeng=Goegnies.

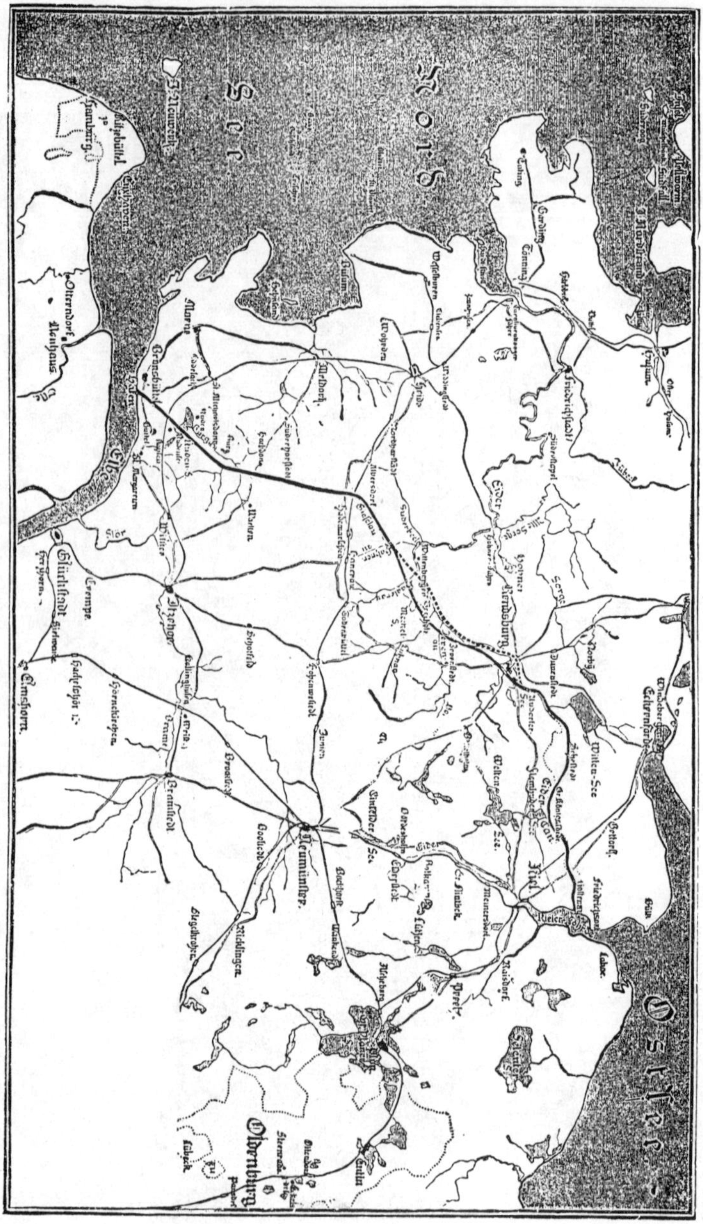

Fig. 433. Der Nord-Ostsee-Kanal.

Fig. 434 Baggermaschine beim Bau des Nord-Ostsee-Kanals.

erbaute Stecknitz-Kanal, welcher die Trave unter Benutzung der Delvenau mit der Elbe verbindet. Derselbe genügt allerdings nicht für die heutigen Schiffsverhältnisse, ist jedoch, wie eben schon gesagt, für flache Fahrzeuge noch heute in Gebrauch.

Im Anfange des 16. Jahrhunderts soll dann noch eine zweite Verbindung der beiden Meere, und zwar zwischen Trave und Beste kurze Zeit bestanden haben. Neben den Dänen waren es die Engländer, welche in den späteren Jahrhunderten den Bau eines für große Seeschiffe befahrbaren Nord-Ostsee-Kanals zu wiederholten Malen beabsichtigten. Auch Wallenstein soll einen solchen Plan gehegt und bereits begonnen haben. Der von den Dänen erbaute Eider-Kanal ist nur für kleinere Seeschiffe benutzbar. Der Bau des jetzigen Kanals wurde durch Reichsgesetz vom 10. März 1886 bestimmt. Fig. 434 stellt einen der gewaltigen bei der Aushebung des Kanals in Betrieb befindlichen Dampfbagger dar.

b) Der Schiffsbau.

Nachdem als erstes Fahrzeug zu Wasser jedenfalls der schwimmende Baumstamm und in weiterer Folge das aus mehreren zusammengebundenen Baumstämmen bestehende Floß gedient hatte, ging man alsbald dazu über, den Baumstamm mit Hilfe von Schneidewerkzeugen und des Feuers auszuhöhlen. Das so geschaffene Fahrzeug ist noch jetzt unter dem Namen Einbaum vielfach im Gebrauch.

Die Fortbewegung der ältesten Schiffe erfolgte durch Ruder. Jedoch gebrauchten bereits die Phönizier auf ihren großen Seereisen sowohl Ruder als auch Segel. Sie waren auch die ersten, welche die Fahrt bei Nacht nicht unterbrachen, sondern an dem Stande der Gestirne sich auf dem Meere orientierten.

Wohl das gewaltigste Schiff, von welchem geschichtliche Überlieferungen uns vorliegen, ist das Prachtschiff des Ptolomäers Philopater. Dasselbe, in Fig. 435 im Schnitt dargestellt, hatte eine Länge von 128 m, eine Breite von 18 m und einen inneren Hohlraum von 22 m Tiefe. Zur Fortbewegung dieses gewaltigen Kolosses dienten 400 Ruder, welche von 2400 Ruderknechten bedient wurden. Wie aus Fig. 435 zu ersehen ist, waren diese Ruderer in fünf Etagen über einander verteilt; da dieselben von Zeit zu Zeit abgelöst werden mußten, so zählte die gesamte Schiffsmannschaft allein gegen 4000 Ruderknechte.

Bei den Römern, welche bekanntlich der Schiffahrt geringere Aufmerksamkeit schenkten, sind die kleinen schnellsegelnden Schiffe zu erwähnen, welche im Anschluß an die Landpost, den cursus publicus, Briefschaften und Nachrichten über die Meere brachten.

Die kühnen Meerfahrten der Phönizier finden ein Gegenbild in den zu Anfang des neunten Jahrhunderts beginnenden kriegerischen

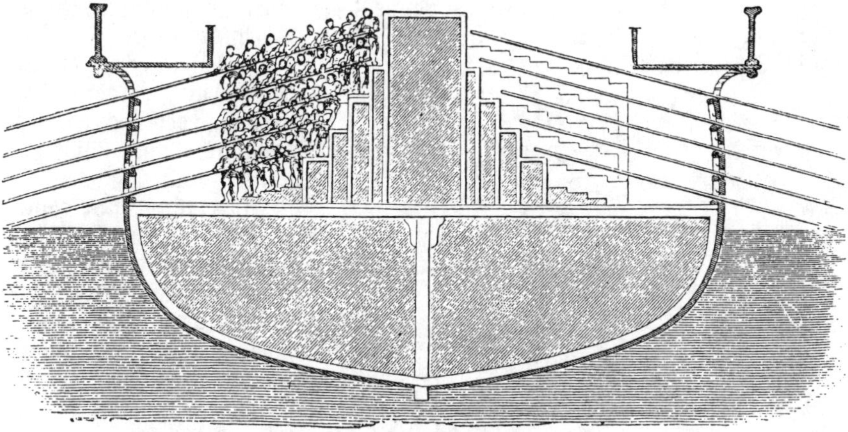

Fig. 435. Galeere des Philopater.

Wickingerfahrten. Von Nordgermanien aus unternahm das kühne Volk der Wickinger Streifzüge über das Meer nach den Küsten Englands, Frankreichs und Spaniens; ja auch die Küste des Mittelländischen Meeres wurde wiederholt von ihnen heimgesucht.

Über die Konstruktion eines Wickingerschiffes sind wir durch einen interessanten Fund, welcher bei Öffnung eines altnorwegischen Grabes in der Nähe des Seebades Sandefjord gemacht wurde, ziemlich genau unterrichtet. Dieses alte Wickingerschiff hatte ein Länge von 22 m und eine Breite von 5 m. Es hatte einen Mast und entbehrte des Verdecks, so daß die Besatzung den Unbilden der Witterung schutzlos gegenüber stand. Meist bewegte man sich durch Rudern vorwärts.

Jedenfalls haben diese kriegerischen Wickingerfahrten einen erheblichen Einfluß auf die spätere Entwickelung der dem Werke des Friedens dienenden Schiffahrt ausgeübt. Auch die Kreuzzüge mit ihren wiederholten weiten Meeresfahrten — wir weisen nur auf die von den englischen Kreuzfahrern zurückzulegende Wegeslänge hin — brachten der Schiffahrt weiteren Impuls.

Die Größe der Schiffe wuchs immer mehr; gleichzeitig wurde das plumpe Ruderschiff ersetzt durch das graziös vor dem Winde dahin schwebende Segelschiff. Die Erfindung des Kompasses trug im übrigen dazu bei, daß die Küstenfahrzeuge sich allmählich in den weiten unbekannten Ocean hinauswagten.

Als ein Beispiel aus der Epoche der ersten großen Seefahrten bringen wir in Fig. 436 die Abbildung des Admiralschiffes des Kolumbus.

Über die Fahrzeuge, mit denen der kühne Entdecker Amerikas seine denkwürdige Fahrt ausführte, ist erst in neuester Zeit etwas Gewisses festgestellt und zwar durch R. Monleón, welcher die Schriften von

Navarrette u. a. in der „Revista general de Marina“ zusammengestellt hat und dessen Abhandlung in den „Mitteilungen aus dem Gebiete des Seewesens“ wiedergegeben wurde. Hiernach hat eine direkte Überlieferung einer Beschreibung der Schiffe des Kolumbus nicht stattgefunden.

Fig. 436. Admiralschiff des Kolumbus.

Allerdings sind uns mancherlei Kenntnisse über die Formen und die Eigenschaften der zu jener Zeit gebräuchlichen Schiffsgattungen erhalten geblieben; es fehlten jedoch die Anhaltspunkte, um die Fahrzeuge des Kolumbus in eine der damals vorhandenen Gattungen einzureihen. Es ist nun historisch festgestellt, daß die drei Schiffe, mit welchen Kolumbus am 3. August 1492 den Ankerplatz bei Huelva verließ, die „Santa Maria“, die „Nina“ und die „Pinta“ sogenannte Caravellen waren, eine Bezeichnung, welche uns über deren Eigenschaften keinerlei Anhalt bietet.

Die erste auf uns gekommene Erwähnung der Caravelle stammt aus dem Jahre 1444, als Heinrich der Seefahrer ein derartig benanntes Fahrzeug unter dem Befehle des Vincente de Lago, der einen venetianischen Edelmann Namens Luigi de Cadamosto in seiner Begleitung hatte, auf Länderentdeckung in See gehen ließ.

Auf dieser Reise, wo man die Kanarien, Madeira, Porto Santo besuchte und in den Gambiafluß einlief, soll das Fahrzeug nach den Chroniken einmal eine Strecke von 600 italienischen Meilen in einem Zeitraum von 36 Stunden durchlaufen haben, was einer mittleren Geschwindigkeit von 12,5 Knoten*) gleichkommt. Aber auch die Cara-

*) Ein Knoten = 1852 m.

vellen des Kolumbus hatten, wie aus dem Tagebuche des Admirals zu entnehmen ist, ähnliche Leistungen aufzuweisen und zählten somit zu den Schnellseglern der damaligen Zeit; zudem waren sie nach damaligen Begriffen nicht die schlechten, nicht einmal mit einem Deck versehenen Fahrzeuge, als welche sie oft noch heutzutage hingestellt werden, sondern in ihrer Art ganz tüchtige Schiffe.

Auch über die Besegelung derselben giebt das Tagebuch uns Aufschluß; so erfahren wir daraus, daß die „Santa Maria“ und die „Nina“ eine aus fünf Segeln bestehende Besegelung hatten, welche an den drei Masten und an dem Bugspriet geführt wurden.

Die Frage hinsichtlich der Größenverhältnisse des Admiralschiffes des Kolumbus hat Fernandez Duro unter Entwickelung vieler Geistesschärfe einer in Spanien allgemein acceptierten Lösung entgegengeführt.

Als einziger Anhaltspunkt bot sich ihm eine in den Schriften des Admirals befindliche Bemerkung, nach welcher das große Boot der „Santa Maria“ eine Länge von fünf Faden hatte. Nun sind aber in dem uns erhalten gebliebenen, im Jahre 1587 erschienenen Werke des Diego Garcia del Palacio über Schiffbau die gegenseitigen Verhältnisse der Dimensionen der Schiffskörper und der großen Boote, wie sie damals innegehalten wurden, ausführlich behandelt, wonach Herr Fernandez Duro zu dem Schlusse kommt, daß die „Santa Maria“ folgende Dimensionen besessen habe: Kiellänge 19 m, Länge zwischen den Perpendikeln 23 m, größte Breite 6,7 m, Raumtiefe 4,5 m, ferner eine Zuladungsfähigkeit von 120—130 Tonnen bei einer Bemannung von 70—90 Mann; außerdem konnte dieselbe große Vorräte an Lebensmitteln und Trinkwasser an Bord nehmen. Die „Santa Maria“ war demnach ohne Zweifel eine große Caravelle, da die sonstigen aus jener Zeit uns bekannt gewordenen Fahrzeuge dieser Art zumeist nur 30 bis 60 Tonnen Zuladungsfähigkeit hatten, und selbst die berühmte „Viktoria“ welche die erste Weltumsegelung ausführte, nur eine solche von 85 Tonnen besaß.

Wie schon bemerkt wurde, waren die Caravellen des Kolumbus gute Segler; in dem Tagebuche des Admirals findet man oft eine Fahrgeschwindigkeit von 15 italienischen Meilen (etwas mehr als 11 Knoten) angegeben, was bei dem Umstand, daß die drei Schiffe im Geschwaderverbande segelten, sicherlich eine bedeutende Geschwindigkeit ist.

Über die Form der Schiffskörper existiert keine besondere Überlieferung, und es konnte dieselbe erst nach mühevoller Sammlung und aufmerksamer Sichtung der zerstreut anzutreffenden Daten und Behelfe einigermaßen festgestellt werden.

Wenn Kolumbus in seinen Schriften die „Santa Maria“ oft als nao oder navio, die beiden anderen Fahrzeuge aber als carabelas bezeichnet, so mag dieses nicht seinen Grund in einer Verschiedenheit der Schiffstypen gehabt haben, sondern er wollte hiermit wahrscheinlich nur der hierarchischen Stellung der Geleitschiffe zum Admiralschiff Ausdruck geben.

Daß die drei Schiffe in der Mitte niedrigen Freibord, vorn und hinten aber hohe Aufbaue hatten, erhellt nicht nur aus Zeichnungen (Fig. 436) Juan de la Cosa's, des Piloten des Kolumbus, sondern auch aus dem mehrfach schon citierten Tagebuche.

Dort findet sich nämlich am 11. Oktober die Notiz: „Als sich der Admiral um 10 Uhr nachts am Hüttendecke befand, nahm er ein Licht wahr“ und späterhin: „Der Admiral schärfte ihnen ein, guten Auslug am Vorkastelle zu halten“. Die Hütte befand sich damals, wie noch heutzutage auf den meisten Fahrzeugen, hart am Heck; sie war auf einem Deck aufgebaut, daß sich von Achter bis zum Großmaste erstreckte, diente Schiffsoffizieren und distinguierten Personen zur Unterkunft und wurde in Spanien Alcazar genannt. Das Vorkastell stand auf einem zum Schutze des Mannschaftsraums aufgebauten Wetterdeck.

Wir erwähnen noch, daß man zu jener Zeit auf die Segel gewisse Bilder zu malen pflegte, eine von den Phöniziern und Ägyptern übernommene Sitte, die bei den Fischerbooten der Adria bis auf den heutigen Tag sich erhalten hat und den Zweck hat, die Schiffe zu schmücken und auf weite Entfernungen hin kenntlich zu machen. Bei den Spaniern und Portugiesen wählte man hierzu mit Vorliebe das Zeichen des Kreuzes, um sich dadurch von den Ungläubigen zu unterscheiden.

Leider sind die Aufzeichnungen über die Bestückung der Schiffe des Kolumbus sehr mangelhafte; dieselbe bestand aus mittelschweren und leichten Geschützen, sogenannten Spingarden und Lombarden.

So hatte das Schiff sich zu einer Vollkommenheit entwickelt, welche dasselbe befähigte, die größten Entfernungen zurückzulegen. Noch heute wird ein erheblicher Teil des Verkehrs auf dem Meere wie auf den Binnengewässern von Segelschiffen besorgt.

Je nach der Anzahl der Masten unterscheidet man die Dreimaster (Vollschiffe); nur ausnahmsweise kommen auch wohl mehr als drei Masten zur Anwendung. Eine besondere Art des Dreimasters bildet die Bark; bei dieser ist der eine der drei Masten nicht mit Volltakelage ausgestattet. Schiffe mit zwei mit Volltakelage ausgestatteten Masten nennt man Briggs; eine besondere Art derselben bilden die Schoner, welche durch eine geringere Besegelung gekennzeichnet sind. Unter Kuff versteht man ein zweimastiges Küstenfahrzeug, und mit Kutter und Jacht bezeichnet man die einmastigen Segler.

Die Größe eines Schiffes kennzeichnet sich durch seine Tragfähigkeit. Man drückt diese in Tonnen aus. Nach den Lehren der Physik ist das Gewicht der von einem auf dem Wasser schwimmenden Körper verdrängten Wassermenge gleich dem Gewichte dieses Körpers. Das von einem Schiffe verdrängte Wasserquantum nennt man das Deplacement oder die Verdrängung desselben. Die Summe des Eigengewichtes des Schiffes und der Tragfähigkeit oder Ladungsfähigkeit ꝛc. ist gleich dem Deplacement.

Nach diesen wenigen allgemeinen Zwischenbemerkungen wenden wir uns nunmehr dem Schiffe der Gegenwart, dem Dampfschiffe zu.

Bereits bei der Geschichte der Dampfmaschine hatten wir erwähnt, daß Papin der erste war, welcher die Dampfkraft zur Fortbewegung eines Schiffes ausnutzte. Leider wurde dieser erste Versuch schon im Keime erstickt.

Der erste von durchschlagendem Erfolge gekrönte Versuch der Dampfschiffahrt rührt von dem Amerikaner Fulton her, welcher im Jahre 1807 einen Schaufelraddampfer „Clermont" auf dem Hudson zwischen New-York und Albany in regelmäßigen Betrieb setzte. Noch

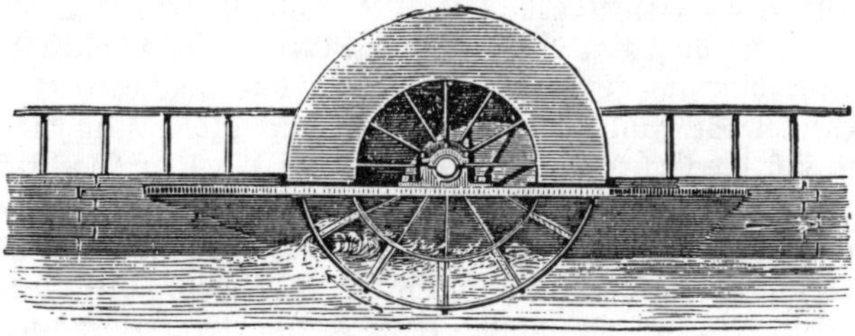

Fig. 487. Schaufelrad für Dampfschiffe.

heute werden derartige Raddampfer, bei denen ein Schaufel- oder Ruderrad durch die Dampfmaschine in schnelle Drehung versetzt wird und das Schiff vorwärts treibt, auf den Binnengewässern in zahlreichen Exemplaren benutzt.

Fulton soll schon damals Napoleon dem Ersten den Vorschlag gemacht haben, die französische Kriegsflotte mit Dampfmaschinen auszurüsten, ohne jedoch Gehör zu finden.

Die erste Oceanfahrt eines solchen Raddampfers erfolgte im Jahre 1819. Es waren die Gebrüder Searborough, welche als die Ersten die Fahrt von Savannah in Georgien in Nordamerika nach Liverpool unter teilweiser Zuhilfenahme der Segel in 26 Tagen zurücklegten.

Diese wahrhaft außerordentliche Leistung blieb bis zum Jahre 1829 ohne Nachahmung. In den dreißiger Jahren häufte sich die Zahl der von der Neuen zur Alten Welt ausgeführten Dampferfahrten und im Jahre 1840 schloß die englische Regierung mit dem Rheder Samuel Cunard in Halifax den Vertrag der ersten subventionierten, einmal regelmäßig im Monat stattfindenden Postverbindung zwischen Liverpool und Halifax ab. Im Jahre 1847 wurde die Hamburg-Amerikanische Paketfahrt-Aktiengesellschaft gegründet; dieselbe richtete im Jahre 1856 ebenfalls eine regelmäßige Dampferverbindung zwischen Hamburg und New-York ein. Im Jahre 1857 bildete sich alsdann in Bremen ein mächtiger Konkurrent unter dem Namen Norddeutscher Lloyd.

Eine große Umwälzung auf dem Gebiete des Schiffsbaues brachte die Einführung der Schiffsschraube oder Propellerschraube als Ersatz des Schaufelrades. Als Erfinder derselben werden genannt der Österreicher Joseph Ressel, der bereits im Jahre 1812 dieselbe zuerst praktisch angewendet haben soll. Auch der Amerikaner Ericson wird häufig als Erfinder oder doch als glücklicher Verbesserer des Schraubenpropellers genannt. Das erste Schraubenschiff gebaut und seetüchtig fertiggestellt zu haben, dieses Verdienst gebührt dem Engländer Smith, welcher im Jahre 1838 mit dem Dampfer „Archimedes" die Küste Englands befuhr. Die erste bahnbrechende Anwendung der Schiffsschraube erfolgte im Jahre 1847.

In Fig. 438 geben wir die Ansicht eines Schraubendampfers; das den Dampfer ausnehmende Dock ist von der bekannten Hoppeschen Maschinenfabrik in Berlin erbaut. Die Wirkung einer Schiffsschraube ist die gleiche, wie diejenige einer gewöhnlichen in ihrer Mutter gedrehten Schraube, nur daß an die Stelle der Mutter das Wasser tritt. Hält man die Mutter einer Schraube fest und dreht man gleichzeitig die Schraube, so schraubt sich die Schraube je nach der ihr erteilten Drehrichtung aus der Mutter hinaus oder in dieselbe hinein. Das gleiche geschieht bei der Schiffsschraube; je nach der ihr von der Schiffsmaschine erteilten Drehung treibt sie das Schiff im Wasser, welches, wie oben erwähnt, die Stelle der Mutter einnimmt, nach vorwärts oder nach rückwärts.

Die Vorzüge, welche die Schraube vor dem Ruderrade auszeichnen, sind sehr wesentliche und schwerwiegende; dieselben haben es bewirkt, daß die Raddampfer aus dem transatlantischen Verkehr gänzlich verschwunden sind. In der neueren Zeit verwendet man häufig zwei Schrauben, deren eine rechts, deren andere links von der Längsachse des Schiffes angeordnet ist. Derartige Doppelschraubenschiffe sind besonders bei den Kriegsflotten anzufinden, da sie eine sehr hohe Manövrierfähigkeit besitzen.

Was die oben erwähnten Vorzüge der Schiffsschraube betrifft, so bestehen dieselben im wesentlichen in folgendem: Die Breite des Schiffes ist eine bei weitem geringere als bei Verwendung von Schaufelrädern. Die Schraube liegt stets geschützt im Wasser, ein Umstand, der namentlich bei Kriegsschiffen von der größten Bedeutung ist. Der Gang des Schiffes ist ein sehr ruhiger. Bei hoher See tritt bei starken Schwankungen des Schiffes häufig das eine der beiden Schaufelräder aus dem Wasser heraus, wodurch eine sehr ungünstige einseitige Inanspruchnahme der Dampfmaschine eintritt; dieser Übelstand fällt bei der Schraube fort. Endlich liegt der Schwerpunkt der Schraubendampfer tiefer als der der Raddampfer, so daß jene nicht so leicht von hoher See zum Kentern gebracht werden können.

Als Beispiel eines modernen transatlantischen Doppelschraubenschnelldampfers bringen wir in Fig. 439 die auf der Werft der „Vulkan" in Bredow bei Stettin erbaute „Augusta Viktoria" des Hamburg-Amerikanischen Paketfahrt-Aktiengesellschaft.

Fig. 438. Schraubendampfer im Dock.

Fig. 439. Schnelldampfer „Augusta Viktoria“.

Diesem gewaltigen schwimmenden Koloß ist alsbald der „Fürst Bismarck" derselben Werft und derselben Aktien-Gesellschaft als der größte in Deutschland erbaute Dampfer gefolgt. Derselbe hat eine Länge in der Wasserlinie von 153,1 Meter, eine Breite von 17,52 Meter und eine Tiefe bis zum Oberdeck von 11,58 Meter. Die Maschinen von insgesammt 14000 Pferdestärken verleihen dem Schiffe eine Geschwindigkeit von 19 Knoten in der Stunde. Das Deplacement beträgt 12900 Tonnen. Das zur Verwendung gelangte Material ist Stahl. Um ein Sinken des Schiffes bei Verletzung desselben zu verhindern, ist dasselbe in 17 gegen einander wasserdicht abgedichtete Abteilungen geteilt.

Das Schiff hat im ganzen 5 Decks. In den beiden Speisesälen der 1. Klasse können zusammen 240 Personen speisen; in dem Speisesaal 2. Klasse 88 Personen. Die Zahl der zu befördernden Passagiere beträgt 1214 und zwar 400 in der 1. Klasse, 114 in der 2. Klasse und 700 in der 3. Klasse. Die Bemannung zählt 250 Köpfe. Alle Räume werden elektrisch und zwar durch 800 Glühlampen erleuchtet. An Trinkwasser werden 200000 Liter mitgenommen; ein Destillierapparat vermag außerdem täglich 18000 Liter Wasser zu destillieren.

Die beiden Maschinen leisten je 7000 Pferdestärken; sie sind dreifache Compoundmaschinen; der Hochdruckcylinder hat 1100, der Mitteldruckcylinder 1700 und der Niederdruckcylinder 2700 Millimeter Durchmesser. Der Kolbenhub beträgt 1600 Millimeter und die Zahl der Umdrehungen 85 in der Minute. Das mitgeführte Kohlenquantum beträgt 2700 Tonnen. Das Heizerpersonal ist 100 Köpfe stark. Die Kosten des Schiffes stellen sich auf 6 Millionen Mark; hiervon entfallen 500000 Mark auf die innere Ausstattung.

Um das Bild des gegenwärtigen Standpunktes des Dampfschiffbaus noch zu vervollständigen, bringen wir in Fig. 440 nach einem auf der 1891 in der Royal Naval Exhibition ausgestellten Modell die Ansicht des englischen Kriegsschiffes „Viktoria". Dasselbe hat eine Länge von 360 Fuß (109 m) und eine Breite von 70 Fuß (21 m); der mittlere Tiefgang beträgt 27 Fuß (7 m) und das Deplacement 10700 Tonnen. Bei den angestellten Versuchen entwickelte die Maschine während vier Stunden 14244 indizierte Pferdekräfte bei einer Geschwindigkeit von 17 Knoten. Das Schiff kann 1000 Tonnen Kohlen einnehmen, ein Quantum, welches genügt, um 8000 bis 9000 Knoten unter Dampf zurückzulegen.

In einem aus der Abbildung ersichtlichen Drehturme sind zwei Geschütze angebracht; jedes 110 Tonnen wiegend; hinter diesem Drehturme ist auf zwei Drittel der Schiffslänge noch ein Batteriebau angeordnet mit zahlreichen kleineren Geschützen: einem zehnzölligen, 12 sechszölligen Geschützen, 12 Sechspfünder-Schnellfeuer-Kanonen und 9 Dreipfünder-Schnellfeuer-Kanonen, neben einer größeren Anzahl von Nordenfeltschen Revolverkanonen.

Ferner besitzt das Schiff vier Geschütze zum Abfeuern von Torpedos über Wasser und ebenso viele zum Abfeuern unter Wasser.

Die Räume, welche zur Aufnahme der vorstehend aufgeführten kleineren Geschütze dienen, sind mit einem 3 Zoll starken Panzer versehen; der Panzer des eigentlichen Schiffskörpers ist 18 Zoll, derjenige des Drehturmes 17 Zoll stark; letzterer ruht zur Erzielung eines thunlichst elastischen Widerlagers auf einer Unterlage von Teakholz.

Fig. 440. Englisches Panzerschiff „Viktoria"

Ein stark in die Augen springendes Merkmal der modernen Schiffsbaukunst beruht auf der möglichst weitgehenden Ausnutzung der Maschinenkraft als Ersatzmittel der Menschenkraft. Wo nur irgend möglich, übernimmt die Maschine die Verrichtung aller derjenigen Arbeiten, welche auf den Schiffen früherer Jahrhunderte der Muskelkraft der Bemannung anheimfiel.

Die gewaltigen Geschütze werden in allen Bewegungen durch hydraulischen Druck bethätigt, sowohl für die Ausführung des Ladens wie für die Erfassung des Zieles. Dieselbe Art des Antriebs wird auch für die Drehung des bedeutenden Gewichtes des Turmes benutzt, und zwar ist das diesem Zweck dienende Handrad derartig angebracht, daß der am Auslug stehende Offizier durch einen leichten Händedruck den Turm in jede gewünschte Lage bringen kann. Diese Bewegungsvorrichtung ist derartig angeordnet, daß sowohl jedes Geschütz allein für sich, als auch beide gemeinsam gerichtet werden können. Das Abfeuern der Turmgeschütze geschieht mit Hülfe der Elektrizität, und zwar entweder gleichzeitig oder getrennt. Der hydraulische Druck dient des weiteren auch zu den verschiedensten anderen Zwecken, so z. B. zum Transportieren der Geschosse aus dem Magazinraum zu den Geschützen, zum Entfernen der Asche aus dem Kesselraum, zum Heben und Niederlassen der Bote u. s. w.

An Stelle der ehemals gebräuchlichen Bemastung und reichen Besegelung ist die Dampfkraft getreten; der eine hinter dem Drehturm sichtbare Mast dient lediglich als Auslug, sowie zum Erteilen von Signalen.

Das Bild eines modernen Kriegsschiffes wird erst ein vollständiges durch die rings um dasselbe angebrachten Stahldrahtnetze, welche dazu dienen, die mörderischen Torpedos von dem Rumpf abzuhalten. Es ist nicht ohne Interesse, hier zu erwähnen, daß die erste praktische Probe dieses zu den neuesten Errungenschaften der Waffentechnik gehörenden Zerstörungsmittels während des letzten chilenischen Bürgerkrieges erfolgt ist.

Als ferneres Mittel zur Fortbewegung der Schiffe ist neben dem Winde und dem Dampf in neuester Zeit noch die Reaktionswirkung des austretenden Wassers in Vorschlag gebracht.

Die außerordentliche Entwickelung, welche der Schiffsbau bis zu Ende des 19. Jahrhunderts erfahren, läßt sich am besten an einer kurzen Übersicht der Entwickelung, welche der bekannte Norddeutsche Lloyd durchgemacht hat, zur Veranschaulichung bringen.

Nachdem bereits im Jahre 1867 ein wöchentlicher Verkehr mit New-York ins Leben gerufen war, errichtete der Norddeutsche Lloyd 1868 eine zweite Linie nach Amerika, nach Baltimore. 1869 folgte eine Linie nach dem Süden der Vereinigten Staaten, nach New-Orleans, welche später eine Zeit lang aufgegeben wurde, sich jedoch wieder als notwendig erwies und seit kurzem aber zwischen Bremen und Galveston wieder aufgenommen ist. 1871 folgte eine Linie nach Westindien, dieselbe ist aufgegeben worden. Im Jahre 1875 entstand die erste Linie nach Brasilien und dem La Plata, welche bald darauf in zwei von einander gesonderte Linien getrennt wurde. Im Jahre 1881 eröffnete der Lloyd die erste kontinentale Schnelldampferlinie nach New-York und erweiterte dieselbe bis 1888 derart, daß sie die einzige europäische Verbindung mit New-York darbot, welche lediglich mit Schnelldampfern betrieben wurde. 1885 übernahm der Lloyd im Vertrage mit der Reichsregierung den Betrieb der vom Reich unterstützten Linien nach Ostasien und Australien mit einer Reihe von Anschlußlinien im Mittelmeer, von China nach Japan und von Australien nach Samoa. 1888 stellte der Verkehr nach den Vereinigten Staaten so große Anforderungen, daß eine ganz neue Dampferklasse, nämlich die Schiffe der Münchenklasse mit sehr großer Ladefähigkeit und Einrichtungen für 2000 Zwischendeckspassagiere, eingestellt werden mußte. 1891 wurde eine besondere Schnelldampferlinie zwischen Genua und New-York über Neapel und Gibraltar errichtet. 1892 richtete der Norddeutsche Lloyd einen besonderen Frachtdienst zwischen Bremen und New-York durch die Rolandlinie ein. 1893 und 1894 wurden für den Reichspostdienst nach Ostasien und Australien, den außerordentlich gesteigerten Anforderungen des Verkehrs entsprechend, neue und zwar Doppelschraubendampfer eingestellt und die älteren Schiffe durch den Zwischenbau großer Compartements von 50 bezw. 70 Fuß Länge vergrößert. Gleichzeitig fand 1893 die Einführung von Salondampfern im Verkehr zwischen Bremen und La Plata statt. 1894 wurden für den Verkehr mit Brasilien 4 neue Dampfer erbaut, welche später in andere Linien eingestellt und durch 3 neue Doppelschraubendampfer ersetzt wurden. 1896 geschah abermals eine bedeutende Erweiterung des Betriebes durch die Einstellung einer Schiffsklasse, wie sie bisher noch nirgends vertreten war, nämlich der Dampfer der Barbarossaklasse. Die letzteren, vier an der Zahl, sind 535 Fuß lang und weichen in ihren Passagiereinrichtungen erheblich von den früheren Schiffsbauten ab. Sie haben im Verkehr mit den Vereinigten Staaten, und wo dieselben sonst verwandt worden sind, sich eine solch außerordentliche Beliebtheit beim Reisepublikum erworben, daß man sie als einen der außerordentlichsten Erfolge auf dem Gebiete der Schiffsbaukunst bezeichnen darf. Die Schiffe sind selbstverständlich ebenfalls als Doppelschraubendampfer erbaut. 1897 erbaute der Norddeutsche Lloyd endlich den größten und schnellsten Dampfer der Welt, nämlich den „Kaiser Wilhelm der Große", welcher am 19. September 1897 seine erste Reise nach New-York antrat und seitdem auf jeder Reise alle bisher von Schnelldampfern geschaffenen Records geschlagen hat. Der „Kaiser Wilhelm der Große" hat einen Raum von 20000 Tonnen und eine Maschinenstärke von 28000 Pferdekräften; der Kohlenverbrauch des Schiffes beträgt ca. 500 Tonnen in 24 Stunden, die Fahrtdauer des Schiffes über den Ozean stellte sich auf etwas über 5 Tage. Der Dampfer legte die Fahrt von New-York nach Southampton auf seiner dritten Reise mit einer mittleren Geschwindigkeit von 22,35 Meilen in der Stunde zurück. Die beste Tagesleistung betrug 567 Meilen. Es dürfte interessant sein, auf die Entwickelung des Schiffbaues zwischen 1857 und 1897 an dieser Stelle hinzuweisen. Der erste für die transatlantische Fahrt des Norddeutschen Lloyd erbaute Dampfer „Bremen", der damals zu den besten Schiffen der Welt gehörte, besaß eine Maschinenstärke von 700 Pferdekräften und beförderte auf seiner ersten Reise 22 Kajüts- und 93 Zwischendeckspassagiere. Der „Kaiser Wilhelm der Große" hat Einrichtungen für 750 Kajüts- und 800 Zwischendeckspassagiere und entwickelt 28000 Pferdekräfte.

Fig. 440 a. Der größte Schnellpostdampfer der Welt.

Dieser neue großartige Schnellpostdampfer übertrifft in seinen Dimensionen bei weitem alle bisher in Fahrt befindlichen Schiffe der Gegenwart und dürfte auch in seiner Schnelligkeit allen Dampfern der Jetztzeit überlegen sein. Das Schiff ist 648 Fuß über Deck lang, hat eine Breite von 66 Fuß und vom Hauptdeck bis zum Kiel eine Tiefe von 43 Fuß. Bei diesen kolossalen Dimensionen des Schiffes ist es von nicht zu unterschätzender Bedeutung, daß es sich als ausgezeichnetes Seeschiff bewähren wird, da die große Länge des Schiffes die unangenehmen Stampfbewegungen nicht aufkommen läßt. Der Dampfer ist zu letzterem Zweck an beiden Seiten mit hohen Schlingerkielen versehen. Ferner treten die heftigen Vibrationen, wie sie sich bei vielen Schnelldampfern mit großer Maschinenkraft gezeigt haben, bei diesem Schiffe, welches nach den Vorschriften des Germanischen Lloyd für die höchste Klasse als Vierdeckschiff mit ausgedehnten Extraverstärkungen und mit besonderer Sorgfalt erbaut ist, nicht auf, da die Maschinen derartig ausbalanciert sind, daß Schwingungen der mächtigen, auf und nieder arbeitenden Massen auf den Schiffskörper nicht übertragen werden.

Eine besondere Erwähnung verdienen die nach den neuesten Erfahrungen getroffenen Maßregeln für die Sicherheit des Schiffes und der Passagiere. Das Schiff ist durch 16 ohne Ausnahme bis zum Oberdeck reichende, nach den neuesten Vorschriften besonders gut verstärkte Querschotte und ein Längsschott im Maschinenraum in 18 wasserdichte Abteilungen geteilt, deren Abmessungen so getroffen sind, daß selbst das Volllaufen von drei Abteilungen das Schiff nicht zum Sinken bringen kann. Besonderer Wert ist bei diesem Schiff auch darauf gelegt, daß die vier Kesselgruppen jede in einer für sich abgeschlossenen wasserdichten Abteilung untergebracht worden sind, so daß bei einer Kollision niemals der Fall eintreten kann, daß das Schiff ohne Dampf zum Betrieb der Hauptmaschinen oder Pumpen bleibt. Die Pumpen sind insbesondere so angeordnet, daß auch beim etwaigen Volllaufen des Maschinenraums in allen Räumen des Schiffes mit Dampfpumpen gearbeitet werden kann. Außerdem ist ein Doppelboden vorhanden, der, wieder in 22 Unterabteilungen geteilt, sich über die ganze Länge des Schiffes erstreckt und so einen wesentlichen Schutz gegen Beschädigungen im Schiffsboden bietet. Trotz aller dieser Sicherheitsmaßregeln ist der Dampfer noch mit 24 großen, auf dem Sonnendeck zum sofortigen Gebrauch fertig aufgestellten Rettungsböten versehen. Zu erwähnen ist noch, daß das Schiff in Übereinstimmung mit den Anforderungen der kaiserlich deutschen Marine erbaut ist, um im Kriegsfall, mit einer großen Anzahl Geschützen ausgestattet, als Kreuzer Verwendung zu finden. —

Eine Übersicht der Riesenschiffe der Handelsflotten ergiebt folgende kleine Tabelle:

Name des Schiffes.	Länge (in Fuß).	Breite (in Fuß).	Schnelligkeit in (Knoten).
Kaiser Wilhelm der Große (Nordd. Lloyd) .	625	66	22/23
Campania und Lucania (Cunard Line), je .	601	65	21/22
Kaiser Friedrich (Nordd. Lloyd)	580	64	22
Pennsylvania (Hamburger Packetfahrt) . . .	560	62	13
Georgic (White Star Line)	558	60	12
St. Louis und St. Paul (American Line), je	535	63	20
New-York und Paris (American Line), je .	527	63	19/20
Friedrich d. Große, Barbarossa, Königin Luise und Bremen (Nordd. Lloyd), je	525	60	15
Majestic und Teutonic (White Star Line), je	565	57	19/20
Touraine (Generale Transatlantique) . . .	520	56	18
Fürst Bismarck (Hamburger Packetfahrt) . .	502	57	19/20

Von diesen Dampfern sind die ersten 14 sämtlich Schiffe über 10000 Tonnen, während die 4 letzten darunter bleiben; und von jenen 14 gehören 7 der deutschen Flotte an, davon 6 dem Norddeutschen Lloyd und einer der Hamburg-Amerika-Linie.

c) Die Sicherung der Schiffahrt.

Der beständige Kampf mit den launischen und tückischen Elementen, deren gewaltige tragende und treibende Kraft nutzbar zu verwenden zu den bedeutendsten Aufgaben des Weltverkehrs gehört, war ganz dazu angethan, dem Lenker eines Schiffes die Notwendigkeit vor Augen zu führen, den an sich gefahrvollen Beruf des Seefahrers möglichst sicher und sorglos zu gestalten. Hier wie überall machte die Not erfinderisch. Mit dem Moment, wo ein Schiff die Nähe der Küste zu verlassen wagte, mußte der Mensch auf Mittel sinnen, welche ihn befähigten, den einmal eingeschlagenen Kurs seines Schiffes in der Richtung auf das Ziel unverändert festzuhalten und den zurückgelegten Weg genau zu kontrollieren. Heute nun kann man mit Fug und Recht sagen, gehört der Beruf des Seefahrers kaum noch zu den gefahrdrohendsten. Auf hoher See wenigstens trotzt ein gutes Schiff, ohne besonderen Schaden zu nehmen, selbst dem wütendsten Anprall von Sturm und Wogen; in der Nähe des Zieles leitet der mit allen Eigentümlichkeiten seines heimatlichen Fahrwassers innig vertraute Lotse das seinem Befehl unterstellte Fahrzeug sicher und ungefährdet an seinen Ankerplatz. Eigentlich gefahrbringend ist nur die Nähe der Küste mit ihren versteckten und wechselnden Untiefen und Klippen, ihren Strömungen und ihrem Nebel, ihrer beständigen Änderungen unterworfenen Fahrstraße und den brandenden Wogen, welchen das Schiff machtlos im Angesichte des rettenden Festlandes preisgegeben ist.

Die Sicherung der Seeschiffahrt macht die eingehendste Kenntnis aller dieser Verhältnisse bei denjenigen zur Voraussetzung, deren Obhut und Leitung ein Fahrzeug anvertraut ist. Gleichwohl ist man diesem Ziele nur sehr langsam näher gekommen, und erst die neuere Zeit hat uns in den glücklichen Besitz der ausgedehnten kartographischen Hülfsmittel gesetzt, die eines der unerläßlichsten und unentbehrlichsten Erfordernisse bei allen Operationen des Seefahrers sind. Die Herstellung der Seekarten, d. h. der in geeignetem Maßstabe angefertigten Darstellungen der Erdoberfläche, soweit dieselben den internationalen Schiffsverkehr angehen, liegt im allgemeinen zwar den Regierungen der einzelnen seefahrenden Nationen, wenigstens innerhalb ihres Hoheitsgebietes ob, ist aber zu einem nicht geringen Teile auch eine Frucht der gemeinsamen Arbeit und des uneigennützigsten Zusammenwirkens aller Nationen, die ein gleiches Interesse zum gemeinschaftlichen Werke vereinigt hat.

Je nach dem Maßstabe, welcher für die Seekarten gewählt ist, nud dem besonderen Zwecke, welchem sie dienen sollen, unterscheidet man General- oder Übersegelkarten, denen die Spezial-, Hafen- und Küstenkarten, auch Pläne genannt, gegenüberstehen. Sie enthalten neben den genauen Umrissen der Küste und ihren Höhenverhältnissen, vornehmlich die besonders auffallenden und den Hülfsmitteln des Schiffers bequem zugänglichen Landobjekte, wie Leuchttürme, Kirchtürme, hervorragende Gebäude, in gleicher Weise die im Interesse der Sicherheit des Verkehrs ausgelegten oder errichteten See- und Warnungszeichen, die in der verschiedensten Form, als Bojen, Baken, Feuer- und Leuchtschiffe u. s. w., auftreten, — kurzum alle die ausgezeichneten Objekte, die für eine schnelle und sichere Orientierung in Bezug auf den jeweiligen Schiffsort von Wichtigkeit und Bedeutung sein können.

Die Projektionsweise, d. h. die Art der Darstellung, welche für die Seekarten fast allgemein zur Anwendung kommt, wurde bereits 1569 von dem deutschen Geographen Gerhard Mercator (Cremer) angegeben und ist auch nach ihrem Erfinder genannt worden. Die durch gerade Linien dargestellten Breitenkreise und Meridiane schneiden sich bei dieser Art der Abbildung der Erdoberfläche unter rechten Winkeln. Während aber die Meridiane überall den nämlichen Abstand von einander haben, wächst derjenige der Parallel- oder Breitenkreise nach den Polen zu immer mehr und würde schließlich unendlich groß werden; dementsprechend nimmt nach den Polen auch die Verzerrung außerordentlich stark zu. Dafür gewähren sie aber den nicht hoch genug anzuschlagenden Vorteil, daß die Kurslinie, die sogenannte Loxodrome, alle aufeinanderfolgenden Meridiane stets unter demselben Winkel schneidet, sodaß die geradlinige Verbindung zwischem dem Ausgangs- und dem gewählten Endpunkt der Seereise auf der Karte direkt den vom Schiffe einzuschlagenden Kurs angiebt und bestimmt.

Nicht minder wichtig und bedeutsam erscheinen diejenigen Hülfsmittel, welche den Seefahrer über die klimatischen und allgemein meteorologischen Verhältnisse, vor allem über die mehr oder weniger große Regelmäßigkeit gewisser Windrichtungen, über die Dauer derselben und ihre Stärke, über die Strömungs- und Tiefenverhältnisse des Meeres, die Regenverteilung, kurz über alles nur irgend Wissenswerte, was zur Beschleunigung und Sicherung der Reise von Bedeutung sein kann, zu orientieren bestimmt sind. Hier war es namentlich der amerikanische Astronom Maury, der eine in der Folgezeit außerordentlich fruchtbar gewordene Organisation mit unermüdlichem Eifer ins Leben zu rufen verstanden hatte. Mit Hülfe der Aufzeichnungen von zahlreichen Log- oder Schiffstagebüchern ermittelte er dank der Unterstützung der Regierung der Vereinigten Staaten von Nordamerika alle für eine bestimmte Gegend typischen Witterungs-Erscheinungen, die magnetischen Vorkommisse, die Verhältnisse der Meerestiefen und Meeresströmungen, die Gestaltung des Meeresbodens und seine Beschaffenheit, — mit einem Worte alles, was in irgend einer Beziehung zur Physik des Meeres und der Luft steht. Auf diese Weise entstanden die Stromkarten und die Segel-Anweisungen für eine Reihe der wichtigsten Verkehrswege, die sich im Gebrauche außerordentlich gut bewährt haben. Um aber die ziemlich regellos oder doch nicht nach einem bestimmten Plane durchgeführten Beobachtungen für die Folge wenigstens möglichst planmäßig gestalten und nutzbringender verwerten zu können, wählte man den einfachen Weg, die von Maury geschaffenen Hülfsmittel auf Staatskosten drucken zu lassen und an Reflektanten nur gegen Abgabe eines nach bestimmtem Muster und in aller Vollständigkeit geführten Logbuches an das nautische Institut iu Washington auszuhändigen. Auf diese Weise gelang es, alle seefahrenden Nationen zur Mitarbeit heranzuziehen, die an sich bedeutungslosen Erfahrungen und Beobachtungen des einzelnen in kritischer Zusammenfassung der Gesamtheit zu gute kommen zu lassen.

Übrigens hat man dem Meere selbst einen Teil der zu seiner Erforschung notwendigen Arbeit gesichert, wenigstens, soweit es sich um die Feststellung seiner Strömungsverhältnisse handelt. Hier leisten die sogenannten Flaschenposten vortreffliche Dienste, die ehedem ein Schiff angesichts seines Unterganges auszusetzen pflegte, um eine letzte Nachricht zu hinterlassen. Heute geschieht auf hoher See die Aussetzung der fest verkorkten Flaschen oder Kästchen, welche in ihrem Inneren einen Zettel mit dem Namen des aussetzenden Schiffes und der vollständigen Angabe von Zeit und Ort der Entsendung enthalten, in durchaus planmäßiger, systematischer Weise in der ausgesprochenen Absicht, zur besseren und vollständigeren Erkennung und Erforschung der Meeresströmungen ein möglichst umfassendes Material bereit zu stellen.

Die Rücksicht auf die Sicherheit und Schnelligkeit einer Seereise verlangt im wesentlichen Einhaltung des einmal eingeschlagenen Weges oder Kurses, mit anderen Worten genaue Ermittelung des jeweiligen Schiffsortes und der damit zusammenhängenden Kontrolle, nötigenfalls auch die Veränderung des Kurses. Hand in Hand damit geht die Feststellung der für das Schiff besonders geeigneten Fahrstraße, was auf Grund der Stromkarten und der Segel-Anweisungen vor Antritt der Reise vorgenommen wird; die genaue Einhaltung derselben kann selbstverständlich infolge widriger meteorologischer oder anderer Umstände gelegentlich vollkommen illusorisch werden, muß aber gleichwohl mit allen Mitteln angestrebt werden.

Die wichtigsten und unbedingt notwendigen Hülfsmittel, welche zur Lösung dieser recht vielseitigen und bedeutungsvollen Aufgabe erfordert werden, sind zunächst Kompaß, Log und Lot, weiterhin die zur Anstellung astronomischer Ortsbestimmungen benötigten Winkel- und Zeitmeßinstrumente. Alle dienen dem ausgesprochenen, gemeinsamen Zweck, die Ermittelung des Schiffsbestecks — in der Seemannssprache die durch geographische Länge und Breite bezeichnete Position des Schiffes — in einer für die praktischen Zwecke der Schiffahrt hinreichenden Genauigkeit zu gewährleisten.

1. Der Kompaß.

Der Kompaß ist jedenfalls eine chinesische Erfindung, wenngleich ein direkter Nachweis hierfür nicht beigebracht werden kann. Ganz verstreut finden sich in der chinesischen Litteratur Andeutungen, daß die magnetischen Eigenschaften von eisernen Nadeln schon 21 Jahrhunderte vor unserer Zeitrechnung in China bekannt gewesen sein müssen; aber erst etwa 1700 Jahre später geschieht einer Nadel Erwähnung, die nach Süden weist, von der als von etwas ganz Bekanntem gesprochen wird, ohne daß indessen von einer bestimmten Anwendung die Rede ist. Als wirklicher Kompaß erscheint die Magnetnadel nicht vor dem 8. Jahrhundert. Ein solcher Kompaß bestand aus einer in einem Gefäß mit Wasser schwimmenden Nadel; auf dem Rande des Gefäßes war eine Einteilung in die zwölf Doppelstunden des Tages angebracht.

Solange indessen die von Ort zu Ort variierende, mit dem Namen der „magnetischen Deklination" bezeichnete Abweichung der Magnetnadel von der genauen Nord-Süd-Richtung, deren Entdeckung einem chinesischen Astronomen zugeschrieben wird, unbekannt war, konnte sie in ihrer eigentlichen Verwendung als Kompaß, d. h. als Wegweiser, kaum großen Eingang finden. Als solcher erscheint sie deshalb auch nicht vor dem 12. Jahrhundert; wenigstens stammt der früheste vorhandene Bericht darüber erst aus dem Jahre 1122, wo ein nach Korea gereister chinesischer Gesandter auf einem Schiff ein als Kompaß zu bezeichnendes Instrument als Wegweiser in Gebrauch sah. Erst geraume Zeit nachher mögen arabische Kaufleute den Wasser-Kompaß nach Europa gebracht haben, von wo aus dann das Instrument in wesentlich verbesserter Form nach China zurückwanderte.

Allmählich trat nämlich an die Stelle des Wasser-Kompasses die zweifellos erheblich vorteilhaftere Form des trockenen Kompasses, eine Form, die bekanntlich durch eine auf einer Spitze innerhalb einer Grad- oder Strichteilung freischwebend aufgesetzte Magnetnadel repräsentiert wird. Heute ist man an viel kompendiösere Instrumente gewöhnt, die allerdings auch erheblich höheren Ansprüchen zu genügen haben. In der Regel werden bei denselben mehrere einander möglichst parallele Magnete an der Scheibe der Windrose, die ganz neuerdings eine Aluminium-Peripherie erhält und die Grad-Teilung sowie die Einteilung in 32 Striche, (s. Fig. 441) entsprechend den Hauptthimmelsrichtungen, auf Seidenpapier trägt, mit Seidenfäden befestigt, um das Gewicht möglichst klein zu machen; das ganze ruht mit einem genau zentrierten Edelstein-hütchen auf einer feinen, sorgfältig geschliffenen Spitze, der Pinne, welche in der Mitte des bei allen Schwankungen des Schiffes also stets horizontal bleibenden Kompaßhäuschens oder Kessels steht. Diese Form des Kompasses (Patent Hechelmann) erfüllt die Bedingung, möglichst träge, d. h. gegen die Schwankungen des Schiffes unempfindlich zu sein und dabei gleichwohl eine hinreichend große Richtungsfähigkeit zu besitzen, auf sehr zufriedenstellende Weise.

Fig. 441. Kompaßrose.

Am unempfindlichsten selbst gegen die heftigsten Erschütterungen des Schiffes haben sich die sog. Fluid- oder Schwimmkompasse von Bamberg in Friedenau bei Berlin erwiesen, weshalb sie auch in der Kaiserlich Deutschen Marine zur Einführung gebracht wurden. Die

Fig. 442. Fluidkompaß von Bamberg.

gleichfalls mit den Magnetnadeln festverbundene Kompaßrose, welche sich sehr leicht in die Richtung des magnetischen Meridians stellt, ist mit Schwimmdosen versehen, welche ihr, da sie in einer das Kompaßgehäuse vollständig erfüllenden Mischung von Alkohol und Wasser ruhen, einen erheblichen Auftrieb verleihen, der sie mit fast verschwindendem Gewicht auf der Pinne schweben läßt. Wegen der unvermeidlichen Reibung der Rose an der Flüssigkeit ist das Trägheitsmoment sehr groß, und gerade das wollte man erreichen. Einen solchen Fluid-Kompaß, der überdies mit Visiervorrichtung zum Anvisieren oder, wie es in der Seemannssprache heißt, zum „Peilen“ sowohl irdischer als himmlischer Objekte eingerichtet ist, stellt die Fig. 442 dar.

Noch jetzt bildet der Kompaß das wichtigste und unentbehrlichste nautische Instrument, mitunter sogar das einzige, welches als Wegweiser dienen kann. Bei der gewaltigen Verkehrsentwicklung, der wirklich staunenswerten, nur noch mit Tagen und Stunden rechnenden Schnelligkeit, welche die jüngsten Dampfschiffahrten besonders im transatlantischen Personenverkehr erreicht haben, ist es oftmals wegen ungünstiger meteorologischer Verhältnisse geradezu unmöglich, den Ort des Schiffes durch astronomische Beobachtungen zu kontrollieren. Hier bleibt der Schiffsführer einzig und allein auf die Angaben von Kompaß, Log und Lot angewiesen; hier kann und muß also der Kompaß seinen eigentlichen, ursprünglichen Beruf als Wegweiser aufs beste erfüllen, und deshalb ist von ihm zu verlangen, daß seine Angaben absolut sicher und zuverlässig sind.

Da die bereits erwähnte magnetische Deklination oder „Mißweisung“ an jedem Orte der Erde einen bestimmten Wert hat, so müßte eigentlich an allen Punkten diese Größe ihrem wirklichen Betrage nach ermittelt werden. Wegen der Unausführbarkeit dieser Forderung begnügt man sich mit einer begrenzten Anzahl von Punkten, für welche man die gesuchte Größe möglichst scharf zu bestimmen hat, und verbindet alsdann diejenigen Orte auf der Karte, für welche sie denselben Wert erreicht, durch krumme Linien, welche den Namen Isogonen erhalten haben. Daraus ergiebt sich ein Bild von der Änderung der Mißweisung mit den jeweiligen Ortsveränderungen des Schiffes, und man ist in den Stand gesetzt, ihren Wert an einem Orte, für welchen keine direkte Bestimmung vorliegt, wenigstens angenähert aus der Karte zu ermitteln. Wegen der hohen Wichtigkeit, welche den Isogonen in der Schiffahrt zukommt, haben sie ebenfalls in den Seekarten Aufnahme gefunden.

Mit der größeren Verwendung von Eisenmassen beim Schiffsbau stellte sich eine sehr störende Unbequemlichkeit im Gebrauch des Kompasses auf dem Schiffe ein, die sich in einer zunächst ganz unkontrollierbaren Ablenkung der Magnetnadel von der Richtung des magnetischen Meridians je nach dem Orte der Aufstellung an Bord bemerkbar machte und meistensteils auch während einer Reise noch beträchtliche Veränderungen zeigte. Die durch die Eisenmassen hervorgerufene Ablenkung der Magnetnadel aus ihrer regulären Richtung, welche erst zu Anfang dieses Jahrhunderts durch Matthew Flinders entdeckt worden ist und allgemein nach Roß als „Deviation" bezeichnet wird, ist auf das eingehendste theoretisch und praktisch untersucht worden; in Deutschland hat dieser Erscheinung die Deutsche Seewarte besondere Aufmerksamkeit zu teil werden lassen. Um die Einwirkung der Eisenmassen unschädlich zu machen, hat man durch Kompensationsmagnete die infolge der Deviation geschwächte Richtkraft des Kompasses zu verstärken, womöglich vollständig wiederherzustellen versucht. Diese Bemühungen, welche andauernd fortgesetzt werden, scheinen aber bisher von wenig günstigem Erfolge begleitet gewesen zu sein. Praktisch ermittelt man an Bord die Größe der Deviation, die mit der Kursrichtung veränderlich ist, indem man den Kurs des ruhenden Schiffes auf jeden einzelnen der 32 Striche der Windrose, deren jedem somit ein Winkel von $11\frac{1}{4}$% zukommt, einstellt und dann bekannte Küstenobjekte peilt. — Man wird verstehen, daß eine Zeitlang, ehe man nämlich die Deviationswirkungen in ihrer Bedeutung vollständig erkannt hatte, der Kompaß in Gefahr war, seinen Ruf als unentbehrlicher Wegweiser einzubüßen oder doch sehr in Mißachtung kam; heute ist diese Krisis als überwunden zu bezeichnen.

2. Das Log und das Lot.

Während der Kompaß die Festhaltung oder Bestimmung des Schiffskurses ermöglicht, dient das Log lediglich dem Zwecke der wiederholten Ermittelung der Geschwindigkeit des Schiffes und damit der Länge des zurückgelegten Weges. In seiner ursprünglichsten, auch heute noch fast allgemein gebräuchlichen Form, welche trotz ihrer Einfachheit sich gleichwohl erst gegen Ende des 16. Jahrhunderts Eingang in die Schiffahrt verschafft hat, besteht dasselbe aus einem am bogenförmigen Rande mit Blei beschwerten Holzbrettchen in Form eines Kreisausschnittes, dem sogenannten Logscheit, und einer von einer Rolle leicht abwickelbaren Leine, der Logleine, die in bestimmten Abständen durch Umwicklung, meist aber durch Anbringung farbiger Lappen oder kurzer mit Knoten versehenen Schnüre eingeteilt ist. Durch ein Schnurdreieck, dessen Schnüre an den Ecken des Logbrettes befestigt sind und sich in dem Ende der Logleine vereinigen, ist dafür gesorgt, daß das Brett seine breite Seite stets dem Schiffe zukehrt, wodurch der Widerstand gegen das Wasser vergrößert wird. Soll die Messung vorgenommen werden, so wird das Logscheit vom Hinterteil des Schiffes aus ins Wasser geworfen, und die im Anfang, dem sogenannten Vorlauf, ungeteilte Leine bis zu einer bestimmten Marke abgewickelt. Um die Messung von dem Einflusse der Bewegung des mitgenommenen Wassers zu befreien, ist dieser Vorlauf so lang gewählt, daß das Logscheit außerhalb des Bereiches des Kielwassers zu liegen kommt. In dem Moment, wo das Brett still zu stehen scheint oder wirklich ruht, wird auf ein bestimmtes Zeichen hin das Logglas, eine gewöhnliche kleine Sanduhr, welche 14 oder 28 Sekunden zum Ablaufen (vergl. S. 35) braucht, umgedreht, also in Thätigkeit gesetzt: die Messung beginnt. Ist das Glas abgelaufen, so wird schnell die Leine festgehalten und mitsamt dem Logscheit eingezogen. Um dies leicht und ohne Gefahr des Reißens der Leine zu bewerkstelligen, ist dafür gesorgt, daß bei kräftigem Anziehen die eine Seite des Schnurdreiecks sich löst, also das Brett flach durch das Wasser gezogen werden kann. Die Anzahl der abgewickelten und gezählten Knoten giebt direkt die Zahl der Seemeilen zu 1852 m, welche das Schiff bei gleichbleibender Geschwindigkeit in einer Stunde zurücklegen würde. Da übrigens das Logbrett niemals vollständig zur Ruhe kommt, sondern stets von dem Schiffe ein wenig mitgeschleppt wird, so muß man eine praktisch zu ermittelnde Verbesserung an der Knotenzahl anbringen, indem man einfach die Knotenabstände etwas kleiner macht, als sie eigentlich sein müßten.

Nach dem neuesten und besten Muster, welches eine hohe Genauigkeit, namentlich bei schnellfahrenden Schiffen gestattet, besteht das Log aus einer Messingkapsel, die an einer seitlich ausgelegten Stange im Wasser nachgeschleppt wird und unten einen in einem Gelenk nach allen Seiten drehbaren Haken trägt. An demselben wird eine Leine befestigt, die an ihrem Ende eine richtige Schiffsschraube, nur in erheblich verkleinertem Maßstabe, nachschleift. Sobald das Schiff in Bewegung ist, fängt die Schraube an sich zu drehen, und zwar um so schneller, je größer die Geschwindigkeit des Schiffes ist. Die Drehung teilt sich der Leine und weiter dem Haken mit, von dem sie auf ein in der Kapsel befindliches Zählwerk übertragen wird. Der größeren Bequemlichkeit halber wird die Einrichtung so getroffen, daß nicht die Anzahl der Umdrehungen, sondern direkt diejenige der in einer Stunde zurückgelegten Seemeilen an letzterem abgelesen werden kann. Die geschilderte Form des Patent- oder immerwährenden Logs rührt von einem in San Franzisko lebenden Deutschen, dem Kapitän Oskar Kustel, her, der das Zählwerk indessen an Bord selbst anbringt; die erste Anregung zu dieser hochverfeinerten Form ging von Massey aus.

Auf einem wesentlich anderen Prinzip beruht der von dem deutschen Marine-Ingenieur Strangmeyer konstruierte Geschwindigkeitsmesser, der in seiner Form auch nicht die geringste Ähnlichkeit mit dem gewöhnlichen Log hat. Bei diesem neuen Apparat wird davon Gebrauch gemacht, daß der Druck des Wassers gegen das in Bewegung befindliche Schiff mit wachsender Geschwindigkeit sich vergrößert. Ein vorn am Schiff unter der Wasserlinie befestigtes offenes Röhrchen vermittelt den Druck des Wassers auf ein mit einem Windkessel in Verbindung stehendes Manometer, wie solche in bekannter Form bei jeder Dampfmaschine Verwendung finden; aus dem Stande des Quecksilbers oder des Wassers in dem Rohre des Manometers kann man dann auf die jeweilige Schiffsgeschwindigkeit schließen.

In Verbindung mit Kompaß und Log wird stets das Lot (in seiner gewöhnlich üblichen Form auch Senkblei genannt) angeführt, das zum Messen der Fahrwassertiefen unschätzbare Dienste leistet, gleichzeitig aber meist noch eine Einrichtung zur Ermittelung der Beschaffenheit des Meeresgrundes besitzt. Ein schwerer gestreckter Bleikörper wird an einer starken Leine oder einem Draht thunlichst senkrecht in die Tiefe hinabgelassen, zu welchem Zweck bei größeren Tiefen die Fahrt verlangsamt oder gar das Schiff beigedreht, also angehalten werden muß. Eine an der Grundfläche befindliche kleine Höhlung wird mit Talg ausgefüllt, an welchem beim Aufstoßen des Lotes auf den Grund Bodenbestandteile haften bleiben und mit herausgezogen werden, um auf ihre Beschaffenheit untersucht und mit den Angaben der Karte verglichen zu werden. Die Tiefe läßt sich an der Leine, welche eine nach Metern oder nach Faden (gleich sechs Fuß oder nahe zwei Meter) fortschreitende Einteilung trägt, direkt ablesen. Bei niedrigem Fahrwasser, namentlich aber da, wo jeden Augenblick ein Festsitzen oder Auflaufen des Schiffes auf Sandbänke oder sonstige Untiefen zu befürchten ist, muß mit Hülfe eines kleineren oder Handlotes fort und fort gelotet werden. Meist wird die senkrechte Lage des Lotes erreicht, indem die kegelförmige Bleispindel in der Fahrtrichtung vorausgeworfen wird, wobei die Leine stets straff gespannt bleiben muß; die Ablesung geschieht dann im geeigneten Moment.

Bei Anwendung des größeren und schwereren Tief-Lotes, dessen Leine oft bis zu 400 m Länge hat, muß das Schiff ausnahmslos beigedreht werden, damit die Genauigkeit der Messung nicht durch die von der Vertikalen abweichende Richtung der Leine beeinträchtigt werde. Für die allergrößten Meerestiefen, deren Erforschung allerdings mehr ein wesentlich wissenschaftliches, kein eigentlich nautisches Interesse hat, sind diese primitiven Einrichtungen durchaus unangebracht, einmal weil das Aufstoßen auf den Grund kaum noch bemerkt wird, vor allem aber, weil unterseeische Strömungen die Leine außerordentlich weit entführen können. Der bereits erwähnte Maury umging diesen Übelstand dadurch, daß er auf Grund genauer Experimente feststellte, welche Zeit ein Gewicht braucht, um in verschiedenen Meerestiefen um je 100 Faden oder um eine bestimmte andere Größe zu fallen. Die hierauf gegründete Methode würde auch vollständig ausreichen, wenn man nicht gleichzeitig mit den immerhin recht schwierigen Tiefseelotungen noch den Zweck der Untersuchung des Meeresgrundes verbinden würde. Der Amerikaner Brooke versenkte deshalb durchbohrte Kanonenkugeln, die sich auf einem kurzen, cylindrischen Stabe verschieben ließen und an einem eigentümlichen, gabelförmigen Scharnier hingen. Sobald das Aufstoßen des Stabes auf den Grund erfolgte, klappte das Scharnier nach unten und die Kugel fiel ab, mußte also bei jedem neuen Versuch durch eine andere bereitgehaltene Kugel ersetzt werden. Der Cylinder mit den Grundproben ließ sich leicht und ohne Mühe heraufholen.

Da der Druck der auf einem bestimmten Querschnitt ruhenden Wassersäule mit größerer Tiefe schnell zunimmt, so hat man mit Erfolg diese Druckzunahme bei der Konstruktion neuer Tiefsee-Lote zu Grunde gelegt. Dieselben bieten gleichzeitig den Vorteil, daß sie ein Beidrehen des Schiffes entbehrlich machen, da ihre Angaben von der senkrechten Stellung der Leine unabhängig sind. Am gebräuchlichsten waren bisher die Apparate von William Thomson und diejenigen von Bamberg, bei denen mit Luft gefüllte Glasröhren versenkt wurden, welche an einem Ende eine enge Öffnung hatten oder mit einem Ventil versehen waren. Indem sie dem Wasser den Eintritt gestatteten, wurde mit zunehmender Tiefe die Luftsäule immer kleiner; besondere Vorrichtungen, bei denen teilweise chemische Eigenschaften des Seewassers eine Rolle spielen, erlauben, die Tiefe an den Röhren abzulesen oder aus den erhaltenen Angaben abzuleiten. — Die Ergebnisse der Lotung gewähren dem Schiffsführer die Möglichkeit, die Tiefe und Beschaffenheit des Meeresgrundes mit den Angaben der Seekarten zu vergleichen, gegebenenfalls die Resultate der Bestecks-Rechnung danach zu verbessern.

3. Die Ortsbestimmung zur See.

Die Aufmachung eines Schiffsbestecks, d. h. die Ermittelung des momentanen Schiffsortes, ist in Sicht des Landes eine einfache Aufgabe, die mittels Konstruktion oder durch einfache Rechnung gelöst werden kann und auch hinreichende Genauigkeit gewährt. Zwei leicht erkennbare Landobjekte werden mit den Visiervorrichtungen des Kompasses gepeilt und die erhaltenen Richtungen in die Karten eingetragen; der Schnittpunkt der beiden Linien ergiebt die Position des Schiffes. Im Notfalle genügt auch die Peilung eines einzigen Objektes, dessen Höhe dann aber mit einem Winkelinstrument zur Bestimmung des Abstandes gemessen werden muß. Mehrfache Wiederholungen dieser Bestimmung unter Berücksichtigung der in der Zwischenzeit eingetretenen Ortsveränderung des Schiffes, die für diesen Zweck mit der erforderlichen Genauigkeit aus den Angaben von Kompaß und Log abzuleiten ist, wird die Schiffsposition innerhalb derjenigen Genauigkeit finden lassen, welche überhaupt vom Seemann erreicht werden kann. — Auf hoher See können nur die in die Karten einzutragenden und aus den Angaben von Kompaß und Log zu entnehmenden Werte für die Kursrichtung und den zurückgelegten Weg Verwendung finden; selbstverständlich muß der Ausgangspunkt des Schiffes auf das genaueste bekannt sein, wenn man auf diese Weise den Schiffsort beispielsweise für einen bestimmten Zeitpunkt ermitteln will. Bei der Berechnung hat man stets nur mit rechtwinkligen Dreiecken zu thun, deren Katheten die

Änderung der Position des Schiffes in geographischer Länge und Breite vorstellen, während die Hypotenuse die Länge der innerhalb des betrachteten Zeitraumes zurückgelegten Entfernung repräsentiert und ihrem Werte nach durch das Loggen bekannt ist. Ist innerhalb kürzerer Zeiträume der Kurs mehrmals gewechselt worden, so wird nicht für jeden einzelnen die Rechnung getrennt durchgeführt, sondern man „koppelt“ die Kursrichtungen zu einem sog. „Generalkurs“ und arbeitet mit diesem; natürlich bedarf in solchem Fall auch der zurückgelegte Weg einer Reduktion, ehe er in die Karte eingetragen werden kann. Es verbietet sich hier von selbst, eingehender die besonderen Kunstgriffe und Eigenheiten bei Ausführung der Besteck-Rechnung zu besprechen; die gegebenen allgemeinen Darlegungen mögen genügen, um den Gang des Verfahrens zu charakterisieren.

Die geschilderte einfache Art der Ortsbestimmung würde aber namentlich bei längeren Seereisen und bei häufigen Kursänderungen schließlich zu recht wenig zuverlässigen Resultaten führen, wenn man nicht in der Lage wäre, ihre Ergebnisse fortlaufend durch astronomische Beobachtungen einer genauen Kontrolle zu unterziehen. Die astronomischen Ortsbestimmungen bestehen in der Bestimmung der geographischen Breite des Schiffsortes und der Ermittelung des Standes des Schiffschronometers gegen die Ortszeit. Der Sextant als Winkelmeßinstrument und der Zeitmesser oder das Chronometer sind überhaupt neben Log und Kompaß die wichtigsten nautischen Hilfsmittel auf offenem Meere, ohne deren verständige Handhabung die schnelle und gesicherte Beendigung einer Seereise vornehmlich bei längerer Dauer ganz und gar dem Zufall überlassen sein würde.

Verhältnismäßig am einfachsten gestaltet sich an Bord die Bestimmung der geographischen Breite, wenngleich die Erreichung einer Genauigkeit, wie sie auf dem festen Lande verlangt werden muß, wegen der andauernden Schwankungen des Schiffes vollständig ausgeschlossen ist. Die Breite ergiebt sich aus der Beobachtung der Höhe eines bekannten, hinreichend hellen Gestirns, besonders der Sonne, in der Nähe des Ortsmeridians, d. h. möglichst genau zur Zeit des höchsten Standes mit Hülfe des Sextanten und durch Vergleichung der beobachteten Gestirnshöhe mit den in astronomischen Tafeln enthaltenen Angaben. Die Methode setzt eine wenigstens annähernde Kenntnis der Ortszeit der Beobachtung voraus; aber ein kleiner Fehler ist nahezu bedeutungslos, umsomehr, da fortlaufend bei günstigem Wetter auch der Stand des Chronometers durch direkte Beobachtungen kontrolliert wird.

Der Spiegel-Sextant, der bei diesen Winkelmessungen fast ausschließlich an Bord zur Anwendung kommt, ist im wesentlichen eine Erfindung von Isaac Newton. Derselbe sandte eine Beschreibung und Zeichnung des von ihm erdachten Instrumentes an Halley zur Begutachtung und Äußerung über den Wert desselben; doch scheint dieser die Wichtigkeit der Erfindung nicht erkannt und der Angelegenheit weiter keine Bedeutung beigelegt zu haben, denn erst nach Halleys Tode fand man unter seinen Papieren die von Newton angegebene Konstruktion. Inzwischen erfand ein Glaser, namens Thomas Godfrey, der 1749 in Philadelphia starb, ein ähnliches Instrument, nämlich einen Spiegel-Quadranten, von dem die erste Mitteilung i. J. 1730 in die Öffentlichkeit gelangte. Auch die königliche Gesellschaft in London erhielt von der Erfindung Kenntnis und setzte ihrerseits dem Erfinder eine Belohnung von 200 Pfund aus. Durch Godfreys Bruder soll der Schiffskapitän Hadley die Konstruktion des neuen Instrumentes kennen gelernt und seinem Bruder John, einem Mechaniker, Mitteilung davon gemacht haben. Sicher ist nur, daß letzterer 1731 der Royal Society in London ein von ihm konstruiertes, auf ähnlichen Erwägungen beruhendes „Instrument zur Winkelmessung bei schwankender Bewegung der Gegenstände" vorlegte, das sich unter dem Namen „Hadleys Spiegel-Sextant" sehr bald Eingang zu verschaffen wußte. Es ist wohl denkbar, daß infolge des erwiesenermaßen sehr intimen Verkehrs des Erfinders mit Halley der erstere von der Newtonschen Konstruktion Kenntnis erhalten und späterhin zu seinem eigenen Vorteil davon Gebrauch gemacht hat; indessen lassen sich hierüber stets nur mehr oder minder zutreffende Vermutungen anstellen.

Wenngleich in der Folge wiederholt der Versuch gemacht wurde, die Spiegelsextanten wegen der mannigfachen ihnen anhaftenden Mängel durch Spiegelkreise zu ersetzen, also statt der Kreisbogen volle Kreise zu verwenden, so haben sich diese Instrumente doch niemals recht einbürgern wollen. Ein erster Versuch wurde von Tobias Mayer 1754 der englischen Admiralität vorgelegt und von Borda zur Anwendung empfohlen; die Herstellung wurde besonders von Pistor in Berlin in größerem Maßstabe betrieben. In bescheidener Ausdehnung haben wenigstens die 1822 von Amici vorgeschlagenen Prismenkreise Eingang in die Nautik gefunden; aber erst die 1845 von der Firma Pistor und Martins in den Handel gebrachten Prismenkreise, deren Konstruktion geradezu vollkommen genannt zu werden verdient, haben wenigstens teilweise mit dem Sextanten zu konkurrieren vermocht, obschon sie denselben keineswegs zu verdrängen imstande gewesen sind.

Der Spiegelsextant besteht, wie aus Fig. 443 zu ersehen ist, und wie auch aus dem Namen hervorgeht, aus einem Kreissektor AA, dessen Bogen ungefähr ein Sechstel des Kreises umfaßt und auf eingelegtem Silberstreifen eine feine Einteilung trägt. Um den Mittelpunkt B dieses Kreisbogens dreht sich ein Lineal mit einem durch den Mittelpunkt gehenden, zur Sektor-Ebene senkrecht gestellten Spiegel, von welchem die von links auffallenden Strahlen zurückgeworfen werden. Der gabelförmige Nonienträger ist überdies noch mit einer Klemme und einer Feinbewegungs-Einrichtung zum Feststellen des Lineals resp. zu genaueren Einstellungen versehen. Das fest mit dem Sektor verbundene Fernrohr DE, dessen Augenglas oder Okular sich bei E befindet, ist auf

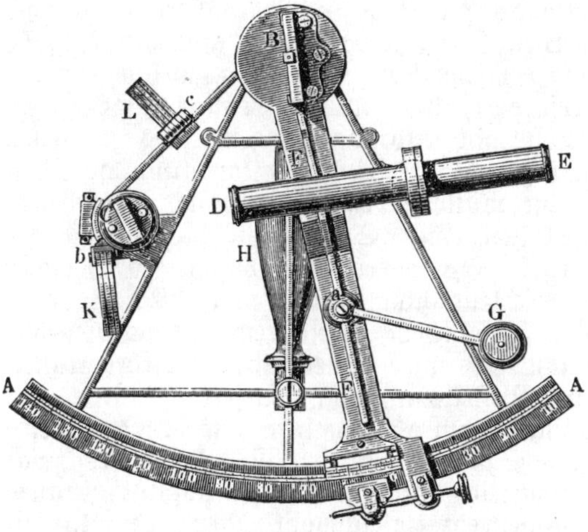

Fig. 143. Spiegelsextant.

einen zweiten, kleineren Spiegel b gerichtet, der wie der erst erwähnte ebenfalls senkrecht zur Sextantenebene steht. H stellt den meist hölzernen Handgriff dar; K und L sind dunkle, satt gefärbte Gläser, die zur Abblendung der Sonnenstrahlen nach Belieben in den Gang der Lichtstrahlen gebracht werden können.

Durch die obere, nicht mit Spiegelmetall belegte Hälfte des kleineren Spiegels erblickt das Auge mit Hülfe des Fernrohrs ein bestimmtes Objekt direkt, während die von einem anderen Objekte kommenden Strahlen erst durch zweimalige Spiegelung, an B und der spiegelnden unteren Hälfte von b, nach E gelangen. Bei den Messungen ist es Regel, das weniger helle Objekt direkt zu beobachten; bei Höhenmessungen auf See läßt man das zweimal gespiegelte Bild des Objektes, dessen Höhe gefunden werden soll, mit der direkt anvisierten Kimme, d. h., dem scheinbaren Horizont zusammenfallen. Bei mangelhaft sichtbarem Horizont ersetzt man den an Land üblichen künstlichen Quecksilberhorizont, der wegen der schwankenden Bewegungen des Schiffes an Bord keine Verwendung finden kann, neuerdings versuchsweise durch eine scharfe Lichtlinie, die durch einen mit dem Sextanten verbundenen, schnell rotierenden Kreisel hergestellt wird. Den in dieser Beziehung zu stellenden Anforderungen genügte bisher am meisten der von dem französischen Linienschiffskapitän Fleuriais erfundene Kreisel-Sextant oder Gyroscopcollimator.

Die Chronometer sind als Erzeugnisse der Uhrmacherkunst bereits eingehend besprochen worden. Die Schiffschronometer, deren ein Schiff oft mehrere mit sich führt, werden in allen möglichen Lagen und Temperaturen zunächst an Land auf ihren Gang untersucht und demnächst an Bord an einem möglichst sicheren Ort untergebracht, so daß sie durch die Stöße und Schwankungen des Schiffes möglichst wenig gestört werden, wie sie denn auch vor schnellen Feuchtigkeits- und Temperatur-Veränderungen sorgfältig gehütet werden müssen.

Die Chronometer, welche meist Greenwicher mittlere Zeit anzeigen, werden vor der Ausreise scharf mit den im Hafen befindlichen und durch astronomische Beobachtungen kontrollierten Zeitsignalen oder Pendeluhren verglichen. Mit Hülfe der bekannten Länge eines anderen Ortes gegen Greenwich, die allerdings an Bord nur genähert durch die Besteckrechnung ermittelt werden kann, erhält man aus der Angabe der Uhr unter Berücksichtigung der jeweiligen Korrektion, welche dieselbe wegen der Gangänderung erfordert, die mittlere Beobachtungszeit an dem betreffenden Orte. Direkte Höhenbeobachtungen eines Gestirnes nahe im Westen oder Osten ergeben ihrerseits die Korrektion oder den Stand der Uhrangabe gegen die mittlere Ortszeit mit aller wünschenswerten Genauigkeit und gestatten einen Schluß auf die mehr oder minder große Regelmäßigkeit des Ganges des Chronometers, welcher übrigens meist an Bord eine Beschleunigung gegen den am Lande beobachteten Wert erfährt. Die bei diesem Verfahren vorauszusetzende Kenntnis der geographischen Breite wird innerhalb der erforderlichen Genauigkeits-Grenzen von der Besteckrechnung geliefert.

Die Bestimmung der Länge auf See würde das denkbar einfachste Problem darbieten, wie S. 48 nachzulesen ist. Nun wird zwar durch fortgesetzte Zeitbestimmung die Erlangung einer absolut genauen Kenntnis des Uhrganges angestrebt; gleichwohl aber bedürfen die Resultate der einfachen Chronometerübertragung, einerseits wegen der Schwierigkeit und der begrenzten Genauigkeit der Beobachtung, andererseits wegen der manchmal recht beträchtlichen Unzuverlässigkeit der Chronometer in Bezug auf den Gang, infolge mangelhafter Kompensation oder heftiger Stöße, von Zeit zu Zeit einer sorgfältigen Kontrolle. Diese ergiebt sich aus der Beobachtung gewisser Phänomene, für welche in den astronomischen Jahrbüchern oder Ephemeridensammlungen genaue Vorausberechnungen gegeben sind. Übrigens wird sich der Seefahrer der meist sehr kompendiösen und recht teuren Hilfsmittel der Astronomie, auch weil dieselben vieles für ihn Überflüssige enthalten, nur selten bedienen, vielmehr den erheblich billigeren, vollkommen ausreichenden und eigens für die Zwecke der Seeschiffahrt bearbeiteten Sammlungen, welche überdies die zu nautischen Berechnungen erforderlichen Hilfstafeln und vieles andere für ihn Wissenswerte bieten, unzweifelhaft den Vorzug geben.

Eine verhältnismäßig zuverlässige Kontrolle gewähren in erster Linie die Monddistancen, also Messungen der Abstände des Mondes von der Sonne oder von hellen Fixsternen resp. Planeten, die wegen der schnellen Ortsveränderung des Mondes am Himmel für bestimmte Greenwicher Zeiten vorausberechnet sind und deren Vergleichung mit den direkt beobachteten Werten den Längenunterschied annähernd ergiebt. Daß die für verschiedene Orte zu verschiedenen Zeiten eintretenden Sonnenfinsternisse und Sternbedeckungen durch den Mond ebenfalls Vergleichungen ermöglichen, bedarf kaum der Erwähnung. Leider sind aber die letzteren Phänomene, deren Beobachtung den Besitz eines leidlich guten Fernrohrs voraussetzt, für einen Ort verhältnismäßig selten und stehen namentlich auch bei den meist geringen optischen Hilfsmitteln des Seefahrers an Genauigkeit der Methode der Längenbestimmung durch Chronometerübertragung weit nach; zudem machen sie ziemlich zeitraubende und mühsame Berechnungen nötig, die sich der Schiffsleiter gern zu ersparen sucht.

Die Möglichkeit einer zuverlässigen und sorgfältigen Prüfung der astronomischen, nicht minder der magnetischen und meteorologischen Instrumente an den staatlicherseits organisierten Marineinstituten hat speziell für die Kriegsmarine eine außerordentlich hohe Bedeutung erlangt und erfreut sich der weitgehendsten Fürsorge seitens der Regierungen. Vorzügliche Resultate sind vor allem mit den Konkurrenzprüfungen von Chronometern erzielt worden, welche die verschiedensten wegen ihrer Fabrikate besonders geschätzten Künstler zu einem anregenden und bedeutsamen Wettbewerbe herausgefordert haben, indem die besten Erzeugnisse der Uhrmacherkunst mit Prämien bedacht und zum Ankauf vorgeschlagen werden. Um aber andererseits auch bei den in Gebrauch befindlichen Chronometern eine möglichst vielseitige Kontrolle ausüben zu können, sind wichtigere Stationen oder Hafenorte mit einer Einrichtung versehen, welche dem Schiffer gestattet, den Stand seines Zeitmessers auf die einfachste und bequemste Weise festzustellen und auf die Genauigkeit seiner direkten Bestimmungen durch astronomische Beobachtung zu schließen. Diesem Zweck dienen die Zeitsignale und Zeitbälle, wie solche vielfach, z. B. in Swinemünde und Bremerhaven, zum Nutzen aller Seefahrer in Funktion sind. Entweder wird die Zeit des Ortsmittags durch Lösung eines Kanonenschusses bekannt gegeben, oder es sind leicht erkennbare hohe Stangen resp. Türme errichtet, von deren Spitze man zu einem bestimmten, in den nautischen Jahrbüchern ein für allemal festgesetzten Zeitpunkte einen großen Ball oder dergleichen niederfallen läßt. Durch langsames, geringes Senken des Zeitballes werden die Beobachter auf die bevorstehende Auslösung des Zeitsignals aufmerksam gemacht, welche neuerdings vielfach auf elektrischem Wege erfolgt.

4. Das Signalwesen.

Die Sicherheit des internationalen Schiffsverkehrs bedingt auf hoher See, namentlich bei nebligem Wetter oder in stürmischen Nächten, besondere Vorkehrungen, welche hier im Zusammenhang mit den gelegentlich außerordentlich wichtig werdenden Mitteln zur Verständigung zwischen mehreren sich begegnenden Schiffen zu behandeln sind. Oftmals würde durch die Unmöglichkeit einer solchen Verständigung die Existenz und Sicherheit von Schiff und Ladung in Frage gestellt sein, wie es andererseis notwendig werden kann, daß ein Schiff dem anderen Nachrichten von vielleicht unberechenbarer Wichtigkeit übermittele, ohne doch genötigt zu sein, seinen Kurs erheblich zu ändern oder gar sich dem anzurufenden Schiff auf Rufweite zu nähern. Bei hinreichend kleiner Entfernung bedient man sich zum Anrufen oder „Preien“ wohl eines großen Sprachrohrs und erreicht dadurch die Möglichkeit einer direkten Verständigung. Doch gehört diese Art der Mitteilung zu den Seltenheiten und wird fast allgemein durch ein international verabredetes System von Flaggensignalen ersetzt. Verschiedene diesem Zwecke dienende Systeme haben dem jetzt allgemein giltigen, auf die Initiative von Frankreich und England zurückzuführenden Signalsystem weichen müssen, bei dem die sämtlichen Konsonanten von B bis W einschließlich durch 18 Flaggen oder Wimpel von verschiedener Form dargestellt werden, die in geeigneter Kombination die Farben Weiß, Gelb, Rot und Blau führen. Mehr als 4 Flaggen kommen niemals gleichzeitig zur Anwendung, meist nur eine oder zwei, und doch stehen auf diese Weise mehr als 78600 verschiedene Flaggensignale zur Verfügung, welche für die Verständigung ausreichen, und deren Bedeutung der Sicherheit halber in einem Signalcodex zusammengestellt ist.

Bei Nacht werden die Signalwimpel durch Signallaternen ersetzt, die in Verbindung mit akustischen Signalen, wie solche durch Läuten von Glocken oder mit den Dampfnebelhörnern resp. Dampfpfeifen gegeben werden, der Gefahr eines Zusammenstoßes zweier sich begegnenden Schiffe vorbeugen sollen.

Um aber auch bei Nacht oder bei nebligem Wetter, wo die Flaggensignale nicht erkannt werden können, eine Verständigung zu ermöglichen, hat man, ganz nach Art des telegraphischen Morsealphabets, durch Zusammenstellung verschiedenfarbiger Lampen, für welche meist nur Weiß, Rot und Grün in Betracht kommen, ein geeignetes Signalsystem festzustellen gesucht. Die vielen Hunderte von Versuchen in dieser Richtung haben sich aber noch keiner internationalen Einführung zu erfreuen gehabt, trotzdem manche von ihnen unter Umständen recht gute Leistungen versprechen.

Bei einem der neuesten Nacht-Signalisierungs-Apparate können drei in Abständen von 1,5 m durch Drahtseil mit einander verbundene elektrische Glühlampen, die zur Hälfte weißes, zur Hälfte rotes Licht geben, durch eine kleine Dynamo-Maschine in Thätigkeit gesetzt werden. Je nachdem man den Strom in die eine oder andere Hälfte leitet und so rotes oder weißes Licht erzeugt, und je nach der Kombination, in welcher man die drei Lampen verwendet, können die für die Verständigung am Tage wichtigsten Flaggensignale vollständig wiedergegeben werden. Um den Betrieb dieses Apparates nach Möglichkeit zu sichern und jedes Vergreifen zu verhüten, sitzt der denselben bedienende Mann auf Deck vor einer von unten durch eine kleine Glühlampe erleuchteten Glasplatte, auf welcher die verschiedenen Kombinationen aufgetragen sind, sodaß nur ein als Umschalter dienender Hebel auf das momentan gewünschte Signal gedreht zu werden braucht, um dieses erscheinen zu lassen.

Die bisher erwähnten Vorkehrungen — der jüngst von verschiedenen Seiten angebahnten internationalen Kursvereinbarung, der Vorschriften über das Ausweichen einander begegnender Schiffe, die es namentlich dem Dampfschiff zur Pflicht machen, dem Segler die Passage frei zu geben, gar nicht zu gedenken — werden zur Genüge dargethan haben, welche Wichtigkeit man der Sicherung des Seeverkehrs auch auf offenem Meere beimißt. Daß damit auch die Fürsorge für das Leben nnd die Erhaltung der Mannschaft Hand in Hand geht, beweisen die zahlreichen Vorschläge, überall Schwimmgürtel und Korkjacken bereit zu halten, womöglich Matratzen und andere geeignete Gegenstände aus Kork oder mit Korkeinlagen herzustellen, vor allem aber ein Schiff aufs vollständigste mit den nötigen Rettungsbooten und Rettungsapparaten auszustatten, welche im Falle der Not von Nutzen sein können. Stets wird aber ein geschultes, erfahrenes Personal, dem die Leitung und Führung eines Schiffes unbedenklich übertragen werden kann, die größte Gewähr für die Sicherheit der Seereise bieten, die trotz aller Vorbeugungs-Maßregeln und Sicherungen mehr oder minder in ihrem Erfolge dem Spiel der Elemente überlassen bleibt. Von der Erkenntnis der hohen Bedeutung eines theoretisch und praktisch wohlerfahrenen Schiffspersonals durchdrungen, haben deshalb auch die Regierungen derjenigen Nationen, deren Handel und Wohlstand auf das innigste mit der Entwicklung des Schiffsverkehrs verknüpft ist, es sich angelegen sein lassen, ihrerseits dafür Sorge zu tragen, daß den Seefahrern die Aneignung einer gründlichen, theoretischen und praktischen, wissenschaftlichen und technischen Bildung erleichtert wird. Zu diesem Zwecke sind besondere Institute, Seefahrts- oder Navigationsschulen genannt, errichtet worden, an denen Lotsen, Steuerleute und Maschinisten eine ihrem besonderen Amte angepaßte Unterweisung empfangen, nachdem sie sich vorher auf einem Schiffe die unerläßlichsten praktischen Kenntnisse erworben haben. In besonders hoher Blüte stehen natürlich die dem Zwecke der Kriegsmarine dienenden Anstalten.

Der umfassendsten Fürsorge nicht allein seitens der staatlichen Institutionen, sondern auch von seiten kommunaler und privater Verbände erfreut sich die Sicherung der Seeschiffahrt an gefährlichen Küstenpunkten und schwierigen Hafeneinfahrten; hier werden aber auch besonders hohe Anforderungen an die Opferwilligkeit und Thatkraft des einzelnen und der Gesamtheit gestellt, um die Küste thunlichst der Gefahren und Schrecknisse zu entkleiden, welche sie infolge des beständig an ihr selbst oder in ihrer Nähe sich vollziehenden Gestaltwechsels für ein Schiff haben kann. Namentlich die Dampfschiffe sind ja bei der heutzutage erreichten Schnelligkeit des Verkehrs und der vielseitigen Konkurrenz gezwungen, auch dann, wenn Nacht und Nebel die Küste verhüllen, ihre Reise mit unverminderter Geschwindigkeit dem Landungshafen entgegen fortzusetzen; sicherlich aber könnten sie dies ohne die treffliche Organisation des Sicherungs- und Wachtdienstes an den vornehmlich gefahrdrohenden Küstenorten nicht wagen. Um so größer ist naturgemäß auch das Interesse und die Bedeutung, welche die Sicherungseinrichtungen, die teilweise nicht einmal in den Segelkarten Aufnahme finden können, für sich in Anspruch nehmen; sind dieselben doch nicht selten nur mit großen pekuniären Opfern und unter fast unüberwindlichen technischen Schwierigkeiten herzustellen, und verlangt doch die unerläßliche, andauernde Überwachung und Kontrolle der Schiffahrts- und Warnungszeichen oftmals die unerschrockenste Opferfreudigkeit im gefahrvollen Beruf, ein todesmutiges Ausharren auf dem verantwortlichen Posten.

Meist bedient sich ein Schiff, namentlich bei schwierigen Hafen- und Einfahrtsverhältnissen, wie es das Seerecht eigentlich allgemein als Regel vorschreibt, eines kundigen Lotsen, deren mehrere gewöhnlich in unmittelbarster Nähe der gefährlichsten Punkte auf einem Lotsenschiffe Wacht halten. Kommt ein Schiff in Sicht, so wird auf Verlangen ein Lotse als Führer entsendet, der mit dem Augenblick, wo er das Schiff betritt, volle Verantwortung für die ungefährdete Leitung desselben übernimmt. Die Wachtschiffe selbst bleiben möglichst dauernd an einem bestimmten Punkte stationiert und werden nur in Fällen eigener Gefahr auf kurze Zeit eingezogen; die von ihnen abgegebenen Lotsen werden übrigens je nach der Verpflichtung, welche sie übernehmen, und der von ihnen auszuübenden Thätigkeit als Seelotsen- und Hafen- oder Revierlotsen unterschieden.

Die zur Kennzeichnung vereinzelter Sandbänke oder anderer gefährlicher Stellen errichteten Baken sind hohe, leicht sichtbare, in Holz oder Eisen konstruierte Gerüste, die zur besseren Unterscheidung von einander in der verschiedensten Form hergestellt und auch sonst noch mit besonders charakteristischen Merkmalen ausgestattet werden. In einigen Fällen hat sogar die Privatwohlthäigkeit dafür Sorge getragen, daß Schiffbrüchige, welchen es gelingt, sich auf gewöhnlich überflutete, durch solche Baken kenntlich gemachte Sandbänke zu flüchten, Wasser und Schiffszwieback zu einer ersten Stärkung und Kräftigung vorfinden, bis sie glücklich an Land gerettet werden.

Diese humanen Bestrebungen der Privatrettungsgesellschaften leiten darauf, der verhältnismäßig neuen Organisation des Küstenrettungswesens wenigstens mit einigen Worten zu gedenken. Hier ist England allen anderen Nationen mit gutem Beispiel vorangegangeu und hat diese leitende und führende Stellung bisher unbestritten bewahrt. Deutschland hat erst ziemlich spät entsprechende Einrichtungen angebahnt; umso erfreulicher ist aber die segensreiche Thätigkeit, welche die am 29. Mai 1865 gegründete „Deutsche Gesellschaft zur Rettung Schiffbrüchiger“ in der kurzen Zeit ihres Bestehens zu entfalten Gelegenheit gehabt hat. Zur praktischen Ausübung der gemeinsamen Ziele aller Rettungsgesellschaften sind an besonders wichtigen Küstenpunkten Rettungsstationen eingerichtet, welche außer mit Rettungsbooten mit allen Erfordernissen einer erfolgreichen Thätigkeit mehr oder minder vollständig ausgerüstet sind. Die in erster Linie zu erstrebende Verbindung mit einem gestrandeten Schiff, einem hilflosen Wrack wird in der Regel zunächst durch Hinüberwerfen von Leinen mittels geeigneter Mörser- oder Raketenapparate hergestellt; starke Taue können von den auf dem Wrack etwa noch befindlichen Personen nachgezogen und in geeigneter Weise fest verkoppelt werden. Da aber, wo die Entfernung zu groß ist, oder wo diese Art der Verbindung eine Möglichkeit der Rettung auszuschließen scheint, tritt die Rettungsmannschaft ein, welche in ihrem schwanken Boote, oft unter Einsetzung des Lebens und im aufreibendsten stundenlangen Kampfe mit der tosenden Brandung an das Schiff heranzukommen sucht. — Wie überaus segensreich das Küstenrettungswesen wirkt, geht am besten aus den Jahresberichten der verschiedenen Gesellschaften hervor: viele Tausende von Schiffbrüchigen verdanken demselben die Erhaltung ihres Lebens, und alljährlich mehrt sich der Prozentsatz derer, die auf solche Weise dem drohenden Untergange entrissen wurden, deren Existenz den aufgeregten wütenden Elementen im wahren Sinne des Wortes abgerungen ist.

Mit dem meist privater Initiative entsprungenen Rettungswesen steht in engstem Zusammenhang das in erfreulichster Entwicklung begriffene, in den Händen des Staates ruhende Sturmwarnungswesen. Dasselbe ist im eigentlichsten Sinne eine Errungenschaft der neuesten Zeit und in seiner Entstehung kaum weiter als bis zum Jahre 1854 zurückzuführen; ein am 14. November genannten Jahres im Schwarzen Meere orkanartig aufgetretener Sturm, welcher der französischen Kriegsflotte bedeutenden Schaden zufügte, gab die direkte Veranlassung zu seiner Inaugurierung. Dem ermutigenden Beispiele Frankreichs folgten mit verschieden großem Eifer bald die übrigen Staaten nach. Zwar beruhte das Sturmwarnungswesen in seinen ersten Anfängen auf wenig wissenschaftlichen Grundlagen und war eine Zeit lang sogar nahe daran, in Vergessenheit oder Mißachtung zu geraten; dennoch sprachen sich auf dem Wiener Kongreß im Jahre 1873 fast alle Stimmen zu Gunsten der Beibehaltung desselben aus.

Zur praktischen Ausübung des Sturmwarnungswesens sind an besonders wichtigen Punkten, namentlich in Hafenorten, mehr oder minder vollständig ausgerüstete Signalstationen eingerichtet, die sämtlich mit den notwendigsten meteorologischen Instrumenten, wie Barometer, Thermometer und Regenmesser, versehen werden. Die Signalstellen erster Klasse haben einen Signalmast mit einem vollständigen Apparat zum Signalisieren der Stürme in die Ferne, nämlich zwei Kegel, eine Kugel und zwei rote Flaggen, während bei Nacht durch eine oder mehrere rote Lampen gleichmäßig alle Tagessignale ersetzt werden. Die telegraphisch von der Centralstation, in Deutschland z. B. von der Seewarte in Hamburg, übermittelten Warnungen besagen allgemein, daß etwa im Umkreise von 100 km eine atmosphärische Störung aller Voraussicht nach zu erwarten ist. Die Signalstellen zweiter Klasse ziehen einfach an einer Signalstange einen Ball als Nachricht auf, daß ein Warnungstelegramm eingegangen ist, dessen Wortlaut im übrigen auf der Station selbst eingesehen werden kann.

Eines tritt ergänzend zum anderen; und so würde denn auch die Bedeutung des Sturmwarnungswesens völlig illusorisch sein, wenn man nicht gebührend dafür Sorge tragen wollte, daß einem Schiff, welches trotz der Warnung einen Not- oder Zufluchtshafen nicht rechtzeitig mehr erreichen kann, auch im wildesten Aufruhr der Elemente, in gefahrdrohendster Nähe der Küste sicher und unverlierbar der Weg gewiesen wird. Diesem Zweck dienen die Leuchtfeuer, in der verschiedensten Form und Ausführung, als Leuchttürme, Feuerschiffe, Leuchtbojen u. s. w. bekannt.

Der erste historisch beglaubigte Leuchtturm ist der zu den sieben Wunderwerken des Altertums gezählte, auf der Insel Pharos bei Alexandrien, der ungefähr 300 v. Chr. erbaut wurde, und dessen Höhe von dem Araber Edrisi, der ihn noch im 12. Jahrhundert n. Chr. besuchte, auf 500 Fuß angegeben wird, was sicher übertrieben ist. Nach dem Muster dieses ältesten Turmes sind dann von den Römern später zahlreiche Leuchttürme an den Meeren ihres weiten Reiches erbaut worden.

Die Bojen oder Schwimmkörper, ehedem als wirkliche Tonnen aus Holz, jetzt meist in der Form von abgestumpften Doppelkegeln oder als Kugeln in Eisen konstruiert, werden zur Bezeichnung des Fahrwassers ausgelegt, an starken Ketten am Grunde verankert und zur besseren Unterscheidung mit verschiedenfarbigem Anstrich oder anderen bequemen Merkmalen versehen. Verborgene Klippen, die ja gegebenenfalls durch unterseeische Sprengung beseitigt werden können, aber auch jedes andere Hindernis mitten im Fahrwasser — ein gesunkenes Schiff oder beispielsweise ein verlorener Anker — werden durch ausgesetzte Bojen kenntlich gemacht. Erst seit verhältnismäßig kurzer Zeit versieht man mit Vorliebe die Bojen mit Glocken oder mit verschiedenfarbigen Lichtern, welche dieselben auch bei Nacht auf mäßige Entfernungen unzweifelhaft erkennen lassen. Zu Beleuchtungszwecken füllt man sie mit komprimiertem Fettgas, wodurch sich auch die Schwimmfähigkeit wesentlich erhöht; die Gaszufuhr reguliert sich automatisch durch den (bekanntlich auch auf den Königlich Preußischen Eisenbahnen allgemein eingeführten) Patentgasbrenner von Julius Pintsch in Berlin oder eine ähnliche Vorrichtung, sodaß das Gas stets unter dem nämlichen Druck ausströmt; selbverständlich muß die Füllung in geeigneten Zeiträumen ersetzt werden.

Die wichtigsten Schützer in der Nacht und bei stürmischem, nebligem Wetter, die vielseitigsten Helfer in der Not sind unzweifelhaft die Leuchtfeuer; sie orientieren den Schiffer darüber, an welcher Stelle der Küste er sich gerade befindet, — die Richtung, in welcher das Feuer aufflammt, belehrt ihn, welchen Kurs er einzuschlagen hat, um sicher seinem Ziele zusteuern zu können.

Die Aufgaben, welche ein Feuer zu erfüllen hat, sind recht vielseitige, und neben der Forderung der möglichst weiten Sichtbarkeit hat diejenige der unbedingten Betriebssicherheit die größte Bedeutung.

Wegen der Krümmung der Erdoberfläche darf man unter eine gewisse Höhe der zu errichtenden Bauwerke nicht heruntergehen; der Platz selbst, auf den man sie zu stellen gedenkt, muß nach sorgfältigsten Erwägungen ausgewählt und auf seine den Bestand des Gebäudes gewährleistende Beschaffenheit eingehend untersucht werden. Da, wo der natürliche Untergrund nicht den an ihn zu stellenden Bedingungen genügt, muß mit künstlichen Anlagen dem Mangel abgeholfen werden. Ein beredtes Zeugnis für die gewaltigen Fortschritte, welche auch auf diesem Gebiete die Technik zu verzeichnen hat, ist der bekannte Leuchtturm auf Rother-Sand in der Wesermündung, welcher sich nicht auf Felsenriffe stützt, sondern auf den sandigen Meeresboden aufgesetzt ist und sich dort sozusagen erst selbst festgewurzelt hat; einen wesentlich anderen Typus stellt Fig. 444 dar.

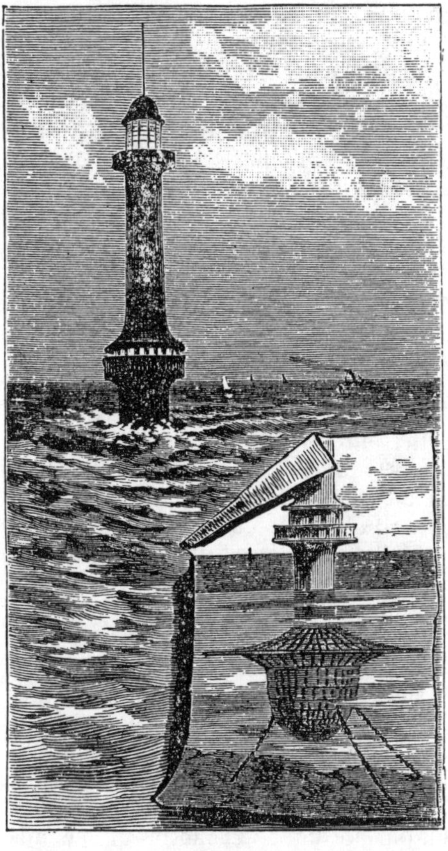

Fig. 444.
Schwimmender eiserner Leuchtturm im Hafen von Liverpool.

Die durchdringende Wirkung der Lichtstrahlen eines Leuchtfeuers ist schon infolge der je nach dem Luftzustande mehr oder minder beträchtlichen Absorption eines Teils des Lichtes begrenzt; dazu kommt, daß nur auf künstlichem Wege parallele Strahlenbündel hergestellt werden können, welche allein ein hinreichend intensives Licht geben, um so intensiver natürlich, je kleiner die Entfernung des zu beleuchtenden schmalen Streifens des Horizontes ist. Man erreicht dies durch Anbringung von Hohlspiegeln, in deren Brennpunkt die Flamme zu stehen kommt, oder durch geeignete Linsensysteme vor derselben, womit aber notwendigerweise stets ein beträchtlicher Lichtverlust verbunden ist. Auch würden derartig große Linsen, wie sie für wichtige Leuchtfeuer erforderlich sind, kaum in entsprechender Güte und Größe, jedenfalls nur unter Aufwendung ganz enormer Geldkosten herzustellen sein; dazu kommt, daß bei der unvermeidlich starken Erhitzung des dicken Glaskörpers Umlagerungen innerhalb des Glases, welche Trübungen oder gar ein Springen hervorrufen, kaum vermieden werden könnten. Aus diesem Grunde wendet man nach Fresnels Vorgange nur noch eine verhältnismäßig kleine und dünne Linse an, um welche konzentrisch Prismen in geeigneter Stellung angeordnet sind, welche gleichsam die einzelnen Zonen einer großen Linse ersetzen sollen. Ähnliche Einrichtungen trifft man auch bei Schiffslaternen und den weiterhin noch zu besprechenden Scheinwerfern an. — Die gewaltigsten Lichtmengen für die Zwecke der Leuchtfeuer bietet natürlich eine elektrische Lichtquelle; doch sind auch sehr bedeutende Feuer mit Petroleumlicht in Betrieb, während Gas seltener zur Anwendung kommt.

Als Lichtquelle benutzte man bis in das Mittelalter hinein ausschließlich Holzfeuer. Später ging man zum Steinkohlenfeuer und zu Talgkerzen über. So wurde der berühmte Eddystone-Leuchtturm bei Plymouth im Kanal la Manche bei seinem in Jahre 1756 erfolgten Neubau durch 24 Talgkerzen erhellt. Erst in der letzten Hälfte des 18. Jahrhunderts geschah eine wesentliche Verbesserung der Lichtquelle und zwar durch Verwendung der parabolischen Reflektoren. Ein erheblicher Fortschritt vollzog sich weiter durch die Erfindung der Argand-Lampen mit doppeltem Luftzug. Besonders hervorzuheben sind die Fresnelschen Glasapparate. Bei diesen ist eine einzige große mit sieben konzentrischen Dochten versehene Lichtquelle vorhanden, diese wird von geschliffenen, den Brenngläsern ähnlichen Gläsern umgeben, die das Licht zusammenfassen und in die Ferne werfen. In neuerer Zeit ist auch für die Beleuchtung der Leuchttürme das elektrische Licht zur Anwendung gebracht, doch leidet dasselbe an dem großen Mangel, daß es den Nebel schwerer durchdringt als das Öllicht. Es hat dieses seinen Grund in folgendem: Das elektrische Licht enthält viel weniger rote Strahlen als das Öllicht, es liegt vielmehr dem Blau näher. Nun läßt aber der Nebel, wovon man sich leicht überzeugen kann, nur die roten Strahlen hindurch, hält dagegen die blauen Strahlen zurück, so daß die Mehrzahl der dem elektrischen Lichte innewohnenden Strahlen durch den Nebel nicht hindurchdringt. Trotzdem ist die allgemeine Einführung des elektrischen Lichtes bei den Leuchttürmen nur noch eine Frage der Zeit.

Um die einzelnen Leuchtfeuer, namentlich da, wo sie zahlreich sind, von einander unterscheiden zu können, hat man die verschiedensten Hilfsmittel ersonnen. Die Anwendung roter Gläer ist nur ausnahmsweise üblich, weil dieselben zu viel Licht verschlucken; wo es nötig schien, sich rotgefärbten Lichtes zu bedienen, hat man mit Erfolg ganz dünne Flüssigkeitszellen mit roter Füllung vor der Lichtquelle angebracht. Gebräuchlicher ist indessen die zeitweilige Verdunkelung oder das Verfahren, bei dem man in bestimmten Intervallen das Licht an Intensität ab- und zunehmen oder auch ganz momentan auf wenige

Sekunden aufblitzen und dann wieder verschwinden läßt. Während die festen Feuer ein annähernd gleichmäßiges Licht beständig ausstrahlen oder nur auf Momente verlöschen, läßt man bei den Wechselfeuern Licht und Dunkelheit abwechselnd in regelmäßiger Folge hintereinander erscheinen. Beim Blickfeuer nimmt die Lichtintensität allmählich ab und zu, um dann längere Zeit der Dunkelheit zu weichen; auch die weitere Kombination von weißen und roten Blicken ist in Gebrauch. Unter Umständen kann es sogar wünschenswert erscheinen, neben dem Hauptlicht zeitweilig kleinere Lichter in Thätigkeit zu setzen; doch kann auf die Vielseitigkeit der in Anwendung befindlichen Charakteristiken hier nicht weiter eingegangen werden.

Überall da, wo die Errichtung von Leuchttürmen mit zu großen Kosten verknüpft sein würde oder andere Verhältnisse maßgebend sind, werden an den betreffenden Punkten mit Vorliebe Feuer- oder Leuchtschiffe stationiert, plumpe, festgebaute, am Tage durch ihren roten Anstrich kenntliche, außerordentlich fest verankerte Fahrzeuge, deren Mannschaft von Zeit zu Zeit abgelöst wird. Der Dienst auf einem solchen Schiffe ist recht beschwerlich und die Verantwortung sehr groß; unter den Unbilden der Witterung haben die Feuerschiffe oft schwer zu leiden. Auch auf ihnen sind die verschiedensten Formen der Feuer üblich, natürlich vornehmlich als Unterscheidungsmerkmale.

Anstatt der Leuchtschiffe kommen auch, namentlich bei vereinzelten Sandbänken oder Riffen mitten im Fahrwasser, neuerdings vielfach sogenannte Scheinwerfer in Anwendung, einfache Spiegelvorrichtungen, welche von einem am Lande befindlichen Feuer (sog. Holophoten) parallele Lichtstrahlen empfangen und dieselben in bestimmter Richtung weitersenden, so den Anschein erweckend, als ob sich an ihrer Stelle ein wirkliches Feuer befände. Eine wesentlich andere Einrichtung besitzen diejenigen Scheinwerfer, welche seit kurzem zur Vervollständigung der Ausrüstung großer Schiffe, namentlich der Kriegsmarine, bestimmt sind und dem Zweck dienen, das Fahrwasser in der Fahrtrichtung zu beleuchten, die Position eines feindlichen Schiffes zu erspähen oder bei nebligem Wetter den Zusammenstoß mit einem entgegenkommenden Schiff zu vermeiden. Derartige Apparate, von welchen Fig. 445 eine Ansicht giebt, und die für Terrainbeleuchtungen allmählich eine große Bedeutung gewonnen haben, bestehen gewöhnlich aus einer künstlichen Lichtquelle, die sich im Brennpunkt eines parabolischen Hohlspiegels befindet; da das Licht des elektrischen Flammenbogens auch noch in die Breite gezogen werden muß, so kommt ein eigentümlicher Glaskörper, der gleichsam aus einzelnen cylindrisch geschliffenen Stäben besteht, die sogenannte Zerstreuungsscheibe, zur Anwendung. Andere Scheinwerfer sind wieder mit dem Fresnelschen Linsensystem ausgestattet. Die aus der Abbildung ersichtlichen Beigaben dienen vornehmlich zur Regulierung der elektrischen Beleuchtung; das ganze wird von einem geeigneten Behälter eingeschlossen, dessen Richtung und Neigung gegen den Horizont beliebig verändert werden kann.

Fig. 445. **Scheinwerfer von Schuckert.**

In aller Kürze seien schließlich noch einige Worte den, eigentlich nicht direkt der Sicherung der Schiffahrt dienenden Einrichtungen gewidmet, die zum Wohle der Seefahrer und zum Schutze gegen unvorhergesehene Unglücksfälle begründet worden sind. Die Schiffsversicherungs- oder Assekuranzgesellschaften, die zwar in erster Linie als Erwerbsgenossenschaften zu bezeichnen sind, und die gegen eine angemessene Prämie den Ersatz eines gestrandeten Schiffes oder einer verlorenen Ladung übernehmen, haben in vielen Fällen eine recht segensreiche Thätigkeit entfaltet, und die Bergungsgesellschaften mit ihren mit allen Hilfsmitteln der Technik aufs beste ausgerüsteten Bergungsdampfern haben schon so manches aufgefahrene oder gesunkene Schiff wieder flott gemacht oder gehoben und in das Dock zur Wiederherstellung geschleppt. Daß hierbei die Thätigkeit der Taucher, sowohl für die Erkundung der Lage des Schiffes, als für die Verstopfung eines etwa vorhandeneu Lecks oder gar die Bergung der wertvollsten Teile der Ladung, unter Umständen ganz unentbehrlich und von höchstem Nutzen sein kann, liegt in der Natur der Sache.

Das Taucherwesen selbst ist sehr alt, und schon aus der ersten Hälfte des 16. Jahrhunderts wird über Versuche mit einer Taucherglocke berichtet. Wenn man ein Trinkglas mit der Öffnung nach unten in ein Gefäß mit Wasser stülpt, so wird die abgeschlossene Luft um so mehr zusammengedrängt, je stärker der aufgewendete Druck ist, je weiter man also das Glas hinabzudrücken versucht. Wird dieser Versuch in hinreichend großem Maßstabe angestellt, so kann ein Mensch innerhalb der abgeschlossenen Luftmenge so lange existieren, als der für die Lebensthätigkeit notwendige Sauerstoff noch nicht verzehrt ist. Um demnach ein längeres Verweilen in der Taucherglocke, die für die praktische Anwendung mit mehreren Sitzbänken im Innern versehen wurde, zu ermöglichen, muß also von außen stets frische Luft zugeführt und für ein regelmäßiges Entweichen der ausgeatmeten verdorbenen Luft Sorge getragen werden. Wegen des mit der Tiefe zunehmenden Luftverbrauchs ist die Anwendung der Taucherglocke, welche jetzt meist die Form einer abgestumpften Pyramide erhält, auf mäßige Tiefen, höchstens bis zu 50 m beschränkt; die Luft wird durch eine geeignet konstruierte Kompressionspumpe erneuert und die Luftzufuhr selbst dem in der Arbeitstiefe herrschenden Wasserdruck entsprechend geregelt. Die außerordentlich komplizierten Apparate, welche ein Hinabsteigen in noch größere Tiefen, bis zu 250 m und darüber erlauben, können hier, wo lediglich die nautischen Zwecken dienenden Vorrichtungen besprochen werden sollen, keine Berücksichtigung finden; zu erwähnen sind nur noch die übrigens ziemlich allgemein bekannten Taucherapparate, die im wesentlichen aus einem wasserdichten Anzuge und einem fest mit demselben verbundenen Metallhelm bestehen und bei geregelter Luftzufuhr in nicht zu beträchtlichen Tiefen ein mehrstündiges Arbeiten gestatten. Allerdings ist hier eine außerordentlich intensive Thätigkeit der Lungen und eine kräftige Körperbeschaffenheit Bedingung, um den kolossalen Wasserdruck einigermaßen erträglich und für den menschlichen Organismus unschädlich zu machen. Der in Fig. 446 abgebildete Taucheranzug (oberer Teil) wird ohne besondere Erläuterung verständlich sein; schwere Bleigewichte auf Brust, Rücken und unter der Fußbekleidung sollen den Taucher am Boden festhalten und innerhalb des beträchtlichen Wasserdruckes seine Bewegungsfähigkeit herstellen helfen. Um übrigens den Taucher, der nach oben hin durch Signalleine, Sprachrohr oder Telephon sich verständlich machen und Anordnungen erteilen kann, von dem regelrechten

Funktionieren und der Intaktheit sowohl der Pumpe als des Luftzuleitungsschlauches möglichst unabhängig und vor allem auch in seinen Bewegungen selbständiger zu machen, hat man bei neueren Taucherapparaten Kästen mit komprimierter Luft eingeführt und dafür Sorge getragen, daß die dem unter Wasser Arbeitenden zuströmende Luft stets

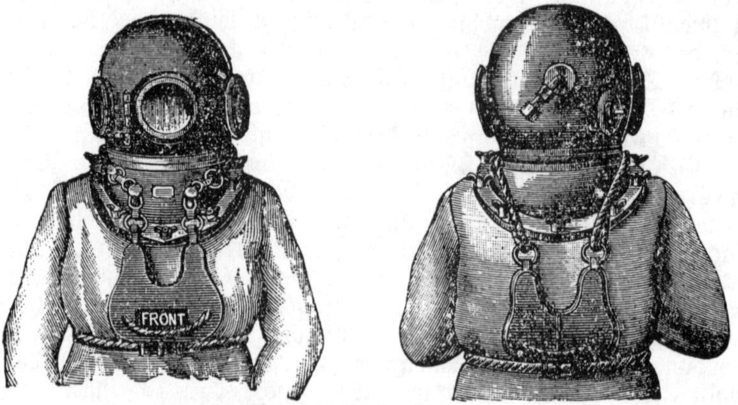

Fig. 446. Taucher-Apparat.

unter einem, durch die Lungenthätigkeit direkt regulierten Druck aus dem Behälter austritt. Zur Beleuchtung des Arbeitsfeldes in großen Tiefen oder bei Nachtarbeiten erhält der Taucher eine Lampe, die jetzt wohl fast ausschließlich mit Elektrizität gespeist wird, obgleich auch die eigens zu diesem Zweck konstruierten unterseeischen Petroleumlampen, namentlich diejenigen von der für die Fortbildung des Taucherwesens hochbedeutenden Firma L. von Bremer & Co. in Kiel, ganz vorzügliche Dienste leisten. —

Die Fülle derjenigen Einrichtungen, die im Interesse der Sicherung des Seeverkehrs, zum Wohl vieler Tausende, deren Existenz sonst auf das höchste gefährdet sein würde, notwendig und unerläßlich geworden sind, hat zwar in dem vorliegenden kurzen Abschnitt nicht entfernt erschöpft werden können; dennoch wird der Leser sich ein Bild davon machen können, welcher gewaltigen Anstrengungen es bedurfte, wieviel Erfindungen ideeenreichen Köpfen entspringen mußten, um auch nur annähernd das erstrebte Ziel, die unbedingteste und vollständigste Verkehrssicherung auf der Hauptweltverkehrsstraße, dem Meere, zu erreichen.

3. Die Luftschiffahrt.

Der Erfindungssinn des Menschen ist nicht bei den auf der Erdoberfläche zu Gebote stehenden Verkehrswegen stehen geblieben. Angeregt durch das leichte Spiel der Segler der Lüfte, hat derselbe es unternommen, auch die unseren Planeten umgebende Luftschicht zum Tummelplatz eigenartiger Verkehrseinrichtungen zu machen.

Gegenwärtig nimmt bei normalen Verhältnissen die Luftschiffahrt einen sehr untergeordneten Stand ein. Dieses Verhältnis ändert sich aber sofort in dem Falle, wo durch Belagerung oder eine sonstige Absperrung ein Verkehr mit der Außenwelt zu Wasser oder zu Lande unmöglich gemacht ist. In diesem Fall tritt als letztes Verkehrsmittel das Luftschiff hilfespendend ein. Am überzeugendsten läßt sich dieses an dem Beispiele der Belagerung von Paris während des deutsch-französischen Krieges nachweisen. Hier haben in der Zeit vom 23. September 1870 bis zum 28. Januar 1871 64 Ballons mit 155 Personen, 363 Brieftauben und 9000 kg Postsachen die Stadt verlassen. Von den Brieftauben kehrten 57 zurück mit 100 000 Depeschen.

Leider krankt das gesamte Luftschiffahrtswesen gegenwärtig noch an einer großen Unzuverlässigkeit; dieselbe wird erst gehoben sein, wenn das Problem der Lenkbarkeit des Luftschiffes gelöst sein wird. Trotzdem aber beginnt das letztere immer mehr Aufnahme unter die Verkehrsmittel zu finden, so daß dasselbe füglich hier nicht übergangen werden darf.

Schon im grauen Altertum tritt uns die Sehnsucht und das Streben des Menschen den Äther durchfliegen zu können in der Sage vom Bellerophontes und in der Erzählung von der fliegenden künstlichen Taube des Archytas von Tarent entgegen. Wie so manche Erfindung, so wird auch diejenige des Luftballons von manchen Schriftstellern den Chinesen zugeschrieben; so soll bereits im Jahre 1306 nach den Berichten des Franzosen Basson zu Peking ein Luftballon aufgestiegen sein.

Sieht man ab von den nur ein theoretisches Interesse in Anspruch nehmenden Veröffentlichungen des Jesuitenpaters Franzisko Lana vom Jahre 1670 und des Dominikaners Joseph Galien vom Jahre 1755, so müssen als die eigentlichen Erfinder der Luftschiffahrt die Gebrüder Mongolfier zu Annonay gelten, welche am 5. Juni 1783 den ersten mit warmer Luft angefüllten Ballon zum Steigen brachten. Die gleiche Idee hatte im Jahre 1769 Bartolomeo Lourenço de Guzman auszuführen unternommen, jedoch mit unglücklichem Erfolge, sodaß der Luftballon als eine Erfindung der Gebrüder Montgolfier gilt infolge dessen auch früher allgemein mit dem Namen „Montgolfière“ bezeichnet wurde.

Stephan und Joseph Mongolfier gingen bei ihrem ersten Ballon von der irrtümlichen Annahme aus, daß der Auftrieb desselben durch den Rauch des Feuers bewirkt werde, und verwendeten daher als Brennstoff eine stark qualmende Mischung von Stroh und Wolle. Hiervon kam man jedoch alsbald ab, und als kurze Zeit darauf die Gebrüder Roberts und Professor Charles mit öffentlichen Mitteln einen zweiten Ballon konstruierten, da bedienten sie sich hierbei des von Cavendish im Jahre 1776 entdeckten Wasserstoffgases, welches sich bekanntlich durch sein sehr geringes spezifisches Gewicht auszeichnet und bis auf den heutigen Tag zur Füllung des Luftballons Verwendung findet. Nebenbei vervollkommneten aber auch die Gebrüder Mongolfier ihr System der Ballonfüllung mittels warmer Luft.

Nachdem man sich zuvor an lebendigen Tieren versichert hatte, daß der Aufstieg mit dem Ballon keine unmittelbaren nachteiligen Folgen äußerte, stiegen am 21. November 1783 Pilâtre de Roziers und der Marquis d'Arlandes als die ersten Luftschiffer auf. De Roziers war später der erste derjenigen, welche nachher in so großer Anzahl im Dienste der Luftschiffahrt ihren Tod fanden.

Die ersten schweren Unglücksfälle führten auf die Erfindung des Fallschirms, eines nach Art eines Regenschirms konstruierten Apparates, welcher beim Niederfallen sich selbstthätig durch den Widerstand der Luft aufsperrt und so die Schnelligkeit des Absturzes mildert.

Nachdem man den Luftballon bereits in der Schlacht bei Fleurus sowie bei der Belagerung von Valenciennes mit Erfolg zum Zwecke der militärischen Rekognoszierung verwendet hatte, kam Napoleon I. infolge der außerordentlichen Schwerfälligkeit des erforderlichen Apparates von dieser Art der Benutzung des Luftballons völlig wieder ab; er löste die der Armee beigegebene Luftschifferabteilung auf, weil sie den Bewegungen nicht zu folgen vermochte. Gerade aber die militärische Verwendbarkeit des Luftballons ist diejenige Eigenschaft desselben, welche denselben gegenwärtig der weiteren Vervollkommnung würdig macht, und aus welcher heraus in erster Linie die neuesten Fortschritte entsprungen sind. Wir lassen daher die verschiedenen bislang fruchtlos verlaufenen Versuche der Konstruktion eines lenkbaren Luftschiffes bei Seite und wenden uns der Besprechung eines militärischen Luftschiffahrtsdetachements zu. Ein derartiger moderner Luftschifferpark besteht im wesentlichen aus drei Spezialwagen: deren einer den Luftballon, deren zweiter den zur Erzeugung des Wasserstoffgases dienenden Apparat, deren dritter die Dampfwinde trägt, welche den Ballon an einem Seile festhält und nach Beendigung der Beobachtung wieder zur Erde hinabzieht.

Zur Darstellung des Wasserstoffgases bedient man sich meist der Zersetzung von Wasser durch Eisen und verdünnte Schwefelsäure.

Da diese Materialien in erheblichem Maße zur Stelle sein müssen, so sind aber neben jenen eben genannten drei Spezialwagen noch 6 Transportwagen und ein Packwagen mit 42 Pferden erforderlich. Da auch dieser Park noch zu umfangreich sich gestaltet, so ist man neuerdings dazu übergegangen, die Abmessungen des Ballons so zu vermindern, daß derselbe nur eine einzige Person zu tragen imstande ist. Hierdurch ist erreicht, daß ein solcher Train nur aus 5 Fahrzeugen besteht. Das vollkommenste der im Gebrauch befindlichen Systeme dürfte dasjenige von Richter und Majert sein. Soweit dasselbe nicht als Geheimnis be-

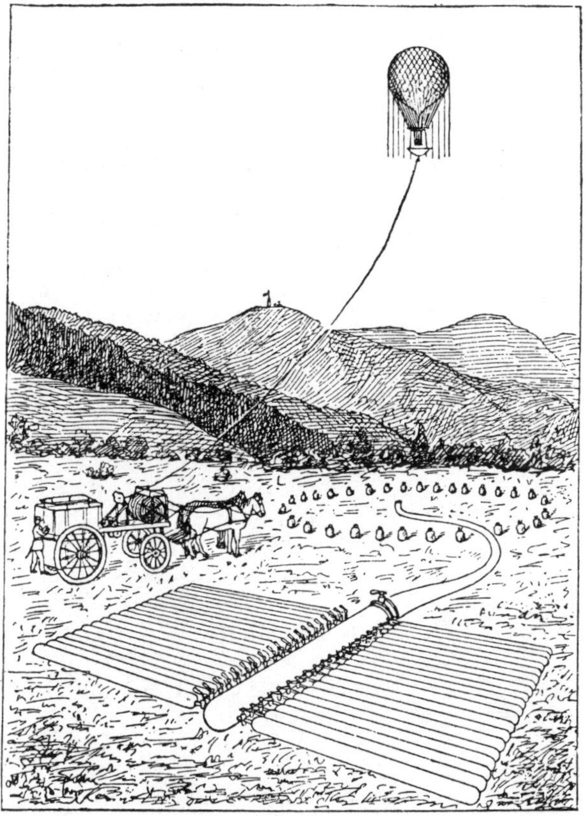

Fig. 447. Luftschifferpark.

handelt wird, besteht das wesentliche dieses Verfahrens darin, daß das zur Füllung des Ballons dienende Gas auf trockenem Wege durch Erhitzung eines Gemisches von Zinkstaub und trockenem Kalkhydrat hergestellt wird. Dieses Gemisch wird in Blechcylinder (Patronen) gepackt, worauf dann die Erhitzung in einem eigenartig konstruierten Ofen vorgenommen wird. Das Nähere ist aus der Fig. 447 zu ersehen; im Vordergrunde liegen die eben erwähnten Patronen, während im Hintergrunde der Fesselballon sich an dem auf der fahrbaren Winde aufwickelbaren Seile in die Lüfte erhebt. Früher vermochte man mit 120 solchen Patronen in zwei Stunden 250 cbm Gas zu entwickeln, wobei noch bemerkt wird, daß für eine beobachtende Person ein Ballon von 300 cbm Inhalt erforderlich ist. In der letzten Zeit soll dieses von dem Deutschen Reiche angekaufte Verfahren noch außerordentliche Verbesserungen erfahren haben, welche jedoch strengstens geheim gehalten werden.

VIII. Aus der chemischen Industrie.

1. Die chemische Industrie der Säuren und Alkalien.

Die chemische Industrie der heutigen Zeit umfaßt bekanntlich ein kolossales Gebiet, dessen Grenzen sich jeden Tag erweitern. Ihre Gesamtdarstellung kann daher unmöglich einen Teil dieses Buches bilden, weil eine solche die Grenzen desselben schon für sich allein — selbst bei knapper Darstellung — weit überschritte. Indessen giebt es, abgesehen von denjenigen, bestimmten Gewerben dienenden Zweigen, welche an anderen Stellen dieses Werkes abgehandelt werden, doch gewisse Teile der chemischen Industrie, welche wegen der allgemeinen Wichtigkeit der aus ihnen hervorgehenden Produkte, sowie wegen der manchmal ganz eigentümlichen Art ihrer historischen Entwicklung unser Interesse in hervorragender Weise in Anspruch nehmen. Es handelt sich hierbei um solche Stoffe, deren außerordentlich kräftige chemische Wirkung selbst schon im Kindheitsalter der Chemie deutlich zu Tage trat und sie daher schon frühzeitig hervorragend tauglich erscheinen ließ, anderen Zweigen der Technik zu dienen.

Die Chemie kennt aber keine Substanzen von stärkerer Wirkung, als einerseits die unter dem Namen „Säuren", wie andererseits die als „Alkalien" bekannten Körper. Mit der fabrikmäßigen Darstellung der wichtigsten unter diesen Stoffen, sowie zum Teil mit ihrer chemisch-technischen Verwendung hat es dieser Abschnitt unseres Buches zu thun. Von wichtigen Säuren sind es die Schwefelsäure, die Salpetersäure und die Salzsäure, deren Darstellung besonders interessiert. Die Alkalien, eigentlich Verbindungen des Kaliums und Natriums mit den Elementen des Wassers, spielen in ihren kohlensauren Verbindungen eine Hauptrolle in der Technik, weil diese ganz besonders reaktionsfähig, d. h. chemisch wirksam sind. Nach den Säuren werden wir daher diese Körper, nämlich die Soda und die Pottasche zu betrachten und deren wichtigsten Anwendungen kennen zu lernen haben.

Da die letzteren aber zum Teil an anderen Stellen dieses Buches besprochen werden, so wird nur ein spezieller Zweig der Alkaliindustrie, die Seifensiederei, für die genauere Betrachtung in diesem Abschnitt übrig bleiben.

a) Die Fabrikation der Schwefelsäure.

Diese stärkste der Mineralsäuren, welche schon den Chemikern des 17. Jahrhunderts bekannt war, wurde ursprünglich durch Röstung und starkes Glühen des bekannten Eisenvitriols, sowie durch Auffangen der frei werdenden weißen Dämpfe in Wasser erhalten. Das Produkt hieß rauchendes Vitriolöl (Oleum Vitrioli). Erst im vorigen Jahrhundert gelang es dann, besonders in England, Schwefelsäure auf einem anderen Wege, nämlich durch Oxydation und Wässerung von schwefligsaurem Gas, dem Verbrennungsprodukt des bekannten gewöhnlichen Schwefels, zu erhalten; daher der Name englische Schwefelsäure für das Produkt dieses letzteren Verfahrens. Das Verhältnis des chemischen Bestandes der beiden Säurenarten ergiebt sich sehr einfach in folgender Weise:

Verbrennt man Schwefel, so bildet sich ein farbloses, erstickend riechendes Gas, eine Verbindung des Schwefels mit dem Sauerstoff der Luft, Schwefeldioxyd (SO_2). Bringt man dasselbe unter geeigneten Verhältnissen mit noch mehr Sauerstoff zusammen, so geht es in die höchste Schwefelsauerstoffverbindung, Schwefeltrioxyd (SO_3) über, einen weißen Dampf, welcher sich mit Wasser unter heftiger Erhitzung zu Schwefelsäure ($SO_3 + H_2O = H_2SO_4$) verbindet. Leitet man aber mehr Schwefeltrioxyd in Wasser, als zur Bildung von gewöhnlicher Schwefelsäure nötig ist, so löst sich noch einmal so viel davon in der entstandenen Schwefelsäure auf; man erhält dann also eine Auflösung von Schwefeltrioxyd in Schwefelsäure ($H_2SO_4 + SO_3$), welche unter dem Namen „rauchende Schwefelsäure“ bekannt ist. Wir beginnen mit der Darstellung der letzteren, als der länger bekannten.

A. Rauchende Schwefelsäure. Man erhält den für den Prozeß nötigen Eisenvitriol, schwefelsaures Eisenoxydul ($FeSO_4, 7H_2O$), eine in mattgrünen Krystallen vorkommende Substanz, zum Teil als Abfall verschiedener chemischer Prozesse, zum Teil auch als aus Grubenwässern der Pyritgruben anschießende Krystallmassen. Der Eisenvitriol ist Schwefelsäure, deren Wasserstoff (H_2) durch Eisen (Fe) ersetzt ist und enthält noch eine erhebliche Menge Krystallwasser. Das Salz würde beim sofortigen Glühen zunächst sein Wasser frei geben und dann in ein entweichendes Gemenge von Schwefeldioxyd und Schwefeltrioxyd, sowie in zurückbleibendes festes Eisenoxyd (Fe_2O_3), ein rotes Pulver, zerfallen. Hierbei würde man also nur etwa die halbe Ausbeute von Schwefeltrioxyd haben. Statt dessen beginnt man daher damit, daß man den Eisenvitriol längere Zeit an der Luft lagern läßt und ihn dann bei gelinder Hitze röstet, d. h. bei Luftzug erhitzt. Hierdurch nimmt er Sauerstoff aus der Luft auf und geht in ein Gemenge von schwefelsaurem Eisenoxyd ($Fe_2 3 SO_4$) und Eisenoxyd über. Beim nunmehrigen heftigen Glühen des schon wasserfreien Gemenges entweicht nur Schwefeltrioxyd und Eisenoxyd bleibt zurück.

Das Rösten des Vitriols geschieht in der Regel nicht in Öfen, sondern in Haufen (Stadeln). Der Glühprozeß erfolgt meist in thönernen Retorten von $^1/_2$ m Länge, welche zu vielen neben einander in sogenannten Galeerenöfen erhitzt werden; ihre Mündung wird luftdicht in entsprechende thönerne, mit Wasser oder englischer Schwefelsäure gefüllte Vorlagen eingeführt. Jede Retorte erhält 1—2 kg wasserfreien Vitriol; erst wenn die dicken Dämpfe des Schwefeltrioxyds erscheinen, schlägt man die Vorlagen vor und erhitzt bis zum starken Weißglühen. Der Rückstand ist rotbraunes Eisenoxyd und kommt als Kolkothar oder Polierrot in den Handel; man verwendet ihn als Farbe und Poliermasse.

Die rauchende Schwefelsäure ist ölig (daher Oleum Vitrioli genannt) und bräunlich; das in ihr enthaltene Schwefeltrioxyd entweicht in Dämpfen schon an der Luft, stärker beim schwachen Erwärmen.

B. Englische Schwefelsäure. Während man im ganzen nur kleine Mengen rauchender Schwefelsäure fabrikmäßig darstellt, hat sich die Fabrikation der englischen Schwefelsäure infolge der innigen Verbindung, in welcher sie mit verschiedenen anderen wichtigen Zweigen der chemischen Produktionstechnik steht, zu einem der wichtigsten Teile dieser Industrie herangebildet.

Die Rohprodukte, mit denen man arbeitet, sind Schwefeldioxyd, Salpetersäure, Wasserdampf und Luft. Der chemische Vorgang ist ein ziemlich komplizierter und erst neuerdings klargestellt worden. Kommt nämlich Schwefeldioxyd mit Salpetersäure (HNO_3) zusammen, so verwandelt das erstere sich in Schwefelsäure, indem es aus der letzteren Sauerstoff aufnimmt. Der Salpetersäurerest ist im wesentlichen Stickstofftrioxyd (N_2O_3), ein brauner Dampf, welcher in weiterer Berührung mit Schwefeldioxyd, wenig Wasserdampf und atmosphärischem Sauerstoff einen festen Körper von krystallinischer Struktur, die Nitrosylschwefelsäure bildet. Dieser merkwürdige Körper zerfällt aber beim Zusammentreffen mit reichlichem Wasserdampf sofort wieder in Schwefelsäure und Stickstofftrioxyd. Man ersieht hieraus leicht, daß, wenn man für den richtigen Zufluß von Wasserdampf sorgt, die sich fortwährend bildende Nitrosylschwefelsäure immer wieder in Schwefelsäure und Stickstofftrioxyd zerfällt, daß also durch eine kleine Menge des letzteren bei fortwährendem Zuflusse von Schwefeldioxyd, Wasserdampf und Luft, kontinuierlich Schwefelsäure entstehen wird. Man gebrauchte also die Salpetersäure eigentlich nur einmal, um nämlich das nötige Quantum Stickstofftrioxyd zu erhalten, welches dann fortlaufend, wie ein Ferment, das Schwefeldioxyd in Schwefelsäure verwandelt; die Unregelmäßigkeiten, die unvermeidlich auch mit dem besten Betriebe verbunden sind, erfordern aber doch, daß die eintretenden Verluste an Stickstofftrioxyd hin und wieder durch neue Salpetersäure ersetzt werden.

Auf Grund der geschilderten chemischen Vorgänge hat man eine moderne Schwefelsäurefabrik sich aus folgenden wesentlichen Teilen bestehend zu denken:

1) aus einem Apparate zur Darstellung des Schwefeldioxyds (Schwefelherd);
2) aus einer Kammer, welche Salpetersäure enthält (Nitrierungskammer);
3) aus einer Reihe anderer Kammern, in welcher der Hauptprozeß, d. h. das fortwährende Entstehen und Zerfallen der Nitrosylschwefelsäure vor sich geht;
4) aus Apparaten zum Zwecke der Wiedergewinnung des sonst verloren gehenden Stickstofftrioxyds (Gay-Lussac-Turm, Gloverturm);
5) aus Apparaten zur Erzeugung des Wasserdampfes und des nötigen Luftzuges.

Hiernach gliedert sich die Anlage in eine Anzahl von Teilen, deren Lage aus den Figuren 448 und 449 hervorgeht.

Das Schwefeldioxyd erhält man durch Verbrennen von Schwefel auf besonderen Herden A, welche ihren Luftzug durch den am Ende der ganzen Anlage befindlichen hohen Schornstein mit regulierbarem Zuge erhalten. Der hohe Preis des sizilianischen Schwefels hat aber bewirkt, daß man vielfach statt desselben den sehr billigen Schwefelkies oder Pyrit (Doppeltschwefeleisen) benutzt, welchen man in permanent wirkenden Herdöfen bei starkem Luftzutritt röstet; die Hälfte des Schwefelgehalts verbrennt zu Schwefeldioxyd, welches weiter geführt wird.

Dasselbe strömt nun zunächst durch einen 10 m hohen Turm, den Gloverturm, dessen Bedeutung erst später erläutert werden kann, und zur Absetzung des stets vorhandenen Staubes durch eine Flugstaubkammer E^1 von etwa 5 m im Geviert und tritt dann in die Nitrierungskammer E^3, in welcher es sich mit dem Zersetzungsprodukt der Salpetersäure, dem Stickstofftrioxyd, belädt. In dieser Kammer rieselt entweder die Salpetersäure, welche in mäßiger Quantität durch enge Röhren von außen zuströmt, in dünnen Kaskaden g herab, oder es finden sich weite, flache Schalen, welche mit der Säure oder auch einem Gemenge von Chilesalpeter und Schwefelsäure gefüllt sind. Die Wände der prismatisch gestalteten Kammer — wie die aller übrigen Kammern — bestehen aus an einander gelöteten oder irgendwie luftdicht verbundenen Bleiplatten, welche durch ein Holzgerüst gehalten werden. Ihr Inhalt beträgt bei 8 m Länge gegen 210 cbm und ist dem der Flugstaubkammer ziemlich gleich. Auf die Nitrierungskammer folgen noch drei Kammern, in welchen die Schwefelsäureproduktion hauptsächlich erfolgt.

Fig. 418. Bleikammeranlage einer chemischen Fabrik (vordere Hälfte).

Die erste derselben F ist die größte; sie hat bei etwa 30 m Länge einen Inhalt von 4500 cbm. Die beiden letzten haben jede etwa den doppelten Inhalt der Nitrierungskammer. Die größte Kammer liegt

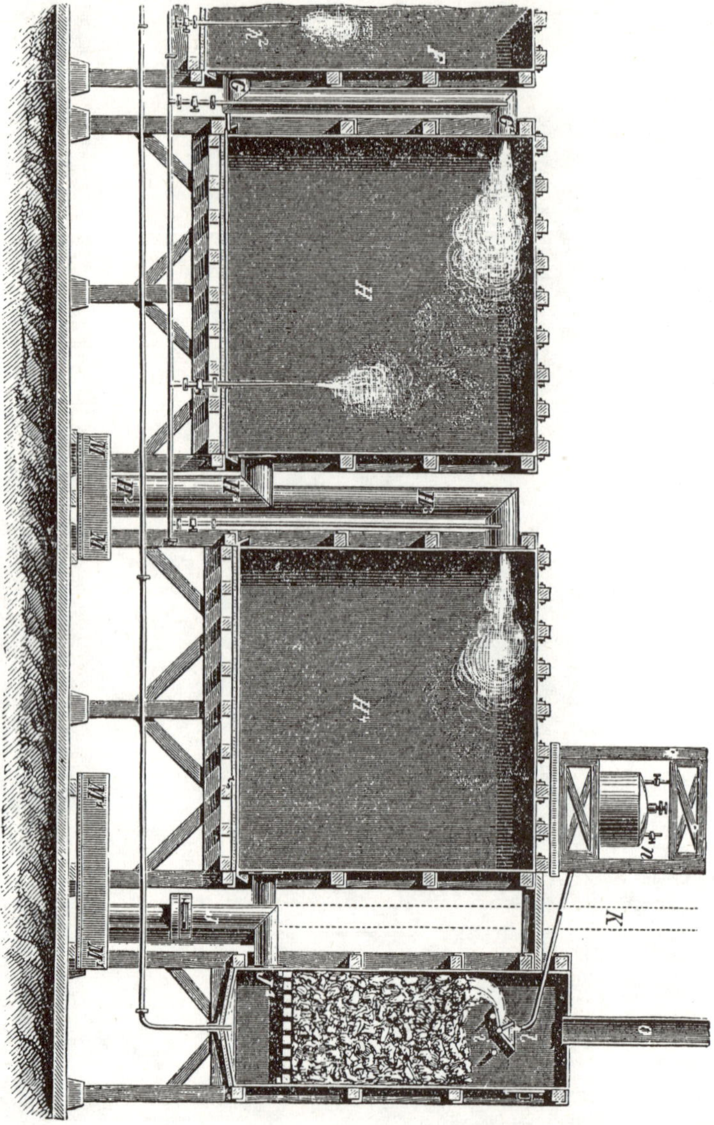

Fig. 449. Bleikammeranlage einer chemischen Fabrik (hintere Hälfte).

am tiefsten, so daß sich in ihr die flüssige Schwefelsäure sammeln kann. Jede der Kammern hat eine Wasserdampfzuleitung, welche von einem gemeinsamen, starken, unter den Kammern hinziehenden Dampfrohre sich abzweigt.

In den eigentlichen Bleikammern, den drei letzten, erfolgt der oben beschriebene Hauptprozeß, welcher nur beim Fehlen des Wasserdampfes eine Unterbrechung erleidet; dann schlägt sich die Nitrosylschwefelsäure, der zur weiteren Zerlegung Wasser fehlt, in Form von eisblumenartigen Krystallen, welche man Bleikammerkrystalle nennt, an den Wänden der Kammern nieder. Verstärkter Zufluß von Wasserdampf zerstört sofort die Krystalle und stellt das Gleichgewicht wieder her.

Obgleich man stets auch für mäßigen Zufluß von Salpetersäure in die Nitrierungskammer sorgt, muß man doch der Ersparnis wegen darauf bedacht sein, das durch zu starken Luftzug entweichende Stickstofftrioxyd noch zu verwerten. Zu diesem Zwecke läßt man die abziehenden Gase aus der letzten Kammer, bevor sie den Schornstein durchziehen, in den Gay-Lussac-Turm J' treten, der dieselben Dimensionen wie der oben genannte Gloverturm hat. In ihm fließt über Coaksstücke oder Bimsstein langsam Schwefelsäure herab, welche das Stickstofftrioxyd der abziehenden Gase absorbiert und sich hierdurch in sogenannte nitrose Schwefelsäure, eine Auflösung von Nitrosylschwefelsäure in Schwefelsäure, verwandelt. Die nitrose Säure sammelt sich unten im Gay-Lussac-Turm und wird durch ein Pumpwerk über den Gloverturm gehoben, um in diesem über säurefeste Steine herabzurieseln. Dabei fließt sie dem eintretenden heißen Schwefeldioxyd entgegen und wird durch dieses denitriert, d. h. des Stickstofftrioxyds beraubt, welches wieder in die Kammern geführt wird; zu gleicher Zeit wird der heiße Gasstrom im Gloverturm bis auf die zur Schwefelsäurebildung günstige Temperatur abgekühlt. Unten im Gloverturm sammelt sich reine, ziemlich konzentrierte Schwefelsäure.

Das Hauptprodukt des Verfahrens, die in der Hauptkammer sich sammelnde Kammersäure, hat ein spezifisches Gewicht von 1,5 und ist etwa 54 prozentig. Sie muß, ehe man sie in den Handel bringt, möglichst vollkommen entwässert werden. Zu diesem Zwecke wird sie zunächst in Bleipfannen eingedampft, bis sie gegen 65% reine Säure enthält; hierbei wird sie zugleich von den anhaftenden gasförmigen Verunreinigungen befreit. Die weitere Entwässerung erfolgt dann, da Blei angegriffen und Glas durch das „Stoßen" der siedenden Säure leicht zertrümmert würde, in Platinkesseln von 200 bis 500 kg Gehalt. Aus ihnen wird die heiße konzentrierte Säure durch stark gekühlte Heber in die Ballons geschafft, in denen man sie versendet. Sie hat ein spezifisches Gewicht von 1,81 bis 1,84 und enthält noch 2 bis 6% Wasser.

Die beschriebene Art der Schwefelsäuredarstellung, deren Prinzip allerdings schon gegen Ende des 17. Jahrhunderts bekannt war, datiert im fabrikmäßigen, d. h. kontinuierlichem Betriebe erst seit der Erfindung der Bleikammern durch Roebuck, welcher die erste Anlage 1774 in Birmingham aufstellte. Gay-Lussac erfand 1846 den nach ihm benannten Turmapparat und Glover lehrte 1871 die hierdurch gewonnene nitrose Säure in demselben Fabrikbetriebe vermittelst seines Denitratorturms unmittelbar ausnutzen. Durch diese Vervollkommnungen sind die Fabrikationsverluste minimale geworden, indem man z. B. nur gegen 5% des verwendeten Schwefels und kaum 3% der Salpetersäure verliert. Eine Schwefelsäureanlage von den beschriebenen Dimensionen liefert in 24 Stunden 8000 bis 10000 kg Säure.

b) Die Fabrikation der Salpetersäure.

Wie die Schwefelsäure, ist auch die Salpetersäure schon den Chemikern des Mittelalters bekannt gewesen, besonders in dem mit dem Namen „Scheidewasser" bezeichneten verdünnten Zustande, in welchem die Säure aus einer Legierung von Gold und Silber nur das letztere Metall auflöst.

Alle Salpetersäure (HNO_3) wird durch Erhitzen von Schwefelsäure mit einer ihrer Alkaliverbindungen, entweder dem Kalisalpeter (KNO_3) oder dem Natron- oder Chilesalpeter ($NaNO_3$) dargestellt. (Vgl. S. 713 ff.) Das erstgenannte Salz giebt eine reinere Säure; es stellt sich aber wesentlich teurer, weil es fast durchgängig ein Fabrikationserzeugnis ist und giebt auch eine etwas geringere Ausbeute, als der Natronsalpeter. Aus diesen Gründen wendet man fast ausschließlich den letzteren, welcher in gewaltigen Massen an der Westküste des mittleren Südamerika sich mineralisch findet, zur Fabrikation an, obgleich die erhaltene Säure unreiner ist.

Der chemische Prozeß der Salpetersäurefabrikation ist sehr einfach. Man kann sich am besten vorstellen, daß das Metallatom des Salpeters mit einem Wasserstoffatom der Schwefelsäure (H_2SO_4) den Platz tauscht; es bildet sich also aus dem Salpeter Salpetersäure (HNO_3), aus der Schwefelsäure doppelt schwefelsaures Natrium ($NaHSO_4$). Wie leicht ersichtlich, könnte man, da ja das zweite Wasserstoffatom der Schwefelsäure auch durch ein Metallatom ersetzbar sein muß, die doppelte Menge Salpeter gegenüber derselben Quantität Schwefelsäure anwenden und so die doppelte Ausbeute erhalten. Beim Kalisalpeter ist dies nicht gut möglich, da die zweite Menge desselben ihre Säure erst bei einer Temperatur freigiebt, welche eine Zersetzung der Säure in braunes gasförmiges Stickstoffdioxyd (NO_2), Sauerstoff und Wasser bewirkt; dann erhält man eine Lösung des erstgenannten Zersetzungsproduktes in reiner Salpetersäure, welche unter dem Namen rauchende Salpetersäure eine rote braune Flüssigkeit bildet. Beim Chilesalpeter hingegen wird nur eine geringe Quantität Säure zersetzt, so daß man in diesem Falle auch bei Anwendung der doppelten Menge Salpeter mit nur wenig Stickstoffdioxyd verunreinigte Salpetersäure erhält. Als Rückstand bleibt dann schwefelsaures Natrium (Na_2SO_4).

Zum Erhitzen des Gemenges von Chilesalpeter, Schwefelsäure und wenig Wasser benutzt man jetzt meistenteils liegende gußeiserne Cylinder, die, ähnlich wie die Gasretorten, verschließbar sind und ebenso zu mehreren in einem Ofen liegen (s. Fig. 450). Der vordere Deckel des Cylinders ist mit einem gläsernen eingekitteten Abzugsrohr versehen, durch welches die Dämpfe der freiwerdenden Salpetersäure in sogenannte Wulfsche Flaschen geleitet werden. Dies sind große dreihalsige

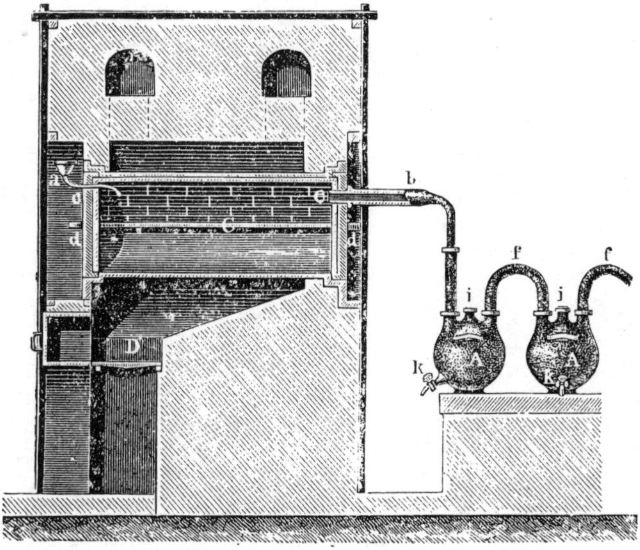

Fig. 450. Apparat zur Darstellung der Salpetersäure.

Gefäße von Steingut; der erste Hals nimmt das Zuleitungsrohr, der mittelste häufig noch ein gerades, das Zurücksteigen der kondensierten Säure verhinderndes Sicherheitsrohr, der dritte das die erste Flasche mit der nächstfolgenden verbindende Ableitungsrohr auf. Diese Kondensationsgefäße werden mit Wasser gut gekühlt.

Die Leitung der möglichst gleichmäßig zu haltenden Feuerung erfolgt unter steter Beobachtung des gläsernen Ausströmungsrohres; treten sehr dunkle Dämpfe auf, so ist die Hitze zu stark geworden. Zuerst entweichen, infolge der Reduktion der Salpetersäure durch Staub und andere organische Verunreinigungen, rote Dämpfe, die man in besonderen Vorlagen auffängt; erst wenn die Farbe der Dämpfe bräunlich geworden ist, legt man die eigentlichen Vorlagen, meist mit ein wenig Wasser beschickt, an die Retorten. Stockt endlich die Entwicklung und erscheinen beim stärkeren Erhitzen wieder rote Dämpfe, so unterbricht man die Operation.

Die gewonnene Salpetersäure ist verunreinigt. Die schon erwähnte Braunfärbung durch Stickstoffdioxyd beseitigt man durch starkes Einblasen von Luft. Das Chlor, welches sich infolge des steten geringen

Kochsalzgehaltes des Chilesalpeters vorfindet, läßt sich zum allergrößten Teil durch Destillation kleiner Portionen der unreinen Säure entfernen; es geht mit den ersten Säureteilen über. Mineralische Verunreinigungen, die durch Überspritzen aus den Cylindern entstehen, kann man gleichfalls durch Destillieren beseitigen.

Die Darstellung der Salpetersäure, welche früher hauptsächlich nur bei der Schwefelsäurefabrikation und in der Metallindustrie benutzt wurde, hat in neuerer Zeit, infolge der umfassenden Anwendung der Säure bei der Herstellung vieler Sprengstoffe, einen sehr bedeutenden Aufschwung genommen. (Vergl. S. 724 ff.)

c) Die Fabrikation der Salzsäure.

Die Darstellung dieser Säure wird nicht besonders betrieben, weil sie als Nebenprodukt bei der Sodafabrikation gewonnen wird. Bei dieser Gelegenheit wird daher von ihr die Rede sein. Hier interessiert nur ihr chemischer Bestand und der Prozeß ihrer Bildung.

Die Salzsäure, die wichtigste der des Sauerstoffs ganz entbehrenden, sogenannten Wasserstoffsäuren, ist die wässerige Lösung einer Verbindung von Chlor und Wasserstoff, des Chlorwasserstoffgases (HCl). Dasselbe löst sich bei der Lufttemperatur zu nicht weniger als 450 Volumen in 1 Volum Wasser zu der käuflichen Salzsäure. Obgleich die letztere von den übrigen Säuren durch ihren Sauerstoffmangel wesentlich abweicht, so gehorcht sie doch denselben Gesetzen wie jene. Durch Ersetzung ihres Wasserstoffatoms durch Metalle entstehen z. B. salzartige Körper (Haloide), aus denen die Salzsäure wiederum durch Schwefelsäure abgeschieden wird. Man gewinnt daher die Säure, indem man das mineralisch in gewaltigen Massen vorkommende Steinsalz oder Chlornatrium (NaCl), mit Schwefelsäure behandelt. Chlorwasserstoffgas wird frei, und es bleibt derselbe Rückstand, wie bei der Salpetersäurefabrikation, nämlich Natriumsulfat (Na_2SO_4).

d) Die Sodafabrikation.

Außerordentlich viele Gewerbe zählen zu ihren wichtigsten Bedürfnissen das Natron, ein Alkali, welches sowohl im festen Zustande, als auch in Lösung seine kaustischen Eigenschaften in so kräftiger Weise äußert, daß seine Wirkung häufig gemäßigt werden muß, um es brauchbar zu machen. Aber selbst im entgegengesetzten Falle ist das Natron nicht haltbar, sondern geht an der Luft bald in kohlensaures Natrium über. Da dieses letztere nur sehr mäßige ätzende Kraft besitzt und aus ihm andererseits reine Natronlauge jederzeit herstellbar ist, so liefert der Handel alles in der Technik nötige Natron heute in Form von kohlensaurem Natrium oder Soda (Na_2CO_3).

Nur an sehr wenigen Orten der Erde kommen spärlich Substanzen mineralisch vor, deren Zusammensetzung der der Soda gleich oder ähnlich ist. Daher ist man schon frühzeitig bestrebt gewesen, Soda in möglichst großer Menge künstlich zu gewinnen.

Da eine Menge von Pflanzen, und zwar besonders Strandpflanzen, das in der Erde ihres Standortes enthaltene Kochsalz assimilieren, so findet man in diesen Gewächsen reichliche Mengen organischer Natriumsalze, welche beim Einäschern der Pflanzen in Soda übergehen. Letztere verbleibt daher in der Asche und kann durch Wasser ausgezogen werden. Auf diesem Wege gewann man früher und gewinnt man in einzelnen Ländern sogar noch heute Soda aus der Asche des Seetangs und anderer Pflanzenarten. Sie ist unter verschiedenen Namen (Barilla, Blanquette, Salicor) im Handel. Alle diese Sodaarten sind sehr unrein und stellen sich trotz ihrer einfachen Darstellung doch noch zu teuer.

Heute gewinnt man fast alle Soda aus Kochsalz, Chlornatrium ($NaCl$), und zwar hauptsächlich nach zwei verschiedenen Verfahren, von denen das erste im Anfang, das zweite gegen die Mitte unseres Jahrhunderts erfunden wurde. Es sind dies der Leblancsche Sodaprozeß und das Solvaysche Ammoniakverfahren.

1. Darstellung der Soda nach Leblancs Verfahren.

Dieses Verfahren, welches fünfzig Jahre die Technik unumschränkt beherrscht hat, heute aber von dem neueren Verfahren zum Teil schon verdrängt ist, verdankt seine Erfindung, wie so viele andere wichtige Zweige der Technik, der Not. Als nämlich der jungen Republik Frankreich im Jahre 1793 durch ihre mit fast allen anderen Ländern Europas geführten Kriege die Zufuhr der bis dahin allein benutzten Pflanzensoda abgeschnitten war und alle im Inlande erzeugte Pottasche, welche allenfalls als Ersatz hätte dienen können, durch die Salpeterfabriken zur Herstellung von Kriegspulver absorbiert wurde, forderte der Wohlfahrtsausschuß, angeregt durch einen Vorschlag von Carny, durch einen besonderen Erlaß alle Bürger auf, alle ihnen etwa bekannten Mittel und Wege der Sodadarstellung zum Besten des Gemeinwohls und mit Übergehung aller eigenen Pläne und Absichten einer Kommission mitzuteilen. Der Bericht dieser Behörde erkannte unter den Vorschlägen einer großen Anzahl uneigennütziger Techniker demjenigen von Nicolas Leblanc, als dem einfachsten und für den Großbetrieb am meisten geeigneten, den Preis zu.

Der Leblancsche Sodaprozeß zerfällt im wesentlichen in zwei Hauptteile:

1. die Erzeugung des Natriumsulfats aus Kochsalz;
2. die Gewinnung der Rohsoda aus Natriumsulfat.

Hieran reihen sich dann das Auslaugen, das Eindampfen und das Kalcinieren.

Zur Fabrikation des Natriumsulfats erhitzt man Kochsalz im zerkleinerten Zustande mit Schwefelsäure. Wie schon oben erläutert entweicht salzsaures Gas, während Natriumsulfat zurückbleibt.

Zur Erhitzung dienen Öfen von der in Fig. 451 abgebildeten Form. Sie gehören zur Kategorie der Flammöfen, bei welchen die Feuerung — mit gewöhnlichem Rost — durch eine Feuerbrücke von dem seitlich davon liegenden Erhitzungsraum getrennt ist. Die Erwärmung erfolgt

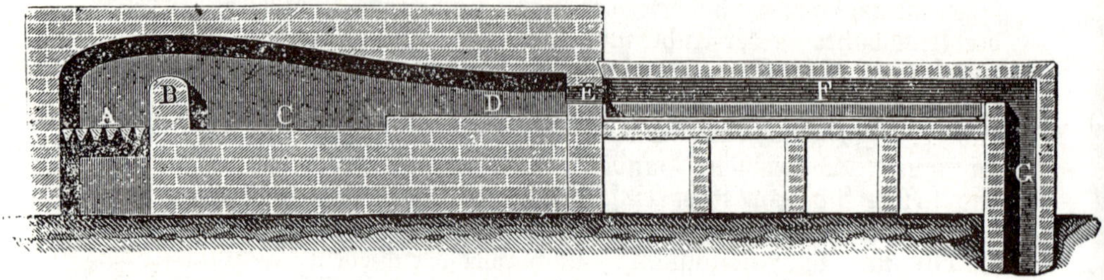

Fig. 451. Sulfatofen einer Sodafabrik.

daher nur durch die über die Feuerbrücke fortschlagende, den Erhitzungsraum von oben her treffende Flamme; dies bedingt, daß die Flammöfen einen sehr starken Zug haben müssen.

Bei dem Sulfatofen zerfällt der Erhitzungsraum in einen kleinen vorderen und einen größeren hinteren, mit Blei ausgefütterten Raum, welcher seinerseits durch die Zuglöcher mit dem gleich zu beschreibenden Kondensationsapparat für die Salzsäure und durch diesen mit dem hohen Schornstein in Verbindung steht. Das Steinsalz kommt in Ladungen von 150 bis 400 kg in den hinteren Raum und wird durch eine obere Öffnung dieses Raumes mit der nötigen Menge Schwefelsäure übergossen. Sofort beginnt eine heftige Gasentwicklung, welche sich durch verstärktes Heizen steigert, um nach einigen Stunden nachzulassen. Dann läßt man durch eine unten liegende Öffnung die Masse herausfallen, erkalten, und bringt sie nun in den vorderen Ofenraum, während der hintere von neuem beschickt wird. In diesem vorderen Raum wird alle überschüssige Säure, sowie alles Wasser aus dem Sulfat vertrieben und dieses selbst endlich bis zum Schmelzen erhitzt. In der geschilderten Weise arbeitet der Ofen kontinuierlich fort.

Da die Schwefelsäure am besten nicht konzentriert gebraucht wird, so ist jede größere Sodafabrik gleichzeitig mit Bleikammern ausgerüstet; sie gewinnt auf diese Weise ihre Schwefelsäure zu viel billigerem Preise, da sie die Kammersäure direkt verwenden, also die beträchtlichen Abdampfkosten sparen kann.

Die mit Chlorwasserstoffgas reichlich beladenen Feuergase strömen gewöhnlich aus dem Feuerraume zunächst in mit Wasser gefüllte aus Sandstein aufgemauerte Kammern, in welchen sich der größte Teil des Chlorwasserstoffs auflöst. Man gewinnt so Salzsäure, die zu vielen noch zu erwähnenden Zweigen der chemischen Technik benutzt wird. Um die letzten Spuren des salzsauren Gases, welche den Umgebungen der Fabrik sehr lästig und schädlich sein würden, zu vertilgen, führt man die Gase weiter durch ein paar Absorptionstürme von der Art der bei der Schwefelsäurefabrikation beschriebenen, durch welche Wasser herabrieselt, und dann in den Schornstein.

Das gewonnene Sulfat wird grob zermahlen und mit etwa der gleichen Menge kohlensauren Kalks und der Hälfte seines Gewichts Kohle innig gemengt. Man kann Kreide, gepulverten Kalkstein oder Kalktuff verwenden; bei dem hohen Preise der Holzkohle nimmt man statt dieser auch gutes Grubenklein von Braun- oder Steinkohle.

Das Gemenge kommt in einen Flammofen, den Sodaofen, welcher dem Sulfatofen ähnelt. Indessen sind die zwei Feuerräume nicht so scharf getrennt, sondern der vordere liegt in der Regel nur eine Steinstärke tiefer, als der hintere, so daß man die Schmelze direkt gegen die Feuerbrücke hinziehen kann. Der ganze Feuerraum ist durch seitliche Öffnungen zugänglich, damit das Gemenge gründlich mit Rührhaken durchgearbeitet werden kann; eine Operation, welche für das Gelingen des Prozesses unerläßlich ist. Zur Regulierung des Zuges ist in dem Schornstein eine verstellbare Klappe, das Register, vorhanden.

Sowie die Oberfläche des eingetragenen Gemenges, 100—200 kg, zu erweichen anfängt, wird behutsam umgerührt, bis eine lebhafte Entwicklung von Kohlenoxydgas, an blauen Flämmchen erkennbar, beginnt. Dann muß durchgearbeitet werden, bis die ganze Masse ruhig fließt und so die Beendigung der Operation ankündigt. Nun wird die Schmelze in untergestellte Blechkästen gezogen, in welchen sie erstarrt.

Man kann sich den bei diesem Verfahren stattfindenden chemischen Prozeß, der durchaus noch nicht vollkommen erforscht ist, am einfachsten folgendermaßen vorstellen: Die Kohle reduziert das Natriumsulfat (Na_2SO_4), indem sie sich mit dem Sauerstoff desselben zu entweichendem Kohlenoxyd (CO) verbindet, zu Schwefelnatrium (Na_2S). Dieses setzt sich dann mit dem kohlensauren Kalk ($CaCO_3$) zu Schwefelcalcium (CaS) und kohlensaurem Natrium oder Soda (Na_2CO_3) um. Gleichzeitig wird der überschüssige, nicht an dieser Zersetzung teilnehmende kohlensaure Kalk gebrannt, d. h. unter Entweichen von Kohlensäure (CO_2) in gebrannten Kalk (CaO) verwandelt. Demnach besteht die gewonnene Rohsoda aus Soda, Schwefelcalcium und Kalk.

Das Auslaugeverfahren, dem die Rohsoda nunmehr unterworfen werden muß, hat den Zweck, die lösliche Soda von dem Schwefelcalcium und Kalk zu trennen. Die beiden letztgenannten Bestandteile sind zwar auch an sich löslich; sie haben aber die Eigentümlichkeit, in Berührung mit Wasser eine ganz unlösliche Doppelverbindung, das Calciumoxysulfid, zu bilden. Dieser günstige Umstand, dessen Eintreten von dem Vorhandensein einer genügenden Menge Kalk in der Rohsoda abhängt, ermöglicht die gewünschte Trennung. Das Auslaugen selbst erfolgt in einer Reihe terrassenartig über- und hintereinander angeordneter Bottiche (s. Fig. 452), welche siebartig durchlöcherte und herausnehmbare Einsätze haben, mittels Wassers von etwa 40° C. Das

Wasser läuft zuerst durch den höchst stehenden Bottich, sättigt sich hier zum Teil mit Soda aus der in dem Einsatz befindlichen zerkleinerten Rohsoda und läuft dann durch einen Heber in den nächsten ein wenig tiefer liegenden Bottich, wo die Sättigung weiter erfolgt. Ist nach einiger Zeit die Rohsoda im obersten Bottich erschöpft, so nimmt man den Einsatz heraus, beschickt ihn mit neuer Masse, läßt alle übrigen Einsätze um je eine Stufe in die Höhe rücken und setzt den neu beschickten in den auf diese Weise frei gewordenen untersten Bottich. Durch dieses einfache Verfahren erreicht man, daß die Rohsoda vollständig ausgenutzt wird; denn durch das beschriebene Arrangement wird immer die bereits am meisten erschöpfte Rohsoda mit dem kräftigsten Lösungsmittel, nämlich reinem Wasser, in Berührung gebracht, während die weiterhin folgenden, noch gehaltreicheren Teile mit zum Teil schon gesättigter Lösung überströmt werden. Das oben eintretende Wasser wird also beim Abwärtsrieseln allmählich zu einer Lauge von steigender Stärke, während der Gehalt der in den Einsätzen befindlichen Rohsoda nach oben zu stufenweise abnimmt. Ein gemeinsames Dampfrohr, welches Zweigleitungen in die einzelnen Bottiche entsendet, sorgt dafür, daß die Temperatur auf der ursprünglichen Höhe bleibt.

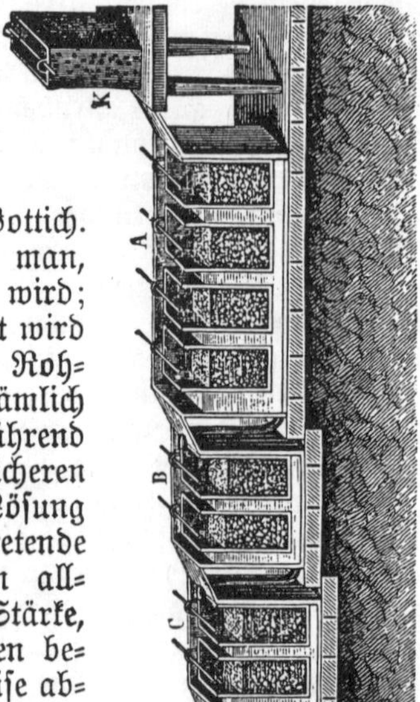

Fig. 452. Auslaugeanlage einer Sodafabrik.

Die gewonnene Lauge ist mehr oder weniger mit etwas Schwefelnatrium verunreinigt, welches die beim Abdampfen erhaltene Soda durch Bildung von Schwefeleisen (aus einem geringen Eisengehalt der Lauge) bräunt, so daß sie heute die Konkurrenz mit der schönen weißen, durch das Ammoniakverfahren produzierten Soda nicht aushalten könnte. Daher verfährt man beim Abdampfen so, daß man eine bestimmte Konzentration der Lauge abwartet, bei welcher kleine Krystalle von einfach gewässerter Soda ($Na_2CO_3 + H_2O$) nieder zu fallen beginnen. Diese Krystalle werden herausgeschöpft (das „Soggen"), getrocknet, nochmals gelöst und die so erhaltene Lösung entweder zur Krystallisation oder zur Trockenheit eingedampft. Im ersteren Falle erhält man krystallisierte Soda ($Na_2CO_3 + 10H_2O$), im letzteren kalcinierte, d. h. wasserfreie. Die beim Abdampfen der Rohsodalauge sich ausscheidenden Verunreinigungen, wie Kieselsäure und Thonerde, entfernt man schon vor dem Soggen durch Dekantieren. Die endlich zurückbleibende Mutterlauge wird auf Ätznatron verarbeitet.

Da in einem rationellen chemischen Fabrikbetrieb womöglich alle Rückstände verwertet werden müssen, so geschieht dies auch mit den in der Fabrik sich zu Bergen anhäufenden, durch Schwefelwasserstoffentwicklung die Luft verpestenden Auslaugerückständen der Rohsoda, welche in der That den wertvollen, aus der Schwefelsäure herstammenden Schwefel enthalten. Um ihn, wenigstens zum großen Teil, wiederzugewinnen, werden die Rückstände in Kästen durchlüftet und von neuem ausgelaugt. Die Lauge enthält nun verschiedene Verbindungen des Schwefels mit Calcium, welche durch Zusatz von Salzsäure zersetzt werden. Der Schwefel scheidet sich als Bodensatz aus, wird unter Kalkwasser geschmolzen und zu Stangen geformt.

Das Leblancsche Verfahren ist wesentlich gefördert worden durch die zuerst in England erfolgte Einführung eines Sodaofens mit rotierendem Herd. Zwischen der Feuerung und dem Abzug ist ein mit feuerfesten Steinen ausgefütterter Cylinderherd eingesetzt, der durch ein Maschinenwerk mit beliebiger Geschwindigkeit gedreht werden kann. Man umgeht hierdurch das Rühren des Gemenges bei bedeutend beschleunigter Arbeit. Der Cylinderofen hat dazu beigetragen, das Leblancverfahren dem konkurrierenden Ammoniakverfahren gegenüber zu stützen.

2. Darstellung der Soda nach dem Ammoniakverfahren.

Eine größere Anzahl von Chemikern hat versucht, den Umstand, daß Kochsalz durch doppelt kohlensaures Ammonium, unter gleichzeitiger Abscheidung von Salmiak, in doppelt kohlensaures Natrium umgewandelt wird, für die Sodafabrikation auszubeuten. Unter den zahlreichen Arten, dieses Prinzip praktisch zu verwerten, hat aber nur eine wirklichen und großen Erfolg gehabt, nämlich das dem Belgier Solvay im Jahre 1863 patentierte Verfahren, welches heute in so großem Umfange ausgeübt wird, daß z. B. in Deutschland heute vier Fünftel aller erzeugten Soda nach dem Solvayschen Verfahren dargestellt werden; nur in England hat sich die Leblancsche Methode noch in größerem Maße behauptet.

Das Ammoniakverfahren beginnt mit der Herstellung einer Kochsalzlösung durch Auflösen von rohem Steinsalz im Wasser; in Gegenden, wo Salzwerke vorhanden sind, ist es sehr lohnend, gleich die rohe Salzsole anzuwenden. Die geklärte Salzlösung leitet man in Gefäße mit durchlöchertem Boden, durch welchen Ammoniakgas von unten her zugeleitet wird. Die Lösung absorbiert das Gas unter nicht unbeträchtlicher Erwärmung und wird deshalb vor der weiteren Verarbeitung abgekühlt. Dann leitet man sie in die Solvayschen Cylinderapparate, 12 bis 18 m hohe, ziemlich weite Cylinder von Eisen, welche eine große Anzahl übereinander liegender, siebartig durchlöcherter, nach unten zu konkav gestalteter, metallener Querwände enthalten. Die ammoniakalische Salzsole wird durch das Zuströmungsrohr etwa der Mitte des Cylinders zugeführt. Hierauf läßt man durch ein Rohr von unten her Kohlensäure in den untersten Teil des Cylinders einströmen. Das Gas, welches einen Druck von 1,5—2 Atmosphären hat, dringt in sehr feinen Bläschen durch die Siebböden in die Höhe und wird lebhaft von der Flüssigkeit absorbiert. Es bildet sich aus Ammoniak und einem Überschuß von Kohlensäure doppelt kohlensaures Ammonium, welches sofort mit dem Kochsalz (Chlornatrium) sich in doppelt kohlensaures Natrium und Salmiak (Chlorammonium) umsetzt. Das letztere Salz ist leicht löslich und bleibt daher unverändert in Lösung; das viel schwerer lösliche doppelt kohlensaure Natrium dagegen scheidet sich als weißes Pulver aus. Zieht man nach Beendigung der Einwirkung den Inhalt des Cylinders ab und leitet ihn auf Vakuumfilter, d. h. Filter, deren Wirkung durch einen luftverdünnten Raum unter ihnen erheblich beschleunigt wird, so bleibt das doppelt kohlensaure Natrium zurück, während die Salmiaklösung durchläuft. Das weiße Pulver wird einmal gewaschen, dann entweder auf Darren oder in besonders konstruierten Kesseln getrocknet und endlich in eisernen Behältern stärker erhitzt. Bei dieser letzteren Operation verliert das Salz Wasser und Kohlensäure, und es bleibt einfach kohlensaures Natrium, d. h. Soda, zurück.

Der außerordentlich große Vorteil des Ammoniakverfahrens liegt einesteils in der Reinheit des erhaltenen Produktes, andererseits in dem Umstande, daß sämtliche Nebenprodukte direkt wieder ausgenutzt werden können. Die für den ersten Teil des Verfahrens nötige Kohlensäure wird zum größten Teil durch das Glühen des erhaltenen doppelt kohlensauren Natriums geliefert; ebenso erhält man das erforderliche Ammoniak aus der ablaufenden Salmiaklösung, indem diese eingedampft und mit Kalk erhitzt wird. Wird man erst imstande sein, das bei diesem letzten Prozeß sich bildende Chlorcalcium in genügend gewinnbringender Weise, besonders zur Darstellung von Chlor, zu verwerten, so wird damit der vollständige Sieg des Verfahrens über das Leblancsche entschieden sein.

Außer den beiden genannten Methoden, Soda darzustellen, existieren eine Menge anderer Vorschläge für den gleichen Zweck. Einzig erwähnenswert von diesen ist eine Methode, deren Rohprodukt der in gewaltigen Lagern verbreitete Kryolith, eine Doppelverbindung von Fluornatrium und Fluoraluminium, ist. Durch Glühen dieses Minerals mit Kreide im Flammofen und Auslaugen der Schmelze mit Wasser erhält man eine Lösung, aus welcher durch Einleiten von Kohlensäure Thonerdehydrat gefällt wird, während Soda gelöst bleibt. In ähnlicher Weise hat man in der Neuzeit ein anderes thonerdehaltiges Mineral, den Bauxit von Südfrankreich, zu Soda und — als Nebenprodukt — Thonerde verarbeitet.

e) Die Pottaschefabrikation.

Die Pottasche, das der Soda analoge Kaliumsalz, erhält man zum größeren Teil aus Mineralkörpern, zum kleineren aber auch aus organischen Stoffen. Die erste Art der Darstellung, welche von dem in den sogenannten „Abraumsalzen" des Staßfurter Salzlagers vorkommenden Carnallit, einem Doppelsalz von Chlorkalium und Chlormagnesium, sowie von dem an mehreren Orten stark verbreiteten Sylvin, reinem Chlorkalium, ausgeht, ist der Sodadarstellung aus Kochsalz nach dem Leblancschen Verfahren völlig analog und braucht daher hier nicht mehr erörtert zu werden. Es sei nur erwähnt, daß man im Carnallit die beiden Chloride durch Lösen und Krystallisieren trennt, sowie daß eine nicht unbedeutende Menge Kaliumsulfat, statt durch den Sulfatprozeß aus Sylvin, direkt aus anderen Staßfurter Abraumsalzen, z. B. dem Kainit, erhalten wird.

Zu den organischen Stoffen, aus denen man Pottasche fabriziert, gehört in erster Linie die Holzasche. Dieselbe wird mit Wasser ausgelaugt, die gewonnene Lösung eingedampft und im Flammofen kalciniert. Durch wiederholtes Auflösen und Eindampfen des erhaltenen Produktes wird diese „rohe Pottasche" raffiniert. Die Fabrikation ist gegen früher sehr zurückgegangen, da man infolge der verbesserten Kommunikationsmittel heute für die Waldhölzer günstigere Verwendung hat. Nur einzelne Länder, wie Rußland und Amerika, liefern noch erhebliche Quantitäten Holzpottasche.

Die unter dem Namen Melasse bekannte Mutterlauge von dem Krystallisationsprozeß des Rübenzuckers enthält Kaliumkarbonat (Pottasche). Hierauf gründet sich die Fabrikation der Pottasche aus Melasse. Letztere wird mit Salzsäure versetzt und durch Hefenzusatz in Gährung gebracht. Der hierdurch gebildete Sprit wird abdestilliert, das Zurückbleibende eingedampft und verkohlt und die erhaltene Kohle heftig geglüht. Der Rückstand, das „Salin", wird gelöst und die Lösung eingedampft; sie liefert durch auf einander folgende Partialkrystallisationen: Kaliumsulfat, Soda, Chlorkalium, wiederum Soda, endlich Pottasche.

Außer aus Holzasche und Melasse hat man auch aus dem Schweiß der Rohwolle Pottasche gewonnen. Durch Waschen der Wolle mit alkalischer Lauge erhält man eine Lösung, deren Eindampfrückstand ähnlich wie das Salin weiter verarbeitet wird. —

Wie schon in der Einleitung dieses Abschnittes erwähnt wurde, sind mit den bisher erwähnten chemischen Produkten die der Alkaliindustrie angehörigen Stoffe von allgemeiner Bedeutung erschöpft. Die sonstigen Alkaliverbindungen, wie z. B. der Salpeter, das Kochsalz und die Phosphate dienen ganz besonderen Zweigen der Technik und ihre Bereitung ist Sache der betreffenden speziellen Kapitel und wird bei diesen abgehandelt.

Von den Anwendungen der besprochenen chemischen Produkte sind einige so umfangreich, daß sie gleichfalls, wie z. B. die Glasfabrikation und die Pulverfabrikation, besondere Abschnitte beanspruchen. Nur eine läßt sich bequem als direkter Anhang des vorliegenden Kapitels behandeln; es ist dies

f) die Seifenfabrikation.

Unter Seifen versteht man zunächst die Alkalisalze der Fettsäuren, welche durch Einwirkung der ätzenden Alkalien auf die natürlich vorkommenden Fette gewonnen werden. Im allgemeinen bezeichnet aber die Wissenschaft die fettsauren Verbindungen aller Metalloxyde, auch diejenigen der Schwermetalle, als Seifen. Obgleich die letzteren in einzelnen Gewerben, sowie in der Heilkunde Anwendung finden, so interessieren uns an dieser Stelle doch besonders die ersteren.

Die Fabrikation der Alkaliseifen ist sehr alt. Plinius bezeichnet sie als eine gallische Erfindung und erwähnt bereits harte und weiche Seife, kennt auch ihre Herstellung aus Asche und Talg. Dagegen ist es mehr als zweifelhaft, ob noch früher die Seife bekannt war; höchst wahrscheinlich sind derartige Berichte durch Verwechselung der Seife mit anderen, im Altertum zu Reinlichkeitszwecken dienenden Substanzen, wie Pottasche und Soda, entstanden.

Die Grundlagen der Seifenfabrikation sind einerseits die Fette, andererseits die Alkalilaugen. Beide können nicht immer so angewandt werden, wie sie dem Seifensieder geliefert werden; besonders muß er sich die Lauge aus Soda und Pottasche selbst herstellen. Aber auch die Fette unterliegen häufig noch besonderer Vorbereitung.

Von den Fetten ist eine ganze Anzahl schon bei den Leuchtmaterialien (auf S. 311 ff.) genauer betrachtet worden, so daß sie hier übergangen werden können; hierher gehören Talg, Leinöl, Olivenöl und Harz. Außer ihnen dient zur Seifenfabrikation eine sehr große Zahl anderer Fette, deren wichtigsten Palmöl, Kokosnußöl und Knochenfett sind.

Palmöl wird aus den Früchten gewisser Palmenarten ausgeschmelzt. Früher nur als Seltenheit bekannt, bildet es wegen seiner Anwendung in der Seifensiederei heute einen sehr wichtigen Handelsartikel der westafrikanischen Küste. Das den Kern umgebende Fleisch der Frucht wird mit Wasser ausgekocht, worauf sich das Palmöl als ein rotgelbes, bei etwa 30° erstarrendes Fett von Butterkonsistenz obenauf sammelt und abgeschöpft wird. Der Farbstoff des Palmöls wird von dem Seifensieder als ein Hindernis betrachtet und daher durch Bleichen entfernt. Man bleicht entweder mit Chlorkalk oder, besser, durch längeres Schmelzen bei 110 bis 120° C., welches durch Hochdruckdampf unterhalten wird. Auch wird die Bleichung mittels einer Chromsäurelösung, ähnlich der zu gewissen galvanischen Elementen gebrauchten, als schnellste Art der Entfärbung benutzt. — Von ähnlicher Abstammung wie das Palmöl ist das Illipeöl und die Galambutter.

Das **Kokosnußöl**, ein weißes Fett von blättriger Beschaffenheit wird aus den Kernen der Kokospalme, also besonders in Ostindien, gewonnen. Man preßt es entweder in der Heimat der Pflanze, oder auch aus den im Handel nach Europa gebrachten Kernen (Copperah) erst hier aus.

Die tropischen Pflanzenfette sind stets ranzig, d. h. sie bestehen nicht durchweg aus Verbindungen der drei (S. 311) erwähnten Fettsäuren mit Glycerin, sondern enthalten auch freie Fettsäure.

Die **Alkalilaugen** stellt sich der Seifensieder heute ausschließlich aus der im Handel befindlichen Soda und Pottasche dar, während er früher auf die eigene Darstellung aus Holzasche angewiesen war. In eisernen Gefäßen wird die auf eine bestimmte Verdünnung gebrachte Sodalösung mit Ätzkalk vermischt, tüchtig umgerührt und so lange sich selbst überlassen, bis eine Probe der überstehenden klaren Flüssigkeit mit einer Säure kein Aufbrausen, also keine Spur von Kohlensäure, mehr zeigt. Die Kohlensäure der Soda, resp. Pottasche hat sich mit dem Kalk als unlöslicher kohlensaurer Kalk niedergeschlagen, während Ätznatron, resp. Ätzkali in Lösung bleibt. Für das Gelingen der Operation ist eine bestimmte Konzentration der Flüssigkeit nötig, so daß heute schon viele Fabrikanten, um diese Schwierigkeit zu umgehen, sich ihr Ätznatron in fester Form direkt aus den Sodafabriken kommen lassen und einfach auflösen.

Ehe wir zur Beschreibung des nun beginnenden Siedens übergehen, ist eine kurze Betrachtung des chemischen Prozesses der Seifenbildung nötig. Die letztere beruht einfach darauf, daß sich die Glycerinverbindungen der Fettsäuren in Berührung mit Alkali zersetzen; es entstehen die Alkaliverbindungen der Fettsäure, während Glycerin abgeschieden wird. Die ersteren setzen die Seife zusammen nnd zwar sind die Kaliseifen stark hygroskopisch (weiche Seifen oder Schmierseifen), während die Natronseifen schnell fest und kernig werden (harte Seifen oder Kernseifen). Man benutzt daher heute Ätzkalilauge, resp. Pottasche nur noch zur Herstellung der in viel geringerer Menge gebrauchten Schmierseifen, so daß der Bedarf an Soda der bei weitem größere ist. Früher dagegen machte man alle Seife aus Pottasche und verwandelte die erhaltene Kaliseife erst durch Zusatz von Kochsalz (Chlornatrium) in die kernige Natronseife; es bildete sich nebenbei Chlorkalium. Nach ihrer chemischen Zusammensetzung erfordern die verschiedenen Fette sehr verschiedene Mengen Lauge; auch die Konzentration der letzteren ist von wesentlichem Einfluß. Die Verseifung erfolgt nicht sofort beim Zusammenkommen des Fettes mit der Lauge; es bilden sich zuerst Verbindungen des Alkalis mit überschüssiger Fettsäure, welche erst allmählich in die normalen fettsauren Alkalien übergehen. Eine eigentümliche Wirkung hat auf die erhaltene gleichartige Mischung von Seife mit überschüssiger Lauge und Glycerin, den sogenannten Seifenleim, das Kochsalz. Schon bei geringem Zusatz desselben wird die Seife als weißliche flockige Masse abgeschieden; sie wird also durch das Kochsalz unlöslich gemacht. Man kennt kein besseres Mittel, um die Kernseife aus dem Seifenleim abzuscheiden, als das „Aussalzen“ derselben, welches daher als ein besonders wichtiger Akt der Seifenfabrikation betrachtet werden muß. Es ergiebt sich hieraus, daß die sogenannten Leimseifen auch nach dem Erstarren neben der Seife große Mengen von Wasser, Alkali und Glycerin enthalten, während Kernseifen, eben infolge des Aussalzens, überwiegend aus reiner Seife bestehen.

Nach diesen Erörterungen wollen wir an einem Beispiel, der Herstellung der Talgkernseife, die praktischen Handgriffe des Seifensieders näher betrachten.

Das Kochen der Seife, wozu Natronlauge und Talg gebraucht werden, erfolgt in einem nach unten verjüngten eingemauerten Metallkessel (s. Fig. 453), welcher am oberen Ende einen aus hölzernen

Fig. 453. Seifenkessel.

Dauben bestehenden Aufsatz, den „Sturz“, trägt, um das Übersteigen der schäumenden Masse zu verhüten. Zur Heizung verwendet man freies Feuer oder auch hoch gespannten Dampf von 150 bis 160° C. Man kocht das Fett unter allmählichem Zusatz von starker Lauge, bis eine herausgeholte Probe des Seifenleims auf Glas klar erstarrt. Dann fügt man zum Aussalzen etwa 12 % Kochsalz hinzu und befördert durch das „Klarsieden“ bei bedecktem Kessel die vollständige Ausscheidung der Seife. Ist endlich der Schaum verschwunden, und steigen nur noch hin und wieder große Blasen auf (das „Aufpoltern“), so hat die Seife körnige Beschaffenheit und sondert sich von der klaren Flüssigkeit ab, welche nach kurzer Ruhe durch den unteren Hahn des Kessels abgelassen wird. Hierauf schöpft man die oben befindliche Seifenmasse in Formen von der in Fig. 454 abgebildeten Art. Diese bestehen aus prismatischen auseinandernehmbaren Kästen, welche durch Schrauben zusammengehalten werden, und in welchen man die Seife völlig erstarren läßt. Nachdem dies geschehen ist, öffnet man die Form und zerschneidet den ganzen, oft ein Kubikmeter und mehr haltenden starren Seifenblock mittels gespannter dünner Eisendrähte in Stücke von der gewünschten Größe.

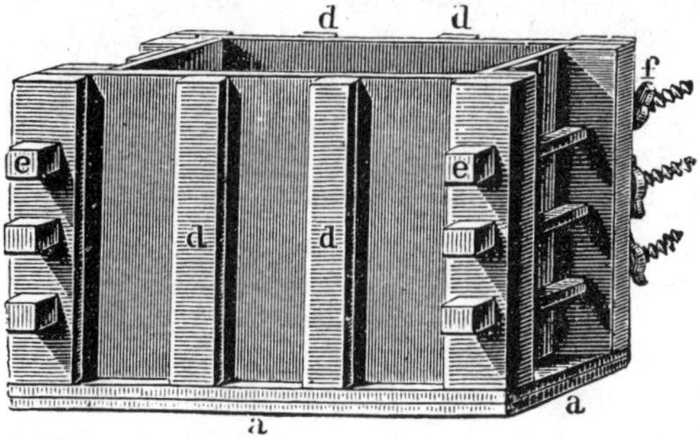

Fig. 454. Seifenform.

Bei den Leimseifen oder, wie man sie wegen ihres Gehaltes an Wasser, Lauge, Glycerin und besonderen Zusätzen nennt, den „gefüllten“ Seifen, fällt das Aussalzen entweder ganz fort oder die fertige Seife wird vor dem Erstarren mit Lauge verdünnt. Man siedet sie gewöhnlich mit Kokosöl und starken Laugen, worauf die Verseifung äußerst rasch eintritt; ja man kann diese Seifen, zu welchen z. B. die Toiletteseifen gehören, sogar auf kaltem Wege erhalten, indem man das geschmolzene Fett direkt in die Form gießt, unter gutem Umrühren die Lauge hinzufügt und, wenn die Masse dicklich wird, Farbstoffe und Parfüms zusetzt. Besonders stark verbreitet sind unter den gefüllten Seifen die aus Gemischen der Palmöle mit anderen Fetten gewonnenen, weil sie trotz hohen Wassergehalts recht fest und trocken sind. Sie werden beim Sieden mit allen möglichen Dingen, besonders mit Stärke, Kreide, Thon und Wasserglas versetzt oder „gefüllt“. Eine der bekanntesten dieser „künstlichen Kernseifen“ ist die nach ihrem ersten Herstellungsorte benannte Eschweger Seife, welche beim Sieden ausgesalzen und, um ihr den hohen Wassergehalt mitzuteilen, mit verdünnter Lauge und Salzwasser „gefüllt“ wird.

Alle gefüllten oder, wie man die etwas weniger wasserreichen unter ihnen nennt, geschliffenen Seifen erstarren in der Form nicht, wie die Kernseife, zu einer gleichmäßigen, weißlich gelben Masse, sondern es scheidet sich bei ihnen die Seife der festen Fette (Palmitin- und Stearinsäure) von der der flüssigen (Oleinsäure). Die erstere sondert sich in zarten Krystallen aus, während die Oleinseife die vorhandenen färbenden Verunreinigungen einschließt. Auf diese Weise, welche der Fabrikant Kern- und Flußbildung nennt, entsteht eine eigentümliche Marmorierung der Seife, welche durch Zusatz färbender Stoffe, wie Eisenvitriol, Bolus und anderer, bedeutend verstärkt werden kann. Dies geschieht in der That, ja auch die Kernseife wird häufig durch Zusätze nnd regelmäßiges Aufrühren der in der Form befindlichen erstarrenden Masse „gemandelt“; sie zeigt dann dunkle Flecke auf hellem Grunde.

Die Schmierseifen werden allgemein aus Leinöl, Brennöl, Thran mit Kalilauge hergestellt. Indessen fügt man stets ein wenig Natronlauge zu, weil die erhaltene Seife dadurch, bei gleich hohem Wassergehalt, weniger flüssig wird, als ohne Natronzusatz. Man kocht zuerst mit schwacher, dann mit stärkerer Lauge; auch hierbei wird mit verschiedenen Füllungen gearbeitet. Häufig setzt man auch beim Sieden Harz (Kolophonium) zu, oder man vermischt die fertige Seife mit besonders gekochter Harzseife. Die Schmierseifen sind stark und unangenehm riechende weiche Massen von dunkler, grüner bis schwarzbrauner Farbe, welche gegen 50 % Wasser enthalten.

Außer den schon oben erwähnten Toiletteseifen, gefüllten oder nur geschliffenen Seifen mit Parfümzusatz, fabriziert man einige besondere Arten. Hierzu gehören die transparenten Seifen, z. B. die Glycerinseife, die man durch Lösen der Kernseife in Glycerin und Erstarrenlassen erhält; die Bimssteinseife, welche Bimssteinpulver enthält; die Mandelseife, aus Palmöl und Talg unter Zusatz von Nitrobenzol (Eau de Mirban) gewonnen; endlich die durch ihre Reinheit berühmte Marseiller Seife, welche aus minderwertigen Sorten Olivenöl mit Natronlauge fabriziert und durch sehr geringen Zusatz von Eisenvitriol marmoriert wird. Die letztere Wirkung erklärt sich daraus, daß sich durch den geringen Gehalt der Soda an Schwefelnatrium schwarzes Schwefeleisen bildet, welches die gewünschte dunkle Äderung hervorruft.

2. Die Fabrikation und Verarbeitung des Glases.

Allgemeines.

Die Erzählung, daß phönizische auf der Reise begriffene Kaufleute, indem sie ihre Kochgeschirre auf Sodastücken, mit denen sie handelten, erhitzten, ein Zusammenfließen der Soda mit dem Sande des Bodens beobachteten und so die Erfinder des Glases wurden, beruht auf einem Irrtum, da freies Feuer ganz unmöglich das Flüssigwerden des Glases bewirken kann. Dennoch ist die Erfindung der Glasmacherkunst zweifellos in die ältesten Zeiten zu versetzen. Wir haben bestimmte Nachrichten, daß in Sidon und Alexandria Glashütten existierten, in welchen man das Produkt nicht nur einfach herstellte, sondern auch zu schleifen, zu färben und zu vergolden verstand. Trotz alledem war das Glas im Altertum ein verhältnismäßig kostbarer Gegenstand, der vom alltäglichen Gebrauche ausgeschlossen war. Im Mittelalter scheint die Glasfabrikation zunächst nach Venedig verpflanzt worden zu sein, wo die Hütten auf der Insel Murano, noch heute wegen ihrer Fabrikate hoch geschätzt, bald weit berühmt wurden. Böhmen, Frankreich und England folgten zunächst nach, bis gegen Ende des Mittelalters das Glas allgemein verbreitet war. Scheiben von Glas, schon in Pompeji gefunden, haben erst viele Jahrhunderte später allgemeine Verwendung erlangt; sie erscheinen z. B. erst gegen 1200 in England, um 1450 in Wien. Die ersten großen Hütten, wie wir sie noch heute haben, sind erst im 16. Jahrhundert errichtet worden.

Glas im allgemeinsten Sinne wird durch Zusammenschmelzen von Kieselerde mit Metalloxyden, wie Kali, Natron, Kalk, Magnesia, Baryt, Bleioxyd, Zinnoxyd, Eisenoxydul, Manganoxydul, Thonerde, erhalten. Beim Abkühlen erstarrt die Schmelze zu einer durchsichtigen Masse von verschiedener Färbung, welche große Härte besitzt und dem zerstörenden Einfluße der Luft, des Wassers, sowie vieler chemischen Reagentien in hohem Grade widersteht. Infolge dieser Eigenschaften, denen nur Sprödigkeit und Zerbrechlichkeit als unangenehme Beigaben gegenüberstehen, ist das Glas sowohl für das praktische Leben, wie für die Wissenschaft gewissermaßen unersetzbar. Ja, man muß bei einiger Überlegung erkennen, daß einzelne Wissenschaften, wie z. B. die Physik, die Chemie und ganz besonders die Astronomie ohne das Glas sich nicht bis zu ihrem heutigen Standpunkte hätten entwickeln können.

Das Glas stellt eine Verbindung von Salznatur dar. Die Kieselerde, eine Verbindung des Elementes Silicium mit Sauerstoff, kann auf Umwegen zur chemischen Aufnahme von Wasser gezwungen werden; es entsteht dadurch eine Säure, die Kieselsäure, deren Wasserstoff, wie der anderer Säuren, durch Metalle ersetzbar ist und hierdurch Salze, die Silikate, liefert. Die letzteren entstehen einfacher durch Zusammenschmelzen der Oxyde mit Kieselerde. Da die Kieselsäure, welche sonst bei gewöhnlicher Temperatur chemisch sehr unwirksam und schwach ist, in der Glühhitze, wegen ihrer Feuerbeständigkeit, eine sehr starke Säure darstellt, so treibt sie bei hoher Temperatur andere sonst stärkere Säuren, wegen deren flüchtiger Natur, leicht aus ihren Verbindungen aus und vereinigt sich mit den freigewordenen Metalloxyden. Wesentlich für das Glas, ein künstlich erhaltenes Silikat, ist die nicht krystallinische Beschaffenheit, der amorphe Zustand; durch ihn unterscheidet sich eben das Glas von den äußerst zahlreich als Mineralien vorkommenden natürlichen Silikaten.

Um dem Glase die charakteristischen schätzenswerten Eigenschaften mitzuteilen, muß es kieselsaure Verbindungen ganz bestimmter Metalloxyde enthalten. Die Silikate der Alkalien sind zwar leicht flüssig, aber in heißem Wasser löslich (Wasserglas) und daher als Glas unbrauchbar. Auch die Erdsilikate, besonders das Kalksilikat, sind leicht angreifbar; am beständigsten, aber sehr schwer schmelzbar, ist die kieselsaure Thonerde. Die letztere hat zudem eine Eigenschaft, welche sie von den anderen Silikaten wesentlich unterscheidet; sie nimmt nämlich leicht krystallinische Beschaffenheit an, ist daher auch zur Glasfabrikation an sich nicht brauchbar. Nun hat aber die Erfahrung gezeigt, daß man durch Mischen der bisher genannten Silikate eine Masse erhält, welche die schädlichen Eigenschaften der einzelnen Verbindungen, nämlich einerseits leichte Angreifbarkeit, andererseits Neigung zum Krystallisieren, so gut wie gar nicht mehr zeigt, während wiederum sich in ihr die charakteristischen Eigenschaften der Einzelsilikate treu abspiegeln. Während also in den unter dem Namen Glas bekannten mehrfachen Silikaten die Kieselsäure konstanter Bestandteil ist, bestimmen die angewendeten Metalloxyde die Eigenschaften des Glases. So giebt z. B. Natron hohen Glanz, schwach grünliche Färbung, Kali schwachen Glanz und Farblosigkeit; beide Gläser sind leichtflüssig. Kalk erzielt härteres und glänzenderes Glas von geringerer Leichtflüssigkeit, als die Alkalien, Thonerde sehr strengflüssiges Glas. Bleioxyd und — in geringerem Grade — Baryt geben sehr weiche, d. h. gut schleifbare, leichtflüssige, farblose, glänzende Glassorten, die sich durch besonders starkes Lichtbrechungsvermögen auszeichnen und daher für optische Instrumente verwendet werden. Die anderen Metalloxyde, welche man stets nur in kleinster Menge gebraucht, wirken hauptsächlich auf die Farbe des Glases; so gebraucht man z. B. das Manganoxyd, weil es die geringe Farbe der gemeinen Glassorten abschwächt oder auch ganz aufhebt. Je nach der Bestimmung des zu fabrizierenden Glases wird man die einzelnen Materialien abwägen und nach Qualität und Quantität verwenden. So erhält man die verschiedenen Glassätze, deren Zusammensetzung nicht im entferntesten theoretisch-chemischen Grundsätzen entspricht, sondern lediglich auf der Erfahrung beruht. Nur das hat sich, hinsichtlich der Flüssigkeit des Glases, als allgemein richtig herausgestellt, daß ein steigender Überschuß von Kieselerde das Glas schwer flüssig bis zur Zähigkeit macht, während Zusatz von Metalloxyden diese Eigenschaft stufenweise verringert. Daher nennen die Glasmacher auch die in Form von Salzen zugesetzten Metalloxyde schlechtweg Flußmittel; diese Materialien erleichtern ihnen die Arbeit und helfen Brennstoff ersparen. Sie wissen aber auch sehr genau, daß ein zu großer Zusatz der Flußmittel die Angreifbarkeit des Fabrikates wesentlich vermehrt; die Notwendigkeit, auf der einen Seite zu sparen, auf der anderen für die Güte des Glases besorgt zu sein, lehrt den Glasmacher, bei der Zusammensetzung des Satzes die richtige Mitte zu halten.

Setzt man Glas von einer Durchschnittszusammensetzung dem stärksten Ofenfeuer aus, so wird es ziemlich dünnflüssig, so daß sich Verunreinigungen gut absetzen und man es leicht gießen kann. Bei geringerer Hitze, etwa starker Rotglut, bildet das Glas dagegen eine zähflüssige Masse, die sich besonders gut ziehen, formen und aufblasen läßt; auch lassen sich verschiedene Stücke durch Aneinanderdrücken gut zu einem einzigen vereinigen. Jedes Glas hat im geschmolzenen Zustande die — wenn auch nur geringe — Neigung zum Krystallisieren.

Beim Erkalten kann diesem Bestreben, bei dem schnellen Übergang in den erwähnten zähflüssigen Zustand, nicht genügt werden und die Moleküle sind also gezwungen, entgegen ihrem natürlichen Drange, in derjenigen Lage zu verbleiben, in welche sie beim Verarbeiten gerieten, in einem Zustand, den wir eben den amorphen nennen. Es ist klar, daß diese Zwangslage bei jedem Glase vorhanden ist, daß sie aber einen besonders hohen Grad bei rascher Abkühlung erreichen wird. Daher kommt es, daß der Spannungszustand, welcher allen Glassorten eigen ist, bei genügend schneller Kühlung ein so hoher werden kann, daß schon die geringste äußere Ursache genügt, um den Molekularverband der erkalteten Masse völlig zu zersprengen (Glasthränen). Selbstverständlich wird die Sprödigkeit auch von der Dicke der sich abkühlenden Glasmasse abhängen und mit dieser steigen. Durch diese Verhältnisse ist man gezwungen, die eben fertig gewordenen Glaswaren in einen besonderen, nicht bis zur Schmelztemperatur geheizten Ofen, den Kühlofen, zu bringen und sie in und mit diesem so langsam wie irgend möglich erkalten zu lassen. Wenn hierdurch die molekulare Spannung des Glases auch nicht vollständig aufgehoben wird, so wird sie doch erheblich genug vermindert, um bei einiger Vorsicht beim Gebrauch sich nicht mehr fühlbar zu machen. Schläge, Stöße und jäher Temperaturwechsel wirken dann nur noch mäßig.

Da durch sehr langsames Abkühlen des erhitzten Glases das Krystallisieren desselben bis zu einem gewissen Grade begünstigt wird, so kann durch Übertreibung dieser Maßregel in der That der amorphe Zustand zum großen Teil verschwinden, um dem krystallinischen Platz zu machen. Das Ansehen solcher „entglasten" Stücke ist sehr eigentümlich; sie erscheinen rauh oder doch glanzlos, ihr Bruch faserig. Vielleicht wirkt indessen entglasend nicht allein das Krystallisationsbestreben, sondern auch ein Verlust an Alkali oder eine Trennung der einzelnen Silikate des Glases von einander. Das Entglasen zeigt sich nicht selten beim wiederholten Erhitzen der verarbeiteten Stücke; sie erscheinen dann matt, werden aber gegen Temperaturwechsel sehr unempfindlich.

Hinsichtlich ihrer Verwendung teilt man die Gläser in mehrere Gruppen ein, welche in ihrer chemischen Zusammensetzung erheblich von einander abweichen. Die wichtigsten sind:

1. Das Hohlglas, welches zu Gläsern, Flaschen und ähnlichen Waren verarbeitet wird. Es ist, je nach seiner Verwendung, verschieden durchsichtig und zerfällt in grünes, halbweißes und weißes Hohlglas. Der Satz besteht aus Kieselerde, Kali, Natron, Kalk und bei den schlechteren Sorten noch aus Thonerde und Eisenoxydul.

2. Das Hartglas. Sein Satz ist der des halbweißen Hohlglases; es ist aber durch große Widerstandsfähigkeit ausgezeichnet und wird besonders zu Lampencylindern und Kochgefäßen verarbeitet.

3. Das Fensterglas, dessen Satz in seiner Zusammensetzung dem des halbweißen Hohlglases sehr nahe kommt.

4. Das Spiegelglas, von ähnlichem Satz wie das Fensterglas. Man sieht aber auf große Reinheit der Materialien und völlige, durch entfärbende Zusätze bedingte Farblosigkeit und Klarheit.

5. Das Krystallglas, dessen Satz Kieselerde, Kali und Bleioxyd enthält. Man verwendet es zu gepreßten und geschliffenen Gefäßen, Tellern und dergleichen.

6. Das Flintglas, dessen Satz von dem des Krystallglases durch viel höheren Bleigehalt, oft auch durch geringen Gehalt an Borsäure abweicht.

7. Der Straß, ein Kalibleisilikat, dessen Bleigehalt 50% übersteigt und welches zum Nachahmen der Edelsteine benutzt wird. Man färbt es verschiedenartig durch Zusatz von Metalloxyden und gebraucht ähnliche Silikate von besonders großer Leichtflüssigkeit in der Glas- und Porzellanmalerei.

8. Der Schmelz (Email) von ähnlicher Zusammensetzung, aber durch Zusatz von Zinnoxyd oder Antimonoxyd undurchsichtig gemacht. —

Die Rohmaterialien der Glasfabrikation können nur in wenigen Fällen, bei denen es auf die Höhe der Kosten nicht ankommt, rein erhalten und angewendet worden. Im übrigen gebraucht man dieselben in dem gewöhnlichen unreinen Zustande und überläßt es dem Schmelzprozeß, die Verunreinigungen zu beseitigen.

Die Kieselerde wird bei guten Gläsern in Form von Bergkrystall, reinem Quarzsand, Feuerstein und anderen eisenfreien Quarzsorten angewendet. Größere Stücke werden glühend in Wasser abgelöscht und dadurch so mürbe, daß man sie leicht pulvern kann. Häufig wird auch die Kieselerde einem Vorglühprozeß unterworfen, um alle organischen Verunreinigungen zu beseitigen. Eisengehalt schadet der Farbe des Glases und ist vorsichtig zu vermeiden. Nicht ganz so schlimm ist ein nicht zu bedeutender Thongehalt, welcher höchstens die Flüssigkeit vermindert. Für gemeine Gläser gebraucht man zerkleinerten Feldspat, Basalt, Granit und Lehm.

Das Kali benutzt man als Pottasche von verschiedener Reinheit, in sehr holzreichen Gegenden nimmt man auch wohl Holzasche, natürlich nur bei gewöhnlichen Gläsern.

Das Natron kann als gereinigte Soda oder auch in Form von Natriumsulfat (Glaubersalz) in den Glassatz gebracht werden. Im letzteren Falle ist aber, weil die Schwefelsäure des Glaubersalzes nicht ganz leicht durch die Kieselsäure ausgetrieben wird, ein Zusatz von Kohle nötig, durch welche das Glaubersalz zu leicht zersetzbarem schwefligsaurem Natrium reduziert wird. Da die Kohle aber stark dunkelfärbend auf das Glas wirkt, so darf der Zusatz unter keinen Umständen die zur Reduktion nötige Menge, etwa 9% des Glaubersalzes, überschreiten.

Der Kalk kann zwar als ungebrannter Kalkstein oder Kreide angewendet werden; man zieht aber gebrannten, an der Luft zerfallenen Kalkstein vor, weil er feiner ist und weniger Kohlensäure entwickelt. Ein größerer Überschuß des Kalks greift die Schmelzgefäße erheblich an und ist daher zu vermeiden.

Das Blei der bleihaltigen Gläser wird dem Glassatz als Bleiglätte (Bleioxyd) oder als Mennige zugefügt. Die letztere zieht man vor, da sie einmal feiner ist und dann während des Schmelzens in Bleioxyd und Sauerstoff zerfällt, welcher als Reinigungsmittel sehr willkommen ist. Da die Oxyde des Bleis sehr häufig mit anderen Metallen verunreinigt sind, welche schädlich auf den Glassatz wirken, so stellt man sie für die Fabrikation feiner Glassorten durch Glühen von reinem Blei in Flammöfen besonders dar. Die bleihaltigen Gläser dürfen kein Natron enthalten, weil dieses eine bläuliche Farbe hervorruft.

Die Entfärbungsmittel sind nötig, um bei den feineren Gläsern die unvermeidliche, besonders durch Gehalt an Kohle und Eisenoxydulverbindungen bedingte Färbung des Flusses zu beseitigen. Sie wirken ausnahmslos durch ihre oxydierenden Eigenschaften, indem sie die Kohle in Kohlenoxyd, das grüne Eisenoxydulsilikat in farbloses Eisenoxydsilikat verwandeln. Man benutzt besonders Arsenikmehl, Braunstein und Salpeter. Ein Überschuß von Braunstein ist aber zu vermeiden, weil derselbe violettes Glas erzeugt. Vortrefflich sind solche Entfärbungsmittel, welche die schädliche Farbe durch ihre eigene verdecken.

Als letzter Bestandteil der Glassätze sind endlich Glasbrocken zu nennen, welche man zu etwa einem Drittel anwendet. Sie befördern den Fluß erheblich und müssen sehr sorgfältig sortiert werden, da selbst kleine Zusätze minderwertiger Brocken einen guten Glassatz stark schädigen können. Die Glasbrocken bestehen zum Teil aus dem eignen Abfall der Hütte, zum Teil werden sie außerhalb derselben aufgekauft und dann sortiert.

Man schmelzt den Glassatz meist in sogenannten Glashäfen, erst in der neueren Zeit ist in einzelnen größeren Hütten an Stelle der einzelnen, in einem Ofen stehenden Häfen eine gemeinsame Glaswanne getreten, welche aber eine besondere, später näher zu beschreibende Feuerungsanlage erfordert. Die Glashäfen zeigen gewöhnlich die Form eines abgekürzten Kegels; bei einer Höhe von 70 cm müssen sie eine durchgängige Dicke von 8 cm haben. Noch größere Dimensionen wendet man für Flaschenglas und Spiegelglas an. Das Material der Häfen ist der beste feuerfeste Thon; derselbe wird bis zu einem Drittel mit gebranntem und nachträglich wieder gepulvertem Thon (Chamotte) vermischt und aus der erhaltenen Masse die Häfen in hölzernen Formen hergestellt. Beim Einkneten wird die Thonmasse durch Schlagen möglichst dicht gemacht und nach dem Auseinandernehmen der Form der feuchte Hafen mehrere Monate hindurch an der Luft getrocknet. Vor dem Einsetzen in den Glasofen wird er nun erst bei sehr langsam steigender Wärme in einem Nebenofen der Hütte, dem „Temperofen" allmählich bis zum Glühen erhitzt und dann in den eigentlichen Ofen eingefahren Die so behandelten neuen Häfen würden, sofort mit Glassatz beschickt, durch die freien Alkalien des letzteren mit Heftigkeit angegriffen und schnell zerfressen werden. Um dies zu verhindern, werden die Häfen zuvörderst mit Glasbrocken beschickt; die geschmolzene Masse dringt einige Millimeter tief in den Thon ein nnd bildet mit ihm eine dünne Schicht sehr schwer schmelzbaren Glases, welches nun weiterhin die Hafenmasse wie eine Glasur vor den freien Alkalien schützt. Diese Operation nennen die Glasmacher das Einglasieren der Häfen. Bei der bedeutenden Größe der Glashäfen ist es aber außerdem nötig, den starken Temperaturwechsel, welchem dieselben beim Eintragen von mehreren Centnern kalten Glassatzes unterliegen würden, zu umgehen, um ein Reißen der Thonmasse zu verhindern. Man erhitzt daher den Satz vorgängig in einem anderen seitlichen Ofen und trägt ihn erst rotglühend in die Häfen ein. — Gute Glashäfen können längere Zeit gebraucht werden; die Dauer hängt von der Beschaffenheit des Thons und der Güte der Arbeit ab. Die deutschen Häfen halten in der Regel bis zu sechs Wochen; einige englische Sorten sollen ein Alter von gegen sechs Monaten erreichen.

Die Glasöfen haben nicht nur den Zweck, die Teile des Glassatzes durch starke Erhitzung chemisch zu verbinden, sondern sie sollen auch genügende Hitze liefern, um das fertige Glas bei seiner weiteren Verarbeitung auf der nötigen hohen Temperatur zu erhalten. Schon der letztere Zweck allein würde notwendig einen Flammofen erheischen; aber auch der Umstand, daß eine unmittelbare Berührung der Glashäfen mit dem Brennmaterial Verunreinigungen der Glasmasse hervorrufen würde, bedingt eine solche Konstruktion. Der Feuerungsraum und der Arbeitsraum der Gasöfen sind deshalb von einander getrennt. Um Verluste an Hitze möglichst zu vermeiden, sind die Öfen gewöhnlich mit niedriger, kuppelförmiger Decke konstruiert und die Häfen stehen in symmetrisch geordneten Gruppen auf Bänken, unterhalb deren die Flamme der Feuerung Zutritt hat. Bei der hohen Temperatur, welche die Öfen auszuhalten haben, ist ihre Herstellung mit Schwierigkeiten verknüpft. Der Hauptgrund des Zerfalls der Öfen liegt aber in dem Umstande, daß sich erhebliche Mengen von Alkalien während des Schmelzprozesses verflüchtigen und die Wände des Ofens rasch zerfressen; das gebildete Thonsilikat trieft fortwährend herunter, so daß man bei feineren Glassorten auf die fallenden zähen Tropfen durch besondere Konstruktion der Ofenwand und geeignete Stellung der Häfen Rücksicht nehmen muß (s. Fig. 455, in welcher die Tropfen des Thonglases nur den Rand, nicht aber das Innere des Hafens treffen können). Der schnelle Zerfall der Wände bewirkt, daß die Glasöfen

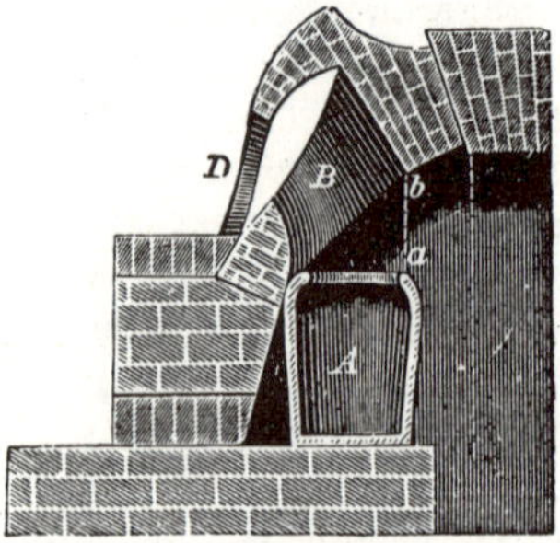

Fig. 455.
Stellung eines Glashafens im Ofen.

nur eine verhältnismäßig kurze Dauer haben können. Die englischen Öfen für leichtflüssiges Glas werden bei vorzüglichem Baumaterial bis zu vier Jahren alt, während die deutschen für gewöhnliches (schwerer schmelzbares) Glas höchstens 18 Monate aushalten.

Bei den Glasöfen liegen der Feuerungsraum und der Schmelzraum übereinander. Die Roste, deren mindestens zwei gegenüberliegende vorhanden sind, empfangen den Brennstoff; die entwickelten Flammen schlagen durch eine gemeinsame, in der Mitte des Ofens liegende, längliche Öffnung, die Pipe, hinauf in die Mitte des Feuerungsraums. An jeder Längsseite der Pipe stehen auf einem Gesims, der Bank, die Glashäfen in einer Reihe von 2 bis 4 Stück (Fig. 456). Die Flamme trifft die Häfen zunächst von der Seite, dann

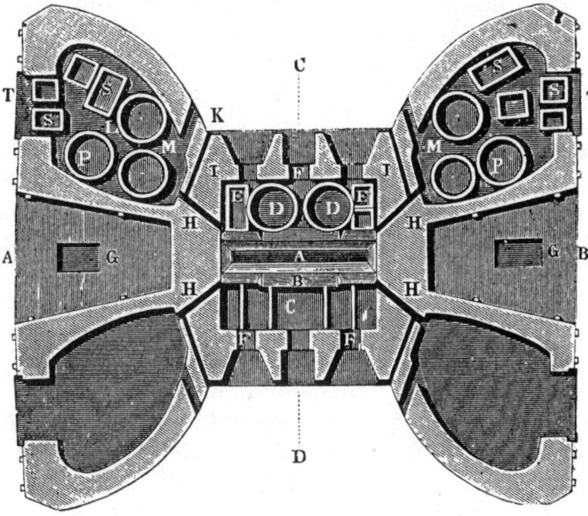

Fig. 456. Grundriß eines Glasofens für Holzfeuerung.

aber auch, indem sie sich an dem niedrigen Kuppelgewölbe des Ofens bricht, von oben her, um endlich durch seitwärts angebrachte Öffnungen in nebenliegende Öfen zu entweichen, welche zum Vorwärmen, Kühlen der fertigen Glaswaren, Trocknen 2c. dienen, ohne besondere Heizung zu erfordern. Beim Errichten der Öfen ist besonders darauf zu sehen, daß das Fundament möglichst trocken liegt und Kanäle zum Abzug der Feuchtigkeit erhält. Darüber baut man den Ofen aus eisen- und kalkfreiem Thon, den man — ganz wie bei dem Bau der Häfen — mit gepulverter Schamotte (vgl. S. 301), außerdem aber mit reinem Sand mengt. Am haltbarsten sind die Öfen, die man mit noch feuchten, aus dem erwähnten Baumaterial bereiteten Steinen konstruiert. Die letzteren werden einfach auf einander gelegt und kräftig angedrückt, wo dann ein Bindematerial ganz unnötig wird und der ganze Ofen wie aus einem Stück geknetet erscheint. Der Bau erfordert aber eine sehr lange

Trockenzeit, wenn nicht Risse infolge ungleicher Zusammenziehung der Thonmasse entstehen sollen. Erst nach einem halben Jahre darf man das Trocknen durch sehr schwaches Feuer unterstützen, bis man nach weiteren zwei Monaten die Hitze allmählich bis auf die Schmelztemperatur des Glases steigert. Bedeutend schneller wird der Bau gefördert, wenn man aus dem Thonmaterial lufttrockene oder gebrannte Steine fertigt und diese verwendet. In diesem Falle ist jedoch als Bindematerial ein Mörtel von Thonbrei nötig, so daß, selbst bei langsamem Trocknen, das Schwinden nicht ganz gleichmäßig erfolgt und die entstehenden Fugen und Risse sorgfältig nachgebessert werden müssen. Ein neuer Ofen erzielt trotz bester Feuerung in den ersten Wochen noch nicht die volle Schmelztemperatur, so daß man die Häfen zuerst nur mit Glasbrocken, später mit leichtflüssigem Satze und erst nach einiger Zeit mit Sätzen von beliebiger Zusammensetzung beschicken darf. Eine ähnliche Abschwächung der Wirkung zeigt sich gegen Ende der „Campagne“, wie der Glasmacher die Gesamtarbeitsdauer des Ofens nennt.

Das Feuerungsmaterial der gewöhnlichen Glasöfen ist entweder gut getrocknetes, lang gespaltenes Holz, welches früher ausschließlich gebraucht wurde, oder Torf oder endlich Steinkohle. Man trocknet (darrt) das Holz im Vorwärmofen bis zum Bräunlichwerden; nur dann ist man sicher, eine intensive Schmelzhitze zu erzielen. Der Torf muß wenig Asche geben und durchaus trocken sein. Die besonders in England und Frankreich angewendete Steinkohle darf nicht backend sein, um Verstopfungen der Roste zu vermeiden.

Sowie in anderen Zweigen der Technik, wo es auf Entwicklung bedeutender Hitzegrade ankommt, hat man auch im Glashüttenbetriebe die Generatorfeuerung eingeführt und mit derselben große Erfolge erzielt. Hinsichtlich der speziellen Konstruktion dieser Gasfeuerungsanlagen muß hier auf die in dem Abschnitt „Beleuchtung und Heizung“ (S. 325) gegebene Beschreibung verwiesen werden. Bei der Generatorfeuerung kann man aber wegen ihrer bedeutenden Wärmeentwicklung die Glashäfen durch eine einzige Wanne ersetzen. Bei dem Siemensschen Wannenofen zerfällt die Wanne in drei Abteilungen; in der ersten wird der eingetragene Satz geschmolzen, in der zweiten geläutert, in der dritten zur Verarbeitung geschöpft. Der größte Vorteil der Gasöfen liegt aber einmal in der Möglichkeit, allerhand schlechte Feuerungsabfälle zur Gasproduktion zu verwenden, und dann in dem Umstande, daß Materialien, wie Feldspat, Granit und andere, die im gewöhnlichen Ofenfeuer kaum flüssig werden, auf ordinäres Glas verschmelzt werden können.

a) Das Hohlglas.

Unter dieser Bezeichnung vereinigt man Glassorten von den verschiedensten Graden der Feinheit, deren Bearbeitungsart aber, insofern aus ihnen hohle Geräte aller Art, wie Gläser, Flaschen, Cylinder,

Glasröhren und chemische Geräte gefertigt werden, im wesentlichen übereinstimmend ist.

Der Hohlglasofen ist an seinen vier Ecken mit je einem Nebenofen verbunden; von diesen vier Öfen dienen zwei als Temperöfen, d. h. zum Vorwärmen der neuen Häfen und des Satzes, die beiden anderen als Kühlöfen für die gefertigten Glaswaren. In dem Kuppelgewölbe des Ofens befindet sich dicht über dem Rande eines jeden Hafens ein verschließbares Arbeitsloch, durch welches der Arbeiter zu dem geschmolzenen Glase im Hafen gelangen kann. Unter jedem Arbeitsloch, in gleicher Höhe mit der Sohle der Häfen, liegt ein Aufbrechloch, durch welches man die auszufahrenden, schadhaft gewordenen Häfen, wenn sie auf den Bänken festbacken, losbrechen kann. Für das Ein- und Ausfahren der Häfen selbst sind zwei sogenannte Hafenthore frei gelassen, welche für gewöhnlich vermauert sind und nur bei der Benutzung aufgebrochen werden. Die Kuppel des Ofens ist mit Sand bedeckt und dieser mit einem Gewölbe aus gewöhnlichen Ziegeln übermauert.

Sobald die im Temperofen vorgewärmten neuen Häfen glühend geworden sind, werden sie in den Ofen eingefahren, die Hafenthore vermauert und die Hitze gesteigert, bis die Schmelztemperatur erreicht ist. Sodann trägt man mittels Schaufeln durch die Arbeitslöcher den kalcinierten Satz zuerst zu einem Drittel ein und fügt das übrige hinzu, sobald das eingetragene niedergeschmolzen ist. Nun setzt man die Arbeitslöcher zu und schürt stärker. Endlich zieht man mittels eines unten abgeplatteten Eisenstabes, des Randkolbens, eine Probe aus den Häfen und untersucht, ob die Masse nach dem Erkalten klar erscheint oder noch unangegriffene Sandkörner enthält. Da die Hitze im oberen Teile der Häfen stärker ist, so muß man die Glasmasse hin und wieder mit der Schöpfkelle umrühren. Ist die Masse endlich gleichmäßig, so enthält sie doch noch viele kleine Luftblasen und ist zur Verarbeitung unbrauchbar. Obenauf schwimmt die „Glasgalle", welche hauptsächlich aus den von der Kieselsäure nicht gebundenen Alkaliverbindungen besteht; tritt sie stark auf, so deutet dies auf schlechte Beschaffenheit des Satzes hin. Die Galle wird abgeschöpft und die Glasmasse nun dem „Läutern" unterzogen. Bei diesem Prozesse verstärkt man einfach durch das „Heißschüren" die Temperatur bis zum höchsten erreichbaren Maß; alle Luftblasen steigen in dem sehr dünnflüssigen Glase auf, und die Masse wird nun ganz klar und gleichförmig. Nach mehrstündigem Heißschüren bleibt nichts weiter übrig, als die Glasmasse bis zu demjenigen Grade der Zähflüssigkeit erkalten zu lassen, welcher für die Verarbeitung notwendig ist. Dies geschieht durch das „Kaltschüren", während dessen man kurze Zeit ganz mit Feuern aufhört und dann sehr langsam fortschürt.

Wir wenden uns nun zu den Operationen, durch welche man die wichtigsten Formen der Hohlglaswaren gewinnt.

Das **Flaschenglas** erhält man, da es hierbei nur auf Wohlfeilheit ankommt, durch Zusammenschmelzen von ziemlich unreinen Materialien. Das Produkt ist gewöhnlich durch Eisenoxydul grün gefärbt. Die Verfertigung einer gewöhnlichen Flasche bietet in ihren Einzelnheiten eine günstige Gelegenheit, um die wichtigsten, auch bei anderen Fällen sich wiederholenden Handgriffe des Hohlglasmachens kennen zu lernen.

Das wichtigste Werkzeug des Glasmachens ist die Pfeife, ein $1^1/_2$ m langes, 2 cm dickes Eisenrohr mit knopfförmigen Enden, auf deren eines ein langer Holzgriff c aufgeschoben ist (Fig. 457). Der Arbeiter befestigt durch wiederholtes Eintauchen des unteren Endes der Pfeife in den Hafen soviel Glasmasse, wie etwa zum Blasen einer Flasche gehört. Um die Masse gleichmäßig zu runden, wird sie in der aus dem Arbeitsloch herausschlagenden Flamme erweicht und dann in den halbkugeligen Vertiefungen des Marbels (Fig. 458 b), eines angefeuchteten, dicken Brettes gleichmäßig gedreht, während der Arbeiter sie durch sehr gelindes Einblasen von Luft in die Pfeife vor dem Zusammensinken bewahrt. So erhält er eine sehr dickwandige Hohlkugel a, deren Wand nach der Pfeife zu schwächer wird.

Fig. 457. Glasbläserpfeife.

Er wärmt nun von neuem an und zwar so, daß die Wölbung der Kugel am stärksten erhitzt wird; hierauf verlängert er sie zur Flaschenform c durch drei gleichzeitig ausgeführte Operationen, nämlich durch stärkeres Blasen, Schwenken und Drehen der Pfeife. Der letztgenannte Handgriff, welcher beim Glasblasen ganz allgemein angewendet wird, bezweckt die Wirkung des Blasens zu einer gleichmäßigen zu machen; ohne das Drehen würde der von dem Arbeitsstück aufsteigende heiße Luftstrom bewirken, daß die oberen Teile sich stärker ausdehnten, als die unteren, was besonders bei mehr wagerechter Lage der Pfeife schädlich wäre. Ist die Flasche so weit wie beschrieben gediehen, so senkt der Arbeiter ihren unteren Teil in eine glatte cylindrische Holzform d, an deren Wände er durch starkes Blasen das Glas angepreßt, während er durch einen Ruck nach oben den Hals verlängert. Die mittlerweile erstarrte Flasche wird aus

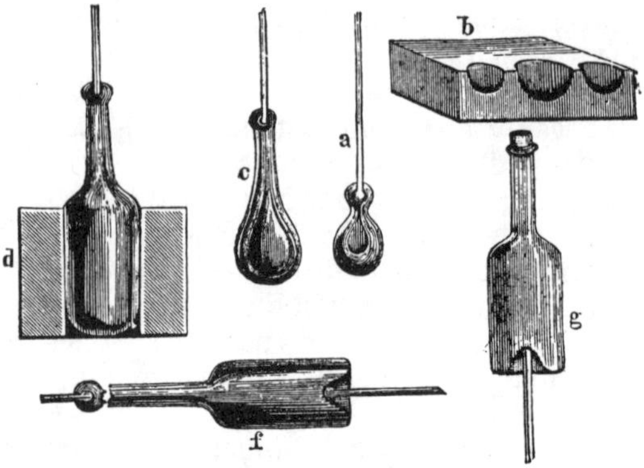

Fig. 458. Anfertigung einer Flasche.

der Form gezogen, ein Eisenstab, das Nabeleisen, mittels etwas Glas in der Mitte ihres Bodens befestigt, dieser etwas hineingedrückt und die Pfeife samt dem obersten Teil des Halses durch Anlegen eines kalten, halbringförmig gebogenen Eisens abgesprengt (Fig. 458f). Der scharfkantige Hals der nun auf dem Nabeleisen festsitzenden Flasche wird nun unter drehender Bewegung des Eisens in der Flamme des Arbeitsloches für sich allein erweicht, mittels einer Schere erweitert und endlich ein aus dem Hafen geholter Glastropfen als Wulst herumgewickelt. Die fertige Flasche g wird am Nabeleisen in den Kühlofen getragen und dort durch einen kurzen Schlag von dem Eisen getrennt; durch die letztere Operation behält jede Flasche den scharfkantigen „Nabel" im Boden. (Fig. 458g.)

Das Formen kugeliger Flaschen ist ganz der freien Kunst des Bläsers überlassen und geschieht ohne Form. Sehr große Flaschen, wie z. B. Säureballons, werden geblasen, indem der Arbeiter ein wenig Wasser in die Pfeife spritzt, diese zuhält und es dem Dampf überläßt, die Flasche aufzublasen.

Das halbweiße und weiße Hohlglas wird mittelst reinerer Materialien hergestellt und der Satz erhält Entfärbungsmittel, gewöhnlich Braunstein, als Zusatz. Das halbweiße Glas ist meist ein Natriumcalciumsilikat, während das rein weiße, welches man zu Medizingläsern, zu Schleifwaren und chemischen Geräten verwendet, an Stelle des Natriums Kalium enthält. Möglichste Freiheit des Satzes von Eisen und Thonerde ist Hauptbedingung. Das Blasen der chemischen Geräte geschieht aus freier Hand. So fertigt man z. B. Kolben durch einfaches, unter den oben angegebenen Vorsichtsmaßregeln vorgenommenes Aufblasen und Verlängern des Halses. Wenn man dann, während der Kolben noch weich ist, unter fortwährendem Einblasen die Pfeife umkehrt, so senkt sich der Bauch des Kolbens einseitig und man erhält eine Retorte. Besonders wichtig ist auch das Ziehen der Glasröhren. Wird ein hohles weiches Glasstück rasch auseinander gezogen, so erhält man eine Röhre, selbst bei haarfeinen Fäden. Hierauf beruht die Fabrikation der gewöhnlichen Glasröhren. Ein Arbeiter sammelt an der Pfeife die nötige Menge Glas und bläst diese zu einer engen Hohlkugel von sehr bedeutender Wanddicke auf (Fig. 459). Während er dann die erstarrte Kugel wieder anwärmt, hat ein zweiter Arbeiter an einem Nabeleisen B einen Glastropfen geschöpft; beide ziehen ihre Geräte gleichzeitig aus dem Feuer und stoßen dieselben horizontal gegen einander, so daß das Nabeleisen an dem Bauch der Kugel festhaftet (Fig. 460). Dann laufen beide Arbeiter so schnell wie möglich auseinander, während sie ihre Werkzeuge fortgesetzt drehen (Fig. 461). Das Resultat ist eine Röhre, die sich in der Mitte etwas senkt und an den Enden dicker ist, als in der Mitte. Durch schnelles Niederlegen der noch nicht erstarrten Röhre auf den Boden begegnet man dem ersteren Übelstande. Die fertige Röhre wird in $1^1/_2$ bis 2 m lange Stücke zerschnitten.

Das reinste weiße Glas ist das besonders zu Schleifwaren bestimmte Crownglas, welches in Böhmen in vorzüglicher Güte gefertigt wird und daher auch böhmisches Glas heißt. Man gebraucht es aber auch, als das feinste bleifreie Glas, zu optischen Zwecken;

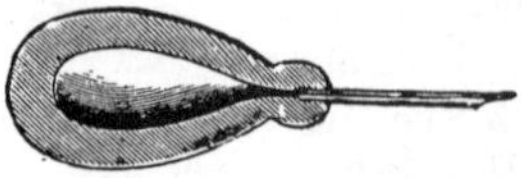

Fig. 459.

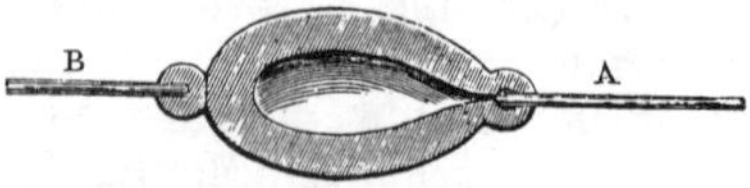

Fig. 460.

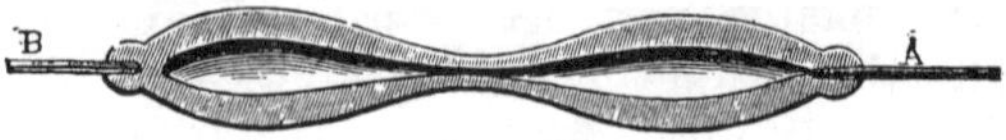

Fig. 461.
Glasröhrenziehen.

man schleift aus ihm die für die achromatischen Fernrohrobjektive nötigen Crownglaslinsen. Die Materialien des Satzes müssen für dieses Glas auf das Sorgfältigste ausgewählt werden; auch ist auf Güte der Häfen und große Vollkommenheit des Läuterungsprozesses zu sehen. Man fertigt die Crownglaswaren meist durch Einblasen in Formen und nachfolgendes Feinschleifen genau so, wie bei dem später zu erwähnenden Krystallglas, bei welchem auch diese Operationen beschrieben werden.

b) Das Hartglas.

Wie oben erwähnt, ist es selbst durch das vollkommenste Kühlen nicht möglich, die unangenehmste Eigenschaft des Glases, seine Sprödigkeit und Zerbrechlichkeit, ganz zu beseitigen. Trotzdem hat es nicht an Versuchen gefehlt, durch besondere Verfahren das Glas zu härten, d. h. ihm eine bedeutende Elastizität, Härte und Widerstandsfähigkeit gegen Temperaturwechsel mitzuteilen.

Das Härten erfolgt gewöhnlich durch Eintauchen des aus gewöhnlichem Glas gefertigten noch glühenden Stückes in ein „Temperbad" von hoher Temperatur. Zu dem letzteren gebraucht man verschiedene Stoffe von hohem Siedepunkt, z. B. Margarine. In dem Bade läßt man das Glas dann sehr langsam erkalten. Die so gehärteten Waren erfahren also zuerst eine verhältnismäßig rasche, dann erst eine langsamer fortschreitende Kühlung. Sie zeigen dies auch in ihren Eigenschaften deutlich. Obgleich sie nämlich in der That härter sind wie gewöhnliches Glas, so werden sie doch bei gewaltsamer Verletzung vollständig, fast explosionsartig, zertrümmert — ein Anzeichen, daß das anfängliche Kühlen einen bedeutenden Spannungszustand zurückgelassen hat.

Eine andere Art gehärteten Glases, das Preßhartglas, wird beim Formen durch Pressen zwischen heißen Metallplatten gedichtet und dann langsam gekühlt. Trotz mancher Vorzüge des Hartglases hat dasselbe die anfänglich sehr hohen Erwartungen, welche man auf dasselbe setzte, nicht erfüllt. Jedenfalls ist bisher nicht daran zu denken, es allgemein als Material für Kochgefäße — sicherlich die wichtigste Anwendung — benutzt zu sehen. Am meisten findet man Lampencylinder aus Hartglas verbreitet.

c) Das Fensterglas.

Dasjenige Glas, welches zur Fabrikation von Fensterscheiben dienen soll, ist in seiner Zusammensetzung dem farblosen oder schwach gefärbten Hohlglase sehr ähnlich. Es unterscheidet sich im wesentlichen nur durch verstärkten Kalkgehalt, welcher erfahrungsmäßig verhindert, daß die Scheiben durch die Witterung zu schnell blind werden. Von den Alkalien bevorzugt man das Kali, so daß man Soda gewöhnlich von den Sätzen ganz ausschließt. Nur für die feineren Sorten fügt man auch ein Entfärbungsmittel hinzu. Am meisten wird aber grünes oder halbweißes Glas zu Scheiben verarbeitet, deren Dünne die Färbung ja nur sehr schwach zur Geltung kommen läßt. Von Arbeitsmethoden kennt man zwei, von denen die erste das Mondglas, die zweite das Walzenglas liefert; diese letztere hat das Mondglasmachen fast ganz verdrängt.

Die Fabrikation des Mondglases beginnt ähnlich, wie die Herstellung einer großen Flasche. Die erhaltene dickwandige Kugel wird dann bei horizontal liegender und sich schnell drehender Pfeife in das Arbeitsloch gehalten, so daß nur der Boden erweicht und sich flach in die Breite dehnt. Nach dem Zurückziehen, welches unter stetiger rascher Drehung vor sich geht, heftet ein Gehilfe ein Nabeleisen in die Mitte des erhaltenen flachen Gefäßes, worauf der erste Arbeiter die Pfeife absprengt und die Halsöffnung mittels eines Holzes so viel wie möglich erweitert. Nun wird die erhaltene flache Glocke mit der Halsöffnung dem aus dem Arbeitsloch dringenden Feuer entgegen gehalten und sehr schnell um das Nabeleisen gedreht. Zuerst erweicht der Hals, welcher sich dann, der gewaltigen Schwungkraft folgend, flach umlegt, bis endlich die ganze, nun frei von der Flamme getroffene Fläche sich zu einer vollkommen ebenen $1\frac{1}{2}$ bis 2 m im Durchmesser haltenden Scheibe erweitert. Dieselbe muß unter fortwährender rascher Drehung seitwärts vom Ofen fortbewegt und in den Kühlofen befördert werden, wo man sie auf ein flaches Bett von heißer Asche legt. Dann wird das Nabeleisen abgesprengt und die Scheibe zum völligen Verkühlen auf die hohe Kante gestellt. Das Mondglas ist glänzend und gleichmäßig dünn nnd kann schwächer gearbeitet werden, als das Walzenglas. Seine Herstellung erfordert aber sehr geübte Arbeiter; auch ist es ein sehr großer Nachteil, daß es beim Zerschneiden in rechteckige Scheiben sehr viel ganz unbrauchbaren Abfall giebt, während Walzenglas ganz in Scheiben aufgeht. Aus diesem Grunde wird es jetzt nur noch wenig fabriziert; in England, wo das Glas nach dem Gewicht versteuert wird, hat es sich am längsten gehalten.

Die Herstellung des Walzenglases, aus welchem heute fast alle Scheiben — mit Ausnahme der Spiegelscheiben — gefertigt werden, beginnt gleichfalls mit dem Blasen einer Kugel, deren Boden aber besonders dick gehalten wird. Durch das „Schränken" wird die Glasmasse etwas von der Pfeife weggezogen, so daß sie durch eine Hohlkehle mit der letzteren zusammenhängt. Nachdem die Kugel noch am Marbel gerundet ist, wird sie im Arbeitsloch erweicht und aufgeblasen. Dies geschieht aber so, daß der Arbeiter die Pfeife mit dem Glasballen senkrecht über seinen Kopf erhebt. Daher wird sich der schwerere Boden weniger ausdehnen und es entsteht eine abgeplattete, breite und sehr niedrige Flasche (Fig. 462). Die Pfeife wird nun rasch wieder senkrecht

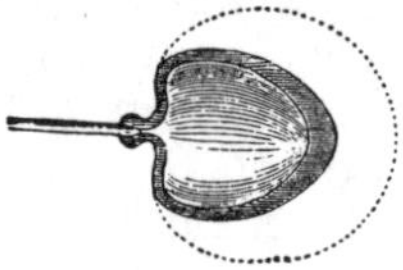

Fig. 462.

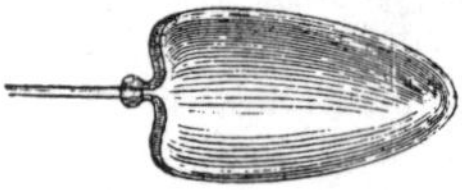

Fig. 463.

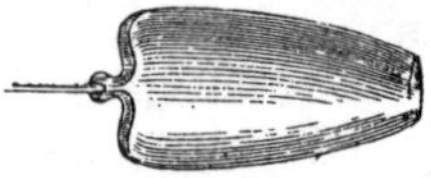

Fig. 464.

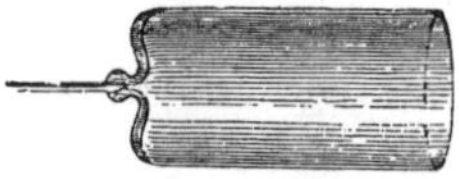

Fig. 465.

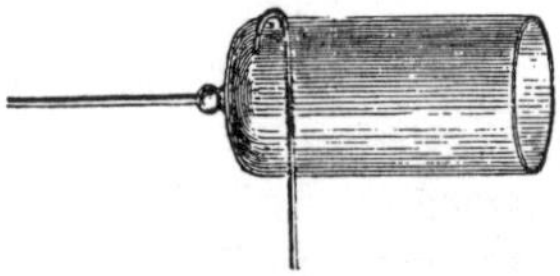

Fig. 466.

Fig. 467.

Anfertigung des Walzenglases.

nach unten gekehrt und unter stetigem Einblasen umgeschwenkt. Hierdurch senkt sich der Boden allein, so daß ein Gefäß von der in Figur 463 abgebildeten Form entsteht. Durch weiteres Anwärmen, Schwenken und Blasen erhält man schließlich einen fast walzenartigen Körper, der sich nur gegen das Ende wenig verjüngt. Dadurch, daß der Arbeiter nun nur das Ende stark anwärmt und einbläst, sprengt er dasselbe heraus (Fig. 464), so daß nun ein unten offener Cylinder entsteht, der durch wiederholtes Anwärmen und Schwenken überall denselben Durchmesser erhält (Fig. 465). Nunmehr, nachdem noch etwaige unregelmäßige Hervorragungen der Öffnung mit einer Schere weggeschnitten sind, steckt ein Gehilfe einen hölzernen Stab in die fertige Walze, welche nun noch an dem geschlossenen Ende geöffnet werden muß. Zu diesem Zweck dreht man sie einige Male in einem weiten ringförmig gebogenen glühenden Eisen und läßt auf die erhitzte Kreislinie einen Wassertropfen fallen (Fig. 466), welcher die Kappe ablöst. In genau derselben Weise erzeugt man in dem erhaltenen beiderseits offenen Glascylinder einen Längssprung. Nun ist die Walze zum „Strecken" fertig (Fig. 467).

Diese wichtige Operation wird in einem besonderen Ofen, dem Streckofen, vorgenommen. Die Feuerung des viereckig gebauten Ofens liegt im unteren Teile. Darüber liegt unmittelbar der Streckherd; er empfängt die stärkste Hitze, welche dann in den Kühlofen tritt und aus diesem durch einen langen Kanal, die Aufwärmröhre, abzieht. Der Kühlofen empfängt auch noch direktes Feuer von unten her. Die ganze Anlage ist überwölbt und die einzelnen Teile durch Arbeitsöffnungen zugänglich. Auf dem Streckherd liegt der wichtigste Teil des Ofens, der Streckstein, eine Platte aus feuerfestem Thon, welche gebrannt und nachträglich vollkommen eben geschliffen wird. Sie muß etwas größer sein, als die zu erzielenden Glastafeln. Um jeder Verletzung beim Hinschieben der Tafeln über den Streckstein vorzubeugen, läßt man die erste „gestreckte" Glastafel, die man gewöhnlich etwas dicker macht, als „Lager" auf dem Streckstein liegen, um als Unterlage für die folgenden zu dienen. Das Lager entglast allmählich, wird rauh und muß dann ausgewechselt werden. Es wird hin und wieder, um ein Anhaften

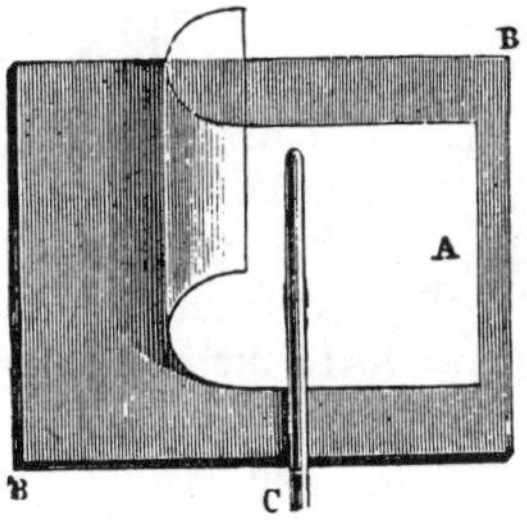

Fig. 468.

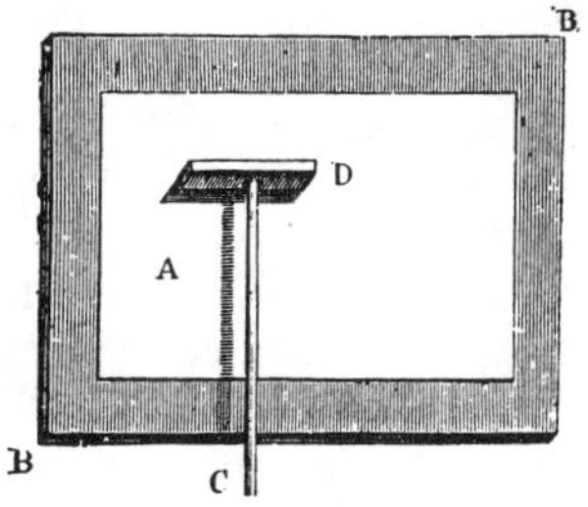

Fig. 469.

Strecken des Walzenglases.

der Scheiben zu verhindern, durch Einwerfen einer Hand voll Kalk in das Feuer mit einer feinen Schicht Kalkstaub überdeckt. Die Temperatur im Streckherd darf nur bis zum gelinden Erweichen des Glases gehen; im Kühlofen darf sie diese Höhe nicht erreichen.

Man führt die aufgeschnittenen Walzen durch die Aufwärmröhre nach einander ein. Sie werden um so heißer, je weiter sie vorrücken. Hat die erste den Herd erreicht, so hebt sie der „Strecker" mit einem Eisen C auf das Lager (Fig. 468). Sie öffnet sich von selbst und wird mittels des angefeuchteten glatten Polierholzes D vollständig geebnet (Fig. 469). Dann schiebt der Strecker die fertige Tafel in den Kühlofen, in welchem sie sofort erstarrt, aufgerichtet und auf die Kante gestellt wird. So fährt man fort, bis der Kühlofen voll ist.

d) Das Spiegelglas.

Obgleich man schon im Altertum Versuche machte, Spiegel aus Glas herzustellen, so hatten diese Bestrebungen doch so geringen Erfolg, daß die Metallspiegel allgemein herrschend blieben. Erst im Mittelalter kamen mit Blei belegte Glasspiegel auf. Italienische Physiker des sechzehnten Jahrhunderts erwähnten mit Blei ausgegossene spiegelnde Glaskugeln als einen Nürnberger Handelsartikel. Das Belegen von Glastafeln mit Zinnfolie wurde zuerst in Venedig ausgeübt, ging gegen Ende des 17. Jahrhunderts nach Frankreich über, bis im Jahre 1688 Thévart durch die Erfindung des Spiegelgusses den Grund zu der heute so vollkommen dastehenden Spiegelindustrie legte.

Man kennt jetzt geblasene und gegossene Spiegel. Die Herstellung der ersteren ist, abgesehen natürlich von dem Belegen, dieselbe wie beim Fensterglase. Man ist bei diesen Spiegeln an gewisse Dimensionen gebunden, die nicht überschritten werden dürfen. Größere Spiegel können daher nur mittels des Gießverfahrens hergestellt werden. Die Spiegeltafeln müssen, bei ihrer bedeutenden Größe, eine nicht unbeträchtliche Stärke besitzen; sie müssen ferner absolut durchsichtig und so farblos wie nur möglich sein. Diese Eigenschaften erfordern einesteils einen Satz aus den reinsten Materialien und schließen alle Stoffe aus, die das Blindwerden befördern; andererseits setzen sie einen sehr vollkommenen Läuterungsprozeß voraus. Der Spiegelglassatz dürfte wegen der schwach färbenden Eigenschaft des Natrons eigentlich keine Soda enthalten. Diese läßt sich aber nicht gut entbehren, da sie dem Glase einen Grad der Leichtflüssigkeit mitteilt, welcher das Läutern und besonders das Gießen wesentlich erleichtert. Die Hauptbestandteile sind daher reinster Sand, reine Soda, sehr wenig Kalk, viele Spiegelglasbrocken und eine geringe Menge Entfärbungsmittel.

Der Spiegelglasofen enthält zweierlei Schmelzgefäße: runde Häfen von der gewöhnlichen Form und viereckige Wannen. Die Häfen dienen zum Schmelzen des Satzes, welcher kalt in drei Portionen eingetragen wird. Brennt man Steinkohlen, so muß der Fluß durch Bedecken der Häfen vor Verunreinigung geschützt werden. Während des Einschmelzens stehen die Wannen leer im Ofen. Ist der Fluß vollkommen, so werden die Wannen mit Zangen ausgefahren, sorgfältig gesäubert und wieder eingefahren. Die Arbeiter reinigen nun das Glas von den an der Oberfläche befindlichen Verunreinigungen und schöpfen es dann mit kupfernen Löffeln in die Wannen; alle Körner und Verunreinigungen, die sich am Grunde der Häfen befinden, bleiben zurück und dürfen nicht aufgerührt werden. Das Einschmelzen dauert 12—15 Stunden, die Läuterung, welche gleich nach dem Überschöpfen mit dem Heißschüren beginnt, 20—40 Stunden, bis die Proben ganz tadellos erscheinen. Dann folgt ein Kaltschüren von 3—4 Stunden.

Den Spiegelguß nimmt man vor dem mit besonderer Feuerung versehenen Kühlofen (Fig. 470) vor. Die Sohle des letzteren muß die genügende Breite haben, um alle einzuschiebenden Tafeln nebeneinander liegend zu beherbergen und muß mit der vor dem Ofen befindlichen Gießtafel in derselben Ebene liegen. Die Gießtafel T, der teuerste Apparat der Spiegelfabrik, besteht aus Bronze, Gußeisen oder Stahl, ist vollkommen eben gemacht und muß in ihren Dimensionen die größten zu gießenden Spiegelplatten überragen. Sie bildet die untere Seite der Gießform, deren seitliche Grenze durch zwei starke, an den Längskanten der Gießtafel hinlaufende, der Dicke des zu fertigenden Spiegels entsprechende

Fig. 470. Spiegelglasfabrikation.

Metallleisten NN gebildet wird. Oben ist die Form offen; für die Ebnung der oberen Fläche der Spiegelplatte sorgt eine hohle, mehrere Centner schwere glatte Metallwalze F, welche auf den Längsleisten geführt werden kann. Das ganze steht auf einem Gerüst mit Rollen und kann leicht vor einen beliebigen Kühlofen gefahren werden.

Kurz vor Beginn des Gusses wird die Gießtafel durch Aufschütten glühender Kohlen vorgewärmt; während derselben Zeit holen einige Arbeiter die Wanne A mit dem Fluß vermittels eines Kettenkrahnes DE aus dem Ofen. Neben der Tafel schwebend wird die Wanne sehr wenig geneigt und der Fluß so lange mit einer metallenen Klinge abgestrichen, bis das klare Glas, das „Metall“, zum Vorschein kommt. Nun fährt man die Wanne über die Gießtafel und beginnt, während die Walze an dem dem Ofen zugekehrten Ende liegt, mit dem Guß. Das flüssige Glas breitet sich langsam aus, während die Walze gegen das andere

Ende der Tafel hingeführt wird und den überschüssigen Fluß vor sich her schiebt. Ein mit Lappen umwickelter Wischer H wird vor dem Glase hergeführt, um alles Unreine auf der Tafel zu beseitigen. Der Überschuß gleitet über das Ende der Tafel und fällt in Wasser; es bildet sich infolge dessen an diesem Ende eine Wulst, welche kurz vor dem Erstarren aufgebogen wird. Mehrere Arbeiter stemmen einen Rechen dagegen und schieben die erstarrte Platte über die Gießtafel fort in den Kühlofen, in welchem sie 1 bis 2 Wochen verbleibt. Ihre untere Fläche ist ganz glatt, die obere stets etwas rauh und höckerig.

Die aus dem Kühlofen herausgezogenen Platten werden genau untersucht, um fehlerhafte Stellen herauszufinden und mit deren Berücksichtigung die Platten auf das vorteilhafteste zu teilen, so nämlich, daß diese Stellen an den Rand kommen. Dann beginnt das Schleifen, zu welcher Operation immer zwei Tafeln gehören, eine größere und eine bedeutend kleinere. Die große wird mit Gips in die Schleifbank, einen großen festen Tisch, eingekittet; die kleine befestigt man in derselben Weise in dem Boden des Obersteins, eines mit Gewichten stark beschwerten Kastens, so daß die beiden Tafeln sich ihre entgegengesetzt beschaffenen Flächen, d. h. eine glatte und eine rauhe zukehren. Nun wirft man groben Sand auf die untere Tafel, fügt Wasser hinzu und bewegt den Oberstein hin und her ziehend und zugleich um seine senkrechte Achse drehend über die ganze Fläche der Schleifbank; die Bewegung kann mit der Hand oder auch durch besondere Maschinen ausgeführt werden. Ist allmählich der Sand fein geworden, so nimmt man weniger groben Sand — man hat bis zu sieben Nummern — bis damit das „Rauhschleifen" beendet ist. Dies ist der Fall, wenn die Fläche der unteren Tafel sich beim Prüfen mit einer Setzwage als vollkommen eben zeigt. Nun folgt in ganz derselben Weise das „Klarschleifen" mit immer feiner werdenden Nummern von Smirgel; hierdurch wird die Platte glatt, erscheint aber noch blind und halbdurchsichtig. Diese Eigenschaft wird endlich durch das Polieren beseitigt. Man benutzt dazu reines geschlämmtes Eisenoxyd, sogenanntes Polierrot, welches mit einem hölzernen, mit Wolle bewickelten und mit Gewichten beschwerten Brette aufgerieben wird. Jede der beschriebenen Operationen wird nach einander zuerst an der einen, dann an der anderen Seite der Spiegelplatte vorgenommen; es kommt daher wesentlich darauf an, daß die Platte beim jedesmaligen Umkehren wieder genau horizontal in die Schleifbank eingekittet wird, da sonst die beiden Flächen nicht parallel ausfallen können. Bei dem Schleifen verliert eine Platte, infolge der Rauhigkeit ihrer Flächen, besonders der gewalzten, oberen, fast die Hälfte ihrer ganzen Masse. Die polierten Tafeln zeigen nun erst alle Fehler, so daß in einer zweiten Prüfung eine neue Auswahl stattfinden muß. Die so gewonnenen Platten werden dann belegt.

Auf einem ganz glatten Tisch breitet man Stanniol (Zinnfolie) von der Größe der zu belegenden Tafel aus, streicht es vollkommen glatt und verteilt mittels einer Bürste Quecksilber über die ganze Fläche. Ist ganz gleichförmige Benetzung eingetreten, so gießt man noch Quecksilber nach und streicht mit dem Lineal über die Fläche, welche nun spiegelblank erscheinen muß. Dann schiebt man die sorgfältig gereinigte Platte von der Seite her, mit der Längskante voran, auf die Belegung. Der Spiegel wird nun, um den erheblichen Überschuß an Quecksilber zu beseitigen, vorsichtig mit Gewichten beschwert und der Belegetisch schwach geneigt. So fließt das meiste Quecksilber ab. Zuletzt wird der Spiegel auf die hohe Kante gestellt, um die letzten Metallreste zu entfernen. Das Belegen eines großen Spiegels ist eine sehr schwierige und zeitraubende Arbeit, die Wochen in Anspruch nehmen kann.

Statt die Spiegeltafeln zu walzen, hat man auch die Walze durch eine zweite Metallplatte ersetzt, welche den halbflüssigen Guß niederpreßt; der Vorteil, den diese Methode mit sich bringt, liegt darin, daß auch die obere Fläche glätter ausfällt, was einen geringeren Massenverlust und eine kürzere Arbeitszeit beim Schleifen bedingt. Indessen ist dies Verfahren bei größeren Spiegeln nicht leicht ausführbar und wird daher nur bei kleineren angewendet.

e) Das Krystallglas.

Da die englischen Glasmacher von alters her auf die Steinkohle als Brennmaterial für ihre Öfen angewiesen waren, so mußten sie, um ihre Glasflüsse gegen die blakende Flamme zu schützen, ihre Häfen bedecken; da aber hierdurch ein erheblicher Wärmeverlust hervorgerufen wurde, so versuchten sie das Glas durch alle nur möglichen Zusätze leichtflüssiger zu machen. Bei dieser Gelegenheit, also zufällig, wurden die hervorragenden optischen Eigenschaften der bleihaltigen Gläser entdeckt. Seitdem fabriziert man überall bleihaltige Gläser gerade ihres starken Lichtbrechungsvermögens halber. Beträgt der Gehalt an Bleioxyd etwa ein Drittel des ganzen Satzes, so erhält man das zu den feinen Schleifwaren benutzte, heute aber auch häufig durch das gute böhmische Glas ersetzte Krystallglas.

Der Satz des Krystallglases besteht, neben Kieselerde und Mennige (oder Bleioxyd), nur noch aus gereinigter Pottasche. Die Kieselerde muß völlig frei von Eisen sein; als Entfärbungsmittel dient nicht Braunstein, sondern Salpeter. In gleicher Weise zieht man die Mennige, wegen ihres durch den Sauerstoffgehalt bedingten Entfärbungsvermögens, dem Bleioxyd vor. Die Schmelzung und die Läuterung erfolgen entweder in demselben Hafen, oder, falls die Kosten nicht ins Gewicht fallen, in Hafen und Wanne, wie bei der Fabrikation des Spiegelglases. Der Fluß muß vor dem Rauch der Feuerung sorgfältig bewahrt werden; ebenso muß man ihn vor der Berührung mit eisenhaltigen Stoffen hüten, da diese eine Braunfärbung veranlassen. Die Verarbeitung des Krystallglases geschieht selten durch Blasen allein;

meist wendet man das Blasen oder auch den Guß in Formen an. Die Formen, von denen Fig. 471 ein Beispiel darstellt, sind sehr sorgfältig aus Metall gearbeitet. Sie bestehen aus einzelnen Teilen, welche sich auf- und zuklappen lassen. In die geöffnete Form führt der Bläser den an der Pfeife hängenden hohlen Glasballen ein; ein Gehülfe schließt die Form, worauf der Bläser durch kräftiges Einblasen das Glas in alle inneren Teile der Form hineinpreßt. Das überflüssige tritt als Wulst oben aus der Form. Nachdem das geblasene Glasstück erstarrt ist, wird die Form geöffnet und das Stück von der Pfeife abgesprengt. Ganz massive Geräte, z. B. Teller, Salzfässer und dergleichen, werden durch Eingießen des flüssigen Glases in eine aus zwei Hälften bestehende Form hergestellt; dann werden die beiden Hälften scharf auf einander gepreßt, so daß das überschüssige aus den Fugen hervordringt.

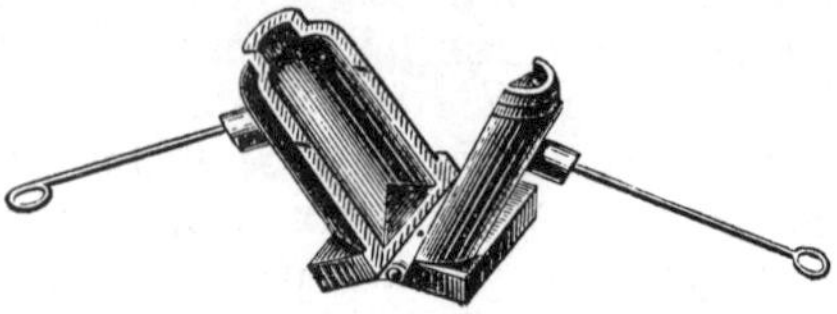

Fig. 471. Klappform.

Geblasene und gepreßte Krystallglaswaren zeigen nur eine unvollkommene Gravierung und keinen besonders hohen Glanz. Der Grund hierfür ist der Umstand, daß das Glas erstarrt, ehe es sich völlig an alle Feinheiten der Form anlegen kann; die Flächen werden nicht völlig eben und die Kanten sind unregelmäßig gekrümmt. Bei dem Krystallglas ist dieser Umstand wegen seiner Leichtflüssigkeit noch nicht einmal von so starkem Einfluß; viel mehr zeigt er sich bei dem früher erwähnten viel strengflüssigeren Crownglas und dem böhmischen Glase, welche beide gerade ebenso verarbeitet werden, wie das Krystallglas. Aus diesem Grunde müssen die feinen Glasstücke, welche aus den Formen kommen, nach dem Kühlen geschliffen werden, um ihnen höheren Wert zu verleihen.

Das Schleifen erfolgt heute mittels Scheiben von Metall oder von Sandstein, welche in einer massiv gebauten Drehbank, der Schleifbank, sehr rasch umlaufen. Am Rande werden sie mit einem Brei aus Wasser und Sand für das Rauhschleifen, von Öl und Smirgel für das Feinschleifen betupft. Zum Polieren wendet man ähnlich geformte Scheiben von weichem Metall oder Kork an, welche mit Bimsstein oder Polierrot arbeiten. Es ist natürlich, daß dem Schleifer eine sehr große Auswahl der verschiedenst geformten großen und kleinen, dünnen und starken, glatten und gerippten Schleifscheiben zur Verfügung stehen muß, damit er alle Feinheiten des Schleifstückes genügend herausarbeiten kann. Auch das Bohren von Löchern und das Zersägen wird auf der Schleifbank ausgeführt. —

Ein höchst eigenartiges, von Tilghman erfundenes und der neuesten Zeit angehörendes Schleifverfahren, welches besonders für Scheiben angewendet wird, ist das Sandblasverfahren. Bei demselben schleudert eine Maschine mittels hochgespannter Luft oder eines sehr schnell rotierenden Wurfrades fortgesetzt scharfen Sand gegen das zu schleifende Stück, an welchem die Stellen, welche klar bleiben sollen, mit einer Schablone aus Blech oder Kautschuk bedeckt werden. Die getroffenen Stellen werden rauh geschliffen, so daß sich diese Methode vorzüglich zur Anbringung mattgehaltener Inschriften und Zeichnungen auf allerhand Glaswaren eignet und sich als Hülfsmittel des älteren Schleifverfahrens bereits sehr eingebürgert hat. Jedenfalls ist das Tilghmansche Verfahren auch ein sehr praktischer Ersatz für das Glasätzen mittels Flußsäure, deren man sich früher (schon seit 1670) zur Herstellung feiner rauher Zeichnungen auf Luxusglaswaren bediente. Dieses Verfahren, auf der auflösenden Eigenschaft der Flußsäure gegenüber dem Glas beruhend, wird wegen der gesundheitsschädlichen Eigenschaften der Säure heute nur noch beim Teilen von Glasinstrumenten angewandt, indem man die Stücke mit einem Ätzgrund von Wachs oder Asphalt überzieht, die Zeichnung eingraviert und nun die Flußsäure, die man durch Erhitzen von Flußspat und Schwefelsäure in Bleischalen erhält, einwirken läßt. An den freigelegten Stellen wird das Glas rauh, indem die Flußsäure mit dem Silicium des Glases Fluorkieselgas bildet.

f) Das Flintglas.

Die Notwendigkeit, achromatische Linsen für die optischen Instrumente herzustellen, hat schon in ziemlich früher Zeit die Glastechniker veranlaßt, nach zwei Glassorten zu suchen, welche in Bezug auf das Verhältnis ihres Lichtbrechungsvermögens zu ihrer farbenzerstreuenden Kraft möglichst stark von einander abweichen. Zwei solche Glasarten hat man einerseits in dem oben genannten bleifreien und aus den reinsten Satzteilen hergestellten Crownglas, andererseits in einem sehr bleireichen Glase gefunden, welches, weil man zu seiner Darstellung früher gemahlenen Flintstein benutzte, mit dem Namen Flintglas belegt worden ist. Während die Fabrikation des Crownglases keine Schwierigkeiten bietet, häufen sich diese in sehr starker Weise bei der Herstellung des für die optischen Instrumente hochwichtigen Flintglases. Es hat dies seinen Grund in dem Bestreben, ein möglichst bleireiches Glas (mit 50 und mehr Prozent Bleioxyd) darzustellen. Leider zeigt sich aber beim Einschmelzen des betreffenden Satzes die störende Erscheinung, daß sich am Boden des Hafens ein bleireicheres, schwereres, stärker brechendes Glas abscheidet, während ein bleiärmeres, leichteres, schwächer brechendes weiter oben liegt. Selbst durch Umrühren ist es, bei den so verschiedenen Temperaturen in den einzelnen Regionen des Hafens, nicht möglich, den Übelstand ganz zu beseitigen, besonders, da die eisernen Rührer das Glas färben. Die Folge davon ist, daß das Glas beim Erstarren Schlieren und Streifen zeigt, welche seine Anwendung zu optischen Zwecken vollständig in Frage stellen. Faraday welcher 1824 als erstes Mitglied einer Kommission der Royal Society of arts in London die Frage genau untersuchte, schlug vor, ein Flintglas aus Borsäure, Kieselsäure und Bleioxyd in Platingefäßen zu schmelzen. Seine Methode hat wegen der Kosten und des zu hohen Bleigehaltes des Glases keine praktische Verwendung gefunden. Bereits einige Zeit vorher hatte Fraunhofer in München schlierenfreie Flintlinsen hergestellt, aber sein Geheimnis bewahrt. Sein Mitarbeiter Guinand gründete bei Paris eine Werkstatt, welche später an dessen Sohn überging und von diesem an Bontemps verkauft wurde. Dem letzteren, welcher schon 1828 tadellose, wenn auch noch kleine Blasen zeigende Linsen bis zu 13 Zoll Durchmesser herstellte, verdanken wir die wichtigste Neuerung in der Flintglasfabrikation, die Einführung eines Rührers aus Hafenmasse, dessen Erfindung übrigens wahrscheinlich von dem älteren Guinand herrührt. Das Guinandsche Verfahren, welches sich im wesentlichen bis heute erhalten hat, wendet als Glassatz eine Mischung von reinstem Sand, ebenso viel Mennige und etwa dem dritten Teil kalcinierter Soda an. An Stelle der letzteren haben spätere Fabrikanten häufig Pottasche gesetzt.

Das Schmelzen erfolgt in einem Ofen mit Steinkohlenfeuerung (Fig. 472), in welchem nur ein einziger, mittels einer Haube verschlossener Hafen steht. Die seitliche Öffnung der Haube paßt in das Arbeitsloch, so daß das Glas durch den Rauch gar nicht berührt werden kann, von außen aber leicht zugänglich ist. Der Satz wird allmählich eingetragen. Nach etwa 12 bis 16 Stunden ist völliger Fluß eingetreten. Dann wartet man, bis die Feuerung keinen Rauch mehr giebt, nimmt die Haube ab, setzt den vorher bis zur Weißglut erhitzten Rührer ein und verschließt den Hafen wieder. Mittels eines in den hohlen Rührer eingesetzten eisernen Hakens rührt man nun um, wobei eine vor der Arbeitsöffnung aufgestellte Rolle die Arbeit wesentlich erleichtert. Der Rührer bleibt nun schwimmend in dem Fluß,

Fig. 472. Flintglasofen.

der Haken wird weggenommen und das Feuer zum Zwecke der Läuterung mehrere Stunden geschürt. Jetzt erst beginnt das eigentliche Rühren, welches man nur unterbricht, um die weißglühend gewordenen Eisenhaken durch neue zu ersetzen. Nach 6 Stunden unterbricht man das Feuern durch „Kaltschüren“, um nach weiteren 2 Stunden wieder heiß zu schüren. Endlich beginnt der Fluß dick zu werden; man hört auf zu rühren, schließt den Ofen gänzlich und läßt ihn verkühlen. Hierzu gehört eine Zeit von 6 bis 8 Tagen. Nunmehr bildet das Glas im Hafen meist eine zusammenhängende Masse, an welche man, nach dem Zerschlagen des Hafens, zwei parallele, an entgegengesetzten Enden liegende Flächen schleift und poliert. So kann man genau untersuchen, wo das Innere, welches wohl nie ganz homogen ausgefallen sein wird, Streifen und Schlieren zeigt, um hiernach reine Stücke herauszusägen. Diese werden in einem besonderen Ofen bis zum gelinden Erweichen aufgewärmt, in einer zweiklappigen Form in Gestalt einer Linse gepreßt, recht gut gekühlt und endlich, dem speziellen Zweck entsprechend, geschliffen und poliert.

Durch das Verfahren von Bontemps ist der Preis der rohen Flintglaslinsen, welcher früher ein ganz außerordentlich hoher war, auf den 70. Teil gesunken. Eine ganze Reihe von verdienstvollen Männern, besonders Döbereiner und Steinheil, haben es sich angelegen sein lassen, nach zum Teil noch verbesserten Methoden, die aber nur in unwesentlichen Punkten von der beschriebenen abweichen, Linsen von großer Reinheit und bedeutender Ausdehnung herzustellen. Über die neuesten Einführungen auf diesem Gebiete sehe man das nähere in dem die optischen Instrumente behandelnden Abschnitt dieses Buches.

g) Der Straß.

Derselbe ist ein Kalibleisilikat von großem Bleireichtum und leichter Schmelzbarkeit. Er dient, mit verschiedenen Metalloxyden gefärbt, zur Herstellung künstlicher Edelsteine (Pierre de Strass). Um gute und klare Farben zu erhalten, ist die Auswahl der reinsten Ingredienzien dringend geboten; so benutzt man z. B. an Stelle der Kieselerde Bergkrystall. Das Schmelzen erfolgt in Öfen, die nur einen oder doch wenige Häfen enthalten und bedarf eines sehr sorgfältigen Läuterungsprozesses; die Herstellung ist im wesentlichen dieselbe, wie beim Flintglas.

Setzt man dem Straß Zinnoxyd zu, so verliert er seine Durchsichtigkeit, behält aber seinen hohen Glanz und heißt in diesem Zustande **Schmelz** (Email).

Wenn auch in der bisherigen Schilderung der Glasindustrie die sämtlichen wichtigen Gebiete derselben in Betracht gezogen wurden, so bleiben doch noch einige Einzelheiten von Interesse übrig, welche in dem folgenden ganz kurz zusammengefaßt werden sollen. Es ist dies die Herstellung der überwiegend Luxuszwecken dienenden Glaswaren, unter welchen manche wichtige Artikel des Welthandels bilden.

Gefärbte Gläser können entweder durch Färben in der ganzen Masse gewonnen werden oder durch sogenanntes „Überfangen" des farblos bleibenden Glases mit einer dünnen Schicht gefärbten Flusses. Das erstere geschieht, indem man dem Glase den färbenden Bestandteil, gewöhnlich ein Metalloxyd, sogleich bei der Fabrikation einverleibt. Gelbes Glas erhält man durch Zusatz von antimoniger Säure oder von Chlorsilber; rotes am schönsten durch Überfangen der fertigen farblosen Waren mit einem durch Kupferoxydul rot gefärbten Glase, welches übrigens nach dem Erkalten noch farblos bleibt und erst durch neues schwaches Anwärmen seine prächtige Rubinfarbe erhält. Aus so behandelten Waren kann man durch teilweises Wegschleifen der Überfangschicht sehr schön gemusterte und geschätzte Stücke herstellen. Andere rote Nuancen giebt Eisenoxyd und Goldpurpur. Das erstere färbt bräunlich, der letztere, durch Fällen einer Goldlösung mit Zinnchlorürchlorid erhalten, rosa- bis karminrot. Violett färbt man in der Masse mit Braunstein; grün mittelst Eisenoxydul, schöner mittelst Kupferoxyd oder Chromoxyd. Ein schönes und reines Blau wird nur durch Kobaltoxydul erhalten. Die prächtige Farbe desselben hat bewirkt, daß man besondere Fabriken zum Zwecke der Darstellung feingemahlenen blauen Glases angelegt hat und dieses letztere unter dem Namen Smalte als Farbmaterial in der Glas- und Porzellanmalerei verwendet. Diese Industrie ist bereits seit dem 16. Jahrhundert bekannt und wird besonders in Sachsen betrieben, wo man die häufig anstehenden Kobalterze direkt auf diesem Wege ausbeutet. Man röstet die Erze, um sie zu oxydieren und verglast sie dann durch Schmelzen mit Alkali und Kieselerde. Es folgt endlich das Mahlen und Schlemmen der fertigen Smalte. Außer zu Malereizwecken wird die Smalte auch als dauerhafte Anstrichfarbe, sowie zum Bläuen des Papiers, der Wäsche u. s. w. gebraucht. — Das sogenannte Milchglas, welches zu Lampenglocken und dergleichen verarbeitet wird, ist dem Email ähnlich, wird aber erhalten, indem man dem gewöhnlichen Glassatz bis zu 20% weiß gebrannte Knochen zusetzt (Beinglas); auch hier ist der Fluß klar und die Undurchsichtigkeit entsteht erst beim Blasen und Anwärmen der Stücke.

Hämatinon- und Aventuringlas sind halbdurchsichtige Gläser mit glänzenden Flittern in der Masse. Es sind Kupferoxydulgläser, in welchen die Kieselsäure bedeutend überwiegt und das Kupferoxydul zum Teil durch Zusatz einer reduzierenden Substanz als metallisches Kupfer ausgeschieden ist. Das ähnliche, aber farblose Perlmutterglas enthält eingestreut glänzende Glimmerblättchen, während das Filigranglas in farblosem oder schwach gefärbtem Fluß anders gefärbte Fäden zeigt.

Irisglas erhält man, wenn man die geformten, noch glühenden Stücke Dämpfen von Zinnsalz aussetzt. Die letzteren greifen die Oberfläche an und erzeugen ein sehr feines Häutchen, welches Interferenzfarben zeigt.

Eisglas erhält man aus gewöhnlichem Glasfluß, indem man das Stück beim Blasen noch glühend in kaltes Wasser taucht, es dann von neuem erwärmt, bis die zersprungenen Stücke sich wieder verbunden haben und es fertig bläst. Sehr gutes Kühlen ist bei den sehr geschätzten Eisglaswaren Hauptbedingung, besonders dann, wenn man, um ihm recht viele Sprünge zu verleihen, das Eintauchverfahren wiederholt angewendet hat.

Glasperlen bilden einen wichtigen Artikel des Handels. Die Perlenindustrie stammt von den venetianischen Hütten auf Murano, wo man Perlen aus Glasröhren zuerst herstellte. Die Arbeiter ziehen in der oben geschilderten Art Röhren aus allen möglichen gefärbten Gläsern; diese werden mittels eines Messers in Stücke von gleicher Länge und Breite zerteilt. Um die gewonnenen Perlen abzustumpfen, mengt man sie mit gepulvertem Thon nnd Kohle und erhitzt das ganze in einem eisernen rotierenden Cylinder bis zum Glühen. Nach dem Erkalten erfolgt das Sieben, Sortieren und Aufreihen auf Fäden. Anders als diese massiven oder venetianischen Perlen werden die als Imitation der echten Perlen dienenden französischen Perlen hergestellt. Nach einem von Jaquin 1656 erfundenen Verfahren bläst man hohle Glasperlen und füllt sie mit einer aus den Schuppen der Weißfische (Üklei) bereiteten Tinktur, welche der Wand der Kugel den matten Glanz der echten Perlen mitteilt. Früher gewann man die Tinktur durch Ausziehen und Schütteln der Schuppen mit Wasser, heute wendet man statt dessen besser Salmiakgeist mit etwas Fischleim an. Übrigens werden die künstlichen hohlen Perlen auch mit Wachs ausgegossen oder erhalten als Füllung irgend eine sehr leichtflüssige Metalllegierung.

Daß man Glas zu außerordentlich feinen Fäden ausziehen kann, ist bekannt. Diese Fäden, deren Durchmesser oft nur 0,01 mm beträgt, sind höchst elastisch. Da sie zudem allen chemischen Einflüssen trotzen, so hat man den Versuch gemacht, sie zu verspinnen. Das erhaltene Gewebe zeigt einen außerordentlich schönen Glanz, ist aber für die Verwendung im allgemeinen ungeeignet, weil die Fäden nie ganz gleich ausfallen und doch hier und da brechen. Nur einzelne Schmuckgegenstände stellt man daher aus Glasfäden her. Die sogenannte Glaswolle dient in der Chemie zu verschiedenen Zwecken.

Die Glasmalerei, der am meisten an die bildende Kunst sich anlehnende Zweig der Glastechnik, ist schon in alten Zeiten betrieben und in gewisser Hinsicht zu hoher Vollendung gebracht worden. Die Erzeugnisse dieser Kunst, die Glasmosaiken, findet man besonders in den ältesten Kirchenbauten des Mittelalters. Die einzelnen Partieen des Bildes wurden aus Scheiben von der entsprechenden Farbe ausgeschnitten, die Zeichnung und Schattierung mit Schmelzfarbe aufgetragen, diese eingebrannt und die einzelnen Scheiben durch Bleizüge, welche möglichst mit den Konturen des Bildes zusammenfielen, verbunden. Erst später brannte man nicht nur Schwarz ein, sondern auch andere Farben. Berühmte Kunstheroen, wie z. B. Dürer und van Dyk, haben dazu beigetragen, die Glasmalerei auf eine hohe Stufe der Vollendung zu bringen; im 15. und 16. Jahrhundert erreichte diese Kunst ihre höchste Blüte, um dann gründlich vernachlässigt zu werden und endlich fast ganz in Vergessenheit zu geraten. Erst in unserem Jahrhundert ist es durch die energischen Anstrengungen einzelner Männer gelungen, den Kunstzweig der Glasmalerei, welchem heute die Chemie mit ihren umfassenden Entdeckungen zur Seite steht, wieder aufleben zu lassen. Man kennt jetzt eine so große Menge von bunten Glasflüssen, daß es mit deren Hülfe gelungen ist, die früheren Glasmalereien in Bezug auf Mannigfaltigkeit der Farben und technische Vollendung womöglich noch zu übertreffen.

Bei der Glasmalerei kommt wesentlich ein Punkt in Betracht: daß nämlich die einzubrennende Farbe mittels eines so leichtflüssigen Glases aufgetragen wird, daß bei dem späteren Brennen zwar dieses leichtflüssige Glas schmilzt, nicht aber die Glastafel oder der Gegenstand, welcher die Malerei erhalten soll. Die Unterlage der Darstellung wird daher nie aus bleihaltigem Glas, sondern stets aus dem bleifreien, sehr schwer schmelzbaren böhmischen Glase hergestellt. Dagegen enthält der Fluß, d. h. die gefärbte Schicht, zur Beförderung der Leichtflüssigkeit stets viel Blei, Wismutoxyd und Borax. Der Maler legt unter die Glastafel, auf der das Bild ausgeführt werden soll, den Karton der Zeichnung und trägt die nach Art der Smalte zubereiteten, d. h. verglasten und fein geriebenen Farben mittels Terpentinöls auf. Nach dem Trocknen kommt die Tafel in einen kleinen Muffelofen von Thon, in welchem sie in einer auf dem Roste des Ofens stehenden prismatischen, kastenförmigen Muffel bis zum Schmelzpunkt des farbigen Flusses erhitzt wird. Die in braun oder schwarz gehaltenen Umrisse des Gemäldes werden auf die eine, die klaren Farben auf die andere Seite der Tafel aufgetragen. Auf diese Weise erhält man stets eine scharfe Zeichnung. Es muß noch bemerkt werden, daß man in der Neuzeit Glasgemälde aus Bildern von der beschriebenen Herstellungsart mit Glasmosaiken nach Art der mittelalterlichen Ausführung kombiniert und damit sehr schöne Wirkungen erzielt hat. Der preußische General Vogel v. Falkenstein, einer der Führer des deutsch-österreichischen Krieges, sei hier als derjenige Mann genannt, welcher sich um das Wiederaufleben der Glasmalerei in Preußen die größten Verdienste erworben hat.

3. Die Thonwaren.

a) Die Thonwarenfabrikation im allgemeinen.

Wie frühe in dem Menschen der Wunsch erwachte, sich Behälter für ihm dienende Stoffe anzuschaffen, das wissen wir nicht. Vorerst mußte er wohl für die flüssigen, durch ihre Beweglichkeit sich uns so leicht entziehenden Körper nach einer Berge suchen, und den Schädel wie das Horn der erlegten Jagdbeute fand er für diesen Zweck passend. Jenes Bedürfnis rief also die Anfänge der heute so entwickelten Hornindustrie ins Dasein. Daß im Erdboden Stoffe seien, die in Formen gebracht werden konnten und, getrocknet und gebrannt, ihre Gestalt behielten, das war, wie die Geschichte der Backsteine uns lehrt, eine Erfindung, die in den ersten historischen Bauten bereits verwertet ward. Daß die Kunst, jene Stoffe zu Geschirren zu verarbeiten, sogar vorhistorische Existenz besaß, das lehren die nicht unbedeutenden Reste von Thongeräten, welche wir in den Pfahlbauten finden. In diesen Anfängen der keramischen Kunst sind auch die ersten Elemente der Ornamentik verwertet. Das Geschirr ward hier noch mit bloßer Hand geformt, es zeigt sich zuerst als durchaus unregelmäßig in der Dicke der Böden und Wände; aber gebrannt ist es in einer selbst strengere Forderungen befriedigenden Weise. Die nächste Erfindung auf diesem Gebiete, die Töpferscheibe, war bereits um 1900 v. Chr. in Ägypten bekannt, denn auf dortigen Wandgemälden erblicken wir ihre Anwendung. Von dort ist sie in Griechenland eingeführt worden, wo der göttliche Sänger Homer ihre Drehung mit dem Rundtanze verglich. Sie hat ihr Aussehen — so weit nicht Maschinenkraft die menschliche ersetzte — inzwischen nicht wesentlich geändert. Die vertikale Welle eines wagerechten Schwungrades trägt an ihrem oberen Ende eine Platte. Der Arbeiter, welcher vor dem Apparate sitzt, kann durch eine Stange, den Fuß oder mit Hülfe einer Übertragung das Rad in Schwung versetzen. Zugleich setzt er die Masse, welche geformt werden soll, auf die Platte. Derselben muß durch Bearbeiten mittels der Hände während der Drehung die gewünschte Gestalt gegeben werden. Sie wird vermöge der Schwungkraft zuerst zu einem stumpfen Kegel und durch den Druck der beiden Daumen auf den Oberteil und der übrigen Finger auf die Seiten zu einem ausgehöhlten Gegenstande von beliebiger Form ausgearbeitet. Die Geschwindigkeit der Drehung wird der Former natürlich so regulieren, daß keine Teile der Masse davonfliegen, und daß sie genügt, um der Schwungkraft Einfluß auf die Formgebung zu verschaffen. Auch die durch Maschinenkraft bewegten Drehscheiben sind in Bezug auf ihre Geschwindigkeit leicht zu regulieren. Wenn es auf genaue Arbeit ankommt, so wird freilich die Hand nicht alles thun können, man macht dann von Schablonen aus

Blech Gebrauch, welche den Umriß des zu formenden Gegenstandes angeben und gegen die sich drehende Thonmasse gehalten werden. Ist die Formgebung vollbracht, so kann man den Körper durch einen dünnen Draht von der Unterlage abschneiden und zum Trocknen bringen.

Sahen wir, daß die Bildsamkeit des Thons der Grund ist, warum man ihn zu den mannigfachsten Dingen verarbeiten kann, so muß noch eins hinzukommen, um die Brauchbarkeit der geformten Gegenstände zu garantieren. Das ist die Festigkeit. Wir wissen zwar, daß keines unserer irdenen Geschirre unzerbrechlich ist, aber sie besitzen doch den hinreichenden Grad von Widerstandskraft, der ihnen lange Lebensdauer sichert. Woher schreibt sich diese Eigenschaft? Der rote Thon ist seiner chemischen Beschaffenheit nach aus der kieselsauren Thonerde zusammengesetzt samt größeren oder geringeren Mengen von anderen Salzen der Kieselsäure, von Sand und anderen Gesteinsresten. Wie der Hauptbestandteil sich der Formung gefügig zeigt, so ist er es, der durch sein Bindevermögen die anderen Körperchen in sich aufnimmt und schließlich bei hoher Temperatur, das ihm beigemengte Wasser aufgebend, zusammensintert. Mit diesem Ausdruck bezeichnet man die folgende Erscheinung. Ein Teil der den Thon zusammensetzenden Materialien schmilzt beim Brennen, ein anderer, weit überwiegender Teil bleibt in festem Zustande, die ersteren aber verkitten diese zu einer beim Erstarren große Festigkeit gewinnenden Masse. Jene Beimengungen aber dienen als Flußmittel, d. h. sie bewirken, daß der Thon beim Brande an seiner Oberfläche ganz schmelzen, also sich mit einer harten Schutzhülle, der Glasur, umgeben kann, die ihm zugleich Schönheit verleiht. So unterscheidet sich der Thon vom Glase dadurch, daß dieses sich aus einer gleichmäßigen Schmelze bildet, während im sinternden Thon die ungeschmolzenen Körperchen überwiegen. Daher schreiben sich die Vorzüge der Thonwaren gegenüber dem spröden Glase. Es vermag eine ungleichmäßige Erwärmung leicht zu ertragen, die das Glas zum Springen bringen würde. Die Sprödigkeit der Thonprodukte richtet sich sogar ganz genau nach der Menge der Teilchen, welche beim Brande ungeschmolzen geblieben sind. Ist diese sehr groß, so sind dieselben nicht hinreichend mit einander verkittet, und die Masse wird beim Anstoßen leicht zerbrechen, wie auch beim unvorsichtigen Erhitzen zerspringen, ebensowenig aber vertragen die Thonwaren, welche beim Brande fast völlig durchgeschmolzen sind und die darum fast durchsichtig erscheinen, die ungleichmäßige Erwärmung. Am besten sind in dieser Beziehung die Produkte daran, bei welchen das Verhältnis in der Mitte steht.

Hieraus ergiebt sich eine große Verschiedenheit der Thonwaren sowohl nach dieser Eigenschaft — der Beschaffenheit des „Scherbens“ —, dann nach der Natur des verwendeten Thons, der natürlich, je unreiner er gebraucht wird, eine desto geringere Sorgsamkeit beim Brennen erfordert; schließlich auch nach dem Vorhandensein oder Fehlen einer Glasur. Enthält der Scherben viele geschmolzene Teilchen, so wird er dem Glase auch darin nahe kommen, daß er ein geschlossenes, für Flüssigkeiten durchaus unpassierbares Ganze bildet, das also an die Zunge gelegt, dort nicht festkleben wird. Wenn solche Waren angestoßen werden, so klingen sie. Von dieser Art sind das echte und das weiche Porzellan, sowie das Steinzeug. Die andern, welche nur wenig geschmolzene Teile enthalten, werden dagegen porös erscheinen und, soweit sie nicht glasiert sind, Flüssigkeiten in sich eintreten lassen, also auch an der Zunge festhaften; sie haben auch nicht den Klang jener. So sind die Fayence, das Steingut, das gewöhnliche Töpfergeschirr und die Backsteine beschaffen, welche letzteren wir bereits als Baumaterialien behandelt haben. Wir werden dieselben der Reihe nach durchgehen. Zuvor aber wollen wir in Kürze den Gang angeben, den man bei der Fabrikation der einzelnen einzuschlagen haben wird.

Zuerst wird man den Thon, je feinere Waren man erzeugen will, desto sorgfältiger von den ihm anhaftenden Verunreinigungen befreien müssen. Man wird ihn dazu zerkleinern und schlämmen, wie das auch schon bei dem minderwertigen Thon für die Backsteine nötig war. Man bedient sich dazu großer über einander angelegter Bottiche. In dem obersten wird das zerkleinerte Material mit Wasser gemengt, die Milch, in welcher die feineren Teile schwebend bleiben, läßt man in den folgenden Bottich eintreten u. s. f., bis man nach dem Setzen in den verschiedenen Bassins Material von immer größerer Feinheit hat, welches nun je nach Bedürfnis in verschiedenem Verhältnis unter einander gemischt weiter verwendet wird. Die Bildsamkeit zu erhöhen, läßt man den Thon im allgemeinen erst faulen, d. h. man durchtränkt ihn mit einer sich leicht zersetzenden Flüssigkeit, etwa mit Jauche, und läßt ihn an einem kühlen, feuchten Orte liegen. Dabei färbt er sich unter Gasentwickelung erst dunkel und dann wieder hell und erlangt größere Bildsamkeit und Gleichförmigkeit. Soll das Endprodukt einen geschlossenen Scherben besitzen, so wird man dafür sorgen müssen, daß es leicht schmelze, und wird als Flußmittel der Thonmasse Feldspat, Kalk, Gips, auch Knochenasche zusetzen. Dieses Durchkneten geschieht jetzt fast überall in besonderen Maschinen. Sonst genügt es, den Thon allein mit Wasser zu verkneten und weiter zu verarbeiten. Er kommt jetzt auf die Drehscheibe, soweit er nicht durch Eindrücken in besondere Gipsformen oder durch Pressen in Messing- und Eisenformen oder schließlich durch Ausgießen der zähflüssigen Masse in Gipsformen, die ihm durch ihre Porosität das Wasser entziehen, seine Gestalt erhält. Nur die feinsten Verzierungen, wie die Blumen aus Porzellan, werden aus freier Hand mit Zuhilfenahme des Griffels geformt. Sodann wird der geformte Körper an der Luft getrocknet und schließlich im Ofen gebrannt, um den für jede Thonware eigentümlichen Scherben zu bilden. In den meisten Fällen wird er dabei auch mit der Glasur versehen, die man, da sie ja leichter als die übrige Masse schmelzen soll, besonders auftragen muß. Man rührt die Glasur, die beim echten Porzellan ein Gemenge von Thon und Kaliumwasserglas ist und für weniger feine Waren kieselsaures Blei enthält, mit Wasser zu einem dünnen Brei an, und taucht den durch das sog. Verglühen erst vorläufig, aber noch nicht gar gebrannten Scherben in denselben, oder man begießt ihn damit, stäubt ihn in die Glasurmasse ein, oder schließlich man verdampft Kochsalz im Ofen, das dann mit Thonmasse eine Glasur gibt.

b) Die dichten Thonwaren.

Wir beginnen mit demjenigen Produkt, welches von jeher als das feinste gegolten hat, mit dem echten Porzellan. Es ist zuerst in China heimisch gewesen, und wenn es auch nicht so lange bekannt ist, wie man früher allgemein glaubte, so ist es doch möglich, daß es bereits im zweiten Jahrhundert v. Chr. dort fabriziert wurde, und fällt seine Erfindung keinesfalls später als 89 n. Chr. Von hier aus wird sie natürlich auch in das gewerbreiche Nachbarland Japan übergegangen sein, aber fabriziert wurde jenes dort erst seit Beginn des 16. Jahrhunderts. Marco Polo, der bekannte venetianische Seefahrer, welcher um 1380 lange Jahre in chinesischen Diensten stand, beschreibt die Herstellung des Porzellans. Unter der Ming-Dynastie, da alle Künste in China blühten, nahm auch die Porzellan-Fabrikation den höchsten Aufschwung: 1431 ward das vielbewunderte Bauwerk, der 100 m hohe Porzellanturm von Nanking gebaut, der jetzt zerstört ist. In Europa sah man diese Waren zuerst im 16. Jahrhundert und versuchte sofort, sie selbstständig herzustellen.

Die kunstsinnigen Medizäer in Florenz vor allem scheuten keine Kosten, um Porzellan hervorzubringen. Im 17. Jahrhundert war in Japan die sogenannte Holländerzeit, und in dem lebhaften Verkehr mit dem Abendlande bildete das Porzellan ein Hauptzahlungsmittel. Die Fabrikation im Morgenlande aber paßte sich zugleich dem Geschmacke der Besteller immer mehr an.

Erst im Jahre 1706 gelang es dem Alchimisten Joh. Friedrich Böttger zu Dresden, den lang gesuchten Stoff aufzufinden. Er suchte den Stein der Weisen und fand das sogenannte rote Porzellan, und diesmal wenigstens „mangelte der Weise nicht dem Stein“. Erlaubte diese Erfindung bereits die Entwickelung eines besondern Zweiges der Keramik, so ward durch die im Jahre 1709 erfolgte Entdeckung Böttgers, daß ein Hauptbestandteil des Haarpuders Porzellanerde sei, und die nunmehr dadurch erleichterte Auffindung eines großen Lagers derselben, die Porzellanindustrie im Abendlande vollends eingebürgert. In Meißen gelangte dieselbe schnell zu hoher Blüte unter Böttger, dem in der Albrechtsburg die erste Fabrik eingerichtet wurde. Streng wurde daselbst das Geheimnis der kostbaren Industrie bewahrt, bis es einzelnen Arbeitern zu entkommen gelang und durch sie die Sache offenkundig ward. Bald darauf hatte jedes Land seine eigene Porzellanfabrik. Die erste in Preußen ward 1750 von Wegely zu Berlin eingerichtet, ging aber nach sieben Jahren wieder ein; erst die 1761 von Gotzkowsky gegründete Fabrik in der Leipziger Straße, welche zwei Jahre später der Staat übernahm, hielt sich, es ist die heute noch blühende Königliche Porzellan-Manufaktur. Am Ende des 17. Jahrhunderts war bereits das weiche Porzellan in Frankreich erfunden worden, und es wurde bis 1740 in St. Cloud, bis 1753 in Vincennes und von da an in der berühmten Fabrik zu Sèvres fabriziert.

Was die Erfindung des Porzellans im Auslande hintanhielt, das war der Mangel des geeigneten Materials. Dieses ist der reinste Thon, die Porzellanerde oder das Kaolin, welches unvermischt in Europa nicht eben häufig vorkommt, und bei dem Stande der chemischen Kenntnisse im Anfange des vorigen Jahrhunderts nur schwer zu entdecken war. Das Lager bei Meißen versah die sächsische, dasjenige bei Halle die preußische Manufaktur. Um diesen für sich unschmelzbaren Stoff beim Brande zur Sinterung zu bringen, mußte man ihm die geeigneten Flußmittel zusetzen, als welche die Chinesen längst Gips und Feuerstein erkannt hatten, während z. B. in Berlin Feldspat und Quarz verwendet werden. Das gute Berliner und Meißener Porzellan enthält nur verhältnismäßig wenig Flußmittel, braucht daher eine sehr hohe Temperatur, um gar zu brennen. Es zeichnet sich dafür durch eine große Widerstandsfähigkeit gegen rasche Temperaturveränderungen aus, es ist gewaltig hart, und da in dünnen Schichten die ungeschmolzenen Teilchen nicht auffallen, durchscheinend. Bevor es mit der Glasur versehen wird, muß es zunächst bei einer Wärme von 1000° C geglüht werden. Die Glasur hat eine ganz ähnliche Zusammensetzung, wie der Scherben, nur daß sie ein wenig mehr Flußmittel enthält, also daß sie zwar etwas leichter schmilzt, aber auch bei ungleichmäßiger Erwärmung dem Scherben sich anschmiegt und nicht rissig wird. Nur beim Porzellan findet das Glasieren und Garbrennen zugleich statt, und das bedingt mit die großen Vorzüge dieses Produkts. Nur wenig Porzellan wird ohne Glasur gar gebrannt; man nennt dasselbe Biskuit; es ist eine dem Marmor äußerlich ähnliche Masse, aus der man Büsten herstellt. Das Garbrennen geschieht bei einer gewaltigen Glut, welche die Glasur ganz und den Scherben wenigstens teilweise zum Schmelzen bringt und wohl höher als bei 1600° C liegt, eine Hitze, welche das Schmiedeeisen längst verflüssigen würde.

Das Brennen, bei dem es sich sowohl um die Erzielung einer sehr hohen als auch einer möglichst gleichmäßigen Hitze handelt, geschieht in besonders für diesen Zweck konstruierten Öfen. Wir bilden in Fig. 473 u. 474 denjenigen ab, der in der Fabrik zu Sèvres angewendet und für Holzkohlenfeuerung bestimmt war. Der Durchschnitt läßt uns drei Stockwerke erkennen, welche durch Gewölbe von einander getrennt sind: in dem obersten L'' wird das Porzellan verglüht, in den beiden unteren dagegen gar gebrannt. Es sind Öffnungen c c in dem Gewölbe gelassen, durch welche die Luft von der einen zur andern Etage hindurchwandern kann. P P sind Thüren an den Seiten, durch die man in die drei Kammern gelangen kann, um die zu brennenden Gegenstände darin aufzustapeln. Während des Brandes sind dieselben jedoch zugemauert. Die Feuerkästen f, welche mit Holzkohlen beschickt

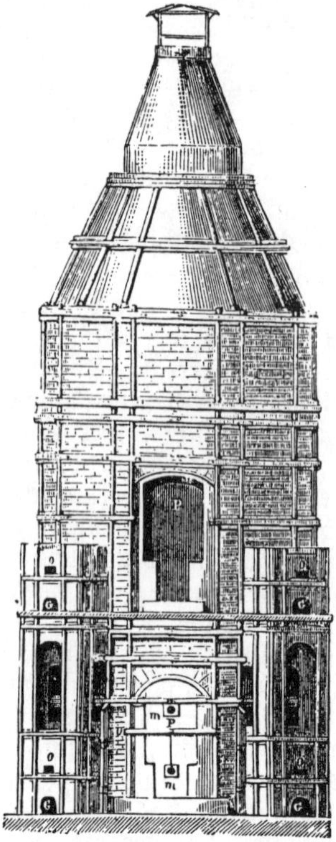

Fig. 473.
Porzellanofen von außen.

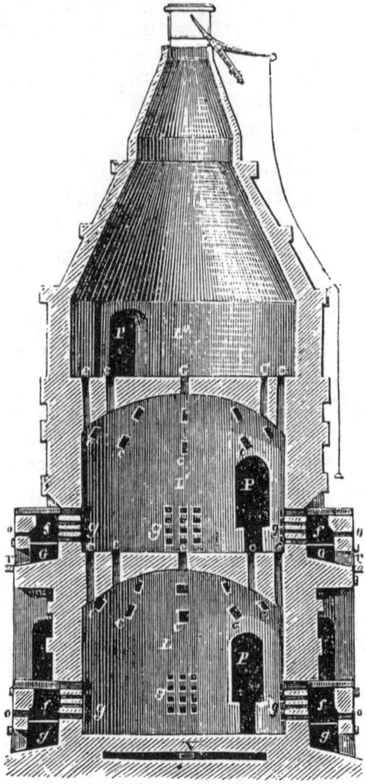

Fig. 474.
Porzellanofen (Durchschnitt).

werden, sind durch eiserne Schieber verschließbar. Das Brennmaterial wird nur beim Beginn des Vorgangs durch die seitlichen Öffnungen eingebracht; sobald das Feuer in Gang gekommen ist, wird dasselbe von oben nachgefüllt und der Kasten gegen seitliche Kommunikation mit der Atmosphäre gesichert, die oben zuströmende Luft ist es, die jetzt den Brand im Gange erhält. Durch Kanäle wird den Feuergasen der Weg in den Ofen gewiesen und ihre richtige Verteilung garantiert. Die einzelnen Stücke, welche zu brennen sind, dürfen, wenn die Glasur rein erhalten werden soll, nicht mit dem Feuer in direkte Berührung kommen, sie werden daher in besonderen Kapseln oder in ähnlichen Muffeln, wie der Galmei bei der Zinkbereitung (vergl. S. 619) eingeschlossen und dann erst in den Ofen eingesetzt, und zwar sind die Kapseln so über einander geschichtet, daß sie möglichst wenig Raum zwischen sich lassen, nur so viel, daß das Feuer zwischen die einzelnen Stöße tretend, alle Kapseln umzüngeln kann. Die Fig. 475 zeigt die Anordnung dieser Kapseln. Nach vollbrachtem Dienst ziehen die Feuergase durch die Esse ab, deren Deckel beweglich ist und je nach dem nötigen Zuge mehr oder weniger geöffnet wird. Es ist nicht zu verwundern, daß das Bestreben, auch andere Brennstoffe als die wenig Brennwert besitzende Holzkohle, in die Thon-

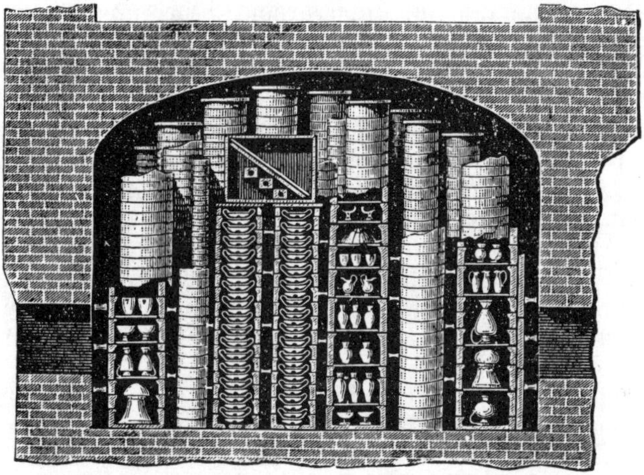

Fig. 475. Anordnung der Kapseln in einem Porzellanofen.

Industrie einzuführen und dieselben gehörig auszunutzen, in unseren Tagen andere Öfen hervorgebracht hat, wie z. B. den Gasringofen von Mendheim, der sich in der Konstruktion an Hoffmanns, S. 298 beschriebenen Ziegelofen anlehnt. Ganz neuerdings sind Öfen mit absteigender oder überschlagender Flamme verwendet worden. Bei diesen steigt die Flamme von dem unteren Raum LL nicht direkt zum Verglühraum L″ empor, sondern erst auf einem Umwege durch Kanäle in der Ofensohle, die dann in der Mauer senkrecht emporsteigen, nach L″ hinauf, so daß gleichzeitig unten das Porzellan gar gebrannt werden kann, und oben bei einer Temperatur von 1000° die Ware nur verglüht wird. Der Ofen ist derart eingerichtet, daß die sich aus dem Brennmaterial (Holz und Kohlen) entwickelnden Gase erst, nachdem sie eine Strecke gestiegen sind, zur Verbrennung gelangen — ähnlich wie bei den auf S. 299 beschriebenen Regeneratoröfen. Das Brennen in diesem Ofen dauert für das Verglühen 12 Stunden, während der Garbrand noch 14 Stunden erfordert.

Nur recht wenige von den gebrannten Stücken befriedigen übrigens durchaus alle an sie gestellten Anforderungen. Wenn man Malereien aufträgt, so läßt sich freilich ein guter Teil der Fehler noch verdecken. Wie aber geschieht dies? Man hat zwei Arten von Farben für das Porzellan: Die Scharffeuerfarben, deren es verhältnismäßig wenige giebt, vertragen die volle Glut des Garbrandes, die meisten aber, die sogenannten Muffelfarben müssen nach demselben auf die Glasur aufgetragen und in einem nachfolgendem Brande bei geringerer Hitze in Muffeln eingebrannt werden. Meistens verwendet man Metalloxyde zum Brennen. Das lange Zeit ein Geheimnis des Reiches der Mitte gewesene Chinesischrot ist vor wenigen Jahren durch Prof. Seger in Berlin als vornehmlich in Kupferoxydul bestehend erkannt worden. Die Porzellanmalerei, ursprünglich im fernen Osten heimisch, hat die Kunstindustrie des Abendlandes in den letzten Jahrzehnten besonders beschäftigt. Bis vor kurzem wurde es als ein großer Übelstand empfunden, daß die meisten Farben in der vollen Hitze des Ofens sich nicht aufbrennen ließen, weil die Metalloxyde durch dieselbe in ihre Bestandteile, das Metall und den Sauerstoff getrennt wurden. Deshalb hat nun Seger eine neue Porzellanmasse angegeben, welche eine weit geringere Hitze zum Garbrennen verlangt (1450°), bei der die meisten Farben noch bestehen können. Er mischt dazu den Thon in einem anderen Verhältnis mit den Flußmitteln; auch die Glasur ist dabei eine leichter schmelzbare. Damit ist der keramischen Kunst ein neues Feld eröffnet worden. In Frankreich und England hat man auch lange Zeit bis auf den heutigen Tag ein leichter flüssiges Porzellan, das Frittenporzellan erzeugt, welches dieselben Vorzüge hat. Das französische, bereits am Ende des 17. Jahrhunderts erfunden und in Sèvres besonders gepflegt, ist freilich kein Thonprodukt, sondern ähnelt vielmehr dem Glase in seiner Hervorbringung. Das englische, dem gewöhnlich Knochenasche als Flußmittel beigegeben wird, ist dagegen eine echte Thonware. Die Kunstindustrie ist durch die Erfindung dieser beiden Thonwaren besonders gefördert worden. Das neueste Erzeugnis der französischen Manufaktur, die sogenannten „pâte sur pâte,“ erhält man durch Auftragung und Modellierung einer weißen Thonschicht als Relief auf einen farbigen Thongrund und nachheriges Brennen. Die Erzeugnisse sind den antiken Kameen täuschend ähnlich. In England ist die Porzellanindustrie und besonders dieser Zweig derselben im Pottery-Bezirk am Trent so entwickelt, daß der Künstler das Pfund Thon zum Werte eines Pfundes Gold erhebt. In Berlin sind durch Seger noch die gerissenen, sogenannten Kraqueléglasuren mit mehreren übereinanderliegenden Farbentönen zur Blüte gebracht worden.

Wer kennt nicht die thönernen Bierkrüge, die schöngeformten und unter der Glasur bunt bemalten Urnen? Sie sind aus einer Masse verfertigt, die dem Porzellan in der Zusammensetzung am nächsten kommt, dem sogen. Steinzeug. Der Scherben ist freilich nicht durchscheinend, wie der des Porzellans, sondern undurchsichtig und gelb bis braun gefärbt. Die Glasur geschieht hier weit einfacher als bei jenem. Das Geschirr kommt nämlich unglasiert in den Ofen, in welchen Kochsalz geschüttet wird. Indem dieses verdampft, bildet es mit der Masse des Scherbens ein Glas, welches an der Oberfläche des Geschirrs festhaftet, und die Salzsäure, welche entweicht. So sind die Waren in einem einzigen Brande und zwar bei der Glut der Stahlschmelze herzustellen. Das Steinzeug hat eine geringere Widerstandskraft gegen raschen Temperaturwechsel als das echte Porzellan, aber da es wegen der geringen Kosten des Rohstoffs und des Brandes viel billiger ist, so findet es eine große Verwendung zu chemischen Apparaten, als z. B. zu Abdampfschalen und Kühlschlangen. In diesem Falle muß man freilich eine andere Glasur anwenden, da salzglasierte Geschirre von Säuren und Alkalien angegriffen werden. Man glasiert dann mit einem sehr leichtflüssigen Ziegelthon, der beim Brennen eine rotbraune, wenig durchsichtige Farbe annimmt. Dies geschieht in besonderen, aber ähnlich wie die Porzellanöfen gebauten Öfen, welche gewöhnlich mit Kohlen, für solche Geschirre, bei denen es auf Reinhaltung der Oberfläche wesentlich ankommt, wie den bemalten und den weißen Steinzeugen, aber mit Holz geschehen muß, da besonders die aus Steinkohlen freiwerdende Schwefelsäure schädlich wirkt.

c) Die porösen Thonwaren.

Von den Steinzeugen ist das Steingut wesentlich zu unterscheiden. Obgleich es bei ziemlich hoher Temperatur gebrannt ist, etwa derselben wie das Steinzeug, sind doch seine Teilchen so wenig gesintert, daß der Scherben des Steinguts porös erscheint und an der Zunge haftet. Das ist die Folge der wesentlich anderen Zusammensetzung desselben: es ist entweder aus vielem Thon mit geringen Sandbeimengungen oder umgekehrt aus viel Sand und wenig Thon gebildet. Da es von schlechterer Qualität als die vorher behandelten Waren ist, so erfordert es keine so sorgfältigen Vorarbeiten. Die Glasur wird hier erst bei einem zweiten Brande aufgetragen, der im Gegensatz zur Porzellanfabrikation bei einer niedrigeren Temperatur stattfindet, als der erste Brand, nämlich bei der Silberschmelze. Die Glasur war hier bisher ein bleihaltiges Glas und, da das Blei mit seinen Verbindungen giftige Eigenschaften besitzt, so war die Anwendung solcher Geschirre immerhin mit Gefahren für die Gesundheit verknüpft. Wir dürfen es daher als einen vom hygienischen Standpunkte aus freudig zu begrüßenden Fortschritt ansehen, daß neuerdings auf Anregung von Prof. Seger bleifreie Glasuren gebrannt werden, deren wesentliche Bestandteile borsaure Alkalien und Erden sind. Da diese Glasuren auch an Härte hervorragen, so wird damit der Gebrauch des Steingutes wesentlich zunehmen. Es war in Deutschland bisher weniger gebraucht, in England waren Tafelgeschirre aus feinem Steingute — Wedgwood genannt — dagegen längst verbreitet. Man vermag dasselbe in der mannigfachsten Weise zu färben und zu ornamentieren. Wenn es rein weiß ist, so mag es manchmal schwer halten, es von dem echten Porzellan zu unterscheiden, dann braucht man aber nur auf die Kanten zu achten, die wegen der schwachen Versinterung hier niemals durchscheinend sind. In der Kunstindustrie spielt es eine sehr unbedeutende Rolle. Hier erfreuen sich andere Thonwaren mit porösen, klebenden Scherben einer wohlverdienten Berühmtheit. Es sind die Fayencen und Majoliken.

Fayence nannten die Franzosen ein Produkt, das sie zuerst am Ausgange des Mittelalters aus der Stadt Faënza in Italien kennen lernten. Der Name Majolika kommt von der Baleareninsel Majorka, wo in eben jener Periode ein reicher Markt an diesen Thonwaren gehalten worden zu sein scheint. Der Anteil dieser Waren an der Kunstindustrie war und ist bis heute noch so bedeutend, wie selbst der des Porzellans, wiewohl beide Stoffe von einander total verschieden sind, der letzgenannte durchscheinend, dicht und klingend ist und eine harte, nie Risse bekommende Glasur besitzt, die Fayence dagegen von allen diesen Eigenschaften das Gegenteil besitzt, und, schon weil die Glasur zum Rissigwerden neigt, zu Geschirren viel weniger brauchbar sich erweist. Man unterscheidet eine feinere Ware, welche einen weißen Scherben und eine weiße, durchsichtige Glasur besitzt, und eine gemeinere Sorte mit gelbem oder rotem Scherben, deren Glasur undurchsichtig — eine Emaille — ist.

Die Herstellung dieser Waren geschieht aus geringeren Thonsorten, als die des Porzellans, welche für feinere Produkte mit Sand und Feldspat, für minderwertige mit gewöhnlichem Töpferthon verknetet werden. Dem Formen fügt sich die Masse leichter als die Porzellanmasse. Der Brand ist auch hier ein doppelter, aber, wie beim Steingut, ist der erste der stärkere, während der folgende zum Auftragen der Glasur dient, die einen viel niedrigeren Schmelzpunkt hat, also ohne bedeutende Erhitzung sich bilden läßt, dafür aber auch beim Gebrauche leicht von dem Scherben abspringt. Will man die Glasur aufbrennen, so kann man hier mehrere Geschirre zusammenbringen, während die Porzellanstücke in den Kapseln einzeln zu brennen sind, weil ihr zweiter Brand zu hohes Feuer verlangt, und man das Zusammenschmelzen der Gegenstände befürchten müßte. Die einzelnen Fayencestücke brauchen dagegen nur durch feinspitzige Pinnen von Thon getrennt zu sein. Man kann daher einen Porzellan- von einem Fayenceteller leicht unterscheiden, da der untere Rand des ersteren unglasiert, der des letzteren bis auf drei Stellen, wo die Pinnen saßen, glasiert erscheint. Oft wird die Fayence rot in den Ofen gebracht und kommt meist mit undurchsichtiger weißer Glasur versehen zurück. Man malt die Fayence vor und nach der Glasur. Man verwendet sie zu allen möglichen Geschirren. Doch ist die ordinäre Ware, der z. B. die Ofenkacheln angehören, wegen ihrer geringen Widerstandskraft für Kochgeschirre nicht zu benutzen. Unter Majolika versteht man heutzutage die verschiedensten Gattungen der minderwertigen Fayencesorten.

Ihre Verwertung zu künstlerischen Erzeugnissen läßt sich bis zu der Zeit der arabischen Herrschaft in Iberien zurückführen. Die Wände des gewaltigsten Restes maurischer Baukunst, der Alhambra, sind mit bunten Fliesen bedeckt, ebenso wie die morgenländischen Moscheen. Das sind Fayencen, welche mit Zinnglasur bedeckt und mit eingebrannten Farben bemalt sind. Die Kunst der Fayencemalerei wurde um den Ausgang des Mittelalters immer mehr verbreitet und ausgebildet. In Deutschland waren es vor allem Veit Hirschvogel und seine Söhne in Nürnberg, deren Hirschvogelkrüge und kunstvolle Ofenkacheln um die Wende des 16. Jahrhunderts berühmt waren. Man malte glatte Stücke oder Reliefs und gab diesen beim Brande der Emailleglasur die warmen Töne, die wir noch heute bei ihnen bewundern. Ihnen ahmte der Franzose Palissy nach und übertraf sie sogar in der Technik der Farbengebung. Die französischen Fayencen waren während der folgenden Jahrhunderte, immer unter der Anregung der orientalischen Völker stehend, die schönsten. Als in der Holländerzeit die chinesischen Produkte in Europa bekannter wurden, das Porzellan aber noch nicht erfunden war, gaben jene immer neue Muster für die Entwicklung der verschiedensten Arten der Fayence und ihrer künstlerischen Behandlung. Im vorigen Jahrhundert wurden in Deutschland Blumenmuster und Landschaftsbilder am meisten gepflegt. Heutzutage pflegt die Kunstindustrie die Majoliken, wiewohl gerade in den letzten Jahren in der Porzellanmalerei die größten Fortschritte gemacht sind, nur noch mehr, denn es läßt sich mit dieser nie die Wärme der Tongebung erreichen, welche den Majoliken eigen ist. Diese sind unserm Geschmack etwa in demselben Maße mehr angepaßt, wie uns der Kupferstich mehr als der Stahlstich gefällt. Fayenceteller von Deck in Paris werden mit 2000 bis 4000 Francs bezahlt.

Von der stolzen Höhe der Kunst steigen wir zur Fabrikation der ordinärsten aller Thonwaren, des Töpfergeschirrs, herab. Wenn wir von den Blumentöpfen absehen, an denen wir so recht die poröse Struktur des Scherbens erkennen können, so sind alle diese Waren mit einer leider bleihaltigen Glasur überzogen. Man kann alle möglichen, noch so unreinen Thone zu diesem Geschirr brennen, erhält aber eine feuerbeständige Ware — das Bunzlauer Geschirr — nur, wenn dieselben nicht zu viele Beimengungen enthalten. Man nennt diesen Zweig der Thonindustrie die Brauntöpferei und bezeichnet mit Weißtöpferei denjenigen, welcher die schlechtesten Küchengeschirre liefert. Die Farbe erhalten die auf der Töpferscheibe geformten Gegenstände, indem man sie mit einem Schlamm aus weißem oder farbigem Thon begießt. Gewöhnlich brennt man nur einmal, und zwar ohne Kapseln, und muß dabei natürlich dafür sorgen, daß die Geschirre nicht an die Unterlage oder an einander anschmelzen. Für den Brand haben sich in neuerer Zeit auch hier die Ringöfen mit fortwährendem Betriebe, die wir bei der Ziegelfabrikation kennen lernten, als die geeignetsten erwiesen.

Bis zuletzt haben wir uns die sogenannten Terrakotten aufbehalten, unter welchem Namen man die verschiedenartigsten Thonwaren, Porzellan so gut wie Ziegel versteht, welche bei Bauten und als Zierstücke eine mannigfache Verwendung haben. Man giebt ihnen für den ersteren Zweck, als Kapitäle, Konsolen u. s. w. eine Färbung, die vom hellsten Gelb bis zum Schwarz variieren kann und brennt sie, weil sie den Unbilden der Witterung ausgesetzt sind, bis zur Sinterung. Die Zierterrakotten sind die kleineren Figuren und Vasen von gelber bis roter Farbe, welche natürlich feiner gearbeitet sein müssen, sich aber sonst wenig von den ersteren unterscheiden. Beide Arten haben in der Geschichte der Kunst eine hervorragende Bedeutung von der Zeit der alten Babylonier und Ägypter bis auf den heutigen Tag.

IX. Die optischen Instrumente.

1. Die Spiegelung des Lichtes.

Welche Empfindung mag jenes Urmenschen Herz durchzogen haben, der am Rande des frisch sprudelnden Quells ruhend zum erstenmale verwundert sein Ebenbild im Wasser erblickte — und welch' eine Fülle von geistiger Arbeit in jahrhundertelangem Sinnen mußte aufgewendet werden, ehe die erste spiegelnde Fläche geschaffen war, welche dem eitlen Drang des Menschenherzens Genüge that?! Es war zweifellos ein gewaltiger Schritt in der kulturellen Entwicklung des Menschengeschlechtes, der durch die Erfindung des Spiegels bezeichnet wird, — und doch blieben die Vorstellungen von dem geheimnisvollen Etwas, das zum Sehen unbedingt notwendig ist, weit entfernt von geistiger Klarheit. Erst verhältnismäßig spät mag die Vorstellung, daß vom Auge gewissermaßen unsichtbare Fühler ausgingen, welche die gleichsam tastend empfangenen Eindrücke unserem Vorstellungsvermögen übermitteln, in den Köpfen der alten Philosophen aufgetaucht sein, um schließlich derjenigen Anschauung Platz zu machen, welche den Vorgang des Sehens auf die Bewegung eines unsichtbaren Mediums zurückführte. So richtig an sich die letztere Deutung war — die Anschauung, welche man damit verband, war falsch; sollten doch von dem leuchtenden Körper nach allen Richtungen Stoffteilchen ausgesendet werden, die wie Pfeile auf unser Auge prallen und dort die Empfindung des Lichtes hervorrufen. Noch Newton verharrte trotz aller Angriffe auf dem Standpunkte dieser Emanationstheorie. Aber Kepler bereits äußerte seine Zweifel, und so trat allmählich an die Stelle dieser Ansicht die von Huyghens 1690 begründete, von Euler energisch verteidigte Undulations- oder Wellentheorie, die allerdings erst 1854 durch Foucault die rechte Sanktion erhielt und seitdem unbestrittene Geltung hat.

Nach der Undulationstheorie des Lichtes besteht dieses in Schwingungen des den Weltenraum stetig erfüllenden Äthers, von dessen

Beschaffenheit wir im übrigen keine Vorstellung haben, die sich ähnlich wie die Schallwellen der Luft verbreiten. Diese Fortpflanzung geschieht mit einer zwar außerordentlich großen, aber immerhin noch meßbaren Geschwindigkeit, und zwar in gerader Richtung; damit ist also gesagt, daß ein leuchtender Punkt von einem Beobachter nur dann wahrgenommen werden kann, wenn sich in der Verbindungslinie zwischen demselben und dem Auge kein undurchsichtiger Körper befindet. Alle in der Folge zu besprechenden optischen Instrumente ohne Ausnahme, gleichviel welchem Zweck sie dienen, haben nun die Aufgabe, einen Lichtstrahl von dem ihm eigenen geraden Wege abzulenken. Das geschieht vornehmlich durch die Spiegelung und die Brechung des Lichtes.

Die meisten Körper werden uns nur dadurch sichtbar, daß sie das von anderen, selbstleuchtenden Körpern auf sie fallende Licht zurückstrahlen, reflektieren; diejenigen Körper dagegen, welche alles Licht verschlucken oder absorbieren, sind dunkel. Eine Reihe von Körpern lassen den größten Teil des auf sie fallenden Lichtes ungehindert durchgehen, und diese nennen wir durchsichtig, während andere dem Licht den Durchgang verwehren und als undurchsichtig bezeichnet werden. Daß dieser Unterschied indessen nur ein relativer ist, geht unter anderem schon daraus hervor, daß selbst die undurchsichtigsten Körper, die Metalle, durchsichtig erscheinen, sobald sie zu hinreichend dünnen Blättchen verarbeitet werden, und daß andrerseits das durchsichtigste und klarste Quellwasser in großen Tiefen nichts mehr zu unterscheiden gestattet.

Wenngleich die Reflexion des Lichtes an jeder noch so unregelmäßigen Fläche stattfindet und diese dann sichtbar werden läßt, so geschieht dies doch um so vollkommener, je regelmäßiger die reflektierende Fläche gestaltet ist. Überall aber herrscht dasselbe einfache Gesetz: „Der einfallende und der reflektierte Strahl liegen in einer Ebene, welche auf der spiegelnden Fläche senkrecht steht; der Winkel welchen der reflektierte Strahl mit dem im Einfallspunkte auf der Fläche errichteten sogenannten Einfallslote bildet, ist gleich dem Einfallswinkel". Wird der Einfachheit halber zunächst eine reflektierende Ebene betrachtet, so besagt das Gesetz demnach, daß (Fig. 476) die drei Geraden CD, CE und CF, also einfallender Strahl, Einfallslot und reflektierter Strahl, in einer gemeinsamen Ebene liegen, und daß der Reflexionswinkel FCE gleich dem Einfallswinkel DCE ist.

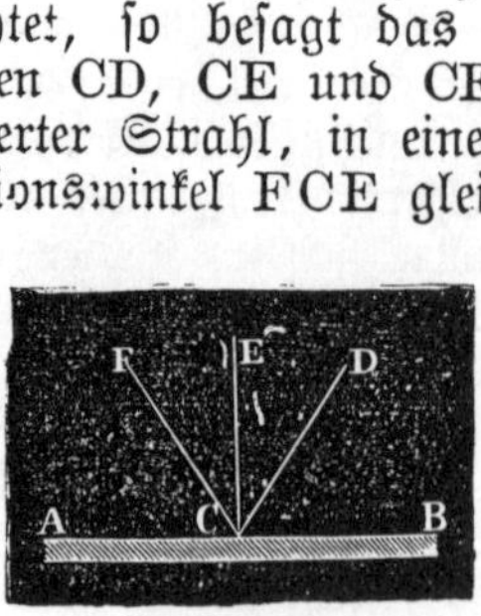

Fig. 476.
Der ebene Spiegel.

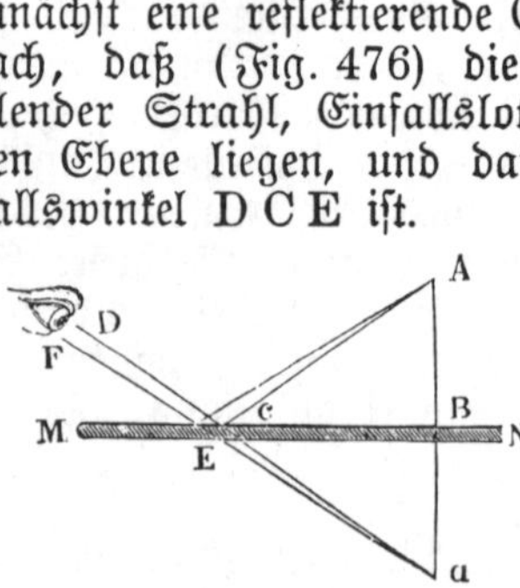

Fig. 477.
Das Zustandekommen des Bildes beim ebenen Spiegel.

Glatte Flächen nun, welche infolge möglichst vollkommener Reflexion imstande sind, von Gegenständen Bilder zu erzeugen, nennt man Spiegel; dieselben können sowohl eben als gekrümmt sein. Stellt MN in Fig. 477 den Durchschnitt eines vollkommen ebenen Spiegels dar, so werden unter den unendlich vielen Strahlen, welche von dem leuchtenden Punkte A ausgehen, nur einige infolge der Spiegelung in das Auge eines Beobachters gelangen; die in Betracht kommenden Grenzstrahlen Dc und FE des Bündels sind in der Figur bezeichnet. Denken wir uns diese über den Spiegel hinaus verlängert, so schneiden sie sich in einem Punkte a, der, wie leicht zu sehen ist, eben so weit hinter der Spiegelfläche liegen wird, wie der leuchtende Punkt A vor derselben. Da nun das Auge die Lichtquelle oder den leuchtenden Punkt stets in der Verlängerung der in dasselbe gelangenden Strahlen sucht, so folgt hieraus, daß ein Beobachter in dem Punkte a ein Bild des leuchtenden Punktes A erblicken wird. — Was hier für einen leuchtenden Punkt nachgewiesen wurde, läßt sich ebenso leicht für eine beständige Folge von leuchtenden Punkten, also eine leuchtende Linie, und schließlich ganz allgemein zeigen, da man nur für jeden einzelnen Punkt eines Gegenstandes die vorstehend durchgeführte Betrachtung zu wiederholen hat.

Die Geschichte des Spiegels, der als wichtiges Kulturmittel bei civilisierten und bei unkultivierten Völkern von jeher eine bedeutende Rolle gespielt hat, ist zweifellos uralt, und die auf uns überkommenen vielgestaltigen Muster und Formen aus der Zeit der alten Griechen und Römer beweisen, welche hohe Fertigkeit man schon frühzeitig in ihrer Herstellung erlangt, und welchen Luxus man mit ihnen zu treiben verstanden hatte.

Selbst die allerbesten spiegelnden Flächen können niemals so vollkommen hergestellt werden, auch wenn sie auf das sorgfältigste poliert sind, daß der Anblick des Bildes im Spiegel denjenigen des Gegenstandes zu ersetzen vermöchte, da stets ein Teil des auffallenden Lichtes absorbiert, ein anderer zerstreut reflektiert wird. Die bekannten Glasspiegel, deren Fabrikation auf S. 889 ff. eingehend behandelt worden ist, stehen in dieser Beziehung den vollkommeneren Metallspiegeln namentlich auch deswegen erheblich nach, weil nicht bloß ihre mit Zinnamalgam bedeckte Rückseite spiegelnd wirkt, sondern auch die vordere Fläche, wiewohl in geringerem Maße, diese Eigenschaft besitzt. Deshalb giebt man für wissenschaftliche und technische Zwecke, wo man zur Verwendung möglichst vollkommener Spiegel genötigt ist, fast ausnahmslos den polierten Metallflächen oder den auf der Vorderseite mit einem Metallüberzuge versehenen ebenen Gläsern, deren Herstellung später zu besprechen sein wird, den Vorzug.

Noch einer anderen aus den obigen Darlegungen leicht zu folgernden Eigenschaft ebener Spiegel, die besonders häufig in der Praxis Anwendung findet, muß an dieser Stelle gedacht werden. Wird nämlich ein Spiegel, auf welchen ein Lichtstrahl fällt, um einen gewissen Winkel gedreht, während der einfallende Strahl seine Richtung unverändert beibehält, so dreht sich der reflektierte Strahl um den doppelten Betrag. Dies wird vornehmlich zur Messung sehr kleiner Schwankungen oder Winkelbewegungen in der submarinen Telegraphie benutzt, wo man mit außerordentlich schwachen elektrischen Strömen zu arbeiten gezwungen ist. Die große Zahl der ähnlichen Anwendungen des Spiegels, die alle auf diesem einfachen Prinzip beruhen, kann hier unmöglich eingehender behandelt werden; es sei nur darauf hingewiesen, daß die Genauigkeit dieser Methode beliebig weit getrieben werden kann, da man es in der Hand hat, den Lichtzeiger dem gewünschten Zwecke entsprechend hinreichend groß zu machen.

Eine besonders interessante Anwendung hat die erwähnte Eigenschaft der Spiegel zur Bestimmung des Winkels zwischen zwei Objekten gefunden. Das diesem Zwecke dienende Instrument, der Spiegelsextant, welches sowohl für die praktischen Zwecke der Astronomie, als für die Nautik von höchster Wichtigkeit geworden ist, bedarf hier nur der Erwähnung, da es auf S. 834 ff. bereits eingehende Berücksichtigung gefunden hat.

Zwei unter einem bestimmten Winkel gegeneinander geneigte Spiegel geben von einem zwischen ihnen befindlichen Objekte mehrfache Bilder, deren Anzahl gleich dem Bruchteil ist, welchen der gegenseitige Neigungswinkel von 360° oder dem ganzen Kreisumfang ausmacht. Auf dieser Eigenschaft der Winkelspiegel beruht ein sinnreiches wohlbekanntes Spielzeug, das Kaleidoskop, das im wesentlichen aus drei unter einem Winkel von 60° zusammenstoßenden Spiegeln besteht, die in eine Pappröhre eingeschlossen werden und ihre spiegelnden Flächen einander zukehren. In die durch Glas abgeschlossene Röhre bringt man, natürlich zwischen die Spiegel, bunte Glasstückchen u. dergl. und betrachtet von der anderen, ebenfalls durch Glas verschlossenen Seite der Röhre aus die entstehenden Spiegelbilder, die sich zu den mannigfachsten Formen und Gestaltungen in fast unerschöpflicher Fülle und wunderbarer Regelmäßigkeit zusammenfügen, welche die Phantasie selbst des geschicktesten Musterzeichners zu übertreffen imstande sind. Nach mehrfach vorangegangenen ähnlichen Versuchen, deren u. a. Porta schon um die Mitte des 17. Jahrhunderts gedenkt, wurde das Instrument im Jahre 1817 durch Brewster von Paris aus in den Handel gebracht und hat sich als beliebtes Spielzeug bis in die neuste Zeit behaupten können. Auf demselben Prinzip beruht das Debuskop, dessen Konstruktion 1860 von Debus angegeben wurde, das aber eigentlich weiter nichts als ein gewöhnlicher Winkelspiegel, aus zwei Spiegeln bestehend, ist und deshalb auf eine eigene Bezeichnung keinen Anspruch erheben darf.

Das Reflexionsgoniometer, ein von Wollaston zur Bestimmung der Winkel zwischen Krystallflächen erfundenes Instrument, benutzt die spiegelnde Eigenschaft der regelmäßigen Krystallflächen, deren gegenseitige Neigung bestimmt werden soll. Der Krystall wird auf einem geteilten Kreise so aufgestellt, daß die Schnittkante der zu untersuchenden Krystallflächen senkrecht auf der Ebene des Kreises steht. Auf diese Schnittkante läßt man dann von einer Lichtquelle ein Strahlenbündel symmetrisch auffallen, sodaß es nach beiden Seiten hin teilweise reflektiert wird. Ein mit dem Kreise drehbar verbundenes Fernrohr dient dazu, nacheinander die beiden schmalen reflektierten Lichtbündel einzustellen; an dem geteilten Kreise selbst wird der Drehungswinkel des Fernrohres und damit der doppelte Winkel abgelesen, welchen die Krystallflächen einschließen.

Der Heliostat ist in seiner einfachsten Form ein ebener Spiegel, welcher mit einem Uhrwerk in Verbindung gebracht und in geeigneter Weise so aufgestellt wird, daß die von der Sonne auf die Spiegelfläche fallenden Strahlen nach der Reflexion unverändert dieselbe Richtung behalten. Bei Beobachtungen oder Experimentalversuchen bewirkt das Instrument also gleichsam, wie das auch schon der Name andeutet, ein Stillstehen der Sonne. Die Konstruktion der Heliostaten ist verhältnismäßig neu und in ihren wesentlichen Zügen von van Gravesande erst im Jahre 1717 angegeben.

Einem wesentlich anderen Zweck dient der Heliotrop, dessen Erfindung wir unserm großen Mathematiker Gauß (1821) verdanken. Dieses Instrument soll optische Signale, Lichtblitze, namentlich für die Zwecke der Feldmeßkunst, auf große Entfernungen, bis zu 100 km, vermitteln. Am meisten eignet sich dazu wegen der beträchtlichen Intensität und wohl bestimmten Form ein von einem Spiegel reflektiertes Sonnenbild, das einem entfernten Beobachter zugeworfen und von demselben in einem geeigneten Fernrohr betrachtet wird. Um sicher sein zu können, daß die Strahlen auch thatsächlich das Auge des Beobachters erreichen, ist an der Ausgangsstation ein ähnliches Fernrohr aufgestellt und mit dem Spiegel überdies ein genau senkrecht dazu stehender zweiter Spiegel fest verbunden. Werden die beiden Fernrohre direkt auf einander gerichtet, so hat der das Signal entsendende Beobachter nur dafür Sorge zu tragen, daß durch geeignete Drehung des Doppelspiegels ein Sonnenbild von dem einen Spiegel in seinem Fernrohr sichtbar wird; die von dem anderen Spiegel ausgehenden Strahlen müssen dann notwendigerweise ihr Ziel erreichen.

Statt der gewöhnlichen ebenen Spiegel kommen auch oft durchsichtige Glasplatten zur Verwendung, die zwar weniger vollkommen spiegelnd wirken, in manchen Fällen aber einer wichtigen Anwendung fähig sind. Namentlich zur Hervorzauberung von Geistererscheinungen im Theater sind sie unerläßlich. Um einen ganz einfachen Fall zu beschreiben, denke man sich einen auf einem Tisch liegenden Gegenstand, hinter welchem man einen Spiegel geneigt aufstellt; bei einer bestimmten Neigung wird man ein senkrechtes Spiegelbild erblicken. Auf diese Weise erklärt sich auch das häufig gezeigte Künststück einer frei im Raum schwebenden Person, welche die verwickeltsten Bewegungen scheinbar mühelos ausführt, bald aufrecht schwebt, bald wieder mit dem Kopfe nach unten gleichsam in das Meer hinabzutauchen im Begriffe steht. Auf der vollkommen verdunkelten Bühne ist eine große Glastafel geneigt aufgestellt, welche dem Zuschauer scheinbar einen ungehinderten Blick auf die thatsächlich durch Spiegelung sichtbar werdenden Dekorationen gestattet, im übrigen aber durch geeignete Draperieen abgegrenzt ist. Von einer mehr oder weniger wagerecht liegenden Person, welche die genau vorgeschriebenen Bewegungen ausführt, vielleicht gar auf einer drehbaren, im übrigen unsichtbaren Scheibe ruht und nun durch eine intensive Lichtquelle beleuchtet wird, erblickt der Zuschauer ein senkrechtes Spiegelbild, ohne von der Täuschung selbst eine Ahnung zu haben, da er die spiegelnde Scheibe nicht zu erkennen vermag. Für die Geistererscheinungen hat man meist etwas kompliziertere Einrichtungen ersonnen, um das Zusammenwirken der Geistererscheinung mit den auf der Bühne beschäftigten Schauspielern, die von jener selbst nichts wahrnehmen, zu ermöglichen.

Wie durch ebene Spiegel, so können auch durch regelmäßig gekrümmte Flächen Bilder von leuchtenden Gegenständen erzeugt werden; natürlich bleiben die früher bereits ermittelten Gesetze für die Spiegelung in Geltung und finden ohne weiteres und ohne irgendwelche Einschränkung auch hier Anwendung. Gleichwohl werden wir uns auf die Betrachtung solcher spiegelnden Flächen beschränken, welche einen Teil einer Kugelfläche ausmachen, weil diese die einfachsten Verhältnisse darbieten und für die Praxis fast ausschließlich von Wichtigkeit sind. Denken wir uns die Innenseite eines Teils einer Kugel poliert und spiegelnd gemacht, so haben wir einen Hohl- oder Konkavspiegel; ist die erhabene Seite spiegelnd, so nennen wir den Spiegel konvex. Da die letztere Art für optische Anwendungen aber nicht in Betracht kommt, so werden wir nur die Hohlspiegel in der erforderlichen Ausführlichkeit zu behandeln haben.

Stellt AB in der Fig. 478 den Durchschnitt eines Hohlspiegels, C den Kugel- oder Krümmungsmittelpunkt und D den Mittelpunkt der Spiegelfläche dar, so nennt man CD die Axe des Spiegels und den Halbierungspunkt F dieser Strecke den Brennpunkt. Ein zur Axe paralleler Strahl EG wird im Punkte G vom Spiegel reflektiert. Um die Richtung des reflektierten Strahles zu erhalten, denke man sich die Linie CG, welche in diesem Falle das Einfallslot darstellt, gezogen und trage den Einfallswinkel EGC nach der anderen Seite an CG an. Es läßt sich nun

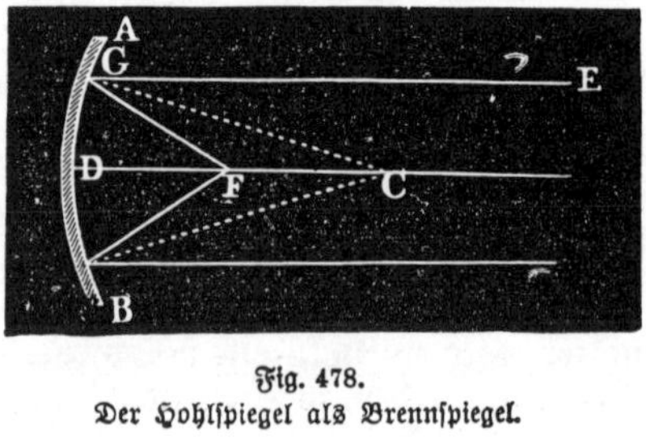

Fig. 478.
Der Hohlspiegel als Brennspiegel.

einfach zeigen, daß alsdann stets die Richtung des reflektierten Strahles durch F hindurchgehen wird, ganz ohne Rücksicht darauf, in welchem Abstande wir den Strahl EG von der Axe annehmen. Daraus folgt der sehr wichtige Satz, daß alle Strahlen, welche parallel auf einen Hohlspiegel auffallen oder mit anderen Worten aus dem Unendlichen kommen, sich nach der Reflexion in einem gemeinsamen Punkte vereinigen; da man in diesem durch reflektierte Sonnenstrahlen wegen der beträchtlich vermehrten Wärmeentwickelung Körper zum Entzünden bringen kann, so hat man eben für ihn die Bezeichnung „Brennpunkt" gewählt. Umgekehrt werden natürlich Strahlen, welche vom Brennpunkte ausgehen, nach der Reflexion parallel zur Axe des Hohlspiegels verlaufen.

Betrachten wir weiter einen leuchtenden Punkt in der Axe selbst, zwar nicht mehr in unendlicher, aber immer noch in beträchtlicher Entfernung vom Spiegel, und greifen wir den Strahl heraus, welcher in G auf den Spiegel fällt, so wird der Einfallswinkel dieses Strahles notwendig kleiner sein, als bei dem parallel zur Axe einfallenden Strahl; demgemäß muß auch der reflektierte Strahl zwischen GC und GF fallen. Es läßt sich auch hier wieder nachweisen, daß sämtliche von einem leuchtenden Punkte der Spiegelaxe ausgehenden Strahlen ebenfalls einen gemeinsamen Vereinigungspunkt haben, der zwischen F und C fällt, wenn der leuchtende Punkt jenseits von C liegt. Im letzteren Punkte selbst würden leuchtender Punkt und Bild zusammenfallen; rückt aber jener näher an F heran, so entfernt sich der Vereinigungspunkt der reflektierten Strahlen beständig von C, bis schließlich das Bild von F ins Unendliche selbst fällt, die Strahlen also parallel zur Axe verlaufen.

Immer indessen erhalten wir noch, abgesehen von dem letzten Grenzfall, wie wir sehen, für die Strahlen einen reellen Vereinigungspunkt, für den leuchtenden Punkt also ein reelles Bild. Nehmen wir nun aber den leuchtenden Punkt zwischen F und D an, so finden wir, daß die reflektierten Strahlen auseinandergehen; einem vor dem Spiegel befindlichen Auge scheinen mithin die Strahlen von einem jenseits des Spiegels liegenden Punkt auszugehen, und in diesem Falle haben wir nur einen sogenannten virtuellen Bildpunkt.

Was von einem leuchtenden Punkte gesagt wurde, gilt, wie an einem einzigen Beispiel gezeigt werden möge, nun auch allgemein für leuchtende Körper. So lange der Gegenstand nicht in den Raum FD rückt, erhält man von demselben ein reelles, aber umgekehrtes Bild, das um so größer sein wird, je näher dem Brennpunkte sich der Gegenstand befindet, während ein zwischen D und F befindlicher Körper stets nur ein aufrechtes virtuelles Bild erzeugen kann.

Es sei in Figur 479 ab der leuchtende Gegenstand; der Punkt a möge in der Axe des Spiegels angenommen werden. Der von a durch den Mittelpunkt C gehende sogenannte Hauptstrahl aD wird in sich selbst zurückgeworfen; er giebt aber, wie aus der Konstruktion des zu a G gehörigen reflektierten Strahles folgt, ein Bild in a'. Durch ganz analoge Betrachtungen findet man, daß der Hauptstrahl b C H ein Bild des Punktes b in b' erzeugt. Verbindet man a' und b' mit einander, so hat man offenbar ein reelles, aber umgekehrtes, in diesem besonderen Fall übrigens verkleinertes Bild von ab; dasselbe wird mit der Verringerung des Abstandes F a immer größer, wie bereits oben angedeutet wurde.

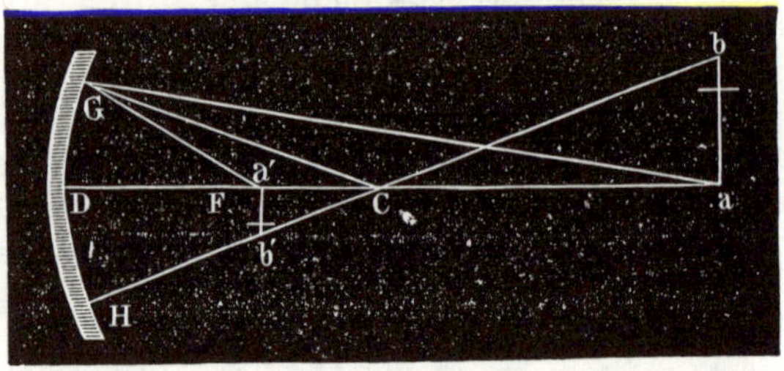

Fig. 479. Das Zustandekommen des Bildes beim Hohlspiegel.

Ähnlich erhellt aus der einfachen Konstruktion, daß von einem zwischen D und F befindlichen leuchtenden Gegenstande ein aufrechtes, vergrößertes, aber virtuelles Bild hinter dem Spiegel entsteht.

In Wirklichkeit werden übrigens auch die parallel auffallenden Strahlen nicht alle genau in dem Brennpunkte zur Vereinigung gebracht; es entspricht demnach einem leuchtenden Punkte nicht wieder ein Punkt im Bilde, sondern ein mehr oder minder großer leuchtender Kreis. Diese Eigenschaft der sphärischen oder Kugelspiegel nennt man die sphärische Aberration oder Abweichung; sie wird um so auffälliger, je stärker die Krümmung des Spiegels ist, und je größer man die Öffnung oder den Durchmesser der Kugelkappe macht. Vermieden wird die sphärische Aberration, die uns weiterhin auch noch bei den optischen Linsen beschäftigen wird, indem man statt der sphärischen Spiegel parabolisch gekrümmte spiegelnde Flächen anwendet oder die Öffnung und die Krümmung des Spiegels möglichst klein macht. Bei parabolischen Spiegeln findet nämlich, was für praktische Anwendungen mitunter von Wichtigkeit ist, die Vereinigung der von einem unendlich fernen Punkte ausgehenden Strahlen theoretisch in aller Strenge nach der Reflexion wieder im Brennpunkte statt; um so größer sind dafür wieder die praktischen Schwierigkeiten, welche sich der Herstellung derartiger Spiegelflächen entgegenstellen.

Eine große Rolle spielen die Hohlspiegel namentlich zu Beleuchtungszwecken, unter anderem bei den zur Sicherung der Seeschiffahrt getroffenen Einrichtungen. Die bedeutendste Anwendung aber finden die Konkavspiegel wohl in den späterhin im Zusammenhange mit den dioptrischen Fernrohren zu behandelnden Spiegelteleskopen.

2. Die Brechung des Lichtes.

Bisher haben wir ausschließlich die Bewegung des Lichtes innerhalb eines und desselben Mittels, in der Luft, betrachtet. Wie gestalten sich nun aber die Verhältisse, wenn ein Strahl aus einem durchsichtigen Körper in einen anderen überzutreten gezwungen ist? Was dabei geschieht, erkennen wir sehr einfach, wenn wir einen Stab in Wasser tauchen: wir bemerken nämlich, daß der Stab an der Trennnngsfläche zwischen Luft und Wasser eingeknickt erscheint. Was hier für den Stab aber nur zu sein scheint, ist für den Lichtstrahl wirklich der Fall. So beobachten wir allgemein, daß ein Lichtstrahl, der aus einem Medium in ein anderes von verschiedener Dichtigkeit übergeht, an der Trennungsfläche seine Richtung verändert, und zwar um so stärker, je größer der Winkel ist, welchen der einfallende Strahl mit dem Einfallslote bildet. Das einfache Gesetz, nach welchem diese Brechung vor sich geht, wurde im Jahre 1620 von Snellius entdeckt, aber erst 1637 von Descartes veröffentlicht. Betrachten wir z. B. die einfachen Verhältnisse bei Luft und Wasser, so ergiebt sich nach Fig. 480 für jeden einfallenden Strahl der zugehörige gebrochene Strahl durch folgende höchst einfache Konstruktion, die wir im folgenden stets als bekannt voraussetzen werden. Wir beschreiben um den Punkt c, in welchem der einfallende Strahl die Trennungsfläche mn trifft, einen Kreis mit beliebig großem Radius und ziehen durch den Schnittpunkt a des einfallenden Strahles mit der Peripherie parallel zur Trennungsfläche die Sehne ad; alsdann tragen wir auf der andern Seite $^3/_4$ von derselben an und fällen endlich von dem Endpunkt g dieser Strecke ein Lot auf die Trennungsfläche, dessen Verlängerung die Kreisperipherie in b trifft. Dann stellt cb die Richtung des gebrochenen Strahles vor, die demnach näher am Einfallslote liegt, als der einfallende Strahl. Ganz analog sind natürlich die Verhältnisse, wenn man den Übergang eines Strahles aus Wasser rückwärts in Luft verfolgt, nur kann dabei gelegentlich der Fall eintreten, daß der Strahl, wenn er zu schräg auf die Trennungsfläche fällt, überhaupt nicht mehr in die Luft übertritt, sondern reflektiert wird. Aus dem Brechungsgesetz selbst ergiebt sich die Größe des Winkels für den äußersten Strahl, welcher noch eben streifend austreten kann; alle andern Strahlen erfahren, wie man sagt, eine totale Reflexion. Dieselbe ist es z. B., welche uns die Luftbläschen im Wasser als glänzende Perlen sichtbar werden läßt, während die Erscheinungen der Fata morgana auf der einfachen Brechung der Lichtstrahlen in verschieden dichten Schichten der Atmosphäre und die prachtvolle Erscheinung des Regenbogens gleichzeitig auf der Brechung und totalen Reflexion des Sonnenlichtes an den Wasserkügelchen der Wolken beruht.

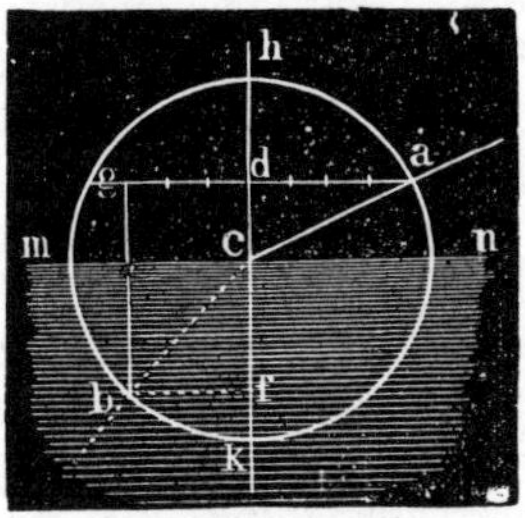

Fig. 480.
Brechung eines einfallenden Strahles in Wasser.

Von der Eigenschaft der totalen Reflexion macht man besonders häufig bei optischen Instrumenten Gebrauch. Man bedient sich dazu in der Regel der Prismen, d. h. durchsichtiger Körper, an denen zwei unter einem bestimmten Winkel gegeneinander geneigte Flächen angeschliffen sind. Ihre Form ist hinläglich aus den bekannten Glas- oder Bergkrystallprismen bekannt, die wir an unsern Kronleuchtern häufig als Zierrat angebracht finden.

Für die praktische Anwendung kommen fast ausschließlich Prismen aus Glas in Betracht, bei denen für jene Konstruktion das Einfallslot auf $^2/_3$ verkürzt werden mußte. Läßt man durch ein solches Prisma weißes Sonnenlicht fallen, und konstruiert man zu jedem Strahl nach dem früher geschilderten Verfahren den zugehörigen gebrochenen Strahl, sowohl beim Eintritt in das Glas als beim Austritt aus dem Glase wieder in Luft, so sieht man, daß der Richtungsunterschied der beiden in der Luft verlaufenden Strahlenbündel um so beträchtlicher wird, je größer der Einfallswinkel war. Der Richtungsunterschied des einfallenden und des gebrochenen Strahles, wenn man von dem innerhalb des Prismas verlaufenden Strahl als nebensächlich absieht, ist abhängig von der Größe des brechenden Winkels, d. h. desjenigen Winkels, welchen die Prismenflächen einschließen.

Am interessantesten ist aber die Erscheinung, daß man von der Sonne nicht etwa ein weißes Bild erhält, sondern ein in die Länge gezogenes farbiges Band, das allgemein unter dem Namen Spektrum bekannt ist. Diese Zerlegung des weißen Sonnenlichtes in seine, aus der Erscheinung des Regenbogens bekannten vielfarbigen Bestandteile hat uns Newton gelehrt. Ein in den Gang der farbigen Strahlen eingeschaltetes zweites, dem ersten genau gleichgeformtes Prisma von entgegengesetzter Lage vereinigt die einzelnen Teile des Spektrums wieder zu einem weißen Bilde. Die allgemeine Eigenschaft der brechenden Körper, Sonnenlicht oder allgemein weißes Licht in verschiedene Farben aufzulösen, nennt man Dispersion oder Farbenzerstreuung; sie beruht darauf, daß die das Sonnenlicht zusammensetzenden Strahlen von verschiedener Farbe verschieden stark abgelenkt werden. In dem durch die Farbenzerstreuung des Prismas entstehenden glänzenden Farbenbande erkennt man bei aufmerksamer Betrachtung eine Unzahl dunkler Linien, die quer durch dasselbe hindurchgehen, und die nach ihrem Entdecker (1814) den Namen Fraunhofersche Linien bekommen haben. Es kann hier nur angedeutet werden, daß diese Linien je nach ihrer Lage im Spektrum für diesen oder jenen Grundstoff charakteristische Merkmale sind, so daß aus ihrer Anwesenheit auf das Vorhandensein jener Grundstoffe innerhalb derjenigen Lichtquelle geschlossen werden kann, in deren Spektrum solche Linien beobachtet werden. So kann man, wie S. 579 gesagt ist, beim Bessemer-Verfahren den Kohlegehalt des Stahls am Spektrum der sich dabei bildenden Flammen beobachten. Um übrigens ein möglichst stark in die Länge gezogenes Spektrum zu erhalten, und um andererseits Messungen der Lage der einzelnen Frauenhoferschen Linien anstellen zu können, bedient man sich eines sogenannten Spektralapparates, wie derselbe in etwas kompendiöserer Form in Fig. 481 dargestellt ist. Ein mit einer schmalen Spaltöffnung versehenes Fernrohr A dient dazu, von irgend einer Lichtquelle kommende Strahlen parallel auf die geeignet aufgestellten vier oder mehr Prismen zu werfen. Das durch starke

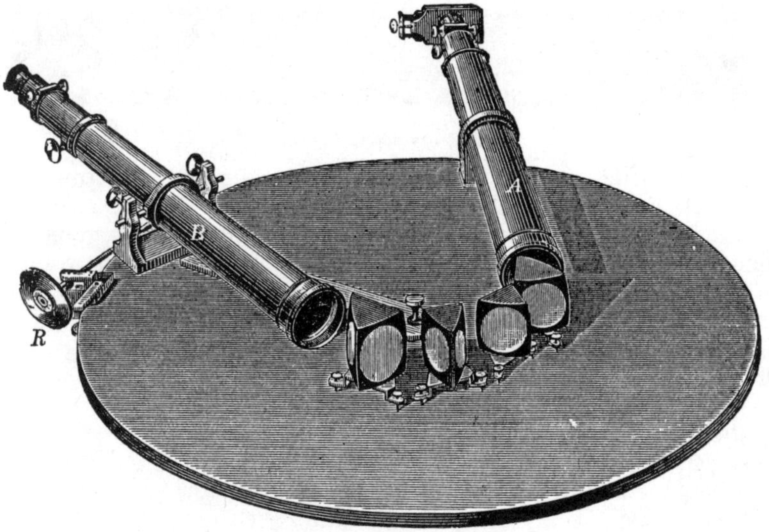

Fig. 481. Spektralapparat.

Ablenkung und Farbenzerstreuung entstandene Spektrum wird mit dem Fernrohre B betrachtet, mit welchem überdies eine geeignete Meßvorrichtung in Verbindung gebracht werden kann.

Für die Anwendung optischer Prismen wird oft die Farbenzerstreuung sehr unbequem. Nun beobachtete man, daß, entgegen der von Newton vertretenen Anschauung, zwischen dem Brechungs- und dem Farbenzerstreuungsvermögen verschiedener Körper ein einfaches Verhältnis nicht stattfindet; daher mußte es möglich sein, durch Prismen von verschieden stark brechenden Glassorten, die entgegengesetzt aneinander gefügt werden, bei geeigneter Wahl ihrer brechenden Winkel die Ablenkung des Strahles aufzuheben, ohne daß das Spektrum beseitigt wird. Derartige Prismenkombinationen werden mehrfach seit einiger Zeit angewendet, namentlich für die Herstellung der bekannten Spektroskope à vision directe, die zwar weniger vollkommen, aber wegen der geraden Durchsicht erheblich bequemer sind. Solche geradsichtigen Spektroskope wurden zuerst von Hoffmann im Jahre 1863 konstruiert und erfreuen sich noch heute einer großen Beliebtheit. Ein sehr wirksames Instrument dieser Art mit 7 Prismen ist in Fig. 482 abgebildet. Andererseits kann natürlich durch ähnliche Überlegungen gefolgert werden, daß ein doppeltes Prisma unter Umständen imstande sein wird, immer noch eine Ablenkung eines Strahles herbeizuführen und dabei doch, wenigstens angenähert, das Spektrum zu zerstören, also ein nahe farbloses Bild von einem Gegenstand zu erzeugen. Eine solche achromatische Prismenkombination, welche zwar das Licht bricht, aber keine Farben-

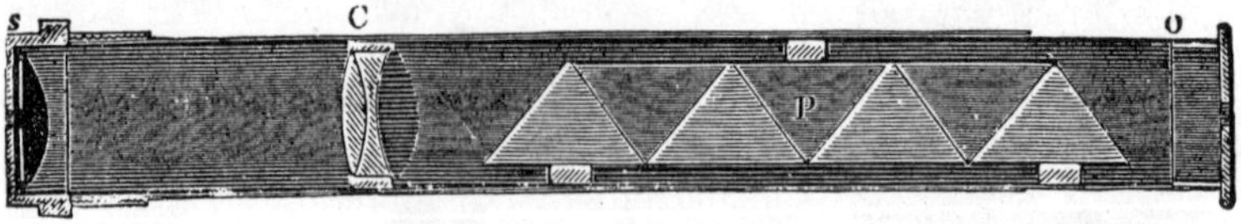

Fig. 482. Taschenspektroskop.

zerstreuung besitzt, ist zuerst von dem Optiker Dollond im Jahre 1757 konstruiert worden, nachdem von Euler die Möglichkeit dazu nachgewiesen worden war; für die ganze Entwickelung der optischen Instrumente ist diese Erfindung, wie späterhin noch zu zeigen sein wird von besonderer Wichtigkeit geworden, obgleich selbst Newton die Möglichkeit einer Vermeidung der Farbenzerstreuung durchaus verneint hatte. Für die Herstellung einer achromatischen Prismenkombination, wie eine solche in Fig. 483 dargestellt ist, kommen vornehmlich böhmisches oder Kronglas und das erheblich stärker zerstreuende, stark bleihaltige Flintglas, dessen Dispersionsvermögen bedeutend größer ist, in Anwendung. Daß eine solche Kombination den gedachten Zweck wenigstens annähernd erfüllen kann, erhellt aus der Betrachtung der Spektren der beiden Prismen in Fig. 484. Aus dem fast vollständigen Zusammenfallen der den Linien A, C, F und G entsprechenden Farben: rot, blau und violett

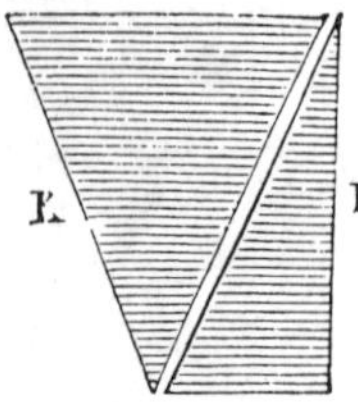

Fig. 483. Achromatische Prismenkombination.

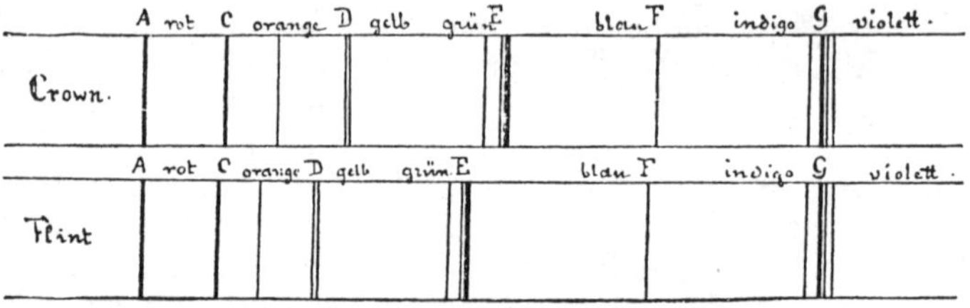

Fig. 484. Spektren des Kron- und des Flintglases.

folgt allerdings, daß zum größten Teile das Flintglasprisma imstande sein wird, das durch das Kronglasprisma entstehende Spektrum zu vernichten.

Wichtiger als die Prismen für die Zwecke der praktischen Optik sind die optischen Linsen, regelmäßig gestaltete Glaskörper, die meist von sphärischen oder Kugelflächen begrenzt werden, und deren Formen zur Genüge aus den bekannten Brillengläsern erhellen. Die verschiedenen vorkommenden Linsenformen sind in Fig. 485 zur

Darstellung gebracht: a, a' und a'' werden als Sammellinsen bezeichnet und, je nach den Begrenzungsflächen, als bikonvexe (a), plankonvexe (a') und konkavkonvexe (a'') Linsen unterschieden; die übrigen 3 Formen sind sogenannte Zerstreuungslinsen und werden ähnlich als bikonkave (b), plankonkave (b') und konvexkonkave (b'') bezeichnet. Die Mittelpunkte der Kugeln, zu denen die Begrenzungsflächen gehören, sind die sogenannten Krümmungsmittelpunkte; die zugehörigen Radien geben ein Maß für die mehr oder minder starke Krümmung der brechenden Flächen. Die Verbindungslinie der beiden Krümmungsmittelpunkte heißt die Axe der Linse; der zu einer ebenen Begrenzungsfläche gehörige Krümmungsmittelpunkt liegt im Unendlichen.

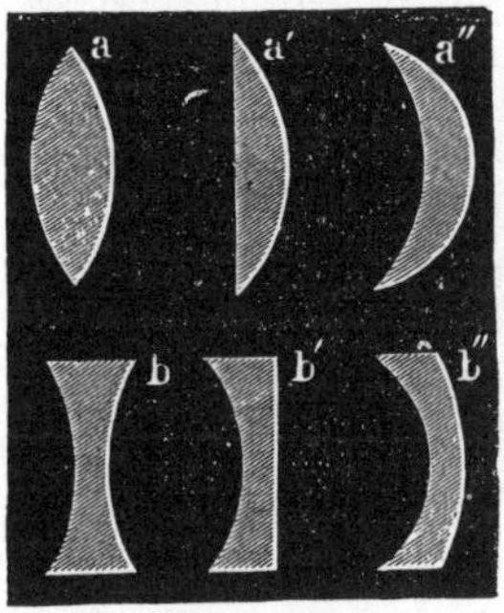

Fig. 485.
Formen der Linsen.

Für die Erörterung der Brechungserscheinungen werden wir uns auf die Betrachtung der bikonvexen oder Sammellinsen im eigentlichen Sinne beschränken können, da für die übrigen Formen die Betrachtungen analog zu führen sind. Es seien in Fig. 486 M und M' die Krümmungsmittelpunkte und C die Mitte einer Sammellinse. Wählen wir zunächst einen Strahl ab, der parallel zur Axe einfällt, so wird derselbe zum Einfallslote Mb gebrochen, also die Richtung bd annehmen. Beim Austritt aus der Linse geschieht das Umgekehrte; der Strahl wird von dem Einfallslote M'd weggebrochen und schneidet in F die Axe. Dieser Punkt F führt, weil sich in ihm alle parallel zur Axe einfallenden Strahlen schneiden, den Namen Brennpunkt.

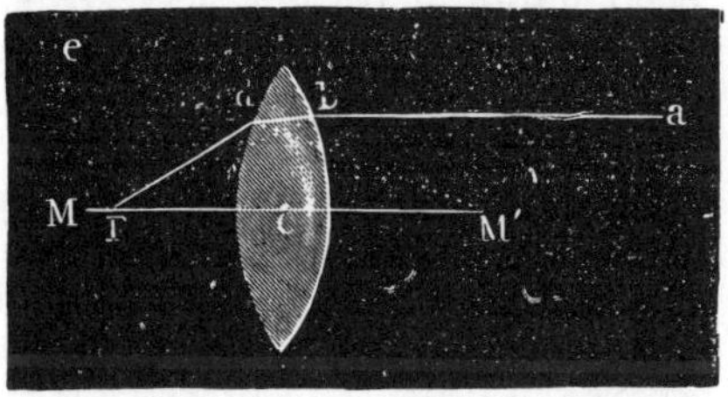

Fig. 486. Die bikonvexe Linse als Brennglas.

Umgekehrt folgt natürlich, daß alle von F ausgehenden Strahlen nach der Brechung durch die Linse parallel zur Axe verlaufen werden. Von einem sehr weit entfernten Punkte werden ebenfalls sämtliche Strahlen, aber jenseits des Brennpunktes, vereinigt, erzeugen also ein reelles Bild des leuchtenden Punktes, das weiter von der Linse entfernt ist als der Punkt F. In dem Maße, wie der leuchtende Punkt an die Linse heranrückt, entfernt sich der Bildpunkt nach der entgegengesetzten Seite. Es ist klar, daß die Linse gleichmäßig wirken wird, von welcher Seite man auch die Strahlen auf sie fallen läßt, daß sie demnach auch zwei gleichweit vom Mittelpunkt entfernte Brennpunkte F haben muß.

In Fig. 487 werde nun noch der Fall betrachtet, wo von einem leuchtenden Gegenstande acb Strahlen auf eine Sammellinse fallen.

Von dem leuchtenden Punkte c wird ein Bild in c' erzeugt, ähnlich von b in b' und von a in a', wovon man sich nach den vorigen Darlegungen überzeugen kann. Es entsteht also von einem außerhalb

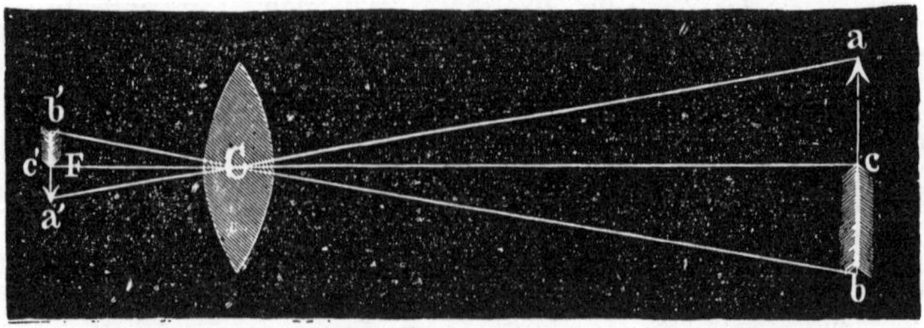

Fig. 487. Das Zustandekommen des Bildes bei der bikonvexen Linse.

des Brennpunktes liegenden Gegenstande ein umgekehrtes, reelles Bild, das um so kleiner wird, je weiter der Gegenstand von der Linse entfernt ist.

Von einem innerhalb der Brennweite liegenden leuchtenden Punkte entsteht überhaupt kein reelles Bild mehr, da die nach der Brechung auseinander gehenden Strahlen nur noch einen virtuellen Vereinigungspunkt besitzen.

Zerstreuungslinsen können niemals reelle, sondern stets nur virtuelle oder geometrische Bilder erzeugen, die sämtlich innerhalb der Brennweite liegen und aufrecht sein werden. Durch eine Zerstreuungslinse betrachtet, erscheinen folglich alle Gegenstände aufrecht, verkleinert und näher gerückt.

Es sei hier wenigstens mit einigen Worten der außerordentlich interessanten Industrie gedacht, welche sich mit der Spiegel- und Linsenschleiferei beschäftigt. Die rohen Glasblöcke, welche namentlich zu großen Linsen verarbeitet werden sollen, müssen absolut klar, durchsichtig und blasenfrei sein; genügen sie den zu stellenden Anforderungen, so werden sie nochmals bis zur Zähflüssigkeit erwärmt und in die gewünschte Form gebracht, um nach dem Erkalten auf einer Schleif- oder Poliermaschine der letzten, aber schwierigsten Behandlung unterzogen zu werden. Hier wird das Glasstück in gleichmäßig drehende Bewegung gesetzt und dem Druck einer sehr genau gearbeiteten Form unter Anwendung von feinem und immer feinerem Schmirgel ausgesetzt, bis die verlangten Krümmungen erreicht sind. Kleine Mängel werden schließlich durch Polieren aus freier Hand beseitigt. Die zu Spiegeln bestimmten Glaskörper werden dann noch in eine geeignete Versilberungsflüssigkeit getaucht und der feine Überzug durch Polieren möglichst vollständig spiegelnd gemacht.

Von der Eigenschaft der Sammellinsen macht man einige sehr wichtige Anwendungen, die im folgenden beschrieben werden sollen. Wenn man in ein verdunkeltes Zimmer durch eine kleine

Öffnung Strahlen von einem Gegenstande fallen läßt und dieselben auf einem weißen Schirm auffängt, so erhält man, wie man sich leicht überzeugen kann, ein umgekehrtes Bild der betreffenden Objekte, das um so schärfer begrenzt, aber auch um so lichtschwächer sein wird, je kleiner die Öffnung ist. Dieses Bild kann bedeutend schärfer und lichtstärker gemacht werden, wenn man an die Stelle der Öffnung eine Sammellinse bringt und den auffangenden Schirm in geeigneter Entfernung aufstellt. So entstand die Camera obscura, in welcher eine Sammellinse die von dem eingestellten Objekt kommenden Strahlen auf einen geneigten Spiegel wirft und nach oben auf eine matte Glasscheibe reflektiert, auf welcher ein Bild des Gegenstandes erscheint. Zur Abhaltung fremden Lichtes wird über dieser Glasplatte ein Schirm geneigt aufgestellt. Die Camera obscura, die vordem eigentlich mehr als Spielzeug dem Zeitvertreib diente, heute aber in den photographischen Apparaten eine ungeahnte Vervollkommnung und Verwertung gefunden hat, wurde um das Jahr 1650 von dem Neapolitaner Porta erfunden, und ist zu einem der nützlichsten und unentbehrlichsten Hilfsmittel für alle Zweige menschlichen Schaffens geworden.

In Verbindung hiermit behandeln wir einen eigentümlichen Apparat, dessen Wirkungsweise auf ganz anderem, mehr physiologischem Wege zu erklären ist, und in dem die Verwendung von Linsen nur untergeordnete Bedeutung hat. Wenn wir einen Körper mit beiden Augen gleichmäßig betrachten, so müssen die auf den Netzhäuten entstehenden Bilder notwendig von einander verschieden sein, da sie von verschiedenen Standpunkten aus erhalten sind. Ohne daß wir den Vorgang genauer beschreiben könnten, vereinigt unser Vorstellungsvermögen diese beiden Bilder zu einer einzigen körperlichen Auffassung, worin es durch die verschiedenartige Beleuchtung der einzelnen Teile, durch die Verteilung von Licht und Schatten unterstützt wird. Zwar können wir auch mit einem Auge einen Gegenstand körperlich, d. h. nach allen drei Dimensionen wahrnehmen, aber nur infolge der langen Gewöhnung und mit Hilfe der unserem Denkvermögen eingeprägten Vorstellungen. Aus dem Gesagten geht hervor, daß wir den Eindruck eines körperlichen Gebildes haben werden, wenn wir den beiden Augen zwei Bilder desselben Gegenstandes so darbieten, wie sich dieselben mit dem einen und dem anderen Auge allein gesehen darstellen würden. Hiervon wird eine interessante Anwendung in dem von Wheatstone 1838 erfundenen Stereoskop gemacht, in welchem durch zwei unter einem Winkel von 90° zusammenstoßende Spiegel von an den Seitenwänden eines Kastens befestigten Bildern Strahlen in beide Augen geworfen werden und den Eindruck des Körperlichen erzeugen. Jetzt ist allgemein wohl nur die von Brewster angegebene Form üblich, der wir in jeder optischen Handlung begegnen. In zwei Öffnungen, die sich im Augenabstande von einander, an der Vorderseite eines Kastens befinden, sind die Hälften einer Sammellinse eingelassen, wodurch bewirkt wird, daß die an der Hinterwand aufgestellten Stereoskopbilder infolge der Brechung scheinbar zur Deckung gebracht werden. Dieser Apparat kann, abgesehen von seiner Bedeutung als nützlicher Zeitvertreib, unter anderem auch dazu dienen, falsches von echtem Papiergeld zu unterscheiden oder die Frage zu lösen, ob zwei Drucke desselben Werkes einer oder verschiedenen Auflagen angehören; auch für wissenschaftliche Zwecke dürfte das Stereoskop unter Umständen ersprießliche Dienste leisten.

3. Das Mikroskop.

Abgesehen von ihrer Bedeutung für die hochentwickelte photographische Technik finden die Eigenschaften der Sammellinsen ausgedehnte Verwendung für den wichtigen Zweck, von sehr kleinen oder sehr weit entfernten Gegenständen Bilder in beträchtlicher Vergrößerung oder in unmittelbarer Nähe zu erzeugen.

Das Auge erkennt deutlich nur solche Gegenstände, die sich in einer bestimmten Entfernung befinden, weil nur von diesen deutliche Bilder auf der Netzhaut entstehen; für ein normales Auge geschieht dies in der deutlichen Sehweite von etwa 25 cm, während dieselbe für ein kurzsichtiges Auge geringer ist. An sich würde es nun genügen, einen sehr kleinen Gegenstand ganz dicht an das Auge zu bringen, um ihn deutlich zu erkennen; denn dadurch würde der Winkel, unter welchem das Objekt erscheint, beliebig vergrößert werden können, und darauf allein kommt es an. Thatsächlich aber besitzt das Auge nur in mäßigem Grade die Fähigkeit, sich zu accommodieren; denn von solchen Gegenständen, die nicht genau in der deutlichen Sehweite liegen, kann es die Strahlen zu einem scharfen Bilde auf der Netzhaut nicht vereinigen. Sobald deshalb diese bei verschiedenen Augen verschieden große Accommodationsfähigkeit nicht mehr ausreicht, pflegt man zwischen Auge und Gegenstand eine Sammellinse von kurzer Brennweite einzuschalten, deren Wirksamkeit aus der Figur sich mit Leichtigkeit ergiebt; eine solchermaßen verwendete Konvexlinse hat die Bezeichnung „Lupe“ oder „einfaches Mikroskop“ erhalten. Von dem Gegenstande a b, der innerhalb der Brennweite der Linse liegen muß, entsteht nach früheren Betrachtungen ein vergrößertes, aufrechtes, aber virtuelles Bild (Fig. 488), das vom Auge in der deutlichen Sehweite vermutet wird. Daraus folgt denn auch, daß dieselbe Lupe für ein kurzsichtiges Auge eine geringere Vergrößerung ergeben wird als für ein normales; es hängt danach also die Vergrößerung des einfachen Mikroskopes außer von der Brennweite der Sammellinse auch noch von der deutlichen Sehweite des Auges ab.

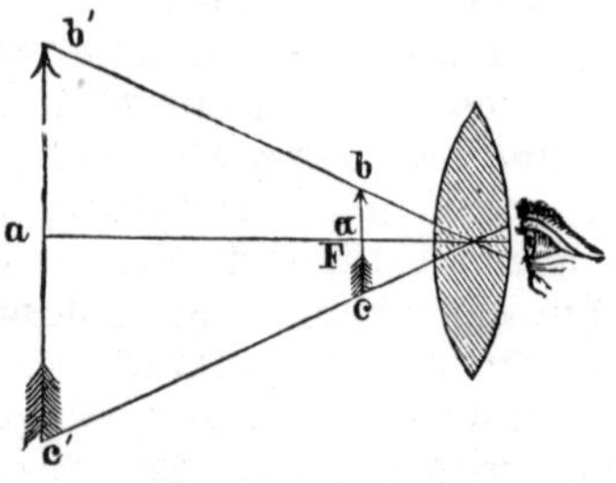

Fig. 488. Die Lupe

Das Sonnenmikroskop, dessen Erfindung in das Jahr 1738 verlegt und dem Amsterdamer Lieberkühn zugeschrieben wird, steht in der Mitte zwischen der Lupe und dem weiterhin zu betrachtenden zusammengesetzten Mikroskop und dient vornehmlich dem Zweck, von sehr kleinen Objekten reelle vergrößerte Bilder zu entwerfen. Da mit zunehmender Vergrößerung die Lichtstärke des Bildes sehr schnell abnimmt, so muß bei einigermaßen beträchtlichen Vergrößerungen dem Objekt künstlich Licht von hoher Intensität zugeführt werden, sei es nun, indem man durch eine Öffnung im Fensterladen des verdunkelten Zimmers mittels eines Heliostaten Sonnenlicht auf den Gegenstand leitet, das zuvor durch eine Sammellinse konzentriert worden ist, sei es, daß man dem sehr intensiven Drummondschen Kalklicht oder dem elektrischen Bogenlicht den Vorzug giebt. Das zu untersuchende Objekt befindet sich beim Sonnenmikroskop nur wenig außerhalb der Brennweite einer stark gekrümmten Sammellinse, die von demselben ein umgekehrtes, stark vergrößertes, reelles Luftbild erzeugt, welches auf einem weißen Schirm aufgefangen werden kann. Mit derartigen höchst einfachen Apparaten hat man bei Anwendung ganz vorzüglicher Linsen von sehr kurzer Brennweite unter Umständen eine 3000fache Vergrößerung erreicht.

Zur Vermeidung störenden fremden Lichtes schließt man die künstliche Lichtquelle gewöhnlich in einem viereckigen Kasten ein und bringt sie in den Brennpunkt eines Hohlspiegels, der die Strahlen parallel nach vorn reflektiert. Natürlich stehen Apparat und auffangender Schirm im vollständig verdunkelten Zimmer. Vorn trägt der Kasten einen verschiebbaren Auszug, in welchem das mehr oder weniger komplizierte Linsensystem von kurzer Brennweite sich befindet. Die Röhre selbst besitzt zwischen dem Linsensystem, das die Stelle der einfachen Sammellinse vertritt, und dem Beleuchtungskörper einen seitlichen Einschnitt, der zur Aufnahme des durchsichtigen Objektes dient. In dieser Form ist der Apparat, der allgemein unter dem Namen Laterna magica oder Zauberlaterne bekannt ist, wahrscheinlich von Athanasius Kircher um das Jahr 1640 erfunden worden. Besonders häufig fand die Zauberlaterne früher zur Darstellung von Geistererscheinungen auf der Bühne, beispielsweise in der besonderen Form des Robertsonschen Phantaskops, Verwendung, bei welchem von einem durchsichtigen Glasgemälde, von einem möglichst dunkelen Raume aus, ein Bild auf einer die Apparatenkammer und den verdunkelten Zuschauerraum oder die Bühne trennenden Fläche von durchscheinender Leinewand entworfen wurde; selbstverständlich mußte dafür Sorge getragen werden, daß die Projektionsfläche unter allen Umständen unsichtbar blieb. Heutzutage ist wohl fast ausschließlich, wenigstens auf größeren Bühnen, das früher bereits geschilderte Verfahren üblich. Natürlich hat man darauf zu achten, daß stets die Glasbilder, die jetzt in besonderer Feinheit und Vollendung auf dem Wege der Photographie erhalten werden und wohl auch mit durchscheinenden Farben ausgemalt sind, verkehrt in den Rahmen eingesetzt werden, weil auf dem Schirm ganz wie beim Sonnenmikroskop umgekehrte Bilder erscheinen.

Im deutsch-französischen Kriege hat die Laterna magica wesentliche Dienste geleistet zur Vergrößerung und Entzifferung von Depeschen, welche, von den belagerten Parisern in mikroskopischer Feinheit hergestellt, durch Brieftauben aus der belagerten Hauptstadt befördert wurden. Gegenwärtig baut man viel kompendiösere Apparate, die als Sciopticon oder noch allgemeiner unter der Bezeichnung „Projektionsapparate“ bekannt sind. In einer besonderen Form aber findet man die Zauberlaterne auch heute noch, namentlich bei Schaustellungen für Kinder, mehrfach in Gebrauch, nämlich als Nebelbilderapparat. Die Wirkungsweise erklärt sich ganz nach Art des Phantaskops, nur daß zwei genau gleich gebaute Apparate gleichzeitig auf dieselbe Stelle der auffangenden Bildfläche gerichtet werden. Wird der eine Apparat verdeckt, so entsteht von der einen Glaszeichnung eine scharfes Bild; setzt man aber beide Apparate mit verschiedenen Objekten gleichzeitig in Thätigkeit, so wird ein ganz verwaschenes und undeutliches Bild entstehen müssen. Auf diese Weise wird es möglich, fast unmerklich durch allmähliches Verdecken der einen Lampe die Darstellungen zu wechseln und interessante Verwandlungen vorzunehmen. Andererseits kann die geschilderte Einrichtung dazu Verwendung finden, gewisse Teile des Bildes Bewegungen ausführen zu lassen oder drehbar eingesetzte, in verschiedenen Farben bemalte Scheiben mit regelmäßig gestalteten Mustern abzubilden, die infolge der ihnen erteilten entgegengesetzten Drehung eigentümlich auf- und abwogende Bewegungen auszuführen scheinen.

Wichtiger erscheint vor allem das Bestreben, ähnliche Apparate zu konstruieren, welche auch undurchsichtige und horizontale Gegenstände objektiv abzubilden gestatten. Die sehr komplizierten, vielfach von einander abweichenden Konstruktionen haben im wesentlichen das gemeinsam, daß von einer künstlichen intensiven Lichtquelle Licht schräg auf das Objekt geworfen und durch Spiegel weitergeleitet wird, so daß ein reelles vergrößertes Bild, analog dem Vorgange bei der Zauberlaterne oder dem Sonnenmikroskop, umgekehrt auf dem auffangenden Schirm entstehen kann. In dieser einfachsten Form, welche von ihrem Verfertiger, dem Optiker Krüß in Hamburg, die Bezeichnung Wundercamera erhielt, hat sich der Apparat viele Freunde erworben.

Den Gang der Strahlen in dem nunmehr zu besprechenden zusammengesetzten Mikroskop zu erläutern, diene Fig. 489. Die dem Gegenstand zugekehrte Sammellinse e von sehr kurzer Brennweite, das sog. Objektiv, erzeugt von einem nur wenig außerhalb der Brennweite befindlichen Gegenstand a b ein stark vergrößertes, aber umgekehrtes reelles Bild AB, das mit einer Lupe O, dem sog. Okular oder Augenglas, betrachtet wird und ein, zum zweitenmale vergrößertes virtuelles Bild in der deutlichen Sehweite ergiebt. Da das Bild **AB** an sich schon durch das Objektiv beträchtlich vergrößert ist, so erhält das Okular nur eine schwache Krümmung, also geringe Vergrößerung, vornehmlich schon, um nicht die aus der mehr oder minder beträchtlichen Unvollkommenheit des Objektivs hervorgehenden Bildfehler zu erheblich hervortreten zu lassen.

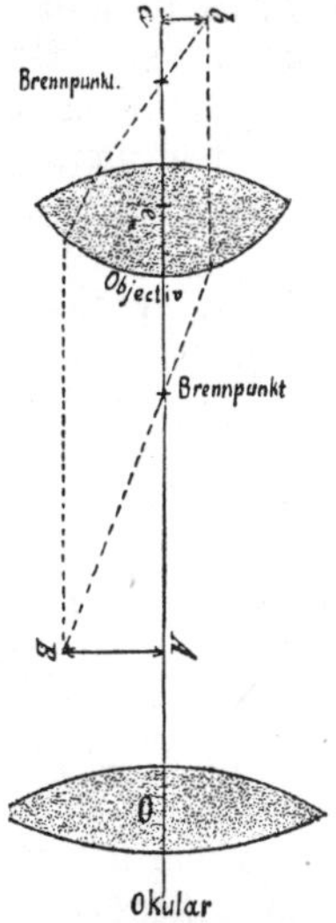

Fig. 489.
Zustandekommen des Bildes im zusammengesetzten Mikroskop.

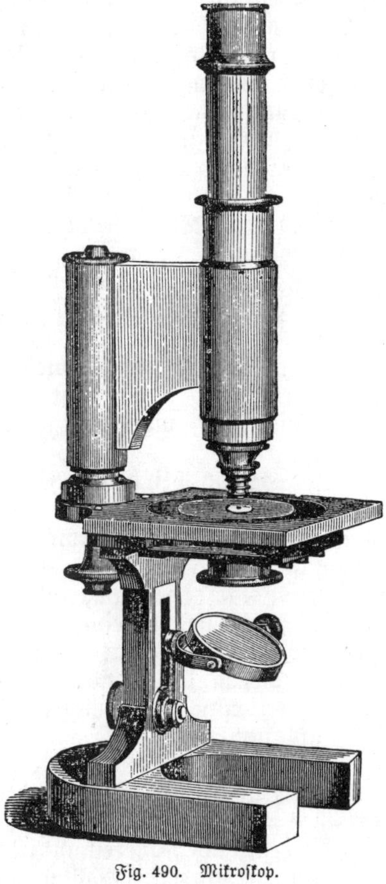

Fig. 490. Mikroskop.

Für die praktische Anwendung ist das Mikroskop mit einer Reihe von Vorrichtungen versehen, die hier nur kurz angedeutet werden mögen. Zunächst ist das Okular mit seiner Fassung in einer Röhre verschiebbar, welche am andern Ende das Objektiv trägt, um nach Belieben den Abstand zwischen Augenglas und Objektiv verändern zu können; durch eine Schraube läßt sich überdies das Rohr mit dem Objektiv gemeinsam höher oder tiefer stellen, so daß der Abstand des Objektes von letzterem innerhalb bestimmter Grenzen korrigiert werden kann. Der Objektträger oder Objekttisch, auf dem das Objekt befestigt wird, ist mit einer Öffnung versehen, durch welche von einem drehbaren Spiegel reflektiertes Licht einer Lampe auf das Objekt geworfen wird. In einer besonders häufigen Anordnung sind die angedeuteten notwendigsten Einrichtungen, für die im übrigen die einzelnen Fabrikanten ihre besonderen Formen haben, aus der Fig. 490 ersichtlich.

Die Erfindung des Mikroskops, für welche mehrere Nationen die Priorität in Anspruch nehmen, dürfte vermutlich nur wenige Jahre nach der Erfindung des Fernrohrs anzusetzen sein; zweifellos aber ist sie durch die Erfindung der Brillen angebahnt worden, welche Armati aus Florenz das Dasein verdanken sollen, und von denen die erste authentische Mitteilung aus dem Jahre 1299 stammt. Bisher ist es nicht möglich gewesen, den zeitweilig mit großer Erbitterung geführten Prioritätsstreit zu Gunsten des einen oder anderen Volkes einer glücklichen Lösung entgegenzuführen; nur soviel steht fest, gleichviel ob dieselbe nun von Jansen oder Drebbel oder Lippershey gemacht sein mag, daß Galilei um 1620 wesentlich dazu beigetragen hat, die wichtige Erfindung in weiteren Kreisen bekannt zu geben. Zu der ungeahnten Bedeutung, welche das Mikroskop heutzutage erlangt hat, konnte es trotz aller Bemühungen des Optikers erst gelangen, seitdem man entgegen der von Newton vertretenen Ansicht von der Anschauung ausging, daß es möglich sein müsse, die früher so störend auftretenden Fehler der sphärischen und chromatischen Aberration wenigstens annähernd zu beseitigen. Um so unentbehrlicher ist das einfache Instrument heute nicht bloß für viele Zweige der Technik, sondern auch für die Wissenschaft, und es ist gar nicht abzusehen, welche ungeahnten Aufschlüsse über viele Dinge dem Mikroskop noch vorbehalten sein mögen.

Wie bereits bei den sphärischen Spiegeln andeutungsweise bemerkt wurde, entspricht auch bei den Linsen einem leuchtenden Punkte nicht in aller Strenge ein Bildpunkt, und zwar um so weniger, je größer Krümmung und Öffnung der Linse sind. Die einzelnen Bildkreise, welche infolge der sphärischen Abweichung entstehen, lagern sich demnach teilweise übereinander und lassen das Bild unscharf erscheinen. Daß man durch geeignete Wahl der Krümmungsradien der brechenden Flächen diesem Übelstande begegnen kann, ist im vorstehenden schon angedeutet; man nennt Linsensysteme, welche vom Kugelgestaltfehler frei sind, aplanatische.

Andererseits erzeugt aber auch jede Linse notwendigerweise ein farbiges Bild; denn wenn man sich eine Linse etwa in sehr viele kleine Prismen zerlegt denkt, so erzeugt jedes derselben ein Spektrum. Soweit diese sich aber übereinanderlagern, ergänzen sie sich wieder zu weiß, und nur der äußerste Saum des Bildes kann farbig bleiben. Diese Verhältnisse werden besonders deutlich, wenn wir in dem Vereinigungspunkt f (Fig. 491) der roten Strahlen einen Schirm aufstellen würden; es ist klar, daß das Bild nach einander die Spektralfarben zeigen und außen mit violett abschließen wird; das Umgekehrte würde in f eintreten. Ganz analog dem beim Prisma üblichen Verfahren kann man auch hier die chromatische Aberration, von welcher die Spiegel frei sind, dadurch beseitigen, daß man 2 Linsen von verschiedenem Zerstreuungsvermögen, also wieder etwa Kron- und Flintglas, zu einem

System vereinigt, oder indem man eine bikonkave Flintglaslinse in zwei Sammellinsen von Flintglas einschließt, wie dies aus Fig. 492 ersichtlich wird. Bei Mikroskopen, wo man zur Anwendung von verhältnismäßig stark gekrümmten Objektiven genötigt ist, vereinigt man

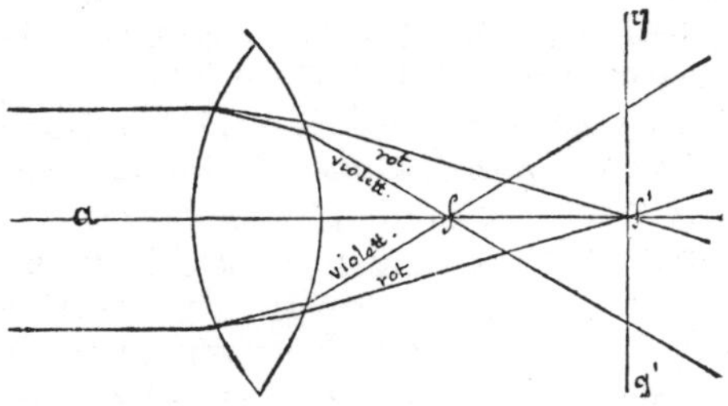

Fig. 491.
Die chromatische Aberration.

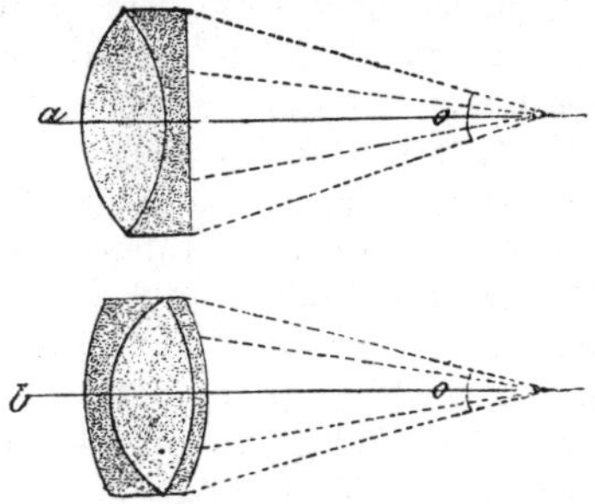

Fig. 492.
Achromatische Linsen.

mehrere achromatische Linsen, wodurch man gleichzeitig auch der sphärischen Aberration besser abhelfen kann. Dieser sehr vorteilhafte und gegenwärtig durchaus übliche Weg ist zuerst von Selligue im Jahre 1824 eingeschlagen worden.

Auch bei den Okularen kombiniert man mindestens 2 Linsen mit einander, um die Linsenfehler unschädlich zu machen. Hier können nur die beiden wichtigsten Formen in Betracht kommen, welche fast ausschließlich Anwendung finden. Demnach ist die Zahl der Gläser im zusammengesetzten Mikroskop beträchtlich größer, als bei der Erklärung der Wirkungsweise desselben vorausgesetzt war.

Das Huyghenssche, Campanische oder negative Okular besteht aus zwei plankonvexen Linsen von verschiedener Krümmung, welche ihre ebenen Begrenzungsflächen dem Auge zukehren. Die beiden Linsen sind so mit einander verbunden, daß ihre ähnlich gelegenen Brennpunkte zusammenfallen; die Brennweite der größeren, schwächer gekrümmten Linse ist das Dreifache von derjenigen der kleineren, die als eigentliche Lupe wirkt. Die erstere gehört, da sie die vom Objektiv kommenden Strahlen auffängt, ehe sie sich zu einem Bilde vereinigen, eigentlich noch zum Objektiv und hat die Bezeichnung Kollektiv erhalten. Das Bild des Gegenstandes entsteht hier zwischen Kollektiv und eigentlicher Okularlupe, erscheint also umgekehrt.

Von dieser Okularkombination unterscheidet sich das Ramsdensche Okular zunächst nur insofern, als die beiden Linsen ihre gekrümmten Flächen einander zukehren, sodaß sich das Auge also zunächst der ebenen Fläche der vorderen Linse befindet. Die Brennweiten der fest verbundenen Gläser, die hier aber wie eine einfache Lupe wirken, verhalten sich wie 9:5; das Bild entsteht zwischen Objektiv und Okular, bleibt also auch umgekehrt. Es hat aber dieses Okular den nicht zu unterschätzenden Vorzug vor dem ersterwähnten, daß sich mit ihm auf bequemste Weise Meßvorrichtungen verbinden lassen.

Es ist unmöglich, auf kleinem Raume von der immensen Bedeutung des Mikroskops, das lange Zeit neben dem hochgeachteten Schwesterinstrument, dem Fernrohr, nur eine untergeordnete Stellung einnehmen konnte, durch eine zusammengedrängte Schilderung der Forschungen und bahnbrechenden Entdeckungen auf den verschiedensten Gebieten der Wissenschaft auch nur annähernd ein vollständiges Bild zu entwerfen. An einigen wenigen Beispielen müssen wir uns genügen lassen, um zu zeigen, daß jetzt schon kaum ein Wissenszweig, eine Industrie das Mikroskop entbehren kann, das nicht bloß Erkenntnis wichtigster Art, sondern auch Entdeckungen vermittelte, welche für die ganze Welt nutzbar gemacht werden konnten und die gesamte Entwicklung mächtig gefördert haben. So ist aus der unscheinbaren Erfindung das populärste wissenschaftliche Instrument geworden, das sowohl in der Hand des Gelehrten als im Haushalte, sowie im wirtschaftlichen Leben noch zu ungeahnten Erfolgen führen wird.

Bringen wir einen einzigen Tropfen Flußwassers unter das Mikroskop! — und wir bewundern die schier unerschöpfliche Fülle von einfachen Formen, von winzigen Wesen niedrigster Art pflanzlichen und tierischen Charakters, die im engsten Raume ihr kurzes Dasein fristen. Derselbe Kampf ums Dasein hier im kleinen, der das Leben im großen beherrscht! Dasselbe Schaffen und Treiben, dieselbe Entwicklung; ein stetiges Werden und Vergehen! Besonderen Reichtum an derartigen kleinsten Organismen birgt das Meer, und deshalb hat auch eine vor einigen Jahren mit Unterstützung der preußischen Regierung ins Werk gesetzte Expedition sich gerade die Erforschung der zahllosen Organismen niedrigster Art, die willenlos im Meere umhergetrieben werden, und die man allgemein unter dem Namen Plankton zusammenfaßt, zur Aufgabe gemacht. Es sind vornehmlich zwei große Gruppen, deren Auffindung wir dem Mikroskop verdanken: die Nahrungskonsumenten und die Urnahrung, von denen die zur letzteren Klasse gehörigen Lebewesen die zu ihrem Aufbau nötigen Stoffe selbst zu erzeugen vermögen. In der Tiefe des Meeres herrscht eine stille Thätigkeit, deren Spuren oft erst nach umfassenden Zeiträumen, dann aber meist in gewaltiger Form, zum Vorschein kommen. Ein bekanntes Beispiel dieses mikroskopischen Schaffens bieten die Korallen, die in jahrtausendelanger Arbeit Riff auf Riff fügen und unermüdlich neue Stockwerke den alten Bauten aufsetzen. Und noch an einem anderen naheliegenden Beispiel erkennen wir die Daseinsspuren winziger Lebewesen, deren Produkte heute einen relativ hohen Wert im Haushalte des Menschen repräsentieren. Im Staub der Schreibkreide, in den Bruchstücken der Kreidefelsen, aus denen jene gewonnen und als Kunstprodukt hergestellt wird, finden wir unter dem Mikrofkrop die Reste von Millionen und aber Millionen Kreidetierchen, die mit ihren Kalkschalen und -Panzern, mit ihren

Skeletten nach dem Absterben für nachfolgende Generationen den Baugrund abgegeben und so zum Aufwachsen der gewaltigen Kreidefelsen aus dem Meeresgrunde beigetragen haben, bis einst der rastlosen Thätigkeit durch das Emporheben der Riesengräber über das Meeresniveau infolge eines gewaltigen Naturereignisses, in einer der vielen Entwicklungsperioden der Erde, ein plötzliches Ziel gesetzt wurde.

Das Mikroskop ist dem Mineralogen und Geologen zur Erforschung der Gesteinsarten, namentlich zur Erkenntnis des krystallinischen Gefüges der das Gesteinsgemenge bildenden Einzelbestandteile unentbehrlich geworden; aus den von ihm gesammelten Felsproben stellt er sich sog. Dünnschliffe her, Blättchen von einer Feinheit, daß sie gleich den dünn ausgewalzten Metallen durchsichtig erscheinen. Die Palaeontologie spürt den vorweltlichen Lebewesen nach, die als fossile Bildungen, als Versteinerungen uns in den Gesteinsschichtungen urweltlicher Schöpfungs- und Entwicklungsperioden erhalten sind. So wandelbar die Formen und Arten auch sein mögen, — in einem Punkte ist der Zusammenhang der wunderbar prächtigen Pflanzenformen früherer Epochen der Erdgeschichte mit den pflanzlichen Daseinsformen der Gegenwart unverkennbar. Hier wie dort stets dasselbe Grund- und Elementargebilde, die Zelle, aus denen sich hoch und niedrig organisierte Lebewesen gleichmäßig aufbauen. Täglich und immer von neuem haben wir Gelegenheit, mit Bewunderung die rapide Entwicklungsfähigkeit der Zellen zu verfolgen, sei es am Gärbottich, wo die Hefezellen durch ihre Lebensthätigkeit, ihr Wachstum, den Gährungsprozeß einleiten und bedingen, oder in der zerstörenden Wirkung, welche andere Zellengebilde auf den menschlichen, tierischen oder pflanzlichen Organismus durch Erregung von Eiter- und Fäulnisbildung auszuüben vermögen.

Welche wesentliche Förderung hat namentlich die Heilwissenschaft seit der Benutzung des Mikroskops zur grundlegenden Erforschung der Zusammensetzung und der Wirkungsweise der einzelnen Organe des menschlichen und tierischen Körpers erfahren! Man kann getrost sagen, daß erst seit Begründung der Histologie oder Gewebelehre, deren Aufgabe in der Ermittelung des Baus vom Pflanzen- und Tierkörper besteht, eine vernünftige wissenschaftliche Behandlung der Gewebekrankheiten datiert; aus dem eingehenden Studium der Lebens- und Daseinsbedingungen der Bakterien und Bacillen, namentlich in Bezug auf ihre zerstörende Wirkung bei geeignetem Nährboden, hat die Medizin eine tiefere Kenntnis der Infektionskrankheiten und der Mittel zu ihrer Heilung und Verhütung gewonnen. Es darf nur an die epochemachenden Arbeiten eines Koch und seiner Schüler auf diesem Gebiete aus den letzten Jahren, an die Entdeckung der in das Leben von Mensch und Tier so verheerend eingreifenden niedrigsten Daseinsformen erinnert zu werden, welche Milzbrand, Typhus, Tuberkulose, Cholera und die übrigen mörderischen Seuchen erzeugen, um auch hier die schätzbaren Dienste des Mikroskops erkennen zu lassen. Die Diagnosen auf bestimmte Krankheitsformen haben dadurch erst diejenige Zuverlässigkeit erlangt, welche allein eine vernunftgemäße Behandlung möglich macht.

Technikern, Fabrikanten und Gewerbetreibenden wird das Mikroskop je länger je mehr unentbehrlich; es setzt sie in den Stand, sich vor Fälschungen und Betrug zu schützen, holzfreies Papier von minderwertigen, dem Vergilben ausgesetzten Papiersorten zu unterscheiden und die billigsten und zweckmäßigsten Materialien für den Betrieb kennen zu lernen und auszuwählen. Namentlich aber auf dem Gebiete der Lebensmittelverfälschung hat das Mikroskop eine ganz eminente Bedeutung gewonnen, nicht allein wegen der Bequemlichkeit, sondern auch wegen der den meisten anderen Methoden weit überlegenen Sicherheit, die Verfälschungsprodukte nachzuweisen und vom Gebrauche auszuschließen. Dieses sanitären Rücksichten entsprungene Bestreben macht sich ebenfalls in der fast überall obligatorisch eingeführten Fleischschau geltend, deren Aufgabe in der Erkennung und Vernichtung trichinenhaltigen oder auf andere Weise infizierten und zum Genuß unbrauchbaren Fleisches besteht.

Es würde uns zuweit führen, wenn wir hier auch nur mit wenigen Worten der Bedeutung des Mikroskopes für den Physiker und Chemiker, namentlich in der Hand des letzteren auch im Dienste der Rechtspflege, Erwähnung thun wollten; die Zahl der Anwendungen ist eben enorm und noch in beständigem Zunehmen begriffen. So greift das Mikroskop in seiner Vielseitigkeit in fast alle Gebiete menschlichen Wissens und menschlicher Thätigkeit als ein wichtiger Faktor von nicht genug zu schätzender Bedeutung ein. Schon hat es das Fernrohr in manchen Dingen weit überholt, und noch befinden wir uns eigentlich erst in einem Anfangsstadium, — noch ist gar nicht abzusehen, wozu dieses unscheinbare Instrument berufen sein kann, welche gewaltigen Aufschlüsse wir von demselben über den Entwicklungsgang aller Organismen dereinst noch zu erwarten haben.

4. Das Fernrohr.

Die Erde mit allem, was in und auf ihr ist, hat der Mensch sich dienstbar gemacht und die Entwicklung des Irdischen mehr beeinflußt als irgend eine andere Kraft. Und unzufrieden mit der Herrschaft über seinen Planeten, trug er die Grenzen derselben bis an die fernsten Gestade des Weltalls. Seine Herrschaft? Hat er sich wirklich alle anderen Weltkörper in derselben Weise unterthänig gemacht wie die Erde? — Seine Herrschaft ist eine geistige: bescheiden damit, auf die irdischen Ereignisse zu wirken, weil er die Unmöglichkeit, von seinem Standpunkte aus vorläufig das Weltall zu beeinflussen, einsieht, hat er doch die Dinge um sich zu erkennen gestrebt. Und ist Erkennen nicht Beherrschen? ist die Erfahrung nicht Macht? setzt nicht das Können das Wissen voraus? Geschichte der Wissenschaft ist Kulturgeschichte, und nicht die Großthaten kühner Eroberer haben den gewaltigsten Einfluß auf die Entwicklung unseres Geschlechtes geübt, sondern die Großthaten des Geistes. Entdeckungen und Erfindungen sind es, welche die Grenzen großer Kulturepochen markieren.

Und somit war die Erfindung des Fernrohrs eine geschichtliche Großthat. Wohl gab es auch vorher eine in ihrer Bedeutung nicht zu unterschätzende astronomische Wissenschaft, wohl hatte der menschliche Geist aus der Betrachtung der Himmelskörper den Stoff zu kühnen Problemen entlehnt und, dieselben lösend, seine Kraft erprobt, aber die gewaltigsten Aufgaben stellten sich dem wohl Erprobten erst, seitdem er viel sehen und genau sehen lernte. Galileis Besuch in Venedig im Jahre 1609 bezeichnet die Scheide zwischen alter und moderner Beobachtungskunst: denn dort erfuhr er, daß im vorhergehenden Jahre in Holland ein Werkzeug erfunden sei, mit dessen Hilfe der Beobachter einen fernen Gegenstand sich näher rücken könne. Noch im August desselben Jahres hatte der berühmte Physiker von Padua ein vollkommeneres Instrument gefertigt, als jene holländischen Fernröhre waren. Die Entdeckung der vier Jupitertrabanten, der Mondberge, der wechselnden Gestalt des Planeten Venus, der Sonnenflecke und die Auflösung der Milchstraße in Myriaden einzelner Sterne, das waren Entdeckungen, die jetzt einander auf dem Fuße folgten. Der Jahrhunderte hindurch fortgeführte Prioritätsstreit um die Erfindung des Fernrohrs ist erst neuerdings zu Gunsten des Brillenmachers Franz Lippershey zu Middelburg entschieden worden, doch geschah Galileis Erfindung von der holländischen durchaus unabhängig. Den Gang der Strahlen in diesem Galileischen oder dem holländischen Fernrohr ersehen wir aus der Fig. 493. Eine konkave Objektivlinse sammelt die Strahlen, die von dem Objekte herkommen; ein konkaves Okularglas

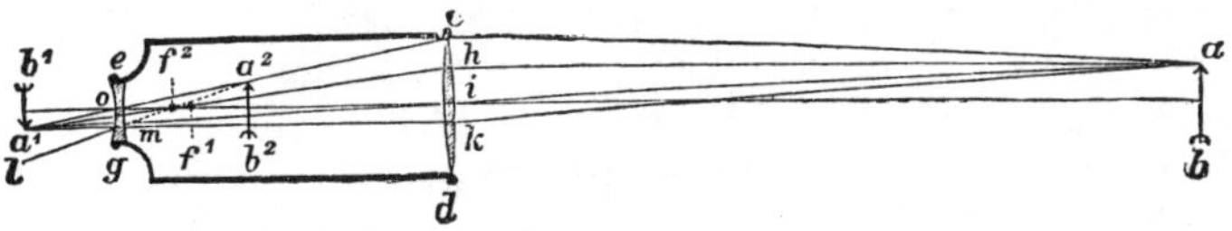

Fig. 493. Gang der Strahlen im Galileischen Fernrohr.

sorgt dafür, daß diese Strahlen sich vor ihm bereits vereinigen und so ein aufrechtes Bild innerhalb der deutlichen Sehweite des Auges geben, das uns deshalb vergrößert erscheint. Heutzutage wird diese Anordnung zu Operngläsern und als Feldglas noch viel gebraucht; wissenschaftliche Bedeutung hat sie dagegen nicht mehr. Kaum zwei Jahre später gab der berühmte Astronom Kepler in Prag diejenige Form des astronomischen Fernrohrs an, die heute die gebräuchlichste ist. Wir entnehmen den Gang der Strahlen bei diesem Fernrohr aus Fig. 494. Das von dem konvexen Objektiv gelieferte Bild, welches umgekehrt ist und mit einem Schirme aufgefangen werden kann, wird durch ein konvexes Okular, das ähnlich wie beim Mikroskop in verschiedenen Konstruktionen zur Anwendung kommt, betrachtet und ver-

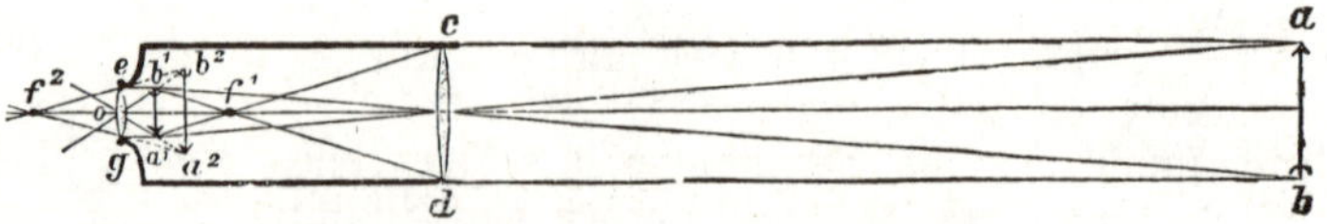

Fig. 494. Gang der Strahlen im Keplerschen Fernrohr.

größert. Wahrscheinlich ist das erste derartige Instrument von dem Jesuitenpater Scheiner 1613 gebaut worden, während der Kapuzinermönch Schyrläus de Rheyta ein Mittel angab, um das Bild dieses Fernrohrs zu einem aufrechten zu machen. Er wandte nämlich als Okular zwei Linsen statt einer an, und der Gang der Strahlen ist jetzt

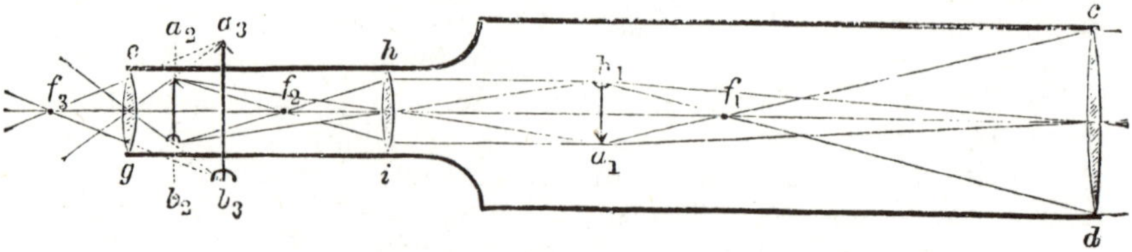

Fig. 495. Gang der Strahlen im terrestrischen Fernrohr.

aus Fig. 495 ersichtlich. Dieses Fernrohr ist wegen der aufrechten Bilder für die Beobachtung in weite Fernen auf der Erde vorzüglich geeignet und führt den Namen des terrestrischen, d. h. Erdfernrohrs. Während eines Zeitraums von anderthalb Jahrhunderten wetteiferten die Künstler dieser Zeit, einer den andern durch die Größe der von ihnen gefertigten Werke zu übertreffen. Diejenigen von Campani in Rom, mit welchen Cassini, der Pariser Astronom, 1648 fünf Saturntrabanten sah, waren 11 bis 41 Meter lang, und Auzout konstruierte gar ein solches von 180 Meter Länge, obgleich man gar kein Mittel hatte, eine so gewaltige Maschine auf den Himmel zu richten.

Überlegen wir, von welchen Gesichtspunkten aus die Erbauer zur Herstellung solcher Fernrohrriesen gelangten. Natürlich liefert die Objektivlinse eines Keplerschen Fernrohrs, um das es sich handelt, viel mehr Licht, wenn sie recht groß ist; aber damit ist ein anderer Übelstand verbunden, den die Instrumentenbauer wohl bemerkten, ohne seinen inneren Grund klar einzusehen. Die älteren Optiker fanden nämlich, daß, wenn sie zu gleicher Zeit die Länge des Fernrohrs vergrößerten, der Fehler der sphärischen Abweichung weniger störend wurde, weil dabei die Linse weniger stark gekrümmt zu sein brauchte. Diese Abweichung ist freilich nicht der einzige Fehler, den die älteren Instrumente hatten, und daß dem so ist, ergiebt sich leicht aus der Vergleichung eines älteren Fernrohrs mit einem kleineren neuen. Das

Fernrohr, welches der berühmte Physiker Huyghens für die englische Gesellschaft der Wissenschaften fertigte, und welches im Jahre 1718 wohl das vorzüglichste seiner Zeit war, hatte eine Linse von 15 cm Durchmesser bei einer Länge von fast 38 m, und es giebt keine besseren Bilder als eines unserer heutigen Liebhaberfernröhre von 10 cm Durchmesser und $1^1/_3$ m Länge. Der Hauptfehler der damaligen Instrumente war anderswo zu suchen, und der große Newton, der Begründer der mathematischen Physik und der himmlischen Mechanik, war es, der ihn anzugeben vermochte. Die chromatische Abweichung, welche hier ganz dieselbe Bedeutung hat wie beim Mikroskop, war der Hauptfehler der Refraktoren, und Newton, der in ihm ein unüberwindliches Hindernis erblickte, sah die einzige Abhilfe in der Ausbildung seines Spiegelteleskops, das er wenige Jahre vorher erfunden hatte. Hier ist

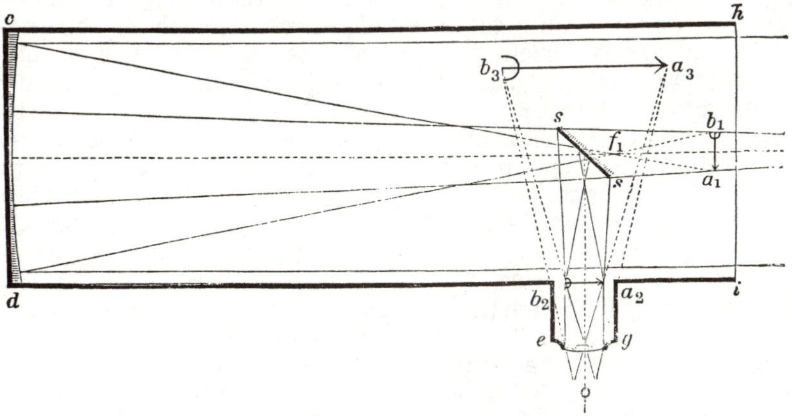

Fig. 496. Gang der Strahlen im Newtonschen Spiegelteleskop.

das Objektiv durch einen Hohlspiegel ersetzt, und die chromatische Abweichung ist vermieden. Die Fig. 496 zeigt in welcher Weise hier das Bild zustande kommt. Die von einem Hohlspiegel zurückgeworfenen Lichtstrahlen prallen auf ihrem Wege auf einen ebenen Spiegel auf und bringen ein seitliches Bild hervor, welches durch die konvexe Okularlinse betrachtet, vergrößert erscheint. In der That hat der Anstoß, den der bedeutende Physiker der Entwicklung der Fernrohrtechnik damit gab, während des ganzen vorigen Jahrhunderts nachgewirkt. Unbestritten war damals die Überlegenheit des Spiegelteleskops; aber die wissenschaftliche Ernte war gleich Null, wahrscheinlich weil der hohe Preis dieser Teleskope ihren Gebrauch nur wenigen Begüterten gestattete. Erst als Wilhelm Herschel, der frühere Musiker und spätere Glasschleifer und Instrumentenbauer, auf dem Höhepunkte seiner Laufbahn angelangt war, änderte sich die Sachlage. Schon einer von den kleinsten Spiegeln — deren Herschel nicht weniger als vierhundert in allen Größen von 15 bis 102 cm angefertigt hat — half ihm im Jahre 1781 den Planeten Uranus entdecken, eine neue Welt den seit den ältesten Zeiten bekannten hinzufügen. Der gewaltige Spiegel von 102 cm Durchmesser, zu dem ein Rohr von 12 m Länge gehörte, und dessen Vollendung in das Jahr 1789 fällt, hat zwei Saturntrabanten finden helfen, bei der Suche nach Nebelflecken hervorragende Dienste geleistet und manchen Doppelstern zum wissenschaftlichen Dasein gebracht. Nur zehn Jahre hat er indessen seinem Zwecke gedient, denn die Metallspiegel zeigten nie eine solche Konstanz, um lange brauchbar zu bleiben. Mit Herschels Riesenspiegel war der Höhepunkt in der Entwickelung dieser Art Fernröhre erreicht. Zwar hat man neuerdings in den versilberten Glasspiegeln einen vorzüglichen verhältnismäßig billigen Ersatz gefunden, und damit sind die Kosten eines Spiegelteleskops weit geringer geworden als die eines ebenbürtigen Refraktors; aber ihre Konstanz ist nicht wesentlich gewachsen, und für die Ausbreitung unserer Herrschaft am Himmel haben sie deshalb wenig mehr vermocht. Nur in der Himmelsphotographie scheinen sie zur Zeit noch den Refraktoren überlegen zu sein, und die schönen Lichtbilder von Nebeln, welche Roberts in Liverpool mit einem Spiegel von 50 cm und Common in Ealing bei London mit einem solchen von fast 1 m Durchmesser erlangt haben, sind die besten, die bisher bekannt geworden sind. Es erübrigt nur, die größten derartigen Instrumente zu erwähnen, um von den Fortschritten, die auch hier die Technik gemacht hat, eine Ahnung zu geben. Lord Rosse zu Parsonstown in Irland fertigte drei Spiegel, deren zwei 90 cm messen, während der dritte im Jahre 1845 vollendete gar die doppelte Ausdehnung erreicht — das größte im Gebrauch befindliche astronomische Werkzeug. Seit 1870 besitzt die Sternwarte zu Melbourne ein Spiegelteleskop von 120 cm Öffnung, welches dem Geschick des englischen Mechanikers Grubb seine Entstehung verdankt. Alle bisher erwähnten Spiegel wurden aus einer besonderen Metallmischung, dem Spiegelmetall, hergestellt. Die ersten größeren Glasspiegel entstanden in Amerika, wo Draper 1858 einen von 38 cm und bald nachher einen solchen von 70 cm fertigte. Die größten Glasspiegel befinden sich jetzt in Frankreich, darunter einer von 120 cm auf der Pariser Sternwarte, welchen wir in Fig. 497 abbilden, während in England Spiegel bis zu 150 cm Durchmesser mit dem nötigen Zubehör für die gehörige genaue Bewegung im Gebrauche sind. Für die feineren Untersuchungen, bei denen die Struktur der Gestirne näher ergründet werden soll, ist und bleibt aber der Refraktor ohne Nebenbuhler. Zwei Nachteile des Spiegelteleskops liegen ja auf der Hand. Einmal wirft nämlich jeder Spiegel nur einen Teil der auffallenden Strahlen zurück, während er die übrigen verschluckt — man muß daher die Ausdehnung der Spiegel fortdauernd steigern, um eine genügende Wirkung zu erzielen, und dann werden die Instrumente ihrer Größe wegen sehr unhandlich; Ver-

Fig. 497. Spiegelteleskop der Pariser Sternwarte.

biegungen sind bei großen Spiegeln im Laufe der Zeit fast unvermeidlich, und daher gerade kommt es, daß die Feinheiten des Details im Spiegelbilde verloren gehen.

Aber der Refraktor hatte ja auch Fehler, die gerade in den Augen Newtons ihn als unverbesserlich erscheinen ließen. Ist es möglich, das

Bild, welches eine Linse liefert, von seinem farbigen Rande zu befreien, so ist damit schon sehr viel gethan, um die Deutlichkeit des Bildes zu heben. Newton hatte seine Versuche überhaupt nicht dahin gerichtet, weil er ja annahm, daß allen Substanzen dieselbe farbenzerstreuende und brechende Kraft zukomme. Der berühmte Mathematiker Euler fand theoretisch, daß aus zwei Linsen von verschiedenem Brechungsvermögen sich eine achromatische müsse zusammensetzen lassen, d. h. eine solche, die ein weißes Bild von einem weißen Gegenstande liefert. Die Versuche, die Hall und Dollond in dieser Richtung anstellten, hatten zwar einen gewissen Erfolg, konnten aber nicht genügend nutzbar gemacht werden, weil man die Größe reiner Glaslinsen eben erst bis zu 10 cm treiben konnte. Dieselbe zu vermehren, erschien aber durchaus notwendig, wenn die Deutlichkeit der Refraktorbilder mit derjenigen, welche die großen Reflektoren erzeugten, konkurrieren sollte. Hier setzte Fraunhofer die Hebel seiner Kraft an. Dieser war der Sohn armer Eltern, die ihn zu einem Spiegelmacher in die Lehre gaben. Als das Haus des Meisters zusammenstürzte und Fraunhofer unter den Trümmern hervorgeholt wurde, machte der Kammerrat Utzschneider den Mechaniker Reichenbach auf den strebsamen Knaben aufmerksam, welcher aus ihm den bedeutendsten Mechaniker seiner Zeit machte. Fraunhofer erfuhr, daß der Schweizer Uhrmacher Guinand 1805 größere und schönere Glasscheiben geschmelzt habe, als je zuvor gefertigt waren. Letzteren zog der Münchener Gelehrte nach Bayern, und der gemeinsamen Arbeit beider entstammen jene vielbewunderten Gläser, die lange Zeit als die besten galten. Auch in den Linsen der modernsten Fernröhre steckt noch Geist von Fraunhofers Geiste. Bis vor wenigen Jahren ist nämlich die Erzeugung optischen Glases noch das Mysterium weniger Eingeweihten gewesen. Der bedeutendste deutsche Fabrikant desselben, Herr Merz in München, dessen Vater der langjährige Gehülfe und Nachfolger Fraunhofers in der Leitung der optischen Werkstätten war, erzeugte in seinen Öfen immer nur so viel Glas, als in seiner Werkstatt verarbeitet wurde. Neben ihm waren bisher nur Feil in Paris und Chance in Birmingham als die Inhaber bedeutender Schmelzöfen zu nennen, und auch diese beiden sind in ähnlicher Weise als von deutschem Geiste inspiriert anzusehen. Feil ist der jetzige Inhaber jenes Instituts, welches der Schweizer Guinand zu Paris begründete, und ist mit einer Enkelin Guinands verheiratet. Erst ganz neuerdings beginnt die Kenntnis in der Anfertigung optischen Glases Gemeingut zu werden, und das haben wir besonders der Munificenz der preußischen Regierung zu verdanken, die das optische Institut der Herren Abbe und Schott in Jena lebensfähig machte. Die Nachrichten, die über die dortigen Leistungen bisher in die Öffentlichkeit gelangt sind — und es wird alles mit einer bemerkenswerten Offenheit mitgeteilt — lassen erhoffen, daß die ferneren Fortschritte der praktischen Optik wieder von Deutschland ausgehen werden, wo sie vor zwei Menschenaltern durch Fraunhofer zu so ungeahnter Blüte gelangten. Das Streben wird vor allem immer weiter dahin gerichtet sein müssen, die Reste von farbigen Rändern, welche weder Theorie noch Praxis völlig zu entfernen fähig sind, soweit einzuschränken, daß sie der Deutlichkeit der Bilder möglichst wenig Eintrag thun.

Seit jener Zeit ist die Refraktorentechnik rapid vorangeschritten. Bereits 1823 verließ Fraunhofers Werkstatt das Dorpater Glas von 24 cm, welches seinen allerbesten spiegelnden Vorgängern zur Seite gestellt werden muß: kaum einer oder zwei der Herschelschen Spiegel haben jemals größere Kraft gehabt, während der neue Refraktor ihnen an Bequemlichkeit des Gebrauchs weit überlegen war. Aus der Münchener Werkstatt gingen ferner die in ihrer Zeit mächtigsten Fernröhre hervor: 1837 das Münchener Glas von 30 cm, 1839 das von 38 cm Durchmesser für die Harvard-Sternwarte zu Cambridge in Amerika, 1847 ein ebensolches für die Sternwarte zu Pulkowa, die bedeutendste Europas. Aber in die Fußstapfen der Münchener Meister trat bald eine ganze Reihe geschickter Optiker, deren Fernröhre seit Mitte des Jahrhunderts den Weg durch die Welt gemacht haben. Wir erwähnen die Deutschen Steinheil und Schröder, die Franzosen Cauchoix, Martin und die Gebrüder Henry von der Pariser Sternwarte. Letztere stellten zuerst eines jener Fernröhre von 32 cm Öffnung zum Zwecke photographischer Aufnahmen am Himmel her, von denen heute fast zwanzig von verschiedenen Erbauern der Aufnahme der photographischen Himmelskarte dienen sollen, die durch internationales Zusammenwirken vieler Sternwarten zu Stande kommen wird. Ihre übrigen Werke sind viele schöne Spiegel und Linsen und vorzüglich die vollkommen ebenen Spiegel von beliebiger Größe, denen Loewys neues Fernrohr, das gebrochene Äquatoreal, seine schönen Erfolge verdankt. Der Engländer Cook vollendete 1863 das Instrument von 63 cm Durchmesser, das jetzt die Cambridger Universität besitzt. Sein Landsmann Grubb in Dublin hat gleichfalls viele Refraktoren gebaut, u. a. jenen von 70 cm Durchmesser in Wien. In Amerika endlich sind es Alvan Clarke & Sons in Boston, die heute als die bedeutendsten Glasschleifer der Welt anzusehen sind. Der bedeutende Ruf dieses Hauses datiert von jenem Momente, da es dem ältesten Sohne seines Begründers, dem noch heute in der Werkstatt thätigen Alvan Clarke gelang, den Begleiter des Sirius zu entdecken, mit Hülfe des großen Refraktors, den er im Jahre 1862 für die Sternwarte der Missisippi-Universität zu Chicago in Arbeit genommen hatte, noch bevor derselbe vollendet war. Das Objektivglas dieses Fernrohrs hatte einen Durchmesser von 46 cm, übertraf also die größten Merzschen Gläser noch um 8 cm. Seit jener Zeit hat sich der Weltruf der Werkstatt stetig gehoben. Im Jahre 1873 verließ die Werkstatt eine Riesenlinse, welche bereits einen Durchmesser von 66 cm hatte, für die Marinesternwarte zu Washington, und mit ihrer Hülfe fand der Astronom Asaph Hall die treuen Gefährten des

Mars, der eben der Erde ganz besonders nahe kam. Nur wenige Jahre später ging aus der Werkstatt von Repsold & Söhne in Hamburg eine Linse von 76 cm an die Sternwarte zu Pulkowa, und dann hat Clarke die Riesenaufgabe vollendet, ein Objektiv von 91 $^1/_2$ cm Durchmesser anzufertigen, welches seit drei Jahren in der Lick-Sternwarte auf dem Berge Hamilton in Kalifornien in der stattlichen Höhe von 1300 m im Dienste der Himmelsforschung steht.

Die Schwierigkeiten, welche die Herstellung großer Fernröhre noch bietet, läßt sich am besten durch Anführung einiger Einzelheiten aus der Geschichte des neuen Fernrohrs illustrieren. Clarke vollendete die Kron- und die Flintglaslinse, welche das achromatische Objektiv zusammensetzen, etwa ein Jahr nachdem ihm von Feil das Material zugegangen war. Noch eine dritte Linse aus Kronglas wollte er dann dem Instrumente beigeben, die im Verein mit den beiden anderen gerade die violetten und ultravioletten Strahlen des Spektrums vereinigen sollte. Diese Strahlen sind nämlich ganz vorzüglich zu chemischen Wirkungen befähigt, sie greifen die üblichen photographischen Platten besonders stark an, und durch ihre Konzentrierung kann man daher in kürzerer Zeit ein Photogramm erhalten, das an Schärfe nichts zu wünschen übrig läßt. Die Lick-Sternwarte soll sich in der That nach dem Wunsche ihres Stifters viel mit photographischen Aufnahmen beschäftigen, und welche Effekte darf man nicht zu erzielen hoffen, wenn man ein so gewaltiges Instrument als Camera benutzt? Aber es zeigte sich, daß die Herstellung optischen Glases trotz ihrer bedeutenden Fortschritte noch immer den schädlichen Einflüssen unberechenbarer Zufälligkeiten unterworfen ist. Als Clarke die Kronglasmasse zu bearbeiten anfing, sprang sie in zwei Stücke. Wahrscheinlich ist sie schlecht gekühlt gewesen, daher waren einzelne Teile im Verhältnis zu anderen stärker gespannt und mußten diese auseinander treiben, als das Schleifen begann. Übrigens ist es für die Ausdauer des großen Optikers bezeichnend, daß er die Korrektionslinse für photographische Zwecke noch nachgeliefert hat. Das photographische Sonnenbild im Brennpunkte hat nicht weniger als 13 cm Durchmesser. Ein so zarter Gegenstand, wie die Riesenlinse, mußte natürlich für die Fahrt nach seinem Bestimmungsorte in Kalifornien, die Fahrt von Ozean zu Ozean, in jeder Weise gegen Stöße geschützt werden. Mehrere Lagen Leinwand und Papier umschlossen die Linse, die in eine Holzkiste gebettet ward. Außerdem aber war sie noch in zwei Stahlkisten eingeschachtelt, deren Wände mit Stahlfedern versehen waren, um jede heftige Erschütterung wirkungslos zu machen. Zudem wurde die äußere Stahlkiste während der Fahrt durch ein beigegebenes Uhrwerk im Laufe einer bestimmten Zeit um eine feste Achse herumgedreht. Während der acht Tage dauernden Fahrt mußte nämlich das Glas so und so viele Male in der Richtung des Zuges hin- und hergeschüttelt werden. Folgen die Stöße in bestimmten regelmäßigen Zeiträumen aufeinander, so summieren sich ihre

Wirkungen. Wenn auch nicht gerade ein Springen der Linse durch jene Stöße zu befürchten war, so hätte doch ihre gleichmäßige Beschaffenheit leiden können; denn wie starr auch immer ein Material erscheinen mag, es finden trotzdem Umlagerungen seiner kleinsten Teilchen statt, wenn sie fortwährend in demselben Sinne hin- und hergestoßen werden — Änderungen, welche wieder elastische Nachwirkungen hervorrufen, und damit die Bilder, auf deren Deutlichkeit doch alles ankommt, entstellen müssen. Gab man aber jenes Uhrwerk bei, so war man sicher, daß die Stöße fortwährend ihre Richtung wechselten, und somit konnte von einem Summieren derselben keine Rede sein.

Neuerdings haben — um dies gleich zu erwähnen — die Clarkes eine Linse von 1 m Durchmesser in Arbeit genommen; es ist dies eine von einem Paar, das für das große Fernrohr auf dem Wilson-Peak in der Sierra Madre bestimmt ist. Dort, in einer Seehöhe von 1900 m, in einer Entfernung von zwölf bis fünfzehn Meilen von Los Angeles, der südkalifornischen Universität, soll eine neue Sternwarte für diese errichtet werden. Das Glas ist in der Mitte 6 cm und am Rande 4 cm stark; der Glaswert der beiden nötigen rohen Scheiben stellt sich auf 10000 Dollar, und er ist bei zwei Hauptgesellschaften Bostons versichert worden. Wenn erst beide Linsen des Objektivs vollendet und gefaßt sein werden, so wird dieser Teil des großen Fernrohrs gegen 65000 Dollar kosten. Die Clarkes waren noch unschlüssig, ob sie die Scheiben in ihrer Werkstatt in Boston schleifen oder eine neue Werkstatt am Wilsonberge direkt für diesen Zweck errichten sollten. Sie würden so die beträchtlichen Kosten und Gefahren des Transports ersparen. Auch dieses Teleskop wird dann noch eine photographische Linse erhalten. Wenn dieses Fernrohr vollendet sein wird, so soll es eine Länge von 18 m haben, etwa dieselbe, wie das Lick-Teleskop. Das fertige Rohr soll 100000 Dollar kosten, während der Bau und die innere Einrichtung der Sternwarte für den drei- bis vierfachen Preis wird geschaffen werden können. Der Wilsonberg verspricht durch seine Lage dem neuen Instrumente noch größere Vorzüge als der Berg Hamilton dem seinigen. Hoffen wir, daß in der That die Luft dort oben an Beständigkeit so wenig zu wünschen übrig lasse, daß das neue Rohr zur Erweiterung der Himmelsherrschaft wesentlich beitrage.

Sollen jene großen Teleskope in den Händen des Himmelsforschers ihre Dienste leisten, so muß auch die Aufstellung ihre Handlichkeit sowohl wie ihre Festigkeit voll garantieren. Die Geschichte dieser Fernrohraufstellungen enthält viele interessante Einzelheiten, sie führt uns bei den geschicktesten Mechanikern und Maschinenbauern der letzten Jahrhunderte vorbei: hier begegnen wir Huyghens als dem Erfinder des Luftteleskops, und seinem Rivalen Robert Hook, wir finden Herschel mit der Aufgabe beschäftigt, sein 13 m langes Riesenfernrohr zu lenken, — Lassels, Rosses und Commons gleichgerichtete Anstrengungen werden uns nicht entgehen, und wir sehen Sir Howard Grubb bei der Arbeit, das optische Ungetüm von Melbourne, das Spiegelteleskop von 120 cm Öffnung aufzustellen. Wo die Newtonsche Form des Fernrohrs verwendet wird, da ist die Gegenwart des Beobachters am hohen Ende des Fernrohrs erforderlich, und das Problem, ihn dort mit Sicherheit in unmittelbarer Nähe des Augenglases zu erhalten, ist noch nicht genügend gelöst.

Die Geschichte der Aufstellung von großen Refraktoren erreicht ihren Glanzpunkt wieder bei Fraunhofer, der den heute noch allgemein gebräuchlichen Typus für die Aufstellung des Dorpater Äquatoreals erfand. In dem Maße, wie die Größe dieser Fernröhre wuchs, vermehrte sich auch die Fülle und Verwicklung der mechanischen Probleme so erstaunlich, daß die besten Kräfte der geschicktesten Mechaniker ihnen gerade gerecht werden konnten. Von ihnen seien die Repsolds in Hamburg und Sir Howard Grubb genannt. Daß man das Fernrohr in vollkommen gleichmäßiger Bewegung erhält, so daß das Sternbild im Gesichtsfelde bleibt, das erfordert zunächst eine äquatoreale Aufstellung, d. h. die Umdrehungsachse des Fernrohrs muß mit der Erdachse parallel liegen. Vermag man das Fernrohr außerdem in einer mit der Erdachse parallelen Ebene einzustellen, so läßt sich dasselbe nach allen Teilen des Himmels richten; dann kann das Rohr jedem Himmelskörper folgen, wenn man nur die Polarachse des Rohres mit derselben Geschwindigkeit, wie sie die Erdachse besitzt, aber in entgegengesetzter Richtung in fortwährender Bewegung erhält; wir haben so die vollendete äquatoreale Bewegung. Es giebt verschiedene Wege, diesen Zweck zu erreichen. Das große Nizzaer Teleskop der Gebrüder Henry und das Lick-Fernrohr haben kurze, starke Achsen, die durch Gegengewichte ausbalanciert sind, wie Fig. 498 lehrt. Werfen wir einen Blick auf die letztere. Die gußeiserne Säule, welche das Lick-Fernrohr trägt, ist an der Basis 5,3 m lang und 3,1 m breit, das obere Ende hat 2,5 m und 1,3 m als entsprechende Ausdehnungen; die Säule wiegt 400 Centner. Der Kopf dieser rechtwinkligen Säule, auf welchem die Polarachse aufliegt, wiegt 80 Centner. Um diesen Kopf geht eine Gallerie für den Assistenten des Beobachters. Durch ein verwickeltes System von Rädern vermag er mit dem leisesten Druck das Instrument auf jeden Himmelskörper hin zu stellen und die Lage desselben an den elektrisch erleuchteten Mikroskopen abzulesen. Die Polarachse von Stahl hat 36 cm Durchmesser, 3 m Länge und wiegt 27 Centner; die andere, ebenfalls stählerne Achse ist ebenso lang und wiegt 23 Centner. Das Rohr ist von Stahl und 18 m lang; sein Durchmesser beträgt in der Mitte 120 cm und an den Enden 95 cm. Das vollständige Rohr mit allem, was daran zu sehen ist, wiegt nicht weniger als 100 Centner, und die Uhr, welche seine Bewegung kontrolliert, 20 Centner. Sie steht innerhalb der Säule, nahe ihrem oberen Ende, und ist von der Plattform aus leicht zu erreichen. Der Bewegungsmittelpunkt des Rohres liegt 11 m über dem Boden, und wenn es

Fig. 498.
Refraktor der Licksternwarte auf dem Hamiltonberge in Kalifornien.

nach dem Zenith gerichtet wird, so liegt das Objektiv 19,5 m über dem Boden der Säule. Zur Seite des großen Rohres befinden sich drei kleinere Fernröhre mit Öffnungen von 15, 10 und 7,5 cm, die als „Sucher“ dienen. Das Gesamtgewicht des Riesenfernrohrs mit der tragenden Säule ist 800 Centner. Die Aufstellung wurde nicht von den Clarkes besorgt, sondern von der rühmlichst bekannten Firma Warner & Swasey in Cleveland.

Natürlich muß auch dafür Sorge getragen sein, daß der Beobachter während der beträchtlichen Bewegungen des Rohres denselben leicht zu folgen imstande ist und auch Objekte in der Nähe des Horizontes erreichen kann. Da er für diesen Zweck nicht stets die 11 m wird emporklettern können, so ist hier eine geniale Idee Sir Howard Grubbs ausgeführt worden. Der Boden der ganzen Sternwarte läßt sich nämlich durch hydraulische Maschinen vom Beobachter leicht auf- und abbewegen — eine angenehme, aber nicht billige Art, die Schwierigkeiten zu lösen, soweit die Sicherheit ins Spiel kommt, die aber noch nicht auf den fortwährenden Wechsel in horizontaler Richtung genügend Rücksicht nimmt, den die Stellung des Augenendes des Rohres bei seiner rotierenden Bewegung erfahren muß. Der Durchmesser der Kuppel, welche den Fernrohrriesen überdeckt, mißt nicht weniger als 35 m, und sie wiegt die Kleinigkeit von 1800 Centnern. Dabei muß sie jedoch noch drehbar eingerichtet sein, damit ihre Öffnung nach einer bestimmten Himmelsrichtung eingestellt werden könne. Die Riesenkuppel auf dem Hamiltonberge soll trotz ihres großen Gewichtes bereits durch einen Druck von 67 kg sich bewegen lassen. Die Kosten dieses Baues allein belaufen sich auf 56 800 Dollar.

In neuester Zeit hat man die Aufstellung der Äquatoreale wesentlich zu vereinfachen getrachtet, indem man nur einen geringeren Teil derselben beweglich herstellt, den größeren Teil aber fest läßt. Man kann dies, indem man zwischen Augenende und Objektiv schief gegen das Rohr eine bewegliche, spiegelnde Glasplatte einsetzt und nun nur das Objektivende beweglich macht. Dieses Instrument, das gebrochene Äquatoreal des Herrn Loewy von der Pariser Sternwarte, ist jetzt mit einer Öffnung von 57 cm ausgeführt worden. Freilich wird durch den Planspiegel immer ein Verlust an Lichtkraft und Deutlichkeit herbeigeführt werden, aber die Gebrüder Henry machen dieselben bereits in solcher Vollkommenheit, daß jener Verlust gering erscheint gegen die offenbaren Vorteile der Leichtigkeit der zu bewegenden Teile. Wir sind daher berechtigt, in diesem Werkzeuge das Fernrohr der Zukunft zu erblicken, das mit der Zeit nicht nur bei den allgemein astronomischen, sondern auch bei photographischen und spektroskopischen Aufgaben der Himmelsforschung vorzügliche Dienste leisten wird.

Versuchen wir, uns ein Urteil über die Wirkungen eines großen Instrumentes zu bilden. Wir werden dabei zunächst an die Mittel denken, durch welche die Sehschärfe des unbewaffneten Auges sich feststellen läßt. In einer alten arabischen Himmelsbeschreibung wird ein Stern im großen Bären erwähnt, „nach dem die Menschen ihr Gesicht prüfen". Es ist dies ein Stern fünfter Größe, der für gute Augen und bei günstiger Witterung bei uns immer sichtbar ist. Da für ein scharfes Auge sogar noch einige Sterne von der siebenten Größe sichtbar sind, so würde das Auffinden jenes Sternes durchaus nicht schwer fallen, kämen nicht zwei erschwerende Umstände hinzu. Einmal steht er überhaupt einem andern Stern ziemlich nahe — ihr Abstand beträgt ein drittel Mondesbreite — und andererseits ist der benachbarte Stern von der zweiten Größe, überstrahlt also durch seinen Glanz den kleineren dermaßen, daß dieser schwer noch einen Eindruck macht. Ganz ähnlich wächst nun die Schwierigkeit, mit dem Fernrohr zwei nahe Sterne als getrennt wahrzunehmen, nicht bloß in dem Maße, als sie einander näher kommen, sondern auch als der eine vom andern an Helligkeit übertroffen wird. Daß der Siriusbegleiter, die Marsmonde und der fünfte Jupitertrabant so lange auf ihre Entdecker warten mußten, das lag keineswegs an ihrer Lichtschwäche, auch nicht daran, daß sie zu dicht an dem Hauptkörper standen, um sich von ihm unterscheiden zu lassen, sondern hauptsächlich an der beträchtlichen Lichtstärke dieser gegenüber ihren Begleitern.

Als man das Lick-Instrument noch in der Werkstatt prüfte, ward es zunächst auf einen Doppelstern im Bilde der nördlichen Krone eingestellt, dessen beide Sternchen eine Entfernung von nur $^1/_4$ Sekunde besitzen, aber von ziemlich gleicher Helligkeit sind. Ohne Schwierigkeit wurden sie getrennt gesehen. Was das heißen will, mag ein Beispiel klar machen. Stellen wir uns dazu zwei Leuchtkäfer vor, die um eine Spanne von einander getrennt dahinfliegen. Wenn ihre Leuchtkraft sonst genügend ist, so müßte man sie durch das Fernrohr noch in einer Entfernung von 15 Meilen von einander unterscheiden können. Nähere Doppelsterne kannte man aber damals noch nicht, zu ihrer Entdeckung wird das Instrument erst beitragen. Wenn ein Stern von einem andern bedeutend überstrahlt wird, so hat man sich bisher meist in der Weise geholfen, daß man die Strahlen des Hauptsterns vom Auge fernhielt, daß man also sein Bild im Fernrohr verdeckte. Auf diese Weise hatte z. B. Winnecke den Begleiter der Vega, eines Sternes erster Größe, gefunden, und nur so hatte man ihn bisher zur Sichtbarkeit bringen können. Bei der Prüfung des Lick-Fernrohrs gelang es auch ohne Verdeckung, den lichtschwachen Stern zu erblicken. Die Vergrößerung, welche das Instrument erlaubt, geht vom 180- bis zum 3000fachen. Der Direktor der Lick-Sternwarte Holden schreibt darüber: „Während die Vergrößerung, die man mit Erfolg bei einem Instrumente von 12 cm Öffnung anwenden kann, nicht mehr als 400 beträgt, erlaubt das Lick-Fernrohr eine solche von 2000 bei passenden Objekten, z. B. bei Fixsternen. Beim Monde und den Planeten kann man aus vielen Gründen eine solche Vergrößerung nicht mit Vorteil verwenden, sondern wahrscheinlich höchstens eine solche von 1000 bis 1500. Der Mond erscheint uns bei dieser Vergrößerung so, als ob er mit freiem Auge aus einer Entfernung von etwa 40 Meilen gesehen würde, oder mit anderen Worten: man kann Objekte von 90 m im Quadrat darauf erkennen.

Kein Dorf, kein großer Kanal, ja nicht einmal ein großes Gebäude würde ohne unsere Kenntnis auf dem Monde angelegt werden können. Hoch organisiertes Leben wird sich, wenn es auf dem Monde vorhanden ist, auf diesem indirekten Wege bekannt geben."

Wie gesagt, ist die direkte Beobachtung nicht die einzige Arbeit, die den großen Fernröhren obliegt. Dazu gehört auch die photographische Aufnahme himmlischer Objekte, bei welcher das Lick-Teleskop auch bereits seine Überlegenheit gezeigt hat. Ferner gehört die spektroskopische Forschung dazu, welcher das Spektrometer dient. Mag es weiter zur Erkenntnis der physikalischen Beschaffenheit und der Geschwindigkeit der Welten beitragen, gleich seinen Genossen! Möge die Arbeit der Riesenfernröhre unsere Herrschaft über die Welten weiter tragen, und mag der spekulative Geist Schritt halten mit den objektiven Erfahrungen, die wir solchen Hülfsmitteln verdanken!

X. Das Papier und die vervielfältigenden Künste.

---

1. Die Erfindung des Papiers.

Wenn in einem Gespräch gelegentlich das Wort „Papier" gebraucht wird, so ist im allgemeinen von derjenigen Verwendung des Papiers die Rede, die die ursprünglichste und älteste ist, von der Verwendung zu Schreib- oder Druckzwecken. In der That ist die ungeheure Bedeutung der Erfindung des Papiers gerade für die Entwicklung der graphischen Künste am ersichtlichsten und in die Augen springendsten, ohne daß aber darum die heutige Verwendung des Papiers zu hundert anderen Zwecken minder bedeutungsvoll wäre. Man stellt sich im gewöhnlichen Leben gar nicht vor, was alles aus Papier gemacht wird, welche wunderbaren Eigenschaften dieses Produkt menschlichen Erfindungsgeistes in sich trägt. Dem Hutmacher, dem Schuhmacher, dem Porzellanfabrikanten, dem Bandagisten, dem Schneider, dem Mosaikbildner und unzähligen andern gewöhnlichen oder Kunsthandwerkern ist das Papier zu mannigfaltigen Zwecken ein oft unentbehrlicher Gebrauchsgegenstand geworden. Tafeln, Figuren, Töpfe, Wäsche, Fässer von enormer Widerstandskraft, Eisenbahnschienen, Wagenräder, kurz und gut die verschiedenartigsten Sachen, an deren Festigkeit außerordentliche Ansprüche gestellt werden, werden heutigen Tages aus diesem Stoffe gemacht, den in früheren Zeiten jemand als zu solchen Dingen geeignet nicht hätte bezeichnen dürfen, ohne verlacht zu werden.

Wenden wir uns der Geschichte der Papierindustrie zu, so sehen wir, daß es zunächst das Bedürfnis nach besserem Schreibmaterial war, das zur Erfindung des Papiers führte. In den ältesten Zeiten mußten Steine, Metallplatten, Thonstücke, Holztafeln, Baumrinden den Skribenten für ihre Schriftstücke und Schreibkünste genügen. Auch das Palmblatt, das in Indien und auch in Westasien und Ägypten schon in alten Zeiten als vorzüglicher Schreibstoff bekannt und beliebt war und selbst heutzutage namentlich in Ceylon noch sehr viel in Gebrauch ist, dürfte auf den Namen Papier kaum Anspruch machen, da ihm wesentliche Eigenschaften eines solchen, die leichte Biegsamkeit, die Brechbarkeit, sowie die Brauchbarkeit für schnellstes Schreiben abgehen. Ebenso befriedigte das Pergament, das ja vielfach sogar Pergamentpapier genannt wird, solche Erfordernisse nur zum Teil, wenn es auch, zwar zumeist aus Billigkeitsrücksichten, neben den ältesten Papiersorten, besonders derjenigen, welche in Ägypten aus der Papyrusstaude hergestellt wurde, seinen Rang fest behauptete.

Die Bereitung von Papier aus dem Zellengewebe der binsenartigen, durchschnittlich 5 m hohen Papyrusstaude (Cyperus Papyrus) datiert wahrscheinlich bis in das vierte Jahrtausend vor Chr. zurück. Man schnitt aus dem Zellengewebe schmale Streifen, die ziemlich dicht neben einander gelegt wurden. Nachdem man über eine solche Schicht eine andere in kreuzweiser Anordnung darübergelegt hatte, durchtränkte man das ganze mit Wasser, in dem Gummi aufgelöst war. Darauf wurde die Masse gepreßt und getrocknet, mit einer dünnen Mischung von Stärkekleister überstrichen, nochmals gepreßt und getrocknet und schließlich mit Elfenbein oder ähnlichem Material geglättet, was aber nur bis zu einem gewissen Grade gelang. Auch hatte der Papyrus außer der Streifigkeit noch den Übelstand, nicht weiß, sondern graubraun zu sein. Erwähnt sei noch, daß die Papyrusstaude auch zur Herstellung von Kleidern, Stricken und Geflechten diente. Leinwand und Seide dienten übrigens in Ägypten, wie in China schon in alten Zeiten zum Schreiben. In China wurde dann vor etwa 2000 Jahren, wenn nicht früher, selbständig ein Papier erfunden, das mit dem heutigen Fabrikat schon mehr Ähnlichkeit hat, als der Papyrus. Es wurde aus dem Bast des Papiermaulbeerbaums (Broussonetia papyrifera) mit Beimengung von Seidenlumpen, vielleicht auch Baumwolle hergestellt. Diese Fabrikation verpflanzte sich in den ersten Jahrhunderten unserer Zeitrechnung über Samarkand und Damaskus zu den Arabern und Ägyptern fort und wurde wohl zu Anfang des Mittelalters von den Arabern nach Spanien gebracht. Die Anwendung von Lumpen oder, wie der technische Ausdruck lautet, Hadern statt roher Baumwolle mag schon vorher erfolgt sein; z. B. bot sich den Ägyptern in dem alten Leinenzeug, das in ungeheuren Massen in den Felsengräbern aufgespeichert war, ein vorzügliches Papiermaterial; doch kann man nicht sagen, wann zuerst Lumpen- und Leinenpapier in Gebrauch gekommen ist. Im 14., besonders aber im 15. Jahrhundert nach Erfindung der Buchdruckerkunst nahm die Papierindustrie, die Anlage und Verbesserung von Papiermühlen besonders in Frankreich, Deutschland und Holland einen großen Aufschwung. Nach letzterem Lande wird der wesentlichste Apparat der heutigen Papierfabrikation, der „Holländer", benannt, der, vorher in Deutschland erfunden, erst von Holland aus in der Mitte des vorigen Jahrhunderts auch bei uns Eingang fand und an die Stelle der alten Stampfwerke trat. Der größte Fortschritt auf diesem Gebiete trat natürlich mit der Einführung der Maschinenfabrikation ein. Als Erfinder der noch heute gebräuchlichen, wenn auch mehrfach umgeänderten Papiermaschine ist der Franzose Louis Roberts in Essonne zu nennen, der im Jahre 1799 durch seine Maschine eine vorher von Leistenschneider in Poncey erfundene Cylindermaschine völlig verdrängte, die eigentlich nur zur Pappenfabrikation geeignet und auch dazu in Gebrauch geblieben ist. Die wesentlichsten Verbesserungen an der Papiermaschine machten Léger-Didot im Jahre 1819, Fourdrinier im Jahre 1830 und Donkin im Jahre 1835. Als bedeutsame Erfindung ist auch diejenige der Büttenleimung von den Gebrüdern Illig in Erbach im Jahre 1806 zu bezeichnen, indem sie an Stelle der zeitraubenden Leimung der einzelnen Papierbogen ein Verfahren setzten, bei dem ein geeigneter Leimzusatz zu der noch unfertigen Papiermasse gefügt wurde. Im übrigen sind im 19. Jahrhundert verschiedene Stoffe gefunden worden, die einen Ersatz für die kaum mehr den Papierbedarf deckenden Baumwollen- und Leinenlumpen bieten sollen Wir wollen den geschliffenen Holzstoff von Keller (1847), die chemisch gewonnenen Cellulosestoffe und die Verwendung von Stroh zu dem gleichen Zwecke erwähnen.

Im nachfolgenden wollen wir nun der Verwendung der Hadern oder Lumpen, wie sie gewöhnlich genannt worden, Schritt vor Schritt folgen. Zunächst handelt es sich darum, die Lumpen, welche nach Farbe, Stoff, Feinheit u. s. w. höchst verschieden sind, zu sortieren. Es giebt Fabriken, die mehr als 30 Sorten unterscheiden, wobei natürlich die Absicht der Herstellung so viel verschiedener Papiersorten maßgebend ist. So werden z. B. zur Anfertigung von Seiden-, Cigaretten- und Banknotenpapier nur die kräftigsten Leinen- oder Hanfhadern, die nicht durch Bleichen angegriffen sind, verwendet, dagegen für Grobpapier und Pappe Holzzeug, zerkleinertes Stroh, Kartoffelkraut, Moos, Föhrennadeln, Weinreben und ähnliches. Nächst oder gleichzeitig mit dem Sortieren wird das Schneiden der Lumpen vorgenommen, wobei es einerseits darauf ankommt, alles Unbrauchbare, wie Knopflöcher, Nähte, Knöpfe u. dergl. wegzuschneiden, andererseits darauf, das ganze Material in Stücke von ziemlich gleicher Größe, 3 bis 5 Centimeter lang, zu zerkleinern. Das erstere geschieht meistens mit der Hand, das letztere gewöhnlich mit einem mechanischen Messerapparat, dem „Lumpenschneider". Sehr notwendig ist außerdem das Ausstauben, das manchmal schon teilweise ganz am Anfang der Bearbeitung, meist aber und vollständig nach dem Schneiden erfolgt. Es geschieht dies erstens im „Lumpenwolf", in dem die Lumpen von einer mit eisernen Pflöcken versehenen Rolle gegen eiserne Roste geschleudert und dadurch aufgelockert werden, und dann in der „Siebmaschine", in der der vorher aufgelockerte Staub ganz entfernt wird. Die Siebmaschine besteht aus einer großen sechs- oder achtseitigen Trommel, deren Wände Drahtgitter bilden. Im Innern befindet sich eine mit vielen, fast bis an die Drahtgitter heranreichenden Stäben versehene Axe. Der ganze Apparat wird mit den Lumpen gefüllt und darauf in ziemlich schnelle Rotation versetzt. Die Geschwindigkeit, mit der die Umdrehungen der Axe erfolgen, muß aber eine größere, wie die der Trommel sein. Dadurch erfolgt eine außerordentlich gründliche Durchschüttelung und Reinigung der Lumpen.

Es ist nunmehr aber ein Waschen der Lumpen nicht zu umgehen, und zwar genügt nur in den seltensten Fällen, wenn nämlich die Hadern besonders sauber sind, ein mehrstündiges Auswaschen mit kaltem Wasser. Im allgemeinen ist aus mehreren Gründen ein vollkommenes Kochen der Lumpen in einer alkalischen Flüssigkeit, z. B. Soda oder Ätzkalk erforderlich. Erstens läßt sich nämlich nicht aller Schmutz mechanisch entfernen, besonders werden aber die fettigen Bestandteile erst durch heiße Alkalien aufgelöst, sodaß sie dann durch weiteres Waschen aus den Hadern herausgebracht werden können. Ferner wird die sogenannte Intercellularsubstanz, durch welche die Pflanzenfasern der Hadern zusammengehalten werden, durch die alkalische Flüssigkeit stark angegriffen, resp. zerstört, wodurch eine für den weiteren Papierfabrikationsprozeß sehr erwünschte Auflockerung und Erweichung der Lumpen eintritt. Schließlich werden die zum Färben angewandten mineralischen oder vegetabilischen Farbstoffe durch ein solches Kochen beseitigt. Dies ist sehr vorteilhaft, da das Papier meist eine gleichmäßige weiße oder gelbe Färbung erhalten soll, zu welchem Zwecke allerdings später noch ein besonderes Bleichverfahren angewendet wird. Der Apparat zum Kochen, der „Hadernkocher“, besteht gewöhnlich aus einem in sich geschlossenen cylinder- oder trommelartigen Kessel, in den soviel Lumpen mit einem nach den Umständen verschieden bemessenen Zusatz von Alkalien eingefüllt werden, daß nur etwa ein Viertel des verfügbaren Raumes frei bleibt. Der Kessel wird dann in langsame Rotation versetzt, während gleichzeitig heißer Dampf unter einem Druck von 3 bis 6 Atmosphären in ihn hineingeleitet wird. Es entsteht dadurch im Innern des Kessels eine Temperatur, die über die gewöhnliche Siedehitze der alkalischen Flüssigkeit hinausgeht, sodaß die Hadern völlig durchgekocht werden.

Jetzt sind die vorbereitenden Arbeiten soweit beendet, daß man an die Hauptaufgabe der Fabrikation, die Zerkleinerung der Lumpenmasse herangehen kann. In früheren Zeiten geschah dies mittels des „Hammergeschirrs“, eines Stampfwerkes, das die mit Wasser vermischten Hadern durch eisenbeschlagene Hämmer unaufhörlich bearbeitete, wobei sich die Lumpen allmählich in ihre Fasern auflösten. Wie oben erwähnt trat an die Stelle der Stampfwerke etwa seit Mitte vorigen Jahrhunderts der weit leistungsfähigere „Holländer“, der auf dem Prinzip des Zerschneidens der Lumpen beruht. Es läßt sich allerdings nicht leugnen, daß die ältere Methode langfaserigeres und daher haltbareres Papier lieferte; indessen sind die Vorteile des Holländers so große, daß er bald allgemein eingeführt wurde. Die meisten Papiersorten durchlaufen nun eine ganze Reihe von Holländern, in denen sie zu Halb- und Ganzzeug verarbeitet, gebleicht, gefärbt und geleimt werden. Man unterscheidet vor allem den Halbzeug- und Ganzzeugholländer, die aber nur in dem Grade der Zerkleinerung der Hadern von einander abweichen. Will man z. B. Packpapier verfertigen, so genügt es, nach den bisherigen Operationen die Hadern sofort der Einwirkung des Ganzzeugholländers auszusetzen, in dem die Zerkleinerung der Lumpen gleich, soweit als es überhaupt nötig ist, erfolgt. Für Herstellung feineren Papiers passiert aber das Material vorher den Halbzeugholländer, in dem es zum Halbzeug umgewandelt wird, d. h. zu einer Masse, in der sich keine Gewebereste, sondern nur noch Fasern und Fäden von etwa 3 Centimeter Länge befinden. Im wesentlichen besteht der Holländer aus einer mit radial stehenden Messern versehenen rasch rotierenden Walze, welche andern feststehenden Messern, dem Grundwerk, mehr oder weniger genähert werden kann, wodurch der größere oder geringere Grad der Zerkleinerung der Lumpen bewirkt wird. Fig. 499

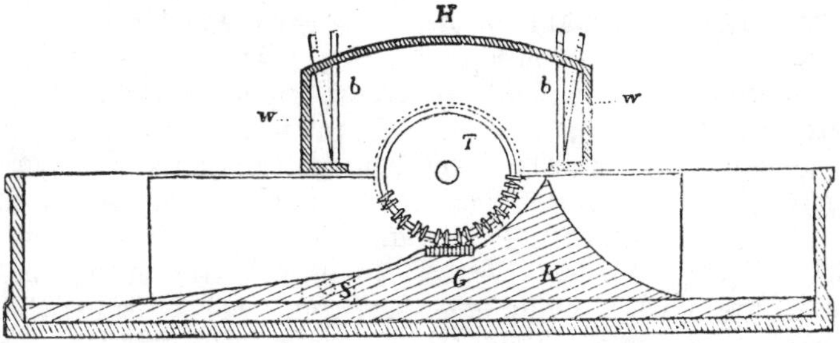

Fig. 499. Holländer.

stellt den Längendurchschnitt eines Holländers vor. T ist die Walze oder Messertrommel, G das erwähnte Grundwerk, K der sogenannte Kropf, eine eigentümlich geformte Ausbuchtung des Bodens, die einerseits die Stellung des Grundwerks erhöhen und andererseits eine bessere Cirkulation der Lumpenmasse veranlassen soll. In dem sanft ansteigenden Teil des Kropfes ist der durch ein Sieb gedeckte Sandfang oder Sandkasten S angebracht, in dem sich Sand und ähnliche Unreinlichkeiten absondern sollen. Es erfolgt nämlich gleichzeitig mit dem Zerkleinern im Holländer auch ein Waschen. Darum ist auch ein Holzkasten H über die Walze gesetzt, der das Umherspritzen des mit Wasser vermischten Hadernzeuges verhindert. In diesen Kasten ist die Waschscheibe w eingesetzt, gegen welche bei der Umdrehung der Trommel Wasser und Zeug gespritzt werden. Das Zeug wird durch die Wasch- oder Siebscheibe zurückgehalten, während das Wasser durch dieselbe hindurchfließt. Will man mit dem Waschen aufhören, so setzt man die Blindscheibe b vor die Waschscheibe w. Die Walze T kann durch einen Hebel, der mit einem Kurbelrädchen in Thätigkeit gesetzt wird, gehoben oder gesenkt werden. Beim Ganzzeugholländer findet letzteres statt, sodaß die Messer einander mehr genähert werden; außerdem wird dann die Trommel T in schnellere Rotation versetzt. Während man dieselbe im Halbzeugholländer nur höchstens 180 Umdrehungen in der Minute machen läßt, steigert man diese Zahl im Ganzzeugholländer bis auf 220. Die Messer an der Trommel sind übrigens mit ihrer Schärfe derjenigen der festen Messer entgegengesetzt, sodaß nicht wie bei einer Schere ein Zerschneiden, sondern vielmehr ein Zerreißen der Hadern stattfindet.

Was geschieht nun mit der so gewonnenen wässerigen Fasermasse, dem Halbzeug? Dasselbe muß zunächst entwässert und gebleicht werden. Die Entwässerung findet entweder durch gewaltsames kreisendes Schleudern statt oder besser durch Pressen in der Halbzeugpresse, die eine Art Pappe liefert, welche sich sehr gut bleichen läßt. Das Bleichen erfolgte in früherer Zeit unmittelbar nach dem Kochen, jetzt aber erst nach der Halbzeugbereitung im Bleichholländer. Man unterscheidet die Gasbleiche und die Naßbleiche. Der Gasbleiche muß eine gute Entwässerung vorangehen, während diese, im Falle man die weit praktischere Naßbleiche anwendet, erst nachher vor sich geht. Zur Gasbleiche wird Chlor in gasförmigem Zustand verwandt, während bei der Naßbleiche Chlorkalk zur Benutzung gelangt Man setzt gewöhnlich, um eine stärkere Bleichung zu erzielen, dem Chlorkalk Schwefelsäure zu. Diese bindet nämlich einen großen Teil des Kalkes, so daß die in Chlorkalk thatsächlich bleichend wirkende Substanz, das Chlor in größerer Menge frei wird. Ist die Bleiche beendet, so ist es erforderlich, das Chlor und die Säure wieder völlig aus dem Halbzeug zu entfernen. Dies findet durch mehrfaches Waschen teils mitreinem Wasser, teils mit schweflig- oder unterschwefligsaurem Natron statt.

Jetzt ist das Halbzeug soweit präpariert, um in den Ganzzeugholländer zu kommen, in dem außer der oben schon erwähnten weiteren Zerkleinerung des Halbzeugs zu Ganzzeug meist noch gleichzeitig andere Operationen mit dem Stoffe vorgenommen werden. Zunächst erfolgt gewöhnlich im Ganzzeugholländer das Mischen der verschiedenen Lumpensorten, soweit dieselben zu einem und demselben Papier Verwendung finden sollen, und zwar in der Weise, daß die Sorten, die der mechanischen Bearbeitung noch am meisten bedürfen, zuerst und die feineren später in den Apparat gebracht werden. Manche Fabrikanten mischen auch erst das fertige Ganzzeug, wobei sie sich eines besonderen Holländers, des Mischholländers, bedienen. Ferner muß das Papier geleimt werden, da sonst zu leicht Flüssigkeiten in seine Poren eindringen würden, wie es bei dem ungeleimten Lösch- und Fließpapier der Fall ist. Wir haben bereits erwähnt, daß in früheren Zeiten die fertigen Bogen einzeln geleimt wurden, was natürlich sehr zeitraubend war. Die jetzt angewandte Stoff- oder Büttenleimung geschieht im Ganzholländer, indem man zunächst Harzseife zu der Halbzeugmasse zusetzt und nach erfolgter Mischung noch eine Lösung von Alaun oder schwefelsaurer Thonerde. Schließlich findet im Ganzzeugholländer im allgemeinen noch das Bläuen, ein schwaches Blaufärben, statt, um dem Papier einen etwas bläulichen Stich zu geben, während ein wirkliches Färben durch Zusatz von kräftigen Farbstoffen nur dann erfolgt, wenn man buntes Papier haben will.

Wir haben jetzt einen völlig homogenen Papierbrei, der im großen und ganzen nur noch ausgebreitet, gepreßt und getrocknet zu werden braucht, um als fertiges Papier zu erscheinen. Hier müssen wir aber zwei Methoden der Fabrikation unterscheiden: die Hand- oder Bütten-Fabrikation und die Maschinenpapierfabrikation, die im Jahre 1799 von Louis Roberts erfunden wurde. Beide Verfahren haben ihre Vorteile und ihre Nachteile, das Büttenpapier ist meist feiner und fester, aber rauher als das Maschinenpapier und wird daher z. B. für Wertpapiere und besonders gut ausgestattete Werke immer noch dem letzteren vorgezogen. Dieses, das Maschinenpapier, ist zwar durchscheinender, aber zum Schreiben wegen seiner größeren Glätte weit geeigneter.

Das Büttenpapier wird in folgender Weise hergestellt. Das fertige Ganzzeug, ein wässeriger Papierbrei wird in die sogenannten „Schöpfbütten“ übergeleitet, große Behälter, in denen durch geeignete Rühr- und Drehvorrichtungen die Masse in beständiger Bewegung erhalten wird, damit sich nicht die dickeren Bestandteile unten absetzen. Aus dieser Bütte schöpft man den Brei auf eine siebartige Fläche, deren Rand der gewünschten Papierdicke entsprechend hoch gewählt wird. Ein Teil des Wassers wird also schon durch das Sieb, die „Form“, abfiltrieren, sodaß eine feuchte Platte von Papierstoff zurückbleibt. Wenn man Velinpapier, d. h. möglichst glattes Papier ohne irgend welche Eindrücke herstellen will, dann besteht die Form aus einem sehr feinen Drahtnetz, das auf dem Webstuhl gemacht wird, während die Form für Bereitung von geripptem Papier aus einer Anzahl eng aneinander liegender Messingdrähte besteht, die mit einer Reihe quer zu ihnen gelagerter, weiter auseinander liegender Drähte durchflochten sind. Im fertigen Papier erscheinen dann die Eindrücke dieser Drähte, besonders die der höher liegenden Querdrähte als hellere Linien. Auch die sonstigen Wasserzeichen werden oft in ähnlicher Weise hervorgebracht, indem man dieselben in Drahtform auf das Sieb legt. Häufiger allerdings geschieht dies wohl erst beim Pressen, indem man die betreffenden Formen auf Zinkplatten legt, zwischen denen das Papier gepreßt wird, an den Stellen, wo die Form des Wasserzeichens liegt, natürlich stärker, wie auf seiner übrigen Fläche.

Von der Schöpfform gelangt nun die Papiermasse zum Pressen auf einen „Filz“ aus Wollengewebe, wobei dieser über die gefüllte Form gelegt, deren Rand abgenommen und das ganze umgestülpt wird. Eine Reihe solcher Lagen von Filz und Papiermasse werden zu einem Haufen oder, wie der technische Ausdruck lautet, zu einem Pauscht übereinander geschichtet und dann unter eine Presse gebracht. Es wird durch das Pressen erstens das Wasser aus den Fasern getrieben, dann aber auch erst Glätte, Dichte und Zusammenhang des Papiers hervorgerufen.

Wenn das Pressen genügend oft wiederholt ist, werden die Bogen, zu 4 bis 5 übereinander gelegt, über Schnüre von Pferdehaar oder Kokosbast gehängt, um zu trocknen, indem man die Feuchtigkeit an der Luft, bei nasser Witterung in geheizten Räumen verdunsten läßt.

Es erübrigt nun nur noch die Appretur, die der Erhöhung der Brauchbarkeit und Schönheit des Papiers dient. Erst muß das Papier jetzt noch einmal geleimt, mit lauwarmem Leim überstrichen, dann geputzt werden. Letzteres ist eine sehr mühsame Arbeit, da bei jedem einzelnen Bogen die Knötchen, Filzfasern und ähnliche schlechte Reste ausgesucht und fortgeschabt werden müssen. Hierauf wird das Papier zur Erhöhung seiner Glätte noch einmal kräftig trocken gepreßt oder auch satiniert, indem es, zwischen Glanzpappen oder Bleche gelegt, durch kräftige, glatte Eisenwalzen hindurchgezogen wird.

Das Büttenpapier ist nun fertig und kann abgezählt und verpackt werden. Schreibpapiere legt man zu einem Ries, enthaltend 20 Buch, zu je 24 Bogen, zusammen, Druckpapier zu einem Ballen von 10 Ries, enthaltend je 20 Buch zu je 25 Bogen. Ein Neubuch bedeutet 100 Bogen für beide Papiersorten.

Es liegt auf der Hand, daß diese Art der Erzeugung des Papiers durch Handarbeit, wie sie in den sogenannten Papiermühlen noch heute stattfindet, dasselbe ungemein verteuern muß, da von einer Massenerzeugung

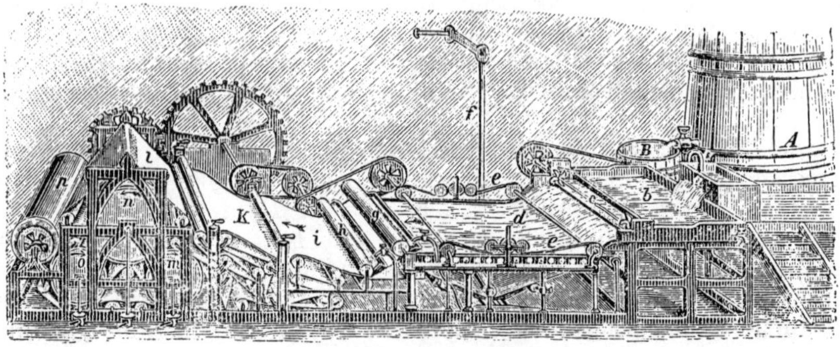

Fig. 500. Papiermaschine.

im Verhältnis zu der ungeheuren Menge des Verbrauches nicht die Rede sein kann. Die Papiermaschine dagegen führt alle die angeführten Arbeiten von dem Lumpenrohmaterial bis zum fertigen Papier in ununterbrochener Reihenfolge und mit größter Schnelligkeit aus, weshalb sie denn auch sofort in allgemeine Aufnahme kam, so daß jetzt für den allgemeinen Papierverbrauch nur noch Maschinenpapier gefertigt wird, und Büttenpapier nur noch für bestimmte Fälle und bestimmte Zwecke zur Anwendung kommt.

An der Hand der Fig. 500 können wir uns den Vorgang klar machen. Aus der Bütte A, in welche das vorbereitete Ganzzeug gebracht worden und in der sich eine kreuzähnliche Vorrichtung, der Agitator, befindet, durch die der Brei fortgesetzt gerührt wird, damit sich nicht Lagen von verschiedener Dicke bilden, tritt die Masse in ein zweites Faß B, wo eine Verdünnung durch Wasser stattfindet und aus dem sie dann durch eine Pumpe und durch das Rohr C in den Kasten a gehoben wird. An der vorderen Seite dieses Kastens ist ein Querspalt angebracht, durch den der Brei in die eigentliche Maschine abfließt. Durch einen mechanischen Regulator kann es leicht erreicht werden, daß in gleicher Zeit stets die gleiche Menge Brei durch den Spalt abläuft, damit das Papier gleichmäßig dick wird. Je nach der gewünschten Dicke des Papiers reguliert man eben die Menge der in bestimmter Zeit durchfließenden Masse. Der Raum b, in welchen diese aus dem Spalt des Kastens tritt, heißt der Sandfang. Hier verteilt sich der Brei langsam und fließt ruhig dahin, so daß sich Unreinigkeiten, wie Sand und dergleichen, gut auf dem Boden absetzen können. Aus dem Sandfang gelangt die Masse durch eine Reihe von Messingstäbchen, die einen ganz gleichmäßigen Abfluß bewirken, in den Knotenfang c, auf dessen Boden sich lange Spaltöffnungen befinden, durch die der Brei auf das Metalltuch d gelangt, während mechanische Beimischungen, besonders Knoten, in dem Fang c zurückbleiben, der dauernd in auf- und absteigender, wie gleichzeitig hin- und herrüttelnder Bewegung steht, wodurch ein Verstopfen der Spaltöffnungen verhindert wird. Das Metalltuch besteht aus einem dichten, in sich selbst zurücklaufenden, also endlosen Maschenwerk von Messingdrähten, das sich über eine große Anzahl eng aneinander befindlicher dünner Walzen fortbewegt. Seine Breite richtet sich nach der erforderlichen Breite des Papiers. Zur Beförderung des Wasserabflusses, der in diesem Teile der Maschine in besonders starkem Maße stattfinden muß, sowie zur Beförderung einer gleichmäßigen Verteilung des Papierbreies tritt auch hier das Schüttelwerk f in Thätigkeit.

Bis hierher war die ganze Vorrichtung dazu bestimmt, das Ganzzeug völlig zu reinigen und zum größten Teil zu entwässern. Das Papier läuft nun mit dem Metalltuch erst durch die Walze g, dann unter stärkerem Druck durch die mit Filz überzogene Walze h, die Gautschwalze, und während nun das Metalltuch nach seinem Ausgangspunkte zurückkehrt, wird die nun schon ziemlich konsistente Papiermasse auf das endlose Filztuch i, den Naßfilz, geschoben. Dieses bewegt sich mit dem Papier über ein System von Walzen, das eine sehr starke Pressung und Glättung des Papiers bewirkt. Nunmehr erfolgt die Trockenpresse auf dem sogenannten Trockenstuhl k, wonach das Papier über l und über drei Cylinder m, n und o geleitet wird, die durch Dampf erhitzt sind. Dadurch wird die völlige Verdunstung jeder Feuchtigkeit des nun fertigen Papiers bewirkt, das schließlich auf einer Walze p aufgewickelt wird. Endlich sei noch erwähnt, daß am Ende des ganzen Vorganges auch ein aus Kreismessern bestehender Schneideapparat in Thätigkeit tritt, der das aufzurollende Papier entweder beschneidet oder je nach dem gewünschten Format gleich zerschneidet.

Um den Glanz und die Glätte des Papiers zu erhöhen, wendet man in neuerer Zeit ein System von acht bis zehn übereinander liegenden Walzen an, den Rollkalander, Fig. 501.

Fig. 501. Rollkalander.

Die unendlich vielen verschiedenen Papiersorten, welche im Handel existieren, lassen sich in Schreib-, Zeichen-, Druck- und Packpapiere unterscheiden. Was innerhalb dieses Rahmens sonst noch unterschieden wird, wovon hier beispielsweise nur Kanzlei-, Konzept-, Post-, Dokumentenpapier, Werk-, Kupferdruck-, Notendruckpapier genannt sein mögen, das weicht nur bezüglich der dafür verwandten Güte und Reinheit des Materials ab. Cigaretten-, Seiden-, Lösch-, Fließ- und Filtrierpapier sind ungeleimte Sorten. Unter den Packpapieren mögen Zucker-, Stroh-, Bast- und Lederpapier besonders genannt sein.

Es konnte nicht ausbleiben, daß neben der Herstellung des Papiers aus Hadern auch nach noch billigeren Surrogaten gesucht wurde. Ein solches fand man im Holze, und wir müssen darüber noch einiges nachholen. Die aufmerksame Betrachtung der Natur war es, die den Webermeister Gottfried Keller in Sachsen dazu führte, das geschliffene Holz zu erfinden. Wespen waren seine Lehrmeister, die ihn auf den Gedanken brachten, ähnlich wie diese zernagte Holzfasern zum Bau ihres Nestes verwandten, durch Schleifen von Holz gutes Papiermaterial zu erhalten. Sein Mitarbeiter Heinrich Völter in Heidenheim erfand dann im Jahre 1846 einen Holzschleifapparat, der sich bald Eingang in die Industrie verschaffte. Am besten eignet sich zur Darstellung des Holzstoffes Fichtenholz. Der Zusatz an Holzstoff, den man je nach der erforderlichen Güte des Papiers zu dem Lumpenmaterial macht, beträgt 25 bis 75%, manchmal noch mehr, wodurch die Dauerhaftigkeit des Papiers allerdings sehr leidet. In neuerer Zeit hat man dann auch Holzstoff auf chemischem Wege hergestellt, d. h. man hat das Holz durch chemische Mittel in seine Fasern aufzulösen und von seinen harzigen Bestandteilen zu befreien versucht. Am vorteilhaftesten ist zur Herstellung eines solchen chemischen Holzstoffs oder der Cellulose das neueste Verfahren von Mitscherlich.

Wir haben nun noch einiges über die Pappfabrikation, über Herstellung von Papiermaché und überhaupt über die Verwendung von Papier zu den verschiedensten Gebrauchsgegenständen zu erzählen.

Man unterscheidet 3 Bereitungsarten der Pappe. Entweder wird sie direkt, wie Papier, aus einem Brei mittels Schöpf- oder Maschinenverfahrens — es wird neuerdings eine von Strobel in Chemnitz im Jahre 1860 erfundene Cylindermaschine dazu angewandt — hergestellt. Eine solche Pappe nennt man geschöpfte Pappe im Gegensatz zur gegautschten Pappe, die durch Übereinanderlegen mehrerer Schichten Papiermasse zwischen die Filze in der Presse gewonnen wird. Eigentlich muß man mit diesem Namen auch schon starkes Zeichen- und Musiknotenpapier und ähnliche Sorten, die aus zwei- bis dreifachen Lagen Ganzzeug bestehen, bezeichnen. Die gegautschte Pappe ist bedeutend feiner, wie die geschöpfte, steht aber der dritten Art, der geleimten Pappe oder Kartenpappe, an Feinheit noch nach. Diese wird direkt durch Aufeinanderleimen oder Kleistern fertiger Papierlagen und darauf folgendes Pressen erzeugt. Besonders Spielkarten werden aus solcher Pappe verfertigt.

Ganz ähnlich wird Papiermaché hergestellt, das nur durch Zusatz von mineralischen Bestandteilen, wie Thon, Kreide, feinem Sand und ähnlichem, sowie von leimigen Bestandteilen und durch besonders starkes Pressen zu einer außerordentlichen Festigkeit gebracht wird. Das mit den erwähnten Zusätzen vermischte Ganzzeug wird in Formen von Gips, hartem Holz oder Metall, die innen mit Leinöl ausgeschmiert sind, eingefüllt, gepreßt, dann herausgenommen, an der Luft getrocknet, mit Leinölfirnis überstrichen und so auf ein Drahtgestell gesetzt, in einer Art Backofen einer ziemlich starken Hitze ausgesetzt. Das Fabrikat hat dann die Festigkeit von hartem Holz und ist von brauner Farbe. Nach

Belieben kann es lackiert, bemalt oder vergoldet werden. Noch härteres Papiermaché stellt man durch Übereinanderlegen von Papierblättern oder Papierstreifen über Formen her, indem man die einzelnen Lagen mit Kleister zusammenklebt, bei mäßiger Wärme trocknet, mit schwarzem Teerfirnis überstreicht und dann in größerer Hitze trocknet. Es werden besonders Gas- und Wasserröhren aus solchen übereinandergeklebten Papierstreifen, die durch geschmolzenen Asphalt gezogen werden, verfertigt. Sie halten einen Druck von 15 Atmosphären aus. Sehr viel Verwendung findet die Erfindung von Allen in Chicago (1860), Papiermaché für Eisenbahnräder zu verwenden. Es wird die Nabe aus Gußeisen gemacht, auf ihr werden zwei Scheiben aus Eisen oder Stahl befestigt, zwischen die die Papiermasse gebracht wird, die aus 100 bis 200 Bogen fest zusammengepreßten starken Papiers besteht. Das ganze wird mit einem eisernen Reifen umgeben und liefert dann ein Rad, das seiner größeren Elasticität halber besonders für Schlafwagen den Vorzug vor eisernen Rädern verdient, an Dauerhaftigkeit die letzteren aber bedeutend, nach neueren Versuchen etwa um das sechsfache übertrifft. In China und Japan hat man übrigens schon seit vielen Jahrhunderten Papier als Material zur Herstellung aller möglichen Haushaltungsgegenstände benutzt.

Ganz neu, ungefähr erst 20 Jahre alt ist die Verwendung von Papier zu Papierwäsche, wozu nur starke, ganz weiße Papierbogen gebraucht werden können. Jeder Bogen wird mit einer dünnen Emailschicht mittelst einer Bürste überstrichen und dann zum Trocknen in einem durch Dampfröhren geheizten Raum über Gestelle gehängt. Auf diese Bogen wird alsdann ein webstoffartiges Muster aufgepreßt, indem eine Anzahl Bogen zwischen ebensoviele mit Mousselingewebe beklebte Zinkplatten gelegt und zwischen Stahlwalzen kräftig gepreßt werden. Nachdem nun noch das Material durch feine, schnell rotierende Bürsten poliert ist, ist es so weit fertig, um wie Leinewand weiter bearbeitet, geschnitten, umgelegt und mit Knopflöchern versehen zu werden. In ähnlicher Weise werden neuerdings auch feine Spitzen aus Papier hergestellt, besonders für theatralische Zwecke; z. B. gelingt die Nachahmung der alten Venezianer Reliefspitzen ganz ausgezeichnet.

---

2. Die vervielfältigenden Künste.

Schon frühzeitig entwickelte sich bei den verschiedenen Kulturnationen des Menschengeschlechts der Trieb zu einer der Vervielfältigung fähigen Darstellung von Ereignissen, Gefühlen und Gedanken. Es waren zunächst rein praktische Zwecke, die eine Befriedigung erheischten. Als die Sprache erfunden war, und mit ihrer Hilfe ein Gedankenverkehr von Mensch zu Mensch, von Hütte zu Hütte, von Dorf zu Dorf ermöglicht war, stellte sich bald das Bedürfnis heraus, auch jemandem, den man nicht sprechen oder sehen konnte, ohne Vermittlung eines dritten, Nachrichten zukommen zu lassen. Zeichen waren die ersten Vermittler solcher Nachrichten, und im Anschluß daran mußte notwendig allmählich der Übergang zur vollkommenen Schrift erfolgen, die wir sich in der That bei den verschiedensten Völkern in den mannigfachsten Formen, aber immer im Übergange von der Zeichenschrift zur Buchstabenschrift, entwickeln sehen. Skulptur und Malerei traten hinzu, und bei manchen Völkern hat der diesen Künsten zu Grunde liegende Trieb der Nachahmung der in der Natur vorhandenen Gegenstände sogar gewiß die Grundlage zur Erfindung der Schrift abgegeben.

Die notwendige Folge immer weiteren Kulturfortschritts war das Streben, Methoden zu erfinden, die eine schnelle und häufige mechanische Vervielfältigung von Kunst- und Schriftwerken gestatteten. Der Anfang dazu wurde in der Kunst durch die Erfindung des Holzschnitts gemacht, aber auch nur der Anfang, während auf dem Gebiete der Schrift nicht viel später der große Schritt geschah, aber auch gleich in außerordentlich vollkommener Form. Die Buchdruckerkunst erblickte das Licht der Welt in einem methodisch so abgerundeten und vorzüglichen Zustande, wie selten eine Erfindung. Im Laufe der letzten Jahrhunderte mehrte sich die Zahl der vervielfältigenden Künste außerordentlich. Kupferstich, Stahlstich, Lithographie, Öldruck, Farbendruck, Heliogravüre, Zinkographie &c. wurden Eigentum der ringenden Menschheit.

a) Die Schreibkunst.

1. Die Schreibschrift.

Welch' ungeheurer Fortschritt von der Erfindung der Sprache, die in ihren ersten Anfängen wohl aus instinktiven, fast tierischen Naturlauten bestand, bis zur Erfindung der Schrift, bei der von der Ausübung instinktiver Fähigkeiten gar keine Rede mehr sein kann, vielmehr der von Bewußtsein getragene Verstand des Menschen in deutlichem Gegensatz zu den dumpfen Instinkten der Tiere tritt. Von wem und wo diese große Erfindung zuerst gemacht ist, durch die es dem Menschen möglich wurde, seine Gedanken und Gefühle anderen Menschen mitzuteilen, darüber herrscht völliges Dunkel.

Die ersten Anfänge der Schrift scheinen auf dem Gedanken zu beruhen, die vergangenen Ereignisse im Gedächtnis lebendig zu erhalten, indem körperliche Gegenstände, in bestimmter Weise angeordnet, eine geschichtliche Begebenheit darzustellen bestimmt wurden, oder indem rohe bildliche Darstellungen demselben Zwecke dienten. Ein weiter Sprung von außerordentlicher Wichtigkeit bestand darin, daß man sich nicht mehr darauf beschränkte, Vergangenes figürlich darzustellen, sondern anfing, auch für Gegenwart und Zukunft seine Gedanken und Gefühle zu fixieren und seinen Mitmenschen sichtbar zu machen. Kaum einer weiteren Entwicklung fähig war die primitivste derartige Schrift, die Knotenschrift (siehe Fig. 502), die wir bei den verschiedensten Völkern: Chinesen, Mexikanern, Peruanern u. a. in alten Zeiten, bei manchen Indianerstämmen und Südseeinsulanern bis in die neueste Zeit hinein finden. Sie besteht im allgemeinen darin, daß man Schnüre zu einem bestimmten System von Knoten zusammenschürzt, deren Zahl, Anordnung und gegenseitige Entfernung bestimmte Vorstellungen erwecken, bestimmte Begebenheiten in unser Gedächtnis zurückrufen sollen. Besteht doch noch heutzutage bei vielen Völkern die Sitte, durch Schürzen eines Knotens die Erinnerung an eine Sache wach zu erhalten. Die ursprüngliche Bedeutung dieses Verfahrens war aber wohl eine rein zahlenmäßige, wie auch noch jetzt die peruanischen Hirten mit derartigen Knoten über den Zu- und Abgang ihrer Herden gewissermaßen Buch führen. Zu einem wirklichen Schriftsystem konnte sich aber die Knotenschrift nicht entwickeln, das war erst der Bilderschrift vorbehalten, aus der fast überall die ersten Schriftsysteme hervorgegangen sind. Die Bilderschrift ist zunächst keineswegs kunstvolle Malerei gewesen, vielmehr sollte sie nur durch ein möglichst bequem zu zeichnendes oder zu malendes Zeichen, das auf einen bestimmten Gegenstand unzweideutig hinwies, bei anderen Menschen die Vorstellung dieses Gegenstandes zwecks Verständigung oder Belehrung erwecken. Wenn bei manchen Völkern gewissen künstlerischen Rücksichten bei der Bilderschrift mehr oder weniger Genüge geleistet wurde, so entsprang das wohl erst nachträglich dem Schönheitsgefühl einzelner Individuen, die auch viel Zeit darauf verwenden konnten. Andererseits ist die große Verschiedenheit der Schriftentwicklung bei den verschiedenen Völkern teilweise auf

Fig. 502. Knotenschrift.

ihre verschiedene künstlerische Begabung und Neigung zurückzuführen, die zu sehr abweichender Auffassung und Darstellung in der Natur vorhandener Gegenstände führte, während allerdings einen besonderen Einfluß nach dieser Richtung die Art des Schreibmaterials übte.

Notwendigerweise mußte sich mit der Verallgemeinerung dieses Kulturmittels, mit seiner zunehmenden Wichtigkeit, mit der Verbesserung des Schreibmaterials, das ja als Grundlage des Schreibens dient und schon vor Alters, namentlich in Ägypten, im Pergamentpapier und im Papyrus sicherlich schon mehrere Jahrtausende vor Chr. Geb. zu hoher Vollkommenheit gelangte, das Streben nach Vereinfachung der unbequemen und schwierigen Bilderschrift gebieterisch geltend machen. Am deutlichsten tritt die Entwickelung einer bequemen systematischen Schrift aus der Bilderschrift bei den Ägyptern, Assyrern und Chinesen hervor. Aus den ursprünglichen Hieroglyphen (siehe Fig. 503) der alten Ägypter entstand durch Abschleifung der Bilderformen zu kaum mehr als Symbole erkennbaren Zeichen die hieratische Schrift, deren älteste nachweisbare Anwendung bis ins dritte Jahrtausend v. Chr. zurückgeht, während die durch weitere Vereinfachung der vorhandenen Zeichen entstandene demotische Schrift, die Volksschrift, erst im 9. Jahrhundert v. Chr. in den uns bekannten Schriftdenkmälern auftaucht. Eine große Schwierigkeit bot nun aber bei dieser Symbolschrift die Wiedergabe von abstrakten Begriffen, Gefühlen und Gedanken. Sie wurde teilweise dadurch überwunden, daß man die Ursache statt der Wirkung, oder irgend ein sinnliches Objekt hinzeichnete, das den betreffenden Begriff zu charakterisieren besonders geeignet erschien.

Fig. 503. Hieroglyphen.

Ein ganz erheblicher Fortschritt erfolgte durch die Erfindung der Silbenschrift, die einen rebusartigen Charakter hat, indem man begann, die Wörter in Silben zu zerlegen und gleichlautende Silben in verschiedenen Wörtern unabhängig von ihrer jeweiligen Bedeutung durch ein und dasselbe Zeichen darzustellen, das dann erst durch Zusammensetzung mit anderen Zeichen einen bestimmten Sinn erhielt. Andererseits wurde vielfach wegen der Wortarmut der Schriften und Sprachen erst durch Hinzusetzung eines den betreffenden Gegenstand charakterisierenden Zeichens, eines Determinativs, die spezielle Bedeutung eines Wortes verdeutlicht. Aber die Ägypter gelangten im Gegensatz zu den Babyloniern und Chinesen — letztere sind noch heute nicht über die Rebus- oder Silbenschrift hinausgekommen — über diese hinaus zur Lautschrift, zur Fixierung von Konsonanten und Vokalen, wenn sie auch noch kein vollkommenes alphabetisches System aufstellten.

Der bedeutendste Schritt nach der Richtung der Vervollkommnung des Schriftgedankens war damit gethan. Zur vollständigen Durchführung, zur Aufstellung eines Alphabets kam das phonetische System der Schreibung, also die Lautschrift erst bei den Phöniziern, die bei ihrem großen Verkehr mit den Ägyptern entweder von diesen das Lautsystem übernahmen und dann ihrer Sprache anpaßten oder mindestens durch die Kenntnisnahme dieser ägyptischen Erfindung bei der Durchführung des Lautsystems in ihrer Sprache stark beinflußt wurden. Die ältesten historischen Denkmäler eines vollkommenen Alphabets, des phönizischen, moabitischen und althebräischen reichen nur bis ins 9. Jahrhundert vor Chr. Geb. zurück; doch ist anzunehmen, daß der thatsächliche Ursprung derselben in viel ältere Zeiten zu verlegen ist. Die Benennung der Buchstaben des Alphabets ist offenbar auf die alte Bilderschrift zurückzuführen. So erinnerte z. B. das Zeichen  an einen Stierkopf, den es in der ursprünglichen Bilderschrift direkt darstellte, während es später in der Lautschrift zum ersten Buchstaben des Alphabets aleph, anfangs ein Hauchlaut, wurde, weil der Stier aleph hieß, und dieses Wort mit demselben Hauchlaute anfing.

Daß die Lautschrift, einmal erfunden, schnell ihren Siegeslauf von Volk zu Volk nahm, war natürlich und wurde besonders begünstigt durch die außerordentlich lebhaften Handelsverbindungen, die gerade das Volk, welches diese Schriftart zur vollkommenen Ausbildung brachte, — die die Phönizier mit einem großen Teile der gebildeten Welt im Altertume unterhielten. Von den Phöniziern erhielten die Griechen das Alphabet, das sie freilich mit manchen Schwierigkeiten für ihre eigene Sprache umwandeln mußten, da in den semitischen Sprachen fast gar keine Vokale vorhanden waren, an deren Stelle Hauchlaute standen. Von den Griechen erhielten die Römer durch Vermittelung der griechischen Kolonieen in Unteritalien das Alphabet und übermittelten es ihrerseits wieder vor allem den keltischen und germanischen Völkerschaften, mit denen sie schon im letzten Jahrhundert vor Chr. Geb. in vielfache, wenn auch meist unliebsame Berührung kamen. So entstand bei unseren Vorfahren die Runenschrift, die als Geheimnis von Herrschern und Priestern gewahrt und gehütet wurde. Aus der Runenschrift entstand das gotische Alphabet, das der Bischof Ulfilas in der zweiten Hälfte des 4. Jahrhunderts aufstellte, wobei er von dem Bestreben geleitet wurde, die Runenschrift, die bis dahin mit spitzen Werkzeugen eingeritzt oder eingegraben wurde, so umzuformen, daß man die neue Schrift bequem mit Rohrfeder und Tinte auf Papier malen oder zeichnen konnte. Die Entwickelung der mannigfachen Schriftarten in den verschiedenen Ländern besteht nur in allmählichen Vervollkommnungen und Veränderungen, denen das Merkmal einer Erfindung, der wirklich originelle, neue Gedanke, abgeht. Die Erfindung der gewöhnlichen Schreibkunst hat in dem phönizischen Lautalphabet und dessen Übertragung auf andere Sprachen ihren Abschluß gefunden.

Von Interesse für uns sind nun noch einige besondere Schriftgattungen, die speziellen Bedürfnissen ihre Erfindung verdanken. Es ist zuerst zu nennen die **Chifferuschrift**, die den Zweck hat, nur ganz bestimmten Personen die Entzifferung einer Botschaft zu ermöglichen. Schon bei den alten Griechen sehen wir die Anfänge einer solchen Geheimschrift. Es wurde nämlich ein schmaler Pergamentstreifen auf einen Stock so aufgerollt, daß sich die Ränder der verschiedenen Spiralwindungen des Streifens gerade berührten. Darauf beschrieb man das Pergament der Länge des Stockes nach, so daß also Teile desselben Wortes an ganz verschiedenen Stellen des Streifens standen, wickelte den Streifen wieder ab und rollte ihn in sich zusammen. Es konnte dann nur derjenige die Schrift lesen, der sich im Besitz eines gleich dicken Stabes befand, auf den er den Streifen wieder aufrollte. Die neueren Chiffernschriften beruhen meist auf der Ersetzung aller oder einzelner Buchstaben durch eine bestimmte Zahlenfolge, die natürlich vorher zwischen den Beteiligten verabredet ist. Es lassen sich dadurch so komplizierte Geheimschriften herstellen, daß es nur dem schärfsten Nachdenken und langen Bemühungen manchmal gelingt, eine solche Schrift zu entziffern, wenn man sich nicht im Besitz des dazu nötigen „Schlüssels", d. h. der Erklärung der angewandten Chiffern befindet. Recht ingeniös erdacht ist eine Art Geheimschrift, die noch in der Mitte dieses Jahrhunderts viel in Gebrauch war. Sie beruht darauf, daß sich in den Händen zweier Korrespondenten zwei gleiche Gitter mit einer in unregelmäßigen Zwischenräumen angebrachten größeren Anzahl Öffnungen befinden. Man legt die Gitter auf das Papier und schreibt in jede Öffnung einen oder mehrere Buchstaben hinein, so daß eine Folge von Öffnungen gerade durch ein Wort ausgefüllt wird. Hat man alles, was man mitteilen wollte, in die Öffnungen hineingeschrieben, so nimmt man das Gitter fort und füllt die Zwischenräume zwischen den schon dastehenden Buchstaben mit anderen ganz beliebigen Buchstaben aus, so daß die Schrift nur für den lesbar ist, der, im Besitze eines gleichen Gitters, wieder die ungiltigen Buchstaben mit demselben verdecken kann.

Eine sehr wichtige humanitäre Erfindung, die viel Kopfzerbrechen verursacht hat, ist die **Blindenschrift.** Nachdem der Franzose Valentin Hauy, dem der große Ruhm gebührt, zuerst das staatliche Interesse zur Errichtung von Blindenanstalten erregt zu haben, im Jahre 1785 die Erfindung gemacht hatte, durch Anwendung erhabener Buchstaben den Blinden das Lesen zu ermöglichen, wurden von ihm und späteren Denkern vielfache Versuche unternommen, den Blinden auch das Schreiben und gleichzeitig das Lesen des Geschriebenen angängig zu machen. Aber erst im Jahre 1830 gelang es dem Franzosen Charles Barbier die Grundlage zur heutigen Blindenschrift zu legen. Seine Methode besteht darin, daß die Buchstaben durch Punkt-Anordnungen ersetzt werden, deren Fixierung auf Papier durch ein durchlöchertes Lineal hindurch mittels eines spitzen Instrumentes geschieht. Zwischen den Buchstaben wird ein kleiner, zwischen den Wörtern ein größerer Zwischenraum gelassen.

Schließlich sei noch die **Notenschrift** erwähnt, die in alter Zeit allerdings nur eine Umbildung der gewöhnlichen Schrift war. Die alten Griechen brauchten, da sie die oktavenmäßige Wiederkehr derselben Töne noch nicht kannten, außerdem für Vokal- und Instrumentalmusik andere Zeichen hatten, nicht weniger als 990 verschiedene Noten, die sie durch zusammengesetzte Anwendung des Alphabets und der Accente und durch Höher- oder Tieferstellung einzelner Buchstaben herstellten. Erst im 6. Jahrhundert nach Chr. Geb. führte Papst Gregor I das heutige Oktavensystem ein und bezeichnete die sieben Töne einer ganzen Oktave mit den 7 ersten Buchstaben des Alphabets, deren verschiedene Schreibweise, später auch auf verschiedenen Parallellinien die verschiedenen Oktaven er angab. Das heutige System der Notenschrift mit Punkten, deren Stellung auf einem fünffachen Liniensystem die Höhe oder Tiefe des Tones angiebt, ist nachweislich zuerst von Guido v. Arezzo, einem italienischen Mönch, im Anfang des 11. Jahrhunderts angewandt, vielleicht auch von ihm erfunden worden. Erst im 13. Jahrhundert aber wahrscheinlich wurde auch die Erfindung gemacht, durch die verschiedene Gestaltung der Punkte als Vollpunkte oder offene Ringe mit oder ohne gerade oder krumme Striche die verschiedene Dauer des betreffenden Tones zu bezeichnen. Damit war im großen und ganzen unsere heutige Methode der Notenschrift gegeben.

Die Stenographie.

Kehren wir nun zum allgemeinen Schriftwesen zurück, so müssen wir jetzt noch von einem großartigen Fortschritt, dessen dasselbe fähig war, berichten, von der Kurzschrift oder Stenographie. Was derselben zu Grunde liegt, ist der Wunsch, einerseits die Reden anderer so leserlich nachschreiben zu können, daß man selbst oder andere, des betreffenden Systems Kundige, das Stenogramm unzweideutig wieder entziffern können, und andererseits auch jedem, der viel zu schreiben hat, diese Mühe durch ein abgekürztes Schriftsystem zu erleichtern. Es ist z. B. für einen Gelehrten von unschätzbarem Vorteil, bei der Komposition eines Buches in seiner Gedankenfolge nicht immerwährend durch das langdauernde Niederschreiben in gewöhnlicher Schrift gestört zu werden.

Als Erfinder der ältesten bekannten Geschwindschrift dürfen wir wohl den begabten Freigelassenen des berühmten römischen Redners Cicero, den Marcus Tullius Tiro ansehen, der im Jahre 63 v. Chr. Geb. mit mehreren Schülern eine Rede des jüngeren Cato in Rom aufnahm und dadurch dem Gedächtnis der Nachwelt überlieferte. Es ist das die erste bekannte stenographische Leistung. Die Grundlage des tironischen Systems beruht auf einer Verkürzung, Verstümmelung und teilweisen Umformung der damals üblichen großen lateinischen Buchstaben. Das Zeichen gleich QPN z. B. bedeutet bei ihm: Quousque

Patientia Nostra (Anfang der berühmten Ciceronischen Rede gegen Katilina: Wie lange wirst Du noch unsere Geduld mißbrauchen, Katilina?). Die Wörter tandem, abuteris und Catilina sind überhaupt nicht angedeutet, mußten vielmehr bei der Übertragung mit Hülfe des Gedächtnisses hinzugefügt werden. Die Tironischen Noten fanden mannigfaltige Anwendung im öffentlichen und privaten Leben und hielten sich wahrscheinlich auch bis in die Verfallzeit des Mittelalters hinein. Die letzten Urkunden über ihre Anwendung reichen nur in das 10. Jahrhundert unserer Zeitrechnung zurück. Von einer später erfundenen griechischen Kurzschrift wissen wir nur, daß sie im 3. Jahrhundert nach Chr. Geb. in Gebrauch war. Viele Fingerzeige deuten darauf hin, daß auch im späteren Mittelalter eine Stenographie bekannt und angewandt war, ohne daß wir aber über ihr Wesen näheres wissen. Das durch die religiösen Kämpfe und durch die Anfänge eines parlamentarischen Systems in England gesteigerte öffentliche geistige Leben rief im Jahre 1602 ein neues stenographisches System von Willis hervor, das im wesentlichen in einer vereinfachten Schreibweise der Konsonanten und in der Bezeichnung der Vokale durch verschiedene Stellung der Konsonanten bestand. Von den folgenden Versuchen in England ist erst wieder der Taylors im Jahre 1786 zu erwähnen, der den inlautenden, d. h. von 2 Konsonanten eingeschlossenen Vokal, überhaupt unbezeichnet ließ. Trotzdem dieses System dem Lesen große Schwierigkeiten entgegensetzte, wurde es in viele andere Sprachen übertragen. Einen Abschluß fanden diese englischen Bestrebungen in der „Phonographie“ von Isaac Pitman, so genannt, weil er die streng lautliche Schreibweise einführte, was ja gerade für die englische Sprache von sehr großer Bedeutung ist. Seine Konsonanten waren im allgemeinen verschieden lange Linien oder verschieden große Stücke des Kreises, während er die Vokale durch Punkte und Striche in verschiedenen Stellungen bezeichnete. Die französischen älteren Systeme basieren meistenteils auf den englischen. Erwähnt sei nur Cossards „Methode, so schnell zu schreiben, als man spricht“ aus dem Jahre 1641, Ramsays „Tachygraphie“ aus dem Ende des 17. Jahrhunderts und Prevosts Umarbeitung des Taylorschen Systems aus dem Jahre 1827. Weit origineller ist das System von Duployé aus dem Jahre 1868, das den großen Vorteil besserer Verbindungsfähigkeit der Konsonanten und Vokale hat.

Doch da haben wir eigentlich schon der Entwicklung vorgegriffen, zwar nur zeitlich. Denn zu einer vollen, originellen, wissenschaftlich begründeten und praktisch verwertbaren Entwicklung baute sich der stenographische Gedanke schon vorher in Deutschland in den Köpfen Gabelsbergers und Stolzes aus. Es ist hier nicht der Ort, die Vorzüge und Nachteile des einen und anderen Systems gegen einander abzuwägen. Beide erfüllen die Aufgaben einer guten Stenographie, sowohl für den gewöhnlichen privaten Gebrauch eine leicht erlernbare, flüssig schreibbare, unschwer lesbare Kurzschrift zu liefern, als auch als Schnellschrift zum wörtlichen Aufzeichnen selbst schnell gesprochener Reden ohne zu große Schwierigkeiten brauchbar zu sein.

Im Jahre 1817 begann der Lehrer Franz Xaver Gabelsberger (geb. 9. Februar 1789, gest. 4. Januar 1849), damals Kanzlist im Generalkommissariat des Isarkreises in Bayern, sein System auszuarbeiten, das praktisch zu erproben und demgemäß weiter zu verbessern ihm schon vom Jahre 1819 an im bayrischen Landtage gestattet war, sodaß seine im Jahre 1834 herausgegebene „Anleitung zur deutschen Redezeichenkunst oder Stenographie" ihre praktische Feuerprobe schon lange hinter sich hatte. Der große Vorzug der Gabelsbergerschen Stenographie liegt in der großen Flüchtigkeit, d. h. bequemen Schreibbarkeit der Zeichen, die meist nach beiden Richtungen eine leichte Verbindung mit andern Zeichen zulassen. Die Formen der Buchstaben hat er so gewählt, daß sie möglichst den Charakter derselben wiedergeben, daß z. B. Zeichen mit sanfter Rundung weiche Laute vertreten. Die Vokale werden im allgemeinen symbolisch bezeichnet, überflüssige, nicht gesprochene Buchstaben, wie das „e" in Tier, das „h" in Hohn werden gar nicht geschrieben. Außerdem stellte er auf grammatikalischen Regeln beruhende Wortkürzungen auf, die bei den am häufigsten gebrauchten Wörtern ziemlich weit gehen, sodaß ein direktes Auswendiglernen derselben, der sogenannten „Sigel" erforderlich ist. Um die notwendige Geschwindigkeit für die Kammerschrift zu erreichen, mußte Gabelsberger sogar noch zur Satzkürzung greifen, wobei es also natürlich sehr auf die persönliche Geschicklichkeit des betreffenden Stenographen ankommt.

Heinrich August Wilhelm Stolze (geb. 20. Mai 1798, gest. 8. Januar 1867) beschäftigte sich seit dem Jahre 1820 mit ähnlichen Versuchen, wie Gabelsberger, war aber weniger von dem Bestreben geleitet, eine vollkommene Parlamentsschrift zu erfinden, als an die Stelle der zeitraubenden gewöhnlichen Schrift eine für das ganze Volk leicht erlernbare, unzweideutige Kurzschrift zu setzen. Seine Bemühungen waren auch von Erfolg gekrönt und ließen ihn ein auf wissenschaftlichen Prinzipien beruhendes System finden, das die erforderlichen Ansprüche außerordentlich gut erfüllte. Die von ihm gewählten Zeichen für die Buchstaben lehnen sich möglichst nahe an die gewöhnlichen Zeichen der Kurrentschrift an, so ist 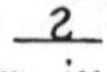 = m,  = l. Eine gewisse Schwierigkeit liegt für den Anfänger in der Anwendung eines dreifachen Liniensystems, die aber bald bei praktischer Ausübung der Stenographie überwunden wird. Stolze bezeichnet nämlich den Vokal der Hauptsilbe eines Wortes symbolisch 1) durch die Stellung des Wortes auf, über oder unter der Linie, 2) durch eventuelle starke Schreibweise des vorhergehenden Konsonanten, während an und für sich die Konsonantenzeichen ohne Druck geschrieben werden und 3) durch enge oder weite Verbindung der den Vokal oder Diphtong umschließenden Konsonanten.

Wir haben oben die Zeichen für m und l kennen gelernt; die enge Verbindung derselben auf der Linie z. B. ohne Druck, also 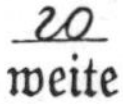 giebt das Wort Mehl, mit Druck, also  das Wort Mal, die weite Verbindung auf der Linie, also  Meile, eng, unter der Linie, ohne Druck 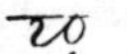 Mole, weit, unter der Linie, mit Druck  Mühle, u. s. w Vor- und Nachsilben werden gekürzt, ebenso häufig vorkommende Wörter, wie: sein, haben, können, mein, ich, du, aber und ähnliche. 1872 trat eine Vereinfachung des Systems nach mehreren Richtungen ein, die besonders der leichteren Erlernbarkeit des Systems zugute kommen sollte, aber zunächst allerdings eine Trennung in Alt- und Neu-Stolzeaner zur Folge hatte. Eine weitere Umformung des Systems für die gewöhnlichen Zwecke des Lebens fand im Jahre 1888 statt, während die weitere Ausbildung des Systems nach der Seite der Parlamentsschrift hin in dem Buche von Dr. Simmerlein: „Das Kürzungswesen in der stenographischen Praxis nach dem Stolzeschen System" (1880) erfolgte, in dem den angehenden Parlamentsstenographen Anleitungen, Ratschläge, nebst Regeln zu weiteren, über die Schulschrift hinausgehenden Kürzungen gegeben wurden.

Von den neueren Systemen, von denen keines das Gabelbergers oder Stolzes, die beide auch vielfach in fremde Sprachen übertragen wurden, zu verdrängen vermochte, sei nur noch als bedeutendstes das von Leopold Arends aus dem Jahre 1850 erwähnt, das auch durchaus originell und in seiner Art vortrefflich ist, an Leichtigkeit der Erlernbarkeit aber den beiden älteren wohl nachstehen dürfte.

Das Schreibmaterial.

Schon früher haben wir gesehen, daß für die Entwickelung der Schrift das vorhandene Schreibmaterial von ungeheurem Einfluß gewesen ist. Es liegt daher nahe, auch auf diese Seite der Schriftentwicklung einzugehen. Über den wesentlichsten Stoff, der dabei in Betracht kommt, das Papier, ist vorher ausführlich berichtet worden. Während den alten Ägyptern die Natur schönes Schreibmaterial in den Sandstein- und Kalkfelsen darbot, das für künstlerische Bearbeitung außerordentlich geeignet war, mußten sich die Babylonier mit gebrannten Ziegeln begnügen, deren geringe Härte beim Gebrauch zur Anwendung von Buchstaben aus lauter spitzen, keilförmigen Strichen führte, zur Keilschrift (siehe Fig. 504). Bei den alten Chinesen waren Bambustafeln, die mit Firnis überzogen waren, in Gebrauch. Man ritzte mit einem spitzen Griffel in dieselben die Buchstaben ein. Ähnlich verfuhren die Römer mit ihren Wachstafeln. Alle diese und ähnliche Materialien konnten aber keinen Vergleich aushalten mit dem schon in alten Zeiten, meist aber nur in Asien, besonders in Indien be-

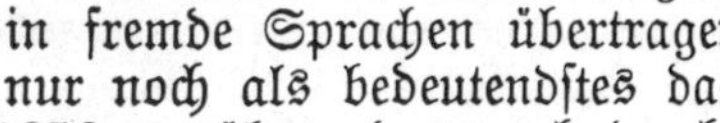

Fig. 504.
Unglück für Assyrien (in Keilschrift).

kannten Palmblatt, das schon gegen die erwähnten Schreibmaterialien einen bedeutenden Fortschritt bezeichnete. Auch ist seine Herstellung mit außerordentlicher Einfachheit zu bewerkstelligen. Man schneidet aus den großen, lederartigen Palmblättern, namentlich zweier Palmarten, der Borassus flabelliformis und der Corypha umbraculifera, passende Stücke aus, die man darauf im Schatten trocknen läßt und dann mit Öl einreibt. Das Papier, um unser heutiges Wort zu gebrauchen, ist dann fertig. Man ritzt mit einem spitzen Griffel in das Palmblatt die Schrift ein, die sich in demselben, sogar ohne mit irgend einem Safte geschwärzt zu werden, sehr deutlich abhebt. Man kann natürlich auch, ähnlich wie die Chinesen vor 2000 Jahren mit Tusche auf Seide schrieben, mit einem festhaftenden Farbstoffe auf den Palmblättern schreiben. Ein gewaltiger Fortschritt bestand aber in der Erfindung des Pergaments, die übrigens sehr weit in das Altertum zurückreicht, vielleicht weiter als die der Bereitung von Papier aus der Papyrusstaude. Es wurde hergestellt, indem ungegerbte Tierhäute, besonders Schaf-, Ziegen-, Hammel- oder Kalbfelle durch Schaben enthaart, dann gereinigt und später mit Kalk gebeizt und gut geglättet wurden. Die Möglichkeit zur vollen Entfaltung der Schriftentwickelung wurde aber erst durch die allerdings wahrscheinlich uralte, bis ins 4. Jahrtausend v. Chr. Geburt zurückdatierende Erfindung des Papiers gegeben, das zunächst aus dem Zellengewebe der in Ägypten besonders häufigen, binsenartigen Papyrusstaude verfertigt wurde. Über die weitere Verbesserung dieses Materials durch Anwendung anderer, aber immer pflanzenartiger Rohstoffe ist an anderer Stelle vorher schon berichtet.

Wenden wir uns nun zu den Instrumenten, mit denen geschrieben wurde und wird, so hängen diese natürlich wesentlich von dem Schreibmaterial ab. Es war ein harter, spitzer Griffel für Stein- oder Metallschrift, ein dünner Stift für Wachstafeln, ein vorn erweichtes Stäbchen für Leinewand und Seide, das frühere Schreibmaterial der Chinesen, und so fort. Für Pergament und Papyrus fand aber neben dem Pinsel, mit dem getuscht wurde, bald die zugespitzte Rohr- oder Kielfeder Anwendung, die in eine gefärbte Flüssigkeit, die Tinte, getaucht die Schriftzüge leicht auf das Papier zu übertragen erlaubte. An Stelle dieser Federn, zu denen in neueren Zeiten besonders Gänsekiele genommen wurden, traten erst Ende der zwanziger Jahre dieses Jahrhunderts die Stahlfedern, die zuerst in England fabrikmäßig aus dünnem Stahlblech angefertigt wurden (s. Metallverarbeitung), wenn auch bereits im 16. Jahrhundert Versuche auftauchten, Schreibfedern aus Metall herzustellen. Als bestes Erzeugnis der Federindustrie ist die Goldfeder mit harter Iridiumspitze zu erwähnen, die den zerstörenden Einflüssen der Tinte einen außerordentlichen Widerstand entgegensetzt. Eine ausnehmend glückliche Erfindung, streng genommen nur Entdeckung, die für unsere heutige so gesteigerte Schreibthätigkeit und für besonders schnelles Schreiben, wie Stenographieren, von ungeheurer Bedeutung ist, war die Herstellung von Bleistiften, mit denen man ja allerdings meist nur auf kürzere Zeit lesbare, leicht vergängliche Schrift hervorrufen kann. Anfänge dieser Industrie finden wir schon im 14. Jahrhundert, aber der wirkliche Bleistift wurde zuerst im 16. Jahrhundert fabriziert, als man in Cumberland in England den Graphit entdeckt hatte. Man verfährt in dreifacher Weise bei der Herstellung von Bleistiften. Entweder schneidet man die in unseren Bleien enthaltenen Stäbchen direkt aus der Graphitmasse heraus oder man formt die Abfallstoffe dieses Gesteins zu solchen Stäbchen um oder man setzt zu dem Graphitpulver einen Teil Thon hinzu, wodurch die Güte des Bleies erheblich gewinnt. Letztere Erfindung ist von dem Franzosen Conté im Jahre 1795 gemacht. Keinen großen Eingang haben die ziemlich neuen Kopier-Bleistifte gefunden, die durch einen Zusatz von Anilin die besondere Eigenschaft gewinnen, auf trockenem Papier unausradierbar zu sein, bei Befeuchtung dagegen die Abnahme von Kopien zu ermöglichen.

Interessant dürften wohl einige statistische Angaben über die Bleistiftfabrikation sein, die, besonders in Bayern von der Regierung kräftigst unterstützt, einen großen Aufschwung genommen hat. In Nürnberg, wo auch der Bleistiftkönig A. W. Faber ansässig ist, zählte man im Jahre 1888 schon 25 größere und kleinere Fabriken, die zusammen 5500 Arbeiter beschäftigten und jährlich 250 Millionen Bleistifte lieferten. Diese Menge repräsentiert einen Wert von 8 Millionen Mark.

b) Die Buchdruckerkunst.

1. Die Erfindung der Buchdruckerkunst.

Eine der größten Erfindungen, die überhaupt menschlicher Geist erdacht hat, muß man die Erfindung der Buchdruckerkunst nennen. Der Sprung von der handschriftlichen Vervielfältigung von Schriftzeichen zu ihrer mechanischen Vervielfältigung ist fast ein ebenso großer, wie der vom rein mündlichen Gebrauch der Sprache zur Erfindung der Schrift. Wunderbar ist es vor allem, in welcher relativen Vollkommenheit diese Erfindung im 15. Jahrhundert das Licht der Welt erblickte, wie armselige und das Wesen der Sache kaum streifende Vorläufer mechanischer Vervielfältigung von Schriftstücken oder Kunstwerken sie hatte. Ist es nicht kaum begreiflich, daß so manche der erst in diesem Jahrhundert erfundenen Methoden zur beschränkten Vervielfältigung von Schriftstücken, z. B. die Hektographie und ähnliche Künste nicht früher erfunden, nicht der großen, welterlösenden That der Erfindung der Buchdruckerkunst vorausgegangen sind? Doch die Weltgeschichte geht ihre eigenen Wege, und der menschliche Genius überspringt oft in einzelnen Geistern und in einzelnen Geschehnissen

Jahrhunderte, während wieder auf der anderen Seite oft die kulturelle Entwicklung ganzer Völker durch den plötzlichen Ausbruch jener im Menschen noch schlummernden tierischen Rohheit, die sich nach Erprobung der in ihm steckenden körperlichen Kraft sehnt, auf Jahrhunderte oder wenigstens Jahrzehnte hinaus in Frage gestellt wird.

Die Notwendigkeit einer Vervielfältigung mancher Schrift-, Dicht- und Kunstwerke hatte man schon frühzeitig erkannt. Das Gefühl der Verpflichtung der Menschheit, ihrer Nachkommenschaft den Fonds der Erfahrungen, Annehmlichkeiten, kurz der Lebensweisheit, in unantastbarer Weise zu hinterlassen, den ihre Vorfahren ihnen mündlich überliefert, und den sie selbst schließlich gewonnen hatten, dieses Gefühl durchdrang schon in den ältesten Zeiten die Menschen. Es wurden besondere Personen angestellt, die für die gute Erhaltung von wichtigen Staatsdokumenten, Denkmälern und Annalen zu sorgen und im Falle ihrer Beschädigung die Erneuerung zu bewirken hatten. Man erkannte bald, daß zur Sicherung solcher Dokumente ihre Vervielfältigung notwendig war. Besonders aber die mehr und mehr anwachsende und die Allgemeinheit interessierende Litteratur verlangte dringend eine Vervielfältigung, fand dieselbe im Altertum, wie bis spät ins Mittelalter hinein, aber nur durch vielmaliges Abschreiben. Im alten Rom sehen wir, wie Sklaven zu dieser Arbeit verwendet werden, während im Mittelalter fast allein die Mönche in den Klöstern mühselig durch Abschreiben in meist künstlerischer Form für die Verbreitung der alten Handschriften sorgten.

Einige schüchterne Versuche zur mechanischen Vervielfältigung sehen wir allerdings schon in alten Zeiten; so bedienten sich die alten Ägypter einer Art Schablone, um die Inschriften mehrfach gleichmäßig herzustellen. Schablonen, die ausgetuscht wurden, finden wir auch früh bei den Chinesen. Dem Typendruck ähnlicher ist schon die wiederholte Herstellung eines Zeichens mittels eines Stempels, die wir bereits bei den alten Babyloniern, dann bei den Ägyptern, Griechen, Römern und auch im Mittelalter finden. Oft wurden Initialen mit solchen Stempeln gedruckt, aber es war dies doch immer noch eine Art der Vervielfältigung, die das Schreiben nicht ersetzte, und etwa nur unserm heute üblichen Siegeln vergleichbar war. Der direkte Vorläufer der Buchdruckerkunst war aber die Holzschneidekunst, die in China schon sehr früh, im 6. oder 10. Jahrhundert nach Chr. Geb. zu ziemlicher Vollkommenheit gelangt zu sein scheint. Bei der unendlichen Zahl der chinesischen Schriftzeichen ist diese Methode der Vervielfältigung bei diesem Volke bis auf den heutigen Tag die gebräuchliche geblieben, trotzdem, wie man annehmen darf, die Herstellung beweglicher Typen aus gebrannten Ziegeln in China schon im 11. Jahrhundert von Pisching erfunden ist. Es fehlte aber die Erfindung der Druckerpresse, der Druckerschwärze und vor allem auch eine Methode, die Typen, die Buchstaben, mechanisch zu vervielfältigen. Diese Punkte bedingen auch den großen Unterschied und den gewaltigen Fortschritt der Erfindung der Buchdruckerkunst gegenüber der der Holzschneidekunst, die im Abendlande selbständig etwa im 14. Jahrhundert erfunden zu sein scheint. Diese, wie die wahrscheinlich noch ältere Kunst des Metallschnitts wurde zunächst zum Bilderdruck verwandt. Spielkarten einerseits, Heiligenbilder andererseits waren es, deren Anfertigung im 14. und 15. Jahrhundert durch Holz- oder Metallschnitt von den sogenannten Briefmalern oder Briefdruckern geübt wurde. Hin und wieder setzte man unter ein Andachtsbild auch wohl den Namen des Heiligen oder ein frommes Sprüchlein; allmählich ging man auch weiter und druckte auf diese Weise ganze Büchelchen, Lese- oder Spruchbücher und Auszüge aus einer Sammlung grammatikalischer Schriften des berühmten römischen Gelehrten Älius Donatus, der im 4. Jahrhundert n. Chr. gelebt hatte, die sogenannten Donaten. Das berühmteste derartige Werk, das von großen Holzschnitttafeln abgedruckt ist, ist die „Armenbibel“, die bildliche Darstellungen aus dem alten und neuen Testament enthält.

Die wahre Buchdruckerkunst, die Typographie, wurde aber erst von dem Mainzer Bürger Henne Gensfleisch zum Gudenberg, genannt Johann Gutenberg, erfunden und von ihm und seinen Mitarbeitern Johann Fust und Peter Schöffer gleich zu einer Vollendung gebracht, an der die nächsten drei Jahrhunderte kaum etwas zu verbessern hatten. Über Gutenbergs Jugend ist nur wenig bekannt. Als sein wahrscheinlichstes Geburtsjahr läßt sich das Jahr 1397 bezeichnen. Im Jahre 1421 zwang ihn ein Aufstand gegen den Adel, Mainz zu verlassen. Erst 1435 finden wir ihn in Straßburg wieder, vielbeschäftigt mit mancherlei mechanischen Künsten, Edelsteinschleifen, Spiegelbelegen und manchen geheimen Künsten, wozu wohl vor allem die Versuche gehörten, die Buchdruckerkunst zu erfinden. Wenigstens ergiebt sich aus Prozeßakten des Jahres 1438, daß ihm die Brüder eines Mitarbeiters oder Schülers, namens Dritzehn, den Besitz einer Presse und einer Anzahl Bleiformen streitig machten, die bei dem Tode Dritzehns in dessen Hause sich befanden, aber von Gutenberg reklamiert wurden. Gutenberg bekam Recht, ließ aber Presse und Formen auseinandernehmen, damit nicht ein anderer in das Geheimnis dringen sollte.

Im Jahre 1445 kehrte er ohne alle Mittel nach Mainz zurück, behielt aber seine Erfindung stets im Auge und verband sich 5 Jahre später mit dem wohlhabenden und unternehmenden Johannes Fust, dessen Bruder Jakob als Goldschmied ihm wohl oft mit Rat zur Seite stand, und mit dem talentvollen, künstlerisch und technisch hochbegabten Peter Schöffer zur Ausführung seiner Ideen. Zuerst hatte wohl Gutenberg mit Holztypen gearbeitet, also die alten Holzschnitte nur in ihre Bestandteile zerschnitten, bald erkannte er aber die Notwendigkeit, die Typen auf mechanischem Wege aus Metall herzustellen. Er wandte zunächst weiches Metall zum Schneiden der Buchstaben an, umgoß diesen Stempel mit flüssigem Blei oder drückte ihn in solches ein und bekam so eine Form, um beliebig viele Typen der betreffenden Art gießen zu können. Hier, auf dem Gebiete der Schriftgießerei, war es Peter Schöffer, der das noch heute übliche Verfahren (siehe weiter unten) ersann, mittels Stahlstempel die Form in Kupfer zu treiben. Auch hinsichtlich der Druckerschwärze vervollkommnete Schöffer das Gutenbergsche Verfahren so sehr, daß die von ihm angewandte Druckerfarbe noch heute in Gebrauch ist. Der vierte große und notwendige Schritt, den Gutenberg that, war die Erfindung der Druckpresse zur mechanischen Herstellung der Druckabzüge. Hat dieselbe auch im Lauf der Zeiten manche Veränderung erfahren, das Prinzip ist immer dasselbe geblieben, auch in den mächtigen Rotationspressen der Neuzeit, die allerdings in ihrer Leistungsfähigkeit den alten Handpressen gegenüber ganz ungeheuer überlegen sind.

Im Jahre 1452 hatte Gutenberg bereits einige kleinere Werke, Donaten und ähnliches, fertiggestellt und begann nun das große Werk des ersten Bibeldrucks, das auch rasch fortschritt, dessen Vollendung ihm aber nicht vergönnt sein sollte, da ihn im Jahre 1455 sein Mitarbeiter Fust, der ihn jetzt nicht mehr brauchte, auf Zahlung einer größeren Summe Geldes verklagte, die Gutenberg nicht leisten konnte. Gutenberg mußte infolgedessen Fust die Druckerei überlassen, während er selbst mit Unterstützung des Mainzer Stadtsyndikus Dr. Humery eine neue Druckerei einrichtete. Fust und sein Schwiegersohn Schöffer übergaben zwischen dem Jahre 1455 und 1460 der Welt die beiden ersten Bibeldrucke, die sogenannte 36zeilige und die 42zeilige Bibel und im Jahre 1457 das erste, mit dem Namen des Druckers, mit dem Druckort und dem Datum des Erscheinens versehene prächtig ausgestattete Psalterium. Gutenberg gab auch schon wieder 1460 nach einigen kleineren ein größeres Werk heraus, das Catholicon, eine lateinische Grammatik mit etymologischem Wörterbuch. Im Jahre 1462 aber ging bei der Einnahme von Mainz durch den Kurfürsten Adolf von Nassau die große Fustsche Buchdruckerei in Flammen auf. Sie wurde zwar wieder neu eingerichtet, indessen hatten sich die Gehülfen über ganz Deutschland zerstreut, so daß wir nun bald an vielen Orten Deutschlands und später Italiens Buchdruckereien entstehen sehen. Gutenberg selbst blieb nur noch kurze Zeit in Mainz, da ihn der Kurfürst Adolf von Nassau 1465 als Kavalier an sein Hoflager zu Eltville im Rheingau nahm. Dort starb er Ende des Jahres 1467 oder Anfang 1468 nach einem mühevollen Leben, in dem er bis auf die letzten Jahre nicht im geringsten die Anerkennung und Unterstützung gefunden hatte, die ihm bei seinen unsterblichen Verdiensten um die gesamte Menschheit gebührte.

Die mächtige Entwicklung der Buchdruckerkunst, die nach der Einnahme und teilweisen Zerstörung von Mainz begann, verdankte nicht zum geringsten äußeren Ereignissen ihren Aufschwung. Nach der 1453 erfolgten Eroberung Konstantinopels durch die Türken hatten sich die dortigen Gelehrten, mit den litterarischen Schätzen des klassischen Altertums beladen, meist nach Italien geflüchtet und lieferten so der jungen Kunst sofort ein ungeheures, der Vervielfältigung weites Material. Bald begannen auch die großen Geisteskämpfe der Reformation, die in der Buchdruckerkunst ein mächtiges Hilfsmittel fand, ohne das sie vielleicht nie, sicherlich nicht so schnell zum Siege gelangt wäre.

Wir können hier nicht die Namen aller derer nennen, die sich um die weitere Entwickelung der Buchdruckerkunst Verdienste erworben haben. Ihre Thätigkeit bestand vornehmlich in einer Vervollkommnung der Stempelschneidekunst, die allerdings allmählich ganz herrliche Resultate gezeitigt hat. Von einschneidender Bedeutung sind nur drei große Fortschritte auf dem Gebiete der Buchdruckerkunst: die Erfindung des Stereotypierens, die Erfindung von Maschinen zum Gießen der Typen und von solchen zum Drucken, während die zum Setzen erfundenen aus später zu besprechenden Gründen noch nicht als vollkommen bezeichnet werden können. Die Erfindung des Stereotypierens wurde hervorgerufen durch die Notwendigkeit, bei Büchern, die mehrfach zur Auflage kamen, der Kostenersparnis halber den Satz stehen zu lassen. Dies hatte aber zwei Übelstände. Erstens war es immer noch sehr kostspielig, das ganze Typenmaterial so lange ungenutzt stehen zu lassen, und zweitens konnte der Satz im Laufe der Zeit leicht auseinanderfallen. Im vorigen Jahrhundert machte man viele Versuche, dem abzuhelfen, aber ohne Erfolg, bis im Jahre 1804 Lord Stanhope die Gipsstereotypie und vollends im Jahre 1829 Genoux in Lyon die Papierstereotypie erfand, die er zu einem unentbehrlichen Hülfsmittel der heutigen Buchdruckerkunst gestaltete. Eine Gießmaschine für die Typenherstellung erfand 1805 Wing und White; dieselbe wurde 1828 von Bruce praktisch umgestaltet und später von Kisch in Berlin noch wesentlich verbessert. Auf dem Gebiete der Druckerpresse war der erste wesentliche Fortschritt die Einführung einer eisernen Presse an Stelle der bis dahin gebrauchten hölzernen durch Stanhope im Jahre 1800, der zweite größere die Erfindung der ersten Dampfdruckpresse von König im Jahre 1810, aus der sich dann allmählich die gewaltigen Rotationspressen der neuesten Zeit entwickelten.

Wir wollen nun im folgenden das gesamte Verfahren des Buchdrucks vom Gießen der Typen bis zum Falzen der fertigen Druckbogen beschreiben und machen naturgemäß den Anfang mit der Schriftgießerei.

2. Die Schriftgießerei.

Die Typen selbst, vierseitige rechtwinklige Stäbchen von bestimmter Höhe, müssen, um mit ihnen drucken zu können, die Buchstaben oder Zeichen, welche sie darstellen sollen, in erhabener Form und umgekehrter Schreibweise, bei unserer Schrift also von rechts nach links wiedergeben. Das Metall, aus dem sie gegossen werden, muß leichte Schmelzbarkeit mit einer gewissen Härte verbinden, um einerseits einen guten

Guß zu ermöglichen und um andererseits genügend dauerhaft zu sein, um scharfe, vollkommene Abdrücke zu liefern. Ferner muß es die Druckerschwärze leicht annehmen und abgeben und darf nicht leicht oxydieren, damit die Typen lange aufbewahrt werden können. Alle diese Eigenschaften vereinigt in mehr oder minder hohem Maße das sogenannte „Schriftgießermetall“ oder „Schriftzeug“, eine Legierung von Blei und Antimon. Man nimmt meist 4 bis 5 Teile Blei und 1 Teil Antimon, zuweilen auch noch, um die Oxydierbarkeit noch mehr zu vermindern, einen Zusatz von Zinn. Die Herstellung solcher Typen geschieht nun in der Weise, daß man zunächst den betreffenden Buchstaben oder das betreffende Zeichen in einem harten Metall erhaben und umgekehrt schneidet, die sogenannte Patrize anfertigt, diese in ein weicheres Metall, meist Kupfer einschlägt, sodaß in diesem die Type in richtiger Stellung, wie im Druck, aber vertieft als „Matrize“ erscheint, und schließlich mit Hilfe der Matrize im Gießinstrument die Typen vervielfältigt.

In erster Linie kommt es auf die Anfertigung guter Patrizen an, wenn man einen guten Druck erzielen will, da die Typen sich ganz nach jenen bilden. Als Material für die Patrizen wählt man den besten Gußstahl aus, den man in vierkantige Stäbchen von bestimmter Breite, Höhe und Dicke zerschneidet. Man legt diese Stäbchen in einen eisernen, mit Holzkohlenstaub gefüllten Kasten, der luftdicht verschlossen ist, und läßt sie bei langsamem Feuer 5 bis 6 Stunden lang glühen. Nun wird nach allmählicher Abkühlung die Füllung herausgenommen und vom Schriftschneider in der Weise bearbeitet, daß er auf der ebenen, glatt abgeschliffenen Endfläche den Buchstaben umgekehrt mit Feder und Tusche aufzeichnet oder, wenn er sehr klein ist, mit einer scharfen Nadel einritzt und dann mit dem Grabstichel die zu vertiefenden Stellen, z. B. beim o das innere Oval aussticht. Die größeren Zwischenräume werden meist mit einem sehr harten Stempel, der Gegenpunze eingeschlagen und dann erst nachgefeilt. Es ist sehr schwierig, den Vertiefungen die richtige Höhe und ihren Rändern die notwendige Steilheit zu geben. Nunmehr kommt die Patrize wieder in einen mit Kohlenstaub gefüllten Blechkasten, wird in demselben bis zur Rotglut erhitzt, dann in nicht ganz kaltem Wasser abgekühlt, abgetrocknet und an der Bildfläche sorgfältig gereinigt, dann mit einem rotglühenden Eisen stark gelblich angelassen, wieder in Wasser abgekühlt, getrocknet und schließlich noch einer genauen Revision auf kleine Unregelmäßigkeiten und Unreinlichkeiten unterzogen. Fig. 505 stellt eine fertige Patrize dar.

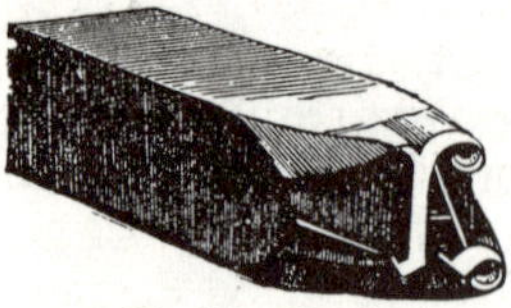

Fig. 505. Patrize.

Diese Patrize schlägt man mit dem Hammer in genau fixierter Richtung an einer bestimmten Stelle eines etwa 4 cm langen Kupferstückchens ein, dessen Breite und Dicke von der gewünschten Schriftart abhängt. Das Einschlagen erfordert eine sehr geübte Hand; besonders schwierig ist es nun aber, die Matrize zu justieren, d. h. das Kupferstückchen so lange zu bearbeiten, bis es an allen Seiten wohl geebnet und so gerichtet ist, daß es einerseits genau in das später zu beschreibende Gießinstrument hineinpaßt, und daß andererseits der Buchstabe an der passenden Stelle steht, und bis der Buchstabe die richtige Tiefe hat. Nun ist die Matrize (s. Fig. 506) fertig.

Fig. 506. Matrize.

In neuerer Zeit dienen noch zwei andere Verfahren zur Herstellung der Patrizen und Matrizen. Man arbeitet vielfach die Patrize in einem leichter zu behandelnden Stoff, Schriftgießermetall oder Holz z. B. aus, oder nimmt auch eine fertige Type als Patrize und macht daraus auf galvanoplastischem Wege eine Matrize, indem sie, mit flüssigem Wachs bestrichen, in den galvanoplastischen, mit einer Kupferlösung gefüllten Apparat gebracht wird, in dem sich sodann auf ihr das Kupfer niederschlägt und allmählich die Matrize bildet. Ferner ist neuerdings eine ähnliche Bohrmaschine konstruiert, mit der man folgendermaßen verfährt. Man führt eine Spitze, den Storchschnabel, um das richtige Modell eines Buchstabens herum, dann bohrt ein kleiner Bohrer das Buchstabenbild als Patrize an der entgegengesetzten Seite des Apparates aus.

Es erübrigt noch die Gießmaschine zu beschreiben, deren sehr viele erfunden sind. Wir wollen den Typus der von David Bruce in Brooklin im Jahre 1828 erbauten Gießmaschine (Fig. 507) näher betrachten. Auf einem etwa 1 m hohen eisernen Gestell befindet sich ein eisernes Gerippe mit der Gießpfanne a und der Feuerung a^1. In Verbindung mit der Pfanne steht das Pumpwerk b, mittels dessen das flüssige Metall durch einen Kanal in das am Kopfe c befindliche Gießinstrument übergeleitet wird. d ist ein Zählscheibchen, das bei neueren Maschinen die Zahl der gegossenen Lettern angiebt. Der Mechanismus wurde früher von einem Arbeiter mit einer Kurbel in Bewegung gesetzt, neuerdings arbeitet er mit Dampfkraft. Fig. 508 stellt das sogenannte Gießinstrument dar, deren der Gießer eine große Reihe für die verschiedenen Schriftarten und Typendicken haben muß. Die Matrize wird in die Öffnung e zwischen die Kerne c und d und die Bodenstücke a und b eingesetzt. Der genaue Schluß wird durch die Bäckchen f hergestellt. Nun wird das Gießinstrument mit der Mater und dem diese festhaltenden Materkasten mit der hinteren Seite an die Gießpfanne gelegt, sodaß nun durch die Öffnung k in Fig. 508 das flüssige Metall auf die Mater strömt. Die Masse erstarrt sofort und wird als fertige Type mit einem Häkchen herausgeholt, nachdem die Bodenstücke a und b mechanisch auseinandergegangen sind. Die Type muß nun noch zugerichtet werden. Dazu gehört zunächst, daß der Gußzapfen teilweise abgebrochen und die übrigbleibende Letter auf der abgebrochenen, also dem Buchstaben entgegengesetzten Seite abgeschliffen

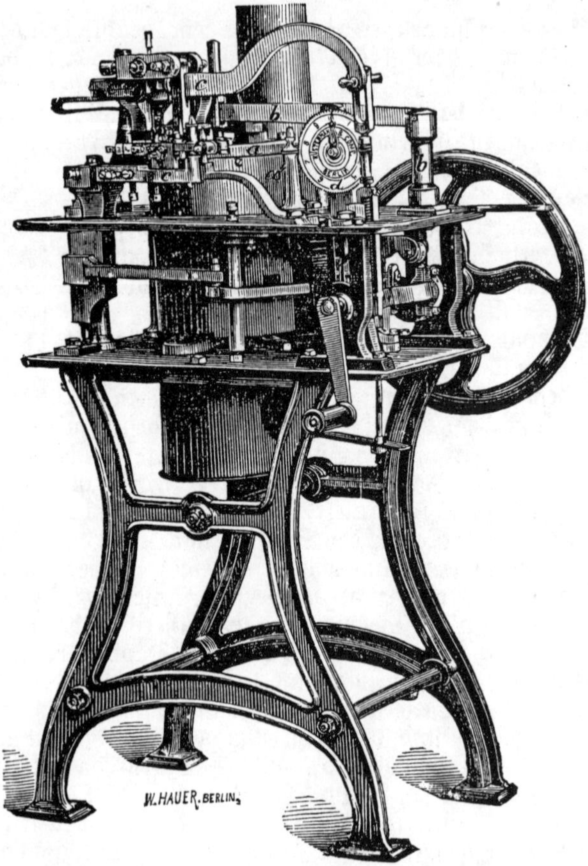

Fig. 507. Gießmaschine.

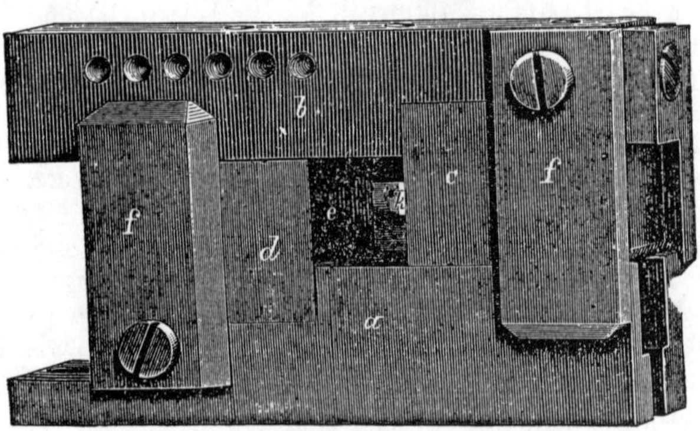

Fig. 508. Gießinstrument.

wird. Ferner wird die richtige Höhe, Breite der Type, die richtige Stellung des Zeichens noch einmal nachgesehen. Vielfach geschehen alle diese Arbeiten auf mechanischem Wege in der Komplett-Gießmaschine, die am besten von J. M. Hepburn und P. M. Shanks ausgeführt ist. Die oben beschriebene Brucesche Gießmaschine gießt in ihrer von Kisch in Berlin neuerdings verbesserten Gestalt etwa 12 bis 20 000 Buchstaben pro Tag, während die Komplett-Gießmaschine ungefähr 40 000 Typen (Fig. 509) täglich vollkommen fertig stellt.

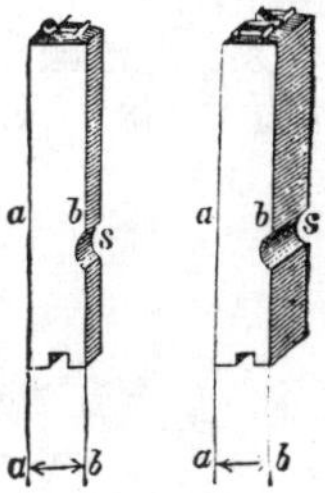

Fig. 509. Typen.

3. Das Setzen.

Das Zusammensetzen der Typen zu einer Druckform, von der man, nachdem sie mit Druckerschwärze eingerieben ist, mit der Druckerpresse beliebig viele Abzüge machen kann, nennt man „setzen". Außer den mannigfaltigen Sorten von Typen, die von der gewünschten Druckart abhängen, braucht der Setzer noch die sogenannten „Ausschließungen", um die Buchstaben und die Wörter von einander zu trennen. Diese Typenkegel sind niedriger als die Buchstabenkegel, so daß nachher beim Drucken die von ihnen besetzten Stellen auf dem Papier leer bleiben, haben aber wie jene unter sich alle genau dieselbe Höhe. Sie heißen, wenn sie quadratische Oberfläche haben, Gevierte, bei einem Seitenverhältnis von 1:2 Halbgevierte, entsprechend Viertelgevierte und dann noch Sechstel- und Achtel-Spatien. Je nach der Weite des Druckes wendet der Setzer diese oder jene Sorte Ausschließungen an.

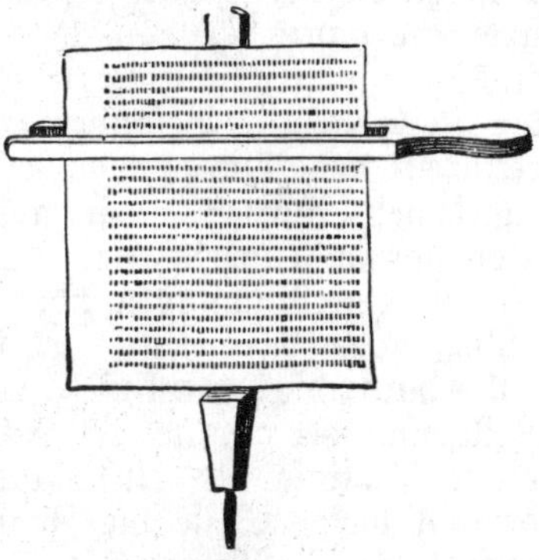
Fig. 510.
Tenakel mit Divisorium und Manuskript.

Der Setzer hat nun vor sich den Schriftkasten (etwa 1 m lang, 65 cm breit und 5 cm hoch) zu stehen, in dem die verschiedenen Zeichen möglichst so in einzelnen Fächern angeordnet sind, daß die, welche er am häufigsten braucht, ihm am nächsten liegen. Etwa in der Mitte des Setzkastens wird ein mit einer Spitze versehenes Holzlineal, das „Tenakel", eingesetzt, an dem das zu druckende Manuskript durch ein gespaltenes Querholz, das „Divisorium", festgehalten wird (Fig. 510). Der Setzer schiebt das Divisorium immer an die Stelle, die er eben gesetzt hat.

In der linken Hand hält der Setzer den „Winkelhaken" (Fig. 511), in dem die Breite des offenen Zwischenraums durch die Stellschraube s so reguliert wird, daß sie gerade der Breite einer Zeile entspricht. Mit der rechten Hand ergreift er nun die Type, setzt sie so in den

Winkelhaken, daß die Schrift nach vorn, die sog. Signatur, das ist die Einkerbung, die wir in Fig. 511 mit s bezeichnet sehen, nach oben steht. Die Signatur hat erstens den Zweck, daß der Setzer,

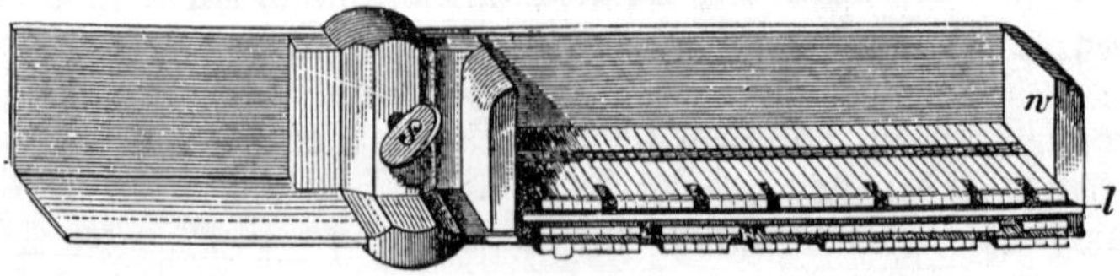

Fig. 511. Winkelhaken.

indem er sie beim Setzen mit dem Finger an der vorderen Seite der Reihe fühlt, dadurch die Gewißheit erhält, daß die Type richtig steht. Außerdem werden durch Breite und Form der Signaturen Verschiedenheiten zweier Schriftsorten bezeichnet, die man sonst nicht sehen könnte. Je nach der Weite des Drucks nimmt der Setzer nun eine Ausschließung von entsprechender Breite, dann wieder einen Buchstaben u. s. f., nach einem Worte eine größere Ausschließung, ein Halbgeviert gewöhnlich, bei gesperrtem Druck zwischen je zwei Buchstaben ein Spatium.

Das Ausschließen ist diejenige Arbeit des Setzers, von der die Schönheit, die Regelmäßigkeit des Druckes in erster Linie abhängt. Bleibt z. B. am Ende der Zeile noch ein kleiner Raum übrig, so muß er diesen geschickt durch Anwendung sehr dünner Ausschließungen über die ganze Zeile verteilen oder er muß die von ihm gebrauchten Ausschließungen durch kleinere ersetzen, sodaß noch eine Silbe auf die Zeile geht. Besondere Schwierigkeiten machen ihm spätere Korrekturen des Autors, da er schon den Raum eines von demselben zugesetzten Wortes meist auf mehrere Zeilen verteilen muß. Nach Vollendung einer Zeile, die also ein festes Gefüge von längeren Typen, den Buchstaben oder Zeichen, und kürzeren Typen, den Ausschließungen, darbieten, wird untersucht, ob sie genügend fest zusammenhält, dann die „Setzlinie", ein glatter Blechstreifen von der Länge der Zeile und der Breite der Typenhöhe, auf die Zeile gelegt, und auf dieser Setzlinie als Unterlage die nächste Zeile begonnen. Satz, bei dem in dieser Weise die Zeilen dicht an einander stehen, heißt kompresser Satz. Meistenteils läßt man aber Raum zwischen den Zeilen, man „durchschießt" sie, wie man sagt, indem man mehr oder weniger dünne Durchschußstücke, „Regletten", zwischen sie legt.

Wenn der Winkelhaken gefüllt ist, wird die Klemmschraube s (Fig. 511) gelockert, eine Setzlinie auf die oberste Zeile gelegt, und dann der Satz mit beiden Händen fest gefaßt und auf das sog. „Schiff" übertragen. Dieses ist eine glatte Zinkplatte, die auf drei Seiten mit Leisten umgeben ist. Bei größerem Format ist dieselbe doppelt, die obere Platte aber mit einem Handgriff versehen, an dem sie sich herausziehen läßt. Die Satzstücke werden nun aus dem Winkelhaken so oft auf das Schiff übertragen und an einander gereiht, bis eine Seite oder Kolumne fertig ist. Dann wird der Satz mit starkem Bindfaden fest umwickelt, sodaß er nicht auseinanderfallen kann, wenn man ihn heraushebt. Man nimmt ihn mit der Hand, oder man zieht, wenn die erwähnten zwei Platten vorhanden sind, an dem Handgriff langsam die obere Platte mit dem Satz aus dem Schiff heraus und schiebt sie auf das „Setzbrett", worauf man, den Satz mit der linken Hand festhaltend, die Platte schnell unter ihm fortzieht. Man überträgt so viele Seiten auf das Setzbrett, wie bei dem betreffenden Format zu einem Bogen gehören, muß dabei aber in der Anordnung vorsichtig sein, damit nachher im Druck die Seiten die richtige Reihenfolge haben. Ist die Druckform so weit fertig, so wird ein eiserner Rahmen, der sog. Schließrahmen herumgelegt, die Bindfaden werden abgenommen und die Zwischenräume werden mit größeren Ausschließungen, den „Formatstegen" ausgefüllt. Mit Schrauben oder Keilen wird das ganze recht fest zusammengefügt, „geschlossen". Es gibt sehr viele derartige Rahmen; einen ziemlich gebräuchlichen Keilrahmen mit festem Mittelsteg veranschaulicht Fig. 512.

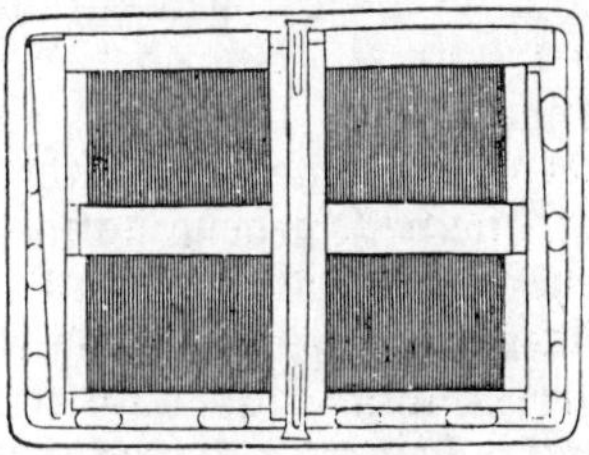

Fig. 512. Keilrahmen.

Jetzt wird gewöhnlich ein sog. „Bürstenabzug" gemacht — oft geschieht dies noch vor dem Schließen —, d. h. die Form wird mittels einer Walze mit Druckerfarbe eingeschwärzt, schlechtes Papier herübergelegt, darauf Filz oder Pappe, sodann wird ein erster Abzug hergestellt, indem man entweder mit einer Bürste stark darüberstreicht oder eine einfache Handpresse anwendet. Ist dieser Abzug vom Verfasser korrigiert, so muß der Setzer mit der Ahle oder Pincette die falschen Typen, Wörter und Zeichen herausnehmen und durch die richtigen ersetzen. Bei größeren Korrekturen muß er dabei oft wieder den Satz auf den Winkelhaken übertragen. Am günstigsten ist für den Setzer das Korrigieren, wenn der Autor in der Korrektur etwa ebensoviel Neues hinzufügt, als er Dastehendes fortstreicht. Es werden dann noch gewöhnlich zwei Revisionsabzüge geliefert, worauf der Satz druckfertig ist.

Es ist fast selbstverständlich, daß menschlicher Erfindungsgeist sich auch bemüht hat, die Arbeit des Setzens der Handthätigkeit zu entziehen, indem er Setzmaschinen an deren Stelle bringen wollte. Man kann aber nicht sagen, daß dieses Problem bisher schon vollkommen gelöst sei, daß Setzmaschinen erfunden seien, die den Vergleich mit der Gießmaschine oder der Druckerpresse aushalten könnten, wenn sie auch meist sehr ingeniös erdacht sind. Als erste praktisch brauchbare Setzmaschine muß man die von Christian Sörensen bezeichnen, die, im

Jahre 1846 erfunden, auf der Pariser Ausstellung vom Jahre 1855 außerordentliches Aufsehen erregte und die große goldne Medaille erhielt. Einige Verwendung in der Praxis fanden dann noch die Setzmaschine des Amerikaners Brown, die des Engländers Hattersley, die des Deutschen Kastenbein und die des Engländers Mackie. Bis auf die letzte beruhen alle auf dem Klaviaturprinzip, d. h. der Setzer drückt auf eine Taste, worauf sich in einem bestimmten Typenkasten eine Klappe öffnet, durch die gerade ein Buchstabe herausfallen kann. Dieser gelangt dann durch ein System von Kanälen auf den Winkelhaken oder das Schiff, welches sich nach Aufnahme der Type gerade um deren Stärke fortbewegt.

Wir wollen hier nicht auf die Einzelheiten dieser Maschinen eingehen, weil sie verschiedene naturgemäße Mängel haben, die einer Verdrängung der Handarbeit durch jene vorläufig noch im Wege stehen. Erstens sind sie meist nur für eine bestimmte Typenform geeignet, andernfalls zu kompliziert. Ferner kann man nicht mit ihnen den Satz direkt korrigieren, die Reihe umbrechen, d. h. das Ende einer Zeile verlegen, und schließlich ist es auch noch nicht gelungen, die Maschine gleichzeitig zum Wiederauseinandernehmen des Satzes und richtigen Verteilen der Typen in die Kästen einzurichten. Da die bisherigen Maschinen nur vielleicht zwei- bis dreimal so schnell arbeiten, wie ein Setzer, so findet eine große Beschleunigung des Setzens nicht statt, zumal man nicht gleichzeitig so viel Kräfte in Arbeit stellen kann, wie beim Handsatz, wodurch dieser in eiligen Sachen dem Maschinensatz immer noch überlegen ist.

In den achtziger Jahren sind dann noch zwei erwähnenswerte Setzmaschinen erfunden worden, eine von Brackelsberg und eine mit Klaviatur von Fischer und v. Langen, denen manche Vorzüge nachgerühmt werden. Besonders gut konstruiert soll bei der letzteren die sogenannte Ablegemaschine sein, d. h. der Teil der Maschine, der das Auseinandernehmen des gebrauchten Satzes zu besorgen hat. Durchgreifende Verbreitung haben aber bisher auch diese Maschinen nicht gefunden.

Die Bestrebungen sind eigentlich nur naturgemäß. Bricht doch in allen Zweigen der Industrie der Trieb gewaltsam durch, die Thätigkeit der menschlichen Hand durch mechanischen Maschinenbetrieb zu ersetzen. Warum sollte es also nicht auch auf diesem Gebiete geschehen? Allerdings wird man wohl nicht in Abrede stellen können, daß gerade in der Thätigkeit des Schriftsetzers durch die menschliche Hand so viele Modifikationen und Feinheiten gegeben und ausführbar sind, wie sie von einer toten Maschine schwerlich jemals erreicht werden können. Man denke nur an die Korrekturen und an die dadurch erforderlich werdende Ausgleichung des Satzes, eine Thätigkeit, welche keineswegs bloß mechanisch ist, sondern oft recht ernstes Nachdenken und viele Arbeit erfordert; das kann keine Maschine leisten. Aber die Schnelligkeit des Satzes läßt den Menschen auch hier unablässig bemüht sein, auch diesen

Teil der Arbeit durch Maschinen ablösen zu lassen. Nur die Besorgnis, durch die drei- bis fünfmal so rasch arbeitende Maschine dem größten Teil der Schriftsetzer den Lebensunterhalt zu rauben, hat wohl eine weitere Verbreitung derselben in den europäischen Staaten bisher gehindert. Indessen darf dem wohl entgegen gehalten werden, daß durch die Verbilligung des Setzens mit Sicherheit auch auf eine Verbilligung der Bücher und Zeitungen und damit auch naturgemäß auf eine bedeutende Vermehrung der Druckerthätigkeit gerechnet werden darf.

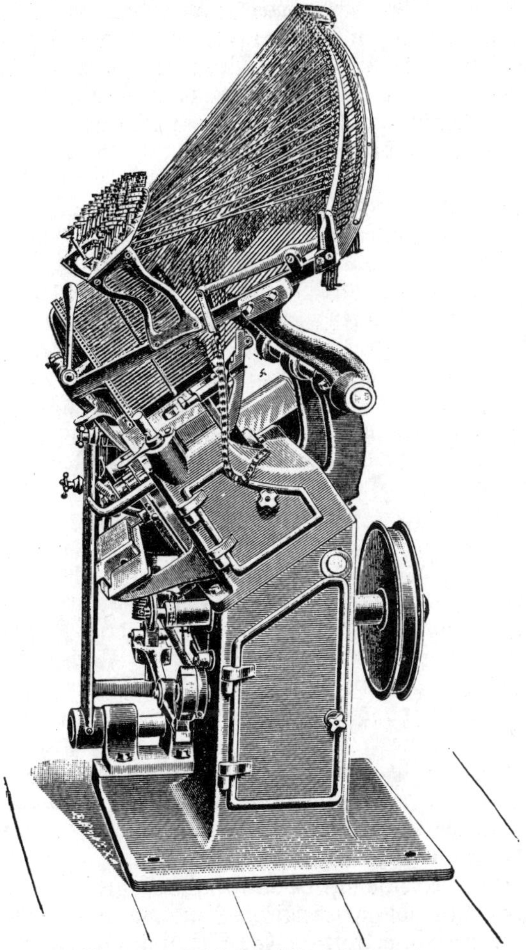

Fig. 512a. Schriftsetzmaschine „Typograph“.

Die von den Amerikanern J. R. Rogers und F. E. Bright erdachte und in Deutschland von der Fabrik von Ludwig Löwe in Berlin ausgeführte Setzmaschine ‚Typograph‘ ist eine kombinierte Setz- und Gießmaschine zur Herstellung von glattem Drucksatz, welche einzelne Buchstaben zu einer Zeile zusammensetzt, dieselbe auf Spaltenbreite ausschließt und als ein solides Stück sogleich abgießt. Diese Zeilen werden in gewöhnlicher Weise zu Druckformen zusammengesetzt, von denen sofort unmittelbar gedruckt werden kann oder sich in gewöhnlicher Weise Stereotypformen herstellen lassen. Die Maschine besteht im wesentlichen aus einem kippbaren, mit Drähten überspannten Rahmen, einem Tastenbrett wie bei einer Schreibmaschine, einer Gießform, einem Schmelztiegel und einer drehbaren Ausschließwelle. Jeder Draht trägt an seinem oberen Ende einen Vorrat von Matrizen je einer Buchstabensorte, die daran aufgehängt sind und beim Tastenanschlag durch die Schwere in richtiger Reihenfolge nach der Sammelstelle am andern Ende herabgleiten. Eine besondere Taste dient zur Einfügung der Ausschlußstücke, d. h. dünnerer oder dickerer Spatien, die zwischen den Wörtern eingeschoben werden, um die Zeile auf die ganz genaue Länge zu bringen. Sobald die Matrizenzeile annähernd die richtige Länge erreicht hat, erfolgt selbstthätig und nach einander das Ausschließen, Abgießen und Ausstoßen der fertigen Druckzeile aus der Gießform innerhalb eines Zeitraums von zwei Sekunden. Darauf wird der Rahmen mit den Drähten zurückgeschlagen, die Buchstabenmatrizen gleiten durch ihre Schwere nach dem anderen Drahtende zurück und werden beim Niederkippen des Rahmens durch eine Sperrvorrichtung in ihrer Ruhelage erhalten, bis ihre Auslösung durch neuen Tastenanschlag erfolgt.

Die Druckzeilen kommen nach dem Gebrauch wieder in den Schmelztiegel und können beliebig oft umgegossen werden, so daß die Maschine in der That die Arbeit des Setzers und Schriftgießers vereinigt, die Ergänzungskosten des teuren Schriftmaterials erspart und es ermöglicht, stets von neuer und scharfer Schrift drucken zu können. Von Nonpareille bis Cicero ist jede Schriftart möglich, für jede dient ein besonderer Rahmen, der mit einem anderen beliebig ausgewechselt werden kann, was einen Zeitverlust von noch nicht fünf Minuten veranlaßt. Buchstaben und Auszeichnungsschriften lassen sich mit der Hand einfügen, desgleichen seltene Zeichen, die auf dem Tastenbrett nicht vorgesehen sind; alle solche Zeichen werden in einem besonderen Kasten vorrätig gehalten, mit der Hand eingefügt und vor dem Ablegen wieder entfernt. Die Erfahrung hat bereits gelehrt, daß der auf dem „Typograph" hergestellte Maschinensatz nur 25 Prozent der beim Handsatz vorkommenden Druckfehler aufweist. Die Quelle der Druckfehler liegt zum größten Teil nur im Versehen beim Ablegen des gebrauchten Schriftsatzes, d. h. bei dem Zurückwerfen der einzelnen Buchstaben in die für sie bestimmten Fächer des Setzkastens. Beim Typograph aber verlassen die Buchstabenmatrizen weder in der Ruhelage, noch während der Zeilenbildung, noch beim Zurückkippen des Rahmens, was dem Ablegen entspricht, jemals ihre Führungsdrähte, also kann nur ein Versehen beim Tastenanschlag einen Druckfehler erzeugen. Korrekturen werden ausgeführt, indem die fehlerhafte Druckzeile neu hergestellt und neu gegossen wird, eine Arbeit, die schneller ausgeführt werden kann, als die Korrektur beim Handverfahren.

Die Betriebskraft ist sehr geringfügig, Dampf, Elektrizität, Hand- oder Fußbetrieb kann zur Anwendung kommen; für vier bis fünf Maschinen genügt eine halbe Pferdekraft. Für Flüssigmachung des Schriftmaterials dient Gas oder Petroleum. Der Schmelztiegel faßt 25 bis 30 ko Schriftmetall, bildet einen völlig gesonderten Teil der Maschine und kann auf diese keinen Einfluß durch Entwickelung von Hitze ausüben. Stereotypmetall guter Qualität genügt allen Anforderungen und kann, auch bei täglichem Gebrauch durch Umguß, jahrelang benutzt werden, muß nur alle Monate mit einem kleinen Prozentsatze von Zinn und Antimon aufgefrischt werden. Auch die Buchstabenmatrizen machen bei täglichem Gebrauch jährlich einen Ersatz von etwa 15 Prozent nötig, die übrigen 85 Prozent haben eine fast unbeschränkte Gebrauchsdauer; diese Anschaffungs- oder Ergänzungskosten sind kaum nennenswert.

Der „Typograph“, diese in Wahrheit geniale Erfindung der Neuzeit, erfordert zu seiner Bedienung nur eine einzige Person, die schon nach vier- bis sechswöchiger Übung das dreifache, bei größerer Gewandtheit das fünffache der Arbeit eines Handsetzers zu leisten vermag. Die Bedienung dieser Zeilengießmaschine ist schnell und leicht zu erlernen, und erfordert weder hervorragende Gewandtheit, noch besondere maschinelle Kenntnisse, während die Betriebskosten wegen außerordentlich geringen Kraftbedarfs kaum in Betracht kommen. Gleichzeitig ist der „Typograph“ bisher die einzige und erste Zeilengießmaschine, welche jede Beaufsichtigung durch einen Maschinisten überflüssig macht. Er hat auch alle neben ihm in Amerika noch hervorgetretenen ähnlichen Maschinen („Linotype“ und „Monoline“) weit überflügelt. Sein hoher praktischer Wert liegt auf der Hand, und es kann gegenwärtig keinem Zweifel mehr unterliegen, daß der „Typograph“ der Schriftsetzer der Zukunft ist.

Zu diesem von einem Fachmanne gefällten Urteil möchten wir uns aber doch noch einige einschränkende Bemerkungen erlauben. Für den gewöhnlichen glatten Satz möchte es zutreffen, obgleich auch in diesem Falle die Korrekturen ihre Schwierigkeiten haben werden, da immer die ganze Zeile umgegossen werden muß. Für feinere Arbeiten jedoch wird die Handarbeit des Setzers schwerlich jemals entbehrlich werden. Das ist denn doch keine einfache mechanische Arbeit, sondern es wird von dem Setzer gar häufig auch ein Stück Nachdenken verlangt. Und wie sollten beispielsweise wissenschaftliche Werke, in denen die Schriftarten oft zu wechseln pflegen, mit der Setzmaschine hergestellt werden? Wenigstens ist die Ausbildung derselben noch nicht so weit gediehen, daß man sie ohne weiteres den Schriftsetzer der Zukunft nennen könnte. Ehe es dahin kommt, wird sicherlich noch viel Wasser ins Meer fließen, und auch dann, wenn es wirklich einmal dahin kommen sollte, wird gerade im Gebiete der Buchdruckerkunst und in all’ dem, was damit zusammenhängt, noch genug übrig bleiben, um das Eingreifen der Thätigkeit der menschlichen Hand nicht entbehrlich zu machen.

4. Das Stereotypieren.

Unter Stereotypieren versteht man die Abformung des fertigen Schriftsatzes in einem zusammenhängenden Material. Zu diesem Zwecke ist also erst ein umgekehrter Abklatsch der Typenplatte in irgend einem weichen Material erforderlich, der Matrize, in die später, nachdem sie ganz fest geworden ist, leichtflüssiges Metall eingegossen wird, das dann erstarrt ein getreues Abbild der Typenplatte giebt. Es liegt in dieser Methode nun nicht etwa ein Rückschritt von beweglichen Typen zu festen Platten, sondern die Güte der letzteren ist wesentlich bedingt durch die vorhergehende Anwendung einzelner Lettern. Die Wichtigkeit der Stereotypplatten ist aber eine ganz ungeheure. Zunächst war es früher für den Drucker sehr kostspielig, Werke, die mit geringen Änderungen oft von neuem verlegt wurden, immer wieder neu zu setzen oder aber längere Zeit den Satz ungenutzt stehen zu lassen. Auch konnte der Satz leicht im Lauf der Zeit auseinanderfallen. Andererseits mußte der Drucker oft gleich eine sehr große Auflage machen, die dann wiederum lange Zeit als totes Kapital beim Verleger ruhte. Alle diese Unannehmlichkeiten sind gehoben, seitdem die Stereotypie es ermöglicht, eine mit dem Satz genau übereinstimmende, zum Druck geeignete feste Platte herzustellen, deren Aufbewahrung den Typenbestand der Druckerei unangegriffen läßt, vor allem aber gegen Veränderungen oder Zerstörungen durch Auseinanderfallen völlig sicher ist. Die größte Bedeutung hat aber die Stereotypie gewonnen, als die neuen mächtigen Rotationspressen erfunden wurden, bei denen der Schriftsatz eine Cylinderfläche bilden muß. Alle Versuche, derartigen Satz direkt mit Typen herzustellen, sind gescheitert, während hier die Papierstereotypie, wie wir sehen werden, helfend und rettend eintrat, sodaß sich gerade auch bei den flüchtigsten, vergänglichsten Leistungen der Buchdruckerkunst, den Tageszeitungen, bei denen ein Stehenbleiben des Satzes gar nicht in Frage kommt, die Stereotypplatte im Großbetriebe das Feld erobert hat.

Die erste praktisch brauchbare Methode zur Herstellung von Stereotypplatten rührt, wie oben erwähnt, von Lord Stanhope aus dem Jahre 1804 her und hat sich bis in die neuere Zeit hinein ohne wesentliche Änderungen erhalten. Man gießt über die in einen Rahmen gelegte Druckform einen dünnflüssigen Gipsbrei, der in wenigen Minuten erstarrt, worauf er abgehoben werden kann und die Typen als Vertiefungen genau abgedrückt enthält. Vor dem Gießen des Gipsbreies wird die Druckplatte, die, je nach der Größe der Apparate, die man benutzt, eine, zwei oder mehr Seiten enthält, ordentlich geölt, damit sich nicht der Gips fest ansetzt. Meist nimmt man übrigens auch bei Satz, der stereotypiert werden soll, höhere Ausschließungen, Spatien rc., als sonst, damit die dort hineintretenden und später hervorstehenden Gipszacken nicht zu lang werden, wodurch sie leicht abbrechen könnten. Ist nun also die Gipsmatrize so weit fertig, so läßt man sie erst an der Luft, dann sorgfältig und langsam in einem Ofen völlig austrocknen. Eine Spur von Feuchtigkeit würde die Herstellung der Stereotypplatte vereiteln oder mindestens sehr schädlich beeinflussen, da die Feuchtigkeit, wenn nachher heißes Metall in die Matrize gegossen wird, in Dampf aufwallt und leicht ein Springen der Matrize oder die Bildung eines hohlen Raumes im Abguß verursacht.

Die Herstellung des Abgusses kann nun in verschiedener Weise erfolgen. Man läßt die Matrize mit starkem Druck auf das dem

Erstarren nahe Gußmetall, das über eine ebene Platte ausgegossen ist, fallen, sodaß sie sich in diesem dem Schriftmetall ähnlichen, aber etwas weicheren Material (etwa 6 Teile Blei und 1 Teil Antimon) abdrückt. Dieses alte Didotsche Verfahren hat viele Nachteile, vor allem den, daß die Luft zwischen Matrize und Gußmetall nicht entweichen kann, infolge dessen die Abdrücke nicht scharf werden. Besser ist das Stanhopesche Verfahren, bei dem die Matrize mit ihrer Schriftseite nach oben in flüssiges Metall eingetaucht wird, das dann die Öffnungen ausfüllt. Die Matrize wird in eine starke Form gelegt, über die ein mit vier Ausschnitten an den Ecken versehener Deckel geschraubt wird, der nahe an die Matrize heranreicht. Das ganze wird nun mit einem starken Druckapparat in einen Behälter, der das flüssige Metall enthält, hineingetrieben, sodaß diese Masse durch die Öffnungen einfließen kann und durch den starken Druck, den die flüssige Masse dem Hinabtreiben der Form entgegensetzt, fest an die Gipsmater herangedrückt wird. Die Luft kann bequem durch die Öffnungen entweichen. Nun hebt man die Form heraus, läßt das Metall völlig erkalten und nimmt oder schlägt die Gipsmatrize ab. Hobelt man jetzt die Gußplatte auf der unteren Seite glatt ab, so ist die Stereotypplatte als solche fertig. Sie muß nur noch sorgfältig gelesen werden, damit eventuelle Unregelmäßigkeiten in ihr ausgeputzt werden können. Falsche oder schlechte Buchstaben werden herausgefeilt oder herausgebohrt und durch die richtigen ersetzt, die man einlötet. Größere Korrekturen in den Stereotypplatten anzubringen, hat aber große Schwierigkeiten, während sich ja auf der anderen Seite bei ihrer Anwendung z. B. für den Druck von Rechentafeln oder Tabellen der große Vorteil darbietet, daß bei späteren Auflagen nicht wieder neue Druckfehler in das Werk hineinkommen können. Die Höhe der Stereotypplatten ist gewöhnlich nur 5 mm, also bedeutend geringer als die der sonstigen etwa 25 mm hohen Druckplatten, sodaß in vielen Fällen beim Drucken unter die Stereotypplatten Metallunterlagen kommen müssen.

Ein etwas einfacheres Verfahren als das Stanhopesche ist das von Daulé erfundene, bei welchem die Matrize in eine eiserne Form mit hohem Rand gelegt wird, an der ein eiserner Deckel mit einem Scharnier befestigt ist. Der Deckel ist an einer Ecke ausgeschnitten und liegt, wenn er heruntergeklappt wird, nicht viel über der Matrize. Man gießt nun das Metall mit einem Löffel durch die Öffnung, indem man das ganze Instrument schräg hält. Läßt man etwas mehr als nötig einfließen, so bewirkt der Druck einen guten Einfluß des Metalls in alle Vertiefungen. Das überschüssige Metall bildet einen Angußzapfen, der abgesägt werden muß.

Fast ganz verdrängt sind aber in neuerer Zeit die Gipsmatrizen durch die Papiermatrizen, die Genoux in Paris im Jahre 1829 erfand, die sich aber zuerst nur sehr langsam Eingang verschafften. Sein Verfahren besteht in folgendem. Man klebt eine Anzahl Seidenpapierblätter mit einem dünnen Stärkekleister, der mit geschlemmter Kreide vermischt ist, aneinander, sodaß das ganze etwa die Dicke eines schwachen Kartons hat, glättet sie und befeuchtet sie. Nun legt man sie auf die Typenplatte und klopft sie entweder mit einer Bürste fest an dieselbe heran, oder man drückt sie mit einer Presse gegen die Typen. Darauf schraubt man eine Eisenplatte über Form und Papier und bringt das ganze in einen Ofen. In einigen Minuten ist die Papiermatrize so weit trocken, daß sie ohne Mühe von der Druckplatte abzunehmen ist. Sie hat einen sehr hohen Grad von Festigkeit, sodaß sie meist nachher mehrere Abgüsse aushält. Die wichtigste Eigenschaft solcher Papiermatrizen ist aber, daß sie sich bequem biegen lassen, was, wie wir erwähnten, für die cylindrischen Druckformen der Rotationspressen notwendig ist. Man legt die Matrize fest in einen Halbcylinder hinein, in den man darauf einen etwas kleineren Halbcylinder einsetzt. Zwischen diesen und die Matrize läßt man das Gußmetall fließen, das dann also eine cylindrisch geformte Stereotypplatte liefert, die auf der Walze der Maschine befestigt werden kann.

5. Das Drucken.

Wir hatten oben das Verfahren bereits soweit verfolgt, daß von der Druckform ein Korrektur- und zwei Revisionsabzüge gemacht waren. Es wird dann meist das „imprimatur", zu deutsch: „der Druck kann beginnen", erteilt, worauf die Form, falls sie nicht stereotypiert wird, auf eine horizontale eiserne Platte, den „Schließtisch", gelegt und mit einem für den Druck geeigneten festen „Schließrahmen" umgeben wird. Die Stege, an deren Stelle die weißen Ränder erscheinen, müssen nun noch genau nachgesehen werden, damit sie richtig stehen, und die Typen müssen, falls sie vorstehen, mit einem Holz heruntergeklopft werden.

Die Druckerschwärze oder -Farbe, mit der, sei es mit einer Handwalze oder auf mechanischem Wege, die Druckplatte eingeschwärzt wird, muß sehr viele Bedingungen erfüllen. Sie muß sich leicht an die Typen ansetzen, sodaß auch die feinsten Teile derselben die Farbe annehmen, sie darf nicht schmieren, muß schnell trocknen und einen dunkelschwarzen Ton haben und schließlich auch gut auf dem Papier haften. Es sei nur erwähnt, daß die gewöhnliche Druckerschwärze meist aus Leinöl, das bis zur Sirupskonsistenz eingekocht ist, und aus Lampenruß besteht.

Das Papier, das zum Drucken verwendet wird, ist meistens ungeleimt, muß dann aber befeuchtet werden, während geleimtes Papier in trockenem Zustande gebraucht werden kann. Geleimtes Papier verwendet man aber nur in seltenen Fällen, z. B. beim Buntdruck. Das Papier wird entweder vorher in Bogenformat geschnitten, sodaß es gerade die Typenplatte deckt, oder man nimmt bei den neueren großen Rotationspressen sogenanntes endloses Papier, d. h. große Ballen, von denen das Papier abrollt, durch die Maschine läuft und erst nach dem Druck in Bogen zerschnitten wird.

Bei der Handpresse wird die Form auf den sogenannten Karren gelegt, eine Einrichtung, auf der die Form unter den „Tiegel", das ist die Druckplatte der Presse, gefahren werden kann, während sie vor der Presse genug Raum bietet, um dort die Druckform mit der „Auftragwalze", die die Farbe enthält, einzuschwärzen. Ist dies geschehen, so wird zunächst Postpapier darüber gelegt, der Karren unter den Tiegel gefahren und dieser mit einem Schrauben- oder Hebelwerk — bis in das 18. Jahrhundert hinein bestand dies aus einer einfachen gewöhnlichen hölzernen Schraube, die mit dem oben daran befindlichen Querholz hinabgedreht wurde — an die Form gedrückt. Durch seine Spitzen, die „Punkturspitzen", entstehen an mehreren Stellen feine Punkturlöcher im Papier, damit man seine Lage genau wieder von neuem herstellen kann. Nun werden einige ganz dünne Bogen ebenso bedruckt und diese an den Stellen, wo der Druck zu schwach geworden ist, ausgeschnitten. Diese Ausschnitte werden an der genau entsprechenden Stelle auf das Postpapier geklebt, während dieses selbst an denjenigen Stellen, wo der Druck zu stark geworden ist, ausgeschnitten wird. Der so „zugerichtete" Bogen wird unter die Typen gelegt, wodurch dann diese Unterschiede beseitigt werden. Nach einigen blinden Drucken, ohne Farbe, die gemacht werden, damit das Zurichtepapier sich setze wie man sagt, wird nun ein Bogen auf die Form gelegt, bedruckt, abgenommen, ein neuer aufgelegt und so fort. Da der Bogen auf beiden Seiten bedruckt werden muß, verfährt man entweder so, daß man erst hintereinander die erste Seite, den sogenannten Schöndruck druckt, dann mit derselben Presse von einer anderen Form die andere Seite, den Wiederdruck, oder man druckt mit zwei Pressen gleichzeitig auf der einen den Schön-, auf der andern den Wiederdruck. Ist das Papier bedruckt, so muß es noch satiniert werden, damit es die beim Befeuchten meist verloren gegangene Glätte wiedererhalte, und damit die Buchstaben nicht hervorstehen. Es kommt der Druckbogen zu diesem Zweck in einen sogenannten Doppelkalander, einen ähnlichen Apparat, wie solcher in dem Artikel „Erfindung des Papiers" ausführlich beschrieben ist. Das Papier geht dabei durch je ein Paar eng aneinander schließender Walzen von hartem Stahl und von fester, aber doch elastischer Papiermasse hindurch.

Ist nun auch das Prinzip der „Presse", das Gutenberg zum Druck anwandte, bis heute fast dasselbe geblieben, so sind doch in der Form, Brauchbarkeit und Leistungsfähigkeit der Druckpresse gewaltige Veränderungen und Fortschritte in den letzten hundert Jahren eingetreten. An die Stelle der alten, einfachen hölzernen Tiegeldruckpresse, mit der Jahrhunderte hindurch die Druckwerke und zwar oft in vorzüglicher Ausführung hergestellt waren, trat Ende des vorigen Jahrhunderts die eiserne Presse, die in recht vollkommener Form zuerst von Lord Stanhope im Jahre 1800 verfertigt wurde. Fig. 513 stellt eine sehr beliebte Art eiserner Handpresse, die „Hagarpresse", dar. Die beiden in der Figur sich kreuzenden Pfeiler über der Druckplatte ruhen mit runden Köpfen oben und unten in Vertiefungen. Die oberen Vertiefungen sind fest angebracht, während die unteren sich in einer Platte befinden, die mit einem Handgriff, einem Preßbengel, gedreht werden kann. Die Pfeiler nehmen beim Drehen eine immer geradere Stellung zu einander ein, werden dadurch gewissermaßen länger und drücken daher den Tiegel auf die Druckform herunter. Durch starke Federn werden die Pfeiler nach dem Druck wieder in ihre alte Lage zurückgeführt.

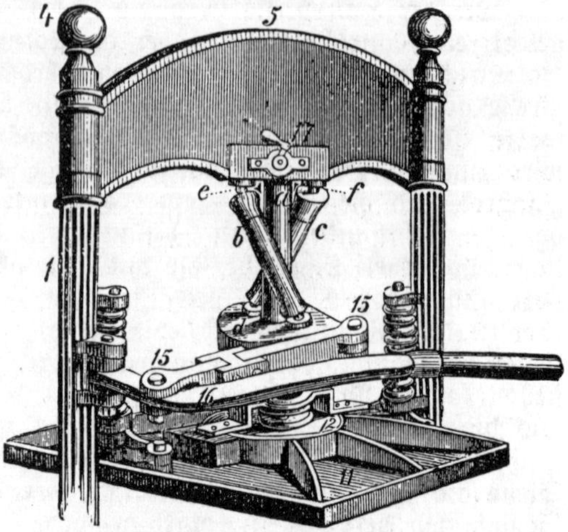

Fig. 513. Hagarpresse.

Der nächste große Fortschritt bestand dann in der Erfindung der ersten Schnellpresse durch Friedrich König aus Eisleben, (geboren am 17. April 1774). Der erste Druck mit dieser nur durch Dampfkraft betriebenen, an Leistungsfähigkeit die Handpressen ungeheuer übertreffenden Maschine war die Nummer der Londoner „Times" vom 29. November 1814. Der Hauptunterschied zwischen der Schnellpresse und der Handpresse besteht aber in dem selbstthätigen Auftragen der Druckerschwärze auf die Form; ohne dieses wäre eine mit Dampf, statt mit Menschenhand betriebene Presse nur ein halbes Werk. Zunächst waren die Maschinen im großen und ganzen so eingerichtet, daß die Farbe aus einem oberen Behälter auf eine stählerne Walze überging, welche sie an eine sich periodisch hebende und senkende Walze aus Masse abgiebt. Diese verreibt beim Heruntergehen die Schwärze auf einer folgenden ähnlichen Walze, von der sie über eine größere Walze wieder auf eine solche aus Stahl gelangt. Von dieser erst gelangt die Farbe auf die Auftragwalzen selbst, die sie an die Druckform abgeben, wenn diese auf einem Schlittenwerk unter sie gleitet. Nun geht die Druckform wieder vor, ein von Menschenhand auf ein schräges Gestell gelegter Bogen Papier gleitet, von fingerartigen Greifern erfaßt, gleichzeitig auf sie herab und wird, während die Form weiter nach vorn gezogen wird, zwischen dieser und der sich an dieselbe fest anlegenden Druckwalze bedruckt. Während die Druckform wieder zur Farbwalze zurückkehrt, wird der bedruckte Bogen von Laufbändern auf den Ausleger, d. i. eine um ein Scharnier bewegliche Platte oder Reihe von Stäben, weiter geführt. Sobald der Bogen auf dem Ausleger liegt, klappt dieser um und legt das einseitig bedruckte Papier in einen Behälter, um dann wieder zurückzugehen. Alle Teile der Maschine fügen sich so organisch ineinander, daß selten eine Störung im Betriebe eintritt. Es giebt auch solche Maschinen, bei denen das Drucken selbst, wie bei der Handpresse, durch eine Platte, nicht durch einen Cylinder bewirkt wird. Wir können aber hier auf die zahllosen Verbesserungen und Neuerungen, die an den Schnellpressen gemacht sind, nicht eingehen und müssen uns auf die Erwähnung der wichtigsten neueren Fortschritte beschränken.

Der Amerikaner Bullock war der erste, der eine praktisch brauchbare Rotationspresse oder Endlose konstruierte, die von dem Verleger der Times Walter eingeführt, den Namen Walterpresse erhielt. Das wesentliche bei dieser Maschine ist, daß ein mächtiger Ballen Papier ohne Ende selbstthätig sich in sie hinein abrollt und auch unzerschnitten bedruckt wird. Das letztere konnte Bullock nur dadurch erreichen, daß er die Schrift auf einer cylindrischen Fläche, auf einer Walze anordnete, wozu die Möglichkeit, wie wir oben sahen, erst durch die Erfindung der Papierstereotypie gegeben war. Auch erfolgt bei diesen neueren Maschinen der Schön- und Wiederdruck gleichzeitig in derselben Presse. Erst nach dem Druck wird das Papier auf mechanischem Wege zerschnitten und bei neueren Maschinen auch gleich doppelt gefalzt, d. h. doppelt zusammengelegt, sodaß eine Zeitung dann also fix und fertig zu ihrem halben Format zusammengelegt, aus einer solchen „Endlosen“ herauskommt. In allerneuester Zeit hat man sogar Maschinen konstruiert, die die Zeitungen noch einmal, also völlig so zusammenfalten, wie sie meist in den Verkehr kommen.

Fig. 514 zeigt uns einen Längendurchschnitt der Walterpresse. Rechts ist die endlose Papierrolle, die oft eine oder mehrere Meilen Papier

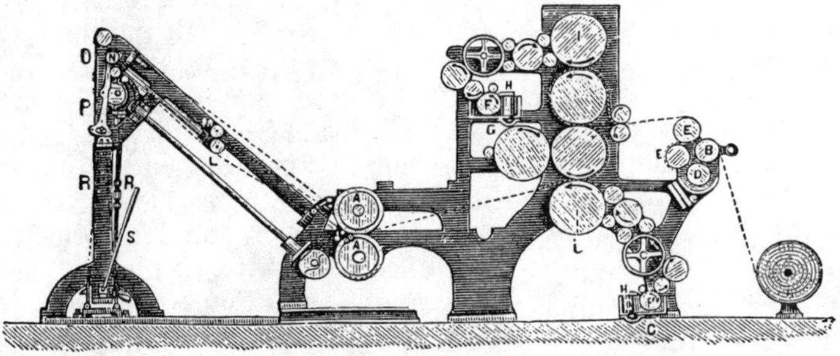

Fig. 514. Walterpresse.

enthält. Das Papier wird durch die Bewegung der Walzen, wenn es erst einmal zwischen die beiden ersten eingelegt ist, immer weiter fortgeführt. Von der Walze B wird es befeuchtet, da B von der in einem Wasserbehälter rotierenden Walze D benetzt wird. Das Papier geht nun durch die Cylinder EE, die durch den Druck, den sie ausüben, die Feuchtigkeit gleichmäßig verteilen, weiter zu dem oberen großen Druckcylinder. Dieser, der in einem Teile seines Umfangs die Schrift für den Schöndruck trägt, wie der untere Cylinder die für den Wiederdruck, ist vorher durch die Walze I eingeschwärzt. Auf diese wird, wie man sieht, die Druckerschwärze durch ein System von Walzen übertragen, das seinen Abschluß in der Walze F findet; diese rotiert in dem Farbentrog G und wird durch das Messer H von der überflüssigen Farbe befreit. Ist der Schöndruck fertig, so gelangt das Papier so auf die untere Walze, daß die andere Seite bedruckt wird. Dann kommt es weiter zwischen die Walzen A, wo es perforiert wird. Ein gezähntes Messer auf der unteren Walze greift in dem Moment, wo ein bedruckter Bogen vorbeigegangen ist, in einen Einschnitt der oberen Walze A ein und durchlocht so das Papier, das dann beim Durchgang durch die Walzen L und M durch einen Ruck vollends in einzelne Bogen zertrennt wird. Über die Rolle N gelangt nun der fertige Bogen auf den Rahmen OP, der hin- und herschwingt und dabei je einen Bogen an die innere oder äußere Reihe Bänder R abgiebt, von denen sie durch den Ausleger S nach hinten und nach vorn ausgelegt werden.

Zur Falzung der Bogen dient neuerdings eine dreieckige Platte mit abgerundeten Rändern. Der Bogen gleitet von der oberen Dreieckseite bis zur Spitze herab, wobei die auf beiden Seiten sonst mehr und mehr freischwebenden Teile desselben mechanisch an nach innen schräg sich begegnende Seitenwände gedrückt werden. Die Dreiecksspitze macht dann den notwendigen Kniff in der Mitte des Bogens und dieser, einmal zusammengelegt, wandert nun zu einem ähnlichen Apparate weiter.

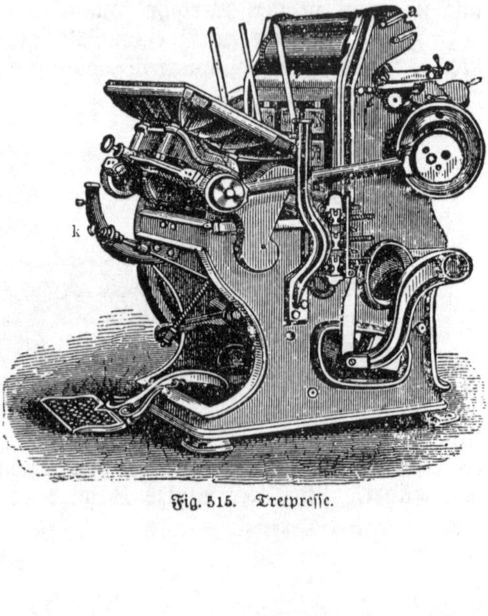

Fig. 515. Tretpresse.

Wir wollen uns darauf beschränken, nach der Erörterung der riesigen Rotationsmaschinen, die oft 10000 Exemplare einer großen Zeitung in einer Stunde doppelt gefalzt liefern, gewisse Miniaturmaschinen, die in neuerer Zeit für bestimmte Zwecke sehr in Aufnahme kommen, nur kurz zu erwähnen. Zum schnellen Drucken von Visiten-, Einladungskarten und ähnlichem war es nötig, eine bequeme, handliche, schnell arbeitende Maschine zu erfinden, wie sie in einer besonders in Deutschland sehr eingebürgerten Form Fig. 515 wiedergiebt. Das Fundament, auf dem die Schrift ruht und die Druckplatte oder der Tiegel stehen hier schräg zu einander, wie die Deckel eines aufgeschlagenen Buches. Beim Treten kommen sie beide zusammen und der Druck erfolgt.

Zum Schlusse wollen wir noch bemerken, daß es in neuerer Zeit auch gelungen ist, Rotationsmaschinen zu erfinden, die gleichzeitig mit mehreren Farben drucken, doch wird davon noch später die Rede sein.

c) Die Schreibmaschinen.

Eine Vereinigung von Schrift und Druck sehen wir in der Erfindung und Anwendung der Schreibmaschinen vor uns. Zunächst hatten sie ihre Entstehung der Absicht zu verdanken, den Blinden das Schreiben möglichst bequem zu machen; in den letzten Jahrzehnten hat sich aber bei der so ungeheuer anwachsenden Schreibthätigkeit der Menschheit immer mehr das Bedürfnis herausgestellt, Schreibmaschinen zu erfinden, die im geschäftlichen Verkehr Anwendung finden können. Die Bedingungen, denen sie genügen müssen, sind: 1. natürlich absolut sicheres Funktionieren des Werkes, 2. größere Schnelligkeit, als beim gewöhnlichen Schreiben zu erreichen ist, 3. leichte Erlernbarkeit ihres Gebrauchs und 4. Lieferung einer gut lesbaren, gleichmäßigen und angenehmen Schrift.

Die erste Schreibmaschine rührt von dem Franzosen Foucault aus dem Jahre 1855 her. Größere Verbreitung verschafften sich erst später die Malling-Hansensche Schreibkugel, der Sholessche Typenschreiber, die Remington-Maschine, die Original-Hammonia- und die Westphalia-Schreibmaschine. Bei den drei ersten Maschinen ist das Prinzip im allgemeinen das, daß die Typen sich am Ende von Stäben befinden, die hebelartig mit dem Tastwerk, der Klaviatur, verbunden, alle kreisförmig angeordnet sind, so daß sie, durch Druck auf die Tasten in Bewegung gesetzt, mit ihrem Ende, das die Type trägt, sich genau in den Mittelpunkt des Kreises vorschieben. Die Typen nehmen dann erst von einem in Farbe getränkten Bande Farbe auf und drucken sich dann auf dem Papier ab, das, sobald ein Buchstabe oder Zeichen geschrieben oder vielmehr gedruckt ist, um ein entsprechendes Spatium mechanisch weiter geschoben wird. Die Typenschreibmaschine „Original Hammonia“ von Guhl & Harbeck in Hamburg und die Buchdruck-Schreibmaschine „Westphalia“ von E. W. Brackelsberg in Hagen sind dadurch wesentlich einfacher, als die ersteren, daß die Typen direkt, ohne Farbe aufzunehmen, auf das Papier herabgedrückt werden, die notwendige Färbung der Schrift aber dadurch erreicht wird, daß über das zu beschreibende Papier ein bei gehörigem Druck abfärbender, blau oder schwarz gefärbter Bogen gelegt wird, auf den die Typen herunterfallen und so die Schrifteindrücke hervorrufen. In dieser Weise lassen sich, wenn mehrere Schichten Kopier- und Schreibpapier abwechselnd übereinander gelegt sind, gleichzeitig mehrere Exemplare eines Schriftstücks herstellen.

Interessant ist eine Schreibmaschine, die nicht wie die bisher erwähnten das gewöhnliche Schreiben, also z. B. auch das Übertragen von Stenogrammen in gewöhnliche Schrift erleichtern, sondern das Stenographieren selbst ersetzen soll. Wir meinen nicht die Stenographiermaschine von Michela, die mit einer Klaviatur-Schreibmaschine völlig identisch ist, nur daß ihre ganze Einrichtung einem stenographischen Schriftsystem angepaßt ist, auch nicht die von Isidor Mappi, die sogar gleich die Worte in Zeichen gewöhnlicher Schrift wiedergiebt, sondern den sinnreich erdachten Glossographen, den der Italiener Amadeo Gentilli im Jahre 1881 praktisch brauchbar herstellte. Dieser Apparat besteht aus einem System von Hebeln und Flügelchen, die durch die menschliche Sprache selbst, wenn man den einen Teil des Mechanismus in den Mund nimmt, in Bewegung gesetzt werden. Jeder gesprochene Laut übt eine verschiedenartige Einwirkung auf diese Teilchen aus, welche zum Ausdruck kommt, indem ihre Bewegung mechanisch und durch Elektrizität auf Schreibstifte übertragen wird, die auf einer von sechs neben einander laufenden Linien (Fig. 516) jeden Laut auf einem durch Uhrwerk langsam abrollenden Papierstreifen, zum deutlichen, bei einiger Übung leicht zu entziffernden Abdruck bringt. Es dürfte einem derartigen Apparate, der im Grunde auf dem Prinzip des Phonographen aufgebaut ist, wohl zweifellos eine große Zukunft bevorstehen, da seine Anwendung ja große Vorteile vor dem Stenographieren hat. Der Stenograph braucht nicht mehr zu schreiben und durch Gebrauch von Abkürzungen mit Aufwendung starker geistiger Kräfte einem schnellen Redner zu folgen, sondern er hat die bedeutend leichtere Aufgabe, die Worte des Redners leise in den Apparat nachzusprechen.

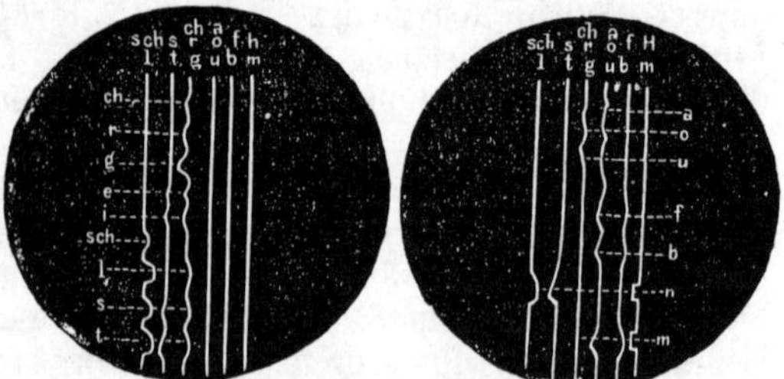

Fig. 516. Glossographische Zeichen.

Es sei noch erwähnt, daß es auch nicht an Versuchen gefehlt hat, das langwierige Notenschreiben durch einen mechanischen Apparat zu ersetzen. Man nennt einen solchen Mechanismus einen „Melograph“.

d) Der Holzschnitt, Kupferstich und Stahlstich.

1. Der Holzschnitt.

Der Holzschnitt im weitesten Sinne des Wortes ist bereits im grauen Altertum erfunden. Viele alte Holzschnitzereien, z. B. solche an den Särgen der alten Ägypter, sind ganz entsprechend einem wirklichen Holzschnitt der Jetztzeit, in der Weise hergestellt, daß die Oberfläche ebener Holzplatten durch Ausstechen einzelner Holzteile den Anblick einer bildlichen Darstellung gewährt. Würde man diese alten Arbeiten mit Druckerschwärze einreiben, so könnte man von ihnen in gleicher Weise wie von den heutigen Clichés Abdrücke nehmen. Die Erfindung des wahren Holzschnittes war aber erst in dem Augenblicke gemacht, als man mit vollem Bewußtsein dies Verfahren zum Zwecke der Vervielfältigung anwandte. Es geschah dies wohl unstreitig zuerst in China, wo man wahrscheinlich schon in dem sechsten Jahrhundert n. Chr. diese Kunst anwandte, um Bücher zu drucken. Hat sich doch bei den Chinesen, selbst als sie unsere Methode des Buchdrucks kennen lernten, vermöge der eigentümlichen Bildung ihrer Sprache, die eine außerordentlich große Anzahl von Typen zum Druck verlangt, bis zum heutigen Tage die Holzschneidekunst als hauptsächlichstes Vervielfältigungsmittel von Druckschriften erhalten.

Unabhängig von chinesischem Einfluß sehen wir die Anfänge der Holzschneidekunst im 12. oder 13. Jahrhundert sich in Deutschland entwickeln. Die Briefmaler oder Briefdrucker, welche Heiligenbilder und ähnliches, oft mit einigen erklärenden Zeilen versehen, zeichneten, dann mit Schablonen herstellten, kamen damals wohl durch Betrachtung der Erfolge der Stempelschneidekunst auf den Gedanken, ihre Figuren und Zeichen in Holz einzuritzen, den so erhaltenen vertieften Holzschnitt mit Leimfarbe mittels eines Reibers einzureiben und davon Abzüge zu machen, auf denen das Bild weiß auf schwarzem Grunde erschien. Bald ging man dann zur heutigen erhabenen Holzschnittmanier über, die das Bild dunkel auf weißem Grunde erscheinen läßt, indem man die Zwischenräume aussticht und die Bildteile stehen läßt. Das älteste Bild, das mit Sicherheit als Holzschnitt erkannt worden ist, stammt aus dem Jahre 1423 und stellt den heiligen Christoph dar. Mit der Erfindung der Buchdruckerkunst gewann erst der Holzschnitt die volle Bedeutung. Es fiel ihm die Aufgabe zu, die Vervielfältigung von Bildern in gleich vollkommener Weise zur Ausführung zu bringen, wie die Buchdruckerkunst die Vervielfältigung der Schrift besorgt, besonders aber die Werke der letzteren mit Illustrationen zu versehen. Es war für die weitere Entwicklung der Holzschneidekunst sehr günstig, daß sich ein Holzschnitt direkt mitten in einen Druckletternsatz hineinsetzen und mit jenem gleichzeitig abdrucken läßt, was bei Kupfer- und Stahlstich nicht der Fall ist.

Wenn auch am Ende des 15. Jahrhunderts die Holzschnitttechnik schon erhebliche Fortschritte machte, wenn man auch schon begann, die Schatten durch einfache Schattenstriche oder Kreuzlagen natürlicher und abwechslungsvoller zu gestalten, so fehlte doch noch den Figuren die Proportion, der Landschaft die Perspektive. Das goldene Zeitalter des Holzschnitts sollte erst im 16. Jahrhundert anbrechen, als vor allem der große Albrecht Dürer (geboren am 21. Mai 1471 zu Nürnberg, gestorben ebendaselbst am 6. April 1528) und Hans Holbein der Jüngere die bisherige Holzschneidetechnik zu einer wahren Holzschneidekunst umwandelten. Dürer erfand auch die Methode, zweifarbige, vielleicht auch die, dreifarbige Holzschnitte herzustellen, während zu Anfang des 16. Jahrhunderts von J. Dienecker noch die eigenartige Helldunkelmanier eingeführt wurde, bei der man zwei oder drei Holzstöcke von verschiedenartiger Färbung benutzt, durch deren Zusammenwirken beim Abdruck eine braun, grau oder rötlich getuschte, oft auch weiß erhöhte Zeichnung hervorgerufen werden kann.

In 17. Jahrhundert begann die schöne Kunst wieder mehr und mehr in Verfall zu geraten, teils infolge Mangels an großen Künstlern, die sie pflegten und förderten, teils infolge der gewaltigen Konkurrenz des Kupferstichs und wohl nicht zum mindesten infolge der Kunst und Wissenschaft so ungeheuer schädigenden Einwirkung des dreißigjährigen blutigen Krieges. Erst im vorigen Jahrhundert begann sich die Holzschneidekunst wieder langsam zu heben. Wurde doch das Bedürfnis nach Illustrationen immer größer, ohne daß diesem der Kupferstich vollauf genügen konnte, da dessen Anwendung zu kostspielig war. Auch erlaubt letzterer bei weitem nicht so oftmaligen Abdrück, auch nicht so schnellen Abdruck, wie der Holzschnitt. Am Anfang dieses Jahrhunderts fing eine neue Blütezeit des Holzschnitts an, als deren Vater der Engländer Thomas Bewick anzusehen ist. Thomas Bewick und seine Schüler suchten durch feinmalerische Behandlung des Holzschnitts, diesen an Zartheit den besten Erzeugnissen der Kupferstechkunst ebenbürtig zu machen, und führten dadurch den kolossalen Aufschwung der Holzschneidekunst herbei, den dieselbe bis in die Neuzeit genommen hat. Bewick verbesserte auch die Technik der Holzschneidekunst, zu der wir nunmehr übergehen wollen, indem er an Stelle des Messers den Grabstichel und an Stelle des Langholzes das Hirnholz einführte.

Für die Technik der Holzschneidekunst ist das wichtigste Erfordernis ein gutes festes Holz, das einerseits dem Messer oder Grabstichel genügenden Widerstand entgegensetzt, um ein feines Arbeiten zu ermöglichen, andererseits aber nicht so spröde ist, daß es leicht dem Springen, Platzen und Sichwerfen ausgesetzt ist. Am besten erfüllt diese Ansprüche das Holz des „Buchsbaumes“, während als Ersatzmittel die nordamerikanische „Fischfrehme“, das „Sandelholz“ und vor allem auch durch starken Druck komprimiertes und der Haltbarkeit wegen in besonderer Weise behandeltes „Birnbaumholz“ angesehen werden kann. In früheren Zeiten verwandte man nun Längsschnitte des Buchsbaumes, von oben nach unten ausgeschnitten, das „Langholz", während Thomas Bewick, wie erwähnt, die Anwendung von Hirnholz, d. h. den Querschnitt des Buchsbaumes einführte. Die Oberfläche des Hirnholzes bietet eine viel größere Widerstandskraft als die des Langholzes dar. Allerdings liefern die Buchsbäume nur solche Platten von höchstens 24 bis 30 cm Durchmesser, sodaß es bei größeren Schnitten nötig wird, mehrere Blöcke zusammenzuleimen.

Der Holzblock wird nun auf eine Unterlage gelegt, die nicht zu hart ist, vielmehr bei einer gewissen Festigkeit doch dem Hin- und Herschieben des Holzblocks keine Schwierigkeiten entgegensetzt. Es wird dies erfüllt durch das sogenannte „Sandkissen", ein konvexes, unten etwas abgeflachtes Kissen von 15 bis 18 cm Durchmesser, das mit feinem Sand gefüllt ist (Fig. 517). Die Figur zeigt auch die Art, in

Fig. 517. Sandkissen.

welcher die linke Hand dem Block hält, während die rechte den Stichel führt, der vor allem durch die Thätigkeit des Daumens dieser Hand seine Arbeit verrichtet. Der Grabstichel (siehe Fig. 518) besteht aus einem Heft oder dem Griff aus poliertem Holz und der Klinge aus hartem Stahl, deren einzelne Teile Spitze, Facette, Rücken und Bauch genannt werden. Ein Augenschirm aus Pappe oder grüner Seide von bekannter Form wird zur Schonung der Augen um den Kopf gelegt, da der Holzschneider nur bei sehr hellem Lichte arbeiten kann.

Fig. 518. Grabstichel.

Nicht viel jüngeren Datums, wie die europäische Holzschneidekunst, ist die Kupferstecherkunst.

2. Der Kupferstich.

Wer diese Kunst erfunden hat, ist ziemlich in Dunkel gehüllt. Viel Wahrscheinlichkeit hat die Annahme, daß der Florentiner Goldschmied Maso Finiguerra sie zuerst geübt hat. Sie entwickelte sich dann jedenfalls sehr schnell und zwar besonders in Deutschland, wo Albrecht Dürer auch diesem Zweige künstlerischen Vervielfältigungsverfahrens ein Förderer wurde und eine der wichtigsten Kupferstechmanieren, die Radier- oder Ätzmanier, erfand. Einen besonderen Aufschwung und besondere technische Vervollkommnung erfuhr sie aber in der Zeit des großen Malers Rubens (1577 bis 1640); gelang es doch den damaligen Meistern, was man bis dahin nicht gekonnt hatte, die Farbentöne auf dem Kupferstich durch die Art der Behandlung zum Ausdruck und zur Unterscheidung zu bringen. Eine Blütezeit des Kupferstichs brachte das vorige Jahrhundert. Aber auch in diesem Jahrhundert haben der Stahlstich und die vielen anderen Vervielfältigungsmethoden es immer nur vermocht, auf kurze Zeit den Kupferstich zurückzudrängen, der aus dem sich dann erhebenden Wettkampfe schließlich immer wieder als Sieger hervorging. Die Weichheit des Holzschnitts und die Feinheit des Stahlstichs vereinigt heute der Kupferstich in vollendetster Weise.

Das wesentliche, was den Kupferstich und ebenso den Stahlstich vom Holzschnitt unterscheidet, ist, daß bei letzterem die Figuren, die Schatten, kurz alles, was im Druck schwarz erscheinen soll, erhaben stehen bleibt, während bei Kupfer- und Stahlstich gerade diese Stellen vertieft, mit dem Stichel oder der Nadel ausgearbeitet werden und die weißen Stellen erhaben stehen bleiben.

Der Druck von Kupferstich und Stahlstich kann daher auch nicht in direkter Verbindung mit dem gewöhnlichen Druck vorgenommen werden, wie das beim Holzschnitt der Fall ist. Es werden vielmehr die vertieften Stellen mit Druckerschwärze angefüllt und dann wird diese glatt abgestrichen und von den hochstehenden Teilen des Stichs sauber abgewischt. Darauf wird das Druckpapier auf den Stich gelegt und mittels Presse ein Abdruck genommen. Zuweilen wird auch ein leichter Hauch von Druckerschwärze auf den Erhöhungen belassen, um eine sattere Tönung des Stiches zu erhalten. Leider ist der Kupferstich gegen den Abdruck nicht sehr widerstandsfähig, sodaß die späteren Abzüge an Schönheit sehr hinter den ersten, den sogenannten „avant la lettre“ zurückstehen. Der Stahlstich erlaubt, ungefähr 12 mal so viel Abzüge zu machen, wie der Kupferstich. Doch hat man in neuester Zeit in der Galvanoplastik (s. d. Abschnitt) ein Mittel gefunden, diesem Übelstande abzuhelfen. Noch ein anderes Verfahren, das der Verstählung der Kupferplatten auch auf galvanischem Wege ist in den letzten Jahren erfunden, das in noch einfacherer Weise den gleichen Zweck erreichen läßt.

Wenden wir nun noch einen kurzen Blick auf die verschiedenen Manieren der Kupferstecherkunst, so haben wir als wesentlichste 1) die Linienmanier, 2) die Punktiermanier, 3) die Radiermanier oder Ätzkunst, 4) die Schwarzkunst und 5) die Aquatinta- oder Tuschmanier zu erwähnen.

Die eigentliche Kupferstecherkunst ist die Linien- oder Grabstichelmanier. Die Kupferplatte muß vorerst, wie bei allen Methoden außer der Schwarzkunst, absolut glatt poliert werden, da jede Unebenheit der Platte sich im Druck hervorheben und die Wirkung des Stiches beeinträchtigen würde. Die Platte wird nun mit dem sogenannten „Grunde" überzogen, d. h. einer dünnen Schicht von weißem Wachs, Pech und Mastix. Auf diese wird, nachdem sie mit einem Wachsstock schwarz angeräuchert ist, die Zeichnung rot durchgepaust. Darauf ritzt der Stecher mit einer scharfen Radiernadel die Linien der Zeichnung durch den Grund hindurch ganz leicht in das Kupfer ein, wonach der Grund mit Terpentinöl fortgewaschen wird. Nunmehr beginnt das eigentliche Stechen mit dem Grabstichel in ähnlicher Weise, wie wir es beim Holzschnitt sahen. Die am Rande der Schnitte entstehenden Erhöhungen, die sogenannten Grate, werden mit einem Schabeisen fortgenommen. Die Punktiermanier unterscheidet sich von der vorigen nur dadurch, daß man die Konturen der Zeichnung, die Schatten und Töne nicht durch Linien, sondern durch Reihen von Punkten darstellt, die man mit Punzen oder mit fein gezackten stählernen Rädchen auf auf die Platte bringt. Doch wird bei dieser Manier die Zeichnung direkt auf die Kupferplatte übertragen.

Bei der Ätzkunst beginnt man in gleicher Weise, wie bei der Linienmanier, sticht aber mit der Radiernadel nach den Linien der Zeichnung den Grund nur eben durch, so daß das Kupfer zum Vorschein kommt. Dann wird die Platte mit einem Wachsrand umgeben und mit einer Mischung (ungefähr im Verhältnis von 1 zu 2) von Salpetersäure und Wasser, in dem etwas Kupfer aufgelöst ist, übergossen. Dieses Scheidewasser frißt das Kupfer an den Stellen, wo es freiliegt, aus und zwar desto tiefer, je länger es wirken kann. Man läßt es so lange stehen, daß die Wirkung, die man vorher ausprobiert hat, gerade hinreicht, die schwächsten Töne auf der Platte hervorzurufen. Dann werden diese Stellen von neuem mit Ätzgrund überzogen, sodaß beim Wiederaufgießen des Scheidewassers dieses nur auf die Stellen einwirken kann, die man noch weiter vertieft wünscht. In dieser Weise erreicht man die verschiedenen Grade der Tönung und kann im einzelnen eventuell noch nach Beendigung des Ätzens mit Grabstichel oder Radiernadel kleine Verbesserungen anbringen. Es ist allerdings zu betonen, daß das Ätzen keineswegs eine leichte Arbeit ist, da es große Schwierigkeiten hat, die Wirkung des Ätzwassers vorher genau zu ermitteln.

Die sogenannte Schwarzkunst ist in der ersten Hälfte des 17. Jahrhunderts von dem hessischen Oberstlieutenant L. v. Siegen erfunden und hat ihren Namen daher, weil man gewissermaßen die Zeichnung aus einem schwarzen Untergrunde herausarbeitet. Die Platte wird nämlich bei diesem Verfahren vor oder nach der Übertragung der Zeichnung ganz rauh gemacht, sodaß sie zunächst beim Abdruck ein völlig schwarzes Bild geben würde. Dann werden erst die lichten Stellen mehr oder weniger glatt geschabt, sodaß die Lichteffekte durch die größere oder geringere Rauheit der Plattenoberfläche erzeugt werden und eine einer Kreidezeichnung ähnliche Wirkung hervorbringen.

Schließlich war früher die Aquatintamanier mehrfach in Gebrauch, die wohl um die Mitte des 18. Jahrhunderts erfunden ist. Bei ihr wird zunächst verfahren, wie bei der Ätzmanier, aber die Umrisse der Zeichnung werden nur schwach geätzt. Die so präparierte Platte wird mit feinem Harzpulver gleichmäßig überstreut und dann erhitzt, sodaß die kleinen Körnchen in den Ätzvertiefungen haften bleiben und nur geringe Zwischenräume zwischen sich lassen. Darauf wird die Platte mehrmals in gleicher Weise, wie bei der Radiermanier, dem Ätzwasser ausgesetzt.

Die sonstigen Kupferstichmanieren beruhen immer im großen und ganzen auf einer Verbindung mehrerer der beschriebenen Manieren.

3. Der Stahlstich.

Seine technische Behandlung ist im Prinzip die gleiche wie die des Kupferstichs. Über seine Vorzüge ist schon oben die Rede gewesen. Wenn nun die Härte des Materials eine noch feinere Bearbeitung zuläßt, als sie sich beim Kupferstich erreichen läßt, so ist doch auch nicht zu verkennen, daß diese Härte des Materials nach manchen Richtungen hin die Bearbeitung sehr erschwert. Überhaupt darf die Stahlplatte nicht volle Stahlhärte haben, da sie sonst leicht unter dem Druck der Presse zerspringen würde, sie muß daher etwas „nachgelassen“ werden. Es geschieht dieses Erweichen, indem man dem Stahl seinen Kohlenstoffgehalt entzieht, wofür erst im Jahre 1820 von dem Engländer Heath ein Verfahren, das sogenannte „Dekarbonisieren“, erfunden wurde. Man kann also die Geschichte der Stahlstecherkunst eigentlich erst von diesem Zeitpunkte an rechnen. Am meisten geübt wird diese Kunst von den Engländern. Für das Ätzverfahren ist ein ziemlich starkes Dekarbonisieren des Stahles erforderlich, sodaß die fertige Platte für den Druck erst wieder gehärtet werden muß, was durch das auch von Heath erfundene sogenannte „Karbonisieren“ erreicht wird. Man kann übrigens auch von den so gehärteten Stahlplatten durch Pressen einen Abdruck in weichem Stahl anfertigen und von diesem Abdruck, nachdem er gehärtet ist, wieder in weichem Stahl eine Kopie des ursprünglichen Stiches.

e) Die Lithographie oder der Steindruck.

Einem Zufalle verdankt eine der wichtigsten Methoden der Vervielfältigung, die Lithographie, wie ja auch so manche andere Erfindung ihre Entdeckung. Aloys Senefelder, der Erfinder der Lithographie, war am 6. November 1771 in Prag geboren, verließ nach dem Tode seines Vaters im Jahre 1790 die Universität, wo er die Rechte studiert hatte, und ergriff den Schauspielerberuf, den er jedoch nach zwei Jahren wieder aufgab, um sich ganz der litterarischen Beschäftigung zu widmen. Wenn aber auch seine Erstlingsarbeiten gefielen, so war er doch bald nicht mehr in der Lage, seine Werke drucken zu lassen, weil ihm seine Kunst zu wenig Geld einbrachte. Er faßte daher den kühnen Gedanken, seine Werke selbst zu drucken, und übte sich darum zunächst im Radieren und Ätzen einer Kupferplatte. Da diese bald abgenutzt war, ging er zu billigerem Material über, nämlich zu dem Solnhofener Kalkstein. Einst schrieb er, in Ermangelung von Papier einen Wäschezettel direkt mit der sonst als Ätzgrund benutzten Flüssigkeit, die aus Wachs, Seife und Ruß bestand, auf den Stein. Als er die Schrift später wieder abwaschen wollte, kam er auf die Idee, einmal zu probieren, wie sie sich gegen eine Säure verhalten würde. Der Erfolg war erstaunlich, die Schrift blieb erhaben stehen, während der Stein an allen anderen Stellen von der Säure etwas angegriffen und daher vertieft wurde. Es lag nun nahe, die erhabenen Stellen mit Druckerschwärze einzureiben und einen Abzug von ihnen auf Papier zu machen. Im Jahre 1796 gab Senefelder den ersten lithographischen Notendruck, der mittels dieses Hochätzverfahrens hergestellt war, heraus.

Der erste Anfang zu Senefelders großer Erfindung, die auf der verschiedenartigen chemischen Verwandtschaft von Stoffen, besonders auf der Abstoßung von Fetten und Wasser beruht, war gemacht. Der Abdruck von seinen Steinen war aber sehr schwer, da von der eingeschwärzten Druckwalze leicht auch die tieferen Stellen des Steins geschwärzt wurden, weil die Höhendifferenz nur sehr gering war. Infolgedessen wurden viele Abzüge ganz schwarz, da die Presse das Papier auch noch mit den tiefer liegenden Teilen der Platte in Berührung brachte. Diese Schwierigkeit war es, die Senefelder zur Erfindung der wahren Lithographie führte. Er kam auf die Idee, ein besseres, reineres Drucken vielleicht dadurch zu ermöglichen, daß er die Schrift auf Papier ausführte und dann mechanisch unter Benutzung der chemischen Eigenschaften der angewandten Materialien auf den Stein übertrug. Er überzog nun das Papier vor dem Schreiben mit einer Mischung von Stärke und Gummi, um ein besseres Übertragen auf den Stein zu ermöglichen. Als er zufällig einmal ein solches Blatt in Wasser tauchte, auf dem einige Öltropfen schwammen, sah er, wie letztere an der Schrift festhafteten, am unbeschriebenen Papier dagegen nicht. In der richtigen Annahme, daß Druckerschwärze sich wohl ähnlich, wie das Öl verhalten würde, wurde Senefelder so zur vollen Entdeckung der Lithographie geführt, die weder Hochdruck, wie Buchdruck und Holzschnitt, noch Tiefdruck, wie Kupferstich und Stahlstich ist. Es war nicht mehr nötig, den Stein an den unbeschriebenen Stellen fortzuätzen, um diese gegen die Druckerschwärze und den Abdruck unempfindlich zu machen, sondern der chemische Gegensatz von Wasser und Druckerschwärze bewirkte bei geeigneter Behandlung des Steines, daß nur die geschriebenen oder gezeichneten Stellen der Platte zum Abdruck gelangten.

Senefelder selbst sollte erst nach langen sorgenvollen Kämpfen, während welcher andere bereits die Früchte seiner Erfindung ernteten, eine materiell gesicherte Existenz erhalten, aber vorher wie nachher war er bemüht, seine Erfindung zu verbessern und zu erweitern und nach allen möglichen Richtungen auszunutzen. Fast alle Anwendungen, die die Lithographie erfahren hat, hat bereits Senefelder erdacht und meist auch selbst zu einem hohen Grade der Vollkommenheit gebracht. Senefelder starb in München, wo ihm die bayrische Regierung eine feste Stellung gegeben hatte, am 26. Februar 1834.

Das heute übliche Verfahren ist nun etwa folgendes: Mit lithographischer Tinte oder Farbe wird, natürlich umgekehrt wie gewöhnliche Schrift, die Schrift oder Zeichnung auf den Stein aufgetragen. Die Tinte besteht aus einer Mischung von Seife und Fett, die, nachdem geschrieben oder gezeichnet ist, durch Säurebehandlung — das „Ätzen" — gegen Befeuchtung mit Wasser unempfindlich gemacht wird. Daß beim Ätzen die freien Plattenteile etwas vertieft werden, hat bei dieser vollkommenen Lithographie keine prinzipielle Bedeutung mehr. Man überzieht nun die Platte mit arabischem Gummi, das sich an allen unbeschriebenen Stellen festsetzt, befeuchtet darauf die Platte und kann sie dann mit Druckerfarbe einschwärzen, ohne daß von dieser an irgend einer nicht beschriebenen oder bezeichneten Stelle etwas haften bleibt, während bei einfacher Befeuchtung ohne Gummi während des Druckens leicht einzelne Stellen allmählich trocken gelegt und dadurch für die Druckerschwärze empfänglich werden.

Es giebt natürlich auch in der Lithographie eine ganze Reihe von Zeichenmanieren, die meist alle von Senefelder selbst herrühren und von denen wir nur einige, die Feder- oder Pinselmanier, die Kreidemanier und die Graviermanier erwähnen wollen. Die erste haben wir eigentlich schon eben beschrieben; die Kreidemanier besteht darin, daß man dem Stein durch Reiben mit feinem Sand ein zartes Korn giebt, auf dem man mit lithographischen, chemisch präparierten Stiften in ähnlicher Weise zeichnet oder schreibt, wie man Kreidezeichnungen anfertigt. Bei der Graviermanier wird der Stein mit einem Grund aus Gummi und Ruß überzogen, in diesen die Zeichnung so tief eingraviert, daß an den bezüglichen Stellen der Stein gerade freiliegt, darauf Leinöl über das ganze gegossen, das nur an den Stellen der Zeichnung den Stein gegen Wasser unempfindlich und infolge dessen gegen die Druckerschwärze empfindlich macht. Dann wird die Platte gereinigt, mit Wasser befeuchtet und eingeschwärzt, worauf man mit dem Druck beginnen kann.

Außerdem kann man auch den Überdruck anwenden, wie es schon Senefelder gethan hat, d. h. eine Zeichnung oder Schrift in Holzschnitt.

Kupferstich, Stahlstich oder auf Papier, wenn sie mit einem geeigneten chemischen Präparate behandelt wird oder mit geeigneter Tinte ausgeführt ist, auf den lithographischen Stein direkt übertragen. Wir kommen dabei schon auf das Gebiet der zahlreichen

f) neueren Vervielfältigungsverfahren,

die im Anschluß an die bereits besprochenen weittragenden und vielumfassenden Methoden: Buchdruck, Holzschnitt, Kupferstich, Stahlstich, Lithographie und der später ausführlicher zu behandelnden neuen Kunst, der Photographie, oft unter Benutzung der neuen Fortschritte und Erkenntnis der Wissenschaft auf chemischem und galvanischem Gebiete erfunden sind. Die eben erwähnte Manier des Überdrucks von Papier auf Stein, wodurch es jedem Menschen ermöglicht wird, eine große Zahl von Abzügen eines Schreibens in seiner eigenen Handschrift sich vervielfältigen zu lassen, gehört zu der Klasse derjenigen Vervielfältigungsarten, die man unter dem Namen

Autographie

zusammenfaßt. Es sind auch Verfahren erfunden, um Schrift, die mit besonders präparierter, autographischer Tinte hergestellt ist, auf Metallplatten aus Kupfer oder Zink so zu übertragen, daß man von diesen direkt Abdrücke nehmen kann (Metallographie). Hierbei sei erwähnt, daß das Zink an Stelle des Steins auch schon von Senefelder bei seinem Verfahren Anwendung gefunden hat. Die aus seinen Versuchen hervorgegangene Zinkographie ist in neuerer Zeit mehr und mehr vervollkommnet worden, so daß sie sich heute ein recht großes Gebiet für ihre Thätigkeit erobert hat und besonders dem Holzschnitt große Konkurrenz macht. Ihre Technik ist im Prinzip die gleiche, wie die der Lithographie, weshalb wir nicht näher auf sie eingehen. Die größte Verbreitung von den autographischen Methoden hat die

Hektographie

erlangt. Dabei schreibt man mit einer Tinte, die es erlaubt, nachdem sie auf in besonderer Weise bereitete Masse abgedrückt ist eine größere Anzahl Abdrücke zu nehmen. Diese Tinte wird aus konzentrierter Anilinfarbe bereitet, während die Masse, auf die das Schreiben abgedrückt wird, aus reiner Gelatine oder aus einer Mischung von Glycerin, Wasser, Leim, Barytweiß, Zucker und Karbolsäure besteht. Neuerdings hat man den Hektographen so sehr verbessert, daß man von der Gelatinemasse mittels Druckes Abzüge machen kann. Schließlich beruhen eine Reihe autographischer Verfahren, wie die Papyrographie von Zuccato, desselben Trypographie, die Horographie und ähnliche darauf, das Originalpapier im ganzen für die Druckfarbe durch chemische Behandlung undurchlässi zu machen und nur an den Stellen der Schrift durch eine feine Durchlöcherung der Züge in der einen oder anderen, meist sehr sinnreichen, gleichzeitig mit dem Schreiben erfolgenden Weise, einem Durchdringen der Druckfarbe zugänglich zu machen, sodaß man in augenfälliger Weise auf untergelegtem Papier einen Abdruck vom Original erhalten kann.

Ein ganz besonderes Gebiet, das durch die Lithographie den größten Aufschwung erhalten hat, bildet der

Farbendruck.

Die Chromolithographie ist zu einem ganz unentbehrlichen Hülfsmittel der Befriedigung künstlerischen Verlangens und geschäftlicher Praxis geworden. Diese Künste beschäftigen sich sowohl mit der Herstellung von Öldrucken, die kaum von Ölgemälden zu unterscheiden sind, wie mit der Herstellung von bunten Gratulationskarten, Geschäftsanpreisungen und ähnlichen Sachen, die mehr oder weniger künstlerischen Sinn und geschmackvolle Ausführung zeigen. Die Technik des Farbendrucks im allgemeinen ist außerordentlich schwierig. Die ganze Manipulation zerfällt in drei Hauptteile: 1. die Zerlegung des farbigen Bildes in eine Reihe von Bildern, von denen jedes einzelne nur einen Farbenton enthält, die aber in diesen Tönen übereinandergedruckt die gewünschte mehrfarbige Kopie geben; 2. die Herstellung guter, festhaftender und leicht abdruckbarer Farben und 3. den Druck selbst. Der erste Teil läßt sich direkt als eine Kunst bezeichnen, denn nur durch eine richtige Abtönung der Einzelbilder in ihren besonderen Farben läßt sich eine gute Wirkung des Gesamtbildes erreichen. Sehr schwierig ist aber auch die Herstellung brauchbarer Farben. Meistens müssen dieselben zunächst ganz besonders präpariert werden, damit es möglich wird, sie genügend fein zu verreiben. Letzteres geschieht mit Maschinen, von denen die Fig. 519 und 520 eine klare Anschauung geben. Der Druck selbst erfolgt in der Weise, daß eine Farbe über die andere gedruckt wird, wobei es natürlich hauptsächlich darauf ankommt, daß die verschiedenen Platten sich an genau derselben Stelle des Druckblatts abdrucken, da sonst eine Verzerrung und Verwischung des Bildes eintreten würde. Der Farbendruck wird mittels gewöhnlicher Druckplatten,

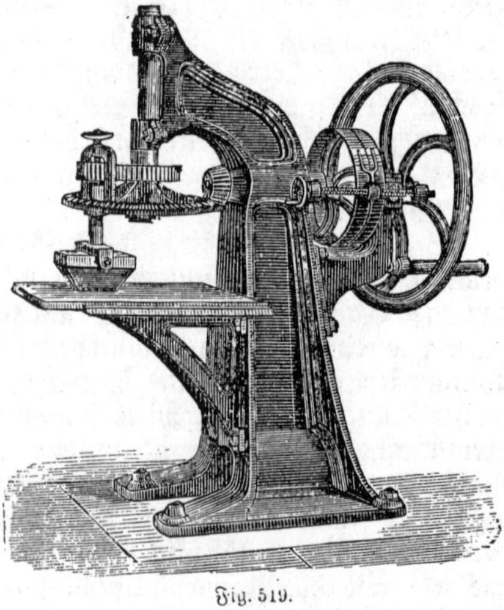

Fig. 519.
Farbreibmaschine mit Reiber.

Fig. 520. Farbreibmaschine mit zwei Reibern.

mittels Holzschnitts oder mittels Lithographie hergestellt. Die sogenannten Öl- und Aquarelldrucke werden meist auf lithographischem Wege hergestellt.

Keine bedeutenden Erfolge haben bisher aufzuweisen die verschiedenen Methoden der

Chemitypie.

Diese Kunst ist in der ersten Hälfte dieses Jahrhunderts von dem Dänen Piil erfunden in der Hoffnung, dadurch einen billigen Ersatz für den Holzschnitt zu gewinnen. Das Prinzip ist das folgende: Eine Zinkplatte wird zunächst genau so behandelt, wie die Kupferplatte bei der Radiermanier (s. Kupferstich S. 999), sie wird mit dem Ätzgrund überzogen, darauf die Zeichnung durch den Ätzgrund hindurch mit der Radiernadel leicht in sie eingeritzt und mit der Ätzflüssigkeit mehr oder weniger an den verschiedenen Stellen, wie oben beschrieben, vertieft. Die so hergestellte vertiefte Zinkplatte wird vom Ätzgrund befreit und dann mit dem „chemischen Metall", einer Mischung aus Wismut, Zinn und Blei, die von Ätzflüssigkeit nicht angegriffen wird, übergossen, das natürlich in die Vertiefungen hineinfließt. Das chemische Metall wird nun mit dem Schaber von der ganzen Platte so weit fortgeschabt, daß es nur in den Vertiefungen stehen bleibt. Nunmehr wird wieder eine Ätzflüssigkeit auf die Platte gegossen, die jetzt alle Teile vertieft, die vorher erhaben stehen geblieben waren. Es bleibt dann das chemische Metall erhaben an den Stellen der Zeichnung stehen, sodaß man von der so gewonnenen hochgeätzten Platte Abzüge machen kann. Dem ganz sinnreichen Verfahren fehlt es indessen bisher an der feineren Vervollkommnung, ohne die es mit den neuen Vervielfältigungsmethoden und mit den edlen Vervielfältigungskünsten, wie Holzschnitt, Kupferstich und Stahlstich nicht konkurrieren kann.

Zum Schluß wollen wir noch eines bedeutenden Zweiges der vervielfältigenden Künste, der

Heliographie

Erwähnung thun. Unter diesem Namen kann man sämtliche Verfahren, die auf der Photographie basieren, wie Lichtdruck (Alberttypie), Woodburytypie, Phototypie, Photolithographie, Photogravüre, Dallastypie 2c. zusammenfassen. Es wird aber zweckmäßiger sein, wenn wir diese Künste erst besprechen, wenn wir näheres über die Erfindung und Entwicklung der Photographie erzählt haben. Nicht übergehen wollen wir aber den

Naturselbstdruck,

ein originelles Verfahren, flache körperliche Gegenstände, wie Blätter, Spitzen, Ornamentumrisse und ähnliches zu vervielfältigen, das in neuester Zeit von dem Faktor Worring und dem Direktor der k. k. Hof- und Staatsdruckerei in Wien, A. Auer, erfunden ist. Es beruht auf der Wahrnehmung, daß Gegenstände von der erwähnten Art, wenn sie, zwischen einer Kupfer- und einer Bleiplatte liegend, einem starken Druck ausgesetzt werden, einen außerordentlich feinen Eindruck mit allen Details auf der Bleiplatte hervorrufen. Wird die Bleiplatte, die selbst zu weich ist, um von ihr Abdrücke zu nehmen, auf galvanischem Wege verkupfert (s. S. 142), so kann man von der so gewonnenen Platte beliebig viele Abzüge nehmen, die an Feinheit außerordentliches leisten.

g) Die Photographie.

1. Die Erfindung der Photographie.

In schwungvollen Versen hat in jüngster Zeit der Gelehrte und Dichter auf dem Stuhle des heiligen Petrus, Papst Leo XIII, die Erfindung der Photographie besungen. Es ist dies recht charakteristisch für den ungeheuren Fortschritt, der sich im geistigen Leben, in der Auffassung und Anschauung aller Kulturvölker seit dem Mittelalter vollzogen hat. Wurde doch noch im Atrium der Neuzeit, im Anfang des 17. Jahrhunderts, der große Galilei ob seiner Entdeckung des Fernrohres und der Ergebnisse, die er mit diesem mächtigen Forschungsmittel erlangte, von dem damaligen Papst Urban VIII ins Gefängnis geworfen und jahrelang vom Haß der Kirche verfolgt. Wie wäre es erst einem Manne ergangen, den das Unglück betroffen hätte, in den dunkeln, traurigen Zeiten des Mittelalters die wunderbare Kunst des Photographierens zu erfinden. Sicherlich wäre er als Hexenmeister verbrannt worden.

Indessen ist die Erfindung der Photographie (Lichtzeichnung) nicht, wie so manche andere Erfindung, durch einen einzelnen glücklichen Zufall oder einen glücklichen Einfall eines geistreichen Mannes erfolgt, vielmehr hat sie eine lange Geschichte und bildet eine Kette von gedankenreichen Entdeckungen und Erfindungen. Sie beruht in erster Linie auf der chemischen Wirkung des Lichtes auf eine große Reihe von Substanzen, auf der Wirkung des Lichtes, die Farbe dieser Substanzen zu verändern, indem es die Bildung neuer oder die Trennung bestehender chemischer Verbindungen fördert. Die Erkenntnis von einem solchen, die Farben gewisser Körper verändernden Einfluß des Sonnenlichtes insbesondere ist uralt. Gehört doch zu dieser Gruppe von Naturerscheinungen, die man unter dem Namen Photochemie zusammenfaßt, die schon den ältesten Völkern bekannte Thatsache, daß manche Stoffe, wenn sie dem Sonnenlicht ausgesetzt werden, allmählich ausbleichen. Auch die Erkenntnis, daß das Grün der Blätter und Pflanzen eine Folge der Sonnenstrahlung ist, gehört in dieses Gebiet; diese Erkenntnis finden wir aber schon in den Werken des Griechen Aristoteles ausgesprochen. In den letzten Jahrhunderten v. Chr. Geburt wurde man auch bereits darauf aufmerksam, daß manche Farben, besonders Zinnoberrot, unter der Wirkung der Lichtstrahlen von Sonne und Mond Farbenänderungen, das Zinnoberrot z. B. Schwärzung erleiden.

Erst im Mittelalter sehen wir dann eine weitere Entwickelung der Forschung und Erkenntnis auf dem Gebiete der Photochemie. Besondere Gelegenheit zu derartigen Entdeckungen hatten die Alchimisten bei ihren Versuchen, deren Ziele ja allerdings meist weit ab vom Wege der Wissenschaft im Zauberland von Phantasie und Mystik lagen. Sicher war schon im 16. Jahrhundert die schwärzende Wirkung der Sonne auf Silbersalze bekannt, doch gelangte man noch nicht zur vollen Einsicht, daß das Licht die Ursache des Vorgangs sei, machte sich vielmehr unklare Vorstellungen von einer dahingehenden Wirkung der Luft. Der Engländer Ray war der erste, der im Jahre 1686 bestimmt darauf hinwies, daß z. B. das Grün der Blätter eine Folge der Sonnenstrahlung, nicht des Lufteinflusses sei.

Der Entdecker der Lichtempfindlichkeit der Silbersalze aber war der deutsche Arzt J. H. Schulze (1687—1744), der bei einem chemischen Versuch im Jahre 1727 bemerkte, daß sich eine Lösung von Scheidewasser, Silber und Kreide an den Stellen, die von der Sonne belichtet waren, violettschwarz färbte, während die von der Sonne abgewandten Teile weiß blieben. Schulze untersuchte die Erscheinung näher und stellte vor allem fest, daß es nicht eine Wärme-, sondern eine Lichtwirkung sei, indem er seine Lösung in die Nähe eines heißen Ofens brachte, ohne eine Veränderung derselben erzielen zu können. Bald fand er auch, daß eine reine, nicht kreidehaltige, salpetersaure Silberlösung sich unter der Einwirkung des Lichtes schwarz färbte. Schulze ging aber weiter, schnitt Schablonen von Schriftzügen aus, klebte dieselben auf eine mit Silbersalz gefüllte Flasche und setzte diese der Sonne aus. Wurde dann im Dunkeln die Schablone abgenommen, so sah man die Buchstaben sich weiß auf dunklem Grunde abheben, da nur in den Zwischenräumen das Silbersalz durch die Sonne dunkel gefärbt war. Diese ersten Lichtbilder chemischer Natur waren aber schnell vergänglich, da jede Bewegung der Flüssigkeit, sowie jede weitere Belichtung dieselben wieder zerstörten. Trotzdem muß man J. H. Schulze als ersten in der Reihe der Männer nennen, die die Photographie erfunden haben.

Es folgten dann im weiteren Verlaufe des vorigen Jahrhunderts eine ganze Reihe Entdeckungen lichtempfindlicher Substanzen, so des Chlorsilbers durch Baptist Beccarius in Turin im Jahre 1757, der ganz ähnliche Versuche wie Schulze anstellte, und anderer. Erwähnenswert ist, daß der berühmte schwedische Chemiker Scheele (1742—1786) im Jahre 1777 zuerst ein Fixiermittel erfand. Er bemerkte nämlich, daß das im Lichte geschwärzte und das unverändert gebliebene Chlorsilber sich verschiedenartig gegen Ammoniak verhalten, wodurch die Möglichkeit der dauernden Festhaltung von Bildern, die auf Chlorsilberpapier hergestellt waren, eigentlich schon gegeben war. Leider blieb seine Entdeckung lange Zeit unbeachtet, so daß Wedgwood, als er 25 Jahre später die Schulzesche Entdeckung in verbesserter Form zur Ausführung brachte, an der endgültigen Entdeckung der Photographie gerade darum scheiterte, weil er kein Fixiermittel finden konnte, nach dessen Anwendung er seine Bilder ohne Gefahr wieder dem Lichte hätte aussetzen dürfen.

Von größter Bedeutung für die Entwicklung der Photochemie waren die Versuche des Genfer Gelehrten Senebier, die derselbe im Jahre 1782 veröffentlichte und die zur Entdeckung einer ganzen Reihe lichtempfindlicher Substanzen geführt hatten. Besonders wichtig aber war es, daß er zuerst die verschiedene Wirksamkeit der verschiedenen Farben auf lichtempfindliche Substanzen bemerkte, und dadurch der Vorläufer des Entdeckers der Photographie in natürlichen Farben, des Physikers Dr. Seebeck wurde, der in einem Anhang zu Göthes Farbenlehre im Jahre 1810 Experimente veröffentlichte, aus denen sich ergab, daß grau angelaufenes Chlorsilber, sogenanntes Silbersubchlorid fähig sei, bei Belichtung mit verschiedenen Farben diese Farben wiederzugeben. Seebeck entdeckte auch die chemische Wirksamkeit der sogenannten infraroten Wärmestrahlen, d. h. der Strahlen, die bei spektraler Zerlegung des Lichtes dem Auge unsichtbar bleiben, aber neben den roten Teil des Spektrums fallend, wie Wollaston im Jahre 1802 bekannt gemacht hatte, dort Wärmewirkungen hervorbringen. Kurz zuvor, im Jahre 1801, hatte der Physiker Ritter entdeckt, daß jenseits des violetten Endes des Spektrums noch Strahlen fielen, die zwar dem Auge unsichtbar, aber starke chemische Wirkungen hervorzurufen imstande wären. Man hat diese ultravioletten Strahlen als chemische Strahlen bezeichnet.

Inzwischen hatte, wie schon oben erwähnt, Wedgwood die Versuche von Schulze in veränderter Weise wieder aufgenommen, indem er Glasgemälde auf Papier oder Leder, das mit einer Silbernitratlösung überstrichen war, durch den Einfluß des Lichtes kopierte. Doch gelang es ihm und seinem Mitarbeiter Davy nicht, die Bilder zu fixieren, so daß man dieselben im Dunkeln aufbewahren mußte. Ein gutes Fixiermittel für Chlorsilber, nämlich unterschwefligsaures Natron entdeckte erst Sir John Herschel im Jahre 1819, ohne daß es aber zunächst Beachtung fand. Ein wirklicher Fortschritt war es aber, daß Wedgwood auf die Idee kam, die Bilder der Camera obscura zu photographieren, wenn dieser Versuch auch mißlang, weil die Lichteindrücke in diesem Falle zu schwach, d. h. seine lichtempfindlichen Substanzen zu wenig empfindlich waren. Doch war damit immerhin die Anregung gegeben, die Camera obscura zu photographischen Versuchen zu verwenden. Die Wirkungsweise der letzteren ist aus Fig. 521 ersichtlich. Im Jahre 1589 machte Porto in einer neuen Ausgabe seines Werkes auf die Vorteile einer Camera mit Linse oder Hohlspiegel aufmerksam. An die Stelle des Spaltes trat also eine Sammellinse aus Glas, das Objektiv unserer heutigen photographischen Cameras, durch die das Bild in bestimmten, von den Krümmungsverhältnissen der Linie abhängigen Dimensionen auf die Wand geworfen wurde.

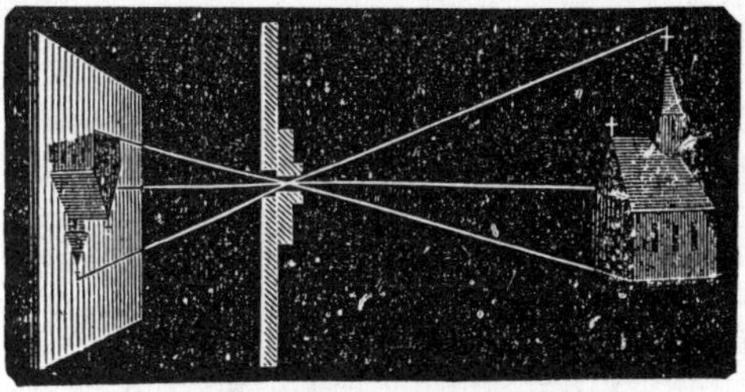

Fig. 521. Camera obscura.

2. Die Daguerreotypie.

Wenden wir uns nun der Erfindung der Daguerreotypie, des ersten vollkommenen photographischen Prozesses zu. Das Verdienst der Erfindung dieser Methode gebührt zwei Franzosen, deren Namen in der Geschichte der Erfindung der Photographie vereint immer den Ehrenplatz einnehmen werden: Nicéphore Niepce (1765 bis 1833) aus Chalons und Louis Jacques Mandé Daguerre (1787 bis 1851) aus Cormeilles. Niepce beschäftigte sich seit dem Jahre 1813 mit lithographischen Versuchen und kam dabei bald auf die Idee, den Zeichner durch das Licht zu ersetzen. Er überzog Metallplatten mit einer Asphaltmischung, legte über dieselben eine durchsichtige Zeichnung und erhielt dann, wenn er Sonnenlicht darauf fallen ließ, auf der Asphaltplatte ein Abbild der darüberliegenden Zeichnung, deren einzelne Stellen je nach ihrer Farbe und Kraft die Wirkung der Sonnenstrahlen auf die lichtempfindliche Substanz, den Asphalt, mehr oder weniger hinderten. Er fixirte dann das Bild mit einem Lösungsmittel, einem Öle, ätzte es mit Säuren ein und erhielt so eine Platte, die zur Vervielfältigung mittels Presse wohl geeignet war. Niepce hatte in dieser Weise bereits im Jahre 1816 die Heliographie erfunden, d. h. die Kunst, mit Hilfe des Sonnenlichts der Vervielfältigung fähige Kopieen von Zeichnungen und Malereien herzustellen. Er versuchte aber auch, die Bilder der Camera obscura aufzunehmen und zu fixiren, doch stieß er dabei auf größere Schwierigkeiten, da die von ihm angewandten lichtempfindlichen Substanzen tagelange Expositionszeiten verlangten. Doch ist eine Zinnplatte aus dem Jahre 1825 erhalten, auf der eine Landschaft zu sehen ist, die Niepce mittels Camera obscura aufgenommen hat. Im Jahre 1829 endlich vereinigte sich Niepce mit dem Maler Daguerre, um gemeinsam einen einfachen photographischen Prozeß zu erfinden. Daguerre beschäftigte sich auch bereits längere Zeit mit photochemischen Studien, doch hatte er wohl bis dahin namentlich die Wirkungen des Lichtes auf phosphorescierende Substanzen studiert. Außerdem arbeitete er eifrig an der Vervollkommnung der Camera obscura, indem er eine von Wollaston 1812 erfundene Linsenkonstruktion an die Stelle der bis dahin üblichen bikonvexen Linse setzte. Niepce teilte Daguerre schriftlich genau sein erreichtes Resultat mit, das bereits ein völlig durchgearbeitetes photographisches Verfahren, den heliographischen Asphaltprozeß darstellte.

Daguerre fand nun bald, daß das Jodsilber die Substanz sei, die sich besonders zum Träger der Lichtwirkung eigne, doch hatte er erst längere Zeit nach Niepces Tode das Glück, im Jahre 1837 durch einen Zufall einen geeigneten Entwickler für seine Jodsilberplatten in dem Quecksilber zu finden, dessen Dämpfe ein durch Belichtung erzeugtes, aber dem Auge noch gar nicht sichtbares Bild zum Vorschein zu bringen vermögen. Die Jodsilberplatten selbst stellte er her, indem er eine Silberplatte in Joddämpfen räucherte. Als Fixiermittel griff er auf das oben erwähnte, von Sir John Herschel entdeckte unterschwefligsaure Natron oder auf eine Kochsalzlösung zurück. Das wesentliche an Daguerres Erfindung war, daß man nunmehr in wenigen Minuten Gegenstände mit Hilfe einer Camera obscura aufnehmen, und das noch gar nicht oder kaum sichtbare Bild entwickeln und nachher fixieren konnte. Im Jahre 1839 kaufte der französische Staat Daguerre und seinem Mitarbeiter Isidore Niepce, dem Sohne Nicéphore Niepces, ihr Geheimnis für eine lebenslängliche Rente von 6000, resp. 4000 Francs ab.

Für Personenaufnahmen dauerte die Expositionszeit, d. h. die Dauer der Aufnahme allerdings noch zu lange, da ein Mensch unmöglich etwa 5 bis 10 Minuten stillhalten kann. Aber sehr bald wurde auch diese Schwierigkeit überwunden, als Professor Petzval in Wien eine lichtstarke Porträtlinse berechnete, deren Ausführung durch den Optiker Voigtländer im Jahre 1840 es ermöglichte, Porträts im Verlaufe von etwa $^1/_2$ bis 1 Minute aufzunehmen. Da die hellen Quecksilberdämpfe sich besonders an den vom Licht am meisten getroffenen und daher ursprünglich etwas geschwärzten Stellen niederschlagen, so wird ein positives Bild bei einer Daguerreotypie, wie man eine solche Photographie auf Metall nennt, erzeugt, indem an den den hellen Stellen des photographierten Objektes entsprechenden Partieen der Kopie die meisten weißen Quecksilberteilchen haften. Das Bild bekam aber durch das Quecksilber einen etwas harten und kalten Ton und war außerdem noch nicht dauernd haltbar. Dies wurde erst durch Fizeaus Vergoldungsmethode im Jahre 1840 erreicht, die gleichzeitig dem Bilde einen schönen, warmen Ton verlieh. Die fertige Platte wurde mit einer verdünnten Chlorgoldlösung übergossen und diese Lösung schnell über Spiritus zum Kochen gebracht. Das Chlor verbindet sich dann mit dem Silber der Platte und das Gold legt sich als feiner, schön wirkender Überzug über das ganze. Nach kurzer Zeit schon muß man die Platte herausnehmen und in kaltem Wasser abwaschen, worauf sie sehr widerstandsfähig geworden ist. Die Daguerreotypie erfuhr im Jahre 1841 noch eine weitere Vervollkommnung durch die Entdeckung von Claudet, daß die Anwendung von Jodchlor ein beschleunigteres Aufnahmeverfahren erlaubt, sodaß man mit wenigen Sekunden Expositionszeit ausreicht.

3. Die Talbottypie und die moderne Photographie.

Kurz vor der Veröffentlichung des Verfahrens von Daguerre legte der Engländer Fox Talbot am 20. Januar 1839 der Königlichen Gesellschaft in London ein Verfahren vor, das im ganzen und großen das Vorbild des heutigen photographischen Verfahrens geworden ist. Zunächst handelte es sich bei ihm allerdings noch nicht um Aufnahmen nach der Natur mittels der Camera, sondern er hatte nur ein Verfahren erfunden, Kupferstiche, Stahlstiche und ähnliches mit Hilfe des Lichtes beliebig oft zu vervielfältigen. Er legte den Kupferstich auf Papier, das mit Chlorsilber und salpetersaurem Silberoxyd getränkt war; in der Sonne wurde dann das Papier an allen hellen Stellen des Stichs geschwärzt, an den Bildstellen blieb es mehr oder weniger weiß, sodaß

Fig. 522. Negatives Bild

Fig. 523. Positives Bild.

er ein sogenanntes „Negativ" erhielt. Von diesem Negativ konnte er, nachdem es fixiert war, eine beliebige Menge „positiver" Bilder in Wiederholung des eben beschriebenen Verfahrens erhalten. Fig. 522 und 523 zeigen ein solches negatives und positives Bild. Nachdem Talbot von der Daguerreotypie Kunde erhalten hatte, versuchte er sie mit seinem Verfahren zu verschmelzen und auch direkt mit der Camera Photographieen auf Jodsilberpapier zu erzeugen. Das unsichtbare Bild entwickelte er mit einer Mischung von Gallussäure und Silbersalz, wodurch sich schwarz gefärbtes Silber an allen belichteten Stellen niederschlägt, sodaß wieder ein Negativ entstand, von dem er nach seiner Fixierung mit Bromkali beliebig viele positive Abzüge im sogenannten Kopierrahmen in der geschilderten Weise machen konnte.

In den folgenden 50 Jahren bis jetzt sind nun nach allen Richtungen hin ungeheure Fortschritte auf dem Gebiete der Photographie gemacht worden. Die photographischen Apparate wurden für die verschiedenen Zwecke des Gebrauchs bequem eingerichtet, es wurden die mannigfaltigsten Arten von Linsenkonstruktionen für diesen oder jenen Fall der Praxis berechnet, es wurde eine große Reihe neuer Stoffe als Träger des chemischen Lichtprozesses entdeckt, und die Entwicklungs-, Fixierungs- und Kopiermethoden wurden mehr und mehr verbessert. Nur das wichtigste soll im folgenden dem Leser mitgeteilt werden.

Die Papiernegative von Talbot erreichten nicht entfernt die Feinheit von Daguerreotypieen. Man suchte daher bald nach einem passenderen Träger der lichtempfindlichen Substanz und fand einen solchen in ganz rein geputzten durchsichtigen Glasplatten. Niepce de St. Victor, einem Neffen von Nicéphore Niepce gelang es im Jahre 1847, mit lichtempfindlicher Substanz überzogene Glasplatten herzustellen. Er überzog das Glas mit einer Mischung aus Eiweiß und Jodkalium und legte die so präparierte Platte in eine Silberlösung, wodurch sie lichtempfindlich wurde. Die Entwicklung nach geschehener Belichtung geschah durch Gallussäure, die Fixage durch Bromkali. Die Negative wurden dann über Chlorsilberpapier gelegt, auf dem das Positiv wie bei Talbot durch Einwirkung des Lichtes hervorgerufen wurde. Ein Jahr später erfand Blanquart-Evrard das noch jetzt gebräuchliche Albumin- oder Eiweißpapier, das weit bessere Kopieen giebt, als gewöhnliches Papier. Bald wurden auch Eisenvitriol und Pyrogallussäure als gut entwickelnde Substanzen entdeckt. Einen wesentlichen Fortschritt in der Geschichte der Photographie bezeichnet aber die Erfindung des noch heute viel geübten Kollodiumverfahrens durch Fry und Archer im Jahre 1851. Das Kollodium, eine Mischung von Schießbaumwolle und Äther oder Alkohol, wird über die Platte gegossen, diese darauf in eine jod- oder bromhaltige Silberlösung getaucht, worauf sich in der Kollodiumschicht Jod oder Bromsilber niederschlagen wird, sodaß nun die Platte lichtempfindlich ist. Als Entwickler wurde Eisenvitriol oder Pyrogallussäure, als Fixiermittel unterschwefligsaures Natron oder eine Cyankalilösung genommen.

Wir wollen an dieser Stelle das Geheimnis der **amerikanischen Schnellphotographen** enthüllen. Ihre Bilder sind nämlich nichts weiter, als unvollkommen entwickelte Negative. Man hatte die Bemerkung gemacht, daß solche undeutliche Negative gegen einen dunklen Hintergrund gehalten ganz gute Bilder und zwar infolge des dunkeln Hintergrundes positive Bilder geben, und kam dadurch auf den Gedanken, das Kollodiumhäutchen von der Glasplatte abzunehmen und auf dunkle Körper, wie schwarzes Wachstuch, dunkles Glas oder Eisen aufzukleben. Man nannte die so entstehenden positiven Bilder je nach der Unterlage Pannotypieen, Ambrotypieen oder Ferrotypieen. Ferrotypieen sind die Produkte der „amerikanischen Schnellphotographieen“, die die Kollodiumschicht auf dünne, schokoladenfarben lackierte Blechtafeln aufkleben und so in wenigen Minuten schon dem photographiebedürftigen Publikum ein Abbild liefern können, während sonst die vollständige Entwicklung, besonders aber, wie wir später sehen werden, die Herstellung von wirklichen Positiven sehr lange Zeit in Anspruch nimmt.

Die mannigfaltigen Unbequemlichkeiten, die das „nasse Verfahren“, das wir beschrieben haben, mit sich führte, z. B. beim Arbeiten im Freien, auf Reisen u. s. w. ließen frühzeitig **Trockenplatten** herstellen, die man bequem transportieren und auch noch längere Zeit nach ihrer Fertigstellung benutzen konnte. Bei den ersten Versuchen erreichte man aber keine genügende Haltbarkeit, vor allem aber keine ausreichende Empfindlichkeit. Erst Taupenot veröffentlichte im Jahre 1855 ein brauchbares Verfahren, indem er das Kollodium mit einer Eiweißschicht überzog. Seine Platten konnten schon länger als ein Jahr liegen bleiben, ehe sie in Benutzung genommen wurden. Das Tanninverfahren von Russell aus dem Jahre 1861 lieferte noch dauerhaftere und bessere Platten, verlangte aber immer noch eine Belichtungszeit von etwa 1½ Minute. Erst das Kollodiumemulsionsverfahren von Gaudin, das derselbe 1861 veröffentlichte und das von andern Forschern vielfache Verbesserungen erfuhr, erfüllte recht wohl die Anforderungen, die man von einem realen Standpunkte aus an Trockenplatten stellen durfte.

Es beruht das Verfahren auf der Ausführung des Gedankens, die Glasplatten sofort mit einer lichtempfindlichen Kollodiumschicht zu übergießen, statt erst die mit Kollodium überzogenen Platten in einer Silberlösung lichtempfindlich zu machen. Es wurde dies erreicht, indem man Kollodiumemulsionen herstellte, d. h. eine Flüssigkeit, bestehend aus Kollodium, in dem sich andere Körper, in diesem Falle Jod- oder Bromsilber, in ungelöstem Zustande fein und gleichmäßig verteilt lange Zeit halten. Die so hergestellten Platten bleiben Jahrelang brauchbar und zeigen eine ziemlich starke Empfindlichkeit.

An Stelle der **Bromsilber-Kollodiumemulsion** trat seit dem Jahre 1871 die Bromsilber-Gelatineemulsion, das wunderbare Verfahren der Jetztzeit, das der englische Arzt Dr. Maddox erfunden hat und das nach manchen wesentlichen Richtungen die idealsten Anforderungen, die man an photographische Leistungen stellen kann, erfüllt. Die Bromsilbergelatine-Trockenplatten, die in Fabriken als Massenartikel hergestellt werden, können viele Jahre aufbewahrt werden und sind in so eminentem Maße lichtempfindlich, daß die Aufnahmen mit ihnen sich im allgemeinen auf wenige Sekunden und sogar bei den später zu besprechenden Momentphotographieen auf ganz geringe Bruchteile der Sekunde beschränken.

Erst durch die immer mehr gesteigerte Lichtempfindlichkeit der photographischen Platten gewann die Photographie die ungeheure Bedeutung für die Astronomie, die sie sich in neuester Zeit errungen hat. Ist es doch gelungen, Millionen von Himmelskörpern, von Sternen, deren Helligkeit zu schwach ist, um selbst in den stärksten Fernröhren einen Eindruck auf das Auge hervorzurufen, wahrnehmbar zu machen, durch eine längere Exposition, wobei sich die chemische Wirkung der Lichtstrahlen mehr und mehr stärkt, mit den neuen Trockenplatten photographisch zu fixieren. Und in neuester Zeit, im letzten Jahre hat man mit Hülfe solcher Platten, die man längere Zeit durch ein Uhrwerk auf ein und dieselbe Stelle des Himmels richtete, eine größere Anzahl der kleinen Planeten, die zwischen den Bahnen des Jupiter und Mars um die Sonne eilen, und auch manche Nebelflecke entdeckt, deren Existenz in manchen Fällen nachträglich durch direkte Beobachtung mit lichtstarken Fernröhren bestätigt wurde, in andern Fällen wohl noch lange Zeit nur durch ihr photographisches Bild angezeigt bleiben wird.

Auch in der Erfindung von neuen Entwicklern wurden in den letzten beiden Jahrzehnten große Fortschritte gemacht, die besonders dem Trockenverfahren mit Bromsilbergelatine zu statten kamen und dessen außerordentliche Verbreitung bis in die weitesten Schichten des Publikums hinein mächtig förderten. Es seien genannt der Eisenoxalat-Entwickler von Carey Lea (1877) und Eder (1879), der Hydrochinon-Entwickler von Abney (1880), der Eikonogen-Entwickler von Andresen (1889) und der neue Rodinal-Entwickler.

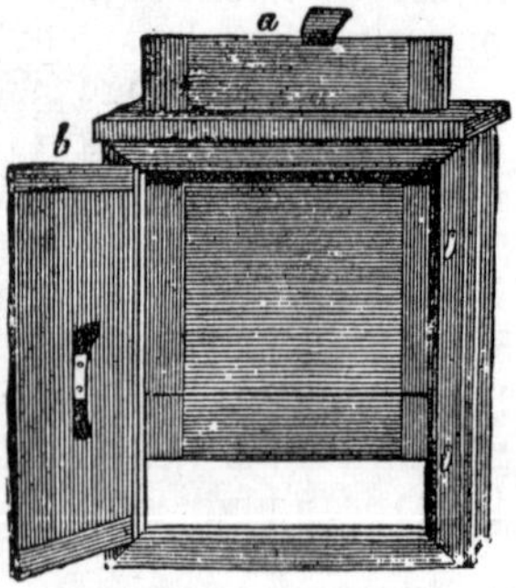

Fig. 524. Kassette.

Die Platten werden in absolut lichtdichten Kästen aufbewahrt und aus diesen in einem dunkeln Raume in die sogenannte Kassette gelegt. Die Fig. 524 zeigt eine solche Kassette, die in den hinteren Teil der photographischen Camera eingeschoben wird. Wenn die Thür b geöffnet wird, kann man die Platte in den Rahmen einlegen, in dem sie bei geschlossener Thür und herabgelassener Schieberplatte a kein Lichtstrahl treffen kann. Die Platte wird mit der lichtempfindlichen Schicht nach der Seite des Schiebers a zu gelegt und nach Schluß der Thüre b durch die in ihrer Mitte befindliche Feder fest gegen die Ränder des Gestells gedrückt, sodaß sie keine Verschiebungen während der Aufnahme erleiden kann. Sobald diese erfolgen soll, wird der Schieber a aufgezogen. Nach geschehener Belichtung wird a wieder zugeschoben und die Kassette aus der Camera herausgenommen. Man kann nun die Platte in der Kassette oder, wenn man diese weiter benutzen will, in größeren Behältern, sogenannten Wechselkästen, in die man die Platte durch einen einfachen Mechanismus auch bei Tageslicht hineinfallen lassen kann, ohne daß das Licht Zutritt zur Platte findet, oder in lichtdichten Kästen, in die man die Platten im Dunkeln oder bei schwachem dunkelroten oder gelben Licht hineinlegt, so lange aufbewahren, bis man sie entwickeln will. Meist benutzen jetzt die Photographen, die auch im Freien und auf Reisen arbeiten wollen, sogenannte Doppelkassetten, die für die Aufnahme zweier Platten eingerichtet sind, und versehen sich mit zwei oder drei Paar solcher Doppelkassetten.

Es ist schon mehrfach davon die Rede gewesen, daß manche Manipulationen des Photographen, z. B. das Entwickeln, Fixieren, das Umwechseln der Platten u. s. w. in einem Raume, der sog. Dunkelkammer, erfolgen müssen, in dem eine Lichteinwirkung auf die überaus empfindlichen Platten ausgeschlossen ist. Glücklicherweise giebt es nun einige Farben, nämlich Rot und Gelb, die photographisch nur sehr langsam und schwach wirken. Es ist dadurch die Möglichkeit gegeben, die Dunkelkammer, ohne die Platten zu beschädigen durch ein kleines Fenster mit dunkelrotem oder gelbem Glas oder durch eine kleine Lampe mit Cylinder und Glocke von eben solchen Farben etwas zu erhellen, sodaß man bequem in ihr arbeiten kann. Streng zu achten ist aber darauf, daß nicht durch irgend einen Spalt in der Thür oder im Fenster oder sonst woher Tageslicht in den Raum gelangt, auch muß durch einen Schirm oder Ähnliches verhütet werden, daß die Flamme der Lampe etwa die weiße Decke des Zimmers beleuchtet, deren Wiederschein sich sehr gefährlich erweisen, die Platte verschleiern oder total belichten könnte.

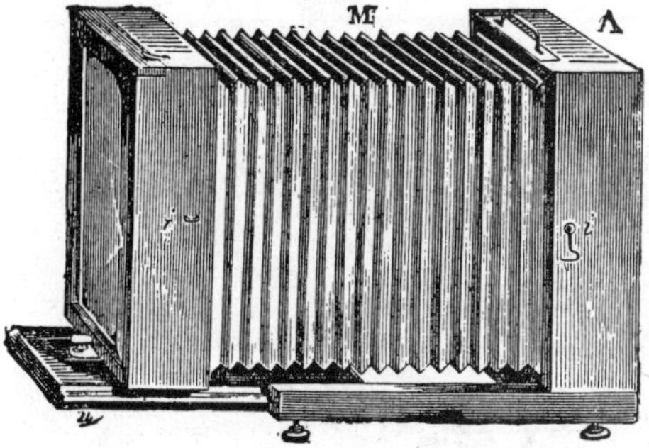

Fig. 525. Photographische Camera.

Der **photographische Apparat** selbst setzt sich aus folgenden Hauptteilen zusammen: Camera mit matter Glasplatte, Objektiv mit Blenden, Kassette mit photographischer Platte, Stativ. Die Camera besteht, wie man aus der Fig. 525 ersieht, aus zwei Holzrahmen i, i, deren vorderer in einem verschiebbaren, in der Figur nicht sichtbaren Brette das Objektiv trägt, während der hintere durch eine matte

Glasplatte abgeschlossen wird, die hochgeklappt werden kann, wenn an ihre Stelle die Kassette mit der lichtempfindlichen Platte eingeschoben werden soll. Der hintere Rahmen kann mittelst des ziehharmonikaartigen Auszugs M auf dem unteren Schlitten n n durch Schrauben dem vorderen Rahmen je nach der Brennweite der Objektivlinse so weit genähert oder von ihm entfernt werden, daß das vom Objektiv entworfene Bild des Gegenstandes, den man photographieren will, auf der matten Glasplatte in scharfen Umrissen zu sehen ist.

Wenden wir uns nun dem Objektiv zu, das an die Stelle der kleinen Öffnung in der Camera obscura getreten ist, so müssen wir bezüglich Bilderzeugung und Bildwirkung von Linsensystemen die Leser auf den optischen Teil dieses Buches (S. 924 ff.) verweisen. Wir erwähnten schon früher, daß diese optische Seite der Photographie seit ihren Anfängen eine außerordentliche Entwicklung erfahren hat.

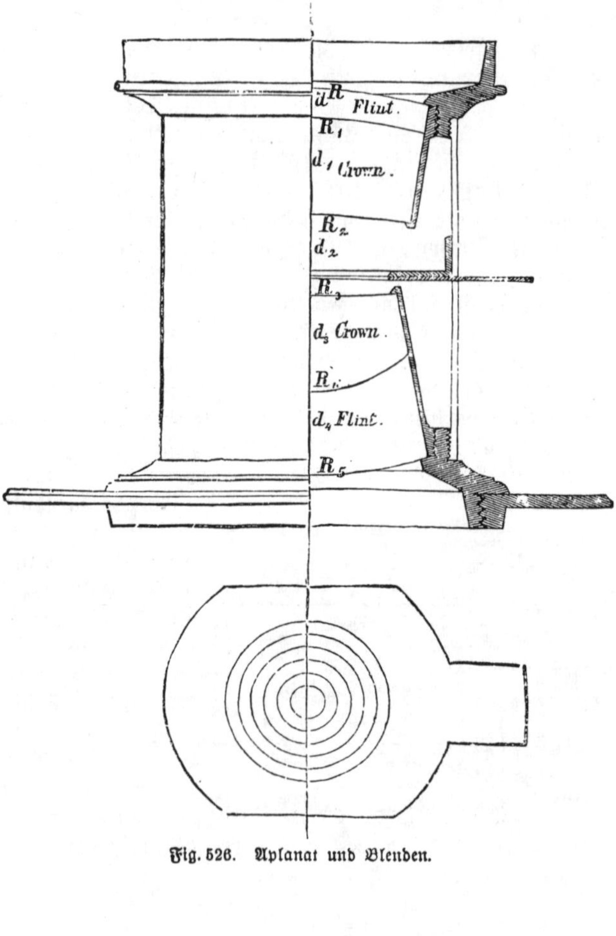

Fig. 526. Aplanat und Blenden.

Praxis und Theorie wetteiferten, neue Linsensysteme zu erfinden, deren Wirkungen im allgemeinen oder für besondere Zwecke Vorzüge vor den bis dahin bestehenden boten. Das Objektiv besteht aus einer Kombination mehrerer Linsen, die in eine metallische Fassung eingeschlossen sind, wie aus Fig. 526 ersichtlich ist. In derselben bezeichnen die Namen Flint und Crown die zu dem dargestellten, von Steinheil 1879 erfundenen Gruppen-Aplanaten verwendeten Glassorten, deren Kombination, Anordnung und Gestaltung besonders auf Erfüllung folgender Bedingungen Rücksicht nehmen muß: 1. Beseitigung der sphärischen Aberration, (siehe S. 920), 2. Beseitigung der chromatischen Aberration (siehe S. 942) 3. Erzeugung eines Bildes von der gewünschten Winkelweite, 4. Hervorbringung eines möglichst lichtstarken Bildes. An Stelle dieses für Gruppenaufnahmen bestimmten Instrumentes mit seinen vier Linsen, von denen je zwei zusammengekittet sind, erfand Steinheil schon 1881 eine noch günstigere Konstruktion, den Antiplanaten. Zwischen den beiden Linsenpaaren des in Fig. 526 dargestellten Aplanaten sehen wir einen Spalt das Objektiv durchziehen, der dazu bestimmt ist, die Blende aufzunehmen.

Die Blende ist meist aus Metall, eine Platte von einer Form, die aus dem unteren Teil der Figur ersichtlich ist. In das Objektiv gesteckt, läßt sie Licht nur noch durch ihre mittlere Öffnung, die in der Figur durch die Kreise angedeutet ist, hindurch. Man hat gewöhnlich sechs verschiedene Blenden, die sich durch die Größe dieser Öffnung, wie die Figur zeigt, unterscheiden. Der Zweck der Blenden ist, die seitlichen Linsenstrahlen abzuhalten, die die Schärfe des Bildes verringern, und nur den besten mittleren Teil des Objektivs zur Wirkung kommen zu lassen. Was man so an Schärfe des Bildes gewinnt, büßt man zum Teil an Helligkeit ein, sodaß man in der Wahl der Blenden in erster Linie von den herrschenden Lichtverhältnissen abhängt. Die Blenden bewirken auch eine gleichmäßigere Lichtverteilung im Bilde, als sie ohne Blenden erreicht wird.

Es könnte dem Leser, der von dem Kampfe der Linsenfernröhre mit den Spiegelteleskopen in der astronomischen Technik gehört hat, auffallen, wenn wir nicht erwähnten, daß auch in der photographischen Technik Versuche gemacht sind, das Linsenobjektiv durch einen Hohlspiegel zu ersetzen. Fig. 527 zeigt eine derartige Konstruktion einer photographischen Camera von dem Amerikaner Draper. A ist der an der Vorderwand der Camera befindliche elliptische Hohlspiegel, auf den durch die seitliche Öffnung direkt die Strahlen von dem Objekt, das photographiert werden soll, fallen

Fig. 527. Der Hohlspiegel im Dienste der Photographie.

Sie werden vom Spiegel reflektiert und entwerfen das Bild F auf der an der andern Seite der Camera eingeschobenen photographischen Platte B. Praktische Anwendung haben solche Objektive aber nur für Spezialfälle gefunden.

Das Stativ ist gewöhnlich ein dreibeiniges Gestell, auf das die Camera aufgeschraubt wird. Während es für Atelierzwecke massiv gearbeitet werden kann, muß es für die Zwecke eines reisenden oder Landschafts-Photographen möglichste Leichtigkeit mit der nötigen Festigkeit verbinden. Man muß das Stativ hoch und niedrig und auch so stellen können, daß die Camera, wenn sie auf das Stativ aufgeschraubt ist, nicht horizontal, sondern schräg steht. Man hat besonders in neuester Zeit Stative für Liebhaber der Photographie konstruiert, die mit außerordentlicher Kompendiösität und Leichtigkeit eine große Festigkeit der Aufstellung verbinden.

Wie **photographiert** man denn nun eigentlich? Nehmen wir an, er habe den eben beschriebenen Apparat zusammengesetzt und aufgestellt und auch lichtempfindliche Trocken-Gelatine-Platten, die er fertig gekauft hat, in Kassetten, wohlverwahrt gegen neugierige Lichtstrahlen, zur Hand. Er nimmt nun die Kappe, die gewöhnlich das Objektiv bedeckt, ab und verstellt dann den hinteren Teil der Camera, sowie auch das Stativ in Höhe und Entfernung so lange, bis er auf der oben erwähnten Glasplatte das Bild des zu photographierenden Gegenstandes in gewünschter Größe deutlich und scharf sieht. Weder darf das Licht direkt in den Apparat hineinscheinen, noch im allgemeinen voll auf das Objekt, das photographiert werden soll, fallen. Ist die Einstellung erfolgt, wobei der Photograph, um das Bild auf der Glasplatte besser sehen zu können, seinen Kopf und den hinteren Teil der Camera mit einem schwarzen Tuche bedeckt, so setzt er die Kappe wieder aufs Objektiv, klappt die matte Glasplatte hoch, schiebt an ihrer Stelle die Kassette ans Ende der Camera, zieht die eine Seite derselben, die die lichtempfindliche Schicht der Platte bedeckt, auf und nimmt dann, je nach den äußeren Verhältnissen, die Klappe eine längere oder kürzere Zeit vom Objektiv fort. Es wird in dieser Zeit, da die Schiebevorrichtung so eingerichtet ist, daß die lichtempfindliche Schicht genau an die Stelle kommt, wo vorher auf dem matten Glas das Bild entworfen wurde, auf der photographischen Platte ein negatives, vorläufig noch unsichtbares Bild hervorgerufen. Der Photograph schiebt nun die Kassette, während sie noch in der Camera ist, wieder zu, nimmt sie heraus und geht mit ihr in die Dunkelkammer. Mit einer oder mehreren der oben erwähnten Substanzen übergießt er nun die in eine Schale gelegte Platte und läßt die Flüssigkeit so lange über die Platte hin- und herfließen, bis er bei dem matten Scheine seiner Lampe das Bild völlig entwickelt sieht. Darauf wird die Platte mit Wasser tüchtig abgespült und z. B. in eine unterschwefligsaure Natronlösung gelegt, d. h. fixiert. Hat sie nur kurze Zeit darin gelegen, so ist die Fixage fertig; die noch nicht vorher vom Licht reduzierten Silbersalze sind fortgenommen, sodaß die Platte nunmehr dem Licht ausgesetzt werden kann, ohne weitere Veränderungen zu erleiden. Die Entwicklung ist eine keineswegs leichte Manipulation, man muß bei ihr sehr vorsichtig und umsichtig sein, da man es selten einmal mit einem „Normalbild,“ d. h. einer gerade lange genug belichteten Platte zu thun hat, sondern meist oder wenigstens oft eine Unter- oder Überexposition, d. h. eine zu kurze oder zu lange Belichtung stattgefunden hat. Doch wollen wir hier auf diese technischen Einzelheiten nicht näher eingehen. Die fixierte Platte wird jetzt tüchtig gewaschen, um alle Unreinlichkeiten fortzuschaffen, das Negativ ist fertig.

Es handelt sich nun darum, von diesem Negativ positive Abzüge zu fertigen. Das Negativ wird, wie schon früher erwähnt, nachdem es längere Zeit in laufendem Wasser abgewaschen ist, in einem Holzrahmen, dem „Kopierrahmen“, über ein in lichtempfindliche Silberlösung getauchtes Papier gelegt. Der Rahmen wird so lange dem Lichte ausgesetzt, bis dieses auf dem Papier, das dem Negativ entsprechende Positiv hervorgerufen hat. Man kann auch schon vorher mit der Belichtung aufhören, und den letzten Teil derselben durch eine dem beim Negativ angewandten Verfahren der Entwicklung ähnliche Methode fertig entwickeln. Um einen schöneren Ton zu erzielen und die Bilder dauerhafter zu machen, kommt nun das Positiv, das in der Dunkelkammer aus dem Kopierrahmen genommen ist, in ein Goldbad, das in 1000 Teilen destillierten Wassers etwa ein Teil Chlorgold enthält. Dann wird das Bild in unterschwefligsaurem Natron fixiert, mehrere Stunden gewaschen, getrocknet, auf einen Karton geklebt und mit einer Satiniermaschine (vergl. Erfindung des Papiers, S. 960) geglättet. Das Bild ist fertig, bis auf die eventuelle „Retouche“. Die Retouche, die den Zweck hat, noch einzelne Feinheiten herauszubringen und Härten zu mildern, erfolgt entweder im fertigen Positiv, indem man mit Pinsel und Tusche arbeitet, oder aber neuerdings meist schon auf dem Negativ, indem man mit dem Bleistift vorsichtig die gewünschten Verbesserungen anbringt. In neuerer Zeit sind Photographieen auf Platinpapier sehr in Aufnahme gekommen, die eine große Ähnlichkeit mit einem Stahlstich zeigen.

Es sei erwähnt, daß das Kopieren auch bei elektrischem Licht vorgenommen wird, wenn auch beim Positivprozeß künstliches Licht weniger zur Anwendung kommt, wie bei dem Negativprozeß. Die Versuche, künstliches Licht zum Photographieren zu verwenden, datieren schon aus den vierziger Jahren. Praktischen Eingang fand die Anwendung elektrischen Bogenlichtes in der Photographie erst seit dem Jahre 1876, wo van der Weyde geeignete Einrichtungen zu diesem Zwecke ersann. Die Photographie bei elektrischem Licht ist besonders wichtig für Institute, die auf photographischem Wege Pläne, Zeichnungen und Karten vervielfältigen, da sie hierdurch in den Stand gesetzt sind, auch bei schlechtem Wetter und in ungünstiger Jahreszeit zu arbeiten, und da sie außerdem bei Anwendung künstlichen Lichtes die günstigste Dauer der Exposition besser bestimmen können, wie bei Tageslicht. Nächst dem elektrischen Licht hat Magnesiumlicht als künstliche Lichtquelle viel Verwendung gefunden. Metallisches Magnesium verbrennt sehr intensiv und entwickelt dabei besonders stark photochemisch wirkende Strahlen. Einen großen Aufschwung nahm die Photographie bei Magnesiumlicht erst seit dem Jahre 1883, als J. Gaedicke und A. Miethe in Berlin Magnesiumpulver einführten, das das sogenannte Magnesiumblitzlicht erzeugt. Es verbrennt dieses und ähnliche später erfundene Magnesiumpulver so ungeheuer schnell und intensiv, daß es möglich ist, bei ihrem Aufflammen sogar Momentaufnahmen zu machen, über die wir gleich näheres berichten werden. Für die Aufnahme in oder von dunklen Räumen, von Höhlen u. s. w. ist das Magnesiumblitzlicht von großer Wichtigkeit.

4. Die Momentphotographie.

Die Momentphotographie hat es ermöglicht, schnell veränderliche Vorgänge, schnell sich bewegende Tiere oder leblose Gegenstände zu photographieren. Wenn auch schon Daguerre es versucht hat, bewegliche Körper photographisch aufzunehmen, so können wir die Geburt der Momentphotographie erst von der Zeit an rechnen, wo die Einführung der Bromsilber-Gelatine-Platten dem Photographen so lichtempfindliches Material in die Hand gab, daß er in ganz geringen Bruchteilen der Sekunde, z. B. in $^1/_{1000}$ Sekunde ein brauchbares Bild schnell beweglicher Gegenstände aufzunehmen vermochte. Das wesentliche Erfordernis zur Momentphotographie ist der Besitz eines guten Momentverschlusses, der vor, hinter oder in der Mitte des Objektivs angebracht, es erlaubt, die gewünschte kurze Belichtung mechanisch erfolgen zu lassen. Eine vierte Art der Anbringung des Momentverschlusses ist die Anbringung desselben vor der photographischen Platte. Einen derartigen Verschluß, bei dem sich ein Spalt vor der Platte vorbeibewegt, hat der französische Astronom Janssen zu seinen Sonnenaufnahmen $^1/_{2000}$ Sekunden und vielfach auch Anschütz bei seinen berühmten Momentbildern benutzt.

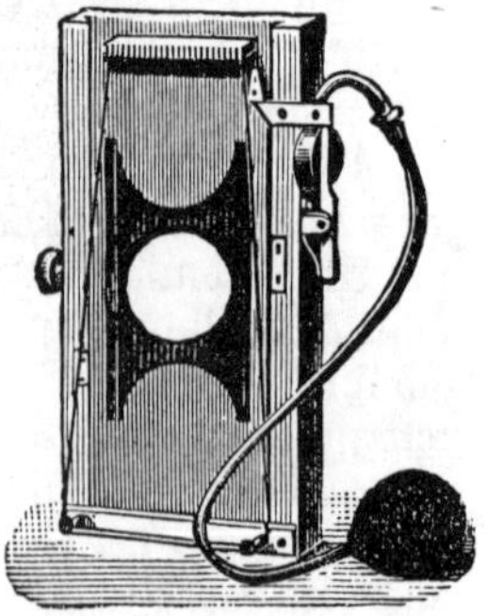
Fig. 528. Fallbrett.

Um die verschiedenen Erfordernisse zu erfüllen, die an einen Momentverschluß gestellt werden, gleichmäßige Belichtung aller derjenigen Stellen der Platte, verschieden kurze und leicht konstatierbare Belichtungszeiten je nach Wunsch, Fortfall jeglicher Erschütterung des ganzen Apparates während des Öffnens des Momentverschlusses, hat man die verschiedenartigsten Momentverschlüsse erfunden, von denen wir nur einige gebräuchliche beschreiben wollen. Es sei noch vorher erwähnt, daß in der Praxis die Verschlüsse die häufigste Anwendung finden, die vor dem Objektiv angebracht werden, weil dabei an dem übrigen photographischen Apparat gar keine Änderung vorgenommen zu werden braucht. Fig. 528 zeigt einen als „Fallbrett" bezeichneten Momentverschluß. In einem metallischen Rahmen bewegt sich ein Holzbrett mit einer kreisrunden Öffnung von oben nach unten. Das Herabfallen des Brettes wird durch pneumatische Auslösung bewirkt, indem man auf den in der Figur sichtbaren Gummiball drückt. Der Fall erfährt noch eine Beschleunigung durch Gummibänder, die von unten her das Brett halten und, wenn dasselbe hochgezogen ist, die Tendenz haben, es nach unten zu ziehen. Das Objektiv läßt nun nur Licht hindurch, wenn die kreisrunde Öffnung an ihm vorbeisaust. Da der Vorübergang einer kreisrunden Öffnung, wie eine anschauliche Überlegung zeigt, eine nicht sehr gleichmäßige Belichtung hervorruft, so macht man oft die Öffnung auch von anderer, günstigerer Form.

Eine ganz andere Art Momentverschluß zeigt uns Fig. 529. Dieser Verschluß, von Pritschow und Steinheil im Jahre 1888 erfunden und als Universal-Objektivverschluß bezeichnet, wird vor dem Objektive oder auch zwischen dem Linsensystem angebracht und verursacht gar keine nachteilige Erschütterungen. Es bewegen sich bei diesem Apparat zwei metallische Schieber, die beide kreisrunde Öffnungen haben, an einander vorüber, sobald der Verschluß durch Drücken auf den Gummiball ausgelöst wird. Die Auslösung kann aber erst dann er-

Fig. 529.
Momentverschluß nach Pritschow und Steinheil.

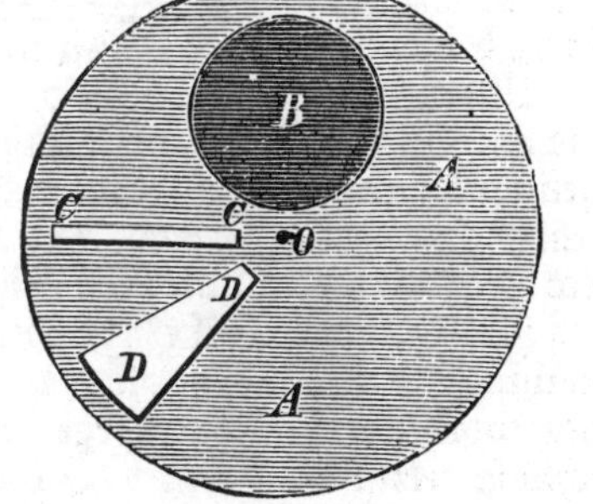

Fig. 530.
Rotierender Momentverschluß.

folgen, wenn der Knopf a durch Drehen in eine bestimmte Stellung gebracht ist. An dem Knopfe b kann man die Geschwindigkeit der Plattenbewegung regulieren und zwar so, daß der Verschluß Belichtungszeiten von mehreren Sekunden bis herab zu $^1/_{200}$ Sekunde gestattet.

Es sei schließlich noch ein rotierender Momentverschluß erwähnt, wie ihn Fig. 530 veranschaulicht. Die Scheibe A verdeckt für gewöhnlich das Objektiv, das sich hinter ihr bei B befindet. In der Scheibe ist aber ein rechtwinkliger Schlitz CC oder ein kreissektorförmiger Ausschnitt DD angebracht. Wird die Scheibe um ihre Axe O in Rotation versetzt, so erfolgt die Belichtung in dem Moment, wo sich der Schlitz oder der Ausschnitt an dem Objektiv vorbeibewegt.

Welche wunderbaren Erfolge die Momentphotographie in jüngster Zeit aufzuweisen hat, ist allgemein bekannt. Erst durch ihre Anwendung vermögen wir die Flugbahn eines Geschosses, die Einzelbewegungen von Menschen und Tieren zu studieren, Aufnahmen von Volksscenen und Landschaftsbildern zu machen, die fortwährendem Wechsel unterliegen, so schnell bewegte Objekte, wie Sternschnuppen und so intensiv helle Objekte, wie die Sonne, zu photographieren. Kurz, die Dienste, die die Momentphotographie speziell der Wissenschaft leistet, sind ganz unschätzbare. Wir haben in der Fig. 531 eine zwar nicht ganz scharfe, aber recht interessante Momentphotograpbie wiedergegeben, die einen

Fig. 531. Momentaufnahmen.

Mann, der über ein Seil springt, in neun Momenten der Aktion darstellt. Es ist diese Aufnahme nach einem von Marey in Paris im Jahre 1883 angegebenen Verfahren durch neunmalige Vorbeibewegung des Momentverschlusses auf einer einzigen Platte gemacht.

Wir haben früher erwähnt, daß die verschiedenen Farben sehr verschieden auf die photographischen Platten wirken, wodurch bei der Reproduktion farbiger Gegenstände eine dem Original unähnliche Verteilung der Helligkeit im Bilde entsteht. Es wurden daher viele Versuche gemacht, orthochromatische Bilder herzustellen, die die einzelnen Farben zwar nicht farbig, aber mit einer ihrer wahren Helligkeit entsprechenden Intensität, wiedergeben sollten. Eine gute Lösung fand die Aufgabe erst durch die Einführung der farbenempfindlichen Platten, deren Herstellung besonders durch die Arbeiten von Vogel Anfang der achtziger Jahre einen Aufschwung erhielt. Es gelang, durch Beimengung von Farbstoffen zu den Emulsionen Trockenplatten herzustellen, die auch für die sonst photochemisch wenig wirksamen Strahlen, wie rot und gelb, eine starke Empfindlichkeit zeigen.

Fig. 532.
Aufnahme mittels Dr. Miethes telephotographischen Objektivs.
(Distanz der Camera von der Brücke 350 m.)

5. Kinetograph. Thaumograph. Projektionsbilder.

Ist es der Photographie durch die Röntgenstrahlen einerseits gelungen, dem Auge nicht wahrnehmbare, in andere Körper eingeschlossene Dinge sichtbar zu machen, so ist es ihr andererseits neuerdings sogar möglich geworden, wirkliche Vorgänge in ihrer vollen Beweglichkeit vorzuführen, und diese sogenannten „lebenden Photographien“ haben mit Recht das ungeheuerste Aufsehen erregt. Selten ist aber auch eine Erfindung der Neuzeit so geeignet gewesen, das persönliche Empfinden und das Interesse in einem Grade zu berühren und zu fesseln, wie dies die Abspielung und Sichtbarmachung von wirklichen Geschehnissen und Vorgängen vermag, die der „Kinetograph“ mit den kleinsten Einzelheiten, so oft wir wollen, genau nach dem Leben wieder zu geben imstande ist. Es fehlt eben nur noch die Wiederholung des Geräusches und der Töne, die bei dem betreffenden Vorgange an das Ohr der Zuschauer gedrungen sind, um späteren Geschlechtern durch die kinetographische Vorführung denselben so völlig gegenwärtig zu machen, wie er denen geworden ist, die dabei gewesen sind. Es ist indessen garnicht ausgeschlossen, daß auch dieses Problem noch gelöst werden wird.

Die lebenden Photographien erscheinen keineswgs als flache Bilder, sondern sie treten vollkommen plastisch hervor, Landschaften und Architekturen zeigen eine Perspektive wie die besten Panoramenbilder; aber wie unendlich verschieden sind sie von diesen! Alles, was in der Natur lebt und sich bewegt, der Verkehr, welcher auf Straßen und Plätzen flutet, die sich türmenden und übereinander wälzenden Wogen des Meeres: alles das sehen wir in Wirklichkeit vor uns, völlig greifbar, in unnachahmlicher Natürlichkeit.

Und wie unendlich einfach ist im Grunde genommen die ganze Herstellung. Die Idee an sich ist ja nicht neu, unter den Namen „Schnellseher“ oder „Zootrop“ lag sie einer Reihe von bekannten Spielereien schon seit längerer Zeit zu Grunde. Die einzelnen, durch Schnell-Photographie festgehaltenen Phasen der Bewegung eines Pferdes, eines Menschen (S. 1024) u. s. w. werden durch Rotation in solch schneller Reihenfolge dem Auge vorgeführt, daß die Intervalle garnicht zum Bewußtsein kommen, weil eine Phase der Bewegung in die andere übergeht. Wir vermeinen da einen Menschen, ein Pferd laufen und springen zu sehen, genau wie dies in Wirklichkeit der Fall ist. Die Ursache ist: die Beständigkeit der hellen Eindrücke auf die Netzhaut des Auges läßt in allen derartigen Apparaten diese Bilder beweglich erscheinen.

Diese primitiven Spielereien sind der Ausgangspunkt des „Kinetograph“. Die außerordentlichen Fortschritte auf dem Gebiete der Photographie haben es möglich gemacht, mit diesem Apparat alles, was sich vor der Camera abspielt, in den denkbar kleinsten Teilbewegungen zu erfassen und auf einen Streifen zu bannen, der sich in einem lichtdicht verschlossenen Kasten vertikal entrollt. Der Kasten ist mit einem Objektiv versehen, das sich in bestimmten Intervallen öffnet und schließt, und so entsteht dann eine Reihe durch die Stillstände scharf voneinander abgegrenzter Bilder, die unter sich nur geringe Abweichungen zeigen, in ihrer Gesamtheit aber auch die lebendigsten Szenen wiedergeben. Der Apparat zerlegt die Bewegungen einer Sekunde in nicht weniger als fünfzehn Teile; der Streifen nimmt also, sich aufrollend, in einer Sekunde

Fig. 532 a. Aufnahme des schnellsten Eisenbahnzuges der Welt durch den Kinetograph.

fünfzehn und noch mehr Bilder auf und, um die Bewegungen von circa einer Minute festzuhalten, braucht es mehr als tausend Photographien, wozu ein etwa fünfundzwanzig Meter langer Streifen von drei Centimeter Breite erforderlich ist.

In derselben Weise bringt der „Kinetograph“ auch das, was er aufgefangen, wieder zur Anschauung. Ein aufgespannter Leinwandrahmen ist das Feld der Erscheinung. Durch die Projektionslampe hell bestrahlt, rollt sich der Streifen durch einen Präzisionsmechanismus mit ruckweisen Bewegungen auf, aber der Apparat arbeitet so schnell, daß man meint, er stände still, und man sieht dann eben in dem feststehenden Bilde auf dem Leinwandrahmen nur die raschen Veränderungen in der Bewegung der Figuren, genau so, wie es bei dem Vorgange in Wirklichkeit der Fall gewesen ist. Künstler und Künstlerinnen können als Tänzer, Fechter, Akrobaten, Jongleure, Turner überall in ihren Leistungen in voller Natürlichkeit vorgeführt werden. Elementare Ereignisse und Naturwunder, wie z. B. ein Gießbach, der Rheinfall von Schaffhausen, der Niagarafall, werden uns völlig naturgetreu veranschaulicht, ebenso wie

Fig. 532b. Vorführung nebenstehender Aufnahme durch den Kinetographen.

das Leben und Treiben der Menschen in jeder nur denkbaren Phase, so ein Marktgewühl, ein Getümmel auf einer Eisbahn, das Leben vor dem Berliner Zeughause im Moment, wo die Ablösung bei der neuen Wache aufmarschiert, so die gesamte Centenarfeier und Enthüllung des Denkmals Kaiser Wilhelms u. s. w. u. s. w.

Die beigefügten beiden Bilder geben eine Darstellung einerseits von der kinetographischen Aufnahme eines heranbrausenden Eisenbahnzuges, andererseits die Wiedergabe dieser Aufnahme auf dem Leinwandrahmen vor dem versammelten Publikum, welches diese scheinbaren Wunder mit

Recht staunend betrachtet. Es sollen bei dieser Aufnahme der Ankunft eines amerikanischen Eisenbahnzuges in schnellster Aufeinanderfolge viertausend Augenblicksbilder aufgenommen worden sein, die nun allerdings eine völlig naturwahre Darstellung des Zugverkehrs und des gewaltigen Gedränges ergeben. Je nachdem werden dergleichen Vorführungen auch mit entsprechender Musik durch einen Phonographen verbunden. Ganz eigenartig ist z. B. die Thätigkeit eines sogen. Konzertmalers. Man sieht einen Mann unter verschiedenen Verbeugungen hereintreten, der rasch und mit großem Geschick ein Bild auf eine weiße Wand zeichnet; schließlich wirft er sogar noch den Rock beiseit und vollendet seine Arbeit nahe dem Fußboden, und während dessen hört man Pianofortespiel und Holzharmonika durch den Phonographen. Hoch interessant waren in einer solchen Vorstellung auch die Fahrten des Kaisers von Rußland durch Paris; alles winkt dem hohen Gaste zu, und dabei ertönt die russische Volkshymne.

Der Erfinder des ersten deutschen Kinetograph, Herr Ed. Meßter in Berlin, ist in seiner rastlosen Thätigkeit auf diesem Gebiet aber nicht auf dieser geradezu beispiellosen Errungenschaft stehen geblieben, sondern er hat durch weitere Verbesserungen durch den „Thaumatograph" eine dem Laien unerklärliche Genauigkeit und Schärfe erzielt und die Bewegungen von Objektiven durch Beizaufnahme zu fixieren und auf dem Projektionsschirm wiederzugeben vermocht. Folgende thaumatographische Aufnahme ist eine der überraschendsten. Ein Blumen-Arrangement, bestehend aus schnell sich entwickelnden Pflanzen, wurde in Zwischenräumen von je 45 Sekunden in zweitausend Aufnahmen fixiert. Der lichtempfindliche Streifen mußte also alle Stadien aufnehmen, welche die Blumen in etwa 25 Stunden durchmachten. Wird nun dieser Bilderstreifen mittelst des Projektions-Thaumatographen vorgeführt, so sehen wir den Vorgang, welcher sich in 25 Stunden abgespielt hat, auf dem Projektionsschirm in circa anderthalb Minuten, also in dem tausendsten Teil der Zeit vor Augen geführt; d. h. wir können der Blumen Wachsen, Erblühen und Verwelken während eines Zeitraumes von 25 Stunden im Bild genau beobachten. Es ist demnach damit also die Möglichkeit geboten, daß jeder Gelehrte, sei er Naturforscher, Mediziner, Physiker, Astronom u. s. w., seine Studien über Naturerscheinungen, Bewegungen von lebenden Wesen und Veränderungen der Körper erweitern kann. Unberechenbar ist, was für Dienste dadurch der Wissenschaft noch geleistet werden können. —

Der Projektions-Apparat besteht in den Hauptteilen aus dem Beleuchtungssystem (Condensor), welches die Lichtstrahlen auf das vorzuführende Bild konzentriert, dem Vergrößerungssystem (Objektiv), welches das vergrößerte Bild auf den Schirm wirft, dem Bewegungsmechanismus (Werk), welcher das Bildband durch den Apparat führt, und der Lichtquelle. Daß letztere in erster Reihe steht, liegt auf der Hand, und Ed. Meßter hat für jede Art von Licht gesorgt. Wenn es sich um die

Herstellung mäßig großer Bilder handelt, so ist das Petroleumlicht die geeignetste Lichtquelle. Natürlich nicht eine gewöhnliche Petroleumlampe, sondern eine eigens für diesen Zweck konstruierte: die Sciopticonlampe. Sie enthält zwei oder mehrere parallel angeordnete Dochte; die Spitzen der neben einander stehenden Flammen werden zu einer einzigen Flamme von geringer Breite vereinigt, und so wird die ganze Intensität derselben auf einen kleinen Raum konzentriert. Der etwas gelblich-rote Schein des Lichtes verleiht demselben zudem einen wohlthuenden warmen Ton, der den Bildern meist zum Vorteil gereicht und die Wirkung derselben bedeutend erhöht. — Bequemer als das Petroleumlicht ist das Gasglühlicht; doch muß hier hinreichend starker Gasdruck vorhanden sein, was keineswegs überall der Fall ist. — Auch Acetylen kann verwendet werden, denn das Licht ist sehr hell und brennt ruhig. — Das schönste Licht für Projektionszwecke ist aber das Kalklicht, und die Anwendung desselben ist überall da angebracht, wo größere Bilder verlangt werden, die einer bedeutenderen Zahl von Zuschauern zugleich vorgeführt werden sollen. Das Kalklicht wird dadurch erzeugt, daß man Sauerstoff und Wasserstoff auf ein Stück gebrannten Kalk leitet und das Gemisch der Gase entzündet, wodurch der Kalk in Weißglut gebracht wird. Statt des Wasserstoffes kann das gewöhnliche Leuchtgas aus der Gasleitung genommen werden, auch Ätherdämpfe können stellvertretend verwendet werden, und die dafür konstruierten Apparate schließen eine Gefahr völlig aus. Den Sauerstoff bezieht man fertig in Stahlcylindern oder man stellt denselben selbst her, was mit den von Ed. Meßter gelieferten Apparaten eine sehr einfache Sache ist. — Als letzte und wertvollste Lichtquelle ist endlich noch das elektrische Bogenlicht zu nennen, denn es vereinigt zwei Haupteigenschaften: es besitzt eine sehr große Intensität, und die leuchtende Fläche ist verhältnismäßig sehr klein, fast ein Punkt. Außerdem ist die Handhabung des elektrischen Lichtes bequemer, als bei jeder anderen Lichtquelle, vorausgesetzt natürlich, daß ein hinlänglich starker elektrischer Strom vorhanden ist.

Es ist wahrlich nicht zuviel, wenn man den „Kinetograph“ und „Thaumatograph“ einen wunderbaren Apparat nennt. Wie das Wachsen, Erblühen und Verwelken der Blumen, so ist auch der Fortgang in der Entwickelung der Infusorien, Insekten, Fische u. dgl., die Vermehrung der Bakterien, die Bildung der Krystalle aufzunehmen und durch den Kinetographen ganz nach Wunsch in langsamem oder raschem Tempo vor den Augen in voller Lebenswahrheit darzustellen. Kein Wunder, daß gegenwärtig auch alle Zweige der Wissenschaft, Kunst und Industrie eifrig bestrebt sind, aus der Vervollkommnung der Bewegungs-Photographie Nutzen zu ziehen, und auch freilich erst noch die Zukunft den wahren hohen Wert dieser epochemachenden Erfindung lehren wird.

6. Photographie in natürlichen Farben.

Ein weiterer Fortschritt auf dem Gebiete der Photographie wurde im Jahre 1891 gemacht, als Lippmann das Problem löste, die Farben als Farben zu photographieren und zu fixieren. Das Problem hatte vorher seit den Seebeckschen Versuchen im Jahre 1810 verschiedenartige, aber immer nur unvollkommene Lösungen gefunden. Erst Lippmann gelang es, ein Prinzip, das schon Zenker im Jahre 1868 ausgesprochen hatte, zur praktischen Verwirklichung zu bringen. Wir müssen uns hier darauf beschränken, anzugeben, daß Lippmann seinen Erfolg, z. B. das Spektrum in seinen natürlichen Farben zu photographieren, in der Weise erreicht, daß das Licht einerseits direkt auf die völlig durchsichtige und kornfreie empfindliche Schicht fällt, andererseits indirekt, indem es von einem dahinter befindlichen Quecksilberspiegel reflektiert wird. Es entstehen dann Interferenzerscheinungen, die Anlaß zu farbigen Bildern geben.

7. Die Telephotographie.

In allerneuester Zeit ist es auch gelungen, photographische Aufnahmen aus großer Entfernung in erheblicher Größe des Objekts zu machen. Mit Hülfe einer Fernrohrkombination war das freilich schon immer möglich, aber derartige komplizierte Apparate können natürlich

Fig. 533.
Vergleichs-Aufnahme mittels eines gewöhnlichen aplanat. Objektives vom selben Standpunkte aus wie Fig. 532.

nur in den seltensten Fällen Verwendung finden. Ein photographisches Objektiv, das größere Abbilder von Gegenständen, die einige hundert Meter entfernt sind, geben soll, hatte eine sehr große Brennweite, so daß die Camera ganz unförmliche Dimensionen annehmen würde. Erst Miethe in Potsdam gelang es im Jahre 1891 ein telephotographisches Objektiv zu konstruieren, das die erwähnten Übelstände beseitigt. Die beiden Aufnahmen des Münchener Bürgerbräu in Potsdam (Fig. 532 u. 533) mit einem Mietheschen Teleobjektiv und mit einem gewöhnlichen aplanatischen Objektiv illustrieren die Vorzüge der Telephotographie in drastischer Weise. Es betrug dabei die Auszugslänge der Camera nur 28 cm, während die Entfernung des Objektes vom Apparat 350 Meter ausmachte. Auch Steinheil und Dallmeyer haben Apparate konstruiert, die günstige Resultate auf dem Gebiete der Telephotographie ergeben haben.

8. Die Vergrößerung von Photographieen.

Von sehr großer Wichtigkeit sowohl für die direkten Zwecke der Photographie, wie auch besonders für Zwecke der mechanischen Reproduktion auf photographischem Wege ist die Technik der Ver-

Fig. 534. Skioptikon.

größerung von Photographieen. Es dienen dazu Vergrößerungs- oder Projektions-Apparate, wie Fig. 534 einen solchen, das sog. Skioptikon darstellt. Der vordere Teil der Figur ist im Durchschnitt, der hintere perspektivisch gezeichnet. Im Behälter S befindet sich das durch t eingegossene Petroleum, das zwei breite, schief gegen einander geneigte Dochte bei E' speist. C ist der Ventilationsraum, I der Abzug. H ist der auf- und niederzuklappende Verschlußdeckel, an dessen innerer Seite ein Reflektor angebracht ist. Das Licht fällt durch die Kondensationslinsen p und q auf das hinter den federnden Metallring o o' gesteckte Bild. Dieses muß durchsichtig sein; infolgedessen muß man für solche Zwecke Positive auf Glas, statt auf Papier, sogenannte „Diapositive" herstellen. a b c d e f g ist das Doppelobjektiv, mittels dessen das Bild mehr oder weniger vergrößert auf eine gegenüberliegende Wand oder auf eine an deren Stelle befindliche photographische Platte geworfen wird. Das Skioptikon und ähnliche neuere Apparate sind Vervollkommnungen der Laterna magica.

9. Das photographische Druckverfahren.

Daß die Kunst, die so naturgetreue Bilder lieferte, bald nach ihrer Erfindung in den Dienst der mechanisch vervielfältigenden Künste gestellt wurde, ist nur natürlich. Das Problem, photographische Druckplatten herzustellen, beschäftigte viele Geister und hat dementsprechend viele Lösungen gefunden. Die neueren Methoden, deren Gesamtheit unter dem Namen Heliographie oder Lichtdruck zusammengefaßt werden kann, zerfallen in drei Hauptgruppen. Entweder ätzt man das photographische Bild, ähnlich wie ein gezeichnetes (s. S. 1007) in eine Kupfer- oder Zinkplatte z. B. ein, oder man formt das photographische Bild, dem man durch besondere Manipulationen das Ansehen eines Reliefs gegeben hat, ab, oder man stellt auf physikalisch-chemischem Wege, in der Art des lithographischen Verfahrens eine druckfertige Kopie her. Auf diese Prinzipien lassen sich die meisten heliographischen Verfahren, wie Photozinkographie, Phototypie, Photogravüre, Woodburytypie, Stannotypie, Photolithographie und ähnliche zurückführen, die einzeln zu erörtern uns zu weit führen würde. Wir wollen nur eines der interessantesten Verfahren, den Woodbury- oder Reliefdruck kurz betrachten. Er stützt sich auf die merkwürdige Eigenschaft der Chromgelatine, nach der Belichtung an den belichteten Stellen seine sonstige Quellbarkeit in kaltem Wasser und seine Löslichkeit in warmem Wasser zu verlieren. Man legt eine Platte mit Chromgelatine unter das Negativ, sodaß auf jener ein Positiv entsteht. Wäscht man dieses stark mit warmem Wasser, so werden alle nicht belichteten Stellen fortgespült, und ein positives Relief bleibt zurück, in dem sich die verschiedenen Helligkeitsgrade des photographierten Objektes als allmähliche Übergänge von Höhen und Tiefen markieren. Woodbury übertrug nun diese Reliefs durch starken Druck auf Bleiplatten, von denen er dann direkt oder indirekt Abzüge machen konnte. Neuerdings werden solche Reliefs direkt zu Druckplatten umgestaltet, indem man Stanniol über sie legt, dieses fest andrückt, sodaß es sich ganz den Formen des Reliefs anschmiegt, und die so gewonnene Platte galvanisch verkupfert. Dieses Verfahren nennt man Stannotypie.

Seit der Lippmannschen Erfindung der Farbenphotographie sind wir der Möglichkeit, farbige Kunstwerke, Ölgemälde und ähnliches naturgetreu in seinen Farben zu reproduzieren, bedeutend näher gerückt und dürfen auf eine baldige fruchtbare Ausnutzung seiner Entdeckung auch nach dieser Richtung hin hoffen.

Die Photographie ist heutigen Tages zu einem der wichtigsten Hülfsmittel technischer Thätigkeit und wissenschaftlicher Forschung geworden und gleichzeitig zu einer Quelle reinsten Vergnügens für einen großen Teil der Menschheit.

Register.

Seite

Seite

Seite

Register der Abbildungen.

Persönliche Notizen

Persönliche Notizen

Persönliche Notizen

Persönliche Notizen

Persönliche Notizen

Persönliche Notizen